# 太平御覽

〔宋〕李昉等奉敕撰

第五册

第八〇二卷至第一〇〇〇卷

臺灣商務印書館發行

ISBN　957-05-0421-8（一套：精裝）
ISBN　957-05-0426-9（第五册：精裝）

太平御覽卷第八百二

珎寶部一

寶

珠上

寶

尚書湯誓曰遂伐三朡俘厥寶玉（孔安國曰俘取也玉以禮神使無水旱之災故取而寶之）誼伯仲伯作典寶（二臣作典寶一篇言國之常寶也）

又盤庚曰無總于貨寶（孔安國注曰無總貨寶以求位也）

又旅獒曰分寶玉于伯叔之國時庸展親（孔安國注云以寶玉分同姓之國是用誠信親親之道）弗寶遠物則遠人格（不侵奪其利則其來服）所寶惟賢則邇人安（寶賢任能則近人安近人安則遠人安也）

又顧命曰越玉五重陳寶（於東西序坐北列玉五重又陳先王所寶之器物）赤刀大訓弘璧琬琰在西序大玉夷玉天球河圖在東序胤之舞衣大貝鼖鼓在西房兌之戈和之弓垂之竹矢在東房（皆歷代所傳之寶）



毛詩嵩高曰王遣申伯路車乘馬錫爾介珪以作爾寶（寶瑞）

詩含神霧曰聖人受命必順斗張握命圖授漢寶（宋均曰聖人謂高祖也受天命而王必順旋衡法故張良受兵鈐之圖命以授漢爲珍寶也）

禮記檀弓曰南弓敬叔反必載寶而朝（敬叔魯孟僖子嘗失位去魯得反載其寶來朝君也）夫子曰若是其貨也喪不如速貧之愈也

又曰天不愛其道地不愛其寶

又曰儒有不寶金玉而以忠信爲寶

左傳莊公曰齊人來歸衛寶文姜請之也

又莊公曰王及鄭伯入于鄭遂入成周取其寶器而還

又文下曰宋昭公盡以寶行

又襄公曰宋人得玉獻諸子罕子罕不受曰我以不貪爲寶爾以玉爲寶若與我皆喪寶也不若人有其寶也

又昭六曰吳太子諸樊入郥（諸樊吳王僚之太子）取楚夫人與其寶器以歸

公羊傳僖公曰虞公貪而好寶及爲晉所滅抱寶牽馬而去

又定公曰盜竊寶玉大弓盜者何陽虎也

史記曰趙簡子告諸子曰吾藏寶符於常山之上先得者賞諸子馳之常山上求無所得毋卹還曰已得符矣登常山而臨代代可取也

又曰晉使郤克以車八百乘伐齊陳于鞍於是晉軍追齊至馬陵齊侯請以寶器謝不聽必得笑克者蕭同叔子

又曰魯昭公八年楚靈王就章華臺召昭公往焉賜昭公寶器已悔復詐取之



又曰衛叔名封成王長用事舉康叔爲周司寇賜衛寶祭器

又曰秦逐客李斯書曰陛下致崑山之玉有隨和之寶乗明月之珠服太阿之劒乗纖離之馬建翠鳳之旗樹靈鼉之鼓此數寶者秦不生一焉而陛下說之

又曰樂毅伐齊入臨淄盡取齊寶也

又曰梁惠王與齊威王會田於梁問齊王亦有寶乎威王曰無有梁王曰若寡人國小尚有徑寸之珠照車前後各十二乗者十枚柰何以萬乗之國而無寶乎威王曰寡人以爲寶與王異吾臣有檀子者使守南城則楚人不敢爲寇東取泗上十二諸侯皆來朝吾臣有肦子者使守高堂則趙人不敢東漁於河吾吏有黔夫者使守徐州則燕人祭北門趙人祭西門（齊之北門也言燕趙之畏其侵伐故祭以求福）人徙而從者七

千餘家吾臣有種首者使備盜賊則道不拾遺將以照千
里豈特十二乘哉梁惠王慙不懌而去梁或作魏字
漢書曰沛公西入武關欲擊秦嶢下軍張良曰臣聞其將
者賈竪子易動以利令酈食其持重寶啗秦將秦將果欲
連和沛公乃擊秦軍大破之
謝承後漢書曰鄭弘爲鄒令縣人王逢得路遺寶物懸於
衢道求主還之
後漢書曰世祖遣衛尉銚期持珎寶繒帛賜隗囂期至鄭
被盜
張璠漢記曰朱儁爲郡吏太守尹端有罪應死儁爲買珎
寶賂主章吏端得免死
范曄後漢書曰帝嘗召見諸郡計吏問其風俗及前後守
令能不蜀郡計掾樊顯進曰漁陽太守張堪昔在蜀其仁
以惠下威能討姦前公孫述破時珎寶山積捲握之物足
富十世而堪去職之日乘折轅車布被而已帝聞良久歎
息○魏氏春秋載袁紹檄州郡文曰曹操父嵩乞丐攜養
因贓假位輿金輦寶輸貨權門
魏志曰陳泰爲匈奴中郎將京邑貴人多寄寶貨因市奴
婢泰皆掛於壁及徵爲尚書悉以還
吴志曰士燮爲交阯太守每遣使詣權致雜香細葛輒以
千數明珠大貝琉璃翡翠瑇瑁犀象之珎奇物異果蕉耶
龍眼之屬無歲不至
晉中興書曰姚萇試諸子謂曰吾有一寶物萬金不易汝
等伎藝勝者吾以與之諸子皆索好馬欲於父前試之唯
略不動萇以爲賢故越諸兄立爲嗣子
晉安帝記曰桓玄尤愛珎寶常玩弄珠玉不離於手



晉書殷仲文傳曰桓玄爲劉裕所敗仲文隨玄西走其寶
玩悉藏地中皆變爲土
晉書呂纂載記曰即序胡安據盜發張駿墓見駿貌如生
得真珠簏琉璃榼白玉樽赤玉簫紫玉笛珊瑚馬鞭馬腦
鍾水陸奇珎不可勝紀
齊書曰始興王鑑鎮益州於州園地得古冢無復棺但有石
槨銅器十種並古形玉璧三枚珎寶甚多不可皆識金銀爲
蠶形者數萬計又以朱砂爲阜水銀爲池左右咸勸取之
鑑曰皇太子昔在雍有發古冢者得玉屏風玉匣之屬皆
將還都吾意嘗不同乃遣功曹何佇之爲起墳諸寶物一
不得犯
梁書曰羊侃大同中魏使陽斐與侃在北嘗同學有詔令
侃延斐同賞賓客三百餘人食器皆金玉雜寶奏三部女
樂至夕侍婢百餘人俱執金花燭
崔鴻十六國春秋前趙録曰曜平陳安長驅至于西河張
茂懼遣使稱藩獻諸珎寶珠玉不可勝紀
後魏書曰元乂既專政乃於禁中自別作庫掌握之寶充
牣其中
北史曰齊神武後以孝武帝后配彭城王孫韶魏室奇寶
多隨后入韶家有二玉鉢相盛轉而不可出馬瑙榼三斗
玉縫之皆稱西域鬼作也
北齊書曰高德正嘗辭疾除冀州刺史即起顯祖怒禁門
下其妻出寶物滿四牀欲以寄人帝掩見大怒曰我府藏
無此物詰其得由皆諸元賂之帝乃斬德正并妻子伯堅
隋書曰開皇十二年突厥遣使獻七寶埦
唐書曰師子國在西海之中出奇寶商賈到則不見人但

置寶物價直於洲上寶依價質之而去以能養師子故以
爲國名
又曰天寶中師子國遣婆羅門僧灌頂三藏來獻金寶瓔
珞
老子曰我有三寶保而持之一曰慈二曰儉三曰不敢爲
天下先輕敵則幾喪吾寶
晏子春秋曰和氏之璧井里之朴耳良工脩之則爲存國
之寶（孫卿子云井里之璞又云玉人琢之爲天下寶）
魯連子曰楚王成章華臺酌諸侯酒魯君先至與之大曲
之弓不琢之璧既而悔之伍舉見魯君曰大曲之弓不琢
之璧楚王之寶也吳求之弗與舉兵伐楚魯懼奉而歸之
墨子曰周公見申徒狄曰賤人強氣則罰至申徒狄曰周
之靈珪出於土楚之明月出蚌蜃五象出於汙澤和氏之
璧夜光之珠三棘六里此諸侯所謂良寶也（淮南子說山云周之簡珪產於石大象神龜出於溝壑）
孟子曰諸侯之寶三土地人民政事寶珠玉者殃必及身
淮南子曰夫夏后氏之璜不能無考（考瑕璺）明月之珠不能
無纇（夜光之珠白似月光故曰明月纇若絲之有結纇也）然天下寶之者何也小惡
不及妨大美
傅子曰夫齎不貲之寶獨宿曠野其危甚於累卵比之泰
猶泰山之安也
戰國策曰周有砥厄宋有結緑梁有懸黎楚有和璞此四
寶者王之所美也已爲天下名器
國語曰晉定公享楚王孫圉趙簡子鳴玉以相問圉曰楚
之白珩猶在乎爲寶也幾何對曰未嘗爲寶也楚有觀射
父能作訓辭以行諸侯有左史倚相能道訓典以叙百物



有夢曰雲金木竹箭之生也此楚國寶也若白珩先王之
玩何寶焉（夢澤也）
穆天子傳曰天子西征至陽紆之山河伯無夷所都是惟
河宗氏乃至於崑崙之丘觀春山之寶
呂氏春秋曰世皆以珠玉爲寶寶逾多而民逾貧矣其所
寶也
陸賈新語曰聖人不用珠玉而寶其身也
鹽鐵論曰汝漢之金鐵誘外國鈎羌胡之寶也
說文曰琛寶也（犍爲舍人曰美寶爲琛）
說苑曰經侯過魏左帶玉具劒右帶環佩左光照右右光
照左太子不視又不問經曰魏國亦有寶乎太子曰主信
臣忠百姓戴上此魏國之寶也經左解玉具右解佩委之
而起
阮子曰雖金玉滿堂明珠滿室飢不爲寶非國之用
新序曰晉平公浮西河中流而歎曰嗟乎安得賢士大夫
與共此憂樂乎船人固桑對曰夫劒產於越珠產江漢玉
產崑崙此三寶者皆無足而致今君苟好士則賢士至矣
西京雜記曰武帝以七寶牀雜寶桉廁寶屏風列寶帳設
於桂宮時人謂之四寶宮也
又曰高祖入咸陽宮行庫藏見有琴長六尺十三絃二十
六徽皆用七寶飾之銘曰璠璵之樂
漢武故事曰上雜錯天下珎寶爲帳其次甲乙
三輔黃圖曰金寶一銀二龜三貝四布寶五泉寶六凡寶
貨六種二十八品
地鏡圖曰夫寶物在城郭丘牆之中樹木爲之變視柯偏
有折枯是其候也視折枯所向寶在其方凡有金寶常變

作積蛇見此輦便脫隻履若衣以擲之溺之即得凡藏寶
忘不知處以大銅盤盛水著所疑地行照之見人影者物
在下也
又曰視屋上瓦獨無霜其下有寶藏
蔡氏化清論曰經云寶者衆之所利也苟利其利害必存焉
郭璞奏曰臣以爲珍奇靡麗之物誠是玩弄之所寶然非
經國之至寶
張衡東京賦曰所貴惟賢所寶惟穀
明皇雜錄曰楊國忠驕奢僭侈之態復紛然未滿持盈公
主玉葉冠虢國夫人夜光枕楊國忠鏁子帳皆希代之寶
莫能計其直

珠上

說文曰珠蚌之陰精也



尚書禹貢曰徐州厥貢淮夷蠙珠淮夷二水出蠙蛛也
周禮天官玉府曰若王合諸侯則共珠盤玉敦鄭玄曰敦盤類珠玉以爲飾
左傳哀公曰衛太叔疾出奔宋以向爲宋向魋邑納美珠焉與
之城鉏城鉏宋邑宋公求珠魋不與由是得罪
又哀下曰越圍吳晉趙鞅使楚隆告于吳王曰寡君之
老無恤使陪臣隆敢展謝其不共晏也陳黃池之役君之
先臣志父得承齊盟曰好惡同之今君在難無恤不敢憚
勞非晉國之所能及也使陪臣敢展布之王拜稽首曰寡
人不佞不能事越以爲大夫憂拜命之辱與之一簞珠簞小笥
爾雅曰西方之美者有霍山之多珠玉焉霍山今在平陽永安縣東北也
尚書考靈曜曰夘金出軫握命孔符赤用藏龍吐珠也鄭玄注曰藏祕也珠寶物俞道也赤漢將用天之祕道
尚書考靈曜曰甲子冬至日月五緯俱起牽牛日月若編
珠
春秋保乾圖曰吐珠於澤誰能不含宋均注曰珠出於野澤之中誰能不含取以爲寶也
禮斗威儀曰王者政平德至淵泉則江海出明珠
又戴禮曰玉居山而木能潤淵生珠而岸不枯
韓詩外傳曰良珠度寸雖有百仞之水不能奄其耀也
韓詩內傳曰漢女所弄珠如荆鷄卵
孝經援神契曰神靈滋液百寶用則珠母見珠母纖鏡宋均曰事神明得則大珠有光可以爲鏡德至淵則海出名珠
史記曰樂毅遺燕王書曰齊王遁走莒僅以身免珠玉財
寶盡收入於燕



又曰魏王與齊威王會田於郊魏王曰若寡人國小尚有
徑寸之珠照車前後各十二乘者十枚柰何以萬乘國而
無寶乎事具寶門
又曰漢王賜張良金百溢白珠二外良具以獻項伯
又曰鄒陽上書曰臣聞明月之珠夜光之璧以闇投人於
道路人無不案劒相眄者何則無因而至前也
漢書景帝詔曰黃金珠玉飢不可食寒不可衣吏發民若
取黃金者坐贓爲盜
又曰董偃與毋賣珠爲事偃十三隨毋養館陶公主家左
右言其姣好召見曰吾爲養之得幸
又地理志曰武帝時使使入海市明珠到國圍二寸已下
又曰霍光廢昌邑王太后被珠襦坐武帳召王伏前聽詔
又曰成帝時王章死妻子皆徙合浦王商輔政曰還章妻

子故鄉其家屬皆採珠致產數百萬
范曄後漢書曰光武耳不聽鄭衛之音手不持珠玉之玩
又曰董卓擅朝政呂布斬之長安中民悉賣珠玉市酒肉
相慶塡滿街肆
又曰馬援在交阯常餌薏苡實及軍還載之一車後有上
書譖之者以爲前所載還皆明珠文犀也
司馬彪續漢書曰天竺國一名身毒出琉璃珠璣
又曰扶風人士孫奮居富而性慳梁冀認奮母爲其守藏
婢去盜白珠十斛也
後漢書曰珠蚌中陰精也玓瓅明珠色也璣珠不圓也夫
餘出珠大如酸棗
東觀漢記曰永建四年漢陽太守文礱獻大珠詔曰海內
頗有災異而礱不推忠竭誠而喩明珠之瑞求媚今封珠
却還
又曰顯宗時鍾離意爲尚書時交阯太守坐贓千金徵還
伏法以其資物須賜羣臣意得珠璣悉以委地而不拜賜
上恠而問其故對曰臣聞孔子忍渴於盜泉之水曾參迴
車於勝母之閭惡名也此贓穢之物誠不敢拜帝嗟嘆曰
淸乎尚書之言乃更以庫錢三十萬賜意
又曰和熹后時新遭大憂法禁未設宮中亡大珠一篋主
名不立太后乃親自臨見宮人一一閒閱察其顏色開示
恩信宮人盜者即時首服
謝承後漢書曰孟嘗爲合浦太守郡俗舊採珠以易米先時
二千石貪穢使人採珠積以自入珠忽徙去合浦無珠餓
死者盈路孟嘗化行一年之閒去珠復還
又曰汝南李敬少時遷趙相奴於鼠穴中得繫珠及璫珥



相連以問主簿主簿曰前相夫人昔亡珠不知所在疑其
子婦竊之因去婦敬送珠付前相慙乃還去婦
又曰豫章黃向辰步路中得珠琪一囊可直三百餘萬求
主還之主欲以半物謝向向委去不顧也
魏書曰卞皇后性儉約不尚華麗無文繡珠玉器皆黑漆
太祖嘗得名璫數具命后自選一具后取其中者太祖問
其故對曰取其上者爲貪取其下者爲僞故取其中者
魏志曰文帝問蘇則曰前西域通使燉煌獻徑寸大珠可
復求市得不則曰若陛下德流沙漠不求自至求而得之
不足貴也帝默然
又曰公孫淵以遼東叛遣田豫以本官督青州刺史程喜
喜內懷不服軍事之際多相違錯喜知帝寶愛明珠乃密
上豫雖有戰功而禁令寬弛所得器仗珠銀甚多放散不
皆簿管由是功不見列
又曰文帝作終制曰飯含無以珠玉無施珠襦玉押
典略曰臨淄侯曹植與楊脩書曰今世作者可略而言人
人自謂握靈蛇之珠
魏略曰大秦國出夜光珠眞白珠夫餘出珠大如酸棗
魏志曰東夷俗以瓔珠爲財寶或以綴衣爲飾或以懸頸
垂耳至於衭不以金銀錦罽爲珍
又曰倭國女王壹與遣大夫率善等獻眞白珠五十孔青
大勾珠二枚也
蜀志曰秦宓奏記益州牧劉焉薦儒士任定祖曰甫欲剖
蚌求蛛今乃隨和炳然復何歎哉
又曰宗預復東聘吳孫權握預手曰今君年長孤亦衰老
恐不復相見遺預大珠一斛

吴録地理志曰朱崖珠官縣出明月珠
又曰𧙗愽字君遊爲淮陵長其女得壞牆中璫珠百餘愽
封上之詔以賜愽
吴志曰魏文帝遣使以馬求易明珠翡翠權曰此皆孙所
不用而可得馬何若而不聽其交易
王隱晉書武帝詔曰御府内省珠玉玩好之物皆以賜王
公也
晉書陶璜自交州上表曰合浦郡土地境塉無有田農百
姓唯以採珠爲業商賈去來以珠貿米而吴時珠禁甚嚴
慮百姓私散好珠禁絶來去人以飢困又所調猥多限每
不充今請上珠輸二次者輸一麤者蠲除自十月訖二月
非採珠之時聽商旅往來如舊並從之
晉令曰士卒百工不得服眞珠璫珥



沈約宋書曰文帝詔太史令錢樂之作小渾天安二十八
宿中外以白真珠及青黄三色珠爲三家星日月五星悉
居黄道
南史曰中天竺國在大月支東南數千里出火齊狀如雲
毋也色如紫金有光耀列之則蟬翼積之則如紗縠之重沓也
崔鴻十六國春秋前秦録曰建元十年正月懸珠簾於正
殿○後魏書曰尒朱世隆將敗洛中先謡曰三月末四月
初陽灰皺土覓真珠至是並驗
又曰畢衆敬以篤老乞還桑梓朝廷許之衆敬臨還獻真
珠璫四具

珠下

唐書曰高祖朝昌婆那可汗獻大珠上曰珠信爲寶朕所寶者赤心耳何用珠爲竟不受

又曰貞觀中桂州都督李引節以清愼聞身歿之後其家賣珠上聞之乃宣言於朝曰此人生時宰相言其清白今日旣然所舉者豈得無罪必可理之不可捨也魏徵諫曰陛下言此人不清未見受財之所聞其賣珠將罪舉者臣不知所謂自聖朝已來爲國盡忠清貞自守終始不渝者屈突通張道源而已通子三人來選共有一疋羸馬道源兒子不能存立未見一言及之今引節爲國立功前後大蒙賞賚居官終歿不言貪殘妻子賣珠未爲有罪審其清者無所存問疑其濁者傍罪舉人雖疾惡情深實以好善不篤臣竊思度未見其可恐有識聞之必生横議伏惟再思上撫掌曰造次不思遂有此語方知談不容易

又曰婆利東有羅刹國其人極陋朱髮黑身獸牙鷹爪時與林邑人作市必夜而來自掩其面其國出火珠狀如水精日午時以珠承影取艾依之即火出

管子曰桓公問管子曰昔者周人有天下諸侯賓服名教通於天下而奪於其下何數也管子對曰君分壤而貢入市朝同流黄金一篋也江陽之珠一篋也此謂以寡爲多以狹爲廣

又曰珠者陰之陽也故勝火玉者陽之陰也故勝水其化如神故天下藏珠玉諸侯藏金石

又曰以珠玉爲幣。又曰玉起於禺山珠起於赤野

又曰丹青在山民知而取之美珠在淵民知而取之丹青珠



各有所用之些故雖在山泉而人猶知而取之況在於人懷寶而不知乎

晏子春秋曰景公爲履黄金之綦飾以銀連以珠

列子曰子華之門徒指河曲之隈謂商丘開曰彼中有寶珠泳可得也商丘開從如泳之旣出果得珠

孫卿子曰在物莫明於珠玉珠玉不覩王公則不爲寶

又曰昔衛靈公坐重華之臺侍御數百隨珠照日羅衣從風仲叔御入諫靈公下席再拜曰寡人過矣

莊子曰夫唾大者如珠小者如霧

又曰黄帝遊於赤水之北登于崑崙之丘遺其玄珠使知索之而弗得使離朱索之而弗得使罔象索之乃得

又曰河上有貧窮恃織蕭緝而食者其子投淵得千金之珠謂其子曰取石來鍛之夫千金之珠必在九重之淵驪龍頷下子能得珠者遭其睡也使驪龍悟子尚奚有哉

又曰脩其道之謂備不以物挫志之謂完君子明於此則韜乎其事沛乎其爲萬物逝也若然者藏金於山藏珠於川

又曰儒以詩禮發冢大儒曰東方作矣事之何若小儒曰未解裙襦口中有珠詩固有之曰青青之麥生陵之陂生不布施死何用含珠爲

鄒子曰珠生於南海玉出於須彌無足而至

墨子曰和氏之璧夜光之珠三棘六異此諸侯所謂良寶

尸子曰水貟折者有珠

韓侯曰隨侯之珠不嬰以銀黄其質至美物不足以飾

又曰楚人賣珠於鄭者爲木蘭之櫝薫以桂椒綴以玫瑰輯以翡翠鄭人買其櫝而還其珠此可謂善賣櫝矣未可謂善鬻珠也

淮南子曰曾城九重有珠樹在其西

又曰美玉不雕美珠不文質有餘也

又曰明月之珠不能無纇

又曰楚王亡其猨而林木爲之殘（楚莊王猨捷躁衣木而顚故殘林以求之也）

宋玉亡珠而池中魚爲之殫

又曰珠玉尊則天下爭禮樂飾則純朴散

又曰禹塡鴻水以爲山堙崑崙以爲土中立曾城九重其高萬一千里上有木禾（禾長五丈五尺）珠樹玉樹不死樹沙棠琅玕絳樹並在曾城（沙棠琅玕珠類矣）玉璜在西北隅

任子曰丹淵之珠沉於黃泥

牟子曰珠玉少而貴瓦礫多而賤聖人七經而已佛遂萬億言恐煩而無當也

抱朴子曰識珍者必拾濁水之明珠賞氣者必採穢藪之



芳蕙

穆天子傳曰北征舍于珠澤（此澤出珠故名也）珠澤之藪方四十里

山海經曰開明北有珠樹

又曰三珠樹生赤水山其爲樹如栢葉皆爲珠一曰其狀若彗（如彗星狀）

又曰鳥鼠同穴之山濫水出焉西注于漢水多如魚鮏之魚是生珠玉（亦珠玉蚌類）

又曰數曆之山楚水出焉其中多白珠（今蜀郡平澤出青珠）

戰國策曰張丑爲質於燕燕王欲殺之走出國境境吏得丑丑曰燕所爲將殺我者人有言我有寳珠也王欲得之我失已久矣如燕不信今子但欲致我我且言子之奪我珠而呑之燕王必且殺之刳子之腹矣吾要且死子之腹亦且寸絶境吏恐而放之

又曰蘇秦說李兌不能聽送秦以明月之珠和氏之璧黒貂之裘

又曰有人操隨侯之珠露野無弓弩之衛必危

呂氏春秋曰宋桓司馬有寳珠抵罪出亡王使人問珠之所在曰投之池中於是竭池而求之魚得禍焉

又曰以隨侯之珠彈千仞之雀世必笑之是何也所用重所要輕

又曰精氣之集也阜於珠玉與爲精朗

陸賈新語曰聖人不用珠玉而寳其身

漢武故事曰上起神屋以白珠爲簾瑇瑁爲柙

東方朔記曰珠彈不如泥丸各有所用也

東方朔神異經曰西北荒中有二金闕上有明月珠徑三



丈光照千里

鹽鐵論曰珠璣出桂林距漢萬餘里

說苑曰墨子謂滑釐曰今四年有欲與子隨侯之珠者曰不得賣也以爲飾又欲與子一鍾粟者得珠不得粟不得珠得粟子將何擇滑釐曰粟可取也

新序曰秦使者往觀楚之寳器楚王召子西而問焉曰吾和氏之璧隨侯之珠可以示諸子西對不知召昭奚恤而問焉昭奚恤對曰吾國之寳器在賢臣珠玉玩好之物非寳之重者

太玄經曰明珠彈於飛肉其得不復

論衡曰天地之間物氣相類實非者多海外西南有珠樹焉察之是珠然非魚中之珠也夫十日之日猶珠樹也珠樹非真珠十日似日非實日也

又曰隨侯以藥作珠精曜如真
又曰人審知有富貴之命則幽居俟之不須勞形求索也猶珠在山不求貴價於人人自貴之命富之人筋力自輕命貴之人才智自高
白虎通曰德至淵泉即江出大貝海出明珠
釋名曰王后首飾曰副副覆也上有垂珠步則搖也
蔡邕勸學曰明珠不瑩焉發其光寶玉不琢不成珪璋
古今注曰章帝元和元年明珠出館陶大如李有明曜三年明月珠出豫章海昏大如雞子圍四寸八分章和元年鬱林大珠圍三寸和帝永元十五年鬱林降民得大珠圍五寸徑寸七分
郭子横冥記曰帝起甘泉望風臺臺上得白珠如花一枝帝以飾九華之蓋望之若照月



王子年拾遺記曰黄帝之子名青陽是曰少昊一名摯有白雲之瑞號爲白帝有鳳銜明珠致於庭少昊乃拾珠懷之使照服於天下
又曰燕昭王時有黑鳥白頭集王之所銜洞光之珠圓徑一尺此珠色黑如漆而懸室内百神不能隱其精靈
又曰石季倫所愛婢數十人季倫嘗屑沈水香如塵末布象床上使所愛者踐之無跡則賜真珠百琲若有迹者即節其飲食令體輕故閨中相戲曰尒非細骨輕軀那得百琲真珠（琲蒲愷切珠貫之名也）
又曰舜葬蒼梧之野有鳥如雀自丹州而來吐五色之氣如雲名曰憑霄鳥時來蒼梧之野銜者沙珠積成壟阜名曰珠丘今蒼梧之外採藥時得青石潔如珠服之不死帶者身輕

又曰瀛洲有鳥如鳳身紺翼丹名藏珠每鳴翔而吐雜珠累斛仙人常以其餘飾仙裳輕而耀於日月也
西京雜記曰高祖斬白蛇劍上有七采珠九華玉爲飾雜厠五色琉璃爲匣劍在室光影猶照於水也
又曰漢諸陵寢皆以竹爲簾簾皆爲水文龜鳳之像昭陽殿織珠爲簾風至則鳴如珂珮之聲
列仙傳曰朱仲者會稽市販珠人也高后時募三寸珠乃詣闕上之珠好過度賜五百金魯元公主私以七百金從仲求仲獻四寸珠送闕下既去景帝時復獻三寸珠數十枚去不知所之
列女傳曰珠崖令卒官妻息送喪歸漢法内珠入關者死妻弃其係臂珠男年九歲好而取之置其母鏡奩中毋不知也至關吏搜索得珠問誰當坐者前妻子初曰初當坐



之繼母請吏曰幸無劾兒誠不知也妾當坐初又曰夫人哀初之孤欲以活初耳因號泣傍人莫不酸鼻隕涕關吏執筆不能就一字乃曰母子有義如此吾寧坐之不忍加文又且相讓安知孰是乃弃珠而遣之
神仙傳曰麻姑欲見蔡經母及經弟婦弟婦新産十數日麻姑望見之曰噫且止勿前即求少許米便以擲地視米墮地皆成珠方平笑曰姑故年少吾老矣不喜復作此變化也
列仙傳曰鄭交甫將往楚道至漢皐臺下見二女佩兩珠大如荆雞卵交甫與之言曰欲子之佩二女解與之既行返顧二女不見佩亦失矣
吳越春秋曰越王允常聘歐冶子造五劍秦客薛燭善相劍示之燭曰雖傾城量珠玉猶未可與也

又曰伍員奔吳至昭關關吏欲執之伍員曰上所以索我
者以我有美珠也今執我將言爾取之關吏因捨焉
邴原別傳曰原遠遊學詣安丘孫崧崧辭曰君鄉里鄭君
知之乎原荅曰然崧曰鄭君學覽古今學者之師模君乃
舍之似不知也而曰然何原曰故有登山而採玉者有入
海而採珠者不知山之高海之深哉
博物志曰鮫人從水出寓人家積日賣綃將去從主人索
一器泣而成珠滿盤以與主人
又曰五月五日取青蛉頭正中埋皆成青珠
王朗雜事曰焦生乞恩辭生未有婦從烏桓贖李娥爲妻
與耳中金璫一雙珠四枚璫二雙珠三十雙合中真珠一
外
盧綝四王起事曰張方刼帝西遷國家有寶物詔石將軍
載之於是放軍人八千餘人三日輦之尚有缺角真珠百
餘斛
又曰惠帝遷長安時洛陽御府有大珠璫百餘斛
衛玠別傳曰驃騎王武子君之舅也常與君同語語人曰
昨日與吾外甥並坐冏若明珠之在我側朗然來暎人
搜神記曰吳王夫差女名玉童子韓重有道術王悅之結
氣死葬于昌門之外重至冢前哭祭女見形將重入冢臨
去取徑寸明珠以送重
又曰隋侯行見大虵傷救而治之其後虵銜珠以報之徑
盈寸純白而夜光可燭堂故歷世稱隋珠焉
又曰噲參養母至孝曾有玄鶴爲弋人所射窮而歸參收
養療治瘡愈放之後鶴夜到門外參秉燭視之鶴雌雄雙
至各銜明月珠報參焉



又曰南海之外有鮫人水居如魚不廢緝績其人能泣珠
幽明録曰洛下有洞穴婦欲殺夫推下經多時至底仍得
一穴行數十里見人皆長三丈披羽衣如此九處最晚所
至告飢長人指中庭栢樹下有一羊令跪捋羊初捋得一
珠後得始令其噉之即得療飢復尋穴行出交州還洛問
張華云九處地仙名九館大夫羊爲癡龍初一珠食之天
地等壽次者延年後者充飢而已事具嵩山
又曰漢武帝幸河渚聞絃歌之音而有老公及年少數人
出皆長八九寸爲帝奏樂飲酒樂老公顧命洞穴之寶一
人受命下没川底得一大珠徑數寸明耀絕世上問東方
朔朔曰河底有穴沉數百丈中有赤蚌生此珠也事具蚌部
又曰王敦召王猛猛至江口入水中命舡人進舡至大雷
見猛行水中從東北還逆舡弟子問其故猛云水神數興
波浪賊害行旅暫約勒以真珠一握爲信
三秦記曰始皇冢中以夜光珠爲日月殿懸明月珠晝夜
光明
三輔決録曰昆明池中有神池通白鹿原人釣魚綸絕而
去夢於漢武帝求去鈎帝明日戲於池見大魚銜索帝曰
豈夢所見耶取而放之後三日池邊得明珠一雙帝曰豈
魚之報耶
沉懷遠南越志曰珠有九品大五分以上至一寸八分分
爲八品有光彩一邊小平似覆釜者名璫珠璫珠之次爲
走珠走珠之次爲滑珠滑珠之次爲磥砢珠磥砢珠之次
爲官兩珠官兩珠之次爲稅珠稅珠之次爲苾符珠
孫柔之瑞應圖曰晉平公鼓琴有玄鶴二八而下銜明珠
舞於庭一鶴失珠覓得而走師曠掩口而笑

廣志曰莫難珠其色黄生東夷又有明珠稱光大徑寸或圍二寸以上出黄支有至貞珠置平地終日不得停今上方名以甲乙爲次第石珠鑄石爲珠

廣志曰夫餘地美珠如酸棗

又曰班魚頭中有白石如珠璣出北海

梁四公記曰震澤中洞庭山南有洞穴深百餘尺旁行五十餘里至龍宮杰公謂是東海龍王第七女掌龍王珠藏小龍千戶衛護此珠龍畏蠟愛美玉及空青而嗜燒鷰使通信可得寶珠帝聞大喜乃詔有能使者厚賞之於是羅子春兄弟三人應募帝勑百工以于闐舒河中美玉造小函二以桐木灰發其光求宣州空青汰取其精者用海魚膠調之成二函火堅之龍腦香尋亦繼之杰公曰以蠟塗子春等身及衣佩石乃燒鷰五百枚入洞穴至龍宮守門小蛟聞蠟氣俯伏不敢動乃以燒鷰百事賂之令其通以其上上者獻龍女龍女食之大喜又上王函青盆具陳帝旨洞中有龍五千餘歲能變化出入人間善譯時俗之言龍女知帝禮之以大珠三小珠七雜珠一石以報帝命子春等乘龍載珠還國食頃之間便至龍去而子春薦珎帝大喜喜得聘通靈異獲天人之寶以珠示杰公公曰三珠其一是天帝如意珠之下者其二是驪龍珠之中者七珠二是虫珠五是海蚌珠人間之上者雜珠是蚌蛤虵鶴等珠不如大珠之貴帝遍示百寮朝廷咸謂杰公虛誕莫不詰之杰公曰如意珠之上者夜光照四十餘里中者十里下者一里光之所及無風雨雷雹水火刀兵諸毒癘驪珠九色夜光百步中者十步下者一室光之所及無虵虺虫豸之毒虫珠七色多赤六足二目目當其處有曰如鐵蟻皐蚌珠五色皆有夜光及數尺無瑕者爲上有瑕者爲下蚌珠生於其腹與月盈虧虵珠所致隋侯噲參即其事也又問虵鶴之辯對曰使其自識帝命杰公記虵鶴二珠計餘雜珠散於殿前取大黄虵玄鶴各十數處布珠中間於是鶴銜其珠鳴舞徘徊虵銜其珠盤屈宛轉羣公觀者莫不歎服帝復出如意龍虫等珠校光之遠近七尢之數皆如杰公之言

盛弘之荆州記曰石蘊玉以潤其區漢含珠而清其域

闞駰十三州志曰僧彊疊國在天竺南佛寺三千餘所其地有神珠非玉石晝夜於國中光明於日珠徑一尺五寸其色正碧

草方草木狀曰凡採珠一旁小平形似覆釜第一珠毋肉王白人民以薑蠶食之

常璩華陽國志曰廣陽縣山出青珠永昌郡博南縣有光珠穴出光珠珠有黄珠白珠青珠碧珠

徐衷南方草物狀曰凡採珠常三月用五牲祈禱若祠祭有失則風攪海水或有大魚在蚌左右自蚌珠長二寸半在漲海中其一寸五分其光色一旁小平形似覆釜爲第一璫珠凡三品其一寸三分雖有光色形不負正爲第二滑珠凡三品

萬震南州異物志曰合浦有民善游採珠兒年十餘便教入水求珠官禁民採珠巧盜者蹲水底剖蚌得好珠呑之而出

裴氏廣州記曰鯨鯢目即明月珠故死不見有目精

林邑記曰黄被州上戶口船富多明珠雜寶○語林曰王長史語林道人曰眞長可謂金石滿堂林公以語孫興公

興公曰語不得耳選擇正可得少碎珠耳
又曰中朝有人詣王太尉過王安豐大將軍丞相在坐因往別屋見季寅平子還謂人曰今之行皁目皆琳琅珠玉
又曰王夷甫處衆中如珠玉之在瓦石
宋玉風賦曰垂珠步摇來排臣户

太平御覽卷第八百三

太平御覽卷第八百四

珎寶部三

玉上



尚書堯典曰在璿璣玉衡以齊七政孔安國注曰在察也璿美玉璣衡王者正天之器可轉運者七政日月五星各異政舜察天文齊七政審已當天心與否

又胤征曰火炎崑崗玉石俱焚山脊曰崗崑山出玉言火逸而害玉

又禹貢曰華陽黑水惟梁州厥貢璆璆玉名也雍州厥貢惟球琳琅玕球琳皆玉名琅玕石而似珠

又顧命曰成王被冕服馮玉几

又曰大玉夷玉天球在東序

尚書中候曰湯沉璧於洛黑鳥隨魚止化為黑玉赤勒文

尚書說曰有人能起載玉英鄭玄曰玉果實召載為骨衣也

尚書大傳曰堯致舜天下贈以昭華之玉



周書曰武王俘商舊寶玉萬四千佩玉億有八萬

周禮天官下曰玉府掌王之金玉玩好兵器凡良貨賄之藏共王之服玉佩玉珠玉齊則共食玉玉是陽精之純者食之所禦水氣

又春官上大宗伯曰玉作六器以禮天地四方以蒼璧禮天以黃琮禮地以青珪禮東方以赤璋禮南方以白琥禮西方以玄璜禮北方

儀禮聘禮曰凡執玉無籍者襲鄭玄注云籍言僑也

大戴禮曰玉在山而木潤淵生珠而崖不枯珠者陰中之陽也破勝火玉者陽中之陰也破勝水

禮記月令曰孟春之月天子衣青衣服蒼玉

又曲禮上曰受珠玉者以掬

又曰執玉爵者弗揮　又曰執玉不趍志重玉也

又檀弓曰石駘仲卒駘仲衛大夫石碏之族無適子有庶子六人卜所以為後者莫適立也曰沐浴佩玉則兆言齊絜則得吉兆也五人者則沐浴佩玉石祁子曰孰有執親之喪而沐浴佩玉者乎不沐浴佩玉心正且知禮○又月令曰孟春之月天子衣青衣服蒼玉

又玉藻曰古之君子必佩玉右徵角左宮羽玉聲所中也徵角在右事也民也可以勞宮羽在左物也宜逸趨以采齊路門外之樂節也門外謂之趨齊當爲楚薺之薺行以肆夏登堂之樂節周還中規反行也宜圓折還中矩曲行也宜方進則揖之退則揚之然後玉鏘鳴也揖之謂小俛見於前也揚之謂小仰見於後也鏘聲貌

又曰君子無故玉不去身君子於玉比德焉故謂喪與災天子佩白玉而玄組綬公侯佩山玄玉而朱組綬大夫佩水蒼玉而純組綬世子佩瑜玉而綦組綬士佩瓀玟而縕組綬玉有山玄水蒼者視之文色所似也綬者所以佩玉相承受也

又學記曰玉不琢不成器人不學不知道



又聘義曰子貢問於孔子曰敢問君子貴玉而賤珉何也為玉之寡珉之多與孔子曰非為珉之多故賤之也玉之寡故貴之也夫昔者君子比德於玉焉溫潤而澤仁也縝密而栗知也縝緻也栗堅貌廉而不劌義也劌猶傷也義者不苟傷人也垂之如墜禮也禮尚謙卑叩之其聲清越以長其終詘然樂也樂作則有聲止則無也越猶陽也詘絕止貌瑕不掩瑜瑜不掩瑕忠也瑕玉之病也瑜其中間美者孚尹旁達信也氣如白虹天也精神見于山川地也精神亦精氣也虹天氣也圭璋特達德也特達謂以朝聘天下莫不貴者道也道者人無不由詩云言念君子溫其如玉故君子貴之也

禮含文嘉曰玉石得宜則太白常明

禮稽命徵曰王者得禮制則澤谷之中有白玉焉

禮斗威儀曰君乘金而王則紫玉見於深山

左詩桓公曰初虞叔有玉虞公求旃不獻既而悔之曰周

諺有之疋夫無罪懷璧其罪吾焉用此以其賈害乃獻之

又莊公曰虢公晉侯朝王享禮命之宥(命之以幣物有助也)皆玉五瑴非禮也

又僖上曰天王使邵武公內史過賜晉侯命受玉惰過歸告王曰晉侯其無後乎(事具錫命門)

又僖下曰楚子玉自爲瓊弁玉纓未之服也先戰夢河神謂巳曰畀余賜汝孟諸之麋弗致也大心與子西使榮黃諫弗聽榮季曰死而利國猶或爲之況瓊玉乎是糞土也而可以濟師將何愛焉弗聽

又僖下曰晉侯執衛侯歸之于京師使醫衍酖衛侯甯俞貨醫使薄其酖不死公爲之納玉於王與晉侯皆十瑴王許之乃釋衛侯

又文公下曰秦伯使西乞術來聘且言將伐晉襄仲辭玉(事具奉使部)



又曰莒太子僕以其寶玉來奔

又成上曰晉及齊戰于鞌齊師敗齊侯使賓媚人賂以紀甗玉磬與地不可則聽客之所爲

又襄十五年曰宋人或得玉獻諸子罕子罕弗受獻玉者曰以示玉人(玉人能治玉者)玉人以爲寶也故敢獻之子罕曰我以不貪爲寶爾以玉爲寶若以與我皆喪寶也不若人有其寶稽首而告曰小人懷璧不可以越鄉(言必謂盜所害)納此以請死也(請免死)子罕寘諸其里使玉人爲之攻之(攻治也)冨而後使復其所(賣玉得冨)

又曰襄公十八年晉侯伐齊將濟河獻子以朱絲玉二瑴(雙玉曰瑴)而禱曰齊環怙恃其險負其衆庶(環齊靈公名負依也)弃好背盟陵虐神主(神主民也謂數伐魯民人)曾臣彪將率諸侯以討焉(彪晉平公)(名稱臣者明上有天子以謙告臣曽臣猶末臣)其官臣偃實先後之(守官之臣偃獻子名)苟捷有功無作神羞(羞恥也)官臣偃無敢復濟(偃信巫言故以死自誓)唯爾有神裁之沈玉而濟

又昭七年曰燕暨齊平燕人歸燕姬(嫁女與齊侯)賂以瑤甕玉櫝斝耳不克而還(瑤玉也櫝匱也斝耳玉爵)

又曰公賜公衍羔裘使獻龍輔於齊侯(龍輔玉名)遂入羔裘齊侯喜與之陽穀(陽穀齊邑)

又曰公疾徧賜大夫(從公者)大夫不受賜子家子雙琥(琥玉器)一環一璧輕服(細好之服)受之大夫皆受其賜巳未公薨子家反賜於府人曰吾不敢逆君命也大夫皆反其賜

又昭十六年曰晉韓起聘于鄭宣子有環其一在鄭商(玉環同工共朴自共爲雙)宣子謁諸鄭伯(謁請子)子產弗與曰非官府之守器也寡君不知子太叔子羽謂子產曰韓子亦無幾求(言所求少)



晉國亦未可以貳晉國韓子不可偷也(偷薄也)若屬有讒人交鬬其間鬼神而助之以興其凶怒悔之何及吾子何愛於一環其以取憎於大國也盍求而與之子產曰吾非偷晉而有二心將終事之是以弗與忠信故也僑聞君子非無賄之難立而無令名之患僑聞爲國非不能事大字小之難無禮以定其位之患夫大國之人令於小國而皆獲其求將何以給之一共一否爲罪滋大大國之求無禮以斥之何饜之有吾且爲鄙邑則失位矣(不復成國)若韓子奉命以使而求玉焉貪淫甚矣獨非罪乎出一玉以起二罪吾又失位韓子成貪將焉用之且吾以玉賈罪不亦銳乎(銳細小也)韓宣子私覲於子產以玉與馬曰子命起舍夫玉是賜我玉而免吾死也敢不藉手以拜(以玉馬藉手拜謝子產)

又昭十七年曰鄭裨竈言於子產曰宋衛陳鄭將同日火

若我用瓘斝玉瓚鄭必不火子產弗與以爲天災流行非禳所息故也爲明
年宋衛陳災傳
又定上曰蔡昭侯爲兩佩與兩裘佩佩玉也以如楚獻一佩一
裘於昭王昭王服之以享蔡侯
又曰蔡侯歸及漢執玉而沈曰余所有濟漢而南者有若
大川自誓言若復渡漢當受禍明如大川
又曰季平子行東野還未至丙申卒于房陽虎將以璵璠
斂璵璠美玉君所賜仲梁懷弗與曰改步改玉昭公之出孫行君事佩璵祭宗廟今
定公立復臣位改君步則亦當去璵璠陽虎欲逐之告公山不狃曰彼爲君
也子何怨焉
又定下曰邾隱公來朝子貢觀焉邾子執玉高其容仰公
受玉卑其容俯玉朝者之贄子貢曰以禮觀之二君者皆有死
亡焉
又曰陽虎脫甲如宮取寶玉大弓以出
又哀上曰衛太子禱曰大命不敢請佩玉不敢愛
又曰吳申叔儀乞糧於公孫有山氏曰佩玉蘂兮余無所
繫之
穀梁傳隱公曰賵玉曰唅
春秋孔演圖曰孔子論經有烏化爲書孔子奉以告天赤
爵集書上化爲玉刻曰孔提命作應法
春秋說題辭曰孔子以受黃玉葬魯城北
毛詩國風曰將翺將翔佩玉鏘鏘將將鳴玉而後行
又竹竿曰巧笑之瑳佩玉之儺瑳巧笑貌儺行有節度
又小雅曰它山之石可以攻玉攻錯也
又大雅曰維玉及瑤鞞琫容刀
詩含神霧曰孔子曰詩者天地之心刻之玉板藏之金府



韓詩外傳曰良玉度尺雖有千仞之土不能掩其光
周易鼎卦曰上九鼎玉鉉大吉無不利鄭玄注曰鼎蓋象玉似剛而柔廉而
不劌易曰乾爲金爲玉
孝經援神契曰神靈滋液百寶用則玉有瑛華宋均曰尊卑不失其服玉者英
華也
論語子罕曰子貢曰有美玉於斯韞櫝而藏諸求善價而
沽諸子曰沽之哉沽之哉我待價者也寧有自衒賣之道乎我居而待價者
又季氏曰孔子曰求虎兕出於柙龜玉毀於櫝中是誰之
過與
逸論語曰璠璵魯之寶玉也孔子曰美哉璠璵遠而望之
煥若也近而視之瑟若也一則理勝一則孚勝
又曰玉十謂之區治玉謂之琢亦謂之雕雙玉爲瑴五瑴爲區雕治璞也
瑴音角瑳玉色鮮白也瑩玉色也瑛玉光也瓊赤玉也璿瑾
瑜美玉也璑舞三采玉也玪瑲琤瑣瑝鍠玉聲也璬玉佩
玉也瑱充耳也璪玉飾以水藻也
史記曰范蠡事越王勾踐二十餘年竟滅吳范蠡曰君行
令臣行意乃載其輕寶珠玉乘舟浮海行終不反
漢書曰陳平求見漢王拜平爲都尉絳灌等或讒平曰雖
美丈夫如冠玉耳
又曰文帝始幸雍新垣平以望氣見平使人持玉杯闕下
獻之平言上曰闕下有寶玉氣果有獻玉杯者
又郊祀志曰宣帝祀河東之明年鳳凰集祋祤於所集處
得寶玉乃起萬壽宮
又曰王莽就國孔休守新都相休謁見莽莽進其玉具寶
劍休不肯受莽因曰誠見君面有瘢美玉可以滅瘢其瑑
耳即解其瑑休復辭莽遂椎碎之自裹以進休也

後漢書曰孝明帝時汴渠成故行幸滎陽巡行河渠薦嘉玉潔牲以禮河神
續漢書曰桓帝時光祿吏舍下夜有青氣視之得玉鉤玦各一鉤長七寸三分玦五寸四分身中皆雕鏤
又曰三老五更杖玉杖民年七十授之以玉杖
華嶠後漢書曰嘉平中袁逢爲三老賜玉杖
范曄後漢書曰梁冀金玉珠璣異方珍怪積藏室
魏志曰漢時夫餘王葬用玉匣常豫以付玄菟郡王死則迎取以葬公淵伏誅玄菟庫猶有玉匣一具今夫餘庫有玉璧珪瓚數代之物傳世以爲寶耆老言先代之所賜也
魏略曰大秦國出釆玉五色玉夫餘國出赤玉
晉書曰中興東遷舊章多闕而冕旒飾以翡翠珊瑚及雜珠等顧和奏舊冕十有二旒皆用玉珠今用雜珠等非禮



若不能玉可用白琁成帝於是始下太常改之
沈約宋書曰紫玉王者不藏金玉則光見深山
崔鴻十六國春秋南燕録曰鎮南長史悅壽謂南海王法曰向見北海王子天資弘雅神爽高邁始知天族多奇玉林皆寶
又前涼録曰辛攀字懷遠隴西狄道人兄鑒曠弟寶迢皆以才識知名秦雍爲之語曰三龍一門金友玉昆
又曰初呂光之稱王也遣市六璽於于闐六月玉至也
燕書曰文帝熙平二年左部民得玉璽玉鼎
趙書曰劉聰從治平陽於汾水中得白玉四寸高二分龍鈕文曰有新保之
後魏書曰崔挺爲光州刺史掖縣有人年踰九十板輿造州自稱少曾充使林邑得一美玉方尺四寸甚有光彩藏之海島垂六十歲忻逢明政今願奉之挺曰吾雖德謝古人未能以玉爲寶遣舡隨取光潤果然迄不肯受乃表送都
又曰李預字元凱歷征西大將軍長史帶馮翊太守府解罷郡遂居長安羨古人飡玉法乃採訪藍田躬往攻得若環璧雜器形者大小百餘頗有麤黑者亦抆盛以還至而觀之皆光潤可玩預乃椎七十枚爲屑食之餘多惠人後預及聞者更求玉於前處皆無所見翊公源懷弟得其玉琢爲器佩皆鮮明可寶預服經年去有効驗而世事寢食皆不禁節又加好酒損志及疾篤謂妻子曰吾酒色不絶自致於死非藥過也然吾尸體必當異勿速殯令後人知飡服之妙時七月中旬長安毒熱預屍四宿而體色不變其妻常氏以玉珠二枚唅之口閉常謂曰君自云飡玉有



神驗何不受唅言訖齒啓納珠因噓其口都無穢氣舉斂棺堅直不傾委死時有遺玉屑數升囊盛納諸棺中
又曰高祐爲中書侍郎時有人於零丘得玉印一以獻詔以示祐祐曰印上有籕書二字文曰守壽壽者命也我獲其命亦是歸我之徵
又曰穆弼有風格善自位置高祖初定代族欲以弼爲國子助教弼辭曰先臣以來蒙恩累世比校徒流實用慙屈高祖曰朕欲厲冑子故屈卿先白玉投泥豈能相汚弼曰既遇明時恥沉於泥滓
又曰孝昌中於廣平王第掘得古玉印勑召祖瑩與李琰之令辯何世之物瑩云此是于闐國王晉泰康中所獻乃以墨塗字觀之果如瑩言時人稱爲博物
後周書曰武帝保定中晉公護獲玉斗以獻

北史曰于謹平江陵獲大玉徑四尺圍七尺及諸輿輦法物以獻

又曰隋文時王邵上表云稽覽圖史又云政道則陰物變為陽物鄭玄注云葱變為韭亦是謹案自六年巳來遠近山石多變爲玉石爲陰玉爲陽

太平御覽卷第八百四

# 太平御覽卷第八百五

## 珍寶部四

### 玉下

唐書曰太宗嘗謂魏徵曰玉雖有美質在於石間不値良工琢磨與瓦礫不別若遇良工即爲萬代之寶朕雖無美質爲公所切磋勞公約朕以仁義弘朕以道德使朕功業至此公亦足爲良匠耳

又曰高宗朝封禪太嶽造玉册三枚皆以金編每牒長一尺二寸廣一寸二分厚三分刻玉塡金爲字又爲玉匱一以藏正坐玉册金匱二以藏配坐玉册各一尺三寸并玉檢方五寸當繩纏處刻爲五道當璽處刻深二分方一寸二分爲黃金繩以纏金玉匱各五周爲金泥以泥之爲玉璽一枚方一寸二分文同受命至以封玉匱



又天寶中詔曰禮神以玉者蓋取其精絜表以溫潤合德爲器有象正辭乃信以達馨香其在璧瑄來禮神六器及宗廟奠玉自馮紹正奏後有司並皆用珉禮所謂君子貴玉而賤珉是珉不可用也朕精禋郊壇嚴敬宗廟奉惟新之祚庇太平之人則人力普存備物以享安可以珉代玉惜費事神況國家之富有萬方之助祭闕典必脩無文咸秩豈於天地宗廟奠玉有虧自今已後禮神六器宗廟奠玉並用眞玉諸祀用珉如以玉難得大者寧小其制度以取其眞

又曰憲宗時隰州刺史吳暈獻玉杯一頗珍奇去先使吐蕃所得

又曰憲宗時莊宅使許遂振得玉類珽以進上悅命賜絹三百疋

又曰貞元六年盧羣入拜侍御史有人誣告故尚父子儀嬖人張氏宅中有寶玉者張氏兄弟又與尚父子孫相告訐詔促其獄羣上奏言張氏以子儀在時分財子弟不合爭奪然張氏宅與親仁宅皆子儀家事子儀有大勳伏望陛下赦而勿問使私自引退上從之時人賞其識大體也

又曰大和中文王命中使以白玉帶就幽州賜李載義亦殊恩也

又曰開成中王起議今國家郊天報地祀神之玉常用守經據古禮神之玉則無臣等請詔下有司精求美玉創造蒼璧等九器祭訖具而藏之其餘燎玉請依常制

管子曰夫玉之所以貴者九德出焉溫潤以澤仁也鄰以理者智也堅而不蹙義也廉而不劌行也鮮而不垢潔也折而不撓勇也瑕適皆見情也茂華光澤並通而不相陵容也叩之其音淸摶徹遠純而不殺辭也是以人主貴之藏以爲寶剖以爲符瑞



文子曰鄭人謂玉未理者璞周人謂鼠未腊者璞周人懷璞問鄭賈曰欲之乎出其璞視之乃鼠璞

范子計然曰玉英出藍田

列子曰穆王征西戎西戎獻昆吾之劒赤刃切玉如切泥

又曰宋人有爲其君以玉爲楮葉者三年而成鋒殺莖葉毫芒繁澤亂之楮葉中不可別也此人遂以巧食宋國

尹文子曰魏田父有於野得玉徑尺弗知其玉也以告鄰人鄰人詐之曰此怪石也畜之弗利田父雖疑猶錄置於廡下其夜玉明照一室其家大怖遽而弃之於野隣人盗之以獻魏王魏王召玉工相之玉工望王再拜却立曰敢賀大王得天下之寶臣所未常見王問價玉工曰此無價

以當之五城之都僅可一觀王立賜獻者千金長食上大
夫祿也
鬼谷子曰鄭人之取玉也載司南之車為其不惑也
尸子曰水方折者有玉圓折者有珠
又曰玉者色不如雪澤不如雨潤不如膏光不如燭鄒子
曰夫珠生於南海玉出於須彌無足而至者人好之也士
有足而不至者以人不好也
韓子曰楚人卞和得玉璞於楚山獻厲王使玉人相之曰
石也王以和為慢刖右足及武王即位又獻之復相曰石
也次刖左足及文王即位和乃抱其璞而哭於楚山三日三
夜泣盡繼之以血王使玉人治之得寶玉焉名曰和氏之
璧
又曰周有玉版紂令膠鬲索之文王不予費仲來求因予



之是膠鬲賢而費仲無道也周惡賢者之得志也故予費
仲文王舉太公於渭濱者貴之也而資仲玉版者愛之也
故曰不貴其師不愛其資雖知大迷
又曰堂谿公見昭侯曰今有白玉之巵而無當有瓦巵而
有當君渴將何以飲君曰以瓦巵堂谿公曰白玉之巵美
而君不以飲者以其無當耶君曰然堂谿公曰為人主而
漏泄其羣臣之語譬猶玉巵之無當也堂谿公每見而出
昭侯必獨卧惟恐夢言泄於妻妾
淮南子曰琬琰之玉存汙泥之中雖廉者不釋也
又曰崑崙山曾城九重有珠樹玉樹
又曰鍾山之玉炊以爐炭三日三夜而色澤不变得天地
之精
又曰玉璞不猒厚

又曰白玉不雕美珠不文質有餘也
又曰兩堅不能相加兩強不能相伏故梧桐斷馬角截犁
玉（言柔勝剛）
又曰玉待瀸諸而成器（瀸諸珎玉之名也言物有待賤而貴）
隨巢子曰幽厲之時奚祿山壞天賜玉玦於羿遂以殘其
身以此為福而禍
抱朴子曰吳時發廣陵大冢兵人共舉死人以倚壁有一
玉長一尺形似冬瓜從人懷中頹出墮地玉可以為珠酒
及地榆酒化之為水亦可燒以為粉服一年以上入水不
沾入火不灼
又曰玉脂生玉之山膏流出萬年以上則凝而成之鮮明
如水精以無心草末和之須臾成水服之一外得千歲玉
服玄真者其命不極玄真玉別名也服玉當得于闐白玉



赤松子以玄虫而漬玉為水服之故得乘烟霞上下也
又曰中山諺曰稱人字者金玉也知其物則不為害
賈子曰德有天理曰道性神明命之所生而能象德者獨
玉也
符子曰荊山不貴玉鮫人不貴珠
穆天子傳曰天子大朝黃之山披圖視典用觀天子之寶
器玉果（石以美玉謂女果者）璿珠（璿玉類音旋）
又曰天子北征東還乃循黑水至於羣玉之山先王所謂
策府天子於是取玉枝三乘玉器服物於是載玉萬隻也
又曰赤烏氏美人之地寶玉之所在也
山海經曰玨二玉相合（玨音角）瑁琉夷蠻係耳玉也稷契之
山及鹿臺山其上多白玉瑜次之山多嬰垣之玉泰冒之
山洛水出焉其中多藻玉密山之上丹水出焉其中多玉

膏其源沸湯黃帝是食玉膏之所出五色乃清五味乃馨
堅栗精密澤而有光五色發作以和柔剛天地鬼神是食
是饗君子服之以禦不祥龍首之山弱水出焉其中多美
玉放皐之山明水出焉其中多蒼玉平丘在三桑東爰有
遺玉
帝王世紀曰有鸞飛而遺卵簡翟與妹競取覆以玉筐
又曰周武王伐殷爲天子登臺見玉王曰誰之玉或曰諸
侯之玉王不取反歸之天下聞之曰王廉於財矣
又曰紂敗績登鹿臺蒙寶衣玉席投於火而死
漢武故事曰上起神屋前庭植玉樹以珊瑚爲枝碧玉爲
葉華子青赤以珠玉爲之空其中如小鈴鎗有聲也
漢武內傳曰西王母云昌城玉女夜山火玉
又曰長州一名青丘仙草靈藥甘液玉英美所不有



漢書儀曰祭天用玉几
論衡曰玉變爲石珠變爲礫毀謗使然也採玉者破石拔
玉選士者弃惡取善
又曰球琳瑯玕玉也琳珠也琅玕珠之類也
鹽鐵論曰南越以孔雀珥門户崑山之旁以玉抵鳥鵲
桓譚新論曰雒陽季幼賓有小玉撿衛謁者史子伯素好
玉器見而奇之使子報以三萬錢請買焉幼賓曰我與好
事長者傳之已雇十萬非三萬錢主也余驚駭云我若於
路見此千錢亦不市也故知之與不知相去甚遠
王逸正部論曰或問玉符曰赤如鷄冠黃如蒸栗白如脂
肪黑如純漆玉之符也（魏文帝與鍾繇書亦出也）
橋世論曰白玉之肖牙者唯離婁能察之
白虎通曰玉者象君子之德燥不輕濕不重是以人君寶

之
應劭漢官儀曰封禪壇有玉龜
郭子橫洞冥記曰元鼎元年起招靈閣有一神女留一玉
釵以與帝帝以賜趙婕妤至昭帝元鳳中宮人猶見此釵
共謀欲碎之明視釵匣唯見白鸞直升天後宮人常作玉
釵因名玉鸞釵言其吉祥
西京雜記曰高祖初入咸陽宮周行庫藏金玉珎寶不可
勝言其尤驚異者有青玉五枝燈高七尺五寸下作蟠螭
以口含燈然則鱗甲皆動煥爛盈室焉
又曰高祖初入咸陽周行庫藏見玉笛長二尺二寸二十
九孔吹之則見車馬山林隱嶙相次吹息不復見銘曰昭
華之管（樂具部）
五經通義曰玉有五德溫潤而澤有似於智銳而不害有
似於仁抑而不橈有似於義有瑕於內必見於外有似於
信垂之如墜有似如禮



瑞應圖曰玉甕者聖人之應也不汲自盈王者飲食有節
則出
雒書曰王者不藏金玉則紫玉見于深山服飾不逾祭服
則玉英出
胡綜別傳曰吳時掘得銅印以琉璃爲蓋畫布雲母於
其上開之得白玉如意太皇帝以問君君曰秦皇以金陵
有天子氣處處埋寶物以當王土之氣此抑是也
文士傳曰劉楨字公幹少有才辯常豫魏文帝座見甄后
不伏武帝嘗怒配上方武帝輦至上方觀作署楨故臣坐
正色磨石不仰武帝問曰石何如楨因得喻己自理跪對
曰石出自荆山玄巖之巔外有五色之章內有含和之珎

摩之不加瑩雕之不增美稟氣堅貞受玆自然顧其理枉
屈紆繞猶不得中武帝顧左右大笑即日還宮赦楨復署
吏
列山傳曰赤松子者神農時雨師也服水玉教神農能入
火不燒
神仙傳曰沈羲爲仙人所迎見老公以金案玉盤賜羲
搜神記曰孔子作春秋制孝經既成齋戒告天天降赤虹
化爲黃玉長三尺上有文
又曰羊公雍伯雒陽人性篤孝父母終葬無終山遂居焉
山高八十里上無水公汲水作義漿於坂頭行者皆飲之三
年有一人就飲以石子一斗與之使至高平好地有石處種
之玉當生其中羊公未娶又語汝後當得好婦語畢不見後
種其石數歲時時往視玉子生人莫知有徐氏在北平著姓



女甚有名時人求多不許公乃試求徐氏徐氏以爲狂乃
戲云以白璧一雙來當聽爲婚公至所種石中得一雙白
璧以聘徐氏徐氏大驚遂以女妻公天子異之拜爲大夫
於種玉處四角作大石柱各一丈中央一頃地曰玉田
續搜神記曰樂安高衛其孫雅之在廄中去有神來降自
稱白頭公柱杖光耀照人也（白頭公白玉也）
搜神記曰吳王夫差女名玉童子韓重有道術女悅之結
氣死葬于閶門之外重至冢前哭祭女見形將重入冢臨
去取崑崙玉盂以送重○敦煌高納之郡府紀年曰桀伐
岷山岷山女（尼蠹瓦）千桀二女曰琬曰琰桀愛二女無子刻
其名於苕華之玉苕是琬華是琰
石虎鄴中記曰後宮別坊中有小形玉床又曰石虎以宮
人爲女官用玉案文書

涼州記曰盜發張駿陵得玉樽玉簫玉笛
法顯記曰師子國有玉像
齊諧記曰餘杭縣南巷中有一人姓沈名路入山得一玉
豘從此以後所向如意家遂殷富
異苑曰晉東瀛王騰字元邁以永嘉元年鎮鄴天雪門前
方數十步融液不積騰怪掘之得玉馬高一尺許口齒缺
騰以馬者國姓爲吉瑞或謂馬無齒則不復食
又曰弘農楊子陽太元初聞土中聲掘得玉豘
錄異傳曰江巖常到吳採藥及富春縣清泉山南遙見一
美女紫衣獨踞石而歌聲有碣石之音巖往未及數十步
輒去女處唯見所踞石耳如此數日巖乃擊破石遂從石中
得一紫玉廣長一尺後不復見女
又曰鄮浪者安樂人行到松滋縣九田山見一鳥形如雉



五色正赤集山巖石上鳴聲如吹笙浪即射中之鳥仍入
石穴中浪遂鑿石得一赤玉狀如鳥形
十洲記曰周穆王時西胡獻玉杯是白玉之精光明照夕
置杯於庭中皆明旦而水汁滿於杯中汁甘而香美斯靈
器也
又曰瀛州有玉膏如酒名曰玉酒飲之令人長生
博物志曰得好玉用合玉漿
廣志曰白玉美可照而出交州青玉出樓國碧玉出夫餘
梁四公記曰扶桑國使使貢觀日玉大如鏡方圓尺餘明
澈如琉璃映日以觀見日中宮殿皎然分明
地鏡圖曰二月中草木光生下垂者下有美玉
又曰玉石之精也其在石中若山中石潤而浸旁有水其
居地氣青而浮其氣白而圓光轉其地中常潤

白玉圖曰玉之精名曰柔狀如美女衣青衣見之以桃戈
剌之而呼其名則可得也夜行見女子戴燭行者潛從其
所亡則入石石中有玉
世說曰長沙王從封常山至國穿井入地四丈得白玉方
三四尺
又曰溫嶠取姑女下玉鏡臺一枚是公為劉越石長史征
劉聰所得
語林曰平子從荆州下王敦欲殺之平子恒持一玉枕下牀去故
不得發敦後矯平子左右而借其玉枕持下牀去遂殺平子
本草經曰玉泉一名玉醴臨死服五斤色不變
吳氏本草曰白玉體如白頭公
明皇雜錄曰天后嘗召諸皇孫坐於殿上觀其嬉戲因出
西國所貢玉環釧盃盤列於前後縱令爭取以觀其志莫

平八百五　九　程竜

不奔競厚有所獲獨上端坐略不為動后大奇之撫其背
曰此兒當為太平天子因命取玉龍子以賜玉龍子太宗
於晉陽宮得之文德皇后常置之衣箱中及大帝載誕之
三日后以珠絡衣褓并玉龍子賜焉其後常藏之內府雖
其廣不數寸而溫潤精巧非人間所有及上即位每京師
愆雨必虔誠祈禱將有霖霪逼而視之若奮鱗鬛開元中
三輔大旱上復祈禱而涉旬無雨上密投南內之龍池俄
而雲物暴起風雨隨作上幸西蜀車駕次渭水將渡駐蹕
於水濱左右侍御或有臨流濯弄者於沙中得之上聞驚
喜視之泫然流涕曰此吾昔時所寶玉龍子自後每夜中
光彩輝燭一室上既還京為小黃門攘竊以遺李輔國常置
於櫃中輔國將敗夜中聞櫃中有聲開視亡其所

太平御覽卷第八百五

太平御覽卷第八百六

珍寶部五

圭　璧

圭

說文曰圭瑞玉也上員下方以封諸侯楚爵有執圭

尚書禹貢曰禹錫玄圭告厥成功

又金滕曰既克商二年王有疾弗豫二公曰我其爲王穆卜周公曰未可以戚我先生公乃自以爲功爲三壇同墠爲壇於南方北面周公立焉植璧秉珪乃告大王王季文王

又顧命曰康王卽位太保承介圭上宗奉同瑁由阼階躋（大圭尺二寸天子守之同爵名瑁所以冒者侯以齊瑞信方四寸邪刻之也）

尚書大傳曰古者圭必有冒故圭冒者天子與諸侯爲瑞

諸侯執所受圭以朝天子無過者復得以歸有過者留其三年



周禮春官上大宗伯曰以玉作六瑞以守邦國王執鎭圭公執桓圭諸侯執信圭伯執躬圭子執穀璧男執蒲璧（馬融曰瑞信鎭圭尺有二寸王者執以事天地桓圭九寸信圭七寸躬圭七寸穀圭五寸蒲圭柔滑）

又春官上宗伯曰以青圭禮東方

又典瑞曰王搢大圭執鎭圭繅籍五采五就以朝日覲聘四圭有邸以禮天旅上帝（四圭相連皆外嚮共一邸長尺二寸旅陳）兩圭有邸以祀地旅四望（兩圭五寸）瓅圭有瓚以肆先王以祼賓客（瓚爵之圭尺二寸肆陳牲器以祭也）圭璧以祀日月星辰土圭以致四時日月封國則以土地（土圭尺有五寸以求土中故謂土圭也）鎭圭以徵守以恤凶荒（守邦國都鄙者）穀圭以和難以聘女（穀圭七寸穀善）琬圭以治德以結好（琬圭九寸琬順也）

又秋官下小行人曰合六幣圭以馬也

儀禮聘禮曰上介受圭屈受賈人

禮記禮器曰諸侯以龜爲寶以圭爲瑞家不寶龜不藏圭

又禮器曰禮有以素爲貴者大圭而使所以申信也

又雜記曰贊大行曰圭公九寸侯伯七寸子男五寸博三寸厚半寸剡上左右各寸半玉也藻三采六等（贊大行者書說大行人之禮者名也藻薦玉者也三采六等以朱白蒼畫之再行也）

三禮射侯圖曰信圭七寸謂圭上琢爲人頭身之形侯所執也躬圭七寸謂圭上琢爲四體之形伯所執也

左傳昭六曰王子朝用成周之寶圭于河津人得諸河上

又襄三十年曰鄭伯有之難游吉晉還聞難不入（懼禍并及）復命于介八月甲子奔晉駟帶追之及酸棗與子上盟用兩珪質于河（子上駟帶也沈珪於河爲信也酸棗陳留縣）



又昭十二年楚公尹路請曰君王命剝圭以爲鏚秘（鏚斧也秘柄也玉以飾斧柄）敢請命（請制度之命）

穀梁定公傳曰定公八年盜竊玉玉者制圭也

毛詩生民曰顒顒卬卬如珪如璋

又柳曰白圭之砧尚可磨也斯言之砧不可爲也

又韓奕曰韓侯入覲以其介圭入覲于王

又嵩高曰王遣申伯錫爾介圭（圭長尺二寸謂之介非諸侯之圭故以爲寶諸侯之瑞圭自九寸而下）

論語鄉黨曰執圭鞠躬如也如不勝

又雍也曰南容三復白圭孔子以其兄之子妻之

墨子曰赤烏銜圭降周之岐社曰天命周文王伐殷

墨子申徒狄曰周之靈圭出於土石

莊子曰楚昭王延屠羊說以三圭之位（司馬彪曰諸侯三卿皆執圭也）

山海經曰騩山之神祠以皇圭
穆天子傳曰天子乃執白圭玄璧以見西王母也
瑞應圖曰四海會同則玄圭出
白虎通曰諸侯薨使臣歸圭於天子推讓之義也
又曰東方爲圭之制上小下大狀如犁錍
太玄經曰破璧毀圭逢不幸
楚辭曰三璋圭雜於甑窐兮（璋圭玉石也 窐首甑也）
楚辭曰三圭重侯（三圭謂公侯伯）

## 璧

說文曰璧瑞玉環也瑗大孔璧也璜半璧也
爾雅曰肉倍好謂之璧好倍肉謂之瑗
尚書金縢曰周公植璧秉珪乃告大王王季文王曰介不許我我乃屏璧與珪



又顧命曰弘璧琬琰在西序（大璧琬琰之圭爲二重也）
尚書中候曰堯沉璧於河白雲起也
毛詩淇澳曰有斐君子如金如錫如珪如璧
又雲漢曰靡神不舉靡愛斯牲珪璧既卒寧莫我聽
周禮春官上大宗伯曰子執穀璧男執蒲璧以蒼璧禮天
禮記曲禮下曰操幣圭璧則尚左手
又禮器曰束帛加璧尊德也
左傳桓公曰鄭伯以璧假許田爲周公祊故也
又曰疋夫無罪懷璧其罪
又僖上曰晉荀息請以屈產之乘與垂棘之璧假道於虞以伐虢
又曰楚子圍許許男面縛銜璧
又曰初申侯有寵於楚文王文王將死與之璧使行曰唯我知汝專利而無猒我死汝必速行
又曰秦伯納重耳及河子犯以璧授公子曰臣負羈紲從君於天下臣之罪多矣臣猶知之而況君乎請由此亡公子曰所不與舅氏同心者有如白水投其璧於河
又僖中曰晉公子重耳及曹僖負羈之妻饋盤飧寘璧焉公子受飧反璧
又文下曰秦伯以璧祈戰于河
又成公上曰丑父寢於轏車（轏士車）蛇出於其下以肱擊之傷而匿之故不能推車而及（爲韓厥所及 欲爲右故匿其傷）韓厥執縶馬前（縶系馬絆也 執之備臣僕之職）再拜稽首奉觴加璧以進（觴璧亦以示敬）
又襄三曰諸侯取邾田自漷水歸之於我晉侯先歸公享晉六卿于蒲圃賄荀偃束錦加璧
又襄六曰公薨于楚宮叔仲帶竊其拱璧以與御人納諸



其懷而從取之由是得罪
又襄二十八曰齊人求崔杼之尸將戮之不得叔孫穆子曰必得之武王有亂臣十人崔杼其有乎不十人不足以葬（葬必須十人崔氏不能令十人同必得）既崔氏之臣曰與我其拱璧（崔杼大璧）吾獻其柩於是得之
又昭四年曰楚子以諸侯滅賴賴子面縛銜璧士袒輿櫬從之造於中軍（中軍王所將）王問諸椒舉對曰成王克許（在僖六年）許僖公如是親釋其縛（縛受其璧焚其櫬）王從之（從舉言）遷賴於鄢（鄢楚邑）
又曰楚共王無冢嫡有寵子五人無適立焉乃大有事于群望而祈曰請神擇於五人者使主社稷乃徧以璧見於群望曰當璧而拜者神所立也誰敢違之既乃與巴姬密埋璧於大室之庭使五人齊而長入拜康王跨之靈王肘加焉子干子晳皆遠之平王弱抱入再拜皆壓紐

又哀下曰衛人出莊公入於戎州己氏初公自城上見己
氏之妻髮美使髡之以為呂姜髢既入焉而視之璧曰活
我吾與汝璧己氏曰殺汝璧將焉往遂殺之而取其璧
史記曰鄒陽上書曰白圭顯於中山人惡之於魏文侯文侯賜
以夜光之璧
又曰臣聞明月之珠夜光之璧以闇投於道衆莫不按劒
相眄者何則無因而至前也
又曰趙惠文王得楚和氏璧秦昭王使人遺趙王書願
以十五城請易璧遂遣藺相如奉璧西入秦相如見秦王
無意償趙城乃前曰璧有瑕請指示王王授璧相如因持
璧卻立倚柱怒髮上穿冠謂秦王曰趙王齋戒五日使臣
奉璧今大王得璧傳之美人以戲弄臣觀王無意趙王城邑臣復取璧
大王必欲急臣頭今與璧俱碎於柱矣王恐其破璧乃辭

謝固請相如使從他道以璧還趙
又曰張儀已學而游諸侯常從楚相飲已而楚相亡璧門
下意儀掠笞數百不服釋之
又曰虞卿躡屩擔簦一見趙王賜白璧一雙黃金百溢
又曰始皇三十年有使者從關東夜過華陰平舒道有人
持璧遮使者曰為吾遺滈池君因言曰今年祖龍死使者
問其故因忽不見使者奉璧具以聞始皇使御府視璧乃
二十八年行渡江所沉璧也
漢書曰迺以白鹿皮為幣王侯朝對必以皮幣薦璧
又天文志曰日月如合璧五星如連珠
又曰沛公從百餘騎見項羽鴻門沛公如廁間道走軍服虔
曰走音奏使張良謝羽問沛公安在良曰聞將軍有意督過己
脫身去間至軍矣故使獻璧羽受之

又曰文帝賜尉佗書及依佗因使者獻白璧一雙
又曰王夫人者趙人幸武帝生子閎夫子死而帝痛之使
者拜之曰皇帝謹使使太中大夫明奉璧一賜夫人為齊
王太后
又曰王莽篡位冠軍張永獻符命銅璧言元后當為宣室
文母
後漢書曰驃騎將軍東平王蒼聞朱暉有義行辟為掾正
月旦蒼將朝當奉璧賀故事少府給璧是時陰就為少府卿
貴驕傲吏不奉法蒼坐朝堂漏且盡而求璧不可得顧謂
掾屬曰若之何暉望見就主簿持璧即往給之曰我數聞
璧而未嘗見試借觀之主簿授暉暉顧召令使奉之奉之於蒼
主簿遽白就就曰朱掾義士勿復求更取璧蒼罷朝謂暉
曰掾自視孰與藺相如

晉書載記曰燕常山大樹自拔根下得璧七十三光色精
奇有異常主慕容雋以為岳神之命遣其尚書郎段勤以
太牢祀之
又石季龍起河橋於靈昌津採石為中濟石無大小下輒
隨流用功五百餘万而不成季龍遣致祭沉璧于河俄而
所沉璧浮于渚上
晏子春秋曰和氏之璧井里之朴耳
老子曰雖有拱璧以先駟馬不如坐進此道
孫卿子曰聘人以珪問士以璧
魯連子曰楚成章華之臺酌諸侯酒魯君先至王悅之與
不琢之璧
莊子曰孔子問子桑雽曰吾見逐於魯伐樹於宋親而益
疎何也對曰子獨不聞假之亡與假國名也林回弃千金之璧

貿赤子而趍彼以利合者迫窮相弃也天屬者迫窮相收
韓子曰楚人和氏得璞玉於荆山而獻之遂名和氏之璧
又曰和氏之璧不飾以五采隋侯之珠不飾以黄金其質
至美物不足以飾之
文子曰聖人不貴赤璧而貴寸陰不布施以求得不高下
以相假此古人之德也
淮南子曰禹之趍時冠掛不顧故曰不貴尺璧而重寸陰
又曰和氏之璧夏后之璜揖讓而進以合於夜以投人則
爲怨時與不時
又曰得和氏之璧不若以事之所適
又曰璧瑗成器礛諸之功礛治玉石
抱朴子曰安期先生者賣藥於海邊始皇賜之金璧可直
數千萬



又曰虞舜之承禪也捐璧於谷中
又曰景帝時戍將廣陵掘冢有人如生棺中有雲母厚文
許白璧三十枚以藉身
山海經曰招摇之神祠用一璧
穆天子傳曰天子賓於西王母乃執珪璧以見之
帝王世紀曰堯刻璧爲書東沈於洛言當傳舜之意
戰國策曰張儀爲秦破從連横説楚王楚王遣車百乘獻
駭雞之犀夜光之璧於秦王
又曰齊欲伐魏魏使謂淳于髡曰弊邑寶璧二雙文馬二
駟請致之髡入説齊王曰魏齊之與國今伐之名醜而實
危齊王乃不伐客謂齊王曰髡受魏璧馬王謂髡曰先生
有之乎曰有之伐之事便魏雖刺髡於王何益若誠不便
魏雖封臣於王何損百姓無被兵之患髡有璧馬之寶於
王何傷
又曰蘇秦説趙王於華屋之下抵掌而談趙王封爲武安
君受白璧百雙黄金萬溢
河圖天靈曰趙王政以白璧沉河有一黒公從河出謂
政曰祖龍來天寶開中有二王贖也
呂氏春秋曰后成子爲魯聘於晉過衛右宰穀臣觴之陳
樂而不樂乃送以璧后成子曰觴我與我歡也陳樂而不
樂告我憂也送我璧寄託之也衛其有亂乎背衛行三十
里聞甯喜之難作右宰穀臣死之后成子使人迎其妻子
隔宅居之分禄食之其子長反其璧
賈誼新書曰梁有疑獄乃問陶朱公朱公曰臣之家有二
白璧其色相如其徑相如其澤相如然其價不相如一者
千金一者五百金何則側而視之其一者厚倍之是以千



金
漢武帝内傳曰西王母上藥有赤河絳璧
韓詩外傳曰楚襄王遣使以金千斤白璧百雙聘莊子以
爲相莊子固辭
白虎通曰方中圓外璧内方象天地
列異傳曰秦召公子無忌無忌不行使朱亥奉璧一雙秦
王大怒將朱亥著虎圈中亥瞋目視虎眥裂血出濺虎虎
終不敢動
鍾離意別傳曰意爲魯相省視孔子教授堂男子張伯剗
草堦下土中得璧七枚懷藏其一以六白意意開堂中
素書文曰後世修吾書董仲舒護吾車拭吾履發吾笥會
稽鍾離意璧有七張伯藏一意召伯問璧有七何藏一耶伯
叩頭出之

物理論曰語曰士非玉璧談者為價

晉中興徵祥說曰王者不隱過則玉璧見不斵自成光若月明

石虎鄴中記曰石虎太武殿懸大綬於梁柱綴玉璧於綬

范亨燕書曰昭文帝時左部民得紫璧以獻

戴延之西征記曰宋公諮議王智先停柏谷遣騎送道人惠義疏曰有金璧之瑞公遣迎取軍次于崤東金璧至脩壇拜受之

又云冀州傳陵郡王次寺道人法稱告弟子普巖曰嵩高皇帝語吾言江東有劉將軍是漢家苗裔當受天命吾以四十二璧金一餅與之璧數是劉氏卜世之數也惠義以義熙十三年入嵩高山即得璧金獻馬嵿門嵩

琴操曰楚昭王得和氏璧使大夫明光奉璧於趙郡中羊申



甫知趙無反遺乃讒之於王明光常背楚同趙今使奉璧何能述楚功德及明光還王怒之明光乃作歌曰楚明光

魏文帝禁伯喈女賦序曰家公與蔡伯喈有管鮑之好乃命使者周近持玄玉璧於匈奴贖其女還以妻屯田郡都尉董祀

張載擬四愁詩曰佳人遺我雲中翮何以贈之連城璧

太平御覽卷第八百六

璋　琮　璜　瓚　琯　珊瑚　瑇瑁　貝

璋

說文曰：璋，半圭也。尚書顧命曰：康王即位，太保秉璋以酢。（孔安國注曰：王已祭，太保又祭，報祭曰酢也。）毛詩棫樸曰：濟濟辟王，左右奉璋。（半圭曰璋。）又斯干曰：乃生男子，載弄之璋。又板曰：天之誘民，如壎如篪，如璋如圭，如取如攜。周禮春官上大宗伯曰：以赤璋禮南方。又典瑞曰：牙璋以起軍旅，以治兵革。（馬融注曰：牙璋若今之銅虎符。）又秋官下小行人曰：合六弊，順有璋也。公羊傳定公八年曰：陽虎竊寶玉而走。寶者何？制璋也。爾雅曰：大璋八寸謂之琡。（璋，半圭也。）

山海經曰：招搖之神，祠用一璋。

呂氏春秋曰：成功用璋。

太八百七　一

琮

說文曰：琮，瑞玉也，八寸，似車釭。

周禮春官上大宗伯曰：以黃琮禮地。

又秋官下小行人職曰：合六幣，琮以錦。

又冬官下玉人曰：璧琮八寸以頫聘。駔琮五寸，宗后以為權。（駔讀為組。）大琮十有二寸，射四寸，厚寸，是謂內鎮，宗后守之。駔琮七寸，鼻寸有半寸，天子以為權。瑑琮八寸，諸侯以享夫人。

白虎通曰：貞中方外曰琮。琮起土功，位西方。

呂氏春秋曰：大喪用琮。

璜

說文曰：璜，半璧也。

尚書中候曰：文王由磻谿之水，呂尚釣其涯，王下拜曰：乃今見光景于斯。尚曰：望釣得玉璜。

周禮春官上大宗伯曰：以玄璜禮北方。

又秋官下小行人曰：合六幣，璜以黼。

左傳文公曰：周公相王室以尹天下，於周為睦，分魯公以大路、大旂、夏后氏之璜。（杜預注曰：璜，美玉名。）

又哀下曰：宋向魋出奔衛，公父文伯攻之，求夏后氏之璜，與之他玉而奔齊。

白虎通曰：璜以徵召，位在北方。

又曰：何謂五玉？謂圭、璧、琮、璜、璋。

又曰：孔子卒，受魯君璜玉，葬墎之北。

文子曰：夏后之璜，不能無纇。

淮南子曰：夏后氏之璜，不能無考。（考，瑕。）

又曰：精神可寶，非直夏后之璜。

楚辭曰：璜臺十成，誰可極焉。（璜，石次玉。）

傅玄歌詩曰：有所思兮在天一方，何用贈之玉佩珠璜。

太八百七　二　女

瓚

說文曰：瓚，三玉一石也。天子用全，純玉也；上公用駹，四玉一石；侯用瓚；伯用將，玉石半相將也。

尚書文侯命曰：平王錫晉文侯秬鬯圭瓚，作文侯之命。

毛詩文王旱麓曰：瑟彼玉瓚，黃流在中。（玉瓚，圭瓚也。黃金所以流鬯也。圭瓚之狀，以圭為柄，黃金為勺，青金為外，朱中央。）

毛詩大雅江漢曰：釐爾圭瓚，秬鬯一卣，告于文人。（釐，賜也。）

周禮春官小宗伯曰：凡祭祀賓客，以時將瓚果。（將，送也，猶奉也。祭祀以時奉而授王，賓客以時奉而授宗伯。天子圭瓚，諸侯璋瓚。）

又冬官下玉人曰：祼圭有瓚，以祀廟。

禮記王制曰：諸侯賜圭瓚，然後為鬯；未賜圭瓚，則資鬯於

天子得其器乃敢爲其事圭瓚璺爵也璺秬酒也
又明堂位曰季夏三月以禘禮祀周公於太廟灌用玉瓚
大圭
又祭統曰君執圭瓚裸尸大宗執璋瓚亞裸及迎牲
左傳昭四日有星孛于大辰西及漢鄭裨竈言於子產曰
宋衛陳鄭將同日火若我以瓘斝玉瓚鄭必不火瓘圭也斝玉斝
瓚勺也欲禳火子產不與
漢書曰王莽加九命秬鬯圭瓚
魏志曰天子命魏文踐祚錫命孫權秬鬯圭瓚
北史曰于謹受華州刺史賜秬鬯一卣珪瓚副焉
白虎通曰圭瓚秬鬯宗廟之盛禮也
瑁䁙
尚書顧命曰乃受同瑁王受瑁爲主受同以祭



周禮冬官下玉人曰天子執瑁四寸以朝諸侯玉以瑁之似犁冠也
白虎通曰天子執瑁以朝諸侯瑁之爲言冒也上有所覆
下有所冒也
珊瑚
說文曰珊瑚色赤生於海中或生於山也
孝經援神契曰珊瑚鉤瑞寶也神靈滋液百珎寶用則見
廣雅曰珊瑚珠也
晉書曰石崇王愷爭豪武帝每助愷嘗以珊瑚樹賜之高
二尺許枝柯扶疎世所罕比愷以示崇崇便以鐵如意擊
之應手而碎愷既惋惜又以爲疾己之寶聲色方厲崇曰
不足多恨今還卿乃令左右悉取珊瑚有三四尺者六
七株條幹絕俗光彩曜日如愷比者甚衆愷恍然自失
矣

又四夷傳曰大秦國一名犂鞬在西海之西其地東西南
北各數千里有城邑其地周迴百餘里屋宇以珊瑚爲梲
而琉璃爲牆壁水精爲柱礎也
宋書曰劉勔爲鬱林太守勔既至隨宜翦定大致名馬并
獻珊瑚
宋紀曰大明六年鬱林郡獻珊瑚連理樹
南史曰扶南國梁天監二年跋摩復遣使送珊瑚佛像并
獻方物
又曰波斯國有鹹池生珊瑚樹長一二尺亦有虎珀馬腦
真珠玫瑰等國內不以爲珎
西京雜記曰積草池中有珊瑚樹高一丈二尺一本云三
柯上四百六十二條是南越國王趙他所獻號爲烽火樹
至夜光景昭然



漢武故事曰武帝起神堂前庭植玉樹葺珊瑚爲枝
述異記曰鬱林郡有珊瑚市海客市珊瑚處也珊瑚碧色
生海底一樹數十枝枝間無葉大者高五六尺尤小者尺
餘鮫人云海上有珊瑚宮
漢元封二年鬱林郡獻瑞珊瑚婦人帝命植於殿前謂之
女珊瑚忽一旦柯葉甚茂至靈帝時樹死咸以爲漢室將
亡徵也
海中經曰珊瑚生海中欲取之先作鐵網沉水底珊瑚貫
網而生歲高二三尺有枝無葉形如小樹因絞網出之珊
瑚皆摧折在網中
孫氏瑞應圖曰珊瑚鉤者王者恭信則見一本去不珎玩
弄則出
廣志曰珊瑚其長者爲御車柱出西海底

玄中記曰珊瑚出大秦西海中生水中石上初生白一年黄三年赤四年蟲食敗
司馬相如上林賦曰玟瑰碧林珊瑚薮生
班固两都賦曰珊瑚之樹上栖碧雞
傅玄紫華賦曰炳綵差以照燿兮何光麗之難形葩艷挺於碧枝兮煥若珊瑚之翠英
潘安仁石榴賦曰似長離之栖鄧林若珊瑚之映緑水

瑇瑁

周書王會曰伊尹謂湯曰請以瑇瑁為獻
孝經援神契曰神明滋液則瑇瑁背（宋均曰背文也）
春秋考異郵曰承石取鐵瑇瑁吸楉（類相致也楉[illegible]也楉音若）
史記曰趙使使於春申君欲誇楚為瑇瑁簪劒室悉飾以瑇瑁



又曰江南出丹沙犀象瑇瑁珠璣
漢書西域傳賛曰故能覩犀布瑇瑁則建珠崖七郡感蒟醬竹杖則開牂牱越巂
續漢書輿服志曰貴人助蚕瑇瑁釵
范曄後漢書曰賈琮傳云交趾土多珎産明璣翠羽象犀瑇瑁異香美木之屬莫不自出前後刺史率多無清行者司舉琮為交趾刺史
又曰和熹鄧皇后臨朝上方珠玉犀象瑇瑁雕鏤之物皆絶
又曰天竺國出象犀玳瑁也
吴録曰嶺南盧賁縣漲海中玳瑁似龜而大
吴録曰魏使以馬求易珠璣翡翠玳瑁孫權曰此皆孤所不用而得馬若何而不聽

晉令曰士卒百工不得服犀玳瑁
齊書曰少帝夜醉乗馬從西步廊向北馳走如此两三將倒臨汝侯坦之諫不從執馬控帝運拳擊坦之着到地坦之與曹道剛扶抱還壽春殿瑇瑁牀上卧
齊書曰廬陵王子卿為荊州刺史在鎮營造服飾多違制度作瑇瑁乗具詔責之令速送都
唐書曰憲宗朝訶陵國獻僧祇女二人瑇瑁榼生犀物等
西京雜記曰韓嫣以玳瑁為牀
南方異物志曰玳瑁如龜生南海大者如蘧篨背上有鱗大如扇發取鱗因見其文欲以作器則煑之刀截任意所為冷乃以臬魚皮錯治之後以枯木條葉瑩之乃有光輝
廣志曰玳瑁形似龜出南海巨延州
司馬相如紫虛賦曰網瑇瑁釣紫貝



張衡東京賦曰翡翠不裂玳瑁不蔟
孫德施南榴枕賦曰委之玳瑁帶停之象牙床
劉楨清慮賦曰後布玳瑁之席前設觜觹之筵
左思吴都賦曰蟕蠵玳瑁金質黑章
繁欽寄情詩曰何以表别離取後玳瑁釵
班固與竇憲牋書曰明將軍賜固駮玳瑁簪
高文惠與婦書曰今致玳瑁梳一枚

貝

説文曰貝海介蟲也古者貨貝而寳龜至周而有泉到秦廢貝行泉
尚書禹貢曰淮海惟楊州厥篚織貝
又顧命曰大貝鼖鼓在西房（孔安国注曰大貝如車渠鼖周傳寳之）
毛詩曰萋兮斐兮成是貝錦

又義疏曰貝蠶之屬又有紫貝其白質如玉而紫點爲文
皆行列相當大者有徑一尺六寸今九眞交趾以爲杯盤
寶物也

爾雅曰貝居陸贆在水者蜬大者魧小者鰿(音積今之細貝亦有紫色)晧(出南)玄貝貽貝(黑色貝也)餘蚳黃白文(音治黃質白文也)餘泉白黃文(以白爲質黃爲文點今之紫貝以紫爲質黑爲文點也)蚆愽而頯(頯者中央廣兩頭鋭)蜠大而險(險者謂汙薄)蟦小而橢(即上小貝橢謂狹而長此皆說貝之形容也)

春秋運斗樞曰瑶光得江吐大貝

尚書大傳曰文王囚於姜里散宜生之江淮之浦而得大
貝如車渠以獻紂

歸藏曰有人將來遺我貨貝以至則徹以求則得有喜則
至

漢書曰文帝賜南越王尉他書及衣他因使者獻貝五百

平八百七　七　依乏

又曰王莽時大貝四寸八分已上二枚爲一朋直二百一
十六壯貝三寸六分已上一朋直百五十分貝二寸四分
已上一朋直三十小貝寸二分已上一朋直十不盈寸二
分不得爲朋率枚直錢三是貨

南史曰南海有婆利國在廣州東南二月日行出文螺紫
貝有石名蚶貝羅初採之柔軟及刻削爲物暴乾之遂大
硬

山海經曰陰山濁谷之水注于蕃之澤中多文貝

又曰陰山漁水中多文貝邽山濛水多黃貝赤水之東蒼
梧之野有文貝

太公六韜曰商王拘周西伯昌於羑里太公謂散宜生求
物以免君罪九江得大貝百朋(詩作百朋)

鹽鐵論曰教與俗改弊與世易夏后以玄貝周人紫石也

本草經曰貝子一名貝齒生東海

楚辭九歌曰魚鱗兮龍堂紫貝闕兮朱宮(河伯以魚鱗蓋畫龍文紫貝作闕者丹其宮之義也)

廣州志曰貝凡有八紫貝最爲美者出交州大貝出巨延
州與行賈貿易

萬震南州異物志曰乃有大貝奇姿難儔(大貝文貝也交趾以南海中皆有之)素質紫飾文若羅朱不磨不瑩彩輝光浮思雕莫加欲
琢靡踰在昔姬伯用免其拘

徐衷南方記曰班貝贏大者圍之得六十小者圍之得五
十在於海邊捕魚人時有得之者大貝出諸簿巨延州土
地採賣之以易絳青

劉欣期交州記曰大貝出日南如酒杯小貝貝齒也善治
毒俱有紫色

太八百七　八　乏

南州異物志曰交趾北南海中有大文貝質白而文紫色天
姿自然不假雕琢瑩而光色煥爛

相貝經曰相經朱仲受之於琴高琴高乘魚浮于河海水
產必究仲學先於琴高而得其法獻珠於漢武去不知所
以嚴助爲會稽太守仲又去遺助以徑尺之貝并致此文
於助曰黃帝唐堯夏禹三代之貞瑞靈奇之秘寶其有次
此者貝盈尺狀如赤電黑雲謂之紫貝素質紅黑謂之珠
貝有青地綠文謂之綬貝黑文黃畫謂之霞貝紫愈疾珠
明目綬清氣鄣霞伏蛆蟲不能延齡增壽其禦害一也復
有下此者鷹喙蟬脊以逐溫去水無奇功貝大者如輪文
王請大秦貝徑半尋穆王得其殼懸於昭觀秦穆公以遺
燕鼃可以明目遠宜玉宜金南貝如珠璣或曰駭其性寒
其味甘巴水毒浮貝使人寡無以近婦人黑白各半是也

濯使人善驚無以親童子黃脣黚齒有赤駮是也雖貝使病瘧黑鼻無皮是也𧸖貝使人胎消勿以示孕婦赤帶通脊是也慧貝使人善忘勿以近織內殼赤絡是也醬貝使童子愚女淫有青脣赤鼻是也碧貝使人盜脊上有縷句脣是也雨則重霽則輕委貝使志強夜行伏迷鬼狼豹百獸赤中貞是也雨則輕霽則重

太平御覽卷第八百七

珍寶部七

琥　琥珀　馬腦
琉璃　車渠　頗黎
水精　雲母　瑟瑟
玗琪

琥

說文曰琥發兵瑞玉爲琥文

周禮春官上大宗伯曰白琥禮西方

周禮秋官下小行人曰合六幣琥以繡也

左傳昭七曰魯昭公疾徧賜大夫大夫不受賜子家子雙琥一環一璧受之大夫皆受其賜（事見璧門）

呂氏春秋曰戰鬬用琥



虎魄

廣雅曰琥魄珠也生地中其上及旁不生草淺者五尺深者八九尺大如斛削去皮成琥魄初時如桃膠凝堅乃成其方人以爲枕出博南縣

典略曰大秦國多琥魄

續漢書曰哀牢夷出光珠琥魄

吳書曰虞翻少好學有高氣年十二客有候其兄者不過翻翻追書與曰僕聞虎珀不取腐芥慈石不受曲針過而不存不亦宜乎客得書奇之由是見稱

沈約宋書曰武帝時寧州常獻虎珀枕甚光麗時將北征以虎珀治金瘡上大悅命擣碎分付諸將

西京雜記曰宣帝有身毒寶鏡一枚大如八銖錢常以虎珀笥盛之

異物志曰虎珀之本成松膠也或以作杯瓶

華陽國志曰珠穴出光珠虎珀能吸芥

西域諸（國志曰　珠穴出）槩盧水邊沙中有短腰蜂窠燒治以爲虎珀

穴中記曰楓脂輪入地中千秋爲虎珀

博物志曰松脂淪入地中千年化爲茯苓茯苓千年化爲琥珀虎珀一名紅珠今太山有茯苓而無虎珀益州永昌出虎珀而無茯苓或復云燒蜂窠所作未詳此二說

拾遺記曰昔漢武寶鼎元年西方貢珍怪青虎珀鸞置之靜室自於室内鳴翔

又曰吳主聞潘夫人有色令進其圖圖成吳主見之驚喜以琥珀如意撫案即折曰此神女也因納之

又曰江引悅鄧夫人月下舞水精如意誤傷其頰令太



醫之以白獺髓和琥珀末塗之遂差

神農本草經曰取鷄卵黃白渾雜者熟煮及尚軟隨意刻作物以苦酒漬數宿既堅内着粉中佳者亂真矣（此世所常用作無不成）

左思蜀都賦曰虎珀丹青珠江瑕英

潘尼詩曰駕言遊西岳寓目二華山金樓虎珀階象榻瑇瑁筵中有神秀士不知幾何年

馬腦

廣雅曰馬腦石次玉也

魏略曰大秦國多馬腦

涼州記曰呂纂咸和二年盜發張駿陵得馬腦鍾榼

北齊書曰武平中除傳伏爲東雍州刺史會周克并州遣韋孝寬來招伏曰并州已平故遣公兒來報便宜急下授

上六將軍武鄉郡開國公即給告身以金馬腦二酒鍾爲
信伏不受
北史曰梁主蕭詧曾獻馬腦鍾周文帝執之顧丞郎曰能
擲樗蒲頭盧者便與鍾已經數人不得頃至薛端乃執樗
蒲頭而言曰非爲此鍾可貴但思露其誠耳擲之五子皆
黑文帝大悅即以賜之
古今注曰魏武帝以馬腦石爲馬勒
拾遺記曰帝顓頊時有丹丘國獻馬腦甕以盛甘露充於
廚丹丘之地有夜叉駒跋之鬼能以赤馬腦爲瓶盂及樂
器皆精妙於中國用者一玄馬腦者惡鬼之血凝成此物
也黄帝時有馬腦甕至堯時猶有甘露在其中盈而不竭
女中記曰馬腦出月氏
魏文帝曰馬腦勒賦曰玉屬也出自西域文理交錯有似



馬腦故其方人因以名之
陳琳馬腦勒賦曰託瑤溪之寶岸臨赤水之珠波
陸機靈龜賦曰若車渠繞理馬腦縟文龜甲錯鼊龍鱗
王粲馬腦勒賦曰遊大國以廣觀兮覽希世之偉寶總衆
材而課美兮信莫臧於馬腦

琉璃

孝經援神契曰神靈滋液則琉璃鏡
廣雅曰琉璃珠也
韻集曰琉璃火齊珠也
漢書地理志曰武帝使人入海市琉璃
續漢書曰哀牢夷出火精琉璃
漢武故事曰武帝好神仙起祠神屋扉悉以白琉璃作之
光照洞徹

又曰漢成帝爲趙飛鷰造服湯殿綠琉璃爲户
魏略曰大秦國出赤白黑黄青綠紺縹紅紫十種琉璃
魏書曰天竺國人商販至京自云能鑄石爲五色琉璃於
是採礦山石於京師鑄之既成光澤美於西方來者乃詔
爲行殿容百餘人光色映徹觀者見之莫不驚駭以爲神
明所作自此國中琉璃遂賤人不復珎之
吳曆曰黄龍扶南諸外國來獻琉璃
晉書曰王濟豪侈帝嘗幸濟宅供饌甚豐悉貯琉璃器中
帝甚美
又曰汝南王亮公卿以琉璃鍾行酒酒及崔洪洪不肯執
問其故曰慮有執玉不趍之義
洞冥記曰東方朔得五色露以琉璃器盛之獻武帝
拾遺記曰董偃設紫琉璃屏風



世說曰滿奮畏風在晉帝坐北窻作琉璃扉實密似疎奮
有寒色帝笑奮荅臣猶吳牛見月而喘（吳牛水牛也南土多暑而水牛畏熱見月疑是日所以喘奮太尉寵之孫也）
廣志曰琉璃出黄支斯調大秦日南諸國
南州異物志曰琉璃本質是石欲作器以自然灰治之自
然灰狀如黄灰生南海濱亦可浣衣用之不須淋但投之
水中滑如苔石不得此灰則不可釋
十洲記曰方文山上有琉璃宮
杜篤論都賦曰槌蜯蛤碎琉璃
諸葛恢集曰詔荅恢今致琉璃枕一
傅咸污卮賦曰人有遺余琉璃卮者小兒竊弄墮之不潔
意既惜之人有感物之汙辱乃喪其所以爲寶況君子行
身而可以有玷乎

左思吳都賦曰致遠琉璃珂珬
孫公達琵琶賦曰回風臨樂刻琉璃

車渠

廣雅曰車渠石次玉也
魏略曰大秦國多車渠
古今注曰魏武帝以車渠爲酒杯
玄中記曰車渠出天竺國
古車渠椀賦曰車渠玉屬多纖理縟文出於西國其俗寶之小以繫頸大以爲器
王粲車渠椀賦曰雜玄黃以爲質似乾坤之未分兼五德之上美超衆寶而絶倫
陳思王車渠盌賦曰唯盌之所生于涼風之峻湄光如激電景若浮星河神怪之瓌瑋信一覽而九驚



王處道車渠觶賦曰溫若騰螭之升天曜似遊鴻之遠臻

頗黎

梁四公子記曰扶南大舶從西天竺國來賣碧頗黎鏡面廣一尺五寸重四十斤內外皎潔置五色物於其上向明視之不見其質問其價約錢百萬貫文帝令有司算之傾府庫當之不足其商人言此色界天王有福樂事天澍大雨雨衆寶如山納之山藏取之難得以大獸肉投之藏中肉爛類寶一鳥銜出而此寶焉舉國不識無敢酬其價者
唐書曰高宗上元二年十二月拔汗那王獻碧頗黎及地黃龜茲白王素稽獻金頗黎
天竺記曰大雪山中有寶山諸七寶並生取可得唯頗黎寶生高峯難得
玄中記曰大秦國有五色頗黎紅色最貴
十洲記曰崑崙山上有紅碧頗黎宮名七寶堂是也

水精

廣雅曰水精謂之石英
續漢書曰哀牢夷出水精
魏略曰大秦國一名黎鞬宮室皆水精爲柱食器亦然
廣志曰水精出大秦黃支國
十洲記曰崑崙山上有水精闕
山海經曰堂庭山多水玉注曰水玉今水精也
列仙傳曰赤松子服水玉
拾遺記曰周靈王二十三年起昆昭之臺飾水精爲泥
又曰祲彰夷國於山上架樓室向明以開戶牖以水精火璪爲階



司馬相如上林賦曰　精磊砢
劉楨魯都賦曰水精潛光於雲穴也
劉公幹清慮賦曰入鐐碧之閒出水精之都上青蠖之山蹈琳瑉之塗

雲母

春秋運斗樞曰樞星散爲雲母
漢書曰王莽侍中侍詔有說莽鴟目虎吻豺狼聲者莽誅待詔而封告者後常翳雲母屏風非親近莫得見
范曄後漢書曰鄭弘爲太尉弟五倫爲司空初倫爲會稽召弘署督郵每朝弘曲躬自卑帝聽置雲母屏風分隔其閒
晉陽秋曰孫秀降賜雲母車
梁書曰南岳鄧先生名郁荆州建平人也少而不仕隱居衡

山極峻之嶺立小板屋兩間足不下山斷穀三十餘載唯以澗水服雲母屑日夜誦大洞經

唐書曰吳王杜伏威性好左道因合金丹求長生之術常服雲母散

又曰尉遲敬德遂飛練金石閑居服雲母粉

淮南萬畢術曰雲母入地千歲不朽雲母在足無踐棘（注曰取大雲母塗足下踐棘不能刺）

淮南子曰雲母來水（雲母石可致水）

抱朴子曰雲母五色其多青者名雲英宜以春服之多赤者名雲珠宜以夏服之多白者名雲液宜以秋服之多黑者名雲母宜以冬服之但有青黃二色者名雲沙宜以季夏服之皛皛純白者名磷石可四時長服

又曰吳景帝戍將於廣陵掘冢有人如生棺中雲母厚尺許



西京雜記曰晉幽公冢甚高美門闕皆是石坐檾除深入乃得雲母深處見百餘尸縱橫相枕藉皆不朽唯一男子餘皆女子或坐或立或卧衣服形色不異生人

又曰成帝設雲母帳雲幄雲幕於甘泉紫殿世謂之三雲殿

晉公卿禮秩曰賜太宰安平王冶雲母輦

晉宮閣名曰含元池中有雲母舡

洛陽宮殿記曰宮中有林商等觀皆雲母置窻裏日照之煒煒有光

列仙傳曰方回堯時隱人練食雲母

三齊記曰東武城有雲母山山有雲母因以爲名安期先生常所遊餌

東園祕記曰以雲母擁尸則亡人不朽帝禡貴人素國色亡已十餘年冢爲賊所發形貌如故但冷耳盜共姧通之後捕得之此賊言貴人棺有數斛雲母

石虎鄴中記曰虎作雲母五明金薄扇

裴淵廣州記曰增城縣有雲母向日出照之晃曜

地理志曰瑯琊定山出雲母

王建平典術曰雲母有五名其色青黑五色亂文者名曰雲母白而微青名曰雲英如水露黃白名曰雲沙青赤雜者名曰雲珠黃白而赤重厚名陽起石雲母根也其中黑文班如錢名雲膽傷人不可服第一隣石第二雲母第三雲珠第四雲英第五雲光服隣石壽五千年服雲母壽三百年服雲英千年服雲光與天地同保



## 瑟瑟

明皇雜錄曰上於華清宮置長湯數十間屋又爲銀鏤漆船至於檝棹皆飾以珠玉又於湯中壘瑟瑟及沉香爲山以狀瀛洲方丈

又曰虢國夫人奪韋氏宅造中堂既成召匠圬墁授二百萬賞其直而復以金盃二瑟瑟三斗爲賞後白有暴風拔樹委其堂上已而視之略無所傷既撤瓦以觀之皆承以木瓦其傳作精至皆此類也

## 玗琪

說文曰玗石之似玉者也

爾雅曰東方之美者醫無閭之珣玗琪

山海經曰開明北有玗琪樹玗琪玉屬

太平御覽卷第八百八

太平御覽卷第八百九

珍寶部八

琅玕　火齊　碧

瑤　珹　珉

木難　碝石　璿瑰

玫瑰　武夫　金上

## 琅玕

孝經援神契曰神靈滋則琅玕景（宋均注曰事神明得理則琅玕有光）

爾雅曰西北之美者則崑崙之璆琳琅玕焉

說文曰琅玕石之似玉者

魏略曰大秦國出琅玕

山海經曰開明東有琅玕樹堤火山多琅玕

管子曰崑崙墟不朝請以璆琳琅玕為幣簪珥而千金琳琅玕也然後八千里之崑崙可令而朝也



淮南子曰崑崙侵城九重琅玕樹在其東

拾遺記曰崑崙山傍有瑤臺上有琅玕璆琳之玉煎可以為脂

本草經曰青琅玕一名珠圭

張衡南都賦曰珍羞琅玕充溢員方（注曰飾樂用金銀及琅玕）

王延壽魯靈光殿賦曰騈密石與琅玕齊玉璫與璧英

盧湛朝霞賦曰想神芝於瀛洲若琅玕於層城

## 火齊

說文曰火齊玫瑰也

韻集曰琉璃火齊珠也

漢武故事曰上起神屋綴以火齊

吳錄曰南西倦縣有火齊如雲母重沓可開色黃似金

南州異物志曰火齊出天竺狀如雲母色如紫金離別之節如蟬翼積之如紗縠重沓

張衡西京賦曰翡翠火齊絡以美玉

## 碧

孝經援神契曰神靈滋液則碧出

廣雅曰碧有縹碧綠有碧出越巂雲南

說文曰碧石之美者

漢書曰宣帝時或言益州有金馬碧雞之神可醮而致之於是遣王褒持節求焉（如淳曰金形似馬碧形似雞）

紀年曰惠成王七年雨碧于郢

漢武故事曰帝起神屋基及戶悉以碧石

魏略曰大秦國出碧

晉太康地記曰雲南青蛉縣出碧



異苑曰越巂會元縣元馬河畔有祠河中有碧珠若米祭祀取之不祥

莊子曰萇弘死于蜀藏其血三年化為碧（司馬彪曰萇弘忠而流放故其血不朽而化為碧也）

矯世論曰碧似玉唯猗頓別之

張衡羽獵賦曰乘瑤碧之雕軒建輝天之華旗

左思吳都賦曰紫貝流黃縹碧素玉也

又蜀都賦曰其中則有青珠黃環碧砮芒消

張衡南都賦曰綠碧紫英青艧丹粟

劉琨與兄子書曰單于但欲得碧汝不可不撿送之

## 瑤

尚書禹貢曰楊州厥貢瑤琨（孔安國曰皆美石也）

毛詩衛淇澳木瓜曰投我以木桃報之以瓊瑤

周禮天官下曰內宰以婦職教九御大祭祀后祼獻則贊瑤爵亦如之

左傳昭二曰燕人歸燕姬賂以瑤罋

說文曰瑤石之美者

山海經曰章義之山是多瑤瑤玉屬

劉公幹清慮賦曰憑文瑤之几對金精之盤

馬融廣成賦曰鎮以瑤臺純以金提

張衡四愁詩曰美人贈我金錯刀何以報之美瓊瑤

瑊

廣雅曰瑊石次玉也

山海經曰葛山之下多瑊石郭璞注曰瑊玏似玉之名

司馬相如子虛賦曰其石則瑊玏玄厲玏音力也

珉

禮記聘義曰子貢問於孔子曰敢問君子貴玉而賤珉者何也爲玉之寡而珉之多與孔子曰非爲珉之多故賤之也玉之寡故貴之也夫昔者君子比德於玉焉

說文曰珉石之次玉也

司馬相如子虛賦曰其石則琳珉昆吾

木難

玄中記曰木難出大秦

廣志曰木難珠其色黃生東夷

南越志曰木難金翅鳥口結沫所成碧色珠也大秦土人珎之

曹植樂府詩曰珊瑚間木難

瑌石瑌音儒

禮記玉藻曰士珮瑌玫而緼組綬



廣雅曰鴈門出石白也郭璞曰今鴈門出碝石白也如氷亦有赤者也

山海經曰北渚之山其上多碝石

司馬相如子虛賦曰碝石武夫

璿瑰

山海經曰沃民之國爰有璿瑰瑤碧

玫瑰

廣雅曰神蠶滋液百寶用則玫瑰出

魏略曰大秦國出玫瑰

班彪上事曰吏民壅埋有馬被毛驤角蹄玫瑰目皆以法禁之

司馬相如子虛賦曰其石則赤玉玫瑰

武夫

廣雅曰武夫石次玉也

戰國策曰西門豹爲鄴令魏文侯曰夫物多相類而非白骨疑象武夫類玉

漢書曰董仲舒曰五伯其比三王猶武夫之與美玉也

山海經曰會稽之山其上多砆石郭璞注曰今武砆石也似玉長沙臨湘出之赤地白文色葱蘢不分也

廣志曰武夫有白黒以爲枋碁

杜萬年相風賦曰太僕傅侯命余賦之誠知武夫非荊寶之倫長庚啓明非曜靈之疋

金上

說文曰金五色金也黃金爲之長久埋不生衣百湅不輕從革不違西方之行也生於土從土左右注象金在土中形

釋名曰金禁也氣剛毅能禁制物也

尚書舜典曰金作贖刑孔安国曰金黃金誤而入刑出金以贖刑也
又禹貢曰淮海惟揚州厥貢惟金三品孔安国曰金銀銅也
又洪範曰五行四曰金從革作辛孔安国曰金可以改更
周禮考工記曰攻金之工築氏執下齊冶氏執上齊鳧氏
爲聲桌氏爲量段氏爲鎛器桃氏爲刃鄭玄注曰多錫爲下齊少錫爲上齊
金有六齊六分其金而錫居一謂之鍾鼎之齊五分其金
而錫居一謂之斧斤之齊四分其金而錫居一謂之戈戟
之齊三分其金而錫居一謂之大刃之齊五分其金而錫
居二謂之削殺之齊金錫半謂之鑒燧之齊鄭玄曰鑒鏡也金多錫則
白明
毛詩魯頌泮水曰憬彼淮夷來獻其琛元龜象齒大賂南
金
周易噬嗑卦曰六五噬乾肉得黃金



又鼎卦曰六五鼎黃耳金鉉利貞
又上繫曰二人同心其利斷金
又說卦曰乾爲金
爾雅曰黃金謂之璗其美者謂之鏐餅金謂之鈑絕澤謂
之銑美金最有光澤西南之美者有華山之金石焉
史記秦本紀曰獻公十八年雨金櫟陽公自以得金瑞故
作畦畤於櫟陽祀白帝
又曰秦始皇葬驪山以黃金爲鳧鴈
又曰衛鞅入秦孝公以鞅爲左庶子長卒定變法令乃立三
丈之木於國都市南門募民有能徙置北門者予五十金
有一人從之輒予五十金以明不欺
又曰呂不韋乃使其客人人著所文號呂氏春秋布咸陽
市門懸千金其上有能增損一字者予千金

又曰項羽以陳平爲信武君擊殷而還拜平爲都尉賜金
三十鎰居無何漢攻下殷項王怒將誅定殷者平懼迺封
其金與印使歸間行杖劍亡渡河
又曰漢王與陳平金四萬斤以間疏楚君臣不問其出入
也
又曰吳楚反孝景以竇嬰爲大將軍賜金千斤嬰陳之廊
廡下軍吏過輒令財取爲用金無入家者
漢書曰文帝初立以陳平爲丞相位第二賜平金千鎰封
三千戶
又曰梁孝王未死時金以巨萬計不可勝數及死藏府餘
黃金尚三十餘萬斤
又曰季布爲任俠有名楚人諺曰得黃金百不如得季布諾
又曰董偃見寵館陶長公主安陵袁叔謂偃曰顧成廟遠
無宿宮何不白主獻長門園於上董君入白主主獻之上
大悅更名爲長門宮主大喜董君以黃金百斤爲袁叔
壽



又曰武帝即位欒大曰臣之師曰黃金可成而河決可塞
又曰衛青北伐將十餘萬衆擊破斬首虜之士受賜黃金
三十餘萬斤
又曰劉向字子政本名更生宣帝時更生言黃金可成上
令典尚方鑄作事費甚多方不驗
又曰直不疑爲郎其同舍郎有告歸誤持同舍郎金去主
意不疑不疑買金償之而告歸者來歸金亡者大慚
又曰韋賢少子玄成復以明經歷任至丞相故鄒魯諺曰
遺子黃金滿籯不如一經如淳曰籯竹器受三升今陳留俗有此器淳以爲蒲籯言甚多
耳非器名謂陳留之俗則吾陳留人也不聞有此器

又曰尹翁歸卒家無餘財天子賢之賜翁歸子黄金百斤以奉其祭祠

又曰疏廣徙爲太傅兄子受爲少傅父子並爲師傅俱乞骸骨皆許之加賜黄金二十斤皇太子賜以五十斤

又曰秦幣黄金方寸而重一斤以溢爲名（孟康曰二十兩爲溢臣瓚曰秦以一溢爲一金漢以一斤爲一金）金爲貨夏殷無聞周黄金方寸而重一斤故貨寶於金武帝時衛青擊匈奴斬捕首虜賜黄金二十餘斤

又曰王莽敗省中黄金萬斤者一匱尚六十匱

續漢書曰扶風人士孫奮居富而性悋梁冀認奮毋爲其守藏婢去盜紫金千斤

又曰楊震爲東萊太守道經昌邑初震爲茂才王密時爲昌邑令謁見至夜懷金十斤以遺震震曰故人知君君不



知故人何也密曰暮夜無知者震曰天知神知子知我知何謂不知密愧而出

又曰張奐遷安定屬國都尉羌豪帥感奐恩德上馬二十疋先零酋長遺金鐻八枚奐受之而召主簿於諸羌前以酒酹地曰使馬如羊不以入廐使金如粟不以入懷悉以金馬還之

太平御覽卷第八百九

# 太平御覽卷第八百十

## 珎寶部九

### 金中

東觀漢記曰鄧況遷爲大鴻臚上數幸其第賞賜金帛京師號況家爲金穴言其富貴

謝承後漢書曰豫章張載字仲宗爲廣陵太守舉孝子吳奉爲孝廉奉賫金爲禮載閉門不受奉以囊盛投載園中而逝載追不及賫金至廣陵還奉

又曰雷義字仲公常濟人死罪者後以金二斤謝之義不受金主候義不在嘿投金於承塵上後葺治屋得金主已死義乃以付縣曹

張璠漢記曰永昌太守鑄黃金之虵獻之梁冀益州刺史种暠發其事



後漢書曰中興初有應嫗者生四子而寡見神光照社試探之乃得黃金自是諸子官學並有才名至瑒七代通顯

又曰益州金銀之所出

魏略曰田豫爲并州胡客懷金三十斤曰以此上公張袖受之荅其厚意胡去之後皆悉付外具狀聞於是詔褒之曰昔魏絳開懷以納戎今卿舉袖以受狄金朕甚嘉焉

又曰大秦國出金織成帳也

魏志曰繁昌縣授禪石碑中生金表送上羣臣盡賀

蜀志曰先主平蜀賜諸葛亮等金數百斤

王隱晉書曰永嘉初陳國項縣賈逵石碑中生金人盜鑿取賣賣已復生此江東之瑞也

又曰咸寧三年起居注載燉煌郡上釜銅生金中百陶不消可以切玉

又曰鄱陽樂安出黃金鑿土十餘丈披沙之中所得者大如豆小者如粟米南郡象林南有四國皆稱漢人貢金供稅

晉後略曰載賈后以鹿車詣金墉城飲金屑而死

晉書曰清河王覃初爲清河世子所佩金鈴欻生隱起如麻粟者祖母李陳太妃以爲不祥毀而賣之占者以金是晉行大興之祥覃爲皇孫是其瑞也毀而賣之象覃見廢不終之驗也

晉永和起居注曰廬江太守路永表言於轂城北見水岸邊紫赤光得金一枚文如印齒

宋書曰褚彥回爲吏部尚書有人求官密袖中將一餅金因求清閑出金示之曰人無知者彥回曰卿自應得官無假此物若必見與不得不相啓此人大懼收金而去彥回叙其事而不言其名時人莫之知也



南史曰南海扶南國王諸農死子陽邁立陽邁初在孕其母夢生兒有人以金蓆籍之其色光麗夷人謂金之精者爲陽邁中國云紫磨者因以爲名宋永初二年遣使貢獻以陽邁爲林邑王

宋書曰齊武帝常至劉悛宅晝臥覺悛自捧金澡灌受四外以沃盥因以與帝

齊書曰金車王者至孝則出金人王者有盛德則游於後池林邑有金山金汁流於浦

又曰梁武帝於襄陽起兵蕭穎冑以荆州應焉時長沙寺僧鑄黃金爲龍數千兩埋土中歷相傳付稱爲下方黃鐵穎冑因取此龍以充軍實

梁書曰武陵王紀鎮蜀既東下黃金一斤爲一餅百餅爲簉至百簉銀五倍之其他錦罽剡稱是每戰則懸金以示將士

終不賞賜

又曰盧陵王續之子應不惠王薨至庫內閱珎物見金鋌問左右曰此可食不荅曰不可應曰既不可食並揔乞汝

南史曰林邑國有山皆赤色其中生金金夜則出飛狀如螢火

又曰甄法崇之孫彬有行業鄉黨稱善甞以一束苧就州長沙寺庫質錢後贖苧還於苧束中得五兩金以手巾裹之彬得送還寺庫道人大驚云近有人以此金質錢時有事不得舉而失擅越乃能見還輙以金半仰酬往復十餘彬堅然不受詠曰五月披羊裘而負薪豈拾遺金者耶卒還金梁武帝布衣而聞之及踐祚以西昌侯藻爲益州刺史乃以彬爲府録事叅軍帶郫縣令將行同列五人帝誡以廉慎至彬獨曰卿昔有還金之美故不復以此言相屬



由此名德益彰

陳書曰歐陽頠在嶺南交州刺史袁曇緩密以金五百兩寄頠令以百兩還合浦太守龔爲四百兩付兒智矩餘人弗之知頠尋爲蕭勃所破貲財並盡唯所寄金獨存曇緩亦尋卒至是頠並依信還之時人莫不歎伏之

崔鴻十六國春秋後趙録曰建武元年十一月不雨雪至二年八月穀價湧貴金一斤直米二外

又前燕録曰氾昭字嗣先燉煌人辟州主簿志在理枉申滯人有於夜中報昭黃金者昭責而遣之

後魏書曰趙柔字元順甞在路得人所遺金珠一貫價直百縑柔呼主還之

又曰孫軌字元慶爲諸軍司馬太武平赫連昌引諸帥入其府藏各令任意取金玉諸將取之盈懷軌獨不取帝把手親探金賜之謂之曰卿臨財廉朕所以增賜者欲顯廉於衆人

又曰段暉自慕容寶歸魏太武至長安人告暉欲南奔云置金於馬鞦中帝密遣視之果如告者斬之於市

又曰李安世爲主客令每有江南使至多出藏內珎寶令都下富室好容服者貨之令使任情交易時齊劉纘至金玉肆問價纘曰北方金玉太賤當是山川所出安世曰聖朝不貴金玉所以同於瓦礫又皇上德通神明地不愛寶故川無金山無玉纘初將大市得安世言慙而罷

又曰副貨國城周匝七十里國王有黃金殿殿下有駝七頭高三尺

又曰拔豆國出金銀河鈎羌國出金珠

北史齊李幼廉少寡欲爲兒童時初不從家人所求請故甞以金寶授之終不取強付輙擲之地後爲南青州刺史主簿徐乾富而暴橫歷政不能禁幼廉初至因其有犯收繫之乾密通疏奉黃金百挺奴婢二十人幼廉不受遂殺之



北史隋獻皇后山陵後帝賜楊素金鉢一實以金銀鉢一實以珠

隋書曰上賜王公已下射楊素箭爲第一上手以外國所献金精盤價直鉅萬以賜之

唐書曰太宗謂侍臣曰水旱不調皆爲人君失德朕德不修天當責朕百姓何罪而尚多窮困聞有鬻男女者朕甚愍焉於是遣御史大夫杜淹巡關內諸州出御府金寶贖還父母

又曰開元中杜暹爲監察御史往西羅覆屯蕃人賫金以遺

遲因辭不受左右以不可失蕃人之情遲受而埋於幕下既出境乃移牒令收取之

又曰德宗詔曰朕聞王者不貴遠物所寶惟賢故堯設茅茨禹卑宮室光武捨去寶劒順帝封還大珠朕仰企前王思齊大素邕州所奏金坑誠爲潤國語人於利非朕素懷方以不貪爲寶惟德其物豈尚茲難得之貨生其可欲之心耶其金坑任人採斸官不得占

又曰貞元元年四月南詔王異牟尋與其酋長定計遣使趙莫羅眉由南安使凡三輩致書於韋皐各賫生金丹砂爲贄三分前皐所與牟尋書各持其一爲信歲中三至京師且曰牟尋請歸大國永爲藩臣所獻生金以喻向化之意堅如金也丹沙示其赤心耳上嘉之乃賜牟尋詔書

又曰韋執誼時爲翰林學士受賕爲人求科第夏卿不應執誼乃探懷中出金以內夏卿袖夏卿驚曰吾與若賴先人德致名位幸各已達豈可如此自毀壞擺袖而去執誼大慙



又曰路隨爲翰林學士乃兼金紫有以金帛謝除制者必比之曰吾以公事接私賄耶終無所納

管子曰玉起於禺氏山金起於汝漢珠起於赤野此寶相去各七千里湯以杜山之金以贖民之賣子者禹以歷山之金贖賣子者江陽之珠天下一美上有丹砂下有黃金上有慈石下有銅金上有陵石下有鈆錫上有赭下有鐵葛盧山發而出金蚩尤取以爲劒鎧雍狐山發而出金蚩尤取以爲戟芮有汝漢之黃金

晏子曰景公爲履黃金之綦僅能舉之

列子曰齊人有鬻金者清旦衣冠之市適鬻金者之所因攫其金而去吏捕得之問曰人皆在焉子攫人之金何故對曰取金之時不見人徒見金

魯連子曰秦圍趙邯鄲魏使將軍新垣衍入邯鄲令趙尊秦爲帝魯連子說罷之秦軍退平原君以千金爲先生壽笑曰若即有取商賈之事連不忍爲也

莊子曰今大冶鑄金金踊躍曰我且必爲鏌鋣大冶必以爲不祥之金

又曰以瓦注者巧以黃金注者昏 所要重則心矜

又曰至仁無親至信辟金 金玉小信之質耳至信則隆

又曰金石有聲不考不鳴也

韓子曰荊南麗水之中生金

又曰魯丹三說中山之君而不受也因散五十金事其左右復見未語而君與之食魯丹出不及舍遂去中山其御曰交乃始善我何故去之魯丹曰夫以人言善我必以人言罪我未出境而公子惡之曰爲趙來間中山君因索而罪之



又曰張譴相韓病將死公乘無正懷三十金而問之其疾居一月公自問張譴曰君子死將誰使代子荅曰無正法而畏上雖然不如公子食我之得民也張譴死因相公乘無正

又曰荊王弟在秦秦不出也中尉之士曰資臣百金臣能出之因載百金之晉見叔向曰荊王弟在秦秦不出也請以百金委之叔向受金而見平公曰可以城壺丘矣平公曰何以對曰荊王弟在秦秦不出是秦荊惡也必不敢禁我城壺丘若禁之我曰爲我出荊王之弟吾不城也彼如出之可以得禁彼不出是卒惡也不敢禁我城壺丘矣曰

善乃城壺丘謂秦公曰爲出荊王之弟吾不城也秦因出之荊王大説以鍊金百鎰遺之

墨子曰昔夏使飛廉折金於山鑄昆吾鼎成而方不炊自烹不舉自藏不遷自行以祭昆吾之墟其兆繇曰蓬蓬白雲一南一北一東一西九鼎使成遷三國夏失殷受殷失周受

孟子曰齊王以兼金一百遺孟子兼金好金也

列子曰夏革殷謂湯曰渤海之東不知幾億萬里有大壑中有山一曰岱輿二曰方壺三曰員嶠四曰瀛洲五曰蓬萊其上高觀皆金闕

淮南子曰玦五百歲生黃頊五百歲生黃金黃金千歲爲黃龍玦石也中央數五故五百歲北頊音胡貢反頊黃金水銀也秦以一鎰爲一金而重一斤漢以一斤爲一金



又曰舜藏金千斤於嶄巖之山所以塞貪鄙之心

又曰子極溺者金玉不若得尋常纆

傳子曰懸千金於市人不敢取者分定矣委一錢於路童子爭者分不定矣

抱朴子曰合金液用古稱黃金一斤都合用四十萬而成一劑可令八人仙也其次餌黃金一斤可得地仙

又內篇曰山中亥日稱人字者金王知其物則不能爲害

又曰吳景帝時戍將於廣陵掘一大冢棺中人面如生兩耳及鼻孔中皆有黃金大如棗許此假物不朽之效也

太平御覽卷第八百一十

珍寶部十

金下

國語曰范蠡乘輕舟以浮於五湖莫知其所終王令工以良金寫范蠡之狀而朝禮之

穆天子傳曰觀天子寶黃金之膏（金膏亦猶玉膏皆其精液也）

春秋後語曰尉繚來說王曰以秦之強諸侯譬如郡縣其君臣俱怨若或合從（讖謂結盟之義也）離而出不意此智伯夫差湣王所以亡也願大王無愛財物賂其豪臣以亂其謀秦不過亡三十萬金則諸侯可盡王大善之

又曰邯鄲既存平原君欲封魯仲連仲連辭謝者三終不肯受平原君乃置酒酒酣起前以千金爲仲連壽仲連笑曰所貴於天下之士者爲人排患釋難解紛而無取也即有取者乃商賈之人仲連不忍爲也遂辭平原君而去終身不復見也

又曰邯鄲之北有蘇人侯蘇秦往說之蘇人侯送以黃金百溢其家丞諫曰君侯之與客無故舊而送之百金其說可得聞耶蘇人侯曰客天下辯士立談之間再棄我地而復歸之吾地雖小豈其百金

韓詩外傳曰田子爲相三年歸休以金百鎰奉其母母曰不義之物不入於館爲人臣不忠是爲人子不孝子其去曰子慚愧走出自歸於王還金請退就獄王赦田子罪以金賜其母

又曰楚襄王遣使者持金千斤白璧百雙聘莊子欲以爲相莊子固辭

又曰延陵季子遊於齊見遺金於路呼牧者取之牧者曰



何子居之高而視之下也類君子而言野也有君不臣有友不友當暑衣裘吾豈取金者乎延陵季子知其賢者請問姓字牧者曰子乃皮相之士也何足語姓字哉遂去

周易參同契曰黃土金之父流水珠之母

英雄記曰董卓塢有金二三萬斤

漢武故事曰帝年數歲長公主遍指侍者與作婦好否皆不用後指陳后帝曰若得阿嬌作婦當以金屋貯之

漢武內傳曰帝受西王母眞形經盛以黃金之几

又曰西王母有九丹金液經

漢東園祕記曰亡人以黃金塞九竅則尸終不朽

陸賈新語曰舜藏金於嶄巖之山捐珠玉於五湖之淵杜婬邪絕覬覦之情也

東方朔神異經曰北荒中有二金闕高百丈金銀盤圜五十丈

又曰西方白宮之外有金山上有人長五丈餘名曰金犀守之

蜀王本紀曰秦王以金一笥遺蜀王蜀以禮物荅而盡化爲土秦王怒羣臣拜賀曰土者地也秦當得蜀矣

說苑曰申鳴者孝聞於楚王授之相辭不受其父曰使汝有祿於國立義於庭吾無憂矣申鳴從父命爲楚相及白公亂申鳴曰今不得爲孝子矣遂援鼓殺白公其父亦死王賜金百斤申鳴曰何面目見天下遂自殺

新序曰齊桓公見麥丘邑人問之曰年幾何對曰八十矣曰以子之壽祝寡人乎曰使主君甚壽金玉是賤以人爲寶

又曰公孫敖問伯象先生曰今先生收天下之術博觀四

方之。久矣未能裨世主之治明君臣之義是則未有異
於府庫之藏金玉筐篋之囊間有書
又曰郭隗語燕昭王曰古之人君有以千金求千里馬已
死買骨五百金不能朞年千里馬至者二
論衡曰盧江民小男曰陳爵陳挺相與沿於湖崖有酒樽
色正黃沒水中爵以爲銅涉水取之重不能舉挺往助之
樽更爲沈盤動入深淵中挺爵留顧見如錢等正黃數百
千枚即共掇摝各得滿手歸示其家乃黃金也
論衡曰衆口鑠金者五行二曰火五事二曰言言與火直
故云鑠金
風俗通曰衆口鑠金俗說有美金此衆人咸共詆訿言其
不純賣金者欲其售因取鍛燒以見眞此爲衆口鑠金
又曰漢書說王陽好車馬衣服及遷徙所載不過囊衣俗



傳王陽能作黃金語曰金不可作世不可度王陽居食祿
雖爲潔白車馬衣服亦能幾何何足推之乃傳俗語
白虎通曰金在西方西方者陰始起萬物禁止金之爲言
禁也
西京雜記曰韓嫣好彈常以金爲丸一日所失者十餘長
安爲之語曰若飢寒逐金丸京師兒僮每聞嫣出輒隨之
望丸所落而拾之
樂說稽燿嘉曰君臣之義生於金
葛洪神仙傳曰容成公服三黃得仙所謂雄黃雌黃黃金
搜神記曰魏郡張巨賣宅與程應應舉家疾賣何文文獨
持大刀暮入北堂梁上一更中有一丈餘高冠赤幘呼曰
細腰應諾何以有人氣答曰無文問曰高冠者誰答曰金
也在西屋壁下文掘得金三百斤

又曰漢文微服懷金過魯少年少年桂金杖出應門
王子年拾遺記曰少昊時金鳴於山銀湧於地或如龜蛇
之類乍似人鬼之形
又曰方丈山有池泥色金而味辛以泥爲器可作丹矣百
鍊可爲金矣金色青照鬼魅猶如照面不得藏形也
異苑曰汝南殷陶市同縣張南宅掘地得錢百萬金二斤
即以還南南曰君至德感寶爲君出終不肯受陶送付縣
令河南張標表上尚書
又曰新野黃舒義熙中耕田得一船金卜者云三年勿用
長守富也舒不能從遂成土壤
又曰永康王曠井上有一洗浣石時見赤氣後有胡人寄
宿忽求買之曠怪所以求及度錢子婦孫氏覩二黃鳥鬬
於浣石上疾往掩取變成黃金胡人不知索市逾急旣得



撞破石内正有二鳥處
又曰卽墨有古冢發之有金牛塞埏門不動犯之則大坰
述異記曰南康雩都縣沿江西出去縣三里名夢口穴狀
如石室舊傳常有神雞色如好金出此穴中奮翼迴翔長
鳴響徹見人輒飛入穴因號此石爲雞石昔有人耕此山
側望見雞出遊戲有一長人操彈彈之雞遙見便飛入穴
彈丸正着穴上丸徑六尺許下垂蔽穴猶有門隙不復容
人又有人乘船從下流還縣未至此崖數里一人通身黃
衣擔兩籠黃紙求寄載因載之黃衣人乞食船主與之食
訖船適至崖下船主乞瓜此人不與仍唾盤上徑下崖直
入石中船主初甚忿之見其入石始知神異取食器視之
見盤上唾悉是黃金
又曰先儒說禹時天下雨金三日古詩曰安得天雨金使

金賤如土周成王時咸陽雨金今咸陽有雨金原秦二世
元年宮中雨金既而化爲石漢惠帝二年宮中雨黄金黑
錫又翁仲孺家貧力作居渭川一旦天雨金十斛於其家
由是與王侯爭富今秦中有雨金翁世世富
録異傳曰隗炤者汝南陰鴻壽亭民善於易臨終書板授
其妻曰吾死當大荒窮雖尔愼莫賣宅後到五年春當有
詔使頓來此亭姓龔此人負吾金卿以此板往責之亡後
果大困欲賣宅者數矣憶夫言輙止到期日有龔使者果
至亭妻遂賫板往責使者使者執板不知所言曰我生平
不踐此處何縁尔也沉吟良久謂曰賢夫何能妻曰夫善
易而未曾爲人卜使者曰可矣乃顧命侍者取蓍而筮之
卦成謂炤妻曰吾不相負金賢夫自有金乃知亡後暫窮
故藏金以待太平所以不告婦兒者恐金盡而困無已也



知吾善易故書板以寄意耳金有五百斤盛以青罌覆以
銅柈埋在堂屋東頭去壁一丈入在九尺妻還掘之皆如
卜焉
異物志曰狼𦖁民與漢人交關嘗夜市以鼻齅金知其好
惡
幽明録曰淮牛渚津水深無可筭計人見一金牛形甚魁
壯以金鏁絆也
又曰巴丘縣百金崗以上二十里名黄金潭上有瀨亦名
黄金瀨古有釣於此潭獲一金鏁引之遂滿一船而有金
牛出聲貌奔壯釣人波駭牛因奮躍還潭
又云晉南頓王平新營一宅始移夢見一人云平輿令黄
欲以一器金賂暴勝之爲暴所戮埋金在吾上見鎮迮甚
若君復築室無復　入金　明旦即鑿壁下入五尺果得

金

又曰譙縣城東因城爲臺方二十丈高八尺一曰古之冢
也魏武帝即築以爲臺東面墻崩金玉流出取者多死因
築復之
又曰海中有金臺臺内有金几玄記紀金之精爲牛
又曰長安有張氏者晝獨處室有鳩自入止于對床張惡
之披懷祝曰鳩爾來爲我禍耶止承塵爲福耶入我懷鳩
翻飛入懷以手探之不知所在而得一金帶鈎焉遂寶之
自是之後子孫昌盛
世説曰劉曄譖陳矯明帝以金五餅授矯曰君明朕心顧
君妻子未知也
又曰管寧華歆共園中鋤菜見地有片金管揮鋤與瓦石
不異華捉而擲去



曹操別傳曰操引兵入碭發梁孝王冢破棺收金寳數萬
斤天子聞之立泣
益部耆舊傳曰王忳字少林詣京師於客舍見諸生病甚
因謂忳曰要下有金十斤願以相與乞收藏骸骨未問姓
名因絶忳賣金一斤以給絮棺九斤置生要下
魯國先賢志曰叔孫通草創朝儀拜通爲奉常賜金五百
斤通悉以金賜諸生諸生乃喜曰叔孫生聖人也知當世
務廬江七賢傳曰陳翼字子初到覽鄉見馬旁有一人病呼
曰我長安魏少公聞卿廬江樂來遊今病不能前翼迎歸
養之有金十餅素二十疋既死翼賣素買棺衣衾以金置
棺下騎馬出入後其兄長公見馬告之吏捕翼翼具言棺
下得金長公叩頭謝以金十餅投其門翼送長安還之
邴原別傳曰邴原字根矩以喪亂方熾遂往遼東時同郡

劉舉亦在遼太守公孫度度掩捕其家而舉得免窘
逼歸原東萊太守太史子義素有義原以舉付之舉臨去
以其手所杖劒金三餅與原原受金辭劒還謂度曰將軍
平日與舉無郄而欲殺之者但恐其爲蜂蠆耳令舉以去
若以拘閉其家毒螫必滋甚矣度即出舉家原以金還之
茅君內傳曰漢帝及王莽獻金鍾之屬今埋在小茅山上
又曰取鉛十斤着鐵器中猛火燒之三沸投九轉之華一
銖於鉛中攪之須臾立成黃金九斤
吳時外國傳曰斯調國作金牀
扶南傳曰毗騫國食器皆以金爲之金如此間之石露出
山邊無有限
吳越春秋曰伍子胥伐楚還溧陽瀨水上欲報白殺婦人
百金不知其家投金瀨水中而去須臾有一姥哭而來自



言是女毋取金而去
蜀李書曰武帝諸將進金銀或以得官者楊襄諫曰陛下
爲天下主何有以官買金耶帝謝之
列女傳曰樂羊子出學其妻貞義截髮供其費後羊子得
遺金一餅以與妻貞義曰君子不以利汙行羊子慙而去
之
又曰廣漢汝婦者汝敦妻也敦以所受田地奴婢三百餘
萬悉讓與兄裁留園地數十畝起舍耕作土中得金一器
敦以示妻妻曰本言讓先祖所有此獨非其有耶敦曰固
吾意也俱擔金送與兄嫂
郡國誌曰蘇秦宅在洛陽利仁里後魏高顯業每夜見赤
光於光處掘得金百斤銘曰蘇家金業爲之造寺
秦州記曰金城郡應劭云初築城得　金城

臨海記曰白石山去縣邑三十里望之如雪上有淵相傳
云金鵝之所集
鄭緝之東陳記曰金牠山之康縣南三里故老傳云有人
得金牠於此故名山
劉欣期交州記曰趙嫗者九眞人乳長數尺入山聚盜遂
攻郡常着金擒提屐
又曰金有華出珠崖讀金華采者也雪山在新昌南人曾
於山中得金塊如升迷失道還置本處乃得出
錢塘記曰縣東南有峴山長老相傳採金於此
羅浮山記曰州南十里有牛潭漁人見金牛自水出義熙
中縣民張安躡得金鏁大如指遂數十尋尋尋不已俄有
物從水引之掘不能禁以刀斷得數尺安遂致富其後義
興周雲甫掩此牛掣斷其鏁得二丈遂以財雄



林邑記曰從林邑徃金山三十日至遠望金山嵯峨如赤
城照耀似天光澗壑谷中亦有生金形如蟲豸細者似蒼
蠅大者若蜂蟬夜行燿燿光如螢火
地鏡圖曰黃金之氣赤黃千萬斤以上光大如鏡盤
白澤圖曰黃金之精石名䃔狀如豚居人家使人不宜妻
白鼠以昏時見於丘陵之間視所出入中有金
關令內傳曰老子與尹喜登崑崙上金臺玉樓七寶宮殿
晝夜光明乃天帝四王之所遊處有珠玉七寶之牀
宗躬孝子傳曰郭巨河內溫人也妻生男謀曰養子則不
得營業妨於供養當殺而埋焉鍤入地有黃金一釜上有
鐵券曰黃金一釜賜孝子郭巨
楊雄集曰單于上書願朝哀帝以問公卿公卿虛費府帑
可且勿許單于使辭去未發雄上書諫天子召還匈奴使

者更報單于書而許之賜雄黃金十斤

孔融聖人優劣論曰金之優者名曰紫磨猶人之有聖也

陳思王辯道論曰甘陵始其語余曰本師姓韓字世雄始常與師於南流作金前後數四投數萬斤金於海

嶺表異錄曰五嶺内富州賓州澄州江溪間皆產金側近居人以木箕淘金爲業自旦至暮有不獲一星者（鄭玘傷淘者詩云披沙辛苦見傷懷徃徃分毫望亦乖力盡半年深水裏難全爲一鳳凰釵）就中澄州者最爲良金余頃年使于上国親友（不欲書其姓字）附澄州金二十兩與當時權臣余訝其單鮮友人曰金雖少貴其夜明有異於常金耳遂留宿驗之信然也

太平御覽卷第八百一十一

珍寶部十一

銀　黃銀　水銀
鉛　錫

銀

周禮夏官下曰正南曰荊州其利丹銀

爾雅曰白金謂之銀其美者謂之鐐（郭璞曰遼音也）

孝經援神契曰神靈滋液有銀甕不汲自滿

史記封禪書曰勃得金德銀山溢（蘇林注曰溢出）

又曰蓬萊方丈瀛州此三神山黃金白銀爲宮闕

又大宛傳曰安息國以銀爲錢錢如其王面王死輒更錢放王面焉

又曰舜爲父母淘井將銀錢安罐中與父母



漢書曰王莽時珠堤銀重八兩一流直千五百八十（張晏曰朱堤縣名屬犍爲出銀）池銀一流直千是爲銀貨

又西域傳曰無雷國出銀

司馬彪續漢書曰大秦國以金錢爲錢十銀錢當一金錢

魏志曰郭脩手刃蜀大將軍費禕追加褒寵謚曰威侯子龍加爵拜奉車都尉賜銀千餅

魏武上雜物疏曰御物中宮貴人公主皇子純銀漆帶鏡一枚西貴人純銀參帶五皇子銀匣壹皇子雜用物十六種純金參帶方嚴四具

又曰御物及貴人公　主皇子有純銀香爐也

魏志曰穢國男女繫銀廣數寸以爲飾

蜀志曰先主平蜀賜諸葛亮等銀千斤

吳志曰孫皓時言掘地得銀長一寸廣一分刻上有年月於是改年爲天策

又曰婁圭爲劉表所圍圭飲食健兒數百人人賜銀一斤

晉故事曰成帝咸康元年有司奏上元給賜衆官銀檢金使璽表

部見銀一萬五千兩充給

宋起居注曰廣州刺史韋朗鏤銀銘二枚

齊書曰明帝每存儉約欲鑄壞太官元日上壽銀酒鎗尚書令王晏等咸稱盛德蕭穎胄曰朝廷盛禮莫過三元此一器既是舊物不足侈帝不悅後預曲宴銀器滿席穎胄曰陛下前欲壞酒鎗恐宜移在此器也帝甚慙

南史曰梁　季直丹陽和陵人也祖憖祖宋廣州刺史父景仁中散大夫季直早慧憖祖甚愛異之嘗以四函銀列置於前令諸孫各取其一季直時年四歲獨不取曰若有賜



當先父伯不應度及諸孫故不取憖祖益奇之

陳書曰周文育從南海出至大庾嶺遇卜者卜之曰君北下不過作令長南入則爲公侯又當暴得銀二千兩若不見信以此爲驗其夕宿於逆旅有賈人求與文育博文育勝之得銀二千兩旦遂却入嶺南

崔鴻十六國春秋前趙錄曰聰引帝入讌語帝曰卿爲豫章王時贈朕柘弓銀研卿頗憶不曰臣安敢忘之但恨爾日不得早識龍顏

又後趙錄曰大武殿室皆銀楹金柱

後魏書曰銀出始興陽山縣又出桂陽陽安縣驪山有銀礦二石得銀七兩白登山亦有銀礦八石得銀七兩（宣武帝詔並置銀官每令採鑄）

又曰孝明皇帝開恒州銀山之禁與人共之

又曰太武皇帝和平二年詔中尚坊作黄金合盤鏤以白銀鈿以玫瑰

唐書曰武德中方術人師市奴合金銀並成上異之以示侍臣封德彝進曰漢代方士及劉安等皆學術唯苦黄白不成金銀爲食器可得不死

又曰貞觀中治書侍御史權萬紀上言宣饒二州諸山大有銀坑採之極是利益每歲可得錢百萬貫上謂曰朕貴爲天子是事無所少乏唯須嘉言善事有益於百姓者且國家賸得數百萬貫錢何如得一有才行人不見卿推賢進善之事又不能按舉不法震肅權豪唯只言稅鬻銀坑以利多爲美昔堯抵璧於山投珠於谷由是崇名美号見稱千載後漢桓靈二帝好利賤士爲近代庸暗之主卿遂欲將我比桓靈耶是日放令還第



又曰太宗引杜淹爲天策府兵曹參軍文學館學士常侍宴賦詩時有八人同作淹爲稱首賜以銀鍾

又曰貞觀中鴻臚奏高麗莫支離貢白金黄門侍郎褚遂良進曰莫支離虐殺其主九夷所不容陛下以之興兵將事弔伐爲遼山之人報主辱之耻若受其貢何所致伐太宗納焉

又曰元和十四年涇原節度使王潛進銀三千兩熟線綾三千疋涇州密迩戎境其土無百姓其軍皆仰給度支舊矣至若無名上獻雖吳蜀沃富猶謂取諸人以干媚不免於譏責今則盜削軍實以充貢獻而求恩澤蓋以時急於財勢使然也

又曰太和中尚書左丞王起進亡兄播銀胡瓶二百枚王及通犀帶刀劍器杖等

管子曰上有鉛者下有銀

列子曰周穆王執化人之袪騰而上天暨化人之宮構以金銀絡以珠玉

淮南子曰夫淇衛箘簬飾以銀錫有薄縞之幨不能獨穿也

抱朴子曰銀但不及金玉服可地仙

穆天子傳曰天子乃賜曹奴之人戲黄金之鹿銀麕(今有地中得玉豚金狗之屬皆古者賂夷狄之奇貨)

又曰拔圖視觀天子之寶器有燭銀(銀青精光如燭)

山海經曰杻陽之山其陽多白銀(郭璞曰即銀也)少陽之山其下多赤銀(銀之精者)

東方朔神異經曰南方有銀山長五十餘里高百餘丈皆悉白銀不雜土石不生草木



東方朔十洲記曰東方外有東明山有宮焉左右闕而立其高百尺建以五色門有銀牓以青碧鏤題曰天地長男之宮南方有闇明山有宮焉有銀牓題曰天地中女之宮

桓譚新語曰期門郎程偉好黄白事娶婦得怪女偉無衣爲婦致兩疋繒後見夫方扇炭欲燒筒中水銀婦乃出其中藥以投之立成銀偉就求道不受發狂而死

白虎通曰王者易姓而起必升封太山何報告之義或曰封金銀繩或曰石塗金銀繩封之以印璽

瑞應圖曰王者宴不及醉刑罰中人不爲非則銀甕出

阮諶三禮圖曰牛鼎受一斛天子飾以黄金錯以白銀

幽明録曰徐琦每見一女子姿色甚美便解臂上銀鈴贈之

列異記曰故司隸校尉上黨鮑子都少時上計掾於道中遇一書生獨行無伴卒得心痛子都下車為按摩奄忽亡不知姓名有書一卷銀十餅即賣一餅以殯斂其銀以枕之素書着腹上哭之謂曰若子魂靈有知當令子家知子在此今奉使命不獲久留遂辭而去

吳越春秋曰禹登委山得五金簡青玉為字編以白銀

異物志曰金鄰國去扶南二千餘里土地出銀

異苑曰弘農楊子聞土中作聲掘得玉後三年有地去梁上落甕皆成碎銀作器賣於市得者尋以破滅

地鏡圖曰銀氣夜正白流散在地撥之隨手合

又曰銀精變白雄雞

酈元注水經曰潺水出潺山水源有金銀礦洗取火合之以成金銀



南越志曰遂成縣任山銀沙自出

外國事曰私呵調國王供養道人食日銀三兩

任預益州記曰陶保至益州人飢米二合直銀一兩

王韶之始興記曰冷君西北有小首山宋元嘉元年夏霖雨山崩自顛及麓崩處有光耀有若星辰焉居人往觀皆是銀鑠鑄得銀也

又曰秋水源 山盤石上羅列十甕皆蓋以青盆其中悉是銀餅人有遇之者但得開觀之不可取取輙迷悶晉太元初林駈家僕竊三餅有大虵傷而死其夜林駈夢神語曰君奴不良盜銀三餅已受顯戮願以銀相備駈覺奴死銀在其傍有徐道者自謂能致乃集祭酒盛奏章書擊鼓吹入山須臾雷震雨石倒樹折木道遂懼走

湘州記曰曲江縣有銀山山多素霧

廣州記曰廣州市司用銀易米遂成縣任山又有　有銀

砂

桂陽記曰臨賀山有黑銀

黃銀

禮斗威儀曰君乘金而王則黃銀見

隋書曰辛公義為牟州刺史時山東霖雨自陳汝至于滄海皆苦水災境內犬牙獨無所損山出黃銀獲之以獻詔水部郎婁崱就公義禱乃聞空中有金石絲竹之響

唐書曰太宗嘗賜房玄齡黃銀帶顧謂曰昔如晦與公同心輔朕今日所賜唯獨見公因泫然流涕

又曰如聞黃銀多為鬼神所畏命取黃金帶遣玄齡親送于靈所也

水銀



史記曰秦始皇葬以水銀為百川江河大海機轉相輪終而復始

皇覽曰關東賊發始皇墓中有水銀

廣雅曰水銀謂之澒

吳越春秋曰闔閭葬墓中澒池廣六丈

神仙傳曰封君達隴西人服鍊水銀年百餘歲常騎青牛世號青牛道士

鉛

尚書禹貢曰海岱惟青州岱畎絲枲鉛松怪石

史記曰高漸離秦始皇矐其目使擊筑漸離乃以鉛置筑中舉筑朴秦始皇帝

漢書曰江都王建宮人八子有過者輙令以鉛杵舂不中程輙掠廣川王去數召姬榮愛與飲后昭信譖之銷鉛灌

其口中
漢書曰或盜靡錢質而取鋊如淳曰或曰民盜靡漫面而其鋊以更鑄作錢
東觀漢記曰曹褒寢則枕鋊
范子計然曰黑鋊之錯化成黃丹丹再化之成水粉
淮南子曰鋊不可爲刀
又曰鋊之與丹異類殊色而可以爲丹者誠得數也
抱朴子曰愚民不信黃丹及胡粉是化鋊所作
桓子新論曰淮南王之子娉迎道人作爲金銀又玄字金
與公鋊則金之公而銀者金之昆弟也
茅君內傳曰取鋊十斤安鐵器中猛火燒之三沸投九轉
之華一銖於鋊中攪之立成黃金
神仙傳曰尹軌字公度有一人遭父喪當葬而貧窮汲汲
公度過省之孝子說甚辛苦公度愴然曰卿假求數十斤



鋊得否孝子言猶可得耳乃具二百斤公度將入前山中
架小屋下於爐火中銷鋊以其所帶管中藥如粟大投沸
鋊中攪之皆成好銀以與之告曰念卿貧困故以相與慎
勿多言
述異記曰河間有雨鋊城漢世天雨鋊
地境圖曰草青莖赤秀下有鋊
玄中記曰鋊錫之精爲老婢

## 錫

周禮夏官中職方曰揚州其利金錫鄭玄曰錫鑞也
爾雅曰錫謂之鈏
周官考工記曰凡鑄金之狀金與錫黑濁之氣竭黃白次
之黃白之氣竭青氣次之然後可鑄
史記曰江南出枏梓薑桂錫連徐廣曰連音蓮鉛之未鍊者也

淮南子曰明鏡之始照未見其容也及抏之以玄錫磨之
以氈則鬚眉見
山海經曰龍山之下多赤錫灌山多白錫
博物志曰積草三年燒之津液下流成錫
越絕書曰赤堇山破而出錫
吳越春秋曰越王允常聘歐冶子不能鑄鋊錫爲干將
神仙傳曰尹軌字公度嘗見一人本官族子弟仕郡遇公
事簿書不了當備官錢百萬賣田宅車牛不售而收
繫公度語所富人曰子可以百萬錢借我我欲以救人後三
十日倍當相還富人喜敬之即以百萬錢與公度公度以與遇
事者曰卿能得一百二十斤錫不遇事者即具之公度於
鑪中銷錫復以其腰間管中藥一方寸匕投沸錫中攪之
皆成金即稱賣與人得錢百萬以還富人近光熙元年聞



公度到南陽太和山中

太平御覽卷第八百一十二

珎寶部十二

銅　鐵　金鋼

鍮石

## 銅

左傳僖中曰鄭伯朝楚楚子與之金既而悔之與之盟曰無以鑄兵故以鑄三鍾（銅金）

史記曰秦使徐福入海還僞辭曰臣見海中大神曰汝秦王之神藥得觀而不得取即從臣往蓬萊山見芝城宮闕有使者銅色而龍形光上照天

又曰秦始皇收天下兵聚之咸陽爲銅鑄金人十二各千石置庭中

又曰張孟談董安于之治晉陽也公室之堂皆以練銅爲



柱

又曰趙襄子使厨人以銅斗擊代王殺之而取其地

又曰上使善相相鄧通當貧餓死文帝於是賜通蜀嚴道銅山得自鑄錢景帝立有告通盜出徼鑄錢盡沒入一簪不得着身寄死人家

又曰龍門碣石多銅鐵

漢書曰武帝即位好鬼神之事李少君以却老方見上上有故銅器問少君少君曰此器齊桓公十年陳於柏寢已而案其刻果齊桓公器

又曰黃帝采首陽山銅鑄鼎於荆山之下

又曰王莽夢長樂宮銅人五枚並起立莽惡之使尚方鐫滅銅人膺之

又曰吳有豫章郡銅山招致天下人民亡命者盜鑄錢

又曰凡律度量衡用銅者所以同天下齊風俗也銅爲物至精不爲燥濕寒暑變其節不爲風雨暴露改其形介然有常似於士君子之行是以用銅也

又曰王莽天鳳四年八月莽親之南郊鑄作威斗威斗者以五色銅爲之

又曰無雷國有銅

華嶠後漢書曰靈帝時使掖庭令畢嵐鑄銅人四列於蒼龍玄武闕外

又曰脩玉堂殿鑄銅人四黃鍾四（其音中黃鍾也子爲黃鍾）及天祿蝦蟇又鑄四出文錢（天祿獸也）

范曄後漢書曰馬援善別名馬於交阯得駱越銅鼓乃鑄爲馬式

又曰馬援征南海鑄銅柱於林邑國以極漢南界



又曰崔烈納錢爲司徒久之不自安從容問其子鈞曰吾居三公於議者何如鈞曰大人少有英稱歷位卿守論者不謂當爲三公而今登其位天下失望烈曰何爲然也鈞曰論者嫌其銅臭烈怒舉杖擊之

又曰蒯子訓遁去不知所止後人復於長安東霸城見之與老翁共磨娑銅人相謂曰適見鑄此而已近五百歲矣

魏略曰明帝徒長安諸鍾虡駱駝銅人承露盤折銅人不可致住霸城又鑄作銅人列坐於司馬門外

吳志朱異口賦弩曰南岳之幹鍾山之銅應機命中獲隼高墉

晉書曰南陽王模督秦雍時關中飢荒百姓相噉加以疧癘盜賊公行模力不能制乃鑄銅人鍾鼎爲釜器以易穀議者非之

崔鴻十六國春秋後趙録曰石勒徙洛陽銅馬翁仲二于襄國列之永豐門

北史曰後魏明帝初爾朱榮與從弟世隆密議廢立乃以銅鑄孝文及咸陽王禧等五王子像成當奉爲主唯莊帝獨就

唐書曰開元中許昌縣之唐祠掘地得古銅罇又隱起雙鯉篆書文曰宜子孫

又曰開元十三年宋州獻古銅鼎十九及鍾磬甑釜罇杓盤瓶各數四時宋城尉晉日休因板築獲而獻之

又曰初天寶中天下州郡皆鑄銅爲玄宗擬其形容首冠瓔珞足承菡萏與尊佛之像間列於殿堂號爲真容及山東陷寇被鎔毀而恒州獨存

又曰文宗問宰臣曰幣輕錢重如何宰臣楊嗣復曰此事已久但且禁銅不可遽變其法法變即必擾人李珏曰今請加鑪鑄錢他法不可先有格令州府禁銅爲器當今以銅爲器而不知禁所病者制勑一下曾不經年而州縣因循所以制令相次而視之爲常今自淮而南至於江嶺鼓鑄銅器列而爲肆州縣不禁市井之人逐錐刀之利以緡範爲他器鬻之售利不啻數倍是則禁銅之令必在嚴切斯其要也

又曰五臺山有金閣寺鑄銅爲瓦塗金其上照燿山谷計錢巨億萬

淮南子曰銅英青

又曰銅不可以爲弩

抱朴子曰吳時發廣陵大冢中有銅爲人數十頭皆長五尺



又曰金簡記云以五月丙子日中時鑄五石下其銅五石雄黃丹砂雌黃礬石曾青也皆鑄粉之以金華池漆之內太一神鼎中下以桂薪燒之銅成以銅炭冶之取牡銅以爲雄劍取牝銅爲雌劍帶之以入河則蛟龍巨魚水神不敢進也欲知銅之牝牡當令童男童女俱以水灌銅以其在火中尚赤時也則銅自分爲兩段有凸起者則牡銅也凹陷者則牝銅也

又曰山中夜見胡人銅之精也

山海經曰昆吾之山其上多赤銅（此山出金色赤如火以切玉如泥周穆王時西）

帝王世紀曰紂作銅柱令男女裸形緣之落則妲己笑（武爲兵獻汲冢中得銅金劍一枚長三尺五寸故通以錫雜爲兵器）

國語管仲曰美金以鑄戟劍鑄冶試諸狗馬（狗馬難爲利者）惡金以鑄鉏夷斤斸（惡麤夷平也所以削草平地也斤形似鉏而小斸斫也）

廣雅曰白銅謂之鋈赤銅謂之鍚

漢武內傳曰上起神屋臺以銅爲柱黃金塗之

神異經曰入金山下四丈得丹楊銅（張華曰此銅與金相似典術曰丹陽銅以爲金也）

賈誼書曰下不得鑄錢則民反耕田矣

西京雜記曰高祖初入咸陽宮周行庫藏見銅人十一枚坐皆高三尺列在一筵上琴筑笙竽皆有所執皆綴花綵儼然若生人筵下有銅管上口高數尺出筵後其一管內空一管有繩大如指使一人吹管一人紐繩則琴筑笙竽皆作聲音與真樂不異

虞喜志林曰建武中南郡男子獻銅鼓背有銘及吳時江水中鍾上有百餘字人莫有識者

地鏡圖曰草莖黃秀下有銅器

士緯曰銅出於石爲鈴則小鑄鍾則大
南中八郡志曰雲南舊有銀窟數十劉禪時歲常納貢至
破以來時往採取銀化爲銅不復中用
世語曰元康八年陵雲臺上生銅
賈誼鵩鳥賦曰陰陽爲炭萬物爲銅
張瑩漢南記曰安帝見銅人以問侍中張陵對曰昔秦始
皇時有大人十二身長五丈履六尺皆夷狄之服見於臨
洮此天將亡秦之證而始皇誤喜以爲瑞乃鑄銅人以爲
像上曰何以知之對曰臣見傳載亦其人胷上有銘
林邑記曰林邑王范文鑄銅爲牛銅屋行宮
荆州記曰衡陽重安縣有畧𥕢歷塘故老相傳云此塘中
有銅神今猶時聞銅聲水轉變緑魚爲之死
武當山記曰山有石室中有銅杖長七尺



越絕書曰赤堇之山破而出錫若耶之谷涸而出銅歐冶
因爲純鈎之劒
玄中記曰銅之精爲童奴
嶺表異録曰蠻夷之樂有銅鼓焉形如腰鼓而一頭有面
鼓面圓二尺許面與身連全用銅鑄其身遍有虫魚花草
之狀通體均勻厚二分已來鑪鑄之妙實爲奇巧擊之響
亮不下鳴鼉貞元年中驃國進樂有玉螺銅鼓（玉螺蓋螺之白者非
琢玉所爲）即知南蠻酋首之家皆有此鼓也咸通末幽州張直
方貶龔州刺史到任後修葺州城緣掘土得一銅鼓牽復
載以歸京到襄漢以爲無用之物遂捨于延慶禪院用代
木魚

鐵

尚書曰華陽黑水惟梁州厥貢璆鐵
尚書說命曰若金用汝作礪（孔安國曰鐵須礪以成利器）
禮記月令曰季春之月命工師令百工審五庫之量金鐵
皮革無或不良
左傳昭七年曰晉趙鞅賦晉國一鼓鐵以鑄刑鼎著范宣
子刑書（各出功力共鼓石爲鐵一鼓而足之）
春秋孔演圖曰八政不中則鐵飛
春秋繁露曰慈石取鐵非人意也禍福所從生亦非人意
乎
廣雅曰鐵朴謂之礪
史記曰邯鄲郭縱以鐵冶成業與王者埒富也
又曰卓氏宛氏以鐵冶致富
漢書五行志曰武帝征和二年涿郡鐵官鑄鐵消皆飛去
時劉屈氂爲太守後死象



漢書曰高祖又與功臣剖符作誓丹書鐵契藏之宗廟
又曰張良以家財求客刺秦王得力士爲鐵椎重一百二
十斤秦始皇至博浪沙中良與客俱擊秦皇帝
又曰張敞弟武拜爲梁相武曰當以柱後惠文冠彈治之
耳（應劭曰柱後以鐵爲柱本法官冠也）
又曰成帝河平二年沛郡鐵官冶鐵飛
又曰李尋說王根曰政感陰陽猶鐵炭之低仰見效可信
者（天文志曰懸土炭也以鐵易土耳先冬夏至懸鐵炭於衡各一端冬陽氣至炭仰而鐵低夏至炭低而鐵
仰）
又曰婼羌國有鐵自化作兵
范曄後漢書曰赤眉降徐宣等曰今日得降猶去虎口
歸慈母世祖曰卿鐵中錚錚庸中佼佼耳
又曰公孫瓚從鎮易京處有非常乃居於高京以鐵爲門

魏略曰弁辰國出鐵韓穢皆從市之諸市買皆用鐵如中國用錢也
王隱晉書曰石苞字仲容初爲縣吏買鐵鄴市市長沛國趙元儒見苞異之便與結交　晉陽秋曰肅慎土無鹽鐵
晉書曰林邑國王范逸死奴文篡立文曰南西卷縣夷帥范稚奴也嘗牧牛澗中獲二鱧魚化成鐵用以爲刀刀成乃對大石障而呪之曰鱧魚變化冶成雙刀石障破者是有神靈進斫之石即瓦解文知其神乃懷之
晉書載記曰赫連敎敎以鐵伐爲氏曰使我宗族子孫剛銳如鐵皆堪伐人也
齊書曰高祖素儉約後宮物器欄檻以銅爲飾者並改以鐵
梁書曰康絢築浮山堰將合淮水漂没復決潰衆患之或



謂江淮多蛟能乘風雨決壞岸其性惡鐵因是引東西二冶鐵器大則釜鬵小則鐶鋤數千萬斤沉於堰所
後漢書曰崔挺爲光州刺史先是州內少鐵器用皆求之他境挺表復鐵官公私有賴
莊子曰金鐵蒙以大緤載六驥之上則致千里
淮南子曰上古之時未有鐵器磨蜃以耨
又曰鐵不可以爲舟
又曰豐水之深十仞不受塵埃投金鐵焉則形見於水
山海經曰克光之山龍首之山其陰多鐵
神異經曰南方有獸焉角足大小形狀如水牛皮毛黑如漆食鐵飲水其糞可爲兵器其利如鋼名曰嚙鐵俗云啃鐵玄黃經曰南方嚙鐵糞利如鋼食鐵飲水腹中不傷也
河圖曰赤帝有女謫鐵飛之異

新序曰公孫敖曰夫玉石金鐵猶可琢磨以爲器用而況於人
論衡曰紂力能索鐵申鉤
盧綝四王起事曰張方請帝還都五千騎皆鐵纏矟
魏武故事曰領長史王𧰼是吾鄉披荆棘時吏忠而勤事心如鐵石
語林曰許玄度出都爲弟婚弟少愚恐人嘲弄玄度爲解而獲免眞長笑曰許玄度爲弟張千重鐵步障
異苑曰楚王與羣臣獵於雲夢縱良犬逐狡兎三日而獲之其腸是鐵良工曰可以爲劒
十洲記曰流沙在西海中上多山川積石爲昆吾石冶其石成鐵作劒光明洞照如水精狀割玉如切泥土
廣州記曰鄧平縣有鐵石



南方草物狀曰鐵出䖍蘭州稗夷𦨭載鐵至扶南賣之
華陽國志曰公孫述廢銅錢鑄鐵錢百姓貨賣不行

金鋼

晉起居注曰咸寧三年燉煌上送金鋼生金中百淘不消可以切玉出天竺
玄中記曰金鋼出天竺大秦國一名削玉刀削玉如鐵刀削木大者長尺許小者如稻米欲刻玉時當作大金鐶着手指開其背如月以割玉刀內環中以刻玉
南州異物志曰金鋼石也其狀如珠堅利無疋外國人好以飾玦環服之能辟惡毒
南越志曰波羅基國出鋼珠朗照幽夜
林邑記曰林邑王范明達獻金鋼指鐶
抱朴子曰扶南有金鋼可以刻玉體似紫石英外國人名

爲千延至於百丈底着盤以鐵槌打之不能傷以羖羊角扣之則漼然氷泮

服虔通俗文曰亂金謂之鉔

鍮石

廣志曰鍮石似金亦有與金雜者淘之則分

鍾會芻蕘論曰夫莠生似禾鍮石像金

齊周捨謂沙門法雲曰孔子不飲盜泉之水法師何以捉鍮石香爐荅曰檀越旣得戴毒縣貧道何爲不得執鍮

唐書曰高宗上元元年詔九品服淺碧並鍮石帶八胯

王子年拾遺記曰石虎爲四時浴臺皆用鍮石珷玞爲隄岸

太平御覽卷第八百十三

太平御覽卷第八百一十四

布帛部一

絲　素　繒

纊　綵　染

## 絲

尚書禹貢曰濟河惟兗州厥貢漆絲海岱惟青州厥篚檿絲(檿桑絲中琴瑟絃)

周禮天官下典絲曰典絲掌絲入而辨其物以其賈楬之掌其藏與其出以待興功之時頒絲于外內皆以物受之凡上之賜予亦如之

又冬官考工記曰㡛氏湅絲以涚水漚其絲七日去地尺暴之(故書涚作湄鄭司農云涚水溫水也玄謂涚水以灰所湅水也漚漸也楚人曰漚齊人曰涹)晝暴諸日夜宿諸井七日七夜是謂水湅



禮記月令曰季春之月蠶事既登分繭稱絲

又內則曰子能言教男唯女俞男鞶革女鞶絲(鞶小囊也男用韋女用繒有飾緣也)

又曰王言如絲其出如綸

又曰少儀曰國家靡敝則君子不履絲(幣賦稅亟也)

左傳隱公曰公問於衆仲曰衛州吁其濟乎對曰臣聞以德和民不聞以亂以亂猶治絲而棼之也(絲見棼縕益所以亂)

春秋考異郵曰四月蠶餌絲

毛詩鵲巢羔羊曰羔羊之皮素絲五紽羔羊之革素絲五緎羔羊之縫素絲五總

又鵲巢何彼襛矣曰其釣惟何惟絲伊緡

又邶柏舟綠衣曰綠兮絲兮女所治兮

又鄘柏舟干旄曰孑孑干旄在浚之郊素絲紕之良馬四之

又淇奧氓曰氓之蚩蚩抱布貿絲匪來貿絲來即我謀

又曰淑人君子其帶伊絲其弁伊騏

又絲衣曰絲衣其紑(芳浮反)載弁俅俅(絲衣祭服也俅音求)

又曰雖有絲麻無弃菅蒯

謝承後漢書曰丹陽方儲爲郎中章帝使文郎居左武郎居右儲正住中曰目文武兼備在所施用上嘉其才以繁亂絲付儲使理儲拔佩刀三斷之對曰反經任勢臨事宜然

袁宏漢記曰郭泰傳童子魏照求入其房供給灑掃泰曰當精義講書何來相近照曰經師易獲人師難遭欲以素絲之質附近朱藍

魏略曰文帝欲受禪野蠶成絲

晉陽秋曰武帝時有司奏以青絲爲牛靷詔以青麻代之



晉書曰呂光竊號河右中書監張資病光博營救療有外國道人羅叉云能差資病光喜給賜甚重羅什知叉誑詐告資曰叉不能爲益徒煩費耳冥運雖隱可以事試也乃以五色絲作繩結之燒爲灰末投水中灰若出水還成繩者病不可愈須臾灰聚浮出復爲繩叉療果無效少日資卒

宋書曰諸葛闡上言夫歲時有利害之收而蠶桑有經常之苦機杼居不變之勤而民用有奢儉之異今南至有五絲命縷之服仲夏兆至比肆連行糾繩靡無用之工玄黃侵衣章之費飾綵雖貴始無所入尺絕寸分終於捐弃部一邑以推百城其費博矣謹率愚管謂宜禁革

後魏書曰幽州刺史張亮初有薛琡夢亮於山上挂絲覺而告亮且占之曰山上絲幽字君爲幽州乎未朞而受

管子曰齊桓公伐楚濟汝水踰方城使貢絲於周室墨子

見染絲者歎曰染於蒼則蒼染於黃則黃五入則爲五色
故染不可不慎非獨染絲治國亦然
淮南子曰蚕餌絲則商弦絶商金聲春蚕吐絲金死故絶也
山海經曰歐絲之野有一女子跪樹而歐絲郭璞注曰蚕
類也
呂氏春秋惠子曰使女工化爲絲不能治絲大匠化爲木
不能治木
家語曰子張問入官子曰脩身返道故夫女工必自擇絲
麻良匠完材賢君選左右
論衡曰蚕含絲而商弦絶桜子生而父氣衰新絲既登故
體者自壞耳
桓譚新論曰昔神農始削桐爲琴繩絲爲絃以通神明之
德合天地之叙



風俗通曰五月五日色續命絲俗説益人命
正部曰皎皎練絲爲藍則青得丹則赤得蘗則黃得泥則
黑
士緯曰絲俱生於蚕爲繒則賤爲錦則貴
神仙傳曰仙人用五色絲作續命幡幡安五色
竹林七賢論曰萬令袁毅爲政貪濁賂遺朝廷以營虛譽
遺山濤絲百斤衆人莫不受濤不欲爲異乃受之命内閣
之梁上而不用也後毅事露驗吏至濤所濤於梁上下絲
已數年塵埃黃黑封印如初以付吏
西京雜記曰公孫弘以元光五年爲國所推上爲賢良國
人鄒長倩贈以素絲一襚爲書以遺之曰五絲爲䊆倍䊆
爲升倍升爲緎倍緎爲記倍記爲緵倍緵爲襚此自少之
多自微之著也士之立功勳效名節亦復如之勿以小善

爲不足脩而不爲也
王子年拾遺記曰成王時因祇國致女工一人善織新輕
素以五色絲内口中手引而結之則成文錦
神仙傳曰園客者濟陰人皃美而良邑人多欲以女妻之
客終不娶常種五色香草積數十年服食其實忽有五色
蛾集香草之上客收而薦之以布生華蚕焉至蚕時有一
女自來助客養蚕亦以香草食之蚕收得繭百二十枚繭
大如甕每一繭繅六七日絲乃盡繅訖此女與園客俱去
梁四公記曰扶桑國使貢方物有黃絲三百斤即扶桑蚕
所吐桑灰汁所煑之絲也帝有金鑪重五十斤係六絲以
懸鑪絲有餘力
楚辭曰茅絲兮同綜冠屨兮共㚇
宋王釣賦曰夫玄淵之釣也以三尋之竿八絲之綸



荀卿蚕賦曰食桑而吐絲前亂而後治
嵇康琴賦曰絃以園客之絲徽以鍾山之玉
枚乘七發曰龍門之桐高百尺而無枝斬以爲琴野繭之
絲以爲絃
古樂府歌詩曰羅敷善蚕桑採桑城南隅青絲爲籠繩桂
枝爲籠鉤何用識夫壻白馬紫驪駒青絲繫馬尾黃金絡
馬頭
蔡邕廣連珠曰絲之綾以絃琴緩張則撓急張則絶
陸凱奏事曰諸暨求安出御絲

素

釋名曰素樸素也已織則供用不復加功飾也
史記曰蘇代遺燕王書云齊紫敗素而賈十部敗素染以爲紫也
東觀漢記曰鄭據建初五年辟司徒府拜侍御史上疏詔

書下官府賜攜素六十疋
漢書儀曰天地鬼神璽皆以武都紫泥封都布囊白素裹
漢官儀曰印綬盛以篋篋以緑綈表白素裹
魏志曰學者資於人猶藍之涤素
范子計然曰白素出三輔疋八百
孟子曰陳相道許行之言孟子曰許子必種粟而後食乎曰然許子冠乎曰冠曰奚冠曰冠素曰自織之與曰否以粟易之曰許子奚爲不自織曰害於耕也
韓子曰齊桓公好衣紫國人皆好服之至五素不得一紫事具紫門
鹽鐵論曰縞素不能自分於緇墨賢聖不能自治於亂世
班固與弟書曰今賫白素三百疋欲以市月支馬
宋玉美人賦曰腰如束素



徐幹團扇賦曰惟合歡之奇扇肇伊洛之纖素
古詩曰新人能織縑故人工織素織縑日一疋織素五丈餘以縑特比素新人不如故
班婕妤詩曰新裂齊紈素鮮潔如霜雪裁爲合歡扇團團象明月
揚雄答劉歆書曰天下上計孝廉及内郡衛卒會者雄常把三寸弱翰齎油素四尺以問其異方語歸即以鉛摘次之於鉛槧七念反三十七歲於今矣

繒

史記曰烏氏倮以繒遺戎王戎王十倍報之
帝王世紀曰末喜好聞裂繒之聲桀爲發繒裂之
漢書曰灌嬰睢陽販繒者
又曰廣川王去立昭信爲后幸姬陶望卿爲脩美人主繒帛昭信譖望卿曰與我無禮衣服常鮮於我盡取善繒丐諸宮人
獻帝紀曰是時新遷都宮人多亡衣服帝欲發御府繒以作之李傕不欲曰宮中有衣服胡爲復作耶詔賣廄馬百餘疋御府大司農出雜繒二萬疋與所賣廄馬直賜公卿已下及貧民不能自存者李傕曰我邸閣儲跱少乃悉載置其營賈詡曰此上意不可距也傕終不從
又曰李傕時召羌胡數千人先以御物繒綵與之
晉書曰單道開燉煌人常衣麤褐或贈以繒服皆不着
宋書曰朱百陽居山陰有時出山陰爲妻買繒綵三五事好飲酒遇醉或失之
後周書曰梁主蕭歸朝於鄴高祖與之宴大悅賜雜繒萬段良馬數千疋并賜齊後主妓妾及常所乘五百里駿馬以遺之



纈

西河記曰西河無蠶桑婦女着碧纈裙上加細布裳且爲戎狄性着紫纈襦袴以外國色錦爲袴褶
後魏書曰封回爲都官尚書冀州大中正滎陽鄭雲諂事長秋卿劉騰貨紫纈四百疋得爲安州刺史除書旦出晚往詣回坐未定問安州興生何事便回曰卿荷國寵恩位至方伯雖不能拔園葵去織婦宜思方略以濟百姓如何見造問興生乎封回不爲商賈何以相示雲慙失色

綵

尚書禹貢曰徐州厥篚玄纖縞荊州厥篚玄纁玄黑繒縞白繒纖細也纖在中明物皆當細
禮記玉藻曰無君者不貳綵非列綵不入公門列綵正服

史記曰通邑大都采千疋比千乘家
漢書曰孝文六年遺單于赤綈綠繒各四十疋
東觀漢記曰光武起拜朱和建義大将軍賜絳八百疋
又曰光武初起義與諸李市弓弩絳衣赤幘
謝承後漢書曰陳重同舍郎有歸寧者誤持隣舍郎絳去嫌重取重不申曲直買絳還之去郎還得絳甚愧於重
袁山松後漢書曰劉盆子拜竟復從劉仲卿居仲卿為盆子制絳單衣
張璠漢記曰朱儁少孤母以販繒綵為事同郡周起負官債百萬縣催責之儁竊母帛為起解債
魏志曰景初中賜倭女王倩絳五十疋紺青五十疋
吳書曰陸遜破曹休當還西陵上賜遜繒綵丹漆
梁書曰張譏幼喪母有錯綵經帕母之遺製及有所識家人具以告之每歲時輒對帕哽噎不能自已
唐書曰武德中太宗平并州悉復故地上悅置酒含章殿宴羣臣極歡遣入御府賜繒綵皆盡重而出
韓子曰齊桓公好服紫一國盡服紫主書素不得一紫公患之管仲曰君勿衣紫也謂左右曰吾惡紫臭公曰諾三日境內莫有衣紫
風俗通曰夏至着五綵辟兵題綵曰游光厲鬼知其名無溫疾五采辟五兵也按取新斷織繫戶亦此類也
世語曰王經彥偉初為江夏太守大將軍曹爽附絳二十疋令交市於吳經不納書弃官歸
崔寔四民月令曰八月清風戒寒趣染綵也
摯虞決疑曰古者男子皆衣綵有故乃素服秦漢以來服色轉變令唯朝廷五服用綵



裴玄新言曰五月五日集五綵繒謂之辟兵不解以問伏君伏君曰青赤白黑為之四面黃居中央名曰襞方綴之於複以示婦人養蠶之工也傳聲者誤以為辟兵
李陵與蘇武詩曰有鳥西南飛熠熠似蒼鷹朝發天地隅暮宿日南陵欲寄一言書託之箋綵繒
張載擬四愁詩曰佳人贈我筒中布何以報之流黃素
蔡邕女誡曰禮女始行服纁纁絳也上正色也紅紫不以為褻服緗綠不以為上繒貴厚而色尚深為其堅紉也
毋丘儉報弟書曰今別致絳二百疋可以供送葬之事

## 染

周禮天官下曰染人掌染絲帛凡染春暴練夏纁玄秋染夏
夏官獻功
又地官下曰掌染草掌以春秋斂染草之物(染草茅蒐橐蘆豕首紫茢之屬)以權量受之以待時而頒之(權量以知輕重多少時染夏之時)
又冬官考工記曰鍾氏染羽以朱湛丹秫三月而熾之(鄭司農云湛漬也丹秫赤粟玄謂湛讀如漸車帷裳之漸熾也羽所以飾旌旗及王后之車)淳而漬之(淳沃也以炊下湯沃其熾烝之以漬羽漬猶染也)三入為纁五入為緅七入為緇(染纁者三入而成又再染以黑則為緅緅今禮俗文作爵言如爵頭色也又復再染以黑乃成緇矣)
禮記月令曰季夏命有司染綵黼黻文章必以法故無或差貸黑黃蒼赤莫不質良無敢詐偽以給郊廟祭祀之服以為旗章以別貴賤等級之度(質正也良善也所用染者當得其真綵正善)
爾雅曰一染謂之縓(鄒絹反)再染謂之赬三染謂之纁青謂之葱黑謂之黝
漢書王莽傳曰更始元年拜置百官莽聞之愈恐欲外示自安乃染其鬚髮
吳録曰九真移風縣有赤絮膠人規土知蟻穴銀埿發以木枝

插其中則蟻緣而生漆折漆以染絮其色正赤

宋書曰蘭季直五歲喪母哀若成人初母未病令於外染衣卒後家人始贖季直抱之號慟聞者莫不酸感

呂氏春秋曰素染於青染於黃五入而五色堯舜三王染於賢聖而治桀紂幽厲染於凶佞而亡

博物志曰蕪蘇子染法蕪蘇子一升可染一疋直以水浸之耳

釋名曰緗桑葉初生色也

廣志曰烏丸與匈奴同俗丈夫婦人為木槽朱染之如耕盆以沓頭

神仙傳曰昌容者商王女也脩道於常山食蓬虆根二百餘年能致紫草賣與染家得錢以與貧病者

環濟要略曰正色有五謂青赤黃白黑也間色有五謂紺紅縹紫流黃也

八子 十四 九 王正

太平御覽卷第八百一十四

布帛部二

錦

繡

## 錦

說文曰錦襄邑織成也

釋名曰錦金也作之用功重其價如金故制字帛與金也

禮記王制曰錦文珠玉成器不鬻於市（不示民也奢與貪成猶善也）

禮記玉藻曰童子之節也緇布衣錦緣錦紳并紐錦束髮皆朱錦（童子未冠之稱冠禮曰將冠者綵衣紒也）

又玉藻曰君衣狐白裘錦衣以裼之錦衣狐裘諸侯之服也

又曰居士錦帶（居士道藝處士也）

又中庸曰詩云衣錦褧衣惡其文之著也故君子之道闇然而日章小人之道的然而日亡（言君子深遠難知小人淺近易知也所以不知孔子以其深遠也禪爲褧錦衣以美而君子以褧表之爲其文章露似小人也）

左傳閔公曰衛遷于曹齊桓公歸夫人魚軒重錦三十兩

又襄三曰晉侯先歸公享晉六卿于蒲圃賜荀偃束錦加璧

又襄五曰左師見夫人之步馬者（步馬習馬）問之對曰君夫人氏也左師曰誰爲君夫人余胡弗知圉人歸以告夫人使饋之錦與馬先之以玉

又襄六曰子皮欲使尹何爲邑子産曰少未知可否子皮曰吾愛之夫往而學焉亦愈知治子産曰人之愛人求利之也今吾子愛人以政猶未能操刀而使割也其傷實多子之愛人傷之而已子有美錦不使人學製焉大官大邑身



之所庇而使學者製焉其爲美錦不亦多乎（言官邑人重多於美錦也）

又昭四曰晉合諸侯次于衛地叔鮒求貨於衛淫芻蕘者（淫放也欲使衛患之而致貨也）衛人使屠伯饋叔向羮與一篋錦（屠伯衛大夫也）曰諸侯事晉未敢携貳况衛在君之宇下（屋宇之下喻近）而敢有異志芻蕘者異於他日敢請之（請止之也）叔向受羮反錦（受羮示不遂其意且非貨也）

又昭四曰平丘之會公不與盟晉人執季孫意如以幕蒙之使狄人守之司鐸射（魯大夫也）懷錦奉壺飲冰以匍匐焉守者御之乃與之錦而入（匍匐竊往飲季孫也冰箭筩蓋可以取飲者也）

又昭六曰齊侯將納公命無受魯貨申豐後女賈（豐賈二人皆季氏家臣也）以幣錦二兩（二丈爲一端二端爲一兩所謂匹也二兩二匹）縳一如瑱（瑱充耳縳卷也急卷使如充耳易懷藏）適齊師謂子猶之人高齮（齮子猶家臣子猶梁丘據）能貨子猶爲高氏後粟五千庾（言若能爲我行貨於子猶當爲請使得爲高氏後又當致粟五千庾庾十六斗凡八千斛）高齮以錦示子猶子猶欲之齮曰魯人買之百兩一布以道之不通先入幣財（言魯人買此甚多布陳之以百兩爲數）子猶受之

又哀上曰吳人藩衛侯之舍（藩籬）子服景伯謂子貢曰夫諸侯之會事既畢矣侯伯致禮地主歸餼（侯伯致禮以禮賓也地主所會主人也餼生物）以相辭也（各以禮辭讓）今吾不行禮於衛而藩其君舍以難之（難困也）若子盍見大宰乃請束錦以行（以賂吳）

毛詩淇澳碩人曰碩人其頎衣錦褧衣齊侯之子衛侯之妻

又蟋蟀曰角枕粲兮錦衾爛兮

又巷伯曰巷伯刺幽王也寺人傷於讒而作是詩也萋兮斐兮成是貝錦（萋斐文相錯也）彼譖人者亦以太甚

論語曰宰我問三年之喪期已久矣君子三年不爲禮禮

必壞三年不爲樂樂必崩舊穀既沒新穀既升鑽燧改火期可已矣子曰食夫稻衣夫錦於女安乎曰安女安則爲之

爾雅曰素錦綢杠（以白地錦韜旗之竿）

尚書大傳曰古之帝王者必有命民能敬長憐孤取舍好讓舉事力者命於其君然後得乘飾車軿馬衣文錦

漢書曰項羽在關中懷思東歸曰富貴不歸故鄉如衣錦夜行

又曰景帝二年下詔曰雕文刻鏤傷農事錦繡纂組害女工宜禁之

又曰賈人毋得衣錦

謝承後漢書曰朱寵仲威爲太尉家貧食脫粟臥布被朝廷賜錦被粱肉皆不敢當



漢官儀曰虎賁中郎將古官衣紗縠單衣虎文錦袴餘郎亦然

漢官典職曰尚書郎直中官供錦被

魏志曰景初中賜倭女王絳地交龍錦五疋紺地勾文錦三疋倭獻異文雜錦二十疋

魏文帝詔曰前後每得蜀錦殊不相比適可訝而鮮卑尚復不愛也自吾所織如意虎頭連璧錦亦有金薄蜀薄來至洛邑皆下惡是爲下土之物皆有虛名

典略曰孔子反衛夫人南子使人謂之曰四方君子之來者必見寡小君孔子不得已見之夫人在錦帷中孔子北面稽首

吳志曰蔣欽字公奕爲右護軍孫權常入其內母練帳縹被權歎其在貴守約勑御府爲其母作錦被改易帷帳

又曰甘寧住止常以繒錦維舟去輙割棄以示奢

又曰諸葛融父兄質素雖在軍旅身無采飾而融錦罽文繡獨爲奢侈

環氏吳紀曰蜀遣使獻重錦千端

江表傳曰陸遜攻劉備於夷陵備捨船步走燒皮鎧以斷道使兵以錦挽車走入白帝

蜀志曰先主入益州賜諸葛亮法正張飛關羽錦各千疋

王隱晉書曰裴甫字公曹稱所知於領軍何勗勗曰君稱其好人則多所宜何以爲欲使宰民不可爲臺閣職乎甫曰人各有能（有不能）好（好人難）莫過錦錦不可以爲焰

王隱晉書曰竇滔妻蘇氏善屬文苻堅時滔爲秦州刺史被徙流沙蘇氏思之織錦爲回文詩以寄滔循環宛轉以讀之詞甚悽切



晉書曰石季龍借立遷都于鄴傾心事佛圖澄有重於勒下書衣澄以綾錦乘以雕輦

南史曰宋元凶劭將作難賜袁淑等袴褶又就主衣取錦裁三尺爲一段又中裂之分蕭斌與淑及左右使以縛袴褶

齊書曰江淹爲宣城太守時罷歸始泊禪靈寺渚夜夢一人自稱張景陽謂曰前以一疋錦相寄今可見還淹探懷中得數尺與之此人大恚曰那得割截都盡顧見丘遲謂曰餘尺既無用以遺君自爾淹文章躓矣

趙書曰前石死調大臣子弟六十人爲挽郎引錦一疋

後魏書曰甄琛爲定州刺史既至鄉衣錦晝遊政體嚴細甚無聲譽

又曰孝武至彭城宋江夏王義恭獻蠟燭十挺武陵王駿

獻錦一疋
北史曰齊畢義雲家有千餘機織錦并造金銀器物
後周書曰太祖曾在同州與羣公宴集出錦罽及雜綾絹數段命諸將樗蒲取之
唐書曰王方慶天后初爲廣州都督境内清肅手制褒之曰朕以卿歷職有稱故授此官既美化遠聞實副朝寄今賜卿雜綵六十段并瑞錦等物以彰善政也
又曰大曆初代宗詔許宰臣元載王縉及左僕射裴冕戶部侍郎判度支第五琦京兆尹黎幹各出錢三十萬宴郭子儀于子儀私第内侍魚朝恩恭其會爲朝恩出錦三十疋雜五十疋綾一百疋爲子儀纏頭之費極歡而罷舊俗賞歌舞人以錦綵置之頭上謂之纏頭宴饗加惠借以爲詞



又曰大曆中代宗勑曰王制命市納賈以觀人之好惡布帛精麤不中度廣狹不中量不鬻於市漢詔亦云纂組文繡害女工也朕思以恭儉克己敦朴化人每尚素玄之服庶齊金玉之價而風俗不一踰侈相高浸弊於時其來自久耗縑繒之本資錦綺之奢異彩奇文恣其誇競今師旅未戢黎元不康豈使淫巧之功更虧恒制在外所織造大張錦軟錦瑞錦透背及大繝錦竭鑿六破已上錦獨窠文紗四尺幅及獨窠吳綾獨窠司馬綾等並宜禁斷其長行高麗白錦雜色錦及常行小文字綾錦花文所織盤龍對鳳麒麟師子天馬辟邪孔雀仙鶴芝草萬字雙勝及諸織差樣文字等亦宜禁斷
又曰張萬福爲和州刺史賊許杲至楚州大掠節度使韋元甫命萬福追討未至淮陰杲爲其將康自勸所逐自勸擁兵繼掠循淮而東萬福倍道追而殺之代宗發詔以勞之賜衣一襲宮錦十雙
又曰太和中賜修指南車記里古人故金忠義男公亮緋衣牙笏錦三十疋
范子計然曰錦大文出陳留
列子曰范氏之藏火子華曰若能入火取得錦者從所多少商丘開入火往還而身不燒
尸子曰夫繭捨而弗治則腐而棄使工女繰之以爲美錦人君朝而服之
子思子曰管仲鏤錦也雖惡而登朝子產練紫也雖美而不尊（孔子家語）
淮南子曰管仲文錦也雖醜登廟子產練帛也美而不尊（管雖不及聖猶文錦也子產先思後去如練帛雖溫不堪爲宗廟服）



抱朴子曰籍孺董鄧猶錦紈之裹塵埃
又曰寸錦足以知巧刺鼠足以知勇
又曰寸裂之錦黼未若堅完之韋布
又曰小文雖巧猶寸錦細碎之珎
太公六韜曰夏桀殷紂之時婦人錦繡文綺之坐席衣以綾紈常三百人
穆天子傳曰吉日甲子天子乃執白珪玄璧以見西王母好獻錦組百純（郭璞注曰純疋端名也組綬屬音祖也）西王母再拜受之
又曰盛姬之喪天子使嬖人贈用文錦
漢武内傳曰帝見西王母巾器中有一卷小黃書盛以紫錦之囊帝問此書是仙方耶不審其目可得瞻盼不王母出以示之此五岳之眞形圖也文祕禁豈汝穢質所宜佩王母即命女宋靈賓更取一圖以與武帝靈賓探懷中得

一卷盛以雲錦之囊王母起立手以付帝
說苑曰魏文侯與田子方語有兩童子衣錦而侍於君前田子曰此君之寵子乎文侯曰非也此其父死於戰此其幼孤也寡人收之
潛夫論曰夫攻玉以石洽金以鹽濯錦以魚浣布以灰物故有以醜治好者矣
郭子橫洞冥記曰元鼎元年起招仙靈閣於甘泉宮西編翠羽麟毫爲簾有走龍錦有翻鴻錦
西京雜記曰武帝時得貳師天馬以玫瑰石爲鞍鏤以金銀以緑地五色錦爲蔽泥
王子年拾遺記曰員嶠之山名環丘東有雲石廣五百里有蠶長七寸黑色有角鱗以霜雪覆之然後作繭長一尺其色五綵織爲文錦入水不濡其質輕煖柔滑



又曰周成王時因祗國致工女一人善織以五色絲内口中手引而結之便成文錦其國人來獻有雲崑錦文如雲霞有樓堞錦有離珠錦文似貫佩珠也有篆隸錦文似大篆字有列明錦文羅燈燭七幅皆廣三尺
又曰周靈王起昆昭之臺以享群臣張鸞章錦文如鸞翔
又曰吳趙逵之妹善書畫巧妙無雙能於指間以綵絲爲雲龍虬鳳之錦大則盈尺小則方寸
神仙傳曰淮南王爲八公張錦綺之帳燔百和之香
又曰左慈字元放廬江人少有神道嘗在魏武帝坐帝曰恨無蜀中生薑耳放曰亦可得也因曰吾前遣人到蜀買錦可過勑使者增市二端須臾即得薑還并獲使報
華陽國志曰閻憲字孟度成都人名知人爲綿竹令以禮讓化民莫敢犯者有民杜成夜行得遺賄一囊中有錦二十疋求其主還之曰縣有明君何敢負也
陳留風俗傳曰襄邑縣南有渙水北有睢水傳曰睢渙之間文章故有黼黻藻錦日月華蟲以奉天子宗廟御服焉
異物志曰錦鳥文章如丹地錦而藻繢于文俗人見其似錦因謂之錦鳥
鄴中記曰石虎冬月施熟錦流蘇斗帳四角安純金龍頭銜五色流蘇或用黄地博山文錦或用紫綈及小明光錦
又曰織錦署在中尚方大登高小登高大明光小明光大博山小博山大茱萸小茱萸大交龍小交龍蒲桃文錦班文錦鳳皇錦朱雀錦韜文錦桃核文錦
丹陽記曰鬪場錦署平關右遷其百工也江東歷代尚未有錦而成都獨稱妙故三國時魏則布於蜀而吳亦資西道



語林曰陳元方遭父喪骨立其母愍之以錦被蒙其上郭林宗往弔見而責之賔客絶百許日
世說曰石崇錦步障四十里
左思蜀都賦曰貝錦斐成濯色江波
古詩曰錦衾遺洛浦同袍與我違
夏侯孝若集羊太常辛夫人傳曰夫人字憲英衛尉肅侯毗之女不好華麗琇上夫人羅子帔緣以錦不肯服從外孫胡毋楊上夫人錦被夫人反卧之
諸葛亮集曰今民貧國虚決敵之資唯仰錦耳
張温表曰劉禪送臣温熟錦五端
魏武與楊彪書曰今贈足下錦裘二領

繡

尚書益稷曰予欲觀古人之象藻火粉米黼黻絺繡

尚書大傳曰未命爲士得衣繡
毛詩終南曰君子至止黼衣繡裳
又揚之水曰素衣朱繡從子于鵠（鵠曲沃邑也 鵠音沃）
又九罭曰九罭美周公也我覯之子衮衣繡裳
周禮秋官下小行人曰合六幣琮以錦琥以繡
又冬官上畫繢曰五采備謂之繡
禮記月令曰仲秋之月命有司文繡有恒必修其故
左傳閔公曰狄伐衛公與石祁子玦甯莊子矢曰以此贊
國擇利而爲之與夫人繡衣曰聽於二子
春秋潛潭巴曰天子文繡布地必動絕無嗣
釋名曰繡脩也文脩然也
史記曰范雎說昭王曰秦韓之地形相錯如繡
又曰文帝所幸愼夫人令衣不得曳地帷不得文繡以示



敦朴
又曰楚莊王有愛馬衣以文繡
漢書曰廣川王去右昭信譖姬榮愛視瞻意態不善疑有
私時愛爲王刺方領繡（晉灼注曰今婦人直領 方領上刺作黼黻文也）爲去取燒
之
又曰齊織作繡宣帝時呼韓邪單于來賜帛繡綺八千疋
又曰武帝詞太一祝宰衣紫及繡
又曰江充使匈奴拜直指繡衣御史使督三輔
又曰暴勝之爲直指使者衣繡持斧逐捕盜賊威震州郡
又曰蜀賓刺文繡
又曰刺繡文不如倚市門此言末業貧者之資也
又曰霍光薨贈絮繡被百領
又百官表曰侍御史有繡衣直指武帝所制

東觀漢記曰更始遂共謀誅百升乃大會諸將以成其計
更始取伯升寶劍視之繡衣御史申屠建隨獻玉玦更始
竟不能發
又曰李忠獨不掠財物上曰我欲賜之諸君無望乎取大
驪馬及繡被以賜忠
魏志曰張旣爲尚書出爲雍州刺史太祖謂旣曰還君本
州可謂衣繡晝行矣
魏略曰大秦國有金縷繡色綾其國利得中國絲素解以
爲胡陵
晉中興書曰中宗所幸鄭夫人衣無文繡
後魏書曰王憲爲并州刺史還京師以憲年老特賜錦繡
布帛珍羞禮膳
管子曰桀女樂三萬人無不服文繡衣裳也



墨子曰古之人未知爲衣服衣皮帶茭今則厚斂百姓以錦
繡文彩靡曼衣
范子計然曰能繡細文出齊上價疋二萬中萬下五千也
孫卿子曰天子尊重無上矣衣被則五綵雜間色重文繡
莊子曰楚聘莊子莊子曰子不見夫犧牛乎衣以文繡入
於太廟雖欲爲孤犢其可得乎
淮南子曰繡爲被則宜爲冠則議
國語齊桓公曰昔吾先君襄公陳妾數百食必粱肉衣必
文繡
帝王世紀曰紂不服短褐處於茅屋之下必將衣繡遊於
九重之臺
賈誼曰繡是古天子之服今富人大賈嘉會召客以被牆
屋

說苑曰晉平公使叔向聘呉呉人飾舟以送之左百人右百人有繡衣而豹裘者有錦衣而狐裘者歸以告平公平公曰呉其亡乎

又曰鄂君乘青翰之舟張翠蓋越人擁檝而歌曰心悦君兮君不知於是鄂君舉繡被而覆之

楊子法言曰今之學也非獨爲華藻又從而繡其鞶帨喻今學煩多也

鹽鐵論曰古庶人老耋而後衣絲其餘則麻枲而已故命曰布衣今富者綺繡羅紈素綈水綿

論衡曰齊郡能刺繡恒女無不能者襄邑能織錦恒婦無不巧者目見而手狎也

又曰刺繡之師能縫帷裳納縷之工不能織錦儒生能爲文吏文吏不能爲儒生也文吏一旦在位則鮮冠利劍一



歲典職則田宅并集

又曰繡之未刺錦之未織絲帛何以異哉及其加五采之功施針縷之飾則文章煥爛學士有文章其猶絲帛布色之功

桓譚新論曰陽城子張名衡蜀郡人王翁與吾俱爲講樂祭酒及寢疾預買棺槨多下錦繡立被發冢

崔贑易林离之大過曰被繡夜行不見文章安坐玉堂乃無咎殃

洞冥記曰甘泉有霞光繡藻龍繡連煙繡

王子年拾遺記曰孔子生之夕有麟吐玉書於闕里人家乃以繡紱繫麟角而去

又曰呉主孫權常歎魏蜀未夷軍旅之隙思得善畫者使圖作山川地形軍陣之象趙夫人曰丹青之色易歇滅不可爲久寶妾能刺繡作列國圖於方帛上寫五岳河海城邑行陣之形進於呉主時人謂之針絶

呉越春秋曰呉王死辭曰不忍見伍子胥吾死必結壁連組以冪吾目恐其不蔽即復重羅繡三幢以爲奄明生不昭我身死不見我形吾何言哉

物理論曰世傳有夫死而婦許以不嫁者誓以繡衣襚以衣尸納諸棺焉後三年婦出適迎有日矣有行道人夜求人家宿向晨主人語之婦約之辭寄所誓之衣曰子到若千里當逢之還此衣焉或者出門到所言處果見迎車具以事告還其繡衣婦遂自經而死

又曰夫論事比類不得其體雖飾以華辭文以美言無異錦繡衣摇株管弦樂土梗非其趣也

世說曰曹植妻衣繡太祖登臺見之以違制命還家賜死



戒經六禽變曰寅爲衣裳文繡

夢書曰錦繡爲憂事有文章夢得錦繡憂縣官也

班固詩曰長安何紛紛詔葬霍將軍刺繡被百領縣官給衣衾

張衡四愁詩曰美人贈我錦繡段何以報之青玉案

班固與竇將軍牋曰固於張掖縣受賜虎頭繡鞶囊一雙

慕容皝與顧和書曰今致繡韡一量

太平御覽卷第八百一十五

太平御覽卷第八百一十六

布帛部三

羅　綺　織成

綾　縠　紗

綃　綈　罽

紬

羅

釋名曰羅文羅疏也纚簁也麤麤可以簁物也

魏文帝詔曰江東爲葛　寧比羅紈綺縠

魏志曰自公侯已下大夫以上皆服綾錦羅綺金縷之物自是以下雜綵之服通于賤人也

晉書曰謝玄好帶紫羅香囊叔父安惡之不欲傷其意因賭而焚之遂絕



晉令曰第一品已下不得服羅綃

東宮舊事曰太子納妃絳眞文羅一幅帔一絳杯文繡羅一幅帔一絳眞衣羅袴一

王孫子曰隨珠曜日羅衣從風

燕丹子曰荊軻左手把秦王袖右手揕其胷秦王曰願聽琴聲而死召姬人鼓琴琴聲曰羅縠單衣可掣而絕

淮南子曰齊俗有繁繡羅紈

漢武內傳曰帝以七月七日掃除宮掖之內設大床於殿上以紫羅薦地燔百和香燃九微燈以待西王母

西京雜記曰趙飛鷰爲皇后女弟在昭陽殿遺書曰今日嘉辰貴姉懋膺洪冊上襚三十條以陳踊躍金花紫羅面衣織成襦羅帷幌羅帳羅幬

黃庭經曰黃庭爲不死之道受者先齋九日然後受之結盟立誓期以勿泄古者盟以玄雲之錦九十尺金簡鳳文羅四十尺

徐延年別傳曰道士姓徐名延年仙人以新黃羅衣衣之

王子年拾遺記曰周氏王五年因祇國獻女工一人善於工巧體貌輕潔被纖羅新繡之衣

又曰吳主孫權居昭陽宮趙夫人乃織羅縠累月而成裁之爲幔內外視之飄飄如煙氣輕動而房內自涼

異苑曰張仲舒爲司空廣陵城北元嘉年七月中輒見門側有赤氣赫然後空中忽雨絳羅於其庭內廣七八分長五六寸皆以箋紙繼之廣長亦與羅等紛紛甚張惡而焚之猶有數片府州多相傳示張經宿暴疾而死

世說曰武帝常降王武子供饌悉用琉璃器婢子百餘人皆綾羅袴以手擎飲食



宋玉風賦曰躋于羅帷經于洞房

司馬相如美人賦曰女以玉釵挂臣冠羅袖拂臣衣

張衡南都賦曰羅襪躡蹀而容與

古詩曰明月何皎皎照我羅床帷

古歌詩曰大婦織綺羅中婦織流黃小婦無所作挾瑟上高堂

阮籍詩曰西方有佳人皎皎如日光被服纖羅衣左右佩雙璫

綺

廣雅曰鬱金流黃綦綺

說文曰綺文繒也

釋名曰綺欹也其文欹邪不順經緯之縱橫也有杯文形似杯也有長命其采色相間皆橫也福言長之者服之使

人命長本造者之意也有棋文方文如棋也
漢書曰班伯侍講金華殿在織襦紈袴之間非其好也
又曰賈人不得衣錦繡綺縠
又曰孝文六年遺匈奴書使者言單于服繡袷綺衣
東觀東記曰馬后袍極麤疏諸主朝望見反以爲綺后曰此繒染色好故直用之
漢書儀曰祭天用六綵綺席六重長一丈
于寶晋紀曰初洛中名服有白石綺織者尤之曰石非繒綵之稱
晋令曰第三品已下得服雜杯之綺第六品已下得服七綵綺○東宮舊事曰太子納妃有七綵杯文綺被一絳石杯文綺被一七綵杯文絳袴長命杯文綺袴
司馬相如長文賦曰張羅綺之幔帷垂楚組之連綱



班固西都賦曰紅羅颯纚綺組繽紛
潘岳秋興賦序曰余兼虎賁中郎將寓直散騎之省珥蟬冕襲紈綺之士此焉遊處
古詩曰客從遠方來贈我一端綺文作雙鴛鴦裁爲合歡被
又曰細綺爲下裳紫綺爲上襦
曹植詩曰西北有織婦綺縞何繽紛清晨秉機杼日暮不成文

## 織成

廣雅曰天竺出細織成
續漢書輿服志曰虎賁武騎皆鶡冠虎文單衣襄邑歲獻織成虎文
魏略曰大秦國用水羊毛木皮野蠶絲作織成皆好色
魏略曰大秦國出金織成帳
吳時魏國傳曰大秦國天竺國皆出金縷織成
晋後略曰張方兵入洛諸官府大劫掠御寶織成流蘇皆分割爲馬幰矣
晋令曰織成衣爲禁物
搜神記曰陳節詣諸神東海君以織成青襦一領遺之
西京雜記曰宣帝被收繫郡邸獄臂上猶帶史良娣合采婉轉絲繩係身毒國寶鏡一枚大如八銖錢及即位常以琥珀笥盛之緘以戚里織成一曰斜文織成
西京雜記曰趙飛鷰爲皇后其女弟昭儀在昭陽殿遺飛鷰書曰今日嘉辰貴姊懋膺洪册上襚三十五條以陳踊躍之志内有織成下裙
杜蘭香傳曰蘭香降南郡張碩與碩織成袴衫



鄴中記曰石虎冬月施流蘇斗帳懸金薄織成䑛囊
又曰石虎皇后出女妓二千爲鹵簿冬月皆著紫綸巾熟錦袴腳著五文織成鞾
又曰石虎獵著金縷織成合歡袴
高柔婦與柔書曰今奉織成袜一量

## 綾

釋名曰綾者其文望之似冰凌之理也
漢官典職儀曰尚書郎直供青縑白綾被
魏略曰大秦國有金縷繡雜色綾其色利得中國絲素解以爲胡綾
魏志曰楊阜字義山爲城門校尉常見明帝着帽被縹綾半袖阜問帝曰此於禮何法服也帝默然
晋咸康起居注曰詔臨邑使主范彻所貢物多絳綾是其

所迹可籌量增賜

晉安帝紀曰桓玄幼時會于西堂設伎樂上施絳綾帳縷金以爲飾

晉脩復山陵故事曰帝政服着白綾帽

荀勗爲晉文王與孫皓書曰餉雜色綾千端

後魏書曰辛穆字叔宗舉茂才爲雍州別駕初隨父在下邳與彭城陳敬文友善敬文弟敬武少爲沙門從師遠學經久不返敬文病臨卒以雜綾二十疋託穆與敬武穆久不得見經二十年始於洛陽見敬武以物還之封題如故世稱廉信

唐書曰太宗初七品以上服龜甲雙具十花綾其色綠九品已上服絲布及雜小綾其色青

又曰長慶中浙西觀察使李德裕上表曰臣當道奉詔更令織定羅紗袍段及盤條繚綾一千疋況立鵝天馬盤條文彩珍奇只合聖躬自服今所織千疋費用至多在臣愚誠亦所未諭乞酌臣當道物力所宜更賜節減即海隅蒼生無不受賜詔許罷進盤條繚綾一千疋



漢武內傳曰西王母侍女服紺綾之袍

西京雜記曰霍光妻遺淳于衍散花綾二十五疋綾出鉅鹿陳寶光妻傳其法霍顯召入其弟使作之一疋直錢一萬又與綠綾七百端直錢百萬

符丕答謝玄書曰今往大文羅大綾綾各五疋

## 縠

三禮圖曰五綵方山冠以綵縠爲之

說文曰縠細繒也

釋名曰縠粟也其形戚戚如粟也

戰國策曰　計見齊宣王宣王曰願聞先生直言正諫計曰王之憂國愛民不如王之愛一尺之縠王使人爲冠不使左右便辟而使工者以爲能也今治齊國非左右便辟無使也故王之愛民不如一尺之縠事具冠門

漢書曰江充召見太一宮自請願以所常被服衣冠見上上許之充衣紗縠單衣

東觀漢記曰建初二年詔齊相其止物復送冰紈方空縠

董巴輿服志曰羽林左右監左右虎賁皆冠鶡紗縠單衣

魏志曰袁術遂僭號荒侈滋甚後宮數百服綺縠餘粱肉

楊子法言曰或曰霧縠之麗曰女工之蠹

潛夫論曰小民或刻剝綺縠以成榆莢水波文

抱朴子曰勁弩之餘力不能洞霧縠

宋玉風賦曰主人女翳承日之華更被丹縠之單衣



司馬相如子虛賦曰雜羅綃垂霧縠言細好如霧出以復須也

劉楨魯都賦曰其女工則絳綺縠

荀勗爲晉文王與孫皓書曰餉縠三端

## 紗

東觀漢記曰馬融傳洽通儒教養諸生千數融好侈飾常施絳紗帳前授生徒後列女樂

晉書曰武帝泰始九年帝多簡良家子女以充內職自擇其美者以絳紗繫臂

梁書曰王僧孺幼貧其母鬻紗布以自業事具鹵薄門

後魏書曰游明根以年踰七十表求致仕優詔許之引入陳謝悲不自勝帝言別殷勤仍爲流涕賜青紗丹衣委貌冠被褥錦袍等物

北齊書曰琅邪王儼字威仁武成第三子拜京畿大都督

鎮軍大將軍領御史中丞遷大司徒初從北宮出將上中
丞凡京畿步騎領軍之官屬中丞之威儀司徒之鹵簿莫
不畢備帝與后在華林園東門外張幕隔青紗步障觀之
北史齊盧道虔娉妻元氏甚聰悟常升高座講老子道虔
從弟元明隔紗帷以聽焉
唐書曰太宗幸蒲州刺史趙元揩　服黄紗單衣迎
謁路左
東宮舊事曰皇太子初拜有絳紗單衣
王子年拾遺記曰漢武帝思李夫人不可復得　詔董仲
君曰朕思李氏其可得乎仲君曰可遥見而不可同帷幄
有潜英石色青輕如毛羽寒盛則石温暑盛則石冷刻之
人像不異眞人使此像往則夫人至矣乃遣人至　海經
年而還得此石命工衣李夫人彩刻成置於輕紗幕裏宛



若生時帝大悅
又曰江漢之民至暮春上巳之日禊集　之祠或結五
色紗囊盛食沉於波中以言蛟龍水虫畏之不侵食也
蔡克別傳曰克字子尼體貌尊嚴莫有媟嫚高平劉整儁
才白衣居家車服奢麗謂人曰紗縠吾之常服耳遇蔡子
在坐而經日不自安
齊諧記曰餘杭縣有一人姓沈名蹤與父同入山至夜二
更中忽見一人着紗帽披絳綾袍云是闞山王闞山在餘杭縣
秦記曰符堅以太常韋逞母宋氏傳其父業周官音義乃就
宋家立講堂書生百人隔絳紗幔而受業焉

綃

毛詩義疏曰揚之水素衣朱繡繡當爲綃綃綺也
禮記玉藻曰君子狐青裘豹褎玄綃衣以裼之君子大夫士也綃綺
屬也染之於玄以狐青裘相宜也
廣雅曰綃謂之緗
晉令曰第六品已下不得服羅綃
王子年拾遺記曰燕昭王二年廣延國來獻善舞者二人
昭王處以單綃華幄
又曰吳主孫權居昭陽宮倦暑乃褰紫綃之帷
曹植洛神賦曰踐遠遊之文履曳霧綃之輕裾

綈

說文曰綈赤黄色也
釋名曰綈似蛦虫之色綠而澤也
史記曰范雎改名爲張禄相秦秦伐魏魏使須賈於秦雎
爲微行弊衣徒步入邸見須賈賈驚曰范叔無恙乎今叔
何事雎曰爲人賃賈意哀之留坐飲食曰叔寒如此哉乃



取其綈袍以賜之後雎見賈賈頓首言死罪雎曰公所以
得不死者以綈袍戀戀有故人之意故釋公
漢書曰文帝身衣弋綈如淳曰弋皂也
漢書儀曰太官湯官奴婢各三千人大置酒日皆綈褠蔽
膝
漢書儀曰印綬盛以篋篋以綠綈　白表裏
西京雜記曰漢制天子玉几冬則加綈錦其上謂之綈几
諸侯皆以竹木爲之不得加綈錦之飾
王子年拾遺記曰漢成帝於太液池傍起宵游宮以漆爲
柱鋪黒綈之幕又造飛行殿所幸之宮咸以氊綈藉地惡
車轍馬跡之喧也
竹林七賢論曰舊俗七月七日法當曬衣諸阮庭中爛然
莫非錦綈阮咸時總角乃竪長竿摽大布犢鼻於庭中曰

未能免俗爾

鄴中記曰石虎　尚方御府中巧工作錦織成署皆數百人有青綈或白綈或緋綈或黃綈或緑綈或紫綈

范子計然曰綈出河東

鹽鐵論曰騳貂狢不益錦綈之寶是以王者不珎

張衡西京賦曰木衣綈錦土被朱紫

罽

韋輝光毛詩問曰七月之時無褐箋云褐毛布也賤者之所服也今罽亦用為之

爾雅曰氂罽也（郭璞注曰毛氂所以為罽也揵為舍人注曰氂毛也罽胡人績羊毛作衣）

說文曰罽西胡毳布也

吳曆曰魏文帝賜吳王太子罽二張

吳志曰孫堅為董卓軍所攻堅與數十騎潰圍而出堅常著赤罽幘令親近將祖茂著之卓騎爭逐茂故堅從間道得免

干寶晉紀曰孫皓遣使詔書賜班罽五十張絳罽二十張紫青罽各十五張

崔鴻十六國春秋西秦録曰沮渠蒙遜尚書郎王杼送戎罽千疋銀三百斤

鄴中記曰石虎御府罽有巳頭文罽麗子罽花罽

扶南傳曰安息國出五色罽

鹽鐵論曰今富者黃金馬腦勒罽繡馬捲汗

桓譚新論曰余歸沛道病蒙絮被絳罽襜乘騂馬宿下邑東亭亭長疑是賊發卒余令勿鬬乃問而去此安靜自存也

曹植辯道論曰甘始謂王曰諸梁時西域胡來獻罽悔不



取也

班固與弟超書曰竇侍中前寄人錢八十萬市得雜罽十餘張

紬

說文曰紬大絲繒也

釋名曰紬抽也抽引絲端細緒也又謂之絲挂也挂於杖端振舉之也

北史曰裴聿脩為太常少卿出使巡省仍令考校官人得失經兗州時邢劭為刺史別後送白紬為別信聿脩不受與劭書云今日仰過有異常行瓜田李下古人所慎願得此心不貽厚責劭亦欣然領解報書云老夫忽忽意不及此敬承來旨吾無間然弟昔為清郎今日復作清卿矣



太平御覽卷第八百一十六

布帛部四

絹

廣雅曰繁總鮮文穀絹也

說文曰絹似霜

釋名曰絹絙也其絲絙厚而疏也

東觀漢記曰南陽太守杜謂坐遣客爲弟報仇被徵會病卒喪無所歸詔使持喪郡國郵購絹絹千疋

謝承後漢書曰陳留夏馥避黨事遁迹黑山弟靖載絹往餉之於涅陽縣客舍見馥顏色羸毀不復識聞其聲乃覺之

華嶠後漢書曰李傕等大戰弘農百官士卒死者不可勝數董承密招白波帥李樂等率衆來共擊傕等大破之乘輿乃得進承夜潛過曰先具舟舡爲應帝步出營臨河岸高不得下時中宮伏德扶中宮一手持十疋絹乃取德絹連續挽而下餘人匍匐岸側或自投死云



又曰陳寔在鄉閭平心率物有盜夜入其室止於梁上寔見呼命子孫訓之曰不善之人未必本不慈習與性成如梁上君子是也盜驚自投地寔徐譬之曰視君狀皃不似惡人宜深克己反善然當由貧令遺絹二疋自是一縣無復盜竊

魏略曰文帝在東宮嘗從曹洪貸絹百疋洪不 及洪犯法自分必死後遂得原

魏志曰趙儼爲朗陵長時袁紹舉兵南侵遣招誘豫州諸郡多受其命唯陽安郡不動而都尉李通急錄戶調儼見通曰方今天下未集諸郡並叛懷附者復收其緜絹小人樂亂能無遺恨且遠近多虞不可不詳也通曰紹與大軍相持甚急左右郡縣背叛乃爾若緜絹不調送觀聽者必謂我顧望有所須待也儼曰誠亦如君慮然當權其輕重小緩調當爲君釋此患乃書與荀彧

又曰孫禮爲揚州刺史吳大將全琮帥數萬衆來侵寇時州兵 在者無幾禮躬勤禦之戰於芍陂禮犯蹈白刃馬被數創手秉枹鼓奮不顧身賊衆乃退詔書慰勞賜絹七百疋

魏略曰鮮卑素利等數來 多以牛馬遺田豫豫輒送官胡以爲所豫物顯露不如持金乃密懷金三十斤謂豫曰願辟左右我物有所遺豫從之胡因跪曰我見公貧故前後遺公牛馬公輒送官今密以此上公可以爲家資豫張袖受之荅其厚意胡去後悉皆付外具以狀聞於是詔褒之曰昔魏絳開懷以納戎今卿舉袖以受狄朕甚嘉焉乃即賜絹五百疋豫得賜分以其半藏小府後胡復來以半與之



又曰田豫罷官歸居魏縣會汝南遣健步詣征北感豫宿恩過拜之豫爲殺雞炊黍送詣陌頭謂之曰罷老苦汝來過無能有益若何健步愍其貧羸涕流而去還爲故吏民說之汝南爲具資絹數千疋遣人餉豫豫一不受

魏志曰景初中賜倭士王白絹五十疋

魏文帝詔曰今與孫驃騎和通商旅當日月而至而百賈偷利喜賤其物平價又與其絹故官逆爲平準耳官豈少比物輩耶

吳志曰丹陽太守李衡每欲治家妻輒止之衡密遣客十人於武陵龍陽洲上作宅種甘千株臨死勅兒曰汝母惡吾治家故窮如是然吾州里有千頭木奴不責汝衣食歲

止一疋絹亦足用耳衡云後二十餘日以問母曰此當是
種甘也汝家失十户客七八年必汝父遣爲宅汝父嘗稱
太史公言江陵千樹橘當封君吾荅人患無德貧方好耳
用此何爲吴末衡甘成歲得絹數千疋家道殷足
吴録曰袁博爲太守黄君舉爲孝廉爲業令以俸禄市縑
絹餉黄君家黄氏負鄉里債債家到門輒應云待業令家
餉
王隱晋書曰王尼見太傅越曰公負尼物越荅初不識此
事尼曰昔楚人失布謂令尹盗者以令尹執政不能奉禮
率法至使盗賊公行是與自盗無異也尼舍資財軍寇輙
略公爲宰輔未能禁賊令尼窮困是亦明公負物也越意
解大笑與尼絹五十疋
王隱晋書曰劉寶爲伐蜀人作爭功得千疋絹



又曰蘇節從兄韶亡後着青黄絹單衣來與節言
虞預晋書曰武帝論平吴功唯羊祜王濬張華三人各賜
絹万疋其餘莫得比此
干寶晋紀曰華譚依周顗及琅邪王遣甘卓攻顗譚先於
卓有恩卓募人入城求譚入者至舍問華侯在不吾甘楊
威使也譚曰不知華侯所在抽絹二疋授之使人還以告
卓曰是華侯也
晋陽秋曰有司奏依舊調編絹武帝不許
又曰荊州刺史庾氷中子龍姿嘗貸官曹絹十疋氷怒撻之
帀絹還官
又曰胡威字伯虎父質之爲荊州也威自京都省之停中
十餘日告歸臨辭質賜其絹一疋爲道路粮威跪曰大人
清高不審於何得此絹質曰是吾俸之餘故以與汝耳

又曰桓温入蜀聞有善星人招致之獨執其手於星下問
國祚脩短星人曰太微紫微文昌三宫氣候决無憂虞五
十年外不論耳温不悦送絹一疋錢五千與之
晋中興書曰翟楊字道淵尋陽人太守于寶遣船餉之勑
吏曰翟公廉讓卿致書訖便委船還楊無人送致乃更貨
易絹物因寄還寶
宋書曰沈慶之年八十夢有人以兩疋絹與之謂曰此絹
足度寤而謂人曰老子今年不免矣兩疋八十尺也足度
無盈餘矣是歲果卒
又曰李安人行南徐州事　參軍王迴素爲安人所親
盗絹二疋安人流涕謂曰我與卿契闊備嘗今日犯王法
乃卿負我也於軍門斬之
又曰孝武時齊庫上絹年調鉅万疋綿亦稱此期嚴限峻



人間買絹一疋至二三千緜一兩三四百貧者賣妻子甚
者或自縊死沈懷文具陳人困由是緜絹薄有所減
又曰阮佃夫使幸專權有人餉絹二百疋嫌少不荅書
齊書曰豫章王嶷拜陵還過延陵季子廟觀沸井有水牛
突部伍直兵執牛推問嶷不許取絹一疋撫繫牛角放歸
其家
又曰蕭赤斧遷給事中太子詹事卒於家貧無絹衾衣
梁書曰吉士瞻少時嘗於南蠻國中擲塼無褌褰露爲儕
輩所侮及乎魯休烈軍得絹三萬疋乃作百褌於外並賜
軍士不以入室
又曰劉孝綽爲吏部郎坐受人絹一束爲餉者所訟左遷
信威臨賀王長史
又曰任昉爲義興太守及被代登舟止有絹七疋米五石

至都無衣鎮軍將軍沈約遺裘衫迎之
又曰費昶善爲樂府嘗作皷吹曲武帝重之勑曰才意新拔有足嘉異昔邯鄲博物下蘭巧辭束帛之賜實惟勸善可賜絹十疋
又曰周石珍建康之廝隷也世以販絹爲業
又曰傅昭爲臨海太守縣令嘗餉栗寘絹于簿下昭笑而還之
又曰裴邃爲北梁秦二州刺史復開創屯田數千頃倉廩盈實省息邊運人吏獲安乃相率餉絹千餘疋邃從曰汝等不應爾吾又不可逆汝納其二疋而已
後魏書曰李崇在官和厚明於決斷然性在財賄販肆聚斂上令王公已下從者百餘人皆令任負布絹即以賜之多者過二百疋少者百餘唯長樂公兩手持絹二十疋而



出亦不異衆而當世稱其廉儉尚書令任城王澄疾不起賜絹百疋崇與章武王融以所負過多顛仆於地崇乃復腰融至損脚時人爲之語曰陳留章武傷腰折股貪人敗類穢我明主
又曰爾朱榮之奉莊帝召百官悉至河陰素聞元順數諫諍惜其誤直謂朱端曰可語元僕射但在省不須來順不達其旨聞害衣冠遂便出走馬爲鮮于康奴所害家徒四壁無物斂尸令史王才達裂裳覆之帝勑侍中元祉曰宗室喪亡非一不可周贍元僕射清苦之節死乃益彰特贈絹百疋
又曰楊津除岐州刺史巨細躬親孜孜不倦有武功人賫絹三疋去城十里爲賊所劫時有使者馳驅而至被劫人因以告之使者到州以狀白津津乃下教云有人著某色衣乘某馬在城東十里被殺不知姓名若有家人可速收視有一老母行哭而出云是已子於是遣騎追收并絹具獲自是闔境畏服
又曰楊津爲華州刺史先是受調絹度尺特長在事因緣共相進退百姓苦之津乃令依公尺其輸物尤好者賜以杯酒而出其所輸少劣者爲受之但無酒以示其恥於是競相勸勵官調更勝
又曰趙柔有人遺柔鏵數百枚者柔與子善明鬻之市有人從柔買索絹二十疋有商人知其賤與柔三十疋善明欲取之柔曰與人交易一言便定豈可以利動心遂與之搢紳之流聞而敬服
又曰陸馥爲相州刺史發姦擿伏事無不驗百姓以爲神明無敢劫盜者在州七年家至貧約徵爲散騎常侍百姓



乞留馥千餘人獻文不許謂羣臣曰馥之著政雖古人何以加之賜絹五百疋
又曰李元忠去任歸李魚川孝莊時盜賊蠭起清河有五百人西戍還經南趙郡以路梗共投元忠奉絹千餘疋元忠唯受一疋殺五牛以食之遣奴爲導曰若逢賊但道李元忠遣汝言賊皆舍避
又曰韓麒麟爲齊州刺史立性恭慎恒置律令於坐傍臨終之日唯有俸絹數十疋清貧如是
又曰陽平王子衍轉徐州刺史至州病重帝勑徐成伯乘傳療疾差成伯還帝曰卿定名醫賚絹三千疋成伯辭請受一千帝曰詩云人之云亡邦國殄瘁以是而言豈惟三千疋乎
又曰　穆羆轉汝陽太守遇水潦人飢上表請輕租賦帝

從之遂勑汝陽一郡聽以小絹爲調
又曰高允卒詔給絹一千疋布二千疋綿五百斤錦五十
疋雜綵百疋穀千斛以助喪用也
又曰王靈字羅漢爲南兖州刺史取官絹因淤遂有割易
御史糺劾會赦免
又曰宋鴻貴爲定州北平府叅軍送戍兵於荆坐取兵絹
四百疋兵欲告之乃斬兵十人
又曰公孫軌爲武牢鎮將初太武將北征發驢以運粮使
軌部調雍州軌令驢主皆加絹一疋乃與受之百姓語曰
驢無強弱負絹自壯衆共嗤之
北齊書曰崔暹遷尚書左僕射儀同三司時調絹以七尺
爲丈暹言之乃依舊焉
又曰孝昭常賜百官射王晞中的當得絹爲不書箭有司
不與晞陶陶然曰我今可謂武有餘文不足矣

隋書曰庫狄士文嘗入朝遇上置酒高會賜公卿入左藏
任取多少人皆極重士文獨口銜絹一疋兩手各持一疋
上問其故士文曰臣口手俱滿餘無所須上異之别加賞
物勞而遣之
唐書曰侍御史馬周上䟽云往者貞觀之初一疋絹纔得
一斗米而天下怗然百姓知陛下甚憂憐之故人人自安
曾無怨讟自五六年來頻歲豐稔一疋絹得粟十餘石而
百姓皆以爲陛下不憂憐之咸有怨言又今所營爲樂
多不急之務故也
又曰太宗初即位風聞諸曹案典受賂乃遣左右試以財
物遺之有司門令史受餽絹一疋上將殺之裴矩進諫曰
此人受賂誠合重誅但陛下以物試人則行極法所謂固

入其罪恐非導德齊禮之義上善之
又曰高宗朝詔自今已後天下嫁女受財三品已上之家
不得過絹三百疋四品不過二百疋六品七品不得過百
疋皆充所嫁女之資裝等用其夫家不得受陪門之財
又曰文宗大和六年賜故衛國公李靖五代孫前鳳翔司
録叅軍彥芳絹二百疋衣笏一副并還先奏高祖太宗書
詔及官告衣物等
後唐史曰賜宰相李愚絹百疋錢百緡鋪陳物一十三什
時愚病上令中使宣問愚所居寢室蕭然四壁卧敝氊而
已中使具言其事上曰宰相月俸錢幾何而委頓如此
故有是賜
四王起事曰張方移惠帝於長安兵人入殿取物特調御
絹二尺幅自魏晉之積將百餘萬疋三日取之尚不缺角

四王起事曰惠帝於鄴與成都王還洛陽出城倉卒上下
無持資食之調道中有駈羊二百餘口者便勒將至洛得
以爲糧至洛盧志啓以右藏絹倍還羊主
搜神記曰永嘉中有天竺胡人能取絹與人各執一頭剪
斷之已而取兩段合持之則復還連緜可練無異故體也
又曰吳先主病遣人於門觀不祥巫啓見一鬼著絹巾似
是大臣將相其夜先主夢見魯肅來入衣巾如之
述異記曰清河崔基寓居青州朱氏女姿容絕倫崔傾懷
招賢約女爲妾後三更中忽聞扣門外崔披衣出迎女雨
淚鳴咽云適得暴疾喪亡忻愛永奪悲不自勝女於懷中
抽兩疋絹與崔曰近自織此絹欲爲君作褌衫未得裁縫
今以贈離崔以錦八尺荅之女取錦曰從此絕矣言畢豁
然而滅至旦告其家女父曰女昨夜忽心痛夜亡崔曰君

家絹帛無零失耶荅云此女舊織餘兩疋絹在箱中女云
之姑婦出絹欲裁爲送終衣轉聘失之崔因此具說事狀
先賢行狀曰范邵字孝悌少時曾省外家逢掠者駈其牛
取衣物去邵還車知賊不得席後三疋絹乃追呼令取之
賊知長者悉還所取而辭謝焉
三輔決録曰平陵士孫奮貲至一億七十萬富聞京師而
性儉恡從子瑞辟梁冀掾奮送絹五疋食以乾魚
鄴中記云石虎以辰日臘子曰祖祖於殿庭立五仙人高
數丈五綵幢蓋大會羣臣於太武殿上祖曰探三探乃有
得絹百疋者有得數十疋者有得土者虎輒大笑以爲樂
孔舒元在窮記曰太安二年六月賊遂來入門時家見有
絹布三千餘疋及衣被器物皆令婢使輦出著庭中恣其
所取



魏武帝令曰今清時但當盡忠於國効力王事雖私結好
於他人用千疋絹萬石穀猶無所益
又曰東曹掾田疇言前以無功橫被封賞之賜以實自歸
教從所執耴到下車見絹三千疋穀五千斛驚愕怔懼未
敢自寧乞還藏府以爲軍儲
世語曰王經字彥律初爲江夏太守大將軍曹爽附絹二
十疋令交布於吳經不發書棄官歸母問歸狀經以實對
母以經典兵馬而擅去對送吏杖經五十爽聞不復罪經
世說曰范宣年八歲後園挑菜誤傷指大啼人問痛耶荅
曰非爲痛也但身體髮膚不敢毀傷是以啼耳宣潔行廉
約韓豫章遺絹百疋終不肯受後韓與范同車就車裂二
丈韓云寧可使婦無褌也范笑而受之
孝子傳曰董永父終貧不遂葬以身貿錢一萬既葬就後
逢一女子求與永爲妻云能織絹永詣主人主人令織一
旬三百疋償足女辭去曰我天之織女也帝見君孝使我
共償耳因遂不見(事具孝感門)

太平御覽卷第八百一十七

太平御覽卷第八百一十八

布帛部五

縑　帛

## 縑

說文曰縑幷絲繒也

釋名曰縑兼也其絲細緻數兼於絹染縑五色細且緻不漏水也

續漢書曰張奐少立志節董卓慕之使其兄遺縑百疋奐惡卓爲人絶而不受

東觀漢記曰王丹資性清白疾惡豪強時河南太守同郡陳遵關西之大俠也其友人喪親遵爲護喪事賻助甚豐丹乃懷縑一疋陳之於主人前曰如丹此縑出自機杼遵聞而有慙色



又曰王丹子有同門生喪親家在中山白丹欲往奔慰結侶將行丹怒而撻之令寄縑以祠焉或問其故丹曰交道之難未易言也

又曰上大發關東兵自將上隴隗囂衆潰走圍解於是置酒高會勞賜來歙班坐絶席在諸將之右賜歙縑千疋

又曰馬援行亭鄣到右北平詔書賜援鉅鹿縑三百疋

又曰蔡彤爲襄賁令是時盜賊尚未悉平而襄賁清靜詔書增秩一等賜縑百疋策書勉勵

後漢書曰趙熹避赤眉難入丹水遇更始親屬皆裸跣塗炭飢困不能前（塗炭若陷泥墜火喻窮困之極也）熹見之悲感所裝縑帛資糧悉以與之將護歸鄉里

東觀漢記曰顯宗時詔賜降胡縑尚書案事誤以十爲百

上見司農上簿大怒召郎將笞之鍾離意因叩頭曰過誤之失常人所容若以懈慢爲愆則臣位大罪重郎位小罪輕咎皆在臣臣當先坐乃解衣就笞帝意乃解

謝承後漢書曰汝南周躬爲櫟陽令功曹萬良爲父報讎自械詣獄躬解械放良後良賫縑五百餉躬閉門不受

華嶠後漢書曰孝獻伏后興平二年立爲皇后李傕郭汜等敗乘輿於曹陽帝乃潜夜渡河走六宮皆步行出營后手持縑數疋董承使孫徽以刃脅奪之殺傍侍者血濺后衣

袁山松後漢書曰天鳳五年樊崇起兵於莒號曰赤眉圍莒數月或說樊崇曰豈有父母之國而攻之乎莒中人出縑數千疋以自贖乃引去

范曄後漢書曰永平十五年幸偃師詔命自殊死以下贖



死罪縑三十疋右趾至髡鉗城旦舂十疋完城旦至司寇五疋

又曰戴封常遇賊財物悉被略奪唯餘縑七疋賊不知處封乃追以與之曰知諸君乏故送相遺賊驚曰此賢人也盡還其器物後舉孝廉

又曰期門郎程偉妻能通神變化偉當從出無衣甚愁妻即爲致兩縑得以爲衣

漢官典職儀曰尚書郎直供青縑白綾被

魏志曰漢桓帝末董卓爲軍司馬從中郎張奐征幷涼州有功賜縑九千疋卓悉以分與吏士

南史曰孫謙齊初爲錢塘令御煩以簡獄無繫囚及去官百姓以謙在職不受餉遺追載縑帛以送謙辭不受

梁書曰何遠輕財好義周人之急言不虛妄盖天性也每

戲語人云卿能得我一妾語則謝卿以一縑衆共伺之不能記也

趙書曰中書令徐光奏議以東郊親耕敀服青縑袴褶

後魏書曰劉芳初入魏雖處窮窘之中而業尚貞固聰敏過人篤志墳典晝則傭書以自資給夜則誦經不寢至有易衣幷日之弊而澹然自守不汲汲於榮利不戚戚於貧賤乃著窮通論以自慰常為諸儒傭寫經論筆迹稱善卷直一縑歲中能入百餘疋如此數年頼以頗振

又曰楊津除侍御中尉孝文幼冲文明太后臨朝津曽入侍左右忽欬逆失聲遂吐數升藏之衣袖太后聞聲閱而不見問其故具以實言遂以敬慎見稱而賜縑百疋遷符璽郎

又曰李元忠嘗貢齊文襄王蒲桃一盤文襄報以百縑其



見賞重如此

又曰高遵性不廉清在中書時每假歸山東必借備騾馬將從百餘屯逼人家不得絲縑蒲意則詬詈不去旬月之間縑布千數郡邑苦之

又曰辥琡字曇珎正光中行洛陽令部内肅然時以久旱京師見囚悉召集都亭理究滯洛陽獄者三人孝明嘉之賜縑百疋

北齊書曰賈思伯遷南青州刺史初思伯與弟思休師事北海陰鳳授業竟無資酬之鳳遂質其衣服時人為之語曰陰生讀書不免癡不識雙鳳脫人衣及思伯之部送縑百疋遺鳳因具車馬迎之鳳慙不往時人稱歎焉

隋書曰田德懋丁父艱哀毀骨立廬於墓側負土成墳上聞而嘉之遣　散騎侍郎元志就吊焉復降璽書幷賜縑一百疋米百石復下詔表其門閭

又曰文帝幸幷州留高熲居守及上還京賜縑五千疋

風俗通曰臨淮有一人持一縑到市賣之遂還值雨因共披戴後有人求庇蔭一頭之地雨霽因共爭之各云我縑丞相辥宣使曰縑直數百錢何足紛紛呼騎吏中斷縑各與半後人曰受恩矣前撮之縑主稱怨不已宣考乃歎服

傅子曰漢末魏太祖以天下凶荒資財乏匱擬古皮弁裁縑帛以為帢

何晏九州論曰清河縑　房　綿

荀勗為晉文王與孫皓書曰餉細縑十疋

帛

尚書堯典曰舜脩五禮五玉三帛

周禮地官曰媒氏凡嫁子娶妻入幣純帛無過五兩



又春官曰肆師之職常立國祀之禮以佐太宗伯（佐助也）立大祀用玉帛牲牷

又春官典命曰凡諸侯之適子誓於天子攝其君則下其君之禮一等未誓則以皮帛繼子男

又夏官下職方氏曰并州其利布帛

又冬官考工記曰繼子男執皮帛（謂公之孤也見禮次子男贄用束帛而以豹皮表之爲飾）

又曰涑帛以欄為灰渥淳其帛實諸澤器淫之以蜃（渥讀如繒人渥菅之渥以欄木之灰漸釋其帛也鄭司農云澤器謂滑澤之器蜃謂炭也士冠礼曰素積白屨以魁柎之説曰魁蛤也周官亦有白盛之蜃蜃蛤也玄謂滛薄粉之令帛白蛤令海旁有焉）清其灰而盝之而擇之（清澄也於灰澄而出盝晞之晞而揮去其蜃）而沃之而盝之而塗之而宿之（更渥瀖之）明日沃而盝之（朝更沃至夕盝之又更沃至旦盝之亦七日如瀖縑也）晝暴諸日夜宿諸井七日七夜是謂水涑

禮記月令曰季春之月開府庫出幣帛周天下勉諸侯聘
名士禮賢者
又檀弓上曰伯高之喪孔氏之使者未至冉子攝束帛乘
馬而將之孔子曰異哉徒使我不得成禮於伯高
又王制曰布帛精麤不中數廣狹不中量不鬻於市
又曰七十非帛不暖
又禮運曰後聖有作治其絲麻以爲布帛
又內則曰國君世子生三日卜士負之吉者宿齋朝服
寢門外保受乃負之宰禮負子賜之束帛
又曰婦人或賜之飲食衣服布帛則受而獻諸舅姑
又坊記曰子云禮之先幣帛也欲民之先事而後祿也此禮謂所執之贄以見者也既相見乃奉幣帛以脩好也或云禮之先辭而後幣帛
左傳襄上曰季文子卒大夫入斂公在位宰庀家器爲葬
備無衣帛之妾無粟食之馬無藏金玉無重器備
又哀上曰邾茅夷鴻以束帛乘韋自請救於吳無君命故言自
毛詩鹿鳴曰鹿鳴燕羣臣嘉賓也既飲食之又實幣帛筐
篚以將其厚意
周易賁卦曰賁于丘園束帛戔戔
春秋元命苞曰須女四星十二度主布帛
史記曰武帝使使束帛加璧安車駟馬迎申公
又曰子貢結駟連騎束帛之幣以聘享諸侯所至國君無
不界迎與抗禮者夫使孔子名布揚於天下者子貢先後
之也
又曰帛千鈞比千乘家
又曰陳勝乃多書帛言陳勝王置人所罾魚腹中卒買魚
得書怪之



漢書曰武帝使東方朔射中上曰善賜帛十疋郭舍人曰
朔齊人多變更致他物射之中則臣榜百不中賜臣帛朔
又中乃榜舍人
又曰館陶公主乃命私府曰董君所發一日金蒲百斤錢
蒲百萬帛蒲千疋乃白之
又曰婁護爲諫議大夫使郡國護假貸多持幣帛過齊上
書求上先人冢因會宗族故人各以親疏遺以束帛一日
散百金之費
東觀漢記曰耿純於邯鄲見上遂自結納獻馬及縑帛數
百疋
又曰長安語云城中好廣袖四方用疋帛
范曄後漢書曰明帝出諸貴人當徙居南宮馬太后感析
別之懷賜越帛三千端雜帛二千疋
又曰永平六年雒山出寶鼎廬江太守獻之於廟賜三公
帛五十疋九卿二千石半之
續漢書曰宋弘字巨公拜御史中丞布被瓦器居不粟馬
出無從車車駕幸其府舍歎曰雖楚國二龔不如雲陽宣
巨公賜布帛帳帷什器
後漢書曰公孫述造十層赤樓帛蘭船蓋以帛飾其欄檻
也
魏略曰陳留邯鄲淳奏投壺賦文帝以爲尚書郎賜帛十
疋
魏志曰張伯英專精於書凡家之衣帛必書而後練
晉陽秋曰董威　常宿　社中時乞於市得殘碎繒結以
自覆金帛桂綿則不肯受
沈約宋書曰文帝袁皇后每就上求錢帛贍家上性節儉

所得不過錢三五萬帛三五十疋
南史曰宋鮑照嘗謁臨川王義慶未見知欲貢詩言志人止之曰卿位尚卑不可輕忤大王照勃然曰千載上有英才異士沉没而不聞者安可數哉大丈夫豈可遂蘊智能使蘭艾不辯終日碌碌與鷰雀相隨乎於是奏詩義慶奇之賜帛二十疋
齊書曰劉顯將之尋陽　顯懸帛十疋約曰衣來者以賞之衆人竟改常服不過長短之間顯曰將有甚於此矣既而周弘正緑絲布袴繡　軒昂而至折標取帛
梁書曰郭祖深清儉常服故布襦素木按食不過一肉有妣餉一早青瓜祖深報以疋帛後有富人効之以貨鞭而徇衆朝野憚之



後魏書曰高允拜中書令帝幸允第唯草屋數間布被緼袍廚中塩菜而已帝歎息曰古人之清貧豈有此乎即賜帛五百疋粟千斛
又曰韋珍字靈智累遷顯武將軍郢州刺史所在有聲績朝廷嘉之遷龍驤將軍賜驊騮二疋帛五十疋穀三百斛珍乃召集州内孤貧者謂曰天子謂我能撫綏卿等故賜以穀帛吾何敢獨當遂以所賜悉分與之
隋書曰文帝嘗遣高頴大閲於龍臺澤諸軍部伍多不齊整唯閻毗一軍法制肅然頴言之於上時蒙賜帛
又曰張定和初爲侍官會平陳之役定和當從征無以自給其妻有嫁時衣服定和將鬻之妻靳固不與定和於是遂行以功拜儀同賜帛千疋遂弃其妻
唐書曰高祖傾府藏以賜勳人而又患國計不足劉義節進計曰今義師數十萬並在長安樵薪貴而布帛賤若伐街衢及苑中之樹爲樵易布帛歲取數十萬立可致也又藏内繒絹疋皆有餘軸之使申截剩物以供雜貴動盈千餘萬疋高祖並從之大收其利
又曰太宗召太子舍人陸敦信勞之曰爾所録古先太子善惡之事多所規諷誠有可嘉因賜帛五十段
又曰貞觀中皇后所生長樂公主將出降勑資送倍於長公主魏徵諫以漢明帝以朕子安得同於先帝子后聞之以爲難可謂正直社稷之臣也固請遣中使賫帛五百疋賜徵
又曰貞觀十一年賜遭水之家帛十五疋半毀者八疋
又曰王君廓少孤貧無行以剽刼爲業亡命聚徒以逆驢竹器籠人頭而奪其繒帛



又曰開成中以諫議大夫蕭俶爲楚州刺史俶故相俛之弟將赴任延英候辭上曰蕭俛是先朝賢相筋力未衰即須一來京國朕今賜手詔及賜帛三百疋以備山谷所之
戰國策曰公子魏牟過趙趙王迎之前有尺帛且令工以爲冠趙王曰公子臨寡人願聞所以爲天下魏牟曰王能重王之國若是尺帛則王之國大治矣王有此尺帛何不令郎中以爲冠爲冠而敗之奚虧王國而王必待工乃使之今社稷爲丘墟先人不血食王不以與工乃與幼艾也　具事冠門
河圖玉板曰崑崙以東得大秦之國人長十丈皆衣帛
韓詩外傳曰孔子之齊遇程本子於譚郯之間傾蓋而語終日孔子曰取束帛十疋以贈先生
又曰孔子顏淵登魯東山望吳昌門淵曰見一疋練前有

生藍子曰白馬蘆菊也

東方朔別傳曰武帝幸甘泉長平阪道中有虫覆地紫肝朔曰必秦獄處也夫愁者得酒而解乃取虫置酒中立消糜賜帛百疋後屬車上盛酒爲此故也

法言曰禽獸食人之食土木衣人之帛穀人不足於晝絲人不足於夜此謂惡政也

風俗通曰諸侯相贈乘馬束帛束爲帛與馬相疋

崔寔四民月令曰八月清風戒寒趣絹縑帛

荀卿禮賦曰爰有大物非絲非帛文釆成章邯鄲淳上受命述詔曰淳作此甚典雅斯亦美矣朕何以堪之哉其賜帛四十疋



太平御覽卷第八百一十八

布帛部六

綿　絮　牽離

紈　組　納

綸　縞　絺綌

## 綿

說文曰纊絮縕也

禮記玉藻曰纊爲繭縕爲袍 衣也著之異名也纊謂今之新綿也縕謂今纊及舊絮也

又喪大記曰屬纊以俟絕氣 纊今之新綿易動搖置口鼻之上以爲候

又內則曰婦事舅姑左佩紛帨箴管線纊施縏帙

左傳宣下曰楚子伐蕭蕭潰申公巫臣曰師人多寒王巡三軍拊而勉之三軍之士皆如挾纊 纊綿也言悅以忘寒也

謝承後漢書曰徐稺不就諸公之辟及有喪者萬里赴弔常於家預炙雞一隻以一兩綿絮漬酒中暴乾至門以綿絮置水中使有酒氣以雞置前祭畢便去

范曄後漢書曰張奐遺命曰吾前後仕進十要銀艾不能和光同塵爲讒邪所忌通塞命也始終常也但地下冥冥長無曉期而復纏以綿纊牢以釘密爲不喜耳今幸有前穿朝殞夕下橫屍露床幅巾而已

晉陽秋曰有司奏依舊調房子睢陽綿武帝不許

宋書曰郭原平孝行既著高陽許瑤之罷建安郡丞還家以綿一斤遺之不受瑤之乃自往曰今過寒而建安綿好以此奉尊上　耳原平乃拜而受之也

又曰朱百年隱居山陰家室素貧母以冬月亡衣並無絮自此不衣綿帛嘗寒時就孔凱宿衣悉裌布飲酒醉眠凱以臥具覆之百年不覺引臥具去體謂凱曰綿定奇溫因流涕悲慟凱亦爲之傷感

齊書曰阮孝緒年十六父喪不服綿纊雖蔬食有味亦吐之

英雄記曰呂布爲曹公所攻甚急乃求救於袁術術先求布女布恐術爲女不至故不遣救也即以綿纏女身縛著馬上夜自送女出與術太祖守兵相觸格射不得過復還城

語林曰謝万就人乞裘云畏寒答曰君妄語正欲以爲豪具耳若畏寒無復勝綿者以三十斤綿與謝

陸氏異林曰鍾繇常數月不朝或問其故云常有好婦來美麗非凡問者曰必是鬼物可殺之婦人後往不即前止戶外繇問何以曰公有相殺意繇曰無此勤勤呼之乃入繇有不忍心然猶斬之傷脾婦人即出以新綿拭血竟路明日使人尋跡至一大塚木中有好婦人形體如生人着白練丹繡兩當傷一腳以兩當中綿拭血

酈善長水經注曰房子城西出白土細滑如膏可用濯綿霜鮮雪曜異於常綿世俗言房子之纊也抑亦類蜀郡之錦得江漢矣故歲貢其綿以充御府

## 絮

史記曰人有上書告周勃反下廷尉薄太后以爲無反事文帝朝太后以冒絮提文帝曰絳侯綰皇帝璽將兵北軍此時不反今居一小縣顧欲反也帝乃出之

又貨殖傳曰絮千乘家

漢書曰帝以公主爲老上單于閼氏使宦者燕人中行說傅公主說既至因降單于單于愛幸之其得漢之繒絮以馳草棘中衣袴皆裂弊以示不如旃裘堅善也

司馬彪續漢書曰光武建武二年野蚕成繭民收其絮

東觀漢記曰建初二年詔齊相其止勿復送氷紈方空縠吹綸絮也

漢舊儀曰皇后親蚕還獻繭凢蚕絲絮織室作祭服其皇帝得以作縷縫衣皇后閒以作巾絮而巳

魏志曰曹公定鄴臨祠袁紹墓哭之流涕慰勞紹妻還其家人寶物賜雜繒絮廩食之

吳書曰顧悌字子通父云孫權作布衣一襲皆摩絮着之強令悌釋服

晉中興書曰王敦害周顗籍其家政見素簏數枚中有故絮也

晉書曰佛圖澄腹傍有一孔常以絮塞之每夜讀書則拔絮孔中出光照于一室

宋書曰顏竣丁父憂起爲丹陽尹遣中書舍人戴明寶抱



竣登車載之郡舍賜以布衣一襲絮以綵綸遣主衣就衣諸體

又曰阮長之元嘉十一年除臨海太守在官常擁敗絮

齊書曰江革補國子生王融謝朓嘗行還過候革時大寒雪見革弊絮單席而耽學不倦嗟歎乆之

又曰卞彬蚤虱賦序曰余之多病起居甚疎縈寢敗絮不能自釋

莊子曰宋人有善爲不龜手之藥者世世以洴澼絖爲事客聞之請買其方百金聚族而謀曰我世世洴澼絖不過數金今一朝鬻伎百金請與之

淮南子曰邁苗類絮而不可以爲絮（邁苗藿秀也楚人謂邁又讀音敵）

古今注曰元帝永光四年東萊郡東牟山有野蚕爲繭蠒生蛾蛾生卵卵着石收得万餘石民人以爲絲絮五年長安所絮垣屋上皆白民衣之

管寧別傳曰管寧性至孝恒布裳貉裘唯祠着單衣絮巾也

吳越春秋曰吳王將死曰吾以不用子胥言以至於此死者無知則巳死者有知何面目見子胥也遂蒙絮覆面而自刎

博物志曰蜀人以絮巾爲帽絮

裴淵廣州記曰蠻夷不蚕採木綿爲絮

盧毓冀州論曰房子好綿地産不爲無珎也

皇甫規與馬融書曰與被絮一雙以通微心

陸雲與兄機書曰一日案行視曹公器物見拭目黃絮有垢黑目淚所沾汚

孝子傳曰閔子騫幼時爲後母所苦冬月以蘆花衣之以



代絮其父後知之欲出後母子騫跪曰母在一子單母去三子寒父遂止

世說曰王文度在西州與林法師講韓孫諸人並在坐林公理每欲小屈孫　公曰法師今日似着弊絮在荆棘中觸地挂閡

牽離

說文曰絓蠒滓絓頭也一曰牽離

釋名曰煑蠒曰莫莫幙也貧者着衣可以幕絮也或謂之牽離煑熟爛牽引使離散如綿也

紈

釋名曰紈煥也細澤有光煥然也

漢書曰齊俗作冰紈容如冰也
又曰齊韓延壽衣黃紈方領
又曰白縠衣表薄紈之裏天子之服也
東觀漢記曰楚王英奉送黃縑三十五疋白紈五疋入蜀
楚相以聞詔書還蜀縑紈以助伊蒲塞桑門之盛饌
漢舊儀曰乘輿冠高山冠飛羽之纓幘赤丹紈裏
范子計然曰白紈素出齊魯
王子年拾遺錄曰瀛洲有金巒之觀中有瑤几覆以雲紈
之素
繁欽定情詩曰何以合歡欣紈素三條裠

組

說文曰組綬屬其小者以爲纓也
禮記檀弓上曰有子蓋既祥而絲屨組纓
禮記玉藻曰玄冠朱組纓天子之冠也玄冠丹組纓諸侯
之冠也
又曰弟子縞帶并紐約用組
又曰天子佩白玉而玄組綬公侯佩山玄玉而朱組綬大
夫佩水蒼玉而緇組綬世子佩瑜玉而綦組綬士佩瓀玟
而緼組綬孔子佩象環五寸而綦組綬
又少儀曰國家靡弊則車不雕幾甲不組縢幾附纓爲沂鄂也組縢以飾
左傳襄三年楚子重伐吳爲簡之師克鳩茲至于衡山使
鄧廖帥組甲三百被練三千
史記曰秦王子嬰係頸以組降沛公軹道旁
漢書曰錦繡纂組害女工
穆天子傳曰天子見西王母好獻錦組百純



又曰盛姬之喪叔姓贈用茵組茵褥也叔姓穆王女
墨子曰昔楚莊王鮮冠組纓絳衣博袌以治其國
韓子曰吳起示其妻以組曰子爲我織組令如是組妻織
組果善吳起曰非戒也使之衣而歸妻兄請之起曰起家
無虛言
呂氏春秋曰邾之爲甲常以帛公息忌謂邾君曰凡甲所
以爲固者以滿竅也今竅滿矣而任力者半組則不然竅
滿則盡任力矣邾君以爲然曰將何所得組公息忌對曰
上用之則民爲之矣邾君曰善下令令官爲甲必以組公
息忌知說之行也令其家皆爲組人有傷之者曰公息忌
之所以欲用組者其家多爲組也邾君不悅於是乎止官
無以組邾君有所尤也爲甲以組而便公息忌雖多爲組
何損以組不便公息忌雖無爲組亦何益爲組與不爲組
不足以累公息忌之說用組之心不可不察
劉梁七舉曰華組之組從風紛紘
應璩報燕中尉樊彥皇書曰登輿北踐燕路方當化銀龜
以爲黃綬青組以爲紫
又報平陸長貴璋伯書曰從此辭矣何敢復飛蟬於惠文
鳴玉於緺組哉

納

魏武令曰吾衣皆十歲也歲歲解浣補納之耳
魏志曰太祖幃帳壞即補納
沒太子妻李氏與夫書曰并緻納一端
宋書曰徐逵之尚會稽長公主初武帝微時貧過甚常自
新洲伐荻有納布衣襖等皆是敬皇后手自作武帝既貴
以此衣付主曰後世若有驕奢不節者可以此衣示之主

子湛之爲大將軍彭城王義康所愛與劉湛之等頗相附及劉湛之得罪事連主子文帝大怒將致大辟湛之憂懼無計以告公主公主即日入宮及見文帝因號哭下牀不復施臣妾之禮以錦囊盛武帝納衣擲地以示上曰汝家本貧賤此是我母爲汝父作此納衣今日有一頓飽食便欲殘害我兒子上亦號哭湛之由此得全

南史曰齊張欣泰爲直閤步兵校尉領羽林監欣泰通涉雅俗交結多是名素下直輒著鹿皮冠納衣錫杖挾素琴有以啓武帝帝曰將家兒何作此舉止

又曰沙門寶志在建康寶亮欲以納被遺之未及有言寶志忽來牽被而去

陳書曰大軍侵魏造陜城魏兵大合輕騎挑戰侯安都瞋目横矛單騎突陣四向奮擊左右皆披靡殺傷不可勝數於是衆並鼓譟俱前魏多縱突騎衆軍患之安都怒甚乃脫兠鍪解所帶鎧唯著絳衲兩襠衫馬亦去具裝馳入賊陣猛氣咆勃所向無當其鋒者莫不應刃而倒



## 綸

釋名曰綸倫也作之有倫理也

說文曰綸糾青絲綬也

禮記曰王言如絲其出如綸王言如綸其出如綍

後漢書仲長統書曰井田之變豪人貨殖舘舍布於州郡田畝連於方國身無半通青綸之命而切三辰龍章之服

續漢書輿服志曰百石青紺綸一采宛轉繆織長丈二尺

東觀漢記曰建初二年詔齊相其止勿復送吹綸絮

鄭玄注禮記曰綸今有秩嗇夫所佩也

鄴中記曰石虎皇后出女騎一千冬月皆著紫綸巾

齊書曰徐龍駒常住含章殿著黃綸帽被貂裘南面向案代帝書勑

世說曰謝万詣簡文無衣幘可前簡文曰但前不須衣幘即呼使入萬著白綸布而前既見共談移日

孟達與諸葛亮書曰貢白綸帽一以示微意

## 縞

尚書禹貢曰海岱及淮惟徐州厥篚玄纖縞（玄黑繒也縞白繒也二物皆當細也）

毛詩縞衣曰出其東門有女如雲縞衣綦巾聊樂我云（願室家得相樂）

禮記王制曰殷人冔（況羽反）而祭縞衣而養老

又玉藻曰朝服之以縞也自季康子始也

左傳襄六曰季札聘於鄭見子產如舊相識與之縞帶子產獻紵衣焉



史記曰新城三老董公說漢王以義帝死故漢王遂發喪臨三日告諸侯曰天下共立義帝北面事之今項羽攻殺大逆無道寡人親發喪諸侯皆縞素歸漢

韓子曰魯人身善織屨爲屨之也而越人跣縞欲冠之也而越人被髮欲無窮可得乎

淮南子曰鈞之縞也一端以爲冠一端以爲絑冠則戴之絑則履之

司馬相如子虛賦曰被阿緆揄紵縞（阿細繒緆細練也緆音錫揄音臾也）

曹洪與魏文帝書云我軍入漢中若駭鯨之决細網奔兕之觸魯縞未足以喻其易也

## 絺綌

說文曰綌粗葛也絺細葛也緆絺之細者也

尚書禹貢曰海岱惟青州厥貢鹽絺
周禮地官下曰掌葛掌以時徵絺綌之材于山農
禮記月令曰孟夏之月天子始絺
又曲禮上曰爲天子削瓜者副之巾以絺（副折也既削又四折乃横斷而巾覆之）爲國君者華之巾以綌（華中列之不四折也）
又曲禮下曰縝絺綌不入公門（縝單也必表而出爲其褻也）浴用二巾
上絺下綌也
又檀弓縣子曰綌衰繐裳非吉也（非時尚輕涼慢禮）
毛詩關雎葛覃曰葛之覃兮施于中谷維葉莫莫是刈是
濩爲絺爲綌服之無斁
又綠衣曰絺兮綌兮凄其以風（凄寒風也箋云絺綌所以當暑也以特寒諭失所）
我思古人實獲我心
又君子偕老曰蒙彼縐絺是紲袢（父蕃反）也（絺之美者爲縐是當暑細袢之服也）
論語鄉黨曰當暑縝絺綌必表而出之（縝單也暑月單衣葛爲其形褻也必有以表之若今單衣也）
漢書曰江都王建謀反與閩越通越遺建荃葛（服虔注曰細葛也）
東觀漢記曰耿純字伯山率宗族賓客二千人皆繒襜絺
巾迎上於費上大悅
又曰馬嚴爲陳留太守嚴病遣功曹史李龔奉章詣闕上
親召見龔問疾病形狀以黃金葛絺賜嚴
又曰黃香爲郎召詣安福殿賜錢三萬黃白葛各一端
魏武封魏王詔曰今以君爲魏王青綈皁黃白各二疋葛
越一端往欽哉
吳曆曰孫策送華歆還洛并送布越香葛時多盜賊歆渡
牛渚悉封還諸物



江表傳曰魏文帝遣使於吳求細葛君臣以爲非禮欲不
與孫權勑付使
梁書曰任昉卒後子西華冬月著葛帔練裠道逢平原劉
孝標泫然矜之謂曰我當爲卿作計
後周書曰賀蘭祥梁雍州刺史岳陽王蕭詧欽其節儉乃
以竹屏風絺綌之屬及經史贈之祥難違其意取而付諸
所司太祖後聞之並以賜祥
隋書曰袁充少警悟年十餘歲其父黨至門時冬初充尚
衣葛衫客戲充曰袁郎子絺兮綌兮凄其以風充應聲荅
曰唯絺與綌服之無斁以是大見嗟賞
穆天子傳曰天子筮獵苹澤其卦遇訟逢公占之賜之駿
馬十六絺紵三十篋
帝王世紀曰堯見舜於二宮設饗禮迭爲賓主南面而問
政然後賜以絺衣琴瑟必築宮室封之於虞
韓詩外傳曰孔子南遊楚至阿谷有處女珮璜而浣孔子
曰彼婦人可與言矣抽絺綌五兩以授子貢曰善爲之辭
以觀其辭子貢曰吾北鄙之人也將南適楚於此有絺綌
五兩吾不敢置之水浦婦人對曰行客之行嗟然永久分
其資財棄之野鄙吾年甚少何敢取之子不早去竊有狂
夫守之者矣
說苑曰綿綿之蔓在於曠野良工得之以爲絺紘良工不
得枯死於野
服虔通俗文曰細葛謂之毦翅
稽康高士傳曰善卷曰予立宇宙之中冬衣皮毛夏綌葛
劉楨瓜賦曰承之雕盤冪以纖絺
夏侯孝若大暑賦曰珠汗沾夫絺葛

左思吳都賦曰蕉葛外越弱於羅紈
庾翼與燕王書曰今致細練十端竹練三端
王褒聖主得賢臣頌曰服絺綌之涼者不苦盛暑之鬱悒
段氏蜀記曰邛州鎮南蕉葛上者一疋直十千
諸葛恢表曰天恩罔極特賜纖絺細竹
顏測集大司馬江夏王賜絹葛啓曰冰紈風綌事膺盛服

太平御覽卷第八百一十九

太平御覽卷第八百二十

布帛部七

布　白疊　火浣布　布　紵



說文曰細布十五升布也纑布縷也絟細布也繐蜀布也

釋名曰布布列諸縷繐慧也齊人謂涼爲慧言服之輕細涼慧也

周禮地官下載師曰凡宅不毛者有里布

又夏官下職方氏曰正北曰并州其淶易其利布帛

禮記月令曰仲夏之月毋暴布（鄭玄注曰不以陰功干太陽事）

禮記王藻曰年不順盛君衣布（爲凶年變）

又冠義曰始冠之冠緇布之冠也太古冠布齋則緇之其緌也

左傳閔公曰衛文公大布之衣大帛之冠

襄二曰諸侯圍偪陽主人懸布魯孟氏之臣秦堇父登之及堞而絕之（偪陽人懸布以試外之勇者）墜則又懸之蘇而復上者三主人辭焉乃退（主人嘉其勇故辭謝不復懸布）帶其斷布以徇於軍三日（帶其斷布以示勇也）

又襄二十八年齊子尾曰且夫富如布帛之有幅焉爲之制度使無遷也（遷移也）夫民生厚而用利於是乎正德以幅之（言厚利皆人之所欲正德可以爲之幅）使無黜嫚（黜猶放也）謂之幅利利過則爲敗吾不敢貪多所謂幅也

周易說卦曰坤爲布

論語鄉黨曰齊必有明衣布

史記張騫傳曰臣在大夏時見卭竹杖蜀布問安得此大夏國人曰吾賈人往市身毒在大夏東南可數千里

又曰伏靈在菟絲之下燭之火滅即記其數以新布四尺環置之明即掘取

漢書曰太山以布爲貨廣二尺二寸爲幅長四丈爲疋

又曰高帝曰吾奮布衣而取天下

又曰文帝徙淮南王長道死時民謠曰一斗粟尚可舂一尺布尚可縫兄弟二人不相容

又曰公孫弘爲丞相而卧布被

又曰張敞爲京兆尹長安游徼受臧布罪名已定其母年八十守遺腹子詣敞自陳願乞一生之命敞多其母守節而出教更量所受布狹幅短度中疏麤二尺賈直五百由此得不死

東觀漢記曰廉范年十五入蜀迎祖母喪及到葭萌渡舡沒幾死太守張穆持筒中布數篋與范范曰石生堅蘭生香前後相違不忍行也遂不受

又曰建初元年賈逵入北宮虎觀南宮雲臺使出左氏大義書奏上嘉之賜布五百疋衣一襲

謝承後漢書曰靈帝時楊琁爲零陵太守時蒼梧滑賊相聚吏民憂恐琁乃特制馬車數十乘以排囊盛石灰於車上繫布索於馬尾從風鼓灰賊不得視因以火燒布燃馬驚奔突賊陣

又曰董卓獲山東兵以猪膏塗布十餘疋用纏其身然後燒之先從足起

又曰吳郡本不獻越布陸閎美容儀常衣越布單衣明帝好之因勑郡獻越布由此始也

華嶠後漢書曰哀牢夷知染綵紬布織成文章如綾綃有

梧木華績以爲布幅廣五尺絜白不受垢汙先以覆亡人
然後服之華陽國志出之與此同
又曰王允與呂布及士孫瑞謀董卓有人書回字於布上
負而行於市歌曰布乎布乎有告卓者卓不悟
范曄後漢書曰馬太后詔曰吾爲天下毋而身服大練食
不求甘左右但著布布無香薰之飾者欲身率下也
又曰元和二年詔令天下大酺五日賜公卿以下錢帛各
有差及洛陽民當酺者布戶一疋外三戶共一疋賜博士
弟子見在太學者布人三疋
典略曰蘇秦如趙逢其隣子於易水之上從貸布一疋約
價千金鄰子不與
魏略曰大秦國在安息條支西出細布織成　言用
水羊毳名曰海西布



又曰大秦國出金塗布緋持竹布發隆火浣布阿羅得布
巴則布度代布温宿布五色枕布魏文帝詔曰夫珍翫所
生皆中國及西域他方物比不如也代郡黄布爲細樂浪
練爲精江東太末布爲白故不如白疊故鮮皮也
魏略曰皇甫隆爲燉煌太守燉煌婦人作裙攣縮如羊腸
用布一疋隆禁止之所省復不訾
晉書曰王戎性慳從子將婚遺一單布衣婚畢却收之
又曰蘇峻平後帑藏空竭庫中唯練數千端鬻之不售而
國用不給導患之乃與朝賢俱制練布單衣於是人士翕
然競服之練遂踊貴乃令主者出賣端至一金
又曰謝尚書江夏相府以布四十疋爲尚造烏布帳尚以
爲軍士襦袴
又曰顧愷之爲殷仲堪荆州參軍嘗因假還仲堪特以布
帆借之至破冢遭大風愷之與仲堪牋曰地名破冢真破
冢而出下官平安布帆無恙
宋書曰王玄謨侵魏爲前鋒好營貨利一疋布責人八百
梨以此倍失人心
梁書曰蕭恢爲郢州刺史境内大寧時有進筒中布者恢
以奇貨異服即命焚之於是百姓仰德
陳書曰姚察自居顯要一不交通嘗有私門生不敢厚餉
送南布一端花練一疋察謂曰吾所衣著止是麻布蒲練
此物於吾無用既欲相接欵幸不煩爾此人遜請察厲色
驅出自是莫敢饋遺
南史曰林邑國出古貝古貝者樹名也其華盛時如鵝毳
抽其緒紡之以作布布與紵布不殊亦染成五色織爲斑布
又曰東夷扶桑國其土多扶桑木故以爲名扶桑爲桐初



生如荀國人食之實如梨而赤績其皮爲布以爲衣亦以
爲錦
燕書曰宋該字宣孔爲右長史太祖會羣僚以該性貪殺
賜布百餘疋令負而歸重不能致乃至僵頓以愧辱之
後魏書曰楊大眼爲荆州刺史常縛蒿爲人衣以青布而
射之召諸蠻渠指示之曰卿等作賊吾正如此相殺
也
又曰楊椿歸老臨行誡子孫曰國家初丈夫好服彩色吾
雖不記上谷翁時事然記清河翁時服飾恒見翁着布衣
韋帶嘗自約勑諸父曰汝等後世若富貴於今日者慎勿
積金一斤綵帛百疋已上用爲富也
北史曰齊鄭述祖爲光州刺史有人入市盜布其父怒曰
何惡仁君執之以歸首述祖特原之自是境内無盜

唐書曰貞觀十八年命將征遼東安州人彭通請出布五千段以資征人上喜之比漢之卜式拜宣義郎

晏子春秋曰景公謂晏子曰東海中有水而赤中有棗華而不實何也晏子曰昔秦繆公乘龍治天下以黄布裹蒸棗至海而浮其布於波黄布故水赤蒸棗故華而不實公曰吾佯問晏子對曰嬰聞佯問者亦佯對之

莊子曰魯君聞顔闔得道之人使人以幣先焉顔闔守門麤布之衣而自飯牛使者致幣顔闔對曰恐聽謬而遺使者罪不若審之使者還反復來求即不得

孫卿子曰與人善言煖若布帛與人惡言深於矛戟

韓子曰衛人有夫妻禱而祝曰使我無故得百束布其夫曰何少也妻曰益則子將取妾

又曰齊國好厚葬布帛盡於衣衾林木盡於棺槨桓公患



之以告管仲曰布帛盡則無以爲幣林木盡則無以爲守備而人厚葬之不休禁之柰何管仲對曰凡人之有爲也非名之則利之也於是乃下令曰棺槨過度者僇其尸罪夫當喪者夫僇死無名罪當喪者無利人何故爲之也

又曰公儀休相魯其妻織布休曰汝豈與世人爭利哉遂燔其機

淮南子曰布之新不如紵紵弊而不如布或善爲新或善爲故(美由宜也)

抱朴子曰寸裂之錦黼黻未若堅完之韋布

郭子曰劉道眞嘗爲徒扶風王以五百疋布贖之既而用爲從事中郎當時以爲美談

呂氏春秋曰戎人見暴布者問曰何以爲此莽莽也指麻而示之怒曰此權權何以爲莽莽(權權由養治之 莽莽長皃也)

說苑墨子曰古有用無文者禹是也土階三等衣裳細布當此時黼黻無所用務在完堅

王子年拾遺記曰周成王六年然丘國遣使貢獻使者衣雲霞之布如今之朝霞布也

列女傳曰楚江乙母者當恭王之時乙爲大夫有入王宫盗者令尹以罪乙請於王而黜之處家無幾其母亡布八尋言令尹盗之王曰令尹在上寇盗在下令尹不知有何罪焉母曰昔日妾子爲郢大夫人盗王宫中之物妾子坐之而黜令尹獨何不以是爲過也王曰善令吏償母之布因賜金十溢母讓金布曰妾豈貪貨而干王哉怨令尹之治也遂不肯受王曰母智若此其子必不愚乃復召江乙而用之

先賢行狀曰王烈字彦考通識達道人皆慕之州閭成風



咸競爲善時國中有盗牛者牛主得之盗者曰我邂逅迷惑從今已後將改過子既已見宥幸無使王烈聞之人有以告烈者烈以布一端遺之

廣州先賢傳曰丁密蒼梧廣信人也清貧爲節非家織布不衣

□竹林七賢論曰王戎爲侍中南郡太守劉肇遺戎筩中布五十端戎不受而厚報其書議者以爲譏世祖患之爲發詔議者乃息

越絶書曰葛山者勾踐種葛使越女織治葛布獻於吳

玄中記曰玄菟北有山山有花人取紡績葛布

南越志曰桂州豐水縣有古終藤俚人以爲布

南州異物志曰五色班布以絲布古貝木所作此木熟時狀如鵝毳中有核如珠珣𤬪後細過絲緜人將用之則治出其核但紡不續在意小抽相牽引無有斷絶欲爲班布

則漆之五色織以爲布弱輭厚緻上毳毛外徼人以班布
文最煩縟多巧者名曰　城其次小麤者名曰文辱又次
麤者名曰烏驎
顧微廣州記曰阿林縣有勾芒木俚人斫其大樹半斷新
條更生取其皮績以爲布輭滑甚好
裴氏廣州記曰蠻夷不蚕採木緜爲絮皮員當竹剝古緣
藤績以爲布
笑林曰沈珩弟峻字叔山有譽而性儉張温使蜀辭峻
入内良久出語温曰向擇一端布欲以送卿而無麤者温
嘉其能顯非
俗説曰桓豹奴善騎乘亦有極快馬時有一諸葛即自云
能走與馬等桓車騎以百疋布置埒令豹奴乘馬與諸葛
並走至者得布便俱走諸葛恒與馬齊欲至埒馬頭去埒



布三尺許諸葛一步
杜寶大業拾遺録曰七年十二月朱寬征留仇國還獲男
女口千餘人并雜物産與中國多不同緝木皮爲布甚細
白幅闊三尺二寸亦有細斑布幅闊一尺許
夏侯開國吴郡賦曰金玉星煩明當霞聚纖絺細越青箋
白紵名練奪乎樂浪英葛光乎三輔
張載擬四愁詩曰佳人遺我筒中布何以報之流黄素
楊雄蜀都賦曰細絺弱折緜繭成袿筩中黄潤一端數金
魏武遺令曰銅雀臺上安六尺牀施繐帳月旦十五日向
帳作妓汝等時時登銅雀臺望吾西陵墓田
曹植表曰欲遣人到鄴市上黨布五十疋作車上小帳帷
謁者不聽
陸機弔魏武文曰悼繐帳之冥漠怨西陵之芒芒

## 火浣布

魏志曰青龍三年西域重譯獻火浣布詔大將軍太尉臨
試以示百僚
異録曰日南比景縣有火鼠取毛爲布燒之而精名火浣
布
崔鴻十六國春秋前秦録曰天竺國獻火浣布
南史曰南海諸簿國東千餘里至自然火洲其上有樹生
火中洲左近人剝取其皮紡績作布以爲手巾與蕉麻無
異而色微青黑若小垢涴則投火中復更精絜或作燈炷
用之不知盡
列子曰周穆王大征西戎西戎獻崑吾劒火浣布其劒長
尺有咫鍊鋼赤刃用之切玉如泥焉其布浣之必投火中
布則火色出而振之皜然疑乎雪也



抱朴子曰海中肅丘有自生火常以春起而秋滅丘方十
里當火起蕭洲洲上純生一種木正暑者此木雖爲火所焚
而不麋但小燋黑人或得爲薪者火之俱如常薪但不成
灰炊熟則以水灌滅之後復更用如此不窮夷人取此木
華績以爲布其木皮亦剝以灰煑治以爲布但麤不及華
俱可以火浣又有白鼠毛長三寸許亦居此洲上空木中
入火中不燒灼也其毛又可績以爲布故火浣有三種
傅子曰長老説漢桓帝時大將軍梁冀作火浣布單衣會
賓客行酒公卿朝臣前佯爭酒失杯而汙之僞怒解衣而
燒之布得火煒燁赫然而熾如燒凡布垢盡火滅粲然絜
白如水澣之
東方朔神異經曰南荒之外有火山長四十里廣五十里
其中皆生不燼之木晝夜火燒得暴風不猛雨不滅火中

有鼠重百斤毛長二尺餘細如絲可以作布恒居火中色洞赤時時出外而色白以水逐而沃之即死織以為布

搜神記曰崑崙之墟有炎火之山山上有鳥獸草木皆生長於炎火之中故有火浣布非此山草木之皮枲則其鳥獸之毛也漢世西域舊獻此布中間久絶至魏初時人疑其有文無實文帝以為火性酷烈無含育之氣著之典論明其不然曰不然之事絶智者之聽及明帝立詔三公曰先帝昔著典論不朽之格言其刋石于廟門之外及太學與石經並以為永示後世至此西域使至始獻火浣布焉於是刋滅此論而天下笑之臣松之昔從征西洛陽歷觀舊物見典論石在太學者尚存而廟外無之問諸長老云晉初受禪即用魏廟移此石於太學非兩處立也竊謂此言為然



王子年拾遺記曰晉太康中有羽山之民獻火浣布其國人稱羽山之上有文石生火煙色以隨四時而見也名為淨火有不潔之衣投於石火之中雖滯汙淄涅如新浣矣當虞舜時其國獻黃布漢末獻赤布梁冀製為衣謂之丹衣而史家云單衣則今縫掖也字異聲同未知孰是

又曰方丈山東有龍場地方千里玉瑤為林或云龍常鬬此處膏血如水流着物如淳漆燕昭王二年海人乘霞舟以彫壺盛膏數斗以獻王坐通雲之堂以火浣布為纏用龍膏為燈照耀百里

梁四公記曰有商人賣火浣布三端帝以雜布積之令杰公以他事至於市所杰公遥識曰此火浣布也二是緝木皮所作一是積鼠毛所作以詰商人具如杰公所說因問木鼠之異公曰木堅毛柔是可別也以陽燧火山陰柘木爇之木皮改常試之果驗

異物志曰斯調國有大洲在南海中其上有野火春夏自生秋冬自死有木生於其中而不消也枝皮更滑秋冬火死則皆枯瘁其俗常以冬採其毛以為布色小青黑若塵垢汙之便投着火中則更鮮明也

## 紵

尚書禹貢曰荆河惟豫州（西南至荆山北距河）厥貢漆枲絺紵

毛詩曰東門之池曰東門之池可以漚紵彼美淑姬可與晤語

左傳襄六曰季札聘鄭見子産如舊相識與之縞帶子産獻紵衣焉

漢書曰賈人不得衣錦繡綺縠絺綌紵罽

宋書曰戴法興會稽之山人家貧父　子以販紵為業



華陽國志曰獠人貫言紵為蘭

朱崖傳曰朱崖　出入　著布或細紵布巾巾四幅其中內頭如領巾象

說苑曰吳赤巾使於智氏假道於衛甯文子具紵絺三百製將以送大夫甯曰吳雖大國也亦不壤交假之道則亦敬矣又何禮焉文子不聽遂致之

古樂府曰白紵歌盛稱舞好宜及芳時作樂其辭曰白紵質如月輕如雲色如銀製以為袍餘作巾本吳舞也

## 白疊

漢書曰其帛絮細布千鈞紋綵千疋荅布（白疊也）皮革千石比千乘之家

晉令曰士卒百工不得服越疊

吳時外國傳曰諸簿國女子織作白疊花布

南史曰高昌國有草實如繭繭中絲如細纑名爲白疊子國人取織以爲布布甚輭白交布用焉

吳篤趙書曰石勒建平二年大宛獻珊瑚琉璃氍毹白疊

廣志曰白疊毛織出諸薄洲

太平御覽卷第八百二十

覽八百二十　十一　田劉

太平御覽卷第八百二十一

資產部一

田

釋名曰土已耕者曰田田塡也五稼塡滿其中也

尚書禹貢曰冀州厥田惟中中孔安國曰田之高下肥瘠九州之中爲第五兗州厥田惟中下第六青州厥田惟上下第三徐州厥田惟上中第二揚州厥田惟下下第九荊州厥田惟下中第八豫州厥田惟中上第四梁州厥田惟下上第七雍州厥田惟上下第一

周禮春官下籥章曰凡國祈年於田祖歈豳雅擊土鼓以樂田畯祈年祈豐年也田祖始耕田者謂神農也田畯古先教田者爾雅曰畯農夫也

又地官司徒之職曰均土地以稽其人衆而周知其數上地家七人可任者家三人中地家六人可任者家二人下地家五人可任者家二人鄭玄曰均平也周猶徧也一家男女七人以上則授上地所養者衆也男女五人以下則授之以下地所養者寡也正以七人六人五人爲率者有夫有婦然後爲家自二人以至於十人爲九等乃經土地而井牧其田野九夫爲井四井爲邑四邑爲丘四丘爲甸四甸爲縣四縣爲都以任地事而令貢賦凡稅斂之事此謂造都鄙也采地制井田異於鄉遂重立國小司徒爲經之立其五溝五途之界其制似井之字因取名焉

又曰載師掌任土之法以物地事授地職而待其政令任土者任其力勢所能生育且以制貢賦也物物色之以知其所宜之事而授農牧衡虞使職之也以廛里任國中之地以場圃任園地以宅田士田賈田任近郊之地以官田牛田賞田牧田任遠郊之地以公邑之田任甸地以家邑之田任稍地以小都之田任縣地以大都之田任疆地謂廛里者若今邑若居之田矣廛人居之區域也里居也圃樹果蓏之屬蓏音力果反季秋於中爲場樊圃謂之園宅田者致仕者家所授之田也孟子曰卿已下必有圭田五十畝賈田在市賈人其家所受田也官田庶人在官者其家所受田也牛田牧田畜牧者之家所受田也賞田者賞賜之田也公邑謂六遂餘地也天子使大夫治之自此以外餘地皆然

禮記月令季夏後五日大雨時行乃燒薙行水利以殺草可以糞田疇可以美土疆薙謂迫地芟草也此謂欲耕萊田先薙其草草乾燒之此月大雨流水潦畜其中則草死不復生而地美可耕稼也

又王制曰方一里者爲田九百畝一里方三百步方十里者爲方一里者百爲田九萬畝方百里者爲方十里者百爲田九十億畝億今十萬方千里者爲方百里者百爲田九萬億畝億今萬萬也自恒山至於南河千里而近冀州域自南河至於江千里而近豫州域自江至於衡山千里而遙荊州域自東河至於東海千里而遙徐州域自東河至於西河千里而近亦冀州域自西河至於流沙千里而遙雍州域西不盡流沙南不盡衡山東不盡東海北不盡恒山凡四海之內斷長補短方三千里爲田八十萬億一萬億畝九州之大計方百里者爲田九十億畝山陵林麓川澤溝瀆城郭宮室塗巷三分去一其餘六十億畝以一大國爲率其餘所以授民也

又曰古者公田籍而不稅籍之言借也借民力治公田美惡取於此不稅民之所自始也古者謂殷時

左傳僖公三十一年曰春取濟西田分曹地也二十八年晉文討曹分其地境界未定至是乃以賜諸侯使臧文仲往宿於重館高平方與縣西北有重鄉城重館人告曰晉新得諸侯必親其共不速行將無及也從之分曹地自洮以東傳于濟盡曹地也文仲不書請田而襄已非聘享會同也仲如晉拜曹田也

又宣公下十五年曰初稅畝非禮也穀出不過籍周法民耕百畝公田十畝借民力而治之稅不過此以豐財也

又襄公六曰子產治鄭使田有封洫封疆界洫溝瀆從政一年輿人誦曰取我衣冠而褚之取我田疇而伍之孰殺子產吾其

與之及三年民又誦之曰我有子弟子產誨之我有田疇
子產闢之子產而死誰其嗣之
又哀公上曰季孫欲以田賦（兵賦之法因其田財通出馬一疋牛三頭今欲別其田及家財各為一賦故言田賦）使冉有訪諸仲尼仲尼曰丘不識也三發（三發）
問卒曰（卒終也）子為國老待子而行若之何子之不言也仲
尼不對（不公答）而私於冉有曰君子之行也（行政事）度於禮施
取其厚事舉其中歛從其薄如是則以丘亦足矣（丘十六井出戎馬一疋牛三頭是賦之常法）若不度於禮而貪冒無厭則雖以田賦將
又不足且子季孫若欲行而法則周公之典在若欲苟而
行又何訪焉弗聽（為明年用田賦傳）
又哀公上曰子胥曰得志於齊猶獲石田也無所用之（石田不可耕）
穀梁傳宣公五年曰初稅畝（宣公履畝擇而稅之也）古者田什一而
籍（言借民力十井而為公耕一謂之什一而稅也）初稅非正也
毛詩小雅白華曰滮池北流浸彼稻田（滮流貌箋云池澤浸潤稻田使之生
殖）
又甫田曰倬彼甫田歲取十千（倬明貌甫田謂天下田也十千言多也）
又大雅崧高曰王命召伯徹申伯土田（徹治也箋云治者正其井牧定其賦
稅）
爾雅曰田一歲曰菑（今江東呼初耕地反草為菑）二歲曰新田（詩曰于彼新田）
三歲曰畬（易曰不菑畬）
史記曰魏文侯使李悝作盡地力之教（悝苦回反）以為地方百
里提封九萬畝理田勤謹則畝益三斗不勤則損亦如之
地方百里之增減輙為粟百八十萬碩矣必雜五種以備
災害力耕數耘收獲如寇盜之至（謂促遽之甚恐為風雨損也）
又曰秦孝公任商鞅鞅以三晉地狹人貧（三晉謂韓魏趙三卿今河東道



之地）秦地廣人寡故草不盡墾地利不盡出於是誘三晉之
人利其田宅復三代無知兵事而務本於內而使秦人應
敵於外故廢井田制阡陌任其所耕不限多少數年之間
國富兵強天下無敵其後韓聞秦之好興事欲疲之乃使
水工鄭國間說秦令鑿涇水自中山西抵瓠口為渠並北
山東注洛三百餘里欲以溉田中作而覺秦欲殺國國曰
始臣為間然渠成亦秦之利也秦以為然卒使就渠用注
填閼之水溉澤鹵之地四萬頃收皆畝一鍾於是關中為
沃野無凶年命曰鄭國渠（閼音於據切）
又曰王翦將行請善田宅園池甚衆始皇曰將行矣何憂
貧乎
戰國策曰魏叔座為將攻韓趙勝之魏王賞田百万座曰使
士卒不崩直而不倚撓揀不辟者此吳起餘教也鼓之不
敢怠倦者臣也王特為臣右手之倦賞臣可也若以有功
臣何力之有焉王曰善於是索吳起之後賞田二十萬以
座不揜士之迹又與田二十萬
漢書晁錯奏曰古者稅民不過什一至秦則不然用商鞅
之法改帝王之制一歲屯戍萬計力役三十倍於古田租
口賦鹽鐵之利二十倍於古（如淳曰秦賣鹽鐵貴故下民受其困）或耕豪民
之田稅十五（如淳曰稅其五）故貧民常衣馬牛衣而食犬彘之食
又董仲舒說上曰秦用商鞅之法改帝王之制除井田人
得賣買富者田連阡陌貧無立錐之地漢興循而未改古
井田法雖難猝行宜少近古限人占田以贍不足塞兼并
之路然後可善治也上不能用
又曰是時富豪皆爭匿財唯卜式尤欲助費於是以式終
長者乃召拜為中郎賜爵左庶長田十頃布告天下尊顯

以諷百姓
又曰貢禹上書曰臣禹年老貧窮家貲不滿萬錢妻子糠
豆不贍短褐不完有田百三十畝陛下過意徵臣臣賣田
十畝以供車馬
又曰楊惲免官常不得志乃歌曰田彼南山蕪穢不治種
一頃豆落而爲萁人生行樂耳須富貴何時
又曰張禹爲人謙愿內殖貨財家以田爲業及富貴多買
田至四百頃皆涇渭溉灌極膏腴上價
又曰甯成曰仕不至二千石賈不至千萬安可比於人乎
乃貰貸陂田千餘頃假貧民役使數千家致產數千萬爲
任俠持吏長短從數十騎其使民威重於郡守
又溝洫志曰太始三年趙中大夫白公復奏穿渠引涇水
首起谷口尾入櫟陽涇渭中溉四千五百餘頃田名曰白
渠民歌田曰於河許池陽谷口鄭國在前白渠起後舉鍤



爲雲決渠爲雨涇水一石其泥數斗且溉且糞長我稷黍
後漢書曰光武時天下墾田多不以實又戶口年紀互有
增減十五年詔下州郡檢覆其事而刺史太守多不平均
或優饒豪右侵刻羸弱百姓嗟愁遮道號呼時諸郡各遣
使奏事帝見陳留吏牘上有書視之云潁川弘農可問河
南南陽不可問帝詰吏由趣吏不肯服抵言長壽街上得
之（抵欺也）帝怒時顯宗爲東海公年十二在幄後言曰吏受
郡勑當欲以墾田相方耳帝曰即如此何故言河南南陽
不可問對曰河南帝城多近臣南陽帝鄉多近親田宅踰
制不可爲準帝令虎賁將詰問吏吏乃實首服如顯宗對
於是遣謁者考實具知姧狀
又曰樊重開廣田土三百餘頃其所起廬舍皆有重堂高
閣陂渠灌注貲至巨萬而賑贍宗族恩加鄉閭外孫何氏
兄弟爭財重恥之以田貳頃解其忿訟縣中稱美推爲三
老
又曰馬援辭兄況欲就邊郡田牧（東觀記曰援以況出爲河南太守次兩兄爲吏京師見家用不足乃辭況欲就邊郡畜牧也）況曰汝大才當晚成良工不示人
以朴且從所好後援辭況還歸洛陽居數月而無他職任
援以三輔地曠土沃而所將賓客猥多乃上書求屯田上
林苑中帝許之
東觀漢記曰司隸校尉梁松奏特進防光廖廖子豫兄弟
父子並受爵土榮顯冠世多買京師膏腴美田作大廬近
帶城郭妨困小民
又曰郭丹字少卿南陽人累世千石父稚爲丹買田宅居
業丹爲司徒視事五年薨詔問丹家時宗正劉匡對曰郭



丹爲三公典牧州郡田畝不增
張璠漢記曰鄭泰字公業少有才略多謀家富於財有田
四百頃而食常不足名聞山東
華嶠後漢書曰范遷爲司徒在公輔有宅數畝田不過一
頃推與兄子
又曰周燮專精禮易不讀非聖之書不脩賀問之好有先
人草廬結于崗畔下有陂田常肆力自勤以給非身所耕
漁則不食
魏志曰夫定國之術在於強兵足食秦人以急農兼天下
孝武以屯田定西域此先世之良式也是歲乃募民屯田於許得穀數百万斛於是州郡例置田官
所在積穀征伐四方無軍粮之患遂得以兼滅羣兇克平
天下
又曰鄧艾遷尚書郎時欲廣田畜穀爲滅賊資使艾行陳

項已東至壽春艾以爲田良水少不足以盡地利宜開河渠可以大積軍粮又通運漕之道乃著濟河論以諭其指又以爲昔破黄巾因爲屯田積穀許都以制四方今三隅已定事在淮南每大軍征舉運兵過半功費巨億以爲大役陳蔡之間土下田良可省許昌左右諸稻田并水東下今淮北二萬人淮南三萬人十二分休常有四萬人且田且守水豐常收三倍於西計除衆費歲完五百萬斛以爲軍資六七年間可積三千萬斛於淮上此則十萬之衆五年食也以此乘呉無不克矣宣王善之事皆施行正始三年乃開廣漕渠每東南有事大軍興衆汎舟而下達于江淮資食有儲而無水害艾所建也

又曰司馬朗爲丞相主簿以爲宜復井田往者以民各有累世之業難中奪之是以至今承大亂之後民人分散土



業無主皆爲公田宜及此時復之

又曰鄭渾遷陽平沛郡太守郡界下濕患水澇百姓饑乏渾於蕭相二縣界興陂堨開稻田郡人皆以爲不便渾曰地勢洿下宜溉灌終有魚稻經久之利此豐民之本也遂躬率吏民興立功夫一冬間皆成比年大收頃畝歲增租入倍常民賴其利刻石頌之號曰鄭陂

又曰劉靖都督河北諸軍事又脩廣戾渠陵大遏水溉灌薊南北三百里使種稻邊民利之

蜀志曰初諸葛亮自來成都有田十五頃子弟食自餘饒

晉要事曰安帝義熈九年右丞張須元議瑯瑘及湖孰東有皇右脂澤田四十餘頃參詳悉以借食民

南史曰宋王惠兄鑒頗好聚歛惠意不同謂曰何用田爲鑒怒曰無田何由得食惠又曰何用食爲

齊書曰王騫歷黄門郎司徒右長史不事産業有舊田在鍾山八十頃與諸宅及故舊共佃之常謂人曰我不如鄭公業有田四百頃而食常不周以此爲愧

梁書曰夏侯夔爲豫州刺史率軍人於蒼陵立堨溉田千餘頃歲收穀百餘萬石以充儲備兼贍貧人境内賴之也

又曰鄧元起少時嘗至西沮田舍有沙門造之乞元起有稻幾二千斛悉以施之時人稱其有大度

後魏書曰高允爲著作郎太武引見因問允萬機何者爲先時多禁封良田又京師遊食者衆允因曰臣少也賤所知唯田請言農事古人云地方一里則爲田三頃七十畝萬里則田三萬七千頃若勸之則畝益三升不勸則畝損亦如之損益之率爲粟二百二十二萬斛況以天下之廣乎若公私有儲雖遇饑年復何憂哉帝善之除田禁悉以



授百姓

又曰裴延儁遷幽州刺史范陽郡有舊督亢渠徑五十里陽燕郡有故戾陵諸堨廣袤三十里皆廢毁多時水旱不調延儁乃表求營造遂躬自履行相度形勢隨力分督未幾而就溉田百萬餘畝爲利十倍百姓賴之

北齊書曰帝賜穆提婆晉陽之田斛律光言於朝曰此田神武帝以來常種禾飼馬數千疋以擬寇難今賜提婆無乃闕軍務也由是提婆怨光

唐書曰貞元十六年盧羣爲義成軍節度鄭滑觀察營田使羣先寄寓鄭州典貿得良田數頃及授節度各以本地契書分付所管令長令召還本主時人稱美

又曰起居郎崔覲隱居城固山所有良田分給奴婢令遞日供飲食之費覲與妻家事一不以問但水石自娛而已

又曰溫造爲河陽節度觀察使復懷州古秦渠三縣弃地
悉爲良田後造左遷出爲朗州刺史至則開後鄉渠九十
七里溉田二千頃郡人名其渠曰右史渠
范子計然曰請問九田隨世盛衰有水旱貴賤願聞其情
計然曰諸田各有名其從一官始以終九官所以設諸田
差高下始進退也假令一直錢百金一直錢九百此略可
知從一畝至百畝直是大貴之極也
孟子曰百畝之田勿奪其時數口之家可以無饑矣
又曰易其田疇薄其稅斂民可使富也
傅子曰陸田者命懸於天也人力雖修水旱不時則一年
功弃矣田制之由人人力苟修則地利可盡天時不如地
利地利不如人事
呂氏春秋曰魏襄王與羣臣飲酒酣王爲羣臣祝令羣臣

皆得志史起對曰羣臣不肖者得志則不可王曰如西門
豹之爲人臣也史起對曰魏氏之田也漳水存其傍西門
豹不知用是過也明日召史起問漳水猶可以灌鄴田乎
對曰臣爲之民必大怨臣臣雖死願王使他人遂之王使
之爲鄴令史起因往爲之鄴民大怨欲藉史起史起不敢
出避之乃使他人遂爲之水已行民大得其利相與歌之
曰鄴有聖令號爲史公決漳水兮灌鄴旁終古斥鹵生稻
梁
春秋後語曰趙列侯謂其相公仲建曰寡人所愛可以貴
之乎曰富可也貴之則不列侯乃命以田萬畝賜善歌者
二人公仲建許諾而不與居一月列侯之代還問曰與之
乎曰未有可者
家語曰虞芮二國爭田而訟連年不決乃相謂曰西伯仁

人盍往質焉入其境則耕者讓畔行者讓路入其朝則士
讓爲大夫大夫讓爲卿虞芮之君曰嘻吾儕小人不可以
入君子之朝遂自相與成以其所爭爲閑田
蕭廣濟孝子傳曰郭原平墓下有數十畝田不屬原平每
至農月耕者恒裸袒原平不欲使慢其墳墓乃貨家資貿
此田三農之月輒束帶垂泣躬自耕墾之
氾勝之奏曰昔湯有旱災伊尹爲區田教民糞種負水澆
稼收至畝百石勝之試爲之收至畝四十石
越絕書曰吳北野禺櫟東所舍大疁者吳王田也
又曰富中大塘者勾踐治以爲義田也肥饒謂之富中
盛弘之荆州記曰桂陽郡界有溫泉其下流有田恒資以
浸灌常十二月種至明年三月新穀便登溫液所周正可
數畝過此水氣輒冷不復生苗

豫章記曰郡江之西岸有槃石下多良田極膏腴者一畝
二十斛稻米之精者如玉暎澈於器中
續搜神記曰陽人姓何忘其名隱遁養志常至田舍人收
穫在場上忽有一人長一丈黃疎單衣角巾來詣之翩翩
舉其兩手並儛而來語何云君常見韶舞不足舞也便去
何尋逐遙向一山山有一穴裁容人其人即入穴何亦隨
之初入甚急前輒開廣便失人見良田數十頃何遂懇作
以爲世業子孫于今賴之
崔寔政論曰昔者聖王立井田之制分口耦地各相副適
使人饑飽不偏勞逸齊均富者不足僭差貧者無所企慕
王朗上求賑貸民表曰昔在西京有鄠杜膏腴之饒池陽
谷口之利涇渭二川之水鄭國白渠之溉雲雨年成糞與
灌並畝貨一金號爲陸海

應璩書曰是以忽此蘇子帶郭之業求彼孫叔寢丘之地
故求遠田在關之西南臨洛水北據芒山
曹植表曰乞城內田及城邊好田盡所賜百年力者臣雖
生自至尊然心甘田野性樂稼穡
又籍田論曰營疇萬畝厥田上上經以大陌帶以橫阡奇
柳夾路名菓被園宰農寔掌是謂公田
唐明皇雜錄曰上命宇文融為招田使融方恣睢稍不已
附者必加誣譖密奏以為盧從愿廣致田園有地數百頃
上素器重亦倚為相者數矣而又族望官婚鼎盛於一時
故上亦重言其罪但目從愿為多田翁



太平御覽卷第八百二十一

# 太平御覽卷第八百二十二

資產部二

農　耕

## 農

周禮地官下曰凡任民任農以耕事貢九穀

禮記月令孟春曰乃命有司布農事舍東郊修封疆審端徑術善相丘陵阪險原隰土地所宜五穀所殖以教導人必躬親之田事既飭先定準直農乃不惑

又仲春曰無作大事以妨農事（大事兵役之屬）

又孟夏曰無起土功無發大衆無伐大樹（爲妨蠶農之事）是月也命有司巡行田原勸農勉人無或失時（勸農人以及時）

又孟秋曰是月也築場圃農乃登穀天子嘗新先薦寢廟

又季秋曰乃命有司農事備收舉五穀之要



又孟冬曰是月也勞農以休息之

又仲冬曰是月也農有不收藏積聚者馬牛禽獸有放逸者取之不詰

又季冬曰氷巳入令告人出五種命農計耦耕事修耒耜具田器命有司出土牛以示農耕之早晚

又王制曰制農田百畝百畝之分上農夫食九人其次食八人其次食七人其次食六人下農夫食五人庶人在官者其祿以是爲差也（農夫皆受田於公田肥墽有五等收入不同也庶人在官謂府史之屬官長所除命於天子國君者）諸侯之下士視上農夫祿足以代其耕也

左傳閔公曰衛文公務材訓農通商惠工

又昭元曰譬如農夫是穮是蔉（穮擁本曰蔉）雖有饑饉必有豐年

春秋元命苞曰周先姜原履大人跡生后稷扶桑推種生故稷好農（神始行從道道必有跡而姜原履之意感遂生后稷於扶桑之所出之野長而推演種生之法而好農知爲倉神所命明也）

尚書盤庚上曰若農服田力穡乃亦有秋（農勤穡則有秋下承上則有福）乃不畏戎毒于遠邇惰農自安不昬作勞不服田畝越其罔有黍稷

又洪範三曰農用八政（農厚也厚用之政乃成）一曰食（勤農業）

又梓材惟曰若稽田既勤敷菑惟其陳修爲厥疆畎（言爲君監民惟若農夫之考田已勞力布發之惟其陳列修治爲其疆畔畎壟然後功成以喻教化）

論語子路曰樊遲請學稼子曰吾不如老農

漢書曰諺曰以貧求富農不如工工不如商（亦出史記）

又曰楊季官至廬江太守有田一壥宅一區世世以農桑爲業

後漢書曰王丹家累千金隱居養志好施周急每歲農時



輒載酒肴於田間候勤者而勞之（東觀漢記曰載酒肴便於田頭大樹下飲食勸勉之因留其餘酒肴而去）其墮嬾者恥不致丹皆兼功自厲（嬾與孏同音力亶反）邑聚相率以致殷富其輕黠游蕩廢業爲患者輒曉其父兄使黜責之沒則賻給親自將護其有遭喪憂者輒待丹爲辦鄉鄰以爲常行之十餘年其化大洽風俗以篤

又曰崔恢字行遜遷鄢陵令每至春農身到廬陌觀民耕桑農無廢業

東觀漢記曰樊重字君雲世善農稼好貨殖

南史曰梁張興世爲方伯父仲子由興世致位給事中興世欲將往襄陽愛鄉里不肯去嘗謂興世曰我雖田舍老公樂聞鼓角汝可送一部行田時吹之

管子曰一農之事必有一耜一鎌一鎒一椎一銍然後成爲農也

又曰北澤燒火照堂下管子入賀桓公曰吾田野辟農夫必有百倍之利也

又曰善爲國者使農寒耕而熱耘力歸于上

又曰夫國富多粟生於農故先王貴之民事農則田墾田墾則粟多粟多則國富國富則兵強兵強則戰勝戰勝者地廣農夫終歲之作不足以自食也故農者月不足而歲有餘也

又曰先王者善爲民興利除害故天下歸之所謂興利者利農事也所謂除害者禁害農事也

又曰一農之量壤百畝也

又曰上農挾五中農挾四下農挾三農有常業女有常事一農不耕民有饑者一女不織民有寒者

孟子曰不違農時穀不可勝食者也



孫卿子曰農精於田不可爲農師賈精於市不以爲市師

又曰良農不爲水旱不耕

韓子曰歷山農者侵畔舜往耕其年讓畔

國語管仲曰昔者先王處農就田野令農夫羣萃而州處察其四時(四時樹藝各有宜)權節其用耒耜耞芟(權平之節其器用小大倨勾之宜耞拂也所以擊草芟大鎌所以芟草)及寒擊槁除田(寒季冬大寒之時槁枯草也)以時耕(時耕立春之後)及耕深耕而疾耰之以待時雨(疾速耰磨時雨至當種)時雨既至挾其槍刈耨鎛(在掖曰挾槍椿也刈鎌耨茲其鎛鉏也)以旦暮從事於田野脫衣就功首戴茅蒲身衣襏襫(茅脫解茅蒲簦笠也襏襫蓑蘘也茅或作萌竹萌之皮所以爲笠)沾體塗足(沾濡)暴其髮膚盡其四支之敏以從事於田野少而習焉其心安焉不見異物而遷焉是故其父兄之教不肅而成其子弟之學不勞而能夫是故農之子恒爲農野處而不暱(暱近)

呂氏春秋曰匡章謂惠子於魏王之前曰蝗螟者農夫得而殺之奚故爲其害稼也

氾勝之書曰農士惰勤其功力相什倍

又曰衛尉前上蠶法今上農法民事人所忽略衛尉懃之可謂忠國愛民之至

風俗通曰古者使人如借故曰籍田

孫盛作南昌令教曰且欲先婚配境內然後督其農桑

梁州記曰黑水村有魚池池上立美臺下四周有水左右官良田數十頃故以美農爲名

## 耕

周禮天官上曰甸師掌帥其屬而耕耨王籍以時入之以共齍盛(其屬府史胥徒也耨耘耔也王以孟春躬耕帝籍天子三推三公五推卿諸侯九推庶人終於千畝庶人謂徒三百人籍之言借也王一耕之而使庶人耘耔終之齍盛祭祀所用穀也)



禮記月令曰正月天子率三公九卿諸侯大夫躬耕帝籍天子三推公五推諸侯九推(鄭玄注曰帝籍爲天伸借人力所治之田也蔡邕章句曰禮成於三故天子三推卑者勞故三公五推也)

又曰王制曰三年耕必有一年之食九年耕必有三年之食以三十年之通雖有凶旱水溢民無菜色

又少儀曰問士之子長幼長則曰能耕矣

又表記曰天子親耕粢盛秬鬯以事上帝故諸侯勤以輔事於天子(言無事而居位食祿是不義而富且貴)

左傳襄公七年曰夏四月三卜郊不從乃免牲孟獻子曰吾乃今而後知有卜筮夫郊祀后稷以祈農事也(郊祀后稷以配天后稷周始祖能播植者)是故啓蟄而郊郊而後耕今就耕而卜郊宜其不從也(啓蟄夏正建寅之月耕謂春分)

又襄公十三年曰吳子諸樊既除喪(諸樊吳子乘之長子也乘卒至此春十七)

（月既葬而除喪）将立季札（札諸樊少弟）季札辭曰曹宣公之卒也諸侯與曹人不義曹人将立子臧子臧去之遂弗爲也以成曹君君子曰能守節君義嗣也誰敢奸君有國非吾節札雖不才願附於子臧以無失節固立之弃其室而耕乃舍之（傳言季札之讓且明吳兄弟相傳）

又昭公五曰伍員如吳言伐楚之利於州于（州于吳王僚）公子光曰是宗爲戮而欲反其讎（讎員）不可從也（光吳公子闔閭也反復也）員曰彼将有他志（光欲殺僚不利員用事故破其議而員亦知之）余姑爲之求士而鄙以待之（計未得用故進勇士以求入於光退居邊鄙）乃見專諸焉（專諸勇士）而耕於鄙

穀梁傳成公曰郤克曰反魯衛之侵地使耕者皆東畝（欲以利其戎車）

論語衛靈公曰君子謀道不謀食耕也餒在其中矣學也祿在其中矣

又微子曰長沮桀溺耦而耕

論語比考讖曰叔孫武叔毀孔子譬若堯民曰我耕田而食穿井而飲堯何力功

周書曰神農之時天雨粟神農耕而種之

韓詩曰三之日于耜四之日舉趾至於四月始可舉足而耕

又曰齊人青將討公孫無知辭其友其友曰耕田刈草農之力也討君之賊大夫職也

史記曰趙肅侯遊大陵出於鹿門大夫和馬曰耕事方急一日不作百日不食肅侯下車而謝之

又曰伍子胥進專諸於公子光退而與故太子建之孤子勝耕於野



又曰陳涉少時與人傭耕輟耕壠上曰富貴無相忘傭者笑而應曰子爲人傭耕何富貴耶涉曰嗟乎燕雀安知鴻鵠之志哉

又曰高后立諸呂爲王擅權用事朱虛侯年二十有氣力忿劉氏不得勢嘗入侍高后讌飲曰請爲太后歌田太后曰試爲我言田章曰深耕穊種立苗欲疏非其種者鋤而去之呂后默然

戰國策曰主父欲代中山使李疵觀之疵曰舉士即民務名不好本朝上賢即耕者惰而戰士懦若此不亡者未之有也

漢昭紀曰上耕于鈎盾弄田（應劭曰昭帝九年未能親耕帝籍鈎盾有田近署故往試耕爲戲弄也）

又曰江南之地火耕水耨（應劭曰燒草下水種稻）



又曰夏侯勝每授書謂諸生曰學經不明不如歸耕

後漢書曰王莽末盜賊起人皆憂移徙逍逃莫事農桑淳于恭遂獨耕鄉人止之曰世方散亂死生未分何空自苦爲恭曰正我不得食他人食之何傷柰何不耕

東觀漢記曰梁鴻乃將妻之霸陵山中耕耘織作以供衣食彈琴誦書以娛其志

又曰承宮將妻之華陰山谷耕種禾黍臨熟人就認之宮悉推與去由是顯名

又曰第五倫爲會稽太守免官歸田里身自耕種不交通人物

魏略曰常林少單貧自非手力不取之於人性好學漢末爲諸生帶經耕鋤其妻常自擔餉饋之林雖在田野其相敬如賓

吳錄曰徵崇字子知遭亂遂隱於會稽躬耕以求其志好
尚者從學所教不過數人輒止欲令其業必有成也
吳志曰薛綜上疏云任延爲九眞太守迺教其耕犂使之
冠履
晉書曰朱冲字巨容少有志行閑靜寡欲好學而貧常以
耕藝爲事
又曰趙至字景眞代郡人也寓居洛陽緱氏令初到官至
年十三與母同觀母曰汝先世本非微賤世亂流離遂爲
士伍耳爾後能如此不至感母言詣師受業聞父耕叱牛
聲投書而泣師怪問之至曰我小未榮養使老父不免勤
苦師甚異之
宋書曰王韶之家貧好學嘗三日絕糧而執卷不輟家人
請之曰困窮如此何不耕荅曰我自耕耳



齊書曰戴僧靜爲北徐州刺史買牛給貧人令耕種
梁書曰孔子袪會稽山陰人也少孤貧好學耕耘樵採常
懷書自隨投閑則誦讀勤苦自勵遂通經術
趙書曰東耕儀直殿中監鋪席於侍臣之南北面解匣出
御表跽受黃門侍中侍中釋劒擎跽以穎授尊太常讚曰
皇帝親耕籍田一推一反三推三反成禮侍中跽取耒以
授侍郎以授殿中監監復韜匣
管子曰庶人好耕農而惡飲食於是財用足
又曰行其游野視其耕耘計其農事而饑飽之國可以知
也
又曰耕者出入不應於父兄用力不農農不事賢行此三
者有罪無赦
又曰地大而不耕非其地也

文子曰其耕不強者無以養生
晏子春秋曰有納書景公者云吾不知晏子之忠臣也公
以爲然晏子入朝公色悅晏子退而窮處東耕于海濱
墨子曰魯南鄙人吳慮者冬陶夏耕自比於舜
又曰墨子之齊遇故人曰今天下莫爲不若已墨子曰今
小人一人耕九人處耕者不可以不急何食者衆而耕者
寡也今天下莫爲義子宜勸我何以止我何以樂曰使丈
夫爲之廢丈夫耕稼樹藝之時使婦人爲之廢婦人紡織
之事
莊子曰堯治天下伯成子高立爲侯堯授舜舜授禹伯成
子高辭而耕禹往見之則在野
又曰堯以天下讓許由許由不受退而耕於潁水之陽終
身不見



尸子曰有虞氏身有南畝妻有桑田神農耕而王所以觀
耕
商子曰今一人耕而百人食之此爲螟螣蚵胡多切蠋之欲切
亦大矣雖有詩書猶無益於治
孟子曰伊尹耕於有莘之野湯躬詣之伊尹囂囂然弗顧
又曰耕者助而不稅則天下之農皆悅而願耕於其野也
孫卿子曰子路問孔子曰有耕耘樹藝手足胼胝以養其
親而無孝名何也子曰但使入則篤行出則友賢何患無
孝名也
韓子曰宋人有耕者田中有株兔走觸林而死因釋耕而
守株冀更得兔宋人笑之
淮南子曰夫織者日以進耕者日以却事相反成功一也
楊子法言曰谷口鄭子眞不屈其志而耕乎嵒石之下名

振京師

傅子曰耕根車天子親耕乗之蹕猪車畋獵乗之

山海經曰后稷播百穀始作耕

六韜曰昔帝堯之王天下不以私曲之故留耕績之時

國語曰古者天子籍田后稷監之（監察）大史贊王（贊導）王敬從之王耕一墢（一墢一耜之墢也王無耦以一耜耕也）班三之（班次也三之下各三其上也王一墢公三卿九大夫二十七）庶人終于千畝（耕終畝盡之）

又曰管仲對齊桓公曰深耕而疾耰之以待時雨

吕氏春秋曰匡章謂魏王曰今君行多者數百人皆不耕而食此害稼亦甚矣

又曰人臣孝則事君忠臨難死士民孝則耕耘疾守戰固

又曰舜耕於歷山昌草生於是始耕

董生書曰禹見耕者五耦而軾



賈誼書曰王者之法民三年耕而餘一年之食九年耕而餘三年之食三十歲民有十年之蓄

說苑曰曾子衣弊衣而耕魯君使人致邑曾子不受曰受人者畏人與人者驕人終不受

太元經曰神農冬耕被服純青

崔元始正論曰宣帝使蔡癸校民耕相三犂共一牛一人持之下種挽耬皆取備焉一日種頃也

拾遺録曰罽支夫善耕婦人善織以五色絲稍内口中兩手引而結之則成文錦丈夫多力勤稼一日𦓤十頃之地

董正則傳曰劉恭嗣少有異才聞司馬操傳物多通故往見焉遇其方耕執耒耜於壠畝之上於是釋耒下袵相就而言

任嘏別傳曰嘏字昭先樂安人有比居者擅耕嘏地數十畝種之人以語嘏嘏曰我自以借之耶耕者聞之慙謝還也

襄陽耆舊傳曰龐公襄陽人居沔水上至老不入襄陽城躬自耕耔其妻相待如賓休息則整巾端坐以琴書自娛覩其貌者肅如也

桓階別傳曰階爲趙郡太守朞月之間增戶萬餘路有遺一囊耕者見之舉以繫樹數日其主還取

石勒別傳曰石勒元康中流宕山東寄旅平原荏平界與師欣家傭耕耳恒聞鼓角鞞鐸之音勒私異之

琴操曰曾子幼小慈仁居貧無業以事父母躬耕力作隨五土之利四時惟宜以進甘脃甞耕於太山之下遭雨雪寒凍旬月不得歸乃作憂思歌



太平御覽卷第八百二十二

資産部三

耒耜　犂　耦　種殖
耘　耔　耨　钃　耰
銍　銚　鎛

## 耒

釋名曰耒耜也

古史考曰神農作耒耜

世本曰咎繇作耒耜

周禮冬官考工下曰車人爲耒庇長尺有一寸中直者三尺有三寸上句者二尺有二寸(鄭司農云耒謂耜耒庇讀爲其顙有庇之庇謂耒下歧玄謂庇讀爲棘刺之刺耒下前曲接耜)自其庇緣其外以至於首以弦其內六尺有六寸與步相中也(緣外六尺有六寸內弦六尺應一步之尺數耕者以田器爲度宜耜異材不在數中)



堅地欲直庇柔地欲句庇直庇則利推句庇則利發倨句磬折謂之中地(中地之耒其庇與直者如磬折則調矣調則弦六尺)

禮記月令季冬曰冰已入令告人出五種命農計耦耕事脩耒耜具田器(冰既入而令有司告人出五穀之種明大寒氣過農將興修田器)

韓詩曰三月之時可碩取耒耜脩繕之至於四月始可以舉足而耕也

魏志曰叚灼上疏理鄧艾曰昔姜維有斷隴之志艾修治備守積穀彊兵值歲凶旱又爲區種身被烏衣手執耒耜以率將士上下相感莫不盡力

梁書曰賀革字文明少以家貧躬耕供養年二十始輟耒就父受業精力不怠

唐書曰永徽三年高宗親享先農躬御耒耜

淮南子曰清英之美始於耒耜(清英酒也)

## 耜

釋名曰耜齒也如齒之斷物也

周禮地官下山虞曰凡服耜斬季材以時入之(季猶穉也服與耜宜用穉材尚柔刃也服此服車之材)

又秋官下曰薙氏掌殺草春始生而萌之夏日至而夷之秋繩而芟之冬日至而耜之(鄭玄謂萌之者以茲其斫其生者夷之以鉤鎌迫地芟之也若今取茭矣含實曰繩芟其繩則實不成熟耜之以耜測凍土剗之)

禮記禮運曰治國不以禮猶無耜而耕也(無以入也)

毛詩國風曰三之日于耜四之日舉趾同我婦子饁彼南畝田畯至喜(三之日夏正月也豳土晚寒于耜始脩耒耜也四之日周四月也民無不舉足而耕矣)

又小雅大田曰以我覃耜俶載南畝(又覃利也時至民以其利耜熾菑發所受之地趨農已急也)

又周頌曰良耜秋報社稷也畟畟良耜俶載南畝播厥百



穀實函斯活(畟畟猶測測也箋云良善也農人測測以利善之耜熾菑是南畝也種此百穀其種皆成好含生氣言得其時)

王隱晉書曰徐苗少孤家貧好學晝執耒耜夜不廢讀誦

後魏書曰趙琰遣人買耜刃得剩利六百即命送還刃主刃主高之義而不受琰命委之而去

唐書曰高宗行籍田之禮躬執耒耜而九推焉禮官奏陛下合三推上曰朕以身率下自當過之恨不終於千畝耳初將籍田先止于先農之壇因閱耒耜有雕刻文飾者謂左右曰田器農人執之在於朴素豈貴文飾乎及乃命徹之

國語曰周制有人曰民無懸耜(言常用入土曰耜耜柄曰耒)野無奥草(皆墾辟與深也)

呂氏春秋曰六尺之耜所以成畝其博八寸所以成甽高誘注曰六尺爲畝三尺爲甽

## 犂

釋名曰犂利也利則發土絶草根也

魏略曰皇甫隆爲燉煌太守民不曉作樓犂用二牛甚費隆乃教作樓犂省力過半

又曰弘農太守劉類多市犂鎋載所部留貿絲

管子曰距國門以外窮四竟之内丈夫二犂童子五尺一犂以爲三日之功令農始作服于公田

鹽鐵論曰庶人乘馬者足以代勞而已故行則服軛止則就犂下種輓樓皆取備焉日種一頃至今三輔猶賴其利

遼東耕犂轅長四尺迴轉相妨既用兩牛兩人牽之一人耕一人種二人輓樓凡用兩牛六人一日則種二十五畝其懸絶如此



陳留耆舊傳曰蕭令陳弇字叔明躬自握犂種五種穀有黃雀隨犂翔集上

崔寔政論曰武帝以隨遇爲搜粟都尉教民耕植其法三犂共一牛一人將之

唐書曰天寶初開砥柱之險以通流石中得古鐵犂鏵有平陸縣字因改河北縣名爲平陸縣

後唐史明宗上顧謂侍臣曰朕昨日出城觀稼見百姓父子三人同曳犂耒者力農如是深軫于懷可賜耕牛二頭

## 耦

說文曰耦耕廣五寸爲伐二伐爲耦

周禮地官下曰里宰以歲時合耦于耡以治稼穡趨其耕耨行其秩叙以待有司之政令而徵斂其財賦考工記曰耜廣五寸二耜爲耦此言兩人相助耦而耕也鄭司農云耡讀爲籍杜子春云耡讀爲助謂相佐助

又冬官曰匠人爲溝洫主通利田間之水道耜廣五寸二耜爲耦一耦之伐廣尺深尺謂之甽田首倍之廣二尺深二尺謂之遂古者耜一金兩人併發之其壟中曰甽甽上曰伐伐之言發也甽畎也今之耜岐頭兩金象古之耦也

毛詩周頌曰駿發爾私終三十里亦服爾耕十千維耦私民田也言上欲富其民而讓於下欲民之大發其私田耳終三十里言各極其望也於是民大事耕其私田萬耦同時舉也

國語曰吳王還自伐齊乃誶申胥誶告讓也曰昔吾先王體德聖明達于上帝先王闔廬上帝天也譬如農夫作耦以刈殺四方之蓬蒿爲言子胥佐先王猶耕者之有耦以成其事

董仲舒云禹見耕者五耦而軾過十室之邑而下見山仰之見谷俯之

## 種殖



周禮地官大司徒之職曰辨十有二壤之物而知其種以教稼穡樹藝

禮記月令曰孟春行冬令則水潦爲敗首種不入舊說云首種謂稷也

又仲秋曰是月也勸人種麥無或失時

又禮運曰爲禮不本於義猶耕而弗種也嘉穀無由生也

尚書洪範五行曰土爰稼穡種曰稼斂曰穡土可以耕可以斂稼穡作甘甘味生於百穀

尚書酒誥曰妹土嗣爾股肱純其藝黍稷奔走事厥考厥長今往當使妹土之人繼汝股肱之教爲純一之行其當勤種黍稷奔走土其父兄也

尚書考靈耀曰春鳥星昏中以種稷鳥朱鳥謂鶉火夏火星昏中以種黍菽火大火也

孝經援神契曰土黃白宜種禾黑墳宜黍麥蒼赤宜菽汙

臬宜稻

說文曰禾之秀實曰稼莖節爲禾從禾家聲一曰稼家事也一曰在野曰稼

史記曰秦爲兒時其游戲好種樹麻菽

漢書曰景帝三年春正月詔曰農天下之本也黃金珠玉饑不可食寒不可衣以爲幣用不識其終始閒歲或不登意爲末者衆農民寡也其令郡國務勸農桑益種樹可得衣食物吏發民若取庸採黃金珠玉者坐贓爲盜二千石聽者與同罪

又曰王莽篡位二年興神仙事以方士蘇樂言起八風臺於宮中臺成萬金作樂其上順風作液湯（如淳言藝文志有液湯經其義未聞）

又種五粱禾於殿中（或曰五色禾也）先鬻鶴髓（鬻音煑也）毒瑁犀玉二



十餘物漬種計粟斛成一金言此黃帝穀仙之術以樂爲黃門郎令主之

東觀漢記曰茨充爲桂陽太守俗不種桑無蠶織絲麻之利類皆以麻枲頭緼著衣民惰窳少麤履盛冬皆以火燎充令屬縣教民益種桑柘養蠶織履復令種紵麻數年之閒人剌其利衣履溫煖

吳會分地記曰下山者句踐於此山鑄銅銅不鑠埋之生馬箠句踐遣使者取徙於南社種之飾治以爲馬箠獻於吳

陳書曰陳霆洗爲重安公性好播植躬勤耕稼至於水陸所宜刈穫早晚雖老農不能及也

淮南子曰夫樹林者灌以粱水疇以肥壤（疇壟也粱或作潦也）一人養之十人拔之林必無餘枿

又曰昏弧中則務種穀（二月昏時弧星中於南方朱鳥之宿也）大火中則種黍菽（大火東方蒼龍之宿四月建巳中南方也菽豆也）虛中則種粟麥（北方玄武之宿也八月建酉中於南方也）

又曰古者民茹草飲水食樹木之實蠃蚌之肉多疾毒傷之患（患害）於是神農乃始教民播五穀相土地原隰燥濕肥墝高下百草之滋味水泉甘苦令民知避就當此之時一日而七十毒

又曰文公種米

呂氏春秋曰冰凍方固后稷不種后稷之種必待春

論衡曰后稷爲兒種藝爲戲

氾勝之書曰稗水旱無不熟之時又特滋盛易得蕪穢良田畝得二三十斛宜種之以備凶年又稗中有米熟時一可擣取炊之不減粢米又可釀作酒武帝時令典農種之



一頃收二千斛斛得米三斗大儉可磨食之

又曰三月榆莢雨時高地強土可種禾薄田不能糞者以原蠶矢雜禾種之則禾不虫又取馬骨莝之一石以水三石煑之三沸漉去滓以汁漬附子五枚漬三四日去附子以汁和蠶矢撓如粥先種二十日以溲種曝勿令濕至種時以餘汁溲而種之則不蝗虫無馬骨汁亦可用雪雪者五穀之積也常以冬〻藏雪汁器盛埋地中治種如此則收萬倍

又曰種傷濕鬱熱則生虫取麥種候熟可穫擇穗大彊者秆束立場之高燥處無令有白魚取乾艾雜藏之欲知歲所宜以布囊盛粟諸物種平量埋陰垣之下冬〻至後五十日發取量之息最多者歲所宜

又曰凡田種麥爲首傷於太稠者鋤而稀之秋以鋤以棘

柴曳之以龍墾麥根故曰子將欲富黃金覆土至春凍解棘
柴曳之絶其乾葉到榆莢雨時候土白復鋤如此收必倍
冬雨雪止掩雪勿令從風飛去後雪復如此麥能旱多實
春凍解耕和土種遊麥麥生成茂大鋤如宿麥也
又曰黍者暑也未生心天雨灌其心必傷無實初種時天
霧令兩人對持長索戛去其露日出乃止種黍覆出鋤治
如禾法欲稀於禾
又曰大豆保歳易爲宜古之所備凶年也大豆生載甲而
出種土不可厚厚則折項不能上達屈於土中而死
又曰種稻春凍解地氣和時耕冬至後百三十日種大稻
時也
又曰種麻預軟和田二月下旬三月上旬傍雨種其秋
又曰種枲春凍解耕治其土春草生布糞田復耕平摩之



又曰種小豆忌卯稻忌辰禾忌丙黍忌丑麻忌辰秋忌未
寅小麥忌戌大麥忌子大豆忌甲凡九穀忌日不種之避
其忌不可敗傷諸事忌禁自此非空言也其道自然若燒
黍穰則害瓠也
崔寔四民月令曰正月可種葵四月可收冬葵子六月六
日可種葵中伏之後可種冬葵八九月可種乾葵
物理論曰稼借種也古今之言云余夫稼農之本也

耘

説言曰耘除田間穢也
左傳昭元年曰晉趙文子曰譬如農夫是穮是蔉穮耘也壅苗爲蔉
毛詩甫田曰或耘或耔黍稷薿薿
又周頌曰載芟載旅其耕澤澤千耦其耘徂隰徂畛

論語曰子路從而後遇丈人以杖荷蓧包曰丈人老人也蓧竹器
子路問曰子見夫子乎丈人曰四體不勤五穀不分孰爲
夫子包曰丈人云不勤勞四體不分殖五穀誰爲夫子而索之邪植其杖而芸孔曰植倚也除
草曰芸
宋書曰柳元景顔師伯嘗詣沈慶之會其遊田元景等鳴
笳列卒滿道慶之獨與左右一人在田見之悄然改容曰
夫貧賤不可畢富貴亦難守吾與諸公並出貧賤因時際
會榮貴至此唯當共思損挹之事老子八十之年目見成
敗者已多諸君炫此車服欲何爲於是插杖而耘不爲之
顧元景等徹侍褰裳從之
管子曰萬室之都必有萬鍾之藏藏鏹千萬千室之都必
有千鍾之藏藏鏹百萬春以奉耕夏以奉耘
孟子曰人病舍其田而芸人之田所求於人者重而所以
自任者輕



賈誼書曰鄒穆公有令食鳬鴈必以秕吏請以粟公曰夫
百姓煦牛而耕曝背而芸勤而不敢惰者豈爲鳥獸哉粟
養人也何以其養鳥也

耔

說文曰耔壅禾本也
晉書曰陶潛歸去來曰懷良辰以孤往或植杖而耘耔

耨

釋名曰耨似鋤以耨禾也
左傳僖公下曰初臼季使過冀見冀缺耨其妻饁之臼季胥臣也冀晉邑也野饋曰饁耨鋤也敬相待如賓與之歸言諸文公曰敬德之
聚也能敬必有德德以治民君請用之
爾雅曰斪斸謂之定郭璞曰鋤屬也揵爲舍人曰拘斸名定廣雅曰定耨藂又曰薅苗之遺鋤

耨如銍柄長三尺刃廣二寸以封地除草也
魏書曰公孫淵官屬上書曰七營虎士五部蠻夷各懷素飽不謀同心奮臂大呼排門遁出近郊農民釋其耨鎛
淮南子曰耨者剗耜而耕摩蚤（蚤大蚌也摩令利用耨除草也）
又曰㓊先稻孰農夫耨之者不以小利害大穫（㓊稗）
又曰聖人之用兵若櫛髮耨苗所去者少所利者多
呂氏春秋曰先生者美米後生者為秕是故其耨也長其兄而去其弟（養大殺小）不知稼者其耨也去其兄而養其弟不收其粟而收其秕

鐲

釋名曰鐲誅也主以誅除物根株也
說文曰鐲斫也齊謂玆基一曰斤柄性自曲者也
管子曰美金以鑄戈劒矛戟試諸狗馬惡金以鑄斤斧鉏夷屬櫡試諸木土（夷鉏類也屬櫡钁類）
又曰匠人有感斤櫡故繩可得斷也
孟子曰齊人有言曰雖有智慧不如乘勢雖有鎡基不如待時（玆基田器）

耰

說文曰耰摩田器也
論語曰長沮桀溺耦而耕孔子過之使子路問津焉桀溺曰子為誰曰為仲由曰是魯孔丘之徒與對曰然滔滔者天下皆是也誰以易之且而與其從辟人之士也豈若從辟世之士哉耰而不輟
賈誼書曰秦民借父耰鋤猶有德色

銍

廣雅曰銍謂之刈（纂文曰江湖以銍為刈也）



尚書禹貢曰二百里納銍（銍刈謂禾穗也）
說文曰銍穫禾短鎌
釋名曰銍穫禾鐵也銍銍斷禾穗聲也

銚

說文曰錢銚也古田器也
世本曰倕作銚
管子曰一農之事必有一銚然後成農

鎛

釋名曰鎛亦鋤類迫也迫地去草也
毛詩周頌良耜曰其鑮伊黍其笠伊糾其鎛斯趙以薅荼

蔘

又周頌臣工曰命我眾人庤乃錢鎛奄觀銍艾（庤其錢銚鎛銍穫也）（箋云奄觀多也教我庶民具女田器終久必多銍艾觀之也）



太平御覽卷第八百二十三

資産部四

穫　穡　耜　架　園　圃

穫

說文曰穫刈禾也

毛詩小雅曰歲聿云暮采蕭穫菽

又周頌良耜曰穫之挃挃積之栗栗挃挃穫聲也栗栗衆多也

尚書金縢曰秋大熟禾未穫天大雷電以風禾盡偃大木斯拔邦人大恐

又大誥曰厥父菑厥子乃弗肯播矧肯穫其父已菑耕其田其子乃不肯播種況肯收穫乎

爾雅曰挃挃穫也郭璞注曰穫刈禾也

南史曰齊文惠太子嘗幸東田觀穫稻范雲時從文惠顧雲曰此刈甚快雲曰三時之務亦甚勤勞願殿下知稼穡之艱難無徇一朝之宴逸也文惠改容謝之

虞喜志林説晏子曰景公爲長府有風猶作不已晏子歌曰禾有穗兮不得穫秋風至兮盡零落歌終而流涕公乃止之

穡

說文曰穡穀可收嗇也愛濇也

尚書大誥曰予永念曰天惟喪殷若穡夫予曷敢不終朕畝稼穡之夫除草養苗我長念天亡殷惡亦主猶是矣我何敢不順天終竟我壟畝乎

又無逸周公曰嗚呼君子所其無逸先知稼穡之艱難乃逸則知小人之依稼穡農夫之艱難事先知之乃謀逸豫則知小人之所依怙相小人厥父母勤勞稼穡厥子乃不知稼穡之艱難乃逸乃諺既誕否則侮厥父母曰昔之人無聞知小人之子既不知父母之勞乃爲逸豫遊戲乃叛諺不恭已欺誕父母不欺則輕侮其父母曰古老之人無所聞知

物理論曰穡猶收也古今之言云亦稼農之末農本輕而末重前緩而後急稼欲少苦耨欲熟收欲速此良農之務

捃

毛詩大田曰彼有不穫穉此有不斂穧彼有遺秉此有滯穗伊寡婦之利秉把也成王之時百穀既多種同齊熟收刈促遽力皆不足而有不穫不斂遺秉滯穗故聽矜寡取之以爲利

東觀漢記曰桓榮遭倉卒與族人元卿俱捃拾投閑輙講元卿謂曰卿但盡氣耳當復有施用時乎後榮爲太常諸子謂元卿曰平生笑吾盡氣今何如元卿曰我農家安能豫知此

魏略曰焦先行不踐邪徑必循阡陌及其捃拾不失大穗飢不可食寒不可衣結草以爲裳被頭徒跣毎出見婦人則隱翳須去乃出

王隱晉書曰庾袞字叔褒年飢捃者猶穀袞乃引其羣子以退曰待其間既捃焉從者以爲徒捃也捃無傍掇

晉書曰夏統字仲御幼孤貧養親以孝聞毎採捃求食星行夜歸或至海邊拘蟛螁以資養

宋書曰沈道虔居武康北石山下常以捃拾自資同捃者或爭穟道虔諫之不止悉以其所得與之爭者愧惡後毎爭

庾異行別傳曰君妻樂氏生子澤初君與妻捃而産於澤輙云勿令居士知遂以命之

架

釋名曰架加也加杖於柄頭以檛穗而出穀也或曰羅架三文而用之或曰以杖轉於頭故名之也

廣雅曰拂謂之架

說文曰拂架也拂擊禾連架也

國語曰權節其用耒耜耞芟耞拂也所以擊草

方言曰僉宋魏之間謂攝殳或謂之度自關而西謂之拂僉連架也所以打穀

王褒僮約曰刻木為架屈竹作把架擊禾也

園

說文曰園所樹菓也

易賁卦曰賁于丘園束帛戔戔

毛詩車鄰駟驖曰駟驖美襄公也始命有田狩之事園囿之樂焉始命命為諸侯也秦始附庸也遊于北園四馬既閑閑習也

又國風將仲子兮曰將仲子兮無踰我園無折我樹檀園所以樹木也檀彊刃之木

又小雅鶴鳴曰樂彼之園爰有樹檀其下維蘀何樂於彼園之觀乎蘀落也上其樹檀下其蘀

周禮天宮太宰九職二曰園圃毓草木鄭注云園蕃也

史記曰董仲舒廣川人以治春秋當孝景時為博士下帷講誦三年不觀於舍園

漢書梁孝王傳曰王有罪入朝乘布車從兩騎入匿長公主園張晏曰布車降人乘之也

又曰田蚡召客飲坐其兄蓋侯北向自坐東向以為漢相尊不可以兄私橈由此滋驕治宅第田園極膏腴市買郡縣器物相屬於道

後漢書曰竇憲恃宮掖聲勢遂以賤直請奪沁水公主園田沁水公主明帝女主逼畏不敢計後肅宗駕出過園指以問憲憲陰喝不得對陰喝猶噎塞也陰音於禁反喝音一介反或作鳴故反後發覺帝大怒召憲切責曰深思前過奪主田園時何用愈趙高指鹿為馬愈猶差也久念使人驚怖昔永平中常令陰博鄧疊三人更相糾察以陰鄧皆外戚恐其踰多故使更相糾察也博陰興之子也故諸豪戚莫敢犯法者而詔書切切猶以舅氏田宅為言切切猶勤勤今貴主尚見枉奪何況小人哉國家弃憲如孤雛腐鼠鳥子生而啄者曰雛也憲大震懼皇后為毀服深謝良久乃得解使以田還主雖不繩其罪然亦不授以重任

續漢書百官志曰濯龍園在洛陽西北角

謝承後漢書曰吳祐遷膠東侯相時戴宏父為縣丞宏年十六從在丞舍祐每行園常聞諷讀之音奇而候之亦與為友宏卒成儒宗知名東夏為河間相因自免歸家不復仕身灌園蔬以經書教授年九十八卒

又曰中平二年造萬金堂於西園

獻帝春秋曰呂布問太祖明公何瘦太祖曰君何以識孤布曰昔在洛會溫氏園太祖曰然孤忘之矣所以瘦者不早相得故也

魏略曰顏斐為京兆太守起菜園使民役閑灌治之

魏志曰明帝之幸郭元后也毛皇后愛寵日衰景初元年帝遊後園召才人以上曲宴極樂元后曰宜延皇后帝弗許乃禁左右使不得宣后知之明日見帝后曰昨遊宴北園樂乎帝以左右泄之所殺十餘人

魏略曰青龍十二年起土山於芳林園西北陬使公卿羣寮皆負土成山樹松竹雜木善草於其上捕山禽雜獸置其中

又曰馬鈞居京都城內有地可為園患無水以灌之乃作翻車令童兒轉之而灌水自覆更入更出其巧百倍於常

晉書曰華廙免官後栖遲家巷武帝登凌雲臺望見廙
苜蓿園阡陌甚整依然感舊太康初大赦乃得襲封
王隱晉書曰王衍字夷甫戎叔父也終於平北將軍送故
甚豐親故借衍車馬帷帳器物者衍因與不復録資財盡
出洛城西先人舊園田上
又曰王戎爲荆州刺史坐遣吏修園宅應免官詔以贖論
又曰孝宗欲於後園修立池苑江逌諫以強賊未滅宜旌
軍備嘗存儉約以率羣下
又曰氾騰字無忌應孝廉舉除郎中屬天下兵亂去官歎
曰生於亂世貴而能貧乃可以免散家財五十萬以施宗
於柴門灌園琴書自適
南史曰臧榮緒幼孤躬自灌園以供祭祀
宋書曰茹法亮於宅爲魚池釣臺土山樓館長廊將一里



竹林花藥之美公家園竹不能及
又曰沈道虔居武康北石山下有人竊園中菜道虔自外
還見之即自逃隱待竊者去後乃出
齊書曰會稽孔珪家起園列植桐柳多構山泉殆窮眞趣
衡陽王鈞往遊之珪曰殿下處朱門遊紫闥詎得與山人
交耶荅曰身處朱門而情遊江海形入紫闥而意在青雲
珪大美之
又曰豫章王嶷薨後嘗見形於第後園乗腰輿指麾處分
呼直兵直兵無手板左右授一玉手板與之謂曰橘樹一
株死可覓補之因出後園
梁書曰徐勉爲書式其子崧曰中年聊於東田間營小園
者非存播藝以要利正欲穿池種樹少寄情賞亦又以郊
除閑曠終可爲宅儻獲懸車致事實欲歌哭於斯

又曰劉慧斐隱居東林寺又於山北構園一所號曰離垢
園時人仍謂爲離垢先生
燕書曰慇帝時有異爵素質緑首集于端門東園樹棲翔
二旬而去夏以異爵故大赦名東園曰白爵園
後魏書曰胡太后親覽萬機手筆斷決幸西林園法流堂
命侍臣射不能者罰之
又曰高聰爲中尉所彈遂廢于家斷絶人事唯修營園果
世稱高聰梨以爲珎異
又曰元欣好營産業多所樹藝京師名菓皆出其園
又曰景穆季年頗親近左右營立田園以收其利
北史曰齊盧景裕不營世事居無二業唯在注解其叔父
職居顯要而景裕止於園舍情均郊野謙恭守道貞素自
得由是世號居士



北齊書曰河南獻王孝瑜文襄於鄴東起山池遊觀時俗
眩之孝瑜遂於第作水堂龍舟植幡矟於舟上數集諸弟
宴射爲樂武成幸其第見而恱之故盛興後園之翫於是
貴賤慕斆處處營造
後周書曰後周文帝在天遊園以金巵置侯上令公卿射
中者即以賜之宇文貴一發而中帝笑曰由基之妙正當
耳
唐書曰何潘仁西域胡人也家富於財潘仁厚自奉養引
致賓客煬帝時嘗犯法懼罪遂亡入司竹園鳩集亡命衆
至數萬及義兵起求得平陽公主而奉之以應義師
莊子曰漢陰丈人爲園畦鑿隧而入井抱甕而灌一日浸
百畦子貢教以爲桔槹
列子曰楊朱見梁王曰王者詔天下如運諸掌梁王曰先

生有一妻一妾不能治三畝之園不能耘言治天下何也

韓子曰昔弥子瑕寵於衛君與遊於東園食桃而甘以其半啖君君曰愛我哉

淮南子曰夫臨江之鄉其人汲水以溉其園江水弗減也

又曰山有猛獸林木爲之不斬園有螫虫藜藿爲之不採言人畏之

說苑曰吳王欲伐荆告左右曰敢諫者死舍人有少孺子者欲諫不敢懷丸操彈於後園露沾其衣如是三旦王曰子來何苦沾衣如此對曰園中有榆其上有蟬蟬高居悲鳴飲露不知螳螂在其後螳螂委身曲附欲取蟬而不知黃雀在其傍黃雀方延頸欲啄螳螂而不知彈丸在其下也此三者皆務得其前利不顧其後之有患也吳王曰善哉乃罷兵



風俗通曰園援也從口袁聲四皓園公亦本園者

玄晏春秋曰又好桑農種藏之事且養雞鶩園圃之事勤不舍力焉

王子年拾遺記曰漢明帝時常山獻巨桃核此桃霜下結花隆暑方熟亦云仙人所食常使植於霜園此園皆植寒果也

又曰魏明帝起靈禽之園方國所獻異鳥獸皆畜此園也

世說曰王子敬入會稽經吳聞顧辟疆有名園先不識主人徑往其家顧方集賓友酣宴園中而王遊歷既畢指麾好惡傍若無人

又曰簡文幸華林園顧謂左右曰會心處不必在遠翳然林水便自有濠梁間想覺鳥獸自來親人

又曰管寧華歆共園中鋤菜見地片金管不釋鋤與瓦石不異華投而擲之

向秀別傳曰向秀常與嵇康偶鍛於洛邑與呂安灌園於山陽收其餘利以供酒食之費

桂陽先賢贊曰蘇躭常聞夜有衆賓來躭告母曰人招躭去已種藥着後園梅樹下治百病一葉愈一人賣此藥過足供養

仇池記曰城東有苜蓿園園中有三水碓

三秦記曰漢武帝名園曰樊川一名御宿有大梨如五升名含消

又曰漢武帝菓園有大栗十五枚一升

華陽國志曰何隨家養竹園人盜其筍隨過行見恐盜者覺怖走竹傷其足挈履徐步歸

幽明録曰武宣程羈偏生未被舉家常使種葱後連理



樹生於園圃

殷仲堪遊園賦曰尔乃杖策晨遊以詠以吟落葉掩蹊藁下成林

曹植詩曰公子敬愛客終宴不知疲清夜遊西園飛蓋相追隨

劉謐之天公牋曰昔申酉之際遭湯旱流烟今子歲値堯水滔天火延燒其盧水突壞其園

謝玄與姊書曰此二日東行遊步園中已極有任家湖形模也姊想矚此亦小有所散

## 圃

說文曰種菜曰圃

毛詩雞鳴曰東方未明折柳樊圃狂夫瞿瞿

又七月曰九月築場圃十月納禾稼

周禮地官下曰場人掌國之場圃而樹之果蓏珍異之物以時斂而藏之（果棗李之屬蓏瓜瓠之屬珍異蒲桃枇杷之屬）

禮記射義曰孔子射於矍相之圃觀者如堵牆

左傳莊公曰子頹有寵蔿國爲之師及惠王即位取蔿國之圃以爲囿（圃囿也囿苑也）遂奉子頹以代王

又僖公下曰秦師襲鄭鄭使皇武子辭曰鄭之有原圃猶秦之有具圃也

又哀公下曰衛侯爲虎幄於籍圃（於籍田之圃新造幄幕皆以虎獸爲飾也）

論語曰樊遲請學爲圃子曰吾不如老圃

莊子曰古之人假道於仁託宿於義於遊逍遥之虛食於苟簡之田立於不貸之圃逍遥無爲也苟簡易養也不貸無出也古謂是采眞之遊

韓子曰景公欲移晏子家於豫章之圃晏子辭



孟子曰今有場師舍其梧檟養其樲棘則爲賤場師也（場師治圃者梧檟皆大名樲棘棗言所以諭人捨大養小始賤場師也）

淮南子曰崑崙山有疏圃之地蒲之潢水三周

山海經曰淮江之山實惟帝之平圃

風俗通曰圃補也從口甫聲

拾遺録曰崑崙山第二層下有芝田蕙圃皆數萬頃羣仙種耨焉

曹植籍田賦曰夫凡人之爲圃各植其所好焉好甘者植乎薺好苦者食乎荼好香者植乎蘭好辛者植乎蓼至於寡人之圃無不植也

太平御覽卷第八百二十四

太平御覽卷第八百二十五

資産部五

蠶　繅　繅車　籰

絡車　棍　機杼　梭

蠶

周禮天官下内宰曰中春詔后帥外内命婦始蠶于北郊以爲祭服（蚕于北郊婦人以純陰爲尊郊必有公桑蚕室焉）

又夏官馬質曰馬質掌質馬禁原蠶者（原再也天文辰爲馬蚕書蚕爲龍精月直大火則浴其種是蚕與馬同氣也物莫能兩大禁再蚕者爲傷馬也）

禮記月令季春曰是月也命有司無伐桑柘（愛蚕食也司謂主山林之官）乃修蠶器（蚕器謂簿槌鉤筐之類）后妃齊戒享先蠶而躬桑以勸蠶事（季春吉祀皇后享先蚕先蚕天駟享先蚕而後躬桑示率先天下也）

又孟夏曰是月也蠶事既登后妃獻繭乃收繭税以桑爲均貴賤長幼如一以給郊廟之服（后妃獻繭進其成功也乃收繭税十而取一以桑爲均者謂用桑多則繭多桑少則繭少貴賤長幼如一各自以桑爲不得以人貴賤長幼爲差）

又檀弓曰成人有其兄死而不爲衰者聞子皋將爲成宰遂爲衰成人曰蠶則績而蟹有匡范則冠而蟬有緌兄則死而子皋爲之衰（蚕兄死者言其衰之不爲兄死如蟹有匡蟬有緌不爲蚕之績范之冠也范蜂也蟬蜩也緌謂蜩喙長在腹下）

又祭義曰古者天子諸侯必有公桑蠶室近川而爲之築宮仞有三尺棘牆而外閉之及大昕之朝君皮弁素積卜三宮之夫人世婦之吉者使入蠶室奉種浴于川桑于公桑風戾以食之（大昕季春朔月之朝也諸侯夫人三宮半王后也風戾之者及早涼脆采之風戾之使露氣燥乃以食蚕蚕性惡濕）歲既單矣世婦卒蠶奉繭以示于君遂獻繭于夫人

又祭統曰是故天子親耕于南郊以共齊盛王后蠶于北郊以共純（音緇）服諸侯耕於東郊以共齊盛夫人蚕於北郊以共冕服天子諸侯非莫耕也王后夫人非莫蠶也

春秋文耀鉤曰商絃絶蠶合絲（絃將絶蚕含絲以待用也）

春秋考異郵曰蠶陽者大火惡水故食不飲桑者土之液木生火故蠶以三月葉類會精合相食

爾雅曰蛾羅（蚕蛾）螝蛹（音龜蚕蛹）蟓桑繭（食桑葉作繭即今蚕也）雔由樗繭（食樗葉）棘繭（食棘葉）欒繭（食欒葉）蚢蕭繭（食蕭葉者皆蚕類）

史記天官書曰正月上甲風從東方來宜蠶

續漢書曰光武建武二年野蠶成繭民收其絮

又輿服志曰貴人助蠶瑇瑁釵簪珥

東觀漢記曰明德馬后置織室蠶於濯龍中往來觀以爲娛樂

謝承後漢書曰南陽范充爲吳桂陽太守教民植桑絺紵之屬養蠶織履民得利益

吳録曰南陽郡一歲蠶八績

後魏書曰世宗正始年徐州蠶蛾喫人死殘者一百一十餘人死者二十二人時高肇專政聚斂不息

隋書曰江湖之南一年蠶四五熟

唐書曰武德中梁州言野蠶成繭百姓採而用之

又曰文德太后率内外命婦有事於親蠶

又曰開元中上命官中食蠶親自臨視欲使嬪御已下知女工之事及蠶罷獲絲甚多因以賜焉

又曰天寶中益州獻三熟蠶繭厚白淨與常蠶不殊

又曰大暦中太原府清河縣人韓景暉養冬蠶成繭詔給復終身

韓子曰鱓似虵蠶似蠋人見虵驚駭見蠋則毛起而漁者

持纚婦人拾蠶利之所在皆貴育也
淮南子曰季春后妃齋戒東鄉就桑省婦使觀蠶事
又曰蠶食而不飲二十日而化
又曰食桑者有絲而蛾
又曰蠶食嚳而不飲
又曰蠶餌絲而商絃絕（商金聲也春蠶吐絲金死故絕）騶星墜而渤海
決（騶星流星也渤海水之動怒也）
又曰原蠶一歲再登非不利也然王法禁之者以其殘桑
淮南方畢術曰白芳七結浴蠶
又曰僵蠶使馬不食（餓愈之以桑拭口鼻即食矣馬害蠶人亦以僵蠶眉拭脣即不齧也）
抱朴子曰甘始以藥粉桑長蠶蠶得十月不老
金樓子曰揚泉蠶賦序曰古人作賦者多矣而獨不賦蠶
乃為蠶賦是何言與楚蘭陵荀如有蠶賦德淵近不見之



有文不如無述也
東方朔別傳曰武帝求神仙朔言能上天取藥上知其謾
欲極其言即遣方士與朔上天朔曰當有神來迎我後方
士晝臥朔遽口呼若極真若吾從天上還方士遽以聞上
以為面欺下朔獄朔泣曰臣幾死者再天公問臣下方何
衣朔曰衣蠶蠶何若曰喙呥呥（仁廉切）類馬色斑斑類虎天
公大怒以臣為謾繫臣司空使使下問還報有之乃出臣
今陛下以臣為詐願使使上問之上曰齊人多詐欲以喻
我我止方士也罷方士
東方朔占曰正月旦竟日不風清明宜蠶
列仙傳曰園客濟陽人姿皃好而良邑人多欲以女妻之
客終不娶種五色香草積數十年服食其實一旦五色蛾
止其香末客收而薦之以布生桑蠶焉蠶時有女夜至自

稱客妻客與俱蠶得繭大如盆
郭子橫洞冥記曰寒青之國其國人皆以鳥為衣其地多
霜雪陰翳忽見日從南方出則百獸皆鳴國俗以為祥異
有蠶色青長一丈亦曰青蠶績其絲大如指一絲可羈絆
牛馬國人常以十丈充黃門之廐以拘馬也巨象師子帝
令以此一絲繫之
古今注曰元帝永元四年東萊郡東弁山有野蠶為繭收
得萬餘石民人以為絲絮
司馬徽別傳曰人有臨蠶求徽蔟者徽便以與之自弃其
蠶
搜神記曰舊說太古時有人遠征家唯有一女并馬一
疋女思父戲馬曰尔能為我迎得父吾將嫁汝馬乃絕韁
而去至父所父疑家中有故乘之而還馬後見女輒怒而
奮繫父怪之密問女女具以荅父乃射殺馬曝皮於庭女
至皮所足蹙之曰尔馬而欲人為婦自取屠剝何如言未
竟皮蹶然起卷女而行父還失女後大樹枝得女及皮乃
盡化為蠶績於樹上其繭厚大異於常蠶隣婦取養之其
收二倍今世或謂蠶為女兒古之遺語也
拾遺録曰員嶠之山名環丘有冰蠶長七寸黑色有角有
鱗以霜雪覆之然後作繭長一尺其色五綵織為文錦入
水而不濡投火則經宿不燎海人獻堯以為黼黻○顏氏家訓
曰胡人見錦不信有虫食樹吐絲所成昔在江南不信有
千人氈帳及來河北不信有萬石舟舡皆實驗也
齊諧記曰正月半有神降陳氏之宅云我是蠶神能見祭
當令蠶百倍今人正月半作鮭糜像此也（一云吳郡張誠）
皇后親蠶儀注曰皇后躬桑始將一條執筐受桑將三條

女尚書跪白曰可止執筐者以桑授蠶母蠶母以桑適金
室也
先蠶儀注曰親蠶前三日太祝令質明以太牢祠先蠶也
周遷古今輿服雜事曰蠶始生后食之三灑而止
三輔故事曰始皇后葬用金蚕二十箔
玄中記曰大月支有牛名為日及今日割取其肉三四斤
明日瘡愈漢人入此國以牛示之以為珍異漢人曰吾國
有虫大小如指名為蠶食桑葉為人吐絲外國人不復信
有蠶也
又曰化民食桑三七年化能以自裹如蠶績九年生翼七
年而死去琅耶四萬里神異經同
林邑記曰九真郡蠶年八熟繭小輕薄絲弱綿細
永嘉郡記曰永嘉有八輩蠶蚖珍蠶三月績柘蠶四月初績蚖蠶
四月初績愛珍五月績愛蠶六月末績寒珍七月末績四出蠶九月初績寒蠶十月績
凡蠶再養者前輩皆謂之珍少養之愛蠶者故蚖蠶種
也蚖珍三月既績出蛾取卵七月八月便剖蠶生多養之
是為蚖蠶欲作愛者取蚖珍之卵藏內瓮器中隨器大小
亦可十紙百紙蓋覆器口安冷水使冷氣折其出勢僅得
三七日然後剖生養之謂為愛珍亦愛子績成繭蛾生卵
卵七日又剖成蠶多養之此則愛蠶也
顧微廣州記曰吳黃武三年遣交州治中呂瑜發趙嬰齊
冢得金蠶曰珠各數斛
廣志曰有原蠶有冬蠶有野蠶有柞蠶食柞葉可以作綿
崔顗易林究之坎曰飢蠶作室緒多亂緒端不可得
又震之説曰秋蠶不成冬種不生
龍魚河圖曰蠶沙宅亥地大富得蠶絲吉利



仲長子昌言曰北方寒其人壽南方暑其人夭此寒暑之
方驗於人也約之蠶也寒而餓之則引日多溫而飽之則
用日少此寒溫飢飽之為脩短驗於物者也
物理論曰使人主養民如蠶母之養蠶則其用豈徒絲蠶
而已哉
雜五行書曰舍南種桑九株辟縣官宜蠶桑
又曰二月上壬取土泥屋四角宜蠶吉
呂氏本草曰石蠶一名沙蝽神農雷公鹹無毒生漢中治
五淋破隨肉解結氣利水道除熱
孫卿蠶賦曰食桑而吐絲前亂而後治夏生而惡暑者疾
溫而惡雨蛹以為母蛾以為父三俯三起事乃大已是謂蠶
理
閔鴻蠶賦曰體龍頸而驤喙邁皦素於羔羊
左思吳都賦曰國稅再熟之稻鄉貢八蠶之綿
古艷歌曰日出東方隅照我秦氏樓秦氏有好女自名為
羅敷羅敷善蠶桑採桑城南隅
陸機詩曰老蠶晚績縮老女晚嫁辱曾不如老鼠齕飛成
蝙蝠
蔡邕書曰家祖君常言客有三當死夜半蚕時至人室家
也今者一行而犯其兩
嵇康養生論曰火蠶十八日寒蠶三十餘日
裴頠崇有論曰鳥無腸肺蛤無五藏蛭以空中而生蠶以
無腸而育也

繅

禮記祭義曰古之獻繭者其率用此與問者之辭及良日夫人
繅三盆手遂布于三宮夫人世婦之吉者使繅遂朱綠之

玄黃之以爲黼黻文章服既成君服以祀先王先公敬之至也(三盆手者三淹也凡繅每淹大總而手振之以出緒也)

說文曰繅繹繭爲絲也

尸子曰夫繭合而弗治則腐蠹而弃使女工繅之以爲美錦

列仙傳曰園客蠶得繭大如盆繅一繭數十日繅訖俱去莫知所如濟陽今有華蠶祠(已備於前故此小略)

維車

通俗文曰織纖謂之維(音碎)受緯曰孚(維車)

方言曰維車趙魏之間謂之歷鹿車東齊海岱之間謂之道軌

孫德施維車賦曰惟工藝之多門偉英麗乎創形擬老氏之一轂兮應天運以迴行秉轉屈以成規兮不辭勞以自傾故其用同造物功參天地軒轅垂衣因其以濟袞冕龍旂用康上帝勳存王室惠流皂隸觀其微風興於輪端霧雨散于輨輻制以靈木絡以奇竹危朝日以投貞兮准暈月以造象若洪輪之在雄兮似蜘蛛之結網尒乃才藝妻妾工巧是嘉或織綿組或匠綾羅舒皓腕於輕輪兮煥擬景乎鏡華絲成妙於指端號拒兮幽而相和象蟋蟀之鳴戶兮類寒蟬之吟家

籰

方言曰籰援也(音爰)兖豫河濟之間謂之䡘(郭璞注曰所以絡絲)

說文曰籰收絲者也或作⿰角間從角間聲

絡車

方言曰河濟之間絡謂之格(郭璞注曰所以轉籰給事也)

柅



易姤卦曰繫于金柅(金者堅剛之物柅者制動之至)

通俗文曰張絲曰柅也

說文曰檷絡絲檷從木爾聲讀若柅

機杼

毛詩谷風大東曰小東大東杼軸其空

字林曰⿱疌木(女涉切)機下所履

史記曰公儀休相魯見布好出家婦燔其機也

列女傳曰河南貞義者樂羊子之妻也羊子出學後得遺金一餅以與貞義曰妾聞君子不以利汙行反求負薪古人知其害本羊子慙而弃之學一年復歸貞義引刀趣機曰此織生於蠶繭系治於絲繭加之機杼一絲而累以至丈尺今若斷之損弃成功稽廢日月夫子積學當日知所無中而廢歸何異斷機哉羊子大慙復出七年不歸

列子曰紀昌者學射於飛衛曰尒先學不瞚而後可言射矣紀昌歸偃臥其妻之機下以目承牽挺(牽挺機躡)二年之後雖錐末到眥而不瞚也

淮南子曰伯余之初作衣也(伯余黃帝臣也)緂麻索縷手經指挂後世爲之機杼勝復以便其用

傅子曰舊機五十綜者五十躡六十綜者六十躡馬生者天下之名巧也患其遺日喪功乃皆易以十二躡其奇文異變因感而作

王逸機賦曰舟車棟寓麗工也杵臼碓磑直巧也槃杼繢小用也至於織機功用大矣上自太始下訖羲皇帝軒龍躍庚業是創俯系聖恩仰攬三光悟彼織女終日七襄爰制布帛始垂衣裳於是取衡山之孤桐南岳之洪樟勝復迴轉刻象乾形大庭淡泊擬則川平先爲日月蓋取昭明

三轉列布上法台星兩驥齊首儼若將征方圓綺錯極妙窮奇兔耳跧伏若安若危猛犬相守竄鼠身匿蹄高樓雙峙以臨清池遊魚銜餌瀺灂其陂鹿盧並趍纖繳俱垂宛若星圖屈膝推移尔乃垂輕杼攬床帷動摇多容俯仰生姿

古詩曰纖纖擢素手扎扎弄機杼

又曰皎皎白素絲織爲寒女衣寒女雖巧妙不得秉機杼

梭

通俗文曰梭織具也所以行緯之蔱蕉戈

鄧粲晉書曰謝鯤隣家有美女鯤挑之女以梭投之折其兩齒

異苑曰陶侃嘗捕魚得一梭還插着壁有頃雷雨梭變成赤龍從屋而躍



太平御覽卷第八百二十五

資產部六

織　紡績　漂　浣

織

說文曰織作帛揔名也經織從絲也緯織橫也綜機縷也縷績織餘也

禮記內則曰女子十年不出執麻枲治絲繭織紝組紃學女事

左傳文公上曰仲尼曰臧文仲妾織蒲三不仁

毛詩國風大東曰跂彼織女終日七襄

史記曰公儀休相魯去織婦拔園葵

戰國策曰甘茂謂秦武王曰曾子處費人有與曾子同名族者而殺人人告曾子之母曰吾子不殺人也織自若有頃人又曰曾參殺人曾子母懼投杼踰墻



魏略曰太祖始丁夫人又劉夫人生子脩及清河長公主劉早終丁養子脩子脩亡於穰丁常言將我兒殺之都不復念遂哭泣無節太祖忿之遣歸家欲其意折後太祖就見之夫人方織外人傳公至夫人踞機如故公到撫其背曰顧我共載歸乎夫人不顧又不應太祖却行立於戶外復云得無尚可耶遂不應太祖曰真決矣遂與絕

魏志曰中山恭王袞徙封濮陽太和二年就國尚儉約勑妃妾紡績紝織習爲家人之事

吳志曰陸凱上疏云自昔先帝時後宮列女及諸織絡數不滿百米有畜積貨財有餘先帝崩後幼景在位便改奢侈不蹈先跡伏聞織絡及諸徒坐乃有千數

又曰華覈上疏云今吏士之家少無子女多者三四少者一二通令戶有一女十萬家則十萬人人織績一歲一束則十萬束矣使四疆之內同心勠力數年之間布帛必積恣民五色唯所服用但禁綺繡無益之飾此救乏之上務富國之本業也

南史曰齊宣孝陳皇后家貧少勤織作家人矜其勞或止之后終不改

唐書曰盧坦爲壽安令時河南尹徵賦限窮而縣人許以機織未就坦請延十日府不許令人就織而輸勿顧限也違之不過罰令俸耳既成而輸坦亦坐罰由是知名

墨子非樂曰使婦人爲之廢紡績織紝之事

莊子曰民有常性織而衣耕而食是謂同德

又曰叔文相莒三年歸其母自織請其母曰文相莒三年有馬千駟今猶自績文之所得事皆將弃之母曰婦人不好紡績織紝必有淫泆之心



韓子曰吳起示其妻以組曰爲我織組令如是組已就而效之其組異善起曰非詔也使衣而歸其父請徃之起曰家無虛言

又曰魯人身善織屨妻善織縞而欲徙於越或謂之曰子必窮矣魯人曰何也曰屨之也而越人舟行縞爲冠之也而越人被髮以子之所長也游於不用之國欲使無窮其可得乎

國語曰勾踐非其身之所種則不食非夫人之所織則不衣十年不收於國

焦贛易林蒙之無妄曰織帛未成緯盡無名長子逐兔鹿起失路

列女傳曰孟子之少也既學而歸孟母方織問曰學何所

至矣子曰自若也言未能博毋以刀斷其織子懼而問其故毋曰子之廢學若吾斷斯織也夫君子學以立名問則廣知是以居則安寧動則遠害今而廢之則是不免於廝役而無以離於患禍何以異於織績而中道廢而不爲豈能衣其夫子而長不乏糧食哉孟子懼旦夕勤學不息

又曰文伯相魯敬姜謂之曰吾語汝治國之要盡在經耳經者總絲縷以成文采有經國治民之象夫幅者所以正枉也不可不強故幅可以爲將枉曲也幅強乃能正曲將強乃能除亂以幅喻將也畫者所以均不服也故畫可以爲正畫傍也正官長也緦縷得畫以喻徒庶得長而後齊物者所以治蕪與莫莫也故物可以爲都大夫物謂一文墨也不知丈尺多少使意世輿蕪而莫莫也都大夫主治民理衆也持交而不失出入不絕者悃也以爲大行人悃使縷交錯出入不失理也似大行人交好隣國不斷絕也大行人主使命者推而往引而來者綜也綜可以爲關內之師綜惟縷令往引之令來似關內師收合人衆使令有節關內師主境內之師衆主多少之數者均也均可爲內史均謂一齒受一縷多少有數猶一內史之治民也服重任行遠道正直而固者軸也可以爲相相當大任堅固不憚死而後已有若軸舒而無窮者摘摘者可以爲三公摘謂勝也舒而不窮謂三公道德深備無匱竭也文伯再拜受教



孝子傳曰董永性至孝而家貧父死賣身以備棺斂既葬即詣主人將償其直路逢一女子云能織願爲永妻永不得已與同詣主人問其故永具以對主人曰必爾者但令爾婦爲我織縑百疋於是妻爲主人織十日百疋具焉主人大驚即遣永夫妻妻出門謂永曰我天之織女也卿篤孝賣身葬父故天使我爲卿償債耳言終忽然不見

仇池記曰仇池縣庫下悉安織婢綾羅絹布數十張機

崔元始正論曰僕前爲五原太守土地不知緝績冬至積草伏臥其中若見吏以草纏身令人酸鼻吾乃賣儲峙得二十餘萬詣鴈門廣武迎織師使巧手作機及紡以教民織具以上闕

古艷歌曰孔雀東飛苦寒無衣爲君作妻中心惻悲夜夜織作不得下機三日載疋尚言吾遲

古歌辭曰大婦織綺羅中婦織流黃小婦無所爲挾琴上高堂大人且徐徐調絃遽未央

古詩曰迢迢牽牛星皎皎河漢女纖纖擢素手札札弄機杼

被徒元書曰宜脩田農作園圃織絍紡績爲生作之本利常令供養之物有兼副

## 紡纑



左傳昭公五曰初莒有婦人莒子殺其夫以爲嫠婦寡婦爲嫠及老託於紀鄣紡焉以度而去之因紡纑連所紡以度城而藏之以待外攻者欲以縋纑及師至則投諸外投城繩外隨之而出

毛詩國風東門之枌曰不績其麻市也婆娑棄太績麻縷婦人之事也疾不紡

又曰八月載績載玄載黃我朱孔陽爲公子裳載績緝事畢而麻事起矣

漢書曰張安世尊爲公侯食邑萬戶身衣弋綈夫人自紡績

又曰冬民既入婦人同巷相從夜織婦女一月得四十五日必相從者所以省費燎火同巧拙而合習俗也三輔決錄同

晉書曰鄭袤妻曹氏事舅姑甚孝躬紡績之勤以充奉養

南史曰宋袁粲幼孤飢寒不足母琅邪王氏太尉長史延之女也躬事績紡以供朝夕

又曰齊劉揩爲交州與垣曇深同行曇深未至交州而卒

晏深妻鄭字獻英滎陽人時年二十子文凝始生仍隨揩
到鎮晝夜紡織居一年私裝了乃告揩求還
又曰梁武丁貴嬪少時與隣女月下紡績諸女並患蚊蚋
而貴嬪弗之覺也鄉人魏益將娉之及成而武帝鎮樊城
嘗登樓以望見漢濵五采如龍下有女子擘絖則貴嬪也
又丁氏因人以聞之於帝帝贈以金環納之時年十四
又曰諸曁東湾里屠氏女父失明痼疾親戚相弃鄉里不
容女移父母遠住紵舍晝樵夜紡績以供養父母
陳書曰陳靈洗爲公侯數妾無游手普督之紡績至於散
用貲財亦不儉悋
隋書曰孝婦覃氏者上郡鍾氏婦也與其夫相見未幾而
夫死時年十八事後姑以孝聞數年之間姑及伯叔皆相
繼而死覃氏躬自節儉晝夜紡績畜財十年而葬喪爲州
里所敬上聞而賜米百石表其門閭



又曰鄭善果母清河崔氏既寡之後恒自紡績每夜分寐
善果曰兒封侯開國位居三品秩俸幸足母何自勤如是
耶荅曰嗚呼汝年已長成吾謂汝知天下之理今聞此言
故猶未也至於公事何由濟乎今此秩俸乃是天子報尔
先人之用命也當須散贍六姻爲君先之惠妻子柰何獨
擅其利以爲富貴哉又絲枲紡績婦人之務上自王后下
至大夫士妻各有所製若墮業者是爲驕逸吾雖不知禮
其可自敗名乎
唐書曰永泰二年夏賜安南節度婦金氏兩丁侍養金氏本
賊帥陶齊亮之母以忠義訓齊亮齊亮不受遂與齊亮絕
自績而衣自田而食州里稱之仍詔本道使每季給銀二
兩充衣服以終其身

國語曰魯公父文伯退朝朝其母母方績文伯曰以歜之
家而主猶績言家有寵不當績也懼忓季孫之怒也季孫康子位尊又爲大宗其
以歜爲不能事主乎其母歎曰魯其亡乎使僮子備官而
未之聞耶僮蒙不達也言已居官而未聞道
春秋後語曰甘茂亡奔齊路逢蘇代將爲齊使於秦甘茂曰
臣得罪於秦逃逋至此逋潜也無所容跡容迹猶容足也吾聞貧人
女與富人會績貧人女曰我無錢以買燭而子燭幸有光
子可以分我餘光無損子明而得一斯便焉斯此也言貧女子在此一便
也今臣困而子方使秦而當路矣茂之妻子在秦願君以
餘光振之振整也振給之義蘇代許諾
列女傳曰齊女徐吾者東海上貧婦人也隣婦李吾之屬
合燭相從夜績徐吾曰我無以買燭而子之火光有餘分
我餘光無損子明而我爲斯便不亦可乎



異苑曰昔有老姥雨夜紡績斷失鏤所在姥獨罵云何物
鬼擔去户外即有應言是寄避雨實不偷鏤自執覓姥驚
懼窺外無所見鏤亦尋獲
王子年拾遺記曰魏文帝所愛美人薛靈芸常山人父業
經爲鄭鄉亭長母陳氏隨業舍於亭傍靈芸年十七生居
貧賤至夜每聚隣婦夜績以麻蒿自照

漂

說文曰漂水中擊絮也
史記曰韓信從下鄉城下釣有漂母見信飢飯信竟漂數
十日
越絕書曰伍子胥至漂陽見一女子擊絮於瀨水中子胥
曰豈可得飡乎女曰諾即發其簞飯清其壺漿而與之子
胥謂女子毋令之露子胥行五步還顧女子自投瀨水之

中（吳越春秋同）

莊子曰宋人有善爲不龜手之藥者世世以洴澼絖爲事（郭象注曰其藥能令手不拘折故常漂絮於水中也）

澣

禮記禮器曰晏平仲祀其先人豚肩不揜豆澣衣濯冠以朝君子以爲隘矣（隘猶狹陋也祀不以少牢與無田者同不盈礼也大夫士有田則祭無田則薦澣衣濯冠儉不務新）

又內則曰父母舅姑冠帶垢和灰請漱衣裳垢和灰請澣（手曰漱足曰澣和漬也）

又曰是日也妻以子見於父貴人則爲衣服由命士以皆漱澣（貴人大夫以上也由自也）

又曰妾子生三月之末漱澣夙齊見於內寢

毛詩葛覃曰薄汙我私薄澣我衣（汙煩也私燕服也婦人有副褘盛飾以朝事舅姑接見于宗廟進見于君子其餘則私也澣謂濯之耳）



又栢舟曰心之憂矣如匪澣衣（如衣之不澣矣箋云衣之不澣則憒辱無照察）

漢書曰石奮以上大夫祿歸老于家長子建爲郎中令少子慶爲內史建老白首萬石君尚無恙每五日洗沐歸謁親入子舍竊問侍者取親中帬廁牏身自澣洒（蘇林曰牏音投賈逵解周官云牏行清也孟康曰廁行清牏中受糞函者也東南人謂鑿木空中如曹謂之牏今世謂之）

（ ）

羣若今言中衣也廁牏者近身之小衫若今小衫也復與侍者不敢令萬石君知之以爲常

晉書曰王師敗績於湯陰百官侍衛莫不潰散唯嵇紹以身捍衛遂被害於帝側血濺御服天子深哀歎之及事定左右欲澣衣帝曰此嵇侍中血勿去

又曰鄭袤妻曹氏食無重味服澣濯之衣

宋書曰左僕射謝景仁性嚴整潔居宇淨麗每坐輒唾左右人衣事畢即聽一日澣濯每欲唾左右爭來受之

又曰江湛爲吏部尚書家甚貧不營財利餉饋盈門無一所受無兼衣餘食甞爲上所召遇澣衣稱疾經日衣成然後起

梁書曰武帝雖衣浣衣而左右衣必須潔甞有侍臣衣帶卷摺帝怒曰卿衣帶如繩欲何所縛

又曰昭明太子統欲以己率物服御朴素身衣浣衣膳不兼肉

南史曰陳王遂之衣裳不澣几案塵黑

唐書曰肅宗性儉約衣服無綺繡甞出衣袖示韓擇木曰朕已三浣矣

淮南子曰楚莊王誅里史孫叔敖制冠澣衣

仲長子昌言曰攻玉以石澣布以灰

龍魚河圖曰婦人無以夫衣合集澣之使之不利



韓詩外傳曰孔子南遊適楚至阿谷隧有處子佩璜而澣者孔子抽觴以受子貢曰以觀其辭子貢曰將南之楚逢天之暑欲乞一飲婦人曰阿谷之隧隱曲之汜其水載清流而趣海欲飲則飲何問婢子

風俗通東海王景興議曰晏平仲以齊君之相者故澣其朝冠振其鹿裘

太平御覽卷第八百二十六

太平御覽卷第八百二十七

資産部七

市

說文曰市買賣所也

周禮天官下內宰曰凡建國佐后立市設其次置其叙正其肆陳其貨賄出其度量淳制祭之以陰禮市朝者君所以建國也建國者必面朝後市王立朝而后立市陰陽相承之義

又地官下司市曰司市掌市之治教政刑量度禁令量豆區斗斛之屬度丈尺也大市日側而市百族爲主朝市朝時而市商賈爲主夕市夕時而市販夫販婦爲主市雜聚之處言主者謂其多國君過市則刑人赦夫人過市罰一幕世子過市罰一帟命夫過市罰一蓋命婦過市罰一帷

又曰司虣掌憲市之禁令禁其鬬嚻者與其虣亂者出入相陵犯者以屬遊飲食于市者嚻讙也鄭司農云以屬遊飲食羣飲食者若不可禁則搏而戮之

又秋官掌戮曰凡殺人者踣諸市肆之三日刑盜于市踣僵尸也肆猶申也陳也凡言刑盜罪惡莫大焉

周禮冬官匠人曰左祖右社面朝後市王宮所居也祖宗廟面猶鄉也王宮當中經之涂也

禮記月令仲秋曰是月也易關市來商旅納貨賄以便民事四方來集遠鄉皆至則財不匱上無乏用百事乃遂易關市謂輕其稅使民利之商旅賈客也匱亦乏也遂猶成也

又王制曰有珪璧金璋不粥於市命服命車不粥於市宗廟之器不粥於市犧牲不粥於市戎器不粥於市用器不中度不粥於市兵車不中度不粥於市布帛精麤不中數幅廣狹不中量不粥於市姦色亂正色不粥於市錦文珠



玉成器不粥於市衣服飲食不粥於市五穀不時果實未熟不粥於市草木不中伐不粥於市代之非時不中用禽獸魚鼈不中殺不粥於市殺之非時不中用

又曰命市納賈以觀民之所好惡志淫好辟市典市者賈謂物貴賤厚薄也質則用物貴則侈物貴民之志淫邪則其所者不正

又曰爵人於朝與士共之刑人於市與衆弃之必共之者所以審愼之也書曰古明德愼罰

左傳文公曰夫人姜氏歸於齊大歸也惡視之毋出姜也嫌與有罪出者異故復發傳將行哭而過市曰天乎仲爲不道殺嫡立庶市人皆哭魯人謂之哀姜

又宣公上曰晉人獲秦諜殺諸絳市六日而蘇

又宣公下曰楚子使申舟聘于齊不假道于宋及宋宋人殺之楚子聞之怒投袂而起屨及於室皇劍及於寢門之外車及蒲胥之市秋楚圍宋也

又昭公三年曰齊景公欲更晏子之宅曰子之宅近市湫隘囂塵不可以居湫下隘小也囂聲塵土也請更諸爽塏者爽明塏燥辭曰君之先臣容焉先臣晏子之先人臣不足以嗣之於臣侈矣侈大者也且小人近市朝夕得所求小人之利也敢煩里旅於衆也不敢勞衆爲己宅公笑曰子近市識貴賤乎對曰既利之敢不識乎

又曰昭公十九年楚令尹子瑕言蹶由於楚子曰彼何罪諺所謂室於怒市於色者楚之謂矣言靈王怒吳子而執其弟猶人忿於室家而作色於市人舍前之忿可也乃歸蹶由言楚子能用善言

毛詩國風曰東門之枌疾亂也幽公淫荒風化之所行男女棄其舊業亟會於道路歌舞於市井爾

又曰定之方中衛文公徙居楚丘始建城市而營宮室

論語比考讖曰從善繹繹繩負如歸市爵不失德故恥無道主徙歸茂德之君繹

及相尋之皃

古史考曰神農作市高陽氏衰市官不脩祝融脩市

戰國策曰王孫假年十五事閔王王出走失王之處其母曰汝事王王出走汝不知其處汝尚何歸王孫假乃入市中曰淖齒亂齊殺閔王欲與我誅者袒右市人從者四百人與之誅淖齒

又曰齊桓公宮中九市管仲爲三歸之家以掩桓公之非也

漢書曰曹參相齊使者召參去屬其後相曰以齊獄市爲寄愼勿擾也後相曰治無大於此者乎參曰夫獄市者所以并容也今君擾之姦人安所容乎

又曰楚王戊與吳通謀申公曰生二子諫不聽乃胥靡之（應劭曰詩云若此無罪淪胥以鋪靡刑名也晉灼曰胥相也靡隨也）衣之赭衣使杵臼雅舂於市



又曰尹翁歸河東平陽人曉習文法大將軍霍光秉政諸霍在平陽奴客持兵入市鬭變吏不能禁及翁歸之爲市門吏莫敢犯者

又曰何武兄弟五人皆爲郡吏縣敬憚之武弟顯家有市籍租常不入縣數負其課市嗇夫求商辱捕顯家顯怒欲以吏事中商武曰以吾家租賦繇役不衆爲先奉公吏不亦宜乎

又曰刺繡文不如倚市門此言末業貧者之資也

又曰司隷校尉解光奏王根縱横恣意大治宮室第中起土山立兩市殿上赤墀户下青瑣

又曰永平中王尊爲京兆尹拊循貧弱不私豪强長安宿豪大猾東市賈萬城西市萬章箭張禁酒趙放（晉灼曰箭張禁酒趙放此二人作酒箭之家）尊以正法按誅皆伏其辜

又曰人君不理則畜賈游市乘民之不給百倍其本矣

後漢書曰寇恂爲潁川太守執金吾賈復在汝南部將殺人潁川（部將謂軍部之下小將也）恂捕得繫獄時尚草創軍犯營法率多相容恂乃戮之於市復以爲耻

東觀漢記曰樊君重治家産業起治廬舍高樓閣陂池灌注竹木成林六畜雜果檀漆桑麻門成市

又曰江革客東海下邳傭賃以養父母下邳知其孝市買輙與好善者雖無錢任其與之

又曰光武以祭遵爲市令上家人犯法遵格殺之

東觀漢記曰閔仲叔客居安邑老病家貧不能買肉日買一片猪肝屠或不肯爲斷也安邑令出敕市令遂買得仲叔恠問其子道狀乃歎曰閔仲叔豈以口腹累安邑耶遂去之沛



又曰京兆尹閻興召第五倫署督鑄掾領長安市平銓衡正斗其後小民爭訟輙云第五掾平市無姦枉欺詐之巧

又曰更始在長安官爵多羣小里閭語曰使兒居市决作者不能得傭之市空返問何故曰今日騎都尉往會日也猶是四方不復信向京師

又曰王郎起上在薊郎移檄購上上令王霸至市中募人將以擊郎市人皆大笑舉手揶揄之霸慙而去

又曰竇融請孔奮署議曹掾守姑臧長天下擾亂唯西河獨安而姑臧稱爲富邑通貨胡羌市曰四合每居縣者不盈數日輙致豐積

謝承後漢書曰王充家貧無書常遊洛陽市肆閱所賣書一見輙能誦憶遂博通衆經

又曰張揩字公超隱居弘農山中學者隨之所居成市後華陰山南遂有公超市○典略曰荆軻者其先齊人也與燕之狗屠及高漸離爲友軻嗜酒日與狗屠飲於燕市漸離擊筑荆軻和之而歌相泣

魏略曰趙岐逃難江淮海岱靡所不歷自匿姓名賣餅北海市中安丘孫嵩年二十遊市見岐察非常人乃停車問曰賣餅幾荅曰賣餅三十嵩曰視子非賣者當有怨者乃載岐歸家

魏志曰遼東送袁尚首懸在馬市牽招覩之悲感

又曰襄邑劉氏與睢陽李永爲讎典韋爲報之永故富春長備衛甚謹韋乘車載雞酒僞爲候者門開懷匕首入殺永并殺其妻徐出取車上刀戟步去永居近市一市盡駭追者數百莫敢近



又曰袁紹以董昭領魏郡時郡界大亂賊以萬數遣使往來交易市買昭厚待之因以爲間乘虛掩討輒大克破之

又曰顏斐爲京兆太守青龍中司馬宣王在長安立軍市而軍中吏士多侵侮縣民斐以白宣王宣王乃發怒召軍市候便於斐前杖一百時長安典農與斐共坐以爲斐宜謝乃私推築斐斐不肯謝良久乃曰斐意觀明公受分陝之任乃欲一齊衆庶必非爲不得明公意也宣王遂嚴將吏士自是之後軍營郡縣各得其分

又曰梁習爲并州刺史鮮卑大人育延常爲州所畏一旦將其部落五十餘騎詣習求互市習念不聽則恐其怨若聽到州下又恐爲所略於是乃許往與會空城中交市遂勑郡縣自將治中已下軍往就之市易未畢而市吏收縛一胡延騎皆驚上馬彎弓圍習數重吏民惶怖不知所施習乃徐呼市吏問縛胡意而胡實侵民習乃使譯呼延延到習責延曰汝胡自犯法吏不侵汝汝何爲使諸騎驚駭耶遂斬之餘胡破膽不敢動

吳志曰孫皓愛妾或使人至市賊奪百姓財物司市中郎將陳聲素皓幸臣也恃皓寵遇繩之以法妾以訴皓皓大怒假他事燒鋸斷聲頭投其身於四望之下

晉書曰羊祜都督荆州卒而州人正市聞祜卒皆號慟罷市

宋書曰申坦坐法當弃市羣臣爲請莫得將行刑始興公沈慶之入市抱坦慟哭曰卿無罪爲朝廷所枉誅我入市亦當不久市官以白上乃原生命繫尚方尋被宥

蕭子顯齊書曰帝於芳樂苑中立市太官每旦進酒肉雜肴使宮人屠酤貴人潘氏爲市令帝爲市魁執罰爭者就潘氏决判



管子曰市者貨之准也是故百貨賤則百利得百利得則百事治百事治則百事用節矣

又曰百乘之國中而立市東西南北五十里千乘之國中而立市東西南北百五十餘里

又曰桀放虎於市以觀其驚

司馬法曰殷戮於市威不善也周賞於朝勲於市勸君子懼小人也

列子曰昔齊有欲金者清旦衣冠而之市適鬻金者之所因攫其金而去吏捕問之對曰取金之時不見人徒見金

孟子曰市鄽不征則天下之商皆悅願藏於市（鄽市宅也）

又曰軻少貧毋將在墓間識葬埋事又徙在市側軻知市井之利又徙在習學所遂識書禮之義

孫卿子曰賈精於市不可以爲市師

韓子曰鄭人有買履者先自度其足而置之其坐至入市而忘操之已得履乃曰吾忘持度反歸取之及反市罷遂不得履

又曰衛嗣公使人爲客過市關關市苛難之因事關市以金關吏乃舍之嗣公謂關市曰其時客過而予女金女因遣之關市乃大恐而以嗣公爲明察

又曰商太宰使少庶子之市顧反而問之曰何見於市對曰無見也太宰曰雖然何見也對曰市南門之外甚衆牛車僅可以行耳太宰因戒使者無敢告人吾所問於女因召市吏而誚之曰市門之外何多牛矢市吏甚怪太宰知之疾也乃聳懼

又曰龐敬縣令也遣市者行而召公大夫而還之（公大夫亦遣爲市）立有間無以詔之卒遣行（不命卒遣去俱不測其由也）市者以爲令與公大夫有言不相信以至無姦（大夫雖告以命彼亦不信故不敢爲姦也）

又曰龐恭與太子質於邯鄲謂魏王曰今一人言市有虎王信之乎王曰不二人言市有虎王信之乎王曰不三人言市有虎王信之乎王曰寡人信之龐恭曰夫市之無虎也明矣然而三人言而成虎今邯鄲之去魏也遠於市議臣者過於三人願王察之龐恭從邯鄲反竟不得見

六韜曰武王伐殷得二丈夫而問之曰殷國將亡亦有妖災乎其一人對曰殷君善治宮室大者百里中有九市（周書世紀同）

春秋後語曰初廉頗之免於長平歸也失勢故人賓客盡去及復用客乃復至頗謝遣之客曰吁君何見之晚也天下市道交君不知之耶君有勢我即進君無勢我即去此



固其理君何怨焉

春秋後語曰伍子胥橐載而出昭關夜行晝伏至於杜陵無以餬其口坐行匍匐稽首肉袒而鼓腹吹簫乞食於吳市

又曰秦孝公使公孫鞅定法令法令既具恐人不信乃立三丈之木於國都市南門募民有能徙置北門者舉千金

又曰蘇秦在齊齊大夫多與爭寵而使人刺之不殊而走（殊絕）齊王求賊不得蘇秦將死乃謂王曰臣死之後王車裂臣徇於市曰蘇秦爲燕作亂於齊如此則刺臣之賊必得矣齊王如其言殺蘇秦者果自出齊王因而誅之

又曰始皇初立尊呂不韋爲相國時諸侯多辯士知荀卿之徒著書布天下不韋亦使其客著所聞集論二十餘萬言以爲備天地萬物古今之重號曰呂氏春秋布咸陽市懸千金其上延諸侯遊士賓客有能增損改定一字者與千金莫能有定者

桓譚新論曰扶風漆縣之邠亭部言本大王所據其民會日相與爲夜市如不爲則有災

風俗通曰市井俗說市井者言至市有所鬻賣當於井上洗濯令其物香潔然後到市

又曰陳留太守泰山吳文章少孤遭憂衰之世與兄伯武相失別二十年後會下邳市爭訢共鬪伯武欲報擊之心中惻愴手不能舉大自怪也因投杖於地觀者咸嗤笑之還相問乃眞兄弟也

列仙傳曰陰生者長安中渭橋下乞兒也常止於市中乞市中厭若以糞灑長吏試之收繫著桎梏而續在市中乞又欲殺之乃去灑者家室自壞殺十餘人長安中謠曰見

乞兒與美酒可以免破家之咎

神仙傳曰李阿者蜀人也傳世見之不老如故常乞於成都市所得隨以與貧者夜去朝還市人莫知其宿處

漢名臣奏曰太尉屬應劭司徒屬孫嵩司空掾孔伷議以鮮卑隔在漠北犬羊爲羣無君長之帥廬落之居又其天性貪而無信故自漢興至于茲數犯障塞吏民創楚不與交關唯至朝市反成靡服非畏威懷德寶玩中國珎異之故耳

三輔黃圖曰元始四年起明堂辟雍長安城南北爲會市但列槐樹數百行爲隊無牆屋又爲方市闤門周環列肆商賈居之都商亭在其外

漢宮殿疏曰交門市在渭橋北頭也李里市在雍門東交道亭市在便橋東細柳倉市在細柳倉



華陽國志曰王長文字德儁陽愚嘗絳衣絳帽牽猪過市乞人與語僞不聞常騎牛同遊

陸機洛陽記曰三市大市名金市在大城中馬市在城東陽市在城南

衛玠傳曰少時乘白羊於洛陽市舉市共觀咸曰誰家璧人於是家門州黨遂號曰璧人

趙書曰豐國市五日一會

三秦記曰秦始皇作地市與生死人交易令云生人不得欺死者物市吏告始皇云死者陵生人生人走入市門斬斷馬脊故俗云秦地市有斷馬

山謙之丹陽記曰京師四市建康大市孫權所立建康東市同時立建康北市永安中立秣陵鬬場市隆安中發樂營人交易因成市也

太平御覽卷第八百二十七

大平御覽卷第八百二十八

資産部八

屠　酤　盧

肆店附　賣買　駔儈

屠

周禮地官下曰凡屠斂其皮角筋骨入于王府(以當稅給作器物也)

史記曰魏公子毋忌請朱亥奪晉鄙軍亥笑曰臣乃市井鼓刀屠者公子親數存之所以不報謝者小禮無所用今乃臣効命之秋也

又曰淮陰屠中少年有侮韓信者曰汝雖長大好帶刀劒中情怯耳

又曰樊噲少以屠狗為事

東觀漢記曰閔仲叔客居安邑老病家貧不能買肉日買一片猪肝屠者不肯為斷



王隱晉書曰愍懷太子令人屠肉自已分齊手揣輕重斤兩不差公曰其母本屠家女

齊書曰王敬則少時屠狗商販遍於三吳後為吳興太守入烏程從市過見屠肉枅歎是我少時在此作也召故人飲酒說平生不以屑也

蕭子顯齊書曰帝於芳樂苑立市大官每旦進酒肉雜肴使宮人屠酤

周書曰太祖常遊上黨有市屠壯健衆多畏憚太祖氣凌之嘗醉命屠進几割肉小不如意叱之屠袒其腹謂太祖曰尔豪則刺我太祖即剚其腹市人駭觀執之屬吏李繼韜惜而逸之

孔叢子曰子高謂齊王曰昔臣嘗行臨淄市見屠商焉身脩八尺鬚髯如戟市易之男女未有敬之者無徳故也

莊子曰楚昭王謂司馬子綦曰屠羊説居處卑賤陳義甚高子為我延之以三旌之位説曰夫三旌之位吾知其貴於屠羊之肆萬鍾之禄吾知其富於屠羊之利然豈可貪爵禄使吾君有妄施之名願復反吾屠羊之肆遂不受也

又曰朱泙漫學屠龍於支離益單千金之家技成而無所用

尉繚子曰太公望行年七十屠牛朝歌

尸子曰屠者割肉則知牛長少

又曰宋人有公歛皮者適市反呼曰公歛皮屠者遽收其皮○燕丹子曰荊軻與武陽入秦過陽翟軻買肉爭輕重者屠辱軻武陽欲擊軻止之

淮南子曰命屠而烹其肉或以酸或以甘齊和萬方其本一牛之躰也



又曰屠牛坦一朝解九牛而刃可以剃毛庖丁為刃十九年刃如新砥硎(庖丁宋人砥磨也)何則遊乎衆虚之門

賈誼書曰屠牛坦朝解十二牛而芒刃不頓剥割皆中理

監鐵論曰騏驥輓鹽垂頭於太行之坂屠者脫之

桓譚新論曰関東鄙語曰人聞長安樂出門西向笑知肉味美則對屠門而嚼(魏文帝与吳質書亦云也)

三輔舊事曰太上皇不樂関中思慕郷里高祖徙豐沛屠兒酤酒賣餅商人立為新豐縣故一縣多小人

又曰更始遣將軍李松攻王莽屠兒賣餅者皆從之屠兒杜虞手殺莽

涼州異物志曰大秦之國斷首去軀操刀屠人

杜東幽求曰齊宣王見屠牽羊哀其無罪以豕代之

傳咸集曰屠牛酤酒鹽錢作錫皆有損害

## 酤

毛詩鹿鳴伐木曰有酒湑我無酒酤我

論語鄉黨曰酤酒市脯不食

漢書曰武帝天漢三年初搉酒酤(應劭曰縣官自搉賣酒小民不復得酤)

後漢書曰瑯琊海曲呂毋家素豐貲產數百萬乃益釀醇酒買刀劍衣服少年來酤者皆賒與之視其乏者輒假衣裳不問多少

又曰劉寬嘗坐客遣蒼頭市酒迂久大醉而還(迂久猶良久也)客不堪之罵曰畜產寬須臾遣人視奴疑必自殺顧左右曰此人也罵言畜產辱孰甚焉故吾懼其死也

又曰崔寔初父卒剽賣田宅起冢塋立碑頌(廣雅曰剽削也音疋妙反)葬訖資產竭盡因窮困以酤釀販鬻為業時人多以此譏



之寔終不改亦取足而已不致盈餘

吳志曰潘璋字文章性博蕩嗜酒居貧好賒酤債家至門輒言後豪當相還

宋書曰吏部尚書庾仲文尚書中令奴酤酃酒利其百十

後魏書曰鄭羲為西兖州刺史多所受納政以賄成性又嗇恡人有禮餉者不與杯酒臠肉西門受羊酒東門酤賣之

唐書曰建中三年初搉酒天下悉令官釀斛收直三千米雖賤不得減二千委州縣綜領醨薄私釀罪有差以京師王者都特免其搉

又曰和元十四年湖州刺史李應奏先是官酤酒代百姓納搉歲月既久為弊滋深伏望許令百姓自酤取登舊額仍許入兩稅隨貫均出依舊例折納輕貨送上都許搉酒錢舊皆隨兩稅徵眾戶自貞元已來有土者競為進奉故上言百姓困弊納輸不充請置官坊酤酒以代之既得請則嚴設酒法閭閻之人舉手觸禁而官收厚利以濟其私為害之日久矣及李應奏罷議者謂宰臣能因一州之請推為天下之法則其弊革矣

韓子曰宋有酤酒者升概甚平遇客甚謹為酒甚美懸幟甚高然而酒酸不售恠其故問所知閭長者楊青青曰汝狗猛也曰狗猛也何故不售曰人畏焉或令孺子懷錢挈有壺往酤而狗迎齕之酒所以酸而不售夫國亦有狗猛欲道之士懷其術而往欲以明萬乘之主臣為狗猛迎而齕之如此則主所以蔽賢士所以不用也

賈誼新書曰鄒穆公視民如子及死酤家不售酒童子不謳歌



列仙傳曰酒客者梁市上酒家客也作酒常美日售萬錢有過主人逐之主人酒更酸敗遂至貧窮

又曰女凡者陳留酤酒婦也作酒甚美遇仙人過飲以素書五卷為質久開書乃養性交接之術閉房與諸少年飲酒與宿止行文書法顏色更好如二十時仙人後過之笑曰盜道無師有翅不飛遂追仙人去

曹植樂府歌曰市肉取肥酤酒取醇交觴接杯以致殷勤

## 盧

漢書曰司馬相如與卓文君馳歸成都家徒四壁立文君久之不樂謂長卿曰弟俱如臨邛(弟且也)從昆弟假貸猶足以為生何至自苦如此相如與俱之臨邛盡賣車騎買酒舍乃令文君當盧(郭璞曰壚酒也師古曰賣酒之處累土為盧以居酒瓮四邊隆起其一面高形如鍛盧故名盧耳)

又曰霍光秉政趙廣漢事光及薨後廣漢爲京兆尹心知
微指發長安吏自將與俱至光子禹第直突入其門搜索
私屠酤椎破盧罌
又曰魯匡曰今絕天下之酒則無以行禮相養放而亡限
費財傷民請法古令官作酒以千五百石爲一率開一盧
以賣如淳曰酒家開肆得客設酒盧故以盧名肆臣瓚案盧酒瓮也
世說曰阮公邑家婦有美色當盧酤酒阮與王安豐常從
婦飲酒既醉便眠其婦側夫始殊疑之伺察終無他意
又曰王濬沖爲尚書令着公服乘軺車經黃公酒盧下過
顧謂後車客曰吾與嵇叔夜阮嗣宗共酣飲於盧竹林之
遊亦預其末自嵇生阮公亡以來便爲時所羈紲今日視
此雖近邈若山河
南史曰齊謝幾卿性通脫會意便行不拘朝憲嘗預樂遊
苑宴不得醉而還因詣道邊酒盧停車褰幔與車前三騶
對飲時觀者如堵幾卿處之自若



肆

周禮天官內宰之職曰凡建國佐后立市設其次置其敘
正其肆
又地官下曰肆長各掌其肆之政令陳其貨賄名相近者
相遠也實相近者相邇也而平正之爾亦近也俱是物也使惡者遠善善自相近鄭司農云謂若珠玉之屬俱名爲珠俱名爲玉而賈或百萬或數萬恐農夫愚民見欺故別異令相遠使賈人不得雜亂以欺人
左傳襄三十年曰伯有死於羊肆羊肆市列子產襚之枕之股
而哭之斂而殯諸伯有之臣在市側者既而葬諸斗城
論語曰百工居肆以成其事君子學以致其道包曰言百工處其肆則事成猶君子學以致其道

續漢書曰孝靈皇帝於後宮與人列肆販賣使偷盜爭鬭
上視以爲樂
謝承後漢書曰郭泰拔申屠子龍於漆工之中嘉許偉康
於屠酤之肆
袁山松後漢書曰世祖憐盆子賞甚厚以爲趙王郎中後
疾失明賜滎陽均輸官地以爲列肆使食稅終其身
晉中興徵祥記曰烈宗世會稽王輔政於府內園中穿池
築山山池之間處處有肆使婢酤賣肉於其中道子將見
幸乘舡至酒肆輒攜入肆買酒肉狀如市鄽以爲笑樂
梁書曰呂僧珍爲南兗州刺史從父兄子先以販葱爲業
僧珍至乃棄業求州官僧珍曰吾荷國恩重無以報効汝
等自有常分豈可妄求叨越當速反葱肆耳
皇甫謐高士傳曰許邵名知人歷客舍則知虞求賢人憤



肆則授楚子昭
晉令曰坐盧肆者皆不得宿肆上
殷氏世傳曰蓋寬字元祚河南鄭廉始出寒賤未知名君
見而友之廉父常居肆乃就拜其父於市衆皆驚由是顯
名位至司徒
楚辭曰連蕙若以爲佩過鮑肆而失香
張衡西京賦曰彼肆人之男女麗靡奢乎許史
繁欽嘲應德璉文曰應溫德云昔與季叔才俱到富波飲
於酒肆日暮留宿主人有養女年十五肥頭赤面形似鮮
卑偶悅之夜與姦通便生足下
莊子曰曾不如早索我於枯魚之肆
揚子法言曰好書不能要諸仲尼書肆也李軌注曰賣書市也書不
經非書也

語林曰王仲祖少有三達覽鏡自歎曰王開山郝生此兒又酷貧帽敗自以形美乃入帽肆就帽嫗戲乃得新帽

店

世說曰阮脩字宣子常步行以一百錢桂杖頭至酒店上便獨酣暢

崔豹古今注曰店置也以置貨鬻之物

賣買

周禮地官下曰泉府掌以市之征布斂市之不售貨之滯於民用者以其賈買之物揭而書之以待不時而買者各從其抵都鄙從其主國人郊人從其有司然後予之

又曰司市掌市之治教以量度成賈而徵價（價買也物有定賈則買者來也）以質劑結信而止訟（質劑謂兩書一札而別之也）以賈民禁僞而除詐（以賈民爲之者知物之情僞與實詐）以刑罰禁虣而去盜以泉府同貨而斂賒（同者謂民貨不售則爲斂而買之民無貨則賒貰而予之）凡會同師役市司帥賈師而從治其市政掌其賣價之事（價買也會同師役必有市者大衆所在來物以備之）質人掌成市之貨賄人民牛馬兵器珍異凡賣價者質劑焉大市以質小市以劑（鄭玄曰質劑月平賈也質大賈劑小賈玄謂質劑者爲之券書藏之也）



又曰賈師凡國之賣價各帥其屬而嗣掌其月

禮記曲禮曰君子雖貧不鬻祭器

左傳昭七曰公在乾侯平子每歲賈馬（賈買也）具從者之衣屨而歸之于乾侯公執歸馬者賣之（賣其馬）乃不歸馬

史記曰子貢既學於仲尼退而仕衛鬻財於曹魯之間

戰國策曰燕昭王見郭隗曰齊因孤國之亂而襲破燕對曰古之人君以千金求千里馬者三年不得涓人請求之三月得千里馬馬已死五百金買其首反以報君君大怒對曰死馬尚市況生馬乎朞年千里馬至者三

漢書曰漢興接秦之弊諸侯並起民失作業而大飢饉米石五千人相食死者過半高祖令人無得賣子就食蜀漢天下既定民無蓋藏（蘇林曰无物可蓋藏）

又曰衛青比年擊胡賦稅既不足以奉戰士有司請令民得買爵及贖禁錮免罪請置賞官名曰武功爵級七十萬

又曰桑弘羊置平准於京師當天下委輸王官治車諸器比市給大農大農諸官盡籠天下之貨物貴則賣之賤則買之如富商大賈亡所牟大利（牟取）

又曰禹貢尚書欲令近臣自諸曹侍中以上家無得私販賣者



又曰中平元年初賣官自關內侯以下至虎賁羽林入錢各有差公千萬卿五百萬

東觀漢記曰光武嘗與朱祐共買蜜合藥上追念之即賜祐白蜜一石問今憶與朕長安時共買蜜乎

又曰郭丹從師長買繻入函谷關乃慨然歎曰丹不乘使者車終不出關

又曰司空宋弘常受俸得鹽豉千斛遣諸生迎取上河令糶之鹽賤諸生不糶弘怒便遣及其賤悉糶賣不與民爭利

謝承後漢書曰靈帝數遊戲於西園令後宮綵女爲客主身爲商賈

謝承後漢書曰張楷字公超治嚴氏春秋家貧無以爲業嘗乘驢車至縣賣藥足給食者輒還鄉

王隱晉書曰劉寔字子眞平原人少貧苦糠飯繩索作牛

衣賣手繩口誦
齊書曰朱文濟字敬達吳興人自賣以葬母太守謝瀹命
爲儒林不就
又曰吳達之義興人也嫂亡無以葬自賣爲十夫客以營
冢椁從祖弟敬夫妻荒年被略賣江北達之有田十畝貨
以贖之
南史曰會稽寒人陳氏有三女無男祖父母年八九十老
無所知又篤癃病每不安其室遇寒飢三女相率於西湖
採菱蓴更日至市貨賣未嘗虧怠鄉里稱爲義門
北史曰齊常景耽好經史愛翫文詞若遇新異之書殷勤
求訪或復貨買不問價之貴賤必以得爲期
晏子春秋曰靈公好婦人丈夫飾者國盡服之公使禁之曰
女子以男飾者裂其衣斷其帶裂衣斷帶相望不止公問

晏子晏子曰公服之於內而禁之於外猶懸牛首於門鬻
馬肉於市公曰善使內勿服不踰月而國人莫服
韓子曰楚人賣珠於鄭爲木蘭之櫝薰以桂椒綴以珠玉
飾以玫瑰緝以翡翠鄭人買其櫝還其珠可謂善賣櫝不
可謂善鬻珠
又曰宋之富賈有監止子者與人爭買百金之璞因佯失
而毀之負其百金而理其毀得千溢焉
又曰諺所謂傭自賣哀而不售士自譽辯而不信者也
又曰田鮪教其子田章曰主賣官爵臣賣知力故曰自恃
無恃人
淮南子曰郢人有鬻其母者爲請於買者曰此母老矣幸
善食之而無多苦也此行大不義而欲爲小義也
三輔決錄曰五門子孫凡民之五門今在 河南西四十里

馬氏兄弟五人共居此地作五門客舍因以爲名主養豬
賣豬故民爲之語曰苑中三公鉅下二卿五門嚄嚄但聞
豚聲
三輔黃圖曰元始四年起明堂辟雍長安城南北爲會市
但列槐樹數百行爲隧無牆屋諸生朔望會此市各持其
郡所出貨物及經書傳記笙磬器物相與賣買雍容揖讓
或論議槐下
董卓別傳曰呂布殺卓百姓相對欣喜抃舞皆賣家中珠
環衣服牀榻以買酒食自相慶賀長安酒肉爲之踊貴
漢武內傳曰帝先有玉板一枚杖是西胡王所獻帝甚愛
之崩後故以入槨其年有人於扶風郿市中買得者帝時
左右侍人識之以告有司詰問云見市中一人於巷賣之
責三十疋即雇交直實不識賣主姓名

皇甫謐高士傳曰毛公薛公皆趙人也遭戰國之亂二人
俱以處士隱於邯鄲市毛公隱爲博徒薛公隱於賣膠
又曰韓康字伯休京兆霸陵人常採藥名山賣於長安市
口不二價三十餘年時女子從買藥康守價不與女子怒
曰是韓伯休耶乃不二價康歎曰我本避名今小女子皆
知有何用藥爲乃遁霸陵山中
搜神記曰南陽宗定伯少年夜行逢鬼鬼問爲誰定伯欺
云我亦鬼遂共爲侶赴宛行極困相檐問鬼曰畏何物曰
唯不喜人唾欲至宛便擔鬼著肩上徑詣宛市鬼化爲
羊恐其變並唾之賣得錢千五百
晉後記曰成都王園京邑城中魚肉無出營巷賣死驢馬
肉雜死人肉賣之
車頻秦書曰王猛攻鄴慕容評拒猛而恒賣水與軍人衆

思為亂猛因得敗之
周景式廬山記曰山有康皇廟廟有銅馬一枚道士丁玄眞取擲置澗中經宿復還丁乃賣與遠村人買者盡病卽送還悉愈
列仙傳曰安期生瑯琊阜鄉人賣藥海邊秦始皇請見與語三日三夜賜金璧數千萬
風俗通曰夜糴俗說市買者當淸旦而行日中交易所有夕時便罷無人也今乃夜糴穀明癡騃不足也凡靳不敏惠者曰夜糴
傅子曰靈帝牓門賣官崔烈入錢五百萬取司徒
語林曰蘇峻新平帑藏空猶餘數千端分麤練王公謂諸公曰國家凋弊貢御不至但恐賣練不售吾當與諸賢各製練服之月日間賣遂大售端至一金



應璩新詩曰太官有餘厨大小無不賣豈徒脯與糗醢鹽及豉豉
劉超讓表曰臣家理應用一純色牛連市素不如意外厩猥牛中牛色有任用者臣有正陌三萬錢五疋布乞以買此牛詔曰監此不足賣與宜便賜之然義與前後辭讓不妄受一賜今亦必復不受可聽如所啓

駔儈

說文曰駔馬儈也
漢書曰子貸金錢千貫節駔儈孟康曰節節物貴賤也謂除估儈其節利比於千乘之家師古曰儈者合會二家易者駔者其首率也駔音子朗切儈音工外切
後漢書曰吳漢字子顏家貧給事縣為亭長王莽末以賓客犯法乃亡命至漁陽資用乏以販馬為業
續漢書曰平原王君公以明道深曉陰陽懷德滅行和光同塵不為皎皎之操王莽世退身儈牛自給有似蜀之嚴君平
搜神記曰羊公字雍伯雒陽人本以儈賣為業性篤孝父母終葬無終山遂家焉
晉令曰儈賣者皆當着巾白帖額題所儈賣者及姓名一足着白履一足着黑履
淮南子曰段干木晉國之大駔許慎注曰駔市儈也而為文侯師

太平御覽卷第八百二十八

資産部九

商賈 負販 傭賃

擔 舂

## 商賈

左傳僖公下曰秦師及滑鄭商人弦高將市於周遇之以乘韋先牛十二犒師（商行賈也乘四韋先韋乃入牛古者將獻遺於人必有以先之）曰寡君聞吾子將步師出於敝邑敢犒從者不腆敝邑爲從者之淹居則具一日之積（腆厚也淹久也積芻米菜薪）行則備一夕之衛且使遽告于鄭（遽傳車）

又宣公下曰荊尸而舉（荊楚也尸陳也楚武王始更爲此陳法遂以爲名也）商農工賈不敗其業而卒乘輯睦（步曰卒車曰乘）事不奸矣（奸犯也）

又成公下曰荀罃之在楚鄭賈人有將寘諸褚中以出既謀之未行而楚人歸之賈人如晉荀罃善視之如實出已賈人曰吾無其功敢有其實乎吾小人不可以厚誣君子遂適齊



左傳昭元曰魯曾阜曰賈而欲贏而惡囂乎（言譬如商賈求贏利者不得惡囂之聲）

又昭公曰子干歸韓宣問於叔向曰子干其濟乎對曰難宣子曰同惡相求如市賈焉何難（宣子謂弃疾親情子干共同好惡故言如市賈同利以相求）對曰無與同好誰與同惡（言弃疾本不與子干同好則亦不得同惡）

又昭公六曰臧會奔郈郈魴假使爲賈正焉（郈在東平無鹽縣東南郈魴假郈邑大夫賈正掌貨物使有常賈若市吏）

又昭公十六年曰鄭子產對韓宣子曰昔我先君桓公與商人皆出自周（鄭本在周畿內桓公東遷并與商人俱）庸次比耦（庸用也用次更相從耦耕）以艾殺此地斬之蓬蒿藜藋而共處之世有盟誓以相信也曰爾無我叛我無強賈（無強市其物）毋或匄奪爾有利市寶賄我勿與知恃此質誓故能相保以至於今今吾子以好來辱而謂敝邑強奪商人是教敝邑背盟誓也毋乃不可乎

又定公下曰衛王孫賈曰苟衛國有難工商未嘗不爲患使皆行而後可（欲以激怒國人）公以告大夫乃皆將行之

史記曰呂不韋傳曰不韋陽翟大賈人也往來販賤賣貴家累千金

又曰白圭周人也與僮僕同苦樂趨時若猛獸摯鳥之發故曰吾治生產猶伊尹呂尚之謀孫吳用兵商鞅行法是也其智不足以權變勇不足以英斷仁不能以取予強不能有所守雖欲學吾術終不告之矣蓋天下言治生者祖白圭也



又曰齊俗賤奴虜而刁間獨愛貴之桀黠奴人之所患也唯刁間收取使之逐漁鹽商賈之利或連騎交守相然愈益任之終得其力起富數千萬故曰寧爵無刁（孟康曰刁間能畜豪奴奴或有連車騎交守相收自謂寧欲免去作民有爵邪無將止爲刁氏作奴乎無發聲助也）言其能使豪奴自饒而盡其力也

漢書曰高祖詔曰賈人無得衣錦繡綺縠絺紵罽操兵騎馬

又曰陳豨反上聞豨將皆故賈人曰吾知與之乃多以金購豨將豨將多降

又曰周人之巧失爲趨利喜爲商賈富人則商賈爲利

又曰通財鬻貨曰商

又諺曰以貧求富農不如工工不如商刺繡文不如倚市門此言末業貧者之資也貪賈三之廉賈五之（貪賈未當賣而賣未可買而買故得利少而十得其三廉賈貴乃賣賤乃買故十得五也）

魏志曰王烈字彥考於時名聞在邴原管寧之右辟公孫度長史以商賈自穢太祖命爲丞相掾徵未至卒也

齊書曰范雲爲始興內史入境撫以恩德罷去亭候商賈露宿

梁書曰陸驗少而貧若落拓無行邑人郁吉卿者甚富驗傾身事之吉卿貸以錢米驗借以商販遂致千金因出郡下散貲以事權貴

北史曰和士開毋喪託附者咸往喪哭鄴中富商丁周嚴興等並爲義孝有一士人在哭限封孝琰入弔出謂人曰嚴興之南丁周之北有一朝士號叫甚哀聞者傳之士開知而大怒

管子曰商人通賈倍道兼行以夜續日千里而不遠者利在前也



魯連子連却秦軍平原君欲封之終不肯受平原君乃置酒酣起前以千金爲壽先生笑曰所貴天下之士者爲人排患釋難解人之締結即有取是商賈之事連不忍爲也

尸子曰子貢衛之賈人也

韓子曰鄙諺曰長袂善舞多資善賈此言多資易爲工也

又曰秦韓攻魏昭卯西說罷之齊荊攻魏卯東說罷之魏襄王養之以五車將軍（養以五乘使爲將軍）卯曰伯夷以將軍葬於首山之下而天下曰夫以伯夷之賢與其稱仁而以將軍葬是手力不掩也今臣罷四國之兵而王乃與臣五乘此其稱功猶贏勝而履蹻（贏利也謂賈也贏利倍勝今以薄賞報大功猶贏勝之人履蹻也）

淮南子曰賈多端則貧工多役則窮心不一也（賈多端非一）

國語曰晉叔向對韓宣子曰夫絳之富商韋藩木楗以過於朝（韋藩韋蔽前也木楗木檐）唯其功庸少也（言无功庸雖富不得服朝服過於朝）而能金玉其車文錯其服（文文織也言商之財足以金玉其車文錯其服以无爵位故不得爲其上爲藩木楗是）能行諸侯賄（言其財賄足以交於諸侯）而無尋尺之祿無大績於民故也（績功也八尺曰尋）

又曰齊管仲曰昔聖王處商就市井夫商羣萃而州處察其四時（四時所用者豫資之）而監其鄉之資（監親資財視其貴賤有無）以知其市之賈負任擔何（負肩曰擔任抱何揭）服牛軺馬以周四方（周徧）以其所有易其所無市賤鬻貴（市取鬻賣）旦暮從事於此以飭其子弟相語以利相示以賴（賴贏）相陳以知賈少而習焉其心安焉不見異物而遷焉是故其父兄之教不肅而成其子弟之學不勞而能夫是故商子恒爲商

又曰越大夫種曰臣聞之賈人（賈人買賤賣貴者）夏則資皮冬則資絺綌（絺葛精曰綌麤曰綌）旱則資舟水則資車以待之也



白虎通曰商賈何謂也商之爲言適其遠近度其有無通四方商賈之爲言固也固有用物以待民來以求其利者也

論衡曰揚子雲作法言蜀富賈人賫錢十萬願載於書子雲不聽夫富無仁義之行猶圈中之鹿欄中之牛安得妄載

異苑曰晉陵曲阿楊晩資財數千萬三吳人呂取直爲商估治生輒得倍宜或行長江卒遇暴風及劫盜者若捉晩錢多獲免濟晩死後先所埋金悉移去隣人陳家嘗晨起見門外忽有百許萬錢封題是楊晩姓字然後知財物聚散必由天運

## 負販

禮記曲禮曰夫禮者自卑而尊人雖負販者必有尊也而

況富貴乎（負販者尤輕怳志 利宜若無禮然）
尚書大傳曰舜販於頓丘
漢書曰灌嬰睢陽販繒者
說苑曰鮑叔身死管仲舉上袵而哭之泣下如雨從者曰
非君臣父子也管仲曰非夫子所知也吾嘗與鮑子負販
於南陽吾三辱於市不以我爲怯知我故有所明也
魏志曰弘農董遇字季直性質訥而好學與平中關中擾
亂與兄季中依將軍段煨采稆負販而常挾持經書投
閑習讀其兄笑之而不改
後魏書曰景穆季年頗親近左右營立田園以收其利高
允諫曰夫天下者殿下之天下富有四海何求而不獲而
乃與販夫販婦競此尺寸



## 傭賃

左傳襄公二十七年曰崔氏之亂（在二十五年）申鮮虞來奔僕
賃於野以喪莊公（爲齊莊公服喪）冬楚人召之遂如楚爲右尹（言
楚能用賢）
史記曰倪寬貧無資用常爲弟子都養時閒行傭賃以
給衣食行常帶經止息則誦習之
又曰范睢微時弊衣閒步見須賈須賈見之驚曰叔今何
事范睢曰臣爲傭賃賈（須賈）之留與坐飲食乃取一綈袍以
賜之
漢書曰欒布梁人彭越爲家人時常與布遊窮困賣傭於
齊爲酒家保數歲別去而布爲人所略賣爲奴
又曰匡衡字稚圭東海人父世農夫至行衡好學家貧傭
作以供資用
後漢書曰鄭均好黃老書兄仲爲縣遊徼頗受禮遺均數
諫止不聽即脫身爲傭歲（一歲）餘得錢帛歸以與兄曰物盡可
復得爲吏坐贓終身捐棄兄感其言遂爲廉絜
謝承後漢書曰施延字君子少爲諸生明於五經家貧毋
老周流傭賃避地於廬江臨湖縣種瓜後復到吳郡海鹽
取卒月直賃作半路亭下以養其毋是時吳會未分山陰
馮敷爲督郵到縣延持帚往敷知其賢者下車謝使入亭
請與飯食訖脫衣與之餉餞不受
華嶠後漢書曰范式爲荊州刺史友人南陽孔嵩家貧親
老乃變名姓傭爲新野阿里街卒式行部到新野而縣選
嵩爲道騶迎式式見而識之呼嵩把臂謂子曰非孔仲山
耶對之歎息語及平生曰昔與子俱曳長裾遊集帝學吾
蒙國恩致位牧伯而子懷道隱身處於卒伍不亦惜乎嵩曰侯嬴
長守於賤業晨門肆志於抱關子居九夷不患其陋貧者



士之宜豈爲鄙哉勑縣代嵩嵩以爲先傭未竟不肯去
東觀漢記曰公沙穆來遊大學無資糧乃變服客傭爲吳
祐賃舂祐與語大驚遂共定交於杵臼之間
又曰初梁鴻於大家皋伯通家傭舂爲事歸其妻具食不
敢於鴻前仰視舉案常齊眉伯通察而異之曰彼傭能使
其妻敬之
又曰班超字仲升家貧恒爲官傭寫書嘗輟書投筆歎曰
大丈夫當効傅介子張騫立功異域以取封侯安能久事
筆硯乎
吳志曰闞澤字德潤會稽山陰人也家世農夫至澤好學
家貧無資常與人傭書以供紙筆所寫既畢誦讀亦周
齊書曰張敬兒之爲襄陽府將也家貧每休假輒傭賃自
給嘗爲城東吳泰家擔水通泰所愛婢事發將被泰殺逃

賣榷村中以蓋加上乃免

又曰王僧孺篤愛墳籍家貧常傭書以養母寫畢諷誦亦了

又曰馮道根少孤家貧傭賃以養母行得甘肥未嘗先食必遽還以遺母

南史曰吳逵經飢荒男女死者三十人唯逵夫妻獲全家徒四壁立冬無被袴晝則傭賃夜則伐木燒塼妻亦同逵此誠無有懈倦

漢皇德頌曰侯瑾字子瑜燉煌人少孤貧依宗人居性篤學恒傭作爲資暮還輒爇柴讀書

擔

釋名曰擔任也力所勝任也

後漢書曰趙孝字長平父普王莽時爲田禾將軍任孝爲郎每告歸常白衣步擔從長安還欲止郵亭亭長先時聞孝當過以有長者客掃洒待之孝既至不自名長不肯內問曰聞田禾將軍子當從長安來何時至乎孝曰尋到矣於是遂去

東觀漢記曰馬成爲郟令上征河北成贏衣步擔渡河詣上

魏志曰曹休年十餘歲喪父獨與一客擔喪假葬攜將老母渡江至吳

魏略曰吳禧字子牙京兆人也世單家貧少好學初平中三輔亂禧南客荊州不以荒擾擔負經書每以採稆餘日則誦習之

晉書曰郭文字文舉少愛山水尚嘉遁洛陽陷乃步擔入吳興餘姚大辟山中獵者時往寄宿文夜爲擔水而無勸色

八三二六　七　張瑞

又曰譙秀字元彥在蜀遇范賁蕭敬相繼作亂秀乃避難宕渠鄉 里宗族旅憑者以百數秀年出八十衆欲代之負擔秀曰各有老弱當先營護吾氣力猶足自堪豈以垂朽之年累諸君也

又曰王澄字平子兄衍妻郭氏性貪鄙欲令婢路上擔糞澄年十四諫郭以爲不可

又曰董養字仲道見洛陽東北步廣里地陷有二鵝出焉其蒼者飛去白者不能飛知白者國家之象顧謂謝阮季曰易稱知幾其神君等可深藏矣乃與妻荷擔入蜀莫知所終

齊書曰桓康隨武帝在贛縣泰始初武帝起義爲郡所繫衆皆散康裝擔一頭貯穆后一頭貯文惠太子竟陵王子良自負置山中與門客蕭欣祖等四十餘人相結破郡獄出武帝

梁書曰司馬申太清之難父母俱沒因此自擔土菜食終身

後魏書曰高允性好文學擔笈負書千里就業方言曰贏旅荷膢擔也齊楚陳宋之間曰贏燕之外郊越之東甌吳之外鄙謂之旅南楚謂之贏自關而西隴冀以往謂之荷凡以驢馬駝載物者謂之負他音大亦謂之荷郭璞注曰今江東單擔兩頭物爲膢莊子贏糧起之擔者用膂力因以名之

先賢行狀曰平原王烈字彥考國中有盜牛牛主得而放之盜者曰子既放我幸無使王烈聞之間年國中行路老父負擔重有人代擔行數十里至家而去問姓名不語頃之老父失劍於路有人得而守之至暮劍主還見之乃代擔人也老父曰子前代吾擔不得姓名今復守吾劍子誠賢

八三二六　八　張瑞

人可語吾姓名以告王烈使人問之乃昔時盜牛人也烈
使國人表其廬而異焉

舂

說文曰舂擣粟也
周禮地官下曰舂人掌供米物
禮記檀弓上曰隣有喪舂不相（鄭玄曰相以音聲相勸）
穀梁傳文公曰禮宗廟之事君親割夫人親舂
漢書刑法志曰罪人獄已決充爲城旦舂滿三歲爲鬼
薪白粲
漢書曰呂后囚戚夫人永巷令舂
又曰陳咸爲南陽太守所居以殺伐立威豪猾吏乃大姓
犯法論輸府爲地臼木杵舂不中程輒加罪笞
又曰江都王建宮人八子有過者輒令裸立或繫居樹上



或髠鉗以鈆杵舂不中程輒掠之
又曰楚王戊與吳通謀申公曰生諫之不聽乃胥靡之使
杵臼雅舂于市（晉灼曰胥相靡隨古坐輕刑名也雅正杵舂）
南史曰梁武丁貴嬪德后醋忌遇貴嬪無道使日舂每
中程若有助者
後魏書曰高祐爲西兗州刺史鎮滑臺令一家之中自立
一碓五家之外共造一井以給行客不聽婦人寄舂取水
莊子曰適百里者宿舂糧
淮南子曰量粟而舂數米而炊可以治家而不可以治國
傳子曰夷吾爲政士三妻者逐於境外女三嫁者入於舂
隷也
國語曰天子禘郊之事必自射其牲（牲牛）王后必自舂其粢諸
侯宗廟之事必自射牛刲羊擊豕（刲刺擊殺）夫人必自舂其盛

（自器曰盧上言粲下言盤牙其文也）○世本曰雍父作舂（宋衷注曰雍父黃帝臣也）
呂氏春秋曰赤冀作舂
桓子新論曰宓犧之制杵臼萬民以濟及後人加巧因延
力借身重以踐碓而利十倍杵臼又復設機關用驢羸牛
馬及役水而舂其利乃且百倍
崔贛易林曰蹇之革曰折挺舂稷君不得食頭養病根無
益於病
嚴欣期交州記曰糠頭山在合浦海口傳云越王舂米於
此積糠所成
石虎鄴中記曰有舂車作木人反行碓於車上動則木人
踏碓舂行十里成米一斛
俗記曰王慶孫爲襄陽都督後之鎮爾時沔中蠻盛斷道
縛得王去將還家語王云汝是貴人試作貴人行看驅逼



不得已王便行蠻以其貴人不堪苦使令與婦女共碓下
舂
王褒僮約曰事訖休息當舂一石
嶺表異錄曰廣南有舂堂以渾木刳爲槽一槽兩邊約十
杵男女間立以舂稻糧敲磕槽舷皆有遍拍槽聲若鼓聞
于數里雖思婦之巧弄秋砧不能比其流亮也

太平御覽卷第八百二十九

資産部十

尺寸　量　秤　剪刀　衣軸

管　針附醫針　錯　縫

尺寸

禮記王制曰古者以周尺八尺爲步今以周尺六尺四寸爲步古者百畝當今東田百四十六畝三十步古者百里當今百二十一里六十步四尺二寸二分周尺之數未詳聞也案禮制周猶以十寸爲尺蓋六國時多變亂法度或言周尺八寸則步更爲八八六十四寸以此計之古者百畝當今百五十六畝二十五步古者百里當今百二十五里

漢書曰度者分寸尺丈引也所以度長短也度音大各反本起黃鍾之長以子穀秬黍中者師古曰秬即黑黍中者不大不小也言取黑黍穀子大小中者率爲分寸也一黍之廣度之九十分黃鍾之長一爲一分十分爲寸十寸爲尺十尺爲丈十丈爲引而五度審矣其法用銅高一寸廣二寸長一尺而分寸丈尺存焉用竹爲引高一分廣六分長十丈其方法矩高廣之數陰陽之象也分者自三微而成著可分別也寸者忖也尺者蒦也師古曰蒦音約丈者張也引者信也師古曰信讀曰伸言其長夫度者引於分忖於寸蒦於尺張於丈信於引引者信天下也職在內官內官署名廷尉掌之師古曰法度所起故屬廷尉也

魏略曰昔長安市儈有劉仲始者一爲市吏所辱乃感激蹋其尺折之遂行學問經明行修流名海內後以有道徵不肯就衆人歸其高

晉書荀勖別傳曰魏杜夔制律乖錯勖知漢魏尺漸長於古四分夔依爲律故不諧乃令佐著作劉恭依周禮制古尺新律呂以諧音韻後得古玉律鍾磬與新律相合詔賜



古尺一具

隋書曰世稱有田父於野地中得周時玉尺便是天下正尺荀勖試以校尺所造金石絲竹皆短校一米

管子曰尺寸尋丈者所以得短長之情也故以尺寸量短長則萬舉而萬不失矣是故尺寸之度雖富貴衆強不爲益長雖卑辱貧賤則弗爲損度公平而無所偏故姦詐之人弗能誤也故明法者不可巧以詐僞有尋丈之數者不可欺以長短

又曰以規矩爲方圓則成以尺寸量短長則得以法數治民則安故事廣於理者其成若神

孟子曰陳代謂孟子云枉尺直尋若宜可爲枉尺直尋欲使孟子屈己宗道也

尸子云孔子曰詘寸而信尺小枉而大直吾爲之者也

韓子曰釋法術而心治堯不能正一國去規矩而妄意度奚仲不能成輪廢尺寸而差短長王爾不能半中使中主守法術拙匠執規矩尺寸則萬不失

孔叢子曰跬一舉足也倍跬謂之步四尺謂之仞倍仞謂之尋尋舒兩肱也倍尋謂之常五尺謂之墨倍墨謂之丈倍丈謂之端端謂之兩倍兩謂之疋疋有五謂之束

家語曰孔子曰夫布指知寸布寸知尺舒肱知尋舒身知常斯不遠之則也白虎通同

說苑曰度量衡以粟生之十粟爲一分十分爲一寸十寸爲一尺十尺爲一丈

夢書曰丈尺爲人正長短夢得丈尺欲正人也

魏武上雜疏曰中宮用物雜畫象列尺一枚貴人公主有象牙尺三十枚宮人有象牙尺百五十枚骨尺五十枚

## 量

周禮冬官考工記曰：㮚氏爲量，改煎金錫則不耗，(消湅之精不復減也。㮚古文或作歷。玄謂量當與鍾鼎同齊，工異者大器。) 不耗然後權之，(權謂稱分之也，雖異法用金必齊。) 權之然後準之，(準故書或作水，杜子春云當爲水，金器有孔者水入孔中則當重也。玄謂準擊平王之，又當齊大小。) 準之然後量之，(鑄之於法中也。量讀如量人之量。) 量之以爲鬴，深尺，內方尺而圜其外，其實一鬴。(以其容爲之名也。四升曰豆，四豆曰區，四區曰鬴，鬴六斗四升也。鬴十則鍾。方尺積千寸，於今粟米法少二升八十一分升之二十二，其數必容鬴，此言大方耳。圜其外者爲之脣。) 其臀一寸，其實一豆；(故書臀作脣，杜子春云當爲臀，謂覆之其底深一寸也。) 其耳三寸，其實一升。(耳在旁可舉也。) 重一鈞，(重三十斤。) 其聲中黃鍾之宮。(應律之首。) 槩而不稅。(鄭司農云：令百姓得以量而不租稅。) 其銘曰：時文思索，允臻其極，(銘刻之也。時，是也。允，信也。臻，至也。極，中也。言是文德之君思求可以爲民立法者而作此量，信至於道之中矣。) 嘉量既成，以觀四國，(以觀示四方使放象之。) 永啓厥後，茲器維則。



左傳昭公三年云：晏子曰：齊舊四量，豆、區、釜、鍾。四升爲豆，各自其四，以登於釜，(四豆爲區，區斗六升；四區爲釜，釜六斗四升。登，成也。) 釜十則鍾。(六斛四斗。) 陳氏三量皆登一焉，鍾乃大矣。(登，加也。一謂加舊量之一也。以五升爲豆，五豆爲區，五區爲釜，則區二斗，釜八斗，鍾八斛。) 以家量貸而以公量收之。(貸厚而收薄。)

漢書曰：量者，龠、合、升、斗、斛也，所以量多少也。本起於黃鍾之龠，用度數審其容，(師古曰：因度以生量也。其容謂其中所容受之多少也。) 以子穀秬黍中者千有二百實其龠，以井水準其槩，(槩欲其直，故以水平之。井水清則平也。師古曰：槩所以槩平斗斛之上者也。) 十龠爲合，十合爲升，十升爲斗，十斗爲斛，而五量嘉矣。其法用銅，方尺而圜其外，旁有庣焉。(師古曰：庣，不滿之處也。音吐彫反。) 其上爲斛，其下爲斗，(其上謂仰斛也，其下謂覆斛之底受一斗也。) 左耳爲升，右耳爲合龠。其狀似爵，以縻爵祿。(縻，散也。) 上三下二，參天兩地，圜而函方，左一右二，陰陽之象也。其圜象規，其重二鈞，備氣物之數，合萬有一千五百二十。(三十斤爲鈞，萬一千五百二十銖。) 聲中黃鍾，始於黃鍾而反覆焉。(孟康曰：反斛声中黃鍾，覆斛亦中黃鍾之宮。宮爲君也。臣瓚曰：仰斛受一斛，覆底受一斗，故曰而反覆焉。) 君制器之象也。龠者，黃鍾律之實也，躍微動氣而生物也。合者，合龠之量也。升者，登合之量也。斗者，聚升之量也。斛者，角斗平多平少之量也。夫量者，躍於龠，合於合，登於升，聚於斗，角於斛也。職在太倉，大司農掌之也。

孔叢子曰：一手之盛謂之溢，兩手謂之匊，匊四升也。匊謂之豆，豆四謂之區，區四謂之釜，釜二有半謂之藪，藪謂之缶，缶謂之鍾，鍾二有半謂之秉，秉十六斛也。

曹瞞傳曰：太祖常賦廩穀不足，私謂主者曰：如何？主者曰：以小斛量之。太祖曰：善。後軍中言太祖欺衆，太祖謂主者曰：當特借汝死以厭衆，不然事不解。乃取徇曰：行小斛盜官穀，斬之軍門。

風俗通曰：斛者，角也。庾三斛四斗，秉二十四斛。

## 秤

廣雅曰：秤謂之衡，錘謂之權。

說文曰：秤，銓也。

禮記曰：令仲春曰：是月也，日夜分，則同度量，平權衡，(因春分晝夜平，則正之，同亦平也。丈尺曰度，斗斛曰量，稱錘曰權，稱上曰衡。)

又經解曰：禮之於正國也，猶衡之於輕重也，繩墨之於曲直也，規矩之於方圜也。故衡誠懸，不可欺以輕重；繩墨誠陳，不可欺以曲直；規矩誠設，不可欺以方圜。

漢書曰：衡權者，衡，平也；權，重也。衡所以任權而鈞物平輕重也。其道如底，(底，平也。謂以底石礪物，令平齊也。底音指。) 以見準之正，繩之直，左旋見規，右折見矩。其在天也，佐助旋機，斟酌建指，以齊七政，故曰玉衡。論語云：立則見其參於前也，(孟康曰：權衡量三等爲參。)

在車則見其倚於衡也又曰齊之以禮此衡在前居南方之義也權者銖兩斤鈞石也所以稱物平施知輕重也本起於黃鍾之重一龠容千二百黍重十二銖兩之爲兩二十四銖爲兩十六兩爲斤三十斤爲鈞四鈞爲石忖爲十八易十有八變之象孟康曰忖度也度其義有十八也黃鍾龠銖兩鈞斤石凡七與下十一象爲十八也五權之制以義立之以物鈞之其餘大小之差以輕重爲宜圜而環之令之肉倍好者孟康曰謂爲鍾之形如環也如淳曰體爲肉孔爲好周旋無端終而復始無窮已也銖者物繇忽微至於成著可殊異也兩者兩黃鍾律之重李奇曰黃鍾之重重十二銖兩十二得二十四銖二十四銖而成兩者二十四氣之象也斤者明也三百八十四銖易二篇之爻陰陽變動之象也十六兩成斤者四時乘四方之象也鈞者均也陽施其氣陰化其物皆得其成就平均也權與物均重萬一千五百二十銖當物之象也四百八十兩者六旬行八節之象也孟康曰六甲爲六旬一歲有八節六甲周行成歲以六乘八節得之也三十斤成鈞者一月之象也石者大也權之大者也始於銖兩明於斤均於鈞終於石物終石大也四鈞爲石者四時之象也重百二十斤者十二月之象也終於十二辰而復於子黃鍾之象也孟康曰稱之數始於銖終於石石重百二十斤象十二月銖之重本取於子律黃鍾一龠容千二百黍爲十二銖故曰復於子黃鍾之象也千九百二十兩者陰陽之數也三百八十四爻五行之象也四萬六千八十銖者萬五千五百二十物歷四時之象也而歲功成就五權謹矣



魏志曰鄧哀王冲字倉舒少聰察岐嶷生五六歲智意所及有若成人孫權曾致巨象太祖欲知其斤重訪之羣下咸莫能出其理冲曰置象大船之上而刻其水所至稱物以載之則立可知矣太祖大悅即施行焉

吳志曰薛綜上疏云九眞會稽朱符多以鄉人虞褒劉彥之徒作長吏侵虐百姓強賦於民黃魚一枚收稻一稱

唐書曰安祿山晚年益肥垂肚過膝自稱得三百五十斤每朝見玄宗戲之曰朕適見卿肚幾垂至地

管子曰權衡者所以起輕重之數也然而人不事者非心惡利也權不能爲之多少其數而衡不能爲之輕重其量也知事權衡之無益故不事也

又曰有權衡之稱者不可欺以輕重有尋丈之數者不可差以長短

又曰四會諸侯令曰修道路偕度量一稱數偕同也稱斤兩也數多少也

莊子曰聖人不死大盜不止爲權衡以稱之則并與權衡而竊之雖有軒冕之賞弗能勸斧鉞之威不能禁掊斗折衡而民不爭也



愼子曰厝鈞石使禹察錙銖之重則不識也縣於權衡則氂髮之微識矣及其識之於權衡則不待禹之智中人之知莫不足以識之矣

愼子曰君臣之間猶權衡也權左輕則右重右重則左輕輕重迭相析天地之理也

孔叢子曰二十四銖曰兩兩有半曰捷倍捷曰舉倍舉曰鋝鋝謂之鍰二鍰四兩謂之斤斤十二謂之衡衡有半謂之倍稱謂之鈞鈞四謂之石石四謂之鼓然則鼓四百八十斤也

韓子曰人之不事衡石者非身廉而遠利也石不能爲人多少衡不能爲人輕重求索不得故人不事也明主之國官不敢枉法吏不敢爲私利貨賂不行是境內之事盡如

衡石也

説苑曰度量衡以十粟生之十粟重一豆六豆重一銖二十四銖重一兩十六兩重一斤三十斤重一鈞四鈞重一石

語林曰孟業爲幽州其人甚肥或以爲千斤武帝欲秤之難其大臣乃作大秤挂壁業入見帝曰朕欲試自秤有幾斤業荅曰陛下正是欲稱臣耳無煩復勞聖躬於是遂秤業果得千斤

夢書曰銓衡爲人正也夢得衡爲平端也以銓稱量平財錢也重者價貴輕者賤也銓衡折敗無平人也

李尤權衡銘曰夫審輕重莫若權衡正是非其唯賢明

翦刀

爾雅釋言曰劑翦齊也郭璞注曰南方人呼翦刀爲劑刀

釋名曰翦刀翦進也所翦稍進前也



齊書曰范雲幸於竟陵王子良江祐求雲女婚姻因酬以巾箱中翦刀與雲曰且以爲娉雲笑受之至是祐貴雲又因酬曰昔與將軍俱爲黃鵠今將軍化爲鳳皇荆布之室理隨華盛因出翦刀還之

南史曰沙門寶誌不知何許人齊宋之交稍顯靈迹被髮徒跣語默不倫恒以銅鏡翦刀鑷屬挂杖負之而趍預言未兆識之多驗

脩復山陵故事曰后梓宮用翦刀六枚

東宮舊事曰太子納妃有龍頭金縷交刀四銀牙鑷絲帶副

世説曰爰綜爲新安太守郡南界有刻石爰至其下酴飲忽有人得翦刀於石下者衆咸異之綜問主簿主簿對曰昔吳長沙桓王嘗餞孫洲父老云此洲狹而長君當爲長沙王事東應夫三刀爲州得交刀君亦當交州後果交州幽明録同

衣軸

世説曰張華將敗有飄風吹衣軸六七倚壁

管

禮記內則曰鍼管線纊

荀卿鍼縷賦曰管以爲母

魏武上雜物疏曰中宮雜物雜畫象牙鍼管一枚

針

説文曰針綴衣也

禮記內則曰舅姑衣裳綻裂紉針請補綴

左傳成公上曰楚伐魯賂以執針百人女工

吳書曰虞翻年十二客詣翻兄不過之乃與客書曰虎魄不受腐芥慈石不受曲針



王隱晉書曰東宮舊制月請五十万以供衆用愍懷太子極探取三月以供賤妾舍人杜錫數諫太子後取針着錫常坐處氊中錫上床刺足血流

晉書曰鳩摩羅什嘗講經于草堂寺姚興及朝臣大德沙門千餘人肅然觀聽什忽下高坐謂興曰有二小兒登吾肩欲障須婦人興乃召宮女進入一交而生二子爲興嘗謂什曰天師聰明超悟天下莫二何使法種無嗣遂以妓女十人逼令受之尔後不住僧坊別立廨舍諸僧多効之什乃聚針盈鉢引諸僧謂之曰若能見効食此者乃可畜室尔因舉匕進針與常食不別諸僧愧服乃止

又曰顧愷之常悅一隣女挑之弗從乃圖其形於壁以棘針釘其心女遂患心痛愷之因致其情女從之遂密去針

而愈
宋書曰傳琰爲山陰令賣針賣糖老姥爭團絲來詣琰琰掛團絲於柱鞭之密視有鐵屑乃罰賣糖者
南史曰齊王奂爲雍州刺史加都督與寧蠻長史劉興祖不睦十一年奂遣軍主朱公息征蠻失利興祖欲以啓聞奂大怒收付獄興祖於獄以針畫漆合盤爲書報家稱枉令啓聞而奂亦馳信啓上誣興祖扇動荒蠻上知其枉勑送興祖還都
後魏書曰胡太后臨朝常幸西林園命侍臣射不能者罰之又自射針中之大悅
吳楚春秋曰勾踐與妻入臣吳妻奉針縷壯面爲妾
管子曰女必有一刀一針然後成爲女
淮南子曰先鍼而後縷可以成帷先縷而後鍼不可以成衣針成幕蕢成城（幕帷也縷非針无以通故宜先蕢土籠也始於一蕢以成其城也）



淮南萬畢術曰首澤浮針（取頭中垢以塗針塞其孔水中則浮針）
抱朴子曰彈鳥則千金不及丸泥縫緝則長劍不及數分之針
又曰結巾投地而兎走鍼綴丹帶而蛇行
西京雜記曰漢綵女常以七月七日夜穿七針於開襟樓俱以習之
說苑曰客因孟嘗君寄於齊王而不用客反見孟嘗君曰不知君之過臣之罪孟嘗君曰夫縷因針而入不因針而急
典論曰劉表子弟好酒設大針於坐端有醉伏者輒刺驗其醉醒
王子年拾遺記曰魏文帝美人薛夜來妙於針巧雖處於深帷重幕之內不用燈燭裁衣製作立成非夜來所縫製帝不服也宮內號曰針神
諸葛元遜傳曰昔元遜對 南陽韓文晃誤呼其父字晃難之曰何人子前呼人父字是禮乎諸葛笑答曰向天穿針而不見天何者不輕天意有所在耳即罰文晃酒一盃
王郎新奏議曰至於遺針御衣懼傷至尊之體故加之以髡刑將欲懲戒先傷以防絕後傷
輿地志曰齊武起曾城觀七月七夕宮人登之穿針世謂之穿針樓
劉義恭啓事曰聖恩賜金銀針七色縷并格一犀棟刷匣副綿布兆珎服寶翫以協嘉辰
孫卿針賦曰有物於此生於山阜處於堂室不盜不竊穿窬而行日夜合離以成文章以能合從又善連橫下覆百



姓上飾帝王 時用則存不用則亡臣愚弗識敢請之王
曹大家針賦曰鎔秋金之剛精形微妙而直端性通達而漸進博庶物而一貫

醫針附

魏志曰樊何從華他學何善針凡醫咸言背及胷藏之間不可妄針何針背入一二寸巨闕入五六寸疾輒瘳
三輔舊事曰江充爲桐人長尺以針刺其腹埋太子宮中充曉醫術因言其事
嫪煌實錄曰張存喜針存有奴好逃亡存宿行針縮奴腳欲使則針解之
王渾表曰臣有氣病善夜發服半夏湯或服湯不解尚取針前殿中醫趙恭恩篡萘見給事醫在醫署篡萘能針有方伎乞以篡萘名課稱考課醫給臣自療治

梁書曰王僧孺多識古事侍郎金元起欲注素問訪以砭石僧孺荅曰古人當以石爲針必不用鐵說文有此砭字許慎云以石刺病也東山經高氏之山多針石郭璞云可以爲砭針春秋美疢不如惡石服子愼注云石砭石也季世無復佳石故以鐵代之耳

唐書曰貞觀中大宗幸甄權宅權潁川人醫術爲天下冣孫思邈師之以授針法時年一百三歲

唐書曰太宗征高麗江夏王道宗在陣損足上親爲之針

錯

說文曰錯可以綴署物者也韻集錯綴衣細竹也

晉東宮舊事曰太子納妃金錯二枚

縫

說文曰縫線也縷線也



周禮春官下曰縫人掌王宮縫線之事以役女御縫王及后之衣服

淮南子曰秦代天下婦不得刈麻考縷

抱朴子曰高巖將貴非細縷所綴龍門沸騰非撮壤所遏

西京雜記曰賈佩蘭云在宮時七月七日臨百子池作于闐樂樂畢以五色縷相羈謂爲連愛

鄴中記曰北方五月五日自作飲食祠神乃作五色縷花相遺不爲介子推

離騷大招曰秦篝齊縷鄭線絡

鄭氏婚禮謁文讚曰長命之縷女工所制縫君子裳高拟爲例

太平御覽卷第八百三十

# 太平御覽卷第八百三十一

## 資産部十一

### 獵上

周禮地官曰鄉師凡四時之田前期出田法于州里簡其鼓鐸旗物兵器脩其卒伍（田法人徒及所當有）及期以司徒之大旗致衆庶而陳之以旗物辨鄉邑而治其政刑禁巡其前後之屯而戮其犯命前者斷其爭禽之訟

又曰迹人掌邦田之地政爲之厲禁而守之凡田獵者受令焉

又曰小司徒凡起徒役毋過家一人以其餘爲羨唯田與追胥竭作（鄭司農云羨饒也田謂獵也追寇賊也竭作盡行）

又夏官大司馬之職曰中春遂以蒐田有司表貉誓民鼓遂圍禁火弊獻禽以祭社（春田爲蒐有司大司徒也掌大田役治徒庶之政令表貉立表而貉祭也誓民誓以犯田法之罰也）中夏遂以苗田如蒐之灋車弊獻禽以享礿（夏田爲苗擇取不孕任者若治苗去不秀實者云車弊驅獸之車止）中秋遂以獮田如蒐田之法羅弊致禽以祀祊（秋田爲獮獮殺也羅弊罔止也秋田主用罔中殺者多也皆殺而罔止）中冬遂以狩田以旌爲左右和之門羣吏各帥其車徒以叙和出左右陳車徒有司平之旗車卒間以分地前後有屯百步有司巡其前後險野人爲主易野車爲主（冬田爲狩言守取之無所擇也軍門曰和今謂之壘門立兩旌以爲之叙和出用次第出和門也旗軍吏所載分地調其部曲疏數前後有屯百步車徒異羣相去之數也險野人爲主人居前易野車爲主車居前）旣陳乃設驅逆之車有司表貉于陳前（驅驅出禽獸使趨田者也逆逆要不得令走設此車者田僕也）中軍以鼙令鼓人皆三鼓羣司馬振鐸車徒皆作遂鼓行徒銜枚而進大獸公之小禽私之獲者取左耳

又曰田僕掌馭田路以田以鄙（田路木路也田田獵也鄙巡行縣鄙）掌佐車之政（佐亦副）設驅逆之車（驅驅禽使前趨獲逆銜還之使不出圍）令獲者植旌（以告獲也植樹也）及獻比禽（田弊獲者各獻其禽比種物相從次數之）

禮記月令仲冬曰山林藪澤有能取蔬食田獵禽獸者有司教導之

又季冬曰乃教田獵以習五戎

又曲禮曰國君春田不圍澤大夫不掩羣士不取麛卵（生乳之時重傷其類）

又王制曰天子諸侯無事則歲三田一爲乾豆二爲賓客三爲充君之庖（三田夏不用）無事而不田曰不敬田不以禮曰暴天物天子不合圍諸侯不掩羣天子殺則下大綏諸侯殺則下小綏（綏當爲緌緌有虞氏之旌旗也）大夫殺則止佐車佐車止則百姓田獵（佐車驅逆之車）獺祭魚然後虞人入澤梁豺祭獸然後田獵鳩化爲鷹然後設罻羅草木零落然後入山林昆虫未蟄不以火田（取物必順時候）不麛不卵不殺胎不殀夭不覆巢（覆敗）

左傳文公上曰宋華御事逆楚子勞且聽命（時楚欲誘呼宋共戰御事華元父）遂道以田孟諸（孟諸宋大藪也在梁國睢陽縣東北）宋公爲右盂鄭伯爲左盂（盂田獵陳名）期思公復遂爲右司馬（復遂楚期思邑公今弋陽期思縣）子朱及文之無畏爲左司馬（將獵張兩甄故置二左司馬然則右司馬一人當中央）命夙駕載燧（燧取火然者也）

又襄四年曰昔周辛甲之爲太史也命百官官箴王闕（辛甲周武王大史闕過也使百官各爲箴辭戒王過）於虞人之箴曰（虞人掌田獵）芒芒禹迹畫爲九州（芒芒遠貌畫分也）經啓九道（啓開九州之道）民有寢廟獸有茂草各有攸處德用不擾（人神各有所歸故得不亂）在帝后羿冒于原獸（冒貪也）忘其國恤而思其麀牡（言但念獸）武不可重（重猶數也）用不恢于夏家（羿以好武雖有家而不能恢大之）獸臣司原敢告僕夫（獸臣虞人僕夫不敢斥尊）虞箴如是可不懲乎於是晉侯好田故魏絳及之（及后羿事）

又襄十七年曰衛孫蒯田于曹隧（越竟而獵孫蒯林父之子）飲馬于重丘（重丘曹邑）毀其瓶重丘人閉門而詢之（詢罵也）曰親逐其君爾父為厲（厲惡鬼林父逐君在十四年）是之不憂而何以田為

又襄三十年曰鄭豐卷將祭請田焉弗許（田獵也）曰唯君用鮮（鮮野獸）衆給而已（衆臣祭以芻豢為足）

又昭公曰齊侯田于沛（言疾愈行獵沛澤名）招虞人以弓不進（虞人掌山澤之官）公使執之辭曰昔我先君之田旃以招大夫弓以招士皮冠以招虞人臣不見皮冠故不敢進乃舍之仲尼曰守道不如守官（君招當往道之常也非物不進官之制也）君子韙之（韙是也）

又定公上曰魏獻子屬役於韓簡子及原壽過（簡子韓起孫不信也原壽過周大夫）而田於大陸焚焉（禹貢大陸在鉅鹿北嫌絕遠疑此田在汲郡吳澤荒蕪之地大田并見燒也爾雅廣平曰陸）還卒於甯（甯今修武縣近澤）范獻子去其柏椁以其未復命而田也（范獻子代魏子為政去其柏椁示貶之）



又哀公下曰西狩於大野（大野在高平鉅野縣東北大澤是也）叔孫氏之車子鉏商獲麟（車子微者鉏商之名）以為不祥以賜虞人（時所未嘗見故怪虞人掌山澤之官）仲尼觀之曰麟也然後取之（言魯史所以得書獲麟之也）

穀梁傳昭公曰秋傁于鴻正也獀狩以習用戎事禮之大者也艾蘭以為防置旃以為轅門禽雖多天子取三十焉其餘射於宮射而中（田不得禽則得禽田得禽射而不中則不得禽）以是知貴仁義而賤勇力也

毛詩鵲巢曰騶虞鵲巢之應也鵲巢之化行人倫既正朝廷既治天下純被文王之化則庶類蕃殖蒐田以時仁如騶虞則王道成也彼茁者葭（茁出也葭蘆也記蘆始出者著春田之早晚也）一發五豝（虞人翼五豝以待公之發）于嗟乎騶虞（騶虞義獸有至信之德則應）彼茁者蓬一發五豵（豕一歲曰從）于嗟乎騶虞

又緇衣叔于田曰叔于田巷無居人不如叔也洵美且仁

又雞鳴曰還刺荒也襄公好田獵從禽獸而無厭國人化之遂成風俗習於田獵謂之賢閑於馳逐謂之好焉子之還兮遭我乎峱之間兮並驅從兩肩兮揖我謂我儇兮（從逐也獸三歲曰肩儇利也）

又雞鳴盧令曰盧令刺荒也襄公好田獵畢弋不脩民事百姓苦之故陳古以風焉盧令令其人美且仁

又嘉魚曰吉日美宣王田也吉日維戊既伯既禱田車既好四牡孔阜升彼大阜從其羣醜吉日庚午既差我馬獸之所同麀鹿麌麌漆沮之從天子之所

周易曰比卦王用三驅失前禽也

尚書五子之歌曰太康尸位以逸豫滅厥德黎民咸貳乃盤遊無度畋于有洛之表十旬弗反

尚書歸藏曰穆王獵于戈之壄



韓詩內傳曰春曰畋夏曰獀秋曰獮冬曰狩天子抗大綏諸侯小綏獻禽其下天子親射之旌門夫田獵因以講道習武簡兵也

爾雅曰春獵為蒐（郭璞注曰蒐索取不任者）夏獵為苗（為苗稼除害也）秋獵為獮（鮮少者從殺氣也）冬獵為狩（得獸取之無所擇）宵田為獠（管子曰獠獵畢弋今江東亦呼獵為獠音為遼或曰即今夜獵載鑪照也）火田為狩（放火燒草獵亦為狩）

史記曰西伯將畋卜之曰所獲非熊非羆霸王之輔西伯果遇呂望釣于渭濱遂載歸號太公望

又曰任安字少卿邑中人民俱出獵安常為人分麋鹿雉兔部署老小劇易衆人皆喜

又曰今上為膠東王時韓嫣與上學書相愛及上為太子愈益親嫣善騎射上即位欲事代匈奴而嫣先習胡兵以故益尊貴嫣常與上臥起江都王入朝有詔得從入獵上

林中天子車駕馬未行而先使嫣乘副車從數十百騎馳
鶩視獸江都王望見以為天子避從者伏謁道旁嫣驅不
見既過江都王怒為皇太后泣請得歸國入宿衛比韓嫣
太后由此嫌嫣
戰國策曰魏文侯與虞人期獵是日飲酒樂天雨文侯將
出左右曰今日飲酒樂天又雨君焉出文侯曰吾與虞人
期獵雖樂豈可不壹會期哉乃往
漢書曰李廣被黜與故潁陰侯屏居藍田南山中射獵嘗
夜從一騎出從人田間飲還至亭霸陵尉醉呵止廣廣騎
曰故李將軍也尉曰今將軍尚不得夜行何故也宿廣亭
下
魏志曰夏侯淵之子稱年十六淵與之畋見奔虎稱驅
馬逐之禁之不可一箭而中名聞太祖太祖把其手喜曰



我得將矣
又曰文帝將出遊獵鮑勛停車上疏曰五帝三王靡不明
本立教以孝治天下柰何在諒闇之中脩馳騁之事乎毀
其表而竟行獵中道頓息問侍臣獵之與樂何樂八音也
侍中劉曄對曰獵勝於樂勛抗辭曰夫樂上通神明下和人
理故移風易俗莫善於樂況獵暴華蓋於原野因奏劉
曄佞諛不忠
又曰蘇則從文帝獵槎桎失鹿帝大怒踞胡床拔刀悉收
督吏將斬之則稽首曰臣聞古之聖王不以禽獸害人今
陛下方隆唐堯之化而以獵戲多殺群吏愚臣以為不可
敢以死請帝曰卿直臣也遂皆赦之
又曰清河令徐季龍使人行獵令管輅筮其所得輅曰當
獲小獸復非食禽雖有爪牙微而不彊雖有文章蔚而不

明非虎非雉其名曰貍獵人暮歸果如輅言
魏末傳曰初帝以母廢未立為嗣文帝與俱獵見子母鹿
文帝彎弓射其母令帝復射其子帝置弓泣曰陛下已殺
其母臣不忍殺其子帝曰汝語動人心遂定為嗣也
吳志曰孫權每日獵常乘馬射虎虎嘗突前攀持馬鞍
張昭變色而前曰將軍何有當爾夫為人君者謂能駕御英
雄驅使群賢豈謂馳逐於原野校勇於猛獸者乎如有一
旦之患柰天下笑何權謝曰年少慮事不過遠以此慙君
然猶不能已
江表傳曰曹公與孫權書曰兵者奉辭伐罪旌麾南指劉
琮束手今水軍八十萬衆與將軍會獵於吳
王隱晉書曰魏舒字陽元少工射着韋衣入山澤每獵大
獲



南史曰宋衡陽王義季鎮荊州嘗大蒐於郊有野老帶苫
而耕命左右斥之老人擁耒對曰昔楚子盤遊受譏令尹
今陽和扇氣播厥之始一日不作人失其時大王馳騁為
樂驅斥老夫非勸農之意義季止馬曰此賢者也命賜之
食
齊書曰王僧達為宣城太守性好遊獵而山郡無事僧達
肆意馳騁或三五日不歸受辭辯訟多在獵所人或逢不
識問府君所在僧達報曰在近
梁書曰曹景宗幼善騎射好畋獵常與少年數十人澤中
逐麞鹿每衆騎趁鹿馬相亂景宗於衆中射之人皆懼中
馬足應弦輒斃以此為樂後景宗為楊州刺史出行常欲
褰車帷幔左右輒諫以位望隆重人所重瞻不宜然景宗
謂所親曰我昔在鄉里騎快馬如龍與年少輩數十騎拍

弓弦作霹靂聲箭如餓鴟叫平澤中逐麞數助射之渴飲
其血饑食其脯甜如甘露漿覺耳後風生鼻頭出火此樂
使人忘死不知老之將至今來揚州作貴人動轉不得路
行開車幔小人輒言不可閉置車中如三日新婦此邑邑使
人無氣
南史曰宋臧熹常與溧陽令阮崇獵遇猛獸突圍獵徒並
散熹射之應弦而倒
崔鴻十六國春秋後趙録曰石虎遣司農中郎將賁霸帥
工匠四千於東平罡山造獵車千乘轅長三丈高丈八尺
格虎車四十乘立級行樓二層於其上自靈昌津南至滎
陽東極陽都而還使御史監司其中禽獸有犯者罪至大辟
又曰石虎命太子宣行祈山川遊獵藪澤乘大輅羽葆華蓋
建天子旌旂十有六軍戎卒八萬出金明馳逐終夕所在



陳列行宮四面各以百里爲度驅圍禽獸皆暮集行宮文
武跪立圍守重行烽炬星羅光燭如晝勁騎百餘馳射其
中宣與顯德美人乘輦觀之嬉娯忘反獸殫乃止禽獸奔
逸當之者坐有爵者奪
又秦録曰姚興性好遊田頗損農要京兆杜延以左僕射
齊難無匡輔之益著豐草詩以箴之難具以聞馮翊相雲
作德獵賦以風焉興皆覽而善之賜以金帛然終不能改
也
後魏書曰于栗磾隨新安公道武田於白登山見熊將數
子顧栗磾曰能搏之乎對曰若搏之不勝豈不虛斃一壯
士自可驅致御前而制之尋皆擒獲帝顧而謝之
又曰宿石常從獵文成親欲射猛獸石叩馬諫引帝至高
原上後猛獸騰躍殺人詔褒美其忠許後有犯罪宥而勿

坐
又曰來大千常從明元校獵見獸在巖上持矟直刺之應
手而死帝嘉其勇壯
北史曰齊元恒字集和自言寧三日不食不能一日不獵
又曰齊崔子植位冀州別駕走馬從禽鬚掛木而死
後周書曰達奚震武之子也少驍勇便騎射太祖嘗於渭
北校獵時兎過太祖前震與諸將競射之馬倒而墜震足
不傾躓因步走射之矢發中兎顧馬纔起遂迴身騰上太
祖喜曰非此父不生此子乃賜震雜綵百段
唐書曰武德七年十二月庚辰臘上曰臘者獵也臘臘以
供宗廟朕當躬親其事以申孝享之誠於是出狩於鳴犢
泉
又曰蘇世長拜諫議大夫嘗從幸涇陽校獵至高陵合圍



是日大獲陳禽獸於旌門上入御營顧謂朝臣曰畋樂乎
世長進曰陛下游獵薄廢萬機不滿十旬未爲大樂上色
變既而笑曰狂態發也又對曰爲臣私計則狂爲陛下國計
則忠矣
又曰唐儉授民部尚書從太宗於洛陽苑射猛獸儉見羣
豕突出林中太宗引弓四發殪四豕有一雄彘及馬鐙儉懼
將搏之太宗拔劒斷豕頭笑曰天策長史不見上將擊賊
耶何懼之甚儉對曰漢高祖以馬上得之不可以馬上理
之陛下以神武定四方豈復逞雄心於一豕太宗納之因
罷獵
又曰貞觀十四年太宗欲親幸同州遊獵櫟陽縣丞劉仁
軌上疏曰四時蒐狩前王恒典事有沿革未必因循今年
甘雨應時秋稼甚盛盡力收穫月半猶未畢功貧家無力

禾下始擬種麥直據尋常料喚田家以有所妨今既祇供頓事兼之修理橋道縱謂大簡動費一二萬工百姓收斂實爲狼狽臣願陛下少留萬乘之尊垂聽一介之說退延旬日收刈總了則盡閑暇家得康寧鑾駕徐動公私交泰上降璽書勞之

又曰太宗謂高昌王麴文泰曰丈夫在生樂事有三天下太平家給人足一樂也草淺獸肥以禮田狩弓不虛發箭不妄中二樂也六合大同萬方咸慶張樂高宴上下歡洽三樂也今日王可從禽明日當飲讌耳

又曰高宗狩于陸渾縣六日止飛山頓高宗親御弧矢獲四鹿及兎數十頭晚次御營望見太官烹宰欲供百官之膳因問侍中許圉師曰朕目擊彼羊在於格下見其無罪就戮非無憫惻之情今欲以死獸易之可乎圉師對曰昔



者宋文侯見人欲將牛釁鍾因曰吾觀此牛觳觫似無罪而就死也乃不釁鍾陛下取已死之鹿代欲封之羊則堯舜之用心地遂釋其羊不殺九日又於山南布圍大順府果毅王萬興以輒先促圍集衆欲斬之上謂侍臣曰軍令有犯罪在不赦恐外人謂我翫好畋獵輕斷人命又以其從征遼有功特令放免

又曰高宗出獵在路遇雨因問諫議大夫谷那律曰油衣若爲不漏對曰能瓦爲之必不漏矣上大悅因此不復出獵

又曰高宗駕幸自九成宮還宮仍西狩校習自麟遊西北遊岐梁歷普潤止雍爲兩圍殿中侍御史杜易簡賈言忠監圍山阜懸危杖策不得蹔停凡五日而合劾奏將軍劉玄意黄河上等斷圍玄意抵罪黄河上圍日軍容齊整詔特原之

又曰吴王恪好畋獵損居人田苗侍御史柳範奏彈之上因謂侍御臣曰權萬紀事我兒不能匡正其罪合死範進曰房玄齡事陛下猶不能諫止畋獵豈可獨罪萬紀

太平御覽卷第八百三十一

# 太平御覽卷第八百三十二

資産部十二

獵下　弋　羅　罝　罦　罿

罻　畢罕　罘　罠　磻　繳

## 獵下

王孫子曰趙簡子獵於晉陽之山撫轡而歎董安于曰主君歎敢問何故簡子曰汝不知也吾廄養食穀之馬以千數官養多力之士日數百欲以獵獸也恐鄰國養賢以獵吾也

莊子曰趙簡子田鄭龍爲右有一野人簡子曰龍下射彼使無驚吾鳥龍曰昔吾先君伐衛免曹退爲踐土之盟不戮一人吾今一朝田而曰必爲我殺人是虎狼殺人故將救之簡子愀焉曰不愛其身以活人者可無從乎環車轂



田曰人之田也得獸今吾田也得士

又曰梁君出獵見白鴈羣下車轂弩欲射之道有行者不止白鴈羣駭梁君怒欲射行者其御公孫龍撫轡曰今主君以因白鴈故而欲射殺人無異於虎狼梁君援其手與歸呼萬歲曰樂哉今日獵也人皆得獸吾獨得善言

尸子曰宓羲氏之世天下多獸故敎民以獵也

韓子曰孟孫獵得麑使秦西巴持之其母隨而呼之秦西巴不忍而與其母孟孫適至求麑對曰子不忍而與其母孟孫大怒逐之居三月復召爲其子傅曰夫子不忍於麑且忍吾子乎

又曰魏文侯與虞人期獵明日會天疾風左右止侯侯不聽曰不可疾風失信吾不爲遂犯風往而罷虞人也

穆天子傳曰天子東田于澤至于重壁之臺盛姬告病

又曰天子獵于滲澤於是得白狐玄貉焉以祭于河宗（以時事於河宗獲比故用）

又曰天子大饗王公諸侯王勤七萃之士（勤猶勞也）于羽陵之上乃奏廣樂六師之人翔畋于曠原得獲無疆鳥獸絶羣六師之人大畋九日乃收皮效物是載羽車

國語曰晉趙簡子田于螻（螻晉君囿）史黯聞之以犬待于門（史黯晉大夫史墨時爲簡子史文田犬門君囿門也）簡子見之曰何爲曰有所得犬欲試之茲囿（茲山）簡子曰何爲不告對曰君行臣不從不順（言從法臣從君）主將適螻而麓不聞（麓主君苑囿之官傳曰山林之木衡麓守之）臣敢煩當日（當日直日也言主將之君囿不煩麓以告君臣亦不敢煩主之直日自白也）簡子乃還

呂氏春秋曰齊有好獵者久不得獸所以不得狗惡故也欲得良狗則家貧乃還耕則家富則求良狗則數得獸矣非獨獵事皆然



春秋後語曰魏信陵君嘗與王共博於是北境舉烽火傳言趙寇至王釋博欲召大臣議之信陵君曰趙王獵耳非爲寇也復博如故王恐心不在博居有頃復從北方傳言趙王獵耳非爲寇也王大驚曰公子何以知之對曰臣之客有能探趙王陰謀者趙王所爲客輒以報臣臣以此知之

六韜曰文王畋于渭陽見呂尚坐茅以漁

太公金匱曰紂常以六月獵於西土發人逐禽民諫曰天務覆施地務長養今盛夏發民逐禽而元元命懸於野民踐之百日不食紂以爲妖殺之

新序曰晉文公出田逐獸碭入大澤迷不知所爲漁者送文公出澤漁者曰鴻鵠乃保大海之中厭而從之小澤則必有矢矰之憂黿鼉保於深淵厭而出之淺渚則必有羅網之

憂今君逐獸碭入至此何行之太遠也君歸國臣亦反漁
所
又曰晉文逐麋而失之問農夫老者曰吾麋何在老者以
足指曰如是行往公曰寡人問子子以足指何也老者振
衣而起曰不意人君至此虎豹之居也厭閑而得近故人得之魚鼈之居也厭深而得淺故人
亦得之諸侯厭衆而亡其國唯鵲有巢唯鳩居之今君不
歸人將居之於是文公恐而歸○新序曰晉文公畋於虢還
見一老問曰虢亡何也對曰虢君斷則不能用人也文公輟
畋而歸趙襄子曰其人安在公曰吾與來襄子曰君聽其
言不用其身文公乃召賞之
説苑曰楚莊王獵大夫諫之王曰吾獵求士也榛藪剌
虎知其勇也搏犀獲兕知其勁也罷畋而分所得知其仁
也由此道得三士可乎



又曰晉平公有馳逐之車錯以羽芝會羣臣觀焉田差三
過不顧
白虎通曰王者諸侯所以田狩者何也爲田除害上以供
宗廟下以簡集士衆也
蔡邕月令章句曰季秋之月天子乃教于田獵閑肄五兵
因以順時取禽其礼將軍執晉鼓師率執提旅率執鼙以
教坐作進退徐疾之節
璅語曰范獻子卜獵占之曰君子得黿小人遺冠獻子獵
無所得而遺其冠
潛夫論曰昔有司原氏獵於中野鹿東奔司原從而譟之
西方之衆有逐豨者聞司原之譟竟舉音而和之司原反
覆追之乃得大豨喜以爲瑞
陸子曰欲水之清則勿涉欲草之茂則勿獵

杜夷幽求曰獵者嗜肉不多於不獵及其陵岡巒赴溪瀆
而有遺身之志
語林曰夏少明在東國不知名聞裴逸民知人乃裹糧寄
載入洛從之未至家少許見一人着黃皮袴褶乘馬將獵
問曰裴逸民家遠近答曰君何以問夏曰聞其名知人故
從會稽來投之裴曰身是逸民君明可更來明往逸民果
知之用爲西明門候於此遂知名也
石勒別傳曰冬十一月大雪平地三尺勒主簿程朗諫勒
不從出獵墜馬顧左右曰不從主簿之言而致墜馬賜朗
絹百疋以旌忠亮
續搜神記曰晉中興後譙郡周子文家在晉陵少時喜射
獵嘗入山忽山岫間見一人長五丈許提弓箭箭鏑頭廣
二尺許白如霜雪忽出喚曰阿鼠阿鼠子文小字子文不覺應
曰諾此人牽弓滿鏑向子文子文便失魂厭伏



又曰吳末臨海人入山射獵爲舍住夜中有一人長一丈
着黃衣白帶來謂射人曰我有讎尅明日當戰君可見助
當厚相報射人曰自欲助君何以相報荅曰明日食時君
可出溪邊敵從北來我南往應白帶者我黃帶者彼射人
許之明出果聞岸北有聲狀如風雨草木四靡視南亦尔
唯見二大蛇長十餘丈於溪中相遇白蛇勢弱人即引弩
射之黃蛇即死日將暮復見前人來辭謝云住此一年獵
明年慎勿復來來必爲禍射人曰善遂停一年獵所獲甚
多家致巨富數年後憶先山多肉忘前言復更往獵見先
白帶人語之言我語君勿復更來不能見用讎子已大今
必報君非我所知射人聞之甚怖便欲走乃見三烏衣人
皆長八尺俱張口向之射人即死

異苑曰慕容皝出畋見一老父曰此非獵所王且還也皝明晨復去值有白兔馳馬射之墜石而卒

世說曰孫盛爲庾公記室參軍從獵將其子齊莊行庾公不知忽於獵場見齊莊時七八歲庾謂曰若亦復來耶應聲荅曰所謂無小無大從公于邁

又曰桓南郡好獵騁良馬馳擊若飛霆飄所指行陣不整麏兔騰逸參佐無不被擊

吳地記曰長洲在姑蘇南太湖北岸闔閭所遊獵處也吳主遣徐詳至魏魏太祖謂詳曰孤比老願濟横江之津與孫將軍遊姑蘇之上獵長洲之苑吾志足矣詳對曰若越横江而遊姑蘇是踵亡秦而躡夫差恐天下之事去矣太祖大笑曰徐生無乃逆詐乎

鄴中記曰石虎少時好遊獵後體壯大不復乘馬作獵



輦二十人擔之如今之步輦上安徘徊曲蓋當坐處安轉關狀若射鳥獸宜有所向關隨身而轉虎善射矢不虛發矣

襄陽耆舊記曰楚王好遊獵之事揚鑣馳逐乎華容之下射鴻乎夏水之濱

## 弋

說文曰矰弋射矢也

毛詩緇衣女曰雞鳴曰將翱將翔弋鳧與鴈詩義問曰以繳繫矢而射弋言加之與子宜之

又大雅桑柔曰嗟爾明友予豈不知而作如彼飛蟲時亦弋獲

禮記月令曰季春之月罼弋無出九門蔡邕章句曰繳射曰弋

左傳襄公上曰曹伯陽好田弋曹鄙人公孫強好弋獲白鴈而獻之且言田弋之說

論語述而曰子曰弋不射宿

春秋後語曰楚頃襄王時人有好以弱弓微繳加歸鴈之上者王聞之召而問焉對曰外臣之好射騏鴈羅龍小矢之發也何足爲大王道哉且楚王之大 大王之賢所弋非直此也昔者三王以弋道德五伯以弋戰國夫秦魏燕趙王之騏鴈也齊魯鄭者青首也鄒費郯邳者羅鸗也其餘不足射也見鳥六雙唯王何取王若以聖人爲弓勇士爲繳時張而射之此六雙者可得而囊載也其樂非特朝夕之樂也

韓詩外傳曰齊景公出弋昭華之池使顏涿聚主鳥而亡之景公怒而欲殺之晏子曰夫涿聚有死罪三臣請以其罪數而誅之

晉中興書曰桓名秀謚第二子代叔父冲爲江州刺史雖



公門貴盛不以榮爵嬰心唯以弋釣爲事

後魏書曰劉逖字長子聰敏好弋獵騎射以行樂爲事

吳越春秋曰樂野者越王所弋獵處也故曰樂野

管子曰國子弟之無上事衣食不節率子弟不田弋獵者幾何人既無上事乃率子弟不田農但弋獵也

又曰桓公弋在廩管仲朝公弛弓脫釬揖而迎之曰今夫鴻鵠春北而秋南而不失其時唯有羽翼以通其意於天下也今孤之不得意於天下皆非二子之憂也二子不對

列子曰蒲且子之弋弱弓纖繳乘風振之連雙鶬於青雲之際用心專也

韓子曰田子方問唐易鞠曰弋者何慎對曰鳥以數百目視子子以二目御之子謹周子廩田子方曰善子加之弋我家之國鄭長者聞之曰子方知欲爲廩而未得所以爲

廩夫虛無見者廩也一曰齊宣王問弋於唐易子曰弋者
奚貴唐易子曰在於謹廩王曰何謂謹廩對曰鳥以數十
目視人人以二目視鳥柰何其不謹廩也故曰在於謹廩
然則爲天下何以爲此廩今人主以二目視一國一國以
萬目視人主將何以自爲謹廩乎
又曰衛人有佐弋者鳥至因先以捲麾之鳥驚而不可得
也
又曰夫弩弱而矰高者激於風也身不肖而令行者得助
於衆也
韓子曰齊宣王問匡倩曰儒者弋乎匡倩對曰不曰何也
弋者從下害於上者也是從下傷君也儒者以爲害義故
不弋
淮南子曰蒲且子連鳥於百仞之上弓良也（蒲且子楚人善射弋）



劉向別録曰有行過江上弋鴈賦行弋賦弋雌得雄賦
法言曰鴻飛冥冥弋者何篡焉（篡取也）
太玄經曰弋彼三飛終日不歸
嵇康與山濤書曰弋釣草野而吏卒守之不得妄動二不
可也

## 羅

周禮夏官上羅氏曰羅氏掌烏鳥（烏謂卑居鵲之屬）蜡則作羅襦（襦細密之羅襦讀爲繻有衣袽之繻也）仲春羅春鳥獻鳩以養國老（春鳥蟄而始出者若今南郡黃雀之屬是時鷹化爲鳩與春鳥變舊爲新宜以養老助生氣者耳）
毛詩國風曰有兎爰爰雉離于羅（鳥網爲羅）
又小雅曰鴛鴦于飛畢之羅之
爾雅曰鳥罟（音古）謂之羅（羅絡也）
國語曰里革諫魯宣公曰鳥獸孕水虫成獸虞於是乎焚

## 罝羅

列仙傳曰李仲甫夜卧牀上或爲鶉鳥時架候北風當羅
渡南海山上有羅得鶉視之仲甫也向羅者笑
王子年拾遺記曰晉文公焚林以求介之推有白鵶繞煙
而噪或集介之推之側火不能焚晉嘉之於山數百里不
復設羅網
幽明録曰有一傖（土行反）小兒放牛野中伴輩數人見一鬼
依諸叢草間處處設網欲以捕人設網後未竟傖小兒竊
取前網仍以罨之即縛得鬼
文子曰有鳥將來張羅而待之得鳥者羅之一目今爲一
目之羅無得鳥焉
鶡冠子曰一目之羅不可以得雀
闕子曰任公子冬羅鯉於山阿衆人皆以爲惑既而鸕鷀



擊黃雀觸公子羅者千萬數
劉楨魯都賦曰長畢掩罿大羅被罩

## 罝

毛詩關雎曰兎罝后妃之化也關雎之化行則莫不好德
賢人衆多也肅肅兎罝椓之丁丁赳赳武夫公侯干城
說文曰兎罟謂之罝（郭璞注曰罝遮也揵爲舍人曰兎自作徑路張罝以捕之）
顔諱新言曰設罝於淵施網於岡欲民之慎亦如此也終
無魚兎矣
物理論曰夫欲定天下而任小人猶欲捕麋鹿而張兎罝
不能擊麋鹿猶小人不能任大事

## 罦

韓詩曰有兎爰爰雉離于罦
爾雅曰罬謂之罦罦覆車也（今之翻車也有兩轅中施罥以捕鳥展轉相解廣異語）

說文曰罦覆車也

罿

韓詩曰有兔爰爰雉離于罿（薛君注曰張羅車上曰罿也）

爾雅四繴謂之罿罿罬也（郭璞曰今翻車也有兩轅中施羅捕鳥）

罻

說文曰罻捕鳥也

禮記王制曰鳩化為鷹然後設罻羅

畢罕

禮記月令曰季春畢翳無出國門（鄭玄曰網小柄長謂之畢翳射者鳥隱）

蔡邕月令章句曰奄飛禽曰畢

說文曰畢罔也率捕鳥畢象絲網上下其華柄也

罞

爾雅曰麇罟謂之罞（郭璞注曰冒其頭也犍為舍人曰麇有蹟制張罼也）



羉

爾雅曰彘罟謂之羉（羉幕也犍為舍人曰彘剛惡齧人故張網而羅之也）

磻

纂文曰磻射石也

繳

列仙傳曰赤將子者黃帝時人也不食五穀而食百草華至堯時為木工能隨風雨上下時市中賣繳亦謂之繳父

淮南子曰堯使羿繳大風於青丘之野（大風鷙鳥也青丘東方也）

環濟典略曰繳綸也綸于前望飛鳥而射之

夢書曰夢橫繳欲舉薦

太平御覽卷第八百三十二

太平御覽卷第八百三十三

資產部十三

陶 冶 鍛 牧 漁

陶

禮記檀弓曰有虞氏瓦棺始不用薪也有虞氏上陶夏后氏堲周火熟曰堲燒土冶以周於棺也或謂之土周

又喪大記曰甸人為垼于西牆下陶人出重鬲

左傳襄公二十五年鄭子產曰昔虞閼父為周陶正以服事我先王閼父舜之後當周之興閼父為武王陶正我先王賴其利器用也與其神明之後也舜聖故謂之神明庸以元女大姬配胡公庸用也元女武王之長女胡公閼父之子滿也而封諸陳以備三恪周得天下封夏殷二王後又封舜後謂之恪并二王後為三國其禮轉降示敬而已故曰三恪

毛詩文王綿曰古公亶甫陶復陶穴未有家室



續漢書曰董卓欲遷都長安楊彪不從卓作色曰楊公欲沮國家計耶關東方亂所在賊起崤函險固國之重防又隴右取材功夫不難杜陵南山下有孝武故陶處作塼瓦一朝可辦宮室官府蓋何足言

吳書曰鄭泉字文淵臨卒謂同類曰必葬我於陶家之側庶百歲之後化而成土幸見取為酒壺實獲我心矣

宋書曰文帝欲誅徐羨之羨之乘內人問訊車出郭步走至新林入陶竈中自經而死

尸子曰昆吾作陶呂氏春秋同

淮南子曰陶人埏埴也其取之地而以為盆盎也無離於地其已成器而破碎漫瀾而復歸其故也與其為盆盎無以異矣

周書曰神農耕而作陶

呂氏春秋曰夫舜遇堯天也舜耕於歷山陶於河濵釣於雷澤天下悅之

列仙傳曰甯封子者黃帝時人為黃帝陶正有人過之為其掌火能出入五色煙久則以教封子積火自燒而隨煙氣上下視其灰燼猶有骨時人葬之北山中謂之甯封子焉

嶺表異録曰廣州陶家皆作土鍋鑊燒熟以土油之其潔淨則愈於鐵器尤宜煮藥一斗者纔直十錢愛護者或得數日若迫以巨焰涸之則立見破烈斯亦濟貧之物

冶

禮記學記曰良冶之子必學為裘仍見其家鋦補穿鑿之器也補器者其金柔乃合有以於為裘

史記曰邯鄲郭順以鐵冶業與王者埒富



又曰宛丘氏之先梁人也用鐵冶為業秦代魏遷孔氏南陽大鼓鑄規陂池連車騎遊諸侯因通商賈之利有游閒公子之名

又曰魯人邴氏以鑄冶起富至巨萬然家自父兄子弟約頫有拾仰有取師古曰頫古俯字也俯仰必有取拾纖巨細字惡也

張璠漢記曰杜詩為太守為冶作水排教化大行

魏志曰韓曁字公至辟為丞相士曹屬後遷樂陵太守從監冶謁者舊時冶作馬排每一熟石用馬百疋更作人排又費功力曁乃因長流為水排計其利益參倍於前在職七年器用充實詔書褒歎就加司金都尉

晉書曰王沉字彥伯作釋時論云融融者皆趍熱之士得其爐冶之門者唯挾炭之子苟非斯人不如其已

南史曰齊孝衣彖監吳興郡事彖到郡坐遊用祿錢免官付

東冶彖妹爲竟陵王子良妃子良世子昭胄時年八歳見
武帝而形容慘悴帝問其故昭胄流涕曰臣舅負罪今在
尚方臣母悲泣不食已積日臣所以不寧帝曰特爲兒赦
之既而帝遊孫陵遥望東冶曰中有一好貴囚數日與朝
臣幸冶履行庫因宴飲賜囚徒酒肉勑見彖與語明日釋之
梁書曰侯景據壽陽懷叉計以臺所給仗多不能精啓請
冶鍛工欲更營造勑並給之
後魏書曰崔鑒爲東徐州刺史於州内銅冶爲農具兵人
獲利
北史曰後周薛善爲行臺郎中時欲廣置屯田以供軍費
乃除善司農少卿領同州夏陽縣二十七監又於夏陽置
鐵冶復令善於監每月役八千人營造軍器善自督課兼
加慰撫甲兵精利而皆忘其苦焉



唐書曰侍中魏徵乞解所職請爲散官陪奉左右拾遺補
闕太宗曰朕拔卿於讎虜之中任卿以樞要之職見朕之
非未嘗不諫公獨不見金之在鑛也何足貴哉良冶鍛而
爲器便爲人所寳朕方自比於金以卿爲良匠卿雖有疾
未爲衰老豈得便尒耶徵乃止
尸子曰造冶者蚩尤也
淮南子曰夫宋工畫吳冶刻形鏤法其爲微妙尭舜之聖
不能及也
列仙傳曰陶安公者六安冶師也數行火一旦散上紫色
衝天安公伏冶下求哀須臾朱雀至冶上曰安公冶安公
冶與天通七月七日迎汝以赤龍至時龍到安公騎之東
南上來
武昌記曰北濟湖本是新興冶塘湖元嘉初發水冶水冶
者以水排冶令顔茂以塘數破壞難爲功力茂因廢水冶
以人鼓排謂之步冶湖日因破壞不復脩治冬月則涸
王子年拾遺記曰漢太上皇微時嘗佩一刀長三尺有銘
其字雖難識疑是殷高宗伐鬼方時作此物也上皇遊酆
沛山中遇有人冶鑄上皇息其旁問曰此鑄何物工笑曰
爲天子鑄劒愼勿泄上皇謂爲戲辭無疑色工曰今所鑄
鐵剛厲製器難成若得公羣間佩刀雜而冶之即成神器
可以剋定天下皇精爲輔佐以殲三猾木長火盛此爲與
兆上皇曰余此物名爲匕首其利難儔水斷蛟龍陸斬虎
兕工曰若不得此匕首雖歐冶專精越砥斂鍔終爲鄙器
上皇即解羣間匕首投於爐中俄而煙炎衝天日爲之晦
及劒成釁以三牲工問上皇何時得匕首上皇曰秦昭襄
王時余行逢一野人於野授余云是殷時物世世相傳上



有古字記其年月工人視之其鏌耶尚在叶前疑也工人
持劒授上皇上皇以賜高祖
又曰漢郭況光武皇后之弟也累金數億家僮四百人黄
金爲器功冶之聲震於都鄙時人謂郭氏之室不雨而雷
言鑄鍛之聲盛也
曹毗詠冶賦曰冶石爲器千爐齊設
鍛（箋曰鍛石可以爲質）
魏略曰大祖遣邯鄲淳詣臨淄侯植植得淳喜延入坐不
與談先爲五椎鍛
鄧粲晉紀曰嵇康嘗鍛於長林之下鍾會造焉康坐坐以
鹿皮嶷然正容不與之酬對會恨而去
文士傳曰嵇康性巧能鍛家有柳樹乃激水以圜之夏月
甚清涼居其下傲戲及自鍛

禰衡傳曰衡字正平十月朝黃祖在艨艟上賓客皆會作黍臛既至先在衡前衡得便飽食初不顧左右既畢復摶弄以戲時江夏有張伯雲亦在座調之曰禮教去何而食此正平不荅弄黍如故祖曰處士不當荅之也衡謂祖曰君子寧聞車前馬贊祖呵之衡熟視祖罵曰死鍛錫公祖大怒令五伯將出欲杖之而罵不止遂令絞殺黃射來救無所復及憤懆流涕曰此有異才曹操及劉荊州不殺大人柰何殺之祖曰人罵汝父作鍛錫公柰何不殺

向秀別傳曰秀嘗與嵇康偶鍛於洛邑與呂安灌山於山陽收其餘利以供酒食之費

韓子曰椎鍛者所以平不夷也榜檠者所以矯不直也聖人之為法也所以平不夷矯不直也

## 牧



周禮地官曰牧人掌牧六牲而阜蕃其物以共祭祀之牲牷六牲謂牛馬羊豕犬雞鄭司農云牷純也玄謂牷體完具

又夏官曰牧師掌牧地皆有厲禁而頒之頒授馬者所牧處以遊孟春焚牧焚牧地以除陳生新草中春通淫中春陰陽交萬物生之時可以合馬之牝牡也

禮記月令季春曰是月也乃合累牛騰馬遊牝于牧累繫也騰騰也其牝欲遊則就牧而合仲夏曰是月也命有司祭先牧先牧謂仲夏祭先牧於大澤用剛日

毛詩小雅曰無羊宣王考牧也厲王之時牧人之職廢宣王始興而復之至此而成謂復先王牛羊之數誰謂爾無羊三百維羣誰謂爾無牛九十其犉黃牛黑脣曰犉箋云爾女也宣王復古之牧法汲汲於其數故歌此詩以解之也爾羊來思其角濈濈聚其角而息濈濈然云此者美畜產得其所爾牛來思其耳濕濕動其耳濕濕然或降于阿或飲于池或寢或訛訛動也言此者美其無所驚畏爾牧來思何蓑何笠或負其餱何揭也蓑所以備雨笠所以御暑言此者美牧人寒暑飲食有備三

十二維物爾牲則具

又魯頌曰駉頌僖公也僖公能遵伯禽之法儉以足用寬以愛民務農重穀牧于坰野魯人尊之於是季孫行父請命于周而史克作頌季孫行父季文子史克魯史也于駉駉牧馬在坰之野駉駉良馬腹幹肥張也坰遠野也箋云必牧於坰野者辟知民居與良田者也

史記曰卜式河南人少與弟別居脫身出分獨取畜羊百餘田宅財物盡與弟式入山牧羊十餘歲羊致千餘上召之曰吾有羊上林中欲令子牧之乃布衣牧羊歲餘羊悉肥上過見其羊善之式曰非獨羊也治民亦猶是也以時起居惡者輒去無令敗羣上以式為奇拜為郎

又曰衛青平陽人也其父為平陽侯家給使與妾通生青為侯家人少時歸其父父使牧羊民母之子皆奴畜之不以為兄弟



又曰范增說項梁曰以君代為楚將必能立楚之後梁乃求懷王孫在人間為人牧羊立以為楚懷王從人望也

又曰公孫弘淄川人家貧牧豕海上年四十餘乃學春秋

## 雜記

漢書曰蘇武使匈奴欲降之乃徙武北海上無人處使牧羝羊曰羝羊乳乃得歸武仗漢節牧羊卧起操持節旄盡落

又曰路溫舒字長君鉅鹿人父為里監門使溫舒牧羊

又曰王尊字子贛涿郡高陽人少孤歸諸父使牧羊澤中

後漢書曰馬援轉遊隴漢間常謂賓客曰丈夫為志窮當益堅老當益壯因處田牧至有牛馬羊數千頭穀數萬斛既而歎曰凡殖貨財產貴其能施賑也否則守錢虜耳仍盡散以班昆弟故舊身衣羊裘皮袴

又曰承宮年八歲為人牧猪鄉里徐子威明春秋授諸生

數百人宮過其盧下見諸生誦好之因亡其猪猪主欲笞
諸生禁乃止之
謝承後漢書曰孫期字仲式事母至孝牧豕於大澤中賣
之以奉供養遠人從其學者皆執經追於澤畔
范曄後漢書曰梁鴻字伯鸞扶風平陵人也家貧牧豕上
林苑中曾誤遺失火延燒及他舍鴻乃尋訪燒者問所失
去悉以豕償之其主者猶以爲少鄰家耆老見鴻非常人
乃共責讓主人於是始敬異焉悉還豕鴻不受
魏志曰楊俊字季才避地并州同郡王象孩少孤特爲人
僕隷年十七八見使牧羊而私讀書用獲箠楚俊嘉美其
才質即贖象着家娉娶立屋然後與別也
晉書曰張華字茂先少家貧常以牧羊爲事
三十國春秋曰沮渠蒙遜其先世爲匈奴左沮渠因以官



爲氏少牧羊卧息田畔忽見沙門以手摩其頭曰尔後當
王此土不乆苦焉言終而滅
崔鴻前趙録曰李景字延祐少貧見養叔父常使牧羊景
見其叔子講誦羨之後從博士乞得百餘字牧羊之暇折
草木書之叔乃誤曰吾家千里駒也而令騏驎乆躓盤坂
乃爲娶妻教學
又曰妻字天水奥其人也少孤貧爲河北陳不識家牧羊
年十五身長七尺九寸聡惠美風儀不識奇之妻之以女
後魏書曰游明根字志遠幼年遭亂爲櫟陽王氏奴主使
牧羊明根以粟倩人書字路邊書地學之長安鎮將贊瑾
見之呼問知其姓名乃告游雅使人贖之
列子曰楊朱見梁惠王言治天下猶運諸掌王曰先王有
一妻一妾而不能治言天下何也對曰君見夫牧羊者乎

百羊爲羣使五尺童子荷箠而隨之欲東而東欲西而西
使堯牽一羊舜荷箠而隨之則不能矣
符子曰漢王聞宋勝子方牧羊于巨澤鼓而歌南風之詩
使者進謂宋勝子曰漢王聞先生之賢使使者致命于先
生而委國政焉宋勝子矍然而顧謂使者曰是何言歟今
漢王待四海之士與十羣之羊其於職司也奚以異乎而
大王廢牧羊之任委以四海之政是錯亂天位倒置人倫
勝不願爲也乃逃于陰山之陽
公孫尼子曰舜牧羊於潢陽還堯舉爲天子
說文曰羌西戎牧羊人也字從羊人
列仙傳曰商丘子瑕吹笙牧豕七十不娶妻而死
吳越春秋曰婁門外雞墟者吳王牧雞處
陳武別傳曰武休屠胡人也常騎驢牧羊諸家牧豎十數



人或有和歌者武遂學太山梁父吟及行路難之屬也

漁

說文曰漁捕魚也
周禮天官上曰𩃭人掌以時𩃭爲梁月令季冬命漁師爲梁鄭司農云梁水偃也偃水爲關空以笱承其空詩曰敝笱在梁春獻王鮪王鮪鮪之大者辨魚物爲鱻薨鱻生也薨乾也以共王膳羞凡祭祀賓客共其魚之鱻薨凡𩃭者掌其政令凡𩃭征入于王府鄭司農云漁征者漁人主收之入于王府
禮記月令季冬曰命有司始漁天子親往嘗魚先薦寢廟天子親往視漁非常事重之此時魚絜美
又坊記曰故君子仕則不稼田則不漁
左傳隱公曰公將如棠觀漁臧僖伯諫公曰吾將略地焉
遂往陳漁而觀之

又襄公二十五年曰崔杼弑其君申蒯待漁者（待漁監取魚之官）退謂其宰曰免是反子之義也與之皆死（反死君之義）

周易下繫曰庖犧氏之王天下也結繩而爲網罟以田以漁蓋取諸離

尚書大傳曰舜漁雷澤之中

後漢書曰明帝時下令禁人二業而吏下檢結多失其實百姓患之劉般上言郡國以官禁二業至有田者不得漁捕今濱江湖郡率少蠶桑人資漁採以助口實且以冬春閑月不妨農事夫漁獵之利爲田除害有助穀食無關二業也

北史曰後周裴俠除河北郡守此郡舊制有漁獵夫三十人以供郡守俠曰以口腹役人吾不爲也乃悉罷之



管子曰漁人入海海深百仞就波逆流乘危百里宿夜不出者利水也故利之所在雖千仞之山無不上焉深源之下無不入焉

魯連子曰古善漁者宿沙瞿子使漁于山則雖十宿沙子不得一漁焉宿沙非闇於漁道也彼山者非魚之所生

尸子曰燧人之世天下多水故教人之漁

文子曰堯之使水處者漁山處者木事宜其械械宜其人

呂氏春秋曰雍季對晉文公曰竭澤而漁豈不獲得而明年無魚矣

家語曰宓子賤治單父三年孔子使巫馬期往觀政焉期陰免衣弊裘入界見斂者得漁輙捨之期問焉曰凡漁者爲得也何以得魚却捨之曰魚之大者名爲鱄鱄吾大夫愛其小者名爲鱦（鱦鯆宜爲鱣新序作鰌鱦者魚之懷仁也）吾大夫欲長之是以得二者輙捨之期返告孔子曰宓子之德至矣使民暗行若嚴刑之於一方也訪問宓子何行而得於此子曰吾嘗與之言曰誠於此者刑於彼宓子志行此術於單父也

又曰孔子之楚有漁者獻魚焉孔子不受漁者曰天暑市遠無處鬻焉思欲弃之糞壤不若獻之君子故取以進之於是夫子再拜受之使弟子掃地將以祭享焉門人曰彼將弃之矣而夫子祭之何也子曰吾聞惜其腐餘欲以務施者仁人之偶也惡有受仁人之饋而無祭者乎

劉向新序曰楚人有獻餘魚於王者曰今日獲魚食之不盡賣之不售弃之可惜故來獻王也楚王曰漁者仁人也境內多貧寡人聞之未能行漁者知之以此喻寡人也乃出倉粟去後宮以妻寡夫

郭璞江賦曰蘆人漁子儐落江山衣則羽褐食惟蔬鱻忽忘夕而宵歸詠採菱以扣舷傲自足於一區尋風波以窮年



太平御覽卷第八百三十三

# 太平御覽卷第八百三十四

資産部十四

釣　筌　罛　網罟　罶　罺
罩　涔　罾　笱　橇　梁
鞫　罠　罨　箄　籗　銛

## 釣

毛詩何彼穠矣曰其釣維何維絲伊緡（伊維緡綸也箋云釣者以此有求於何彼以爲之乎以絲爲之綸則是善釣也）

又國風竹竿曰籊籊竹竿以釣于淇

又小雅采綠曰之子于釣言綸之繩（綸釣繳也）其釣維何維魴及鱮維魴及鱮薄言觀者

論語述而曰子釣而不綱（綱謂爲大索橫流屬釣）

尚書大傳曰周文王至磻溪見呂望釣文王拜之尚云望釣得玉璜刻曰周受命呂佐檢德合于今昌來提



戰國策曰魏王與龍陽君共船而釣龍陽君得十餘魚而涕下王曰何謂也對曰臣之始得魚也臣甚喜後得益大今欲弃臣前之所得矣今臣與王拂枕席爵至人君走人於庭避人於塗四海之内其美人多矣聞臣之得幸王也必褰裳而趍王臣亦猶曩之所得魚也亦將弃矣臣安能無涕乎魏王曰有是心也何不相告於是布令於四境之内曰有敢言美人者族

謝承後漢書曰鄭敬隱於蟻陂釣魚大澤折芰爲坐以荷薦肉瓠瓢盈酒琴書自娛

後漢書曰郭玉者廣漢人初有老父不知何所出常漁釣於涪水自號涪翁乞養民間見有病者時下針石有效王從受術焉

又曰嚴光字子陵會稽餘姚人少有高名與光武同遊及光武即位乃變姓名隱身不見帝思其賢令以物色訪之後齊國上言有一男子披羊裘釣澤中帝疑其光也備安車玄纁聘之三反而後至拜爲諫議大夫不屈乃耕於富春山後人名其釣處爲嚴陵瀨

晉書曰翟莊湯之子也少以弋釣爲事及長不復獵或問釣獵同是害生之事而先王止去其一何哉莊曰獵自我釣自物未能頓去故先節其甚者夫貪餌吞鈎豈我哉時人以爲知言

宋書曰王弘之性好釣上虞江有一處名石頭弘之常垂綸於此經過者不識之或問漁師得魚賣不弘之曰亦不得得亦不賣日夕載魚入上虞郭經親故門各以一兩頭置門内而去



又曰文帝嘗與群臣臨天泉池帝垂綸良久不獲王景文越席曰臣以爲垂綸者清故不獲貪餌衆皆稱善

又曰漁父者不知姓名亦不知何許人也太康孫緬爲尋陽太守落日逍遥渚際見一輕舟淩波隱顯俄而漁父至神韻蕭灑垂綸長嘯緬甚異之乃問有魚賣乎漁父笑而荅曰其釣非釣寧賣魚者耶緬益怪焉遂褰裳涉水謂曰竊觀先生有道者也終朝鼓枻良足勞止吾聞黄金白璧重利也駟馬高蓋榮勢也方今主道文明守在海外隱淪之士靡然向風子胡不贊緝熙之美何晦用其若是也漁父曰僕山海狂人不達世務未辯賤貧無論榮貴乃歌曰竹竿籊籊河水悠悠相忘爲樂貪餌吞鈎非夷非惠聊以忘憂於是悠然鼓棹而去

孔叢子曰子思居衛衛人釣於河得鰥（一作鯛）魚焉其大盈

車子思問之曰鰥魚魚之難得者也子如何得之對曰吾
下釣垂一魴之餌鰥過而弗視也更以豚之半體則吞之
子思喟然曰鰥雖得貪以死餌士雖懷道貪以死祿
文子曰魚不可以無餌釣獸不可以空器召
列子曰詹何以獨繭絲爲綸芒針爲鉤荆條爲竿剖粒爲
餌引盈車之魚於百仞之川汩流之中綸不絶鉤不申竿
不撓因水勢而施舍也
又曰渤海之東有大壑焉實惟無底之谷其中有五山常
隨潮波上下往還不得暫峙使巨鼇十五舉首而戴之五
山始峙而不動而龍伯國有大民暨五山之所一釣而連
六鼇合負而趨歸其國灼其骨以數焉
荀鄉子曰自上莅下猶夫釣者焉隱於手而應於釣則可
以得魚



鬼谷子曰古之善摩者如操鉤而臨深淵而投之必得魚
矣
闕子曰魯人有好釣者以桂爲餌黃金之鉤錯以銀碧垂
翡翠之綸其持竿處位即是然其得魚不幾矣故曰釣之
務不在芳飾事之急不在辯言
莊子曰莊子釣於濮水之上楚王使大夫二人往見焉曰
願以境内累夫子莊子持竿不顧
又曰任公子好釣巨魚爲大綸巨鉤以犗牛爲餌蹲會稽
投東海朞年不得魚已而大魚食之牽巨鉤驚揚波而奮
鬐白波若山海水振蕩任公子得若魚離而腊之淛河以
東蒼梧以北莫不厭若魚者
淮南子曰詹公之釣千歲之鯉
又曰聖人以道德爲竿以昏義爲釣餌役之天地門萬物
孰非其有哉
又曰無餌之釣不可以得魚愚士無禮不可以得賢
又曰釣者靜之罛者舟之罩者抑之罾者舉之爲之異得
魚一也
孫綽子曰海人與山客辯其方物海人曰横海有魚額若
華山之頂一吸萬頃之波山客曰鄧林有木圍三萬尋直
上千里傍蔭數國有人曰東極有大人斬木爲策短不可
支釣魚爲鮮不足充饑
抱朴子曰金鉤玉餌雖珍而不能制九淵之沉鱗顯寵豐
祿雖貴而不能致無欲之幽人
符子方外曰太公釣隱溪五十有六年矣而未嘗得一魚
魯連聞之往而觀其釣太公跪石隱崖且不餌而釣仰詠
俯吟及暮而釋竿



傅子曰劉曄責楊暨曰夫釣者中大魚則縱而隨之須可
制而後牽之則無不得也人主之威豈徒大魚而已子誠
直臣然計不足不可不精思也
穆天子傳曰天子北征舍於珠澤此澤出珠因名之云今越嶲平澤出青珠以
釣於流水
又曰辛未天子北還釣于漸澤食魚于桑野
又曰天子乃釣于河以觀姑繇之木姑繇大木也山海經曰尋木長千里生河邊謂此木之類
六韜曰呂尚坐茅以漁文王勞而問焉呂尚曰魚求於餌
乃牽其緡人食於祿乃服於君故以餌取魚魚可殺以祿
取人人可竭以小釣釣川而擒其魚中釣釣國而擒其萬
國諸侯
呂氏春秋曰善釣者出魚乎千仞之下餌香也

又曰太公釣於茲　紂之世文王得之而王文王千乘
也紂天子也天子失之而千乘得之知與不知也
又曰若釣者魚有大小餌有宜適羽有動靜溯翔釣也
說苑曰宓子賤爲單父宰過於陽書曰子亦有以送僕乎
陽書曰吾少也賤不知治民之術有釣道二焉請以送子
子賤曰釣道柰何陽書曰夫投綸餌迎而吸之者陽橋也
其爲魚也薄而不美若存若亡若食不食者魴也其爲魚
也薄而味厚宓子賤曰善於是未至單父冠蓋迎之者交
接於道子賤曰驅驅之夫陽書之所謂陽橋者至矣
焦贛易林曰曳綸江海釣挂魴鯉王孫利得以饗仲友
列仙傳曰呂尚冀州人避紂亂釣于卞溪三年不獲魚比
嫗聞曰自可止矣公曰非尔所矣果獲大鯉得兵鈐於魚
腹中後葬無尸唯王鈐六韜在棺中

平八三三四　五　畕

又曰涓子者齊人釣於澤得符鯉中
又曰陵陽子明銍鄉人釣施溪得白龍子解網拜謝放之
後數十年得白魚腹中有書教子明服食遂上黄山採五
石脂石肺服之三年白龍來迎之
神仙傳曰左慈字元放盧江人少有神通嘗在曹公坐公
從容曰今日高會珍羞略備所少吳松江鱸魚耳而放下
坐應曰此可得也因求銅盤貯水以竹竿餌釣於盤須臾
引入鱸魚出公大笑會者咸驚
中論曰獨思則滞而不通獨爲則困而不就善釣不易坻
而得魚君子不降席而追道
又曰又王遇姜公於渭濱皤然皓首秉竿而釣文王得之
炳若祛雲而見日霍若開霧而觀山
桓範世論曰水則有波釣則有磨我欲更之無如之何言

物動而疊已彰形行而迹已著
又曰釣巨魚不使嬰兒輕預非不親力不堪也
王子年拾遺記曰漢帝元鳳中季秋之月泛衡瀾靈鵠之
舟窮晷繼夜釣于臺下以香金爲鈎霜絲爲綸丹鯉爲餌
得白蛟長三丈大若蛇無鱗甲
又曰吳主與潘夫人遊釣得大魚吳主喜夫人曰昔聞泣
魚今乃爲喜有喜必憂以爲深誡至末年漸相譖毀稍見
離退時人謂夫人知幾釣臺今猶存焉
世說曰劉道眞少時常漁釣草澤善歌嘯聞者莫不留連
有一老嫗識異常人甚樂歌嘯乃殺豚進之道眞食豚盡
了不謝嫗見不飽又進一豚食半還之後爲吏部郎嫗兒
爲小令史道眞超用之兒不知由復白毋毋告之於是齎
牛酒詣道眞道眞曰去去無可復相報

平八三三五　六　畕

楚辭曰以直鍼爲釣又何魚之能得
宋玉釣賦曰宋玉與登徒子偕受釣於玄淵退而見見於楚
襄王登徒子曰夫玄淵之釣也以三尋之竿八絲之綸餌
以蛆蟟鈎以細針以出三尺之魚於數仞之水中盧植與
張然明書曰臨江而釣終日不獲一魚魚之不食其餌也
是以君子愼其舉
謝玄與兄書曰居家大都無所爲正以垂綸爲事足以永
日此固下大有鱸魚一出手釣得四十七枚又與書曰昨
日䟽成後出釣手所獲魚以爲二坩鮓今奉送

筌

周易曰筌者所以在魚得魚而忘筌
廣雅曰籌筌謂之昆
莊子曰得魚忘筌

王朝之與庾安䟽曰此間萬頃江湖撓之不濁澄之不清
而百姓投一綸下一筌者皆奪其魚器不輸十疋則不得
放不知漆園吏何得持竿不顧漁父鼓泄而歌滄浪也

罛

說文曰罛罟也
尒雅曰魚罟謂之罛(郭璞注曰冣大罟也今江東云䍡)
毛詩碩人曰河水洋洋北流活活施罛濊濊鱣鮪發發
莊子曰函車之獸介而離山不免乎網罟
淮南子曰張天下以爲籠因江海以爲罟又何亡魚失鳥
之有乎

網罟(張獸事以故併見漁部)

廣雅曰罻罾魚網謂之罟
說文曰網庖羲所結繩以田以漁也

覽八百三十四　七　王祖

周禮天官上曰獸人掌罟田獸辨其名物(罟網也以網搏所當田之獸)
冬獻狼夏獻麋春秋獻獸物(狼膏聚麋膏散聚則温散則涼以救時之苦也獸物凡獸皆可獻也)
時田則守罟(備獸觸攫)
禮記中庸曰子曰人皆曰予知驅而納諸罟擭陷阱之中
而莫之知辟也
毛詩國風曰九罭之魚鱒魴(興也九罭緵罟小魚之網也鱒魴大魚也)
周易曰庖犧氏結繩而爲網罟
尒雅曰緵罟謂之九罭九罭魚網也(今之百囊罟是亦謂之䍡今江東呼爲緵)
韓詩曰九罭之魚鱒魴九罭取鰕芘也
史記曰泉陽漁人豫且舉網獲江東神龜
漢書曰豺獺未祭罝網不布於壄澤焉
魏志曰邴原在遼東十餘年後乃潛遁還南行已數日而
公孫度甫覺度知原之不可復追也因曰邴君所謂雲中

白鸖非鶉雉之網可能羅始吾自遣之勿復求也
宋書曰孫法宗常居墓所山禽野獸皆悉馴附每逢鹿觸
網必解放之償以錢物
陳書曰張昭字德明吳郡吳人也幼有孝性父熯常患消
渴嗜鮮魚昭乃身自結網捕魚以供朝夕
南史曰陳王固嘗聘魏宴昆明池魏人以南人嗜魚大設
罟網固以佛法呪之遂一鱗不獲
文子曰臨河欲魚不若退而織網
老子曰天網恢恢踈而不漏
莊子曰魚不畏網而畏鵜鶘(網者公平無私鵜鶘有欲得之心故魚畏)
又曰豐狐文豹不免於網羅之患者文也
韓子曰善張網者引其綱不一一攝萬目而後得一一攝
萬目而後得則是勞而難引其綱而魚已囊矣故吏者民

覽八百三十四　八　王祖

之本綱也故聖人治吏不治民
又曰靖郭君將城薛客曰君聞大魚乎網不能止繳不能
絓也蕩而失水螻蟻得意焉
孟子曰數罟不入洿池魚鼈不可勝食也
抱朴子曰太昊師蜘蛛而結網
國語曰魯宣公夏濫於泗淵(濫漬也漬罟於泗水之淵以取魚泗在魯城北)里革
斷其罟而棄之(罟網)曰古者大寒降土蟄發(降下也寒氣初下謂季冬建丑之月大寒之後也土蟄發謂孟春建寅之月蟄虫始震魚上水獺祭魚)水虞於是乎講罛罶
取名魚登川禽而嘗之寢廟行諸國助宣氣也今魚方別
孕不放魚長又行罜罟貪無藝也公聞之曰吾過而里革
匡我不亦善乎是良罟也爲我得法(善良)使有司藏之使吾
無忘諗(諗告也言里革此罟則不忘)曰藏罟不如寘里革於側之不
忘也(寘置)

又曰聖人貴讓且諱曰獸惡其網民惡其上（獸惡其網爲害己民惡其上爲病也）
古文考曰庖羲作卦觀像而作網
世本曰芒則網（宋衷注曰芒庖羲臣）
呂氏春秋曰湯見設網者四面張而祝之曰自天下者自地出者自四方來者皆罹我網湯曰嘻盡之矣非桀其孰如此
又曰罤之末遇時也以其從屬拙他財取水利編蒲葦結罘網
應璩報東海相滐季然書曰足下頻弥天之網收萬仞之魚罿之以谿谷數之以陔北何其壯乎觀夫任公子之所釣此爲鰌䱊鰕未足爲吾子之道

罶



毛詩鹿鳴曰魚麗于罶鱨鯊
又小雅苕之華曰牂羊墳首三星在罶（牂羊牝羊也罶曲梁寡婦之笱也）
爾雅曰嫠婦之笱謂之罶（郭璞注曰謂以簿爲其魚笱）
廣雅曰曲梁謂之昴（篆文曰揚州取魚罶也吳人謂之爲笱主）
說文曰罶曲梁寡婦笱魚所留也

罺

爾雅曰罺謂之汕（郭璞注曰今之撩罟也揵爲舍人曰以薄撩魚曰撩者也）
篆文曰以魚乘水上爲汕

罩

爾雅曰籗謂之罩（郭璞注曰捕魚籠）
毛詩小雅曰南有嘉魚烝然罩罩
篆文曰以鐵施棹因以取魚
符子曰天羅廓矣野人猶有罩罻之勤

涔

爾雅曰槮謂之涔（郭璞注曰今作槮者聚柴於水中魚得寒入其裏藏隱因以簿圍捕取之揵爲舍人曰以米投水中養魚曰涔也）
篆文曰以鐵施竹頭取魚爲涔

罾

說文曰罾魚網也
史記曰陳勝詐爲書置人所罾魚腹中
風土記曰罾樹四植而張網於水車輓上下之形如蜘蛛之網方而不圓
楚辭曰鳥何萃兮蘋中罾何爲兮木上（言失其所）
應璩新詩曰洛水禁罾罟魚鼈不爲殖（罾罟網名）空令自相啖吏民不得食

笱



毛詩雞鳴弊笱曰弊笱在梁其魚唯唯
又小雅小弁曰無逝我梁無發我笱
說文曰笱曲竹捕魚笱也從竹勾亦聲也

橬（槮音）

廣雅曰其罾謂之橬

梁

毛詩國風曰維鵜在梁不濡其翼（鵜洿澤也梁水中之梁鵜在梁可謂不濡其翼）彼其之子不稱其服（箋云不稱者言德薄而服尊）維鵜在梁不濡其咮（咮喙也）彼其之子不遂其媾
又小雅曰鴛鴦在梁戢其左翼（言休息也箋云梁石絕水之梁戢斂也鴛鴦休息梁）
又曰彼何人斯其心孔艱胡逝我梁不入我門
魏志曰文帝東征郭后留譙宮時后兄表留宿衛欲遏水取魚后曰水當通運漕又少材木奴客不在目前當復私

取官竹木作梁遏水今奉車所不足者豈魚乎
齊地記曰高密郡有古斷水處因造魚歲收億數故號曰
萬疋梁

軥

廣雅曰軥謂之軥上

罠

說文曰罠斂也

罨

廣雅曰罨鬣網也
風土記曰罨如罳而小斂口從水上掩而取者也

箄

纂文曰箄流水中張魚器也

籗

纂文曰取蟹者曰籗



銛

纂文曰鐵有鉅施竹頭以擲魚爲銛

太平御覽卷第八百三十四

資產部十五



錢上

周禮天官下曰外府掌邦布之入出以共百物而待邦之用凡有法者（布泉也布讀爲宣布之布其藏曰泉其行曰布取名於水泉其流行無不徧泉始蓋一品周景王鑄大泉而有二品後數變易不復識本制至漢唯有五銖久行王莽改貨而易作泉布多至十品今存於民間多者有貨布大泉貨泉貨布長二寸五分廣寸首長八分有奇廣八分其圜好徑二分半足枝長八分其右文曰貨左文曰布重二十五銖直貨泉二十五大泉徑一寸二分重十二銖文曰大泉直十五貨泉貨泉徑一寸重五銖右文曰貨左文曰泉直一也）

國語曰周景王二十一年將鑄大錢（景王周靈王之子錢者金幣之名所以貿買物通財用也古曰泉後轉曰錢大錢大於舊其價重也）單穆公曰不可（穆公王卿士單靖公曾孫）古者天災降戾於是乎量資幣權輕重以振救民（量度資財也權稱振拯也）民患輕則爲之作重幣以行之（民患幣輕而物貴則作重幣以行其輕也）



於是乎有母權子而行民皆得焉（重曰母輕曰子以子貨物物輕則子獨行物重則以母權而行之也子母相通民皆得其欲也）若不堪重則多作輕而行之亦不廢重於是乎有子權母而行小大利之（堪任也不任者幣重物輕則妨其用也故雜而用之子權母者母不足則以子平而行之故民皆以爲利）今王廢輕而作重民失其資能無匱乎（廢輕而作重則大竭而末寡故民失其資）若匱王用將有所乏（民財匱無以供上故王用將乏）乏則將厚取於民民不給將有遠志是離民也（給供也遠志通逃也）若民離而財匱災至而備亡王其若之何（病亡無救災之備也）王其圖之王弗聽卒鑄大錢

歸藏曰有人將來遺我錢財曰夜望之

周書曰武王剋商發鹿臺之錢散鉅橋之粟

韓詩曰既詠我德賈用不售一錢之物舉賣百何時當售乎

史記曰初蘇秦之燕貸百錢爲資及㝵待資以百金償之

又曰高祖以愛繇咸陽吏皆送奉錢三（李奇注或三百或五百）蕭何獨以五後益封二千戶

又曰單父人呂公善沛令避仇從之沛中豪傑吏聞令有客皆往賀蕭何爲主吏主進令諸大夫曰不滿千錢坐堂下高祖爲亭長素易諸吏乃紿爲謁曰賀錢萬實不持一錢

又曰上使善相者相鄧通曰當貧餓死文帝曰能富通者在我何謂貧於是賜通蜀嚴道銅山自鑄錢鄧氏錢布天下

又曰安息在大月氏西以銀爲錢錢如其王面王死轉更錢效王面焉

又曰今上即位䋣數歲漢興七十餘年之間國家無事京師之錢累百巨萬貫朽而不可校自孝文造四銖錢至是歲三十餘年從建元以來用少縣官往多即銅山鑄錢民益盜鑄不可勝數錢益少而貴



漢書曰秦兼天下幣爲二等黃金以鎰爲名（孟子曰二十兩爲鎰臣瓚按秦以一鎰爲一金漢以一斤爲一金）上幣銅錢漢興以爲秦錢重難用更令民鑄莢錢（如淳曰如榆莢）

又曰凡貨金錢布泉之用夏殷以前其詳靡記太公爲周立九府員法（李奇曰員即錢）黃金故貨員而方寸重一斤錢圜函方輕重以銖布泉廣二尺二寸爲幅長四丈爲疋故貨寶於金利於刀流於泉布於門（行如流泉布於民間）束於帛束

又曰孝惠帝時天下初定吳有豫章銅山即招致天下亡命者盜鑄錢

又曰高后二年秋七月行八銖錢

又曰文帝五年除盜鑄錢令（應劭曰聽放鑄）更造四銖（應劭曰文帝以五分

錢秦輕小更作四銖錢文亦曰半兩錢令民聞半兩錢最輕小

又曰建元元年春行三銖錢五年春罷三銖錢行半兩錢

又曰成帝時郡國鑄錢民多姦鑄錢多輕而公卿請令京師鑄官赤仄（如淳曰銅爲其郭也今錢見有赤仄者不知作法云何是）

又曰宣帝二年春出水衡錢（應劭曰水衡與少府皆天子私錢耳縣當仰給司農今出水衡錢言宣帝即位爲異政）

又曰自孝武元狩五年三官初鑄五銖錢至平帝元始中成二百八十億萬餘

又曰韓信爲楚王都下邳信至國召下鄉亭長賜錢百曰公小人爲德不竟

又曰東方朔曰侏儒長三尺餘奉一囊粟錢二百四十臣朔長九尺餘亦一囊粟錢二百四十侏儒飽欲死臣朔飢欲死



又曰張安世以父子封侯在位太盛廼避不受祿詔都內別藏張氏無名錢以百萬數（文穎曰都內主藏官也張晏曰安世以遷官不薄）

又曰貢禹上書曰臣禹年老家貧不滿萬錢

又曰王嘉奏事云孝元皇帝奉承大業溫恭少欲都內錢三十萬水衡錢二十五萬少府錢十八萬內錢上林後宮貴人從上林獸圈猛獸驚出馮貴人當之文帝嘉其義賜錢五萬掖庭見親加賜親屬其人勿衆謝重失人心賞賜節約是時外戚資千萬者少是故少府水衡錢多

又曰王莽居攝欲防民盜鑄乃禁不得挾銅炭

又曰蜀賓國以銀爲錢騎馬漫爲人面

楚漢春秋曰項梁陰養生士九十人參木者所與計謀者也木佯疾於室中鑄大錢以具甲兵

後漢書曰明帝時館陶公主（光武女）爲子求郎不許而賜錢千萬謂羣臣曰郎官上應列宿出宰百里（史記曰太微宮後二十五星郎位也）有非其人則民受其殃是以難之

又曰樊脩卒帝遣小黃門張音問所遺言先是河南縣亡失官錢典負者（典謂主典負謂欠負）坐死及罪徙者甚衆遂委責於人以償其耗鄉部吏司因此爲姧脩常疾之欲奏罷之疾病未及得上音歸具以聞帝覽之而悲歎勑郡並從之

又曰京兆尹閻興召第五倫爲主簿時長安鑄錢多姦巧乃署倫爲督鑄錢掾領長安市（東觀漢記曰時長安市未有秩又鑄錢官輕姦所集無能整齊理之者興署倫督鑄錢掾領長安市其後小人爭頌皆云第五掾所平亦無姦枉）

又曰初馬援在隴西上書言宜如舊鑄五銖錢事三府三府奏以爲未可事遂寢及援還從公府求得前奏難十餘條乃隨牒解釋（東觀漢記曰十三難援一一辭之條奏其狀也）更具表言帝從之天下賴其便



又曰公孫述廢銅錢用鐵官錢（置鐵錢）以百姓貨幣不行蜀中童謠言黃牛白腹五銖當復好事者竊言王莽稱黃述自號白五銖錢漢貨也言天下當并還劉氏

又曰江革建武末年與母歸鄉里每至歲時縣當案比（安驗以比之猶今皃閱也）革以母老不欲搖動自在轅中輓車不用牛馬由是鄉里稱之曰江巨孝臨淄令楊音高之設特席顯異巨孝於稠人廣衆中親奉錢以助供養

又曰楊秉免歸雅素清儉家至貧窶并日而食任城故孝廉景虞齎錢百餘萬以餉秉秉閉門拒絕不受

又曰鍾離意薦劉平王望等書奏有詔徵平等特賜辦裝錢至皆拜議郎

又曰崔寔從兄烈有重名於北州歷位郡守九卿靈帝時開鴻都門牓賣官爵公卿州郡下至黃綬各有差其富者

則先入錢貧者到官而後倍輸是時段熲樊陵張溫等雖
有功勤名譽然皆先輸貨財而後登公位烈時因傳母入
錢五百萬得爲司徒及拜日天子臨軒百僚畢會帝顧謂
親倖者曰悔不小靳可至千萬靳固惜之也程夫人於傍應曰
崔公冀州名士豈買官賴我得是反不知姝邪姝美也言反不可斯
事之美也姝或作袾袾根本也
又曰董卓壞五銖錢更鑄小錢悉取洛陽及長安銅人鍾
虡飛廉銅馬之屬以充鑄焉故貨錢物貴穀不數萬又錢
無輪郭文章不便人用魏志曰卓鑄小錢大五分無文章肉好無輪郭不磨鑢也時人
以爲秦始皇見長人於臨洮乃鑄銅人卓臨洮人也而今
毀之雖成毀不同凶暴相類焉
又曰車駕西巡乃厚賜卓彪錢珍羞食物使歸平陵上冢
又曰鄭弘爲陽羨令鄉部民有弟用兄錢者爲嫂所責
叔未還嫂詣弘言之弘責中單爲叔還錢兄慚自繫婦即
去
又王符論曰夫竊位之人天奪其鑒雖見朽千萬而不忍
賜人一錢
續漢書曰劉寵字祖榮遷會稽太守正身率下郡中大治
徵入爲將作大匠山陰民去治數拾里有若邪水在山谷間
五六老翁年七八十聞遷相率共送寵人齎百錢寵見勞
來曰父老何乃自苦遠來皆對曰山父鄙老生未嘗至
郡縣他時吏發求不已民間或夜行不絕狗吠竟夕人不
得安自明府下車以來狗不吠夜吏希至人間年老遭值
聖化聞當見棄去故戮力來送寵謝之爲選受壹大錢故
寵在會稽號爲取一錢其清如是
又曰扶風人事孫奮居富而慳悋梁冀因以馬乘遺之從

太八百三十五　五　趙子孫

貸錢二十萬奮以錢十萬與之冀大怒
又曰靈帝中平二年二月己酉南宮靈臺災庚戌樂中城
殿門災延及北闕燒嘉德和歡殿收天下田畝十錢以治
宮加調刺史二千石遷除皆責治宮錢大郡至二千萬帝
本侯家居貧即帝曰桓帝不能作家曾無私錢財故於西
園造萬金堂以爲私藏復寄小黃門常侍家私錢至數千
萬
東觀漢記曰光祿勳杜林與馬援鄉里親厚援南方還時
林馬適死援遣子持一疋馬遺林曰朋友有車馬之饋可
以備之居數日林遣子奉書曰將軍內施九族外有賓客
望恩者多林父子食鄉祿祿常有盈今奉錢五萬援謂兒
曰當以此爲法杜伯山所以勝我者也
又曰趙勤字益卿劉賜姊子勤童幼有志操往來賜家國
祖適到時勤在旁賜指錢示勤曰拜乞汝三十萬勤曰拜
而得錢非義所取終不肯拜
又曰鄭均字仲虞兄仲爲縣吏受禮遺均數諫止不聽即
脫身出作歲餘得數萬錢歸以與兄曰錢盡可復得爲吏
坐贓終身損棄兄感其言遂廉潔稱清吏
又曰王阜爲益州太守大將軍竇憲貴盛嘗移書益州取
六百萬阜疑有姦詐以狀上憲追奴騶帳下吏李文迎錢
阜以詔書未報距不與文積二十餘日詔書報給文以錢
市馬
獻帝春秋曰靈帝作錢猶五銖而有四道連於邊輪識者
以爲妖竊言錢有四道京師將破壞此錢四出散於四方
乎還如其言范曄後漢書云四出錢
應劭漢官曰王莽篡位以劉字金刀罷五銖更作小錢文

覽八百三十五　六　趙祖

曰貨泉其文反白水眞人此則世祖中興之瑞也
魏書曰劉虞在幽州清淨儉約以禮義化民靈帝時南宮
災吏遷補州郡者皆責助治宮錢或一千萬或三千萬富
者以私財辦或發民錢備之貧而清慎者無以充調或至
自殺靈帝以虞清貧特不使出錢也
又曰劉類爲弘農太守使人掘地求錢所在市里皆有孔
穴
又曰文帝夢磨錢文欲令滅而更明周宣占之曰陛下家
事時帝欲治弟植逼太后加聚守
吳書曰嘉禾五年春鑄大錢一當五百詔使吏民輸銅計
銅畀直設盜鑄之科
蜀志曰先主攻劉璋與士衆約若事定府庫百物孤無豫
焉及援成都士衆捨干戈赴庫藏競取寶物軍用不足備
甚憂之劉巴曰易耳但當鑄直百錢平諸物價令吏爲官
市備從之數月之間府庫充實
晉陽秋曰朝士以牛酒勞齊王冏平原王幹獨齎百錢
晉書曰阮宣子常杖頭挂百錢造市店酣飲而歸
又曰王衍疾其妻郭氏之貪鄙故口未嘗言錢郭氏欲試
之令婢以錢繞牀使不得行衍晨起見錢謂婢曰舉阿堵
物却其措意如此
又曰王導子悅少侍講東宮歷吳王友中書侍郎導夢人
以百萬錢買悅意甚惡之後掘地得錢二皆藏閉而悅果
以疾終
又曰張軌爲涼州參軍索輔言於軌曰古以金貝皮幣爲
貨息穀帛量度之耗二漢制五銖錢通易不滞太始中河
西荒廢遂不用錢裂匹以爲段數縑布既壞市易又難徒

平八百三十五　七　王騏

壞女工不任衣用弊之甚也今中州雖亂此方安全宜復
五銖以濟通變之會軌納之立制准布用錢錢遂大行人
賴其利
南史曰宋文袁皇后家本貧薄后每就上求錢帛以贍之
上性儉所得不過錢三五萬帛三五十疋後潘淑妃有寵
愛傾後宮咸言所求無不得后聞之未知信否乃因潘求
三十萬錢與家以觀上意宿昔便得因此恚恨成疾不復
見上
宋書曰劉秀之爲南秦州刺史加都督漢饑饉秀之躬自
儉約先是漢川悉以絹爲貨秀之限令用錢百姓利之
又曰始興王濬嘗送錢三萬餉袁淑一宿復遣追取謂爲
使人謬誤欲以戲淑淑與濬書曰聞之前志七年之中一
與一奪義士猶或非之況密迩旬次何其裒益之亟也竊
恐二三諸侯何以觀之
又曰廢帝即位鑄二銖錢形式轉細官錢每出人間即摸
效之而大小厚薄皆不及也無郭不磨鑄如今之剪鑿者
謂之耒子錢景和元年沈慶之啓通私鑄錢一千錢長不盈
三寸大小稱此謂之鵝眼錢劣於此者謂之綖環錢貫之
以縷入水不沉隨手破碎市井不復料數十萬錢盈一掬
斗米一萬商貨不行明帝初唯禁鵝眼綖環其餘皆通用
又曰張融解褐爲新安王子鸞行參軍王母殷淑儀薨後
四月八日建齋并灌佛僚佐襯者多至一萬少者不減五
千融獨注襯百錢帝不悅曰融貧當序以佳祿出爲封溪令
又曰郭世通嘗與人共於山陰市貨物誤得一千錢當時
不覺分背方悟追還本主驚歎以半直與之世通委之而
去

平八百三十五　八　王騏

又曰蔡廓罷豫章郡還起二宅先成東宅以與兄軌之廓亡後軌之罷長沙郡還送錢五十萬以裨宅直廓子興宗年十一白母曰一家由來豐儉必共今日宅直不宜受也母悅而從焉軌之深有愧色謂其子談曰我年六十行事不及十歲小兒

又曰劉凝之隱居荊州年饑衡陽王義季慮凝之餓斃餉錢十萬凝之大喜將錢至市門觀有飢色者悉分與之俄頃而盡

又曰山陰人孔祐至行通神隱於四明山嘗見山谷中有數百斛錢視之如瓦石不異

又曰戴法興父碩子法興與二兄延壽延興並脩立延壽善書延興好學山陰有陳戴者家富有錢三千萬鄉人或云戴碩子兒敵陳戴三千萬錢



齊書曰曹武爲右衛將軍曉節在雍州致見錢七千萬皆厚輪大郭

又曰丘冠先使于蠕蠕執節不拜爲所殺武帝以冠先不辱命賜其子雄錢一萬布三十疋雄不受

又曰范述曾任永嘉太守勵志清白不受饋遺明帝下詔褒美徵爲游擊將軍郡故舊送錢二十餘萬一無所受

又曰趙僧巖棲遲山谷常以一壺自隨一旦謂弟子曰吾今夕當死壺中大錢一千以通九泉之路蠟燭一梃以照七尺之尸至夜而亡

梁書曰顧協爲舍人常有門生始來事協知其廉潔不敢厚餉止送錢二千協發怒杖二十因此事者絕於饋遺

又曰庾冊父景休位御史中丞冊少有才儁與伏挺何子明俱爲周捨所狎初景休罷巴東郡頗有資產冊負錢數百萬責者填門景休怒不爲之償既而朝賢之冊不之景休景休悅乃悉爲還之

梁書曰宋季雅罷南康郡市宅居呂僧珍宅側僧珍問宅價曰千一百萬怪其貴季雅曰一百萬買宅千萬買鄰及僧珍生子季雅往賀署函曰錢一千閽人少之不爲通強之乃進僧珍疑其故親自發乃金錢

又曰江祿爲武寧郡頗有資產積錢於壁壁爲之倒迮銅物皆鳴人戲之曰所謂銅山西傾洛鍾東應者也

又曰何遠爲武昌太守武昌俗皆汲江水盛夏遠患水溫每以錢買人井寒水不受錢者則摙水還之其他事率多如此

南史曰蕭惠明子聆素梁天監中位丹陽尹丞初拜日武帝賜錢八萬聆素一朝散之親友



又曰謝譓爲東陽內史及還五官送錢一萬止留一百答書曰數多留少更以爲愧

又曰梁謝舉兄子僑素貴嘗一朝無食其子啓欲以班史質錢答曰寧餓死豈可以此充食乎

太平御覽卷第八百三十五

資產部十六

錢下　貲財

## 錢下

崔鴻十六國春秋後趙錄曰趙王三年得一鼎容四升中有大錢三十文曰當千當萬鼎銘十三字篆不可曉藏之於永豐倉因此令私行錢而民不樂乃重立禁制官贓至皆取錢鑪肆故不行也

北史曰後魏元誕累遷齊州刺史在州貪暴大爲人患有沙門爲誕採藥還見誕問外消息對曰唯聞王貪願王早代誕曰齊州七萬家吾至來一家未得三斗錢何得言貪也

後魏書曰王昕爲汝南王悅騎兵參軍悅數散錢於地令



諸佐爭拾之昕獨不拾悅又散銀錢以目昕乃取其一

北齊書高恭之字道穆時用錢稍薄道穆表曰百姓之業錢貨爲本救弊改鑄王政所先自頃以來私鑄薄濫官司糾繩挂網非一在市銅價八十一文得銅一斤私鑄薄錢斤餘二百既示之以深利又隨之以重刑得罪者雖多姦鑄者弥衆今錢徒有五銖之文而無二銖之實薄甚榆莢上貫便破置之水上殆欲不沉此乃因循有漸科防不切朝廷失之彼復何罪昔漢文帝以五分錢小改鑄四銖至武帝復改三銖爲半兩此皆以大易小以重代輕也論今據古宜改鑄大錢文載年號以記其始則一斤所成止七十六文銅價至錢五十有餘其中人工食料錫炭鈆沙縱復私營不能自潤直置無利自應息心無復嚴刑廣設也以臣測之必當錢貨永通公私獲允後遂用楊保計鑄永安五銖錢

又曰王則元象初除洛州刺史則性貪惏在州取受非舊京諸像毀以鑄錢于時世號河陽錢皆出其家

後周書曰大象元年初鑄永通萬國錢以一當千與五行大布並行

北史曰隋鄭譯自隆州徵還帝令內史李德林立作詔書復爵國公位上柱國高頴戲謂曰筆乾答曰出爲方岳杖策言歸不得一錢何以潤筆上大笑

唐書曰武德中置錢監於洛幷益等諸州令上齊王元吉賜三鑪鑄錢右僕射裴寂一鑪敢有盜鑄者身死家口配沒

又曰高宗時詔復開元通寶錢其乾封所鑄錢令所司貯納初開元錢之文給事中歐陽詢制詞及書時稱其工其



字含八分及篆隸三體其詞先上後下次左後右讀之及上下左迴環其義皆通議者以乾封不通商賈米帛踊貴以開元錢輕重大小近古取爲折衷百姓便之

又曰乾元中李輔國奏內飛龍廐鑄銅投乾元新錢二文於鑪中而祈曰如聖躬萬福國祚無疆兇孽殄除四方寧謐則願不銷不鑠一陰一陽並見於外鍾成一如所祈

又曰崔衍居宣州十年頗以勤儉府庫盈溢及穆贊代衍宣州歲饉贊遂以錢四十二萬貫代百姓之稅故宣州人不流散

又曰元和中王鍔奏請於當管蔚州界加置鑪鑄銅錢漸廢錫錢詔河東道自用錫錢以來百姓不堪其弊其蔚州鼓鑄漸致銅錢則公私之間皆得充用宜委所司子細計料量借錢本積漸加至五鑪

又曰李希烈既平淮西節度使陳仙奇進錢一文大小如
開通之狀文曰天下太平云於希烈庭中得之命宰臣召
百寮遍視之
後唐書曰朱守殷奏於積善坊役所得古文錢四百五十六
文曰得一元寶四百四十文順天元寶守殷進納勑凡窺
奇異盡繫休明所獲錢文式昭玄貺得一者佇歸於一統
順天者式契於天心道煥一時事光千載殊休繼出信史
之書宜付史館
又曰劉仁恭在幽州以墐土爲錢令部人行使聚銅錢於
山上鑿穴藏之爲無窮之計
晉書曰右驍衛大將軍張錢始在雍州因春景舒和出遊
近郊憩於大塚之上忽有黃雀銜一銅錢置之而去未幾
復於衙院晝臥見二燕相鬭畢各銜一錢落於錢首後所獲
三錢甚秘於巾箱識者以爲大富之徵
又曰天福三年勑先許鑄錢仍令每一錢重二銖四絫十
錢重一兩者切慮逐處闕銅難依先定銖兩宜令天下無
問公私應有銅欲鑄錢者一任取便酌量輕重鑄造因茲
不得入錫并錢及令缺漏不堪久遠行用仍委塩鐵司明
行曉示誡約
管子曰桓公請棧臺之錢散諸城陽鹿臺之布散諸濟陰
商子曰今臣之所言民無一日之繇官無數錢之費其弱
晉而強秦有過三戰之勝
韓子曰或令孺子懷錢挈壺甕往酤而狗齕之酒所以酸
呂氏春秋曰趙桑子見翳桑之下有卧餓人不能起趙宣
子命食之拜受而不食問其故曰臣有母請持以遺之宣
子更賜之脯二束錢一百



賈誼書曰銅不布下不得採銅不得鑄錢則民反耕田矣
鹽鐵論曰教與俗改弊與世易夏后以貝周人以紫石後
世或金錢刀布極而衰終始之運也
又曰古者市朝而無刀弊各以所有易所無抱布貿絲而
已後世則有龜貝金錢
又曰夫鑠金在爐盜蹠不顧錢刀在路疋婦攫之
論衡曰人文章豈徒調墨弄筆爲英麗哉載人行傳人名
揚子法言蜀富貴人賫錢十萬願載一名子雲不聽夫富
人無仁義正如圈中之鹿欄中之牛安得妄載
又曰手中無錢而欲往市決貨貨主問錢何在曰無錢貨
主必不與也胷中無學猶手中無錢也
又曰淮陽鑄僞錢吏不能禁汲黯爲太守不壞一爐不刑
一人高枕安卧淮陽政清
郭子璜洞冥記曰帝升望月臺有三青鴨化爲三小童皆
着青綺文襦各握鯨文大錢五枚以置帝几前身止而影
動因名曰輕影錢
潛夫論曰諺曰痛不着身言忍之錢不出家言與之猶見
朝廷有冤而言不足憂也
風俗通曰潁川黃子廉每飲馬輒投錢於水
又曰河南平陰龐儉本魏郡鄴人遭倉卒之世失亡其父
時儉三四歲在鏹鏦母抱轉流客居廬中鑿井得錢千餘
萬遂巨富行求老蒼頭堂上作樂奴在廚中竊言堂上老
母我婦也婢以告母呼問事實復爲夫婦時人爲之語曰
廬里龐公鑿井得銅買奴得翁
又曰錢刀俗說害中有利旁有刀言人治生卒多得錢財
者必有刀劍之禍也

案漢書曰王莽造大錢作契刀錯刀錯銖錢凡四品並行
故稱錢刀也
列仙傳曰祝雞公洛陽人户鄉北山下養雞百餘年雞皆
有名字千餘頭暮棲樹晝四散欲取呼名即至賣雞及子
得千萬輒置錢去
豫章烈士傳曰施陽字季儒爲舒令經江夏遇賊劫奪陽
物賊去後車上有五千錢遣人追與賊聞知陽悉還其物
陽以付亭長
邴原別傳曰原字根矩避地遼東嘗行得遺錢拾以繫樹
枝此錢旣不見取而繫錢者多原問其故答者謂之神樹
原惡由已而成淫祀乃辯之由是里中遂歛其錢以爲社
供
桓範世論曰靈帝置西園之邸賣爵號曰禮錢錢積如屋



封塗淶書
杜恕體論曰可以使鬼者錢也可以使神者誠也
語林曰杜預道王武子有馬癖和長輿有錢癖
竹林七賢傳曰王戎女適裴氏乏用遣女爲貸錢數萬文
而未還女歸戎色不悅女遽還錢乃懌
干寶搜神記曰南方有蟲其形若蟬而大其子著草葉如
蠶種得子以歸則母飛來就之殺其母以塗錢以其子塗
貫用錢貨市旋則自還故淮南子術以之還名曰青
鳬
世說曰王武子私第近北邙山于時人多地貴濟好馬射
買地作埒編錢布地竟埒時人號爲金埒
又曰郗公大聚斂數千萬嘉賓甚不同常朝旦問訊郗家
法子弟不坐因倚語移時遂及錢貨事郗公曰汝政當得

錢耳乃一日開庫任意用郗公始謂正損數百萬許嘉賓
遂一日乞與人都盡郗公聞之大驚不能已已
俗說曰王子敬學王夷甫呼錢爲阿堵物後旣詔出赴謝
公主簿過會下與共擲散當其夕手自抱錢戲竟明日已
後去何至須阿堵物
葛仙公別傳曰取十錢使人一一投井中公井上以器呼
錢人見從井中一一飛出入公器中投人刻識之所呼皆
得是所投者
關令內傳曰關令尹喜周大夫也善於天文登樓四望見
東極有紫氣喜曰應有聖人經過果有老子過喜設坐行
弟子之禮老子時貧徐甲曰雇錢一百與約須達安息國
以黃金頓備錢還甲旣見老子方欲遠遊疑遂不還乃作
辭詣關令就老子求直關令以辭呈老子老子語甲曰前



與汝約至安息國頓以黃金相還云何不能忍辱便興辭
訟乎汝隨我已三百餘歲汝命早應死賴我太玄生符在
汝身耳言畢見符從甲口出甲已成一聚白骨矣尹喜爲
請老子以符投之甲立更生喜即以見錢二百萬與甲遣
之
汝南先賢傳曰平輿閻歆字張爲郡五官掾太守第五嘗
被徵以奉錢三十萬寄歆歆埋置堂上後嘗舉家病死唯
見孤孫九歲嘗未死語云吾有錢三十萬寄掾閻歆孫長
大來求歆見之悲喜取錢盡還之孫白祖唯言三十萬今
乃百三十誠不敢當歆曰府君固謬言耳郎君無疑之
列異傳曰西河鮮子冀建武中爲清河太守言出錢六百
萬屋未成而死趙高代之計功用錢九二百萬耳五官黃
秉功曹劉商言是冀所自取便表沒冀田宅奴婢妻子送

曰南俄而白曰冀鬼見入府與商秉等共計校定餘錢二
百萬皆商等匿冀乃表自烈付商上詔還冀田宅
異苑曰桂楊臨武徐孫太元中江行見岸有錢溢出即輩
着船中須臾悉變成土
異苑曰剡縣陳務妻少寡與二兒爲居宅中先有古塚姥
毋作茗先以著墳上息患之曰枯墓何知欲掘除之毋苦
禁乃止夜即夢見一人息謝沒世以來三百餘載謬蒙惠
澤賢二子怕欲見毀相賴保護雖潛壤朽骨敢忘翳桑之
報姥胥竊述焉明負杖晨興於外屋得錢十萬似久埋而
貫皆新還告兒兒並有慚色自是設饌愈謹
幽明録曰海陵民黃尋先居家單貧嘗因大風雨散錢飛
至其家來觸籬援誤落餘處拾而得之尋後巨富錢至數
千萬遂擅名於江表



三輔黃圖曰金寶一銀寶二龜寶三貝寶四布寶五泉寶
六凡寶貨六種卅八品煩碎難行乃罷本貨五百枚爲重
十二斤百姓安之
闞駰十三州志曰青州平原國和帝延平九年以封子懷
王勝風俗與舊齊同然吏姧倍於他民給衛士吏賦狐肉
稍從假錢積至萬餘歲竟交代吏無償意衛士恨恚取狐
肉沃以酒從而呪之曰狐肉狐肉尾斯尾斯身軀雖小錢
多吏聞之恐乃償之錢
盛弘之荊州記曰義熙十二年有童子羣浴南陽淯水忽
岸邊有錢出如流沙因競取之手滿放地尋復行去乃以
衫衣裹縛各有所得
王韶之始興記曰勞口東岸有石四方高百餘仞其狀如
臺父老相傳此石昔有三人伐木以作橋於石頂戲見數

甕錢共取半甕還劉道眞
錢塘記曰防海大塘郡議曹華信家富乃議立此塘以
防海水信始開募有致土石一斛即與錢一斗旬日之間
來者雲集塘未成而譎云不復取於是載土者皆弃置而
去塘以之成既遏絕湖漁一竟蒙利縣遷治餘姚王莽時
縣名泉亭於是改爲錢塘百姓懷德立碑塘所至今猶在
地境圖曰錢銅之氣望之如有青雲
又曰望錢千萬以上如車十萬之精如一素木萬錢精蓋
地如甕江津上便宜曰夫錢之爲物無益飢寒之用而儲
之家利其不朽古今行之蓋亦由此又便交宜易小市之
宜誠勝寸裂尺斷破爲大小也過此以往無所一用軍國
唯穀與帛錢雖可積未急實也
殷仲堪集太子令曰朝廷遂爲吾營宮室顧省不才而大



興役費深用愧惕冬氣已應作者殊常寒苦可使監殿舍
人一月賫酒肉稱勞賜之吾蒙月俸錢上生塵無所用之
可以供事
晉魯褒錢神論曰大矣哉錢之爲體有乾坤之象其積如
山其流如川動靜有時行藏有節井便易不患耗折故親
如兄弟字曰孔方失之則貧弱得之則富昌無翼而飛無
足而走解嚴毅之顏開難發之口錢多者居前錢少者居
後
綦毋氏論錢曰黃銅中方叩頭對曰僕自西方庚辛分土
諸國處處皆有長沙越嶲僕之所守黃金爲父白銀爲母
鉛爲長男錫爲少婦伊我初生周末時也景王尹世大鑄
茲世貧人見我如病得醫飢饗太牢未之喻也
成公綏錢神論曰路中紛紛行人悠悠載馳載驅唯錢是

來朱衣素帶當塗之士愛我家兄皆無能已執我之手許分終始不計優劣不論能否賓客輻湊門常如市諺曰錢無耳何可闇使豈虛也哉

趙壹疾邪賦曰文籍雖滿腹不如一囊錢

曹植樂府歌曰巢許蔑四海商賈爭一錢

鄭氏婚禮謁讚文曰金錢爲質所歷長久金取和明錢用不止

貲財

周禮地官下司關曰司關司貨賄之出入

後漢書曰樊重字君雲世善農稼好貨殖重性温厚有法度三世共財子孫朝夕禮敬常若公家其營理產業物無所弃課役童隸各得其宜故能上下戮力財利歲倍



管子曰倉廩實知禮節國足則遠者來衣食足則知榮辱矣不務天時則財不生不務地利則倉不盈

又曰桀有天下而用不足湯有土七十里用有餘而非獨爲湯兩粟地非獨爲湯出財物

尸子曰農夫比粟商賈比財烈士比義

列子曰端木子貢之世也籍其先貲家累萬金放意所好生民所無不爲也庖廚之下不絕烟火堂廡之上不絕聲樂行年六十乃棄其家事都散庫藏及其死也無埋瘞之資

孫卿子曰仁義禮智之於人也譬若財貨粟米之於家也多有者富少有者貧至無有者窮

文子曰使信士分財不如探籌使廉士守財不如閉戶羽翼美者傷其骨枝葉茂害其根憂河之涸泣以益也

呂氏春秋曰白公愛財若梟之愛子（梟養子長則食母白公得荊府庫不分人）

家語曰南宮敬叔以富得罪於定公而奔衛夫子聞之曰若其以貨喪不若速貧之愈也（喪亡位也）

又曰孔子曰自季孫賜我千鍾而交益親（以賜於衆故益親）自南宮敬叔之乘我以車也而道加行

說苑曰安陵纏得寵於楚恭王江乙謂纏曰吾聞以財事人者財盡而交疎以色事人者華落而寵衰子安得長被幸乎

鹽鐵論曰荊陽南有桂林之饒內有江湖之利左陵陽之金右蜀漢之材吳越之　隋唐之林不可勝用江湖之魚萊黃之鮐不可勝食隴蜀丹沙毛羽荊陽皮革骨象江南柟梓竹箭燕齊魚鹽旃裘兗豫漆絲絺紵養生奉終之具也待商而通



潛夫論曰富貴人爭附之貧賤人爭去之富貴而交者上有稱舉之用下有貲財之益與貧賤交者大有賑貸之費小有假貸之損故富貴易爲交貧賤難得適

又曰炎帝爲市聚天下之貨各得其所

孫綽子曰命駕而遊五都之市天下之貨畢陳矣

風俗通曰陳留有富老年九十無男娶田家女爲妻一交即氣絕後生得男其女曰我父死時年尊何一夕便有子爭財數年不決丞相邴吉出上殿決獄云老翁兒無影亦復畏寒于時八月取同歲小兒俱解衣裸之老翁兒獨呼寒復令並行日中無影因以財與男

又曰沛中有富豪家訾三千萬小婦子是男又早失母其大婦女甚不賢公病困恐死後必當爭財男兒判不全得因呼族人爲遺令云悉以財屬女但以一劍與男年十五

以付之兒後大姊不肯與劍男乃詣官訴之司空何武曰劍所以斷決也限年十五有智力足也女及壻溫飽十五年已幸矣議者皆服謂武原情度事得其理

太平御覽卷第八百三十六

百穀部一

## 穀

周易曰日月麗乎天百穀草木麗乎土

尚書曰稷降播種農食嘉穀

毛詩谷風信南山曰既沾既足生我百穀

毛詩甫田曰播厥百穀既庭且碩曾孫是若

周禮天官曰太宰以九職任萬民一曰三農生九穀（鄭司農云九穀稷黍秫稻麻大小豆大小麥）凡王之膳食用六穀（鄭司農云稻黍稷粱麥苽苽彫胡也）藥養其病（鄭玄注五穀麻黍稷麥豆）

又夏官曰職方氏掌天下之圖辯其邦國都鄙九穀之數揚州荊州其穀宜稻豫州并州其穀宜五稷（鄭玄云黍稷麥稻菽）青州其穀宜稻麥兖州其穀宜四種（黍稷稻麥）雍州冀州其穀宜稷幽州其穀宜三種（黍稷稻）



禮記月令曰孟春天子乃以元日祈穀于上帝孟夏驅獸無害五穀（獸麋鹿之屬食穀苗驅之令勿害也）孟秋農乃登穀天子嘗新先薦寢廟（黍稷之屬於是始熟）

又王制曰五穀不時不鬻於市

又樂記曰夫古者天地順而四時當民有德而五穀昌疾疢不作而無妖祥德盛而教尊五穀時孰然後賞之以樂

大戴禮曰黃帝播百穀草木節用水火財物生而民得其利百年民畏其神百年亡而民用其教百年故曰三百年

又曰食氣者神明而壽食穀者智惠而巧不食者不死

禮斗威儀曰君乘木而王則草木豐茂嘉穀並生也

左傳襄公曰秦伯之弟鍼謂趙文子曰鍼聞之國無道年穀和熟天贊之也鮮不五稔

又曰晉范宣子為政賦黍苗季武子興再拜稽首曰小國之仰大國也如百穀之仰膏雨也

穀梁傳襄公二十四年曰京師大飢五穀不升為大飢（升成也）一穀不升謂之嗛（嗛不足貌）二穀不升謂之飢三穀不升謂之饉四穀不升謂之康（康虛也）五穀不升謂之大侵

春秋繁露曰金干土則五穀傷土干金則五穀不成

春秋佐助期曰咸池主五穀

爾雅曰中有岱岳與其五穀魚鹽生焉穀不熟為飢仍飢為荐（郭璞注曰言泰山有魚鹽之饒也不熟五穀不成荐連歲不成也）

周書曰凡禾麥居東方黍居南方稻居中央粟居西方菽居北方

史記曰黃帝考定星曆立五行民神易業敬而不黷故神降之嘉生（嘉穀也）



又曰齊桓公欲封禪管仲曰今鳳皇不來嘉穀不生而還蓬蒿藜莠茂鴟梟數至

又曰留侯性多病即導引不食穀（服辟穀藥而靜居行氣）

漢書晁錯曰粟米布帛生於地長於是聚於力非可一日成也數石之重中人弗勝不為姦邪所利一日弗得而飢寒至是故明君貴五穀而賤金玉今海內為一土地人民之衆不減湯禹加以亡天災數年之旱而蓄積之未及也何也地有遺利民有餘力生穀之土未盡墾山澤之利未盡出也游食之人未盡歸農也

又曰宣帝即位歲數豐穰穀至石五錢

東觀漢記曰永平十五年上始欲征匈奴與竇固等議出兵調度皆以為塞外草美可不須穀馬案軍出塞無穀馬故事馬防言常與穀上曰何以言之防對曰宣帝時五帝

出征察其奏言匈奴候騎得漢矢見其中有粟知漢兵出
以故引去以是言之馬當與穀上善其用意微緻即下調
馬穀防遂見親也
又曰建武初穀食尚少趙孝得穀炊將熟令弟禮夫妻出
共還孝夫妻共蔬食茹菜禮夫妻來輒獨飴之積久禮心
疑悵後同掩見亦不復肯出兄弟怡怡鄉里歸德
華嶠後漢書曰馬援在河西有穀數萬斛乃歎曰凡殖財
者貴以施也否則守錢虜耳
袁宏漢紀曰赤眉亂後關中大饑黃金一斤易五升穀
後漢書曰董卓築塢於郿高原七丈號曰萬歲塢（今案塢舊基高
一丈周廻一里一百步也）積穀爲三十年儲自云事成雄據天下不成
守此足以畢老
又曰王莽末天下大飢建武二年天下野穀旅生麻菽尤

盛
魏志曰自遭荒亂率乏糧穀曹公曰夫定國之術在於強
兵足食秦人以急農兼天下孝武以屯田定西域此先世
之良式也是歲乃募民屯田許下得穀百萬斛於是郡列
置田官所在積穀
又曰袁曜卿爲魏國郎中令及卒太祖爲之流涕賜穀二
千斛一教以太倉穀千斛賜郎中令家一教以垣下穀千
斛與曜卿家外不解其意教曰以太倉穀者官法也以垣
下穀者親舊也
又曰袁譚以王脩爲別駕太祖破鄴籍沒審配等家財物
貲以萬數破南皮閱脩家穀不滿十斛
又曰高堂隆諫祿賜穀帛人主之所以惠養吏民而爲之
司命若令有廢是奪其命

又曰甄皇后三歲失父後天下兵亂飢饉百姓皆賣金銀
珠金寶物時后家大有儲穀頗以買之后年十餘歲白母
曰今世亂而多買寶物匹夫無罪懷璧爲罪又左右皆飢
乏不如以穀振給親族鄰里廣爲恩惠舉家稱善
曹瞞傳曰太祖嘗討賊廩穀不足私謂主者如何主者曰可
以小斛以足之後軍中言太祖欺衆太祖謂主者曰借汝
一死厭衆乃殉曰小斛盜官穀即斬之
江表傳曰諸葛亮聞恪代徐詳書與陸遜曰家兄年老而
恪性疏今使典主糧穀糧穀軍之要最僕雖在遠竊用不
安足下特爲啓至尊轉之
王隱晉書曰鄧攸爲吳郡太守吳人飢荒攸輒出臺倉穀
振之後被劾攸曰善不可爲也
三國典略曰後梁有何山者其射之妙人莫能及有鳥噪

於庭樹蕭詧惡之謂山曰射中者賜一車穀其鳥巢並於
枝上山曰脫一箭中兩請賜兩車自無車牛願官爲送詧
許之於是山射中其二項詧甚欣悅即令載穀送之
後魏書曰韋珍遷顯武將軍郢州刺史在州有聲績朝廷
嘉之遷龍驤將軍賜驊騮二疋帛五十五疋穀三百斛珍
乃召集州內孤貧者謂曰天子以我能綏撫鄉故賜以穀
帛吾何敢獨當遂以所賜悉分與之
北史曰盧義僖寬和畏慎不妄交款性情儉素不營財利
少時幽州頻遭水旱先有數萬石穀貸人義僖以年穀不
熟乃燔其契州閭悅其恩德雖居顯位每至困乏麥飯蔬
食忻然甘之
唐書曰長壽二年元日大雪其夜質明而晴上謂侍臣曰
俗云元日有雪則百穀豐未知此語有何故實文昌左丞

姚璹對曰汜勝書去雪是五穀之精以其汁和種則年穀大穰又宋孝武帝大明五年元日降雪以爲嘉瑞上曰朕臨御萬方心存百姓如得年登歲稔此即可爲大瑞雖獲麒麟鳳亦何用爲

墨子曰一穀不收謂之饉二穀不收謂之旱三穀不收謂之凶四穀不收謂之餽五穀不收謂之饑饉則大夫以下損祿五分之一旱則三凶則四饑則盡祿廩食而已

孔叢子曰魏王問子愼曰寡人聞昔上天神異后稷而爲之下嘉穀周遂以興往中山之地無故有穀非人所爲云天雨之反以亡國何答曰天雖至神自古及今未聞其下穀與人也詩美后稷能大教民種善穀以利天下所謂稷降播種農殖嘉穀其義一也若中山之穀妖怪之事非所謂天祥也



管子曰常山之東河汝之間早生而晚殺五穀之所蕃孰也

陳子要言曰食穀而歐田衣帛而笑蠶是惑也○范子計然曰五穀者萬民之命國之重寶也是故無道之君及無道之臣皆不能積其盛有餘之時以待其衰不足

星經曰八穀八星在五車北(主黍稷稻粱麻麥烏麻星明俱熟)

師曠占曰杏多實不蟲者來年秋善五穀之先欲知五穀但視五木擇其木盛者來年益種之

京房五星占曰五穀俱傷何君無德也

京房易逆刺曰天雨穀歲大熟

淮南子曰木勝土土勝水水勝火火勝金金勝水故禾春生秋死(禾木也木王而生金王而死也)菽夏生冬死(菽火也火王而生水王而死也)麥秋生夏死(麥金也金王而生火王而死也)薺冬生仲夏死(薺水也水王而生土王而死也)

又曰稷墾草發菑糞土樹穀使五穀之五種各得宜因地之勢也

又曰女夷鼓歌(女夷天帝之女下司時和春陽喜樂鼓歌也)以司天和以長百穀禽獸草木孟夏之月以享穀本雄鳩長穀爲帝候歲(雄鳩養長穀之鳥也)

金樓子曰鬻官者欲民之死蓄穀者欲歲之飢船漏水入囊洞內虛也

説苑曰楚魏會於晉陽將以伐齊王患之使人召淳于髡曰楚魏謀欲伐齊願先生與寡人共之淳于髡大笑而不應三問而不應王怫然作色曰先生以寡人國爲戲乎淳于髡對曰臣不敢以王國爲戲也臣笑隣之祠田也以奩飯與一鮒魚其祝曰下田洿邪得穀百車蟹堁(戶買反口對反)者宜禾臣笑其所以祠者少而求者多王曰善賜之千金革車百乘立爲上卿



山海經曰都廣之野百穀自生冬夏播琴(郭璞注曰其城方三百里蓋天地之中素女所出也播琴猶播殖方俗言耳)

揚雄方言曰凡以火乾五穀之類出自山東齊楚以往曰熬隴冀以往曰㷭(平力反)秦晉之間曰取熙(創眇切)

楊泉物理論曰穀氣勝元氣其人肥而不壽養性之術常使穀氣少則病不生矣粱者黍稷之揔名也稻者溉種之揔名也菽者衆豆之揔名三穀各二十種爲六十蔬果之實助穀各二十凡爲百穀故詩曰播厥百穀穀者衆種之大名也

説文曰稑(音六)疾熟也穀續也百穀揔名也

賈誼書曰至于神農嘗百草之實察容鹹苦之味教民食穀○汜勝之書曰雪者五穀之精

又曰小豆忌卯稻麻忌辰禾忌丙秫忌寅未小麥忌戌大麥

邑子
桓譚新論曰世俗咸言漢文帝澤加黎庶穀至石數錢論譚曰謂天雨穀從天而下應變而生非也夫雲出於山散而爲雨人見從天墜謂雨水也夏日則雨冬寒則凝爲雪發於丘山不從天降明矣穀從地起與疾風俱飄集於地人謂天之雨也建武三十一年陳留雨穀蔽地視穀形如米而黑此夷狄地所生穀也夷狄不食穀生於草野成熟委於地遭疾風之俱飛裹穀集中國中國見之謂天雨穀

世要論曰學不勤則不知道耕不力則不得穀

又曰服一綵則念女工勞御一穀則恤農夫勤

兵書曰軍中地生五穀將軍得天道大吉

夢書曰五穀爲財飲食物夢見穀得財吉五穀入家家當盛



殷氏世傳曰殷諤字伯起遭世喪亂埋穀數百石後諤爲賊所執見掠責具以穀告之賊猶嫌其未實欲刃焉諤乃詈曰御行劫害當知人心豈有出財還自殺耶則知其誠遂免

華祜別傳曰祜周行賊境七百餘里往反四十餘日刈賊穀以爲軍糧皆計頃畝送絹還直使如穀價

風俗通曰建武之初旅穀弥望野繭被山

盛弘之荊州記曰桂陽郡西北接耒陽縣有溫泉其下流百里恒資以漑灌常十二月一日種至明年三月新穀便登重種一年三熟

博物志曰馬食穀則足重不能行

又曰扶海洲上有草焉名曰篩其實食之如大麥從七月稔熟民斂穫至冬乃訖名曰自然谷或曰禹餘糧

又曰孝元竟寧元年南陽山都雨穀小者如黍粟而青黑味苦大者如米豆赤黃味如麥下三日生根葉狀如大豆初生時

幽明録曰琅耶諸葛氏兄弟二人寓居晉陵家甚貧耗常假乞自給穀在囷中計日用未應盡而早以空罄始者謂是家中相竊盜復封檢題識而耗如初後有宿客遠來際夕至巷口見數人擔穀從門出客借問諸葛在否答云悉在客進內言語之後因問卿何得大糴穀主人云告乞少穀欲充口去何復得糴之客云吾向來逢見數人擔穀從門出若不糴者爲何事主人兄弟相視竊自疑怪試入看封題儼然如故試開囷量視即無十許斛知前後所失非人爲之



異苑曰涼州張駿時天雨五穀殖之悉生因名爲天麥

張衡東京賦曰所貴唯賢所寶唯穀

曹植謝賜穀表曰詔書念臣經用不足以船河邸閣穀五千斛賜臣

謝玄書奉白糧穀十斛是釣池上之所種

太平御覽卷第八百三十七

百穀部二

米　麥

米

後漢書曰帝因西征隗囂至漆（漆縣屬右扶風）諸將多以王師之重不宜遠入險阻計猶豫未决會召馬援夜至帝大喜引入具以群議質之援因説隗囂將帥有土崩之勢兵進有必破之狀又於帝前聚米爲山谷指畫形勢開示衆軍所從道徑往來分析昭然可曉帝曰虜在吾目中矣明旦遂進軍囂衆大潰

又曰獻帝時三輔大旱帝避正殿請雨遣使者洗囚徒原輕繫（洗謂盪滌也）是時穀一斛五十萬豆麥一斛二十萬人相食啖白骨委積帝使御史侯汶出太倉米豆爲飢人作糜粥經日而死者無數帝疑賑邺有虚乃親於御坐前量試作糜乃知非實（袁宏漢紀曰時勑侍中劉艾取米豆五升於御前作糜得滿三盂於是詔尚書曰米豆五升得糜三盂而人委頓何也）使侍中劉艾出讓有司於是尚書令以下皆詣省閤謝奏收侯汶考實詔曰未忍致汶于理可杖五十自是之後多得全濟

宋書曰晉平王休祐素無才能强梁自用大明之世年尚少未得自專至是貪淫好財色在荆州裒刻所在多營財貨以短錢一百賦民田登就求白米一斛米粒皆令徹白若有破折者悉郤簡不受民間糴此米一升一百至時又不受米評米責錢凡諸求利皆悉如此

又曰徐齊耕晉陵人也元嘉二十一年大旱人飢耕詣縣陳辭以米千斛助官振貸縣爲言上當時議以耕比漢卜式詔書襃美酬以縣令大明八年東土飢東海嚴成東苑王道益各以私穀五百餘斛助官振邺



梁書曰任昉爲新安太守爲政清省吏民便之卒於官唯有桃花米二十斛無以爲斂遺言不許將新安一物還都

南史曰孔覬後爲司徒左長史弟道存代覬爲後軍長史江夏内史時東土大旱都邑米貴一斗將百錢道存慮覬甚乏遣使載五百斛米餉之覬呼使謂之曰我在彼三載去官之日不辦有路粮鄉至彼未幾那能便得此米耶可載還彼吏曰自古已來無有載米上水者都下米貴乞於此貨之不聽吏乃載米而去

梁書曰庾詵嘗乘舟從湓中山舍還載米一百五十石有人寄載四十石及至宅寄載者曰君四十斛我百五十斛詵嘿然不言恣其取足隣人有被執爲盜見劾妄疑詵矜之乃以書貿錢二萬令門生詐爲其親代之酬備隣人獲免謝詵曰矜天下無辜豈其謝也

又曰張率嗜酒不事於家務尤志懷在新安遣家僮載米三千石還吳宅及至耗太多率問其故荅曰雀鼠耗率笑而言曰壯哉雀鼠竟不研問

南史隱逸傳曰陶潜爲彭澤令郡遣督郵至縣吏白應束帶見之潜歎曰我不能爲五斗米折腰向鄉里小人即日解印綬去職賦歸去來以遂其志

後魏書曰崔浩自饌食經序曰余備位台鉉與參大謀賞獲豐厚牛羊盖澤貨累巨萬衣則重錦食必粱肉遠惟平生思季路負米之時可復得乎故序遺文垂示來世

北史曰齊文宣帝崩當朝文士各作挽歌十首擇其善者而用之魏收陽休之祖孝徵等不過得一二首唯盧思道獨有八篇故時人稱爲八美盧郎

唐書曰李峴爲京兆尹所在皆著聲績天寶十三載連雨
六十餘日宰臣楊國忠惡其不附巳以雨灾歸咎京兆尹
乃爲長沙郡太守時京師米麥踴貴百姓謡言曰欲得米
粟賤無過追李峴爲其政得人心如此
又曰張万福爲泗州刺史魏州飢父子相賣餓死者接道
万福曰魏州吾鄉里也安可不救令其兄子將米百車往
餧之又使人於汴口求魏人自賣者給車牛贖而遣之
又曰陽城嘗約其二弟云吾所得月俸汝可度吾家有幾
口月食米當幾何買薪菜鹽米凡用幾錢先具之其餘悉
以付酒媼無留也未嘗有所蓄積
說苑曰子路曰負重道遠者不擇地而休家貧親老者不
擇祿而仕昔者由事二親之時常食藜藿之實而爲親負
米百里之外親沒之後南遊於楚從車乘積粟萬鍾累茵

而坐列鼎而食願食藜藿爲親負米之時不可復得也枯
魚銜索幾何不蠹二親之壽忽如過隙草木欲長霜露不
停賢者欲養二親不待故曰家貧親老不擇祿而仕也
呂氏春秋曰孔子窮於陳蔡之間藜羹不糝七日不嘗粒
晝寢顏回索米得而爨之幾熟孔子望見顏回攫其甑
中而飯之選間食熟謁孔子而進食孔子起曰今者夢見
先君食潔欲饋回曰可嚮者煤炱入甑中回以爲弃之則
不可置之則不潔因攫而食之孔子歎曰人所信者目也
而目猶不可信所恃者心也而心猶不足恃弟子記之知
人固不易
水經曰會稽有射的山遠望狀若射侯故謂射的的之西
有石室名之爲射堂年登否常占射的以爲貴賤之准的
明則米賤的闇則米貴故諺云射的白斛米百射的玄斛

米千

麥

毛詩鄘柏舟桑中曰爰採麥矣沬之北矣
又載馳曰我行其野芃芃其麥
又思文曰思文后稷克配彼天立我蒸民莫匪爾極貽我
來牟（牟麥也）
禮記月令曰孟夏之月天子以彘嘗麥孟春行冬令則首
種不入（蔡邕章句曰首種爲宿麥也）
左傳桓公曰夏四月鄭祭足帥師取溫之麥（溫周蘇氏之邑）
又文下曰魯襄仲如鄭拜穀之盟復曰吕聞鄭人將食魯
之麥
又成上曰晉侯夢大厲公召桑田巫巫曰不食新麥矣六
月丙午晉侯欲麥使甸人獻麥召桑田巫示而殺之將食
張如廁陷而卒

春秋佐助期曰麥神名含福姓習
春秋說題辭曰麥之爲言殖也寢生觸凍而不息精射剌
直故麥含芒生且立也
尚書大傳曰秋昏虛星中可以種麥
孝經援神契曰黒墳宜黍麥
周書曰四月孟夏王初祈禱于岱宗乃嘗麥于廟
史記曰箕子朝周過故殷墟感生禾黍箕子傷之欲哭則
不可欲泣爲其近婦人乃作麥秀之詩以歌詠之其詩曰
麥秀漸漸兮禾黍油油
漢書曰武帝外事四夷而民去本董仲舒說上曰春秋他
穀不書至於麥禾不成則書之以此見聖人於五穀最重
宿麥今關中俗不好種麥願陛下幸詔大司農使關中民

益種宿麥無令後時
東觀漢記曰高鳳字文通南陽宛人誦讀晝夜不絶妻嘗
之田暴麥於池以竿授鳳（令護鳥雀）鳳受竿誦經如故天大雷
暴雨流潦鳳留意在經忽不視麥麥隨水漂去
又曰第五倫免歸田躬與奴共發株棘田種麥
又曰董宣爲洛陽令卒官詔遣使視唯見布被覆屍妻子
對哭有大麥數斛
又曰鄧禹平三輔粮乏王丹上麥二千斛禹高其節義表
丹領左馮翊
又曰張堪爲漁陽太守勸民耕種以致殷富百姓歌曰桑
無附枝麥穗兩岐張君爲政樂不可支
續漢書曰羊續爲南陽太守妻與子祕俱往郡舍續閉門
不納妻自將祕行其資藏唯布衾弊裯鹽麥數斛



又曰桓帝時童謡曰小麥青青大麥枯誰當穫者婦與姑
丈夫何在西擊胡（後西羌大至枹丁以征之）
袁山松後漢書曰范丹字史雲外黃人使兒捃麥得五斛
鄰人尹臺遺之一斛囑兒莫道丹後知即令并送六斛言
麥已雜遂誓不取
王隱晉書曰王裒字偉元諸生有盜爲裒刈麥者裒遂弃
之於是莫敢復佐
晉書載記曰京兆杜洪竊據長安自稱晉征北將軍雍州
刺史戎夏多歸之符健密圖關中懼洪知之乃僞愛石祗
宮室於枋頭課所部種麥示無西意有知而不耕種者健
殺之以徇
晉起居注曰咸康三年河北謡曰麥入土殺石虎
又曰太康十年嘉麥生扶風郿一莖四穟收實三倍

崔鴻十六國春秋前凉録曰張駿九年雨五稼穀于武威
燉煌種之皆生因名天麥
又前秦録曰初符健聞桓温之來伐也芟麥以待之故温
掠無所得軍人大飢
又曰新羅王遣使貢其方物在百濟東去長安九千八百
里其人食麥
又前凉録曰永嘉元年嘉麥一莖九穗生姑臧
三國典略曰李岳字祖仁官至中散大夫嘗爲門客所説
舉錢營生廣收大麥載赴晉陽候其寒食以求高價清明
之日其車方達又從晉陽載化生向鄴城路逢大雨並化
爲泥息利既少乃至貧迫當世人士莫不笑之
陳書曰侯景亂時吳明徹有粟麥三千餘斛而隣里飢餒
乃白諸兄曰今人不圖久奈何不與鄉里共此於是計口
平分同其豐儉羣盜聞而避焉賴以存者甚衆



後周書曰大象末有強練師以無底囊歷長安市告乞市
以米麥遺之隨即漏地人或問其故強練曰但令諸人見
盛空耳　隋初遷都龍首山長安遂空矣
隋書曰張文詡隱居嘗有人夜中竊刈其麥者見而避之
盜因感悟弃麥而謝慰諭之自誓不言固令持去經數年
盜者向鄉人論之始爲遠近所悉隣家築牆心有不直文
詡因毀舊堵以應之
唐書曰開元十三年河南府壽安縣人劉懷家有大麥六
畝先熟與衆麥殊色其中有兩岐三岐四岐六岐者
又曰元和九年六月三日宰臣武元衡爲盜所害先是長
安謡曰打麥麥打三三三既而旋其袖曰舞了也解者謂
打麥者打麥時也麥打者蓋謂闇中突擊也三三三謂六

月三日也鉌了者謂元衡之卒也
又曰西女國每十月令巫者齎肴詣山中散糟麥於空大
呪呼鳥俄而鳥如雞飛入巫者之懷因割腹而視之每有
一穀來歲必登若有霜雪必有災異其俗信之名爲鳥卜
又曰吐谷渾地氣大寒不生秔稻有青𪍿遷切瓦麥登音豆
小麥蕎麥
莊子曰大儒以詩禮發冢小儒曰口中有珠詩曰青青之
麥生於陵坂生不布施死何含珠爲
淮南子曰濟水通和而宜麥
又曰三春之月天子衣青衣乘青龍食麥與羊
秦子曰孔文舉爲北海相有人母病差思食新麥家無乃
盜隣熟麥而進之文舉聞特賞之
家語曰宓子賤爲單父宰百姓化之齊人攻魯道由單父

平八ヨ三十八　七　单和九

老謂曰麥已熟矣今齊寇至不及人人自收其麥請放民皆
使出穫傅郭之麥可以益粮且不資寇三請而宓子不聽
俄而寇逮于麥季孫聞之怒使人讓之宓子蹙然曰今茲
無麥明年可樹若使不耕者得穫是民樂有寇也且單父
一歲之麥於魯不加強喪之不加弱使民有自取之心其
瘡必數世不悉季孫聞之赧然媿曰地若可入吾豈忍見
宓子哉賈誼書同
廣雅曰大麥麰也小麥麳也
呂氏春秋曰得時之麥長稠而頸黑二七以爲行西服薄
穗而赤色稱之重食之致香以息使人肥且有力
范子計然曰東方多麥南方多稷西方多麻北方多菽中
央多禾五土之所宜也
說文曰麥芒穀秋種厚薶故謂之麥麥金也金王而生火

王而死從來有穗者從父恩切惟𢇛周所受來牟也一麥二
縫象其芒刺之形天所來也麩音結堅麥也𪌌音璊小麥屑𪍿
也𪌐麥也麵麥覆屑也十三斤爲三斗從麥啇聲𪍐責
麥也𪍑麥白煮也稍麥莖也
廣志曰虜小麥其實大麰似大麥形有二縫秔麥似大麥
出涼州旋麥三月種八月熟出西方赤麥赤而肥出鄭縣
有半夏小麥有秀芒大麥有黑穬麥
吳氏本草曰大麥一名穬麥五穀之盛無毒治消渴除熱
益氣食蜜爲使麥種一名小麥無毒治利而不中
氾勝之書曰凡田六道種麥爲首子欲富黃金覆謂鬼祟
𪎊麥根也夏至後七十日寒地可種宿麥
又曰麥早種而虫有節晚種穗小而少實麥種以酢漿無
虫冬雪止掩其雪勿從風飛去則麥耐旱

太八ヨ三十八　八　和九

崔寔四民月令曰六月初伏薦麥瓜於祖禰
陳留耆舊傳曰高順字孝父敦厚少華子式至孝蝝蝗爲
灾不食式麥
英雄記曰呂布令韓暹楊奉取劉備地麥以爲軍資
曹瞞傳曰太祖曾行麥中令士卒無敗麥犯者死騎士皆
下馬持麥以相付太祖馬騰入麥中太祖曰孤爲軍帥不
可殺請自刑因援劍割髮以置地
諸葛恪別傳曰孫權嘗饗蜀使費禕禕停食餅索筆作麥
賦恪亦請筆作磨賦咸稱善
西域諸國志曰天竺以十一月六日爲冬至則麥秀十二
月十六日爲臘則麥熟
博物志曰啖麥令人多力
又曰近世有田夫至巧削木爲麥入市糴之糴者無疑歸

磨乃覺非麥
搜神記曰麥之爲蛺蝶由干濕也尒則萬物之變皆有也
農夫止麥之化者漚之以灰聖人理萬物之化者濟之以
道。孔融教高密令曰高密侯國賤言鄭國增門之崇令
容高車結駟之路出麥五斛以酬執事者之勞

太平御覽卷第八百三十八

百穀部三

禾　稻　秔　秫

禾

尚書微子之命曰唐叔得禾異畝同穎獻諸天子王命唐叔歸周公于東作歸禾

又金縢曰周公居東秋大熟未穫天大雷電以風禾則盡偃王啓金縢得周公代武王之說王出郊天乃反風禾盡起

尚書大傳曰成王時有苗異莖而生同爲一穗大幾盈車長充箱人有上之者王召周公而問之公曰三苗爲一穗抑天下其和爲一乎果有越裳氏重譯而來

毛詩甫田曰禾易長畝終善且有易治也長畝竟畝也



禮記檀弓下曰季子皐葬其妻犯人之禾申祥以告曰請庚之子皐曰孟氏不以是罪予朋友不以是棄予以吾爲邑長於斯也買道而葬後難繼也

左傳隱公曰夏四月鄭祭足帥師取溫之麥溫周地蘇氏邑也秋又取成周之禾

春秋運斗樞曰旋星明則嘉禾液春秋感精符曰日下論於地則嘉禾興

春秋說題辭曰天文以七列精以五故嘉禾禾之滋莖長五尺五七三十五神盛故連莖三十五穗以成盛德禾之極也

又曰禾者銜滋液銜滋液以生故以和歉爲名也

孝經援神契曰德下至地則嘉禾生

春秋繁露曰禾實於野粟缺於倉皆奇恠非人所意乎此可畏也

史記封禪書曰管仲說桓公曰古之封禪北里禾所以爲盛蘇林注曰北里地名

漢書曰武帝外事四夷四民去本董仲舒說上曰春秋他穀不書至於麥禾不成則書之以見聖人於五穀最重麥與禾

又郊祀志曰王莽篡位興神仙事種五粱禾於殿中各順其色置其方面煑二十餘物漬種計粟斛成一金言此黄帝穀仙之術

又曰莽使中郎平憲誘羌還去天下太平一禾長文餘故乞內屬

續漢書曰承宮字少子瑯耶人嘗在蒙陰山中耕種禾黍臨熟人認之宮便推與而去由是發名也

東觀漢記曰光武以建平元年生於濟陽縣是歲有嘉禾生一莖九穗大於凡禾縣界大熟因名上曰秀



又曰淳于恭字孟孫有盜刈禾恭見之恐其愧因伏草中盜去乃起

後漢書王符論曰夫養稂莠者傷禾稼惠姧宄者賊良人

又曰蔡茂初在廣漢夢坐大殿極上有三穗禾茂跳取之得其中穗輒復失之屋之大者古通呼爲殿也極梁也三輔間謂屋梁爲極以問主簿郭賀賀離席慶曰大殿者官府形象也極而有禾人臣之上禄也取中穗是中台之位也於字禾失爲秩日失之所以得禄秩也袞職有闕君其補之旬月而茂徵焉

吴志曰赤烏七年宛陵言嘉禾生會稽始平言嘉禾生改年爲嘉禾

晉書曰庾袞居貧禾熟穫者已畢而採捃尚多袞乃引其羣子以退曰待其間及其捃也不曲行不旁掇跪而把之則亦大穫又與邑人入山拾橡分夷險序長幼推易居難禮

無違者
藏榮緒晉書曰朱沖字巨容躬植禾埶疏鄰牛侵犯持芻送牛而無恨色
晉起居注曰武帝世嘉禾三生其七莖同穗
晉中興徵祥說曰王者德盛則嘉禾（生嘉禾卜韓也）義熙十三年輩縣民宋曜於田中獲嘉禾九穗同本九穗九州是時羌平六合寧
後魏書曰許謙字元遜代人也子洛陽為鴈門太守家田三生嘉禾皆異壟合穎世祖善之進爵北地公也
北史曰趙肅授原州總管司馬在道夜行其左右馬逸入田中暴人禾輒駐馬待明訪禾主酬直而去
唐書曰朔方節度郭子儀言寧朔縣界荒地廣十五里有黑禾穀出遍地每日側近百姓掃盡經宿還生前後可得五六千石其禾圓實味甘美臣以為天啓興王先瑞百穀故漢稱兩粟周頌來麰豈若瑞禾自出家給人足蓋陛下富教安人務農敦本光復社稷康濟黎元之應也
又曰代宗為皇太子乾元初上降誕豫州奏百姓李氏有嘉禾生及是冊禮特詔改名豫
又曰永泰元年秋京兆府上言鄠縣嘉禾生穗長一尺餘穗上粒重疊如連珠
又曰馬燧大曆四年為懷州刺史秉兵亂後其夏大旱人失耕種燧乃務教化將吏有父母者燧輒造之施敬收瘞暴骨去其煩苛至秋田中生穭禾人頗便之（穭音呂禾再生也）
又曰元和中東川觀察使潘孟陽上言龍州武安川中嘉禾生有麟食之復生麟之來一鹿引之群鹿隨焉光華不可正視畫工就圖之并嘉禾一函以獻



淮南子曰后稷辟土墾草以為百姓力農然而不能使禾冬生
又曰洛水輕利而宜禾
又曰夫子見禾之三變（夫子孔子也三變始於粟生於苗成於穗也）滔滔然曰狐鄉丘而死我其首禾乎（禾穗）垂而向根君子不忘本也
呂氏春秋曰飯之美也玄山之禾
山海經曰崑崙墟上有禾禾長五尋（郭璞注曰木禾穀類也）
白虎通曰德至於地則嘉禾生嘉禾者大禾也
說文曰禾嘉穀也二月始生八月而熟得時之中故謂之禾禾木也木王而生金王而死稹早種也穎禾末也穀禾皮也稈禾莖也稾稈也
會稽典錄曰沈勳身自耕耘以供衣食人有盜穫其禾勳見而避之明日更收拾送致其家盜者愧懼齎還不受
六韜曰人主好田獵則歲多大風禾穀不實
鄭玄別傳曰玄年十六號曰神童民有獻嘉禾者欲表府文辭鄙略玄為改作又著頌一篇侯相高其才為修冠禮
杜寶大業拾遺錄曰七年九月太原郡有獻禾一本三穗長八尺穗長三尺五寸大尺圍芒穗皆紫色鮮明受自禾已上二尺餘亦紫色有老人年八十餘以素木匣盛之賜物三十段板授嘉禾縣令
續搜神記曰廬陵巴丘人文晃者世以田作為業秋收以過穫刈都畢明旦至田禾悉復滿湛然如生即更穫所穫盈倉而巨富
廣五行記曰東魏孝靜帝天保初四月禾夜生於帝銅硯中及明而長數寸有穗其年帝為高洋所幽遇鴆而崩
古今注曰和帝元年嘉禾生濟陰城陽一莖九穗安帝延

光三年嘉禾生九眞百五十六本一百六十八穗
汜勝之書曰種禾無期因地爲時三月榆莢雨時高地強
土可種禾薄田不能糞者以原蠶矢雜禾種之則禾不
崔寔四民月令曰三月二月可種稙米
夢書曰禾稼爲財用之所夢見禾稼言財氣生
廣志曰渠和蕛生實如葵子米粉白如麵可爲饘粥牛食
之肥六月種九月熟感禾扶疏生實似大麥楊禾似藋粒
細也折右炊停即牙生此中國巴禾木稷也火禾高丈餘
子如小豆出粟特特國

稻

周禮夏官職方氏曰楊州宜稻青州宜稻麥
禮記曲禮下曰祭宗廟之禮稻曰嘉蔬
又月令曰季秋之月天子乃以犬嘗稻先薦寢廟

又内則曰飲重醴清糟稻醴清糟黍醴清糟
又内則曰取稻米舉糔息酒切溲所九切之小切狼臅唱錄切膏
以與稻米爲酏之然切
左傳昭五曰鄭音禹人藉稻履行之也
春秋說題辭曰稻之爲言藉也稻冬含水盛其德也故稻
太陰精含水漸洳乃能化也江旁多稻固其宜也宋均注曰稻菴
裹也稻非水不生故曰陰精也
孝經援神契曰汚泉宜稻
尓雅曰稌稻也今沛國呼稌也
廣雅曰粢稻其穗謂之禾
東觀漢記曰劉敞拜廬江都尉歲餘遭旱行縣人持稻皆
枯吏強責租敞應曰太守事也載枯稻至太守所酒數行
以語太守太守曰無有敞以枯稻示之太守曰都尉事也

敞怒叱太守曰鼠何敢爾也
後漢書曰鄧晨爲汝南太守興鴻郤陂數千頃田鴻郤陂名今在豫州汝南縣東成帝時開東水溢爲害翟方進爲丞相奏罷水陂
江表傳曰孫亮五鳳元年交阯稗草爲稻
吴志曰鍾離牧字子外會稽山陰人少居永興自墾田種
稻二十餘畝臨熟而縣民認之牧曰本自田荒故墾之耳
遂以稻與縣民縣吏召民繫獄欲繩以法牧請之長曰君
自行義事僕爲民主當以法率下牧曰此是郡界緣君意
顧來暫住今以少稻殺此民何必復留
又曰黄龍三年由卷縣野稻自生改爲禾興縣
晉中興書曰孫略字文度吴人少田於野時年饑穀貴人
有生刈其稻者略見而避之
晉書曰杜預脩邵信臣遺跡激用滍淯諸水以浸稻田萬

餘頃分疆刊石使有定分公私同利衆庶賴之號曰杜父
舊水道
又曰惠帝征成都王狼狽左脚三指折觸匐入稻苗中賴
侍中嵇紹以身趕之
又曰郭翻字長翔武昌隱士也不交世事唯以漁釣射獵
爲娛貧無業欲墾荒田先立表題經年無主然後乃作稻
將熟有認之者悉與之縣令聞而詰之以稻還翻翻遂不
受
又曰袁甫嘗詣何勗自言能爲劇縣勗曰唯欲宰縣不爲
臺閣職何也甫曰人各有能有不能譬繒中之好莫過錦
錦不可以爲帽音瑁穀中之美莫過稻稻不可以爲糜是以
聖王使人必先以器苟非周材何能悉長黄霸馳名於州
郡而息譽於京邑廷尉之材不爲三公自昔然也勗善之

除松滋令
宋書曰顧歡好學年六七歲家貧父使田中驅雀歡作黃雀賦而歸雀食稻過半父怒欲撻之見賦乃止
齊書曰范雲嘗從文惠太子幸東田觀穫稻文惠顧謂雲曰刈此甚快雲曰三時之務亦甚勤勞願殿下知稼穡之艱難無徇一朝之宴逸也文惠改容謝之
南史曰孔琇之有吏能仕齊爲吳令有小兒年十歲偷刈鄰家稻一束琇之付獄案罪或諫之琇之曰十歲便爲盜長大何所不爲縣中皆震肅
梁書曰鄧元起嘗至其西沮田舍有沙門造之乞於元起有稻幾二千斛悉以施之時人稱其有大度
又曰陳伯之濟陰睢陵人也年十三四好着獺皮冠帶刺刀候鄰里稻熟輒偷刈之嘗爲田主所見呵之曰楚子莫動伯之曰君稻幸多取一擔何若田主將執之因挼刀而進曰楚子定何如田主皆叉走徐擔稻而歸
隋書曰梁陳五壇祭法以三牲首餘以骨體薦粢盛爲六飯粳以敦稻以牟黃粱以簠白粱以簋黍以瑚粱以璉
又曰齊孝昭皇建中平州刺史嵇曄建議開幽州督亢舊陂長城左右營屯歲收稻粟數十萬石北境得以周贍
唐書曰開元十九年揚州奏穭生稻二百一十五頃再熟稻一千八百頃其粒與常稻無異
又曰孟元陽爲曲環軍中大將環使董作西華屯元陽盛夏芒履立稻田中須役者退而後就舍故其田歲無不稔軍中足食
淮南子曰江水肥而宜稻
又曰今稻生於水而不能生於湍瀨之流



又曰離先稻熟而農夫耨之（稻米隨而生者爲離與稻相似耨之爲其少實也）不以小利傷大穫也
戰國策曰東周欲爲稻西周不下水東周患之蘇子往見西周之君曰君之謀過矣今不下水所以富東周也今其民皆種麥無他種矣君若欲害之不若一爲下水以病其所種下水東周必以種稻而復奪之若是則東周之民可令一仰西周受命於君矣
國語曰越敗吳王孫雄請和范蠡不聽雄曰范子先有言無助天爲虐助天爲虐不祥今吾稻蟹不遺種子將助天爲虐乎
呂氏春秋曰得時之稻大本而莖葆長稠疏穖穗如馬尾大粒無芒摶米而薄糠舂之易而食之香如此者不蒜（饐）也先時者大本而莖葉格對（對等）短稠短穗多秕厚糠薄米多芒後時者纖莖而不滋厚糠多秕辟米不得待定熟仰天而死
又曰史起爲鄴令民大被其利相與歌之曰鄴有聖令爲史公決漳水兮灌鄴旁終古斥鹵兮生稻粱
吳越春秋曰越王勾踐復興師伐吳吳王敗晝夜馳走三日飢顧見生稻而取食之
抱朴子曰南海晉安九熟之稻
會稽典録曰夏香有盜刈其稻者香助爲收之盜者慙送以還香香不受
風土記曰穲稻之紫莖穲（穲衝二音）稻之有青穟米皆青白者也
水經曰任延爲九眞太守教民耕藝法與華同名曰田種白穀七月大作十月登熟名赤田種赤穀十二月作四月

登熟所謂兩熟之稻也
世説曰晉簡文見田中稻苗不識問人是何草左右荅曰
是稻簡文歸三日不出云寧有得其末不識其本郭義恭
廣志曰有虎掌稻紫芒稻赤穬南方有蟬鳴稻七月熟稻
有蓋下白正月種五月穫訖其莖根復生九月復熟青芋
稻六月熟累子稻白漢稻七月熟此三稻大且長三枚長
一寸益州稻之長者米長半寸熟説文曰稻稌也穬肥尾切
稻紫莖不黏者也穲穲稻不黏者也秏稻屬也
徐暢祭記曰舊稑稻熟常用九月九日薦稻
氾勝之書曰稻種春凍解時耕反其土種稻區不欲大大
則水深淺不遍冬至後百一十日可種稻地美者用種畝
四斗
俞益期牋云交趾稻再熟而草深耕重收穀薄



異物志曰交趾稻夏冬又熟農者一歲再種
雲南記曰雅州榮經縣土田歲輸稻米畝五斗其穀精好
每一斗穀近得米一斗炊之甚香滑微似糯味
崔寔四民月令曰三月多種秔稻
蔡邕月令曰十月穫稻九月熟者謂之半夏稻
博物志曰海陵縣扶江接海多麋獸千千爲羣掘食草根
其處成泥名麋畯民人隨此畯種稻不耕而穫其收百倍
任昉述異記曰夏禹時天雨稻古詩云安得天雨稻飼我
天下民
物理論曰稻者溉種之揔名
養生要集曰秔稻屬也稻亦秔之揔名也道家方藥有用
稻米秔米此則是兩物也稻米粒白如霜味苦主温服之
令人多瘦無飢膚秔米味甘主利五藏長飢膚好顔色

左思魏都賦曰清流之稻清流近鄴西出御稻
又吳都賦曰國秔再熟之稻鄉貢八蚕之綿
盧毓冀州論曰河內好稻
秔與粳通用
説文曰秔稻屬也
宋書曰陶潛爲彭澤令公田悉令吏種秫妻子固請種粳
乃使五十畝種粳
陳書曰徐孝克所生母患欲粳米爲粥不能 辦母亡後
孝克遂常啖麥有遺粳米者孝克對而悲泣終身不復食
焉
後魏書曰安同遼東胡也太宗同與長孫嵩並理人訟世
祖即位除青冀二州刺史同長子居典太倉事盜官粳米
數石以養同大怒奏求戮居自劾不能訓子請罪太宗嘉



而恕遂詔長給同粳米
神仙傳曰王烈字長休邯鄲人與嵇叔夜入山遊戲烈後
獨入太行山忽聞山東北如雷聲往視見山破石中有孔
徑尺中有青泥流出烈取摶之隨手堅凝氣味如粳米飯
烈自食數丸因提歸以與叔夜而皆成青石
楊衒之洛陽伽藍記曰西方佛沙伏國有昔尸毗王倉庫
爲火所燒其粳米燋燃于今猶在若伏一粒永無虐患彼
國人民須以爲藥
廣志曰粳有烏粳黑穬有幽青白夏之名
張衡南都賦曰其廚膳則華鄉里秬滍音雉皐香秔
左思蜀都賦曰黍稷油油秔稻漠漠
魏文帝與朝臣書曰江表唯長沙名好米何時比新城粳
稻也上風炊之五里聞香

秫

說文曰秫稷之黏者

尓雅曰衆秫也孫炎注曰秫稷粟也

廣雅曰秫稷糠也

禮記月令曰仲冬之月乃命大酋秫稻必齊酒熟曰酋大酋酒官之長齊熟成也

又內則曰饘酏酒醴芼羹菽麥蕡稻黍粱秫唯所欲

晉書曰陶潛字元亮為彭澤令在縣公田悉令種秫穀曰令吾常醉於酒足矣妻子固請種秔乃使二頃五十畝種秫五十畝種秔

管子曰黃壤宜黍秫

崔豹古今注曰稻之黏者為秫禾之黏者為黍

廣志曰秫有赤者有白者胡秫早熟及麥



養生要集曰秫米味酸

太平御覽卷第八百三十九

# 太平御覽卷第八百四十

## 百穀部四

稷　粟

### 稷

毛詩駉頌閟宮曰有稷有黍有稻有秬

禮記曲禮下曰凡祭宗廟稷曰明粢

又內則曰豕宜稷

國語曰稷為稷不能蕃殖

爾雅曰粢稷也（郭璞注曰今江東呼粟為粢也孫炎曰稷粟也）

說文曰稷五穀之長也

山海經曰廣都之野爰有膏稷

廣志曰破減稷逼麥稷此二者以四月熟

本草曰稷米甘而無毒益志氣補不足



鄭氏婚禮謁文讃曰稷為天官

盧毓冀州論曰眞定好稷地產不為無珎也

### 粟

歸藏曰剥良人得其玉小人得其粟

河圖說微曰蒼帝起天雨粟也

說文曰粟嘉穀實也粟之為言續也

爾雅曰虋赤苗芑白苗（虋赤粱粟也芑白粱粟也虋音門芑音起）

尚書仲虺之誥曰肇我邦于有夏若苗之有莠若粟之有秕（孔安国注曰始我商家国於夏世欲見剪除若莠生苗秕在粟恐被鋤治傷之也）

毛詩曰握粟出卜自何能穀

又小宛曰交交桑扈率場啄粟

周禮地官下曰倉人掌粟入之藏（鄭玄注曰九穀盡藏以粟為主）

禮記曲禮上曰獻粟者執右契（契券要古尊也）

禮記祭法曰父毋既没必求仁者之粟以祀之謂禮終

左傳僖上曰冬晉荐饑乞糴于秦秦輸粟于晉自雍及絳相繼命之曰汎舟之役

又襄元曰季文子卒大夫入斂無衣帛之妾無食粟之馬

又襄六曰鄭子皮即位於是鄭飢而未及麥民病子皮以子展之命餼國人粟戶一鍾

又昭六曰夏會于黃父謀王室也（王室有子朝乱謀定之也）趙簡子令諸侯之大夫輸王粟

春秋佐助期曰粟神名許給姓慶天

又說題辞曰高而平者為原平者和故宜粟

又曰粟助陽扶性粟之為言續也粟五變一變而以陽生為苗二變而秀為禾三變而粲然謂之粟四變入臼米出甲五變而蒸飯可食（宋均注曰粟変五行氣而五変故乃成可食）陽以一立為法故粟積大一分穗長一尺文以七烈精以五立故其字粟為粟西者金所立米者陽精故西字合米而為粟（宋均注曰續為續陽生長也受五行氣故有变）



春秋潛潭巴曰天雨粟無德者與有德者不祿小人進大臣辱

公羊傳僖上曰秋齊侯宋公江人黃人會於陽穀桓公無障谷無貯粟（何休注曰有無相通）

穀梁傳莊公曰諸侯無粟諸侯相歸粟正也

論語雍也曰子華使於齊冉有為其母請粟子曰與之釜請益曰與之庾原思為之宰與之粟九百辭子曰無以與尒隣里鄉黨乎

周書曰神農之時天雨粟神農耕而種之作陶冶斤斧破木為耜鉏耨以墾草莽然後五穀興以助菓蓏之實

史記曰武王平殷亂天下宗周伯夷叔齊恥之義不食周粟
又曰宣曲任氏之先爲督道倉吏秦之敗豪傑皆爭金玉而任氏獨窖倉粟楚漢相拒滎陽民不得耕種米石至万金而豪傑金玉盡歸任氏任氏以此起富
又曰漢興七十餘年之間國家無事非遇水旱之災太倉之粟陳陳相因充溢露積於外至腐敗不可食也
又曰文帝徙淮南王道死民歌曰一斗粟尚可舂一尺帛尚可縫兄弟兩人不能相容
又汲黯傳曰河内失火上使黯往視之還報曰河内人或父子相食臣謹發河南倉粟以賑貧乏上賢而釋之
史記曰大將軍青遂至寘顏山趙信城得匈奴積粟食軍軍留一月而還悉燒其城餘粟以歸
漢書曰酈食其說齊王曰漢英豪賢才皆樂爲之用諸侯之兵四面而至蜀漢之粟方船而下
又曰公孫弘起家徒步爲丞相故人高賀從之食以脫粟米飯覆以布被賀怨曰何用故人富貴爲脫粟布被我自有之乃退
又曰主父偃諫伐匈奴曰秦皇使天下飛芻輓粟起於東腄琅邪負海之郡轉月北河率三十鍾而致一石
又曰秦將王離涉河圍鉅鹿章邯軍其南築通道而輸之粟
又曰神農之教曰有石城十仞湯池百步帶甲百萬而亡粟弗能守汜勝之書又
又東方朔傳曰侏儒長三尺俸一囊粟錢二百四十臣長九尺餘亦俸一囊粟錢二百四十侏儒飽欲死臣朔飢欲死



又曰賈捐之上書曰武帝元狩六年太倉之粟紅腐不可食
謝承後漢書曰丹昜方儲字聖明曉風角占候爲章句長民田還置餘粟二石及刀鋤於田陌聖明曰求亡去疑其隣家儲曰此人非偷自呼縣功曹語曰君何取粟置家後積歲中功曹款服
後漢書王符潛夫論曰富貴則背親捐舊喪其本心朽貫千萬而不忍賜人一錢積粟腐倉不忍貸人一斗
後魏書曰任城王雲爲冀州刺史雲留心政事甚得下情於是合城長吏請輸絹五尺粟五斗以報雲恩高祖嘉之
又曰世祖引高允與論刑政言甚稱旨因問允曰萬機之務何者爲先是時多禁封良田又京師遊食者衆允因言曰地方一里則爲田三頃若勤之則畝益三斗不勤則畝損三斗方百里損益之數率爲粟二百二十二萬斛況以天下之廣乎若公私有儲雖遇飢年復何憂哉世祖善之遂除田禁
又曰韋聉字尊顯少有志業年十八辟州主簿時屬歲儉聉以家粟造粥以飼飢人所活甚衆
後周書曰王羆爲華州刺史時關中大飢徵稅民間穀食以供軍費或隱匿者令遞相告多被箠捶以是人有逃散唯羆信著於人莫有隱者得粟不少
唐書曰始平人宗士眺負粟一石委於大倉而去云願少益軍國高祖嘉之賚物百段
晉史曰高祖明而難犯事多親決嘗有店婦與軍士訴無以自明帝爲鞫吏曰雖屬官吾司市而代之兩訟未分何以爲斷可殺馬剖腸而視其粟有則軍士誅無則婦人

死遂殺馬馬腸無粟因戮其婦境內肅然莫敢以欺

漢實錄曰王周性寬恕不忤物情初刺信都州城西橋敗覆民租車周曰橋梁不飾守之過也乃還其所沉粟出私財以脩之

孔叢子曰子思居貧其友饋之粟者受二車焉或獻樽酒束脩子思曰爲費而無當也或曰子取人粟而辭酒是辭少而受多也於義則無名於分則不全行之何也子思曰然伋不幸而貧於財及至困乏將絕先人之祀夫所以受粟爲周乏也酒脯則所以飲讌也方乏於食而乃飲讌非義也吾豈以爲介哉度義而行之

又曰季桓子以粟千鍾餼夫子夫子受而班門人之無者子貢曰季孫以夫子貧故致粟今而施人無乃乖彼意乎子曰吾受而不辭爲季孫之惠受不爲富惠於一人豈若



數百人哉

管子曰桓公觀於野曰何物可比君子之德隰朋曰粟可比君子之德管仲曰苗始出生也昫昫（昫音）乎以孺子安之則安不得則危故命之曰禾此可比君子桓公曰善

晏子春秋曰北郭騷見晏子曰願託所以養母晏子分倉粟府金以遺之辭金受粟晏子見疑出奔北郭子遂造公庭曰晏子天下賢人去齊敵必來侵見國之侵不若死請以頭白晏子因自殺景公聞大駭自追晏子

又曰寸之管無當天下不能足粟今齊國丈夫耕女子織夜以接日不足以奉上而君側雕文刻鏤之觀此無當之管也

曾子曰曾子魯君饋之粟辭不受使者曰子無求於人人自致之曰與人者驕人受人者畏人縱子不以是驕我我能無畏乎與富而畏人不若貧而無屈

墨子曰世俗之君子視義士不若視負粟者今有人於此負粟息於路側欲起而不能君子見之無長少貴賤必起之何重故也今爲義之君子奉承先王之道以語之縱不說而行又從而非毀之則是世俗之君子視義士不若視負粟者

莊子曰周家貧貸粟於監河侯侯曰待我得邑金將貸子周作色曰周昨來有呼周者視轍中有一鮒魚曰我東海之波臣也君豈有斗升水活我哉周曰諾我且南遊吳越激西江之水迎子可乎鮒魚曰不如早索我於枯魚之肆

呂氏春秋伍子胥諫吳王曰非吳喪越越必喪吳今將輸之粟是長吾讎而養吾仇也

又曰飯之美者玄山之禾不周之粟（不周山在崑崙山北）陽山之穄



南海之秬（崑崙之南故曰陽山穄關西爲之糜秬黑黍也）

商君書曰金一兩生於境內粟十二石死於境外粟十二石生於境內金一兩死於境外國好生金於境內則金粟兩死倉府兩虛國弱好生粟於境內金粟兩生倉府兩實國強

荀卿子曰仁義禮善之於人也譬之若貨財粟米之於家也多有之者富少有之者貧至無有者窮

淮南子曰鬻棺者欲民之疾疫畜粟者欲歲之飢荒也

又曰黃帝治天下力牧太山稽輔之狗彘吐菽粟於道路而無分爭之心

又曰昔者蒼頡作書而天雨粟（高誘注曰蒼頡始視鳥跡之文而造書者也有書與則詐僞萌生去本走末奔耕作之業務錐刀之利天知其將餓故雨粟也）

又曰量粟而舂數米而炊可以治家而不可以治國

又曰馬不食脂桑扈不啄粟非廉也

又曰未嘗稼穡粟滿倉未嘗桑蚕絲滿囊得之不以道用之橫也橫放也

又曰粟得水而熱甑得火而液水中有火火中有水疾雷破石陰陽相薄自然之熱

又曰闔廬伐楚五戰入郢燒高府之粟

六韜曰武王入殷發鉅橋之粟以與殷民

說苑曰十粟爲一分十分爲一寸

又曰墨語禽滑釐曰今凶年與子隋侯珠又與子一鍾粟子將何擇釐曰粟可耳亦具珠部

又曰高平王遣使者從魏文侯貸粟文侯曰湏吾租收邑粟至乃得也使者曰臣初來時見瀆中有魚張口謂臣曰吾窮水魚命在呼吸可得灌乎臣謂之曰待吾南見河堤



之君決江河之水灌汝口魚曰謂命在湏臾乃湏決江淮之水比至君還必求吾於枯魚肆今高平貧窮故遣從君貸粟乃湏租收大王必求臣於死人之墓

風俗通曰燕太子丹仰歎天爲雨粟

賈誼書曰鄒穆公有令食鳧鴈者必以秕無敢以粟於是倉無秕而求易於民二石粟得一石秕 民請曰秕食鳧鴈爲無費也今求秕於二石粟而易一石秕食鳧鴈則費甚矣請以粟食之穆公曰去非汝知也夫百姓飽牛而耕暴背而芸勤而不敢惰者豈謂鳥獸哉粟米人之食也奈何以其食養鳥且汝知小計而不知大害

晁錯書曰利民欲者莫如用爵致粟 能以粟拜爵者皆民之有余者也

氾勝之書曰欲知歲宜以布囊盛粟等量埋於陰地冬至後取量取多者多種之

桓階別傳曰階爲趙郡太守路有遺粟一囊耕者得之舉以繫樹數日其主聞還取之

桂陽先賢畫讚曰成子郴中人能達鳥鳴爲郡主簿與衆人俱坐聞雀鳴而笑曰東市輦粟車覆雀相呼往食之衆人遣視信然益部耆舊又載

王子年拾遺記曰東極之東有龍枝之粟言其枝屈曲游龍食之善走又有鳳冠粟似鳳之冠食者令人多力有雲渠粟叢生葉似扶渠食之益顏色粟莖亦黃皆長二丈千株叢生

博物志曰鴈食粟則翼垂不能飛

鄒子曰董仲舒三年不闚園嘗乘馬不覺牝牡朱買臣貧賤之時孳孳脩藝不知雨之流粟志在經傳也



京房易祆占曰天雨粟不肖者食祿與三公易位天雨稻黍者亡天雨稻大臣當誅

古今注曰武帝建元四年天雨粟宣帝地節三年長安雨黑粟元帝竟寧元年南陽山郡縣雨粟色青黑味苦大者如豆小者如麻子赤黃味如麥建初二年九江壽春雨粟光武建武二十年清河廣川雨粟大如莧實色黑

吳氏本草曰陳粟神農黃帝苦無毒治痺熱渴粟養腎氣

杜寶大業拾遺錄曰吏部侍郎楊恭仁欲改葬學士舒綽曰此所擬之處掘深五尺之外亦有五穀若得一穀即是福德之地公侯世世不絕恭仁即將綽向京令人掘深七尺得一穴如五石甕大有粟七八斗此地經爲粟田蟻運粟下於此穴當時朝野之士以綽爲聖

任昉述異記曰光武興洛陽斗粟万錢人死者相枕漢末

大飢江淮間童謠曰大兵如市人死如林持金易粟粟貴於金洛中謠云雖有千黃金無如我斗粟斗粟自可飽千金何所直袁紹在冀州時滿市黃金而無斗粟餓者相食人爲之語虎豹之口不如飢人劉備在荆州粟與金同價永嘉之亂洛中飢荒懷帝遣人觀市珠玉金銀塡委市門而無粟麥袁宏上表云田畝由是丘墟都市化爲珠玉

又曰晉末荆州久雨粟化爲蠱蟲害民春秋云穀之飛爲蠱是也中郎王義興表曰臣聞堯生神禾而晉有蠱粟陛下自以聖德何如也帝有慙色

又曰宋高祖之初當晉末飢饉之後旣即位而江表二千餘里野粟生焉

又曰淮南諸山石穀生石上生穀也袁安公云石穀藥名穗之尤小者是也



應詡像讚序曰赤眉賊攻其所居城胡盡以私穀數十方賑城中于時粟斗數萬不稱其仁

太平御覽卷第八百四十

太平御覽卷第八百四十一

百穀部五

豆　麻

豆

焦贛易林漸之乾曰旦種菽豆暮成藿葉心之所願志快意愜

毛詩豳雅曰七月亨葵及菽

又魚藻采菽曰采菽采菽筐之筥之

又右稷曰埶之荏菽荏菽旆旆

左傳成公曰晉周子有兄而無惠不能辯菽麥

春秋佐助期曰豆神名靈殖姓樂

春秋說題辭曰菽者屬也春生秋熟理通體屬也菽赤黑陰生陽大體應節小變赤象陽色也（宋均注曰陰陽而春夏也大體謂多黑也小變謂時之熟也）

孝經援神契曰赤土宜菽

爾雅曰戎菽謂之荏菽（郭璞注曰孫叔然以為大豆按春秋齊侯獻戎捷穀傳曰戎菽也管子亦云北伐山戎出冬葱及戎菽布之天下今之胡豆是也）

龍魚河圖曰歲暮夕四更取二十豆子二十七麻子家人頭髮少合麻豆著井中呪勑井吏其家竟年不遭傷寒辟五溫鬼

史記曰張儀說韓王曰韓地險惡山居五穀所生非菽而麥民之食大抵飯菽藿羹一歲不收民不饜糟糠

又曰棄為兒時好種樹麻菽麻菽美

東觀漢記曰閔仲叔太原人也與周黨相友黨每過仲叔共啥菽飲水無菜茹

又曰赤眉平後百姓飢餓人相食黃金一斤易豆五升



又曰光武二年寇恂為潁川郡大生旅豆收得一萬餘斛以應給諸營

又曰鄧禹攻赤眉陽敗弃輜重走車皆載土以豆覆其上兵士飢爭取之

又曰劉平嘗為餓賊所得平叩頭曰老母飢乞氣待平為命願得還飯母畢來就死賊即遣去母已食平白向與賊期義不可欺乃復往賊驚怪其信義曰不忍食汝平既免脫乃撈莢得三升豆以謝賊恩

又曰倪萌字子明齊國臨淄人兄為赤眉賊所得賊欲殺噉之萌詣賊叩頭言兄年老羸瘠不肥健願代兄賊義而不噉命歸求豆來贖兄萌歸不能得豆復自縛詣賊賊遂放之

後漢書曰世祖自薊東南至饒陽蕪蔞亭馮異獻豆粥一

又曰馮異破延岑時百姓飢餓人相食黃金一斤易豆五斗道路斷隔委輸不至軍士悉以果實為粮

又曰獻帝在長安穀貴豆一斛二十餘萬

又曰汝南有舊鴻郤陂成帝時丞相翟方進毀之時人歌曰敗我陂者翟子威飴我大豆亨我芋魁（方進字子威芋魁芋根也）

漢名臣奏曰丞相薛宣曰陛下八月酎祠嘉美上昇皇天報應茂陵寢廟上食日玄鳥來至集吐所含大豆紫黑色食物之象也

蜀志曰彭羕與諸葛亮書先民有言左手據天下之圖右手刎咽喉愚夫不為況僕頗別菽麥

魏志曰華佗還家太祖累書呼佗佗恃能饜食事猶不上道託妻疾太祖大怒使往視若妻信疾賜小豆四十斛

吳志曰孫權北征使陸遜與諸葛瑾攻襄陽陸遜遣親人

韓扁賫表報遇敵於江中羅得扁瑾聞之甚懼書與遜云
大駕以旋賊得韓扁具知吾闊狭且當急去遜未荅方催
人種豆與諸將弈棊射戲如常
又曰趙達善筭使人取小豆數斛播之席上立處其數驗
覆果信計飛蝗射隱伏無不中
王隱晉書曰時王浚稱制邊陲潛使人問霍原原不荅浚
既銜之又有遼東內徒三百餘人依山為賊意欲劫原為
主亦未能行時有謠曰天子在何許近在豆田中浚以為
豆者霍也浚遂害原懸其首諸生悲哭其中
宋書曰廢帝子業景和初人種紫花草及豆皆化為白花
識而帝見廢之應
南史曰傅琰為山陰令有二野父爭雞琰各問雞所食一
人云粟一人云豆乃破得粟罪言豆者縣內稱神明



北齊書曰庫狄伏連之家口百數盛夏之日料以倉米二
外不給鹽菜常有飢色冬至之日親表稱賀其妻為設豆
餅伏連問此豆何因而得妻對向於食馬豆中分減充用
伏連大怒典馬掌食之人並加杖罰
唐書曰裴諝為河東道租庸等使時大旱諝請入計代宗
召見問榷酤之利一歲幾何諝久之不對帝復問之對曰
臣有所思帝曰何思對曰臣自河東來其間三百里見農
夫愁歎穀菽未種誠為陛下憂之而乃責臣以利故臣未
敢即對
又曰貞元中李元諒為隴右節度使開部下荒田數十里
勸軍士樹藝歲收菽粟數十萬斛
山海經曰廣都之野爰有膏菽（菽豆也）
管子曰桓公伐山戎得戎菽以布天下

鶡冠子曰兩葉蔽目不見太山兩豆塞耳不聞雷霆
孟子曰易其田疇薄其賦稅民可使富也民非水火不生
聖人治天下使菽粟如水火
淮南子曰河水中調而宜菽
又曰孟夏仲夏天子衣紫衣乘赤騮（騮赤馬黑鬣也）食菽與雞
說苑曰齊景公嘗賞賜及後宮文繡被臺榭菽粟食鳧鴈
出而見殣謂晏子曰此何為死晏子曰此餧而死公曰嘻
寡人之無德也何甚矣對曰君之德著而彰何為無德也
景公曰何為也對曰君之德及後宮與臺榭君之玩物衣
以文繡君之鳧鴈食以菽粟君之營內自樂延及後宮之
族何謂其仁德也頃臣願有請於君之意自樂之心推而
與百姓同之則何殣之有君不推此而苟營內好私使財
貨偏有所聚菽粟幣帛腐於囷府惠不遍加于百姓公心



不周乎萬國則桀紂之所以亡也夫士民之所以叛由偏
之也君如察臣嬰之言推君之盛德公布之於天下則湯
武可為也一殣何足恤哉
呂氏春秋曰得時之菽長莖而短足其莢二七以為族多
枝數節競葉蕃實（二七十四實也）大菽則圓小菽則摶以芳稱之
重食之息以香如此者不蟲先時者必長以蔓浮葉疏節
小莢不實後時者短莖疏節本虛不實
世說曰魏文帝使東阿王七步作詩不成當行大法王應
聲曰萁在釜下燃豆在釜中泣本自同根生相煎何乃急
又曰石崇為客作豆粥咄嗟便辦恒冬天得韭以洋洎
氾勝之書曰大豆保歲易為宜古所以備凶年也種大豆
率人五畝大豆忌申卯三月榆莢時雨高田可種大豆夏
至後二十日尚可種小豆不保歲難得宜椹黑時種畝五

外豆生布葉鋤之生五六葉又鋤之治養美田畝可得十
石一斗大豆有萬千粒
又曰夏至二十日可種豆帶甲而生不用深耕豆花憎見
日則黃爛而根焦矣知歲所宜以囊盛種平量理陰地冬
至後五十日以發取量之最多者種焉
說文曰小豆菽也箕豆莖也藿菽之小也
物理論曰菽者衆豆之揔名
嵇康養生論曰豆令人重榆令人瞑
雜五行書曰常以正月旦亦用月半以麻子七枚赤豆二
七枚著井中辟温病甚神効（尚龍魚河圖語異故重出）
又曰正月七日男吞赤豆七枚女吞十四枚竟年無病
益部耆舊傳曰朱倉字卿雲之蜀從處士張寧受春秋糴
小豆十斛屑之爲粮閉戶精誦寧矜之歛得米二十石倉



不受一粒
陳留耆舊傳曰小黃恒牧爲都尉功曹與郎君共歸鄉里
爲赤眉所得欲殺啖之牧求先死賊義釋之送營豆一斛
又曰八月雨爲豆花雨
廣雅曰大豆菽也小豆荅（都合切）也豍（丘切）豆豌豆留豆也
胡豆䜺（攴切）䝰（音雙）也豆角謂之莢其葉謂之藿也巴菽巴
豆也
廣雅曰重小豆一歲三熟味甘白豆麤大可食刺豆亦可
食秬豆苗似小豆紫華可爲麵生朱提建寧胡豆有青有
黃者
鄴中記曰石虎諱胡胡物皆改名胡豆曰國豆
古今注曰宣帝元康四年南陽雨豆光武建武三年春練
一疋易一斗豆夏野生旅豆民收取之明帝永平十八年

下邳雨大豆似槐實
王子年拾遺記曰東極之東有須彌豆見日即須藥食者
歷歲不飢豆莖皆大若指而緣一莖爛漫數畝
博物志曰左元放度荒年法擇大豆麤細調均種之必生
者熟挼令有光使煖氣徹豆心先一日不食以冷水頓服
三升服訖其魚肉菜果酒醬鹹酢甘苦之物一不得復經
口渴則飲水慎不可煖飲初小困極數十日後體力更壯
健不復思食大較法服三升爲劑亦當隨人先食多少增
損之歲豐欲還食者煑葵子及脂蘇肥肉羹漸漸飲之須
豆下乃可食豆未下盡而食實物腸塞則殺人（此未試於理或可依）
又曰人食豆三斗則身重行止動難恒食小豆令人肌燥
麤理
本草經曰大豆黃卷味甘平生平澤治濕痺筋攣膝痛生



大豆張騫使外國得胡麻　豆或曰戎菽塗癰腫煑汁飲
之殺鬼毒止痛赤小豆下水排癰腫血生太山
吴氏本草曰大豆黃卷神農黃帝雷公無毒採無時去面
䵟得前胡烏喙杏子牡厲天雄鼠屎共蜜和佳不欲海藻
龍膽此法大豆初出土黃牙是也生大豆神農岐伯生熟
寒九月採殺烏頭毒並不用玄參赤小豆神農黃帝鹹雷
公甘九月採小豆花一名應累一名付月神農甘無毒七月
採陰乾四十日治頭痛止渴
魏王花木志曰交州記木豆出徐僮間子美似烏頭大葉
似柳一年種數年采
唐明皇雜録曰盧懷慎清身素不營產業常器重宋璟及
盧從愿見之甚喜留連永日命設食有蒸豆兩甌菜數俎
而已此外脩然無辦

孔融教高密令曰志士鄧子然告困焉得爰盎庾之間以
傷烈士之心今與豆三斛後乏復言
曹子建鷂雀賦曰言雀者但食牛矢中豆馬矢中粟
葛龔薦戴昱曰兄弟同居三十餘年及爲宗老所分昇持
妻子逃舊業入覆澤裸穫野豆以自賑給

麻

毛詩黍離丘中有麻曰丘中有麻彼留子嗟
禮記月令曰仲秋之月天子乃以犬嘗麻先薦寢廟（鄭玄注曰麻新賫貴）
爾雅曰黂枲實（孫炎注曰黂麻子音汾）
呂氏春秋曰得時之麻必芒以長疏節而色陽小本而莖
堅厚枲以均後熟多榮日夜分復生如此者不蝗（蝗蚛不食麻節也）



東觀漢記曰周黨遺閔仲叔生麻叔歎曰我欲省煩耳受
而不食
齊書曰宣帝陳皇后生高帝高帝年二歲乳人乏乳后夢
人以兩甌麻粥與之覺而乳驚因此豐足
淮南子曰三秋之月天子衣白衣乘白輅食麻與犬
又曰汾水濛濁而宜麻
王子年拾遺記曰有飛明麻葉黑實如玉風吹之如塵亦
名明塵麻
又曰東極之東有紫麻粒如粟色紫迮爲油則汁如清水
食之目視鬼魅又有倒葉麻葉如倒巨色紅紫亦名紅泳
麻言水麻乃有實食之顏色白絜
鹽鐵論曰大夫李斯與鮑丘子俱事孫卿鮑丘飯麻蓬藜
脩道白屋之下李斯爲秦丞相終致五刑

本草經曰麻子味甘無毒主補中益氣令人肥健
養生要集曰麻子味甘無毒主補中益氣服之令人肥健
麻子一名蕡一名麻教

太平御覽卷第八百四十一

百穀部六

黍　黍　稌　粱　東嗇



尚書君陳曰我聞曰至治馨香感于神明黍稷非馨明德惟馨
又盤庚曰若農不服田畝罔有黍稷
尚書大傳曰夏昬火中可以種黍
韓詩外傳黍離曰　彼黍離離彼稷之苗薛君注曰詩人求已兄不得憂不識物視彼黍乃以爲稷
毛詩曰黍離閔宗周也彼黍離離彼稷之苗行邁靡靡中心搖搖
又甫田曰今適南畝或耘或耔黍稷薿薿薿薿盛皃也



又魚藻黍苗曰芃芃黍苗陰雨膏之
儀禮婚禮曰贊設黍于醬東
又特牲饋食禮曰佐食摶黍授祝祝以授尸
禮記月令曰仲夏之月農乃登黍
又曲禮曰黍曰薌合
又內則曰羊宜黍豕宜稷
左傳昭公曰其藏冰也黑牡秬黍以享司寒杜預注曰黑牡秬黍也司寒北方玄冥之神也故物皆用黑有事於冰故祭其神以上黍
春秋佐助期曰黍神名僲倭蘭郝
春秋說題辭曰精移火轉生黍夏出秋改杜預注曰太春之夏故移也農書曰黍之言暑也必暑改得陰乃成也黍者緒也故其立字禾入米爲黍爲酒以扶老爲酒以序尊卑且禾爲柔物亦宜養老也
爾雅曰秬黑黍秠一稃二米郭璞注曰秠亦黑黍但中興黍米異耳漢和帝時任城生黑黍或三四實一黍二米得黍三斛八斗是也
史記封禪書曰管仲說桓公曰古者封禪鄗上黍所以爲盛應劭注曰鄗上山也音臛
漢書曰冀州民五男三女畜宜牛羊穀宜黍稷
後漢書曰承宮遭天下喪亂遂將諸生避地漢中後與妻子之蒙陰山肆力耕種禾黍將熟人有認之者宮不與計推之而去由是顯名
晉書曰劉聰時河東大蝗唯不食黍豆靳准率部人收而埋之哭聲聞於十餘里後乃鑽土飛出復食黍豆平陽飢甚
崔鴻十六國春秋前秦錄曰苻堅讌羣臣于釣臺祕書侍郎趙整以堅頗好酒因爲酒德之歌曰穫黍西秦採麥東齊春封夏發鼻納心迷



隋書曰李士謙隱居有牛犯其田者士謙牽置涼處飼之過於本主望見盜刈其禾黍者默而避之其家僮嘗執盜粟者士謙慰諭之曰窮困所致義無相責遽令放之
又曰李士謙自以少孤未嘗飲酒食肉口無殺害之言至於親賓來萃輒陳罇俎對之危坐終日不倦李氏宗黨豪盛每至春秋二社必高會極歡無不沉醉諠亂嘗集士謙所盛饌盈前而先爲設黍謂群從曰孔子稱黍爲五穀之長荀卿亦云食先黍稷古人所尚容可違乎少長肅然不敢弛惰退而相謂曰既見君子方覺吾徒之不德也士謙聞而自責曰何乃爲人所踈頻至於此
唐書曰德宗以中和節令文武百辟進農書獻穜稑種及是百寮始進兆人本業三卷司農獻粟及黍各一斗
韓子曰韓昭侯之時黍種嘗貴甚昭侯令人覆廩廩吏果

竊黍種而粜之

山海經曰廣都之野后稷葬焉爰有膏黍膏稷

又曰魚山有人一目是少昊子食黍

韓子曰吳起攻秦小亭倚一車轅北門外令曰能徙此於南門外者賜上田上宅及有徙者賜如令俄又置一石赤黍東門外令曰能徙此於西門外者賜如初民爭徙之乃下令曰攻亭能先登者仕之大夫賜之上田上宅於是攻之一朝而拔

淮南子曰冬三月天子衣黑衣乘玄駱(玄馬黑馬白騣)食黍與彘(黍暑水類時宜也)

又曰三代積德而王齊桓繼絶而霸故樹黍者無不獲稷樹恩者無不報德

又曰渭水多力而宜黍



淮南万畢術曰取麦門冬赤黍漬以狐血陰乾之欲飲酒取一丸置舌下酒吞之令人不醉麦門冬赤黍薏苡以爲丸令婦人不妬

白虎通曰清明風至則黍稷滋閶闔風至則種宿麥黍

抱朴子曰張子和丹法用鉛朱砂曽青水合封之蒸之於赤黍米中也

紀年書曰惠成王八年雨黍

國語曰子餘使公子賦黍苗(黍苗小雅其詩曰芃芃黍苗陰雨膏之)子餘曰重耳之仰君也若黍苗之仰陰雨也若君實庇廕膏澤之使能成嘉穀薦在宗廟君之力也(在宗廟爲祭主)

家語曰孔子侍坐於哀公賜之桃與黍焉哀公請用之孔子先食黍而後食桃左右皆掩口而笑之公曰黍者所以雪桃非爲食也孔子對曰丘知之矣然黍者五穀之長郊社宗廟以爲上盛果屬有六而桃爲下祭祀不用不登郊廟丘聞之君子以賤雪貴不以貴雪賤也今以五穀之長雪五果之下者從上雪下也臣以爲妨於教害於義故不敢公曰善

呂氏春秋曰得時之黍芒莖而徼下穗芒以長摶米而薄糠舂之易而食之不噮(於縣切)而香如此者不飴(音遏)先時者大本而華莖殺而不遂(遂長)葉高短穗後時者小莖而麻長短穗而厚糠小米今而不香(今新也)

又曰今以百金與摶黍以示兒子兒子必取摶黍也以和氏之璧與百金以示鄙人鄙人必取百金矣

又曰飯之美者南海之秬(秬黑黍)

楊泉物理論曰粱者黍稷之揔名

崔寔四民月令曰四月可種黍謂之上時



氾勝之書曰黍者暑也種必待暑先夏至二十日此時有雨強土可種黍畝三升黍心未生雨灌其心心傷無實九種黍皆如禾欲踈於禾

祢衡別傳曰十月朝黃祖在艨衝舟上會設黍臛衡年少在坐黍臛至先自飽食畢摶以弄戲其輕慢如此

劉向別錄曰傳言鄒衍在燕有谷地美而寒不生五穀鄒子居之吹律而温至生黍到今名黍谷焉

列女後傳曰東平衡農師太尉龔農欲奔赴無粮自致妻願從行行止紡績庶以自資行到聚亭遇天霖雨留獨孤毋舍毋舍後有空園農曰此園可以種黍從求分種之獨孤毋曰此父廢園唯恐生力劣手不多耳何分之有乎農遂與妻斬荆棘種之黍將熟獨孤毋乃更曰黍當分農欲委去妻曰不如收斂以遺之安其意然後乃去農遂從之後還獨孤毋

以昔黍歸農遂不肯取
說文曰秬黑黍也一稃二米所以釀鬯也黍禾屬黏者以大暑而種故謂之黍孔子曰黍可以為酒
廣雅曰粢黍也黍穰謂之䅋（音皆）
崔豹古今注曰宣帝元康四年長安雨黑黍稟如禾和帝元興元年黑黍穗一禾二實或三四實生任城得粟三斛八斗以薦宗廟
廣志曰有牛黍有稻尾秀成赤黍有馬革大黑黍或云秬黍有溫屯黃黍有嫗芒鸛鵠之名
吳氏本草曰黍神農甘無毒七月取陰乾益中補氣
京房易妖占曰天雨黍粟大人出走
荊楚歲時記曰十月一日黍臛俗謂之秦之歲首未詳黍臛之義今北人此日設麻羹豆飯當為其始熟嘗新耳

博物志曰地三年種蜀黍其後七年多蛇

穄

范曄後漢書曰烏丸國其地宜穄
穆天子傳曰天子至赤烏赤烏獻穄麥百載
廣志曰有赤穄有白黑青黃鷰頷凡五種
呂氏春秋曰飯之美者有陽山之穄
說文曰穄糜也（糜音靡）
崔豹古今注曰麻穄也

梁

禮記曲禮曰祭宗廟之禮梁曰薌萁
又郊特牲曰飯黍稷稻梁白黍黃梁
爾雅曰虋赤苗芑白苗（郭璞注曰虋赤梁粟芑白梁粟皆好穀也犍為舍人曰別米赤白苗也又曰是伯夷所食首陽草也）

廣雅曰藋梁木稷也
續漢志曰桓帝之初京都童謠曰城上烏尾畢逋公為吏子為徒一徒死百乘車車班班入河間河間姹女工數錢以錢為室金為堂石上慊慊舂黃梁梁下有懸鼓我欲擊之丞相卿怒城上烏者處高獨食不與下共謂人主多聚斂也公為吏子為徒者言蠻夷叛逆父既為軍吏子弟又為卒徒往擊之也一徒死百乘車者言前一人討胡既死矣後又遣百乘車往也車班班者言乘輿班班入河間迎靈帝也姹女工數錢言帝既立其母永樂太后好聚金錢以為堂室也石上慊慊者言太后雖積金錢猶慊慊常苦不足使人舂黃梁而食之也我欲擊之者言太后教帝使賣官授錢天下忠篤之士怨望欲擊鼓求見卿懸鼓者復怒而止我也

唐書曰涼州都督計欽明嘗出按部有吐蕃數萬奄至城下欽明拒戰久之力屈被執賊將欽明至靈州城下欽明大呼曰賊中都無飲城內有美醬乞二外梁米乞二外墨乞一挺是時賊營中四面阻泥河唯有一路得入欽明詐乞此物以喻城中莫有簡兵練將候夜掩襲城中無曉其旨者尋遇害
淮南子曰不能耕而欲黍梁不能織而喜衣裳無事而求其功難矣
又曰珎怪奇味人之所美也而堯糲粱之飯藜藋之羹（糲麤也）文繡狐白人所好也而堯布衣揜形鹿裘禦寒
國語曰欒伯謂公族大夫公曰夫膏梁之性難正
呂氏春秋曰具起為鄴令民歌之曰終古斥鹵生稻梁
楊泉物理論曰梁者黍稷之總名也

神仙傳曰吳孫權時有一人種粱在山中患猿猴食之聞介象有道聊從乞辟猿猴法象告之無他法也汝明日往粱所望見羣猴方往時便大喚語之言以白介君使猿猴莫復來食粱此人當卒直謂象欺弄之明日視粱遇羣猴適欲下樹試承象語語猴即各還山去遂便絶跡

廣志曰有具粱解粱遼東赤粱魏武帝以爲粥

本草白白粱味甘微寒無毒主除熱益氣有襄陽竹根者最佳黃粱出青冀

楚辭招䰟曰稻粱穱麥挐黃粱（挐糅也以黃粱和而糅且香滑）

傅休奕䧢賦曰飲以華泉之水食以玄山之粱

左思魏都賦曰雍丘之粱

東薔

魏書曰烏丸地宜東薔（東薔似蓬草實如葵子二十月熟也）





廣志曰東薔色青黑粒如葵子幽涼并皆有之

西河語曰貸我東薔償我田粱

上林賦曰東薔彫胡

太平御覽卷第八百四十二

飲食部一

酒上

世本曰儀狄始作酒醪變五味少康作秫酒

戰國策曰帝女儀狄作酒而進於禹

春秋緯命曰凡黍爲酒陽據陰乃能動故以麯釀黍爲酒 麯陰也是先漬麯黍後入故曰陽相感皆據陰也相得而沸是其動也凡物陰陽相感非唯作酒

釋名曰酒酉也釀之米麯酉澤久而味美也亦言踧也能否皆強相踧持也又入口咽之皆踧其面也

說文曰酒就也所以就人性之善惡也一曰造也吉凶所起造也

又曰酴 音途 酒毋也醴酒一宿熟也醪汁滓酒也酎三重之酒也醨薄酒也醑莤酒也



酒經曰空桑穢飯醞以稷麥以成醇醪酒之始也烏梅女麲 胡板反 甜醹 音乳 九投澄清百品酒之終也

周禮天官下曰酒正掌酒之政令以式法授酒材辨五齊之名一曰泛齊二曰醴齊三曰盎齊四曰醍齊五曰沉齊 以節度作之故以齊爲名泛者成而滓浮泛泛然如今宜成醪矣醴猶體也成而汁滓相將如今恬酒矣盎猶翁也成而翁翁然葱白色如今酇白矣醍者成而紅赤如今下酒矣沉者成而滓沉如今造清酒矣 辨三酒之物一曰事酒二曰昔酒三曰清酒 事酒如今之醳酒也昔酒久酒今之酋醳也清酒今之冬釀夏成者也

禮記月令孟冬曰是月也乃命有司秫稻必齊麯糵必時湛熾必潔水泉必香陶器必良火齊必得兼用六物酒官監之無有差貸 有司謂酒之官六物者一曰秫稻二曰麯糵三曰湛熾四曰水泉五曰陶器六曰火齊命酒官監之無有差貸謂失誤善惡

又曲禮曰侍飲於長者酒進則起進受於尊所 降席拜受敬也 長者辭少者反席而飲長者舉未釂少者不敢飲

又檀弓曰知悼子卒未葬 悼子晉大夫荀盈 平公飲酒師曠李調侍鼓鍾 樂作也 杜蕢自外來聞鍾聲曰安在曰在寢 燕寢 於杜蕢入寢歷階而升酌曰曠飲斯又酌曰調飲斯又酌堂上北面坐飲之降趨而出 三酌皆罰 平公呼而進之曰蕢曩者爾心或開予是以不與爾言 謂始來入時開謂諫爭有所發 爾飲曠何也曰子卯不樂 紂以甲子死桀以乙卯亡王者謂之疾日不以舉樂爲吉事所以自戒懼 知悼子在堂斯其爲子卯也大矣 言大臣喪於疾日也 重曠也大師也不以詔是以飲之也 詔告也師典奏樂 爾飲調何也曰調也君之褻臣也爲一飲一食忘君之疾是以飲之也 言調貪酒食褻嬖也近臣亦當規君疾憂 爾飲何也曰蕢也宰夫也非刀匕是共又敢與知防是以飲之也 防禁放溢

又玉藻曰君子之飲酒也受一爵而色洒如也 洒如肅敬貌 二爵而言言斯 言言和敬貌 禮已三爵而油油 油油說敬貌 以退 禮飲過三爵則敬殺可以去矣



又樂記曰夫豢豕爲酒非以爲禍也而獄訟益繁則酒之流生禍也 以穀食犬豕曰豢爲作也言豢豕作酒本以饗祀養賢而小人飲之善酗以致獄訟 是故先王因爲酒禮壹獻之禮賓主百拜終日飲酒而不得醉焉此先王之所以備酒禍也 壹獻士飲酒之禮百拜以喻多

又坊記曰子云觴酒豆肉讓而受惡民猶犯齒

左傳莊公二十二年曰陳公子完奔齊桓公使爲工正飲桓公酒樂公曰以火繼之辭曰臣卜其晝未卜其夜不敢君子曰酒以成禮不繼以淫義也 夜飲爲淫樂也 以君成禮弗納於淫仁也

又宣公上曰晉侯飲趙盾酒伏甲將攻之其右提弥明知之 右車右 趨曰臣侍君宴過三爵非禮也遂扶以下

又成公下曰鄢陵之戰楚王召子反謀穀陽豎獻飲於子
反子反醉而不能見(穀陽子反內豎)王曰天敗楚也夫余不可以
待乃宵遁
又襄公二十三年曰季武子無適子公彌長而愛悼子欲
立之訪於臧紇曰飲我酒吾爲子立之季氏飲大夫酒臧
紇爲客(爲上賓)既獻(已獻酒)臧孫命北面重席新樽絜之(酒絜既新)
(潔)復召悼子降逆之大夫皆起(臧孫下迎悼子)及旅而召公鉏(獻酬禮畢)
(而適行爲旅)使與之齒季孫失色
又昭公十二年曰晉侯以齊侯宴中行穆子相(穆子荀吳)投壺
晉侯先穆子曰有酒如淮有肉如坻(淮水名坻山名)寡君中此爲
諸侯師中之齊侯舉矢曰有酒如澠有肉如陵寡人中此
與君代興(代更也)亦中之
又哀公下曰齊胥子我夕(夕視事)陳逆殺人逢之遂執以入陳



氏方睦使疾而遺之潘沐備酒肉焉(使詐病內潘沐并得酒肉潘沐可以沐頭)
饗守囚者醉而殺之而逃
又曰衛侯占夢嬖人(以能占夢見愛)求酒於大叔僖子(僖子大叔遺)不
得與卜此人比而告曰君有大臣在西南隅弗去懼害(詐占)
(卜夢而誘)乃逐大叔遺遺奔晉
毛詩國風曰十月穫稻爲此春酒以介眉壽
又小雅魚藻曰王在在鎬豈樂飲酒(箋云豈亦樂而天下平安萬物得其性武
王何所處乎處於鎬京樂八音之樂與羣臣飲酒而已)
又小雅曰伐木許許釃酒有藇(以筐曰釃以藪曰湑藇美貌)
又曰有酒湑我無酒酤我(湑莤之也酤一宿酒也箋云酤買也此族人東王之恩也王有
酒則泲莤之王無酒酤買之要欲厚於族人)
尚書酒誥曰乃穆考文王肇國在西土厥誥毖庶邦庶士
越少正御事朝夕曰祀茲酒(文王告衆國衆士朝夕勑之唯祭祀用此酒不常飲)惟

天降命肇我民惟元祀天降威我民用大亂喪德亦罔非
酒惟行越小大邦用喪亦罔非酒惟辜文王誥教小子有
正有事無彝酒越庶國飲惟祀德將無醉自成湯咸至于
帝乙成王畏相惟御事厥棐有恭不敢自暇自逸矧曰其
敢崇飲(崇聚也自暇自逸猶不敢況敢聚會飲酒乎明無)厥或誥曰羣飲汝勿佚
盡執拘以歸于周予其殺(盡執拘羣飲酒者以歸於京師我其擇罪重者而殺之)
論語曰惟酒無量不及亂沽酒市脯不食
禮記外傳曰五齊三酒皆供祭祀之用五齊尊而三酒卑
所以明齊者酒人和合之分劑之名也一曰泛齊(酒之初成滓有
泛者泛泛然俗爲白醪)二曰醴齊(醴體也汁滓未相同一體也今之甜酒也)三曰盎齊
一名醆酒(狀如葱白色今之白醝酒也)四曰醍齊(色在白赤之間)五曰沉齊一
名澄齊(醍之與沉三酒與上君夫人及賓長廟中酌獻尸相酬酢之用)三酒者列於堂下
臣下相酌酬酢之用一曰事酒一名醳酒新成者酌飲有



事(謂廟中助祭覲事者也廟中有事者爲榮)二曰昔酒(久成而色白謂舊醳之酒與無事飲之)三
曰清酒(冬釀夏成味醇厚)○史記曰秦繆公亡善馬岐下野人共
得而食之者三百餘人逐得欲法之公曰君子不以畜害
人乃赦之
又曰高帝除秦苛法爲簡易羣臣飲酒爭功高帝患之
叔孫通知上益厭也說上願與諸弟子共起朝儀漢七年
長樂宮成羣臣皆朝十月復置法酒諸臣侍坐殿上皆伏
以尊卑次起上壽觴九行謁者言罷酒御史執法舉不如
儀者輒引去竟朝置酒無敢失禮者高帝乃曰吾今日知
爲皇帝之貴也
又曰沛公先入關屯霸上項羽至沛公左司馬曹無傷使
人言於羽曰沛公欲王關中羽大怒欲擊之沛公因項伯
見羽羽留沛公飲項王項伯東向坐亞父南向坐亞父者

范增也沛公北向坐張良西向侍增數目項王舉所佩玉玦示之者三項王默然項莊入以劒舞欲因擊沛公張良至軍門見樊噲曰甚急今項莊拔劒舞其意常在沛公也噲曰此迫矣臣請入與之同命噲即帶劒擁盾入軍門交戟之衛士欲止不内噲側其盾以撞衛士仆地噲遂披帷西向而立瞋目視項王項王按劒而跽曰客何爲者良曰沛公叅乘樊噲也王曰壯士賜之巵酒則與斗巵酒樊噲飲之王曰賜之彘肩則有一生彘肩噲覆盾於地拔劒切而啗之王曰壯士能復飲乎曰臣死且不避巵酒安足辭

又曰曹叅代蕭何爲相一遵何約束日夜飲淳酒卿大夫及賓客見叅不事事皆欲言至者叅輙飲醉之終莫得言丞相舍後園近吏舍吏舍日飲歌呼從吏惡之無如之何乃請叅遊園中聞吏醉歌呼從吏請按之叅乃取酒張坐飲亦歌呼與相叅



又曰高祖過沛置酒自擊筑爲歌使沛子弟佐酒

又曰高后與諸吕劉氏大臣宴飲令朱虛侯章爲酒吏章曰臣將種也請以軍法行酒后可之酒酣諸吕有一人醉亡酒章追斬之后與左右皆大驚也

漢書曰酒者天之美禄帝王所以頤養天下享祀祈福扶衰養病百福之會

又曰百末旨酒（百華之末酒也）布蘭生（芬芳布列若蘭之生也）

又曰于定國飲酒至石不亂益精明

又曰陳遵字孟公每大飲賓客閉門取車轄投井中雖有急終不得去

又曰張讓專權孟他以蒲桃酒一斗遺讓拜他爲涼州刺史

後漢書曰光武詔馮異歸家上冢使太中大夫賫牛酒令二百里内太守都尉已下及宗族會焉

又曰寇恂數與鄧禹謀議禹奇之因奉牛酒交歡

又曰魯恭兄弟俱爲諸儒所稱學士争歸之太尉趙憙慕其志每歲時遣子問以酒粮皆辭不受（問遺也）

又曰汝南太守歐陽歙請郅惲爲功曹汝南舊俗十月饗會百里内縣皆齎牛酒到府讌飲時臨饗禮訖歙教曰西部督郵繇延天資忠貞禀性公方摧破姧凶不嚴而理今與衆儒共論延功顯之于朝太守敬嘉厥休牛酒養德主簿讀書教戶曹引延受賜惲於下坐愀然前曰司正舉觥（愀變色皃也司正主禮儀者觥罰爵也）以君之罪告謝于天案延資性貪邪外方内圓（言延外示方直而實柔弱也）朋黨構姦罔上害人所在荒亂怨慝並在明府以惡爲善股肱以直從曲此旣無君又復無臣惲敢再拜奉觥歙色慙動不知所言門下掾鄭敬進曰君明臣直功曹言切明府德也可無受觥哉歙意少解曰實歙罪也敬奉觥



又曰張酺雖在公位而父常居田里酺每有遷職輒一詣京師嘗來候酺適會歲節公卿罷朝俱詣府奉酒上壽極歡醉衆人皆慶羨之及父卒既葬詔遣使賫牛酒爲釋服

又曰大將軍袁紹摠兵冀州遣使要鄭玄大會賓客玄最後至乃延升上坐身長八尺飲酒一斛秀眉明目容儀溫偉

魏志曰徐晃破關羽振旅還摩陂太祖迎晃七里置酒大會太祖舉巵酒勸晃且勞之曰全樊襄陽將軍之功也

又曰吕布騎將侯成遣客收馬十五疋客悉驅馬去向沛城欲歸劉備成自將騎逐之悉得馬還諸將合禮賀釀五

六斛酒獵得十餘豬未飲食先持半豬五斗酒自入詣布前跪言蒙將軍恩逐得所失馬將來相賀自釀少酒獵得豬未敢飲食先奉上微意

又曰邴原初辭家求學原舊性能飲酒自行之後八九年間酒不向口單步負笈苦身持刀至陳則師韓子助潁川則宗陳仲弓汝南則交范孟博涿郡則親盧士幹臨別師友以原不飲酒會米肉送原原曰本能飲酒但以荒思廢業故斷之耳今當遠別因見貺餞可以飲讌於是安坐飲酒終日不醉

太平御覽卷第八百四十三

飲食部二

酒中

魏略曰太祖時禁酒而人竊飲之故難言酒以白酒爲賢人清酒爲聖人

又曰王陵表𢘿寵年過耽酒不可居方任帝將召寵給事中郭謀曰寵爲汝南太守豫州刺史二十餘年有勲方岳及鎮淮南吳人憚之若不如所表將爲所闚可令還朝問以方事以察之帝從之寵既至進見飲酒至一石不亂帝慰勞遣還

又曰華歆能劇飲至一石餘不亂衆人微察常以其整衣冠爲異

又曰烏桓東胡俗能作白酒而不知作麴糵常仰中國



九州春秋曰曹公制酒禁而孔融書嘲之曰夫天有酒旗之星地列酒泉之郡人有旨酒之德故堯不先千鍾無以成其聖且桀紂以色亡國今令不禁婚姻也太祖外雖寬容之内不能平御史大夫郗慮知旨以免融官

吳志曰孫權於武昌臨釣臺飲酒大醉令人以水灑羣臣曰今日酣飲唯醉墮臺中乃當止耳張昭正色不言出外車中坐權遣人呼昭還謂曰爲共作樂耳公亦何爲怒乎昭對曰昔紂爲糟丘酒池長夜之飲當時亦不以爲惡也權默然有慙色

又曰孫權常令中書郎詣顧雍有所咨訪若合雍意事可施行即與相反覆究而論之爲設酒食如不合意雍即正色改容默然不言無所施郎退造權曰顧公歡悅是事合宜也其不言者是事未平也孫當重思之其見敬信如此

又曰孫權嘗命諸葛恪行酒至張昭前昭先有酒色不肯飲曰此非養老之禮也權曰卿其能令張公辭屈乃當飲之耳恪難昭曰昔師尚父九十擁旄仗鉞猶未告老也今軍旅之事將軍在後酒食之事將軍在先何謂不養老也昭卒無辭遂爲盡爵

又曰曹公出濡須甘寧爲前部督受勑斫敵前營權特賜米酒衆肴寧乃料賜手下百餘人食之畢寧先以銀盌酌酒自飲兩盌乃酌與其都督不時肯持寧引刀置膝上呵謂之曰卿見知於至尊孰與甘寧寧尚不惜死卿何以獨惜死都督見寧色厲即起拜持酒又通酌兵各一兩盌至二更時銜枚出斫敵敵驚動遂退寧益貴重

又曰孫皓每饗宴無不竟日坐席無能不率以七升爲限雖不悉入口皆澆灌取盡韋曜素飲酒不過二升初見禮



異時常爲裁減或密賜茶荈以當酒至於寵衰更見逼強輙以爲罪又於酒後使侍臣難折公卿以嘲弄侵尅發摘私短以爲歡笑焉

又曰笮融督廣陵運漕大起浮圖祠每浴佛多設酒飯布席於路經數十里民人來觀及就食且萬人費以巨万計

蜀志曰簡雍拜昭德將軍時天旱禁酒釀者有刑吏於人家索得釀具論者欲令與作酒者同罰雍從先主遊觀見一男子行於道謂先主曰彼欲淫何以不縛先主曰卿何以知之對曰彼有其具與欲釀者同先主大笑而原欲釀者

晉書曰王戎嘗如阮籍飲時兖州刺史劉昶字公榮在坐籍以酒少酌不及昶昶無恨色戎異之他日問籍曰彼何如人答曰勝公榮不可不與飲若減公榮則不敢不共飲

惟公榮可不與飲
晉書曰山濤飲酒至八斗方醉帝欲試之以酒八斗飲之
密益其酒濤極本量而止
又曰陸抗與羊祜推　之好抗嘗遺祜酒祜飲之不疑
抗有疾祜饋之藥抗亦推心服之于時以爲華元子反復
見於今
又曰阮孚爲散騎常侍以金貂換酒爲有司所彈
又曰謝弈爲桓温司馬謂之方外司馬因以酒逼温走入
南康王門避之主曰君無狂司馬何由得相見弈遂引温
一兵卒於廳事共飲曰失一老兵得一老兵亦何所恠
又曰陸納字祖言爲吳興太守將之郡先至姑孰辭桓温
因問温曰公致酒可飲幾外食肉多少温曰年大來飲三
外便醉白肉不過十臠卿復云何曰素不能飲正可二外



肉亦不足言後伺温閑曰外有微禮方守遠郡欲與公一
醉以展下情温欣然納之時王坦之刁協在座及受禮唯
有酒一斗鹿肉一柈座客驚愕納徐曰明公近云飲酒三
外納正可二外今有一斗以備杯酌餘瀝温及賓客並歎
其眞率温更勑中厨設精饌酣宴極歡而罷
又曰何充字次道能飲酒雅爲劉惔所貴惔每云見次道
飲令人欲傾家釀言其能温克也
又曰陶侃每飲酒有常限歡有餘而限已竭殷浩更勸少
進侃悽然曰年少時嘗誡之乃已
宋書曰王弘爲江州刺史欲識陶潛不能致也潛嘗往廬
山弘令潛故人龐通之齎酒於半道栗里要之潛有脚疾
使一門生二兒舉籃轝及至欣然便共飲酌俄頃弘至
亦無忤也先是顏延之爲劉柳後軍功曹在尋陽與潛情

欵後爲始安郡經過潛每往必酣飲致醉延之臨去留二
萬錢與潛潛悉送酒家稍就取酒嘗九月九日無酒出宅
邊菊叢中坐久之逢弘送酒至即便就酌醉而後歸潛不
解音聲而畜素琴一張每有酒適輒撫弄以寄其意貴賤
造者有酒輒設潛若先醉便語客我醉欲眠卿可去其眞
率如此郡將候潛逢其酒熟取頭上葛巾漉酒畢還復着
之
又曰顧憲之爲建康令清儉強力爲政甚得人和故都下
飲酒者醇旨輒號爲顧建康謂其清且美焉
又曰孔顗爲江夏内史性便酒每醉輒彌日不醒居常貧
罄無有豐約未嘗關懷爲府長史典籤諮事不呼前不敢
前不令去不敢去雖醉日居多而曉明政事醒時判决未
嘗有擁衆咸云孔公一月二十九日醉勝世人二十九日



醒也
又曰顏延之好騎馬遨遊里巷遇舊知輒據鞍索酒得必
傾盡欣然自得
又曰沈文季出爲吳興太守文季飲酒至五斗妻王氏飲
亦至三斗常對食竟日而視事不廢
又曰袁粲爲丹陽尹嘗步屧白揚郊野間道遇一士大夫
便呼與飲酣明日此人謂被知顧到門求進粲曰昨飲酒
無偶聊相要耳竟不與相見
又曰蕭思話嘗從文帝登鍾山北嶺中道有盤石清泉上
使於石上彈琴因賜以銀鍾酒謂曰相賞有松石間意
又曰彭城王義康傳曰會稽長公主於兄弟爲長文帝所
親敬上嘗就主宴集甚歡主起再拜頓首悲不自勝上不
曉其意起自扶之主曰車子歲暮必不見容特乞其命因

慟哭上亦流涕指蔣山曰必無此慮若違今誓便是負初
寧陵即封所餘酒賜義康曰會稽姊飲憶弟所餘今封送
車子義康小字也
齊書曰高帝幸東宮召諸王宴飲因遊玄圃園長沙王晃
捉華蓋臨川王映執雉尾扇聞喜公子良持酒鎗南郡王
行酒武帝與豫章王嶷及王敬則自捧肴饌高帝大飲賜
武帝已下酒並大醉盡歡日暮乃去
又曰謝朏爲吳興太守與弟瀹於征虜渚送別朏指瀹口
曰此中唯宜飲酒瀹建武之朝專以長酣爲事與劉瑱沈
昭畧交飲各至數斗朏既至郡致瀹數斛酒遺上　曰力飲
此物勿豫人事瀹嘗與劉悛飲推辭久之悛曰謝莊兒不
可云不能飲瀹曰苟得其人自可沉湎千日悛甚慙無言
又曰王琨儉於財用酒不過兩爵輒云取酒難遇之



梁書曰初梁武帝摠延後進二十餘人置酒賦詩臧盾以
詩不成罰酒一斗飲盡顏色不變言笑自若蕭介染翰便
成文無加點帝兩美之曰臧盾之飲蕭介之文席之美也
又曰陰鏗嘗與賓友飲宴見行觴者因迴酒炙以授之衆
坐皆笑鏗曰吾儕終日酣飲而執爵者不知其味非人情
也及侯景之亂鏗嘗爲賊擒或救之獲免鏗問之乃前所
行觴者
又曰張纘爲湘州刺史初吳興吳規頗有才學邵陵王綸
引爲賓客深相禮遇及綸作牧郢藩規隨從江夏遇纘出
之湘鎮路經郢服綸餞之南浦纘見規在坐意不能平忽
舉盃曰吳規此酒慶汝得陪今宴規尋起還其子翁孺見
父不悅問而知之翁孺因氣結亦夜便卒規恨纘悲慟而
憤哭兼至信次之間又殞規妻深痛夫子盡日又亡時人
爲張纘一盃酒殺吳氏三人
南史曰南海有頓遜國在海崎上有酒樹似安石榴採其
花汁停瓮中數日而成酒
後魏書曰太宗引崔浩論事語至中夜太宗大悅賜浩縹
醪酒十斛水精戎鹽一兩曰朕味卿言若鹽酒故與卿同
其味也
又曰高允被勑論集往世酒之敗德以爲酒訓孝文覽而
悅之
又曰胡叟少孤每言及父母則淚下若孺子之號春秋常
祭之前則先求旨酒時燉煌氾潛家善釀酒每節送一壺
與叟論者以潛爲君子
又李元忠拜南趙郡太守好酒無政績及莊帝崩弃官
潛圖義舉會齊神武東出元忠便乘露車載濁酒以奉迎



神武聞其酒客未即見之元忠下車獨坐酌酒擘脯食之
謂門者曰本言公招延豪傑今聞國士到門不能吐哺輟
洗其人可知還吾刺勿復通也門者以告神武遽見之
又曰齊神武自太原來朝見朱遊道曰此人是遊道邪常
聞其名今日始識其面遷遊道別駕後日神武　之司州
饗朝士舉觴屬遊道曰飲高歡手中酒者大丈夫卿之爲
人合飲此酒
又曰魏帝宴華林園謂神武曰自頃所在百司多有貪暴
朝廷中有能公平直言彈劾不避親戚者王可勸酒神武
降階跪言唯御史中尉崔暹一人謹奉明旨敢以酒勸并
臣所射賜物千段乞以迴賜帝又褒美之
又曰劉藻字彥先父宗之盧江太守涉獵群籍美談笑善
與人交飲酒至一石不亂藻爲平東別將辭於洛水之南

孝文曰興卿石頭相見藻對曰臣雖才非古人度亦不留
賊虜而陛下輙當醲曲阿之酒以待百姓帝大笑曰今未
至曲阿且以河東數石賜卿
又曰裴粲傳元顥入洛以粲為西兗州刺史尋為濮陽太
守崔巨倫所逐棄州入嵩高山節閔帝初復為中書令後
正月晦帝出臨洛濱粲起御前再拜上壽酒帝曰昔北海
入朝暫竊神器尒日卿諫之以酒今欲我飲何異於往情
粲曰北海志在沈湎故諫其所失陛下齊聖溫克臣敢獻
微誠帝曰甚愧來譽仍為命酌
又曰齊郡王簡性好酒不能理公私之事妻常氏燕郡公
喜女也文明太后以賜簡幹綜家事頗節簡酒乃至盜竊
求乞婢侍卒不能禁
又曰阮孚性機辯好酒貌短而禿周文帝偏所眷顧常於
室內置酒十餅餘一斛上皆加帽欲戲孚孚適入室見即
驚喜曰吾兄弟輩甚無禮何為竊入王家臣坐相對宜早
還宅也因持酒歸周文撫手大笑
北齊書曰段韶尤嗇於財雖親戚故舊略無施與其子孫
尚公主并省丞郎在家佐事十餘日事畢辭還人唯賜一
杯酒
又曰高季式豪率好酒又恃舉家勳功不拘儉節與光州
刺史李元忠生平遊欵在濟州夜飲憶元忠開城門令左
右乘驛馬持一壺酒往光州勸元忠朝廷知而容之
又曰齊河南王孝瑜武成禮遇特隆帝在晉陽手勑之曰
吾飲汾清二盃勸汝鄴酌兩盃其親愛如此也
又曰齊皇甫亮性質朴純厚終無片言矯飾為有勑下司
各列勤墮亮三日不上省文宣王親詰其故亮曰一日兩



一日醉一日病酒文宣以其實優容之
又曰周文帝聞韋敻養高不仕辟之不能屈明帝即位禮
敬逾重乃為詩顧時朝謁帝大悅勑有司日給河東酒一
斗號之曰逍遙公
唐書曰定州惣管李玄通性剛烈無所屈撓初城陷為劉
黑闥所囚其故吏有以酒食餽之者玄通謂之曰諸君哀
吾困辱故以酒食來相寬慰耳吾要當為諸君一醉可乎
遂與樂飲因請劒起舞舞畢以劒潰腹而死
又曰蒲桃酒西域有之前代或有貢獻及破高昌收馬乳
蒲桃實於苑中種之并得其酒法上自損益造酒酒成
味兼醍盎既頒賜羣臣京師識其味
又曰麟德元年九月壁州刺史鄧弘慶制酒令平索看精
四序
又曰張鎮州拜舒州都督舒州即其本邑鎮州乃多市酒
肴就望江舊宅盡召故人親戚與之酣宴散髮箕踞如疇
昔之歡十日贈以錢帛既而垂泣謂親賓曰比者張鎮州
與故人為歡今日以後舒州都督治百姓耳君民禮隔不
得交遊因與之訣自是親戚有犯法一無所縱州境因茲
肅然
又曰李景伯景龍中為諫議大夫中宗嘗與宰臣貴戚
內宴酒酣遞唱迴波樂甚諠雜失禮次至景伯歌曰迴波
尒時酒卮微臣職在箴規禮飲只合三爵君臣雜混非宜
席為之散時人稱之
又曰李適之雅好賓友飲酒一斗不亂夜則宴賞晝決公
務莚無留事
管子曰桓公飲管仲酒仲弃其半公問其故對曰臣聞酒

入舌出舌出言失言失身弃臣弃身不如弃酒桓公笑焉

晏子曰景公飲酒移於晏子之家晏子立於門曰國德無有故乎君今何為非時而夜辱公曰酒醴之味金石之聲願與夫子樂之晏子曰臣不敢與焉公乃移於司馬穰苴之家穰苴荅如晏子公復移於梁丘據據左執琴右擁竽行歌而至公曰樂哉無彼二子何以持國無此一臣何以樂身

孫卿子曰醉者越百步溝以為跬步也俯而出城門以為萬丈之門酒亂其神也

太平御覽卷第八百四十四

太平御覽卷第八百四十五

飲食部三

酒下

孟子曰禹惡旨酒而好善言

孔叢子曰平原君與子高飲強子高酒曰有諺云堯舜千鍾孔子百觚子路嗑嗑尚飲百榼古之賢聖無不能飲子何辭焉子高曰以子所聞聖賢以道德兼人未聞飲酒

列子曰夫醉者之墜於車也雖疾不死骨節與人同犯害與人異其神全也乘亦不知也墜亦不知也死生驚懼不入乎其胷是故遻物而不慴彼得全於酒而猶若是況得全於天乎

韓子曰晉平公與羣臣飲飲酣乃喟然而歎曰莫樂爲人君惟其言而莫之違師曠侍坐於前援琴撞之公披衽而避琴傷於壁公曰大師誰撞師曠曰今者有小人言於側者故撞之公曰寡人也師曠曰嘻是非君人者之言也左右請除之公曰釋之以爲寡人戒

又曰齊桓公飲酒醉遺其冠恥之三日不朝管仲曰此非有國之恥也公胡不雪之以政公曰善因發倉賜貧窮論囹圄出薄罪處三日而民歌之曰公胡不復遺冠乎

又曰宋人有少者欲效善見長者飲無餘亦自飲而盡之

王孫子新書曰楚莊王攻宋廚有臰肉樽有敗酒將軍子重諫曰今君廚肉臰而不可食樽酒敗而不可飲而三軍之士皆有飢色欲以勝敵不亦難乎莊王曰請有酒投之士有食饋之賢

淮南子曰楚會諸侯魯趙皆獻酒於楚王主酒吏求酒於趙趙不與吏怒乃以趙厚酒易魯薄者奏之楚王以趙酒



薄遂圍邯鄲

抱朴子曰鄭君釀酒成因以附子甘草著內酒中暴令乾如雞子大一丸投一斗水立成美酒

又曰葛仙公每飲酒醉常入門前陂中竟日乃出曾從吳主到列州還大風仙公舡沒吳主謂其已死須臾從水上來衣履不濕而有酒色云昨爲伍子胥召設酒不能便歸以淹留也

呂氏春秋曰肥肉厚酒務以自強命曰爛腸之食

韓詩外傳曰天子飲食之禮不脫屨而即序者謂之禮跣而上坐者謂之宴能飲者飲之不能飲者已謂之醧齊顏色均衆寡謂之沉閉門不出者謂之湎故君子可以宴可以醧不可以沉不可以湎

黃石公記曰昔者良將用兵人有饋一簞醪者使投之於河令將士迎流而飲之夫一簞醪不能味一河水三軍思爲之死非滋味及之也

賈誼新書曰晉師伐虢虢公出奔至澤中曰吾飢渴甚其御者進清酒腶脯問御曰汝何故詔諛曰恐君必亡所以儲也虢公作色怒御者曰臣言誤也君所以亡者天下皆不肖疾公賢也虢公喜據軾而笑飢勸乃枕御者膝而臥御以塊代其膝而去虢公因餓死

神異經曰西北海外有人長二千里兩脚中間相去千里腹圍一千六百里但日飲天酒五升不食五穀魚肉唯飲天酒忽有飢時向天仍飲好游山海間不犯百姓不干萬物與天地同生

又曰西北荒中有酒泉此酒美如肉清如鏡其上有玉樽取一罇復一罇與天地同休無乾時飲此酒人不死不生

東方朔別傳曰武帝幸甘泉長平阪道中有虫赤如肝頭
目口齒悉具先驅馳還以報上使視之莫知也時朔在屬
車中令往視焉朔曰此謂恠氣是必秦獄處也上使案地
圖果秦獄地上問朔何以去之朔曰夫積憂者得酒而解
乃取虫置酒中立消賜朔帛百疋後屬車上盛酒爲此故
也

說苑曰魏文侯與大夫飲使公乘不仁爲觴政曰飲若不
盡浮之大白文侯不盡公乘不仁舉白浮君也

又曰吳王從民飲酒子胥諫曰昔白龍下清泠之淵化爲
魚漁者射中其目白龍上告天王捨萬乘從布衣恐有射
目之患也

論衡曰東風至酒湛溢按酒味酸從東方木也味酸故酒
湛溢也

又曰文王飲酒千鍾孔子百觚聖人胷腹小大與人均等
若飲千鍾宜食百牛能飲百觚則能食十羊使文王身如
防風孔子身如長狄文王孔子率禮之人垂譽後世豈千
鍾百觚耶紂車行酒騎行炙二十日爲一夜按紂以酒爲
池因謂車行酒以肉爲林因爲騎行炙耳或是齊復酒滂沲
於地因以爲池釀酒積糟因以爲丘懸肉似林因言肉林
耳

西京雜記曰司馬相如還成都以所服鷫鸘裘就市陽昌
貰酒與卓文君爲歡

典論曰孝靈末百司湎酒酒千文一斗常侍張讓子奉爲
太醫令與人飲輒去衣露形爲戲樂也

又曰洛陽令郭珎家有巨億每暑召客侍婢數十盛裝飾
羅縠披之袒裸其中使進酒

又曰劉表有酒爵三大曰伯雅次曰仲雅小曰季雅伯雅
容七升仲雅六升季雅五升又設大針於杖端客有酒輒
以劉之驗醉醒也

博物志曰劉玄石曾於中山酒家沽酒酒家與千日酒飲
之至家大醉其家不知以爲死葬之後酒家計向千日往
視之云巳葬於是開棺醉始醒俗云玄石飲酒一醉千日

又曰西域有蒲桃酒積年不敗彼俗傳云可至十年欲飲
之醉彌日乃解

古今記曰烏孫國有青田核得水則有酒味甚淳美如好
酒飲盡隨更注水隨成不可久久則苦不可飲名曰青田
酒

世說曰鍾毓鍾會少有令譽其父晝寢因共偷服散酒父
時覺且託寐以觀之毓拜而後飲會飲而不拜父問其故
毓曰酒以成禮不敢不拜問會會曰偷酒乃非禮所以不
拜

又曰阮籍遭母憂在晉文王座進酒肉司隸何曾亦在座
曰明公方以孝理天下而阮籍以重哀顯於公座飲酒食
肉宜流之海外以正風教文王曰嗣宗毀頓如此君不能
共憂之宜且有疾而飲酒食肉固喪禮也籍飲噉不輟神
色自若步兵校尉缺廚中有貯酒數百斛阮籍乃求爲步
兵或云籍與劉靈飲步兵廚中酒未盡並醉而物故皆好事者爲之籍景元年卒太始中靈猶存焉

又曰劉靈縱酒放達或脫衣倮形在室中人見譏之靈曰
我以天地爲棟宇室屋爲褌衫諸君何以入我褌中

又曰張季鷹縱任不拘時人號爲江東步兵或謂之曰卿
乃縱適一時獨不爲身後名也張荅曰使我有身後名不
如即時一杯酒

又曰阮宣子嘗步行以百錢掛杖頭至酒店便獨酣暢雖
當世貴盛不肯詣也
又曰山季倫爲荆州時出酣暢人爲之歌曰山公時一醉
逕造高陽池日暮倒載歸酩酊無所知時復乘駿馬倒着
白接籬舉手語葛強何如并州兒（高陽池在襄陽是其愛將并州人也襄陽記曰漢侍中習郁於峴山南依范蠡養魚法作魚池池邊有高隄皆種竹及長楸芙蓉覆水是遊宴各家山季倫遊此池未嘗不大醉而還恒曰此是我高陽池也）
又曰鴻臚孔群好飲酒王丞相語云卿恒飲酒不見酒家
覆瓿布日月久則糜爛群曰公不見糟中肉乃更堪久群
常與親舊書云今年田得七百斛秫米不了麴糵事
又曰周顗字伯仁風德雅重深遠危亂還江東積年恒大
飲酒嘗經三日不醒人謂之三日僕射
又曰諸阮能飲酒仲容至宗人間若集不復用常杯酌以



瓮盛酒賓坐相向大酌更飲時有羣猪來飲酒去上便共
飲之
又曰桓公有主簿善別酒輙令先嘗好者謂青州從事惡
者謂平原督郵青州有齊郡平原有鬲縣從事言至齊督
郵言至鬲上住
又曰王孝伯問王大阮籍何如司馬相如王大曰阮籍胷
中壘塊故須澆之（言同相如唯有酒異大悅小字）王大歎曰三日不飲酒
覺形神不復相親（宋明帝文章志曰洸嗜酒一飲或連日不醒自號上頓也諺以大飲爲上頓起於忱也）王孝伯去名士不須奇才但使常得無事痛飲酒讀
離騷便可稱名士也
神仙傳曰孔元方者專修道術元方爲人惡衣踈食飲酒
不過一斗年百七十餘歳道成人或請元方同會人人作
酒令次至元方作令元方無所說直以一杖柱地因把杖

倒豎頭在下足在上以一手持酒倒飲之人莫能爲也
列仙傳曰酒客者梁市上酒家客也作酒常美日售萬錢
有過逐之主人酒便酸敗
異苑曰有虹食醉願釜中水盡願輦酒飲之虹吐金滿釜
因置豐富也
益部耆舊傳曰楊子拒妻劉臣公之女字泰漢有四男二
女拒早亡教道閨門動有法則長子元琮嘗出飲酒自輿
而歸母不見十日諸弟謝過乃見數責曰夫飲酒有節不
至沉湎者禮也汝乃沉荒慢而無禮自爲敗首何以帥先
諸弟
郭仲産湘州記云衡陽縣東南有酃湖土人取此水以釀
酒其味醇美所謂酃酒每年嘗獻之晉平吳始薦酃酒於
太廟是也



時鏡新書曰晉海西令董勛云正旦飲酒先飲小者何也
勛曰俗以小者得歳故先以酒賀之老者失時故後飲酒
十洲記曰瀛州有玉膏如酒味名曰玉酒飲數斗輙醉令
人長生
南岳夫人傳曰夫人設王子喬瓊蘇綠酒
孝子傳曰蔡順字君仲母飲酒吐嘔顛倒恐母中毒嘗母
吐驗之
楚辭曰蕙肴蒸兮蘭籍奠桂酒兮椒漿
又屈原曰衆人皆醉唯我獨醒漁父曰衆人皆醉何不餔
其糟而歠其醨
梁四公記曰高昌遣使獻乾蒲桃凍酒帝命杰公迓之謂
其使曰蒲桃七是洿林三是無半凍酒非八風谷所凍者
又無高寧酒和之使者曰其年風災蒲桃不熟故駁雜凍

酒秦王急命故非時耳帝問朮公群物之異對曰蒲桃湪
林者皮薄味美無半者皮厚味苦酒是八風谷凍成者終
年不壞令臭其氣酸湪林酒滑而色淺故云然
嶺表録異曰南中醞酒即先用諸藥别淘漉粳米漉乾旋
旋入藥和米擣熟即緑粉矣熱水溲而團之形如餢飳以
指中心剌作一竅布於簟席上以莔杞構葉罨之其體候
好弱一如造麴法既而以藤篾貫之懸於煙火之上每醞
一年用幾箇餅子固有恒準矣南中地暖春冬七日熟秋
夏五日熟既熟貯以瓦甕用糞掃火燒之亦有不燒者爲清酒也大
抵廣州人多好酒晚市散男兒女人倒載者日有三二十
輩生酒行即兩面羅列皆是女人招呼鄙夫先令嘗酒盎
上白瓷甌謂之頩刮一頩三文不持一錢來去嘗酒致醉
者當壚嫗但笑弄而已蓋酒賊之故也



太平御覽卷第八百四十五

太平御覽卷第八百四十六

飲食部四

嗜酒　使酒

## 嗜酒

傳曰齊慶封好田而嗜酒與舍政（舍封子慶封當國不自爲政以付舍）則以其內實遷于盧蒲嫳氏易內而飲酒（內實寶物妻妾也）

傳曰鄭伯有嗜酒爲窟室（窟室地室）而夜飲酒擊鐘焉朝至未已朝者曰公焉在（家臣故謂伯有爲公）其人曰吾公壑谷（壑谷窟室）皆自朝布路而罷（布路分散）既而朝（伯有朝鄭君）則又將使子皙如楚歸而飲酒庚子子皙以駟氏之甲伐而焚之伯有奔雍梁（雍梁鄭地）醒而後知之遂奔許

傳曰齊惠欒高氏皆嗜酒（欒高二族皆出惠公）信內多怨（說婦人言政多怨）彊於陳鮑氏而惡之（惡陳鮑）夏有告陳桓子曰子旗子良將攻陳鮑氏亦告鮑氏桓子授甲而如鮑氏遭子良醉而騁（欲及子良醉故騁告鮑文子）遂見文子（文子鮑國）則亦授甲矣使視二子（二子子旗子良也）則皆將飲酒桓子曰彼雖不信（彼謂傳者）聞我授甲則必逐我及其飲酒也先伐諸陳鮑方睦遂伐欒高氏

後漢書曰更始韓夫人尤嗜酒每侍飲見常侍奏事輒怒曰帝方對我飲正用此時持事來乎起抵破書案

又曰馬氏爲人嗜酒闊達敢言（闊達大度也敢言謂言果敢無所隱也）時醉在御前面折同列言其短長無所避忌帝故縱之以爲笑樂

魏志曰徐邈字景山魏國初爲尚書郎時科禁酒而邈私飲至於沈醉校尉趙達問以曹事邈曰中聖人達白太祖太祖甚怒度遼將軍鮮于輔進曰平日醉客謂酒清者爲聖人濁者爲賢人邈性修慎偶醉言耳坐刑後車駕幸許昌



問邈曰頗復中聖人不邈對曰昔子反斃於穀陽御叔罰於飲酒臣嗜酒二子不能自懲時復中之然宿瘤以醜見傳而臣以醉見識帝大笑顧左右曰名不虛立

又曰時苗字德胄鉅鹿人也少清白爲人疾惡建安中入丞相府出爲壽春令令行風靡揚州治在其縣時蔣濟爲治中苗以初至欲往謁濟濟素嗜酒適會其醉不能見苗苗恚恨還刻木爲人署曰酒徒蔣濟竪之於墻下旦夕射之州郡雖知其所爲不恪然以其履行過人無若之何

吳書曰鄭泉字文淵陳郡人博學有奇志而性嗜酒其閑居每日願得美酒滿五百斛船以四時甘脆置兩頭反覆以飲之憊即住而啖肴膳酒有斗升減即隨益之不亦快乎

晉書曰光逸字孟祖遇亂避難渡江依胡毋輔之初至屬輔之與謝鯤阮放畢卓羊曼桓彝阮孚散髮裸衣閉室酣飲已累日逸將排戶入守者不聽逸便於戶外脫衣露頭於狗竇中窺之而大叫輔之驚曰他人決不能爾必我孟祖也遽呼入遂與飲不捨晝夜人謂之八達

又曰孟嘉爲桓溫參軍嘉好酣飲愈多不亂溫問嘉酒有何好而卿嗜之嘉曰未得酒中趣耳

又曰孝武末年嗜酒好內而會稽王道子昏醟尤甚唯狎昵諂邪於是國寶讒諛之計稍行於主相之間

宋書曰衡陽王義季素嗜酒自彭城王義康廢後遂爲長夜飲略少醒日文帝詰責曰此非唯傷事業亦自損性皆汝所諳近長沙兄弟皆緣此致故將軍蘇徽耽酒成疾旦夕待盡一門無此酣法汝於何得之義季雖奉旨酣縱不改成疾以至於終

又曰范泰初爲大學博士外弟荊州刺史王忱請爲天門

太守忱嗜酒醉輒累旬及醒則儼然端肅泰陳酒既傷生所宜深誡其言甚切忱嗟歎久之曰見規者衆未有若此者也

又曰劉邕穆之子河東王歆之與邕俱嘗爲南康相素輕邕後歆之與俱豫元會並坐邕嗜酒謂歆之曰卿昔見臣今能見勸一盃酒不歆之因斆孫皓歌荅曰昔爲汝作臣今爲汝比肩既不勸汝酒亦不願汝年

梁書曰王瞻爲吏部尚書性率亮居選所舉其意多行頗嗜酒每飲或彌日而精神朗贍不廢簿領武帝每稱瞻有三術射棊酒也

南史曰陳暄文才俊逸尤嗜酒無節操遍歷王公室沉湎過差非度其兄子秀常憂之致書於暄友人何胥冀其諷



諫暄聞之與秀書曰且見汝書與孝典陳吾飲酒過差吾有此好五十餘年昔吳國張長公亦稱耽嗜吾見張公時伊已六十自言引滿大勝少年時吾今所進亦勝於往日老而彌篤唯吾與張季舒耳吾方與此子交歡於地下汝欲夭吾此志耶昔阮咸阮籍同遊竹林宣子不聞斯言王湛能玄言巧騎武子呼爲癡叔何陳留之風不嗣大原之氣巋然讙成可怪吾既寂寞當世朽病殘年產不異於顏原名未動於卿相若不日飲醇酒復欲安歸女以飲酒爲非吾以不飲爲過昔周伯仁渡江唯三日醒吾不以爲少鄭康成一日三百盃吾不以爲多然洪醉之後有得有失成廝養之志是其得也使次公之狂是其失也吾常譬酒猶水也可以濟舟亦可以覆舟故江諮議有言酒猶兵也兵可千日而不用不可一日而不備酒可千日而不飲不可一飲而不醉美哉江公可與共論酒矣汝驚吾履車侍中之門陷泄武陵之地遍布朝野自言憔悴丘也幸苟有過人必知之吾平生所願身沒之後題吾墓云陳故酒徒陳君之神道若斯志意豈避南征之不覆賈誼之慟哭者哉何水曹眼不識盃鐺吾口不離瓢杓汝寧與何同日醒與吾同日而醉乎政言且醒可及其醉不可及也速營糟丘吾將老焉

後魏書曰夏侯道遷長子史字元廷歷鎮遠將軍南兗州大中正史性好酒居喪不戚醇醪肥鮮不離口沽買飲噉多所費用父時田園貨賣略盡人間債猶數千餘疋穀食至常不足弟妹不免飢寒於是昏酣而卒初史與南人辛諶庾遵江文遙等終日遊聚酣飲之際恒相謂曰人生局促何殊朝露坐上相看先後間耳脫有先亡者於良辰美景



靈前飲宴儻或有知庶共歆饗及史亡後三月上巳諸人相率至史靈前仍共酌飲時日晚天陰室中微闇咸見史在坐衣服形容不異平昔時執盃酒似若獻酬但無語耳

後魏書曰李元忠微拜侍中雖處要任初不以物務干懷唯以聲酒自娛大率常醉家事大小了不關心園庭羅種果藥親朋尋詣必留連宴賞每挾彈攜壺遨遊里閈每言寧無食不可使我無酒阮步兵吾師也孔少府豈欺我哉後自中書令復求爲太常以其有音樂而多美酒故神武欲用爲僕射文襄言其放達常醉不可任以臺閣其子搔聞之請節酒元忠曰我言作僕射不勝飲酒樂爾愛僕射時宜勿飲酒

北齊書曰黃門郎司馬消難左僕射子如之子是高祖之壻勢盛當時因退食之暇尋高季式與之酣飲留宿旦日

重門並閉關鑰不通消難固請去我是黃門郎天子侍臣豈有不參朝之理且一宿不歸家君必當大怪今若又留我狂飲我得罪無辭恐君亦不免譴責季式曰君自稱黃門郎又言畏家君怪欲以地勢脅我邪高季式死自有處初不畏此消難拜謝請出終不見許酒至不肯飲季式云我留君盡興君是何人不爲我飲命左右賫車輪括消難頸又賫一輪自括頸仍命酒引滿相勸消難不得巳欣笑而從之方仍俱脫車輪更留一宿是時失消難兩宿莫知所在內外驚異及消難出方具言之世宗在京輔政白魏帝賜消難美酒數石珍羞十轝并令朝士與季式親狎者就季式宅讌集其被優遇如此



唐書曰王源中爲戶部侍郎翰林承旨學士性頗嗜酒嘗召對源中方沉醉不能起及醉醒同列告之源中但懷憂殊無悔恨他日又以醉不任赴召遂終不得大任以眼病求免所職

列子曰子產之兄公孫朝聚酒千鍾積麴成封望門百步糟漿之氣逆於人鼻方其荒於酒也不知正道之安危人理之悔悋室內之有無九族之親疎雖水火兵刃交於前不知也

王子年拾遺記曰晉有羌人姚馥字世芬充廐馬圉每醉中好言王者興亡之事常云九河之水不足以漬麴蘗八藪之木不足以爲蒸薪七澤之麋不足以充庖俎恒言渴於醇酒羣輩呼爲渇羌後晉帝受以朝歌守馥辭願且爲馬圉時賜美酒以樂餘年帝曰朝歌紂之舊都地有酒池故使老羌不復呼渇固辭遷酒泉太守地有清池其味若酒馥

乘醉而拜受之

世說曰劉靈病酒渴甚從婦求酒持器泣諫曰君飲酒太過非攝生之道必宜斷之靈曰甚善我不能自禁唯當祝鬼自誓斷之耳便可具酒肉婦從之靈跪而呪曰天生劉靈以酒爲名一飲一斛五斗解酲婦人之言愼不可聽便引酒進肉隗然巳醉

又曰畢茂世云一手持蟹螯一手持酒盃拍浮酒池中便足了一生

使酒



史記曰季布爲河東守孝文時人有言其賢者孝文召欲以爲御史大夫復有言其勇使酒難近至留邸一月見罷布因進曰臣無功竊寵待罪河東陛下無故召臣此人必有以臣欺陛下者今臣至無所受事罷去此人必有毀臣者夫陛下以一人之譽而召臣以一人之毀而去臣臣恐天下有識聞之有以窺陛下也上嘿然慙良久曰河東吾股肱郡故時召君耳布辭之官○又曰孝武建元元年灌夫入爲太僕二年夫與長樂衛尉竇甫飲輕重不得飲酒輕重不得其平夫醉搏甫甫竇太后昆弟也上恐太后誅夫徙爲燕相數歲坐法去官家居長安灌夫爲人剛直使酒不好面諛貴戚諸有勢在巳之右不欲加禮必陵之諸士在巳之左愈貧賤尤益敬灌夫家居雖富然失勢賓客益衰及魏其侯失勢亦欲倚夫引繩排根生平慕之後棄之者夫亦倚魏其而通列侯宗室爲名高兩人相爲引重其游如父子然相得驩甚恨相知晩也夫有服過丞相丞相從容曰吾欲與仲孺過魏其侯會仲孺有服夫曰將軍乃肯幸臨況魏其侯夫安敢以服爲解請語魏其侯帳具將軍旦

日早臨武安許諾夫具語魏其侯如所謂武安侯魏其與其夫人益市牛酒夜灑掃早帳具至旦平明令門下候伺至日中丞相不來魏其謂夫曰丞相豈忘之哉夫不懌曰夫以服請宜往乃駕自往迎丞相丞相特前戲許灌夫殊無意往及夫至門丞相尚卧於是夫入見曰將軍昨日幸許過魏其魏其夫妻治具自旦至今未敢嘗食武安愕謝曰吾昨日醉忽忘與仲孺言乃駕往及飲酒酣夫起舞屬丞相丞相不起夫從坐上語侵之魏其扶灌夫去謝丞相丞相卒飲至夜極驩而去丞相嘗使籍福請魏其城南田不得由此怨灌夫魏其後丞相娶燕王女爲夫人有太后詔召列侯宗室皆往賀魏其侯過灌夫與俱夫謝曰夫數以酒失得過丞相丞相今者又與夫有郄魏其曰事已解強與俱飲酒酣武安起爲壽皆避席伏已魏其侯爲壽獨故人避席耳



餘半膝席夫不悅起行酒至武安武安膝席曰不能滿觴夫怒因嘻笑曰將軍貴人也屬之時武安不肯行酒次至臨汝侯（灌嬰孫名賢）臨汝侯方與程不識耳語又不避席夫無所發怒乃罵臨汝侯曰生平毀程不識不直一錢今日長者爲壽乃效女兒呫囁耳語武安謂灌夫曰程李俱東西宮衛尉今衆辱程將軍仲孺獨不爲李將軍地乎灌夫曰今日斬頭陷匈何知程李乎坐乃起更衣稍稍去

續漢書曰時聖公聚客家有酒請游徼飲賓客醉歌言朝亨兩都尉游徼後來用調羹味游徼大怒縛捶數百

魏志曰吳質黃初五年朝京師詔大將軍及特進以下皆會質所太官給供具酒酣質欲盡歡時上將軍曹真性肥中領軍朱鑠性瘦質召優使說肥瘦真負其貴恥見戲怒謂質曰卿欲以部曲將遇我耶驃騎將軍曹洪輕車將軍王忠言將軍必欲使上將軍肥即自宜爲瘦真愈恚拔刀瞋目言俳敢輕說吾斬爾遂罵坐質案劒曰曹子丹汝非屠机上肉吳質吞爾不搖喉咀汝不搖牙何敢恃勢驕耶鑠因起曰陛下使吾等來樂卿耳乃至此耶質顧叱之曰朱鑠敢壞坐諸將軍皆還坐鑠愈恚還拔劒斬地遂使罷也

吳志曰權既爲吳王歡宴之末自起行酒虞翻伏地佯醉不起權去翻起坐權於是大怒手拔劒欲擊之侍坐者莫不惶遽唯大司農劉基起抱權諫曰大王以三爵後手殺善士雖翻有罪天下孰知之且大王以能容賢畜衆故海內望風今一朝棄之可乎權曰曹孟德殺孔文舉孤於虞翻何有哉基曰孟德輕害士人天下非之大王躬德義欲與堯舜比隆曹何自喻於彼乎翻由是得免權因勑左右



自今酒後言殺皆不得殺也

又曰胡綜性嗜酒酒後讙呼極意或推引杯觴搏擊左右權愛其才不備責也

又曰凌統嘗擊賊圍先期統與督將陳勤會飲酒勤剛勇任氣因督酒陵轢一坐舉罰不以其道統疾其侮慢面折不爲其酒勤怒詈統及其父操統流涕不答衆因罷坐勤乘酒凶悖又於道路辱統統不忍引刀斫勤數日死及當攻屯統曰非死無以謝罪乃率厲士卒身當矢石所攻一面應時破壞諸將乘勝遂大破之還自拘於軍正權壯其果毅許以功贖罪

晉書曰庾純爲河南尹以賈充姦佞與任愷共舉充西鎮關中充由是不平充嘗宴朝士而純後至充謂曰尹行常居人前今何以在後純曰且有小市事不了是以來後世言

純之先嘗有五百者充之先有市魁者故充純以此相譏焉充自以功隆埊重意殊不平及純行酒充不時飲純曰長者爲壽何敢爾乎充曰父老不歸供養將何言也純因發怒曰賈充天下兇兇由爾一人充曰輔佐二世蕩平巴蜀有何罪而天下謂之兇兇純曰高貴鄉公何在衆坐因罷充左右欲執純中護軍羊琇侍中王濟佐之因得出充慙怒上表解職純懼上河南尹關中侯印綬上表自劾

晉裴楷傳曰石崇以功臣子有才氣與楷志趣各異不與之交長水校尉孫季舒常酣讌慢傲過度欲表免之楷聞之謂崇曰足下飲人狂藥責人正禮不亦乖乎乃止

又曰裴遐嘗在平東將軍周馥坐與人圍碁馥司馬行酒遐不卽飲司馬醉怒因曳遐墮地遐徐起還坐顏色不變復碁如故其性和如是



宋書曰謝超宗爲人侍才使酒多所陵忽在直省常醉上召見語及北方事超宗曰虜動來二十年矣佛出亦無如之何以失儀出爲南郡王中軍司馬

梁書曰蕭穎達出爲豫章內史意甚憤憤未發前預華林宴酒後於坐辭氣不悅沈約因勸酒欲以觀之穎達大罵約曰我今日形容正是汝老鼠所爲何忽復勸我酒舉坐驚愕帝謂之曰汝是我家阿五沈公宿望何意輕脫若以法繩汝汝復何理達竟無一言唯大涕泣心愧之

又曰謝善勛飲酒至數外醉後輙張眼大罵雖復貴賤親踈無所擇也時謂之謝方眼

陳書曰柳盼爲散騎常侍性愚戇使酒因醉乘馬入殿門爲有司劾免於家

風俗通曰陳國有趙祐者酒後自相署或稱亭長督郵祐復於外騎馬將絳幡去我使者也司徒鮑昱決獄去騎馬將幡起於戲耳無他惡意

又曰汝南張妙酒後相戲遂縛捶二十下又縣足指遂至死鮑昱決事去原其本意無賊心宜減死

風俗通曰巴郡宋遷（母名靜）往阿奴家飲酒迁母坐上失氣奴謂遷曰汝母在坐上何無儀適遷曰腸痛誤耳人各有氣豈止我遷罵奴乃持木枕擊遷遂死

太平御覽卷第八百四十六

太平御覽卷第八百四十七

飲食部五

食上

周禮天官膳夫曰膳夫掌王之食膳羞以養王及后世子羞有滋味凡王之饋食用六穀膳用六牲飲用六清羞用百二十品珍用八物醬用百有二十罋王日一舉鼎十有二物皆有俎以樂侑食膳夫用祭品嘗食王乃食

又曰王齊則王府供玉食鄭玄注曰玉陽之精御水氣也鄭司農云食玉屑也

又天官食醫曰掌和王之六膳百羞百醬八珍之齊凡食齊眡春時飯宜溫羹齊眡夏時羹宜熱醬齊眡秋時醬宜涼飲齊眡冬時飲宜寒凡和春多酸夏多苦秋多辛冬多鹹調以滑甘凡會膳食之宜牛宜稌羊宜黍豕宜稷犬宜粱鴈宜麥魚宜苽凡君子之食恒放焉



又曰內饔掌王及后世子膳羞之割亨煎和之事辨體名肉物辨百品味之物割肆解肉也亨煑也煎和成數選百羞醬物珍物以侯饋先進其中御者共后及世子之膳羞膳夫掌之

又曰小宰凡朝覲會同賓客以牢禮之灋掌其牢禮委積膳獻飲食賓賜之飧牽與其陳數

又曰大宗伯以飲食之禮親宗族兄弟

大戴禮曰食穀者必智惠而巧

禮記曲禮上曰侍食於長者主人親饋則拜而食主人不親饋則不拜而食共食不飽無流歠鄭玄注曰流歠有似食也無咤食咤陟嫁切毋嚙骨毋反魚肉毋投與狗骨毋固獲欲自得曰固爭自取曰獲毋刺齒。又曰凡進食之禮左殽右胾食居人之左羹居人之右皆便食也殽骨體也胾切肉也食飯屬也居之左右明其近也殽在俎胾在豆膾炙處外醯醬處內殽胾之外內也近醯醬者食之主膾炙皆在豆也葱渫處末渫烝葱也處醯醬之左言末者殊加也在豆酒醬處右處羹之右此言若酒若漿耳兩有之則左酒右醬也以脯脩置者左朐右末亦便食也屈中曰朐其俱切

又曰齊大飢黔敖為食於路以待餓者而食之有餓者蒙袂輯屨貿貿然來黔敖左奉食右執飲曰嗟來食揚其目而視曰予唯不食嗟來之食以至於斯也從而謝之終不食而死風俗通曰齊人不食而死也

又曰食於有喪者之側未嘗飽也助哀戚也

又曰庶人春薦韭夏薦麥秋薦黍冬薦稻韭以卵麥以魚黍以豚稻以鴈庶人無常牲取與新物相宜而已

又曰文王之為太子朝於王季日三食上必在視寒煖之節在察也食下問所膳問所食者命上宰曰末有原應曰諾然後退未猶物也原再也勿有所再進為其失飪臭味惡也退以其褻也

又曰朝夕之食上世子必在視寒煖之節食下問所膳羞



必知所進以命膳宰然後退羞必所進必知親所食也若內豎言疾則世子親齊玄而養親猶自也養疾者齊玄冠玄端也膳宰之饌必敬視之疾者之食齊和所欲或異疾之藥必親嘗之試毒也嘗饌善則世子亦能食善謂多差前嘗饌寡世子亦不能飽又不及武王一飯再飯

又曰古者未有火化食草木之實鳥獸之肉飲其血茹其毛後聖有作然後修火之利以炮以燔以烹以炙以為醴酪

又曰夫禮之初始諸飲食其燔黍捭豚捭卜麥切汙尊而抔飲汙烏華切抔步侯切蕢桴而土鼓蕢苦對切猶若可以致其敬於鬼神言其物雖質畧有齊敬之心則可以薦羞於鬼神鬼饗德不饗味也

又曰天子一食諸侯再大夫三

又曰不食雛鱉狼去腸狗去腎狸去正脊兔去尻狐去首豚去腦魚去乙鱉去醜皆為不利人也

又曰膳目諸膳也腳臐膮醢腳音香臐許云切膮許堯切牛炙醢牛胾醢牛
膾羊炙胾醢豕炙醢豕胾芥醬魚膾雉兎鶉鷃此上大夫之禮庶羞
二十豆也以公食大夫禮饌校之則膮牛炙間不得有醢醢衍字也又以鷃爲鴽也
玉藻曰侍食於先生異爵者後祭先飯謙也客祭主人辭曰
不足祭也祭者盛食人饌也客飧食主人辭以疏食者之言麤也
又曰父命呼唯而不諾手執業則投之食在口則吐之
又曰若賜之食而君客之則命之祭然後祭雖見賓客猶也侍食則正
不敢備禮不祭也先飯辨嘗羞飲而俟俟君食而後食之也將食臣先嘗孝也若有嘗
羞者則俟君之食然後食飯飲而俟不祭侍食不嘗羞膳敢備禮也不敢飲勸
宰存也將食也君命之羞羞近者辟貪味也命之品嘗之然後唯所欲
必先編嘗之凡嘗遠食必順近食從近如也君未覆手不敢飧覆手食也
以循咡已飧勸食也君既食又飯飧不敢先君飽飯飧者三飯也臣勸君如是可
食也君既徹執飯與醬乃出授從者食於尊前觀徹也凡侑食不盡

平八ヨ四十七　三　壬鄭一

食於人不飽謙也
又學記曰雖有嘉肴弗食不知其旨也雖有至道弗學不
知其善也旨美也
又雜記曰孔子曰吾食於少施氏而飽少施氏食我以禮
言責其以禮待己而爲之飽也時人倨慢若季氏則不以禮矣少施氏魯惠公子施父之後吾祭作而
辭曰疏食不足祭也吾飧作而辭曰疏食也不敢以傷吾
子納幣一束束五兩兩五尋
又坊記曰故食禮主人親饋則客不祭故君親饋則客不
祭故君子苟無禮雖美不食焉
左傳曰晉公子重耳過衞衞文公不禮焉出於五鹿五鹿衞地乞
食於野人與之塊公子怒欲鞭之子犯曰天賜也得土天賜有
稽首受而載之
又曰楚伐庸出師旬有五日百濮乃罷濮夷無屯聚見難則散歸自廬

以往振廩同食往往伐庸也振發也廩倉也同食上下無異饌也
又曰初宣子田於首山舍于翳桑田獵也翳桑桑之多蔭翳者首山在河東蒲坂縣
東南見靈輒餓問其病曰不食三日矣食之舍其半問之曰
宦三年矣宦學也未知母之存否今近焉去家近請以遺之使
盡之而爲之簞食與肉簞笥也寘諸橐以與之既而與爲公
介靈輒爲公甲士倒戟以禦公徒而免之問其故對曰翳桑之餓人
也問其名居問所居不告不退不望報也遂自亡也輒亦去
又曰諸侯之師次于鄭西我師次于督揚不敢過鄭督揚鄭地也
子叔聲伯使叔孫豹請逆于晉師爲食於鄭郊師逆以至
聲伯戒叔孫以必須所逆晉師至乃食聲伯四日不食以待之食使者使者豹之
介而後食言其忠也
又曰晉侯合諸侯揚干亂行魏絳戮其僕晉侯以絳爲能
以刑佐民矣反役與之禮食使佐新軍羣臣旅會禮食也

平八ヨ四十七　四　壬鄭一

又曰衞獻公戒孫文子甯惠子食勑戒二子欲共讌食皆服而朝日
旰不召而射鴻於囿二子從之不釋皮冠而與之言二子
怒
又曰魏獻子爲政以魏戊爲梗楊大夫梗楊人有獄魏戊
不能斷以獄上上魏子也其大宗賂以女樂訟者大宗魏子將受之
戊謂閻沒女寬二人魏子大夫曰主以不賄聞於諸侯若受梗楊人
賄莫甚焉吾子必諫皆許諾退朝待於庭魏子朝君退而待於魏子之庭
饋入召之召大夫食比置三歎既食使坐魏子曰吾聞諸伯叔
諺曰唯食忘憂吾子置食之間三歎何也同辭而對曰或
賜二小人酒不夕食或他人也言飢其也饋之始至恐其不足是以歎
中置自咎曰豈將軍食之而有不足是以再歎及饋之畢
願以小人之腹爲君子之心屬厭而已屬足小人腹飽知足也言君子之心
厭宜亦然獻子辭梗楊人

又曰叔孫穆子食慶封慶封汜祭（有余示有所先也汜祭遠散所祭不共）穆
子不說使工爲之誦茅鴟（工樂師茅鴟逸詩刺不敬）亦不知
又曰晉悼夫人食與人之城杞者（與衆也城杞在往年）絳縣人或年
長矣無子而往與於食
又曰華亥與其妻必盥而食所質公子者後食公與夫人
每日必適華氏食公子而後歸
又曰昔闔廬在國天有菑癘親巡孤寡而共其乏困在軍
孰食者分而後敢食（必須軍士皆分熟食不敢先食分猶徧也）其所嘗者卒乘
與焉（所嘗甘珍非常食）
又曰衛侯爲虎幄於藉圃（於藉田之圃新造幄幕皆以虎獸爲飾）成求令名
者而與之始食焉太子請使良夫（以良夫爲令名）良夫乘衷甸
兩牡（衷甸一轅卿車）紫衣狐裘（紫衣君服）至袒裘不釋劍而食（食而熱故偏袒）
（亦不嫌）太子使牽以退數之以三罪而殺之



又曰左師每食擊鍾聞鍾聲公曰夫子將食詩曰民之失
德乾餱以愆（餱食也箋云德言過乎）
又曰民之質矣日用飲食（質成）
又生民曰克岐克嶷以就口食
韓詩外傳曰子夏過曾子曾子食之子夏曰不爲公費乎曾子
曰有三費飲食不在其中少而學長而忘之一費事君而
輕負之交中絕三費
舜典曰咨十有二牧曰食哉惟時（王肅注曰食哉者所以重之民）
又洪範曰八政一曰食又曰惟辟玉食（孔安國曰王食美食）
周書曰甘食美衣使長貧
尚書大傳曰八政何以先食食者萬物之始人之所本者也
易曰雲上於天需君子以飲食讌樂（需飲食之道也）九五需于酒
食貞吉

又曰噬嗑食也頤中有物曰噬嗑
又曰山下有雷頤君子慎言語節飲食
論語曰一簞食一瓢飲人不堪其憂回也不改其樂
又曰齊必變食居必遷坐食不厭精膾不厭細肉雖多不
使勝食氣食不語寢不言雖蔬食菜羹瓜祭必齊如也
史記曰張蒼嘗被刑王陵救免之蒼常德陵後爲丞相洗
沐常先朝陵夫人上食然後敢歸家
又曰韓信從下鄉南昌亭長寄食數月亭長患之乃晨炊
蓐食時信往不爲具食信亦知其怒竟絕乃釣城下一漂
母餕信竟漂數十日信喜謂漂母曰吾必有以重報母母
怒曰丈夫不能自食吾哀王孫而進食豈望報乎
又曰景帝居禁中召條侯周亞夫賜食獨置大胾無切肉
又不置箸條侯心不平顧謂尚席取箸景帝視而笑曰此
不足君所食乎條侯免冠謝



又曰東方朔詔賜之食於前飯已盡懷其餘肉持去衣
盡汙
古史考曰始有燔炙人裹肉燒之曰炮故食取名焉及神
農時民食穀釋米加于燒石之上而食及黃帝始有釜甑
火食之道成
戰國策曰蘇秦之楚三月迺得見王談卒辭行楚王曰先
生不遠千里而臨寡人曾弗肯留願聞其說對曰楚國食
貴於玉薪貴於桂謁者難見於鬼王難見於帝今令臣食
玉炊桂因鬼見帝其可得乎
漢書曰陸賈勸陳平與太尉絳侯和以誅諸呂平乃以奴
婢百人車馬五千乘錢五百万遺賈爲飲食資又曰万石君
時賜侯食於家必稽首俯伏而食如在上前子孫有過對

寀不食

又曰有司劾竇嬰矯先帝詔棄市嬰陽病不食欲死或聞上無意殺嬰復食也

又曰昌邑王在喪詔太官上乘輿食如故食監奏未釋服未可御故食也

又曰鮑宣上書曰陛下擢臣岩穴誠冀有益毫毛豈徒欲臣美食大官重高門之地哉（晉灼曰高門殿名也）

又曰太師孔光聖人之後先師之子德行純淑賜飧十七物（服虔曰食具十七物也）

續漢書曰靈帝數遊於西園令後宮采女爲客舍主身爲商賈行至客舍采女下酒因共飲食

東觀漢記曰光武過鄧禹營禹進炙魚上大飡啗百姓聚觀皆言劉公真天人也



又曰汝郁字叔異陳國人年五歲母疾不能飲食郁亦不肯食宗親共奇之因名曰異

又曰趙孝字長平建武初天下新定穀食尚少孝得穀炊孰令弟禮夫妻使出比還孝夫妻共茹蔬菜禮夫妻來歸告言已食輒獨飯之積久禮心怪疑後掩伺見之亦不肯後出遂共蔬食兄弟怡怡鄉里歸德

又曰梁鴻少孤以幼童詣太學受業治詩禮春秋常獨止不與人同食

又曰明德皇后既勲椒房太官上飯累餚膳備副重加幕覆輒徹去譴勑令與諸舍相望也

謝承後漢書曰茅容字季偉陳留人與等輩避雨樹下衆皆箕踞相對容危坐愈恭郭林宗見而奇之共與言因請寓宿旦日容殺雞爲黍林宗謂爲己設既而以供其母自以草蔬與林宗同飯林宗起拜之曰卿賢乎哉因勸令學卒以成德也

後列曰董宣爲洛陽令殺胡陽公主奴帝怒欲殺宣後原之勑令詣太官賜食宣受詔出飯盡覆杯食按上太官以狀聞上問宣宣對曰臣食不敢遺餘如奉職不敢遺力

又曰帝悉竇融年衰遣中常侍中謁者即其卧內強進酒食

又曰趙咨躬率子孫耕農爲養盜嘗夜往劫之咨恐母驚懼乃先至門迎盜因請爲設食謝曰老母八十疾病須養居貧朝夕無儲乞少置衣糧妻子物餘一無請盜皆慙歎跪而辭曰所犯無狀干暴賢者言畢奔出咨追以物與之由此益知名

又曰郅元義父伯考爲尚書僕射元義還鄉里妻留事姑



甚謹姑憎之幽閉空室節其飲食羸　困妻終無怨言後伯考怪而問之時義子朗年數歲言母不病但苦飢耳

又曰韓卓字子助臘日奴竊食祭其先卓義而免之

又曰延熹末黨事將作袁閎遂散髮絶代欲投迹深林以母老不宜遠遁乃築土室四周於庭不爲户自牖納飲食而已

魏志曰典韋好酒食飲啖兼人每賜食於前大飲長歠左右相屬人益乃供太祖壯之

又曰漢末中常侍唐衡弟爲京兆虎牙都尉入謁尹尹欲修主人勑外爲市買功曹趙息啓去左悄子弟來爲虎牙非德選不足爲持酤買宜隨中舍菜食而已

魏志曰文帝爲太后弟康起第成太后至第請諸家外親設下厨無異膳太后左右菜食粟飯無魚肉其儉約如此也

又曰邑累者嘉平中年八十九歲若六七十者縣官以孤
老日給廩五升五升不足食傾行傭作以裨之粮盡復出
人與不敢食不求美衣弊緼故後一二年病亡
又曰諸葛亮出斜谷與司馬宣王對壘宣王見亮使唯問
其寢食及其事之繁簡戎事使對曰諸葛公夙興夜寐二
十罰已上皆親覽焉所啖食不至數升宣王曰亮將斃矣
其能久乎
又曰沐並字德信河間人也少孤苦袁紹父子時始爲吏
名有志介嘗過姊爲殺雞炊黍而不留也正始中爲三府長
史時吳使朱然諸葛瑾攻圍樊城遣船兵於峴山東斫材
牂牁人兵作食有先熟者呼後熟者言其食來後熟者答
言不也呼者曰欲作沐德信耶其名流布播於異域如此
雖自華夏不知者以爲前世人



江表傳曰南陽樊伷爲武昌部從事誘導諸夷叛屬劉備
孫權召問潘濬濬曰以五千兵往足擒矣權曰卿何以輕之
濬曰伷昔爲州人設饌比至日中食不可得而十餘自起
此亦侏儒觀一節之驗權即遣將五千兵往果平武昌
吳志曰步騭字子山世亂避難江東單身窮困與廣陵衛
旌同年相善俱以種瓜自給晝勤四體夜誦經傳會稽焦
征羌郡之豪族人客放縱騭與旌求食其地懼爲所侵乃
共脩刺奉瓜以奏征羌方內卧駐之移時旌欲去騭止之
曰本所以來畏其強也今舍去欲以爲高祇結怨耳良久征
羌開牖見之身隱几坐帳中設席致地坐騭旌於牖外旌
愈恥之騭辭色自若征羌身自享大案殽膳重沓而小盤
飯與騭旌唯菜茹而已旌不能食騭極飯致飽乃辭出旌
怒騭曰能忍此乎騭曰吾等貧賤是以主人以貧賤遇之

固其宜也當何所恥
蜀志曰漢獻帝舅車騎將軍董承辭帝受帝衣帶中密詔當
誅曹公先主是時與曹公從容曹公謂先主曰天下英雄
唯使君與操耳本初之徒不足數也先主食失匕箸
又曰關羽嘗爲流矢所中貫其左臂後瘡雖愈每陰雨
痛醫曰矢鏃有毒毒入于骨當破臂作瘡刮骨去毒然後
此患乃除耳羽便伸臂令醫劈之時羽適請諸將飲食相
對臂血流離盈於盤器而羽割炙引酒言笑自若

太平御覽卷第八百四十七

太平御覽卷第八百四十八

飲食部六

食中

王隱晉書曰何曾食日近萬錢猶曰無下箸處子劭驕奢簡貴有父風衣裘服翫新故巨積食必盡四方珍異一日之供以二萬爲限時論以爲太常御膳無以加之

又曰皇甫謐姑子梁柳爲城陽太守或勸謐送謐曰柳爲布衣過吾送迎不出門食不過盐菜貧不以酒肉爲禮也今作郡而送豈古人之道哉

晉書曰王導子悅疾篤導憂念特至不食積日忽見一人形狀甚偉被甲持刀導問君是何人曰僕是蔣侯也公兒不佳欲爲請命故來耳公勿復憂因求食遂噉數斗食畢勃然謂導曰中書患非可救者言訖不見悅亦殞絶



又曰衛將軍謝安欲詣陸納納兄子俶怪納無辦乃密作數十人饌安至納設茶菓而俶下精飲食納怒客去杖俶四十

又曰郗鑒字道徽永嘉亂在鄉里窮餒鄉人以鑒名德傳共飴之時兄子邁外生周翼並小常携之就食鄉人曰恐不兼有所存鑒乃獨往食訖飯着兩頰邊含還與二兒後並得存同過江邁位至護軍翼爲剡令鑒薨追撫育之恩解職而歸席苫心喪三年

又曰庾袞父亡作筥賣以養母母見其勤曰我無所食對曰母食不甘袞將何居母感而安之

宋書曰謝景仁爲桓玄驍騎將軍時宋武帝爲桓脩撫軍中兵叅軍嘗詣景仁諮事景仁與語悅因留帝食食未辦而景仁爲玄所召玄累促俄頃間騎詔續至帝屢求去景仁不許曰主上見待要應有方我欲與客食豈不得待竟安飽食然後應召帝甚感之

又曰謝景仁愛弟趙醕而憎弟述嘗設饌請宋武帝希帝命趙豫坐而帝召述述知非景仁夙意又慮非帝命之請急不從帝馳遣呼述須至乃食其見重如此及景仁疾述盡心視湯藥飲食必嘗而後進衣不解帶不盥櫛者累旬景仁深感愧焉

又曰劉穆之少時家貧誕節嗜酒食不修拘撿好往妻兄弟乞食多見辱不以為耻其妻江嗣女甚明識每禁不令往江氏後有慶會囑勿來穆之猶往食畢求檳榔江氏兄弟戲之曰檳榔消食君乃常飢何忽須此妻復截髮市肴饌爲其兄弟以餉穆之自此不對穆之梳沐後穆之官達而性更奢豪食必方丈且輒爲十人饌未嘗獨餐每至食時客止十人已還帳下依常下食以此爲常常白帝曰穆之家本貧賤贍生多闕叨忝已來雖每存約損而朝夕所須微爲過豐此外無一毫負公



又曰王仲德與兄叡同起義兵與慕容垂戰敗仲德被重創走與家屬相失路經大澤困未能去卧林中有一小兒青衣年可七八歲騎牛行見仲德驚曰漢已食未仲德言飢小兒去須臾復來得飯與之食

又曰廬陵王義真居武帝憂使帳下備膳劉湛禁之義真乃使左右人買魚肉珍羞於齊内別立厨帳會湛入因命臑酒炙車螯湛正色曰公當今日不宜有此設義真曰寒甚杯酒亦何傷長史事同一家望不爲異酒至湛起曰既不能以禮自處又不能以禮處人

又曰江夏王義恭幼爲武帝所鍾愛帝性儉諸子飲食

不過五盞盤義恭須求果食日中無筭得未嘗敢惑以與傍人諸王未嘗敢求求亦不得

又曰文帝宴於武帳堂上將行勑諸子且勿食至會所賜饌日旰食不至有飢色上誡之曰汝曹少長豊佚不見百姓艱難今使爾識飢苦

又曰文帝以謝弘微能膳羞每就求食弘微與親舊經營乃進之後親人問上所御弘微不荅別以餘語酬之時人比之漢世孔光

又曰謝弘微兄曜卒弘微哀戚過禮服雖除猶不噉魚肉沙門釋慧琳嘗與之食見其猶蔬素謂曰檀越素既多疾即吉猶未復膳若以無益傷生豈所望於得理弘微曰衣冠之變禮不可踰在心之哀實未能已遂廢食歔欷不自勝



又曰前廢帝常以木槽盛飯內諸雜食攪令和合掘地為坑穽實之以泥水以槽食置前令以口就槽中食之用為歡笑

又曰宗慤累遷豫州刺史監五州諸軍事先是鄉人庾業家富豪侈侯服玉食與賓客相對膳必方丈而為慤設粟飯菜葅謂客曰宗上軍串古患切噉麁食慤致飽而退初無異辭至是業為慤長史帶梁郡慤待之甚厚不以昔事為嫌

又曰沈攸之戰敗與第二子文和至華容之鮒頭村投州吏家此吏嘗為攸之所鞭待攸之甚厚不以往罰為怨殺豚薦食既而村人欲取攸之於櫟林與文和俱自經死

又曰袁愍孫為吏部郎孝建元年文帝詔曰羣臣並於中興寺八關齋中食竟愍孫別與黃門郎張淹更進魚肉食

尚書令何尚之奉法素謹密以白孝武孝武使御史中丞王謙之糺奏並免官

又曰阮佃夫奢侈中書舍人劉休嘗詣之遇佃夫出行中路相逢要休同返就席便命施設一時珎肴莫不畢備凡諸火齊並皆始熟肴胾數十種佃夫常作數十人饌以待賓客故造次便辦類皆如此雖晉世王石不能過也

又曰郭原平養親必以己力傭賃以給供養主人設食原平以家貧父母不辦有肴味唯食鹽飯而已若家或無食則虛中竟日義不獨飽須日暮作畢受直歸家於里糴買然後舉爨

齊書曰陳顯達高帝即位拜護將軍後御膳不宰牲顯達上熊蒸一盤上即以充飯

又曰武帝收沙門寶誌在獄中語獄吏曰門外有兩輿食金鉢盛飯汝可取之果是文惠太子及竟陵王子良所供養



又曰王儉嘗詣武陵王曄曄留儉設食盤中菘菜鮑魚而已儉重其率直為飽食盡歡而去

又曰周顒隱居鍾山衛將軍王儉謂顒曰卿山中何所食顒曰赤米白鹽綠葵紫蓼文惠太子問顒菜食何味最勝顒曰春初早韭秋末晚菘

又曰張緒口不言利有財輒散之清談端坐或竟日無食門生見緒飢為之辦食然未嘗求也

梁書曰沈顗逢齊末兵荒與家人并日而食或有饋其粱肉者閉門不受唯採蓴荇根供食以樵採自資怡怡然恒不改其樂

又曰孔休源到都寓於宗人少府孔登會以祠事入廟侍

中芝雲一與相遇深加欣賞曰不期忽覿清風頻袪鄙吝
覿天披霧驗之今日後雲命駕到少府登便拂筵整席謂
當詣己備水陸之品雲駐筯命休源及至取其常膳正有
赤倉米飯蒸鮑(音鰒)魚雲食休源食不嘗主人之饌高談盡
日同載還家登深以爲愧
又曰臨川王蕭宏所倖江無敵服玩侔於齊東昏潘妃寶
彝(音夷)直千万好食鱝(音鮒)魚頭常日進三百他珎膳盈溢後
房食之不盡棄諸道路
又曰何遠爲武昌太守江左水族甚賤遠每食不過乾魚
數片而已
又曰何胤侈於味食必方丈後稍去其甚者猶食白魚䱇
脯糖蟹以爲非見生物疑食蚶蠣使門人議之學生鍾玩
曰䱇之就脯但驟於屈申蟹之將糖躁擾弥甚仁人用意
深懷如怛至於車螯蚶蠣眉目內闕慚渾沌之奇獷殼外
緘非金人之慎不悴不榮曾草木之不若無香無臭與瓦
礫其何筭故宜長充庖厨永爲口實
陳書曰徐孝克爲國子祭酒每侍宴無所食噉至席散當
其前膳羞損減帝密記以問中書舍人管斌斌自是伺之
見孝克取珎菓內紳帶中斌當時莫識其意後尋訪方知
其以遺毋斌以啓宣帝嗟嘆良久乃勑自今宴享孝克前
饌並遣將還以餉其毋時論美之
崔鴻後趙録曰石虎召姚弋仲弋仲輕騎至鄴引入領軍
省賜以御食仲怒曰國家有賊召我擊之官當見我問方
畧以破賊而食我我來覔食耶乃引見
又後燕録曰王鳳字道翔宜都王桓之子也桓好脩宮室
鳳年八歲左右抱之隨桓周行殿覿桓問之曰此第好不



鳳笑曰此本石家諸王故第今王脩之室(無常人何頻過好桓大奇之每
食必與之同案鳳辭曰今王之膳兼肴百品而外有糟糠之民)非是小兒所可同大王之
味也桓彌加歎賞
又南燕録曰濟南尹鸞身長九尺腰帶十圍貫甲跨馬不
據鞍由蹬慕容德見而奇其魁偉賜之以食一進斛餘德
驚曰所噉如此非耕能飽且才皃不凡堪爲貴人可以一
縣試之於是拜逢陵長政理脩明大收民譽
燕書曰少帝建熙六年上谷人公孫几女隱昌黎之域冬
衣單布寢土牀上夏則併飡茹於一器僞使蛆臭然後乃
食人咸異之莫能測也
後魏書曰裴安祖年八九歲就師講詩至鹿鳴篇語諸兄
云鹿得食相呼而況人乎自此未曾獨食
又曰高閭嘗造胡叟家遇叟短褐曳柴從田歸舍爲閭設
酒食皆自手辨索其館宇卑陋園疇褊局而飯菜精潔醯
醬調美見其妾並衰跛眇衣布穿弊閭見其貧以衣物直
十餘疋贈之亦無辭愧
又曰盧彪爲太子詹事魏收常來詣之訪以洛京舊事不
待食而起云難爲子貴叔彪留之良久食至但有粟飡葵
菜木椀盛之片脯而已所待僕從亦盡設食一與己同
又曰楊愔幼時爲季父暐大嗟異顧謂賓客曰此兒恬裕
有我家風宅內有茂竹遂爲愔於林邊別葺一室命獨處
其中常同盤具盛饌以飯之因以督勵諸子曰汝輩但如
遵彥謹慎自得竹林別室同盤重肉之食後椿誡子孫曰
吾兄弟若在家必同盤而食若有近行不至必待其還亦
有過中不食忍飢相待吾兄弟八人今存者有三是故不忍
別食也又願畢吾兄弟不異居異財汝等眼見非爲虛假

如聞汝等兄弟時有別齋獨食此人又不如吾等一世也
又曰元欽曾託青州人高僧壽爲子求師師至未幾逃去
欽以讓僧壽僧壽性滑稽乃謂欽曰凡人絕粒七日乃死
始終五朝便尒逃遁去食就信實有所闕欽乃大慙於是
待客稍厚
又曰崔敬友恭寬接下脩身勵節自景明已降頻歲不登
飢寒請匄者取足而去又置逆旅於蕭然山南大路之北
設食以供行者
又曰刁少雍字季仲少聰穎有孝行尤爲祖父紹先所愛
紹先性嗜羊肝常呼少雍共食及紹先卒少雍終身不食
肝
北齊書曰崔瞻在御史臺恒於宅中送食備盡珍羞別室
獨飡處之自若有一河東人士姓裴亦爲御史伺瞻便徃



造焉瞻不與交言又不命匕筯裴坐觀瞻食罷而退明日
裴自攜匕筯恣情飲噉瞻方謂裴云我初不喚君食亦不
共君語君遂能不拘小節昔劉毅在京口冒請鵝炙豈亦
異於是乎君定名士於是每與之同食
又曰趙郡王叡十歲喪母高祖親送叡至領軍府發喪舉
聲殞絕哀慼左右三日水漿不入口高祖與武明婁皇后
殷勤敦譬方漸順旨由是高祖食必喚叡同案其見愍惜
如此
又曰文宣昏逸常山王演固諫大被毆撻閉口不食太后
極憂之常謂左右曰儻小兒死柰我老母何於是每問王
疾謂曰努力強食當以王晞還汝乃釋晞令往王抱晞曰
吾氣息惙然恐不能相見晞流涕曰天道神明豈令殿下
遂斃此舍至尊親爲人兄尊爲人主安可與計殿下不食

太后亦不食殿下縱不自惜不惜太后乎言未卒王強坐
而飯晞由是得免遂還爲王友
又曰楊休之除中山太守先是韋道建宋欽道代爲定州
長史帶中山太守並立制禮之官出行不得過百姓飲食
有者即數錢酬之休之常以爲非及至郡復相因循或問
其故休之曰吾昔非之者爲其失仁義今日行之者自欲
避嫌疑豈是夙心直是處世難耳
後周書曰柳虯脫略人閒不拘小節弊衣疏食未嘗改操
人或譏之虯曰衣不過適體食不過充飢孜孜營求徒勞
思慮耳
又曰長孫澄雅好賓客接引志疲雖不飲酒而好觀人酣
興常恐座客請歸每勤中廚別進異饌留之
隋書曰田翼不知何許人也性至孝養母以孝聞其母臥



疾歲餘翼親易燥濕母食則食母不食則不食
唐書曰高祖師次于古堆去絳郡二十餘里有紫雲如華
蓋樓闕之形正臨高祖之上時隋絳郡通守陳叔達堅守
不下高祖謂廚人曰吾明日下城然後朝膳辛卯引兵攻
城自旦及辰而破高祖乃食
又曰太宗謂侍臣曰夫仁義之道當思之在心常令相繼
若斯須懈怠則去之已遠猶如飲食資身恒令腹飽乃可
存其性命
又曰高宗朝諸宰臣以政事堂供饌珍美議減其料東臺
侍郎張文瓘曰此食天子所以重機務待賢才也吾輩
若不任其職當自陳乞以避賢路不可減削公膳以邀求
名譽也國家之所費不在此苟有益於公道斯亦不爲多
也衆乃止

又曰高宗朝文武官獻食賀破高麗上御玄武門之觀德
殿奏九部樂極懽而罷
又曰高宗朝皇太子以在内不出稀與官臣接見典膳丞
邢文偉減膳上啓曰竊見大戴記曰太子既冠成人免保
傅之嚴則有司過之史虧膳之宰史之義不得書過不書
則死之宰之義不得撤膳不撤則死之近者已來未甚延納談
議不接謁見尚稀三朝之後但與内人獨居何由發揮聖
智使睿哲文明者乎今史雖闕官宰當奉職忝備所司不
敢逃死謹守禮經遂申減膳其年右史員闕宰臣進擬數
人上曰文偉嫌我兒不讀書不肯與肉喫此人甚正直可
用爲右史遂拜焉
又曰盧懷慎爲黄門監兼吏部尚書卧病既久宋璟盧從
愿常相與訪焉懷慎卧於弊簀單席門無簾箔每風雨至則以

席蔽焉常器重璟及從愿見之甚喜留連永日命設食有
蒸豆兩甌菜數組而已此外脩然無辦
又曰韋陟性尚奢侈於饌羞尤爲精潔植穀麥仍以鳥羽
擇米每食畢視厨中所委弃不啻萬錢之直
又曰裴冕性本侈靡尚車服及營珎膳每會賓客有昧於
品味之名者
又曰順宗時宰臣鄭珣瑜韋執誼方與諸宰相會食於中
書故事丞相方食百寮無敢通見者王叔文是日至中書
欲與執誼計事令直省通執誼直省以舊事告叔文叔文
怒叱直省直省懼入白執誼執誼逡巡慙赧竟起迎叔文
就其閤語良久宰相杜佑高郢珣瑜皆停筯以待報者云
叔文索飯韋相公已與之同食閤中矣佑郢等心知其不
可畏懼叔文莫敢出言珣瑜獨歎曰吾豈可復處此乎頓

左右取馬徑歸遂不起
又曰永泰中軍容使　魚朝恩加内侍監判國子監事
丁未詔魚朝恩赴國子監視事將令宰相大臣及常參并
六軍將軍於國子監送上仍令京兆府造食出教坊樂以
寵之是日文武大臣已下子弟二百餘人皆以本官備章服
充附學生列於學館廊下待詔給錢一萬貫充食本以爲
附學生厨食之資朝恩自是數詣國學從者常數百人京
兆率錢以備膳羞一費或至數十萬
又曰楊炎與門下侍郎盧杞同執大政杞形神詭陋炎爲
人所藝而炎器岸高峻罕防細故方病飲膳無節或爲糜
飱別食閤中每登堂會食辭不能偶讒者乗之謂杞曰楊
公鄙不欲同食杞銜之
又曰常衮爲相將固讓堂厨同列以爲不可而止議者以

爲厚禄重賜所以優賢崇國政也不能當辭位不宜辭禄
食

太平御覽卷第八百四十八

太平御覽卷第八百四十九

飲食部七

食下

鬻子曰禹嘗據一饋而七起日中不暇飽食曰吾不畏士
留道路吾恐其留吾門庭四海民不至也
晏子曰晏子相景公食脫粟之飯炙三弋五卵菜耳公曰
嘻夫子家如此甚貧乎而寡人之罪對曰脫粟之食飽士
之一足也炙三弋士之二足也菜五卵士之三足也嬰無
倍人之行而有三士之食君之賜厚矣嬰之家不貧再拜
而辭
又曰晏子相齊三年政平民悅中食而肉不足景公曰封
晏子以都晏子辭不受
又曰寡婦樹蘭生而不芳繼子得食肥而不澤



墨子曰聖王制飲食足以充虛繼氣強股肱使耳目聰明
不極五味之調芬之和不致遠國珎怪異物矣
又曰不可衣短褐不可食糟糠飲食不美面目顏色不足
視也衣服不美身體從容不足觀也是以食必粱肉衣必
文繡
莊子曰巧者勞而智者憂無能而無所求飽食而遨遊汎
若不係之舟
又曰秋禽之肥易牙和之非不美也彭祖以爲傷壽故不
食之
又曰廉者不食不義之食不啜不義之水
又曰孔子病子貢出卜孔子曰汝待也吾坐席不敢先居
處若齊食飲若祭吾卜之久矣
愼子曰小人食於力君子食於道

又曰飲過度者生水食過度者生貪
燕丹子曰太子常與荊軻同案而食同牀而寢
公孫尼子曰食甘者益於肉而骨不利也
又曰太古之人飲露食草木實聖人爲火食號燧人飲食
以通血氣
關子曰義渠之人烹黿鼉不熟臊殰腥臭中國之民雖飢
餓三日不啓口至死弗食也吳章莊吉受而和之病人食
之爲之輕體万乘飲之爲之解怒故黿鼉至腥臊不可加
然而病之爲之輕體万乘爲之解怒何也吳章莊吉之調
存也
韓子曰堯之王天下也糲粢之食藜藿之羹雖監門之養
不厭於此矣
又曰吳起出遇故人而止之食故人有他故期反而食至



暮不來起不食而待之明日使人求得乃與之食
又曰孫叔敖相楚糲飯菜羹枯魚之膳
又曰管仲東縛自魯之齊路飢而泣過綺邑乞食封人跪
飡之因竊謂仲曰若用齊將何報我曰如子之言我且賢
之用能之使　我何報子封人怨之
又曰季孫相魯子路爲郈令魯以五月起衆爲長溝當此
時子路以其私秩粟爲漿飯要溝者於五衢而飡之孔子
聞之使子貢往覆其飯擊毀其器曰魯君有民子奚爲乃
飡之子路怒攘肱而入請曰夫子疾由之爲仁義乎所學
於夫子者仁義也仁義者與天下共而同其利者也今以
由之秩粟而飡民其不可何也孔子曰由之野也吾以女
知之女徒未及也女故如是之不知禮也女之食之爲愛
之也夫禮天子愛天下諸侯愛境內大夫愛官職士愛其

家過其所愛曰侵今魯君有民而子擅愛之是子侵也不
亦誣乎言未畢而季孫使者至讓曰肥也起民而使之先
生令弟子從役止而飡之將奪肥民耶孔子駕而去魯
又曰凡人上不屬天下而不着地以筋骨爲根本不食則
不能活是以不免於欲利之心欲利之心不除其身之憂
也故聖人衣可犯寒食足以充虛則不憂矣
又曰嬰兒共戲以塵爲飯以塗爲黍以木爲胾薄暮必歸
餉食者塵不可食也
又曰饑歲之春　從弟不饟穰歲之秋疏客必食非疏骨
肉少多之心異也
孟子曰飢者甘食渴者甘飲是未得飲食之正也飢渴害
之也豈唯腹爲有飢渴之害人心亦皆有口害也
孫子曰鑠金洪鑪盜隷不探鴪肉在俎餓徒不食



淮南子曰煎熬焚炙調齊和之適以窮荊吳甘酸之變
符子曰顏子有疾三日不食問之曰吾師也食非丹不飡
茹非芝不食故七百歲子何不吮瑶以延生咀蕋以養齡
也
禮含文嘉曰燧人始鑽火炮生爲熟使人無腹疾
山海經曰有叅青馬爲西王母取食
呂氏春秋曰有娀氏有二佚女爲之九成之臺（成猶重也）飲食
必以鼓
又曰湯得伊尹設朝見之說湯以至味湯曰可得爲之乎
對曰君之國小不足以具之爲天子然後可具三郡之蟲
水居者腥肉攫者臊草食者羶臭惡猶美皆有所以九味
之本水最爲始五味三材九沸九變火爲之紀時其疾徐
減腥去臊鼎中之變精妙微纖口不能言志不能論若射

御之微陰陽之化四時之數故久而不獘
又曰趙襄子攻翟勝左人中人使者來謁之（下左人中人城也）襄
子方食摶飯有憂色左右曰一朝而下兩城此人之所喜
今君有憂色何也襄子曰江河之大也不過三日飄風暴
雨日中不須臾今趙氏之德行無所積一朝而下兩城亡
其及我乎
白虎通曰王者四食何明有四方之物食四時之功也四
方不平四方不順有徹膳之法焉所以明至尊著法戒也
王者居中央制御四方平旦食少陽之始食時大陽之
始晡時食少陰之始食時大陰之始
說文曰饔饎熟食也餱乾食也籑具食也（籑士眷切）餕中食也饟（式
攘切）餔日加申時食也饛盛器滿皃（饛音蒙）餬寄食也飫燕食
也餞送去食也飪火熟也



釋名曰食殖也所以自生殖也
鹽鐵論曰古者燔黍而食捭豚相享賓婚相召豆羹白飯
今則燔炙滿案臑豚包鼈膾鯉
說苑曰晏子所與同衣食者百人而天下之士至也
又曰晏子侍景公曰朝寒請子進煖食於寡人對曰臣非
厨養之臣社稷之臣也
又曰子思居於衛縕袍無裏二旬九食
又曰魯有儉者煑甂中之食（甂步眠切小盆）食而美以遺孔子子
受之如受大馬之遺弟子曰先生何爲受之熹如此曰非
以煑甂瓦之薄也食之美故念吾親也
揚子法言曰或曰食如蟻衣如華金朱煌煌無已泰乎曰
由其德舜禹受天下不爲太不由其德亦太矣（李軌注曰蟻言精細）
或曰北夷被我純績帶我金犀珍膳曷餬不亦厚乎曰社

穫靈也不可不厚也

論衡曰王子喬不食穀壽百歲按人生稟飲食之性故形上有口齒下有孔竅以注寫口齒以進食王子喬形體與人同何以獨能度世耶夫衣以温膚食以充腹衣温食飽則精神明盛人之生也以食爲氣草木以土爲氣閉口不食拔草離土必不壽矣

桓譚新論曰太原郡隆冬不火食五日雖病不敢觸犯王者宜應改易潛夫論曰何知國之將亂也以其不嗜賢也故病家之廚非無饌也乃其人弗之能食故遂至於死也亂國之官非無賢也乃其君弗能存故遂亡矣

又曰欲知人且疾不嗜食欲知國將亡不嗜賢

風俗通曰俗說驥馬啖賔客宴食已闕王意未盡欲復飲酒餘無施更出脯鮓椒薑鹽豉言其速疾如驥馬之傳命

驥音𩦴



又曰俗說臨日月薄食而飲令人蝕口謹案日太陽之精君之像也日有蝕之天子不舉樂里語不救蝕者出行遇雨恐有安坐飲食重懼也

又曰堪輿書云上朔會客必鬬爭按劉君陽爲南陽牧嘗上朔設盛饌了無鬬者

蔡邕月令論曰問者曰春食麥羊夏食菽雞魚之屬但以爲時味之宜不合之於五行月令服飾所食器械之制皆從五行者說所食獨不以五行巳署平曰亦嘗思之矣九十二辰之會五時所食者必家人所畜丑牛未羊戌犬酉雞亥豕而已其餘虎以下非食也

汝南先賢傳曰周舉字宣光爲并州刺史太原舊俗以介子推燒死至其亡時民爲絶火食老少多死舉作書置子推廟中說民不宜寒食因勒使炊食如故

益部耆舊傳曰何祗字君肅爲人寬厚通濟體甚壯大能食飲好聲色不治節儉時人少貴之者

曹毗杜蘭香傳曰蘭香戒張碩不露頭食

永昌郡傳曰獠民口嚼食并以鼻飲水

異苑曰新野蘇卷與婦佃於野舍每至飲時輙有一物來其形似蚯長七尺五寸光采卷異而飴之遂經數載產業加焉婦後密打殺即得能食病日進三斛飯猶不飽少時而死

幽明録曰海中有金臺出水百丈結構巧麗窮盡神工臺内有金机彫文備制上有百味之食四丈力神常立守護有一五通仙人來欲甘膳四神排擊遷延而退

又曰河南趙良與其鄉人諸生到長安界遇霖雨粮乏相謂曰飢正爾當那得食耶應時美飯備在前兩人驚愕不敢食有人聲曰但食無嫌也明日早兩人復曰那復得美食即復在前遂至長安無他禍福



祖台之志怪曰建康小吏曹著見廬山夫人夫人爲設酒醆金鳥啄甖其中鏤刻奇飾異形非人所名下七子合盤盤中亦無俗中餚

秦記曰苻朗甚別味會稽王道子爲朗設盛饌問曰關中之食孰若此荅曰皆好唯鹽味少生

嵩高山記曰山下巖中有一石屋亦有自然經書自然飲食

博物志曰魏明帝時京邑有一人食噉兼十人遂肥不能動其父嘗爲遠方長吏送彼往縣令故義傳食之一二年間一鄉爲儉

齊諧記曰江夏郡安陸縣有人姓郭名坦兄弟三人其大
兒忽得時行病病後遂大能食一日食斛餘米其家供給
五年乃至罄貧語曰汝當自覔食後至一家門前已得莒
飯後門乞此家出語之汝已就前門得那復後門乞其人
荅曰實不知君有兩門腹大饑不可忍後門有三畦韭一
畦大蒜因噉兩畦便大悶極卧地須臾大吐吐一物似龍
出地漸漸大及主人持飯出不復能食遂撮飯內着向所
吐物上即消成水此人於此病遂得差
袁准正書曰方丈之食不過一飽綈袍之纊不過一煖
裴玄新言曰管仲奪伯氏駢邑三百使之飯蔬食没齒無
怨言若管氏取以營私則一邑不可奪也
又曰孝子欲親之食去我已食欲親之衣去我不寒此漫孝也
神仙傳曰焦先者字孝然河東太陽人鄉里累世云百七



十歲常煮白石以與人熟如大芋者日日入山伐薪以布
施先從村頭一家起周而復始擔薪以置人門外人見之
時即鋪席與坐爲設食先便就坐食亦不與人語若人不
見其擔薪往時乃置薪於人門閒便去連年如此結草庵
於河渚或數日一食欲食則爲人賃作人以衣衣之乃使
限功受直足得一食輙去人欲多與終不肯取亦有數日
不食時
東晳發蒙記曰廉頗畢老日噉肉百斤
曹植與吳季重書曰食若塡溝壑飯若灌漏巵其人固難
量豈非大丈夫之樂哉
世説曰陳太丘詣荀朗陵貧儉無僕從迺使元方將車季
方持杖從後長文尚小載著車中既至荀使叔慈應門慈
明行酒餘六龍下食

又曰桓公坐有參軍椅蒸薤不得解共食者又不助而掎
終不放坐者笑桓公曰同盤尚不相助況復危難勅令免官
又曰劉真長王仲祖共行日旰未食有相識小人貽其飡肴案
甚盛真長辭焉仲祖曰聊以充虛何苦真曰小人都不可作緣
又曰羊曼拜丹陽尹客早者並得佳設日晏則漸罄不
復及精隨客早晚不問貴賤羊固拜臨海竟日皆美雖晚
至者猶獲其盛饌時論以固之豐腆乃不如曼之真率也
又曰王東亭嘗之吳郡就汰公道人宿別脯許府家往瓦
官寺設慢屋竟一寺東亭將夕至夜後汰公設豆藿麋汰
公自噉一大甌東亭難汰公遂強進半甌須臾東亭行帳
設名飲食果炙畢備汰公都無所噉
俗説曰桓琙琙音城性噉　犬　每嗔琙時使從兄索食
黃帝八十一問曰人不食七日而死者何也然人胃中常



有留穀三㪷五升水三升故平人一日再至清一行二升
半日中五勝七日七五三㪷五勝而水穀盡矣故平人不
食飲七日而死者水穀津液俱盡故也
弘君舉食檄曰又取灄湖獨穴之鱧灄音攝　赤山後陂之蓴
伺瀍冷豉及熱應分食畢作躁酒炙宜傳酒便清香肉則
豆不特麞肶若披繙急火中炙脂不得董聞香者躑躅千
咽者塞門羅奠椀子五十有餘牛膝擣炙鴨臛魚熊白麞
脯糖蟹濡臺車鰲生甜滋味遠來百醉之後談悶不除應
有蔗薑木瓜元李陽梅五味橄欖石榴玄拘葵羹脫煮各
下一杯
明皇雜録曰天寶中諸公主相効進食上命中官袁思藝
爲檢校進食使水陸珎羞數千盤之費蓋中人十家之產
中書舍人竇華嘗因退朝遇公主進食方列於通衢乃傳

呵按轡行於其間宮苑小兒數百人奮挺而前華僮以身免

嶺表録異曰康州悦城縣北百餘里山中有樵石穴每歲鄉人琢爲燒食器（虔州亦有乃食牢也）但燒令熱徹以物襯閣置之盤中旋下生魚肉及葱韭齏葅鱠之類頃刻即熟而終席煎沸南中有親朋聚會多燒樵石亦極熱疑石中有火毒

大平御覽卷第八百四十九

飲食部八

飯　飧　黍

飯



周禮曰黃帝始蒸穀爲飯
周禮天官食醫曰食齊眡春時(飯宜溫也)
禮記曰飯(目諸飯也)黍稷稻粱白黍黃粱稰穛(熟穫曰稰生穫曰穛黍黃黍也)
又曰文王有疾武王不脫冠帶而養(言常在側)文王一飯亦一
飯文王再飯亦再飯(欲知氣力箴藥所勝)
又曰燕侍食於君子則先飯而後已(所以勸也)毋放飯毋流歠
小飯而亟之(亟疾也備噦噎若見問也)數噍毋爲口容(口容弄口)
論語曰子曰飯蔬食飲水曲肱而枕之樂亦在其中矣
爾雅曰饙餾稔也(今呼餐飯爲饙熟爲餾稔或作飪也饙音甫云切餾力又切餐音脩)食饐
謂之餲(飯饖臭)摶者謂之爛(爛飯相著也)米者謂之糪(飯中有未熟者)
春秋運斗樞曰粟五變而以陽化生爲苗秀爲禾三變而
粲謂之粟四變入臼米出甲五變而蒸飯可食
說文曰饙䭀飯也餾飯氣蒸也饡(音贊)以羹澆飯也饖(一月切)
飯傷熱也饐(一冀切)飯傷濕也
釋名曰飯分也使其粒各自分也乾飯而暴乾之也
史記曰廉頗之奔魏也魏不能用也而趙數困於秦趙人
思復得廉頗廉頗亦思復爲趙用趙王因使使魏視頗尚可用
不郭開怨頗(郭開頗之仇也)不欲令還多與使者金令毀之使者
視頗爲之一飯一斗米十斤肉被甲上馬以示可用使者
還報曰廉將軍年雖老尚善飯然與臣坐頃三遺屎矣王
以爲老遂不召
又曰孟嘗君待客夜食有人蔽火光客怒以爲飯不等輟



食辭去孟嘗君起自持其飯比之客慙自刎
漢書曰公孫弘爲丞相食脫粟之飯
又曰王莽使中黃門王業領長安莽聞城中飢饉以問業
業市所賣粱飯肉羹持入視莽曰民食咸如此莽信之
續漢書曰羊陟拜河南尹常食乾飯
後漢書曰王郎起光武至南宮遇大風雨引車入道傍空
舍馮異抱薪鄧禹爇火光武對竈燎衣異進麥飯兔肩
謝承後漢書曰左雄爲冀州刺史長食乾飯司馬苞爲太
尉常食漉飯李固爲太尉常食麥飯王暢爲南陽太守作
飯盐豉菜茹羊茂爲東郡太守常食乾飯胡劭爲淮南太
守使鈴下閣外炊曝作乾飯
漢舊儀曰齋法二人施案陳三十六肉食九穀飯
魏書曰卞太后左右食菜粟飯
魏畧曰王朗會稽敗太祖盛會嘲之曰不能効君昔在會
稽折粳米飯朗曰宜適難值如朗者未可折而折明公今
日可折而不折也
吳書曰袁術在壽春百姓飢窮以桑椹蝗蟲爲乾飯
又曰是儀服不精細食不重膳家無儲蓄孫權聞之幸儀
舍求視蔬飯親嘗之歎息即增俸賜
晉書曰石崇家稻米飯在地經宿皆化爲螺時人以爲
族滅之應
又曰衛瓘家人炊飯墮地盡化爲螺歲餘而及禍也
又曰郗仲堪自在荆州連年水旱百姓飢饉仲堪食常五
椀盤餘有飯粒落席間輒拾以噉之雖欲率物亦緣其性
真素也
宋書曰衡陽王義季都督荆州嘗大蒐於郊有野老帶苫

而耕命左右斥之老人攤來對曰昔有楚子盤遊受譏令尹今陽和甫氣播厥之始一日不作人失其時大王馳騁爲樂驅斥老夫非勸農之意義季止馬曰此賢者也命賜之食老人曰吁願大王均其賜也苟不奪人時則一時皆享王賜老人不偏其私矣斯飯也弗敢當問其名不言而退

南史曰宋初吳郡人陳遺少爲郡吏母好食鐺底飯遺在役恒帶一囊每煮食輒錄其焦以貽母後孫恩亂聚得數斗恒帶自隨及敗逃竄多有餓死遺因此得活母晝夜泣涕目爲失明耳無所聞遺還入戶再拜號咽母豁然即明

梁書曰謝藺五歲時父未食乳媼欲令飯藺終不進舅阮孝緒聞之歎曰此兒在家則曾子之流事君則藺生之匹因名曰藺稍授以經史過目便能諷誦孝緒每曰吾家陽元也藺叔家陽元



又曰齊苟兒之役臨汝侯嘲羅研之曰卿蜀人樂禍貪亂一至於此對曰蜀中積弊實非一朝百家爲村不過數家有食窮迫之人十有八九縛束之使旬有二三貪亂樂禍無足多怪若令家畜五母之雞一母之豕牀上有百錢布被甑中有數升麥飯雖蘇張巧說於前韓白按劍於後將不能使一夫爲盜況貪亂乎

又曰魚弘爲湘東王鎮西司馬述職西上道中乏食緣路採麥米飯給所部弘度之所後人覓一麥不得又於窮洲之上捕得數百獮猴以爲脯以供酒食

又曰傅翽代劉玄明爲山陰令問玄明曰願以舊政告新令尹荅曰我有奇術卿家譜所不載臨别當相示既而曰作縣唯日食一升飯而莫飲酒此第一策也

又曰裴元禮爲西豫州刺史每憂居喪唯食麥飯

又曰沈衆永定二年兼兵部尚書監起太極殿恒衣布袍芒屩以麻繩爲帶又囊麥飯餅以噉之朝士咸共誚其所爲

陳書曰孔奐爲武康令武帝苑曰決戰乃令奐多營麥飯以荷葉裹之一宿之間得數萬裹軍人食訖盡弃其餘

崔鴻前秦錄曰符堅以乞活夏默爲左鎮郎胡人護磨那爲右鎮郎奄人申香爲拂蓋郎默等身長一丈八尺並多力善射三人每食飯一石肉三十斤

後魏書曰楊播兄弟雍睦播每出或日斜不至不先飯待還然後食

又曰盧義僖爲都官尚書性清儉不營財利雖居顯位每至困乏麥飯蔬食然亦甘之也

又曰闞因甚貧弊不免飢寒性能多食一飯至三斗乃飽



卒無後

唐書曰太宗謂侍臣曰朕自皇太子立也遇物必誨見其將飯告稼穡艱難不奪農時乃可常有

又曰蔣沇乾元後授陸渾盩厔咸陽高陵西令當軍旋之後瘡痍未平沇竭心撫勞所至安輯副元帥郭子儀每統兵由其縣必誡軍吏曰蔣令清嚴幹辦供億固當有素士衆得蔬飯見饋則已無撓清政其爲時人所知如此

墨子守備曰乾飯人二升以備陰雨

晏子春秋曰晏子相齊食脫粟之飯

尹文子曰晉國侈奢文公儉以矯之因食脫粟之飯

莊子曰子輿與子桑友而霖雨十日子輿曰子桑殆病矣裹飯而往食之

又曰宋鈃尹文其爲人太多其自爲太少曰請置五升之

飯足矣（斯明自爲之大少也）
列子曰楚靈王好細腰臣皆以三飯爲節朞年有黧黑之
色
孟子曰齊人有一妻一妾其良人出行則饜酒肉而後返欺
其妻云富貴人共飲食也其後妻向其所之乃就郊外乞
人祭飯
韓子曰堯糲蒸之飯
又曰孫叔敖爲令尹糲飯菜羹枯魚之膳
又曰嬰兒之相與戲以塵爲飯以水爲飲以泥爲羹以木
爲胾
淮南子曰爲客治飯而自食藜藿名尊於實（仁義之名重於治飯之實）
也
六韜曰堯王天下滋味重累弗食溫飯煖羹不酸餕不易



也
家語曰孔子厄於陳蔡從者七日不食飯子貢以所齎貨
竊犯圍出告糴於野人得米一石焉顏回仲由炊之于壞
屋之下有埃塵墮飯中顏回取而食之
呂氏春秋曰飯之美者玄山之禾不周之粟陽山之穄南
海之稻
吳越春秋曰勾踐載飯與羹以遊國中行子戲之遇孤孤
即脯而啜之
神異經曰東南有人名黃父以鬼爲飯以霧爲漿
說苑曰呂望行年五十賣飯棘津也
論衡曰鼠涉飯中捐而不食
風俗通曰俗說不大饑不在車飯謂正得一車飯不復活
也　或曰輔車上飯小小不足濟也案吳郡名酒杯爲盞

諳言大餓人得一盞飯無所益也寧相六不守熟案蒸飯
更泥謂之餾音與六相似也
潛夫論曰夫粱飯食肉有好於面目不若糲粢藜蒸之可
食於口也
物理論曰忿爨之未熟覆甑而弃之所害亦多矣
西京雜記曰公孫弘起家徒步爲丞相故人齊賀從之弘
食以脫粟覆以布被賀怨曰何用故人富貴乎脫粟布被
我自有之弘大慚賀乃告人曰公孫弘內服貂蟬外衣麻
枲內廚五鼎外膳二肴豈可以示天下哉於是朝廷自此
疑矯焉弘聞之歎曰寧逢惡賓不逢故人
風土記曰精浙米十取七八淅使香蒸而飯色乃紫紺於
東流水飯食而洗除不祥
通俗文曰飯臭曰饐沙入飯曰[illegible]



録異傳曰袁公路年十八常飯乳食蜜飯
異苑曰衛士度苦行居士也其母常誦經曾出自齋空中
下大鉢滿中香飯母分賦齊人皆七日不飢
祢衡別傳曰劉表嘗作上事極以爲快衡見之便滅　投
地曰作此筆者爲食飯不
孟宗別傳曰宗爲光祿勳大會醉吐麥飯察者以聞詔問
食麥飯意宗荅臣家足有米麥飯直愚臣所安是以食之
孔衍在窮記曰彭城王送掾飯十斛
葛仙公傳曰仙公與客對食吐口中飯盡成飛蜂良久乃
張口蜂皆飛還入口中成飯
安成記曰安成郡毛亭二十里田疇膏腴厥稻馨香飯若
凝脂
四王起事曰惠帝還洛陽路中作飲食宮人有持外餘米

飯者澆以供至尊

世說曰葛公曾在武帝坐上食進飯曰此是勞薪炊也帝密遣問外云實是故車脚

時鏡新書曰歲暮家家具有肴蔌謂為宿歲之儲以入新年也相聚酣歌名為送歲留宿飯至新年十二則弃於街衢以為去故取新除貧取富陶朱公猗頓此事無輟又留此飯須驚蟄雷鳴擲之屋上令雷聲遠

焦贛易林曰南箕無舌飯多沙糖

離騷曰精瓊靡以為飯（精鑿玉屑以為飯也）

宋玉風賦曰主人之女為臣炊彫胡之飯

潘尼釣賦曰紅麵之飯精以菰粱五味道洽餘氣芬芳

枚乘七發曰楚苗之食安胡之飯摶之不解一啜而散

桓麟七說曰香箕為飯雜以粳菰散如細蜓摶似凝膚



應璩新詩曰竈下炊牛矢甑中莊豆飯

孫子楚祀介子推祝文曰黍飯一盤

王粲七釋曰西旅遊梁御宿素粲瓜州紅麴參糅相半軟滑膏潤入口流散

傅選七誨曰孟冬香秔上秋膏粱彫胡菰子丹貝東牆濡潤細滑流澤芬芳

飱

釋名曰飱散也投飯於水中各散也（通俗文曰水澆飯曰飱音孫）

春秋左氏傳曰晉公子重耳及曹曹共公聞其駢脅欲觀其裸薄而觀之（薄迫也駢脅合幹）僖負羈之妻曰吾觀晉公子之從者皆足以相國若以相（若以為傳相）夫子必反其國反其國必得志於諸侯得志於諸侯而誅無禮曹其首也子盍早自貳焉（貳自別異於曹）乃饋盤飱寘璧焉（臣無境外之交故用盤藏璧飱中不欲令人見也）公子受飱反璧

又曰晉侯問原守於寺人勃鞮對曰昔趙衰以壺飱從徑餒而不食遂使處原

韓子曰晉文出亡箕鄭挈壺飱而從迷失道與公相失飢而道泣不敢食及公反國克原而使為原之守曰夫經飢餒之患而必全壺飱是將不以原畔也渾軒聞而非曰以不動壺飱之故其不以原畔不亦無術乎夫（明主不恃其不我畔）吾不可畔也不恃其不我畔恃吾不可欺也

戰國策曰中山君走有二人隨其後曰臣父嘗餓君下壺飱餔臣父故來死君也

國語曰越王召范蠡而問焉曰諺有之（諺俗之善語）曰觥飯不及壺飱（觥大也大飯盛饌也盛饌未具不能以虛待之不及壺飱之救飢疾也已欲滅吳取快意得之而已不能待有餘力）



又曰敵國賓至關尹以告膳宰致飱（熟食曰饔）廩人獻餼

沈約宋書曰文帝為王玄謨作四時詩曰粟飱充夏飡

顧和與蔡謨書曰夏侯家言食漿酪飱猶勝於羹飯耳

黍

釋名曰黍汝也相黏汝也

禮記曲禮上曰飯黍無以箸

又曲禮下曰祭宗廟黍曰薌合

論語微子曰丈人止子路宿殺雞為黍食之

家語曰孔子侍坐於哀公賜之桃與黍孔子先食黍而後食桃左右皆掩口而笑公曰黍者所以雪桃非為食之也孔子對曰丘知之矣夫黍者五穀之長也郊祀宗廟以為上盛果屬有六而桃為其下祭祀不登郊廟丘聞之也君子以賤雪貴不聞以貴雪賤今以五穀之長雪果之下者

是從上雪下也臣以爲妨於教害於義故不敢公曰善

謝承後漢書曰范式與張元伯爲友春别京師以秋爲期至九月十五日殺雞爲黍言未絶而巨卿至

魏畧曰沐並字德信名有志介嘗過姊姊爲殺雞爲黍而不留

北齊書曰李士謙自以少孤未嘗飲酒食肉口無殺害之言親賓至輒陳罇俎對之危坐終日不倦李氏宗族豪盛每春秋二社必高會極宴無不沉醉諠亂嘗集士謙所盛饌盈前而先爲設黍謂群從曰孔子稱黍爲五穀之長荀卿亦云食先黍稷古人所尚寧可違乎少長肅然無敢弛惰退而相謂曰既見君子方覺吾徒之不德也

又曰盧道虔爲尚書會同寮於草屋下設雞黍之膳談者以爲高



幽明録曰漢武帝與近臣宴于未央殿噉黍臛也

襄陽記曰司馬德操嘗造龐德公值其渡沔上先人墓徑入上堂呼德公妻子使速作黍

祢衡别傳曰黄祖在蒙衝舟賓客作黍臛衡得便自飽食不顧左右復摶弄以戲

竹林七賢論曰阮咸兄子簡亦曠達自居大喪行過大雪寒凍遂詣浚儀令令爲他賓設黍臛簡又食之以致清議廢頓三十年○孟子曰葛伯率其民要其有酒肉黍稻者而奪之有一童子以黍肉餉又殺而奪之

淮南万畢術曰取冢墓黍唊兒不思母（取新冢前祠黍用唊兒則不思母也）

風俗通曰今宴飲大會皆先黍臛

盧諶祭法曰祠用白黍黄黍

太平御覽卷第八百五十

飲食部九

糉　粽　粣讀與餅同　餹

糉

晉書曰廣州刺史盧循遺使遺劉裕益智糉子裕荅以續命湯

宋書曰後魏太武至彭城求酒及甘橘張暢宣孝武帝旨致螺盃雜粽南土所珎

齊書曰范雲永明十年使魏魏人李彪宣命至雲所甚見稱美彪爲設甘蔗黃粽隨盡復益彪謂曰范散騎小儉之一盡不可復得

梁書曰張纘初從雍州資産悉留江陵性既貪婪南中貲賄填積及死湘東王皆使收之書二萬卷並摙還齋摙音珎韓寶貨悉付庫以粽寄之屬還其家



風土記曰俗以菰葉裹黍米以淳濃灰汁煑之令爛熟於五月五日及夏至啖之一名糉一名角黍盖取陰陽尚相裹未分散之時像也

續齊諧記曰屈原以五月五日投汨羅而死楚人哀之每至此日取竹筒貯米投水以祭之

漢建武中長沙區迴白日忽見士人自稱三閭大夫謂迴曰君常見祭甚誠但常年所遺俱爲蛟龍所竊今君惠可以練樹葉塞其上以綵絲纏縛之此二物蛟龍所憚也迴謹依旨今世人五日作糉并帶練葉及五綵絲皆汨羅之遺風異苑云糉屈原姊所作也

粣

宋書曰文帝崩郭原平號慟日食麥餅一枚如此五日人曰誰非王臣何獨如此原平泣而荅曰吾家見異先朝蒙褒賛之賞不能報恩私心感慟耳

齊書曰衡陽王鈞年五歲所生嫗貴人病便知慘悴左右依常以五色餅飴之不肯食曰須待姨差

又曰虞悰少以孝聞父病不欲見人雖子弟亦不得前時悰年十二三晝夜伏戶外問內豎消息未知輒嗚咽流涕如此者百餘日及士終喪唯日食麥餅二枚

南史曰沈衆陳武帝時兼起部尚書監起大極殿恒服布袍芒屩以麻繩爲帶又囊麥餅以噉

范汪祠制曰仲夏薦角黍粣

夏統別傳注曰穀初生合米擣作粣

餹

埤蒼曰餹餳也



笑林曰南方人至京師者人戒之曰汝得物唯食慎勿問主人入門內見馬屎便食之覺臭乃止後詣貴官爲設餹因視曰戒故昔且當勿食

時鏡新書曰粔籹蜜餌即糖餹龍山食有糖餹菊酒

太平御覽卷第八百五十一

太平御覽卷第八百五十二

飲食部十

䴵麩　甘脆　安乾特　餳（飴餳同序）

麮麩

束晳餅賦曰麮麩髓燭

甘脆

范汪祠制曰孟夏祭下甘脆

安乾特

束晳餅賦曰安乾粔籹之倫

盧諶祭法曰四時祠皆用安乾特

餳

禮記內則曰棗栗飴蜜以甘之

方言曰餳謂之張皇（即乾飴也）飴謂之餞（音該）餹謂之餹（江東皆言餹也）

凡飴謂之餳自關而東陳魏宋楚衛之間通語

說文曰飴米糱煎也飴餳和饊也

釋名曰餳洋也煮米消爛洋洋然也飴小弱於餳形怡怡然也哺餔也如餳而濁可哺也

後漢書曰明德馬皇后報章帝曰吾但當含飴弄孫不能復關政矣

東觀漢記曰野王獻甘膠膏餳每作大發吏以為饒利獘閭知之臨薨奏焉

四王起事曰惠帝到華陰河間王遣使上甘菓餔二百

幽明錄曰王𣏌祖安國張顒等以太元中乘舡見仙人賜糖飴三餅大如比輪錢厚二分

淮南子曰柳下惠見飴曰可以養老盜跖見飴可以粘牝見物同而用之異也（井門戶籥壯也）

鹽鐵論曰洗爵以盛水升降而進糖禮雖備然非其貴也

世說曰王君夫飴餔澳釜

楚辭招魂曰粔籹蜜餌有張皇（張皇餳也）

張衡七辨曰沙飴石蜜遠國貢儲

崔寔四民月令曰十月先水凍作煮餳煮暴飴

盧諶祭法曰冬祠用荆餳

太平御覽卷第八百五十二

太平御覽卷第八百五十三

飲食部十一

䬪　饊

麴蘖　麩

䬪(於月切)

方言曰䬪謂之餔(以豆屑雜餳也)

蒼頡解詁曰䬪飴中着豆屑也

說文曰䬪豆飴也

饊(先但切)

廣雅曰浮糡䊞也(糡音流)

說文曰饊熬稻張饘也急就篇曰饊飴餳

盧諶祭法曰四時皆用饊

麴蘖

書曰若作酒醴爾惟麴蘖

記曰仲冬之月乃命有司秫稻必齊麴蘖必時

左傳曰楚子伐蕭還無社與司馬卯言號申叔展(還無社蕭人也司馬卯申叔展皆楚大夫)叔展曰有麥麴乎曰無(麥麴所以御濕也)有山芎藭乎曰無

方言曰𪍿(音器)麮(音才)麮(千入切)𪍓(音牟大麥麴也)𪌂(音牌細麥麴也)𪎊(音蒙有衣麴)䴸麴(小麥為麴即麴耳)自關而西秦豳之間曰𪍿晉之舊都曰麮齊右河濟曰𪍓北燕曰䴸麴其通語也(今河東人呼麴為丰)

說文曰麴酒母也䴸生衣也𪍿熟麴也蘖牙米也

通俗文曰𪌉麥麴曰䴭(𪌉音臺䴭音故敗切)

釋名曰麴朽也鬱之使生衣朽敗也蘖缺也漬麥覆之使生牙開缺也

史記曰文帝遺匈奴秫蘖



又曰通邑大都蘖麴鹽豉千荅也

東觀漢記曰順帝詔禁民無得酤賣酒麴

漢晉陽春秋曰愍帝在長安爲劉粲所攻粮盡太倉有麴數十餅屑之爲粥以供奉帝麴屑盡遂降

列子曰子產有兄公孫朝聚酒千鍾積麴成封

劉伶酒德頌曰枕麴藉糟

崔寔四民月令曰七月七日作麴

麩

蒼頡解詁曰麵細麩也

說文曰麩小麥皮屑也

史記曰陳平爲人長大美色或謂陳平貧何食而肥若是其嫂疾平之不視家產曰亦食糠覈(孟康曰麥糠中之不破者晉灼曰京師謂麤屑爲紇頭)

吳書曰袁術既爲雷薄等所距留住三日士衆絕粮乃還至江亭去壽春八十里問厨下尚有麥屑三十斛

劉謙之晉記曰王莽誅童謠曰昔年食麥屑今年食𧯷豆𧯷豆不可食使我枯嚨喉

崔寔四民月令曰五月五日至後可糴麩至冬以養馬

太平御覽卷第八百五十三

太平御覽卷第八百五十四

飲食部十二

糟

糟　　糠

說文曰糟酒滓也糠穀皮也

春秋後語曰張儀說韓惠王曰韓地多阨惡山居五穀所生非菽而麥民之食大抵菽飯藿羹一歲不收民不厭糟糠

又曰秦急圍邯鄲邯鄲且欲降傳舍吏子李同說平原君曰今邯鄲之民析骨而炊易子而食可謂急矣而君之後宮以百數婢妾被綺縠餘粱肉而民褐衣不完糟糠不厭君器物鍾鼓自若使秦破趙安得而有此哉

後漢書曰明帝姊湖陽公主新寡帝與共論朝臣微觀其意主曰宋公威容德器羣臣莫及帝曰方且圖之後弘被



引見帝令主坐屏風後因謂弘曰諺言貴易交富易妻人情乎弘曰臣聞貧賤之知不可忘糟糠之妻不下堂帝顧謂主曰事不諧矣

華嶠後漢書曰藥崧家貧爲郎無被食糟自此詔給大官食

魏志曰李通歙黃巾大師吳霸而降其屬遭歲大飢通傾家振施與士分糟糠皆爭爲用由是盜不敢犯

六韜太公曰古之亂君夏桀殷紂積糟爲丘以酒爲池飲者常三千人

糠

爾雅曰糠謂之蠱（米皮）

廣志曰糠謂之𥽁

通俗文曰碎糠曰糠（卒切 皮）

史記曰吳中大夫應高說膠西王毋曰舐糠及米

漢魏春秋曰甄后之誅由郭后之寵及殯令以糠塞口後明帝逼殺郭后使殯如甄后

晉書曰王戎子万有美名而太肥戎令食糠而肥愈甚

又曰孫綽性通率好譏調嘗與習鑿齒共行綽在前顧謂鑿齒曰沙之汰之瓦石在後鑿齒曰簸之颺之糠粃在前

齊書曰顧歡所居鄉中有學舍歡貧無以受業於舍壁後倚聽無遺忘者夕則燃松節讀書或然糠自照

墨子曰備城皆收藏灰糠馬矢

又曰人衣短褐食糠糟

莊子曰播糠眯目則天地四方易位矣

韓子曰糟糠不厭者不待粱肉而飽短褐不完者不須文



繡而好

潛夫論曰不命大將以討叛羌州郡稍興兵若排糠障風掬沙壅河

抱朴子曰上世玄水結而不寒肴糠絶而不飽

劉欣期交州記曰合浦海口有糠頭山傳云越王舂米於此積糠而成

太平御覽卷第八百五十四

太平御覽卷第八百五十五

飲食部十三

豉　韲

## 豉

釋名曰豉嗜也五味調和須之而成乃可甘嗜也故齊人謂豉聲如嗜

史記曰糵麴鹽豉千荅（徐廣曰或作合器名）

謝承後漢書曰羊續爲南陽太守鹽豉共壺

袁宏漢紀曰李傕數設酒請郭汜或留汜汜妻懼與傕婢妾私而奪己愛思有以離間之傕送饋汜妻乃以豉爲藥汜將食妻曰食從外來儻或有故遂摘藥示之曰一栖不兩雄我固疑將軍之信李公也明日傕請汜大醉汜疑傕藥之絞糞汁飲之乃解於是遂相疑猜也

三輔決錄曰南陽舊語曰前隊大夫范仲公鹽豉蒜果共一筩言其廉儉也

豫章列士傳曰羊茂爲東郡太守出界買鹽豉

博物志曰外國有豉法以苦酒溲豆暴令極燥以油麻蒸訖復暴三過乃止然後細擣椒屑篩下隨多少合投之

金樓子曰五色茄一名金鹽地榆一名玉豉惟此二物可以煮石

廣志曰苦秦豉也

楚辭招魂曰大苦醎酸（大苦謂豉）辛甘行（言取豉汁調和以椒薑鹹酢酸則辛甘之味皆發而行）

古歌曰美豉出魯門



## 韲

周禮曰醢人掌共五齊（昌本脾析蜃豚拍深蒲也）

記曰卒食客自前跪徹飯韲以授相者

釋名曰盤韲去其匡熟擣合如韲也

通俗文曰淹韭曰韲淹薤曰墜

東觀漢記曰王莽將敗北海逢萌載韲器於市曰辛乎因潛藏不見

魏志曰華佗嘗見病咽塞者語之曰向來道隅有賣餅人萍韲甚酸可取三升飲之如言立吐一蛇

王隱晉書曰表甫曰美莫過稻不可以爲韲

語林曰石崇嘗冬月得韭韲王愷貨崇帳下督云是擣韭根雜以麥苗耳

楚辭曰懲於羹者而吹韲

又曰吳酸毛蔞不沾薄（毛菜也言吳人善爲致美其菜若蔞味無沾薄言有調也又曰蒿也）（蔞不沾薄繁草也蔞香沾多汁也薄無味也言吳人工調鹹酸使偷蒿蔞以爲韲味酸又不薄適甘美人也）

崔寔四民月令曰八月收韭菁作擣韲

弘君舉食檄曰太市覆覺之蒜東里獨姥之醢大鹽雜以薑椒叛奴使之春韲

嶺表異錄曰容南土風好食水牛肉言其脆美則柔毛肥羜不足比也每軍御有局筵必先此物或炮或炙盡此一牛既飽即以聖韲銷之（聖韲如有苽去是牛膻胃中已化草）既至即以鹽酪薑桂調而啜之腹遂不脹北客到彼多赴此筵但能食肉罔有啜韲者

太平御覽卷第八百五十五

飲食部十四

茹　菹　㲣

茹

史記曰公儀休食茹而美拔其園葵

後漢書曰孔奮爲姑臧長時每居縣者不盈數月輒致豐積奮在職四年財產無所增事毋孝謹雖自儉約而奉養極求珍膳躬率妻子同甘菜茹

沈約宋書曰文帝爲王玄謨作四時茹

詩云董茹供春膳粟飱充夏飡

傳玄詩曰厨人進藿茹有酒不盈桮

枚乘七發曰白露之茹



菹

周禮曰朝事之豆其實韭菹昌本菁菹茆菹昌本昌蒲根也切之四寸爲之菁菹韭菹鄭大夫讀茆爲茅或曰茆水草杜子春讀茆爲卯玄謂菁蔓菁也茆鳧葵也饋食之豆其實葵菹加豆之實芹菹深蒲箈菹筍菹芹楚葵也鄭司農云深蒲蒲蒻入水深故曰深蒲或曰深蒲桑耳箈水中魚衣也玄謂深蒲蒲始生水中子也箈箭萌筍竹萌王舉則共七菹韭菁茆葵芹箈筍菹凡醢所和細切爲齏全物若䐑爲菹齏菹之稱菜肉通稱矣

記曰麋鹿爲菹野豕爲軒皆䐑而不切麕爲辟雞兔爲宛脾皆䐑而切之切葱若薤實之醯以柔之此軒辟雞宛脾皆菹類也其作之狀以醯與薑菜淹之殺肉及醒氣也

又曰水草之菹陸產之醢小物備矣三牲之俎八簋之實美物備矣昆蟲之異草木之實陰陽之物備矣水草之菹芹茆之屬陸產之醢蜱蝝之屬天子之祭八簋昆蟲謂溫生寒死之蟲也內則可食之物有蜩范草木之實菱芡榛栗之屬

傳曰王使周公閱來聘饗有昌歜昌菹

毛詩曰中田有廬疆場有瓜是剝是菹剝瓜爲菹也箋云中田土也農人作廬焉以便其田事於畔上種瓜瓜成又入其稅天子剝削淹漬以爲菹貴四時之異物

毛詩義疏曰蒲周禮以爲菹謂蒲始生取其中心入地蒻大如指白生噉之甘脆又煑以苦酒受之如食筍法大美今吳人以爲菹

廣雅曰韲墜醯醢菹也墜大內切醢口敢切

蒼頡解詁曰醢酢菹也

說文曰菹菜酢也藍瓜菹也藍力甘切

釋名曰菹阻也生釀之遂使阻於寒溫之間不得爛也

呂氏春秋曰文王好菹孔子聞之蹙頞而食之三年然後美之

賈誼新書曰楚惠王食寒菹而得蛭因遂吞之腹有病而不能食之令尹入問曰王安得此疾王曰我食寒菹而得蛭念譴之而不得其罪乎是法廢而威不立非所以使國聞也譴而行其誅乎則庖宰監者皆當死心又弗忍也故吾恐蛭之見也因遂吞之令尹避席再拜而賀曰臣聞天道無親唯德是輔王有仁德天之所奉也是昔也惠王之後而蛭出其久病心腹之積皆愈



晉書曰吳隱之年十餘歲丁父母憂食鹹菹以其味甘擲而弃之

盧諶祭法曰秋祠有菹消食經有此法也

范汪祠制曰孟冬不鹹菹

㲣

釋名曰生瀹葱薤曰㲣言柔滑㲣㲣然也

飲食部十五

蜜　　蜜　　沙餳

蜜

張璠易注序曰蜜蜂以兼採爲味
韻集曰蜜蜂百草華所作也
漢武帝故事曰西王母曰太上之藥有中華紫蜜雲山朱蜜
續漢書曰天竺國出石蜜
東觀漢記曰世祖嘗與朱祐共買蜜合藥後上追念之即賜祐白蜜一石問何如在長安時共買蜜乎
吳書曰袁術爲雷薄等所距士衆絶糧時盛暑欲得蜜漿又無蜜坐牀歎息良久乃大咤曰袁術至於此乎



吳曆曰孫亮使黃門至中藏取蜜漬梅蜜中有鼠矢召問藏吏曰黃門從汝求蜜耶吏曰向求蜜實不敢與黃門不服亮曰此易知耳令破鼠矢矢裏燥亮曰若久在蜜中中外當俱濕裏燥必是黃門所爲黃門首服
晉令曰蜜工收蜜十斛有能增煎二外者賞穀十斛
晉太康起居注曰尚書令荀勗羸毀賜石蜜伍斤
齊書曰明帝元好𧏙蛦以銀鉢盛蜜漬之一食數鉢
又曰陶弘景永明十年脫朝服掛神武門上表辭祿詔許之賜以束帛勑所在月給茯苓伍斤白蜜貳斤以供服餌
梁書曰任昉爲新安太守郡有蜜嶺及楊梅舊爲太守所採昉以冒險多物故即時停絶
又曰傅昭爲臨海太守郡有蜜巖前後太守皆自封固專收其利昭以周文之囿與百姓共之大可喻小乃教勿封
梁四公記曰高昌國遣使貢刺蜜帝命杰音䮻公逆之謂其使曰刺蜜是盐城所生非南平城者使者曰其年風災刺蜜不熟故尓帝問杰公何得知對曰南平城羊刺無葉其蜜色明白而味甘盐城羊刺葉大其蜜色青而味薄以是知蜜之僞耳
唐書曰蕃胡國出石蜜中國貴之上遣使往摩伽沲國取其法令楊州煎諸蔗之汁於中廚自造焉色味逾於西域所出
神仙傳曰飛黃子服中嶽石蜜及紫粱得仙
王孚安成記曰郡東有山百姓呼曰蜜崗蜜焉仙經云蜜爲衆口芝
荆州圖記曰赤馬山有蜜房二百所羅綴相望因名曰百房
異物志曰交阯草滋大者數寸煎之凝如冰破如慱棊謂之石蜜



涼州異物志曰石蜜之滋甜於浮萍非石之類假石之名實出甘柘變而凝輕甘柘似竹味甘煮而曝之則凝如石而甚輕
范子曰白蜜出隴西天水
本草經曰石蜜一名飴
吳氏本草曰食蜜生武都谷
劉根墨子枕中記鈥曰百花醴蜜
楚辭招䰟曰瑤漿勺勺沙也實羽觴
左思蜀都賦曰蜜防郁毓被其阜漢昌縣多野蜂蜜蠟
郭璞蜜賦曰繁布金房疊稱王室咀爵滋液釀以爲蜜散似甘露凝如割肪氷鮮玉潤髓滑蘭香
魏文帝與孫權書曰今因趙咨奉石蜜五餅
又與朝臣詔曰南方龍眼荔支寧比西國蒲桃石蜜

又曰新城孟太守道蜀豬肫雞鶩味皆淡故蜀人作食喜著飴蜜

沙餳

張衡七辯曰沙餳飴石蜜遠國貢儲

盛翁子與劉頌書曰沙餳西垂之產

太平御覽卷第八百五十七

飲食部十六

酪酥附䬴餬（䬴音低）

通俗文曰煴羊乳曰酪　酥曰䬴餬

釋名曰酪澤乳汁所作使人肥澤

漢書曰武帝太初元年更名家馬爲桐馬（應劭曰主乳馬取其汁桐治之味酢可飲因以爲官如淳曰桐音萹主乳馬以韋革爲夾兜受數斗盛馬乳桐取其上肥因名曰桐馬今梁州亦名馬酪爲馬酒晉灼曰桐音挺桐之桐）

又曰丞相孔光奏省樂官七十二人給太官桐馬酒（李奇曰以馬乳爲酒也撞桐乃成）

又曰烏孫公主歌曰以肉爲食兮酪爲漿

又曰王莽時飢教民煑木爲酪不可食重爲煩擾（受日木實爲酪也或曰如令餌木屬）

後魏書曰神瑞二年秋穀不登太史令王亮等言讖書云國家當都鄴大樂五十年勸帝遷都可救今年之飢帝以問崔浩浩曰非長久之策也今留守舊都十分家南徙不便水土疾疫死傷情見事露則百姓意阻四方聞之有輕侮之意今居北方至春草生乳酪將出兼有菜果足接來秋可不遷　都也

又曰臨淮王譚孫孚持白武幡勞河那壞於柔玄懷荒二鎮間河那壞衆号三十萬陰有異意遂拘留孚載以輼車日給酪一升肉一段

唐書曰高宗朝太僕以患疥馬乳造酪供進署承罪當死上特免之

晉太康起居注曰尚書令荀勗羸毀賜乳酪太官隨日給之○漢武内傳曰西王母曰次藥有太玄之酪



西河舊事曰祁連山宜牧牛羊羊肥乳酪好不用器物刈草着其上不解散一斛酪升餘酥

鄴中記曰并州之俗以冬至後百五日介子推斷火冷食作醴酪煑粳米或大麦作之又投大麥於其中酪擣杏子人煑作之亦投大麥中

郭子曰王武子有數斛羊酪指示陸機曰卿東吳何以敵此機曰千里蓴羹未下盐豉

世說曰楊德祖爲主簿侍坐人有餉酪者魏武噉少許乃題上作合字致坐中人並不解脩即噉之云公教令人一口復何疑

又曰陸太尉詣王丞相公食之以酪陸還遂病明日有牋與王曰昨食酪過通夜委頓民雖吳人幾爲傖鬼

笑林曰吳人至京師爲設食者有酪酥未知是何物也强而食之歸吐遂至困顫謂其子曰與傖人同死亦無所恨汝故宜愼之

魏文帝集載鍾繇書曰屬賜甘酪及櫻桃

孫楚祠介子推祝文曰黍飯一盤醴酪二盂清泉甘水充君之厨

傅咸集楊濟與咸書曰酥治瘡上急

范汪祠制曰仲夏薦杏酪

慕容晃與顧和書曰今致䬴餬十斤

唐書曰武德二年凉州刺史安脩仁獻百年酥一升餅之可延壽

太平御覽卷第八百五十八

# 太平御覽卷第八百五十九

## 飲食部十七

糜粥　膏糜　糝
糗　麷蕡　麮（丘與切）
肺膹（蘇本切）　血䘓（苦濫切）　熱洛河
羮煑　胡飯

### 糜粥

周書曰黄帝始烹穀爲粥

記曰仲秋養衰老授几杖行糜粥飲食（行猶賜也）

又曰公叔文子卒其子請謚於君君曰昔者衛國凶飢夫子爲粥與國之餓者是不亦惠乎

又曰悼公之喪季昭子問於孟敬子曰爲君何食（悼公魯哀公之子昭子康子之曾孫名强敬子武伯之子名捷）敬子曰食粥天下之達禮也

又曰穆公之母卒（穆公魯哀公之曾孫）使人問於曾子曰如之何問（喪之禮曾子名參曾申曾子之子名申）對曰申也聞諸申之父曰哭泣之哀齊斬之情饘粥之食自天子達（子喪父母尊卑同）



又曰親始死三日不舉火故鄰里爲之糜粥以飲食之

又曰君之喪子大夫公子衆士皆三日不食子大夫公子食粥納財朝一溢米莫一溢米食之無筭

又曰大夫之喪主人室老子姓皆食粥

左傳曰晉人執衛侯歸之于京師寘諸深室甯子納橐饘焉（饘粥餰也）

又曰齊晏桓子卒晏嬰麤縗斬苴絰帶杖菅屨食粥居倚廬寢苫枕草其老曰非大夫之禮也

又曰正考父鼎銘云饘於是粥於是以餬余口（饘糜也）

爾雅曰鬻糜也（薄糜）餬饘也（糜也）

釋名曰糜煮米使糜爛也粥濯於糜粥粥然也寒粥米投寒水中也

史記曰左師觸龍見趙太后曰食得無衰乎太后曰恃粥耳

又曰陽虚侯趙章病淳于意診其脉曰迵風迵風者五日而死後七日乃死曰其人嗜粥故中藏實實故過期

後漢書曰光武爲王郎所追至無蔞亭馮異上豆粥一梡明日上謂諸將曰昨得公孫豆粥飢寒俱解

又曰樊儵事後母至孝及母卒哀思過禮毁病不自支世祖常遣中黄門朝暮送饘粥

東觀漢記曰曹褒遷將作大匠上聞褒病使致醫藥糜粥

謝承後漢書曰南陽陸續仕郡戶曹史時飢荒太守尹興使續於都亭賦民饘粥續悉令簡閱其人訊以名氏事畢興問所食幾何續因口說六百餘人皆分别姓字無有差謬興異之



漢獻帝傳曰帝在長安穀一斛五十餘萬帝使侍御史侯汶出太倉米豆爲飢民作糜粥死者不絶帝疑廪賦不實勑取米豆五升於御前作糜得滿兩盆詔杖汶五十

九州春秋曰臧洪爲青州刺史爲袁紹所圍粮食已盡初尚掘鼠煮筋角後無可復食廚有米三升主簿啓進内稍以爲糜粥洪歎曰吾獨食此何爲命作薄粥與衆共啜之

魏末傳曰曹爽等令李勝辭司馬宣王并伺察焉宣王見勝自陳無他勞効横蒙聖恩當爲本州詣閤拜辭不悟加恩得蒙引見宣王令兩婢侍衣衣落復上指口言渴主飲婢進粥宣王持杯飲粥粥皆流出沾胷勝愍然者久之

吳録曰李壽作糜以食飢者而不自名

又曰朱桓除餘姚長遇疫癘穀食荒貴桓分部良吏隱親
醫藥食粥相繼士民感戴之
王隱晉書曰賊杜弢下蜀蜀人飢陷係多作粥以待之於
是悉降
晉安帝紀曰桓玄敗走左右進以麄粥咽不能下
郭林宗傳曰林宗嘗止陳國文學見童子魏德公知其有
異德公求近其房止供給洒埽林宗嘗不佳夜中命作粥
德公爲之進焉林宗一啜怒而呵之曰高明爲長者作粥
不如意使沙不可食以杯擿地德公更爲粥三進三呵德
公姿無變容顏色殊悅林宗乃曰始見子之面今乃知卿
心遂友善之卒爲妙士
宋書曰戴顒與兄勃並隱遁有名中書令王綏嘗携客之
較等方進豆粥綏曰聞卿善琴試欲一聽不荅綏恨而去

又曰何子平大明末東土飢荒繼以師旅家有大喪八年
不得營葬晝夜號哭常如袒括之日冬不衣絮暑避清凉
日以數合米爲粥不進盐菜
齊書曰宣考陳皇后生高帝高帝年二歲乳人乏乳后夢
人以兩甌麻粥與之覺而乳驚因此豐足
梁書曰昭明太子統母丁貴殯薨水漿不入口每哭慟絕
武帝命中書舍人顧協宣旨曰毀不滅性聖人之制不勝
喪比於不孝有我在那得自毀如此耶即強進飲粥太子
奉勑乃進數合自是至葬日進麥粥一升武帝又勑曰聞
汝所進食過少轉羸瘦我比更無病正爲汝胷中亦圯塞
成疾故應加饘粥不使我恒懸心雖屢奉勑勸逼終喪日
止一溢米不嘗菜果之味
又曰張弘策幼以孝聞母嘗有疾五日不食弘策亦不食

母強爲進粥弘策乃食母所餘
又曰蕭景爲南兗州刺史會年荒計口振恤又爲饘粥於
路以賦之
又曰任昉爲義興太守歲荒散私俸米豆爲粥活三千餘
人
又曰王志天監初爲丹陽尹時年飢每旦爲粥於郡門以
賦百姓衆悉稱惠
又曰劉覽字孝智十六通老易位中書郎以所生母憂廬
于墓再朞不嘗盐酪食麥粥而已
又曰有河南孝廉秦綿遭母喪送葬不忍復還鄉人爲作
菴仍止其中若遇有米食粥無米食菜而已
又曰庾沙弥母劉氏亡水漿不入口累日初進大麥薄飲
經十旬方爲薄粥終喪不食盐酢

陳書曰張昭弟乾字玄明聰敏好學亦有至性父卒兄弟
日唯食一升麥屑粥
後魏書曰崔浩道武季年威風嚴峻官省左右以微過得
罪莫不逃避隱匿自下皆変浩獨恭勤不息或終日不歸
帝知之輙命賜以御粥
又曰薛真度爲豫州刺史景明初豫州大飢真度輙表曰
別出倉米五十斛爲粥救其甚者詔曰真度所表甚有憂濟
百姓之意宜在極卹也
又曰文明太后崩孝文五日不食楊椿諫曰聖人之禮毀
不滅性縱陛下欲自賢於万代其若宗廟何帝感其言乃
一進粥
又曰楊逸爲光州刺史時災儉連歲逸欲以倉粟賑給而
所司懼罪不敢逸曰國以人爲本人以食爲命假令以此

獲戾吾所甘心遂出粟然後申表右僕射元羅已下謂公儲難闕並執不許尚書令臨淮王彧以爲宜貸二萬詔聽貸五萬逸既出粟之後其老小殘疾不能自存活者又於州門造粥飼之將死而得濟者以萬數帝聞而善逸

又曰韋朏字遵顯少有志業年十八辟州主簿時屬歲儉朏以家粟造粥以飼飢人所活者甚衆

又曰房景遠字叔遐重然諾好施與儉分贍宗親又於通衢以粥食饑者存濟甚衆平原劉郁行造兖境忽遇劫賊已殺十餘人次至郁郁曰與君鄉近何忍見殺賊曰若言鄉里親親是誰郁曰齊州主簿房陽是我姨兄陽是遠小字賊曰我食其粥得活何得殺其親遂還衣服蒙活者二十餘人

又曰李搔妹曰法行幼出家爲尼後遭時大儉施糜粥於



路

北齊書曰李士謙遇年飢多有死者士謙罄家資爲之糜粥賴以全活者萬計

後周書曰皇甫遐字永賢河東汾陰人性至孝遭母喪乃廬於墓側食粥枕苫櫛風沐雨形容枯顇家人不識

隋書曰陸讓母者上黨馮氏女也性仁愛有母儀讓即其孽子也仁壽中爲番州刺史贓貨狼籍爲司馬所奏上遣使按之皆驗乃命公卿百僚議之咸曰讓罪當死詔可其奏讓將就刑馮氏蓬頭垢面詣朝堂數曰無汗馬之勞致位刺史不能盡誠奉國以荅鴻恩而返違犯憲章贓貨狼籍若言司馬誣汝百姓百官不應亦皆誣汝言至尊不憐愍汝百姓何故治書覆汝汝豈誠臣豈孝子不誠不孝何以爲人於是流涕嗚咽親持盂粥勸讓令食既而上表求哀詞情甚切上愍然爲之改容獻皇后甚奇其意致請於上遂下詔可減死爲民

太公金匱曰武王伐紂都洛邑而雪深丈餘不知何五大夫乘馬車從兩騎止王門外師尚父使人持一器粥出開門而進曰先生大夫在內方對天子未有出時天寒故進熱粥以御寒

莊子曰顏回有負郭之田五十畝足以供饘粥

七畧曰宣帝詔徵被公見誦楚辭被公年衰母老每一誦輒與粥

風俗通曰范滂父字叔矩遭母憂既葬之後饘粥不嚐司徒召滂滂曰老父年尊絕意世仕遂不得避也

魏武遺令曰吾夜半覺小不佳至明日飲粥汗出服當歸湯



譙子法訓曰或曰母有疾使其妻爲粥者妻不可以刀擊之夷其面可以爲孝乎曰以刀刃妻其親必駭而有憂及之何有於孝

郭子曰許允爲吏部郎多用其鄉里帝遣虎賁收之婦云無憂尋還作粟粥待之

語林曰石崇爲客作豆粥咄嗟便辦王愷乃密貨崇帳中都督曰豆難煑唯豫作熟豆以白粥投之

續搜神記曰劉他苟家在夏口忽有鬼來噉飲食劉即於他家煑冶葛取二升汁密齎還家向夜令舉家糜食餘一甌因寫冶葛汁着中於几上以盆覆至人定後聞鬼發盆啖糜須臾在屋頭吐至四更中寂然於此遂絕也

徐廣晉記曰愍帝建興四年京城糧盡屑麴爲粥以供帝食

錄異傳曰周時尹氏貴盛五世不別會食數千人遭飢荒
羅鼎作糜啜之聲聞數十里
鄴中記曰并州之俗以冬至後百五日介子推斷火冷食
三日乾粥中國爲寒食
涼州異物志曰高昌僻土有異於華寒服冷水暑啜羅闍
(闍皮車切此郡人作糜粥啜之俗疑闍也)
南越志曰陵廬城中有井半清半黃黃者甜滑宜作粥色
如金似灰汁甚芬馨
世說曰郗嘉賓三伏之月詣謝公炎暑重赫雖當風交扇
猶霑汗流離謝着故練衣食熱白粥郗謂謝曰自非君體
幾不堪此
又曰賓客詣陳太丘宿使元方季方炊太丘問炊何遲留元方
長跪曰君與客語乃俱竊聽炊忘着米今皆成糜太丘曰



尔頗有所識不二子長跪俱說言無遺失太丘曰如此俱
成糜自可何必飯耶
俗說曰王東亭嘗之吳郡就汰公宿別汰公設豆藿糜自
啜一大甌東亭有難色汰公強進半甌
王蒼別傳曰蒼爲吳郡內史其年太飢蒼出私財爲百姓
饘粥
風土記曰天正日南黃鍾踐長粥饘追萌微納休昌(是以陽始
于勳爲饘粥以養物扶微俗尚以赤豆爲糜所以象色也)
廣志曰遼東赤梁魏武帝以爲御粥
天文要集曰玉井主粥厨
殷康集曰康爲武康縣教曰郭邑居民有死喪者可令送
兩坩粥
時鏡新書曰齊魏收當寒食餉王元景與收書曰始知令

節　須御麥粥加之以糖弥覺香冷
荆楚歲時記曰正月十五日豆糜加油膏其上以祠門戶
魏武帝苦寒行曰行行日已遠人馬同時飢擔囊以取薪
斧氷持作糜
唐新語曰李勣既貴其姊病必親爲煑粥火爇其鬚姊曰
僕妾多何自苦若是勣對曰豈爲無人耶顧姊年老勣亦
年老雖欲久爲姊煑粥其可得乎
膏糜
國語曰勾踐載稻與脂於舟以行(稻有膏糜)國之孺子之遊者無
不餔也無不歠也必問其名(爲後將用之)
續齊諧記曰吳縣張成夜起忽見一婦人立於宅東南角
舉手招成成便往就之婦人曰此地是君家蠶室我即是
此地之神明日是正月半宜作白粥泛膏於上以祭也當



令君蠶桑百倍言絕失所成如言爲作膏白粥自此已後
年年大得蠶今世人正月半作膏糜像此
糝
周易曰鼎折足覆公餗(鄭玄曰糝謂之餗震又爲竹竹萌曰筍筍者餗之米也詩云其蔌維
何)
周禮曰醢人掌羞豆之實酏食糝食
記曰犬羹兔羹和糝不蓼(九羹齊宜五味之和米屑之糝蓼則不也)
又曰糝取牛羊豕之肉三如一小切之與稻米稻米二肉
一合以爲餌煎之(此周禮糝食也)
說文曰糂以米和羹也(糂與糝同)
宗躬孝子傳曰桑虞喪父十四日食百粒糝藜藋
墨子曰孔子窮陳蔡之間藜羹不糂
糅([illegible])

通俗文曰煮米糝食經曰作糒法近水則澀

麷蕡

周禮曰籩人掌朝食之籩其實麷蕡白黑形鹽（蕡熬枲實也鄭司農云麷麻曰蕡稻曰白黍曰黑鄭玄曰今河間以北煮穜麥賣之名曰）儀禮曰麷蕡坐設于豆西當外列麷在東方婦贄者執白黑以授主婦

又曰主婦薦韭菹醢坐奠于筵前醢在南方婦贊者執二籩麷蕡以授主婦主婦不興受之奠麷于醢南蕡在麷東

禮曰苇羹菽麥蕡稻黍梁

麩（丘與切）

蒼頡解詁曰麩煮麥也

說文曰麩麥甘粥也

釋名曰煮麥曰麩麩亦齲也煮熟亦齲壞也



急就曰甘麩殊美奏諸君

肺膭（蘇本切）

說文曰膭切熟肉内於血中和也

釋名曰肺膭鑽也全米糝之如膏鑽也

盧湛祭法曰四時祠皆用肺膭

血䘓（苦濫切）

說文曰羊血曰䘓

釋名曰血䘓以血作之增其酸豉之味使甚苦以消膏而加葅其中亦以消酒也

盧湛祭法曰春夏秋祠皆用䘓血

熱洛河

唐書曰安祿山思順翰並來朝玄宗使驃騎大將軍内侍高力士及中貴人供奉官於京城東駙馬崔惠童池亭宴會使射生官射鮮鹿取血煎其腸謂之熱洛河以賜之爲翰好故也

羌煮

搜神記曰羌煮貊炙翟之食也自太始以來中國尚之戎翟侵中國之前兆也

胡飯

續漢書五行志曰靈帝好胡服胡飯京師貴戚皆競爲之

太平御覽卷第八百五十九

飲食部十八

餅　糗糒　餌粢

不粆（上巨下汝）　寒具

## 餅

釋名曰餅并也溲麥使合并也胡餅作之大漫汗亦言以胡麻着上也蒸餅湯餅體餅之屬皆隨形而名之也

漢書曰宣帝微時每買餅所從買家輒大售亦以自怪

續漢書曰靈帝好胡餅京師皆食胡餅後董卓擁胡兵破京師之應

東觀漢記曰光武問第五倫曰聞卿爲市掾人有遺卿母一笥餅卿從外來見之奪母飼探口中餅出有之乎倫對曰實無此衆人以臣愚蔽故爲出此言耳



英雄記曰李叔節與弟進先共在乘氏城中呂布詣乘氏城下叔節從城中出詣布進先不肯出爲叔節殺數頭肥牛提數十石酒作萬枚胡餅先持勞客

魏志曰漢末趙岐避難逃之河間不知姓字又轉詣北海着絮巾袴常於市中販胡餅孫賓碩時年二十餘乘犢車將騎入市觀見岐疑其非常人也因問之自有餅耶岐曰販之賓碩曰買幾錢賣幾錢岐曰買三十賣亦三十賓碩曰視處士之望非買餅者殆有故乃開車後户顧所將兩騎令下馬扶上之時岐以爲是唐氏耳目也甚怖面失色賓碩閉後户下前襜謂之曰視處士狀皃既非販餅者如今面色變動即不有重怨則當亡命我北海孫賓碩闔門百口又有百歲老母在堂勢能相度者也終不相負必語我以實岐乃具告之賓碩遂載岐以駈歸

又曰嚴幹字公仲學問特善春秋公羊司隸鍾繇不好公羊而好左氏謂左氏爲太官而謂公羊爲賣餅家

又曰盧毓爲吏部尚書時舉中書郎詔曰得其人與不在盧生耳選舉莫取有名名如畫地作餅不可啖也

魏略曰丁斐封列侯坐免官後太祖啁曰斐文侯印綬何在斐對曰以易餅太祖大笑

晉書曰何曾性奢豪務在華侈幃帳車服窮極綺麗厨膳滋味過於王者每燕見不食太官所設帝輒命取其食蒸餅上不坼作十字不食

王隱晉書曰王長文州辟别駕陽狂不詣舉州追求乃於成都市見蹲地齧胡餅

又曰王羲之幼有風操郗虞卿聞王氏諸子皆俊令使選壻諸子皆飾容以待客羲之獨坦腹東床齧胡餅神色自若使具以告虞卿曰此真吾子壻也問爲誰果是逸少乃妻之



晉陽秋曰惠帝崩由食餅也

又曰王歡躭學負窶或人惠蒸餅一軸以充一日妻子常有菜色

宋書曰王悅之爲吏部郎隣省有會同者遺悅之餅一甌辭不受曰此費誠小然少來不顧當之

蕭子顯齊書曰永明九年正月詔太廟四時祭薦宣皇帝麪起餅

又曰何戢爲司徒左長史太祖爲領軍與戢來往數置歡宴上好水引餅戢令婦女躬自執事以設上焉

梁書曰武帝嘗設大臣䴵蔡樽在坐帝頻呼其姓名樽竟不荅食餅如故帝覺其負氣乃改喚蔡尚書樽始放筯執

劭曰唯帝曰卿向聾今何聰對曰臣頑爲右武且職在納
言陛下不應以名垂喚帝有慙色也
趙錄曰石勒諱胡胡物皆改名胡餅曰摶爐石虎改曰麻
餅
又曰石虎好食蒸餅常以乾棗胡桃瓤爲心蒸之使坼裂
方食及爲冉閔所篡幽廢思其不裂者不可得
後魏書曰胡叟不治產業常苦飢貧能不以爲恥養子字
螟蛉以自給常作布囊容三四斛飲噉醉飽便盛肉餅以
付螟蛉見車馬榮華者視之蔑如也
北齊書曰庫狄連冬至日親表稱賀其妻爲設豆餅連問
此豆餅何處得來妻對曰於食中減連大怒
後周書曰樊深以父遇害因避難墜崖傷足絕食再宿後
遇得一簞餅欲食之然念繼母年老患痺咸免虜掠乃弗



食夜中匍匐尋覓毋過得相見因以饋毋還復遁去改易
姓名遊學於汾晉之間
唐書曰僧万迴閿鄉人也恢諧以狂發言屢中其兄戍邊
五載毋思之万迴年幼請詣兄所筴竹馬去經歸而返白
毋曰兄還矣請辦餅更往迎之數日持襆而至（毋發襆乃戍子衣也）尋
而子至毋大驚
范子曰餅出三輔
墨子曰魯陽文君云有人於此牧羊䍧豢不可勝食也見
人作餅則還然竊之楚四境之田蕪廣不可勝闢見宋鄭
之閒邑則還然竊之與彼異乎
抱朴子曰弈之世賣餅小人皆得等級斗筲之徒兼金累
紫楊子雲確然忠貞之節形矣
三輔舊事曰太上皇不樂關中高祖徙豐沛屠兒沽酒賣

餅商人立爲新豐縣故一縣多小人
李固別傳曰質帝暴得疾云食煮餅腹中悶遂崩
蔡質漢官儀曰尚書郎直太官供餅餌五熟
玄晏春秋曰衛倫過予而讌論及於味倫稱侍中劉子楊
食餅知鹽生精味之至也予曰昔師曠識勞薪易牙別淄
澠子楊之妙抑末乎倫曰晉曠齊牙古之精也魏之子楊今
之妙也予何間焉
語林曰何平叔面絕白魏文帝疑其著粉正夏月喚來與
熱湯餅大汗出隨以朱衣自拭色轉皎然
幽明錄曰姚泓叔父大將軍紹擒司戎政召胡僧問以休
咎僧乃以麵爲大胡餅形徑一丈僧坐其上先食正西次
食正北次食正南所餘卷而吞之訖便起去了無所言是
歲五月楊盛大破姚軍於清水九月晉師北討掃定頻洛



明年遂席卷鄴鎬生禽泓焉
葛洪神仙傳曰壺公者從遠方來賣藥常懸一壺于坐上
每日入後跳入壺中市掾費長房於樓上見之知非常也
身爲掃除并進餅公令長房共跳入壺但見樓觀五色重
門閣道侍者數十人
京兆舊事曰蕭彪爲巴郡守父老歸供養父嗜餅從至市
立車下自進之
廷尉決事曰廷尉上士張桂私賣餅爲蘭臺令史所見
方言曰餅謂之飩（徒昆切）或謂之餦（音張）或謂之餛（音渾）
說文曰餅麵餈也
雜五行書曰十月亥日食餅令人無病食經有髓餅法以
髓脂合和麵
崔寔四民月令曰五月距立秋無食煮餅及水溲餅（夏月飲水）

時此二餅得水即冷堅不消不幸便爲食作傷寒矣以餅置水中則漆唯酒渡之入則闌也
王郎上劉纂等樗蒲曰左中郎樂林得纂麪肉共啖湯麪
綏襲祭儀曰夏祀以蒸餅
盧諶祭法曰四時祠用曼頭餲餅髓餅牢丸夏祠別用乳餅
冬祠用白環餅（荀氏四時列饌注曰夏祠以薄液代曼頭）
徐暢祭記曰舊五月麥熟薦新麥作起溲白餅
明皇雜錄曰武惠妃生日上與諸公主按舞於萬歲樓下
上乘步輦從複道竊見衛士食畢以餅餌棄水竇中上大
怒命高力士杖殺之上方震怒左右莫敢言者寧王從容
諫上曰從複道竊見獲衛士之過而殺之恐人臣不能自
安又失大體陛下志在勤儉愛物惡棄於地柰何性命至
重重於殘飧者乎上蹶然大悟遽命赦之
荊楚歲時記曰六月伏日並作湯餅名爲辟惡



時鏡新書曰四月八日長沙市肆之人無孚者供寺閣下
羊肉薄餅結願以乞兒徃徃有驗
束晳餅賦曰禮仲春之月天子食麥而朝事之籩煮麥爲
麵內則諸饌不說餅然則雖云食麥而未有麪麪之作也
其來近矣若夫安乾粔籹之倫紉耳狗舌之屬劒帶案成
餢飳髓燭或名生於里巷或法出乎殊俗三春之初陰陽
交際寒氣既消溫不至熱于時享宴則曼頭宜設吳回司
方純陽布暢服飾飲冰隨陰而涼此時爲餅莫若薄壯商
風既厲大火西移鳥獸氄毛樹木疏枝肴饌尚溫則起溲
可施玄冬猛寒清晨之會涕凍鼻中霜成口外充虛解戰
湯餅爲最尔乃重羅之麪（丘與切）塵飛雪白膠黏筋䩕膈濡
柔澤肉則羊膀豕脅脂膚相半臠若繩首珠連礫散薑株
葱本䕺（音縷）切判剉末椒蘭（是灑）是和鹽漉豉攪合樛亂於

是火盛湯涌猛氣蒸作攘衣服振掌握搦俯搏麪弥離於
指端手縈回而交錯紛紛馺馺星分雹落籠無迸肉餅無
流麪姝媮咧敕薄而不綻巂巂和和𦡦色外見柔如春綿
白若秋練氣勃鬱以揚布香飛散而遠遍行人失涎於下
風童僕空嚼而斜眄擎器者舐脣立侍者干咽尔乃換增
濯以玄醢鈔以象箸伐要虎丈叩膝偏據槃案財投而輒
盡庖人參潭而促遽手未及換增禮復至脣齒既調口習
咽利三籠之後轉更有次
庾闡惡餅賦序曰范子常者造余宿曬鷄爲餅遲御之情
甚虛奇嘉之味不實聊作惡餅賦以釋之弘君舉食檄曰
催廚人作茶麪麩油煎葱釰茶以絹當用輕羽拂取飛麪
剛軟中適然後水引細如委綖白如秋練羹杯半在財得
一咽十杯之後顏解體潤



梁吳均餅說曰宋公至長安得姚泓時故太官丞程季者
了了人也公曰今日之食何者最先季曰仲秋御景離蟬
欲靜燮燮曉風淒淒夜冷臣當此時唯能說麪公曰善季
乃稱曰安定噎鳩之麥榆陽董德之磨河東長若之葱隴
西舐背之犢抱（音夫罕）赤恥之羊張掖北門之豉然以銀屑
煎以銀銚洞庭負霜之橘仇池連蒂之椒調以濟北之鹽
剉以新豐之雞細如華山玉屑白如梁甫銀渥既聞香而
口悶忽見色而心迷公曰善

糗糒

書曰峙乃糗糧亡敢弗逮（峙具糗熬稻也）
儀禮曰四籩棗糗栗脯
左傳曰陳轅頗賦公田嫁公女以爲巳大夫公逐之出奔
鄭道得其族轅咺進稻醴梁糗腶脯焉曰何其給也曰六

成而具

公羊曰公出奔齊國子執壺漿曰敢致糗從者公稽首以社
受

說文曰糒(平祕切)乾食也糗熬米也(久切)

釋名曰糗齲也飯而磨散之使齲碎也餱侯也候人飢者
以食之

漢書曰李陵擊匈奴兵敗令軍士人持二升糒一片氷相
待

東觀漢記曰嚴尤擊江賊世祖奉糗一斛脯三十朐

又曰隗囂且病餓出城食糗糒腹張悉憤而死也

又曰張禹巡行守舍止大樹下食糒乾飯屑飲水而已後
年貧人來歸者千餘戶

又曰賀玄字文弘為九江太守行縣齎持乾糒但就溫湯



而已

謝承後漢書曰沈景為河間相恒食乾糒

後漢書曰趙孝兄禮為餓賊所得孝聞之即自縛詣賊曰
禮久餓羸瘦不如孝肥飽賊大驚並放之謂曰可且歸更
持米糒來孝求不能得復往報賊願就烹衆異之遂不害
鄉黨服其義

魏略曰寒貧者本姓石後還長安車騎將軍郭淮以意氣
呼之問其所欲亦不肯言淮因與脯糒及衣財取脯一朐
糒一升而止

唐書曰黃巢將逼三輔僖宗出幸途無供頓衛軍不得食張
濬謂漢陰令李康曰公可為糗餌以供行在康乃鳩集騾
乘分道進獲餐糗

列女傳曰勾踐伐吳有獻一囊糒者王以賜軍士甘不踰

嗌而戰自十倍

孟子曰舜之飯糗茹草也若將終身焉

玄晏春秋曰衛倫過予而譏論及於味命僕取糗以進
予予嘗之曰吾知之矣麥其主者也有李柰杏味三果
不同乎焉得兼之倫曰吾之將來家實多故杏時將發
故糅之以杏汁李柰時發又糅之以李柰汁故有三果之
味也

物理論曰呂子義清賢之士也思之宜往存省懷乾糒而
往主人盛為饌食乃出懷中糒末冷水一杯而食之

楚辭九章曰擣江離與滋菊兮願春日以為糗芳

崔寔四民月令曰四月可作棗糒

餌餈

周禮曰羞籩之實糗餌粉餈(鄭玄曰二物皆粉稻米黍米所為也合蒸曰餌餅之曰餈糗者擣粉熬大豆為餌餈之黏着以粉之也餌言糗餈言粉互相明也)



廣雅曰𩞄𩟄餌也

方言曰餌謂之餻(音羔)或謂之粢或謂之餘(音鈴)或謂之餣(烏業
切)或謂之䬧(音原)

說文曰餌粉餅也餈稻餅也

釋名曰餌而也相黏而也兗豫曰溏浹(浹或作浹)就形之名也
餈漬也蒸燥屑使相潤漬餅之也

韻集曰餹餅餌也

東觀漢記曰樊畢字仲華世祖嘗於新野坐文書見拘時
畢為市吏餽餌一笥上德之建武初拜河東都尉引見雲
臺上嘲畢曰一笥餌得都尉何如

風俗通曰汝陽彭氏墓近大道有一石人田家老母到市
買數片餌以歸過蔭墓樹下以餌着石人頭忽去而忘之行

道人見餌怪問之或人謂云此石人有神能治病病愈者以餌來謝之轉以相語云頭痛者磨石人頭腹痛者磨石人腹遂千里來就號曰賢君如此數年前餌毋聞之爲人說之乃無復往者

梁書曰朱异好飲食極滋味聲色之娯子鵝炰鰌不輟於口雖朝謁從車中必賫餚餌

粔籹上巨下汝

通俗文曰干餳者謂之粔籹

雜字解詁曰粔籹膏環也

異苑曰張驥永初中於都丧亡司馬茂之往哭見驥憑几而坐以箸刺粔籹食之

楚辭招魂曰粔籹蜜餌言以蜜和米麵熬煎作粔籹擣黍作餌

寒具



周禮曰朝事之籩鄭司農云朝事謂清朝未食先進寒具口實之籩

通俗文曰寒具謂之餲音曷

桓譚新論曰孔子匹夫耳而𡖖然名著至其冢墓高者牛羊雞豚而祭之下及酒脯寒具致敬而去

張逸遺令曰閉口寒具不得入

太平御覽卷第八百六十

太平御覽卷第八百六十一

飲食部十九

羹　臛　飲　漿

羹

周禮天官亨人曰祭祀共大羹鉶羹賓客亦如之（大羹肉湆者鄭司農云大羹不致五味也鉶羹加鹽菜也湆音泣）

禮曰食居人之左羹居人之右毋嚃羹（亦嫌欲疾遲不爵菜也音𠵽荅切）毋絮羹（爲其詳於味絮猶調也絮勑慮切）客絮羹主人辭不能亨羹之有菜者用梜無菜者不用梜

又曰雉羹雞羹兔羹芼羹羹食自諸侯已下至於庶人無等（羹食之主）

又曰子卯稷食菜羹（忌日貶也）夫人與君同庖（不特殺也）

又曰不能粥食粥羹之以菜可也（謂性不能者可食飯菜羹）

又曰大饗之禮尚玄酒而俎腥魚大羹不和有遺味者矣



左傳曰潁考叔有獻於鄭莊公公賜之食食而捨肉公問其故對曰小人有母皆嘗小人之食矣未嘗君之羹請以遺之（肉有汁曰羹）

又曰臧哀伯諫曰大羹不致（大羹肉汁也不致五味礼不忌本也）

又曰鄭侯伐宋將戰華元殺羊食士其御羊斟不與及鄭師與宋師戰曰疇昔之羊子爲政（疇昔猶前日也）今日之事我爲政與入鄭師故敗君子謂羊斟非人也以其私憾敗國殄民（憾恨也殄盡也）於是刑孰大焉詩所謂人之無良者（詩議取不良之人相怨以士）其羊斟之謂乎

又曰楚獻黿於鄭靈公宋子公與子家將見（宋子公也子家婦人）子公之食指動（指動第二指也）以示子家曰他日我如此必嘗異味及入宰夫將解黿相視而笑公問之（問所笑）子家以告及食大夫黿召子公而弗與也（欲使指動無効也）子公怒染指於鼎嘗之而去

又曰叔鮒求貨於衛淫芻蕘者衛人使屠伯饋叔向羹與一篋錦叔向受羹反錦

又曰和如羹焉水火醯醢鹽梅以亨魚肉燀之以薪（燀炊也）宰夫和之齊之以味濟其不及以泄其過君子食之以平其心君臣亦然以水濟水誰能食之

書曰若作和羹尔唯鹽梅（鹽鹹梅酢羹須鹹酢以和之）

詩義疏曰鴞肉甚美可以爲羹臛

語曰雖蔬食菜羹瓜祭必齊如也

爾雅曰肉謂之羹（郭璞注曰肉臛也舊說肉有汁曰羹孫氏以爲肉作羹之物因以名云）

廣雅曰羹謂之湆

說文曰羹五味和粥也

釋名曰羹注也汁汪郎也



史記曰古者天子常以春秋解祠黃帝用一梟破鏡（如淳曰漢史東郡送梟五日作梟羹以賜百官也）

又曰項王爲高俎置太公於机上告漢王曰吾與羽俱北面受命懷王約爲弟兄吾翁即若翁必欲亨而翁幸分我一杯羹

又曰高祖少時與賓客過丘嫂食嫂厭叔與客來佯爲羹盡轢釜邊客以故去已而視釜中尚有羹由此怨其嫂封其子頡羹侯

戰國策曰樂羊爲魏將而攻中山其子在中山中山君亨其子而遺之羹樂羊啜之盡一杯文侯謂睹師贊曰樂羊以我故食其子肉對曰其子食之其誰不食羊下中山文侯賞其功而疑其心

又曰中山君饗食大夫司馬子期在焉羊羹不遍子期怒走楚

說王伐中山中山君亡有二人挈子隨後問之曰臣父嘗餓且死之君下壺飡哺臣之父故來死君也中山君歎曰吾以一桮羊羹亡國之一壺飡得二士死

後漢書曰太尉劉寬性仁恕不妄喜怒嘗服朝待婢奉肉羹翻汙其衣婢遽收之寬神色不異徐言羹爛汝手

東觀漢記曰王渙爲洛陽令馬市正數從賣羹飯家乞貸不得輒毆罵之至忿煞正捕得渙聞知事實便諷吏解遣

謝承後漢書曰陸續詣詔獄其母至京師餉食續對餉泣曰續母來使者問其故荅曰續母作羹截肉未甞不方斷葱寸寸無不同是以知母來

又曰陶碩字公超啖蕪菁羹無鹽

帝王世紀曰文王長子曰伯邑考紂烹以爲羹以賜文王曰聖人不食其子羹文王得而食之紂曰誰謂西伯聖者與食其子羹而不知



晉書曰桓溫表王濬之孫曰濬今有三孫年出六十室如懸磬餬口江濱四節蒸嘗菜羹不給

宋書曰湘州刺史王僧虔引樂顗之爲主簿以同僚非人弃官去吏部郎庾杲之嘗往候顗之爲設食唯枯魚菜菹杲之曰我不能食之母聞之自出嘗膳魚羹數種杲之曰卿過於　我非郭林宗

又曰　淳子孚有父風嘗與侍中何勗共食孚羹盡勗云益殺尊羹勗司空無忌子也孚徐輟筯曰何無忌諱

又曰朱脩之爲荊州刺史姊在鄉里飢寒不立脩之貴爲刺史未曾供贍往姊家姊爲設菜羹麤飯以激之

又曰毛脩之被禽入魏敬事嵩山道士寇謙之謙之在魏太武帝信敬營護之故不死脩之嘗爲羊羹薦魏尚書以爲絕味獻之武帝大悅以爲太官令被寵遂爲尚書封南郡公太官令如故

又曰宋末齊高帝輔政劉彥節知運祚將遷密懷異圖及沈攸之舉兵齊高入屯朝堂袁粲鎮石頭潛與彥節及諸大將黃回等謀夜會石頭詰旦乃發彥節素怯撓不自安脯後便自丹陽郡車載婦女盡室奔石頭臨去婦蕭氏強勸令食彥節歠羹寫胷中手振不自禁

齊書曰高祖既爲齊王置酒爲樂羹膾既至崔祖思曰此味故爲南北所推侍中沈文季曰羹膾吳食非祖思所解祖思曰炰鼈鱠鯉似非句吳之詩文季曰千里蓴羹豈關魯衛之說帝甚悅曰蓴羹故應還沈

又曰朱緒無行母病積年忽思菰羹緒妻到市買菰爲羹欲奉母緒曰病復安能食先嘗之遂併食盡母怒曰我病欲此羹汝何必併啖盡天若有知當令汝哽死緒聞心中介介然即吐血明日而死



梁書曰蕭勱爲廣州刺史徵爲太子左衛率勱性率儉而器度寬裕左右嘗將羹正覆前翻之顏色不異徐呼更衣

後魏書曰趙琰字叔起嘗送子冀州娉室過路旁主人設羊羹琰方知盜殺卒辭不食

又曰彭城王浟爲滄州刺史有濕沃縣主簿張達嘗詣州投入舍食雞羹浟察知之守令畢集浟對衆謂達曰食羹何不還價直也達即伏罪合境號爲神明

唐書曰魏元忠前後三坐弃市偶得不死武后嘗問之對曰臣猶鹿耳羅織之徒苟須臣肉作羹耳

荀卿子曰孔子戹於陳蔡藜羹不糝

韓子曰堯有天下糲粱之食藜藿之羹

又曰昭僖侯之時宰人上食而羮中有生肝焉昭侯召宰
人以次而誚之曰汝何爲置生肝羮中宰人曰竊以爲有欲去
上食宰也
淮南子曰鼓造辟兵壽盡五月（高誘曰鼓造謂梟今世人五月作梟羮亦作蝦蟇羮）
又曰楚人有烹猴者而召其鄰人以爲狗羮也而甘之後
聞其猴也據地而嘔之此不知味也
又曰太宰子朱侍食於令尹子國子國伏羮而熱援漿以
泛明日子朱辭官曰令尹輕行而簡禮其辱人不難明日
伏節尹怒而笞之三百
秦子曰五味者各稱一族之名合和一鼎名曰羮猶威重
廉平恩合而爲信也
郭子曰陸士衡詣王武子武子有數斛羊酪指以示陸曰
卿東吳何以敵此陸云千里蓴羮未下鹽豉



劉向新序曰紂王天下熊羮不熟而殺庖人
又曰平公問叔向曰齊桓公九合諸侯一匡天下如是君不
知臣力何也師曠侍曰臣請以諭五味管仲善斷割之隰
朋善煎熬之賓須無善齊和之羮已熟矣而進之
又曰魏文侯見箕季子曰晏安進糲飡瓜瓠之羮曰豈不能
具五味教我無歛於百姓以省飲食之養也
風俗通曰昭帝時大官上食羮中有髮切中有土令承坐
不謹敬皆論
劉禎毛詩義問曰鉶羮有菜鹽豉其中菜爲其形象可食
因以鉶爲名
陸機毛詩草木疏曰梅杏類也其子赤而酢不可生噉煑
而曝乾爲蘇可着羮臛中
廣志曰大渡蜂取其子得數外爲羮亦可蒸食

臨海水物志曰民皆好啖猴頭羮雖五肉臛不能及之其
俗言寧負千石之粟不願負猴頭羮臛
笑林曰人有和羮者以杓嘗之少鹽便益之後復嘗之向
杓中者故云鹽不足如此數益外許鹽故不鹹因以爲怪
食經曰有猪蹄酸羮法胡羮法雞羮法麞筍鴨羮法
楚辭天問曰緣鵠飾玉后帝食饗（后帝殷湯也言伊尹始仕緣因烹鵠鳥之羮脩）
（飾玉鼎以事以放湯賢之遂相也）彭鏗斟雉堯帝饗何（彭鏗彭祖也好和滋味斟雉羮事堯）
（烹而饗食之）受壽永多夫何以長（言彭祖進雉羮於堯堯饗之以壽之也）
又九章曰懲於羮者而吹齏（言人有歠羮而熱中懲艾之見齏則吹之）
又（招魂曰和）酸若苦陳吳羮（吳人攻作）
又大招曰鮮蠵甘雞和楚酪（酪酢截也言取生大鼈烹之羮調賂畜後有肥雞肉和以）
（酢酪其味清也）
又曰内鶬鴿鵠味豺羮（鶬鶬鴿鶴似鴈而青鵠黃鵠也豺以豺言畢夫巧於調和先甘酸鶬）
（鶬肉故羮美也）



唐明皇雜録曰李林甫子壻鄭平爲戸部員外嘗與林甫
同處一日林甫就院（省其女遇平櫛髮見林甫至遽欲退藏林甫固邀之見其鬢髮皆白謂平曰上當賜）甘
露羮郎其食之縱當華皓必當鬒黒明日果有中使至賜
林甫食中有甘露羮遂以與平平食訖一旦髮毛如黳
嶺表異録曰交阯之人重不禄羮羮以羊鹿鷄猪肉和骨
同一釜煑之令極肥濃漉去肉進之葱薑調以五味貯以
盆器置之盤中羮中有觜銀杓可受一（升即斞椰）揖讓多自
主人先舉即滿斟一杓内觜入鼻仰首徐傾之飲盡傳杓
如酒巡行之喫羮了然續以諸饌謂之不録會（亦呼爲先腦也）交
阯人或經營事務弥縫推要但備此會無不諧者（安南録異）
（圖鑿穿心飛頭鼻飲者皆遺風也）
張翰豆羮賦曰乃有孟秋嘉菽垂枝挺莢是刈是穫充簞

盈篋香鑠和調同疾赴急
桓驎七說曰河黿之羹齊以蘭梅芬芳甘旨禾咽先滋
衛洪七開曰馨羹芬臛凝色生華
皇象書曰想必醉令作醴梅羹相待
繆襲祭儀曰夏祀調和羹芼以葵秋祀羹芼以葱春祀和
羹芼以韭

臛

蒼頡解詁曰膹以年汁臛也膹臛多澤膹房文切
說文曰臛肉羹
釋名曰臛曰蒿也香氣蒿蒿也
齊書曰虞悰家富於財而善爲滋味豫章王嶷盛饌享賓
謂悰曰肴羞有所遺否悰曰何曾食疏有黄頷臛恨無之
廣志曰晨鳧肥而耐寒宜爲臛



劉欣期交州記曰九真太守陶璜立郡築城於土穴中得
一白色形似蚕蛹無頭長數十丈大餘圍軟軟動莫能名
剖腹有肉如猪肪遂以爲臛甚香美璜啖一杯三軍盡食
齊諧記曰江北華本者爲人好鼈臛
食經曰有芋子酢臛法
楚辭招魂曰臛鼈炮羔有柘漿言以飴蜜臑鼈炮羔或曰將水臑鼈烝羔和牛五臟羔臑
也鵠鶬酸臇鳧臇小臛也煎鴻鶬鴻鵠鶬也言復以酸烹鵠爲羹小臇鳧煎熬鴻鶬
令肥美羹也露雞臛蠵露露栖鷄也有菜曰羹無菜曰臛蠵大龜也厲而不爽厲列也爽敗也
楚人名敗曰爽言乃復烹露棲之肥鷄鷄臛蠵肉其味清列而不知敗也
又大招曰煎鰿臛爵言煎鰿臭臛黄雀也
崔駰博徒論曰鶩臛羊殘
陳思王七啓曰臛江界之潛黿
王粲七釋曰元黿羹蠙臛

飲

周禮天官膳夫曰飲用六清六清水漿醴醇醫酏也醫於義切酏以支切
又食醫曰飲齊眡冬時飲宜寒也
又酒正曰酒正辨四飲之物一曰清二曰醫三曰漿四曰
酏清謂醴之泲者也醫內則所謂或以酏爲醴者凡醴濁釀酏爲之則少清矣醫者酏粥清也
又曰漿人掌共王之六飲水漿醴涼醫酏入于酒府醴者清也
鄭司農云涼以水酒也方謂涼今寒粥若糗節雜水
禮王制曰天子五飲上水漿酒醴酏上以水爲上
又郊特牲曰飲養陽氣故有樂
又內則曰飲曰諸飲也重醴稻醴清糟黍醴清糟粱醴清糟重陪
也糟醇也清泲也致飲有醇者有泲者陪設之也或以酏爲醴釀粥爲醴黍酏酏粥
又外傳曰共王及后與世子食後所進之六飲水居其上
其次曰漿三曰醴釀粥爲之淨而清四曰涼暑月以雜糗爲和水者五曰醴



以乾梅乾木瓜相和水一名濫涼六曰酏以黍爲粥之薄者
左傳曰丑父使公下如華泉取飲鄭周父御佐車宛茷爲
右載齊侯以免佐車副車
又曰鄢陵之戰欒鍼見子重之旌請曰楚人謂夫旌子重
之麾也彼其子重也日臣之使於楚也子重問晉國之勇
臣對曰好以衆整曰又何如又問其餘臣對曰好以暇暇閑暇今
兩國治戎行人不使不可謂整臨事而食言不可謂暇食好整之
言請攝飲焉攝持也持飲往飲子重也公許之使行人執榼承飲造于
子重承奉也使使曰寡君乏使使鍼御持矛是以不得犒從者使
其攝飲子重曰夫子嘗與吾言於楚必是故也不亦識乎
知其以往言好暇故致飲受而飲之免使者而復鼓免脫也
又曰鄭師入陳子展執縶而見見陳侯再拜稽首承飲而進
獻承飲奉觴示不失臣敬子美入數俘而出子美子產也但數其所獲人數不狀以歸也

又曰吳入楚申包胥乞師於秦立依於庭牆而哭日夜不絶聲勺飲不入口七日
論語曰一簞食一瓢飲
穆天子傳曰天子渴于中求飲未至七萃之士曰高奔戎割其左驂之頸取其清血以飲天子今西方之羌故刺馬咽取血飲之瘵示尋食也天子美之賜佩玉一隻
神仙傳曰蔡經尸解去十餘年忽還家言七月七日王君當來過到其日可多作數百斛飲以供從官乃去到期假借甕器作飲數百斛羅列覆置庭中其日方平果來
語林曰陸士衡在洛夏月忽思竹篠飲語劉實云吾鄉曲之思轉深今來東歸恐無復相見理言此已復之生感

## 漿

詩曰或以其酒不以其漿或醉其酒者或不得漿者



禮記曲禮曰酒漿處右
又檀弓曰曾子謂子思曰伋吾執親之喪也水漿不入於口者七日
又內則曰漿酢截也水清意梅漸醯漿濫以諸和水也以周禮六飲校之則濫涼也紀莒之問名諸為濫
漢釋名曰桃濫水也水清而藏之其味濫濫然酢也
史記曰漿千儋儋甖此亦比千乘之家
又曰薛公藏於賣漿家
漢書郊祀歌曰奉尊柘漿折朝醒應劭曰取甘柘汁以為飲也折解醒病酒言柘漿可以解朝醒也
吳書曰袁術去壽春時方盛夏欲得蜜漿又無蜜遂歐血死
後魏書曰游明根幼年遭亂為櫟陽王氏奴主使牧羊明根以漿倩人書字路邊書地學之
又曰咸陽王禧謀逆被禽送華林都亭着千斤鏁格鏁格羽林掌衛之時熱甚禧渴悶垂死勑斷水漿侍中崔光令左右送酪漿升餘禧一飲而盡
管子曰左酒右漿蔡邕注曰事尚書左右酒近體也右漿上遠
列子曰列子之齊中道而返遇伯昏瞀人瞀人曰奚方而反曰吾驚焉惡乎驚曰吾食於十漿而五漿先饋饋遺也伯昏瞀人曰若是則汝何為已驚遺汝之漿何故驚也曰夫內誠不解內無識實外無解然形諜成光諜飾其形身之光也以外鎮人心外以諜形鎮人則其內不足也使人輕乎貴老重少輕老由乎形諜而察其所患形飾則心亂少患生故當察也夫漿人持為食羹之貨多餘之贏漿人之饋我者非貴我贏也盡貨我以自盈耳其為利也薄其為權也輕而猶若是食羹之利薄所利之權輕相猶諜我況有國者劾我以功事手故我道中而反而況万乘之主身勞於國而智盡乎事彼將我任以事而効我以功吾是以驚也



孟子曰書曰徯我后后來無罰其君子實玄黃于篚以迎其君子其小人簞食壺漿以迎其小人
汲冢周書曰歲在申酉乞漿得酒歲在辰巳嫁妻賣子
顏子曰非其道壺漿不可受是其道雖天下不可讓
山海經曰高前之山上有水焉甚寒而清帝臺之漿也飲者不心痛
漢武故事曰西王母曰太上之藥有玉津金漿其次藥有五雲之漿
神異經曰東南有人名黃父以霧露為漿
廣志曰醶醶漿也醶初檻切
穆天子傳曰盛姬病求飲天子命取漿而給得之速是曰壺輲壺器名輲速也音遄

焦贛易林曰登上橋堂飲萬歲漿

華山記曰華山上有明星玉女持玉漿

孝子傳曰洛陽陽公輩義漿以給過客

世説曰嵩山北有大穴晉初有一人誤墮穴中緣行十許日有草屋區中有二人對坐圍碁局下有一杯白飲墮者告以飢渴碁者曰可飲此墮者飲之氣力十倍歸問張華華曰所飲者玉漿

典術曰餌桃膠五千日後飲玉漿

楚辭九歌曰奠桂酒兮椒漿（以椒置漿中也）援北斗兮酌桂漿也

西京雜記枚乘柳賦曰樽盈縹玉之酒爵獻金漿之醪（梁人作諸柘酒名曰金漿）

張衡思玄賦曰斟白水以爲漿



太平御覽卷第八百六十一

## 飲食部

膾　脯　鯖　鮓　八珎

### 膾

周禮天官籩人曰朝事之籩其實膴鮑鄭玄曰膴䐑生魚為大臠也鮑者於楅室中糗乾之出於江淮也燕人膾魚方寸切其腴以啗所貴也

禮內則曰牛膾羊炙魚膾芥醬

又曰大夫燕食有膾無脯有脯無膾士不貳羹胾庶人耆老不徒食尊卑差也膾春用葱秋用芥豚春用韭秋用蓼芥芥醬也

肉腥細者為膾大者為軒膾者先軒之所謂攝而切之

又少儀曰與羊魚之腥聶而切之為膾聶之言䐑也先藿葉切之復報切則成膾也

詩曰來歸自鎬我行永久飲御諸友炰鼈膾鯉鯉魚也御進也箋云御侍也王以吉甫遠從鎬地來又日月長久今飲之酒使其諸友恩舊者侍之又加珎美之饌所以極勸之也



論語鄉黨曰膾不厭細

春秋佐助期曰八月雨後苽菜生於洿下地中作羹臛甚美吳中以鱸魚作鱠苽菜為羹魚白如玉菜黃若金稱為金羹玉鱠一時珎食

說文曰鱠細切肉也

釋名曰膾會也細切肉散分其赤白異切之乃會和之也

東觀漢記曰章帝與舅馬光詔曰朝送鹿膾寧用飯也

魏志曰陳登得胷中煩滿面赤不食華他為脉曰府君胃中有虫數升欲成肉疽食腥物所為也即作湯二升先服一升斯須盡服之食頃吐出三升許虫赤頭皆動半身猶是生魚膾也

沈約宋書曰張收為猘犬所傷人云宜食蝦蟇膾收難之兄暢含笑先嘗收乃食瘡即愈

又曰沈攸之舉兵圍郢城獲范雲令送書入城餉柳世隆鱠魚二十頭

梁書曰蕭穎胄素能飲酒噉白肉膾至三升

葛洪神仙傳曰仙人介象字元則會稽人有諸方術吳主聞之徵象到武昌甚敬貴之稱為介君與吳主共論鱠魚何者最美象曰鯔魚為上吳主曰論近魚耳此海中出安可得耶象曰可得耳乃令人於殿庭中作方埳汲水滿之并求鈎象起餌之垂綸於埳中不食頃果得鯔魚吳主驚喜問象曰可食否象曰故為陛下取以作生安敢取不可食之物乃使厨下切之吳主曰聞蜀使來有蜀薑作虀甚好恨時無此象曰蜀薑豈不易得願差所使者并付直吳



主指左右一人以錢五十付之象書一符以着青竹杖中使行人閉目騎竹竹止便買薑訖復閉目此人承其言騎竹須臾已至成都不知是何處問人人言蜀市乃買薑于時吳使張溫先在蜀既於市中相識甚驚便作書寄其家此人買薑畢投書負薑騎杖閉目須臾已還到吳厨下切鱠亦適了

搜神記曰左慈字元放在曹操坐操謂衆賓曰高會所少吳淅江鱸魚耳放曰此可得也因求銅藻盤貯水以竿餌釣於盤中須臾引一鱸出操拊手笑曰可更得不放乃更引餌沉之須臾復引出皆長二尺餘生鮮可愛操令目前切膾

孝子傳曰曾參食生魚甚美因吐之人問其故參曰母在之日不知生魚味今我美吐之終身不食

異物記曰鯖魚作膾味珍無葦

列女傳曰姜詩妻事姑嗜魚膾又不能獨味妻與詩常力作供膾呼隣母共食其舍側忽有泉常出鯉魚一雙以供二母之膳

吳越春秋曰伍子胥伐楚未還闔閭治魚作膾作膾過時不至魚臭猶須子胥之至也三師到闔閭膾而食之不知其臭後王重作之其味如故人作魚須膾者闔閭之時造也

博物志曰吳王江行食鱠有餘弃之於中流化而爲異魚今呼王餘魚長數寸大如筯猶有膾形

齊諧記曰江南有麻姑治者爲人好噉鱠（江北岸有）華本者得一大虵喚麻爲鱠得食甚美苦索魚名華本因辭喚取虵及餘肉出麻治見之大吐歐血死



又曰周子有女噉鱠不知足家爲之貧至長橋南見罛者挫魚作鮓以錢一千求一飽食五斛便大吐有蟾蜍從吐中出婢以魚置口中即成水女遂不復噉膾

世說曰張季鷹辟齊王東曹掾在洛見秋風起因思吳中蓴羹鱸魚鱠曰人生貴得適意何羇宦千里以要名爵遂命駕便歸俄而齊王敗時人謂爲見機

又曰桓車騎冲在荆州張玄爲侍中使至江陵路經陽岐俄見一人持小籠生魚逕來造舡云有魚欲寄作膾張乃維舟而納之問其姓字云是劉遺民（劉驎之字遺民）張素聞其名大相欣待既知張銜命問謝安王文度並佳不張甚欲語言劉子無意既進膾便去云向得此魚觀君舡上當有膾具是故來耳於是便去

杜寶大業拾遺録曰六年吳郡獻海鮸（音免）乾膾四瓶瓶容一斗浸一斗可得徑尺面盤并奏作乾膾法帝以示群臣云昔術人介象於殿庭釣得海魚此幻化耳亦何是珎異今日之鱠乃是海真魚所作求自數千里亦是一時奇味即出數盤以賜近臣作乾膾法當五六月盛熱之日於海取得鮸魚其魚大者長四五尺鱗細紫色無細骨不腥捕得之即去其皮骨取其精肉縷切隨成曬三四日須極乾以新白瓷瓶未經水者盛之密封泥勿令風入經五六十日不異新者後取噉時以新布裹於水中漬三刻久取出灑却水則曒然矣

廣五行記曰唐咸亨四年洛州司户唐望之各集計至五品進止未出聞有僧來覔初不相識延之共坐少頃曰貧道出家人得飲食亦以少公名人故闇相託能設一頓鱠否司户欣然即處分買魚此僧云看有蒜否家人云蒜盡也僧即起司户留之曰蒜盡遣買即得僧云既蒜盡不可更住苦留不止望之果無疾暴卒



明皇雜録曰邢州人和璞甞謂房琯曰君歿之時必因食魚膾既歿之後當以梓木爲棺然不得歿於君之私第不處公館不處玄壇佛寺不處親友之家其後謫於閬州寄居州之紫極宮卧疾數日刺史忽具鱠邀房於郡齋房亦欣然命駕既歸暴卒州主命攢櫝於宮中棺得梓木爲之

脯

釋名曰脯搏也乾燥相搏着也脩縮也乾燥縮也

說文曰脯乾肉也脩脯也（補莫切）薄膊之屋上也（腕骨脯也胸脯挺也）

周禮曰腊人掌乾肉也凡田獸腊膴胖之事（夫物解肆乾謂之乾肉薄切日脯曬之而施薑桂日暇脩腊小物而乾者）祭祀共豆脯膴胖

又曰膳夫凡王之稍事設薦脯醢（鄭司農云稍事謂非日中大舉時而閒食謂之）

稍事膳夫主設薦脯醢云謂稍有小而事飲酒也

儀禮曰鄉飲酒主人立于西階東薦脯使出祖釋軷祭脯

士冠賓東面薦脯禮曰以脯脩置者左朐右末

又曰婦人之贄脯脩大夫燕禮有膾無脯

又禮特牲曰大饗尚暇脩而已矣

穀梁傳曰束脩之肉不行境中有至尊者不貳

公羊傳曰魯昭公出奔齊侯使高子執簞食四脡脯公稽首以衽受

易曰噬乾胏得金矢王肅注曰四體離陰卦骨之象骨在乾肉脯之象金象所以獲野禽故食之反得金矢君子於味必思其毒於利必備其難

論語曰子曰自行束脩已上吾未甞無誨焉孔曰言人奉禮自行束脩以上則皆教誨之也



又曰沽酒市脯不食

尚書大傳曰散宜生閎夭南宮适三子者學乎太公見三子知三子之爲賢人遂酌酒切脯約爲朋友

漢書曰濁氏以賣而連騎

東觀漢記曰光武初起兵叔父良搏手大呼曰我欲詣納言嚴將軍叱上起去出閤令人視之還白方坐啗脯

晉書曰桑虞甞行宿寄逆旅同舍客失脯疑虞爲盜虞默然無言便解衣償之主人曰此舍數失魚肉雞鴨多是狐狸偷君何以疑人乃將脯往山冢間尋求果得之客求還衣虞投之不顧

北齊書曰彭城王攸爲滄州刺史有一人從幽州來驢馱鹿脯至滄州界脚痛行遲偶會一人爲伴遂盜驢及脯去明旦告州乃令左右及府僚吏分市鹿脯不限其至主見識之推獲盜者

唐書曰太宗狩于濟源之凌山上曰古者三先騐以供宗廟今所獲鹿宜令所司造脯醢以充薦享

國語曰楚成王聞子文之朝不及夕也成王楚文王之子成王頵於是乎每朝設脯一束糗一筐以羞子文至于今令尹秩之秩常

呂氏春秋曰趙宣子將之絳見翳桑之下有餓人宣孟與脯二朐拜受不敢食問其故曰臣有毋持以遺之宣孟更賜之二束遂去

東方朔神異經曰北方有增水萬里厚百丈有䶂鼠在氷下土中食氷下草木肉重萬斤可以作脯

又曰西北荒有遺酒追復脯焉其味如麞䴥食一片後一片

葛洪神仙傳曰王遠至蔡經家與麻姑共設肴膳擘脯而行云是麒麟脯



又曰左慈詣劉表請犒軍有酒一器脯一盤百人捷酒賜兵人三杯酒一片脯萬人皆同而酒器如故脯亦不減

世語曰初太祖乏食程昱掠其本縣供三旬糧頗雜以人脯由是失朝望故位不至公也

續齊諧記曰劉晨阮肇入天台山有女仙人爲設胡麻飯山羊脯因留連之

楚詞曰折瓊枝以爲羞王逸注曰羞脯也

盧諶祭法曰春祠用脯夏用𦠆逼彘反

杜育菽賦曰脯則𦠆脅通幹𪊨鹿肥麋

梁劉孝威謝東宮賚鹿脯等啓曰上林絕胡人之搏禁地無張京之犯而猶有班超之遊獵李廣馳射遠歸於廚使入貢於脯人并圖三事之車影入九仙之鏡

鯖

西京雜記曰五侯不相能賓客不得往來婁護(豐辯傳會)五侯間各得其意競致奇膳護乃合以爲鯖世稱五侯鯖以爲奇味焉

齊書曰武帝就虞悰求諸飲食方悰祕不出上醉後體不快悰乃獻醒酒鯖鮓一方而已

鮓

釋名曰鮓葅也以盬米釀之如葅熟而食之也

吳志曰孟仁爲盬池司馬自能結網手以捕魚作鮓寄母母還之曰汝爲魚官而以鮓寄我非避嫌也

宋書曰王瑩代謝超宗爲義興太守與謝交惡超宗到都後瑩父懋往超宗處超宗設精白鮑美鮓𩸞巴懋問那得佳味超宗詭言瑩始見餉佯驚曰大人豈應不得耶懋大怒言於朝廷稱瑩供養不足坐失廢弃久之



博物志曰仲秋月取折頭鯉子去鱗破腹使脊割爲漸米爛藻之以赤秫米飯盬酒令糝之鎮不苦重踰月乃熟是謂秋鯖

王子年拾遺記曰漢元鳳二年於淋池之南起桂臺以望遠帝常以季秋之月泛蘅瀾雲鷁之舟窮晷係夜釣於臺下以香金爲鉤霜絲爲綸丹鯉爲餌得白蛟長三丈若大虵無鱗甲帝曰非瑞也命太官爲鮓肉紫骨青味絕香美班賜羣臣帝後思其美漁者不復得知爲神異也

列異傳曰費長房又能縮地脉坐客在家至市買鮓一日之間人見之千里外者數處

世說曰有人遺張華鮓見之謂客云此龍肉也灼鮓中則有五色光試之果如言後問其主云於茅積下得白魚所作也

又曰陶侃少時作魚梁吏常以一坩(苦甘切)鮓餉母母封鮓付反書責侃曰汝爲吏以官物見餉非唯不能益吾乃以增吾憂也

謝玄與婦書曰昨出釣獲魚作一坩鮓今奉送

大業拾遺曰十二年六月吳郡獻太湖鯉魚腴鮓四十坩純以鯉腴爲之計一坩鮓用鯉魚三百頭肥美之極冠於鱣鮪

八珎

周禮天官曰食醫掌王之八珎

禮曰淳熬煎醢加于六稻上沃之以膏曰淳熬(沃煎成之以爲名)淳毋煎醢加于黍食之上沃之以膏曰淳毋(毋讀曰模模象也作此象淳熬也)炮取豚若将圭之刲之實棗於其腹中編萑以苴之塗之以謹(音墐)塗炮之塗皆乾擘之濯手以摩之去其皽(音善切)爲稻粉糔溲之以爲醴以付豚煎諸膏膏必滅之鉅鑊湯以小鼎薌脯於其中使其湯毋滅鼎三日三夜無絕火而后調之以醯醢(炮者以塗燒之爲名牂當爲牂牂羊也)擣珎取牛羊麋麕之肉必脄(音媒)每物與牛若一捶反側之去其餌熟出之去其皽柔其肉(脄脊側肉)漬取牛肉必新殺者薄切之必絕其理湛(音尖)諸美酒期朝而食之以醢若醯醷(湛亦漬也)爲熬捶之去其皽編萑布牛肉焉屑桂與薑以洒諸上而盬之乾而食之施羊亦如之施麋施鹿施麕皆如牛羊欲濡肉則釋而煎之以醢欲乾肉則捶而食之(熬取火上爲之今火脯似之此七者周禮八珎其一肝膋是也)肝膋取狗肝一幪之以其膋濡炙之舉焦其膋不蓼(膋腸間脂也)



太平御覽卷第八百六十二

太平御覽卷第八百六十三

飲食部二十一

肉　炙

肉

禮曰毋反魚肉（為已歷口人可穢也）濡肉齒決乾肉不齒決

又曰六十宿肉六十非肉不飽

又曰觴酒豆肉讓而受惡

傳曰公將如棠觀魚臧僖伯諫曰鳥獸之肉不登於俎則公不射古之制也

又曰齊師伐我曹劌請見其鄉人曰肉食者謀之（肉食謂朝大夫）劌曰肉食者鄙未能遠謀

又曰公膳日雙雞（卿大夫之膳食）饔人竊更之以鶩御者知之則去其肉而以其洎饋（進御食者饔人御者欲使諸大夫怨慶氏減其膳盖盧蒲癸王何之謀也）



又曰有酒如淮有肉如坻有酒如澠有肉如陵（亦貝酒門）

穀梁傳曰公曰天王使石尚來歸脤脤也者何也俎實也祭肉也生曰脤熟曰俎

論語曰子在齊聞韶三月不知肉味

又鄉黨曰魚餒而肉敗不食肉雖多不使勝食氣祭於君不宿肉（助祭於君所得牲體歸即以班賜不留神惠也）祭肉不出三日出三日不食之矣（自家其食肉也過三日不食之褻鬼神之餘）

爾雅曰肉謂之敗（臭壞）

又曰肉曰脫之（剝其皮家柰肉東鹿之屬呼藥通）

又曰鮑宣上書柰何獨私養外親與幸臣董賢使奴從賓為肉

史記曰廉頗奔魏趙王使者視頗尚可得用不趙使見頗頗為之一飯斗米肉十斤

又曰公孫弘為丞相食一肉

帝王世紀曰夏桀為肉山脯林

漢書曰黄霸潁川太守使吏出不敢舍郵亭食於道旁烏攫其肉民有欲詣府口言事者適見霸與語道此後日吏謁見霸迎勞之曰甚苦食於道旁乃為烏所盗肉吏大驚

又曰武帝為酒池肉林令外國客遍觀

又曰陳平為里社分其肉均父老曰善陳孺子之為宰平曰嗟乎使平宰天下亦當如此肉矣

又曰張湯父為長安丞出湯為兒守舍父還鼠盗肉父怒笞湯湯掘室得鼠及餘肉劾鼠掠治

又曰伏日賜從官肉大官丞日晏不來東方朔獨拔劍切肉即懷肉歸太官奏之朔入免冠謝上曰先生起自責也朔再拜曰朔來受賜不待詔何無禮也拔劍割肉一何壯也割之不多一何廉也歸遺細君又何仁也上笑曰使先生自責乃反自譽賜酒一石肉百斤歸遺細君客擬酒霍肉（視酒如漿視肉如藿）



又曰成帝許后上疏曰故時酒肉有所賜外家輒上表迺決

東觀漢記曰太尉趙喜聞魯恭志行每歲時遣子送米肉辭讓不敢當

又曰卓茂為密令民有言亭長受其米肉者茂問之亭長從汝求乎有事與之自以恩意遺人乎民曰自遺之茂曰人異於禽獸者以有仁愛也亭長素為善吏歲時遺之禮也

又曰賊經姜詩墓不敢驚孝子致米肉詩埋之後吏譴詩掘出示之

又曰閔仲叔客居安邑老病家貧不能買肉日買猪肝一
片
謝承後漢書曰李萇家晝則躬耕夜則讀書日爲毋市斤
肉梁米作食
後漢書曰桓任字儀遼後毋生時不食猪羊肉故終身不
以猪羊肉入口
又曰李充延平年中詔公卿中二千石各舉隱士大儒務
取高行以勸後進特徵充爲博士侍中大將軍鄧騭貴戚
傾時無所下借（下音假借音子夜反）以充高節每卑敬之嘗置酒請
賓客蒲堂酒酣騭跪曰幸託椒房位列上將幕府初開欲
辟天下奇偉以匡不逮惟諸君博求其器充乃爲陳海內
隱居懷道之士頗有不合騭欲絕其論以肉啖之充抵肉
於地曰說士猶甘於肉遂出徑去騭甚望之



漢舊儀曰齊法食肉三十六兩
英雄記曰冀州刺史韓馥問諸從事曰收有何長何短治
中
劉子曰前勞賜有餘肉百斤賣之一州調度奢儉不復在
是猶可勞賜勤勞吏士賣之可示儉
吳志曰趙達嘗過故知取盤中隻箸再縱橫之乃言卿東
壁下有美酒一斛又有鹿肉三斤何以辭無
王隱晉書曰愍懷太子令人屠肉已自分齊手揣輕重斤
兩不差云其母本屠家之女也
太康起居注曰尚書郭弈有疾曰賜酒米各伍外猪羊肉
各一斤
石崇崔亮毋疾曰賜清酒粳米各伍外猪羊肉各一斤半
臧榮緒晉書曰趙高爲丞相指鹿爲馬持蒲作肉

晉中興書曰陸納爲吳興太守辭大司馬桓溫因問桓公
醉可飲幾酒肉食多少溫曰溫酒不過三升便醉白肉不
過十臠納後伺間求入自言外有微禮溫勑而受正有酒一
斗鹿肉一盤一坐愕然納曰公近云飲三升民正可二升
今有一斗以備餘瀝溫歎服
晉書曰周訪鄉人盜訪牛於家間殺之訪得之密埋其肉
不使人知
宋書曰衡陽王儀季鎮荆州隊主續豊母老家貧無以充
養遂不食肉儀季哀其志以錢米給豊毋并（制豊啖肉）
齊書曰高帝雖從官而家業本貧爲建康令時明帝等冬
月猶無縑纊而奉瞻甚厚后毋撤去兼肉曰於我過足矣
梁書曰傅昭性尤篤愼子婦嘗得家餉牛肉以進昭昭召
其子曰食之則犯法告之則不可取而埋之



隋書曰王邵篤好經史遺落世事用思既專性頗恍忽至
對食閉目疑思　盤中之肉輒爲僕從所食邵弗之覺唯
責肉少數罰厨人以情白依前閉目伺候（而獲之厨人）於免笞辱
墨子曰孔子厄於陳蔡子路烹豚孔子不問肉所由來食
之
晏子春秋曰梁丘據見晏子中食而肉不足
王孫子曰楚莊伐宋厨有臭肉將軍子重諫王以肉賚於
賢公孫
尼子曰殺紂爲肉圃
孟子曰孔子爲魯司寇從而祭膰肉不至不稅冕而行不
知者以爲肉也其知者以無禮也
又曰庖有肥肉廐有肥馬民有飢色野有餓殍此率獸而
食人也

又曰雞豚狗彘之畜無失其時七十者可以食肉矣
韓子曰夫百日不食以待粱肉餓者不育今待堯舜之賢
乃治當世之民是猶待粱肉而救餓之說也
又曰晏子對景公曰田成子殺一牛取一豆肉餘以食士
燕丹子曰荊軻入秦過陽翟買肉爭輕重屠辱軻武陽欲
擊軻止之
淮南子曰今屠牛而烹其肉或以酸或以甘煎熬燎炙和有
萬方其本一牛之體
呂氏春秋曰肉之美者猩猩之脣獾獾之炙雋燕之翠述
蕩之掔（音牽獸名）旄象之約（旄象牛獸也旄牛肉美實之也）
又曰嘗一臠而知一鑊之味一鼎之調
又曰肥肉厚酒務以相強命之曰爛腸之食
劉向新序曰趙簡子使使者聘孔子於魯以胖牛肉迎於



河上使者謂舡人曰孔子即上舡中河安流而殺之孔子
至使者致命進胖牛之肉孔子仰天而歎曰美哉水乎洋
洋也使丘不濟此水者命也夫
桓譚新論曰九江太守龐眞案縣令高曾受社祭釐有生
牛肉二十斤劾以主守盜上請逮捕詔釐不臧天下緣是
諸府縣社臘祠祭竈不但進熟食皆復多肉米酒脯腊諸
奇珍益盛是故諸郡府至殺牛數十頭
又曰關東鄙語世人聞長安樂出門西向笑知肉味美則
對屠門而嚼
風俗通曰陳伯敬目有所見不食其肉
王充論衡曰仲子兄祿萬鍾以兄之祿爲不義而不食之
避兄離母處於陵他日歸有饋其兄生鵝者曰惡用是鶃
鶃者他日其母殺是鵝與之食其兄自外來至曰鶃鶃之
肉而仲子耻負前言即吐而出之
典略曰九宗廟三歲大祫每大牢分之左辯上帝右辯上
后俎餘委肉積於前數千斤名堆俎
博物志曰食鸞肉不可入水爲蛟所吞龍肉以醯漬則文章
生。方言曰燕之北郊朝鮮洌水間九異肉及披牛羊五
臟謂之膊（音博）
說文曰殽雜肉也腌漬肉也（一劫反）膞切肉也（之耎反）
廣志曰北方有牧草便於其畜故北方出美肉
異苑曰山陰有人嘗食牛肉便作牛鳴菜食乃止
廣州先賢傳曰丁密不食有目之肉
桂陽先賢畫讚曰程曾子孝孫七歲亡母號慕毀悴王毋
哀憐嚼食哺之知有肉味遂吐不食
華陽國志曰孝子狼偶二親病時不能食肉遂終身不食



肉

董卓別傳曰呂布殺卓百姓欣慶相賀長安酒肉爲暴貴
江氏家傳曰蕤年七歲喪父有酒肉食之左右或戲曰郎
爲孝何肉食蕤瞿然斂容遂不食
十洲記曰崑崙銅柱下有回屋焉壁方丈上有鳥名曰
希有左翼覆（東王公右翼覆西王母其肉苦）醎仙人甘之
笑林曰甲買肉過入都廁挂肉著外乙偷之未得去甲出
覓肉因詐便口銜肉曰挂著外門何得不失若如我銜肉
着口豈有失理
世說曰羅友作荊州從事桓宣武爲王車騎集別有求集
坐良久辭出宣武曰卿向以諮事今何以去荅曰友聞白
羊肉美一生未嘗得故來求食食了無事可諮
魏文帝與吳質書曰舉太山以爲肉竭東海以爲酒

陸凱表曰呂蒙淩統早亡先帝痛悼不已子並幼稚皆內省中稱肉食之客

炙

釋名曰炙炙也炙於火上也脯炙以脯餳蜜豉汁淹之脯然也釜炙於釜中汁和熟之也銜炙細擐肉和以薑椒鹽豉已乃以肉銜裹其表而炙之貊炙全體炙之各自方割出於胡貊之爲也

禮曰膾炙處外毋嘬炙嘬音切 夬切

詩曰執爨踖踖爲俎孔碩或燔或炙

又曰有兔斯首炮之燔之君子有酒酌言獻之毛曰炮加火曰燔

傳曰欒寧將飲酒炙未熟聞亂使告季子季子子路也爲孔氏宰邑也召獲駕乘車召獲衛大夫駕乘車言不欲戰也行爵食炙奉衛侯輒來奔

韓子曰晉平公時進炙而髮繞之平公使殺庖人庖人呼天曰嗟乎臣有三罪而死不自知乎平公曰何謂也對曰臣刀之利風靡骨斷而髮不截是臣之一死桑炭炙之肉紅白而髮不燒是臣之二死也炙熟又重睫而視之髮繞炙而目不見是臣三死也意者堂下有憎臣乎殺臣不亦枉乎

謝承後漢書曰陳正字叔方爲太官令與黃門侍郎有隙因進御食以髮內炙中光武見之怒將斬正正曰臣當萬死者三一山炭增冶吐炎燋膚爛肉而髮不銷臣罪一也匣出佩刀匠也砥礪而虧肌截骨曾不能斷髮臣罪二也臣以事眼目書奏章表猶讀表經具供御食 與承反庖人六目齊視豈不如黃門兩目臣罪三也制赦之

晉書曰王羲之年十三謁周顗顗異之時重牛心炙座客未噉顗割噉羲之於是始知名



齊書曰桂陽之役詔檄文之未就齊高帝引江淹入中書省光賜酒食淹素能飲噉食鵝炙垂盡進酒數外訖文誥亦辦

隋書曰煬帝初在藩魚俱羅弟贇以左右從累遷大都督及帝嗣位拜車騎將軍贇性凶暴虐其部下令左右炙肉遇不中意以鐵刺瞎其眼有溫酒不適者立斷其舌

孟子曰嗜秦人之炙無以異於嗜吾炙夫物則亦有然者也然則嗜炙亦有外與

又曰曾晳嗜羊棗而曾子不忍食羊棗公孫丑問曰膾炙與羊棗孰美孟子曰膾炙哉公孫丑曰然則何爲食膾炙而不食羊棗乎曰膾炙所同也羊棗所獨也

孝子傳曰王祥後母病欲黃雀炙乃有黃雀數枚飛入其幕因以供母

說苑曰智伯以庖人忘炙而不知韓魏炙知小而不忘知大也

世說曰顧榮字彥先輟己炙啖行炙者曰豈有終日執之而不知其味也耶

明皇雜錄曰杜甫後漂寓湘潭間羇旅鵾鵒於衡州耒陽縣頗爲令長所厭甫投詩於宰宰遂致牛炙白酒以甫遺甫飲過多一夕而卒集中猶有贈聶耒陽詩也

太平御覽卷第八百六十三

太平御覽卷第八百六十四

飲食部二十二

脂膏　油



脂膏

周禮庖人曰凡用禽獸春行羔豚膳膏香夏行腒鱐（音搜）膳膏臊秋行犢麛膳膏腥冬行鱻羽膳膏羶（用禽獸謂煎和之以獻王也鄭司農云膏香牛脂也膏臊豕膏也杜子美云膏臊犬膏腥豕膏也鮮生魚也羽鴈也膏羶羊脂也玄謂膏腥雞膏也八物者得四時之氣尤盛爲人食之弗勝是以用休廢之脂膏煎和膳之）

又冬官梓人曰天下之獸五脂者膏者羸者羽者鱗者（脂牛羊之屬膏豕之屬也）宗廟之事脂者膏者以爲牲（致美味也）

禮曰脂用葱膏用薤（脂肥凝者釋者曰膏）煎諸膏膏必滅之肝膋取狗肝一幪之以其膋（膋腸間脂幪音蒙）小切狼臑膏以與稻米爲酏（狼臑臆中膏之然反）



爾雅曰氷脂也（莊子云肌膚若氷雪氷雪脂膏也）

說文曰膫牛腸脂（膫音力彫反）

通俗文曰脂在脊曰肪在骨曰腁（音珊）獸脂聚曰䐃（音窘）

史記曰敗脂辱處也而公伯千金

後漢書曰孔奮爲姑臧長力行清潔爲衆人所笑以爲身處脂膏不能自潤徒益苦辛耳

淮南子曰無角者膏而無前有角者脂而無後

油

魏志曰孫權至合肥新城滿寵馳往赴募壯士數十人折松爲炬灌以麻油從上風放火燒賊攻具

又曰黃初三年車駕幸宛使夏侯尚率諸軍與曹真共圍江陵權將諸葛瑾與尚軍對江瑾度入江中渚而分水軍於江中尚夜多持油船將步騎萬餘人於下流潛渡攻瑾諸軍夾江燒其舟船水陸並攻破之

王隱晉書曰元康三年武庫火檢校是工匠盜庫中恐罪乃投燭着麻膏中火燃

又曰齊王冏起義孫秀多斂葦炬益儲麻油於殿省爲縱火具

東宮舊事曰月給油六外

宋書曰朱脩之爲荊州刺史去鎮之日秋毫無犯計在州以來然油及私牛馬食官穀草以私錢六十萬償之

梁書曰沈約年十三而遭家難潛竄會赦乃免既而流寓孤貧篤志好學晝夜不釋卷母恐其以勞生疾常遣減油滅火

又曰張纘爲湘州刺史州境大寧晚好積聚多寫書數万卷有油二百斛米四千石他物稱是



又曰侯景攻臺城爲曲項木驢攻城矢石不能制羊侃作雉尾炬施鐵鏃以油灌之擲驢上焚之俄盡

又曰初侯景既南奔魏相高澄命先剝景妻子面皮悉以油煎殺之

後周書曰衛剌王直作亂率其黨襲肅章門不得入乃縱火燒之尉遲運懼火盡直黨得進乃取油灌木以益火火勢轉盛直不得進乃退

博物志曰煎油水氣盡無煙不復沸則還冷得水而焰起飛散

釋名曰柰油擣柰實和之以塗繒上燥而發之形似油也杏油亦如之

太平御覽卷第八百六十四

太平御覽卷第八百六十五

飲食部二十三

盬　醬

盬

書曰青州厥貢盬絺

周禮天官籩人曰朝事之籩其實形盬案盬謂爲虎形謂之形盬

又曰掌盬之政令以共百事之盬祭祀共其苦盬散盬杜子春讀若爲盬謂出盬直用不湅治也鄭司農云散盬湅治者玄謂散盬煑水爲盬也賓客共其形盬散盬王之膳羞共飴盬飴盬盬之恬者今戎盬有也凡齊事鬻盬以待戒令齊事和五味之事鬻盬湅治之鬻音煑也

禮記曰祭宗廟盬曰鹹鹺大鹹曰鹺

又曰醓醢之美而煎盬之尚貴天產也

又曰桃諸卵盬大盬

又曰功裹食菜果飲水漿無盬酪不能食盬酪可也功裹韲斬之末也醢酢截



左傳曰王使周公閱來聘饗有昌歜白黑形盬辭曰國君文足昭也武可畏也則有備物之饗以象其德薦五味羞嘉穀盬虎形盬五味之薔故刻盬虎形以象其武以獻其功吾何以堪之

又曰晉人謀去故絳諸大夫皆曰必居郇瑕氏之地沃饒而近盬盬猗氏縣有盬池是也

又曰齊晏子曰山木如市弗加於山魚盬蜃蛤弗加於海

說文曰盬鹹也盬池河東盬池袤五十里廣六里周一百十四里戴延之西京記曰盬生水中夕取朝復千車万騎適意多少鹵西方鹹也東方謂之㡿西方謂之鹵鹺鹹也河內謂之鹹

廣雅曰𪉑音消鹺七豆切𪉴音溫鹼步典切盬也

史記曰募民月給費用官器作煑盬官牢盆如淳曰牢廩食也盆煑盬

漢書王莽詔曰盬食者之將

又曰吳東海水爲盬國用饒足吳錄地里志曰吳王煑海水爲盬今海盬縣是也

續漢書曰虞詡爲武都太守始到郡穀石千五百盬石八千視事三歲穀石八千盬百

又曰天竺國出黑盬

東觀漢記曰賈復爲縣掾迎盬河東會盜賊起等輩放散其盬復獨完還致縣中

後漢書曰第五倫自以父爲官不達遂將家屬客河東變名姓自稱王伯齊載盬往來又太原上黨所過輒爲糞除而去

又王符論曰且攻玉以石洗金以盬詩小雅曰他山之石可以攻玉今之金工發金色者皆淬之盬水也

魏志曰衛覬與荀彧書曰夫盬國之大寶也自亂以來放散宜如舊置使者監賣以其直益市犁牛若有歸民以供給之



又曰鄧艾平蜀後言於司馬文王留隴右兵二萬人蜀兵二萬人煑盬興冶爲軍農要用

魏略曰漢令哀牢民家出盬一斛以爲賦

吳志曰朱桓卒家無餘財孫權賜盬五千斛以周喪事

蜀志曰先主定益州置盬府校尉較盬鐵之利

晉書曰肅慎國無盬鐵燒木作灰取汁而食之

又曰郭文字文舉隱居吳興餘杭大辟山中恒着鹿裘葛巾不飲酒食肉區種菽麥採草葉木實易盬以自供人或酬下價者亦即與之

宋書曰豫章王大會賓僚張融食炙始畢行炙人便去融欲求盬蒜口終不言方食搵指半日乃息

又曰張融作海賦文辭詭激獨與衆異以示鎮軍將軍顗
顗之曰卿此賦實超玄虛但恨不道鹽耳融即求筆注曰
漉沙構白熬波出素積雪中春飛霜暑路
齊書曰崔慰祖父喪不食鹽母曰汝既無兄弟又未有子
息毀不滅性故當不進有羞耳如何絕鹽吾今亦不食矣慰
祖不得已從之
梁書曰侯景陷臺城宴集其黨又召僧通僧通取肉揾鹽
以進景問曰好不景答所恨大鹹僧通曰不鹹則爛及景
死王僧辯截其二手送齊宣又傳首至江陵果以鹽五斛
置腹中送于建康暴之于市百姓爭取屠膾羹食皆盡
後魏書曰世祖南伐遺李伯賜劉義恭等鹽各九種并胡
豉孝伯曰有後詔凡此諸鹽各有所宜白鹽食鹽主
上自所食黑鹽治腹脹氣滿末之六銖以酒下胡鹽治
目痛戎鹽治諸瘡赤鹽駮鹽臭鹽馬齒鹽四種並非食
鹽



又曰勿吉國水氣鹹凝鹽生樹上
又曰沮渠蒙遜平酒泉於宋繇室得書數千卷鹽米數十
斛而已蒙遜歎曰孤不喜尅李氏欣得宋繇耳
北齊書曰房景伯母亡居喪不食鹽菜因此遂為水病積
年不愈
又曰崔暹奏請海沂煑鹽有利軍國文襄以問崔昂昂曰
亦既官煑斷之竈官力雖多不及人廣諸淮開市薄為竈
稅私館給彼此有宜朝廷從之
唐書曰武德中長安古城鹽渠水生鹽色紅白味甘狀如
方印
又曰左右神策鹽州行營節度使胡堅昌皆表奏初城鹽
州鹵中獲壤土又置烽堡水路迥遠即時有兩廢鹽并悉
生鹽事扶聖德可謂天讚請宣付史館制可
又曰代宗時河中府鹽池生瑞鹽韓滉奏曰土德之瑞
又曰李晟薨後德宗以初城鹽州復鹽池上賜宰相新鹽
惻然思之命置鹽於靈座
又曰流鬼國去京師萬五千里邊於北海多沮澤有魚鹽
之利
又曰初搉鹽起於第五琦及劉晏代其任法術精密官無
遺利初歲入錢六十萬貫季歲十倍而人無厭苦大曆末
通計一歲征賦所入而鹽醢當天下太半之賦
管子曰齊有渠展之鹽燕有遼東之煑十口之家十人舐鹽
百口之家百人舐鹽凡食鹽之數一月丈夫五升少半婦
人三升少半嬰兒二升少半鹽之重升加分耗而釜百升



加什耗而釜千君伐沮薪煑沸水為鹽正而積之三萬鍾
至陽春農事方作令民無得築垣墻毋得繕冢墓丈夫無
得治宮室臺榭北海之衆無得聚庸而煑鹽然鹽之賈必
四什倍君以四什之賈循河濟之流南輸梁趙宋衛濮陽
惡食無鹽則腫守圉之本其用鹽獨重君伐菹薪煑沸水
以籍於天下然則天下不減矣
又曰桓公成鹽三萬六千鍾令吏糴之得成金萬一千餘
斤
尸子曰南海之藿北海之鹽
魯連子曰連宿沙瞿子善煑鹽使煑潰沙雖十宿不能得
也
抱朴子曰作赤鹽法用寒鹽一斤雨泥一斤內鐵器中以
為水燒皆消而赤也

金樓子曰白鹽小小峯洞澈如有水精及其映日光似琥珀胡人和之以供國厨名爲君王鹽亦名玉華鹽

又曰有清池鹽正四方廣半寸其形挾疎似有人耕池旁地取池水波種之去勿迴顧即生此鹽

國語曰桓公通齊國之魚鹽于東萊(言通者先時禁人東萊齊之東萊夷也)

山海經曰景山南望鹽販(販或作𩵋字)之池北望少澤其草多藷藇秦椒其陰多赭其陽多玉郭景純云鹽販澤即解縣鹽池也

呂氏春秋曰和之美者大夏之鹽(高誘曰大夏澤名或山名)

春秋後語曰張儀說趙王曰今日趙與秦爲兄弟之國而韓魏稱爲藩臣齊獻魚鹽之地斷趙之右臂(齊負海有魚鹽之利今云獻魚鹽之地矯辭以脅趙也)

淮南萬畢術曰鹽能累卵(取戎鹽塗卵取他卵置其上即累也)



鹽鐵論曰古者豪強大家得煮海爲鹽民皆依爲姦之業也

世說曰秦繆公使賈人載鹽百里奚使將軍

風俗通曰鹹如炭俗說鹹亦與熱正等炭火不可以入口人食得大鹹亦吐之謹案東海㺃人曉知鹽法者云攪鹽木多日每燋黑如炭非謂竈中火炭也

吳時外國傳曰漲海州有湾湾中常出自然白鹽峄峄如細石子天竺國有新陶水水甘美下有石鹽白如水精(南州異物志云鹽如石英)

晉令曰凡民不得私煑鹽犯者四歲刑主吏二歲刑

蜀王本紀曰宣帝地節中始穿鹽井數十所

世本曰宿沙作煮鹽(宋志曰宿沙衛齊靈公臣齊濱海故衛爲漁鹽之利)

晉太康地記曰梓潼縣出金子鹽

廣志曰鹽體因於水故或水且往水故或與土雜産于地多側于海濵但未必千里相比耳煑鹽與海同河東有印成鹽西方有石子鹽皆生於水(北海)胡中有青鹽五原有紫鹽波斯國有白鹽如細石子

玄晏春秋曰故侍中劉子楊食餅知鹽生精味之至(秦記曰會稽王道子爲特郎設鹽餅郎云鹽味小生)

博物志曰臨卭火井諸葛亮往視之後火益盛以盆貯水煑之則鹽後人以火投井中火即滅至今不然

梁四公子記曰高昌國遣使貢鹽二顆顆大如斗狀白似玉帝以其自萬里絶域而來獻數年方達命杰(音𣶶)公迓之謂其使曰鹽一顆是南燒羊山月望收之者一是北燒羊山非月望收之者使者具陳鹽奉王急命故非時尔因問紫鹽醫碧珀云中路遭北凉所奪不敢言之帝問杰曰公群物之異對曰南燒羊山鹽文理粗北燒羊山鹽文理密月望收之者明徹如氷以氊橐煑之可驗交河之間平磧中掘深數尺有末鹽如紅如紫色鮮味甘食之止痛更深一丈下有碧珀黑逾純漆或大如車輪末而食之攻婦人小腹癥瘕諸疾彼國珍異必當致貢是以知之



涼州異物志曰姜賴之墟今稱龍城恒溪無道以感天庭上帝赫怒溢海盪傾(姜賴胡國名也恒溪其王字也矜貪無厭上帝化爲沙門遊于觀其政遂從溪乞之以鹽與帝帝乃震怒使蒲昌溢以盪覆也)剄鹵千里蒺藜之形其下有鹽累棊而生(其地化爲鹵而剛堅巖如蒺藜懵發其底鹽方大如棊以次相累也坐以鹽乞天帝故使此地化生鹽也)

又曰鹽山二岳三色爲質赤者如丹黑者如漆小大從意鏤之寫物(赤與黑者皆小惟白大或如虎箱從人所爲形也)作獸辟惡佩之爲吉(或治爲鳥獸以佩之)戎鹽可以療疾(四方皆用白者作散以除頭風以其出胡國故言戎鹽也)

涼州記曰有青盐池出盐正方半寸其形似石甚甜美
益州記曰汶山越嶲煮盐法名異汶山有鹹石先以水漬
既而煎之越嶲先燒炭以盐井水沃炭刮取盐
荆州記曰盐水自凝生傘子盐方寸中央隆起形如張傘
本草經曰鹵盐一名寒石味苦戎盐主明目大盐一名胡
盐（呂氏春秋曰本草云戎盐一名胡盐）
崔駰博徒論曰江陽六盐
笑林曰姚彪至武昌遇風與沈淅江渚守風粮用盡遣人
從彪貸鹽百斛彪得書不荅勑左右倒鹽百斛着江水中
曰明吾不惜惜所與耳
嶺表異録曰野煎盐廣南煮海其無限商人納榷計價極
微數內有恩州場石橋場俯迩滄溟去府最遠商人於
所司給一百石榷課止銷雜貨三二千及徃本場盐
並無官者給遣商人但將人力收聚鹹沙掘地爲坑坑
口稀布竹木鋪蓬簟於其上堆沙潮來投沙鹹鹵淋在坑
內伺候潮退以火炬照之氣衝火滅則取鹵計用竹盤煎之
頃刻而就竹盤者以篾細織竹鑊表裏以牡蠣灰泥之自
收海水煎盐謂之野煎易得如此也（江淮試鹵濃淡即置飯粒於鹵中粒浮者即是純鹵也）



## 醬

禮記曰膾炙處外醯醬處內
又曰獻孰食者操醬齊
又曰濡雞醢醬實蓼濡魚卵醬實蓼濡鱉醢醬實蓼魚膾
芥醬麋腥醢醬
論語曰不得其醬不食
漢書曰劉歆謂楊雄云今學有祿利然尚不能明易又如
玄何吾恐後人覆醬瓿也（瓿音部甖名也）
風俗通曰醬成於盐而鹹於盐夫物之變有時而重
又曰雷不作醬俗說令人腹內雷聲梭子路感雷精而生
尚（丁罡）好勇死衛人醢之孔子覆醢每聞雷心惻怛耳
桓譚新論曰鄙人得鯅（盐音）醬而美與人共食少唾其中因
弃之俱不得食
論衡曰作豆醬惡聞雷此欲使人急作不欲積久
世說曰陸機入洛欲爲三都賦聞左司作之撫掌而笑與
弟雲書云此間有傖父欲作三都賦須其成當以覆醬瓮
耳
宋書曰孝武嘗爲王玄謨作四時書云麪醬調秋菜白醝
解冬寒
又曰阮孝緒外兄王晏貴顯屢至其門孝緒度之必至顛
覆聞其笳管穿籬逃匿不與相見曾食醬美問之云是王
家所得便吐餐覆醬及晏誅親戚咸爲之懼孝緒曰親而
不黨唯坐之及竟獲免
梁劉孝儀謝智安王賚蝦醬啓曰龍醬傳甘退成可陋蚳
醢稱貴追覺失言上聖聞雷未之能覆嘉貺流歡差以
無辭



太平御覽卷第八百六十五

飲食部二十四

醯　醢

醯

釋名曰苦酒淳毒甚者酢且苦也

周禮曰醯人掌共五齊七菹凡醯物以共祭祀之齊菹凡醯醬之物賓客亦如之齊菹醬屬醯人者皆須醯成味王舉則共齊菹醯物六十甕共后及世子之醬齊菹賓客之禮共醯五十甕凡事共醯

儀禮曰醯醢百甕夾碑十以爲列

禮曰宋襄公葬其夫人醯醢百甕

又曰大功之喪不食醯醬父母之喪又朞而大祥有醯醬

論語曰子曰孰謂微生高直或乞醯焉乞諸其鄰而與之

史記曰通邑大都酤千釀醯

漢武內傳曰西王母仙上藥有鳳林鳴酢

魏名臣奏曰劉放奏云今官販苦酒與百姓爭錐刀之末宜其息絶

吳錄地理志曰吳王築城以貯醯醢今俗人呼苦酒城

晏子春秋曰蘭本三年而成湛之苦酒則君子不近庶人不佩

風俗通曰酢如蕢莢按蕢味酸工者取以調味

博物志曰酒暴熟者酢醯酸者易臭

又曰龍肉以醯漬則文章生

葛洪肘後方曰治齒痛用三年醶酢

唐書曰初薛仁杲拔秦州召富人磔於猛火之上或以醯灌鼻求其金寶



又曰任迪簡萬年人舉進士初爲天德軍使李景略判官性重厚常有宴行酒者誤以醯進迪簡知誤以景略性嚴慮坐主酒者乃勉強飲盡之而爲容其過以酒薄白客請換之於是軍中感悅

醢

周禮曰醢人掌四豆之實朝事之豆其實韭菹醓醢昌本麋臡菁菹鹿臡茆菹麇臡饋食之豆其實葵菹蠃醢脾析蠯醢蜃蚳醢豚拍魚醢加豆之實芹菹兔醢深蒲醓醢箈菹鴈醢筍菹魚醢

又曰醢人爲王及后世子共其內羞王舉則共醢六十甕以五齊七醢七菹三臡實之齊當爲齏五齏昌本脾析蜃豚拍深蒲也七醢醓蠃蠯蚳魚兔鴈醢七菹韭菁茆葵芹箈筍菹三臡麋鹿麇臡也凡醢醬所和細切爲齏全物若牒爲菹也賓客之禮共醢五十甕致饔餼時凡事共醢

禮曰孔子哭子路於中庭寢中庭也與哭師同親之有人吊者夫子拜之爲之主也既哭進使者而問故使者自衛來赴者故謂死之意狀使者曰醢之矣時衛世子蒯聵篡輒而立子路死之醢之者示欲啗食以怖衆遂命覆醢覆棄之不忍食

禮記外傳曰祭祀賓客菹醢之用醢肉醬之通名醢汁也涪亦汁也此等皆在豆以其濕故也籩竹器何盛乾也豆木也皆跌足取其去地高絜醢有陸產畜之所生者在陸者有水物天地陰陽之炁所生水草之品非人力所種自然絜也臡者骨肉相雜爲之有麋鹿麕之臡麕大麞也字或作麏君兔醢蚳醢皆陸產也蚳蟻卵也有魚鴈蠃蠯之醢蠯蛤之類也蠃似蚌而長也五者水物

崔寔四民月令曰五月一日可作醢

弘君舉食檄曰東里獨姓之醢

太平御覽卷第八百六十六

# 太平御覽卷第八百六十七

飲食部二十五

## 茗

爾雅曰檟苦茶（樹小似梔子冬生葉可煑作羹飲今呼早採者爲茶晚採者爲茗一名荈蜀人名爲苦茶）

吳志曰孫晧每宴席無不能酒率以七升爲限雖不悉入口澆灌取盡韋曜飲酒不過二升初見禮異密賜茶茗以當酒

晉中興書曰陸納爲吳興太守時衞將軍謝安甞欲詣納納兄子俶怪納無所備不敢問之乃私蓄十數人饌安既至納所設唯茶果而已俶遂陳盛饌珍羞必具及安去納杖俶四十云汝既不能光益叔父柰何穢吾素業

晉書曰夏侯愷士後形見就家人求茶

又曰桓温爲楊州牧性儉素每讌唯下七奠拌茶果而已

宋録曰新安王子鸞豫章王子尚詣曇濟道人於八公山道人設茶茗尚味之曰此甘露也何言茶茗焉

南齊書曰武帝遺詔靈坐勿以牲爲祭唯設餅果茶飯酒脯而已

唐史曰風俗貴茶之名品益衆劒南有蒙頂石花或散牙號爲第一湖州顧渚之紫笋東川有神泉昌明硤州有碧澗明月房茱萸寮福州有方山之生牙夔州有香山江陵南木湖南有衡山岳州有灉湖之含膏常州有義興之紫笋婺州有東白睦州有鳩坑洪州有西山之白露壽州有霍山之黃芽蘄門之商貨不在焉

又曰竟陵僧有於水濵得嬰兒者育爲弟子稍長自筮遇蹇之漸繇曰鴻漸于陸羽可用爲儀乃姓陸氏字鴻漸名羽羽有文學多意思耻一物不盡其妙茶術最著鞏縣爲瓷偶人號陸鴻漸買十器得一鴻漸市人沽茗不利輒灌之羽於江湖稱竟陵人於南越稱桑苧翁貞元末卒

又曰韓滉聞奉夫之難以釆練囊緘茶末健步其以進也

又曰貞元九年春初稅茶先是諸道鹽鐵使張滂奏曰伏以去秋水災詔令減稅今之國用須有供備伏請出茶州縣及茶山外商人要略委所由定二等時估每十稅一價錢充所放兩稅其明年已後所得稅外收貯若諸州遭水旱賦稅不辦以此代之詔曰可仍委張滂具處置條奏自是每歲得錢四十萬貫茶之有稅自此始也然稅茶無虛歲遭水旱處未甞以茶稅錢拯贍

又曰大和七年正月吳蜀貢新茶皆於冬中作法爲之上務恭儉不欲逆其物性詔所貢新茶宜於立春後造

又曰大和九年十月王涯獻茶以涯爲榷茶使茶之有稅自涯始

又曰大和九年十二月諸道鹽鐵轉運榷茶使令狐楚奏榷茶不便於民請停從之

又曰元和十四年歸光州茶園於百姓從刺史房克讓之請

又曰初常魯使西蕃烹茶帳中蕃人問曰何爲者魯曰滌煩療渴所謂茶也蕃人曰我此亦有命取以出指曰此壽州者此顧渚者此蘄門者

晏子春秋曰嬰相齊景公時食脫粟之飯炙三弋五卵茗菜而已

廣雅曰荊巴間釆茶作餅成以米膏出之若飲先炙令色赤擣末置瓷器中以湯澆覆之用葱薑芼之其飲醒酒令

人不眠

博物志曰飲真茶令少眠睡

神農食經曰茶茗宜久服令人有力悅志

又　曰茗苦茶味甘苦微寒無毒主瘻瘡利小便少睡去痰渴消宿食冬生益州川谷山陵道傍凌冬不死三月二日採乾。華佗食論曰苦茶久食益意思

壺居士食忌曰苦茶久食羽化與韭同食令人身重

陶弘景新錄曰茗茶輕身換骨　丹丘子黃山君服之

王浮神異記曰餘姚人虞洪入山采茗遇一道士牽三青牛引洪至瀑布山曰吾丹丘子也聞子善具飲常思見惠山中有大茗可以相給祈子他日有甌犧之餘不相遺也因立奠祀後令家人入山獲大茗焉

廣陵耆老傳曰晉元帝時有老姥每旦擎一器茗往市鬻之市人競買自旦至暮其器不減茗所得錢散路傍孤貧乞人人或異之執而繫之於獄夜擎所賣茗器自牖飛去

廣志曰茶叢生直煑飲為茗茶茱萸檄子之屬膏煎之或以茱萸煑脯冐汁為之曰茶有赤色者亦米和膏煎曰無酒茶

晉書藝術傳曰燉煌人單道開不畏寒暑常服小石子所服者有　心氣兼服茶酥而已

續搜神記曰晉孝武世宣城人秦精入武昌山中採茗忽見一人身長一丈通體毛精見之大怖自謂必死毛人牽其臂將至山中大叢茗處放之便去精因留採須臾復來乃探懷中橘與精精甚怖負茗而歸

又曰桓宣武有一督將因時行病後虛熱更能飲複茗必一斛二斗乃飽裁減升合便以為大不足非復一日家貧後有客造之正遇其飲複茗亦先聞世有此病仍令更進五升乃大吐有一物出如升大有口形質縮縐狀似牛肚客乃令置之於盆中以一斛二斗複茗澆之此物噏之都盡而止覺小腹又增五升便悉混然從口中涌出既吐此物病遂差苦問之此何病苦云此病名斛茗瘕

異苑曰剡縣陳務妻少寡與二子同居好飲茶家有古塚每飲輒先祠之二子欲掘之母止之夜夢人云吾止此塚三百餘年今二子恒欲見毀賴相保護又享吾佳茗雖潛朽壤豈忘翳桑之報及曉於庭中獲錢十萬似久埋者唯貫新毋告二子禱祠愈切

世說曰任瞻少時有令名自過江失志既不飲茗問人云此為茶為茗覺人有怪色乃自申明之曰向問飲為熱為冷



又曰晉司徒長史王濛好飲茶人至輒命飲之士大夫皆患之每欲往候必云今日有水厄

江氏傳曰統遷愍懷太子洗馬嘗上疏諫云今西園賣醯麵茶菜藍子之屬虧敗國體

晉四王起事曰惠帝蒙塵洛陽黃門以瓦盂盛茶上至尊

晉劉琨與兄子南兗州刺史演書曰前得安州乾茶二斤薑一斤桂一斤皆所須也吾體中煩悶恒假負茶汝可信信致之

傅咸司隸教曰聞南方有蜀嫗作茶粥賣廉事毆其器具無為又賣餅於市而禁茶粥以困蜀姥何哉

坤元錄曰辰州溆浦縣山上多茶樹

括地圖曰臨城縣東北一百四十里有茶山茶溪

天台記曰丹丘出大茗服之生羽翼

夷陵圖經曰黄木女觀望州等山茶茗出焉

楊衒之洛陽伽藍記曰彭城王勰戲謂王肅曰卿不重齊魯大邦而愛邾莒小國肅對曰鄉曲所美不得不好勰復謂曰卿明日顧我爲卿設邾莒之飡亦有酪奴因此復號茗飲爲酪奴時給事中劉縞慕肅之風專習茗飲彭城王謂縞曰卿不慕王侯八珍好蒼頭水厄海上有逐臭之夫里内有學顰之婦以卿言之是也其彭城王家有吳嫗以此言戲之自是朝貴讌會雖設茗飲皆耻不復食雖江表殘民遠來降者侍中元乂欲爲之設茗先問卿於水厄多少蕭正德不曉人意荅下官雖生水鄉立身已來不遭陽侯之難舉坐笑焉

桐君録曰西陽武昌晉陵皆出好茗巴東別有真香茗煎飲令人不眠



又曰茶花狀如梔子其色稍白

永嘉圖經曰縣東有白茶山

吳興記曰烏程縣西有温山出御荈

淮陰圖經曰山陽縣南二十里有茶坡

茶陵縣圖經曰茶陵者謂陵谷生茶茗

本草拾遺曰皐盧茗作飲止渴除疫不睡利水道明目生南海諸山中南人極重之

廣州記曰酉平縣出皐盧茗之利茗葉大而澁南人以爲飲

南越志曰茗苦澁亦謂之過羅

陸羽茶經曰茶者南方嘉木自尺二尺至數十尺其巴川峽山有兩人合抱者伐而掇之其樹如瓜蘆葉如梔子花如白薔薇實如栟櫚蔕如丁香根如胡桃其名一曰茶二曰檟三曰蔎四曰茗五曰荈周公云檟苦茶楊執戟云蜀西南人謂茶曰蔎郭弘農云早取爲茶晚取爲茗一曰荈蔎音設荈音昌兖切其上者生爛石中者生櫟壤下者生黄土凡藝而不茂法如種苽三歲可採陽崖陰林紫者上綠者次筍者上牙者次葉卷者上葉舒者次凡採茶在二月三月四月之間茶之筍者生爛石沃土長四五寸若薇蕨始抽陵露采焉茶之牙發於叢薄之上有三枝四枝五枝者選中枝穎拔者采焉其日雨不採晴有雲不採蒸拍焙穿封乾矣有千類萬狀鹵莽而言之如胡人靴者蹙縮然犎牛臆者廉襜然浮雲出山者輪囷然輕颷拂水者涵澹然有如陶家之子羅膏土以水澄泚之又如新治田者遇暴雨流潦之經此皆茶之精腴也有如竹籜者枝幹堅實難於蒸擣故其形籭簁上音離下音師如霜荷者莖葉凋沮易其狀白故其萎萃然此皆茶之瘠老也自采至于封日七經自胡人至于霜荷八等



唐新語曰右補闕毋景博學有著述才性不飲茶著代茶飲序其畧曰釋滯消擁一日之利暫佳瘠氣侵精終身之累斯大獲益則歸功茶力貽患則不謂茶災豈非福近易知福遠難見者乎

雲南記曰名山縣出茶有山曰蒙山聯延數十里在縣西南按拾道志尚書所謂蔡蒙旅平者蒙山也在雅州凡蜀茶盡出此

魏王花木志曰茶葉似梔子可煑爲飲其老葉謂之荈細葉謂之茗

杜育荈賦曰調神和内倦懈康除

張孟陽登成都樓詩云芳茶冠六清溢味播九區人生苟安樂茲土聊可娛

左思嬌女詩曰吾家有好女皎皎常白皙小字爲紈素口
齒自清歷其姊字蕙芳眉目粲如畫馳騖翔園林草木皆
生摘貪走風雨中倏忽數百適心爲茶荈劇吹噓對鼎鑩
孫楚出歌曰茱萸出芳樹顛鯉魚出洛水泉白鹽出河東
美豉出魯川薑桂茶荈出巴蜀椒橘木蘭出高山蓼蘇出
溝渠秫粺出中田

太平御覽卷第八百六十七

# 太平御覽卷第八百六十八

## 火部一

### 火上

釋名曰火化物也亦言燬也物入即皆毀壞也

易曰水流濕火就燥

又曰風自火出家人 由内以相成熾也

又曰天與火同人君子以類族辨物 君子小人各得所同

又曰火在天上大有君子以遏惡揚善順天休命 大有包容之象也故遏惡揚善成物之美順夫天德休物之命

又曰燥萬物者莫熯乎火 熯呼旱切

書曰火炎崐崗玉石俱焚

又曰惟女含德不惕予一人予若觀火 惕懼也觀執也我觀火者喻刑罰可畏之也



又曰若火之燎于原弗可嚮邇 火之燎于原其炎熾之明不可嚮近也

又曰五行二曰火火曰炎上炎上作苦

詩曰叔在藪火烈具舉

禮曰孟夏之月盛德在火

又曰季春出火為焚也 謂焚萊也九出火以火出建辰之月火始出

又曰火之於民也尊而不親

左傳曰人火曰火天火曰災

又曰兵猶火也不戢將自焚也

又曰火龍黼黻 火畫為龍

又曰古之火正或食於心或食於咮以出内火是故咮為鶉火心為大火 謂火正之官配食於火星也建辰之月鶉火星昬在南方則令民放火建戌之月大火星伏在日下夜不得見則令民内火禁放火也 陶唐氏之火正閼伯居商丘 閼伯高辛氏之子也傳曰遷閼伯於商丘主辰大火也今為宋星然則商丘在宋地也 祀大火而火紀時焉 謂出内火時也 相土因之故商主大火 相土契孫商之祖也始代閼伯之後居商丘祀大火也

又曰郯子云炎帝以火紀故為火師而火名

又曰昭公十七年冬有星孛于火辰西及漢 夏之八月辰星見在天漢西今孛星出辰西光芒東及天漢 申須曰彗所以除舊布新也 申須魯大夫 天事恒象 天道恒以象告示人 今除於火火出必布焉諸侯其有火災乎 今火向伏故知當須火乃布散為災

周禮曰春秋以木鐸修火禁 火星以春出以秋入因天時而以成

又曰亨人掌供鼎鑊以給水火之齊 鑊所以煑肉及魚腊之器既熟乃脀于鼎齊多火之量齊音劑

又曰卜師掌開龜揚火以作龜致其墨 揚火猶熾也致其墨者熟灼之明其兆

又曰司爟掌行火之政令四時變國火以救時疾 行猶用也變猶易也鄭司農說以鄹子曰春取榆柳之火夏取棗杏之火季夏取桑柘之火秋取柞楢之火冬取槐檀之火 季春出火民咸從之季秋内火民亦如之 鄭司農云以三月本時昬心星見于辰上使民出火九月本黄昬心星伏在戌上使民内火故春秋傳曰以出内火 時則施火令 焚萊之時 凡祭祀則祭爟 報其為明之功禮如祭爨 九國失火野焚萊則有刑罰焉 野焚萊民擅放火



又曰穴氏掌攻蟄獸各以其物火之 蟄獸熊羆之屬各藏者也將攻之必先燒其所食之物放其穴以誘出之乃可得之 以時獻其珎異皮革

又曰柞氏掌攻草木及林麓 林人所養者山足曰麓 夏日至令刊陽木而火之冬日至令剝陰木而水之 刊剝互言耳昬謂斫去次地之皮生南為木生山北為陰木火之水之則使其肄不生 若欲其化也則春秋變其水火 化猶生也謂時以種穀也變其水火者乃所火則水之所水則火之則其土和美

又曰秋官司恒氏掌以夫燧取明火於日 夫燧陽燧也

史記曰燕攻即墨田單乃收城中牛千頭為絳繒衣畫以五彩龍文束兵於角結火於尾穿城而出壯士銜枚從牛

所觸輙死壯士擊之城上大譟燕師大駭
又曰龐涓追孫臏臏量其行暮當至馬陵乃斫大樹白而書之
曰龐涓死此下於是令齊軍万弩夾道而伏曰暮見火舉而俱發龐
涓夜至見白書乃鑽火讀之未畢万弩俱發龐涓大敗
又曰蘇代謂魏王曰夫以地事秦猶抱薪救火薪不盡火不
滅也
又曰顏叔子獨居室夜雨比舍屋角有女子投之叔子令
秉燭燭盡乃徹屋草續之至明不亂
又曰武王旣渡河有火自上復於王屋流為烏其色赤
漢書曰項羽西屠咸陽燒其宮室火三月不滅
又曰孝平后王莽女有節操及漢兵誅莽燔燒未央宮后
曰何面目見漢家因自投火而死
又曰漢兵圍王莽城中少年房朱張魚等恐見虜掠秋燒



作室門呼曰反虜王莽何不出降火及掖庭莽避火宣室
前殿火輙隨之
又曰陳勝吳廣夜構火狐鳴呼曰大楚興陳勝王
又郡國志曰連渾府遥火山而有火井深不可見底炎氣
上昇常若微電以草爨之則煙騰大發其山似火從地而
發故名焚臺
東觀漢記曰梁鴻牧豕長安上林苑中失火延及人家問
所燒財物悉推豕償之其主言以鴻顧以身作躬執其勤
又曰長沙有義士古初遭父喪未葬隣人火起及初舍棺
不可移冒火伏棺上火乃滅
又曰廉范字叔度為蜀郡太守成都地迫屋狹百姓夜作
以供衣食又禁火民覆蔽之失火者日屬范放令夜作但
使儲水百姓皆恱歌曰廉叔度來何暮不禁火民安堵昔
日無襦今五袴
魏略曰秦伯出獵至於咸陽有火流下化為白雀銜綠丹
書集於公車
吳志曰張昭字子布孫權以公孫淵稱藩遣張弥許晏至
遼東拜淵為燕王昭諫權權不從昭忿稱疾不朝權恨之
土塞其門昭又於內以土封之淵果殺弥晏權數慰謝昭
固不起權因出過其門呼昭昭辭病篤權燒其門欲以恐
之昭更閉戶孫權使人滅火住門良久昭諸子扶昭起權
載以還宮
晉書曰愍懷太子遹字熙祖惠帝長子也宮中嘗夜失火
武帝登樓望之太子時年五歲牽帝裾入闇中帝問其故
太子曰暮夜倉卒宜備非常不宜令照見人也由是奇之
又曰張華字茂先武庫火華懼因此變作列兵固守然後



救之累代之寶及漢高斬蛇劒王莽頭孔子履等盡焚
焉
又曰韓康伯家貧窶伯年數歲至大寒母方為作襦令伯
投熨斗而謂之曰且著襦尋當作複褌伯曰不復須母問
其故對曰火在斗中而柄尚熱今旣著襦下亦當煖母甚
異之
又曰王獻之嘗與兄徽之共在一室忽然火發徽之遽走
出不遑取履獻之神色恬然徐呼左右扶出
又曰郭璞字景純門人趙載嘗竊青囊書未及讀而為火
所焚
又曰庾亮鎭武昌夜半望見城內有數炬火從城上出如
火車狀白布幔覆與火俱出城東北行至江乃滅
又曰佛圖澄嘗與石季龍外中臺澄忽驚曰幽州當火

災仍取酒噀之又而笑曰救已得矣季龍遣驗幽州云是
日火從四門起西南有黑雲來驟雨滅之雨亦頗有酒氣
又曰嵇康從孫登遊三年康問其所終不荅康每歎息將
別謂曰先生竟無言乎登乃曰子識火乎生而有光不用其光而果
在於用光人而有才不用其才而果在於用才故用光在乎
得薪所以保其曜用才在於識眞所以全其年今子才多
識寡難乎免於今之世矣子無求乎康不能用果遭
非命
鄧粲晉紀曰胡毋輔之過河南尹門下將飲酒使門卒王
子博取火子博曰卒也唯不乏吾事安能爲人使輔之與
語歎曰吾不及也因言於河南尹以爲功曹
晉中興書曰殷浩北伐江逌爲長史逌取數百雞以長繩
連脚皆繫火一時驅放過塹集營皆燃焉



宋書曰周朗爲廬陵內史郡後荒蕪頗多野獸毋薛氏欲
見獵朗乃合圍縱火令毋觀之火逸燒廨朗悉以秩米起
屋償所燒之限
梁書曰阮孝緒家貧無以爨僮妾竊鄰人樵以繼父孝緒
知之乃不食更令撤屋而炊
後魏書曰祖瑩好學以晝繼夜父母恐其成疾禁之後燃
火讀書以衣被蔽塞窻户恐爲人家所覺
蕭鸞遣魯康祚侵太倉口傅永以賊若夜來必應於渡淮
之守以火記其淺處永既設伏乃密令人以瓠盛火渡淮
南岸當深處置之教之云若有火起即亦燃之其夜康祚
等果親率領來斫永營東西二伏夾擊之康祚等奔趣淮
水火既競起不能記其本濟之處遂望永所置之火而爭
渡焉水深溺死斬首者數千級

北齊書曰神武西征登鳳陵命中外府司馬李義深相府
城局李士略共作檄文皆辭請以孫搴代神武乃引搴入
帳自爲吹火催促之搴神色安然援筆立就
又曰文宣曾近出令張曜居守帝夜還曜不時開門勒兵
嚴備駐蹕門外久之催迫甚急曜以夜深須火至面識門
乃可開於是獨出見帝　帝使曜前開
門然後入
又曰張亮守河州周文帝於上流放火舡欲燒河橋亮乃
備小艇百餘皆載長鏁鏁頭施釘火舡將至即馳小艇以
釘釘之引鏁向岸火舡不得及橋全亮之功也
尚書大傳曰燧人爲燧皇以火紀物火陽尊故託燧皇於
天。春秋元命苞曰火之爲言委隨也故其字人散二者
爲火也



韓詩外傳曰晉平公藏寶之臺燒救火三日三夜乃勝之
公子晏東帛而賀曰臣聞王者藏於天下諸侯藏於百姓
農夫藏於囷庾商賈藏於篋匱今百姓乏於外而賦斂無
已昔桀紂殘賊爲天下戮今皇天降災於皇臺是君之福
也
戰國策曰楚王遊雲夢野火之起也若雲蜺
吳越春秋曰越王思報吳冬則抱冰夏則握火
後趙録曰石勒禁火百鼓之後燃火者鞭之一百延火燒
一家斬五部都督
汝南先賢傳曰郭憲從南郊含酒東北三噀云齊失火以
厭之後齊果上火事
又曰蔡君仲有至孝之心母終棺在堂西舍失火火將至
君仲伏屍號哭火越向東家

陳留耆舊傳曰劉昆爲江陵令民有火災昆向火叩頭卽霈然下雨詔問反風滅火虎北渡河何以致此昆曰偶然耳帝曰此長者之言也

鄭玄別傳曰玄年十七在家見大風起詣縣曰某時當有火災宜祭爟禳廣設禁備時火果起而不爲害

樊英別傳曰英隱於苑山嘗有黑風從西方起英謂學者曰成都市火甚盛因含水西向漱之乃令記其日後有客從蜀來者云是日有大火有黑雲平旦從東起須臾大雨火遂得滅

葛仙公別傳曰公與客談話時天寒公謂客曰居貧不能得爐火請作一大火公遂吐氣火赫然從口而出須臾火滿室坐客皆熱而脫衣也

列仙傳曰陶安公六合冶師也數行火火一旦散上紫色



衝天須臾朱雀止冶上曰安公安公冶與天通七日迎汝以赤龍龍至安公騎之東南而上

又曰欒巴爲尚書王會得酒西向漱云成都失火嗽而作雨驛至果如其言

又曰甯封子黃帝陶正掌火能作五色烟

列女傳曰梁節姑其室失火兄子與已子在內欲取兄子輒得已子火盛不復得入婦人曰梁國豈可戶告人曉耶被不義之名何面目以見兄弟家人哉遂赴火而死

搜神記曰麋竺嘗從洛歸未至家數十里見路次有好新婦從求寄載行二十餘里新婦謝竺我天使也當往燒東海麋家感君見載故以相語竺因請之曰不得不燒君快去我緩行行日中必火發竺乃急行達家使出財物日中而火大發

玄中記曰南方有炎火山焉在扶南國之東加營國之北諸薄國之西從四月而火生十二月火滅正月二月三月火不燃山上但出雲氣而草木生枝條至四月火燃草木葉落如中國寒時草木葉落也行人以正月二月三月行過此山下取此木爲薪燃之無盡時取其皮績之爲火浣布

十洲記曰炎洲在南海中地方二千里去岸九萬里上有風生獸似豹青色大如貍張取之積薪數車以燒之薪盡而此獸在火中不燃以鐵椎鍛其頭十數下乃死以其口向風須臾便活而起以石上菖蒲塞卽死取腦以花服之盡十斤得壽五百歲又有火林山山中有火獸大如鼠毛長三四寸或赤或白山可二百許里晦望見山林及此獸光火照人乃取其獸毛績以爲布名曰火浣布國人服之



此中布垢汚唯以火燒布兩食許出振之其垢卽去潔白如雪

述征記曰北征有張毋墓舊說張毋是王氏妻王家葬經數百載後開墓而香火猶燃其家奉之稱淸火道

英雄記曰周瑜鎭江夏曹操欲從赤壁渡江南無舡乘簞（步皆反）沿漢水下至浦口未卽渡瑜夜密使輕舡走舸百余艘艘有五十人拖掉人持炬火持火者數千人立於舡上以葦於簞至乃放火火燃卽回舡走去須臾燒數千簞火起光上照天操乃夜去

齊地記曰東武有火生木燒之不死亦不損也

太平御覽卷第八百六十八

# 太平御覽卷第八百六十九

## 火部二

### 火下

西京雜記曰惠帝七年夏震南山火木林數千株皆火燃至末其下數十畝地草皆燋黄其後百許日家人就其間得龍骨一具鮫骨二具

又曰樊將軍噲問陸賈曰自古人君皆云受命於天云有瑞應豈有是乎賈曰有之夫目瞤(而辰切)則得酒食火華則得錢財故目瞤則祝之火華則拜之況天下大寶人君重位非天命何以得之哉

王子年拾遺記曰岱山東有員淵千里孟夏之月水騰沸以金石投之則爛如土矣孟冬之月稍燋涸中有黄色烟從地中出起數丈烟色萬变山人掘之入地數尺得燋石如炭或有碎火如俗間之火有草名莽煌葉圓如荷去之十歩炙人衣服則燋鳥獸不敢近也刈以爲席冬弥温以枝相歷磨則火出

又曰昔伯禹随山濬川起自積石鑿龍門至窒穴初入窒穴之時孔八尺稍入幽闇不可復行禹乃圓火而入有黑虵長十丈頭有角銜夜明之珠以導於禹

又曰員嶠之山名環丘有雲石廣五百里或四五十里扣之片片則翁然雲出俄而徧潤天下有木名曰倚桑亦有冰蚕長七寸黑色角有鱗以霜雪覆之然後作繭長一尺其色五絲織爲文錦入水而不濡其質輕軟柔滑以之投火則經宿不燎唐堯之世海人獻之

又曰始皇好神仙之事求天下異術有宛渠之民乘螺舟泛黑水而至於雍部始皇與之語及天初開之時子如親見始見問曰聞子明於見遠願聞其術對曰臣之國去咸池日没之所九萬里焉日月之所不照以萬歲爲夜其晝則天豁然中開闊數百丈萬歲還合則爲一日也及其爲夜琢燃石以代日光此石出於然山其土石皆自光明鑚斬皆火出大如粟則輝矅一室昔炎帝時火食國人獻此石也

又曰中弥國去都萬里有燧明國不識四時晝夜其人不死厭世則外天國有火樹名燧木屈盤萬識雲霧出於中間折枝相鑚則火出矣後世聖人变腥臊之味遊日月之外以食救萬物乃至南垂目此樹表有鳥若鴞以口啄樹粲然火出聖人成焉因取小枝以鑚火號燧人氏在庖羲之前則火食起乎兹矣

又曰郅寄字君珎丧親盡禮去墓一百里每夜行常有鳥銜火以夾之

六韜曰軍不舉火将亦不食

莊子曰木與木相摩則燃金與火相守則流陰陽錯行則天地大駭於是乎有雷有霆水中有火乃焚大槐

又曰利害相摩生火甚多(曲熱也)衆人焚和(衆人遺利則和若利害存懷則其和焚矣)

又曰曾子居衛縕袍無表三日不舉火十年不製衣

又曰孔子窮於陳蔡之間七日不火食

又曰指窮爲薪火傳(窮盡也爲薪猶前薪也前薪以指指盡前之理故火傳而不滅)不知其盡也(前火非後火故爲薪而火傳而命續由夫養得其極也世豈知其盡而更生哉)

又曰以火救火以水救水名之曰益多(適不能救乃更足以成彼之威)

又曰山木自寇也膏火自煎也

又曰馬血爲燐人血爲野火

又曰堯讓天下於許由曰日月出矣而爝火不息其於光
也不亦難乎
列子曰趙襄子率徒十萬狩於中山藉芿(音仍)燔林扇赫百
里有一人從石壁中出隨燼上下衆謂鬼物火過徐行而出若
無所經涉襄子怪而留之徐而察之形色七竅人也氣息
音聲人也問奚道而處石奚道而入火其人曰奚物而謂石奚物而謂
火襄子曰嚮之來所出者石也而嚮之所涉者火也其人
曰不知也
管子曰黃帝作鑽燧出火以熟葷臊
韓子曰魯燒積澤天北風火南倚恐燒國哀公懼自將衆
趣而救火左右無人盡逐獸而不救火乃召問仲尼仲尼
曰夫逐獸者樂而無罰救火者苦而無賞此火所以不救
也事急不及以罰救火者盡賞之則舉國不足以賞於民
請徒行罰乃下令曰不救火者比降北之罪令下未遍火
已滅矣



淮南子曰火上尋水下流
又曰南方火也其帝祝融其佐朱明執衡而治夏(衡平)其神
爲熒惑其獸爲朱鳥其音徵其日丙丁
又曰十一月水正而陰勝陽陽氣爲火陰氣爲水水勝
故夏至濕(通合反)火勝故冬至燥燥故[illegible]炭輕濕故炭重
又曰練土生木(練治也)練木生火練火生雲(雲金氣也)練雲生水
練水生土
又曰　火熯則水滅之金堅則火消之
又曰失火而遇雨失火則不幸遇雨則幸也故禍中有福
也
又曰槁竹有火弗鑽不爇土中有水弗掘無泉(掘猶穿也　爇音然)

又曰被蓑而救火毀瀆而止水乃愈益多
又曰畜火井中操鉤上山揭斧入淵欲得所求難也
又曰甑得火而液水中有火火中有水疾雷破石陰陽相
薄自然之勢
又曰夫救火者汲水而趍之或以甕瓴或以盆盂其方圓
銳橢(勑果反)不同盛水各異其於滅火均也
又曰順風從火紫芝與蕭艾俱死蕭蒿也
又曰今人放燒或操火往益之或爾者皆未有功而相去
亦遠矣
又曰聖王之養民非求用之也性不能已若火之自熱水
之自寒夫有何脩焉及恃其力賴其功者若失火舟中(言舟中之人同心救火其用爲易)
又曰夫狂者之不能避水火之難而越溝瀆之嶮者豈無
形神氣志哉然而用之異也(與人異也)
又曰夫寒之與煖相反大寒地坼水凝火弗爲衰其暑大
熱爍石流金火弗爲益其烈寒暑之變無損益於己質有
之也
又曰木嘗灼也而不敢握火者見其有所燒也木嘗傷而不
敢握刃者見其有所害也
又曰老槐生火久血爲燐人弗怪也(血精在地暴露百日則爲燐遥望若野火
也)
又曰炎帝於火死而爲竈(炎帝神農以火王天下死託祀於竈神)
抱朴子曰案河洛之文皆云水火者陰陽之餘氣也夫言
氣則其不能生日月可知也若水火是日月所生亦何必
盡如日月之方圓乎今火出於陽燧而火不圓也水出於
方諸而水不方也又陽燧可以取火於日而無取日於火

之理則日精之生火明矣方諸可以取水於月而無取月
於水之道則月精之生水可知矣
又曰南海之中蕭丘之上有自生之火火常以春起而秋
滅丘方千里當火起之時蒲此丘上純生一種木火起正
著此木木爲火所著但小燋黒人或得以爲薪者火著
如常薪但不成炭炊熟則灌滅之後復更用如此無窮又
夷人取木華績以爲火浣布木皮亦剥以灰煮爲布但不
及華細好耳白鼠大者重數斤毛長三寸居空木中其毛
亦可績爲布故火浣布有三種焉
又曰暗非火積水非魚屬然暗竭則火滅水涸則魚死伐
木而寄生蔓草菟絲萎
又曰立夏日服六壬六癸之符或服飛霜之散則不熱幼
伯子王仲都此二人衣之以重裘暴之於夏日之中周以



十爐之火口不稱熱身不流汗蓋用此方也
傅子曰管寗之遼東而歸海中遇暴風餘舡皆波唯寗舡
自若夜晦舡人盡惑莫知泊所忽望見火光趣之得島一
無居人又無火爐行人感異焉以爲神光之祐皇甫曰積
善之應也
尸子曰燧人上觀辰星下察五木以爲火也
陰符經曰火生於木禍發必尅
孫子兵法曰凡火攻有五一曰火人二曰火積三曰火輜
四曰火庫五曰火隧
呂氏春秋曰齊桓公使人告魯曰管夷吾寡人之讎也願
生得之魯君許諾乃使轉其拳膝其耳置之匣中至齊境
桓公使以朝車迎之祓以爟火爟火所以祓除不祥也爟讀自灌
又曰鷰雀處一屋之下自以爲安竈突決火棟焚鷰雀

不知禍將至也
又曰伊尹説湯五味九沸九變火爲之紀
博物志曰燧人鑚木而造火
又曰臨邛有火井一所縱廣五尺深二三丈在縣南百里
昔人以竹木投之以取火諸葛丞相往觀視後火轉盛以
盆著井上煑鹽得鹽熟後人以家燭火投井中火即滅迄
今不復然也
又曰臨邛有火井深六十餘丈火光上出人以筒盛火行
百餘里猶可燃也蜀王本紀亦同
又曰魏明帝世河東有焦光者裸而不衣處火不燋處寒
不凍
又曰積油萬石則自然生火晉泰始中武庫火積油所致
南越志曰廣州有大樹可以禦火山北謂之慎火南無霜



雪故成樹也
風俗通曰城門失火禍及池魚案百家書宋城門失火汲
取池中水以沃之魚悉露見但就取之一説云司門尉姓池名魚城門火燒之燒死故云然耳
又曰臧仲英家欲炊而失釜火從篋中起衣服盡燒而篋
不損
山海經曰符禺之山其鳥名鴖音旻其狀如翠而赤喙翠以燕而紺色可以衛火畜之辟火
又曰翠山之上其鳥多鸓音壘其狀如鵲赤黒而兩首可以
衛火
又曰崌山之上多丹木其葉如穀其實如瓜赤符而黒
理食之可以衛火
又曰帶山之上有獸焉其狀如馬而一角其名曰䑏音歡疏

可以衞火
又曰令丘之山無草木其上多火
又曰崌音踞山之上有鳥焉其狀如鵴而赤身白首名曰竊脂可以衞火
又曰西海之南流沙之濱赤水後黑水前有山名曰崑崙之丘其外有炎火之山投物即然今扶南東万里有耆薄國東復五千里有火山國其山雖霖雨火常然火有白鼠常出山邊求食人捕之以毛作布而今之火浣布此類也
又曰厭火國人獸身黑色火出其口中言能吐火
神異經曰南荒外有火山焉長四十里廣四五里其中生木晝夜火然得暴風雨火不滅火中有鼠重百斤毛長二尺餘細如絲可以作布
新論曰漢元帝廣求方術之士漢中道人王仲都去但能忍寒暑耳以隆冬單衣於上林昆明池上無變色至夏大暑使暴坐環以十鑪火不汗出



三輔黃圖曰秦始皇葬驪山六年之間爲項籍所發放羊兒墮羊冢中然火求羊燒其槨藏
魏武帝明罰令曰聞太原上黨西河鴈門冬至之後百五日皆火寒食云爲介子推子胥沉江吳人未有絕水之事至於子推獨爲寒食豈不偏乎
河圖挺佐輔曰伏羲禪於伯牛錯木作火
春秋潛潭巴曰火從井出有賢士從民間起宋均注曰火明賢者象賢者屈淵從井出
禮含文嘉曰燧人始鑽木取火炮生爲熟令人無腹疾遂天之意故爲燧人也
陸景典語曰衝風之摧枯枝烈火之炎寒草武王伐紂勢然也

古今注曰宣帝地節元年上郡沙中夜中有火如粟出不熱
又曰陽燧以銅爲之形如鏡向日則火生以艾炷承之得火也
瑣語曰智伯既敗將出走夢火見於西方及夫出奔秦又夢見於南方遂奔楚也
張衡靈憲曰日疋火月疋水火則外光水則含影
河圖汴光篇曰陽精散而分布爲火
括地圖曰神丘有火穴光照千里
笑林曰某甲夜暴疾門人鑽火其夜陰暗未得火催之急門人忿然曰君責人亦大無道理今闇如漆何以不把火照我當得覓鑽火具
潘尼箴曰夫水火者所以佐理天地清成大化也在天則



日月麗焉在地則水火存焉

太平御覽卷第八百六十九

火部三

燈　燭　炬

## 燈

漢書曰王莽好變改制度政令煩多莽常御燈火至明

東觀漢記曰上從長安東歸過汧幸祭遵營士衆作黄門武樂至夜御燈火

晉書曰温嶠往武昌至牛渚磯水深不可測世云其下多恠物嶠遂燬犀燈而照之須臾見水中奇形異狀或乘車馬著赤衣者嶠其夜夢人謂曰與君幽明道隔何故相照意甚惡至鎮踰旬而卒

唐書曰皇甫無逸爲益州長史嘗夜宿人家遇燈炷盡主人將續之無逸抽佩刀斷衣帶以爲炷其廉分如此



又曰睿宗好樂聽之忘倦玄宗又善音律先天二年正月望日胡僧婆陁婆請夜開門燃百千燈睿宗御延喜門觀樂凡經四日從大酺睿宗御安福門樓觀百司酺宴以夜繼晝經月餘日

河武内傳曰西王母遣使謂帝曰七月七日當暫來帝曰掃除宫内然九光之燈

荀采傳曰采荀爽女爲陰瑜妻而夫早亡爽逼嫁與太原郭弈采入郭氏室暮乃去帷帳建四燈斂衽正坐郭氏不敢逼

三秦記曰始皇墓中燃鯨魚膏爲燈

鄴中記曰石虎正平聲會於殿前設百二十枝燈以鐵爲之

西京雜記曰長安巧人丁緩者爲恒滿燈七龍五鳳雜以芙蓉蓮藕之奇

又曰高祖初入咸陽宫周行府庫金玉珍寶不可稱言其尤異者有青玉枝燈高七尺五寸下作蟠螭以口銜燈燈燃則鱗甲皆動炳爛若列星而盈室焉

洞冥記曰漢武帝燃芳苡燈於閣上有白鳳黒龍沸足來戲於閣上芳苡草出奔盧國

又曰丹豹髓白鳳膏磨青錫爲屑以淳蘇油和之照於神壇夜暴雨燈光不滅

羊頭山記曰漢有常滿燈不添常滿光明不絶也

法顯山記曰舍衛國精舍道東有外道天寺名曰影覆與佛論議處精舍夾道相對亦高六丈許所以名影覆者日在西時佛精舍影則映外道天寺日在東時外道天寺影比映不得照佛精舍也外道常遣人守天寺洒掃燒香燃燈供養至明旦其燈輒移在佛精舍中婆羅門恚言諸沙



門取我燈自供養佛婆羅門於夜自伺候見其所天神持燈繞佛精舍三匝供養佛已忽然不見婆羅門乃知佛神即捨家入道

王子年拾遺記曰董偃常卧於室中以畫石爲榻高三尺廣六尺石體甚輕郅支國所獻也上設紫琉璃屏風列金麻油燭如屈龍形雜采爲之侍人唯見燈明以言無礙乃於屏風外扇之偃曰玉石豈扇而後消凉侍者乃以手摸之知有屏風之礙

又曰穆王東至大巀[illegible]之谷起春霄之宫集諸方士問佛道法時已將夜闇殷然雷聲伏蟄皆動俄而有流光照於宫内王更設常生之燈一名恒明亦有鳳腦之燈綴水蓮氷谷之花上去燈七八尺不欲使烟光逺照也西王母來乘翠鳳之輦共王歡會

又曰燕昭王時海人乘霞舟以雕壺盛升龍膏以獻昭王王坐通雲之堂亦曰通霞臺以龍膏爲燈燿百里烟色丹紫國人望之咸言瑞光遥加拜之以火浣布爲纏炷光蒲於宮内

孫子曰火光明于天者燈燭何施焉

符子曰不安其昧而樂其明也是猶夕蛾去暗赴燈而死

秦子曰智惠多則引血氣如燈火消暗膏炷大而明明則膏消炷小而闇闇則息膏至久也

説苑曰楚莊王賜羣臣酒日暮燈燭既滅乃有人引美人者美人挽絶其冠纓

桓譚新論曰余與劉伯師夜坐燈中脂炷燋秃將滅余謂伯師曰人衰老亦如彼秃炷矣伯師曰人衰老應自續余曰益性可使白髮更生黑至壽極亦死耳



王朝秦故事曰五華燈樹正月朔朝賀設於下三階之前月照星明雖夜猶晝

淮南萬畢術曰取蚖脂爲燈置火中即見諸物

語林曰嵇中散燈下彈琴忽有一人面甚小斯須轉大遂長丈餘單衣革帶嵇視之既熟吹其燈滅曰吾耻與鬼魅爭光

## 燭

記曰侍坐於所尊敬燭至起異晝夜

又曰燭不見跋 跋本也燭盡則去之嫌若燭多有厭倦也

又曰曾子寢疾童子隅坐而執燭 隅坐不與成人並也

又曰孔子曰嫁女之家三夜不息燭思相離也 親骨肉也

又曰祭之曰汎掃反道鄉爲田燭 反道剗令新土在上田燭田首爲燭

又曰九飮酒爲獻主者執燭抱燋 主人親執燭敬賓示不倦也 執燭不讓不辭不歌 以燭終盡禮殺

又曰禮者何也即事之治也君子有其事必有其禮治國而無禮譬如終夜有求於幽室之中非燭何見

又曰女子夜行以燭無燭則止

周禮曰司几筵掌吉凶之事祖廟之中泣與執燭 吉事四時祭也凶事后王喪朝于祖廟之奠

又曰凡邦之大事共賁燭庭燎 故書賁爲蕡鄭司農云蕡燭麻燭也玄謂賁大也樹於門外曰大燭於門内曰庭燎皆所以照衆爲明也

儀禮曰主人爵弁纁裳從車二乘執燭前馬 大夫已上親迎執燭前焉

又曰宵則庶子執燭於阼階上司宮執燭於西階上甸人執燭於庭中閽人執燭於門外

尚書大傳曰后夫人將侍君前息燭後舉燭



戰國策曰甘茂去秦之齊出門遇蘇子曰君聞夫江上之女乎夫江上夜女有家貧無燭者夜女相與欲去之無燭者曰女以無燭之故常先至掃室布席何愛東壁上餘光照西壁者幸以賜女何爲去我諸女以爲然而留之今臣弃逐於秦而出關爲足下掃室布席幸無我逐也蘇子曰善

史記曰始皇塜中以人膏爲燭

謝承後漢書曰巴秪爲楊州刺史與客坐闇瞑之中不燃官燭

晉書曰周顗弟嵩嘗因酒瞋目謂顗曰君才不及弟何乃横得重名以所執蠟燭投之顗神色無忤徐曰阿奴火攻固出下策耳

齊書曰竟陵王子良常集學士刻燭爲詩四韻者具刻一

寸以此爲奇蕭文琰曰燒一寸燭爲四韻詩何難之有乃
與丘楷江洪共打銅鉢爲五韻詩響滅皆可觀覽
後魏書曰高祖嘗幸清徽堂命黄門郎崔光鄭郭雅邢巒
崔休等賦詩言志燭至公卿辭退高祖曰燭至辭退無蜩
之禮在夜載考宗族之義卿等且還朕與諸王宗室欲成
此夜飲
北齊書曰郎茂年十五師事國子博士河間權會受詩易
三禮玄象刑名之學至忘寢食家人恐成病恒節其燭
唐書曰劉沔爲忠武小校從李光顔討淮西爲捉生將前
後與賊血戰鋒刃所傷幾死者數四嘗傷重卧草中月黑
不知歸路昏然而睡夢人授之雙燭曰子方大貴此行無
患可持而還既行然有雙光在前自後破虜危難每行嘗
有此光及罷鎮後雙光遂息



又曰柳公權充翰林侍書學士每居堂召對繼之燭見跋
語猶未盡不欲取外宫人以蠟淚揉紙繼之
會稽典録曰盛吉拜廷尉吉性多仁恕務在寬矜每至冬
月罪囚當斷其妻執燭吉手持册筆夫妻相對垂泣
又曰陳脩字奉遷烏傷人也爲豫章太守脩性清潔履約
恭儉十日一炊不然官燭
神仙傳曰漢章帝問劉馮曰殿下有怪常著朱衣被髮持
燭相隨而走爲可劾否馮曰可帝因使人僞爲之馮以符
擲之數人頓地帝驚曰以相試耳乃解之
列女傳曰齊女徐吾者東海上貧婦人與其隣婦李吾之
屬合燭夜績徐吾最貧而無燭李吾曰徐吾燭數不屬請無
與夜作吾曰妾以貧故起常先息掃陳席以待來者今一
室之中益一人燭不爲益明去一人燭不爲益闇何愛餘
光莫之能應遂復與夜績
西京雜記曰閩越王獻高帝石蜜五斛蜜燭二百枚
又曰匡衡勤而無燭隣舍有燭乃穿壁引其光以書映光
而讀矣
王子年拾遺記曰軸臯西有銷明之草叢生於葉陰覆地
夜視之如列燭晝則滅矣
又曰崑崙者是西方曰彌山對七星之下出碧海之中夜
望水上光焰如燭
抱朴子曰棊惡者猶宵蟲之赴明燭焉
又曰夫明燭宵舉則飛虫羣起
又曰有自無而生焉形須神而立焉有者無之宫形者神
之宅故譬之於堤堤壞則水不留方之於燭燭盡則火不
居住也



文子曰鳴鐸以聲自毁膏燭以明自銷
韓子曰鄭人有遺燕相國書者夜書火不明因謂持燭者
曰舉燭而誤書舉燭非書意也燕相國受書而悦之曰舉
燭者尚明尚明者舉賢而任之國以治也
淮南子曰天下時有盲妄自失之患此高燭之類也火愈
燃而消愈亟（愈益也亟疾也）
說苑曰晉平公問於師曠曰吾年七十欲學恐已暮矣師
曠曰臣聞少而學者如日出之陽壯而學者如日中之光
老而學者如秉燭之明老而不學昧昧如夜行焉秉燭之
明孰與昧行公曰善
世說曰君夫　　王愷字以粘糖澳釜石季倫以蠟燭灼
炊
玄晏春秋曰子讀漢書匈奴傳不識撐犂孤塗之字有故

奴執燭顧之而問之奴曰撐犁天子也言匈奴之號單于猶漢人有天子也子於是乎曠然發悟

潜夫論曰偶燭之施明於幽室也前燭則盡照之後燭而益明二者相因而成大火

論衡曰太公陰謀書稱武王伐紂兵至牧野晨舉脂燭權擁不備

地鏡圖曰相玉見美女子載燭行壇陰從其所出入處尋之石中有玉矣

蔡氏化清論曰伏龍非我馬白日非我燭藏之默之保此小朴

楚辭曰室中之觀多珍怪蘭膏明燭華容備

古詩曰人生不滿百常懷千載憂晝短苦夜長何不秉燭遊



魏明帝樂府詩曰晝作不輟手猛燭繼望舒

劉楨詩曰天地無期竟民生甚局促爲稱百年壽誰能應此録低昂倏忽去炯若風中燭

傅玄燭銘曰煌煌丹燭焰焰飛光取則龍景擬象扶桑照彼玄夜炳若朝陽熒形監世無隱不彰

炬

東觀漢記曰光武平河北任光伯卿暮入堂陽縣騎皆炬火天地赫然盡赤堂陽驚怖即夜降

魏志曰滿寵字伯寧以前將軍都督楊州諸軍事孫權自將號十萬至合淝新城寵馳往赴募壯士十數人折松爲炬灌以麻油從上風放火燒賊攻具射殺權弟泰賊於是引退

宋書曰王懿字仲德太原人也苻氏之敗仲德年十七與兄叡同起義兵與慕容垂戰敗仲德被瘡退走至滑臺復爲翟遼所留使爲將師仲德志欲南歸乃弃遼奔太山遼追騎甚急夜行忽見前有猛炬導之乘火夜行百里許得以免難

六韜曰三軍有行臨領士衆旦則有雲梯遠望夜則設雲火萬炬

淮南子曰亡者不敢夜揭炬（爲人見也）

又曰甯戚欲干齊桓公困窮無以自達於是爲商任車（任載也）商於齊暮至於郭門外桓公郊迎客夜開門爝火甚盛（爝火炬火）甯戚飯牛車下望見桓公擊牛角而疾商歌

汝南先賢傳曰許嘉字德珎事郡功曹爲小吏常持劍侍功曹月日朝并持炬嘉於是忿然曰男兒爲吏不免賤役投火於地以劍帶槐樹趨詣府門主者問其故對曰本去



薪牧來入大朝觀庠序之化今右手持劍左手把炬此等之事乞得受罰而歸

神仙傳曰王遥字伯遼夜大雨晦冥遥出行不霑雨有炬火常在於前

英雄記曰公孫瓚與破虜校尉鄒靖俱追胡靖爲所圍瓚廻師奔救胡即破散解靖之圍乘勝窮追日入之後把炬逐北

又曰周瑜敗曹操於赤壁密使輕舡走舸百餘艘艘有五十人拖棹人持炬火

太平御覽卷第八百七十

火部四

庭燎　烟　炭　灰

## 庭燎

說文曰庭燎火燭也

禮曰庭燎之百由齊桓公始也（僭天子也庭燎之差公蓋五十侯伯子男皆三十）

詩曰庭燎美宣王因以箴也夜如何其夜未央庭燎之光君子至止鸞聲鏘鏘

周禮曰閽人掌守王宮之中門之禁（中門於內為中若今宮闕門）大祭祀喪紀之事設門燎宮門廟門（燎地燭也蹕止行者廟在中門之外）凡賓客亦如之

又曰凡邦之大事共墳庭燎（故書墳為蕡鄭司農云蕡燭麻燭也玄謂墳大也樹於外門曰大燭於門內曰庭燎皆所以照衆為明）中春以木鐸脩火禁于國中（為季春將出火也火禁謂水火之處及備風燥）

晉中興書曰哀帝興寧元年詔庭燎樹端門內

晉起居注曰成帝咸和八年十二月有司奏庭燎在公車門外今更集議舊在端門內依舊門內施詔曰尚書奏九年庭燎當在端門內明帝時在公車門外可依舊安

趙書曰石勒造燎高十丈上盤置燎下盤安人以燎絙繳上下

石虎鄴中記曰石虎正會殿庭中端門外及閶闔門前設庭燎各二合六處皆六丈

說苑曰齊桓公設庭燎為士之欲造見者期年而士不至東野鄙人有以九九之術見者桓公曰九九足以見乎對曰臣非以九九為足以見也臣聞主君設庭燎以待士期年而不至夫士所以不至者以君天下賢君也四方之士皆自論不及君故不至也夫九九薄能耳而君猶禮之況賢於九九者乎桓公曰善禮之期月而士至



## 煙

說文曰煙火氣也焆焆然也

漢書曰元帝時有童謠曰井水溢滅竈煙灌玉堂流金門

謝承後漢書曰吳郡徐相為長沙太守常食乾飯不發煙爨

沈約宋書曰桓玄使桓謙屯東陵口卞範之屯覆舟山西高祖躬先士卒以奔之東北風急因命縱火煙乃張天

許邁別傳曰邁少名映高平閻慶等皆就映受學映曰閻君可服氣以斷穀彭君宜餌藥以益氣慶等將去映為燒香以五色煙出映亦自去莫知所在

列仙傳曰寗封子黃帝時人也為帝陶正有神人過之為其掌火能出五色煙

三秦記曰秦始皇葬驪山牧羊童失火燒之三月煙不絕

廣古今五行記曰前凉御史宋謌房壁中煙出掘而視之別柱曰燋然謌謂弟澄曰柱之為字左木右主宋字含木木燋宋破而主存此災之大者也宜思防之其後張邕誅宋混諸黨

王子年拾遺記曰員嶠之山四百里有池周一千里色隨四時變中有神龜八足六眼背負七星日月八方之圖復有四燭時出瀾石上石上望之煌煌如列星矣於冥昧當雨之時而光色彌明此石常浮於水邊方數百里其色多紅燒之有煙數百里外天則成香雲香雲遍潤則成香雨

又曰晉文公焚林以求介推有白鵶繞煙而噪或集介子之側火不能焚晉人嘉之為立臺號曰思煙

列子曰秦之西有義渠之國者其親戚死聚柴積而焚之熛上謂之登遐然後成爲孝子

抱朴子曰伯喈識絃音氣於煙燼之餘也

淮南子曰冬至甲子受制木用事火煙青七十二日丙子受制火用事火煙赤七十二日戊子受制土用事火煙黃七十二日庚子受制金用事火煙白七十二日壬子受制水用事火煙黑

西域諸國志曰屈茨國有山夜則有光火晝則恒烟焉

風俗通曰亂如俗如緼者糞除不絜草芥集聚火就燒之謂之緼言其煙氣緼緼取其希有淆亂

鍾會芻蕘論曰焚林成煙其似於雲。顏延之廷誥曰火含煙而妬火桂懷囊而蠹殘桂然大勝滅蠹壯則桂折

焦贛易林夬之小過曰十里望烟散煙日分形體滅亡終不見君



## 炭

說文曰炭燒木也

記曰季秋草木黃落乃伐薪爲炭

左傳曰邾子在門臺（門上有臺）臨庭閽以缾水沃庭邾子望見之怒閽曰夷射姑旋焉（旋小便也）命執之（執射姑也見其不絜）弗得滋怒自投于床廢于鑪炭爛遂卒（爛燒也）

又曰宋文公卒始厚葬用蜃炭（燒蛤爲炭以瘞壙）

又曰宋元公惡寺人柳欲殺之及喪柳熾炭于位（以溫地）將至則去之（使公坐其處）比葬又有寵（言元公好惡無常）

周禮曰宮人共王之沐浴（沐浴所以自潔清）凡寢中之事掃除執燭共鑪炭

又曰掌炭掌灰物炭物之徵令以時入之（灰炭皆山澤之農所出也灰給澣練炭之所共多）以權量受之以共邦之用凡炭灰之事

又曰赤友氏掌除牆屋以蜃炭攻以灰洒毒之（洒灑也除牆屋者除蟲豸藏逃其中者蜃大蛤也擣其炭以坋之則走淳之以灑之則死）

史記曰竇皇后弟少君爲人所略賣爲主人入山作炭暮臥岸崩百餘人皆壓死少君獨不死

漢書曰先冬夏至懸鐵炭於衡各一端令適停冬陽氣至炭仰而鐵低夏陰氣至炭低而鐵仰以候二至焉

晉書曰王沉爲豫州刺史下教求直言之士主簿褚䂮曰堯舜周公所以能致忠諫者以其欵誠之心著也氷炭不言而冷熱之質自明者以其有實也若好忠直如氷炭之自然則諤諤之臣將濟濟而盈庭逆耳之言不求而自至矣

又曰孫登住宜陽山自作炭人見之知非常人與語登不應



後魏書曰高聰卒有妓十餘人有子無子皆令燒指吞炭出家爲尼

邵氏家傳曰邵貞字德方山陰人性詳審赴張氏葬或落生炭於貞履中坐人謂貞不見疾呼貞因不爲迴顧

神仙傳曰嚴青會稽人也於山中作炭忽有人與青一卷素書曰汝骨應得道長生故授神書也

齊地記曰東南盧水水側有勝火木方人俗音曰挺木經野火燒之不死炭亦不滅東方有不灰之木

豫章記曰豐城縣葛鄉有石炭二百頃可燃以炊爨

交州記曰黿頭山越人炊爨之處掘而得炭

淮南子曰譬猶氷炭鈎繩也何時而可合（氷寒炭熱鈎繩曲直無時得合）

人曰懸羽與炭而知燥濕之氣（燥故炭輕溼故炭重）

又曰夫濕之至也莫見其形而炭已重矣風之至也莫見其象而木已動矣

又曰天下莫相憎於膠膝（膠漆相持不解故曰憎一曰膠入漆中則敗漆入膠中亦敗膠以多少推之故曰相憎也）而莫相愛於冰炭（冰得炭則解解歸水復其性炭得冰則保其炭故曰相愛也）膠膝相賊冰炭相息也

抱朴子曰柳乃速朽者也而燔之爲炭則億載而不敗

呂氏春秋曰豫讓欲報襄子滅鬚去眉變其形容作乞人徃乞於其妻曰然貌無似吾夫者其因何類吾夫之甚讓乃吞炭而變其聲

異苑曰信安鄭徽年少時登前橋仿佯見一老翁以小囊與徽云此是君命愼勿零落若有破碎便爲凶兆言訖失所在徽密開看是一挺炭意乃祕之雖家人不之知也永初三年年六十病篤語弟子云吾齒盡矣可試啓此囊見炭碎析於是遂亡



桓譚新論曰舉火夜作燃炭乾墻

王沉釋時論曰融融者皆趍熱之士得鑪冶之門者唯挾炭之子

鹽鐵論曰冰炭不可以同器

語林曰洛下少林木炭止如粟狀羊琇驕豪乃擣小炭爲屑以物和之作獸形後何召之徒共集乃以温酒火爇猛獸皆開口向人赫赫然諸豪相矜皆服而効之

賈誼鵩鳥賦曰天地爲鑪兮造化爲工陰陽爲炭兮萬物爲銅

## 灰

周禮曰蟈氏掌去鼃黽焚牡鞠以灰洒之則死（牡鞠鞠不華者齊魯之間謂鼃爲黽耿黽也蟈與耿黽尤怒鳴爲聒人耳去之）其煙被之則九水蟲無聲（杜子春云假令風從東方來則於水東面爲煙令煙西行彼之水上）

又曰㡃（力見切）帛以欄爲灰渥淳諸帛實其澤器淫之以蜃（渥讀如繒人渥管之渥以欄木之灰漸釋其帛也杜子春云淫當爲涅書亦或爲湛鄭司農云澤器謂澤之器蜃）清其灰而盝（力切）之而揮之（清澄也於灰澄而盝晞之晞而揮去其蜃）

史記曰秦商鞅作苛法有弃灰於道者刑之

漢書曰韓安國坐抵罪獄吏田甲辱之安國曰死灰獨不復燃乎甲曰燃即溺之

又曰武帝穿昆明池得黑灰有外國胡云此是天地劫灰之餘也（問東方朔信然）

後漢書曰楊琁爲零陵太守時蒼梧羣賊攻劫琁制車數十乘置灰車中從風散灰賊不得視因以敗之

魏畧曰文欽爲廬江太守爲都督王陵所奏欽詣曹爽爽謂曰陵責卿載灰兩舡何爲乎聞足下起湥舍故燒作灰



耳

吴録曰張舉字子清爲句章令有婦殺夫者因焚屋言燒死其弟疑而訟之舉按屍開口視之無灰令人取猪兩頭殺一生而俱焚之開視其口所殺者無灰生者有灰乃明夫先死婦後燒之婦遂首服焉

晉書曰鳩摩羅什天竺人也中書監張資病驍騎將軍吕光博營救療有外國道人羅叉云能差資病光喜給賜甚厚羅什以其誑詐告資曰叉不能爲益徒煩費耳㝠運雖隱可以事試也乃以五色絲作繩結之燒爲灰末投水中灰若出水還成繩者病不可愈須臾灰聚浮出復爲繩又療無効少日資云（少日猶無幾時）

隋書曰齊神武霸府田曹叅軍信都芳深有巧思能以管候氣仰觀雲色甞與人對語即指天曰孟春之氣至矣人

往驗管而飛灰已應每月所候言皆無爽又爲輪扇二十
四埋地中以測二十四氣每一氣感則一扇自動他扇並
住與管灰相應若符契焉
又曰開皇九年平陳後高祖遣毛爽及蔡子元于普明等
以候節氣依古於三重密室之内以木爲案十有二具每
取律吕之管隨十二辰位置于案上而以土埋之上平於
地中實葭莩之灰以輕緹素覆律口每其月氣至與律冥
符則灰飛衝素散灰出外而氣應有早晚灰飛有多少或
初入月其氣即應或至中下旬間氣始應者或灰飛出三
五夜而盡或終一月而上末高祖異之以問牛弘弘對曰
灰飛半出爲和氣吹灰全出爲猛氣吹灰不能出爲衰氣
和氣應者其政平猛氣應者其臣縱衰氣應者其君暴高
祖駁之曰臣縱君暴其政不平非月別而有異也今十二



月律於一歲内應並不同安得暴君縱臣若斯之甚也弘
不能對
莊子曰鄭有巫曰季咸知人之死生存亡禍福壽夭期以
歲月旬日若神鄭人見之皆弃而走（不喜自聞死日）列子見之而
心醉歸以告壺子曰嘗試與來以吾示之明日列子與之
見壺子出而咸謂列子曰嘻子之先生死矣不活矣不可
以旬數矣吾見怪焉見濕灰焉（濕灰均其寂魄化此乃至人無感之時也）
又曰南郭子綦隱几而坐仰天而嘘嗒焉似喪其偶（嗒焉解體若失
其配匹也）顏子成游立侍乎前曰何居乎形固可使如槁木而
心固可使如死灰乎（死灰槁木取其寂寞無情耳夫任自然而忘是非者其體中獨任天真而
已又何所有哉）
淮南子曰月暈以蘆灰環之缺一面則暈亦闕一面焉
又曰爛灰生繩

又曰仲夏之日無燒灰（草木盡成）無暴布（無爛之也）
又曰夫吹灰而欲無眯涉水而欲無濡不可得也
又曰女媧殺　黑龍以濟冀州（黑龍爲冀州害）積盧灰以止淫水
（盧黑也一曰葦灰也）
又曰伐薪而爲炭燔草而爲灰
抱朴子曰吳世姚光者有火術吳主試之積荻數千束褁
之因猛火而燔荻了盡謂光當已化爲煙燼而光端坐灰
中振衣而起把一卷書吳主取其書視之不能解也
又曰外國作水精盌實是合五百種灰以作之今交廣多
有其法
六韜曰武王伐殷得二大夫而問之殷國將亡亦有妖乎
其一人對曰殷國常雨血雨灰血石武王曰大災妖也其
一人曰是非大妖也殷國大妖三十七章雨血雨灰血石



臣不爲妖災武王蹴然而問三十七章之妖對曰殷君好
射人喜以人餧虎喜割人心喜殺婦喜殺人父孤人之子
吳越春秋曰吳王欲殺王子慶忌而莫之能要離謂吳王
曰臣請殺之乃僞加罪焉執其妻焚而惕其灰
述異記曰蜀郡成都張伯兒年十餘歲作道士通靈有逆
鑒時飲醇灰汁數外云以洗腸療疾
從征記曰自燃灰狀如黃灰生海濱投水中浣衣不須淋水
太玄經曰冷竹爲管室灰爲候以揆百度（虞翻注曰以冷空竹爲管也空
窒塞也）
物理論曰宜陽縣金門山竹爲律管河内葭莩以爲灰可
以候氣焉
春秋感精符曰畫遺灰則月暈
太平御覽卷第八百七十一

叙休徵　日　月　星　風　雨
雲　霧　露　雷　氣　光　人
神

## 叙休徵

書曰休徵叙美行之驗曰肅時雨若君行敬則時雨順之曰乂時暘若君行政治敗時暘順之曰哲時燠若君能照哲則時燠順之曰謀時寒若君能謀則時寒順之曰聖時風若君能通理則時風順之○禮曰國家將興必有禎祥又曰用民必順不奪農時故無水旱昆蟲之災民無凶飢妖孽之疾言大順之時陰陽和也○又曰四靈以為畜故飲食有由也何謂四靈麟鳳龜龍謂之四靈又曰天降膏露地出醴泉山出器車河出馬圖鳳凰麒麟皆在郊棷典藪同也龜龍在宮沼其餘鳥獸之卵胎皆可俯而闚也則是無故非有他事使之言也先王能脩禮以達順故此順之實也



又曰外中于天而鳳皇降龜龍假功成而太平陰陽氣和而致象物假音格

又曰享帝於郊而風雨節寒暑時五行木為雨金為陽大為燠水為寒土為風

黃帝太階六符經曰三階平則陰陽和風雨時社稷咸獲其宜天下大安是謂太平

韓詩外傳曰成王之時有三苗貫桑而生為一秀大幾滿車長幾充箱成王問周公曰此何物也周公曰三苗同為一秀意者天下殆同一也此期三年果有越裳氏重九譯而至獻白雉於周公曰道路悠遠山川幽深恐使人之未達也故重譯而來周公辭曰吾何以見賜也譯曰吾受命國之黃髮曰久矣天下之不迅風疾雨也海之不波溢也三年於茲矣意者中國殆聖人蓋往朝之於是周公乃敬其所來故小雅云有黯淒淒興雲祁祁以是知太平無飄風暴雨亦明矣

又曰祥者福之先見者也風角占曰福先見曰祥

春秋繁露曰王者人之始也王正則元氣和順風雨時景星見黃龍下

又曰五帝三王之理云天下不敢有君民之心什一而稅教以愛使以忠敬長老親親而尊尊不奪民時使民不過歲三日民家給人足無怨望忿怒之患故天為下甘露朱草生醴泉出風雨時嘉禾興鳳凰騏驎遊于郊

## 日

孫氏瑞應圖曰君賢得土地則日有黃抱

又曰楊光者人君不假臣之權則日楊光

又曰王者動不失日楊光也



符瑞圖曰日二黃人守者外國人方自來降也

又曰少皞氏邑於窮桑日五色牙照窮桑

易說曰日者至陽之精象君德玄黃照耀五色無主

春秋潭潛巴曰君德應陽君臣得叶度則日含王字含王字者日中有王字也王者德象日光所照無不及也

春秋考異郵曰黃帝將興有黃帝雀赤頭立於日傍黃帝曰黃者土精赤者火榮爵者賞也余當立大功乎黃雀者桑也

禮斗威儀曰君承土而王其政太平則日五色無主宋均曰五行之色不王於一也

又曰君乘木而王其政昇平則黃中而青暈乘火而王則黃中而赤暈乘金而王則黃中而白暈乘水而王則黃中而玄暈

孝經援神契曰黃氣抱日輔臣納忠德至於天日抱載上（在上曰載在旁曰抱）

月

漢書曰元后生成帝夢月入懷（吳志太孫弟生）

京房易飛候曰正月有偃月國必有喜

禮斗威儀曰君乘土而王其政太平則月黃而多輝

禮瑞應圖曰昔太清之治世也昭明于日月

禮含文嘉曰人君政尊則日月貞明

春秋潛潭巴曰君臣和得道叶度則日月大光明天下和平上下俱昌延年益壽

星

孫氏瑞應圖曰景星者大星也狀如半月生於晦朔助月爲明王者不私於人則見



又曰王者德至幽微則景星見

又曰景星者星之精也先後月出於西方王者不私人以官使賢者在位則見佐月爲明

又曰王者孝行之溢則斗齊精（北斗七星光明若淵齊貫也）

又曰王者承天得理則老人星臨國符瑞圖月鎮星合房者年穀豐熟

易坤靈圖曰至德之萌五星若連珠

尚書中候曰帝堯即政七十載景星出翼（景大也翼朱鳥宿也）

禮稽命徵曰出號施令叶民心制禮作樂得天意則景星見

又曰外內之制各得其宜四方之事無有留滯則天苑有德星見

禮斗威儀曰君承土而王者其政太平則鎮星黃而多暈

又宮星黃大其餘六星耀光四起（宮斗北斗魁星也）

又曰君乘水而王其政太平則辰揚光乘金而王則太白揚光

禮含文嘉曰天子崇有德彰有道顯有功褒有行則太微七星明少微處士有德星應宋均云太微正教之宮也七星衣裳正禮令施教布化儀服應禮故星明令少微處士有德星應則星皆有威儀矣

春秋合誠圖曰天子精耀心憤務德則景星見（宋均曰憤猶盛也）

春秋感精符曰王者上感皇天則景星見

春秋佐助期曰虞舜之時景星出房

春秋孔演圖曰天子舉賢則景星放於天

又曰王者德政海內富昌則鎮星入闕（闕華闕之門當帝坐）



春秋元命苞曰老人星者治平則見見則主壽帝以秋分候之南郊

又曰帝位明即畢星光大也

春秋文耀鉤曰老人星見則主安下不見則兵起

又曰王者安靜則老人星見

春秋運斗樞曰王政和平則老人星臨國萬民以歌

孝經援神契曰德至天則斗極明

又曰天子刑于四海德洞淪冥八方神化則斗齊貫精

又曰神靈滋液百璘寶用有景星

又曰鎮星舍房符明道興（宋均曰符驗明而道興年豐也）

又曰太白合表四夷從服之象（宋均曰合表從中道也太白進退主候兵合從中道無進退）

孝經內事曰天子行孝德則景星見

又曰王者動得天度止得地意從容中道陰陽合度則太微五帝座星明以光也
又曰王者得禮之制不傷財不害民君臣和草木昆蟲各象正性則三台爲齊明不闊不狹如其度宋均云君臣制度宮室車旗多少各有科品則應也
又曰王者敬諸父有差則大角光明以揚宋均云諸父伯仲叔季也斗爲帝車帝所乘也角堅剛而居帝前帝敬諸父感天應之也
又曰王者遠嫌別微殊貴賤抑驕臣負亂子則屏星爲之明以潤帝座章而光宋均云屏星五帝座爲之明以潤章大也
又曰天子得靈臺之禮則五車均明河行不離其常宋均云天子考察天氣若梓愼見星之祲者也所以獲福禳災



五車主五穀民禳災得福民無飢寒之困五穀星之明以應之河若離常則有決溢之憂則九穀失所殖矣
又曰昆弟有親親之思則鈎鈐不離房宋均云鈎鈐遠房則踈闊今昆弟相親故天相近明其友也
又曰王者厚長幼各得其正則房心有德星應之宋均云房心爲天子明堂布政之宮長幼厚則政教著明房心應之而時也

風

史記曰黄帝行德天爲之起風從西北東必以庚辛一秋中五至大赦三至小赦也
唐書曰肅宗在平涼未知所適會朔方留後杜鴻漸奉牋迎上又河西行軍司馬裴冕勸上治兵於靈武以圖進取上發平涼至豐寧南見黄河天塹之固欲整軍北渡以保豐寧忽大風飛沙跬步之間不辨人物及回軍趍靈武風沙頓止天地廓清
尚書大傳曰王者德及皇天則祥風起
又曰舜將禪禹于時八風脩通
禮斗威儀曰王者乘火而王其政昇平則祥風至宋均云即景風其來長養萬物
符瑞圖曰翔風者瑞風也一名景風春爲發生夏爲長盈秋爲收藏冬爲安寧
春秋緐露曰王者恩及金石則涼風出
孝經援神契曰王者德八方則祥風至
王充論衡曰王者太平則五日一風風不鳴條
風角曰風清明高不及地二三尺此下有聖人或清明其來久長而不動揺樹木枝葉此龍德在其下



晉陽春秋曰劉裕平慕容超將鎮下邳聞盧循反何無忌敗乃還次山陽造楊子江問行人曰朝廷如何對曰則尚未至劉公若還無所憂也裕將濟而風急衆咸難之裕曰吾有天命風當自息如天不助覆溺何足可怯即命登舟舟移而風止

雨

禮斗威儀曰君乘金而王其政平則嘉雨時至
春秋説題辭曰大節二十四小節十二功德分也故一歲三十六雨
鹽鐵論曰太平之世則雨不破塊旬日一雨雨必以夜
符瑞圖曰周公時天下太平當此之時旬而一雨雨必以夜
又曰靈雨者遇歲亢旱責躬引咎理察寃枉退去貪殘側

身修政則降以靈雨非誠感瑞則非靈也
又曰昔殷湯之世天下大旱以六條自責於是大雨
淮南子曰神農之世甘雨以時五穀蕃殖
尸子曰神農氏治天下欲雨則雨五日爲谷雨旬五日爲行雨萬物咸利故謂之神

## 雲

史記曰若煙非煙若雲非雲郁郁紛紛蕭索輪囷是謂慶雲嘉氣也
漢書曰武帝封禪夜有白雲封中出
魏書曰文帝生時有雲氣青色而圓如車蓋當其上終日望者以爲至貴之證
宋書曰世祖在江州起義建牙軍門有紫雲二段落于牙



上
唐書曰玄宗嘗出畋有紫雲在其上從者望而得之
又曰肅宗自奉天而北夕次永壽有白雲起西北長數丈如樓閣之狀識者以爲天子之氣
尚書中候曰堯德清平乃沉璧於河白雲起
禮斗威儀曰景雲景明也言雲氣光明也
又曰周成王治平觀於河青雲浮
春秋孔演圖曰黃帝將興黃雲升於堂
孝經援神契曰王者德至山陵則景雲出
又曰天子孝則景雲見
孫氏瑞應圖曰景雲見者太平之應也
符瑞圖曰矞慶雲也內赤外黃一曰矞雲（矞音橘也）
帝王世紀曰黃帝有景雲之瑞以雲紀官
又曰堯母慶都生而神異有黃雲覆上
漢武故事曰帝幸梁父祠地山上有白雲如蓋
又曰宣帝祀甘泉有紫雲從西北來散於殿前歸藏曰大昊之盛有白雲出自蒼梧入于大梁
徐爰宋書曰高祖北征至洛陽常有紫雲見於軍上

## 霧

史記曰高祖至平城匈奴圍上七日大霧漢人往來故不覺
帝王世紀曰黃帝五十年秋七月庚申天大霧三日帝之洛水上見大魚負圖書

## 露

後漢書曰光武建武十二年甘露降南行唐
又曰明帝永平十七年春正月甘露降於甘陵
又曰明帝永平十七年甘露降泉陵洮陽二縣（二縣屬零陵泉陵城在今永州零陵縣北洮陽故城在湘源縣西北）



東觀漢記曰光武時甘露降四十五日
宋書曰文帝元嘉中甘露頻降狀如細雪
唐書曰武德九年四月二十三日甘露降于中華殿之桐樹泫氷雪以示群臣
又曰貞元十年正月西川奏當管甘露降松栢竹蘗等二千四百四十二處
尚書中候曰堯時甘露降
孝經援神契曰王者德至天則降甘露
禮斗威儀曰君治政則軒轅之精散爲甘露降
又曰人君乘土王其政太平則甘露降
春秋運斗樞曰天樞得則甘露濁
孫氏瑞應圖曰耆老得敬則松栢受甘露尊賢老不失細

徵則竹葦受甘露
又曰甘露者味清而甘降則草木暢茂食之令人壽
又曰王者德至於天和氣感則甘露降於松栢
白虎通曰甘露者美露也降則物無不盛
論衡曰甘露味如飴王者太平之應
鶡冠子曰聖德上及太清下及萬靈則膏露下
晉中興徵祥記曰甘露仁澤也凝如脂甘如飴王者德至於天則降
呂氏春秋曰陰陽之和不長一類甘露時雨不私一物
山海經曰軒丘鳳卵民食之甘露民食之所欲自從
魏明帝與東河王詔曰昔先帝時甘露屢降仁壽殿前自吾建承露盤以來甘露復降芳林園

## 雷



史記曰高祖母劉媼嘗遊大澤之陂夢與神遇時雷電寘晦見蛟龍上已而有娠遂產高祖河圖曰黃帝以雷精起
尚書中候曰秦穆公出狩天震大雷下有火化爲白雀銜丹書集公車曰秦伯霸也

## 氣

史記曰秦始皇曰東南有天子氣於是東遊以厭當之
又曰高祖隱於芒碭山澤間呂后與人俱求常得之高祖恠問后后曰季所居上常有雲氣故從往常得
漢書曰宣帝繫獄望氣者言長安獄有天子氣詔繫者殺之內謁者令郭穰夜至郡獄邴吉拒使者不得入
後漢書曰望氣者蘇伯阿爲王莽使至南陽遥見望春亭郭唶曰（唶音子夜切）氣佳哉鬱鬱葱葱然
東觀漢記曰和帝時十一月夜白氣長三丈起圖東北軍市西域象奇踈勒二國歸義
魏書曰武宣卞皇后瑯邪開陽人文帝母也以漢延熹三年十二月乙巳生齊郡白亭有黃氣滿室移日父敬侯怪之以問卜者王旦旦曰此吉祥也
晉書曰天子氣森森然感華蓋或如龍如馬
宋書曰明帝太始二年六月日入後有黃白氣東西竟天光明潤澤也
楚漢春秋曰項王在鴻門亞父諫曰吾使人望沛公其氣衝天五彩相繆或似人此非人臣之氣不若殺之
應劭漢官儀曰世祖封禪夕有白氣一丈東南極望正直壇所有青氣上與天屬遥望不見巔瑞命之符也

## 光



漢書郊祀志曰武帝祀汾陰脽傍有光如降上遂立后土祠於汾陰
又曰郊太一祠上有光
又曰宣帝祠世宗神光興於殿旁神光又興於房中如燭狀
東觀漢記曰李軼等讖言劉氏當復起李氏爲輔遂市兵弩絳衣赤幘歸舊廬望見廬南有若火光以爲人持火呼之光遂盛曈曈上屬天有頃不見上異之
後魏書曰太祖武皇帝母曰獻明賀皇后夢日出室內寤而光明属天歘然有感乃生於參合之北其夜復有光明
又曰高祖孝文皇帝母曰李夫人皇興元年八月生平城紫宮神光照室天地氤氳和氣充塞
尚書中候曰堯沉璧於河榮光出
符瑞圖曰玉燭者瑞光也見則四時之色洞如燭也

又曰景者光也亦曰象也光而可象應行而臻故茂德內彰則瑞光外燭

又曰昌光者瑞光也見於天漢高受命昌光出軫

又曰榮光者瑞光也其光五彩焉出於水上

又曰五光彩者天見五色三光重輝輝于地也

春秋合誠圖曰五光垂彩天下大嘉

人

尚書中候洛師謀曰呂尚出遊于戊午有赤人雄出(赤人水神)授吾簡丹書曰命遊呂(吾我也由用也)

禮含文嘉曰禹卑宮室盡力乎溝洫百穀用成神龍靈龜馴伏玉女降

魏志曰咸熙二年晉太子襲位襄武縣言有大人見長丈餘跡長三尺一寸白髮著黃單衣黃巾柱杖呼民語云今當太平



瑞應圖曰真人者黃帝時遊於池王者有茂德不貪貨利則金人垂紅遊王後池

神

龍魚河圖曰黃帝攝政蚩尤兄弟八十一人並獸身人語銅頭鐵額食沙石造兵杖威震天下誅殺無道不仁不慈黃帝行天下事仰天而歎天遣玄女下授黃帝兵信神符而令制伏蚩尤蚩尤歸臣因使鎮兵以制八方

尚書中候曰堯使禹治水禹辭天地重功帝欽擇人帝曰出爾命圖爾乃天(言天使汝治水非我)禹臨河觀有白面長人魚身出曰吾河精也表曰文命治淫水(表安也言曰文治治淫水之水)臣河圖去入淵(河圖謂括地象)

漢書曰武帝太始四年三月幸不其(如淳曰其音基不其山名因以為縣)祠神人于交門宮(應劭曰神人蓬萊仙人之屬也晉灼曰琅邪縣有交門漢武帝所造)若有嚮坐拜者作交門之歌

山海經曰有人首蛇身長如轅左右有首衣紫衣冠名曰延維人主得而食之伯天下(即于地也)

瑞應圖曰黃帝時西王母使乘白鹿來獻白環一本云帝舜時西王母遣使獻玉環

又曰二美毋者蓋神女也周穆王時持酒來酌之

管子曰桓公北征孤竹未至卑耳溪十里援弓將射未敢發見人物具焉右祛不走馬管仲曰臣聞登山之神有俞兒者長尺人物具焉霸王之君與走馬前道也祛衣其前水右祛示從右涉至溪如所言公拜焉曰仲父之聖若此

莊子曰齊桓公遊於澤管仲御公見鬼仲曰澤有委蛇其大如轂其長如轅紫衣朱冠見人則舉其首而立見之者殆乎霸公曰此寡人之所見也



墨子曰鄭繆公晝日處廟有神入門而左鳥身素服面狀正方繆公乃懼神曰無奔帝享汝明德使錫汝壽十年使君國昌公問神神曰予為勾芒

太平御覽卷第八百七十二

休徵部二

地

地　山　湖　河　海

雒　水　醴泉　井　池

土　社　石

草

萐莆　華苹　朱草　蓂莢　嘉穀

秬秠　福草　福并　威蕤　屈軼

延嘉　紫達　芝　蘭　茅

蒿　木　賓連闊達　平露

地

禮曰地不愛其寶。符瑞圖曰地得其性不震搖也

祥瑞圖曰王者益土地則社稷及市中地長



山

管子曰霸王之主興則昇山之神見

休子曰少皞生於稚華之渚渚一旦化爲山鬱鬱葱葱焉

湖

吳志曰孫皓天璽年吳郡言臨平湖自漢末草穢壅塞今更開通長老傳言此湖塞天下大亂此湖開天下寧

河

北齊書曰武帝大寧二年齊州黃河清改清河元年

隋書曰煬帝大業三年武陽言河水清。唐書曰貞觀十四年陝州奏界內二百餘里正月元日河水變清四日乃止。又曰高宗永徽五年六日濟州黃河清十六里

又曰肅宗乾元二年嵐州言黃河三十里清如井水十月李光弼破史思明衆五萬

易乾鑿度曰聖人受命瑞應先見於河河水清

又曰孔子云天之將降嘉應河水清變爲白白變爲赤赤變爲黑黑變爲黃各三日（鄭玄曰聖王爲政理之所致）

禮斗威儀曰君乘土而王其政太平則河濂（宋均曰濂不汶不溢也謂濂然不盛也　濂勸兼切）

符瑞圖曰河濂者河水清也

孫氏瑞應圖曰王者循天命而行天道四通則河出龍圖

東觀漢記曰光武從邯鄲避王郎兵南至下曲陽滹沱河道吏還言河水流澌無船不可渡左右皆惶畏爲王郎所及上命王霸前往視之實然霸念還言驚衆雖不可渡且臨水止尚阻即白冰堅可渡士衆大喜上大笑曰果妄言也比至河流澌冰合可履馬欲僵以囊盛沙布冰上既度未數里冰陷也



海

孫氏瑞應圖曰王者出而王道通移則海不揚鴻波

禮斗威儀曰君乘水而王其政和平則江海著其神象（宋均曰神不見但著象而已青黃赤白玄水具有此色焉）

春秋運斗樞曰搖光則海出明珠

雒

謝承後漢書曰沛國陳宣子子建建武十年雒水出造津城門或欲築塞之宣諫曰昔王尊正身金隄水退況聖主耶言未絕而水去

尚書中候曰堯沈璧於洛赤光起

又曰武王沈璧青雲浮洛

易乾鑿度曰帝德之盛應於洛水先溫九日乃寒五日變

爲五色玄黄

水

陳書曰高祖至南康破蔡路養李遷仕贛石舊有二十四灘多巨石行旅者以爲難高祖之發也水暴起三百里石皆沒

唐書曰武德元年七月新豐鸚鵡谷水清世傳此水清天下平

禮斗威儀曰君乘土而王其政太平則蒙水出於山（宋均曰蒙小水也出可溉灌生無不植也）

異苑曰臨淄牛山下有女水齊人諺曰世治則女水流世亂則女水竭慕容超時乾涸彌載暨宋武薄伐而激洪波

醴泉

禮曰地出醴泉



東觀漢記曰光武中元元年祠長陵還醴泉出京師飲之者痼疾皆差也

唐書曰貞觀二十三年肅州醴泉出有文石五彩盖泉

尚書中候曰醴甘也取名醴酒

又曰堯砥徳匪懈醴泉出

又曰文命盛徳俊乂在官醴泉出山

禮斗威儀曰醴泉味甘王政和可貴故水甘也

禮稽命徵曰王者刑殺當罪賞賜當功得禮之儀則醴泉出（闕疑也）

又曰王者得禮之制則澤谷之中白泉出飲之使壽長

禮含文嘉曰神農修徳作耒耨地應以醴泉

春秋潛潭巴曰君徳應陽則醴泉出焉

春秋潛潭樞曰旋星得則醴泉出

春秋感精符曰徳淪於地則醴泉出焉

孝經援神契曰王者徳至淵泉則醴泉出

孫氏瑞應圖曰醴泉者水之精也味甘如醴泉出流所及草木皆茂飲之令人壽也

又曰理訟得所醴泉出於京師有仙人以爵酌之

白虎通曰徳至淵泉則醴泉涌醴泉者羙泉也狀如醴酒可以養老也

井

鶡冠子曰聖人徳上及太寧中及萬靈則醴泉出

徐整正曆曰黄帝上時以醴泉爲漿

孫氏瑞應圖曰王者清淨則浪井出有仙人主之

典畧曰浪井者不鑿自成之井



池

唐書曰大曆八年解州安邑两池生乳盐後賜號寶應靈慶池

土

左傳曰晉文公過衛文公不禮出於五鹿乞食於野野人與之塊公子欲鞭之子犯曰天賜也稽首受而載之

史記曰黄帝時有土瑞故以土徳

王庚温瑞應圖曰王者徳温逺方則物化爲土

蜀王本紀曰蜀王獵於褒谷秦王以金一笥遺蜀報以禮物盡化爲土秦王大怒臣下拜賀曰土者地也今秦當有蜀矣

社

漢書曰昌邑王門社有枯樹復生枝葉後宣帝立

晉書曰武帝時洛陽太社中有青氣占者以爲東莞後當

有天子東莞王攺封琅邪王江東之應也

春秋潛潭巴曰里社鳴此里有聖人其呴百姓歸之（呴鳴之怒者湯起放桀時有此祥呴呼后切）

石

漢書曰昭帝時太山萊蕪山南匈匈有數千聲民視之有大石自立高一丈五尺大三十八圍入地深八尺三石爲足立後有白鳥數千集其旁宣帝中興之瑞也

唐書曰貞觀十九年陝州有石理成文曰李君王三字甚明。又曰永徽二年藍田縣令田仁汪獻瑞石文理成字曰天安永得立

祥瑞圖曰張掖之柳谷有石始見於建安成形於黃初文備於太和（建安黃初太和皆年號）其石狀象靈龜蹲然盤峙廣一丈六尺長一丈七尺周圍五丈餘蒼質麟鳳龍馬炳煥成形文字燦然斯蓋大晋　受終聖德兼該之應也

平公七十三　五　任成一

魏氏春秋曰明帝青龍三年張掖刪丹縣金山玄川溢涌寶石負圖狀象靈龜立于川西有石馬七其一仙人騎之其一羈絆其五有形而不善成有玉匣關閫於前上有玉字王鈇二王橫一又有麒麟在東鳳凰在南白虎在西犧牛在北馬自中布列南方有字曰大討曹金但取之此司馬氏華運之徵。瑞應圖曰碧石王者玩弄之物不用則出。禮稽命徵曰王者得禮之制則澤谷之中乃生白石

又曰王者君臣父子夫妻尊卑有別則石生於澤也

禮含文嘉曰內外之制各得其宜則山澤出龜寶石

草

萐莆

孫氏瑞應圖曰萐莆王者不徵滋味庖廚不踰滋盛則生於廚一名倚扇一名實閭一名倚萐生如蓮枝多葉少根如絲轉而生風主於飲食清涼駈殺蟲蠅舜時生於廚又堯時冬死夏生又舜時生於廚及階左

春秋潛潭巴曰君臣和得道度叶中則萐莆孳於庖廚

孝經援神契曰王者德至山陵則阜出萐莆（宋均注曰文典備則萐莆應也）

華苹

祥瑞圖曰雙蓮爲苹

又曰華苹者其枝正平王者德剛則仰弱則低

又曰王者政令均則華苹

孝經援神契曰王者德至於地則華苹感

朱草

孫氏瑞應圖曰朱草草之精也聖人之德無所不至則生

太公七十三　六　成一

又曰朱草者百草之精也王者德無所不通四方有歌詠之聲則生

大戴禮共朱草日生一葉至十六日落一葉周而復始

尚書大傳曰王者德下究地之厚則朱草生

又曰帝命周公踐祚朱草暢生

尚書中候曰文命咸得俊乂在官則朱草在郊

又曰堯德清平比隆伏羲故朱草生郊

禮斗威儀曰君乘火而王其政頌平則地生朱草

春秋感精符曰王者德洽於地則朱草生食之令人不老

春秋運斗樞曰樞星則朱草生

春秋繁露曰君勸農事無奪民時使之歲不過三日行十一之稅進經術之士闢闔通障塞恩及草木則朱草生

孝經援神契曰王者德至草木則朱草生

後漢書曰光武時朱草生于水涯
晉書曰武帝時朱草生
白虎通曰朱草赤色也可以染絳別成黼黻之服列為尊卑之差
淮南子曰太清之世四時不失其序日月揚光五星循軌則朱草生
抱朴子曰朱草狀似小桑栽長三四尺枝葉皆赤莖如珊瑚生名山嶺石之下刻之汁流如血以玉及八石金銀投中中立可丸為泥以金投中名曰金漿以玉投之名曰玉醴服之皆長生也
鶡冠子曰聖王德上及太清下及太寧中及萬靈則朱草生
魏略曰文帝欲受禪朱草生於文昌殿側



蓂莢

孫氏瑞應圖曰蓂莢者葉圓而五色一名曆莢十五葉日生一葉從朔至望畢從十六日毀一葉至晦而盡月小則一葉卷而不落聖明之瑞也人君德合乾坤則生
祥瑞圖曰蓂莢堯時生
尚書大傳曰周公輔幼主不矜功則蓂莢生
尚書中候曰周公作樂而治蓂莢生
春秋運斗樞曰老人星臨國則蓂莢生
又曰箕星得則蓂莢生
孝經援神契曰王者德至於地則蓂莢生
風俗通曰按孝經説古太平蓂莢生階其味酸王者取以調味後以醯醢代之
徐整正曆曰黃帝之時以蓂莢者瑞草也蓋神靈之嘉應也
白虎通曰王者考曆得其分度則蓂生於階莢者樹名也

嘉穀

孫氏瑞應圖曰嘉禾五穀之長盛德之精也文者則二本而同秀質者則同本而異秀此夏殷時嘉禾也
又曰周時嘉禾三年本同穗異貫桑而生其穗盈箱生於唐叔之國以獻周公曰此嘉禾也太和氣之所生焉此文王之德乃獻文王之廟
書曰唐叔得禾異畝同穎各一壟合為一穗獻之天子王命周公作嘉禾篇
尚書中候曰嘉禾莖長五尺三十五穗
禮含文嘉曰神農作耒耨天應以嘉禾
又曰緩五車明五禮則五禾應以大豐



禮斗威儀曰人君乘土而王其政外平則嘉穀並生
詩含神霧曰堯時嘉禾七莖連三十五穗
春秋運斗樞曰旋星得嘉禾液
孝經援神契曰王者德至於地則嘉禾生
周書曰神農時天雨粟神農耕而種之然後五穀興以助果實
漢書曰宣帝時嘉穀降于郡國
後漢書曰安帝時九真嘉禾生五百六十本七百六十八穗
東觀漢記曰光武以建平元年生於濟陽縣舍時有嘉禾一莖九穗縣境大熟因名曰秀
又曰章帝時嘉禾嘉麥日月不絕
魏志曰文帝欲受禪郡國三嘉禾生

王隱晉書曰元帝初藉藁草悉成禾
沈約宋書曰文帝時醴湖生嘉粟一莖九穗
又曰宋文帝元嘉二十五年嘉禾生華林園十株七百穗
又曰孝武帝大明元年嘉禾生清暑殿鴟尾中一株六穗
齊書曰武帝時固始縣嘉禾一莖五穗新蔡又獲一莖九
穗一莖七穗
梁起居注曰大同六年九月始平獻嘉禾一莖十七穗
白虎通曰嘉禾者太和之爲美瑞者也
晉徵祥說曰王者盛德則嘉禾生嘉禾者仁卉也其大盈
箱一稃二米國政貿則同本而異穎國政文則同穎而異
本
唐書曰開元十九年楊州奏穭生稻二百一十五頃再熟
稻一千八百頃其粒與常稻無異 穭音旅
又曰大中二年福建進瑞粟十五莖莖有五六穗
又曰大中六年淮南節度使杜悰奏海陵高郵兩縣百姓
於宮河中漉得異米煮食呼爲聖米

秬秠

孫氏瑞應圖曰秬秠者三隅之黍一稃三米王者宗廟修
則生。又曰昭穆序祭祠宰人咸有敬讓禮容之節威儀
之美則秬秠生
又曰王者節敬依禮度親踈有別則秬秠生
又曰黃帝時南夷乘白鹿來獻秬秠
孝經援神契曰王者德至於地則秬秠生

福草

孫氏瑞應圖曰王者宗廟至敬則福草生於廟 一云禮草
禮斗威儀曰君乘木而王其政升平則福草生廟中 宋均曰廟中生草蓋福草也即朱草之別名可以染絳服故應仁孝而生廟中

福并

孫氏瑞圖曰福并瑞草生王者有德則福并生

威蕤

孫氏瑞應圖曰王者禮備則威蕤生 一曰威蕤
又曰王者愛人倫則威蕤生於殿前

屈軼

孫氏瑞應圖曰屈軼者太平之代生於庭有佞人則草指之

延嘉

孫氏瑞應圖曰延嘉王者有德則見
又曰王孝道行則延嘉生
孝經援神契曰天子至德屬于四海則延嘉生

紫達

孫氏瑞應圖曰紫達者王者仁義行則常見
禮斗威儀曰君乘土而王其政太平則紫達常生

芝

孫氏瑞應圖曰王者慈仁則芝草生食之令人延年
又曰王者寵近耆老養有道則芝莢生
春秋運斗樞曰搖光得則陵出玄芝生
孝經援神契曰王者德至於草木則芝草生
漢書曰武帝元封六年甘泉宮內產芝草九莖產連葉宣
帝神雀元年金芝九莖產于涵德殿銅池中 如淳曰銅池承霤也晉灼曰以銅作池韋昭曰以銅飾池邊也
後漢書曰明帝時郡國上芝英
又曰章帝建初三年零陵獻芝草
東觀漢記曰桓帝時芝草生中黃藏府

宋書曰順帝時臨城縣生紫芝
齊書曰武帝時襄陽獲紫芝
隋書曰開皇十九年朱雀等十六門生芝之草
唐書曰貞觀十七年安禮門御榻産靈芝之五莖又皇太子寢室中産素芝十四莖悉爲龍鳳之狀
又曰貞觀十七年滁州言所部川源徧生芝之草百寮及雍州父老上表固請封禪
唐春秋曰貞觀十九年雍州李樹生芝之英赤蓋紫光色鮮麗司徒長孫無忌與官方岳上表請禪不許
又曰天寶七載三月大同殿柱礎産玉芝之兩莖
又曰肅宗上元二年甲辰延英殿御座梁上玉芝之生一莖三花御製靈芝詩以示羣下
又曰上元二年九月壬午朔皇后奏含暉院生金芝之



大同起居注曰九年金芝之二十八莖生于殿庭少府御薔介以聞
古今注曰漢武時甘泉殿房内産芝之九莖連葉作芝之房之歌
白虎通曰王者德至於山則芝之實茂
孫整長歷曰黄帝以五芝之爲房名
瑞令記曰食芝之延年不終與真人同
論衡曰建初三年零陵泉陵縣女子悖寧宅内生芝之草五本莖葉紫色太守沈酆遣門下掾奉獻皇帝悦懌
又曰芝之草一年三華食之令人眉壽慶世蓋仙人之所食
又曰紫芝之者其叢如豆
繆襲神芝之讃曰青龍元年神芝之産于長平之習陽許昌典農中郎將充奉表以聞其色丹紫其質光耀上别爲三幹分爲九枝散爲三十六莖委綏連屬有似珊瑚之狀考圖按譜蓋美乎前代矣

蘭

禮斗威儀曰君乘金而王其政和平則蘭常生宋均曰蘭生給和調也

茅

史記曰齊桓公欲封禪管仲曰古之封禪鄗上之黍北里之禾江淮之間有一茅三脊所以爲藉
周書曰成王時奇幹獻茅其頭若雄雉佩之不昧
宋書曰孝武時三脊茅生石頭西岸江陵夏王義恭表勸封禪
唐書曰麟德元年亳州奏老君廟側生三脊茅

蒿



大戴禮曰周時德澤洽和蒿大可以爲宫柱曰蒿宫此天子之路寢也

木

禮稽命徵曰王者得禮之制則澤谷之中生赤木
又曰王者得禮之宜則宗廟生祥木
地鏡圖曰國治益地則木生水上
又曰國理君喜則樹木忽自大
又曰理君京房易傳曰君有德生聖子則木生屋上及朝廷
又曰君德強且高昌則木生城角一尺圍巳上長數文此謂城強
孫氏瑞應圖曰王者德化洽八方合爲一家則木連理
又曰王者不失民心則木連理

漢書曰武帝幸雍得奇木枝旁出復合上異之終軍曰衆枝內附示無外也殆將有削尤衽而蒙化者

後漢書曰明帝永平十七年甘露仍降樹枝內附（仍也內附謂木連理也）西南夷哀牢儋耳僬僥槃木白狼動黏諸種前後慕義貢獻西域諸國遣子入侍

宋書曰文帝元嘉中有穀櫟二樹連理

隋書曰盩厔縣獻連理樹植之宮庭

唐書曰貞觀十八年山南獻木連理交錯玲瓏有同羅日一丈之幹并枝者二十餘所

又曰二十一年玉華宮李樹連理隔澗合枝

白虎通曰王者德至草木則木連理也

晉中興徵祥說曰王者德澤純洽八方同一則木連理連理者或枝還合或兩樹合共

曹植魏德論曰皇樹嘉德風靡雲披有木連理別幹同枝將承大同應天之規

唐書曰興元元年八月亳州真源縣大空寺李樹植來十四年長一丈八尺今春秋忽上聳高六尺周迴似蓋九十餘尺

## 賓連闊達

孫氏瑞應圖曰王者庶嫡有序男女有別則賓連闊生於房一名賓連達一名賓連闊生於房室象御妃有節也

白虎通曰賓連闊達者樹名也其狀連累相承

## 平露

孫氏瑞應圖曰平露者如蓋生於庭以知四方之政王者不私人以官則生若東方政不平則西低北方政不平則南低西方政不平則東低南方政不平則北低四方政



不出其根若絲一曰平兩

又曰平兩者如蓋以知四方王者政平則生

白虎通曰王者使賢不肖位不踰則平露生庭平露者樹名也

太平御覽卷第八百七十三

太平御覽卷第八百七十四　咎徵部一

叙咎徵　天　天裂　天開
天光　天崩　天鳴　四時

叙咎徵

易曰履霜堅冰至文言曰積善之家必有餘慶積不善之家必有餘殃。又曰吉凶悔吝生乎動者也

尚書洪範曰咎徵曰狂恒雨若僭恒暘若豫恒燠若急恒寒若蒙恒風若

左傳曰初内蛇與外蛇鬬於鄭南門之中内蛇死六年而厲公入公聞之問於申繻曰猶有妖乎對曰人之所忌其氣燄以取之妖由人興也人無釁焉妖不自作人弃常則妖興故有妖

易是類謀曰斗機絶綱王衡撥攝提亡鄭玄注曰斗機絶綱斗者天中之精天失其平故斗機絶綱王衡撥也攝提者斗前之星爲斗樞政教布之八野今斗失其正故攝提亦爲之亡不見



五星合狼弧張晝視無日虹蜺熿熿夜視無月彗孛蔣蔣此皆屬乾乾多爲天失其主故著天者皆失其正也當藏者出當出者消危處易期當藏者出解晝視無日虹蜺熿熿也當出者消解夜視無月也是爲危處易期太山失金雞西岳亡王羊期太山失金雞者箕星亡也箕者爲風風動雞鳴今侯者亡故雞亦亡西岳亡王羊者狼星亡狼在於未爲羊也天卑地高雷讙公行天下雷同讙譁公行無所畏也星晝奔蜺夜光上無乾下無常天昧昧履踐氷上無乾乾氣不正故下無常天地昧昧俞不正也晝視無日夜視無月何明之有乎履踐氷若險急之法行被其刑也民衣霧主吸霜民衣霧倭政行被其毒也主吸霜被陰毒躬害躬也閭可倚杵於何藏解上天卑地高天地相去其間才可倚一杵耳或言被其意同不知夏不知冬不見父不見兄所以然者以天卑地高高卑列故卑以父兄尊爲子弟也望之漠漠視之茫茫羣黨假威出坐王牀小人羣黨假王者威權坐於王牀者王之牀也

尚書大傳曰田獵不宿飲食不享出入不節奪民農時及有姦謀則木不曲直弃法律逐功臣殺太子以妾爲妻則火不炎上好治宮室飾臺榭内淫亂犯親戚侮父兄則稼穡不成好攻戰輕百姓飾城郭侵邊境則金不從革簡宗廟不禱祠廢祭祀逆天時水不潤下

又曰爰用五事建用皇極一曰貌貌之不恭是謂不肅厥咎狂厥罰常雨厥極惡時則有龜孽時則有雞禍次二曰言言之不從是謂不乂厥咎僭厥罰常陽厥極憂時則有妖妖時則有介蟲之孽時則有大禍次三曰視視之不明是謂不哲厥咎恭厥罰常燠厥極疾時則有草妖時則有倮蟲之孽次四曰聽聽之不聰是謂不謀厥咎急厥罰常寒厥極貧時則有鼓妖時則有豕禍次五曰思思之不容是謂不聖厥咎霧厥罰常風厥咎凶短折時則有脂夜之妖時則有華孽時則有牛禍王之不極是謂不建厥咎霧厥



罰常陰厥極弱時則有射妖時則有龍蛇之孽時則有馬禍時則有日月亂行星辰逆行

洪範五行傳曰凡有所害謂之災無所害而異於常謂之異故災爲已至異爲方來

家語孔子曰天災地妖所以儆人主也寤夢徵怪所以儆人臣也災妖不勝善政怪夢不勝善行

六韜曰武王伐殷得二丈夫而問之曰殷國之將亡亦有妖災乎其一人對曰有殷國嘗雨血雨石大者如甕小者如箕嘗六月雨雪深尺餘其一人對曰是非殷國之大妖也殷國之大妖四十七章殷君喜殺人喜以人飴虎喜割人心喜殺孕婦喜殺人之父孤人之子喜刑禍喜以信欺欺者爲忠忠諫者不賞以君子爲下小人爲上以佞辯爲相子爲政急令暴取萬民愁苦好田獵畢弋走狗飾馬喜脩池

臺宮七十有三所大宮百里著爲酒池糟丘而牛飲者三千人喜聽讒用譽無功者賞無尺丈無錙銖無秤衡無功賞無罪誅此殺國之妖也

白虎通曰災異者何也災之爲言傷也隨事而誅異之爲言怪也先發感動何以言災者有所害也

說苑曰趙簡子問於翟封餘曰吾聞翟雨𧒒穀三日雨血三日馬生牛牛生馬信乎曰信簡子曰災足亡國乎封曰雨𧒒穀三日𧒒風之所飄也雨血三日鷙鳥擊於上也馬生牛牛生馬雜牧也此非翟之災也簡子曰然則翟之妖奚也對曰其君幼弱其大臣比黨以求祿其百官肆斷而無常其政令不竟而數改此其妖也

京氏別對災異曰五穀無實何君無仁德臣懷叛戾華飾虛舉薦賢實不相副內爲蘇秦之行外以晏齊之語故致



五穀多無實朝無賢害氣傷穡不救國大飢其救也選明經舉茂才改往脩來退去貪狼施恩行惠賞賜勞臣此災乃銷矣

## 天

左傳宣下曰天反時爲災

又曰定公元年曰諸侯之大夫城成周三旬而畢乃歸諸侯之戍齊高張後不從諸侯晉女叔寬曰周萇弘齊高張皆將不免萇弘違天（天既厭周德萇弘欲遷都以延其祚故曰違天）高子違人天之所壞不可支也衆之所爲不可奸也（爲哀三年周人殺萇弘六年高張來魯）

## 天裂

哀氏易妖占曰天裂陽不足下害上之象天裂見人兵起國亡天開見光流血滂滂

晉書曰惠帝元康中天西北裂時人主昏闇賈后專政

又曰太安中天裂爲二聲如雷是時長沙王奉帝出拒成都王穎河間王顒迭威專命僭亂之象

又曰成帝咸和四年冬天裂西北時蘇峻之子以萬人入吳興天下有兵關中轉亂明年石勒僭位

又曰穆帝昇平五年天裂廣數丈聲如雷

又曰哀帝初即位天中裂黃三四丈聲如雷野雉皆雊時帝荒疾不識萬機太后臨朝桓溫專政

崔鴻十六國春秋曰前趙劉曜建元初天裂廣一丈長五十餘丈時四方交戰

隋書曰梁武帝太清中天裂西北長十丈闊二丈光出如電聲如雷明年侯景陷臺城

## 天開

漢志曰惠帝二年天開東北長二十餘丈廣十丈後有呂



后廢二少帝諸呂作亂

蕭子顯齊書曰齊東昏侯永元中夜天開黃色明照頃有物絳色如小甕漸大如倉廩聲如雷墜太湖野雉皆雊其年東昏見廢

隋書曰陳後主至德初天開西北至東南其內有黃雜色聲如雷後年章大寶舉兵反陳竟國亡

## 天光

書紀年曰周昭王末年夜有五色光貫紫微其年王南巡不退

漢書曰成帝元延元年四月無雲有雷聲光四下至昏乃止晉穆帝永和十年前涼張祚之元年正月夜天有光如車蓋明年祚被殺

宋書曰文帝元嘉十八年七月天有黃光洞燭至三十二

年太子詹事范曄反伏誅

天崩

崔鴻十六國春秋曰後凉麟嘉五年天崩有聲若雷久之乃止○又曰前趙劉聰麟嘉三年天崩聲若雷久乃止是歲聰死

天鳴

京氏易妖占曰天有懸車之聲人主憂

又曰易傳曰萬民勞厥妖天鳴

晉書曰武帝末天東有聲如雷

又曰元帝太興元年天鳴東南有聲如風水相薄三年天又鳴其後王敦入石頭王師敗績元帝屈辱制於強臣

隋書曰梁武帝天監時有聲如雷二是歲交州刺史李凱舉兵反後年又西北隆隆有聲如雷赤氣至地是歲盜殺東莞琅邪太守中大通年西南有聲如雷其年北凉州刺



史簡欽反

崔鴻十六國春秋曰前凉張駿時晉建興十七年八月天有大聲下震地孟池縣人夜怪室如晝時起視見西北闕有門光明照地至二十二年遜于重華

又曰南燕六年天鳴是年桓玄廢其主自立稱大楚

又曰前秦符堅建元十四年天鼓鳴至二十年堅爲姚萇所殺

隋書曰北齊文宣天保年中天西南有聲如雷時帝不恤國政大興師旅

又曰後主武平末年後主東遁至青州是日西方有聲如雷是月爲周師所擒

又曰周宣帝建德年天西北有聲如雷未幾吐谷渾大寇邊

又曰陳宣帝太建十二年天有聲如風水相擊三夜乃止

又曰後主初即位八月天有聲如風水相擊俄又如之九月夜天東北有聲如虫飛漸移西北至德元正月天東南有聲如虫飛後降於隋

隋書曰開皇二十年四月天有聲如瀉水自南而北六月秦王俊薨

河圖稽命徵曰帝劉即位百七十年大陰在庚辰江充詭其變天鳴所坼

四時

禮記月令曰孟春行夏令則雨水不時草木早落國時有恐行秋令則人有大疫猋風暴雨摠至藜莠蓬蒿並興行冬令則水潦爲敗雪霜大摯首種不入仲春行秋令則其國大水寒氣摠至寇戎來征行冬令則陽氣不勝麥乃不



熟民多相掠行夏令則國乃大旱煖氣早來虫螟爲害季春行冬令則寒氣時發草木皆肅國有大恐行夏令則人多疾疫時雨不降山陵不收行秋令則天多沉陰淫雨早降兵革並起孟夏行秋令則苦雨數來五穀不滋四鄙入保行冬令則草木早枯後乃大水敗其城郭行春令則蝗虫爲災暴風來格秀草不實仲夏行冬令則雹凍傷穀道路不通暴兵來至行春令則五穀晚熟百螣時起其國乃饑行秋令則草木零落果實早成民殃於疫季夏行春令則穀實鮮落國多風欬民乃遷徙行秋令則丘隰水潦禾稼不熟乃多女災行冬令則風氣不時鷹隼早鷙四鄙入保孟秋行冬令則陰氣大勝介虫敗穀戎兵乃來行春令則其國乃旱陽氣復還五穀無實行夏令則其國多火災寒熱不節民多瘧疾仲秋行春令則秋雨不降草木　生榮國乃有恐行夏

令則其國大旱蟄蟲不藏五穀復生行冬令則風災數起收雷先行草木早死季秋行夏令則其國大水冬藏殃敗民多鼽嚏行冬令則國多盜賊邊境不寧土地分裂行春令則煖風來至民氣懈惰師興不居孟冬行春令則凍閉不密地氣上泄民多流亡行夏令則國多暴風方冬不寒蟄虫復出行秋令則霜雪不時小兵時起土地侵削仲冬行夏令則其國乃旱氛霧冥冥雷乃發聲行秋令則天時雨汁瓜瓠不成國有大兵行春令則虫螟為敗水泉咸竭民多疥癘季冬行秋令則白露早降介虫為妖四鄙入保行春令則胎夭多傷國多固疾命之曰逆行夏令則水潦敗國時雪不降水凍消釋



太平御覽卷第八百七十四

太平御覽卷第八百七十五　咎徵部二

五星　客星　孛　天狗　枉矢
蚩尤旗　獄漢　五殘　國皇　格澤
旬始　營頭　漢　蓬星

五星

京氏易五星占曰歲星失渡何人君不仁春殺無辜則歲星失度其救也慈仁敬讓廣恩惠施無犯四時則歲星承度熒惑失度何人君內無法禮輕薄房室外行慢易斂奪民財則熒惑失度其救也爵賢位德養幼稟孤命樂師趣鞉鼓合歡欣熒惑還度天心得矣太白失度何人君薄恩無義懦弱不勝任則太白失度其救也舉有義任威用武則太白復兵氣消矣鎮星失度何人君內無仁義外多華飾則鎮星失度其救也治社稷修明堂近方直之人此災自消也辰星失度何人君內無仁義外多華飾則辰星失度其救也明刑慎罰審法必中

尚書考靈耀曰白經天水決江（白大白也金為水宗故多水也）

春秋元命苞曰昴畢間為天街日月五星以出入熒惑守之道不通天下危。又曰卷舌主口語熒惑臨之下多亂謀國君以口舌之害起寇。又曰熒惑守軒轅貴妾爭

又曰熒惑守營室羣妃鬬

漢書天文志曰五星所行合散犯守歷陵鬬蝕彗孛飛流皆陰之精本於地而發于天也（孟康曰合同舍也散謂五星有變則其精散為妖星也犯七寸之內光芒相及陵相冒過也蝕星月相陵不見者旁日食也韋昭曰自下往觸之曰犯居其旁曰守經之為歷相擊為鬬張晏曰彗所以除舊布新也孛氣似彗飛流謂飛星流星也孟康曰飛絕迹而去之流光跡相連也）

又曰孝昭元始中太白入太微西藩第一星北出東藩第一星東北下去太微者天庭也太白行其中宮閽當閉大將被甲兵邪臣伏誅後有流星下燕萬載宮極東去（李奇曰極屋梁也三輔名為極也）法曰國恐有誅其後左將軍上官桀驃騎將軍安與長公主燕剌王謀作亂咸伏誅

又曰建始四年七月熒惑踰歲星居其東北半寸所如連李時歲星在關星西四尺所熒惑初從畢口大星東北往數日至往疾去遲占曰熒惑與歲星鬬有病君飢歲而後旱傷麥民食榆皮二年十月壬申太皇太后避時昆明東觀

又曰綏和二年春熒惑守心丞相翟方進欲塞災異自殺

客星

左傳曰昭十年春王正月有星出于婺女（客星也）鄭裨竈言於子產曰七月戊子晉君將死今茲歲在顓頊之虛（歲歲星也顓頊之虛謂玄枵）姜氏任氏實守其地（姜齊姓任薛姓齊薛二國守玄枵之地）居其維首而有妖星焉告邑姜也（客星玄枵之維首姜邑齊大公女晉唐叔之母星占婺女為既嫁之女織女為處女邑姜齊之既嫁女故星在婺女齊得歲故知禍歸邑姜）邑姜晉之妣也天以七紀（二十八宿面七）戊子逢公以登星斯於是乎出（逢公殷諸侯居齊地者逢公將死妖星出婺女時非歲星所在故齊自當禍而以戊子日卒）吾是以譏之至時晉平公卒

漢書曰元帝初元元年四月客星大如瓜色青白在南斗第二星東可四尺占曰為水飢其月激海水大溢六月關東大飢民多飢死瑯琊人相食二年五月客星見昴分居卷舌東可五尺青白色炎長三寸占曰天下有妄言者其十二月鉅鹿都尉謝君男詐為神人論死

續漢書天文志曰孝安永初四年六月甲子客星大如李蒼白芒氣長二尺西南指上階星上階為三公後太尉張禹司空張敏皆免官

又曰中平五年六月丁卯客星如三升椀出貫索西南行入天市至尾而消占曰客星入天市爲貴人喪
謝承後漢書曰吳郡周敞師事京房爲趙顯所譖謂敞曰吾死後三十日客星必出天市即吾無辜也死後果如言

孛

左傳曰文十四年有星孛入于北斗周内史叔服曰不出七年宋齊晉之君皆將死亂
又曰昭十七年冬有星孛于大辰西及漢申須曰彗所以除舊布新也天事象今除於火火出必布焉諸侯其有火災乎
梓慎曰往年吾見之是其徵也火出而見今茲火出而章必火入而伏其居火也久矣其與不然乎火出於夏爲三月於商爲四月於周爲五月夏數得天若火作其四國當之六物之占在宋衛陳鄭乎宋大辰之虛也陳大皥之虛也鄭祝融之虛也皆火房也星孛及漢漢水祥也衛顓頊之虛也故爲帝丘其星爲大水水火之壯也其以丙子若壬午作乎水火所以合也若火入而伏必以壬午不過其見之月鄭禆竈言於子產曰宋衛陳鄭將同日火若我用瓘斝玉瓚鄭必不火子產弗與後四國皆火
春秋孔演圖曰海精死彗星出（宋均注曰海精鯨魚）彗星出則國樞擬
春秋考異郵曰鯨魚死彗星合（宋均注曰鯨魚陰物生於水今出而死是時有兵相殺之祥也故天應之以妖彗也）
春秋合誠圖曰赤彗火精如火曜長七尺
孝經鉤命決曰周襄王不能事其母弟彗入斗亡其度
孝經内記曰彗星北斗禍大起在三台臣害君在太微君害臣在天獄諸侯作禍彗行所指其國大惡四彗在日者君有德天下欣心大豊盛



爾雅曰彗星爲欃（楚緘切）槍（楚庚切）
河圖帝通紀曰彗星者天之旗
河圖稽燿鉤曰五星散爲五色之彗
戰國策曰唐睢謂秦王曰專諸刺王僚彗星襲月
史記曰秦始皇十五年彗星四見大者八十日長或竟天其後秦遂滅六王并中國外攘四夷死人如麻
漢書曰建元六年彗星見淮南王心怪之以爲上無太子天下有變諸侯並爭愈益治攻戰具遂謀反
又曰哀帝建平二年二月彗星出牽牛日月五星所從起曆數之元三正之始彗而出之改更之象也其後卒有王莽篡國之禍
後漢書曰獻帝建安二十三年正月孛星晨見東方二十餘日夕出西方紀歷五車東井五諸侯文昌軒轅入太微指帝座占曰除舊布新之象
續漢書天文志曰王莽地皇三年十一月有孛星于張東南行五日不見孛星者惡氣所生爲亂兵又猋然雲焉兵之類也故名之曰孛孛之爲名猶有所傷害有所妨蔽或謂之彗星所以除穢而布新也張爲周地星孛于張東南行即翼軫之分翼爲楚楚地將有兵亂後一年正月光武起兵舂陵都雒居周地除穢布新之象也
又曰孝明永平三年六月丁卯彗星出天船北長二尺所稍北行百三十五日去天船爲水彗星出之爲大水是歲伊雒水溢到津城門壞伊橋郡七縣三十二皆大水
又曰永和六年二月丁巳彗星見東方長六七尺色青白

西南指營室及墳墓營室者天子常宮墳墓主死彗星起
而向營室至墳墓不出五六年天下有大喪
又曰光和元年八日彗星出亢池入天市中長數尺稍長
五六丈赤色經歷十餘宿八十餘日乃消於天苑中彗除
天市將徙帝將易都至初平元年獻帝遷都長安
又曰孝獻初平九年十月有星孛于東井與鬼魁入軒轅
太微十一年正月有孛于斗首在斗中尾貫紫宮及北辰
占曰彗掃太微紫宮人主易位其後魏文帝受禪十二月
辛卯有星孛于鶉尾荊州分也時荊州牧劉表專據荊州
從事周羣以爲荊州牧將死而失士明年秋表卒以小子
琮以代曹公將攻荊州琮懼舉軍詣公降
晏子春秋曰景公謂晏子曰彗星向吾國我是以悲晏子
曰居穿池欲深廣爲臺欲高大誅戮如仇讎孛又將至彗



星容可拒乎懼緩刑罰三十七日彗去
尉繚子曰昔楚將軍子心與齊人戰未合夜彗星
出柄在齊所在勝不可擊子心曰彗星何知明日與齊人戰大破
之
淮南子曰鯨魚死而彗星出

天狗

占曰狗者守禦之類天狗所降以戒守禦也出入無時下
則有伏屍流血其流星墮地有聲野雉皆鳴或羣狗皆吠
或流散化爲雲一曰流星有聲如雷下地中一曰無雲而
雷一曰星赤白有光下地爲狗狗無足一曰如火光炎衝
天其上兌下地如數頃田一曰大流星其有光見人面墜
無音有足一曰星狀如奔星有聲望之如火一曰其色白
其熒熒如遺火狀皆曰天狗天狗所下之處万人伏屍狗食血所下之邑大兵起國

易政人相食千里流血四方相射破軍殺將兵喪並
起國破滅巳
河圖稽燿鉤曰太白散爲天狗主候兵六
洪範五行傳曰七國之兵戰於梁地故天狗先降梁壘見
以其象也狗者守禦之類也所降以惑守禦也
史記曰秦孝公十二年星晝墜有聲至十七年秦韓大戰
擒晉惠王
又天官書曰天狗狀大如奔星有聲其止地類狗地望之
如火光炎炎衝天其下圓如數頃田處上兌見則有黃色
千里破軍殺將洪範五行傳同
漢書天文志曰孝昭元年二月乙酉祥雲如狗赤色星三
枚夾
漢書西行占曰太白散爲天狗爲卒起卒起見禍無



時四月昌邑王賀行淫辟大將軍霍光白皇太后廢賀
又曰成帝綏和元年四月日晡時天有星殷如雷聲有流
星如缶長十餘丈皎然赤白從日下東南去或如盂或如
雞子燿燿如雨下至地止郡國皆言星隕爲王者失勢諸
侯起伯之異其後王莽專政篡位
又曰哀帝建平元年正月日出時有物着天白廣如一疋
布長四丈餘西南行聲如雷一刻止名曰天狗
又曰後漢光武建武十一年春有流星大如日從太微出
入北斗魁中第六星色白傍有小星射者十餘枚後有聲
如雷頃止斗魁主殺伐是年吳漢戮宮破公孫述於成都
十二年春有大星如缶出柳西南行入孤將滅時分爲十
餘段如遺火狀須臾有聲殷殷如雷柳爲周孤爲秦蜀是
年使大司馬吳漢從洛陽發南陽卒泝江而上擊蜀白帝

公孫述數萬人
又曰中元元年冬有大流星從西南向東北行有聲如雷
其年中郎將竇固將西征
又曰順帝永和三年有流星大如斗從西北東行長八九
尺赤黄有聲隆隆如雷是時大將軍梁商與常侍張逵曹
騰孟賁等爭權矯制收騰順帝寤逵等奔走或自刺或解
貂蟬投草中逃亡之應
漢獻帝春秋曰初平四年六月流星起織女東南行天市
中蛇行有尾長七八丈色赤照地又流星如斛長六七丈小
者六七枚隨之光照地又流星西北行有聲如雷望之如
火又照地是曰天狗
晉書曰惠帝永興元年七月流星有聲二年又有星隕有
聲後二年懷帝愍帝蒙塵劉元海石勒攻掠遂亡中夏



又曰懷帝永嘉元年有大流星如日自南流于東北小者
如斗相隨天盡赤有聲如雷是年汲桑斂東燕王騰明年
劉元海僭號
又曰穆帝永和十年流星大如斗色赤黄出織女沒造父
有聲如雷其年慕容儁據臨漳諸將奔散
又曰海西公大和四年十月有大流星西下有聲如雷明
年廣漢妖賊李弘反自稱聖王又慕容暐尅鄴盡有地明
年桓温廢帝
又曰孝武太元十三年天狗東北下有聲占曰此交戰流
血是後慕容垂翟遼姚萇苻登慕容永並阻兵爭強
宋書曰後廢帝元徽五年四月星隕于東南有聲如雷
崔鴻十六國春秋曰後趙石勒建平四年有流星大如尾
足形自北極西南流五十餘丈光明燭地墜于河聲聞九
百餘里其年石勒死而季龍殺勒諸子而簒位
隋書曰北齊孝昭皇建二年十月天狗下於鄴山於其下
講武獸之帝將至有兔驚馬帝肥墜馬而死
又曰武成清河三年春天狗南流下宋地彭城其年妖人
反於鄴入北城刼太師彭城王澂爲主澂不從見害
又曰周宣王大象元年五月有流星大如二斗器云從太
微端門流入有聲如翻旗其月靜帝立隋公揚堅專政俄
而禪位
又曰靜帝大定元年七月有大流星如斗出五車東北流
光明燭地是月趙王招越王盛以謀執政被誅
又曰隋煬帝大業十二年八月夜有大流星如斗出王良
閣道聲如頹墻其日又有大流星如瓮出羽林有聲明年
帝幸江都天下大亂



山海經曰金門之山有赤犬名曰天犬其所下者有兵郭璞
注曰周書天狗所止地須臾光飛天爲流星長數十
丈其疾如風聲如電光吳楚七國反時犬過梁野
兵書曰兩敵相望其雲氣如牛馬狀頭低尾仰曰天狗勿
與戰也

枉矢

河圖稽燿鉤曰辰星散爲枉矢流所射所誅
河圖曰枉矢東流天下恐
尚書運期授曰白帝之治六十四世其亡也枉矢射參
尚書中候曰夏桀無道枉矢射
洪範五行傳曰枉矢者弓矢之象也枉矢之所觸天下之
所伐滅亡之象也
春秋運斗樞曰黄帝行失樞則枉矢出射所誅謀易失樞之王故以
射之枉矢

春秋潛潭巴曰枉矢出臣不忠
又曰枉矢或南或北無聚衆伐戰國
論語摘輔象曰虛王反度枉矢合
史記天官書曰枉矢類大流星虵行而蒼黑望之如有毛
目
又曰項羽救鉅鹿枉矢西流山東遂合從西坑秦人屠咸陽
說苑曰秦二世立枉矢夜光俄而天下大亂二世被殺
晉書曰武帝元康四年枉矢北行竟天次年夜枉矢自北
斗魁東南行占曰以亂伐亂北斗主殺伐是後趙王倫殺
司空張華廢賈后終
自屠滅
又曰太熙元年有枉矢西南流懷帝永嘉四年劉聰嘉平
三年星起牽牛委曲虵形入紫宮其光照地其年帝爲劉聰



所害後三年聰死國亡
又曰愍帝建興三年枉矢自文昌北流至斗東如一疋布
絳虵行有手足因變爲雲氣如人象二臂一足至五年北
平人吴作聚衆千人立沙門爲天子四年帝降劉曜
又曰元帝大興三年枉矢出虛危沒翼大寧二年王敦殺
譙王承及甘卓
又曰穆帝昇平二年枉矢自東南流于西北其長半天時
所在擁兵政非己出
隋書曰齊昏侯永光三年春枉矢晝見西方長十餘丈其
年梁武舉兵東昏遇害
又曰隋煬帝大業十二年枉失二出北斗魁委曲虵形注
於南斗後二年宇文化及於江都僭號許王世充於東都
殺恭帝僭號鄭

蚩尤旗
河圖稽燿鉤曰熒惑散爲蚩尤旗主惑亂河圖提劉子曰
帝將怒蚩尤出于四野
史記曰天官書曰蚩尤之旗類彗而後曲象旗見則王者
征伐四方
魏志曰嘉平四年六持節奉法駕迎高貴鄉公元城是歲
白氣經天大將軍司馬景王問王肅其故肅曰此蚩尤之
旗也東南其有亂乎君若修己以安百姓則天下樂安者
歸德倡亂者先亡矣明年鎮東將軍毋丘儉楊州刺史
文欽果反○皇覽冢墓記曰蚩尤冢在東郡壽張縣闞鄉城
中高七丈民常十月祠之有赤氣出如降名爲蚩尤旗
獄漢
河圖稽燿鉤曰塡星散爲獄漢



春秋合誠圖曰獄漢主逐王獄漢塡星精所爲
史記天官書曰獄漢星孟康曰青中赤下有三彗從横一曰鎮星之精一名咸漢也出正
北北方之野星去地可六丈而赤數動察之中有青所出
非其方其下有兵衝不利
五殘
河圖稽燿鉤曰鎮星散爲五殘主奔亡
春秋合誠圖曰五殘主出亡
春秋考異郵曰五殘類辰星有角見則政在伯
史記天官書曰五殘星出正東東方東方之野星狀類辰星
去地可五六七文所出非其方其下有兵衝不利
山海經曰西王毋是司天之五殘
國皇
河圖稽燿鉤曰歲星之精流爲國皇主內難

春秋考異郵曰國皇大而赤類南極見則兵起天下急（宋均注曰南極老人星也）

續漢書天文志曰靈帝光和中國皇見東南角去地一二丈如炬火十餘日占曰國皇爲內亂外兵喪其後黄巾張角何進袁紹董卓亂燔燒宮室遷西京

格澤

廣雅曰格澤妖氣

史記天官書曰格澤星者如炎火之狀黄白起地而上下大上兊其見不種而穫不有土功必有大咎

旬始

河圖稽燿鉤曰填星散爲旬始主招横

春秋合誠圖曰旬始主爭兵

春秋考異郵曰旬始照其下必有滅主



廣雅曰旬始妖氣也

史記天官書曰旬始出於北斗旁狀如雄雞其色青黑象伏鼈

楚辭遠遊集曰重陽入帝宮造旬始而觀清都

司馬相如大人賦曰垂旬始以爲幓（孟康曰旬始氣如雄雞在北斗傍懸於幓下以爲十二旒　幓音所銜切）

營頭

占曰流星晝行亡君之戒一曰流星晝名營頭營頭而下流血滂滂一曰有雲如懷山墮所謂營頭之星其所墮覆軍流血

續漢書天文志曰王莽地皇四年遣王尋王邑將兵至昆陽圍城數重晝有雲氣如懷山墮軍上軍人皆厭所謂營頭之星也占曰營頭之所墮其下覆軍流血三千里是時光武將兵數千人赴救昆陽擊二公會天大風飛屋瓦雨如注水二公亂敗死者數萬人

晉書曰惠帝太和二年星晝流矢北下光變目有聲如雷占曰爲營首營首所在其下有大亂流血

又曰穆帝永和八年日未入有流星大如三斗甖從辰巳上東南行在箕斗間占曰營首之下流血滂沲是年慕容儁稱大燕攻伐無已

漢

詩推度災曰逆天地絶人倫則天漢滅見

史記天官書曰漢者金氣之散其本漢水中星多則水少則旱。書紀年曰晉定六年漢不見于天

蓬星

漢書天文志曰孝景中三年六月壬戌蓬星見西南在房



南大如二斗器色白癸亥在心東北甲子在尾北丁卯在箕北近漢稍小且去時大如桃壬申去凡十日占曰蓬星出必有亂臣房心間天子宮也是時梁王欲爲漢嗣使人漢諍臣袁盎

晉中興書曰太元二十年九月有蓬星如粉絮東行歷女虛危及哭星

太平御覽卷第八百七十五

# 太平御覽卷第八百七十六

## 咎徵部三

風　赤風　黑風　赤風

雷　冬雷　霹靂　無雲而雷

### 風

尚書洪範咎徵曰蒙恒風若（君行蒙暗則常風順之也）

禮記月令曰孟春行夏令飄風暴雨總至季秋行春令則煖風來至

京房易傳曰后專擇厥風疾而樹不搖不循道厥風不搖草

京房別對災異曰迴風起何風者天之號令也當直而正普而不偏佞人衆君迷惑則迴風起不救則致逆風起其救也用公直黜邪枉此災消矣

春秋潛潭巴曰疾風拔木讒臣恣忠臣辱

史記曰殷紂末年大風飄牛馬壞屋拔樹飛颺數十里周滅之

又曰秦始皇二十八年渡淮至衡山浮江至湘遇大風博士云堯女舜妻葬於此始皇怒使刑人三千人伐湘山樹明年東遊至博浪沙中為盜所驚乃令天下大索焉

又曰項羽背約都彭城漢祖伐之圍漢三重大風從西北起折木發屋楚軍大亂

漢書曰呂后崩後呂產執北軍朱虛侯劉章入宮衛帝見產廷中遂擊產走大風起從官莫敢鬬章逐產殺之

又曰昭帝時燕王旦都薊大風拔宮樹十六吹壞城樓王反伏誅

又曰濟北王興居反始舉兵大風從東吹其旌旗飛上墮城西井中馬皆悲鳴不進李廓切諫王不聽俄而兵敗自殺

又曰平帝元始四年冬大風吹長安城門屋瓦盡

又曰王莽天鳳年大風拔樹飛北闕城門屋瓦緣邊大飢人相食

又曰地皇四年大風毀王路其年司徒王尋司空王邑守昆陽光武起兵南陽至昆陽攻之大風雷屋瓦皆飛雨下如注滍川盛溢尋邑乘死人而渡王尋見殺軍人皆散走王邑還長安莽敗俱殺之

後漢書曰安帝時京師大風拔南郊梓樹九十六後海賊張伯路略九郡

魏畧曰正始元年商風大起數十日發屋拔樹動太極殿東閣正大會風又甚傾盃按曹爽將誅之徵毋丘儉反景王率衆征之



晉書曰吳孫權太元初大風江海湧溢平地水深八尺拔高陵樹二千株動吳城兩門瓦飛落是時賦役繁重明年權死

又曰孫休永安元年十二月孫綝出屯武昌衛士施朔告綝欲反綝聞之大懼是夜大風四轉五復發屋折木揚沙石綝益恐明日臈會稱疾休強起之不得已乃至會張布丁奉自左右縛之綝叩頭請為奴不許乃斬之

又曰孫皓末年狂暴丞相陸抗與大司馬大丁奉謀欲廢皓太史令陳苗奏久陰不雨風氣迴逆將有陰謀皓深驚懼抗遂寢其事

又曰晉武帝咸寧三年八月大風拔木暴寒且冰其年吳將孫慎入江夏太康末京都風發屋拔木

又曰惠帝永康中六月飄風吹賈謐朝衣飛數百丈明年
謐誅其年十一月京都大風發屋折木十二月愍懷太子
幽于金墉
又曰永康元年四月張華舍飆風起折木飛繒軸六七枚
是月趙王倫矯制廢賈后害張華裴頠等
又曰趙王倫篡位改元建始祠太廟風暴起黃塵四合其
年倫誅
又曰元帝永昌中大風拔木壞屋拔御道柳百餘株時王
敦害尚書刁協僕射周顗等
又曰成帝時劉胤鎮尋陽有迴風從東來入胤船户西出
狀如疋練長五六丈術人戴洋曰有刀兵死喪之亂須胤
爲郭默所害
王隱晉書曰王澄在荊州率衆軍次江陵之東堂皇北救

國難飄風折其節後爲王敦所殺
晉中興書曰桓玄入建康宮逆風迅激旌旗不立儀飾
皆傾偃是月酷寒此日尤甚急恒寒若之應也出遊門外
飄風飛其儀蓋
又曰苻堅三年長安大風堅宮中樹悉拔是歲王猛死
沈約宋書曰孝武帝大明七年風吹初寧陵隧口左標折
鍾山通天臺新成飛倒散落山澗
又曰徐羨之文帝初作揚州有摽風自西明門須臾入城
直至廳前繞帽及蕭遙遠雲際尋羨之爲文帝所誅
又曰文帝元嘉九年壽陽驟雨有迴風雲霧廣三十步從
南來至城西迴散滅當其衝者室樹木皆摧到其年晉寧
太守爨松子反
又曰元嘉三十年正月朔上會羣臣於大極殿有大風拔
木雷電晦暝凍殺牛馬及人明年太子劭逆也
又曰孝武時柳太尉乘車行還於庭中洗車有大風從門
而入直來衝車有聲車蓋覆向天其年明帝立合門被殺
又曰竟陵王誕文帝子孝武時鎮京口夜大風吹落屋瓦
城門鹿床倒覆反鎮廣陵將入城衝風暴起俄而反伏誅
又曰順帝昇明二年飄風起建康縣吹帛一疋入雲風止
下於御道上俄而宋授禪其君爲疋夫之象
齊書曰明帝建武末大風拔東宮門外楊樹齊木行東木
位其衰乎至東昏侯立狂亂被害
又曰東昏侯寶卷永元元年始安王遙光知政入城有飄
風飄儀繖出城外火日而反被殺
又曰崔惠景圍臺城有一五色幡風吹飛翔在雲中半日
乃下衆見皆驚怖相謂曰幡者事當翻覆數日惠景敗

隋書曰梁武帝太清二年九月邵陵王綸出頓丘下其日
天色陰慘風塵蕭瑟咸以出軍不祥十一月綸至江遇風
亟溺人馬多損
又曰大寶元年邵陵攜王綸出鎮南浦僭擬施幔帳無何
風起吹投於江後爲侯景將任約所襲綸敗走保汝南爲
魏將侯萬通所攻城陷被殺
又曰元帝承聖三年帝觀講武乎津陽門風雨物集普天昏
暗旗幟飄亂帝趨駕而迴無復次序還宮至城風雨頓息
竊驚俄爲魏軍所執送岳陽殺之
又曰元帝徐妃初嫁夕車至州西疾風大起發屋折木無
何雪霰交下帷簾皆白及還之日又大雷震西州廳兩柱
碎以爲不祥妃竟以淫穢自殺
又曰梁岳陽王詧昭明太子之子西魏立爲梁主其年至

江陵結營夜疾風甚雨水平地數尺其月晉乃夜遁爲諸
蠻斷於山路墜馬僅得脫
又曰侯景篡梁拜南郊登壇大風拔木物盡吹散見者莫
不驚駭俄而景被殺
崔鴻十六國春秋曰北燕馮跋太平二十一年二月飄風入
征南大將軍上黨公姚昭宅至于司徒中山公宅而散上黨
公家人聞太史閔尚曰風者天之號令所以吹塵去穢除
姦慝之禍至二十二年跋弟弘篡立以姚昭爲大司馬昭
貪暴其子肇諫曰大人不聞飄風之怪昭不納明年馮弘
殺昭并諸子姪四十餘人
又曰前秦符生壽光元年長安大風發屋拔樹行人顛頓
宮中奔擾或稱賊至門晝閉五日乃止生推告賊者殺之
刳出其心左光祿大夫強平諫曰元正盛曉日有蝕之正

陽神朔風昏大起願陛下務養元元生大怒鑿其頂而殺
之
又曰符堅建元十八年三月大風吹壞長安西門拔宮中
大樹倒根於上至二十一年堅爲姚萇所殺
又曰李期玉恒四年三月大風拔樹發屋四月爲李壽所
殺
又曰蜀李壽漢興三年二月大風暴雨震端門至六年壽
死子勢立三年爲晉將桓溫所滅
又曰前趙劉曜葬其父母費用億計發掘古冢暴骸原野
哭聲盈衢大霖雨震曜父墓門屋大風飄發其父寢堂于
外垣五十餘步松栢衆木植已成林至是悉枯死曜竟爲
石勒所擒
又曰劉曜末年與石季龍對軍不撫士衆專與嬖臣博飲

左右諫之以爲妖言斬之大風拔木昏霧四塞須史見擒
又曰前凉張玄靜四年六月大風震雷晦冥宮中兩水深
四尺時宋混兄弟擅權玄靜虛坐而已
後魏書曰孝文太和中安定王禎出爲湘州刺史至日暴
風大雨凍死者數十是月禎發背死後宣武延昌三年章
武王熈除湘州刺史七月入理其日大風雨凍死者二十
餘人驢馬凍死數十熈聞相父禎前事心甚惡之俄而舉
兵反伏誅
齊書曰後主天統年大風晝晦發屋拔木和士開譖趙王
叡生坐死士開出入宮掖胡太后幸之琅邪王儼矯詔殺
士開於南臺儼伏誅
又曰後主末年安德王延宗鄴下宅被風吹其廳棟攘相
運置外數百步後主敗爲王二日被擒入周賜死

陳書曰陳文帝天嘉三年梁永嘉王將司空王琳與陳將
侯禎對軍其日東西風吹琳舟艦琳軍大敗
又曰天嘉六年大風西南吹靈臺候樓倒
又曰後主至德年風吹朱雀門倒又禎明年大雨風自西
北激濤水入石頭城時後主昏誅諫臣沈客卿明年陳亡
又曰隋文帝開皇中宮都大風發屋拔木時獨狐皇后干
預政事後宮多有濫死又楊素邪佞
又曰開皇末泰州商胡乘騾遇暴風飄上空數百丈俄而
墜下人騾俱碎時晉王廣矯詐取媚謀危太子勇竟廢
死立廣爲太子
淮南子曰人主之精通于天故誅暴則多飄

暴風

京房易妖占曰獄吏暴害人臣專政暴風折木

又曰暴風折柱邑大憂暴風折木吹草上屋且有急令獨祿風入宮人主死飄數相從入殿門有凶疾憂以此亡飄留君門一日一夜不去亂兵在門獨祿風者回轉風也

京房别對災異曰狂風發何人君政教無法爲下所逆則致狂風發泄其救也脩政教聘賢士狂風消矣

又曰人君賊罰良善政教無常使命數變則致暴風折木發屋鳴瓦或害殺人其救也脩舊典任忠臣思過自改則風災消

六韜曰人主好田獵畢弋則歲多大風飄牛馬發屋拔木民人飛楊數十里

漢書曰文帝時吴暴風雨壞城門吴王濞反卒服誅其年楚王都彭城大風毀市門殺人後王與吴王濞謀反同誅

京房曰衆逆同志暴風將起



晉書曰孝武太元二年春暴風折木發屋夏又暴風楊沙石三年又暴風折木發屋時苻堅強盛

又曰安帝元興初夜大風雨大航門飛落明年桓玄篡位

沈約宋書曰前廢帝義符時正月朔朝暴風發殿前會席翻楊數十丈至五月帝廢爲榮陽王

梁書曰昭明太子孫棟簡文大寶二年八月爲侯景廢棟時與妃張氏鋤菜而法駕至驚懼而泣昇輦及即位昇武德殿備陳文物於庭有暴風自東來吹旌旗悉倒又有迴風從地踊起折竿翻飛華蓋經出端門不見陪列者驚駭時人知其不終十一月景廢棟景乃篡立

崔鴻十六國春秋曰南燕慕容超僭位祠南郊將登壇大風暴起天地晝昏行宮羽儀皆壞裂後超爲晉將劉裕所滅斬於建康市

又曰慕容盛建平元年八月暴風拔闕前七大樹其月步兵校尉馬勒謀反伏誅至長樂三年盛爲段璣于泰所殺

又曰後燕慕容垂遣太子寶伐魏次參合忽大風黑氣狀若堤防臨覆軍上沙門支曇猛言於寶曰風氣暴逆魏軍將至宜遣兵禦之寶笑而不納俄黄霧四塞日月晦冥魏師至三軍奔潰其年垂死

又曰石季龍死子遵立其月夜暴風拔樹震雷雨雹俄而遵見殺

隋書曰太子勇朝高祖於仁壽宮還至岐山妃元氏止于周大王廟因縱騎獵須臾暴風折樹雨雪深至人膝天晦暝咫尺不相見妃因心痛再宿而死勇後廢爲庶人煬帝殺之

又曰太子勇廢立晉王爲皇太子當受册高祖曰吾以大



興公成帝業令出舍大興縣其夜烈風大雪地裂山崩民舍多壞死者百餘

又曰煬帝大業十四年三月在江都蜀王秀囚於右驍衛營暴風吹塵晝昏識者大以爲暴秀謂防者曰吾生年已來未見斯變亡國之禍應在旦夕其日夜宇文化及司馬德戡裴乾通反

唐書曰玄宗天寶十一年潼關口女媧墓因風雨失所在後至肅宗乾元二年五月一日其墓復舊

## 黑風

後漢書曰世祖太常元年二月京師有黑風竟天廣五十餘丈其年四月沮渠蒙遜寇張掖

古今五行志曰大業十三年二月李密於鞏縣南設壇刑白馬祭天稱魏公置僚佐改元升壇時有黑風從南北暴

至吹客衣冠及僚屬皆匍匐于壇下沙塵暗天咫尺不相見良久息賊軍惡之俄而客敗

## 赤風

春秋潛潭巴曰天赤有大風發屋折木兵大起行千里

漢書曰建元四年夏有風赤如血六月旱

崔鴻十六國春秋曰張天錫十一年有赤風昏闇至十三年苻堅滅之

## 雷

古今五行記曰夏桀末年雷震殺人其年湯放之

左傳曰僖公十五年九月晦震夷伯之廟董仲舒以爲夷伯季氏之陪臣不當有廟明絶去僭差之類

河圖曰臣僭奢下犯主則雷電擊朝

京氏易五星占曰雷霆殺人何夫雷天抱難之折衝也人



君承用節度與雷風以節暴行威福則雷霆殺人其救也議獄緩死則災銷矣

京房別對災異曰雷鳴連而不絶者何夫雷鳴萬里懼今鳴不絶此謂人君行政事民不恐懼也故致游雷之災雷當先電而鳴今雷電俱出或鳴而後電何此謂執法者貪所致災也

後漢書曰桓帝建和三年六月雷震憲陵寢屋先是太后聽兄梁冀枉殺李固杜喬

魏志曰魏明帝景初中洛陽水橋同日俱震時勞役大起

古今五行記曰吴孫權赤烏八年夏雷震宮門柱又擊南津橋至十三年廢太子和立子亮

又曰晉惠帝永康初六月震崇陽陵標西南五百步標破時賈后陷害大臣終見殺

晉中興書徵祥說曰元興三年永安王皇后至自巴陵將設威儀入宮天大雷震人馬多死

沈約宋書曰元嘉十四年震初寧陵標四破至地十七年廢大將軍彭城王義康

後魏書曰太祖天賜六年震天安殿東序帝惡之令佐校以衝車攻殿東西兩序屋毀之

唐書曰太宗貞觀十一年四月震乾元殿前槐樹

## 冬雷

京房易妖占曰天冬雷地必震教令撓則冬雷民飢

漢書曰昭帝五年十一月大雷震十二月丞相王訢薨

後漢書曰安帝永初六年十月郡國大雷延光四年十月郡國九三十雷時鄧太后專政帝不親萬機



晉書曰吴孫亮建興初十二月大風雷亮見廢

又曰愍帝建興初十一月大雨雷震劉向以雷二月出八月入於此月雷電者陽不閉藏失節之異是時九州幅裂至四年帝降劉曜害之

晉中興書徵祥說曰太興元年十一月京都雷震凡未應雷而雷皆恒燠也

又曰升平二年十一月雷時皇太后臨朝政舒緩也

崔鴻十六國春秋後趙録曰建武十三年十二月雷大雨霖石虎問佛圖澄此何災也澄曰其爲我耳至戊子而卒

又曰前秦苻登攻姚萇冬大雷姚萇營殺七人萇軍大敗

## 霹靂

春秋合誠圖曰霹靂擊於宮殿者妃后爭政

春秋潛潭巴曰霹靂擊宮失君精泄下有謀起（宋均曰君精泄去也）
春秋繁露曰王言不從革而秋多霹靂霹靂者金氣也其
音商故應之
續晉陽春秋曰太元五年霹靂含章殿四柱殺內侍二人
晉朝雜事曰元康七年霹靂破高禖石占曰賈后將殺愍
懷
趙書曰前石時暴風雷雨霹靂雲臺壞署婦人震死瘞之
三日重霹靂出之
蔡邕封事曰臣聞天降災異緣象而至霹靂數發殆刑誅
繁多之所生

無雲而雷

洪範五行傳曰秦二世元年無雲而雷雷陽也雲陰也有
雲然後有雷有臣然後有君無雲而雷示君獨處無民臣



也
史記曰晉莊伯八年無雲而雷十年莊伯以曲沃叛
又曰幽公十二年無雲而雷至十八年晉夫人秦嬴賊君
于高寢
又曰秦二世時無雲而雷二世不恤天下有怨叛之心是
歲陳勝起兵天下亂
漢書曰武帝征和四年天清晏無雲有雷聲聞四百里至後
年侍中莽何羅反
又曰成帝元延元年夏無雲而雷光耀四照昏乃止是歲趙
飛鷰害後宮皇子
後漢書曰獻帝初平四年無雲而雷時天下大兵人民相
食
晉書曰惠帝太安二年四月諸將立李特子雄為王八月
天中裂為二無雲而雷成都王穎舉兵逼京師
又曰太安二年無雲而雷其年張方入京燒服御死者萬
計石趙逼帝幸于緱氏王師不利大飢人相食
梁書曰大通六年十二月西南無雲有聲如雷至地是年
魏分為二東西各主
崔鴻十六國春秋曰張重華三十九年十月無雲而雷聲
皆東南引四十一年重華死子曜靈立為叔祚簒之
又曰南燕慕容超太上二年無雲而雷七年為晉將劉裕
所殺
隋書曰文帝開皇二十年二月無雲而雷四月有聲如瀉
水自南而北
又曰無雲而雷（其年立晉王廣為太子皇太子）勇廢為庶人立晉王為太子
唐書曰則天時宗楚客以佞幸為內史受命之日無雲而
雷聲震裂未周歲而誅



太平御覽卷第八百七十六

太平御覽卷第八百七十七

咎徵部四

雲　五色雲　青雲　黃雲
赤雲　黑雲　氣　白氣
赤氣　黑氣　雨　無雲而雨
雨土　雨沙　雨灰　雨血
雨肉　雨毛　雨水　雨花
雨草　雨穀　雨魚　雨螽
雨錢　雨水銀　雨金　雨續
雨帛

雲

周禮春官曰眡祲掌十煇之法以觀妖祥四曰監八曰叙（鄭司農曰監雲氣臨日也叙者雲有次叙如山在日上也）



又曰保章氏以五雲之物辨吉凶水旱降豐荒之祲象（鄭玄曰物色也視日旁氣雲之色降下也知水旱所下之國鄭司農曰以二至二分觀雲色青為虫白為喪赤為兵荒黑為水黃為豐故春秋傳曰凡分至啓閉必書雲物為備故也）

京房易妖占曰天無雲雲自出且有兵出邑且有水如帶如鳥其下有兵

洪範五行傳曰雲者起於山彌於天雲陰也王者失中臣下咸蔽君不明則雲陰衆多蔽天光有雲如衆謂風師法有大兵

呂氏春秋曰亂國之主衆邪之所積其雲狀有若犬若馬若白鵠若衆軍其狀若人蒼衣赤首不動其名天衡其狀若懸旌而赤其名曰雲旌有狀衆馬以鬬其名曰涓

春秋潛潭巴曰雲氣沐沐不濁賢人去位小人得祿

東觀漢記曰二公園昆陽正晝有雲直營而隕不及地而散吏皆壓佐

袁山松後漢書曰中平四年雲氣如足相次重疊彌天

國志曆曰晉咸和元年七月雲鬬聲如暴風雨

五色雲

宋書曰前廢帝景平二年有雲五色如錦其年五月司空徐羨之廢帝為滎陽王

青雲

河圖曰青雲刺月五穀不熟傍多赤雲如人頭大戰月旁有白雲如杵者三貫月六十日内有兵戰月始出有黑雲貫名激雲不出三日暴雨

黃雲

崔鴻十六國春秋曰後趙石勒建平四年有赤黃雲如幕長數十疋其年勒死



又曰冉閔永興三年有雲黃赤色起東北長百餘丈是歲閔為慕容儁所殺

春秋運斗樞曰勢集於后族羣妃之黨僭黃雲四合女訛驚邦

春秋感精符曰妻黨翔則黃雲入國（候今冬至日見雲黑有水雲赤白如人頭懸鏡之狀禍流）

赤雲

左傳曰哀公六年有雲如衆赤鳥夾日而飛三日楚昭王使問周太史太史曰其當王身乎若禜之可移於令尹司馬王弗禜而卒孔子曰楚昭王知天道矣不失國宜哉

黑雲

趙書曰石虎建武四年東南卒有雲黑稍分為三疋又貫日日没後分為七枚相去數十丈其間有白雲如魚鱗虎

子韜曰當有刺客後果爲太子宣所殺

氣

釋名曰祲祲也赤黑之氣相侵也

周禮曰春官眡祲掌十煇之法以觀妖祥一曰祲（鄭司農云祲陰陽氣相侵也）

左傳曰昭公十五年春將禘于武公戒百官梓愼曰禘之日其有咎乎吾見赤黑之祲非祭祥也喪氣也其在涖事乎二月癸貞禘叔弓涖事籥入而卒

春秋運斗樞曰赤人刺房（赤人賊氣而刺房房天王之明堂火星也）

呂氏春秋曰亂國之王其氣有豊上斂下有若水之狀有若山之狀春黃夏黑秋蒼冬赤

崔鴻十六國春秋北凉録曰玄始十一年春正月饗群臣于謙光殿沮渠蒙遜曰南方有惡氣經天暴兵衆也不出一旬必有冦問命治兵東苑以備之西秦遣騎七千來襲至縣孫候領聞有備而還

三輔舊事曰漢作靈臺以四孟之月登臺而觀黃氣爲疾病赤氣爲兵黑氣爲水也



白氣

漢書曰哀帝建平元年有白氣從地至天出参下貫太廟廣如疋布長十餘丈哀帝陰病候也

續漢書曰孝和（永元十六年）四月丁未紫宮中生白氣如粉絮占爲喪

又曰孝靈熹平二年八月辛未白氣如疋練衝北斗第四星占爲大戰明年冬揚州刺史臧旻攻盗賊於建康斬首數千級

蜀李書曰哀帝即位有白氣二道帶天望氣者言宮中有伏兵果爲邛都公所害也

晉書曰懷帝永嘉三年十二月有白氣如帶自地昇天南北各二至五年石勒劉曜王彌皆冦洛陽帝蒙塵于平陽劉聰封帝爲會稽公

又曰成帝咸和元年後蜀李雄王衡二十四年雄死太子班立有白氣如帶經天太史占有陰謀班不悟爲李期所殺

宋書曰文帝元嘉二十六年十二月夜有白氣貫於北斗屬子地至明年魏太武至瓜步江

陳書曰文帝天嘉五年六月夜有白氣兩道出于北斗東南屬子地後年四月帝崩太子伯宗立廢爲臨海王

又曰宣帝太建五年二月夜有白氣貫于北斗紫宮屬子地至明年北齊兵至于江



隋書曰蕭吉煬帝嗣位拜太府少卿行經華陰見楊素家上有白氣屬天密言於帝帝問其故吉曰其後素家當兵禍絶滅之象改葬可免帝後謂玄感曰公家宜改葬玄感亦微知其故以爲吉祥託以遼東未滅不遑私門之事未幾玄感以反族誅

赤氣

漢書曰成帝永始三年二月癸未夜東方有赤白色氣大三四圍長二三丈索索如樹南方有大樹四五圍下莖十五餘丈皆不至地讖占曰東客之變氣狀如樹木以此知四方欲動者明年十二月巳卯尉氏男子楚並等謀反庚子山陽讖官亡徒蘇令等爲大賊一日有兩氣同時起而並令等同月而俱發

又曰王莽建國四年夏赤氣出東南竟天明年二月元帝

王皇后崩
後漢書曰獻帝興平末年夜有赤氣貫紫宮明年改元建安政歸曹氏
晉書曰惠帝大安二年赤氣竟天又永興二年十一月夜有赤氣竟天其年十二月成都王穎攻洛陽
又曰懷帝永嘉元年正月天氣晝赤氣有聲如雷明年劉元海僭位
宋書曰文帝元嘉七年十一月西北有赤氣中黑如旌旗至八年滑臺爲魏軍圍粮盡城中燻鼠而食之
後魏書曰莊帝永安三年十一月己丑有赤氣如霧從顯陽殿階西南角斜屬廊高一丈連地如絳紗自未至戌不滅帝見而惡之
隋書曰周靜帝大定元年有赤氣起西方東行遍天下七月隋公堅禪



又曰隋大業末越王侗東都留守爲王世充所幽世充自立爲丞相百官總已於尚書省受冊設樂文武陪位於廳西有赤氣如絳幔自辰至戌而滅旬日世充乃殺朝士元文都盧楚遂簒位

黑氣

史記曰周靈王二十年有五黑氣如日至景王五大夫爭權
後漢書曰靈帝光和元年六月有黑氣墮所御溫德殿庭十月皇后宋氏廢至中平元年鉅鹿人張角稱黃巾帥部三十六萬同反叛
宋書曰明帝太始二年二月夜有黑氣五東西經天南行
隋書曰梁元帝承聖三年六月有黑氣如龍見殿內其年元帝爲西魏所擒
又曰陳廢帝臨海王時十月日入時有黑氣如雲入日中其年見廢

雨

史記曰夏桀末年大雨水後爲湯所放
京房易妖占曰雨鳴瓦任威武大臣專擅霖雨壞道
尚書洪範咎徵曰狂恒雨若（君行妄則常雨）
左傳曰莊公十一年秋宋大水公使弔焉曰天作淫雨害於粢盛若之何不弔對曰孤實不敬天降之災又以爲君憂拜命之辱
春秋繁露曰木有變則春多雨此徭役衆賦斂重故也
京氏別對災異曰人君擅私恩恣意縱情不與臣下同謀即致偏雨夜墮也不救致苦雨降萬民愁勞水絕道其救也興公道無私黨此災消矣



漢書曰文帝後三年秋大雨晝夜不絕三十五日流殺民家新垣平謀反之徵
又曰昭帝時秋大雨自七月至十月時帝幼霍光專政
又曰成帝時秋大雨四十餘日時王氏舉宗在朝之應
又曰哀帝時夏大雨雹又冬大風雨雹其年郡國四十一雨水明年京師及郡國又四十一雨水海賊張伯路與平原劉文光等攻厭次殺令長
又曰王莽地皇中赤眉殺太師羲仲莽遣太師王匡討之莽兵出東都門外天大雨沾衣長安父老歎曰是爲軍泣時百姓飢荒莽令煮草爲酪不可食重於煩費
又曰四年六月光武兵至昆陽莽使司徒王尋司空王邑將兵百萬圍之會天大風飛屋瓦雨下如注二公兵亂敗

自相殘殺湍水爲之不流
後漢書曰靈帝時夏京師大雨水其秋中常侍曹節矯詔誅太傅陳蕃將軍竇武遷太后於北宮至醴京師又骸枓縣出其年竇太后崩是苦雨之應也
又曰獻帝初平初董卓逼帝入長安將入宮日大雨晝昏卓殺太傅袁隗太僕袁基及男女宗族五十餘人
又曰獻帝時夏大雨水時曹操殺皇后伏氏
又曰獻帝末司徒王允殺董卓卓將李傕郭汜攻陷長安殺戮甚衆乃收卓尸葬於郿葬日大風雨雨水從藏溢漂卓棺出於穴俄而傕汜皆被殺
續漢書曰建光元年京都及郡國二十九淫雨傷稼是時葹反父未平百姓屯戍不解愁苦
又曰桓帝延熹二年夏霖雨五十餘日是時大將軍梁冀



秉政
又曰靈帝建寧元年夏霖雨六十餘日是時大將軍竇武謀廢中官其年九月長樂五官史朱瑀等共中常侍曹節起兵闕下武敗走追斬武兄弟死者數百人
魏志曰明帝時大雨殺鳥雀時帝居喪不哀出入弋獵故有恒雨爲罰之變
晉書曰元帝時大雨四十餘日晝夜雷電時王敦興兵王師敗績
又曰成帝時頻年大雨恒雷時蘇峻餘黨猶據石頭帝幼權在臣下也
齊書曰明帝時王敬則爲大司馬拜日大雨洪注文武失色敬則後竟被誅
崔鴻十六國春秋曰後趙石勒將冠鄴霖雨三月不止王師敗季龍于臣靈口赴水死者五百餘人勒軍大飢相食
又曰石勒元年大霖雨滹沱泛溢衝山陷谷巨松僵拔東至于海原隰之間皆如山積後文鴦擊勒孔萇大敗而歸後又霖雨中山暴水流漂巨木百萬後有季龍篡奪之事
隋書曰魏靜帝時大雨七十餘日後元瑾荀濟劉思逸謀殺齊文宣不遂咸被誅
又曰北齊武成清河年大雨晝夜不息數十日山東大水人多餓死是年匈奴來寇并州
又曰後主大統三年積陰大雨時太后淫亂也
隋書曰文帝仁壽元年夏驟雨震雷大風拔木宜君湫水移於始平明年獨孤后崩
唐書曰則天長安四年九月霖雨兼雪凡陰一百五十餘日至神龍元年正月五王誅二張孝和反正方見晴



霽
又曰德宗貞元二十一年順宗風病王叔文用事連月陰雨不霽乃以憲宗爲皇太子制出日即晴傳所謂皇之不極厥罰恒陰皆此類也

無雲而雨

春秋感精符曰失陽事則無雲而雨宋均注曰四月純陽用事失陽故無雲而雨也
河圖祕徵曰主急妄怒失陽事則主無雲而雨
京氏別對災異曰無雲暴雨何人君封拜無功進無德則致不雲而暴雨過惡暴楊誅反受罪密雲而不雨其救也誅疆卹弱信及兆民雲雨時也
隋書曰梁武帝時雨自七月至十月是時頻年興師士卒疲弊

又曰元帝承聖中湘州賊陸納推李洪雅爲王羽儀器甲甚精徒黨勇鋭時天日晴明初無雲霧軍發之際忽然風雨時人謂爲軍泣百姓竊言知其敗也元帝命竟陵太守王僧辯討平之

京房曰若出軍之日無雲而雨此天泣軍没不還雨不沾衣名曰鬼泣其軍必敗

抱朴子曰無雲而雨是爲雨血將軍當楊兵講武以應之大雨軍中甚必無功

雨土

京房易傳曰内淫亂百姓勞苦則天雨土此小人將起是謂黄生月土失其性則雨塵土沙灰皆土之類

尚書中侯曰夏桀無道山亡土崩殷紂時十日雨土於亳紂竟國滅



伏侯古今注曰漢武帝元朔四年雨土

又曰昭帝始元二年雨土晝昏

又曰元帝建昭四年雨土

梁書曰武帝大同元年雨土二年又雨黄塵如雪攬之盈掬時帝溺於佛法興造尤甚

後魏書曰世宗景明四年凉州雨土如霧時舅尚書令高肇專政俄而被殺

隋書曰隋文帝開皇二年京師雨土四年關中亂飢諸王各謀爲逆時内營都邑後起仁壽宮丁匠死者太半

雨沙

隋書曰梁簡文時雨黄沙時侯景陵上其年人相食

雨灰

隋書曰梁武大同年雨灰色黄時帝惡人勝已又信佛法捨身爲奴蔽賢絶道後有侯景之亂

雨血

戰國策曰齊湣王三十一年侵伐隣國窮兵極武外怨於諸侯内失於百姓燕將樂毅連五國兵以伐之湣王出走楚使淖齒救齊淖齒謂王曰夫千乗博昌間地方數百里雨血沾衣嬴博之地垢及至泉有人當闕而哭求之不得去則又聞其聲王悉知之乎王曰不知淖齒曰天地人皆以告矣而王不知何得無誅遂殺湣王以與燕闘而敗

漢書曰惠帝時宜陽雨血一頃時諸吕用事殺三皇子建立非嗣退大臣王陵趙堯周昌后崩大臣共誅滅諸吕僵尸流血之應

又曰哀帝時山陽雨血廣三尺長五尺大者如錢小者如麻後二年王莽擅朝誅貴戚丁傅董賢用事



晉書曰惠帝永康元年三月尉氏雨血明年正月趙王倫篡位遷帝於金墉城其後天下大兵禍流王室

崔鴻十六國春秋曰前趙劉聰建元元年十二月雨血於左司隷寺覆地其月又雨血東宫延明殿徹瓦在地者深五寸二年四月雨血於東宫其年十二月又雨血於東宫廣袤頃餘麟嘉元年二月雨血東宫其月又雨血於光極殿來年雨血平陽廣袤十里其月聰死劉粲爲靳准所殺

又曰後趙石遵時雨血周遍鄴城俄爲石鑒冉閔所廢閔遂滅石氏誅胡人

又曰南燕慕容超將敗東萊雨血俄而國亡

又曰後蜀李勢末年天雨血俄降於桓温也

隋書曰文帝時突厥雍閭可汗境内雨血三日俄而爲隋師所滅

唐書曰高祖武徳初突厥處羅可汗欲侵中夏會天雨血三日乃止而處羅疽發而死

雨肉

後漢書曰桓帝時蕨縣雨肉似羊肺大如手時梁冀專政盗賊攻掠明年梁大后崩冀亦敗

魏志曰公孫淵將亡襄平北市生肉長圍各數丈有頭目口喙無手足而動揺占曰有形不成有體無聲其國滅亡其年司馬宣王討平之

晉書曰愍帝建興元年十二月河東雨肉劉石擁兵帝竟没遇害

崔鴻十六國春秋曰前趙劉聰時有流星起于牽牛入紫宮龍形委曲蛇行光照地落于平陽北十里視之則肉臭聞平陽長三十歩旁常有哭聲

墨子曰殷紂滅年天雨肉其年爲周武王所滅

雨毛

京房曰邪進賢退前樂後憂金失其性則雨毛也

漢書曰武帝時天雨白毛明年又雨之時征役繁興户口凋散

晉書曰武帝時蜀雨白毛益州刺史皇甫晏爲牙門張弘謀害

隋書曰文帝開皇六年京師雨毛如馬尾長者二尺餘六七寸其月梁士彦宇文忻劉昉以謀反誅明年發十萬人築長城又於楊州開山造瀆以通運衆役繁興雨毛之應

雨氷

漢書曰桓帝時京師雨氷其年皇后梁氏崩梁冀與妻自殺○崔鴻十六國春秋曰涼張駿二年九月雨氷狀若絲



纊皆着草

雨花

隋書曰文帝仁壽年在仁壽宮頻天雨花大者徑寸小者如榆莢○又曰毛州天雨金銀花遍四十餘里

雨草

京房曰君怯禄信衰厥妖雨草火失其性則草妖

漢書曰元帝時雨草而葉相摎結大如彈丸時帝外氏權盛京房曰國破亡若雨蘗人主殃

又曰平帝時雨草狀如元帝時王氏專政至於莽乃簒位政在私門之家

宋書曰明帝太始四年雨草于宮明年魏侵青州殺太守

雨穀

史記曰梁惠成王八年雨黍于齊

京房曰雨五穀人相食

又曰燕丹因於秦天雨粟於燕後秦滅之

後漢書曰光武末陳留雨粟形如稗實

雨魚

漢書曰成帝時雨魚長五寸已下時王氏專政

崔鴻十六國春秋曰後蜀李期末年大雨魚於宮中其色黄其年爲李壽廢殺之

又曰夏赫連勃勃鳳翔元年五月雨魚于統萬時興役尤甚

雨螽

史記曰魯文公三年雨螽劉向以爲宋殺大夫而無罪有暴虐賦斂之應

雨錢

廣五行記曰後魏宣武景明年海陵人黃尋家貧忽風雨錢飛至家後巨富錢數萬其後被誅

雨水銀

隋書曰文帝仁壽四年八月仁壽宮內再雨水銀又陝州雨水銀奏高祖高祖知非祥其年太子逆殺漢王諒舉兵天下將亂之應

雨金

史記曰晉惠公二年雨金至六年秦穆公涉河伐晉

雨續

宋書曰孝武大明七年會稽雨續委於山澤續如麻紵脆似毌毛至八年大饑橫屍原野

雨原

宋書曰文帝元嘉十七年七月張仲舒晨夕輒見門側有



赤氣赫然空中忽雨絳羅於庭中廣七八分長五六寸皆以箋紙繫之紙廣長與羅等紛紛甚駃舒惡而焚之舒經宿暴死

太平御覽卷第八百七十七

太平御覽卷第八百七十八

咎徵部五

雪　不時雪　赤雪　霜

晝霜　雹　霧　黄霧

赤霧　黒霧　虹蜺　白虹

紫蜺

雪

左傳曰昭公四年正月大雪劉向以爲昭公娶吳婚於同姓董仲舒以爲季孫宿專政陰氣盛也

漢書曰武帝時十二月大雨雪人凍死時衡山王謀反發而殺之

又曰元帝時十一月齊楚大雪深五尺時石顯䧟魏郡太守京房殺之



又曰王莽天鳳中地震大雨雪深一丈竹柏枯死其年瑯邪女子呂母爲子報仇黨至數萬時天下大亂飢

晉書曰吳孫權時正月大雨雪平地三尺鳥獸死者大半將軍全琮決淮南戰死者數十萬

又曰孫亮時春大雨雪震電既雷則雪不當復降而亮見廢

宋書曰孝武帝時大雪平地二尺明年虜侵冀州

後魏書曰世祖太平真君八年北鎮大雪人畜凍死時正嚴急司徒崔浩濫被誅

不時雪

左傳曰桓公八年八月雨雪劉向以爲夫人有淫行將弒象桓公不覺與夫人如齊而弒死雪又雨之陰出非其時迫近象陰氣盛也

易通卦驗曰乾得坎之蹇則夏雨雪

詩推度災曰逆天地絶人倫則夏雨雪

京房曰夏雨雪臣爲亂

漢書曰文帝時六月大雨雪後二年淮南王長謀反遷蜀道死

又曰武帝時三月雨雪平地厚五尺是歲御史大夫張湯有罪自殺丞相翟嚴青坐與三長史弃市

又曰成帝陽朔四年四月雨雪燕雀死後二年許皇后廢

晉書曰武帝時大雪其年吳將步闡敗死傷甚衆後又八月大雪折木

又曰穆帝時八月大雪人馬凍死時政由臣下

崔鴻十六國春秋曰前凉張祚和平元年大會黑風冥闇五月雨雪行人凍死祚廣征兵三十餘道入擊南山諸種時



入千里張掖人王鸞上書諫言軍不可行有大變祚怒以爲妖言斬之祚與嚴展吳綽外飛鸞觀征虜趙長校尉張璹入議光殿拜張玄靜爲主咸稱萬歲祚愕然便下曰欲殺我耶長曰然遂刺祚傷額殺之

又曰後蜀李雄以晉咸康六年八月死之日宮内積雪自外則否

石虎鄴中記曰虎以五月發五百里内萬人營華林苑至八月天暴雨雪雪深三尺作者凍死數千人太史奏作役非時天降此變虎誅起部尚書朱軌以塞天災

廣五行記曰梁武帝時三月大雪平地三尺時義州刺史文僧朗以州叛於魏大同中七月青州雪害苗稼交州刺史李賁舉兵僭號

後魏書曰靜帝興和年五月大雪時北齊神武發卒十万

桀鄰城又有無君之心

又曰武定時二月大雪人畜凍死道路相望時高歡專政帝政臨虛器

隋書曰北齊武成河清年二月大雪連月南北千里平地數尺時匈奴與周師入并州殺掠吏人

又曰武成任用和士開至後主復寵之隴東王胡長仁元舅之尊欲理政被士開所譖出爲齊州刺史武平二年三月天忽降雪一尺餘時生苗已出雪覆之盖龍禾頭後微萎而不死百姓相謂曰禾不死及龍凍長仁在齊州密遣刺客殺士開事發敕遣使於齊州賜死則隴凍之驗

赤雪

晉書曰武帝太康七年河陰雨赤雪二頃

霜



謝承後漢書曰郎顗上事曰入歲常有霜氣月不舒光日不宣耀陛下倦於萬機政有闕也

抱朴子曰若霜氣有圍城或入於城則外兵得入若霜氣從內出主人出戰

京房易傳曰興兵妄誅厥災夏霜殺五穀誅不原情玆謂不仁冬先雨乃隕霜有芒角賢聖遭害其霜附木不入地

毛詩曰正月繁霜我心憂傷正月夏之四月也繁多也四月建巳純陽用事霜多急恒寒苦之異傷害萬物故心憂也

春秋考異郵曰魯僖公即位隕霜不殺草李梅實梅李大樹以草爲貴是君不能伐也定公即位隕霜不殺菽菽者稼最強季氏之萌

又曰穆公即位仲夏霜殺草日中不消

春秋命曆序曰桀無道夏出霜

師曠占曰春夏一日有霜者君父母治政大嚴大殺天以示之何以言之霜威殺萬草坐大殺也見變如此宜損威殺重人之命

漢書五行志曰左傳僖公時八月霜不殺草謂襄仲專權殺嫡立庶公室遂弱至三十三年冬霜不殺草劉向以爲君誅不行舒緩之應是時公子遂專政三桓繼爲卿皆爲亂矣

又曰定公元年八月霜殺菽劉向以爲誅罰不由君出在臣下之象是時季氏逐昭公死于外

又曰武帝時四月霜殺草木是時天下戶口減耗

又曰元帝時三月九月隕霜殺稼時弘恭石顯專政迫逐忠烈進用邪佞

又曰王莽天鳳六年四月霜殺草木則專政已亂至地皇



四年秋霜關東人相食馬適王匡等兵起羣盜大亂

晉書曰武帝時八月霜害豆又五月隕雪傷穀時大舉征吳又五月霜殺桑麥時王濬大功被陷無辜

又曰惠帝時三月霜傷木五月雨雹時賈后廢愍懷太子

隋書曰梁武帝時三月六月降霜殺草時發卒拒魏百姓勞苦

唐書曰太宗貞觀初突厥頡利可汗部落五月霜降至四年爲僕射李靖所滅

晝霜

隋書曰北齊武成時晝霜下其年傳位於太子緯

雹

京房易飛候曰雹下盡樹木枝害五穀者君賦斂尅民

禮記月令曰仲夏行冬則雹凍傷穀

左傳曰昭公四年正月大雨雹季武子問於申豐曰雹可禦乎對曰聖人在上無雹雖有不爲災古者日在北陸而藏氷西陸朝覿而出之其出入也時今棄而不用雹之爲災誰能禦之

春秋考異郵曰僖公九年秋昭三年冬並大雨雹時僖公專樂齊女綺畫珠璣之好掩月光陰精凝爲災異昭公事晉陰精用密故災

史記曰周孝王七年厲王生冬大雹牛馬死江漢俱動及孝王崩厲王立王室大亂

漢書曰宣帝太始中山陽濟陽雨雹如鷄子深二尺五寸殺飛鳥牛馬皆死七月大司馬霍禹謀反皆伏誅八月霍皇后廢成帝時四月楚國雨雹大如斧飛鳥死時王氏專政



又曰王莽時雨雹殺牛羊莽殺其少子咸時天下大亂百姓窮愁起爲盜賊

後漢書曰安帝初元四年六月郡國三雨雹大如鷄子殺六畜時鄧太后以陰盛專於陽政

又曰獻帝初平四年六月扶風雨雹大如外殺人時天下潰亂曹操專政帝臨虛器

吳志曰孫權時雨雹權聽讒太子和見廢

晉書曰武帝時五月雹傷禾麥壞屋時王濬有大功被陷帝不斷陰憎陽之應

又曰惠帝時六月雨雹深三尺時賈氏專政遂廢愍懷太子

又曰元帝時風雹殺人時王敦擁兵不朝內外戒嚴

又曰明帝時京都大雨雹鷰雀死

又曰四月大雨雹是年蘇峻爲亂

又曰穆帝時六月雨雹大如外後四年張祚在涼州爲宋混所滅

宋書曰文帝元嘉三十年五月盱眙雨雹大如鷄卵明年冬太子劭兵亂

隋書曰梁武帝大通年四月雹時帝數捨身作奴爲沙門所制陰憎陽之應

崔鴻十六國春秋曰後趙石勒時暴風大雨雹震建德殿端門襄國市西門倒殺五行雹起西河大如鷄子平地三尺洿下丈餘行人禽獸死者萬數歷千餘里樹禾摧折禾稼蕩然勒問徐光光曰去年不禁寒食介推帝鄉之神也歷代所尊故有此災

又曰石遵時雨雹大如盂外立百餘日爲石鑒所殺鑒爲



冉閔殺之

隋書曰陳宣帝太建二年六月大雨雹十年四月又大雨雹始興王叔陵剌後主於喪次據東府反俄而伏誅

## 霧

禮記月令曰仲冬行夏令則氣霧冥冥（霜霧之氣也散相亂也）

晉書曰成帝咸和元年大霧步武不相見會稽王道子專政之應

國志曆曰晉咸和元年三月霧殺桑果

宋書曰晉安王子勛帝子業景和年中即僞位其日雲霧四合旬日被殺

齊書曰武帝時大霧竟天如煙入人眼鼻後一年皇太子死

後魏書曰靜帝武定年冬大霧六旬晝夜不解明年常侍

苟濟華山王大器及元思僅等謀殺大將軍高洋事洩苟濟等並戮於市

隋書曰陳後主末年正月朔大會羣官大霧四塞人眼鼻辛酸明年降隋

陸機別傳曰機被誅日大風折木天地霧合

抱朴子曰伊尹受戮大霧三日

兵書曰霧四面圍城必有兵到城下不出其月

黃霧

尚書中候曰桀為無道地吐黃霧

漢書曰成帝初即位封舅王鳳王根等五人關內侯其月黃霧四塞終日竟夜着地者如黃土塵奪日光王鳳等大懼

又曰王莽天鳳元年六月黃霧四塞其年緣邊大飢人相食

八百七十八 七 艮寅

晉書曰惠帝時冬黃霧四塞六日乃止明年趙王倫篡位時朝昏兵亂帝蒙塵

又曰明帝初頓有黃霧四塞時王敦害尚書刁協僕射周顗

又曰穆帝時凉州黃霧下如塵時張重華納譖後年重華死嗣子見殺

又曰孝武帝時黃霧四塞時會稽王道子專政親近佞人

又曰安帝時黃霧昏濁不雨時桓玄謀逆帝返正頻年大霧時帝室衰微臣下擁兵反土地非君之有

晉中興書徵祥說曰太寧元年黃霧四塞王敦之應

宋書曰文帝元嘉二十九年十二月黃霧四塞

崔鴻十六國春秋曰前凉張茂四年正月黃霧四塞其年茂死也

又曰前趙劉聰元年十月聰將趙固與晉車騎將軍王申相拒於延津時黃霧晝夜人不相見固軍大敗

又曰後趙石勒建平四年黃霧四塞氛障蔽天十月大疫死

赤霧

春秋運斗樞曰血濁霧天下小兗(血濁霧濁如血)

後魏書曰世宗正始二年正月夜陰霧四塞初黑後赤又延昌元年黃霧蔽塞時帝舅肇擅權矯詔害諸王公之應

黑霧

晉書曰愍帝建興二年春霧着人如墨連夜五日時天下兵起後二年帝降劉曜

又曰元帝永昌元年十月京師大霧黑氣蔽天日月無光

八百七十八 八 寅

十一月王敦舉兵

崔鴻十六國春秋曰前趙劉聰建元元年正月朔日黑霧四塞終日竟夜着人如墨五日而止後三年聰子粲殺其弟

虹蜺

易通卦驗曰虹不時見女謁亂公虹者陰陽交接之氣陽倡陰和之象今失節不見者似人君心在房內不循外事廢禮失義夫人淫恣而不制故曰女謁亂公

京房易妖占曰虹出君池若飲君井其君無後

春秋潛潭巴曰虹五色迭至照于宮殿有兵革之事

春秋感精符曰九女並謁則九虹並見

黃帝占軍氣訣曰攻城有虹欲攻之勝

京氏別對災異曰虹蜺近日則姦臣謀貫日客代主其服也釋安樂試非常正服脫入賢良

漢書曰虹蜺陰陽之精（如淳曰雄曰虹雌曰蜺也）
又曰兩虹下屬燕王旦井中飲井水竭其後誅
續漢書曰靈帝光和元年有黑氣墮北宮溫殿東庭中如車蓋隆起奮迅五色有頭長十餘丈形似龍上問蔡邕對曰所謂天投蜺者也不見足尾不得稱龍中平元年黃巾賊張角等起
東觀漢記曰光和中有虹蜺降嘉德殿上引楊賜等入金商門崇德署問以祥異對曰天投蜺天下恐海內亂
晉書曰愍帝建興五年正月帝在平陽虹蜺弥天其年帝爲劉聰所殺
崔鴻十六國春秋曰前趙劉聰麟嘉元年時東西赤虹經天南有一歧
隋書曰周武帝建德五年圍北齊後主於晉州城上有虹首南向尾入紫宮長十餘丈六月晉州陷被擒



白虹

詩推度災曰撓弱不立邪臣蔽主則白虹刺日爲政無常天下疑則蜺逆行
周禮春官眡祲曰掌十煇之法以觀妖祥七曰弥（鄭司農云弥白虹弥天也玄謂弥氣貫日也）
史記曰鄒陽上書曰荊軻慕燕丹之義白虹貫日太子畏之（應劭曰燕太子丹質秦始皇遇之無禮丹亡去故厚養荊軻令刺秦王精誠感天白虹爲之貫日也烈士傳曰太子丹見虹貫日不徹曰吾事不成矣）
漢書曰成帝即位時年二十委政諸舅王鳳王惜等兄弟五人迹爲宰相五人同拜封號五侯五侯專權賢者屏退京兆尹王章以直言被誅正月有白虹出于營室
後漢書曰唐檀永建五年舉孝廉除郎中是時白虹貫日檀因上便宜三事陳其咎徵書奏棄官去
吳志曰諸葛恪自新城出住東興有虹見其船還拜蔣陵白虹繞其車後遂被誅
崔鴻十六國春秋曰後趙石季龍建武六年大旱白虹經天建武九年白虹出太社連天至十四年國亂

紫蜺

太玄經曰紫蜺圍日其疾不割

太平御覽卷第八百七十八

咎徵部六

晝昏　陰　旱　寒

疫

## 晝昏

爾雅曰陰而風爲曀

史記曰晉烈公二十三年國大風晝昏自旦至中明年太子喜出奔也

後漢書曰獻帝時日晝晦董卓擁兵發帝陵

晉書曰魏高貴鄉公時司馬景王討毋丘儉大風晦暝行者傾伏劉向以爲正晝而瞑陰制陽臣制君之象儉敗見誅

又曰晉元帝時京都晝昏風雲並起時公室卑弱

又曰懷帝永嘉四年日中昏後劉曜寇洛川王師敗續帝蒙塵于平陽

又曰孝武時大風晦暝其後諸侯違命干戈內侮

崔鴻十六國春秋曰前秦苻堅時大風從西來䃭晦瞑恒星皆見後爲謝石所敗

又曰南燕慕容超太上四年超祠南郊大風暴起天地晝昏至七年超爲晉將劉裕所滅

宋書曰孝武時竟陵王誕鎮廣陵將入城晝晦而反見殺

又曰晉安王子勛即僞位拜安陵王子綏爲司州其日晦暝俄子勛被殺

隋書曰梁元帝承聖中日晝昏天地昏暗明年爲西魏所執遇害

## 陰



漢書五行志曰昭帝無嗣立昌邑王賀賀即位天陰晝夜不見日月賀欲出光祿大夫夏侯勝當車諫曰天久陰而不雨臣下有謀上者陛下欲何之賀怒縛勝以屬吏吏白大將軍霍光光時與車騎將軍張安世謀欲廢賀光讓安世以爲泄語安世實不泄召問勝勝上洪範五行傳曰皇之不極厥罰常陰時則有下人伐上不敢察察言故云臣下有謀光安世讀之大驚以此益重經術士後數日卒共廢賀此常陰之明效也

晉書曰吳孫亮時沉陰不雨三十餘日時將誅孫綝謀泄綝以兵廢亮

又曰孫晧時久陰不雨太史奏將有陰謀晧驚懼時陸凱等欲謀廢不遂晧既肆虐群下多懷異圖終降晉

崔鴻十六國春秋曰前秦苻堅時久陰不雨俄爲苻堅廢而殺之

隋書曰文帝開皇末久陰不雨是時獨孤皇后與楊素謀廢太子爲庶人而後殺之立晉王廣爲太子

唐書曰睿宗先天二年四月陰至六月一百餘日至七月三日誅竇懷貞等十七家方晴

## 旱

尚書洪範咎徵曰僭恒陽若（君行僭差常陽順之）

禮記檀弓下曰歲旱穆公召縣子而問然（然之言焉也）曰天久不雨吾欲暴尪而奚若（尪者面向天冀天哀而雨也）曰天則不雨而暴人之疾子虐無乃不可乎（錮疾人之所哀暴之是虐）然則吾欲暴巫而奚若曰天則不雨而望之愚婦人於以求之無乃已疏乎徙市則奚若曰天子崩巷市七日諸侯薨巷市三日爲之徙市不亦可乎（徙市者庶民之喪禮也今徙市是憂戚於旱若喪也）

左傳僖公曰夏大旱公欲焚巫尫臧文仲曰非旱備也脩城郭貶食省用務嗇勸分（嗇儉也勸分有無相濟）此其務也巫尫何爲天欲殺之則如勿生若能爲旱焚之滋甚公從之是歲飢而不害（不傷害民）

又昭公時鄭大旱使屠擊有事於桑山（有事祭也）斬其木不雨子產曰有事於山藝山林也（藝養護令繁殖）而斬其木其罪大矣奪之官邑

春秋考異郵曰旱之言悍也陽驕蹇所致也

春秋繁露曰水干土則大旱

洪範五行傳曰魯桓公五年大雩旱也先是殺君而立有危亡之心而下有悲懟之氣外結大國娶於齊以爲夫人後比二年天子使大夫來聘桓上得天子之意下得大國之心（則）亢陽之意以御臣下與邢丘之役以勞百姓則臣



下離心而不從故應是而秋大旱

又曰魯宣公十年秋大旱是時公與齊伐萊夫代國亢陽節也師旅百姓所不欲也故應是而大旱也

又曰旱所謂常陽不謂常陽而謂旱者以旱爲災也旱之爲言乾也萬物傷於乾而不得水也君持亢陽之節暴虐於下興師旅動衆勞民以起城邑臣下悲怨而心不從故陽氣盛而失度故旱災應也

物理論曰陽盈而過故致旱

家語曰哀公問孔子曰旱如之何孔子曰凶年則乘駑馬力役不興馳道不備（馳道君所行道）祈以幣玉（有王所祈請用幣及王不用牲也）祭事不縣（不縣不作樂也）祀以下牲（當用大牢者用少牢）此則賢君自貶以救民之禮也

史記曰紂末年大旱餓爲武王所殺滅也

又曰晉莊伯元年不雨雪三年翟人餓代翼至于晉郊

又曰共和十四年大旱火焚其屋伯和篡位立故有火旱其年周厲王奔彘而死立宣王

又曰魯莊公三十年冬不雨是歲一年而三築臺于郎夏築臺于薛秋築臺于秦

又曰僖公二年三月春夏不雨莊公夫人與公子慶父淫而殺二公國人攻之慶父桓公子莊公弟二公謂子般及閔公

又曰襄公五年秋大雩先是宋魚石奔楚楚伐宋取彭城以封魚石八年九月大雩季氏盛二十八年八月大雩晉使荀吳齊使慶封來聘是夏邾子來朝襄公自大應之

又曰昭公三年八月大雩公居喪不哀亢陽失衆六年九月雩先是莒牟夷以二邑來奔莒怒伐魯亢陽動衆之應



十六年九月大雩昭公夫人薨昭公不感又大蒐于比蒲魯有大哀君無感容殆其失國二十五年七月大雩旱甚

又劉歆以爲時君與季氏有隙昭公伐季氏爲季氏所敗出奔齊

漢書曰惠帝五年夏大旱江河水少谿水絕先是發男女十四萬人城長安

又曰文帝時秋大旱其年濟北王興居反伏誅五年春天下大旱匈奴入上郡雲中烽火通長安三將軍周亞夫劉禮徐厲等出兵

又曰武帝元光六年夏大旱是年衛青李廣公孫賀爲四將軍出匈奴元朔五年春大旱十餘萬衆征匈奴元狩三年夏大旱是歲發天下民吏伐棘上林穿昆明池天漢中頻大旱是年李陵没征和元年夏大旱閉長安城門大

搜治巫蠱明年衛皇后太子死
又曰宣帝本始三年夏大旱東西數千里先是五將軍二
十萬衆征匈奴趙充國范明友等為將
又曰和帝時夏旱傷苗稼其年武靈蠻陬叛寇金城
又曰順帝時京師旱楊州六郡賊寇四十九縣殺其長史
又曰桓帝時京師旱郡國飢疫人相食明年皇后崩梁冀
用事尤盛
又曰獻帝興平元年秋三輔旱人相噉食白骨委積郭汜
攻李傕矢及御前李傕逼乘輿幸其營壘
魏志曰有白毛珎出見黜反者妻子面珎曰使天不雨蓋
此也太祖大怒收珎付獄大理鍾繇詰珎曰急當陰霖何
以反旱珎遂黜免
晉書曰武帝太始八年五月旱是時帝納荀勗邪說留賈
充不復西鎮上下皆蔽之應也又李熹魯芝李胤等並在
散職
又曰太始十年四月旱去年秋冬採擇卿校諸葛冲等女
五十餘人入殿簡選又取小將吏女數十人母子號哭於
宮中聲聞於外行人悲酸是始積陰生陽之應
又曰永寧元年春夏郡國旱是年三王討趙王倫六旬之
中數十戰死者十餘萬
又曰懷帝永嘉初大旱河洛漢皆可涉是年東海王越歸
京都遣兵入京收中書令繆播殺之又劉元海石勒王彌
之徒賊害百姓流血成川
又曰明帝時夏大旱是時王敦有石頭之變二宮陵辱大
臣誅死
王隱晉書曰愍帝建興四年丞相府督軍令史淳于伯刑



於建康市百姓諠譁咸曰伯冤於是大旱三年
晉中興書徵祥說曰咸和十六年夏旱十七年秋冬旱時
烈宗仁恕信任會稽王道子亦舒緩之應
又曰隆安二年冬旱且寒甚四年夏五月秋旱時孫恩作
亂桓玄疑貳內外騷動兵革方興
又曰太元二十年冬無雪亦猶春秋之無氷恒燠之罰也
是時任會稽王道子縱酒宴樂不邺政事舒緩之應也
宋書曰孝武時頻年大旱人飢死者十有六七時帝造明
堂又大興徒南巡校獵盛自矜大故旱災
梁書曰武帝時大旱米外五千文人多餓死時與魏交兵
前後連年百姓勞弊
魏書曰靜帝天平年諸州大旱人多流散是歲齊武與魏
戰於沙苑死者數十萬
又曰武定年冬春大旱西魏師入洛齊神武親帥軍大戰於
北邙死者數萬
隋書曰北齊文宣天保年夏大旱時大發卒築長城四百
餘里乾明年春旱先是發卒數十數築金鳳聖應崇光三
臺窮極侈麗不恤百姓
又曰後主河清年夏大旱突厥二十萬衆毀長城寇恒州
又曰隋煬帝時大旱人疫死死人如山明年楊玄感反于
時群盜蜂起天下離叛之應又發卒百餘万築長城百姓
失業至八年天下旱百姓流亡時發四海兵親征高麗六
軍凍餒死者十八九至十三年天下大旱時郡縣鄉邑悉
築長城男女無少長皆就役管子春不收枯骨朽胔伐枯
木而去之則夏旱至矣

晏子春秋曰齊大旱景公召羣臣問曰天不下雨久矣民皆有飢色吾使人卜之崇在高山廣澤寡人欲賦歛以祠靈山可乎羣臣皆莫對者晏子進曰不可祠此無益也夫靈山固以石爲身以草木爲毛髮天不雨髮將礁將熱彼獨不欲雨乎祠之何益公曰不然吾欲祠河伯可乎晏子曰不可河伯以水爲國以魚鼈爲民天久不雨水泉將下百川將竭國亡民將滅矣彼獨不欲雨乎祠之何益景公曰今爲之柰何晏子曰君試避宮殿曝露與山河共憂其幸而雨景公即出曝露三日天果大雨

隨巢子曰幽厲之時天旱地坼

尸子曰湯之救旱也素車白馬布衣身嬰白茅以身爲牲當此時也絃歌鼓舞者禁之

韓子曰晉平公使師曠奏清徵師曠曰清徵不如清角平公曰清角可得聞乎師曠曰君德薄不足以聽之將恐有敗平公曰寡人老矣所好者音願遂聽之師曠不得已而鼓一奏之有雲從西北方起再奏之大風至大雨隨之裂帷幕破俎豆墮廊瓦坐者散走平公恐懼伏于室晉國大旱赤地三年公之身遂病焉

師曠占曰歲欲饑旱草先生旱草者蒺藜也

京房別對災異曰久旱何人君無施澤惠利於下人則旱不救蝗虫害穀又君亢陽暴虐興師動衆下人悲怨陽氣盛陰氣沉故旱万物根死數有火災此金失其性若夏大旱則雩祀之以素車白馬布衣以身爲牲或云誅讒佞之臣於市則三日之雨降於天矣

說苑曰湯之時大旱七年雒川竭煎沙爛石於是使人持三足鼎祝山川教之祝曰政不節耶使民疾耶苞苴行耶讒夫昌耶宮室營耶女謁盛耶何不雨之甚也

黄帝占書曰日中三足烏見者大旱赤地

寒

京房易傳曰有德遭險茲謂逆命厥異寒

洪範五行傳曰聽之不聰是謂不謀厥罰恒寒

史記曰秦始皇九年四月大寒人凍死時嫪毒及大臣二十餘人車裂以徇夷滅宗族遷四千餘家於房陵

晉中興書徵祥說曰太興四年冬大寒民凍死是時王敦肆亂天子弗能禁

魏書曰靜帝武平年二月大寒人畜凍死

疫

史記曰秦始皇三年虫起東方敝天而下年爲大疾

漢書曰哀帝永初六年夏大疫疫者邪亂之氣所生延光四年冬京師大疫有絕門者人懼

又曰桓帝元康元年正月京都大疫二月九月廬江又疫

獻帝建安二十二年大疫至二十五年禪位於魏

晉書曰魏文帝黄初四年三月宛許大疫死者數万

又曰明帝青龍二年四月大疫蜀相諸葛亮出斜谷卒于渭南又青龍三年正月京師大疫

六韜曰人主好聚歛人則多疫死

太平御覽卷第八百七十九

太平御覽卷第八百八十

咎徵部七

地震　地裂　地陷

地凶　土踊　地生毛

## 地震

京房易占曰地動陰有餘

左傳曰南宮極震（南宮極王子朝之御士也）萇弘謂劉文公曰君其勉之先君之力可濟也（先君謂劉獻公文公父也獻公亦欲立子猛不欲令子朝得國今南宮極震死爲天所弃先君之功事可成也）周之亡也其三川震今西王之大臣亦震天弃之也（西王謂子朝也子朝居王城故爲之西王也）東王必大克（東王敬王居狄泉狄泉在王城之東故日東王也）

史記曰周幽王二年三川震太史伯陽甫曰周將亡矣天地之氣不過其序亂人之兆陽伏而不能出陰迫而不能烝於是地震陽失而在陰陰原必塞原塞必國亡昔伊雒竭而夏亡河竭而商亡今周如二代之季其川原又塞塞必川竭山崩夫國必依山川山崩川竭國亡之徵也



漢書五行志曰魯文公九年地震劉向以爲周襄王失道楚穆王商臣殺父成王諸侯皆不肖權傾於下臣下強盛將動爲害

京房曰臣事雖正專必震於水水則波於木木則搖於屋則瓦落於山則出水湧嗣子無德臣專祿不順動丘陵水湧出

又曰魯襄公十六年地震其後崔氏專齊欒盈專晉良霄傾鄭閽殺吳子燕逐其君楚滅陳蔡

又曰魯昭公十九年城震劉向以爲是時季氏將有逐君之變

又曰昭公三十三年地震劉向以爲是時周景王崩劉子單子立王子猛尹氏立王子朝季氏逐昭公黑肱叛邾吳殺其君僚宋五大夫晉二大夫皆以地叛

又曰哀公三年地震仲尼見弃而季氏強

又曰趙幽王五年代地大動自樂徐以西北至平陰臺屋墻垣太半壞地坼東西百三十步六年大飢秦滅之

漢書曰惠帝時地震隴西壓四百餘家時諸呂用事

又曰武帝時地震壓殺人明年皇后陳氏廢宣帝時地震河南以東四十九北海琅邪壞祖宗廟城郭殺人千餘後

又京師地震至北邊郡國三十餘壞城郭殺四百餘人後霍顯爲反誅清河王遷房陵皇后霍氏廢

又曰元帝建昭四年藍田地震沙石流擁灞水安陵岸崩擁水水逆流時石顯用事



後漢書曰光武時地震裂至後年南郡蠻武陵蠻叛後詔捕王侯賓客坐死者數千人陰氣盛之應也

又曰和帝時郡國十三地震時將軍竇憲謀逆伏誅後又地裂及震其年北海王威有罪自殺

又曰安帝時郡國十六地震明年郡國十二地震京師人相食帝冲幼鄧氏執政後又郡國九地震明年海賊張伯路與平原劉文何周文光等攻戰厭次殺令長後三年郡國十八地震淮南人飢明年鄧太后崩帝失政

又曰順帝時（京師顯地）震岸崩及地陷其年吳郡丞羊珍反郡府後二年涼州地百八十震山谷坼裂是日徐楊賊攻燒邑城殺掠民吏

又曰冲帝時京師地震三郡沙湧土裂時帝年二歲母后臨朝郡盜大起發掘寢陵攻燒城邑

又曰桓帝時京師地震荆楊人多飢死後又震憲陵寢屋瓦宮廟瓦落盡時梁冀專政
又曰靈帝時地震海水溢又震鴻都府門時閹竪專政
又曰初平二年并州牧董卓焚燒洛陽挾天子遷長安自爲太師號尚父京師地震卓問著作郎蔡邕邕對曰地動陰盛大臣踰制又太史上言當有大臣戮死卓遣人言太尉張温與袁紹交通遂殺温二年司徒王允僕射士孫瑞及卓將呂布謀誅卓殺之
又曰獻帝時雍州地頻震三輔大旱粟一石五十萬人相食
續漢書曰建康元年九月丙午京都地震時順帝崩太后攝政爲順帝作陵制度奢廣多壞吏民塚墎尚書欒巴諫太后怒癸卯詔收巴下獄欲殺之丙午地震太后乃出巴免爲庶人

漢獻帝春秋曰初平二年地震董卓問蔡邕邕曰天爲陽故轉運於上地爲陰故安静於下而震是失其性以陰而陽也明公車不當青盖宜改之以應變卓改爲緑盖
晉書曰魏明帝時京都地震隱隱有聲揺動屋瓦明年公孫文懿叛自立魏高堂隆曰地震臣下强盛地故震動異所以警悟人主不可不深思是災及少帝繼廢竟禪晉
又曰齊王芳時頻年地震時曹爽專政遷太后於永寧宮太后與帝相泣而別故頻震
又曰蜀劉禪時地震時黄皓專政閹官無陽施猶婦人也此皓見任之應是年冬蜀亡
又曰呉孫權時頻年地震時呂一專政又權信讒廢太子和步騭上書曰伏見按事吹毛求瑕欲陷人成其威福故地連震
又曰晉武帝時頻年地震是時賈充楊駿遞弄朝權
又曰惠帝元康四年郡國地震淮南洪水出或山崩地陷壞城府殺百餘人此賈后使楚王瑋殺汝南王亮及太僕衛瓘陰道盛陽道衰微之應
又曰愍懷帝時頻年地震時司馬越專政石勒寇汲郡
又曰元帝大興元年頻地震或水湧山崩殺人時江南淮北有大兵劉曜石勒僭位
又曰成帝時咸和四年頻年地震時蘇峻作亂
又曰穆帝永和九年十年頻地震或有聲如雷鷄雉皆鳴時帝幼母后專政石季龍僭號王師頻敗
又曰十一年四月五月又頻地震是時姚襄入許昌百姓愍昔之應哀帝及海西公簡文孝武時皆頻地震是時人主幼弱群小弄權兵役連年海西見廢
又曰孝武太元二年夏震含章殿四柱并侍者二人後年苻堅畧襄陽

又曰安帝義熙年頻地震或有聲如雷時太尉劉裕誅逆
宋書曰孝武大明元年地震有聲自河北來魯郡山揺地動彭城女墻四百八十丈墜屋傾兖州地裂泉湧二年不已其後兖州刺史夏侯祖懽卒
齊書曰廢帝東昏侯時地震一年不止其年護軍崔惠景反兵圍城帝閉門以拒之
隋書曰梁武太清二年八月侯景舉兵反於豫州登壇歃盟地震及圍城死者太半
又曰太清三年建康地再震時侯景自爲大丞相
崔鴻十六國春秋曰前趙劉聰建元元年三月平陽城震崇明觀陷爲池水赤氣至天有赤龍奮迅而去十一月地震二

年八月平陽地震汾水大溢流漂數百家聰死子粲立爲
劉曜所殺曜自立
又曰前秦符堅時秦雍二州地震裂泉湧長安大風震電
壞屋殺人堅懼而愈修德政焉俄而符雙等伐長安尋爲
戰敗
又曰後秦姚泓時秦州地震三十二郡郡有聲山崩舍壞
識者以爲秦州泓之故鄉將滅之徵後宋（高祖）入長安執於
建康斬之
又曰姚興四年所在地震前後一百五十六公卿百司抗
表請罪興曰災譴之來咎在元首近代或歸罪三公甚非
也朕當考躬省已思宋景之義公等何傲冝悉冠履復位
後魏書曰太祖道武天賜六年夏地震其年帝愛姬萬人
與清河王紹通作亂帝被紹及萬人殺之



又曰宣武延昌元年沁州地震陷殺人甚衆又累年沁州
秀容敷城鴈門山鳴地震不止其年幽州沙門劉僧紹反
明年胡太后臨朝後天下大兵太后少帝爲尒朱榮投於
河
隋書曰北齊武成清河年并州地震是時和士開專恣之
應
又曰隋文帝開皇二十年廢太子勇以晉王廣爲皇太子
將冊之夜烈風大雪地震山崩人舍多壞殺人太子卒與
僕射楊素弑帝
呂氏春秋曰周文王寢病五日而地動東西南北不出國
郊百吏皆請曰臣聞地之動爲主也羣臣皆悲曰請移之
興事動衆以增國城文王曰我必有罪故天示此（罰以）我今
動衆以增國城是重吾罪不可無幾疾瘳也

## 地裂

尚書說曰黃帝將亡則地裂
春秋考異郵曰恣盛地裂圻
戰國策曰齊閔王奔莒淖齒數之曰嬴博之間地坼至泉
地以告也而王不知戒何得無誅乃殺之
書紀年曰夏桀末年社坼裂其年爲湯所放
後漢書曰安帝時緱氏地裂後郡國地坼或泉湧越嶲夷
殺長吏燒城邑
又曰南地坼長百八十二里廣五十六里又洛陽新城地
裂又緱氏地陷裂（京師地陷時帝幼沖）官者用事
又曰建康元年隴西漢陽張掖北地武威地百八十震山
谷坼裂壞城
又曰冲帝初即位葬順帝是日鴈門京師太原三郡地震



沙湧土裂
又曰桓帝時河東地裂明年京師雲陽地震時閹豎用事
皇后梁氏崩後八年緱氏頻年兵革又李膺等二百餘人
受誣下獄又上黨地裂是時寇賊弥盛
又曰靈帝時（河東地裂）十二處長十里是時閹豎用事政在私
門
續漢書曰和帝永和七年趙國易陽地裂
京房易傳曰地拆裂者臣離相從也是時南單于衆乖離
相從也是時南單于衆乖離漢軍追討
崔鴻十六國春秋曰西秦乞伏乾歸太初十九年苑川地
裂後四年乾歸爲兄子公府所殺
抱朴子曰軍中地裂急徙居不測軍敗地震必大戰或有
謀反

墨子曰三苗欲滅時地震泉湧

地陷

今古五行記曰夏桀末年瞿山地陷一夕爲大澤深九丈其年爲湯所放

晉書曰武帝太康八年宣帝廟地陷其年七月殿前地陷方丈深數丈中有破舡是時帝不用和嶠之言而信賈充之佞至十一年惠帝立王室大亂

又曰惠帝時五月城中地陷方三十丈殺人六月又地坼家人陷死八月地裂廣三十六丈長八十四丈人大飢又上庸四處山崩地陷廣三十丈長百三十丈大水出殺人時賈后亂政又夜暴雷雨賈謐齋屋柱陷入地壓床帳明年謐誅天下兵亂帝室從此微矣

又曰懷帝時洛陽地步廣里地陷出鵝三又當陽地裂三



廣三丈長三百步時司馬越專政王室離敗死者計萬

又曰安帝時山陰地陷方四尺有聲如雷後二年西明寺門穿湧水毀門大尉劉裕矯詔殺害朝士俄而禪宋

隋書曰梁武帝普通二年始興郡石鼓村地自開成井方六尺深三十丈侯景篡梁昇御床床脚陷入地後景被殺

崔鴻十六國春秋曰前涼張天錫三年四月延興地震陷水出○又曰前趙劉聰末年武庫地陷深一丈五尺時中常侍王沉中宮僕射郭猗皆寵幸用事聰遊宴後宮或百日不出沉等奢僭貪殘賊害良善御史大夫陳元達諫聰不從元達自殺

又曰前秦姚泓永和元年秦州地陷裂巖嶺崩墜人舍壞是年爲宋高祖所擒斬於建康市

又曰前秦苻堅末年洛陽地陷堅後伐晉敗焉

又曰安帝末年桓玄簒晉昇太極殿殿無故陷旬月宋高祖殺之

又曰北涼沮渠茂乾永和七年太廟階陷六月城門崩其年九月茂乾面縛降于魏

又曰西涼李歆嘉興元年三月燉煌謙德門陷至四年歆爲沮渠蒙遜所敗

又曰夏赫連勃勃鳳翔七年六月太廟基陷其年八月勃勃死

隋書曰北齊後主末年穆后如晉陽向北宮辭胡太后所乘七寶車無故陷入地半沒四足是年齊滅后與帝俱入長安

又曰隋煬帝大業十三年十二月洛州乾陽門內地陷周闊丈餘至十四年帝遇殺天下大亂



異苑曰晉武帝太康五年宣帝廟地欻陷梁無故自折凡宗廟所以承祖先嗣永世不刊安居摧陷是煙絕之祥也

地凶

漢書曰光武時岑彭伐蜀去成都數十里軍營北有地名曰彭亡彭聞之欲移會日暮是夜彭爲公孫述刺客詐爲逃奴刺殺之

魏志曰太祖圍呂布大司馬楊固救布爲其將楊醜所殺楊將眭固又殺醜屯兵射犬巫誡之曰將軍字白兎而邑名射犬兎見必驚宜急移去固不從明日遂戰死

晉書曰建業太社西宮地吳時右司馬丁奉宅吳後主孫皓殺之流徙其家晉元帝初爲僕射周顗宅顗爲王敦所害後爲冠軍將軍蘇峻宅峻反被誅殺後爲袁悦宅爲會稽王道子所親昵緣道子見殺又爲章武王司馬秀宅秀亦凶

至宋孝武時爲雍州刺史臧質宅質反見殺故代稱充凶
地宋史部尚書王僧綽常謂宅無吉凶請以爲第始造未
居爲元凶所害
王隱晉書曰祖約爲豫州刺史府中地忽赤如丹約竟敗
見殺

土踊

紀年曰梁惠成王七年地忽長十丈有餘高尺半周隱王
二年齊地暴長長文餘高一尺
漢書曰成帝河平四年臨淮縣土踊起高二丈時王莽專
政
崔鴻十六國春秋曰前涼張寔五年祁山地震從中陷原
坂三里冒覆下川忽如見掩坂上草木存焉

地生毛



晉書曰武帝太始中皇甫晏爲益州刺史西討屯兵人咸
死之地生白毛俄被牙門將所殺
又曰成帝時地生毛時天下大兵而中原擾亂百姓疲怨
又曰孝武時京都地生毛而氐賊圍繞襄陽彭城征戍連
年不解又京都地生毛苻堅滅後人勞役後又江陵交戰
不解
又曰安帝義熙十年地生白毛連年征討勞擾之應
京房曰以爲人勞之異金失其性地生毛
常璩華陽國志曰晉武帝太始八年蜀地生毛長七八寸
生數里李勢欲亡地又生毛
崔鴻十六國春秋曰後秦姚興時乞伏乾歸鎮州地震生
毛而乾歸太初十九年七月爲兄子公府所殺
又曰北燕馮跋太平十五年龍城地生白毛長一尺二寸
月餘乃滅後遼西太守高潛謀反伏誅
隋書曰梁武帝大同年地生白毛長二尺時築浮山堰功
垂就而潰百姓苦之
又曰陳後主末年地生白毛時功役不息卒爲隋滅
又曰北齊武成清河年初滄州及長安地生毛時北築長
城内興三臺人苦役焉
唐書曰則天天授初淮南地生毛或白蒼長者尺餘或遍
居人床下揚州尤甚大如馬尾焚之如毛氣著作郎韓琬
寓于揚州親掇之其年稱制

太平御覽卷第八百八十

## 神鬼部一

### 神上

易曰陰陽不測之謂神（神者變化之極妙萬物而為言不可以形詰者也）
又曰知變化之道者其知神之所為乎（夫變化之道不為而自然故知變化者則知神之所為）
毛詩嵩高曰維嶽降神生甫及申
禮記孔子閒居曰清明在躬氣志如神
又中庸曰鬼神之為德也其盛矣乎視之而弗見聽之而弗聞體物而不可遺（體猶生也可猶所也不有所遺言萬物無不以鬼神之氣生也）使天下之人齊明盛服以承祭祀洋洋乎如在其上如在其左右
詩曰神之格思不可度思矧可射思（格來也矧況也射厭也言神之來其形象不可億度況可厭倦乎）



又祭法曰山林川谷丘陵能出雲為風雨見怪物皆曰神
又祭義宰我曰吾聞鬼神之名不知其所謂子曰氣也者神之盛也魄也者鬼之盛也合鬼與神教之至也衆生必死死必歸土此之謂鬼骨肉斃于下陰為野土其氣發揚于上為昭明焄蒿悽愴此百物之精也神之著也因物之精制為之極明命鬼神以為黔首則百衆以畏萬民以服
又樂記曰明則有禮樂幽則有鬼神（聖人之精氣謂之神賢智之精氣謂之鬼）
左傳曰莊公有神降于莘（有神聲以接人莘虢地）惠王問諸內史過曰是何故也對曰國之將興明神降之監其德也將亡神又降之觀其惡也故有得神以興亦有以亡虞夏商周皆有之王曰若之何對曰以其物享焉其至之日亦其物也三從之內史過往聞虢請命反曰虢必亡矣虐於民而聽於神神居莘虢公使祝應宗區史嚚享焉神賜之土田史嚚曰虢其亡乎吾聞之國將興聽於民將亡聽於神神聰明正直而壹者也依人而行虢多涼德其何土之能得（涼薄也為傳二年晉滅下陽傳）
又宣上曰昔夏之方有德也遠方圖物（圖畫山川奇異之物而獻之）貢金九牧鑄鼎象物（象所圖物著之於鼎）百物為之備使民知神姦（圖鬼神百物之形使民逆備之）故民入川澤山林不逢不若（若順也）螭魅罔兩（螭山神獸形魅怪物罔兩水神）莫能逢之
又昭元曰晉侯有疾鄭伯使公孫僑如晉聘且問疾叔向問焉曰寡君之疾病卜人曰實沈臺駘為祟敢問此何神也子產曰昔高辛氏有二子長曰閼伯季曰實沈居于曠林不相能也日尋干戈（以相征討后帝不臧遷閼伯于商丘主辰）遷實沈于大



身主參由是觀之則實沈參神也昔金天氏有裔子曰昧為玄冥師生允格臺駘臺駘能業其官宣汾洮障大澤以處大原帝用嘉之封諸汾川由是觀之則臺駘汾神也
又昭三曰石言于晉魏榆（魏榆晉地也）晉侯問於師曠曰石何故言對曰石不能言神或馮焉（謂有精神馮依石而言）不然民聽濫也抑臣又聞之曰作事不時怨讟動於民則有非言之物而言今宮室崇侈民力凋盡怨讟並作莫保其性石言不亦宜乎
論語曰子不語怪力亂神（神謂鬼神之事）
又曰子路問事鬼神子曰未能事人焉能事鬼（鬼神難明語之無益故不荅）
家語曰不食者不死而神
國語曰虢公夢在廟有神人面白色虎爪執鉞立於西阿

之下公懼而走神曰無走帝命曰使晉襲于爾門公拜稽首覺召史嚚占之對曰如君之言則蓐收也天之刑神也天事官成公使囚之且使國人賀夢舟之僑告其族曰衆謂虢不久吾乃今知之

又曰有神降於莘王問內史過曰是何故對曰昔夏之興祝融降於崇山其亡也回祿信於聆隧商之興也檮杌次於丕山其亡也夷羊在牧周之興也鸑鷟鳴於岐山其衰也杜伯射王於鄗（宣王殺杜伯不辜後宣王田于圃中杜伯起於道左衣朱冠操朱弓矢射宣王中心折脊而死）今則丹朱之神也虢其亡也（賈逵注曰況獸回祿火之神也檮杌鯀也丹朱堯子）

又曰長勺之役曹劌問所以戰於莊公公曰余不愛衣食於民不愛牲玉於神對曰夫惠本而後民歸之志民和而後神降之福今將惠以小賜祀以獨恭小賜不咸民弗歸也獨恭不優神弗福也

又曰夏之衰也褒人之神降化為二龍以同于王庭而言曰余褒之二君也夏后卜殺之與去之與止之莫吉卜請其漦而藏之吉乃布幣焉而策告之龍亡其漦在櫝而藏之

又曰古者民神不雜（謂司民司神之官各異）民之精爽不攜貳者而又能齊肅衷正其智能上下比義其聖能光遠宣朗其明能光照之其聰能聽徹之如是則明神降之在男曰覡在女曰巫

河圖曰東方蒼帝神名靈威仰精為青龍南方赤帝神名赤熛怒精為朱鳥中央黃帝神名含樞紐其精為麟西方白帝神名白招矩精為白虎北方黑帝神名叶光紀精為玄武



龍魚河圖曰天歲星主德慶其精下為大社之神天太白星主兵凶其精下為雨師之神天熒惑星主司非其精下為風伯之神天辰星之氣司災其精下為先農之神天鎮星主得士之慶其精下為靈星之神

又曰東方太山君神姓圓名常龍南方衡山君神姓丹名靈峙西方華山君神姓浩名鬱狩北方恒山君神姓登名僧中央嵩山君神姓壽名逸群呼之令人不病東方太山將軍姓唐名臣南方霍山將軍姓朱名丹西岳華陰將軍姓鄒名尚北岳恒山將軍姓莫名惠中岳嵩高山將軍姓石名玄恒存之却百邪東海君姓馮名脩青夫人姓朱名隱娥南海君姓視名赤夫人姓翳名逸寥西海君姓勾大名丘百夫人姓靈名素簡北海君姓是名禹帳里夫人姓結名連翹河伯公名子夫人姓馮名夷君有四海河神名並可請之呼之却鬼氣

又曰髮神名壽長耳神名嬌女目神名珠殃鼻神名勇盧齒神名丹朱夜卧三呼之有患亦使呼之九過惡鬼自却

史記曰趙襄子為智伯所敗走奔晉陽原過從後至於王澤見三神人自帶以上可見自帶以下不可見與原過竹二節莫通曰為我以是遺趙無卹原過既至以告襄子襄子齋三日親自剖竹有朱書曰趙無卹余霍太山之陽侯天使也三月丙戌余將使汝反滅智氏汝亦立我百邑余將賜汝林胡之地襄子再拜受如三神之令果以丙戌滅智氏○又曰始皇夢與海神戰如人狀問占夢博士曰水神不可見以大魚鮫龍為候今上檮祠謹而有此惡神當除去而善神可致

又曰始皇西南渡淮水之衡山南郡浮江至湘山神逢大

風幾不得渡上問博士曰湘君何神博士對曰聞堯女舜之妻也而葬此於是始皇大怒使刑徒三千人伐湘山樹赭其山上

漢書曰高祖夜徑澤中有大虵當逕乃前拔劒斬虵後人來至虵所見一老嫗夜哭人問何哭嫗曰人殺吾子人曰嫗子何爲見殺曰吾子白帝子也化爲虵當道今赤帝子斬之因忽不見

又曰張良嘗遊下邳圯上有老父至良所直墮其履道下謂良曰孺子下取履良因取之父笑而去良殊大驚父去里餘復還曰孺子可教矣後五日平明與我會良怪之跪曰諾五日平明往父已先在怒曰與老人期後何也後五日復會早來良半夜往有頃父亦來喜曰當如是出一編書曰讀此當爲王者師矣後十三年孺子見我濟北穀城下黃石即我矣視其書即太公兵法也



又郊祀志曰秦文公九年獲若石云于陳蒼北阪城祠其神或歲不至或歲數來來常以夜煇若流星從東方來集于祠城若雄雉其聲殷殷云野雞夜鳴

又曰始皇遊海上行禮祠名山大川及八神將自古而有之或曰太公以來作之八神一曰天主二曰地主三曰兵主四曰陰主五曰陽主六曰日主七曰月主八曰四時主

又曰武帝初即位尤敬鬼神之祀上求神君舍之上林中虒氏舘（音蹄）神君者長陵女子以乳死見神於先後宛若（產乳而死也兄弟妻相謂先後）宛若祠之其室平原君亦往祠之其後子孫以尊顯（平原君武帝外祖母）

又曰亳人繆忌奏曰天神貴者太一大一佐曰五帝（謂青帝靈威仰赤帝赤熛黃帝含樞紐白招拒黑帝叶光紀也）

又曰游水發根言上郡有巫病鬼而下之上召置之甘泉及病使人問神君神君言曰天子無憂病病少瘉強與我會甘泉於是上病瘉遂起幸甘泉病良已大赦置壽宮神君神君最貴者曰太一其佐曰大禁司命之屬皆從之非可得見聞其言言與人音等時去時來則風肅然居室帷中時晝言然常以夜天子祓然後入因巫爲主人關飲食所欲言行下又置壽宮北宮張羽旗設共具以禮神君所言上使受書其名曰畫法其所言世俗之所知也無絶殊者而天子心獨喜其事祕世莫知也

又曰公孫卿言見神人東萊山若云欲見天子天子於是幸緱氏城拜卿爲中大夫遂至東萊東萊宿留之數日無所見見大人迹云

又曰祠神人於交門宮若有鄉坐拜者（師古曰如有神景象嚮祠坐而拜也）



或言益州有金馬碧雞之神可醮祭而致於是遣諫大夫王褒使持節而求之

又曰谷永說成帝曰昔周史萇弘欲以鬼神之術輔導靈王會朝諸侯而周愈微諸侯叛楚懷王隆祭祀事鬼神欲以獲福助却秦師而兵挫地削身辱國危秦始皇并天下甘心於神仙之道遣徐福韓終之屬多賫童男童女入海求神采藥因逃不還天下怨恨

漢書曰文帝思賈誼徵之至入見上方受釐坐宣室上因感鬼神事而問鬼神之本誼具道所以然之故至夜半文帝前席

後漢書曰光武渡呼沲河至下博城西遑惑不知所之有白衣老父在道傍指曰努力信都郡爲長安守光武即馳赴之

又曰何敞祖父比干字少卿經明行修爲汝陰縣獄吏決曹掾平活數千人淮汝號曰何公征和三年三月天大陰雨比干在家日中夢見貴客車騎滿門覺以語妻語未竟而門有老嫗八十餘頭白求寄避雨雨甚而衣履不霑漬雨止送謂比干曰公有陰德今天錫君策以廣公之子孫因出懷中符策狀如簡長九寸凡九百九十枚以授比干曰子孫佩印綬者如此筭比干年五十八有六男又生三子本始元年自汝陰徙平陵代爲名族

又曰宣帝時陰子方者至孝有仁恩嘗臘日晨炊見竈神形見（雜五行書曰竈神長衣黃衣夜被髮從竈中出知其名呼之而可除凶惡）子方再拜受慶家有黃羊因以祀之自是巳後暴至巨富田有七百餘頃輿馬僕隸比於邦君子方常言我子孫必將強大至孫識三世而遂繁昌故後常以臘日祀竈而薦黃羊焉



又曰班超至于窴王廣德禮意甚踈且其俗信巫巫言神怒何故欲向漢漢使有騧馬急求取以祠我廣乃遣使就超請馬超密知其狀報許之而令巫自來取馬有頃巫至超斬其首以送廣德

吳志曰臨海羅陽縣有神自稱王表語言飲食與人無異然不見其形又一婢名續紡遣中書郎李崇賚輔國將軍羅陽王印綬迎表表隨崇俱出所歷山川輒遣婢與其神相聞表至權於倉龍門外爲立第舍表說水旱小事往往有驗。何法盛晉中興書曰王猛北海人少貧賤嘗至洛陽貨畚有一人於市買其畚而云無直家近在此可隨我取利猛隨去行不覺遠而忽至深山中此人語猛且住樹下當先啓道君來須臾猛進見一公踞床頭鬢悉白侍從十許人有一人引猛云大司馬公可進猛因拜老公公曰王公何緣拜即十倍償畚直遣人送猛出既顧視乃嵩山也

晉書曰符堅入寇會稽王道子以威儀鼓吹求於鍾山之神奉以相國之號及堅至壽春望八公山草木皆類人形若有力焉

後魏書曰初聖武皇帝嘗率數萬騎田於山澤欻見輜軿自天而下既至見美人侍衛甚盛帝異而問之對曰我天帝女受命相偶遂同寢宿且請還曰明年周時復會此言終而別去如風雨及周歲前所由處果復相見天女以所生男授帝曰此君之子也善養視之子孫相承當世爲帝語訖而去子即世祖也

又曰段暉師事歐陽湯湯甚器愛之有童子與暉同志後二年童子辭歸從暉請馬暉戲作木馬與之童子甚悅謝暉曰吾太山府君子奉勑遊學今將欲歸煩子厚贈無以



報德子後位至常伯封侯非報也且以爲好言終乘木馬騰空而去暉乃自知必將貴也

太平御覽卷第八百八十一

# 太平御覽卷第八百八十二

## 神鬼部二

### 神下

北齊書曰神武以高昂爲西道大都督徑趣商洛昂渡河祭河伯曰河伯水中之神高敖曹地上之虎

齊書曰義鄉縣長風廟神姓鄧先經爲縣令死遂發靈周山圖啓乞加神位輔國將軍上曰足狗肉便了事何用階級

齊書曰　安人爲吳興太守郡有項羽神護郡廳事太守到郡必須祀以軛下牛安人奉佛法不與神牛著屐上廳事又於上設八關齋俄而牛死安人尋卒世以神爲祟

梁書曰王神念爲青州刺史性剛正所更州郡必禁止淫祠時東北有石鹿山臨海先有神廟神念至便令毀撤神



影壞屋舍坐棟上有一大虵長丈餘入海水時陰子春爲東莞太守夢人通名詣子春云有人見苦被壞宅舍既無所託欽君厚德欲憩此境子春心密記之經二日而知之甚驚以爲前所夢神因辦牲醑請召安致一處數日復夢一朱衣人相聞辭謝云得君厚惠當以一州相報子春心喜供事彌勤經月餘魏欲襲朐山間諜前知子春設伏摧破之授南青州刺史

又曰蕭猷封臨汝侯爲吳興郡守性倜儻與楚王廟神交飲至一斛每酹祀盡懽極醉神亦有酒色祈禱必從後爲益州刺史時江陽人齊苟兒反猷乃遥禱請救是日有田老逢一騎絡鐵從東方來問去城幾里曰百四十時日已晡騎舉稍曰後人來可令之病馬欲及日破賊俄有數百騎如風一騎過請飲田老問爲誰曰吳興楚王來救臨汝當此時廟中請祈苟驗十餘日乃見侍衛土偶皆泥濕如汗者是日猷大破苟兒

唐書曰高祖義師次靈石縣隨將宋老生屯霍邑以拒義師會霖雨積旬餽運不繼有白衣老父詣軍門曰余爲霍山神使謁唐皇帝曰八月雨止路出霍邑東南吾當濟師高祖曰此神不欺趙無恤豈負我哉

又曰初薛延陁之將敗也有一客乞食於主人主人引入帳令妻具饌其妻顧視客乃狼頭人也妻告隣人共視之狼頭人已食主人而去相與逐之止鬱督軍山見二人追者告其故二人曰我則神人也薛延陁當滅我來取之追者懼而退走延陁竟敗於鬱督軍山

老子曰神得一以靈神無以靈將恐歇

莊子曰藐姑射之山有神人居焉肌膚若氷雪綽約若處



子不食五穀吸風飲露乘雲氣御飛龍而遊乎四海之外

管子曰桓公北征孤竹未至卑耳之谿十里闟然止瞠然視援弓將射引而未敢發也謂左右曰見是前人乎左右對曰不見也公曰事其不濟乎寡人大惑今者寡人見人長尺而人物具焉冠右祛衣走馬前疾事其不濟乎寡人大惑豈有人若此乎管仲對曰臣聞登山之神有俞兒者長尺而人物具焉霸王之君興而登山之神見且走馬前道也祛衣示前有水也右祛衣示從右方涉也至卑耳之谿有贊水者曰從左方涉其深及冠從右方涉其深至膝已涉其大濟桓公坐拜管仲之馬前曰仲父之聖至若此寡人之罪也久矣

墨子曰鄭繆公處乎廟有神入門身鳥素服曰帝饗汝明德使錫汝壽十年有九公曰敢問神名曰予爲勾芒

韓子曰齊人謂齊王曰河伯大神也王不識與之遇乎
請使王遇之乃為壇場大水之上而與王立焉有間大魚
動因曰此河伯也
隋巢子曰昔三苗大亂天命殛之夏后受之大神降而福
也司命益年而民不夭四方歸之闢地以王
山海經曰豐山有神耕父處之常游清冷之淵出入有光
清冷水在西鄂縣山上有祠水赤有光
又曰崑崙山神陸吾虎身長九首人面
又曰西北海外章尾山有神人面蛇身而赤身長千里其
眼乃晦其視乃明視為晝眠為夜雨風是謁能請風雨是燭九陰是謂
燭龍詩含神霧曰天不足西北無陰陽消息故有龍銜火精照天門中
又曰蚩尤作兵犯黃帝乃令應龍攻於冀州之野蚩尤請
風伯所從大風雨黃帝乃下天女魃止雨遂殺蚩尤魃不



得復上故所居不雨
黃庭內景經曰至道不煩決存真泥丸百節皆有神髮神
蒼華字太元腦神精根字泥丸眼神明上字英玄鼻神玉壟
字靈堅耳神空閑字幽田舌神通命字正倫齒神崿鋒字
羅千一面之神宗泥丸
又曰心神丹元字守靈肺神皓華字虛成肝神龍煙字含
明腎神玄冥字育嬰脾神常在字魂停膽神龍曜字威明
皆在心內運天經晝夜存之自長生
太公金匱曰武王都洛邑未成陰寒雨雪十餘日深丈餘
甲子旦有五丈夫乘車馬從兩騎止王門外欲謁武王武
王將不出見太公曰不可雪深丈餘而車騎無跡恐是聖
人太公乃持一器粥出開門而進五車兩騎曰王在內未
有出意時天寒故進熱粥以御寒未知長幼從何起兩騎

曰先進南海君次東海君次西海君次北海君次河伯雨
師粥既畢使者具告太公太公謂武王曰前可見矣五車
兩騎四海之神與河伯雨師耳南海之神曰祝融東海之
神曰勾芒北海之神曰玄冥西海之神曰蓐收請使謁者
各以其名召之武王乃於殿上謁者於殿下門內引祝融
進五神皆驚相視而歎祝融拜武王曰天陰乃遠來何以
教之皆曰天伐殷立周謹來受命願勑風伯雨師各使奉
其職
風俗通曰共工之子好遠遊死為祖神
又曰秦昭王伐蜀令李冰為守江水有神歲取童女二人
為婦主者自出錢百萬以行娉冰曰不須吾自有女到時
裝飾其女當以沉江冰徑上神坐舉酒酹曰今得傅九族
江君大神當見尊顏相為進酒冰先投杯但澹淡不耗厲



聲曰江君相輕當相伐耳拔劍忽然不見良久有蒼牛鬬
於岸有頃冰還謂官屬令相助曰南向要中正白是我綬
也還復鬬主簿刺殺其北面者江神死後無復患
博物志曰太公望為灌壇令文王夢見婦人當道哭問其
故曰吾太山之神嫁為西海婦灌壇令當吾道不敢以疾
風暴雨過也夢覺召太公三日果疾風暴雨
三齊略記曰始皇作石橋欲過海觀日出處于時有神人
能驅石下海城陽一山石盡起立嶷嶷東傾狀似相隨而
行云石去不速神人輒鞭之皆流血石莫不悉赤至今猶
爾
又云始皇於海中作石橋海神為之竪柱始皇感其惠求
與相見海神答去我形醜約莫圖我乃從石塘三十里相
見左右巧人以脚畫其狀神怒曰帝負我約速去始皇轉馬

還馬脚獨立後脚隨崩僅得登岸脚盡者溺於海死
王韶之始興記曰浛水内有一處曰龍口甚神明經過莫
敢晤袒舡載什物置之不守可經月人及鳥獸無犯者
淮地記曰按古嶽瀆經云禹治水止桐柏山乃獲淮渦水神
名曰無支祁善應對言語辨淮之淺深源之遠近形若獼猴縮
鼻高額青軀白首金目雪牙頸伸百尺力逾九象禹授之
庚申遂頸鎖大鐵鼻穿金鈴從淮之陰鎖龜山之足淮水
乃安流注于海
華陽國志曰周滅後秦孝文王以李冰為蜀守冰能知天
文地理謂汶山為天彭門髣髴若見神遂水上立祠三所
壅江作堋穿郫江以行舟舡又漑灌三郡於是蜀沃野千
里號為陸海天下謂之天府也冰又作石犀五頭以厭水
精時青衣有深水出蒙山下伏行地中會江至南安觸山



崖水脉漂蕩破害舟舡冰乃發卒鑿平崖時水神怒冰乃
操刀入水與神鬭迄今蒙福
漢武故事曰上祀太畤祭常有光明照長安城如月光上以
問東方朔此何神也朔曰此司命之神揔鬼神者也上曰
祠之能令益壽乎對曰皇者壽命懸於天司命無能為也
郡國志曰陵州仁壽縣有陵井出鹽井有玉女祠初王女
無夫後每年取一少年人擲置井中若不送水即竭又蜀郡
西山有大蟒虵吸人上有祠號曰西山神每歲土人莊嚴
一女置祠旁以為神妻虵輒吸將不尒即亂傷人周氏平
蜀許國公宇文貴為益州總管乃致書為神媒合婚姻擇
日設樂送玉女像以配西山神自迩之後無復此害
魏文帝列異傳曰袁本初時有神出河東號度索君人共立
廟兖州蘇士毋莊往禱見一人着白布單衣高冠冠似魚
頭度索君曰昔廬山共食白李未久已三千年日月易得
使人悵然去後度索君曰此南海君也
搜神記曰蔣子文者廣陵人也嗜酒好色常自謂己骨青
死當為神漢末為秣陵尉逐賊至於鍾山之下賊擊傷額
因解綬以縛之有頃遂死及吳先主之初其吏見子文於道
乘白馬執白羽侍從如平生文曰我當為此土神也為吾
立祠不尒使蟲入耳為災吳主為妖言後果有蟲入人耳
皆死醫不能治又云不祠我將有大火是歲數有火災吳
主患之封為中都侯加印綬立廟改鍾山為蔣山以表其
靈
幽明録曰晉孝武帝於殿北窻下清暑忽見一人着白夾
黄練單衣擧身沾濕自稱華林池中水之神名曰淋涔君
也若善見待當相福祐時帝飲已醉取常所佩刀擲之刀



空過無礙神忿曰不以佳事垂接當令知所以居少時而
暴崩皆呼此靈為禍也
列異傳曰費長房能使神後東海君見葛陂君淫其夫人
於是房勑繫三年而東海大旱長房至東海見其請雨乃
勑葛陂君出之即大雨
異苑曰陶侃如廁見數十人悉持大杖有一人單衣平幘
自稱後帝云君長者故出相見三載説富貴莫可言侃起
逐失所在有大印作公字當有穢處
世説曰吳興徐長夙與鮑南海有神明之交欲授以秘術
先謂徐宜有約誓徐誓以不仕於是受籙常見八大神在
側能知來見往才識日異縣鄉翕然有美談欲用為縣主
簿徐心悅之八神一朝不見七人餘一人倨傲不如常徐
問其故答云君違誓不復相為使身一人留衛籙耳徐乃

還竊遂退
宋玉神女賦曰楚襄王與宋玉遊於雲夢之浦使玉賦高唐之事其夜王寢與神女遇其狀甚麗王異之明日以白王王曰其狀若何曰晡夕之後精神怳惚若有所喜見一婦人甚奇異王曰其狀如何王曰茂矣美矣諸好備矣盛矣麗矣難測究矣不可勝讚其始來也爛若白日初出照屋梁其少進也皎若明月舒其光須臾之間美皃橫生其盛飾也則羅紈綺繢爍爛文章王曰若此試爲寡人賦之
王符論曰今婦人不修中饋休其蚕織而起學巫祝鼓舞事神以欺誣細人熒惑百姓妻女羸弱疾病之家懷憂憒憒易爲恐懼至使奔走便時去離正宅增重禍祟至於死士而不知巫所欺誤反恨事神之晚
陳思王洛神賦曰覩一麗人于巖之畔乃援御者而告之曰尒有覿於彼者乎彼何人斯若此之艷也御者對曰臣聞河洛之神名曰宓妃則君王所見無乃是乎其狀若何臣願聞之曰其形也翩若驚鴻宛若遊龍榮耀秋菊華茂春松髣髴兮若輕雲之蔽月飄揚兮若流風之迴雪遠而望之皎若太陽外朝霞迫而察之灼若芙蓉出綠波余情悅其淑美心振蕩而不怡無良媒以接欣託微波而通辭願誠素之先達解玉珮以要之



太平御覽卷第八百八十二

鬼上

易曰鬼神害盈而福謙

又曰睽孤見豕負塗載鬼一車（見鬼盈車吁可怪也）

左傳莊公曰齊侯田于貝丘見大豕從者曰公子彭生也（公見大豕而從者見彭生皆妖鬼）公怒曰彭生敢見射之豕人立而啼公懼墜于車傷足喪屨

又僖公曰晉侯改葬共太子秋狐突適下國遇太子太子使登僕而告之曰夷吾無禮余得請於帝矣將以晉畀秦秦將祀余對曰臣聞之神不歆非類民不祀非族君祀無乃殄乎且民何罪失刑乏祀君其圖之君曰諾吾將復請七日新城西偏將有巫者而見我焉許之遂不見及期而往告之曰帝許我罰有罪矣斃於韓



又文上曰有事於太廟躋僖公逆祀也於是夏父弗忌爲宗伯曰吾見新鬼大故鬼小先大後小順也君子以爲失禮

又宣公曰楚司馬子良生子越椒子文曰是必滅若敖氏矣及將死泣曰鬼猶求食若敖氏之鬼不其餒而

又宣公曰初魏武子有嬖妾無子武子疾命顆曰必嫁是疾病則曰必以爲殉及卒顆嫁之及輔氏之役顆見老人結草以亢杜回杜回躓而顛故獲之夜夢之曰余而所嫁婦人之父也爾用先人之治命余是以報

又成公曰晉侯夢大厲被髮及地搏膺而踊曰殺余孫不義（厲鬼也趙氏之先祖也八年晉侯殺趙同趙括故怒）余得請於帝矣壞大門及寢門而入公懼入于室又壞戶公覺召桑田巫巫言如夢（巫見鬼怒如公所夢）

又昭二曰鄭子產聘于晉晉侯有疾韓宣子逆客私焉曰寡君寢疾於今三月矣並走群望有加而無瘳今夢黃熊入於寢門何厲鬼也對曰昔堯殛鯀于羽山其神化爲黃熊以入于羽淵實爲夏郊三代祀之晉爲盟主其或者未之祀也乎宣子祀夏郊晉侯有間

又昭二曰鄭人相驚以伯有至矣曰伯有至矣則皆走不知所往（鄭人殺伯有言其鬼至）鑄刑書之歲二月或夢伯有介而行曰壬子余將殺帶也明年壬寅余又將殺段也及壬子駟帶卒國人益懼齊及燕平之月壬寅公孫段卒國人愈懼其明月子產立公孫泄及良止以撫之乃止子太叔問其故子產曰鬼有所歸乃不爲厲吾爲之歸也

又哀上曰初曹人或夢衆君子立于社宮而謀亡曹曹叔鐸請待公孫彊許之旦而求之曹無之戒其子曰我死爾聞公孫彊爲政必去之



又哀下曰衛侯夢于北宮見人登昆吾之觀被髮北面而譟曰登此昆吾之虛綿綿生之瓜余爲渾良夫叫天無辜（大富免三死并數一時之事爲盟三罪殺之故自謂無辜也）

論語曰樊遲問知子曰敬鬼神而遠之可謂知矣（敬鬼神而不瀆）

尒雅曰鬼之爲言歸也

史記始皇本紀曰使者從關東夜過華陰平野道有人持璧遮使者曰爲吾遺滈池君因言曰今年祖龍死使者問其故忽不見遂置其璧去使者奉璧具以聞始皇默然良久曰山鬼固不過知一歲事也

漢書郊祀志曰既滅兩粵粵人勇之乃言粵人俗鬼（言其土俗尚鬼神之事）而其祠皆見鬼數有效昔東甌王敬鬼壽百六十歲後世怠慢故衰耗迺命粵巫立粵祠安臺無壇亦祠天神帝百鬼

漢書曰田蚡疾一身盡痛若有擊者呼服謝罪上使視鬼者瞻之曰魏其侯與灌夫共守笞欲殺之竟死

後漢書曰第五倫爲會稽太守俗好淫祀人常以牛祭神百姓財產以之困匱其自食牛肉而不以薦祠者發病且死先爲牛鳴倫到官移書屬縣曉告百姓其巫祝有依託鬼神詐怖愚民皆按論之後遂斷絕

又曰宋均爲辰陽長其俗少學者而信巫鬼均爲立學校禁絕淫祀人皆安之

又曰劉根有神術太守史祈以爲妖乃執而數之曰若有神可顯一驗根曰頗能使鬼乃左顧右嘯祈之亡父近親數十皆反縛在祈前向根叩頭曰小兒無狀分當万死叱祈曰汝子孫不能光榮先祖而辱如此何不叩頭謝之祈哀驚悲泣頓首請罪根默然忽去不知所之



王隱晉書曰鎮南劉弘以故刺史王毅子衡陽太守矩爲廣州矩至長沙見一人長大著布單衣自持奏左岸上矩省奏云京兆杜靈之仍入舡共語稱叙𥝠闊矩問君京兆人何時發來答曰朝發矩怪問京兆去此數千那得朝發今到杜荅曰僕天上京兆去此乃數萬何止數千乎

晉書曰鄒湛字潤甫嘗見一人自稱甄仲舒餘無所言如此非一久之乃悟曰宅西有積土敗瓦其中有死人甄仲舒者予舍西土瓦中人也撿之果然厚加斂葬葬畢遂夢此人來謝

又曰蘇韶字孝先安平人也仕至中牟令卒韶伯父第九子節在車上晝日韶自外入乘馬白黑又介幘黃䟽單衣白襪絲履憑節車轅節謂兄弟曰中年在此兄弟皆愕視無所見問韶君何由來韶曰吾欲改葬即求去數日又來兄弟遂與韶坐節曰若必改葬別自勑兒韶曰吾將爲書節授筆韶不肯曰死者書與生者異爲節作其字像胡書也乃笑喚節爲書曰昔魏武侯浮於西河而下中流顧謂吳起曰美哉河山之固此魏國之寶也吾性愛好京洛每往來出入瞻視邙山樂哉萬世之基也北背孟津洋洋之河南望天邑濟濟之盛此志雖未言銘之於心矣不圖奄忽所懷未果前去十月便速改葬賈數畝地便足矣節延韶入室設坐祀之不肯坐又無所饗謂韶曰中牟平生好酒可少飲韶手執盃飲盡曰佳酒也節視杯空既去杯酒乃如故前後三十餘來兄弟狎翫節問所疑韶言天上及地下事亦不能悉知也顏淵卜商今見在爲脩文郎凡有八人鬼之聖者梁成賢者吳季子節問死何如生韶曰無異耳死者虛生者實此其異也節曰死者何不歸屍骸韶曰譬如斷卿一臂以投地就剝削之於卿有患乎死之去屍骸如此也節曰厚葬美墳死者樂乎韶曰無在也節曰若無在何改葬韶曰今我誠無所在但欲述生時意耳韶欲去節留之閉門下鏁鑰韶爲之少住韶去節見門故閉韶已去矣韶與節別曰吾今見爲脩文郎守職不下得來也節執手乃別自是遂絕



續晉陽春秋曰襄陽羅友在桓溫府屢以貧乞祿溫以其誕肆許而不用同府人有得郡者溫爲坐別友亦被命至尤晚溫問之曰出門於中路遇一鬼大見耶揄曰見汝送人作郡不見人送汝作郡友始怖終慙不覺淹緩溫笑而用之

晉書曰周訪宿宮亭湖廟晨起如厠見一老父訪執之化爲雄鴨

晉陽春秋曰苻堅未敗長安市鬼夜哭一月止
前趙錄曰麟嘉三年㿻斯則百堂災自此鬼哭二宮夜夜
不絶
崔鴻十六國春秋後趙錄曰魏豹字叔虎范陽人也遷中
山太守所在有治名豹嬖妾先死豹後守于廩丘南妾形
見與豹言翌日而卒
後魏書曰先是河邊人夢神謂己曰爾朱家欲渡河用爾
作灅波津令為之縮水脉月餘夢者死及兆至有行人自
言知水淺深以草往往表插而導焉忽失所在兆遂策馬
涉渡
宋書曰劉伯龍少而貧薄及長歷位尚書左丞武陵太守
貧窶尤甚嘗在家慨然召左右將營十一之方忽見一鬼
在傍撫掌大笑伯龍歎曰貧窮固有命乃復為鬼所笑也
遂止



梁書曰沈雲嘗與梁武同宿顧暠之舍妻方產鬼在外曰
此中有王有相雲起曰王當仰屬相以見歸因是盡心推
事
老子曰以道莅天下者其鬼不神（鬼不敢見其精神以干犯人）非其鬼
不神其神不傷人（其鬼非無精神也邪不入正不能傷自然）
莊子曰齊桓公田於澤管仲御見鬼焉公撫管仲之手曰
仲父何見對曰臣無所見也公反誒詒為疾數日不出齊
士有皇子告敖者曰公則自傷鬼惡能傷公夫忿滀之氣
散而不反則為不足上而不下則使人善怒下而不上則
使人善忘不上不下者中身當心則為病耳桓公曰然則
有鬼乎曰有沉有履竈有髻戶內之煩壤雷霆處之水有
罔象丘有峷山有夔野有彷徨澤有委蛇公曰請問委蛇之
狀何如曰委蛇其大如轂其長若轅紫衣而朱冠其為物
也惡聞雷車之聲則捧首而立見之者其殆乎霸桓公囅
然而笑曰寡人之所見者也
墨子曰周宣王殺杜伯不以罪後宣王田於圃見杜伯執
弓矢射宣王伏弓衣而死
呂氏春秋曰梁北有黎丘部有奇鬼焉喜效人之子姪昆
弟　扶邑丈人布之市醉而歸者黎丘之鬼效其子之狀
扶而道苦之丈人歸酒醒而誰（譙責也）其子曰吾為汝父也
豈為不慈哉我醉汝道苦我何故其子伏而觸地曰孽無
此事也其父信之曰譆是必奇鬼我固聞之明日復於市
欲遇而刺殺之明旦之市而醉其真子恐其父之不能返
也遂往迎之丈人望見之拔劍而刺之
韓詩外傳曰人死曰鬼鬼者歸也精氣歸於天肉歸於土



血歸於水脉歸於澤聲歸於雷動作歸於風眼歸於日月
骨歸於木筋歸於山齒歸於石膏歸於露髮歸於草呼吸
之氣歸復於人
淮南子曰蒼頡作書鬼夜哭
董仲舒五行逆順曰人君簡宗廟不禱祀則鬼夜哭
風俗通曰汝南周翁仲初為太尉掾婦產男及為北海相
吏周先能見鬼書署為主簿使還致敬於本郡縣因告之
曰事訖臘日可與小男俱侍祠主簿事還翁仲問之對曰
但見屠人弊衣蠡髻而踞神座持刀割肉有衣冠青墨綬
數人彷徨堂東西不進不知何故翁仲問妻曰何以養此
子嫗大怒曰君常言兒體貌聲氣喜學似我公欲死為作
狂語翁仲具告之祠祭如此不具服子毋立截嫗泣涕言
昔以年長無男不自安實以女易屠者之男裨錢一萬此

子年巳十八遣歸其家迎其女女嫁爲賣餅者妻後適臨西李文思文思官至南陽太守

抱朴子曰按九鼎記及青靈經言人物之死俱有鬼也馬鬼常以晦夜出行狀如炎火

玄中記曰姑獲鳥夜飛晝藏蓋鬼神類衣毛爲飛鳥脫毛爲女人名爲帝少女一名夜遊一名鈎星一名隱飛鳥無子喜取人子養爲子人養小兒不可露其衣此鳥度即取兒也荆州爲多昔豫章男子見田中有六七女人不知是鳥匍匐往先得其毛藏之往就諸鳥諸鳥各走就毛衣衣之飛去一鳥獨不得去男子以爲婦生三女其女毋後令問父知衣在積稻下得衣飛去後以衣迎三女三女得衣亦飛去

神異經曰東北方有鬼星石室三百戶而共一門石牓題



曰鬼門晝日不開至暮即有人語有火青色

又曰南方有人長三二尺裸形而目在頂上走行如風名曰魃所見之國大旱赤地千里一名旱母一名狢遇者得之投溷中乃死旱災銷也

又曰西方深山有人焉長尺餘袒身捕鰕蟹性不畏人止宿喜依其火以炙鰕蟹伺人不在而盜人鹽以食蟹名曰山猱其音自叫人常以竹着火中烞音朴熚音畢而山猱皆驚犯之令人寒熱此雖人形亦鬼魅耳所在山中皆有之

齊諧記曰廣陵王瓊之爲信安令在縣忽有一鬼自稱姓蔡名伯喈或復談議誦詩書知古今靡所不諳問是昔蔡邕不荅云非也與之同姓字耳問此伯喈今何在云在天上或下作仙人飛來去受福甚快非復疇昔也

論衡曰上古之人有神荼鬱壘者昆弟二人生而執鬼居東海度朔山上立桃樹下簡閱百鬼鬼道理妄與人禍荼與鬱壘縛以蘆索執以食虎

幽明録曰阮瞻常著無鬼論而一鬼通姓名作客詣之寒溫畢聊談名理客甚有才辨與言良久及鬼神事乃作色曰鬼神古今聖賢所共傳君何獨言無即僕便是鬼於是變爲異形須臾便滅阮嘿然大　惡之年餘卒

又曰王輔嗣注易輙笑鄭玄爲儒去老奴無意于時夜分忽聞外閤有著屐聲須臾進白云鄭玄責之曰君年少何以輙穿鑿文句而妄譏誚老子也極有忿色言竟便退輔嗣心生畏惡經少時遇厲病而卒

又曰阮德如嘗於厠見一鬼長丈餘色黑而眼大着皂單衣平上幘去之咫尺德如心安定徐笑語之曰人言鬼可憎果然鬼即赧愧而退



又曰晉世王彪之年少未官常獨坐齋前有竹忽聞有歎聲彪之愓然怪似其母因往看之見母衣服如昔彪之跪拜歔欷母曰汝方有奇厄自今已去當見一白狗若能東行出千里三年然後可得免災忽不復見彪之悲悵達旦既明獨見一白狗恒隨行止便經營行裝將往會稽及出千里外三年乃歸齋中復聞前聲往見母如先謂曰能用吾言故來慶汝汝自今已後年踰八十位班台司後皆如母言

又曰郄仲宗以隆安初入蜀爲毛璩參軍至涪陵郡暮宿在亭屋中忽有一鬼體上皆毛於窻櫺中執仲宗臂牽仲宗大呼左右來救之鬼乃去

又曰河南楊起字聖卿少時病瘧逃於社中得素書一卷譴劾百鬼法所劾輙効爲日南太守母至則上見鬼頭長

數尺以告聖鄕曰此肅霜之神刻之出來變形如奴送書
京師朝發暮反作使當千人之力
又曰東昌縣山有物形如人長四五尺裸身被髮髮長五
六寸常在高山巖石間住喑啞作聲而不成語能嘯相呼
常隱於幽昧之間不可恒見有人伐木宿於山中至夜眠
後此物抱子從澗中發石取蝦蟹就人火邊燒炙以食兒
時人有未眠者密相覺語齊起共突擊便走而遺其子聲
如人啼也此物使男女群共引石擊人趣得然後止

太平御覽卷第八百八十三

太平御覽卷第八百八十四

神鬼部四

鬼下

異苑曰廣州治下有黃文鬼出則爲祟所著衣帽皆黃至人家張口而笑必得疫狀長短無定隨籬高下自不出已十餘年土俗畏怖惶恐不絶

又曰陸機初入洛次河南之偃師時夕望道左若有民居因往逗宿見一年少神姿端遠與機言玄門妙物機心伏其能無以酬抗機提緯古今總驗名實此年少不甚欣解既曉便去機税驂逆旅逆旅嫗曰此東數十里無村落正有山陽王家墓耳機乃怪悵然還睇昨路空野霾雲拱木蔽日知所遇者信王弼也

又曰晉宣王誅王陵寢疾日見陵來賈逵亦爲祟少日遂薨初陵被執經賈逵廟呼曰賈梁道王陵魏之忠臣及永嘉之亂有覡見宣王宣王涕泗云家國傾覆是曹爽夏侯玄訴冤得伸故也

又曰夏侯玄爲司馬景王所誅宗人爲之設祭見玄來靈坐上脱頭於牀取食物酒載之屬以內頭中畢還自安頭而言曰吾得請於帝矣子元無嗣也

又曰謝靈運以元嘉五年忽見謝晦手提其頭來坐別床血淋落不可忍視又所服豹皮裘血淹滿篋及爲臨川郡飯中欻有大蟲謝遂被誅

又曰世有紫姑古來相傳云是人妾爲大婦所妒誣以穢事相役正月十五日感激而死故世人以其日作其形夜於廁間或豬欄邊迎之呪曰子胥不在曹失亦歸曹即其大婦也小姑可出戲捉者覺重便是神來奠設酒果亦覺



貌輝輝有色即跳躁不住能占衆事卜行來蠶桑又善射鉤好則大舞惡即仰眠平昌孟氏恒不信躬試往捉自躍穿帳頂而去永失所在也

世説曰會稽賀思令善彈琴嘗夜在月中坐臨風鳴彈忽有一人形器甚偉著械有慘色在中庭稱善便與共語自云是嵇中散謂賀云卿手下極快但於古法未備因授以廣陵散賀遂傳之于今不絶

又曰阮脩字宣子論鬼神有無或以人死有鬼宣子獨以爲無曰今見鬼者云着生時衣服若人死有鬼衣服有鬼耶論者服焉

列異傳曰南陽宗定伯年少時夜行逢鬼問曰誰鬼曰鬼也鬼曰卿復誰定伯欺之言我亦鬼也欲至宛市鬼言我亦欲至宛市共行數里鬼言步行太極可共迭相擔也定伯乃大喜鬼便先擔定伯數里鬼言卿太重定伯言我新死故重耳定伯因復擔鬼鬼略無重如是再三定伯復言我新死不知鬼悉何所畏忌鬼荅曰唯不喜人唾於是共道遇水定伯命鬼先渡聽之了無聲定伯自渡漕漼有聲鬼復言何以作聲定伯曰新死不習渡水耳勿怪行欲至宛定伯便擔鬼至頭上急持之鬼大呼聲咋咋索下不復聽之徑至宛市中着地化爲羊便賣之恐其變化乃唾之得錢千五百乃去于時名宗定伯賣鬼得錢千五百

又曰任城公孫達甘露中爲陳郡卒官將斂兒及郡吏數十人臨喪公達有五歲兒欻作靈音聲若父呵衆人云哭止吾欲有所道呼諸兒以次教戒兒悲哀不能自勝乃慰之曰四時之運猶有終人物短脆焉當無窮如此數千語皆成文章兒乃問曰人死皆無知大人聰明殊特獨有神

靈耶荅曰存亡之事未易可言鬼神之事非人知也索紙
作書辭義滿紙投地云封書與魏君宰暮有信來即以付
之其暮君宰果有信來
又曰北海營陵有道人能令人與死人相見同郡人婦死
已數年聞而往見之曰願令我一見死亦不恨道人教其
見之於是與婦相見言語悲喜恩情如生時良久乃聞鼓
聲遂別而去
搜神記曰漢九江何敞爲交趾刺史行部到蒼梧暮宿鵠
奔亭夜未半有一女子從樓下呼曰妾本居廣信縣脩里
人早失父母無兄弟嫁與同縣施氏薄命先死有雜繒百
二十疋及婢致富一人妾孤窮羸弱不能自振欲之傍縣
賣繒從同縣男子王伯債車牛一乘載繒妾乘車致富執
轡乃以前年四月到亭外時日暮行人斷絕不敢復進因



止致富暴得腹痛妾之亭長舍乞漿火而亭長龔壽操刀
戟來至車傍問妾曰夫人何從來車上所載丈夫何在何故
獨行妾應曰何問之壽持妾臂曰年少愛有色冀可樂也
妾懼怖不聽壽即持刀刺脅下一瘡立死又刺致富亦死
壽掘樓下合埋妾在下婢在上取財物而去殺牛燒車車
釭及牛骨貯在亭東井中妾既冤死痛感皇天無所告訴
故來自歸於明使君敞曰今欲發之汝何以爲驗女子曰妾
上下着白衣青絲履皆未朽也妾姓蘇名娥願訪鄉里以
散骨歸死夫敞乃馳還令吏捕壽考問具服問廣信縣與
娥語合壽父母兄弟皆捕繫獄敞表壽常律殺人不至族
然壽爲惡隱密經年王法自所不免令鬼神訴者千載無
一請皆斬之以明鬼神以助陰教
又曰盧充范陽人家西三十里有崔少府墓充年二十先

冬至一日出宅西獵戲見麞便射中之麞倒而起充遂逐
不覺遠忽見道北一里許高門瓦屋四周有如府舍不復見
麞門中鈴下唱客前有一人投一襆新衣曰府君以此贈
郎充便着已進見少府語充曰尊府君不以僕門鄙近得
書爲君索小女爲婚故相迎耳便以書示充父亡時充雖小
然已識父手跡便即歔欷無復辭便勅內盧郎已來可使
女郎莊嚴至黃昏內白女郎莊嚴竟崔語充君可至東崔婦
下車立席頭即共拜時爲三日畢崔謂充曰君可歸去女
若生男當以相還生女當留養勅外嚴車送客充便辭出
至家母見問其故充悉以狀對別後四年三月充臨水戲
忽見傍有犢車乍沉乍浮既而上岸四坐皆見而充往問
其車後户見崔氏女與三歲男共載女抱兒以還充又與
金盌忽然不見充後乘車入市賣盌冀有識者有一婢識



此還白大家曰市中見一人乘車賣崔氏女郎棺中金盌
大家即崔氏親姨母也遣兒視之果如婢言乃語充曰昔
我姨姊少府女未出而亡家親痛之贈一金盌着棺中可
說得盌本末充以事對此兒亦爲悲咽賷還白母母即令
詣充家迎兒還諸親悉集兒有崔氏之狀又復似充之貌兒
盌俱驗姨母曰我外生也即字溫休溫休者是幽婚也遂
成令器歷郡守其後植子毓有名天下
又曰欒笠嘗從路歸未至家數十里見路次有新婦從欒
求寄載行一十餘里新婦謝去謂笠曰我天使也令往燒
東海欒笠家感君載故以相語笠請之曰不得不燒君快
去我緩行日中必發火笠乃急行至家使出其財物明日
日中果火大發
又曰臨川間諸山有妖物來常因大風雨有聲如嘯能射

人有頊便腫大毒有雌雄雄急而雌緩急者不過半日間
緩者經宿其方人常有以求之求之小晩則死俗名曰刀
勞鬼
又曰永昌郡不韋縣有禁水水有毒氣唯十一月十二月
可渡涉自正月至十月不可渡渡輒病殺人其氣有惡物
不見其形作聲如有所投擊中木則折中人則害人俗名
鬼彈
文士傳曰左思初作蜀都賦曰鬼彈飛丸以礌礰後又改
易無此語
又南中八部志曰永昌郡有禁水水有惡毒氣中物則有
聲中樹木則折名鬼彈中人則奄然青爛
又曰下邳周式嘗至東海道逢一使持一卷書求寄載行
十餘里謂式曰吾蹔有所過留書寄舡中愼勿發之去後



式盜發視書皆諸死人錄下條有式名須臾使還式首道
視書吏怒曰故以相告而勿視之式叩頭流血吏良久曰
感卿遠相載此書不可除卿今日已去還家三年勿出門
可度也勿道見吾書式還不出已二年餘家皆怪之鄰人
卒父怒使弔之式不得已適出門便見此吏吏曰吾令汝
三年勿出今而柰何吾求汝不見連相爲得鞭杖今已見
汝無可奈何三日中當相取也式還涕泣具道如此父故
不信母晝夜與相守涕泣至三日日中時即死
續搜神記曰淮南胡茂回能見鬼雖不喜見而不可止後
行至揚州還歷陽城東有神祠中正值民將至祝祀之須
臾群鬼叱曰上官來迸走出祠去回顧見二沙門來入祠
中諸鬼兩兩三三相抱持在祠邊草中望沙門皆怖懼潰
走沙門去鬼皆還祠中回於是遂少奉佛

又曰王伯陽家在京口家東有大冢傳是魯肅墓伯陽婦
喪乃平其墳以葬後數年伯陽白日在廳事見一貴人乘
平肩輿將從數百人往來坐謂伯陽曰身是魯子敬安冢
在此二百許年君何敢遽毀壞身冢因目左右何不舉手
左右牽伯陽下牀以刀環築之數伯而去伯陽　良久
乃蘇其處皆發疽疽潰尋死
又曰會稽句章人東野還暮不及門見路傍小屋燃火投
宿止有一少女不欲與丈夫共宿呼鄰人家女自伴夜共
彈箜篌戲歌曰連綿葛上藤一綏復一組汝欲知我姓姓
陳名阿登明至東郭外有賣食母在肆中此人寄坐因說
昨夜所見母聞阿登驚曰是我女近亡葬於郭外
又曰施續爲尋陽督能言論有門生亦有理意甞秉無鬼
論忽有人單衣白袷來言及鬼客詞屈曰僕便即鬼何以言



無使來取君門生酸苦求之鬼問有似君者不門生云施
續下都督與僕相似鬼許之俄而督亡
語林曰宗岱爲青州刺史著無鬼神論甚精莫能屈後書
生詣岱談次及鬼論書生乃拂衣而去曰君絕我輩血食
二十餘年以君有青牛髯奴所以未得相困今奴已叛牛
已死今得相制言絕而失來日岱亡
鄧德明南康記曰山都形如崑崙人通身生毛見人輒閉
眼張口如笑好在深澗中翻石覓蟹噉之
又曰木客頭面語聲亦不全異人但手腳爪如鉤利高巖
絕峯然後居之能斫榜牽著樹上聚之昔有人欲就其買
榜先置物樹下隨量多少取之若合其意便將去亦不橫
犯也但終不與人面對交語作市井死皆知殯斂之不令
人見其形也葬棺法每在高岸樹杪或藏石窠中南康三

營代舟兵往詭親覩葬所舞倡之節雖異於世聽如風林汎響聲類歌吹之和義熙中徐道覆南出遣人伐榜以裝舟艦木客乃獻其榜而不得見

述異記曰南康有神名曰山都形如人長二尺餘黑色赤目髮黃披之於深山樹中作窠窠形如堅鳥卵高三尺許内甚澤五色鮮明二枚沓之中央相連土人云上者雄舍下者雌室旁悉開口如規體質虛輕頗似木筒中央以鳥毛爲褥此神能變化隱身罕覩其狀蓋木客山𤢖之類也贛縣西北十五里有古塘名余公塘上有大梓樹可二十圍樹老中空有山都窠宋元嘉元年縣治民哀道訓道靈兄弟二人伐倒此樹取窠還家山都見形謂二人曰我處荒野何豫汝事巨木可用豈可勝數樹有我窠故伐倒之今當焚汝宇以報汝之無道至二更中内外屋上一時火



起合宅蕩盡

志怪曰會稽郡常有大鬼長數丈腰大數十圍高冠玄衣郡將吉凶竝于雷門示憂喜之色謝氏一族憂喜必告弘道未遭毋難數月鬼晨夕來臨及後轉吏部尚書升堂三鉋舞自大門至中庭尋而遷問至

又曰夏侯弘忽行江陵逢一大鬼投弓戟急走小鬼數百從之弘畏懼下路避之大鬼過後捉一小鬼問此是何物曰廣州大殺弘曰以此矛戟何爲曰以此殺人若中心腹者輙死中餘處不至於死弘曰治此病者有方不鬼曰殺烏雞薄心即差弘曰今欲行何鬼曰當荆楊二州爾時此二州皆行心腹病略無不死者弘在荆州教人殺烏雞薄之十得八九今中惡用烏雞自弘之由也

本草曰梟桃在樹不落者殺百鬼也

張衡東京賦曰度朔作梗守以鬱壘神荼副焉對操索葦上古有神荼與鬱壘昆弟二人能執鬼度朔山鬼所出入

太平御覽卷第八百八十四

恠

春秋潛潭巴曰異之爲言恠也謂先發感動

左傳莊公曰初內蛇與外蛇鬬於鄭南門之中內蛇死六年而厲公入公聞之問於申繻曰猶有妖乎對曰人之所忌其氣燄以取之妖由人興也人無釁焉妖不自作人弃常則妖興故有妖也

又文公曰有蛇自泉宮出入于國如先君之數伯禽至僖公十七君秋八月聲姜薨毀泉臺魯人以爲蛇妖所出而声姜薨故壞之

又襄六曰或叫于宋太廟曰譆譆出出譆譆熱也出出戒伯姬鳥鳴于亳社如曰譆譆皆火妖也甲午宋大災伯姬卒

又哀上曰有雲如衆赤烏夾日以飛三日楚子使問諸周太史周太史曰其當王身乎日爲人君妖氣守之故以爲當王身雲在楚上唯楚見之故禍不及他耶若禜之可移於令尹司馬



家語曰季桓子穿井獲如土缶其中有羊焉使問之仲尼曰吾穿井而獲狗何也對曰以丘之所聞羊也丘聞之木石之怪夔蝄蜽木石謂山也夔一足越人謂山㺐或蝄蜽山精好効人聲迷惑人水之怪曰龍罔象土之怪曰羵羊龍神獸非常所見故曰怪罔象食人一名沐腫羵羊雌雄不成者

張璠漢記曰梁冀池中舡無故自覆後冀被誅

後漢書曰彭寵自立爲燕王多見變怪堂上聞蝦蟇聲在爐火下鑿地求之不得後爲奴所殺

魏志曰鉅鹿張瑇才見切正始中戴鵀鳥巢門陰告門人曰夫戴鵀鳥巢門陰此凶祥也乃援琴作詩旬日而卒

又曰朱建平善相相應璩曰君年六十二位爲常伯先此一年當獨見一白狗也璩年六十一爲侍中直內省忽見白狗衆人悉不見於是併急遊觀飲讌自娛年六十二卒

吴志曰諸葛恪將征淮南有孝子着縗衣入其閤中令外詰問曰不自覺入時守備亦悉不見後恪遂被誅

晉書曰齊王冏輔政有一婦人詣大司馬門求寄產吏詰之曰我截臍便去耳言畢不見明年冏誅

王隱晉書曰王浚居幽州有狐踞浚府門中翟雉入廳事遂爲石勒所殺

晉書曰趙王倫篡時有雉飛入殿中自大極東階上殿驅之更飛西鍾下有頃飛去又倫於殿上得異鳥問皆不知名累日向夕宮西有素衣小兒言是服劉鳥倫使録小兒并鳥閉置空室明旦開視户如故並失人鳥所在倫目上有瘤時以爲妖焉

又曰温嶠旋于武昌至牛渚磯水深不可測世云其下多



怪物嶠遂燬犀角而照火須史見水族覆水奇形異狀或乘車馬著赤衣者嶠其夜夢人謂己曰與君幽明道別何意相照也意甚惡之至鎮未旬日因齒疾而卒

北齊書曰趙郡王叡奏後主云和士開不宜居內出士開爲兖州刺史太后欲留過百日叡正色不許叡出夜方寢見一人長可丈五尺當門向床以臂壓王良久遂失甚惡之而明日被誅

沈約宋書曰蕭思話在青州常所用銅斗覆在　厨下忽於斗下得二死雀思話歎曰斗覆而雙雀殞其不祥乎既而被繫

宋書曰劉敬宣嘗夜與寮屬宴空中有投一隻芒屩於坐墜敬宣食盤上長三尺五寸已經人着耳鼻間並欲壞頃之而敗喪

易洞林曰吳興太守袁玄瑛當之官卜卦占凶曰　至官
當有赤蛇爲妖不可殺至果有赤蛇在銅虎符石函上蟠
玄瑛擿殺之其後果爲賊徐馥所害
唐明皇雜錄曰李適之既貴且豪嘗列鼎前以具膳羞一
旦庭中鼎躍出相鬭家僮告適之適之乃往以其所引酒自
誓而鬭亦不解鼎耳及足皆落明日適之罷知政事俄爲
李林甫所陷貶宜春太守而終
又曰李林甫宅屢有妖怪其南北隅溝中有火光大起或
有小兒持火出入林甫惡之
又曰李林甫之疾也晨起盥飾將入朝命取書囊即常時所要事目也忽
覺頗重於常時者開視之即有二鼠出焉投下於地即變
爲蒼狗雄目張牙仰視林甫命弓射之殷然即滅林甫惡
之不踰月而卒



世說曰衞瓘永熙中家人炊飯墮地盡化爲螺出足而行
瓘終見誅
列異傳曰中山王周南正始中爲襄邑長鼠從穴中出在
廳上語曰周南汝以某月某日當死周南不應鼠還穴中
至期復更冠幘絳衣而語曰周南汝日中當死周南復不
應日適中鼠曰周南汝不應我復何道言鼠遂顛蹶而卽
失冠衣周南使卒取來視之如常鼠耳
搜神記曰漢武太始四年十月趙有蛇從郭外入與邑中
蛇鬭孝文廟下邑中蛇死後二年秋有衞太子事自趙人
江充起
又曰王莽居攝東郡太守翟義知其將篡漢世謀舉義兵
兄宣教授諸生滿堂郡鵝鴈數十在中庭有狗從外入齧
之皆驚比救之皆斷頭狗走出門求不知處宣大惡之後
數日莽夷其三族
又曰魏司馬太傅討公孫淵父子先時淵家有犬着赤幘
絳衣襄城北市生肉有頭目無手足而動搖占者曰有形
不成有體無聲其國滅
又曰吳時廬陵郡亭重屋中常有鬼物宿者輒死自後使
官莫敢入舍丹陽人應大者膽武至使廬陵便入亭止吏
啓不可應不聽盡遣所將人還外持一口大刀至三更聞
有扣閤者應遙問是誰荅云部郡相聞應使進相聞去須
臾閤者如前曰府君相聞應復使進着皂衣又去應謂是
人了無疑也須臾復扣閤言部府君相詣應乃知是鬼持
刀迎之見三人皆盛衣服俱進坐畢府君者便與應談談
未畢而部郡跳至應背後應顧以刀擊中之府君下坐走
應追至亭後牆下及之斫傷數下應還卧達曙將人往尋



之見血跡追皆得之云稱府君者是老豨部郡是老狸自
後遂絕
又曰夏侯藻母病困將詣淳于智卜有一狐當門向之嘷
喚藻愁愕遂馳詣智智曰其禍甚急君速歸在嘷處樹下啼
哭合家人驚怪大小畢出一人不且啼哭勿休然後其禍
僅可救也藻如之母亦扶疾而出家人既集堂屋五間拉
然崩
又曰淳于智字叔平濟北人性沉深有恩義少爲書生善
易高平劉采夜鼠齧其左手中指意甚惡之以問智智爲
筮之曰鼠本欲殺君而不能當相爲使之反死乃以朱書
其手腕横文後三寸爲田字辟方一寸使夜露手以卧其
夜大鼠伏死手前
又曰東陽劉寵字道和居于姑孰每夜門亭有血數十處

知所從來如此三四後寵爲折衝將軍見遣北征將行而炊食悉變爲蟲寵遂北征軍敗於檀丘爲徐龕所殺

續搜神記曰廣州有三人共在山中伐木忽見石窠中有三卵大如升取煑之始湯熱便聞林中如風雨聲須臾有一蛇大十圍長四五丈徑來於湯中銜卵去三人無幾皆死

又曰代郡張平者符堅時爲賊帥自號并州刺史養一狗名曰飛鷰形若小驢忽夜上廳事屋上行行聲如常平未經年果爲鮮卑所逐敗走降符堅未幾便死

又曰新治庾謹母病兄弟三人悉在白日侍疾常燃火忽見帳帶自卷上自舒如此數四須臾聞牀前狗鬬聲非常舉家共視了不見狗止見一死人頭在地頭猶有血兩眼尚動甚可憎惡其家怖懼夜不持出門既即於後園中埋之明旦往視之出土上兩眼猶爾即又埋之後旦亦復出乃以塼着頭合埋之不復出也數日其母遂亡



異苑曰謝文靜於後府接賓婦劉氏見狗銜謝頭來久乃失所在婦具說之謝容無異色是月而薨

又曰安固李道豫元嘉中狗當路眠豫蹴之狗曰汝停死何以蹋我經年豫死

又曰晉惠帝羊后將入宮衣中忽有火光自後番臣遘兵洛陽失御后爲劉曜所嬪

又曰有人姓劉在朱方人不得共語若與之言人必遭禍難及身死疾唯一士謂無此理偶值人有屯塞耳劉聞之欣然而往自說被謗君能見明答云世當同何足郵須臾火發資畜服玩蕩盡於是舉世號爲劉鵂鶹後遇諸途皆閉車走馬掩目奔避劉亦杜門自守歲時一見則人驚散過於見鬼

又曰太原王徽之字伯猷元嘉四年爲兗州刺史在道有客命索酒炙言未訖而炙至徽之取自割終不入投地大怒少頃顧視向炙已變爲徽頭矣驚愕反矚又覩其首在空中揮霍而沒王至州便殞

又曰張仲舒元嘉十七年七月中晨夕間輙見門側有赤氣赫然後空中忽雨絳羅於其庭廣七八分長五六寸皆以箋紙繫之紙廣長亦與羅等紛紛甚駃舒惡焚之舒宿暴病而死

又曰王愉義熙初在中庭行帽忽自脫仍乘空如人所着及愉母喪月期上祭酒器在几上須臾下地覆還登牀尋而第三兒綏懷貳伏誅

又曰檀道濟元嘉中鎮尋陽十二年入朝與家分別顧瞻城闕歔欷逾深識者是知道濟之不南旋也故時人爲其歌曰生人作死別荼毒當奈何濟將發舟所養孔雀來銜其衣驅去復至如此數焉以十三年三月伏誅



又曰武昌戴熙家道貧陋墓在樊山南占者云有王氣宣武桓公伐威西下停武昌令鑿之得一物大如水牛青色無頭脚時亦動摇斫刺不陷仍縱着江中得水便有聲如雷響發長川熙後嗣淪胥殆絶

又曰烏傷葛輝夫義熙中在婦家宿至三更有兩人把火炬至階前疑是凶人往打之欲下杖悉變蝴蝶蠙紛飛散有一物衝輝夫腋下便倒地少時死

述異記曰郭仲產宅在江陵枇杷寺南宋元嘉中起齋屋以竹爲窻櫺竹遂漸生枝葉長數丈欝然如林仲產以爲吉祥及孝建中被誅

又曰嘉興朱休之元嘉中兄弟對坐犬向休蹲視二人而笑搖頭語曰言我不能歌聽我歌梅花今年故復可奈汝明年何其家斬犬牓首路側至梅花時兄弟相鬬弟戟傷兄收繫皆死

又曰宋大明中頓丘縣令劉順酒酣晨起見榻牀上有一聚凝血如覆盆形劉是武人了不驚怪乃令擣虀親自切血染虀食之弃其所餘後十許載至元徽二年爲王道隆所害

又曰周登之家在都宋明帝時統諸靈廟甚被恩寵毋謝氏奉佛法太始五年夏月暴雨有物形隱煙霧垂頭屬聽事前地頭頸如大赤烏飲庭中水登之驚駭謂是善神路之汲水益之飲百餘斛水竭乃去二年而謝氏亡亡後半歲而明帝崩登之自此事業衰敗



又曰宋驃騎大將軍河東柳元景大明八年少帝即位元景乘車行還使人在中庭洗車轅曬之有飄風中門而入直來衝車明年而闔門被誅

幽明録曰吳北寺終祚道人卧齋中鼠從坎出言終祚後數日當死終祚呼奴令置大鼠去亦不畏此且犬入戶必死犬至果尓終祚嘗爲商閉戶謂鼠曰汝正欲使我富貴耳今既遠行勤守吾房勿令有所零失時桓温在南州禁殺牛甚急終祚載數萬竊買牛皮還東貨之得二十萬還時室猶閫也都無所失其怪亦絕自是浸富

又曰石虎時太武殿圖賢人之像頭忽悉縮入肩中

又曰義興周超爲謝晦司馬在江陵妻許在家夜遥見屋裏月光一死人頭在地血流甚大驚怪即使失去後超被法

又曰元嘉九年南陽樂遐嘗在坐忽聞空中有人呼其夫婦名甚急半夜乃止殊自驚懼後數日婦屋後還忽舉體衣服悉是血未一月而夫婦相繼病卒

又曰諸葛長民富貴後嘗一月或數十日輒於夜眠中驚起跳踉如與人相打狀毛修之嘗與同宿駭愕不達此意視之良久長民告毛此物奇健非我無以制之良日是何物長民曰我正見一物甚黑而手脚不分明　多夕來輒共鬭深自驚懼焉屋中柱及椽桷間悉見有蛇頭令人以刀懸斫應刀隱滅去輒復出悉以紙裹柱桷紙內藪藪如有物行聲

又曰劉𢧐在吳郡時婁縣有一女忽夜乘風雨恍惚至郡城內自覺去家正一炊頃衣小沾濡曉在門上求通言我天使也府君宜起迎我當大富貴不尓必有凶禍劉問所



來亦不自知後二十許日劉果誅

又曰桓温時參軍夜坐忽見屋梁上有一伏兔切齒向之兔來轉近引刀斫之見正中兔而實反傷膝流血

甄異記曰徐州人吳清以太元五年被差爲征人殺雞求福置雞頭在柈中忽然而鳴其後破賊賊帥邵寶臨陣戰死于時殭尸狼籍莫之能識清見一人着白錦袍疑是主帥便斬以聞推校之乃是寶首清以功拜清河太守越自行伍猥蒙榮位雞之妖更爲祥

桓譚新論曰呂仲子婢死有女四歲數來爲沐頭浣濯道士云其家青狗爲之殺之則止楊仲亦言所知家嫗死忽起飲食後醉而坐祭牀上如是三四家益厭苦其後醉形壞但得老狗便打殺之推問乃里頭沽家狗

玄晏春秋曰新安寺有槐而鵲巢之雄雞奪而棲焉求

安令繁璉子之族姑子也其主簿以告子子難捿野人
必將寄次于野縣其空平直夏五月丙申璉卒要次子縣空
縣送之
賈誼鵩鳥賦曰誼爲長沙太傅有鵩飛入誼舍止于坐隅
鵩似鴞不祥鳥也

太平御覽卷第八百八十五

太平御覽卷第八百八十六

妖異部二

魂魄　精

## 魂魄

易上繫曰精氣爲物遊魂爲變

韓詩外傳曰溱與洧說人也鄭國之俗二月上巳之日於兩水上招魂續魄祓除不祥故詩人願與所說者俱往觀也

禮記檀弓下曰延陵季子適齊其反也其長子死葬於嬴博之間既封左袒右還其封且號者三曰骨肉歸復于土命也若魂氣則無不之也無不之也而遂行

又禮運曰體魄則降知氣在上死者北首生者南嚮

又曰作其祝號玄酒以祭君與夫人交獻以嘉魂魄是謂合莫



又郊特牲曰凡祭愼諸此魂氣歸于天形魄歸于地故祭求諸陰陽之義也

又祭義曰氣也者神之盛也魄也者鬼之盛也

左傳昭二曰子產適晉趙景子問焉曰伯有猶能爲鬼乎子產曰能人生始化曰魄既能陰陽曰魂用物精多則魂魄彊是以有精爽至於神明匹夫匹婦強死其魂魄猶能憑依於人以爲淫厲況良宵乎

又昭公曰宋公宴飲使昭子右坐語相泣也樂祁佐退而告人曰今茲君與叔孫其皆死乎吾聞之哀樂可樂而哀而樂哀皆喪心也心之精爽是謂魂魄魂魄去之何以能久

孝經援神契曰情者魂之使性者魄之使情生於陰以計念性生於陽以理契

王肅喪服要記曰魯哀公葬其父孔子問曰寧設魂衣乎哀公曰魂衣起於芃荆芃荆於山之下道逢寒死友人羊角哀往迎其尸魂神之寒故作魂衣吾父生服錦繡死於衣被何用魂衣爲

史記曰高祖謂沛父兄曰遊子悲故鄉吾雖都關中万歲之後吾魂魄猶樂思沛也

晉中興書曰東海王越妃裴痛越棺柩被焚乃招魂葬越於丹徒中宗以爲非禮乃下詔曰夫冢以藏形廟以安神今世招魂葬者是埋神也其禁之

淮南子曰天氣爲魂地氣爲魄

又曰魄問於魂曰道何以爲體曰以無有爲體魄曰無有無形也魄曰無有何得而問也魂曰吾直有所遇之耳視之無形聽之無聲謂之幽冥幽冥者所以喻道而非道也



白虎通曰魂魄者何謂也魂猶伝伝行不休也少陽之氣故動不息人爲外魄者猶迫然着人也此少陰之氣象金石着人不移也魂者芸也情以除穢魄者迫也性以治內精神者何謂也精者靜也太陰施化之氣也象水之化須待任坐也神者恍惚太陰之氣出入無間

抱朴子曰師言欲求長生當勤服大藥欲得通神當金水分形形分則自見其身三魂七魄而天靈地祇皆下接山川之神皆可役也

又曰太一召魂魄丹法取五石封之以太一泥卒死三日以還者折齒內一丸以水送之入喉活活者皆見使者持節召之

又曰人無賢愚皆知己身之魂魄魂魄分去則人病盡去則死　故分去術家有錄之之法盡去則禮典有招魂之

義此之為物至近者也然與人俱生至於終身莫或自聞見之者豈可不聞見復言無乎

又曰軫星逐鬼張星拘魂東井還魄也

異苑曰新野庾寔妻榮陽毛氏女義熙中五月曝曬席忽見女在席下蔫上以驚怛便 女貞形在别牀如故不旬日而夭也仲夏忌舉牀第兹驗矣○襄陽耆舊記曰羊公與鄒潤甫登峴山垂泣曰自有宇宙便有此山由來賢達勝士登此遠望如我與卿者多矣皆湮滅無聞不可得知念此使人悲傷我百年後魂魄猶當登此山

十洲記曰聚窟洲在西海中申未地洲上有大樹與楓木相似華葉香聞數百里名此為反魂樹叩其樹樹亦能自聲聲如牛吼聞之者皆心震神駭伐其根心在玉釜中煮取汁更微火熟煎之如黑餳令可丸名驚精香或名之為震靈丸或名之為反生香或名之為馬精香或名之為却死香一種五名斯靈物也香氣聞數百里死尸在地聞仍活

博物志曰援神契云五岳之神聖四瀆之精仁太山天帝孫也主召人魂東方萬物始故主人生命之長短

王子年拾遺録曰勑皐山上有翻魂稻言食者死更生

楚辭曰招魂者宋玉之所作也玉憐哀屈原忠而斥棄憂愁山澤魂魄放佚厥命將落故作招魂欲以復其精神延其年壽外陳四方之惡内崇楚國之美以諷諫懷王冀其覺悟而還之也

又招魂曰帝告巫陽曰有人在下我欲輔之魂魄離散汝筮與之使巫其所宜而與招其魂使復其精神

精



易上繫曰男女構精萬物化生

禮記祭義曰衆生必死死必歸土此之謂鬼骨肉斃于下陰為野土其氣發揚于上為昭明焄蒿悽愴此百物之精也神之著也

唐書曰眷宗子申王撝之初生則天嘗以示僧萬迴曰此兒是西域大樹之精養之宜兄弟則天甚悦始令列於兄弟之次

管子曰故涸澤數百歲谷之不從水之不絶者生慶忌慶忌者其狀若人其長四寸衣黄衣冠黄冠戴黄蓋乘小馬好疾馳以其名呼之可使千里外一日反報此涸澤之精也涸川水之精者生于蟜蟜者一頭而兩身其狀如虵其長八尺以其名呼之可以取魚鼈此涸川水之精也

列異傳曰桂陽太守張叔高家居鄢陵里中有樹大十圍遣客斫之樹大血出客驚怖叔高曰樹老汁赤耳斫之血大流出空處有一白頭翁出走高以刀斫殺之所謂木石怪夔蝄蜽乎

捜神記曰孔子戹於陳絃歌於館中夜有一人長九尺餘皂衣高冠大吒聲動左右子路引出與戰于庭仆於地乃是大鯷魚也長九尺餘孔子歎曰此物也何為來哉吾聞物老則群精依之因衰而至此其來也豈以吾遇戹絶糧從者病乎夫六畜之物及龜蛇魚鼈草木久者神皆能為妖怪故謂之五酉五酉五行之方皆有其物酉者老也故物老皆為怪矣殺之則已夫何患焉

又曰吳先主時陸敬叔為建安郡使人伐大樟樹下數斧有血出樹斷有物人面狗身從樹中出敬叔曰此名彭侯乃烹食之味如狗

又曰諸葛恪爲丹陽太守出獵兩山之間有物如小兒伸手引人恪令曳去故地死叅佐問之恪曰此事在白澤圖曰兩山之間有精如小兒名曰傒囊諸人未之見也

異苑曰天門張某與村人共獵見大樹下有蓬菴似寢息處而無煙火湏叟一人形長七尺毛而不衣負數頭猿與語不酬將歸閉之十餘日後送着先處孫皓時臨海得乇精如人而有毛此將山精

幽明録曰漢武帝與群臣宴未央殿方噉黍臛忽聞語云老臣尋覔不見梁上有一公長八九寸拄杖僂步帝問之公下稽首不言目仰視屋俯指帝脚忽然不見問東方朔朔對曰其名爲藻兼水木之精也夏巢林冬潛河陛下此造宮室斬伐其居故來訴耳仰視屋者殿名未央也俯視脚者脚足也願止足於此也帝爲此暫止少時幸河者聞水底



有絃歌之聲肴膳芬芳前梁上公及年少數人絳衣素帶皆長八九寸凌波而出或有挾樂器者帝命坐於食案上老公曰老臣前昧死歸訴幸蒙陛下即息斧斤全其居宅不勝欣躍故私相賀耳便治絃而歌聲小大無異於人而清婉繞梁帝欣悦勸酒乃獻帝一紫螺殼中有物狀如牛脂帝又曰可思以珍異見貽老公顧命取洞穴之寶一人下波淵底倏忽還得一大珠數寸明燿絶世俄而公等忽然而去東方朔曰螺殼中是蛟髓以傳面令人好顔色又女子在草中用之產易

雷次宗豫章記曰永嘉末有大蛇長十餘丈斷道經過者蛇輒吸取吞噬已百數道士吳猛與弟子殺蛇蛇死而蜀賊杜弢滅

玄中記曰千歲樹精爲青羊萬歲樹精爲青牛多出遊人間

又曰山精如人一足長三四尺食山蟹夜出晝藏人晝日不見夜聞其聲千歲蟾蜍食之

又曰玉精爲白虎金精爲車馬銅精爲僮奴鉛精爲老婦

博物志曰山有夔其形如鼓一足澤有委蛇狀如轂長轅見之者霸昔夏禹觀河見長人魚身出曰吾河精豈河伯也

白澤圖曰廁之精名曰依倚青衣持白杖知其名呼之者除不知其名則死築室三年不居其中有小兒長三尺而無鬚見人則掩鼻見之有福火之精名必方狀如鳥一足以其名呼之即去木之精名彭侯狀如黑狗無尾可烹之食之千載木其中有蟲名曰賈詘狀如豚食之如狗肉味

又曰上有山林下有川泉地理之間生精名曰必方狀如



鳥長尾此陰陽變化所生玉之精名岱委其狀如美女衣青衣見之以桃戈刺之而呼其名則得金之精名倉狀如豚居人家使人不宜妻以其名呼之即去水之精名罔象其狀如小兒赤色大耳長爪以索縛之則可得烹之吉

又曰故門之精名野狀如朱儒見人則拜以名呼之宜飲食

又曰故宅之精名曰揮文又曰山冕其狀如蛇一身兩頭五采文以其名呼之可使取金銀

又曰故廢丘墓之精名曰元狀如老役夫衣青衣而杵好舂以其名呼之宜禾穀

又曰故道徑之精名忌狀如野人以其名呼之使人不迷

又曰道之精名作器狀如丈夫善眩人以其名呼之則去

又曰故池之精名意狀如豚以其名呼之即去

又曰故井之精名觀狀如美女好吹簫以其名呼之即去
又曰絶水有金者精名曰侯伯狀如人長五尺絲衣以其名呼之即去
又曰故臺屋之精名兩貴狀如赤狗以其名呼之使人目明
又曰左右有石水生其間水出流千歲不絶其精名曰喜狀如小兒黒色以名呼之可使取飲食
又曰三軍所載精名曰賓滿狀如人頭無身赤目見人則轉以其名呼之即去
又曰故水石者精名慶忌狀如人乘車蓋日馳千里以其名呼之可使入水取魚
又曰丘墓之精名狼鬼善與人鬬不休為桃弓棘矢羽以鵄羽以射之狼鬼為飄風脫履投之不能化

又曰故市精名曰毛門其狀如囷無手足以名呼之即去
又曰室之精名傒龍如小兒長一尺四寸衣黒衣赤幘大冠帶劒持戟以其名呼之即去
又曰山之精名夔狀如鼓一足而行以其名呼之可使取虎豹
又曰故牧弊池之精名曰髡頓狀如牛無頭見人則逐人以其名呼之則去
又曰夜見堂下有小兒被髮走勿惡之名曰溝以其名呼之即無咎
又曰百歲狼化為女人名曰知女狀如美女坐道旁告丈夫曰我無父母兄弟丈夫取為妻三年而食人以其名呼之則逃去
又曰故溷之精名曰卑狀如美女而持鏡呼之使人知愧

王子年拾遺録曰劉向校書天禄專精不倦假寐彌時有人植青藜之杖時夜巳暗乃吹其杖端烟然火出因以照向則户内如燈燭也向與言三代巳前帝王興亡之事如目見焉及說陰陽運數起滅之兆向因受五行洪範之文向問其姓名對曰我太一之精主天地圖讖聞子好學下而觀焉
抱朴子曰萬物之老者其精悉能假託形以惑人唯不能於鏡中易形耳是以古人入山道士皆以明鏡懸於背後則老魅不敢近人
又曰山之精形如小兒而獨足足向後喜來犯人人入山谷夜聞其音聲笑語其名曰蚑知而呼之即不敢犯人一名曰超空亦可兼呼之
又曰有山精或如鼓色赤一足其名曰暉又或如人長九尺衣裘帶笠名曰金累又或如龍而五色未有名曰飛龍見之皆以其名呼之不敢為害

又曰山中大樹能語者非樹語也其精名曰雲陽以其名呼之即吉
又曰山中夜見胡人者銅鐵精也見秦人者百歲木精也山水之間見吏者曰四激以其名呼之則吉
又曰山中寅日有稱虞吏者虎也稱當路君者狼也稱令長者老貍也卯日稱丈夫者兎也稱東王父者麋也稱西王母者鹿也辰日稱雨師者龍也稱河伯者魚也稱無腸公子者蟹也巳日稱寡人者社中也稱時君者龜也午日稱三公者馬也稱人者老樹也未日稱主人者羊也稱吏者麞也申日稱人君者猴也稱九卿者猨也酉日稱將軍者老雞也稱賊捕者雉也戌日稱人姓字者犬也稱成陽公

仲者狐也亥日稱臣君者猪也稱婦人者金玉也子日稱
社者鼠也稱神人者伏翼也丑日稱書生者牛也知其物
則不能爲害
又曰山川石木井竈洿池猶有精氣人身之中亦有魂魄
況天地爲物物之至大者於理當有精神有精神則宜賞
善罰惡但其體大綱疏不必機發而應耳

太平御覽卷第八百八十六

變化上

重生

重生

左傳宣上曰晉人獲秦諜殺諸絳市六日而蘇
續漢書曰獻帝初平中長沙人姓桓死月餘其母聞棺中
有聲發之遂生至陰爲陽下人爲上其後曹公由匹庶起
又曰武安四年武陵女子李娥年六十餘病物故瘞於城
外數里已四十日行人聞其塚中有人聲便語其家家往
視聞娥聲出之遂活
吳志曰孫休永安四年吳民陳焦死埋之六日更生穿土
中出
前趙録曰麟嘉元年大將軍東平王劉卒一指猶暖遂不
殯殮至甲戌乃蘇言見淵於不周山經五日遂復從至崑



崙山三日而復返
唐書曰貞元中翰林待詔戴少平死十六日復生
建康實録曰晉方士戴洋字國流吳興長城人也年十二
遇病死五日而蘇言執麾將士將往蓬萊崑崙積石太
室恒廬衡等諸山旣而遣歸
葛洪神仙傳曰士燮嘗病死已三日仙人董奉以一丸藥
與服以水灌之捧其頭搖消之食頃即開目動手顏色如
故漸復半日能起坐四日後能語遂復常
搜神記曰晉武帝世河間郡有男女相悅許相配適旣而
男從軍積年父母以女適人無幾而憂死男還悲痛乃至
冢所欲哭之敘哀而已不勝其情遂發冢開棺即時蘇活
因負還家將養數日平復其夫往求之其人還曰卿婦已
死天下豈聞死人復活耶此天賜我非卿婦也於是相訟
郡縣不能決以讞廷尉奏以精誠之至感於天地故死而
更生常理之外非禮之所處刑之所裁斷以還開冢者
又曰漢平帝元始元年二月朔方廣牧女子趙春病死旣
棺斂六日出棺外自言見死人及父曰年二十七不當死
太守譚以聞說曰至陰爲陽下人爲上其後王莽篡位
又曰晉咸寧中琅邪顏畿得病就醫張瑳自治死於瑳家
家人迎喪旐每繞樹木不可解送喪者或爲之傷乃言曰
我壽命未應死但服藥太多傷我五臟耳今當復活慎無
葬我也父拊而祝之曰若爾有命復當更生豈非骨肉所
願今但欲還家不葬爾也旐乃解還家乃開棺形骸如故
微有人色而手爪所刮摩棺材皆傷於是漸漸氣息以緜
飲瀝口能咽遂乃出之日久飲食稍多能開目視瞻屈伸
手足然不與人相當不能言語飲食猶常人如此者十餘



年家疲相供護不復得操事其弟弘都絕棄人事躬侍養
以知名後氣力稍更衰劣卒後還死
又曰建安中南陽賈偶字文合得病卒亡死時有吏將詣
太山同名男女十人司命閱呈謂行吏曰當召某郡文合
來何以召此人促遣令去時日暮治下有禁不得舍遂至
郭門外大樹下宿有好女獨行無伴文合問之曰子似衣
冠家何爲步行姓字爲誰女曰我三河人也父見爲易陽
令昨錯召來今得遣去遂逼日暮懼獲瓜田李下之譏望
君之容似類賢者是以停留依憑左右文合曰悅子之心
願交歡於今夕女曰聞之諸姑婦人以貞專爲德潔白爲
稱文合與相反覆終無動志天明別去文合死已再宿停
當斂視其面有色摸心溫半日間蘇文合將驗其事遂至
易陽問其令則女父也從之因問令某月某日君女寧卒亡

而生耶具說女姿顏服色言語相反覆本末令入問女與
文合同大驚乃以女配文合
又曰臨海松陽人柳榮從張悌拒晉軍病死船中二日時
軍已上岸無埋之者忽然大呼言人縛軍師聲激揚遂活
人問之言上天北斗門下卒見人縛張軍師門下人怒榮
叱逐使去榮懼怖口餘聲發揚其日悌戰死
續搜神記曰武都太守李仲文在郡喪女年十八權假葬
郡城北後有張世之代爲郡世之男子長年二十侍從在
郡中夢一女年可十七八顏色不常自言前府君女不幸
早亡會今當更生心相愛樂故來相就如此五六夕忽然
晝見解衣服薰香殊絕遂爲夫妻寢息衣皆有汚如處女
焉後仲文遣婢視女墓因過世之婦相聞入室中見此
女一隻履在子長牀下取之啼泣呼言發冢持履歸以示



仲文仲文驚愕遣問世之君兒何由得亡女履耶世之呼
兒具陳本末李張並謂可怪發棺視之女體生肉顏姿如
故右腳有履左腳無也自後遂死肉爛不復得生後夕女
來曰夫婦情至謂偕老而無狀忘履以致覺露不復得生
萬恨之心當復何言泣涕而別
又曰東平馮孝將爲廣陵太守兒名馬子年二十餘獨臥
殿中夜夢見女子年十八九言我是前太守徐玄方女北
海人不幸早亡來至今四年爲鬼所枉殺案錄當年八十
餘聽我更生要當有所依憑乃得生活又應爲君妻能從
所陳免活不馬子荅曰可遂與馬子剋期當出至期日牀
前地髮鬚如人正與地平令人埽去愈分明始悟是所夢
見者遂屏除左右人便漸覺額出次復面出一炊頃形體盡
出馬子便令前坐對榻上陳說語言奇妙非常遂與馬子宿
息每戒云我尚虛君當自節問何時得出荅曰出當得本
生日生日尚未至遂住殿中言語聲音人皆聞女計生
日至女具教馬子出已養之法語畢拜去馬子從其言至
日以丹雄雞一隻黍飯一盤清酒一升酹其喪前去殿十
餘步祭訖掘出開視女身完全如故徐徐抱出着氈帳中
唯心下微暖口有氣令婢四人守養之常以青羊乳汁瀝
其兩眼開口能咽粥漸漸能語二百日中杖起一朞之後
顏色肌膚氣力悉復乃遣報徐氏上下盡來選吉日下禮
娉爲三日遂爲夫婦生二男一女長子字元度永嘉初爲
祕書郎小男敬度太傅掾女適濟南劉子彥徵士延世之
孫也
又曰襄陽李除病死中時其婦守尸至夜三更中崛然起
坐脫婦臂上金釧甚遽急婦因助脫得手執之還卧伺察



之至曉心下更暖遂漸漸得蘇既活云吏將某去比伴甚
多見有行貨得免歸者即許吏金釧吏令還遂取故歸取以與
吏吏得釧便放令還
幽明錄曰琅邪人姓王名志居錢塘妻朱氏以太元九年
病亡有二孤兒王復以其年四月暴死下三日而心猶暖經
七日方蘇說初死時有二十餘人皆烏衣見錄錄去到朱
門白壁狀如宮殿吏朱衣素帶玄冠介幘或所被着悉珠
玉相連結非世中儀服復前見一人長大所着衣狀如
雲氣王向叩頭自說歸巳亡餘孤兒尚小無奈何便流涕
此人爲之動容云汝命自應來以汝孤兒特與三年之期
王又曰三年不足活兒左右有一人語云俗尸何癡此間
三年是世中三十年因便送出又三十年王果卒

又曰桓玄時牛大疫有一人食死牛肉因得病亡玄死時見人執録將至天上有一貴人問云此人何罪對曰此人坐食疫牛肉貴人云湏牛以轉輸肉以充百姓食何故復殺之催令還既更生具說其事於是食牛肉者死復有患

又曰于慶無病卒吳猛語慶子曰于侯筭未窮方爲請命未可殯殮尸卧淨舍唯心下尚暖七日時盛暑慶形體尚壞猛教令屬纊候氣續爲作水令以與洗并飲漱如此便退日中許慶蘇但開眼張口不得發聲時合門欣喜以向水洗嗆吐腐血數升能言語三日平復如常說初見十數人來執縛桎梏到獄同輩十餘人以次語對未至俄而見吳君北面陳釋聽斷之王勑脫械歸所經官府莫不迎接請謁吳君皆與抗禮不知悉何神耳

博物志曰漢末大亂有發前漢時宮人冢者宮人猶活既出平復如舊魏郭后愛念之録著宮中常置左右問漢時宮中事說之了了皆有次緒及郭后崩哭泣過遂死

又曰魏大司馬曹休所統中郎將謝璋部曲義兵奚儂息女年四歲病死故埋藏五日復生太和三年七月詔令休使父母持送女來視之其年四月三日病死四日埋藏至八日同墟人採桑聞兒啼聲即語儂妻往發視兒生活今能飲食如常

陸氏異林曰鍾繇嘗數月不朝會意性異常或問其故云常有好婦來美麗非凡問者曰必是鬼物可殺之婦人後往不即前止戶外繇問何以曰公有相殺意繇曰無此勤勤呼之乃入繇意恨恨有不忍心然斫之傷髀婦人即出以新綿拭血竟路明使人尋跡之至一大冢木中有好婦人形體如生人衣青絹衫丹繡裲襠傷一髀以裲襠中綿拭



血

## 變化

禮記月令曰仲春鷹化爲鳩季春田鼠化爲鴽季夏腐草爲螢季秋雀入大水爲蛤孟冬野雞入大水爲蜃

左傳昭二日昔堯殛鯀于羽山其神化爲黃熊以入于羽淵

春秋潛潭巴曰女子化爲丈夫賢人去位君獨居丈夫化爲女子陰氣淖小人聚

漢書曰哀帝建平中豫章男子化爲女子嫁爲人婦生一子長安陳鳳言此陽變爲陰將亡繼嗣自相生之象一日嫁爲人婦生一子者將復一世乃絶

續漢書曰靈帝時江夏黃氏之母浴而化爲黿入于深淵其後時時出見初簪一銀釵及見猶在其首

又曰建安二十年越巂有男子化爲女子時周群言哀帝時亦有此將有易代之事至二十五年獻帝封于山陽

國語曰趙簡子歎曰雀入海化爲蛤雉入于淮化爲蜃黿鼉魚鼈莫不能化唯人不能悲夫○鴻範五行傳曰魏襄王十三年張儀詐得罪於秦而去相魏將爲秦而欺奪魏君是歲魏有女子化爲丈夫者天君語魏曰勿用張儀陰變爲陽目將爲君是時魏王亦覺之不用張儀儀免去歸秦

魏無害紀年曰周宣王時馬化爲狐

山海經曰姑媱之山（音遙）帝女死焉其名曰女尸化爲瑤草其葉成（言葉相重 亦音遙）其華黃其實如菟丘（菟 兔絲）服者媚於人（爲人所媚愛 一名荒夫草）

又曰炎帝之女娃（惡佳切）遊于東海溺而死化爲精衛其狀如烏常銜西山之木石以堙東海

又曰夸父與日競走渴飲河河渭不足北飲大澤未至道
死棄其杖化爲鄧林
又曰鍾山其子鼓(此神名鍾山之子耳)其狀人面龍身是與欽䲹(音丕)
殺葆江于崑崙之陽帝乃戮之鍾山之東曰䍃岸(音遙)欽䲹
化爲鶚(鶚鵰屬也)鼓亦化爲鵕(音俊)鳥
又曰刑夭與帝爭神帝斷其首葬之常羊之山乃以乳爲
目以臍爲口操干戚以舞是爲無首民
又曰太室嵩高成陽西啓母化爲石在焉
莊子曰北溟有魚其名爲鯤鯤之大不知其幾千里也化
而爲鳥其名曰鵬
又曰列子行食於道仄見百歲髑髏攓蓬而指曰唯余與
女知而未嘗死而未嘗生也種有幾得水則爲繼得水土
之際則爲蠅蠙之衣生於陵屯則爲陵舄陵舄則爲鬱棲鬱棲則



爲烏足烏足之根爲蠐螬其葉爲蝴蝶蝴蝶胥也化而爲
蟲生於竈下其狀若脫其名爲鴝掇鴝掇千日而化爲鳥
其名爲乾餘骨乾餘骨之沫爲斯彌(斯彌爲食醯)頤輅生乎食
醯黃軦食醯黃軦生乎九猷九猷生乎瞀芮瞀芮生乎腐
蠸腐蠸生乎羊奚羊奚比乎不荀久竹不荀久竹生於青
寧青寧生程程生馬馬生人人又返入於機萬物皆出
於機皆入於機(此言一氣而萬形有變化而無死生也)
又曰萇弘死于蜀藏其血三年而化爲碧石
又曰馬血之爲燐也人血之爲野火也鷂之爲鸇鸇之爲
布穀布穀之復爲鷂也鷰之爲蛤也田鼠之爲鶉也老韭
之爲莧也老羭之爲猨也(鷄狀羊)魚卵之爲蟲也此皆物之
變者

太平御覽卷第八百八十七

# 太平御覽卷第八百八十八

## 妖異部四

### 變化下

莊子曰夫白鶂之相視眸子不運而風化蟲雄鳴於上風雌應之於下風而風化（鶂以眸子相視蟲鳴以聲相因不待合而便生子故曰風化也）

淮南子曰夫歷陽之都一夕反爲湖勇力聖智與怯不肖者同命（歷陽屬九江郡歷陽縣中有老嫗常行仁義有兩諸生過之謂曰此國當沒爲湖嫗視東城閫有血便走上山勿反顧也自此嫗數往視閫門吏問之對如其言暮門吏殺雞以血塗門閫明日嫗往視門見血便走上山因沒爲湖）

又曰有牛哀者病七日化而爲虎兄啓戶而入哀搏而殺之

又曰雌雄相接陰陽相薄羽者爲雛鷇毛者爲駒犢軟者爲皮肉堅者爲齒角人不怯也水生蚌蜃山生金玉人不怯也老槐生火久血爲燐人弗怯也水生罔象木生畢方井生墳羊人怯之聞見鮮而所識淺也



論衡曰天地不變日月不易星辰不沒正也人受正氣故體不變男化爲女女化爲男由高岸爲谷深谷爲陵也應政爲變非常怯也蠐螬化爲復育轉而爲蟬蟬生翼翼不類蠐螬凡諸蝢類多化也

抱朴子曰周穆王南征一軍盡化君子爲猨爲鵠小人爲蟲爲沙

又曰案老子玉策云松脂入地千年變爲伏苓伏苓千年變爲虎魄虎魄千年變爲石膽石膽千年變爲威喜千歲之狐豫知將來千歲之狸變爲好女千歲之猨變爲老人

又曰伍被記八公造淮南王安初爲老公不見通須臾皆成少年又墨子五行書云墨子能變形易貌坐在立亡麾面則成老人含笑則成女子踞地則成小兒

博物志曰化民食桑二十七年以絲自裹九年死

又曰吳王江行食膾棄於中流化而爲魚今魚有名王餘者長數寸大如箸猶有膾形

又曰無脊民穴居食土無男女死埋之其心不朽百年還化爲人

又曰埋蜻蜓頭於西向戶下則化成青珠也

又曰江漢有貙人能爲虎俗云貙虎化爲人好着葛衣其足無踵有五指者皆貙也越隍之國老者時化爲虎寧州南見有此物

王子年拾遺錄曰崑崙者西方曰須彌山最下層有螭潭百里多龍螭皆白色千歲一蛻其五藏潭側有五色石云是白螭之腸化爲此石



又曰因墀國去王都十六萬里有解形之民放其身於空潭先使頭飛於南方次使左手飛於東方次使右手飛於西方自臍以下兩足孤立至暮頭還於體兩手不至遇疾風吹兩手於北海玄洲上化爲五足之獸則一指爲一足也

蜀王本紀曰蜀王之先名蠶叢後代名曰栢濩後者名魚鳧此三代各數百歲皆神化不死其民亦頗隨王化去王獵至湔山便仙去今廟祀之於湔時蜀民稀少後有一男子名曰杜宇從天墮止朱提有一女子名利從江源地井中出爲杜宇妻宇自立爲蜀王號曰望帝治汶山下邑郫化民往往復出望帝積百餘歲荊有一人名鱉靈其尸亡去荊人求之不得鱉靈尸至蜀復生蜀王以爲相時玉山出水若堯之洪水望帝不能治水使鱉靈決玉山民得陸

處鼈靈治水去後望帝與其妻通帝自以薄德不如鼈靈委國授鼈靈而去如堯之禪舜鼈靈即位號曰開明奇帝生盧保亦號開明天為蜀王生五丁力士能徙蜀山王死五丁輒立大石長三丈重千鈞號曰石井千人不能動萬人不能移蜀王據有巴蜀之地本治廣都後徙治成都秦惠王時蜀王不降秦秦亦無道出於蜀蜀王從萬餘人東獵褒谷卒見秦惠王惠王以金一笥遺蜀王蜀王報以禮物物盡化為土秦王大怒臣下皆再拜賀曰土者土地秦當得蜀矣秦王恐亡相見處乃刻五石牛置金其後蜀王以為金便令五丁拖牛成道致三枚於成都秦道乃得通石牛之力也武都人有善知蜀王者將其妻女適蜀王居蜀之後不習水土欲歸蜀王愛其女留之乃作伊鳴之聲六曲以樂之或曰前是武都丈夫化為女子顏色美好蓋



山之精也蜀王取以為妻不習水土疾病欲歸蜀王留之無幾物故蜀王發卒於武都檐土於成都郭中葬之蓋地數畝高七丈號曰武擔以石作鏡一枚表其墓於是秦王知蜀王好色乃獻美女五人與蜀王愛之遣五丁迎女還至梓潼見一大蛇入山穴中五丁共引蛇山崩壓五丁五丁大呼秦王五女及送迎者上化為石蜀王登臺望之不來因名五婦候臺蜀王親理作冢皆致方石以誌其墓

列異傳曰昔鄱陽郡安樂縣有人姓彭世以捕射為業兒隨父入山父忽蹶然倒地乃變成白鹿兒悲號追鹿超然遠逝遂失所在兒於是終身不捉弓至孫復學射忽得一白鹿乃於鹿角間得道家七星符并有其祖姓名年月分明覩之惋悔乃燒去弧矢

又曰武昌新縣北山上有望夫石狀若人立者傳云昔有貞婦其夫從役遠赴國難婦攜弱子餞送此山立望而形化為石

丹陽記曰孫皓寶鼎元年丹陽宣騫之母年八十因浴於後湖化為黿

搜神記曰千歲之雉入海為蜃百年之雀入江為鴿千歲龜黿能與人語千歲蚍斷而復續百年之鼠能相卜數之至也春分之日鷹變為鳩秋分之日鳩變為鷹時之化也故腐草之為螢也朽葦之為蛬也麥之為蛺蝶也羽翼生焉眼目成焉心知存焉皆無知而化為有知而氣易也鶡之為麞也蚰之為鼈也蛬之為蝦也不失其血氣而形性變也

又曰土蜂名曰蜾蠃今世謂之蠮螉細腰之類也其為物純雄而無雌不交不產常取桑蟲之子而育之則皆化成已



子焉

又曰麥之為蝶由于濕也爾則萬物之變皆有以也農夫止麥之化者漚之以灰聖人理萬物之化者濟之以道

又曰南方有落頭民其頭能飛其種人部有祭祀號曰蟲落故因取名焉吳時將軍朱桓得一婢每夜臥後頭輒飛去或從狗竇或從天窗中出入以耳為翼將曉復還如此傍人怪之夜中照視唯身無頭其體微冷氣息裁屬乃蒙之以被至時頭還礙被不得安兩三墮地噫咤甚愁而其體氣急狀若將死乃去被頭復起傅頸有頃平和桓以為巨怪畏不敢畜乃放還之既而詳之乃知天性也時南征大將亦往往得之又嘗有覆以銅盤者頭不得進死

又曰昔者高陽氏有同產而為夫婦帝殺之於崆峒之野相抱而死神鳥以不死草覆之七年男女同體而生二頭

四足手是爲蒙雙氏

續搜神記曰尋陽縣北山中蠻人有術能使人化作虎毛色爪牙悉眞虎鄉人周眕有一奴使入山伐薪奴有婦及妹亦與俱行既至奴語二人汝且上高樹視我所爲如其言既而入草須臾見一大黃班虎從草出奮迅吼喚甚爲可畏二人大怖良久還草中少時復還爲人語二人曰歸家愼勿道後遂向等輩說之周得知乃以淳酒飲之令熟醉使人解其衣服及身體事事詳視了無所異唯於髻中得一紙畫作大虎虎邊有符周密取錄之奴既醒喚問之見事已露遂具說本末云先嘗於蠻中告糴有一蠻師云有此術以三尺布數升米麪一赤雄雞一升酒受此法

又曰清河宋士宗母以黃初中夏天於浴室裏浴遣家中子女盡出戶獨在一室中良久家人不解其意於壁穿中



闚不見人正見木盆水中有一大鼈遂開戶大小悉入乃與人相承當先着釵猶在頭上相與守之積日轉懈遂自投出戶外其去甚駛逐之不及遂便入水後數日忽還巡行宅舍如平生了無所言而去時人謂士宗應行喪治服士宗以母形雖變而生理尚存竟不治喪與江夏黃母相似

異苑曰豫章郡吏易拔義熙中受番家違道不及郡遣追見拔言語如常亦爲施設使者催令莊束拔因語曰汝看我面仍見眼目角張身有黃斑便結一足徑出門去家先依山爲居至林麓變成三足大虎所竪之腳即成其尾

又曰邵陵高平黃秀以元嘉三年無故入山經日不還其兒根生尋覓見蹲空樹中從頭毛生色如熊問其何故荅云天謫我如此汝但自去哀慟而歸踰年伐山人見之其形盡爲熊矣

又曰符堅建元年中長安樵人於城南見金走白堅堅遣載取倒化爲銅鼎入門又變成大鐸

又曰隆安中東海錯魚皆化虎上岸食人

異物志云東海有虎錯或時變成虎將是此耶吳都賦所謂沉虎潛鹿也越嶲河有魚皆人形而着冠幘俗語曰故波郡人悉變而爲魚也

又曰司馬軌之字道要善射雉太元中將雉下翳此雉屢雊野雉亦應試令尋覓所應者頭翅已成雉半身後故是蜬晉中朝武庫內忽有雉時人咸謂爲怪張司空云此蜬之所作耳即使搜除庫中果得蛇蛻

又曰太元中汝南人入山伐一竹中央蛇形已成枝葉如故吳郡桐廬民嘗伐竹遺竹一宿見竿化雉頭頸盡就身



猶未變化亦竹爲蛇爲雉也

又曰隆安中有青雌雞化而爲赤雄形尾都變冠綵皆具唯不能鳴

又曰元興二年衡陽有雌雞化爲雄八十日冠緌後桓玄篡八旬而敗

幽明錄曰宜陽縣有女子姓彭名娥父母昆弟十餘口爲長沙賊所攻時娥負器出汲於溪聞賊至走還正見塢壁已破不勝其哀與賊相格賊縛娥驅出溪邊將殺之溪際有大山石壁高數十丈娥仰天呼曰皇天有神不我爲何罪而當如此因奔走向山山開廣數丈平路如砥群賊亦逐娥入山山遂崩合泯然如初賊皆壓死山裏頭出山外娥遂隱不復出娥所捨汲器化爲石形頭似雞土人因號曰雞山其水爲娥潭

齊諧記曰義熙四年東陽郡太末縣吴道宗少失父單與
母居未有婦道宗收債不在家隣人聞其屋中砰磕之聲
闚不見其母但有烏班虎在其屋中鄉曲驚怛恐虎入其
家食其母便鳴鼓會人以往救之圍宅突進不見有虎但
見其母語如平常不解此意兒還母語之曰宿罪見追當
有變化事後一月日便失其母縣界内虎灾屢起皆云烏
班虎百姓患之發人格擊之殺數人後人射虎中膺并戟
刺中其腹然不能即得經數日後虎還其家故床上不能
復人形伏床上而死其兒號泣如葬其母法朝晡哭臨
又曰太元元年江夏郡安陸縣薛道恂年二十二少來了
了忽得時行病差後發狂百藥治救不損乃復病狂走猶
劇忽失蹤跡遂變作虎食人不可復數有一女子樹下採
桑虎往取之食食竟乃藏其釵釧著山石門後還作人皆



知取之經一年還家爲人遂出都仕官爲殿中令史夜共
人語忽道天地變怪之事道恂自云吾昔常得病發狂遂
化作虎噉人一年中兼便叙其處所并人姓名其同坐人
或有食父子兄弟者於是號泣捉以付官遂餓死建康獄
中

顧微廣州記曰消陽縣俚民有一家牧牛牛忽舐此兒舐
處肉悉白俄而死其家葬此兒殺牛以供賓客凡食此牛
肉男女二十餘人悉變作虎

太平御覽卷第八百八十八

太平御覽卷第八百八十九

獸部一

叙獸　猛獸　師子　麒麟

叙獸

國語曰獸三為群

爾雅曰四足而毛謂之獸

說文曰獸守備者也獸足謂之番毛㲣獸細毛也翰獸豪豕也

薦獸所食草也

周禮天官上曰獸人掌罟田獸辨其名物罟網也以網搏所當田之獸冬獻狼夏獻麋春秋獻獸物狼膏聚麋膏散聚則溫散則凉以救時之苦也獸物凡獸皆可獻也及狐狸時田則守罟備獸觸攫及弊田令禽注于虞中鄭司農云弊田謂春火弊夏車弊秋羅弊冬徒弊虞中謂虞人釐所田之野及弊田植虞旗於其中致禽而珥焉獸人主令曰眾得禽者置虞人所立虞旗之中當以給四時社廟之祭珥焉者取左耳以致攻若斬首折馘凡祭祀喪



紀賓客共其死獸生獸共其完者凡獸入于腊人當乾之皮皮毛筋角入于王府給作器物凡田獸者掌其政令

又天官下曰獸醫掌療獸病療獸瘍畜獸之疾病及瘍療同醫凡療獸病灌而行之以節之以動其氣觀其所發而養之療畜獸必灌行之若為其病狀難知灌以緩之且強其氣也節趨聚之節也氣謂脉氣既行之乃以脉視之以知所病凡療獸瘍灌而劀之以發其惡然後藥之養之食之亦先攻之而後養之凡獸之有病者有瘍者使療之死則計其數以進退之

又天官上曰內饔辨腥臊羶香之不可食者牛夜鳴則庮羊泠毛而毳羶犬赤股而躁臊鳥皫色而沙鳴貍豕盲眡而交睫腥馬黑脊而般臂螻腥臊羶香可食者是別其不可食者則所謂者皆臭味也泠毛毛長總結也皫失色不澤美也沙斯也交睫腥當為星聲之誤也肉有如米者似星般臂臂毛有文鄭司農云庮朽木臭也螻螻蛄臭也杜子春云盲眡當為望視

又夏官上曰服不氏掌養猛獸而教擾之猛獸虎豹熊羆之屬擾馴也教習使之馴服王者之教無不服凡祭祀共猛獸謂中膳羞者獸人冬獻狼春秋傳曰熊蹯不熟

又秋官下曰穴氏掌攻蟄獸各以其物火之蟄獸熊羆之屬冬藏者也將攻之必先燒其所食之物於穴以誘出之乃可得之者也以時獻其珍異皮革

又曰囿人掌囿游之獸禁囿游囿之離宮小苑觀處也牧百獸備養眾物也今掖庭有鳥獸自熊虎孔雀至於狐狸鳧鶴備祭祀喪紀賓客共其生獸死獸之物

又司馬職曰中軍以鼙令鼓鼓人皆三鼓群司馬振鐸車徒皆作遂鼓行徒銜枚而進大獸公之小獸私之大獸公之輸於公也小獸私之以自畀也

又曰東北曰幽州畜宜四擾四擾馬牛羊豕西北曰并州畜宜五擾五擾馬牛羊犬豕也

孟子曰當堯之時天下猶未平洪水橫流氾濫於天下草木暢茂禽獸繁殖五穀不登禽獸偪人獸蹄鳥迹之道交於中國。列子曰東方有國人數解六畜語蓋偏智之所



得。呂氏春秋曰堯以天下讓舜鯀為諸侯怒於堯曰得天之道者為帝得地之道者為三公我得地之道而不以我為三公乃使猛獸欲以為亂比獸之角能以為城舉其尾能以為旌召之不來彷徉於野以患帝舜於是殛之於羽山。又曰故享獸不足以盡獸嗜其脯則幾矣幾近然則王者有嗜乎理義也

又曰季秋之月菊有黃華豺祭獸戮禽戮殺也

淮南子曰猛獸不群鷙鳥不雙

又曰毛犢生應龍應龍生建馬建馬生騏驎騏驎生庶獸凡毛者生於庶獸食草者善走而愚食肉者勇敢而悍

又曰鳥排虛而飛獸蹠實而走也

抱朴子曰稱虞吏者虎也稱當路君者狼也稱令長者老狸稱丈人者兔也稱東王父者麋也稱西王母者鹿也稱三

公者馬也稱主人者羊也稱吏者麞也稱人君者猴也稱
九卿者猿也稱將軍者老馬也稱姓字者犬也稱陽城公
者狐也
齊下彬禽獸決錄曰羊性淫而很猪性卑而率狗性險而
出皆指斥當時貴勢羊淫很謂呂文顯猪卑率謂朱隆之
狗險出謂呂文庶也
異苑曰永康舒壽夫與同里獵於遂山群犬吠深茂異而
看之見樹下有一老公長可三尺頭鬚蒙然面綿藍落通
身黃衣裁能動搖因問爲是何人而來在此直云我有三
女姿容美兼多伎藝彈琴賦詩閑究五典舒夫等共縛束令
出女公曰我女仍居深房洞庭之中非自往喚不可得也
請解我繩當呼女也獵人猶不置俄而變成一獸黃色四
足其形似皐又復如狐頸長三尺頭生一角耳高於頂面



故類人舒夫等大懼狼狽放解倐忽失處
又曰東陽西寺七佛屋太元中龕下有一物出頭如鹿有
法獻道人迫而觀之於是吐沫噴洒氣若雲霧至元嘉十
四年四月七日此頭復出尋覔其處亦無孔穴年年有聲
郛若小雷

猛獸

十洲記曰漢武帝時月支國獻猛獸一頭形如犬子似狸
而色黃帝恠其羸細禿悴問使者何謂猛獸使者對曰猛
獸生崑崙食氣飲露帝使使者令猛發聲忽叫如天雷霹
靂之聲諸牛羊馬豕犬之屬皆驚駭以付上林苑徑上虎
頭溺虎口去十許步虎輒閉目明日失使者及猛獸所在
博物志曰魏武伐蹋頓經白狼山逢師子使格之殺傷甚
衆忽見一物從林中出如狸上帝車軛上師子將至便跳
上其頭師子伏不敢起遂殺之得師子兒還未至四十里
雞犬皆無鳴吠也
後周書曰楊忠嘗從太祖狩於龍門忠獨當一猛獸左挾
其腰右拔其舌太祖壯之北臺謂猛獸爲揜于因以字之

師子

說文曰虓師子也
爾雅曰狻猊如虦猫食虎豹郭璞注曰即師子也狻音酸猊音倪虦音斬文淺毛也
穆天子傳曰狻猊日走五百里郭璞注曰師子也食虎豹
東觀漢記曰陽嘉中疏勒國獻師子封牛師子形似虎正
黃有髯耏音而尾端茸毛大如斗
司馬彪續漢書曰章和元年安息國遣使獻師子符枝形
似麟而無角
魏略曰大秦國無盜賊但有師子爲害行道不群則不得



過也
宋書曰宗慤討林邑王范陽邁傾國來逆以具裝被象前
後無際慤以爲外國有師子威服百獸乃製其形與象相
禦象果驚奔衆因此潰亂遂剋林邑
蕭子顯齊書曰王敬則晉陵南沙人也母爲巫生敬則而
胞紫色謂人曰此兒有鼓角相敬則年長兩腋下生乳各
長數寸夢騎五色師子後位至太尉尋陽公
唐書曰隋大業中有波斯胡人牧駝於俱紛摩地那之山
忽有師子從地踊出人語謂之曰此山西今有三穴穴中
大有兵器汝可取之穴中有刀及槊刃甚多石上有文教
反叛於是糺合亡命渡恒曷水刼奪商旅其衆漸盛遂割
據波斯西境自立爲王波斯拂菻各遣兵討之反爲所敗
其王姓大會名礟密模末賦自云有國已三十四年歷三

王矣

又曰中宗朝大石國使請獻師子姚璹上䟽陳曰師子猛獸唯止食肉遠從碎葉以至神都肉旣難得極爲勞費陛下以百姓爲心虞一物有失鷹犬不蓄漁獵悉停不殺以闡大慈好生以敷至德凡在翾飛蠢動莫不感荷仁恩豈容自菲薄於身而厚資給於獸求之至理必不然矣䟽奏遽停此使

十洲記曰聚窟洲在西海中申未地面各方三千里北接崑崙二十六里有師子辟邪鑿齒天鹿長牙銅頭鐵額之獸

宋炳師子擊象圖序曰梁伯王說沙門釋僧吉云甞從天竺欲向大秦其閒忽聞數十里外哮噉之聲驚天怖地頃之但見百獸率走蹌地至絕而四巨象爊焉而至以鼻卷泥自厚塗數尺數噴鼻偶立俄有師子三頭見於山下直搏四象崩血若濫泉巨樹草偃

法顯記曰阿育王精舍後立石柱作師子柱內四邊有佛像內外映徹淨若琉璃有外道論師子與沙門爭此住處時沙門理屈於是共誓此處若是沙門住處者當有靈驗作是言已柱頭師子乃大鳴吼見證外道懼怖心服而還

國史補曰開元末西域獻師子至安西道中繫於驛樹近井師子哮吼若不自安俄頃風雷大至有龍出井而去

虞世南師子賦曰有絕域之神獸因重譯而來擾其爲狀也筋骨糾纏殊姿異制闊臆脩尾勁毫柔毛鉤爪鋸牙藏鋒蓄銳弭耳宛足伺閒借勢暨乎奮鬣舐唇倏來忽往瞋目電曜發聲雷響拉虎吞貔裂犀分象碎隨兕於齦齶屈

平八百八九　五　壽一

巴虵於指掌踐籍則林麓摧殘哮呼見江河振蕩服猜心與猛氣遂感德以依仁

麒麟

說文曰麒麟仁獸也馬身牛尾肉角

春秋運斗樞曰機星得則麟生

春秋保乾圖曰歲星散爲麟

爾雅曰麟麕身牛尾一角（麕居筠切）

禮記禮運曰天不愛其道地不愛其寶人不愛其情故麒麟在郊藪

詩國風麟之趾曰麟之趾振振公子于嗟麟兮

左傳曰魯哀公十四年春西狩於大野叔孫氏之車子鉏商獲麟以爲不祥以賜虞人仲尼觀之曰麟也然後取之（時所未甞見故怪之爲不祥麟仁獸聖王嘉瑞時無明王出而遇獲仲尼悲周道之不興感嘉瑞無應故因魯春秋而修中興之教絕筆於獲麟一句所感而作故所以爲終）

家語曰叔孫氏之車士曰子鉏商（車士將車者也子姓也鉏商名也）採薪於大野（春秋經哀公十四年西狩獲麟傳曰西狩於大野今此曰採薪於大野時實自狩鉏商非狩者採薪也而獲麟瑞物時見狩獲故經書西狩）獲麟焉折前左足載以歸叔孫以爲不祥棄之于郭外（傳曰以賜虞人棄之郭外將以賜虞人）使人告孔子曰有麕而角者何也孔子往而觀之曰麟也孰爲來哉孰爲來哉反袂拭面涕泗沾衿叔孫聞之然後取之子貢問曰夫子何泣矣孔子曰麟之至也爲明王也出非其時而見害是以傷焉

孔叢子曰叔孫氏子鉏商獲麟以爲不祥棄之冉有告夫子夫子將觀之泣曰予之於人猶麟之於獸出而死其道窮矣乃歌曰唐虞世兮麟鳳遊今非其時來何求麟兮麟兮我心憂因此幽憤作春秋焉

覽八百八十九　六　壽一

孝經右契曰孔子夜夢豐沛邦有赤煙氣起顏回子夏侶往觀之驅車到楚西北范氏之廟見芻兒棰麟傷其前左足束薪而覆之孔子曰兒汝來姓爲誰兒曰吾姓爲赤松子孔子曰汝豈有所見乎吾所見一禽如麕羊頭頭上有角其末有肉方以是西走孔子發薪下麟視孔子而蒙其耳吐三卷書孔子精而讀之

春秋演孔圖曰蒼之滅也麟不榮也麟木精也麒麟鬬日無光（宋均注曰麟木精木生於水故曰陰木氣好土土黃故麟色青黃不榮謂見繳也麟龍少陽精鬬作於地則日月亦衝爭於上也）

尚書中候曰黃帝時麒麟在囿

毛詩義疏白麟馬足黃色圓蹄角端有肉音中黃鍾王者至仁則出

大戴禮曰毛蟲三百六十而麟爲之長



禮記曰麟鳳龜龍謂之四靈麟以爲畜則獸不狘（呼厥反）

漢書曰終軍從上幸雍獲白麟一角五蹄又得木枝旁出輒復合上異之終軍對曰野獸并角明同本也衆支內附示無外也若此之應殆將有解編髮削左衽襲冠帶要衣裳而蒙至化者焉

東觀漢記曰章帝時麟五十一見

晉書曰王濬平吳被謗上表曰夫猛獸當途麒麟恐懼況臣脆弱敢不悚慄

何法盛晉中興徵祥說曰麟麕身牛尾狼頭一角黃色馬足也

晉書載記曰石虎時郡國前後送蒼麟十六白鹿七季龍命司虞張昌往調之以駕芝蓋列乎充庭之乘

又曰呂光入姑臧時麟見金澤縣百獸從之光以爲已瑞以孝武太元十四年僭即三河王位

三國典略曰徐陵東海郯人梁右衛率摛之子母臧夢五色雲化而爲鳳集左肩上已而誕陵年數歲家人携之以候寶誌（寶誌摩其）頂曰天上石麒麟也

春秋感精符曰麟一角明海內共一主也王者不刳胎不破卵則出於郊

又曰王者德化旁流四表則麒麟臻其囿

蔡邕月令章句曰凡麟生於火遊於土故脩其母致其子五行之精也視明禮脩則麟臻

孫卿子曰古之王者好生惡殺故麒麟遊其郊野

牟子曰昔人不識麟問人荅曰麟如麟問者惡之曾見者曰麟麕身牛尾鹿蹄馬背問者霍然而解

何法盛徵祥記曰麒麟者毛虫之長仁獸也牡曰騏牝曰麟牡鳴曰遊聖牝鳴曰歸和夏鳴曰扶幼秋鳴曰養綏



說苑曰麒麟麕身牛尾圓頂一角含仁懷義音中律呂行步中規折旋中矩擇土而後踐位平然後處不群居不旅行紛兮其質文也幽閒則循循如也

西京雜記曰五柞宮前有梧桐樓樓下皆有石騏驎二枚刋其爲文字是秦始皇驪山墓上物也頭高一丈三尺東邊者前脚折折處赤如血父老謂其神皆含血屬筋焉

抱朴子曰麒麟壽千歲

論衡曰蝗虫飛至萬里麒麟須獻乃達闕而蝗爲災麟爲瑞麟四足不能自致人兩足安能自達是以呂望白首而達也

又曰儒者說麟爲聖王來此言妄也章帝之時騏驎五十一至章帝豈聖人也

楚辭曰使騏驎可得羈而繫兮又何以異乎犬羊

班固兩都賦曰乃有九真之麟大宛之馬

西凉武昭王麒麟頌曰一角圓蹄行中規矩游必擇地翔而後處不入陷穽不罹網罟無德而至爲之折股

太平御覽卷第八百八十九

# 太平御覽卷第八百九十

## 獸部二

獬豸　騶虞　犀
兕　象



### 獬豸

說文曰獬豸似牛一角古者决訟令觸不直黄帝時有遺帝獬豸者帝問何食何處曰食薦春夏處水澤秋冬處竹箭松筠

神異經曰東北荒中有獸如牛一角毛青四足似熊忠直見人鬬則觸不直聞人論則咋不正名曰獬豸一名任法獸（張華曰今御史法冠曰獬豸）

論衡曰獬豸者一角之羊性識有罪臯繇治獄有罪者令羊觸之臯繇敬羊跪坐事之

田俅子曰堯時獲獬豸緝其毛以爲帝帳



唐書曰開元二十年有一角神羊産子京兆之富平縣肉角當頂白毛上捧識者以獬豸名之

### 騶虞

說文曰白虎黑文尾長於身食自死之肉名曰騶虞有志信之德不食人

詩國風騶虞曰騶虞鵲巢之應也鵲巢之化行則人倫既正朝廷既治天下純被文王之化則庶類蕃殖蒐田以時仁如騶虞則王道成也彼茁者葭一發五豝于嗟乎騶虞（騶虞義獸也白虎黑文不食生物有至德之信則應之）

又草木蟲魚疏曰騶虞即白虎也文異尾長身不食生物不履生草君王有德則見也

尚書大傳曰文王因囚羑里散宜生之於陵氏取怪獸尾倍其身名曰騶虞以獻紂

山海經曰騶虞如虎五色具一日尾長於身出孟山亦出烏鼠同穴圍林氏之國日行千里（東京賦曰圍林氏之騶虞）

晉書曰隆安中新野騶虞見

宋書曰元嘉二十六年琅邪有白騶虞見二赤虎從之

### 犀

爾雅曰犀似豕（郭璞注曰形似牛猪頭大腹卑脚有三跡黑色二角一在鼻上者食角也小而不墮好食棘）

東觀漢記曰章帝元和元年日南獻白雉白犀

晉書曰温嶠還武昌至牛渚磯去其水多怪物遂燬犀角而照之見奇形異狀或朱衣乘車馬嶠夢人曰與君幽明道别何苦相照

書紀年曰夷王獵于杜林得一犀牛



韓詩外傳曰太史南宫括至義渠得駭雞犀以獻紂

戰國策曰張儀爲秦破從連横説楚王楚遣車百乘獻駭雞之犀夜光之璧於秦王

離騷曰淹芳芷於腐臭（淹漬腐臭）棄駭雞於筐簏（簏竹器也）

范子計然曰犀角出南郡上價八千中三千下一千

淮南萬畢術曰犀角駭狐（犀角置狐穴狐去不敢復居也）

抱朴子曰通天犀角有白理如綖（音線）者以盛米置群雞欲啄米至輒驚却故南人名爲駭雞也得直角一尺以上刻以爲魚而銜以入水水常爲開方三尺可得氣息水中以其角爲義導者得毒藥以此攪之皆生白沫無復毒勢則無沫起也通天犀所以能殺毒也爲物食百草之毒及衆木棘歲一解角藏於山中人以木如其角代之犀不覺後年輒復解

山海經曰琴鼓之山多白犀

蜀王本紀曰江水為害蜀守李冰作石犀五枚二枚在府中一在市南下二在淵中以厭水精因曰石犀里也

林邑國記曰犀行過叢林不通便開口露齒前向直指棘林自開

南州異物志曰犀如象大色黑頭似豕婦豬食草木也

南越志曰高州平之縣巨海有大犀其出入有光水為之開

劉欣期交州記曰有犀角通天向水輒開

萬震南州異物志曰犀有特神者角有光曜白日視之如角夜暗之中理皆燦然光由中出望如火炬欲知此角神異置之草野飛鳥走獸過皆驚昔行野中見一死人或鳥烏欲往啄之每至其頭輒驚走飛去怪而視之其頭中有犀簪近此角也

劉欣期交州記曰犀出九德縣其毛如豕蹄有三甲頭如馬有三角鼻上角長額上角短

晉郭璞犀贊曰犀之為狀形兼牛豕力無不傾吻無不靡以賄嬰災困乎角掎

傅咸犀鉤銘曰世稱雞駭之犀有以此鉤見遺者為之銘

南州異物志曰獸曰玄犀處自林麓食唯棘刺體兼五肉或有神異表露以角含精吐烈望如華燭置之荒野禽獸莫觸

覽八百九十　三　单桂二

兕

爾雅曰兕似牛 郭璞注曰一角青色重三千斤

說文曰兕如野牛青毛其皮堅厚可為鎧嶓冢之上其獸多兕

詩曰我姑酌彼兕觥維以不永傷

又曰匪兕匪虎率彼曠野

又曰既張我弓既挾我矢殪彼大兕

春秋傳曰犀兕尚多棄甲則那

論語曰虎兕出於匣 匣檻也 是誰之過與 典守者過也

國語曰平公射鷃 音晏 不死 鷃小鳥 使豎襄搏之失公怒將殺之叔向聞之夕 夕至朝 君告之叔向曰君必殺之昔吾先君唐叔射兕于徒林殪以為大甲以封于晉今君嗣吾先君唐叔射鷃不死搏之不得是楊吾君之恥也君其必速殺之勿令遠聞君忸怩顏厚乃趣赦之

戰國策曰楚王遊於雲夢結駟千乘旌旗蔽日野火之起若雲霓兕虎之聲若雷霆有狂兕王彎弓而射發而殪矣曰樂矣今日之遊千秋萬歲之後誰與樂此

楚辭曰君王親發兮 發射 憚青兕 憚驚也言懷王是時親自射以言嘗從君田獵今狩驚有兕牛而不能制也

呂氏春秋曰楚莊王時獵雲夢欲射殺隨兕者申公子培劫[illegible]王奪而射之王怒曰何其暴而不敬也欲誅之左右諫乃止不出三日子培病亡楚與晉戰於兩棠之地大勝賞有功者子培之弟請曰人有功於軍旅臣之兄有功於車下臣兄常讀故記曰殺隨兕者不出三日故臣兄劫而殺之果有病死王乃撿故記果有之遂賞子培弟也

淮南子曰小國不鬭於大國之間 [illegible] 兩虎不鬭於伏兕之旁 畏見食也

論衡曰尚父伐紂渡孟津杖鉞呼曰蒼兕蒼兕按蒼兕水獸也善覆舟因令急渡蒼兕害汝河中有此獸時浮出一身九首人惡畏之未必能覆舟也亦謂之蒼雉

覽八百九十　四　单桂二

西都賦曰狂兕觸蹷
江賦曰水兕雷呴乎陽侯
曹洪與魏文帝書曰若奔兕之觸魯縞未足以喻其易
晉郭璞山海圖賛曰兕惟壯獸似牛青黑力無不傾自焚
以革皮充武備角助文德

象

春秋運斗樞曰搖光之星散而爲象
爾雅曰南方之美者有梁山之犀象焉
說文曰象長鼻牙南越之大獸三歲一乳
左傳襄四曰象有齒以焚其身賄也
又定上曰吳伐楚鍼尹固與王同舟王使執燧象以奔吳師（燒火燧繫象尾使赴吳師）
漢書大宛傳曰身毒國其人乘象以戰



漢書曰武帝元始二年南越獻馴象（注曰能拜隨人意）
吳志曰外國傳曰扶南王盤況少而雄傑聞山林有大象輒生捕取之教習乘騎諸國聞而伏之
又曰賀齊爲新都太守孫權出祖道作樂儛象（吳書曰權謂齊曰今定天下都中國使殊俗貢珎狡獸率儛非君而誰也）
三國典略曰周軍逼江陵梁人率步騎開枇杷門出戰初嶺南獻二象于梁至是梁王被之以甲負之以樓束刃於鼻令崑崙馭之以戰楊忠射之二象反走
隋書曰劉方授驩州道行軍捴管經略林邑大業元年正月軍至海口林邑王梵志遣兵守險方擊走之師次闍黎江賊據南岸立柵方盛陳旗幟擊金鼓懼而潰既渡江行三十里賊乘巨象四面而至以弩射象象中瘡却蹂其陣王師力戰賊奔於柵因攻破之俘賊馘萬計

唐書曰自永徽已來文單國累獻馴象凡三十有二皆豢於禁中頗有善舞者以備元會充庭之飾及德宗即位曰王者不尚異物不貴難得之貨今官用費而物性不得非宜也悉放於荊山之陽
又曰高宗時周澄國遣使上表云訶伽國有白象首垂四牙身運五足象之所在其土必豐既有威靈又弭災患乃兼十象強制百人以水洗牙飲之愈疾請發兵迎取以獻之上謂侍臣曰夫作法於儉其弊猶奢誰能制止故聖人越席以昭儉茅茨以誡奢書云珎禽奇獸不育於國方知無益之源不可不遏朕安用奇象令其遠獻乃勞其使而遣之
山海經曰巴蛇食象三歲而出其骨
帝王世紀曰舜葬蒼梧下有群象常爲之耕又云禹葬會稽祠下有群象耕田



萬歲曆曰成帝咸康六年臨邑王獻象一知跪拜文子云見象之牙知大於牛
呂氏春秋曰肉之美者髦象之約（高誘注曰髦象肉之美者）
吳録地理經曰九真郡龐縣多象象生山中郡内及日南饒之
江表傳曰孫權遣使詣闕獻馴象二頭魏太祖欲知其斤重咸莫能出其理時鄧王冲尚幼乃曰置象大舡刻其所至稱物以載之可知也太祖大悅即施行焉
又曰魏文帝遣使於吳求象牙群臣以非禮欲不與孫權勑付使者
論衡曰象耕鳥耘虛言也五帝三王皆有功德何獨爲舜禹也蒼梧多象之地會稽衆鳥所居象自蹈土鳥自食草

土蹦草盡若耕耘也
又曰夫十圍之牛爲牧竪所驅長仞之象爲越童所鈎無
便故也
蔣子萬機論曰莊周婦死而歌夫通性命者以卑及尊死
生不悼不可論也夫象見子皮無遠近必泣周何忍哉
博物志曰南海四象各有雌雄其一雌死百有餘日其雄
泥土著身獨不飲酒食肉長吏問其所以輙流涕若有哀
狀
晉諸公讃曰晉時南越致馴象於阜澤中養之爲作車黄
門鼓吹數十人令越人騎之每正朝大會皆入充庭帝行
則以象車導引以試橋梁後象以鼻擊害人有司啓之而
殺象象泣血流地不敢動自後朝議以象無益於事悉送
還越○萬震南洲曰南傳曰扶南王善射獵每乘象三百



頭從者四五千人
異物志曰俗傳象牙歳脱猶愛惜之掘地而藏之人欲取
當作假牙潛往易之覺則不藏
沈懷遠南越志曰象牙長一丈餘脱其牙則深藏之削木
代之可得不爾窮其主得乃已也
異苑曰會稽張茂字偉康嘗夢大象以問萬推推曰當爲
太守而不能善夫象者大獸取諸其音獸者守也象以齒
焚其身後必爲人所殺茂永昌中爲吳興太守値王敦問
鼎執正不移敦遣沈充滅之而取其郡
萬震南州異物志曰象之爲獸形體特詭身倍數牛目不
逾豨鼻爲口役望頭若尾馴良承教聽言則跪素牙玉潔
載籍所美服重致遠行如丘徙
王韶之始興記曰伊水口有長洲洲廣十里平林蔚然有

群象野牛

法顯記曰藍國王得佛一分舍利起塔塔傍有池池中有
龍常守護有群象以鼻取水雜香花而來供養
後魏書曰乾陁國好征戰有鬭象七百頭十人乘一象皆
執兵仗象鼻持刀
嶺表録異曰廣之屬郡潮循州多野象潮循人或捕得象
爭食其鼻云肥脆尤堪作炙或云象肉有十二種象膽不
附肝隨月轉在諸肉楚越之間象皆青黒唯西方佛林大
食多白象又雲南豪族家多畜象負重致遠若中國之牛
馬漢使至其國輙舞象飾以金羈皆合節奏乾符中占城
獻馴象亦能蹈舞

太平御覽卷第八百九十

## 獸部三

### 虎上

說文曰虎山獸之君也

春秋運斗樞曰樞星散而爲虎

易履卦曰履虎尾不咥人亨

又頤卦曰虎視眈眈其欲逐逐

易革卦九五象曰大人虎變其文炳也

易通卦驗曰立秋虎始嘯

月令曰仲冬虎始交

禮記曰孔子過太山側有婦人哭於墓者而哀夫子式而聽之使子貢問之曰子之哭也一似重有憂者而曰然昔吾舅死於虎吾夫又死焉今吾子又死焉夫子曰何爲不



去曰無苛政子曰小子識之苛政猛於虎也

左傳宣四年曰若敖娶於䢵生鬬伯比若敖卒從其母畜於䢵淫於䢵子之女生子文焉䢵夫人使弃諸夢中（夢澤）虎乳之䢵子田見之懼而歸夫人以告（告女私通所生）遂使收之楚人謂乳爲穀謂虎爲於菟故命之曰鬬穀於菟

春秋考異郵曰三九二十七七者陽氣成故虎七月而生陽立於七故虎首尾長七尺般般文者陰陽雜也

春秋演孔圖曰天命湯白虎戲朝其終白虎在野

爾雅曰甝白虎（漢宣帝時南郡獲白虎獻其皮骨爪牙也）虪里虎（虪音叔甝胡甘切）

漢書曰猛虎之猶與不如蜂蠆之致螫

又曰宣帝元狩南郡獲白虎以爲寶

又曰李廣北平郡出獵見草中石以爲虎而射之中石没羽視之石也明日射之終不能入矣

又曰馬遷書曰猛虎在山中百獸震恐及在檻穽搖尾而求食積威約之漸也

又曰李敢子禹有寵於太子禹有勇上召禹使刺虎懸下圈中未至地有詔引出之禹以劒斫絶累欲刺虎上壯之遂赦焉

後漢書曰劉昆字桓公光武時爲弘農太守先是崤澠驛道多虎災行旅不通昆爲政三年仁化大行虎皆負子渡河帝聞而異之後徵爲光禄勳詔問昆曰前在江陵返風滅火後守弘農虎北渡河行何德政而致是事昆對曰偶然耳左右皆笑其質訥帝歎曰此乃長者之言也顧命書諸策

又曰宋均遷九江太守郡多虎暴數爲人患常募設檻穽而猶多傷害（檻爲機以捕獸穽謂穿地陷之）均到下記屬縣曰夫虎豹在



山黿鼉在水各有所託且江淮之有猛獸猶北土之有雞豚也今爲人害咎在殘吏而勞勤張捕非憂恤之本也其務退姦貪思進忠善可一去檻穽除削課制其後傳言虎相與東遊渡江

又曰法雄爲南郡太守郡濵帶江沔又有雲夢藪澤（雲夢澤今在安州）永初中多虎狼之暴前太守賞募張捕反爲所害者甚衆雄乃移書屬縣曰凡虎狼之在山林猶人之居城市古者至化之代猛獸不擾皆由恩信寬澤仁及飛走太守雖不德敢忘其義記到其毁壞檻穽不得妄捕山林是後虎害稍息人以獲安在郡數歲歲常豐稔

又曰童恢字漢宗爲不其令户人嘗爲虎所害乃設檻捕之生獲二虎恢呪虎曰天生萬物唯人爲貴虎狼當食六畜而殘暴於人王法殺人者死傷人則論法若是殺人者

當垂頭服罪自知非者當號呼稱冤一虎低頭閉目狀如
震懼即時殺之一乃踊躍自奮遂放之
謝承後漢書曰豫章劉陵字孟高爲長沙安成長先時多
虎百姓患之皆徙他縣陵之官脩德政踰月虎悉出界去
民皆還
漢皇德傳曰世祖遣鄧禹西征送之於道既返因於野王
獵路見二老翁即禽世祖問曰禽何向並舉首西指言此
中多虎臣每即禽虎亦即臣大王勿往也
方言曰虎陳魏宋楚之間或謂之李父江淮南楚之間謂
之李耳虎食物値耳即止以觸其諱故或謂之於䖘於音烏今江南山夷呼虎爲䖘自關東西或
謂之伯都也
風俗通曰呼虎爲李耳俗說虎本南郡中廬李氏公所化
爲呼李耳因喜呼班便怒



龍魚河圖曰懸文虎鼻門上宜官子孫帶印綬懸虎鼻門
中周一年取燒作屑與婦飲之二月中便有兒生貴子勿
令人知之泄則不驗也亦勿令婦人見之
春秋後語曰楚黃歇說秦昭王曰天下強國莫過於秦楚
今聞大王欲伐楚此猶兩虎相與鬭而駑犬受其弊不如
善楚也
又曰秦惠王謂陳軫曰今韓魏相攻朞年不解或謂寡人救
之便或曰勿救便寡人不能自爲決願子爲寡人計之軫
曰亦嘗有以卞莊子之刺虎聞於王者乎王曰不聞軫曰
卞莊子方刺虎而卞豎子止之曰兩虎方食牛牛甘必爭
爭必鬭鬭則大者傷小者死從傷而刺之一舉必有雙虎
之名卞莊子以爲然立而顧之有頃兩虎果鬭大者傷小
者死一舉果有雙虎之功今韓魏相攻朞年不解是必大

國傷小國亡從傷而伐之一舉必有二實此猶卞莊子刺
虎之類也惠王曰善卒不救待其敗而攻之果大剋也
吳越春秋曰吳王葬昌門外金玉精上爲白虎
列士傳曰秦召公子無忌無忌不行使朱亥奉璧一雙秦
王大怒將朱亥著虎圈中亥瞋目視虎眥裂血出濺虎終
不敢動
穆天子傳曰有虎在於葭中䕺七萃之士曰高奔戎乃生
捕虎而獻之天子命爲押押檻而畜之東虞是曰虎牢因名其地
今滎陽成皋縣是也
山海經曰孟山鳥鼠同穴之山其上多白虎也
又曰狄山爰有熊文虎幽都之山黑水上有玄虎
尸子曰虎豹之駒未成文而有食牛之氣
又曰中黃伯曰余左執太行之獶而右搏雕虎



韓子曰龐共與太子質於邯鄲謂魏王曰今一人言市有
虎王信乎王曰不二人言王信乎王曰不三人言王信乎
曰寡人信之龐共曰夫市無虎明矣然而三人言成市虎
今邯鄲去魏遠於市議臣者過三人願王察之龐共從邯
鄲還竟不得入
又曰夫虎之所以能伏狗者爪牙也使虎釋其爪牙而使
狗用之則虎反服於狗矣人主者以刑德制臣今君失其
刑德而使臣用之則君反制於臣矣
管子曰桀之時女樂三萬人放虎於市觀其驚駭
列子曰梁鴦曰養虎之法凡順之則喜逆之則怒此血氣
若性也夫食虎物不敢以生物與之爲其殺之之怒也不
敢以全物與之爲其決之之怒也同莊子
孟子曰晉人有馮婦著善搏虎有衆逐虎望見馮婦趨而迎之

孫卿子曰見寢木以爲伏虎
呂氏春秋曰衣人在寒食人在飢陳思稱設虎千金不如
一豚肩
淮南子曰中行繆伯手搏虎而不能生也中行繆伯晉臣也力能搏虎而能伏之也
又曰虵不可使爲足虎不可使緣木
淮南萬畢術曰燒角入山則虎豹自遠惡其臭也
又曰昔者牛哀病七日化而爲虎其兄啓户而入虎搏而
殺之方其爲虎不知其嘗爲人也方其爲人不知其且爲
虎也且猶將也
又曰虎嘯則谷風生
說苑曰乳鳥愛羽虎豹愛爪所以輔其身也
抱朴子曰虎及鹿兔皆壽千歲滿五百歲者其色皆白



又曰或問爲道者多在山林山林虎狼之室何以辟之
抱朴子曰古之入山者佩黃神越章其廣四寸其字百二
十以封泥著所住之四方各百步則虎狼不敢近其内也
又曰山中寅日稱虞吏者虎也
又曰蔡誕入山還其家云被謫到崑崙崑崙山下白虎蝼
虵長百餘里其口中牙皆如三百斛舡大
風俗通曰虎者陽物百獸之長也能噬食鬼魅今人卒得
病燒皮飲之繫其衣服亦辟惡此其驗
又曰桃梗葦茭畫虎謹案黃帝書上古之時有神荼與鬱
壘兄弟二人性能執鬼度朔山上桃樹下簡閱百鬼鬼無
道理妄與人禍荼與鬱壘縛以葦索執以食虎於是官常
以臘除文飾桃人畫虎於門皆是追效前事冀以禦凶也
又曰宋均爲九江太守虎負子渡江按虎毛婆娑豈犯陽

傒波里語云狐欲渡河無奈尾何舟人尚有懼況虎耶若
德被四海虎亦能至鬼方也
璅語曰周王欲殺王子宜咎立伯服釋虎將執宜咎叱之
虎弭耳而服
蔣濟萬機論曰猛虎不處卑勢鷙鳥不立垂枝也
西京雜記曰李廣與兄弟獵於冥山之北見卧虎焉射一
矢斃斷其髑髏以爲枕示服猛也鑄銅象其形爲溲器示
厭服之也
又曰余所知有鞠道龍善爲幻術嘗向余說曰東海人黃
公少時爲幻秦末有白虎見東海詔遣黃公以赤刀往厭
之術既不行遂爲虎所殺三輔人俗用以爲戲漢朝亦取
之爲角抵戲焉
王子年拾遺錄曰始皇二年騫消國畫工者名列裔刻白



玉兩虎削玉爲毛有如真矣不點兩目睛始皇使餘工夜
往點之爲睛旦往虎即飛去明年南郡有獻白虎二頭始
皇使視之乃是先刻玉始皇命去目睛二虎不能復去

太平御覽卷第八百九十一

獸部四

虎下　豹　駮

虎下

英雄記曰曹公擒呂布顧劉備曰玄德卿爲坐上客我爲降虜繩縛我急獨不可一言耶操曰縛餓虎不得不急乃命緩縛布

吳志曰呂蒙欲從軍母止之蒙曰不探虎穴安得虎子

又曰孫權每田獵常乘馬射虎虎甞突攀持馬鞍張昭變色而諫權謝昭曰年少慮事不遠然猶不能已乃作射虎車

又曰孫權親乘馬射虎庱亭(庱音懲凌)馬爲所傷權投以雙戟虎郤廢



魏名臣奏曰世祖時有獻虎者問虎何食對曰食肉詔曰下民厭糠何忍以肉食虎乃命虎賁射之斯實得計於時而名垂於後

晉令曰諸有虎皆作檻穽籬柵皆施餌捕得大虎賞絹三疋虎子半之

魏略曰文帝欲受禪郡國奏白虎二十七見

博物志曰江陵有人化爲虎俗云猛虎化爲人好着紫葛衣足無踵有五指者人化爲虎

又曰虎知衝破又能畫地卜今人有畫物上下者推其奇偶謂之虎卜

孝子傳曰楊香其父爲虎噬忿憤搏之父免害

又曰郭文舉爲虎探鯁骨虎常銜鹿以報之

括地圖曰越俚之民老者化爲虎

王孚安成記曰平都屋寶者後漢人居父喪隣人格虎虎走趨其孤廬中即以蓑衣覆藏之隣人尋跡問寶寶曰虎豈有可舍而藏之乎此虎後送禽獸以助寶祭孝慈之志通於神明由是知名

裴淵廣州記曰興寧縣義熙四年忽有數十大鳥大如鶖少焉化爲虎

周景式廬山記曰有嫗事康王廟林中有一虎祠祭輙以餘肉及骨與之有人惡畏之嫗使避之人去復來

陳留耆舊傳曰王業字子春爲荆州刺史有德政卒於支江有三白虎低頭曳尾宿衛其側及喪去踰州境忽然不見民共立碑文號曰支江白虎

竹林七賢論曰王戎幼而清秀魏明帝時於宣武場上爲欄閫虎使力士逆與之搏縱人觀之戎年七歲亦往觀焉虎乗間薄欄而吼其聲震地觀者無不辟易顛仆戎安然不動帝於閣上見之使問姓名而異焉



郗氏世傳曰亮字子華少學公羊十四傳祖父業多所綜覽舉孝廉到陽城遇虎爭一羊亮乃按劍瞋目斬羊腹虎乃各以其半羊去

述異記曰漢中有虎生角道家云虎千歲則牙蛻而角生

漢宣城郡守封邵一日忽化爲虎食郡民民呼曰封使君因去不復來故時人語曰無作封使君生不治民死食民

異苑曰太元末徐桓出門彷徉見一女子因言曲相調便要桓入草中桓說其色乃隨去女子忽然變成虎負桓着背上逕向深山其家左右尋索惟見虎跡旬日虎夜送徐桓着門外

又曰樊陽鄭襲太元中爲廣陵太守閣下騶忽如狂奔失其

所經曰裸身吟呼膚血流灕問其意故云社公命令作
虎以班皮衣之辭以執鞭之士不堪𧇊躍神怒還便剝皮
皮以着肉瘡毀慘痛旬日乃差
又曰都陽桓闓以太元十九年殺犬祭鄉里綏山煮肉不
熟神怒即下教於巫曰桓闓以生肉貽我當謫令自食也
其年便作虎作虎之始見人以班衣衣之即能跳透噬逐
又曰彭城劉黃雄以太元中爲京佐被使還都路經竹里
停於邏宿此邏多虎劉極自防衛繫馬於戶前手刀布於
地上宵中士庶同睡虎乘間跳入獨取劉而去
又曰邵都梁馮蔡永初中醉臥於山路夜有虎來以頭抗
其背恭中宵展轉之以手搏之復大寢向曉始醒猶見虎
蹲在脚後若有宿命非智力所加也
又曰扶南王范尋常畜生虎及鰐魚若有訟未知曲直便
投與魚虎虎不噬則爲有理穢貊之人祭虎爲神將有以
也



幽明録曰桓大司馬鎮赭圻時有何參軍晨出行於田野
中溺死人髑髏上還晝　寢夢一婦人語云君是佳人何
以見穢汙暮當令知之是時有暴虎人無敢行夜出者何
常穴壁作溺穴其夜趣穴欲溺虎忽噬斷陰莖即死
又曰晉孝武帝毋李太后本賤人簡文無子曾遍令善相
者相宮人李太后給皂役不豫焉相者指之此當生貴子
而有虎厄帝因幸之生孝武及會稽王道子既登尊位服
相者之驗而恠有虎害且生所未見乃令人畫作虎象因
以手撫欲打虎戲便患手腫痛遂以疾崩
神仙傳曰介象入山與遇神仙臥石上有一虎往舐象額
寤而見虎謂虎曰天使汝來侍衛我者汝且停若山神使
汝來試我者汝自去虎乃去
搜神記曰蘇易者廬陵婦人善看産夜忽爲虎所取行六
里至大壙見有牝虎當産不得解匍匐欲死輒仰視易悟
之乃爲探出之有三子生畢虎負易送還并送野肉於門
內
又曰漢江之域貙人能化爲虎長沙居民作檻捕虎檻發
明日衆人共往格之見一亭長赤幘大冠在檻中坐民問
君何以入此中亭長大怒曰昨被縣召夜避雨誤入此中
急出我民曰君見召當有文書　即出懷中召文書於是
出之尋視之化爲虎即上走
續搜神記曰丹陽縣人沈宗居在縣下以卜爲業義熙中
左將軍檀侯鎮姑熟好獵以格虎爲事忽有一人着皮袴
乘烏馬從者一人亦着皮袴以紙裹十餘錢來詣宗卜云西



去覓食好東去覓食好宗爲作卦卦成告之東向吉西向
不利因就宗乞飲内口着甌中狀如牛飲既出門東行百
步從者及馬皆化虎自此以後暴虎非常
又曰吳猛有道術同縣鄒惠政迎猛夜於家中庭燒香忽
有虎來抱政兒超籬去猛語云無所苦須臾果還去虎將
去數十步忽然復送歸政遂精進爲道士
又曰尋陽縣北山中蠻人有術能使人化爲虎毛色牙爪
悉如真尔鄉人前將軍周眕有奴使入山伐薪奴有婦及
妹亦俱行既至奴語二人云且高樹上視我所爲如其言
既而入草須臾見一黃班虎從草中出奮迅吼喚甚爲可
畏少時復爲人奴語二人曰歸家慎勿道後向等輩說之周得知飲
淳酒令熟醉使人解其衣服及身體唯於髻髮中得
一紙畫作大虎邊有符周密取録之奴既醒喚問之事已

霧遂具說有術其以三尺布巾一赤雄雞一斗酒受此法

俗說曰桓石虎是桓征西兒未被舉時西出獵石虎亦從獵圍中射虎虎被數箭伏在地諸將請石虎曰惡郎能拔虎箭不石虎小名惡子荅曰可拔耳惡子於是逕至虎邊便拔得箭虎跳越惡子亦跳跳乃高虎跳虎還伏惡子持箭便還

又曰齊沈僧照別名法朗彼之之孫也託人吉凶頗有應驗嘗校獵中道而還左右問何故荅曰國家有邊事須還處分問何以知之曰向聞南山虎嘯知耳俄而使至

金樓子曰孔子遊舍於山使子路取水逢虎於水與共戰攬尾得之內於懷還問子曰上士殺虎如何子曰上士殺虎持虎頭又問中士殺虎如何子曰中士捉耳又問下士殺虎如何子曰捉虎尾子路出尾弃之懷石盤曰夫子知



虎在水而使我取水是欲殺我也乃欲殺夫子問曰上士殺人云何曰用筆端中士殺人云何曰用言語下士殺人云何曰用石盤子路乃弃石盤而行

國史補曰裴旻爲龍華軍使守北平北平多虎旻善射嘗一日斃虎三十有一旣而息於山下四顧自若有父老至曰此皆彪似虎而非將軍若遇真虎無能爲也旻曰真虎安在父老曰自此而北三十里往往有之旻躍馬而往果有一虎騰出狀小而勢猛據地一吼山石震烈旻擗易弓矢皆墜殆不得免自此慙懼不復射虎

吳氏虎賦曰蓋其狀也誕節緩腕續脊連髖細腰皷肙方口大鼻斒組雜間若錦繡相連

豹

說文曰豹似虎

周易革卦曰上六君子豹變小人革面象曰君子豹變其文蔚也小人革面順以從君也

廣志曰豹有赤豹南山有玄豹南多赤豹狐死首丘豹死首山是性之異也詩義疏曰毛赤而文黑謂之赤豹毛白而文黑謂之白豹也

帝王世紀曰紂爲王者箕子曰王箸必食熊蹯豹胎散宜生獻紂黑豹

孫氏瑞應圖曰文王拘於羑里散宜生於懷塗山得玄豹以獻紂免西伯之難

莊子曰夫豐狐文豹棲於山林伏於巖穴靜也夜行晝居戒也然不免於網羅之患是何罪之有其皮爲之灾也

管子曰武王爲侈靡令人貂襜豹裘方得入廟故豹皮百金臣家桀手鍾未得一豹皮

韓子曰虎豹不用爪牙與鼷鼠同威



文子曰虎豹之文來射猨狖之捷來格

淮南子曰蝟使虎申蛇令豹止物有所制也

又曰高山險阻深林榛薄聚木曰榛深草曰薄虎豹之樂也人入之而畏川谷通源積水重淵黿鼉之所便也人入之而死

范子計然曰豹皮出南郡

雜道書曰南海博羅縣有羅山高入雲霧諸仙人所遊之山也上有豹獸似猴猴南海人名之爲累下

洞冥記曰青豹出浪坂之山狀如虎色如翠殺之爲脯食之不飢

馮邪說鄧禹書曰夫虎豹愛大林蛟龍愛大水

列女傳曰陶荅子妻曰妾聞南山有文豹霧雨七日不下食者何也欲以澤其衣毛而成其文章也

後秦記曰狄伯奇少曾遊獵得豹見其文采炳煥遂自感

數始學書藝林邑國記曰西南界有𧉅螣虫食死人肉豹皮覆尸畏而不來

謝朓詩曰雖無玄豹姿且隱南山霧

晉中朝大駕鹵簿曰豹尾車駕一蘭臺令史載自豹尾後

徐廣車服注曰乘輿之後有屬車最後一車懸豹尾

## 駮

爾雅曰駮如馬倨牙食虎豹（郭璞注：駮，）

說苑曰晉平公出畋見乳虎乳虎伏而不動顧謂師曠曰吾聞之霸王之主出則猛獸伏而不敢起今者寡人出見乳虎伏而不動此其猛獸乎師曠曰鵲食猬猬食駿䴖鵔鸃（音峻儀）駿鸃食豹豹食駮駮食虎夫駮之狀有似駮馬今者君之出必驂駮馬而出畋乎公曰然

山海經曰中曲之山有獸焉其狀如馬而白身黑尾一角虎牙爪音如鼓音其名曰駮是食豹可以禦兵

晉郭璞駮贊曰駮惟馬類實畜之英騰髮驤首嘘天雷鳴氣無不凌吞虎辟兵



太平御覽卷第八百九十二

# 太平御覽卷第八百九十三

## 獸部五

### 馬一

說文曰馬怒也武也馬一歲曰馵（音環）二歲曰駒三歲曰駣（音兆）八歲曰馴（音八）高六尺曰驕七尺曰騋（音來）八尺曰龍騊（音陶）駼（音途）北野之良馬也驁駿馬也以壬申日死乘馬者忌之

爾雅曰騊駼馬野馬（北海內有獸狀如馬名騊駼青色騊駼一名野馬）昆蹄趼善外甗（甗山形似甑上大下小時有昆蹄之馬蹄平如研善外甗甗山嶺也研音吟燕切甗音魚健切）昆駼枝蹄研善外甗小領盜驪（盜驪千里馬也領頸也昆駼之馬枝蹄如牛而下平小領馬種一名盜驪）絕有力駥（馬高八尺）膝上皆白馵（馵後左腳白音注也）四骹（音敲）皆白驓（骹膝下也）四蹢皆白首（俗呼為踏雲馬蹢蹄也）前足皆白騱（下雞切）後足皆白狗（巨俱切）前右足曰啓（左傳曰啓服也）左白踦後右足白驤左白馵（音注駵音流）馬白腹騵（原魚袁切）驪馬白跨驈（驪黑色跨髀間）白州驠（州竅於見切）尾本白騴（尾株白也）尾白駺（音郎）馰顙白顛（戴星馬也）白達素縣（素鼻莖也俗所謂漫顱徹齒）面顙皆白惟駹（顙額）回毛在膺宜乘（樊光曰俗謂之宮府馬伯樂相馬法旋毛在腹下如乳者千里馬也）在肘後減陽在幹茀方（幹脅）在背闋廣（皆別旋毛所在之名）逆毛居馻（馬毛逆刺）騋（音來）北驪壯（馬七尺已為騋）玄駒褭驂（玄駒小馬別名褭驂耳或曰此即騕褭古之良馬）壯曰騭（今江東呼駁馬為騭）北曰騇（草馬名也）駵白駁黃白騜（詩云騜駁其馬）駵馬黃脊騝（琦連切）驪馬黃脊騽青驪駽（今之鐵驄）青驪驎驒（色有淺深斑駁隱驎今連錢驄也）青驪繁鬣騥驪白雜毛鴇（今之烏驄）黃白雜毛駓（今之桃花馬）陰白雜毛駰（陰淺黑今之泥驄也）蒼白雜毛騅彤白雜毛騢（彤赤也今之赭白馬）白馬黑鬣駱白馬黑脣駩（全七切）黑喙騧一目白瞯（音閑）二目白魚（似魚眼也）既差我馬宗廟齊毫（尚純也）戎事齊力田獵齊足

周易說卦曰乾為馬

又坤卦彖曰牝馬地類行地無疆



又說卦曰震其於馬也為善鳴為馵（音注）足為作足為的顙

又曰乾為良馬為老馬為瘠馬為駁馬

又屯卦曰六四乘馬般如匪寇婚媾往吉無不利

又下繫曰服牛乘馬引重致遠以利天下盖取諸隨

又曰坤元亨利牝馬之貞王弼文言注曰以龍敘乾以馬明坤隨事義而取象也

禮記月令曰孟春之月天子駕蒼龍孟夏之月天子駕赤駵孟秋之月天子駕白駱孟冬之月天子駕鐵驪

又學記曰始駕馬反之車在馬前

又內則曰馬黑脊而般臂漏（漏當為螻如螻蛄臭也）

又曰大夫士卒下公門式路馬乘路馬必朝服步路馬必中道蹙路馬芻有誅路馬死埋之以帷

詩國風卷耳曰陟彼崔嵬我馬虺隤

又曰陟彼高岡我馬玄黃（虺隤玄黃皆病）

又魯頌曰駉頌僖公也僖公能遵伯禽之法務農重穀牧于坰野而史克作是頌（史克魯人也）駉駉壯馬在坰之野（駉駉良馬也坰遠野也）薄言駉者有驈有皇有驪有黃以車彭彭（驪馬白跨曰驈黃白曰皇純黑曰驪黃騂曰黃彭彭有容力也）駉駉壯馬在坰之野薄言駉者有騅有駓有騂有騏以車伾伾（蒼白雜毛曰騅黃白雜毛曰駓赤黃曰騂蒼祺曰騏伾伾有力也）駉駉壯馬在坰之野薄言駉者有驒有駱有駵有雒以車繹繹（青驪驎曰驒白馬黑鬣曰駱赤身黑鬣曰駵黑身白鬣曰雒繹繹善走也）駉駉壯馬在坰之野薄言駉者有駰有騢有驔有魚以車祛祛（陰白雜毛曰駰彤白雜毛曰騢豪骭曰驔二目白曰魚祛祛彊健也）

又曰叔于田乘乘馬執轡如組兩驂如舞叔于田乘乘黃（四馬皆黃）兩服上襄兩驂鴈行

又白駒曰皎皎白駒食我場藿縶之維之以永今夕皎皎

白駒在彼空谷空大生芻一束其人如玉

左傳僖十五年曰秦晉戰于韓晉惠公乘小駟四鄭入也鄭獻小馬名慶鄭曰古者大事必乘其產生其水土而知其人心安其教訓而服習其道唯所納之無不如志今乘異產以從戎事及懼而變將與人易亂氣狡憤陰血周作張脈僨興外彊中乾進退不可周旋不能君必悔之弗聽及戰公戎馬旋濘而止公號慶鄭鄭曰愎諫違卜固敗是求遂去之

又曰晉侯伐齊齊師夜遁邢伯告中行伯曰有班馬之聲夜遁馬不相見故鳴班別也齊師其遁

又昭四年傳曰魯使椒舉如晉求諸侯晉侯欲勿許司馬侯曰不可公曰晉有三不殆其何敵之有國險而多馬齊楚多難有是三者何鄉而不濟對曰恃險與馬而虞鄰國



之難是三殆也四嶽三塗陽城大室荆山中南九州之險也是不一姓冀之北土馬之所生無興國焉恃險與馬不可以爲固也

又宣上曰宋人以文馬百駟以贖華元於鄭半入華元逃歸

又昭七年曰衛侯來獻其乘馬曰啓服啓服馬名塹而死墮塹死也公將爲之櫝爲作棺也子家曰從者病矣請以食之乃以帷裹之

又定三年曰唐成公如楚有兩肅爽馬子常欲之成公唐惠侯之後肅爽駿馬名弗與三年止之唐人或相與謀請代先從者許之飲先從者酒醉之竊馬而獻之子常子常歸唐侯自拘於司敗竊馬者自拘曰君以弄馬之故隱君身隱憂約也棄國家羣臣請相夫人以償馬必如之相助也夫人謂養馬者唐侯曰寡人之過也二三子無辱皆賞之

又定下曰衛公子地有白馬四公嬖向魋向魋欲之向魋司馬桓魋公取而朱其尾鬣以與之與桓魋也地怒使其徒扶魋而奪之魋懼將走公閉門而泣之目盡腫

穀梁傳僖公曰晉獻公將伐虢荀息請以屈產之乘垂棘之璧假道於虞公曰此晉寶也荀息曰是取中府藏外府取中廐藏外廐也後舉虞荀息牽馬操璧而前曰璧猶是馬齒長矣

周禮夏官下曰校人掌王馬之政政謂差擇養乘之數也月令日班馬政辨六馬之屬種馬一物戎馬一物齊馬一物道馬一物田馬一物駑馬一物種謂上善似母者以次差之玉路駕種馬戎路駕戎馬金路駕齊馬象路駕道馬田路駕田馬駑馬給宮中之役天子十有二閑馬六種邦國六閑馬四種家四閑馬二種降殺之差每廐爲一閑諸侯有齊馬道馬田馬大夫有田馬各一閑其駑馬則皆分



爲三馬凡馬特居四之一欲其乘之性相似也物同氣則心一鄭司農云四之一者三牝一牡春祭馬祖執駒馬祖天駟也孝經說云房爲龍馬鄭司農云執駒無令近母猶攻駒也二歲曰駒三歲曰駣玄謂執猶拘也春通淫之時駒弱血氣未定爲其乘匹傷也夏祭先牧頒馬攻特先牧始養馬者其人未聞夏通淫之後攻其特爲其蹄齧不可乘用鄭司農云攻特謂騬之秋祭馬社臧僕馬社始乘馬者世本作曰相士作乘馬鄭司農云臧僕謂簡練馭者令皆善也玄謂僕馭五路之僕冬祭馬步獻馬講馭夫馬步神爲災害馬者獻馬見成馬於王也馭夫馭貳車從車使車者也講猶簡習凡大祭祀朝覲會同毛馬而頒之毛馬齊其色也頒授當乘之飾幣馬執朴而從之鄭司農云校人主飾之也幣馬以馬遺人當幣馬者也聘禮曰馬則北面奠幣于其前士喪禮下篇曰薦馬纓三就入門北面交轡圉人夾牽之馭者執策立于馬後凡賓客受其幣馬賓客之幣馬來朝聘而享王者大喪飾遣車之馬及葬埋之言埋之則是馬塗車之芻靈田獵則師騶逆之師猶將也凡將事于四海山川則飾黃駒四海猶四方也王巡守過大山川則有殺駒以祈沈禮與王人職有宗祀以黃金勺前馬之禮凡國之使者共其幣馬使者所用私覿凡軍事物馬而頒之物色齊其力

又夏官下曰趣馬掌贊正良馬而齊其飲食簡其六節贊佐也佐正者謂校人臧僕講馭夫之時簡差也節猶量也差擇王馬以爲六等掌駕說之頒用馬之第次辨四時之居治之聽馭夫居謂牧房所處治謂執駒攻轉之屬亞馬掌養疾馬而乘治之相醫而樂攻馬疾受財于校人乘謂驅步以發其疾知所疾處乃治之相助也馬死則使其賈粥之入其布于校人布泉也鄭司農云賈謂其屬官小吏賈二人粥賣也

又曰廋人掌十有二閑之政教以阜馬佚特教駣攻駒及祭馬祖祭閑之先牧及執駒散馬耳圉馬九者皆有政教焉阜盛壯也詩云四牡孔阜杜子春云佚當爲逸鄭司農云馬三歲曰駣二歲曰駒散讀爲中散大夫之散謂聒馬耳毋令善驚也玄謂逸者用之不散甚勞安其血氣也教駣始乘習之也攻駒騬其蹄齧者閑之先牧先牧制閑者散馬耳以竹括狎其耳頭動搖則括中物後遂串習不復驚正校人員選校人謂師圉也正員選者選擇可備員者平之馬八尺以上爲龍七尺以上爲騋六尺以上爲馬大小異名爾雅曰騋牝驪牝玄駒褭驂鄭司農說以月令曰駕蒼龍



又曰圉師掌教圉人養馬春除蓐釁廄始牧夏庌馬冬獻馬射則充椹質茨牆則翦闔蓐馬茲也馬既出而除之新釁馬神之也春秋傳曰凡馬日中而出日中而入故字庌爲訝鄭司農云當爲庌玄謂庌廡也廡所以庇馬涼也充猶居也茨蓋也闔苫也椹質翦闔圉人所習也杜子春讀椹爲齊人言鈇椹之椹椹質所射者習射處圉人掌養馬芻牧之事以役圉師役者圉師使令焉凡賓客喪紀牽馬而入陳賓客之馬王所以賜之者詩云雖無予之路車乘馬喪紀之馬啓後所薦焉廞馬亦如之廞馬遣車之馬人擧之赤牽而入陳

又夏官上曰馬質掌質馬馬量三物一曰戎馬二曰田馬三曰駑馬皆有物賈此三馬買以給官府之使無種也鄭司農曰皆有物賈皆有物色及賈直綱惡馬鄭司農云綱讀爲以亢其讎之亢書亦或爲亢亢御也禁也禁去惡馬不畜也玄謂綱以縻索維綱狎習之凡受馬於有司者書其齒毛與其賈馬死則旬之內更旬之外入馬耳以其物更外其否鄭司農云更謂償也玄謂旬之內死者償以齒毛與賈受之日淺養之惡也旬之外死入馬耳償以毛色不以齒賈任之過其任也其外否旬之外踰二十日而死不任用用者罪非馬及行則以任齊其行識其所識輕重及道里齊其勞逸乃復用之若有馬訟則聽之訟謂賣買之言相負禁原蠶者原再也天文辰爲馬蠶書蠶爲龍精月直大火則浴其種是蠶與馬同氣物莫能兩大禁再蠶者爲傷馬與

論語曰齊景公有馬千駟死之日民無德而稱焉

又憲問曰驥不稱其力稱其德也驥古之善馬也德謂在五御之威儀

周書曰其西天子車立馬乘六青馬陰羽皂旌皂羽爲旌旌也周公旦主東青馬黑驪謂之毋兒周公主東則太公主西也東青馬則西白矣馬名未聞也

又曰義渠以茲白茲白若白馬倨牙食虎豹義渠西戎茲白一名駮也

韓詩外傳曰昔者田子方出見老馬於道喟然有志問於御者曰此何馬也御者曰公家畜也罷而不爲用故出放之田子方曰少盡其力老棄其身仁者不爲也束帛而贖之窮士聞之知所歸心焉



尚書大傳曰散宜生之犬戎氏取美馬駁身朱髦雞目者取九六焉陳於紂之庭紂出見之還而觀之曰此何人也散宜生遂趨而進曰吾西蕃之臣昌之使者

太公六韜曰商王拘周伯昌於姜里太公與散宜生金十鎰求天下珎物以免君之罪於是得犬戎氏文馬毫毛朱鬣目如黃金項如雞尾名雞斯之乘以獻商王

禮斗威儀曰君乘火而王其政頌平南海輸駮馬

春秋考異郵曰陰合於八八合陽九八九七十二二爲地地主月月精爲馬月數十二故馬十二月而生人乘以理天下王者駕馬故其字以爲王馬

春秋說題辭曰地精爲馬十二月而生應陰紀陽以合功故人駕馬任重致遠利天下月度疾故馬善走

淮南子曰八九七十二耦以乘奇奇主辰辰主月月主馬

馬十二月而生

孝經援神契曰德至山陵則澤出神馬

龍魚河圖曰白馬玄頭食之殺人下病食馬肉亦殺人無以賣馬錢娶婦

洞林曰郝鴻業來作卦身在申本命酉乘馬南行西北走逕趨木家化爲狗賴子救之不成咎鴻業丁酉生後八月中有急事借馬南出行數里馬炊驚更西北走向代地入李家遂落地馬因齧之主人出救得免不見傷也

尚書中候曰堯沉璧於河龍馬銜甲赤文綠色臨壇吐甲圖也鄭玄曰龍象馬也赤文而綠色

廣雅曰飛兔飛鴻騕褭娥鹿騊駼桃駼騏駼金喙馬屬也

方言曰馬食橐關西曰掩囊掩音鶴或曰掩兜或曰樓兜



字林曰馬驀方問切衆馬走也騠知勇切馬卧土中也韉音贈馬帶也鞍馬勒也鞍口貢切

太平御覽卷第八百九十三

太平御覽卷第八百九十四

獸部六

馬二

史記曰造父以善御幸於周穆王得驥騏溫驪驊騮緑耳之駟西巡守樂而忘歸

又曰楚莊王有愛馬衣以文繡置華屋之下啗以棗脯馬死欲以大夫禮葬之樂人優孟入殿門大哭曰請以人君之禮葬之以彫玉爲棺文梓爲槨豫章爲題湊發甲卒爲壙老弱負土諸侯聞之皆知大王賤人貴馬也王曰爲之柰何請爲王言六畜之葬以龍竈爲槨銅鐟音厤爲棺齎以薑桂薦以木蘭衣以火光葬人腹中王乃以馬屬太官

又曰巴蜀沃野西近邛笮有笮馬旄毛

又曰馬蹄躈千躈苦吊切牛千足此亦比千乘之家



又曰陸地牧馬二百蹄牛蹄角千皆與千戶侯等

又曰東胡使求冒頓千里馬冒頓問羣臣羣臣曰千里馬匈奴寶也勿與冒頓曰與人隣國柰何惜一馬遂以與也

又曰冒頓圍高祖於平城所騎西方盡白馬東方盡青龍北方盡烏驪南方盡騂馬

又曰郭隗謂燕昭王曰臣聞古人有以千金求市千里馬而不能得於是與涓人金請爲市之賫千金見之而絕域有千里馬已死乃用五百金市其首而還王怒曰安用死馬首乎徒費五百金涓人荅曰死馬首尚用五百金況生馬乎天下以王好馬馬必將至矣未朞年果有獻千里馬者三疋

又曰任安爲衛將軍舍人與田仁會俱爲舍人居門下心同相愛二人家貧無錢用以事將軍家家監使養惡齧馬兩疋同牀臥仁竊言曰不知人哉家監任安曰將軍尚不知人乃況家監也

又曰項王駿馬名騅常騎及被圍於垓下乃悲歌忼苦莽切慨苦跛切爲歌詩曰力拔山兮氣蓋世時不利兮騅不逝及至烏江謂亭長曰吾騎此馬五歲所當無敵嘗一日千里不忍殺以賜公

又曰大宛有善馬在貳師城匿不肯與漢使天子既好宛馬使壯士車令等持千金以請宛王貳師城善馬宛國饒漢物相與謀曰貳師馬宛寶馬也遂不肯與漢使漢使怒妄言推金而去宛貴人怒遮攻漢使取財物天子大怒拜李廣利爲貳師將軍發屬國騎及郡國惡少年數萬人以伐宛期至貳師城取善馬

漢書曰孝文皇帝時有獻千里馬者詔曰鸞旗在前屬車



在後吉行日五十里朕乘千里之馬獨先安之乃還馬

又曰鄭當時以任俠自喜孝景時爲太子舍人五日洗沐常置驛馬長安諸郊請謝賓客夜以繼日

又曰萬石君過宮門闕必下車趍見輅馬必式焉

又曰石建爲太僕奏事自下讀之驚恐曰書馬者與尾而五今乃四獲譴死矣又石慶爲太僕御出上問車中幾馬慶以策數馬畢曰六馬

又曰初天子發易書發易書以卜也以卜曰神馬當從西北來得烏孫馬好名曰天馬及得宛汗血馬益壯更名烏孫馬曰西極馬宛馬曰天馬

又曰武帝求賢詔曰馬或奔踶而致千里士有負俗之累而立功名夫泛駕之馬亦在御之而已

又曰元狩二年馬生余吾水中在朔方北元鼎四年馬生渥洼

水中作天馬之歌

又曰大宛國別邑七十餘城多善馬汗血言其先天馬子也（言大宛國高山其上有馬不可得因取五色馬母置其下與集生駒皆汗血因號曰天馬子也）

又天馬歌曰太一貺天馬千里下霑赤汗沫流赭（大宛馬汗血沾濡也）志俶儻精權奇籋浮雲（籋音躡言馬上浮雲也）晻（晻音奄）上馳體容與迣萬里（迣音逝迣超踰）今安匹龍為友

又歌曰天馬來從西極涉流沙九夷服天馬來曆無草徑千里循東道天馬來開遠門竦子身逝崐崘天馬來龍之媒（天馬龍之類馬來龍必至之媒也）遊閶闔觀玉臺

又曰孝武之世聞天馬蒲陶則通大宛安息自是之後明珠文甲通犀翠羽之珎盈於後宮龍文魚目汗血之馬（皆駿馬也）充於黃門



又曰烏孫國大昆彌治赤谷城山多松樠不田作種樹畜逐水草與匈奴同俗國多馬富人至四五千疋

又曰王褒聖主得賢臣頌曰及至駕齧膝驂乘旦王良執靶韓哀附輿縱馳騁騖忽如草靡過都越國蹶如歷塊追奔電逐遺風周流八極萬里一息何其遼哉人馬相得也

又曰御史大夫衛綰奏馬高五尺九寸以上齒未平（馬十歲齒下平）不得出關

又曰昌邑王賀召皇太后菓下馬乘之

後漢書曰光武時有獻名馬者日行千里又進寶劒價兼百金帝以馬駕鼓車劒賜騎士

又曰劉盆子既立乘軒車大馬赤屏泥（赤屏泥謂以緹油屏泥於軾前）絳襜絡

又曰更始既誅王莽乃北都洛陽申屠建李松自長安傳送乘輿服御又遣中黃門從官奉迎遷都二年二月更始自洛陽而西初發李松奉引馬驚奔觸北宮鐵柱門三馬皆死（續漢書曰禍也時更始失道將亡之徵）

又曰賈復持劉嘉書北渡河及光武於柏人因鄧禹得召見光武奇之禹亦稱有將帥節於是署復破虜將軍督盜賊復馬羸光武解左驂以賜之

又曰馬援於交阯得駱越銅鼓乃鑄為馬式還表上之曰夫行天莫若龍行地莫若馬馬者兵甲之本國之大用安寧則以別尊卑之序有變則以濟遠近之難昔有騏驥一日千里伯樂見之昭然不惑近世有西河子輿亦明相法子輿傳西河儀長孺長孺傳茂陵丁君都君都傳成紀楊子阿臣援嘗師事子阿受相馬骨法考之行事輙有效驗臣愚以為傳聞不如親見視影不如察形今欲形之於生馬則骨法難備又不可得傳之於後孝武皇帝時善相馬



者東門京鑄作銅馬法獻之詔立於魯班門外更名魯班門曰金馬門臣謹備數家骨相以為法馬高三尺五寸圍四尺五寸詔置於宣德殿下以名為馬式焉

又曰卓茂為丞相府史嘗出行有人認其馬茂問曰子亡馬幾何時對曰月餘日矣茂有馬數年心知其謬嘿解與之挽車而去顧曰若非公馬幸至丞相府歸我他日馬主別得亡者乃詣府送馬叩頭謝之茂性不爭如此

又曰或問第五倫曰公有私乎對曰昔人有與吾千里馬者吾雖不受每三公有所選舉心不能忘而亦終不用也

又曰光和元年京師馬生人（京房易傳曰諸侯相伐厥妖馬生人）

又洪範五行傳云秦孝公二十一年傳有馬生人非其類也必有非姓者其後始皇蓋呂不韋子終以絕嗣此非姓

也
又曰光和四年春正月初置騄驥廐丞領受郡國調馬騄驥
善馬也調謂徵發也豪右辜榷馬一疋至二百萬前書音義曰辜障榷專也謂障餘人
賣買而自取其利
又曰明帝賜東平王蒼陰太后器服及遺宛馬一疋血從
前髆上小孔中出嘗聞武帝歌天馬霑赤汗今親見其然
也
又曰明德馬后過濯龍門上見外家門起居者車如流水
馬如游龍倉頭衣綠褠褠臂衣今之臂韝以縛左右手於事便也顧視御者
不及遠矣
謝承後漢書曰朱震字伯厚性剛烈初爲從事奏濟陰太
守單匡贓罪并連匡兄中常侍車騎將軍超三府嗟曰車
如雞栖馬如狗疾惡如風朱伯厚



續漢書曰張奐字然明爲安定屬國都尉羌離湳奴感切上
奐馬二十疋大豪嘗以金渠八枚遺奐奐召主簿張祁入
於羌前以酒酹地曰使馬如羊不得以入廐使金如粟不
得以入懷盡還不受
東觀漢記曰張湛爲光祿勳帝臨朝或有惰容湛輒諫其
失常乘白馬上每見湛輒言白馬生復諫矣事具職官部光祿篇
又曰吳漢兵守成都公孫述將延岑遣奇兵出吳漢兵後
襲擊破漢漢墮水緣馬尾得出
又曰杜林字伯山與馬援鄉里素相親厚援從南方還時
林馬適死援令子持馬一疋遺林曰朋友有車馬之饋可
具以備乏林受之居數月林遣子奉書曰將軍內施九族
外有賓客望恩者多林父子兩人食列卿祿常有盈今送
錢五萬援受之謂子曰人當以此爲法是伯山所以勝我

也
又曰上始欲征匈奴與竇固等議出兵調度皆以爲塞外
草美可不須馬穀其各以固等將兵到燉煌當出塞上請
馬穀上以固言前後相違怒不與穀皆言案軍出塞無穀
馬故事馬防言宣帝時五將出征匈奴候騎得漢馬矢見其
中有粟知漢兵出以故引去以是言之馬當與穀上善其
用意微動勑下調馬穀防遂見親近
又曰明德后詔書流布咸稱至德王主諸戚莫敢犯禁廣
平鉅鹿樂成王入問起居車騎鞌勒皆純黑無金銀采飾
馬不踰六即賜錢五百萬
又曰桓典爲御史是時宦官秉權典執政無所迴避常乘
驄馬京師畏憚爲之語曰行行且止避驄馬御史
獻帝春秋曰曹操與呂布軍戰敗布得操騎而不知是問



曰曹使君何在答曰騎黃馬者是也因得免
魏志曰穢國出菓下馬漢時恒獻之馬高三尺乘於菓樹下行
又曰龐悳討關羽親與羽交戰射羽中額時悳常乘白馬
羽軍謂之白馬將軍
又曰陳思王表文帝曰臣於武皇帝世得大宛紫騂馬一
疋形法應圖善持頭尾教令習拜今已能拜又能行與鼓
節相應謹以奉獻
又曰文帝與孫權書曰前使于禁及王昕去時所道騶吾
鐵驪馬本欲使禁自致之念將軍儻欲速得今故先以付
往此二馬朕常所自乘其調良善走數萬疋選之眞可樂
也中國雖饒馬其知名絕足亦時有耳
又曰朱建平善相馬文帝將出取馬建平道遇之語人曰
此馬之相今日死矣帝將乘馬馬惡衣香囓帝膝帝大怒

即殺之

魏書曰曹公所乘馬名絶影爲矢所中傷頰及足

吳書曰孫堅於西華失利堅被瘡墮馬卧草中軍衆分散不知堅所在堅所騎驄馬馳還營踣地鳴呼將士隨馬於草中得堅

又曰諸葛恪爲將蜀使至上謂使曰元遜爲將軍君還蜀可報丞相爲致佳馬恪起陳謝上曰卿未得馬何爲謝對曰夫蜀陛下外厩陛下有詔臣必得之是以謝也

吳志曰魏使以馬求易珠璣翡翠瑇瑁孫權曰此皆孤所不用而可以得馬何苦而不聽與交易

九州春秋曰初呂布騎將侯成遣客牧馬十五疋客悉驅馬去向沛城欲歸劉備成自將騎逐之悉得馬還諸將合禮賀成成釀五六斛酒獵得十餘頭猪未飲食先持半猪五斗酒自入詣布前跪言蒙將軍恩遂得所失馬



江表傳曰孫策性好獵將步騎數百策驅馳逐鹿所乘馬精駿從騎絶不能及

又曰孫權征合肥駿馬上津橋橋南已撤丈餘無板谷吉利在馬後使權持鞍緩鞚利於後着鞭以助馬勢遂得超渡

太平御覽卷第八百九十四

獸部七　　馬三

晉書曰王濟善解馬性甞乘一馬著連乾鄣泥前有水終不肯渡濟云此必是惜鄣泥使人解去便渡故杜預謂濟有馬癖

又曰王師敗於湯陰嵇紹被害初紹之行也侍中秦准謂曰今日向難卿有佳馬否紹正色曰大駕親征以正伐邪理必有征無戰若使乘輿失守臣節有在駿馬何為聞者莫不歎息

載記曰慕容廆有駿馬曰赭白有奇相逸力石季龍之伐棘城也皝將出避難欲乘之馬悲鳴蹹齧人莫能近皝曰此馬見異先朝孤常仗之濟難今不欲者盖先君之意乎



乃止季龍尋退皝益奇之至是四十九歲矣而駿逸不虧儁比之於鮑氏驄命鑄銅以為其象親為銘讃鐫其旁置之薊城東掖門是歲象成而馬死

又曰符堅遣使西域稱楊堅之盛德并以繒綵賜諸國王於是朝獻者十有餘國大宛獻天馬千里駒皆汗血朱鬣五色鳳膺麟身及諸珍異五百餘種堅曰吾思漢文之返千里馬咨嗟美詠今獻馬其悉返之庶剋念前王髣髴古人矣乃命羣臣作止馬詩而遣之示無欲也

又曰武昭王暠字玄盛少而好學性沉敏寬和美器度通涉經史尤善文義及長頗習武藝誦孫吳兵法甞與呂光太史令郭麐及其同母弟宋繇同宿麐起謂繇曰君當位極人臣李君有國土之分家有騧草馬生白額駒此其時也呂光末京兆段業自稱凉州牧以燉煌太守趙郡孟敏為沙州刺史署玄盛效穀令敏尋卒燉煌護軍馮翊郭謙沙州治中燉煌索仙等以玄盛溫毅有惠政推為寧朔將軍燉煌太守玄盛初難之會宋繇仕於業告歸燉煌言於玄盛曰兄忘郭麐之言耶白額駒今已生矣玄盛乃從之

又曰庾亮所乘馬的顱帮浩以為不利勸賣之亮曰曷有已之不安移於人乎○晉中興書曰恭帝之為琅邪王好奇戲閉一疋馬於門內令人射之欲觀幾箭而死左右曰馬國姓而射之不祥甚矣乃止俄而桓玄簒位

續安帝紀曰司馬休之奔廣固慕容超有欲害心而休之不知休之常以所乘騅馬於牀前養飼忽連鳴不食注目視鞍休之試被之即不動也訖還牀坐馬又驚跳因試騎視馬即驟出裁至門外奔而馳之走行數里休之顧望所往已有寇至乘以南奔殆而獲免後還荆州加騅馬揚武之



號○王隱晉書曰馬隆子咸為成都王前鋒長沙王所統冠軍司馬王湖率衆討咸於馬市咸堅不動湖乃使數十騎下馬縛戟於鞍而令向咸又使數十騎各刺所放馬馬驚奔咸軍軍壞湖因馳逐猛戰臨陣斬咸

于寶晉紀曰桓範出赴曹爽宣王謂蔣濟曰智囊往矣濟曰智則智矣駑馬戀棧豆爽必不能用也

鄧粲晉紀曰王湛有隱兄弟宗族皆以為癡居墓次不交當世兄子濟性好馬所乘駿快意甚愛之湛曰此馬雖快力薄不堪苦近見督郵馬當勝此濟然之取督郵馬穀食十數日與湛試之湛未甞乘馬卒然便騎馳驟步驟不異於濟而馬不相勝湛曰直行平路何以別馬唯當於蟻封於是就蟻封盤馬濟馬果倒躓濟乃服

崔鴻十六國春秋曰驍騎將軍呂光封西域平上疏曰唯

龜茲據三十六國之中制彼王侯之命入其國城天驥龍麟腰馬衣丹騷萬計盈廄雖伯益更生衛賜復出不能辨也

又曰太上四年高麗使至獻美女十人千里馬一疋兗州民王蒲率衆二千來降獻千里馬一疋羊驢去地九寸拜蒲長水校尉廩丘公

宋書曰宋大明五年吐谷渾拾寅遣使獻舞馬

沈約宋書曰鮮卑二子長曰吐谷渾少曰若洛廆若洛廆別爲渾庶長廆正嫡父在特分七百戶與渾渾與廆二部俱牧馬馬鬭相傷廆怒讓渾曰鬭在馬而怒及人耶乖別甚易今當去汝萬里於是擁馬西行廆悔悟深自咎責遣舊父老及長吏乙那樓追渾令還渾曰我是卑庶理無並大今以馬致別殆天所啓諸君試擁馬令東馬若還東我當相隨去即使二千騎共遮馬令迴馬迴不盈三百步𩕳然悲鳴西走聲若頹山如是者十餘迴一迴一遠樓跪曰可汗此非復人事



又曰劉瑀爲右衛將軍年位本在何偃前孝武初偃爲吏部尚書瑀圖侍中不得與偃同從郊祀時偃乘在前瑀策駟居後相去數十步瑀躡(從合切)馬及之謂偃曰君轡何疾偃曰牛駿馭精所以疾耳偃曰君馬何遲曰騏驥羅於羈絆所以居後偃曰何不着鞭使致千里荅曰一蹷造青雲何至與駑馬爭路

蕭子顯齊書曰楊王夫殺宋蒼梧王將首與王敬則敬則送太祖太祖夜乘常所騎赤馬入殿及踐祚號此馬爲龍驤將軍

後魏書曰高肇字道文文昭王太后之兄也大舉征蜀以肇爲大將軍都督諸軍面辭世宗於東堂親奉規略是日肇所乘駿馬停於神虎門外無故驚(倒又轉卧)倒渠中鞍具瓦解衆咸怪異肇甚出見而惡焉世宗崩肇還高陽王與領軍于忠遣壯士殺之

後周書曰于謹嘗率騎追茹茹前後十七戰盡降其衆嘗爲賊所圍謹乘駿馬一紫一騧賊所先識乃使二人各乘馬突陣而出賊以爲謹也皆爭逐之謹乃入塞

三國典略曰西魏孝武將爲齊太祖所殺孝武索所乘波斯騮馬命太宰南陽王躍之將舉其鞍馬蹶而死帝惡之曰晏還宮至後門馬驚不前捶之鞭折入謂潘弥曰今日幸無他不弥曰過夜半則大吉須臾帝飲酒遇鴆而崩時年二十五謚曰孝武殯於草堂佛寺十餘年乃葬

又曰高歡歸尒朱榮劉貴事榮盛言歡美榮未之奇也歡更衣服重求見焉因隨榮之廄廄有害馬榮命翦之歡不絆翦竟不蹄齧已而起曰凡御惡人亦如此矣榮遂坐歡於牀下屏左右而訪時事歡曰聞公有馬十二各色別爲羣將此竟何用也榮曰且言爾意歡曰方今天子愚弱太后淫亂四方雲擾朝政不行以明公雄武乘時奮發但將討鄭儼徐紇爲辭舉鞭足以定天下此是賀六渾意榮大悅曰尒意即我意也自是每參軍謀



又曰齊盧潛與特進慕容儼善儼之將死謂其子曰盧尚書教我爲人我死之後將吾騂馬與之其子遂以他馬與潛儼喪出得停不肯進巫祝爲儼聲曰何意不與盧尚書騂馬其子遵命儼喪乃行

又曰齊馮子琮被執於省內以弓弦絞殺之使內參以庫車載其尸歸人無知者子琮所乘之馬曳韁走以頭扣車狀如號哭見者異之車至其門諸子方握槊聞庫車來以

為賜也大喜開視乃哭
又曰齊主北伐太保領太僕安定王賀拔仁進馬並非駿
足齊王讓之仁對曰御馬超逸羣下不逮齊主大怒免為
庶人命之負炭輸於晉陽
又曰周裴果字戎昭魏齊州刺史遵之子也從軍征討乘
黃驄馬衣青袍每先登陷陳時人號為黃驄年少
又曰周賀若敦與陳侯瑱相拒敦軍數有叛人乘馬投瑱
者輒納之乃別取一馬牽以赴船中人逆以鞭之如是者
再三馬便畏船不上後伏兵於岸乃遣人乘以招瑱瑱兵
迎接競來牽馬敦發伏兵掩之盡殪後有亡命者猶謂為
詐不復納也
又曰梁普通中童謠言或云青絲白馬者侯景乃常乘白
馬以青絲為勒用應謠言



陳書曰初有童謠曰黃班青驄馬發自壽陽涘來時冬氣
末去日春風始其後陳主果為韓擒所敗擒本名擒虎黃
班之謂也破建康之始復乘青驄馬往反時節皆相應
隋書曰吐火羅國有山穴中出神馬每歲牧北馬於穴所
產必名駒
又曰吐谷渾有青海周迴千餘里中有小山其俗至冬輒
放北馬於其上言得龍種嘗得波斯草馬放入海因生驄
駒日行千里故時稱青海驄焉
又曰長孫晟從晉王破突厥王大喜引晟入內同宴極歡
有突厥達官來預坐說言突厥之內大畏長孫總管聞其
弓聲謂為霹靂見其走馬稱為閃電王笑曰將軍震怒威
行域外遂與雷霆為比一何壯哉
唐書曰貞觀十三年三月乙巳吉辰廄產白馬朱鬣

又曰貞觀中骨利幹遣使朝貢太宗遣雲麾將軍康蘇密
往慰撫之仍列其地為玄闕州俄又遣使隨蘇密使入朝
獻良馬十疋太宗奇其駿異為之制名號為十驥一曰騰
霜白二曰皎雪驄三曰凝露驄四曰懸光驄五曰決波騟
六曰飛霞驃七曰發電赤八曰流金騧九曰翔麟紫十曰
奔紅赤又為文以敘其事
又曰永徽中吐谷渾河源郡王慕容諾曷鉢遣使獻駿馬
上問其馬之種性對曰臣國中之冣者所以獻之上曰良
馬人之所欲豈可輟彼不足而加我之有餘哉乃命還之
又曰永徽中駮馬國遣使朝貢其地在突厥之北漸近北
海去京師一萬四千里户十萬勝兵三萬人馬三十萬疋
馬色並駮故以為名
又曰開元十二年太原獻異馬駒其耳如筒左右各一十



六肋肉尾無毛
又曰天寶中隴右節度皇甫惟明奏龍支縣人庫狄孝義
有馬生龍駒經九旬有九日身有鱗而不生毛臣就撿視
時有慶雲五色遥覆馬上久而不散伏望宣付史官以光
實録從之
又曰吐火羅國有頗梨山南崖穴中有神馬國人每牧牝
馬於其側時產名駒皆汗血馬
又曰李懷遠雖久居榮位而弘尚簡率其園宅無所改作
嘗乘款段馬左僕射豆盧欽望謂曰公榮貴如此何不買
駿乘荅曰此馬幸免驚蹶無假別求聞者莫不歎美
周史曰徐台符仕晉為翰林學士中書舍人契丹之陷中
原也台符從虜帳北至於薊門及戎人內潰乃竄身南歸
初台符所乘馬好嘶鳴及自虜中迴常露宿於草中雖胡

騎連摮絙其左右而台符馬若掐其口然及行至漢地即
嘶鳴如故時人以爲積善之所感也

太平御覽卷第八百九十五

太平御覽卷第八百九十六

獸部八

馬四

戰國策曰汗明見春申君曰夫驥之齒至矣服鹽車而上太行漉汁灑地白汗交流中坂遷延負轅不能上伯樂遭之下車攀而哭之解紵衣而冪之驥於是俯而噴仰而鳴聲造於天欣見伯樂之知己也

漢書音義曰騕褭者神馬也赤喙黑身

穆天子傳曰天子命駕八駿之乘右服華騮而左綠耳右驂赤驥而左白義天子主車造父為御次車之乘右服渠黃而左踰輪右驂盜驪而左山子伯天子主車參百為御奔戎為右天子乃遂東南翔行馳驅千里至于巨蒐巨蒐之人用其牛馬之湩以洗天子之足(湩乳音東)



又曰祝沉牛馬豕羊河宗命乎皇天子(加皇者尊之)天子受命南面再拜柏夭既致河典乃乘黃之乘為天子先(所乘馬盡黃色)

又曰天子北征舍于珠澤(此澤出珠因名之也)以釣于㳅水因獻食馬三百(可以供廚膳者)牛羊二千(爲先驅也)以極西土

又曰辛丑天子渴于沙衍(沙中無水泉)求飲未至七萃之士曰高奔戎刺其左驂之頸取其清血以飲天子

又曰天子東游于黃澤宿于曲洛(洛水迴曲)文曰黃之池其馬歕沙(歕音普悶切)皇人威儀黃之澤其馬歕王皇人壽穀

郭璞注穆天子傳曰竹書曰北唐之君來見以一驪馬是生綠耳魏時西卑獻千里馬白色而兩耳黃名之為黃耳

山海經曰滑水中多水馬如馬而文臂(臂前腳)牛尾其音如呼

又曰天帝之山有草焉狀如葵臭如蘪蕪名曰杜衡可以走馬(帶香草令便馬或曰馬得之健走也)

又曰犬戎之國有文馬縞身朱鬣(縞槁素也犬傳云敺身朱鬣)目若黃金名曰吉量(或作良)乘之壽千歲

又曰夸父山北有林名桃林廣圓三百里其中多馬(桃林今弘農湖縣南北名饒野馬)

又曰大樂之野夏后啓於此舞九代馬(九代馬名也)

莊子曰馬蹄可以踐霜雪毛可以禦風寒齕草飲水翹足而陸此馬之真性也雖有儀臺路寢無所用之及至伯樂曰我善治馬燒之剔之刻之駱之連之以羈絆編之以皁棧馬之死者十二三矣飢之渴之馳之驟之整之齊之前有橛飾之患後有鞭策之威而馬之死者已過半矣

又徐無鬼曰吾相馬直者中繩曲者中鉤方者中矩圓者中規是國馬也而未若天下馬也天下馬有成材若卹若洪若喪若一若是者超軼絕塵不知其所



老子曰天下有道却走馬以糞天下無道戎馬生於郊

列子曰秦穆公謂伯樂曰子之年長矣子姓有可使求馬乎伯樂對曰良馬可以形容筋骨相也天下之馬者若滅若沒若亡若失臣之子皆下才也臣有所與九方皋其於馬非臣之比也穆公之見使行求馬三月而反報曰已得之在沙丘穆公曰何馬對曰馬牝而黃使人往取之牡而驪公不悅召伯樂曰敗矣子之所使求馬者色物牝牡弗能知又何馬之能知也伯樂曰若皐之所觀天機也得其精忘其麤在其內而忘其外馬至果天下之馬也(淮南子曰九方堙餘同)

晏子春秋曰景公遊於紀得金壺發而視之有丹書曰勿食反魚無乘駑馬晏子曰食魚無反無盡民力也不乘駑

馬無致不肖於側也公曰紀有此書何以亡晏子曰紀有此書藏之於壺不亡焉待

又曰景公使人養所愛馬馬病死公怒令人殺養馬者晏子請數之曰介有三罪使汝養馬殺之一當死也又殺公所取善馬二當死也使公以一馬之故而殺人百姓必怨叛諸侯輕伐吾國三當死也公喟然曰赦之

家語曰孔子相魯齊人患其霸也欲敗其正名乃選女子八十人衣以文衣而舞容璣(容璣舞曲)及文馬四十駟以遺魯君陳女樂列文馬于魯城南高門外季桓子微服往觀之再三將受焉魯君爲周道遊觀觀之終日怠於政事子路言於孔子孔子遂行

又曰魯定公問於顔回曰子亦聞東野畢之善御乎對曰善則善矣雖然其馬將必佚定公色不悦顧謂左右曰君子故有誣人耶顔回退後三日校來報之曰東野畢之馬佚兩驂曳兩服入于廐公聞之越席而起促駕召顔回(顔回)至公曰前日寡人問吾子以東野畢之善御而子曰美矣其馬將佚不識吾子奚以知之對曰以政知之昔者帝舜巧於使民而造父巧於使馬舜不窮其民而造父不窮其馬故舜無佚民而造父無佚馬今東野畢之御也升馬執轡銜體正矣(馬宜爲車)步驟馳騁朝禮畢矣(馬步驟馳騁盡朝礼之儀)歷險致遠馬力盡矣然而其心猶乃求馬不已臣以此知之也公曰善哉誠若子之言也

春秋後語曰蘇代欲見齊王齊王怨蘇秦欲困蘇代不肯見代代乃說淳于髡曰人有賣駿馬欲賣之比三旦立於市人莫知之往見伯樂曰臣有駿馬欲賣之比三旦立於市人莫與言願子還而視之去而顧之臣請獻一朝之價伯樂乃如其言一旦而馬價十倍今臣欲以駿馬見於王莫爲臣先後(先後導引也)足下有意爲臣伯樂乎請獻白璧一雙黃金十溢以爲馬食(不斥言人欲云爲馬之芻䓴)淳于髡曰謹聞命矣入言之於王而見之王果善蘇代矣

又曰初孫臏與龐涓俱學兵法涓既事魏惠王將自以爲能不及孫臏乃陰使人召孫臏孫臏至以法刑之斷其兩足後齊使以爲奇竊載與之歸田忌喜而客待之田忌數與齊諸公子馳逐重射(馳馬爭先射重輸爲勝也)孫臏見其馬足不甚相遠有上中下輩於是臏謂田忌曰君弟重射(弟但也亦且也司馬長卿弟如臨卬是也)我能令君勝田忌信然之與王及諸公子逐射千金臨質孫臏曰取君之下駟與彼上駟取君之上駟與彼中駟取君之中駟與彼下駟既三輩畢而田忌一不勝而再勝忌得千金於是田忌進孫臏威王王問兵法而師之

韓子曰昔紂爲甲百萬左飲馬於淇右飲馬於洹洹水竭淇水不流武王甲卒三千破而王之

又曰鈆陵卓子乘蒼龍排父之乘鉤飭在前錯綴在後馬欲進則鉤飭禁之退則錯綴貫之造父見而泣曰猶人處急世而不知所由也或云乘瞿父之乘

又曰桓公伐孤竹春往冬還迷惑失道管仲曰老馬之智可用乃放老馬而隨之遂得道

又曰如耳說衛嗣君嗣君悦之左右曰公何爲不相也公曰夫馬似鹿者而千金有千金之馬無一金之鹿者何也馬爲人用而鹿不爲人用今如子雖辯者亦不爲寡人用吾是以不相也

又曰伯樂教其憎者相千里馬教其愛者相駑馬以千里馬世一有其利少駑馬多其利多也

孫卿子曰伯樂不可欺以馬君子不可欺以人
又曰驊騮騏驥纖離綠耳古之良馬也
又曰君子善其言而類焉者應矣故馬鳴而馬應之非知也其勢然也
又曰驥一日而千里駑馬十駕則亦及之矣
伯樂相馬經曰馬生下墮地無毛行千里尿舉一脚行五百里闌筋竪者千里馬膝如團麴千里三軍莫逐但知所發不知所宿也
又曰江淮津督徐成字子長兄弟蒙寵於府君治馬方以報千金不傳號淮津方尋陽丞陽朱君方最良豫州從事沛國蕭跣方最良也
又曰馬相歲上下齒二十四歲齒黃三十三歲齒白口中欲紅色如日月光者行千里汗溝欲深脊欲如伏龜兩邊



有迴毛曰騰蛇殺主口邊有迴毛曰銜禍妨主口中有黑者爲銜馬短壽
又曰素下去飛蚉四寸行千里驟而不起骨勞起而不振皮勞振而不噴氣勞耳欲小而促也食有三芻飲有三時也白額入口名曰榆寫一名的盧奴乘客死主乘弃市迴毛在目下名曰承淚不利人也
又曰馬頭爲王欲得方目爲丞相欲得明脊爲將軍欲得強腹爲城郭欲得張（一曰脅爲城郭）四下爲令欲得長（一曰膝下爲令一曰四下）眼欲得高巨（一曰欲其端正）眼睛欲如懸鈴紫豔光明下卧蚕懸蠶欲得成鼻孔欲得大鼻頭有王火字（一曰鼻欲得橫蕭鼻上文如王火欲得明）口中欲得赤膝骨圓而張耳欲相近而竪小而厚瘫一寸三百里三寸千里伏龍骨欲得成頸欲得長雙扶欲得大而突蹄欲得厚腹下欲得平有八字馬頭欲得高而成尾骨高而垂也九相馬之法先觀三羸五駑乃相其餘大頭小頸一羸也弱脊大腹二羸也小脛大蹄三羸也謂五駑者大頭緩耳一駑也長頸不折二駑也短上長下三駑也大骼短脅四駑也淺寬薄脾五駑也
馬援銅馬相法曰水火欲明（水火在鼻兩孔間）上唇欲急而方口中欲紅而有光此馬千里頷下欲深下唇欲緩牙欲去齒一寸則四百里牙劍鋒則千里目欲滿而澤腸欲充膁小肋欲長懸薄欲厚而緩（懸薄服也）腹下欲平滿汗溝欲深長而膝本欲起肘腋欲開膝欲方蹄欲厚三寸堅如石鬐欲戴中骨高三寸（鬐中骨也）頰欲開而膺下欲廣一尺以上能久走鞅欲方（頸前）肖欲直而出（髀骨前向）皃間欲開望視之如雙鳧
楚辭曰却騏驥而不乘兮策駑駘而取路當世無騏驥兮誠莫之能善御見執轡者非其人兮故駒跳而遠去



符瑞圖曰王者貴人而賤馬則白馬朱鬣集又玄車馬有節則見騰黃騰黃者神馬也其色黃一名乘黃亦曰飛黃或曰吉黃或曰翠黃一名紫黃其狀如狐背上有兩角出白氏之國乘之壽三千歲（黃帝乘之）
孫氏瑞應圖曰玉馬者王者清明尊賢則至
又曰乘黃王者輿服有度則出騕褭者神馬也與飛兎同以明君有德也
又曰飛兎者日行三萬里禹治水土勤勞歷年救民之害天應其德則至駃蹄者后土之獸也自能言語王者仁孝於民則出禹治水有功而來
又曰龍馬者仁馬河水之精也高八尺五寸長頸骼上有翼旁乘毛鳴聲九音有明王則見
呂氏春秋曰秦繆公車敗失左驂自往求焉見野人殺將

食之繆公笑曰食駿馬肉而不飲酒余恐其傷性也遍飲
之而去
又曰伯樂學相馬所見無非馬者
又曰古相馬者有寒風能相口齒麻朝能相頰女厲能相
口管青能相脣吻陳悲能相股腳秦牙能相前贊君能相
後並知其一也
又曰今有千里之馬於此非得良工猶若弗取（良工相驥之工）良
工之與馬也相得然後成譬之若枹之與鼓夫士亦有千
里高節死義此士之千里也能使士行千里者其唯賢者
乎
又曰凡爲善難任善易奚以知之今與驥俱走則人不勝
驥矣居於車上而任驥則驥不勝人矣
又曰良劍期乎斷不期乎莫耶（莫耶良劍也取其能斷無取於名也故曰不期莫耶）



良馬期乎千里不期乎驥驁（驥千里馬名也王有乘遊驁因曰驥驁也）
又曰宋人有取道者其馬不進剄而投之灘水（剄殺投棄）又復
取道其馬不進又剄而投之灘水如此者三雖造父之所
以威馬不過此矣不得造父之道而徒得其威無益於御
人主之不肖有似於此不得其道而徒多其威威逾不用
又曰飢馬盈廄嗼然未見芻也飢狗盈宮嗼然未見骨也
見骨與芻動則不可禁（動備爭也）亂世之民嗼然未見賢者也
見賢人則往不可止
又曰得十良馬不若得一伯樂得地千里不若得一聖人
又曰小方大方之類也小馬大馬之類也小知非大知之
類也
又曰青龍之疋遺風之乘也（高誘曰皆馬名疾若遺風也）非先爲天子
不可得而具（具備具也）

燕丹子曰太子有千里馬荊軻謂太子曰千里馬肝美太
子即進肝
又曰丹質於秦秦王遇之無禮欲求歸秦王曰烏頭白馬
生角乃許尔歸丹仰天而歎烏即頭白馬即生角秦王乃
放歸
淮南子曰聖人之治猶造父之御也和輯乎銜轡之際而
緩急於脣吻之和正度乎胷臆之中而執節於掌握之間
內得於中心而外合於馬志故能取道致遠而氣力有餘
誠得其術也是故執權者人主之車輿也大臣者人主之
四馬也體離車輿之安而手失四馬之心而能無危者古
今未之見也
又曰天下有道飛黃服皁（又曰黃帝時飛黃服皁也皁與皂同）
又曰王良造父之御也上車攝轡投足調均勞佚若一世



皆以爲工然而未甚貴也若夫鉗且大丙之御也（鉗且大丙太一之御）
徐轡銜去鞭鞅車莫動而自舉也馬莫使而自走也日
行月動星耀而玄運電奔而鬼騰過歸鴈於碣石軼鶤雞
於姑餘（姑餘在吳也）非思慮之察手爪之巧也嗜欲形於胷中
精神喻於六馬以此弗御之御者也
又曰子騂騮騄耳一日千里摶兔不如狼契也
又曰戎翟之馬皆可以馳驅或近或遠唯造父能盡其力
三苗之民皆可使忠信或賢或不肖唯唐虞能齊其美
又曰馬齒非牛蹄檀根非椅枝故見其一本而萬物知（猶知別也）
又曰季秋之月乃殺於田獵以習五戎命僕及七騶咸駕
載旗
又曰易道良馬使人欲馳飲酒而樂（使人欲歌）是而行之固謂

之斷非而行之必謂之亂(斷猶治也)
又曰夫馬之為草駒之時跳躍揚蹄翹尾而走人不能制
齕咋足以嗜肌碎骨蹶蹄足以破盧陷匈(嗜窣也)及至圉人
擾之良御教之掩以衡扼連以轡銜則雖歷險超塹弗敢
辭也故其馬之不可化其可駕御教之所為也馬聾蟲(聾蟲
無知也)而可以通氣志猶待教而成又況人乎
又曰夫待騕褭飛兔而駕之則世莫乘車矣(騕褭飛兔皆行萬里其術
若飛因日飛菟也)待西施落纂而為妃則終身不蒙矣
又曰日之行也不見其移也騏驥背日而馳草木為靡懸
峰未薄而日在其前矣(懸峰馬蹄下難舌也)
又曰馬免人於難者其死也葬之以帷牛有德於人者其
死也葬之以大車之麃牛馬有功猶不可忘又況人乎
淮南萬畢術曰馬毛犬尾親友自絕(取馬毛犬尾置朋友若夫婦衣中自相憎也)



說苑曰晉平公出田見乳虎乳虎伏而不動平公還謂師
曠曰聞之霸王之君(出獵)猛獸伏而不敢起今者寡人出乳
虎伏而不動此猛獸乎師曠對曰鵲食猬猬食鵕鸃鵕鸃
食駮駮食虎夫駮之狀有似駮馬今者吾君必驂駮馬以
出乎平公曰然
又曰北塞上之人其馬亡入胡中人皆弔之其父曰此何
詎知不為福居數月其馬將胡駿馬而歸人皆賀之其父
曰此何詎知不為禍家富馬良其子好騎墮而折髀人皆
弔之其父曰此何詎知不為福居一年胡夷大出丁壯者
皆控弦而戰　塞上之人死者十九(十人戰九人死)此子獨以跛
故子父相保
地鏡圖曰銅器之精見為馬
孔叢子曰衛公子友饋四乘馬於子思曰不以此求交於先
生父降鄙士為賈至之饋耳
又曰公孫龍以白馬為非馬或曰此辯而毀大道子高適
趙謂龍曰願受業久不敢先者以白馬為非馬耳誠能去
之則為弟子龍曰若使去之無以教矣
涼州記曰呂光麟嘉五年疏勒王獻火浣布善舞馬

太平御覽卷第八百九十六

太平御覽卷第八百九十七　獸部九

馬五

古今注曰秦始皇有七名馬一曰追風二曰逐兎三曰躡影四曰追電五曰飛翮六曰銅雀七曰晨鳧○崔豹古今注曰曹真有駃馬名為驚帆言其馳驟如烈風之舉帆也

風俗通曰馬一疋俗說馬比君子與人相疋或曰馬夜行目明照前四丈故曰一疋或說度馬從橫適得一疋或說馬死賣得一疋帛或云春秋左氏說諸侯相贈乘馬束帛束帛為疋與馬之相匹耳○又曰疲馬不能度繩俗說馬之疲羸不能復度繩索言其極也或云不能度畦塍也謹按齊有繩水裁三四步馬疲不能度此水耳

又曰殺君馬者路傍兒也語云長吏食重祿芻藁豐美馬肥希出路傍小兒觀之却驚致死按長吏馬肥觀者快馬之走驟也騎者驅馳不足至於瘠死

金樓子曰鳥與鳥遇則相躅獸與獸遇則相觸馬與馬遇則跂蹄相傷天之生此物多其力而少其智也

傅子曰九日養親一日餓之寧可言飽飽多飢少同為孝子穀馬一日餓之馬肥不損於義無傷非可同之

夏侯子曰一舟之覆無一毫不濕一馬之走無一毛不動故大同萬物不一也

又曰魯人有善相馬者與余俱遊夜方寐聞馬有行者魯人驚曰七百里也吾恐此暗中耳

符子曰齊景公好馬命畫工圖而訪之殫百乘之價朞年而不得像過實也今使愛賢之君考古籍以求其人雖朞百年不可得也

又曰吾與玄子觀東海釋駟而外乎[illegible]山未中路而志馬



符子使人求之不獲使鬼索之而獲符子曰六合不可忘故知良馬在其中矣請以六合之觀觀之也

鄒子曰董仲舒三年不闚園圃乘馬不知牝牡

諸葛恪曰昔孫叔敖乘馬三年不知牝牡稱其賢也

常璩華陽國志曰神馬四疋出滇池河中

三國典略曰神馬者河之精也代馬陰之精也

西京雜記曰文帝自代還有良馬九疋皆天下駿足也名曰浮雲赤電絶羣逸驃紫鸞騧綠螭騘龍子麟駒絶塵號為九逸

又曰衛將軍生子或有獻騧馬者乃命其子為騧字叔馬

東方朔傳曰驃騎難諸博士朔對曰騏驎綠耳蜚鴻華騮天下良馬也將以捕鼠於深宮之中曾不如跛猫

神異經曰西南大宛有馬其大二丈鬣至膝尾委地蹄如升踠可握日行千里至日中而汗血乘者當以綿纏頭以避風病其國人不纏

揚子法言曰或問治己曰治己以仲尼（問治己何用益以用孔子之道）或曰治己以仲尼奚寡矣（言學孔子道多成者何少也）曰率馬以驥不亦可乎

又曰希驥之馬亦驥之乘也希顏之人亦顏之徒也

桓譚新論曰顏淵所以命短者慕孔子所以傷其年也若庸馬良馬相追至暮共列宿所良馬鳴食如故庸馬垂頭不復食何異顏淵與孔丘優劣

又曰衛后園有送葬時乘輿馬十疋吏卒養視善飲不能乘而馬皆六十歲乃死

又曰薛翁者長安善相馬者也於邊郡求得駿馬騎以入市去來人不見也後勞問之因請觀馬翁曰諸卿無目不

足示也
論衡曰儒書稱孔子與顏淵俱登魯東山望吳昌門謂曰汝何見曰見一疋練前有生藍孔子曰噫此白馬盧芻使人視之果然
王子年拾遺記曰周穆王即位巡行天下馭八龍之駿名曰絶地翻羽奔宵越影踰暉超光騰霧挾翼
又曰曹洪與魏武帝所乘之馬名曰白鵠時人諺曰憑空虛躍曹家白鵠
洞冥記曰脩弥國有馬如龍騰虛逐日兩足倚行或藏形於空中唯聞聲耳時得天馬汗血是其類也
又曰畢勒國有小馬如駒日行千里毛垂至地東王公常騎此馬朝發湯泉夕飲虞淵一日一夕往返七八度亦言馬毛長於空中自放則吹之或東或西也



又曰東方朔遊吉雲之地越扶桑之東得袖馬一疋高九尺股裏有旋毛如日月之狀如月者夜光如日者晝光毛色隨四時之變漢朝之馬見之即垂頭振毛一國衆獸見皆避之帝問東方朔是何獸也朔曰昔西王母乘靈光之輦以適東王公之舍稅此馬於芝田及食芝草王公怒弃馬於清津天岸臣至王公之壇因騎而返繞日三匝此馬入漢關關猶未掩臣於馬上睡眠不覺遂至帝曰其馬名云何朔曰因事爲名則步景
抱朴子曰韓子治嘗以地黄甘草哺五十歲老馬以生三駒又百三十歲乃死
又曰李南乘赤馬行道逢他人乘白馬者白馬先鳴而南赤馬鳴應之南謂從者曰彼馬言汝今當見一黄馬左目盲者是吾子可爲告使駛行相及從者不信行二里所果逢黄而左目盲南之馬先鳴而盲馬應之問其主果向白馬子也
論衡曰廣漢翁偉能聽鳥獸之音乘蹇馬之野而田間有放馬者相去數里鳴聲相聞翁偉謂其御曰彼放馬目眇其御曰何以知之曰罵此轅中馬蹇馬蹇馬亦罵之曰眇馬御者不信使往視之馬目果眇
鹽鐵論曰騏驥負鹽車垂頭於太行之坂屠者持刀睨之
又曰古者諸侯不秣馬天子有命以車就牧庶人之乘馬者足以代勞而已故行則服軛止則就犁一馬服櫪當中家六口之食
孔融論曰馬之駿者名曰騏驥犬之駿者名曰韓盧犬之有韓盧馬之有騏驥人之聖也名號等設使騏驥與韓盧並走寧能頭尾相當八脚如一無有先後之覺矣



英雄記曰公孫瓚每聞邊警輒厲色作氣如赴讎常乘白馬又白馬數十疋選騎射之士號爲白馬義從以爲左右翼胡甚畏之相告曰當避白馬長史
曹瞞傳曰呂布有駿馬名赤兎常騎乘之時人爲之語曰人中有呂布馬中有赤兎
袁准正書曰牛馬之爲人駕乘者非樂負千鈞之重行千里之險鞭策痛矣
桓公世論曰朝鮮之馬被躐踶齧能使其成騏驥者習之故也
博物志曰穢貊國南與辰韓北與句麗沃沮接東窮大海海中出斑魚皮陸出文豹又出果下馬高三尺漢時獻之駕輦車正始六年樂浪太守劉茂帶方太守弓遵領東穢屬句麗伐之舉邑降

愽物志曰唐公有驌驦項羽有騅馬
華陽國志曰元馬日行千里死於蜀今元馬冢是也縣有
元馬祠馬牧山下或産駿駒元馬子也
長沙耆舊傳曰虞芝之州命部南陽從事太守張忠連姻王
室罪名入重芝依法執按刺史畏勢召芝芝曰年往志盡
譬如八百錢馬死生同價且欲立效於明時耳遂投傳去
三輔决録曰安陵有項仲山飲馬渭水先投三錢
襄陽記曰中盧山西去襄陽一百三里有一地道漢時嘗
有數疋白馬出其中遂名其地爲白馬穴陸遜攻襄陽又
値此穴中數十疋馬出戰還建鄴蜀使有五部兵家滇顚音
池者識其馬色云是巳亡父所乘對之流涕
世語曰劉備屯樊城劉表禮焉憚其爲人不甚信用曽諸
宴會荆越蔡瑁欲因會取備備覺之僞如厠潛遁出行所

平八ㄱ九十七　五　伕元

乘馬名爲的顱騎的顱走墮襄陽城西檀溪水中溺不得
出備急曰的顱今日厄可不努力的顱乃一踴三丈遂得
過
異苑曰符堅爲慕容冲所襲堅馳馬墮澗追兵幾及計無
由出馬即踟躕臨澗垂控與堅堅不能及馬又跪而授焉
堅攀之得登岸西走盧江
七賢傳曰陳衆辟州從事楊州部有賊擊之多死衆請取
之因單車乘白馬往賊東身歸降遂生爲立祠號曰白馬
從事
竹林七賢論曰王戎簡脫不持儀形好乘巴騍馬雖爲三
司率爾私行巡省園田不從一人以手巾插腰戎故吏多
至大官相逢戎輙下道避之
搜神記曰昔秦人築城於武州塞内以備胡城將成而崩

者數焉有馬馳走周旋反覆父老異之因依以築之爲城
乃定遂名爲馬邑
又曰吳先主殺武衛兵錢小小刑見大街頭借賃人吳永
使永送書與衎南廟借木馬二疋以酒噀之皆成好馬鞍
勒全耳
志怪集曰孫弘常自云見鬼神與其言語委曲衆未之信
鎮西將軍謝尚常所乘馬忽暴死會弘詣尚尚愛惜至甚
弘謂尚曰我爲公活馬何如尚常不信弘荅曰卿若能
令此馬更生者卿眞實通神矣弘於是便下床去良久還
語尚曰廟神愛樂君馬故耳向我詣神請之初殊不許後
乃見聽馬即　便活尚時　甚不信怪其所言須
史其馬忽從門外走還衆咸見之莫不驚惋既至馬屍應
時能動有頃奮迅呼鳴尚於是歎息

平八ㄱ九十七　六　元

述異記曰東平畢衆寶家在彭城有一騘馬甚快常乘出
入至所愛惜宋大明六年衆寶夜夢見其亡兄衆慶曰吾
有戎役方置艱危而無得快馬汝可以騘馬見與衆寶許
諾既覺呼同宿客説所夢始畢仍聞馬倒聲遣人視之裁
餘氣息狀如中惡衆寶心知其故爲試治療向晨馬死衆
寶還臥如欲眠聞衆慶語云向聊求馬汝治護備至將不
惜之今以相還別更覓也至曉馬活食時復常
續搜神記曰趙固常乘一疋赤馬以征戰甚所愛重常所
繫看齋前忽腹脹少時死郭璞從北過因往詣之門吏云
將軍將馬今死甚愛惜今盛懊惋景純使語門吏云入通
道吾能活此馬則必見我門吏聞驚喜即啓固固踊躍令
門吏走迎之始交寒温便問卿能活我馬不璞曰馬可活
耳固忻喜即問須何方術璞云得卿同心健兒二三十人

皆令持長竹竿於此東行三十里當有丘陵林樹狀若社
廟有此者便以竿攪擾打拍之當得一物便急持歸旣得
此物馬便活矣於是命左右驍勇之士五十人使去果如璞
言得大藂林有一物似猴而非走出人共逐得便抱持歸
入門此物遥見死馬便跳梁欲往璞令放之此物便自走
往馬頭間嘘吸其鼻良久馬即起噴鼻奮迅鳴喚便不復
見此物固厚資給璞得過江
靈鬼志曰陳安爲河間王顒給使甚壯健常樂一馬駿駛
非常後馬死雙赤蛇出其鼻
列異記曰胡司隸校尉上黨鮑子都少時舉上計於道遇
一書生卒得心痛子都下車爲按摩奄忽不知姓字有素
書一卷銀十餅即賣一餅以資殯斂其餘以枕之素書着
腹上埋之謂曰子若魂靈有知當令子家知子在此未至



京師有騘馬隨之唯子都得近子都歸行失道遇一關內
侯家住宿侯問曰君何以致此馬子都因說之侯乃驚愕
曰此吾兒也侯迎喪開棺視銀書如言侯乃舉送詣闕上
薦子都辟公府侍御史豫州牧司隸校尉至子永孫昱俱
爲司隸其在公皆復乗騘馬故京師歌之曰鮑氏騘三入
司隸再入公馬雖瘦行步工
傳玄乗輿馬賦曰往日劉備之初降也太祖賜之駿馬使
自至廐選之歷名馬以百數莫可意者次至下廐有的顱
馬委弃莫視瘦悴骨立劉備撫而取之衆莫不笑之馬超
破蘇氏塢塢中有駿馬百餘疋自超已下俱爭取肥好者
而將軍龐悳獨取一騧馬形觀旣醜衆亦笑之其後劉備
奔於荆州馬超戰於渭南逸足電發追不可逮衆乃服焉
傳玄馳射馬賦曰耳小易使鼻大勢怒來往若鷹鷂超騰

如逸虎
劉琬馬賦曰吾有駿馬名曰騏雄龍頭鳥目麟腹虎脊尾
如雲彗耳如插筒

太平御覽卷第八百九十七

獸部十

牛上

說文曰牡畜父也從牛土聲犅(古郎切)特牛父也牝畜母也從牛匕聲犢牛子也𤘘(普外切)二歲牛也犙(山切)三歲牛也牭(息利切)四歲牛也犗(戒音加切)又騬牛也牻(莫江切)白黑雜毛牛也㹀(力強切)犥牛也犡(力制切)牛白脊也㸬(達胡切)黃牛虎文也犖駁牛也㸷(力切)牛白脊也㸬(匹切)耕牛文駁如星也犥(普表切)牛黃白色也犉(而純切)黃牛黑脣也犤(音)白牛也犟(居羊切)牛馬脊也牧(音)牛徐行也犨牛息聲也一曰牛名牷(音全)牛純色也犪牛(擾音柔)謹也

廣志曰有㸸牛(馬象切)牛出巴中千斤㸹(蒲角切)牛一曰犎牛有赤犦犎牛周留水牛毛青腹大狀似猪有牧牛項上堆肉大如斗似橐駝日行三百里㹊(音皮)牛猶犤小今謂之稷牛又呼杲下牛出廣州高涼郡犩(吾威切)牛如牛而大肉數千斤出蜀中夔牛重千斤晉時此牛出上庸郡獵(力涉切)牛旄牛也髀膝尾間皆有毛花蹄牛高六尺尾環繞角有四耳角端有肉蹄如蓮華堂牛色黑或黃日南有之潛牛形狀似水牛一名犹(音沉)牛麟牛似鹿又似羊肉美牥(音方)牛如橐駝能行又有犛牛莊子曰其大若垂天之雲

易大畜卦曰六四童牛之牿元吉又無妄卦曰六三無妄之災或繫之牛行人之得邑人之災象曰行人得牛邑人災也

又遯卦曰六二執之用黃牛之革莫之勝說象曰執用黃牛固志也



又離卦曰離利貞畜牝牛吉

又既濟曰九五東鄰殺牛不如西鄰之禴祭

又說卦曰坤為牛

周書王會曰卜盧紈牛紈牛者牛之小者大夏茲白牛數楚每牛牛之小者也(茲白牛野獸形似白牛大夏西北戎數楚北戎)

詩鴻鴈無羊曰誰謂尒無牛九十其犉(黃牛黑脣曰犉)

又曰尒牛來思其耳濕濕

尚書曰武王尅紂放牛於桃林之野

左傳成七年曰鼷鼠食郊牛角改卜牛鼷鼠又食其角乃免牛

又宣三年經曰王正月郊牛之口傷改卜牛牛死乃不郊

又僖上曰齊侯伐楚楚子使與師言曰君處北海寡人處南海唯是風馬牛不相及(風放)不虞君之涉吾地何故

又僖下曰介葛盧來朝聞牛鳴曰是生三犧皆用之矣其音云問之而信

又曰秦師入滑鄭商人弦高將市於周遇之以乘韋先牛十二犒師曰寡君聞吾子將步師出於敝邑敢犒從者

又宣上曰宋城華元為植巡功(植主巡行城也)城者謳曰于思于思弃甲復來使驂乘謂之曰牛則有皮犀兕尚多弃甲則那

又宣上曰楚子為陳夏氏亂故伐陳殺夏徵舒因縣陳申叔時使於齊反命而退王使讓之曰夏徵舒為不道弑其君寡人以諸侯討而戮之汝獨不慶寡人何曰夏徵舒弑其君其罪大矣討而戮之君之義也抑人有言曰牽牛以蹊人之田而奪之牛牽牛以蹊者信有罪矣而奪之牛罰已重矣諸侯之從君討其罪也今縣陳貪其富也無乃不

可乎王曰善
又曰成公下曰韓厥曰古人有言殺老牛莫之敢尸而況君子
乎二三子不能事君焉用厥也（尸主也）
又昭四年曰鄭人莒人愬于晉曰魯朝夕伐我幾亡矣我之
不共魯故之以（不共晉貢以魯故也）晉侯使叔向來辭曰寡君不得
事君矣請君無勤子服惠伯對曰君信蠻夷之訴以絕兄
弟之國寡君聞命矣叔向曰寡君有甲車四千乘在雖以
無道行之必可畏也況其率道何敵之有牛雖瘠僨加於
豚上其畏不死乎
禮記曲禮上曰國君下齊牛
又曲禮下曰諸侯無故不殺牛
又月令曰季春犧牲駒犢舉書其數（在牧而書數秋當保內）
又曰季冬命有司出土牛以示農耕之早晚



又曲禮下曰天子祭天地諸侯祭山川大夫祭五祀士祭
其先天子以犧牛諸侯以肥牛大夫以索牛
又郊特牲曰郊所以明天道也帝牛不吉以爲稷牛帝牛
必在滌三月稷牛惟具所以別事天神與人鬼也
又曰郊用騂尚赤也用犢貴誠也
又禮器曰有以少爲貴者天子祭天特牲天子適諸侯諸
侯膳以犢
又內則曰牛夜鳴則庮（庮臭惡也）
又曰祭天地之牛角繭栗宗廟之牛角握賓客之牛角尺
周禮地官封人曰凡祭祀飾其牛牲設其楅衡置其絼供
其水槀（楅在鼻衡在角言不得觸絼繫牛鼻繩絼本又作紖特忍反）
又冬官考工記曰牸牛之角直而澤老牛之角紾而昔
（昔讀爲交錯之錯謂角錯也）角長二尺有五寸三色不失謂之牛戴
牛（三色本白中青末豐也戴牛角直一牛）
又地官上曰牛人掌養國之公牛以待國之政令（公猶官也）凡
祭祀共其享牛求牛以授職人而芻之（求牛禱於鬼神之牛謂所以祭者也）
（求終也終事之牛謂所以繹者也宗廟有繹者孝子求神非一處職讀爲樴樴謂之杙可以繫牛樴人者謂牧人）
凡賓客之事共其牢禮積膳之牛饗食賓射共其膳羞之
牛軍事共其犒牛喪事共其奠牛凡會同軍旅行役共其
兵車之牛與其牽傍以載公任器（牽傍在轅外輓牛也人御之居其前曰牽居其
旁曰傍任猶用也）凡祭祀共其牛牲之互與其盆簝以待事（鄭司農云
互謂楅衡之屬盆簝皆器名盆所以盛血簝受肉籠也玄謂互若今屠家縣肉格）
又秋官上曰罪隸掌役百官府與凡有守者掌使令之小
事（役給其小役）凡封國若家牛助爲牽傍（鄭司農云凡封國若家謂建諸侯立大夫
家也牛助爲牽傍此官主爲送致之也玄謂牛助國以牛助轉徙也罪隸牽傍之在前曰牽在旁曰傍）
史記曰騎劫攻即墨田單用牛千頭衣以五綵縳刃其角



結火其尾穿城而出牛壯士五千銜枚隨其後牛出火明
所觸皆死壯士擊之城上士大譟燕師大敗騎劫死乘勝
逐北三戰三克遂收齊城也
又曰馬蹄躈千牛千足此亦比千乘之家（躈苦弔切）
又曰甯戚欲仕齊候桓公出牽牛叩角而歌曰南山粲白
石爛短布單衣才至骭生不逢堯與舜禪長夜漫漫何時
旦桓公用之
又曰蘇秦說韓王曰鄙語云寧爲雞口無爲牛後今西面事
秦何異牛後乎
漢書曰邴吉嘗出逢羣牛鬬者死傷橫道吉過之不問前行
逢人逐牛牛喘吐舌止使騎吏問牛行幾里或譏吉吉曰
民鬬殺傷長安令京兆尹職所當禁備逐捕丞相課其殿
最不親小事也方春少陽用事未可以熱恐牛近行因暑

故端此時氣失節恐有所傷害者三公典調和陰陽職所當憂也

又曰龔遂為渤海太守民有帶持刀劍者使賣劍買牛賣刀買犢可謂帶牛佩犢矣

又曰宣帝地節三年求得外祖母王媼男無故弟武皆隨使者詣闕時乘黃牛車故百姓謂之黃牛嫗

後漢書曰朱暉為臨淮太守時牛大疫而臨淮獨無疫者鄰郡牽牛入界避災耳

范曄後漢書曰漢光武初起騎牛殺新野尉乃得馬

又曰劉盆子初與兄茂屬右校卒吏劉俠卿主芻牧牛號曰牛吏及立為帝恐畏欲啼即復還依俠卿

又曰更始即位舞陰大姓李氏擁城不下更始遣柱天將軍李寶降之不肯云聞宛之趙氏有孤孫熹信義著名願得降之更始乃徵熹熹年未二十既引見更始笑曰繭栗犢豈能負重致遠乎（犢角如繭栗言小也禮緯曰天地之牲角繭栗）即除為郎中行偏將軍事使詣舞陰而李氏遂降



又曰劉寬嘗行有人失牛者乃就寬車中認之寬無所言下駕步歸有頃認者得牛而送還叩頭謝曰慙負長者隨所刑罪寬曰物有相類事容脫誤幸勞見歸何為謝之州里服其不校

又曰魯恭為中牟令亭長有從民借牛不還者牛主自言恭召亭長敕令還牛亭長不還如是者三遂不還恭嘆泣曰教化不行也欲解印綬去掾吏亭者固爭亭長即還牛詣獄受罪恭貰出不問於是吏人敬信皆不忍欺

謝承後漢書曰朱暉為郡吏太守阮況嘗欲市暉牛暉不從及況卒暉乃厚贈送其家人或以譏焉暉曰前阮府君有求於我所以不敢聞命誠恐以財貨汙君今而相送明吾非有愛也

魏略曰鉅鹿時苗字胄為壽春令始之官乘牸牛歲餘生一犢子及代留其犢而去

晉書曰羊篇祜之姪也為鉅平侯奉祜嗣篇歷官清慎有私牛於官舍產犢及還而留之

張勃吳錄地理志曰合浦徐聞縣多牛其項上有特骨大如覆斗日行三百里

蜀志曰蔣琬曾夢門前有一牛頭血流問於趙直直曰牛角及口公字也血者事明也夢吉矣

晉朝雜事曰泰康九年三月幽州上言塞北有死牛頭語

干寶晉記曰南安朱冲其鄰人失犢與冲犢相類來認取之冲不與爭後得之於堅冰之下慙謝冲冲不受



王隱晉書曰朱冲字巨融少有德行隣人牛犯冲苗冲乃擔芻送牛牛主大慙不敢復暴

又曰潘岳出為河陽令以仕次宜為郎不得意出山濤領選岳内非之密作謠曰閣道東有大牛王濟鞅裴楷鞦和嶠刺促不得休

又曰郭洗牛生犢兩頭八足

晉陽秋曰武帝時有司奏御牛青絲紖斷詔可以青麻代之

晉書曰郭舒嘗有鄉人盜食舒牛事覺來謝舒曰卿飢所以食牛耳餘肉可共啖之世以此服其弘量

又曰夫餘國若有軍事殺牛祭天以其蹄占吉凶蹄解者為凶合者為吉也

又曰石崇與貴戚王愷奢靡相尚嘗與愷出遊爭入洛城

崇牛迅若飛禽愷絕不能及乃密貨其帳下問其所以對曰牛奔不迅良由御者逐之不及而反制之可聽蹁轅則駛矣因從之遂爭長崇後知之殺所告者

又曰王濟被斥外於是乃移第北芒山下性豪侈麗服玉食時王愷以帝舅奢豪有牛名八百里駮嘗瑩其蹄角濟請以錢千萬與牛對射而賭之愷亦自恃其能令濟先射一發破的因據胡牀叱左右速探牛心來須臾而至一割便去

又曰何曾性奢豪都官從事劉享嘗奏曾以銅鉤𦈢紖車瑩牛蹄角後曾辟享爲掾勸勿應享謂至公之體不以私憾遂應

又曰桓温北伐過淮泗踐北境與諸寮屬登平乘樓矚中原慨然曰遂使神州陸沉百年丘墟王夷甫諸人不得不任其責袁宏曰運有廢興豈必諸人之過温作色謂四座曰頗聞劉景升有千斤大牛噉芻豆十倍於常牛負重致遠曾不若一羸牸魏武入荊州以享軍志意以況宏坐中皆失色



又曰王延家中生一犢他人認之延牽與之初無吝色其人後知其妄認送犢還延叩頭謝罪延以與之不取也

又曰肅愼國武帝時及元帝中興皆來貢獻成帝時又通貢於石季龍四年方達季龍問之荅曰每候牛馬向西南眠者三年矣是知大國所在故來

南史四夷傳曰扶桑國有牛角甚長以角載物至勝二十斛

宋書曰褚湛之有一牛至所受無故墮廳事前井湛之率左右躬自營救郡中喧擾彥回下簾不視

又曰江湛爲吏部尚書性廉儉牛餓御人求草湛良久曰可與飲

又曰顧憲之元徽中爲建康令時有盜牛者與本主爭牛各稱己物二家辭證等前後令莫能決憲之至覆其狀乃令解牛任其所去牛徑還本宅盜者伏其罪時人號曰神明

三國典略曰陳桃根於所部得青牛獻之又上織成羅文錦被表二陳主命於雲龍門外焚之其牛遣還於人

又曰梁出師拒侯景邵陵王綸次鍾離初綸將發營于樂遊苑臨賀王正德詣於綸所始入牙門有飄風觸旗竿而折至是將殺牛勞士一牛走入馬廐抵殺綸所乘駿馬又以兩角貫一馬腹載之而行衝突營幕軍中驚亂

蕭子顯齊書曰豫章文獻王嶷爲揚州刺史拜陵還過延陵季子廟觀沸井有水牛突部伍直兵執牛推問王不許取絹一疋橫繫牛角放歸其家爲治務存寬厚故得朝野忻心



後魏書曰刑昕以本官副李象使於梁昕好忤物人謂之牛是行也談者謂之牛象鬬於江南

北史曰後魏元仲景性嚴峭孝莊時兼御史中尉京師肅然每向臺恒駕赤牛時人號赤牛中尉

又曰魏妻提雄傑有識度僮僕千數牛馬以谷量姓好周給士多歸附之

又曰道武時窟咄寇南鄙莫題時二於帝遺箭於地窟咄謂曰三歲犢豈勝重載言窟咄長而帝少也

又曰孟信爲趙郡太守及去官家貧無食唯有一老牛其兄子賣之擬供新米作契已訖市法應知牛主住所在信

適從外來見買牛人方知其盡見也因告之曰此牛先來有
病小用便發君不須買也杖其兒子二十買牛人嗟異良
久呼信曰孟公但見與牛未必須其力也苦請不得乃罷
買牛者周文帝帳下人周文深歎異焉
隋書曰盧昌衡爲徐州揔管嘗行至浚儀所乘馬爲他牛
所觸因致死牛主陳謝求還價直昌衡謂之曰六畜相觸
自關常理此豈人情也君何謝乎拒而不受性寛厚不求
皆此類也
又曰牛弘有弟曰弼好酒而酗嘗因醉射殺弘車牛
弘來還宅其妻迎謂之曰叔射殺牛矣弘聞之無所
恠問直荅云作脯坐定其妻又曰叔忽射殺牛大是
異事弘曰已知之矣顏色自若讀書不輟其寛和如
此



又曰于仲文遷安固太守有任杜兩客各失牛後得牛兩
家俱認州郡乆不能決益州長史韓伯儁曰于安固少聰
察可令決之仲文曰此易解耳於是令二家各驅牛群至
乃放所認者遂向任氏群中又陰使人微傷其牛任氏嗟
惋杜家自若仲文於是訶杜氏杜氏服罪而去
又曰盧愷從周武帝在雲陽宮勑諸屯簡老牛欲以享士
愷進諫曰昔田子方贖老馬君子以爲美談向奉明勑欲
以老牛享士有虧仁政帝美其言而止轉禮部大夫
唐書曰李密嘗欲尋包愷乘一黃牛被以蒲韉仍將漢書
一秩掛於角上一手捉牛靷一手飜書讀之尚書令越公
楊素見於道從後按轡躡之既及問曰何處書生躭學若
此密識越公乃下車再拜自言姓名又問所讀何書荅曰
項羽傳越公奇之

太平御覽卷第八百九十八

# 太平御覽卷第八百九十九

獸部十一

牛中



春秋潛潭巴曰宮有牛鳴政教衰諸侯相并牛兵之符也
楊方五經鉤沉曰東夷之人以牛骨占事呈吉示凶無往不中牛非含智之物骨有若此之效
穆天子傳曰泰山百獸之所聚也爰有赤豹封牛
又曰天子大饗正侯諸王七萃之士于丕衍鶔韓之人獻用牛三百
又曰天子飲于文山乃獻良馬駟(四)牥牛二(此牛能行沙中如驝駝)
又曰天子北征舍于珠澤釣于流水因獻食馬三百牛羊二千○皇甫謐帝王世紀曰黃帝於東海流波山得奇獸狀如蒼牛身無角能走出入水中則風雨光如日月其音如雷名曰夔黃帝殺之以其皮爲鼓聲聞五百里
世本曰鯀作服牛(鯀黃帝臣也又云少昊時人始駕牛)
孔子家語曰子路拯溺者其人拜之以牛子路受之孔子曰魯人必拯溺矣
焦贛易林曰教牛逐兔任非其人費日無功
相牛經曰牛經自甯戚傳百里奚漢世河西薛公得其書以相牛千百不失至魏世高堂生傳晉高祖宣皇帝其後王愷秘其書
又曰牛岐胡壽(岐胡牽兩腋下分爲三)眼去角近行駛眼欲得大眼中有白脉貫童子最快頸骨長且大駛壁堂欲得闊(壁堂脚股間也)倚欲得如絆馬聚而正也膺廷欲得廣(膺廷胷前)天關欲得成(天關脊接骨)儁骨欲得垂(脊中央欲得下)蘭株欲得大(尾株)豐岳欲得大(膝株骨)垂星欲得有怒肉(垂星蹄上也肉覆蹄間名怒肉)力柱欲得大而成(當車骨也)懸蹄欲得如八字陽鹽欲得廣(陽鹽者夾尾株前兩膁上)常有似鳴者有黃也洞胡無壽珠淵無壽遊毛當目下也上池有亂毛妨主凶(上池角中央也)身欲得如卷大膁踈肋難飴龍頭突目好跳豪筋欲得成就(豪筋脚後橫筋也)毛欲得短密若長踈不耐寒氣尾不用至地尾毛少骨多者有力膝上肉欲得堅角欲得細鼻如鏡鼻難牽口方易飴豢府方易飴
莊子曰聲氏之牛夜亡而遇夔止而問焉曰我尚有四足動而不善子一足而起踊何以然夔曰以吾一足王於子矣
莊子曰夫犛牛其大如垂天之雲此能爲大矣而不能執鼠
又曰魯聞顏闔得道之人使幣致焉顏闔守廬麤布之衣而自飯牛魯君之使者問此顏闔家耶闔曰然使者致幣闔對曰恐聽謬而遺使者罪不若審之使者還反復求之則不得也
又曰庖丁爲文惠君解牛曰臣之刀十九年所解千牛而刀刃若新彼節者有間而刀刃無厚以無厚入有間而恢恢乎其投刃必有餘地是以十九年刀刃如新
管子曰屠牛坦朝解九牛而刀可以剃髮則刃遊於其間也
又曰或聘莊子莊子應其使曰子見夫犧牛乎衣以文繡食以芻菽及其牽入於太廟雖欲爲狐犢其可得乎
孟子曰臣聞胡齕云王坐於堂上有牽牛而過堂下者王見之曰牛何之對曰將以釁鍾王不忍見其觳觫欲以羊易之是見牛而不見羊也
晏子春秋曰今公之牛老於蘭牢不勝服也車蠹於巨戶不服

秉也
列子曰宋人有好行義者三世不懈家無故而黑牛生白
犢以問孔子孔子曰此吉祥也以享上帝居一年其父無
故而盲牛又復生白犢其父令其子問孔子孔子曰吉祥
也復以祭居一年中其子又盲其後楚攻宋圍其城民易
子而食之析骸而炊之丁壯皆乘城戰死者太半此人父
子有疾皆免也
呂氏春秋曰昔葛天氏之樂三人操牛尾投足以歌八闋
注事具樂部
又曰使烏獲疾引牛尾尾絶力單而牛不行逆也使五尺豎
子引其棬而恣所之順也
又曰亂國之妖有牛馬言
韓子曰商太宰嘗使庶子行市還云市門多車太宰召市



吏問曰市何多牛馬耶吏怪太宰是神知
又曰詹何坐弟子侍有牛鳴於門外弟子曰是黑牛也而
白在其蹄詹何曰然黑牛也而白在其頭使人視之果黑
牛而以布裹其角
尸子曰夫龍門魚之難太行牛之難以德報怨行之難也
淮南子曰牛跂蹄而戴角馬被髦而全足者天也絡馬之
口穿牛之鼻者人也
又曰剝牛皮鞹以爲鼓正三軍之衆然爲牛計者不若服
軛也
又曰城上視牛如羊如豕所居高也
又曰戴角者無上齒無角者膏而兇前豕馬之屬前小有角者脂
而兇後牛羊後小
又曰季春之月乃合纍牛騰馬游牝于牧

又曰取牛膽塗熱釜即鳴矣
又曰牛膽塗目莫知其誰注曰取八歲黃牛膽桂二寸著
膽中百日以成因使巧工刻象人丈夫著目下爲女子着
頭上爲小兒着頤下盛以五綵囊先宿齋無令人知也
尹文子曰語曰好牛不可察也好則物之通稱牛則物之
定形以通稱隨定形不可不察也重白而憎黑嗜甘而逆
苦能定名則萬事不亂也
卞子曰郭林宗謂仇季智曰子嘗有過否季智曰吾嘗飯
牛牛不食搏牛一下
說苑曰秦穆公使賈人載鹽徵諸賈人百里奚以五羖羊
之皮將車之秦秦穆公觀鹽見百里奚牛肥也對曰臣飲
食以時使之不以暴有險先後之以身是以肥也穆公知
其君子也乃以爲上卿



張溫自表曰昔百里奚賢秦繆公欲干之繆公好牛奚因
賃官以養牛蹄上乘肉三寸公使禽息行牛息入言之公
不信怒息復言之公又怒吏曰再怒其主罪當刖使守門
公出禽息跪而請之曰夫養牛者願君勿忘也公乃問百
里曰臣之長非養牛者也乃養民也公視牛察之則賢人
也遂與同車而出謝禽息息曰所以不死者君未知客也
今已知之矣乃觸門而死
抱朴子曰南方水牛無冬夏常臥雪中
又曰智禽銜蘆以逆網水牛結陣而却虎矣
說苑曰齊桓公出獵逐鹿入山谷中見一老父問曰此何
谷也曰愚公之谷曰何也曰畜牸牛子大賣之買駒少年曰
牛不能生馬遂持駒去旁人聞以臣爲愚因以爲谷也管
子曰此臣之過也使堯在上皐陶爲大理者安有取人駒

乎

論衡曰十圍之牛爲牧豎所驅

又曰牡馬見雌牛不相合者異類也

風俗通曰賣牛勿握角令不售按恐觸人人不取也

又曰秦昭王使李冰爲蜀守開成都兩江溉田江神歳取童女二人爲婦冰自以其女與神爲婚徑至神祠勸神酒抷但澹淡不耗冰厲聲責之因忽不見良久有兩蒼牛鬭於岸旁有頃冰還流汗謂官屬曰吾鬬大極不當相助也南向要中正白者我綬也主簿刺殺北面者江神遂死

又曰丁壯小犢跳梁弄角飲水數石生芻十束當風露夜至死不曲

博物志曰介葛盧聞牛鳴知生三犢盡爲犧牲嵇叔夜以爲無此皆先儒妄説



又曰蜀牛不施繩右前曰排左側曰促而牛解人語

又曰九眞有神牛生谿上里時時共鬬即海沸而昏或出鬬岸上人家牛皆怖人或遮捕即霹靂號曰神牛

洞林記曰義興叔保得傷寒垂死令郭璞占之不吉令求白牛厭之求不得璞爲致之即日白牛從西來逢叔保大驚遂病差

語林曰宋岱爲青州刺史禁淫祀著無鬼論有一書生葛巾修刺詣岱曰君絶我輩血食二十餘年君有青牛髯奴所以未得相困耳奴已叛牛已死今日得相制矣言絶而失明日而岱死

郭子曰蒲奮字武林高平人畏風在晋武帝坐北窻有琉璃扇實密似疎奮有難色帝乃笑之奮曰臣猶呉牛見月而喘

述異記曰牛之不角者呼憧牛

金樓子曰東海中有牛剥其皮貫之潮水至則毛起潮去則毛弭

諸葛亮集曰木牛者方腹曲頭一脚四足頭入領中着於腹載多而行少則否宜可大用不可小使

杜預奏事曰臣前在南聞　魏興西北山有野牛野羊牛之大者二千斤羊之大者千數百斤

袁喬江賦注曰呉時有錢約釣於牛渚獲一金鎖引之則金牛汎然而出約懼而捨因以爲名

束晳延遊賦曰乘露車以偃蹇駕蘭單之疲牛連緄索以爲鞅結斷綆而爲鞦

臧彦駁牛賦曰殊相允備名不虚假偉質魁梧骨奇形雅竦若驚麇驅若奔馬



太平御覽卷第八百九十九

# 太平御覽卷第九百

## 獸部十二

### 牛下

逸士傳曰堯讓天下於許由由逃之巢父聞而洗耳於池濱樊堅字仲父牽牛飲之見巢父洗耳乃驅牛而還恥令牛飲其下流

關中記曰周元年老子之度關令尹喜先勑門吏曰若有老公從東來乘青牛薄板車者勿聽過關其日果見老公乘青牛車求度關吏入白之喜曰諾道今來矣我見聖人矣即帶印綬出迎設弟子之禮

楊泉物理論曰武帝拜少翁為文成歲餘無効應乃作帛以飯牛陽言此牛有異應殺而視之得帛書武帝識其手跡其言妖怪乃急窮竟其事事急而首服於是誅文成而



隱其事

地鏡圖曰齊氣之見為牛

雲氣占曰趙雲如牛北夷之氣如牛

郭子橫洞冥記曰元封三年大秦獻花蹄牛高六尺尾環繞角生四耳

又曰元封三年大秦獻牛善走多力使輦銅石以起望仙宮迹在石上皆如花形故陽關之外有花牛津

英雄記曰董卓少嘗遊羌中與豪帥相結後更歸耕於野諸豪帥有來從之者卓乃為殺耕牛與之共宴樂

皇甫謐高士傳曰民有牛暴管寧田者寧為牽着涼處自飲食還牛主主得牛大慙

先賢行狀曰王烈字彥方通識達人時國中有盜牛者牛主得之盜者曰我邂逅迷惑從今已後將改過子既已赦宥幸無使王烈知之人有以告烈烈以布一端遺之間年中行路老父擔重有人代擔行數十里欲至家置之而去問姓名不以告老父復行失劍於路有人行而遇之欲置而去懼後人得之遂守之至暮劍主還見之即前擔人也老父攬其袂曰子前代吾擔不得姓名今子復守吾劍未若子之仁者請告吾姓名吾將以告王烈乃語之而去老父以告烈烈曰世有仁人吾未之見使人推之乃昔時盜牛人也

廣州先賢傳曰羅威字德仁南海番禺人鄰家牛數入食其禾既不可逐又為斷芻多着牛家門中不令人知數數如此牛主驚怪不知為誰陰廣求乃覺是威自後更相約率檢犢不敢復侵威田

玄中記曰大月支及西胡有牛名曰反牛今日割取其肉



三四斤明日其肉已復創即愈也

又曰萬歲樹精為青牛漢桓帝出遊河上忽有一青牛從河中出人驚走太尉何公時為中尉將軍有勇力走逆牛見公走還河公以左手挽牛足右手持斧斫牛頭而殺之此青牛者萬年之木也

嵩高記曰山有大松或千歲其精變為青牛

蜀王本紀曰秦惠王欲伐蜀乃刻五石牛置金其後蜀人見之以為牛能大便金蜀王以為然即發卒千人使五丁力士拖牛成道致三枚於成都秦道得石牛力也後遣丞相張儀等隨石牛道伐蜀也

楊龍驤洛陽記曰石牛在城西石虎當襄石牛夜嗚聲聞三十里事奏虎虎遣人打落牛兩耳尾 以鐵釘釘四脚今具存

劉道真錢塘記曰明聖湖有金牛嘗有見者神化莫測遂以名湖

涼州異物志曰有水牛育於河中

鬱林異物志曰周留者其實水牛蒼毛豕身角若擔矛衛護其犢與虎為讎

又曰周留牛毛青大腹銳頭青尾其狀似猪

齊地記曰東萊牛島上嘗以五月海牛產乳海牛形似牛而無角騂色虎聲爪牙亦如虎脚似鼉魚尾似鮎魚尾長尺餘其皮甚軟可供百用牛見人奔入水以杖擊鼻則得之

史荅武昌郡記曰武昌牛岡古老相傳云有金牛出此今半巳崩破坑大數十丈牛因躍出踐岡邊石遺迹尚在

常璩華陽國志曰牛飲水者昔程鄭於此飲牛江為之竭因以為名



劉欣期交州記曰九真居風山夷人有一嫗向田見金牛出食斫得鼻鎖長丈餘後人往往見牛夜出光曜數十里也

盛弘之荊州記曰鵝尾洲南有龍寵二洲二洲之間舊云多異魚而投罟揮網輒便挂絕有水客沉而視之見有石牛二頭常為網害故網絕焉

酈道元注水經曰陽城東八十里有牧牛山下有九十九泉即滍河之上源也耆舊云山下本有百泉競發有一神牛駭身自山而降下飲泉竭故山得其名

裴氏廣州記曰有石牛每旱殺牛以血和泥泥石牛背既畢則雨洗牛背泥盡方止

顧微廣州記曰陽縣里民有一兒年十五六牧牛牛忽舐此兒隨所舐處肉悉白淨而甚快遂聽牛日日舐之兒餓而病死其家葬兒殺此牛以供賓客凡食此牛肉者男女二十餘人悉變為虎

竺法真登羅山疏曰增成縣南有烈清洲洲南又有牛潭漁人見金牛常出水盤石上義熙中縣民張安釣此潭於石上躡得金鏁大如指長數十尋尋之不巳俄有物從水中引之力不能禁以刀斫斷唯得數尺遂致大富後義興周靈分亦好釣嘗見此牛寢伏石上旁有金鎖往掩之得二丈許遂以財雄為南江都尉

祖台之志怪曰荀晞為兖州鎮去京師五百里有貢晞珍異食者欲貽都邑親貴慮經信宿之間不復鮮美募有牛能日行數百里者當厚賞之有人進一牛云此一日行千里晞乃命具丁車善馭書疏發遣旦發日中到京師取荅書還至一更始竟便達晞以其駿快觔骨必將有異遂殺而



觀之亦無靈異唯見雙觔如小竹大自頭挾脊著肉裹故外不覺也

又曰陶太尉微時喪當葬家貧親自營作塼有一班牸牛載塼　致忽然失去便自尋不見忽於道中逢一老翁問云君欲何所覓太尉具荅更舉手指云向於山崗上見一牛眠山圩中必是君牛此牛所眠處便好作墓安墳當之致極貴小復不當位極人臣世世為方嶽矣又指一山云此山亦好但不如向耳亦當世世出刺史也言訖便不復見太尉墓之皆如其言

劉敬叔異苑曰余以義熙十三年為長沙景王驃騎參軍在西州得一黃牛時將貨之便晝夜銜草不食流淚瘦瘠

又曰即墨有古冢或發之有金牛塞埏門不可移動犯之則响也

異物志曰合浦牛如㹀驃寀項上有特骨大如覆斗足捷疾其行如馬日行三百里

列仙傳曰陽都女者市上酤酒家女也生而眉連耳細而長衆以為異皆言此天人也會犢子牽一黄犢來過都女悦之遂留相奉侍都女隨犢子出取桃一宿而反

郭季産集異記曰兖州人舡行忽見水上有浮鎖牽取得數十許丈乃得一白牛與常牛無異而形甚光鮮可愛人知是神物乃放之牛於是入水鎖亦隨去

干寶搜神記曰晉大興元年武陽太守王諒牛生子一頭八足兩尾而共一腹

又曰武都故道有　祠土生梓樹焉秦文公二十七年使人伐之樹創隨合經日不斷文公乃益發卒持斧者四十人猶不斷　疲還息其一人傷足不能去卧樹下聞鬼相與言勞乎攻戰其一人曰何足為勞又曰秦公必將不休如之何答曰秦公其如子何又曰赭衣灰坌子如之何默然無言卧者以告於是令工皆衣赭隨斫創坌以灰樹斷化為牛使騎擊之不勝或墮於地髻解被髮牛畏之乃入水不敢出故秦自是置旄頭騎

劉義慶幽明録曰巴丘縣金崗以上世里名黄金瀨古有釣於潭獲一金鎖引之滿一舡金牛出聲貌奔壯奮躍還潭鎖乆乃盡釣人刀斫得數尺故潭瀨取名

又曰桓玄時牛大疫有一人食死牛肉因得病亡復生云初死時見一人執籙將至天上有一貴人問云此人何罪對曰此人坐食疫死牛肉貴人云今須牛以轉輸肉以充百姓何故復殺之催遣還

又曰桓玄在南郡國第居時出詣殷荊州於鵠穴逢一老



公駈青牛形色怪異桓即以所乘馬易牛乘至零陵駛非常因息駕飲牛牛逕入水不出桓遣人覘守經日絶跡也

又曰元嘉中益州刺史吉翰遷為南徐州先於蜀中載一青牛每常自乘恒於目前養視翰遘疾多日牛亦不肯食及亡牛流涕滂沱吉氏喪未還都先遣駈牛向宅牛不肯行知其異即待喪喪既下舡便隨去

又曰桓沖鎮江陵正會夕當烹牛牛忽熟視帳下都督甚乆目中泣下都督呪之曰汝若能向我跪者當啓活也牛應聲而拜衆甚異之都督復謂曰汝若須活遍拜衆人者直徃牛涕殞如雨遂拜不止值沖醉不得啓遂殺牛沖醉止得啓沖聞之歎息都督痛加鞭罰

又曰護軍琅邪王華有一牛甚快常乘之齒已長華後夢牛語之曰衰老不復堪苦載載二人尚可過此必死華謂偶尒夢與三人同載還府此牛果死

神仙傳曰吳有徐隨居丹徒左慈過隨門下有宿客六七欺慈云徐公不在慈去客皆見牛在楊樹杪車轂中皆生荆木長一二丈客懼入報隨曰此左公也遣追之客乃逐慈叩頭陳謝客還見牛故在弋轂中亦無復荆木也

郭義恭廣志曰𤛑牛似鹿又似牛肉美皮温常處滇濱也（滇音顛）

宣驗記云天竺有僧養一牸牛日得三升乳有一人乞乳牛曰我前身為奴偷法食今生以乳饋之所給有限不可分外得也

嶺表録異曰自瓊至振多溪澗澗中有石鮮次水流其間或相去三二尺近似天設可躡之而過或有乘牛過者牛皆促歛四蹄跳躍而過或失則隨流而下見者皆以為笑

彼人嗟曰跳石牛骨碌好笑又好哭

又曰瓊州不産驢馬人多騎黃牛亦飾以鞍韉加之銜勒可騎者即自小習其步驟亦甚有穩快者

太平御覽卷第九百

太平御覽卷第九百一

獸部十三

驢　騾　驝駞

驢

說文曰驢似馬長耳也

何承天纂文曰驢一曰漠驪其子曰騄

史記曰匈奴奇畜卽驢騾也

漢書西域傳曰烏桓國有驢無牛

後漢書曰蓟子訓漢末入市投主人家停其驢忽死時夏月蛆從驢口中出主人見之白訓訓曰無苦遂往驢邊舉杖驢忽走起

又曰永平中吏用驢輦歲省億萬計全活徒士數千人

又曰戴良字叔鸞其母喜驢鳴常學之以娛樂



晉書曰王濟卒將葬時賢無不畢至孫楚雅敬濟而後來哭之甚悲客莫不垂涕哭畢向靈牀曰卿嘗好我作驢鳴我爲卿作之體似聲眞賓客皆笑楚顧曰諸君不死而令王濟死乎

世說曰王仲宣好驢鳴既葬魏文帝臨其喪顧語同遊曰王好驢鳴可各作一聲以送之赴客皆作驢鳴

吳志曰諸葛恪父瑾長面似驢孫權大會群臣使人牽一驢入長檢其面題曰諸葛子瑜也恪對跪乞請筆益兩字續其下曰之驢舉坐欣笑以驢賜恪

晉陽春秋曰晉文帝親阮籍恒與譚戲任其所欲不迫以職事籍從容嘗言曰平生曾遊東平樂其土風願得爲東平太守文帝大悅卽從其意籍便騎驢徑到郡至皆壞府舍諸壁鄣使內外相望然籍教令清整常留十餘日便乘

驢去

又曰胡威字伯虎父質爲荊州威自京都省之家貧無車馬僮僕威自驅驢單行拜見告歸每至客舍自放驢取樵爨食畢復隨侶而進

晉書曰石苞旣定壽春以威惠服物淮南監軍王琛輕苞素微又聞童謠曰宮中大馬幾作驢大石壓之不得舒因是密表苞與吳人交通

又曰王導諸葛恢曰人言王葛不言葛王恢曰人言驢馬不言馬驢豈驢勝馬也

沈約宋書曰後廢帝昱於耀靈殿上養驢數十

又曰吏部尚書庾仲文荀萬秋嘗詣仲文逢一客姓夏侯主人問有好牛不言無問有好馬不又言無正有佳驢耳仲文便答云甚是所欲客出門遂與相問索之



齊書曰劉祥傳才傲物常謂一驢曰汝努力如汝人才俱爲令僕矣

又曰謝超宗爲人仗才使酒齊高帝問以北方事超宗對失儀出爲南郡王中軍司馬人或問曰聞有朝命定是何府荅曰不知是司馬爲復是司驢旣是驢府正應是司驢爲有司所奏以怨望免

後魏書曰元坦傲很凶麁安豐王延明每切責之曰昔宋有東海王禕志性凡劣人號曰驢王我熟觀汝所作亦恐不免驢當時聞者號爲驢王

三國典略曰東魏靜帝遷都鄴尚書郎已下盡令乘驢

又曰齊蕭愨爲太子洗馬愨字仁祖常患腰痛眩不堪馳馬齊主令乘驢以從見者笑之

北史曰公孫軌拜尚書賜爵郡公出爲武牢鎮將初太武

將北征發驢以運粮使軌部調雍州軌令驢主皆加絹一
百疋乃與受之百姓語曰驢無弱負絹自壯衆共嗤之
又曰後魏車駕徃征蠕蠕司馬楚之與濟陰公盧中山等
督運以繼大軍時鎮北將軍封沓亡入蠕蠕說令擊之以
絶運蠕蠕乃潛遣覘楚之軍截驢耳而去有告失驢耳者
楚之曰必覘賊截之爲驗耳賊將至矣乃伐柳爲城水灌
令凍城立而賊至不可攻逼乃走散太武聞而嘉之
唐書曰郭英乂鎮劒南取女人令乘驢擊毬以寶鈿爲驢鞍
賞賜巨萬以爲笑樂
風俗通曰靈帝於宮中西園駕四白驢躬自操轡驅馳周
旋以爲大樂於是公卿貴戚轉相倣至乘軿以爲騎從價
與馬齊
又曰凡人相罵曰死驢醜惡之稱也董卓陵虐王室執政



皆如死驢
漢志曰靈帝駕四驢親自操轡驢者服重征遠上下山谷
野人之所用耳何有帝王君子而驂駕之乎天意若曰國
且大亂賢愚倒植凡執政者皆如驢焉
金樓子云漢靈帝養驢數百頭常自騎之驅馳遍京師
有時駕四驢入市
符子曰有驢仙者享五百歲負乘而不輟歷無定主大驛
於天下
世說曰孝武帝未嘗見驢謝太傅問陛下遥想其形當何
所似孝武掩口而笑荅曰頭當似猪
續搜神記曰石虎中有一胡道人知呪術乘驢作賈客於
外國深山中行下有絶澗窅然無底忽有惡鬼偷牽此道
人驢下入澗道人尋跡呪誓呼諸鬼王須臾即驢物如故

國朝傳記曰武后初稱周恐下心不安乃令人自舉供奉
官正貟外多置裏行拾遺補闕御史至有車載斗量之詠
有御史臺令史將入室值裏行御史數人聚立門內令史
不下驢衝過其間諸御史大怒將杖之令史云今日之過
實在此驢乞先數之然後受罰御史許之謂驢曰汝伎藝
可知精神極鈍何物驢畜敢於御史裏行於是羞赧而
止
楚辭曰騾垂兩耳中阪蹉跎蹇驢服駕無用日多又曰駕
蹇驢而無策又何路之能極
臧彦吊驢文曰爰有奇人西州之馳驅者體質強直稟性
沉難聰敏寬詳高音遠暢真驢氏之名駒也
宋袁淑俳諧文曰驢山公九錫曰若乃三軍陸邁粮運艱
難謀臣停筭武夫吟歎尔乃長鳴上黨忼慨應官崎嶇千



里荷囊致飡用捷大勳万世不刊斯實爾之功也音隨時
興晨夜不默仰契玄象俯叶漏刻應更長鳴毫分不却雖
挈壺著稱未足比德斯復爾之智也若乃六合昏晦三辰
幽冥猶憶天時用不廢聲斯又爾之鳴也青脊絳身長頰
廣額脩尾後垂巨耳雙磔斯又爾之形也嘉麥既熟實須
精麵負磨迴衡迅若轉電惠我衆庶神祇獲薦斯又爾之
能也爾有濟師旅之勳而加之以衆能是用遣中大夫盧
丘加盧尔使銜勒大鴻臚班脚大將軍宮亭侯以楊州之
廬江江州之廬陵吳國之桐廬合浦之朱盧封爾爲中驢
公

騾

廣志云騾北方或曰冏
說文曰騾驢父馬毋也

崔豹古今注曰驢為牡馬為牝即生騾馬為牡驢為牝即生駏驉

史記曰大將軍衛青圍匈奴匈奴薄暮乘六騾壯騎可數百冒圍去追之不及

漢書曰高昌性難伏乃作歌曰驢非驢馬非馬言高昌似騾也

三國典略曰齊陽休之嘗乘騾遊於公卿門略無慙色

又曰侯莫陳悅既敗與其子弟及麾下數十騎遁走至牽屯山不知所趣乃弃馬山谷乘騾而去

唐書曰吳元濟叛其將有董重質者守洄曲其部下乘騾即戰號騾子部最為勁悍官軍恒警備之

呂氏春秋曰趙簡子有兩白騾而甚愛之陽城胥渠處黃門之官夜款門而謁曰主君之臣胥渠有疾醫教之曰得



白騾肝病則止不得則死謁者入通董安于御於側慍曰譆胥渠也欺君請即刑焉簡子曰夫殺人以活畜不亦不仁乎殺畜以活人不亦仁乎於是令庖人殺白騾取其肝以與陽城胥渠處無幾何趙興兵而攻翟黃門之官左七百人右七百人皆先登而獲甲首人主胡可以不好士

抱朴子曰世不信騾乃驢馬所生云各自有種況乎仙者難知之事哉

魯女生別傳曰李少君死後百餘日後人有見少君在河東蒲坂乘青騾帝聞之發棺無所有

洞冥記曰脩弥國多神馬騾驢驢高十丈毛色皎然能行水上有兩翼或飛於海上常與牝馬合則生神騾

又曰元封四年脩弥國獻駮騾高一丈毛色赤斑皆山毛旋成日月之象常以金珽物器盛蒭以飼之置於黃門廐

東方朔曰此六畜之下者無為深愛昔夏侯淫于原獸以亡其國況戎翟獻其鄙獸費財毀德非所以示天下也楚莊好馬敝教知其失政願陛下省物全國家之機事騾鄙獸宜置之於貧乘不用則弃之於野上乃放之後野人見有赤虵自天屬地有雲氣來繞地及雲除虵復變為赤龍騎之入雲有人來告上曰滑稽兒使我失龍矣朔曰龍何難值恐陛下貴金珽終化為驢騾耳帝納其言而深忌之

吳曆曰朱據討沓中獲驢騾二千餘頭

晉書曰乘傳使者賫官出使遭周親喪以上皆自表聞聽得白服乘騾車

晉諸公讚曰劉禪降乘騾車詣鄧艾

神仙傳曰薊子訓齊人也到京師諸貴人欲見之子訓曰我非有重瞳八采欲見我見我亦無所道遂去諸貴人皆



逐之聞人去適去東陌上乘騾者是乃各走馬逐之望見子訓騾徐行而名馬逐之不及乃各罷歸

## 驝駞

淮南子曰驝駞之本出泉渠

廣志曰天竺以北多馲駞

山海經曰虢山陽之光山獸多驝駞善行流沙中日三百里負千斤

史記匈奴傳曰其奇畜則驝駞

又曰蘇秦傳曰蘇秦說楚威王曰大王誠能用臣之愚計則燕代驝駞良馬必實外廐

漢書西域傳曰鄯善國多馲駞

東觀漢記曰河西太守竇融遣使獻驝駞南單于上書獻驝駞單于歲祭三龍祠走馬鬪驝駞以為樂事

華嶠後漢書曰南單于遣使詣闕奉蕃稱臣入居於雲中
遣使獻橐駞
南史曰四夷傳滑國有兩脚橐駞野驢有角
後魏書曰高祖不飲洛水常以千里足名駞更牙向恒州
取水以供贍焉
後周書四夷傳且末西北有流沙數百里夏日多熱風爲
行旅之患其風欲至唯老駞知之即鳴而聚立埋其口
於沙中人以爲候即以氈擁其鼻口其風迅速須臾即過
不尒則至危斃
鹽鐵論曰齊陶之縑南漢之布中國以一端縵得匈奴累
金之物驢騾駱駞可使銜尾入塞
博物志曰燉煌西渡流沙千餘里中無水時時伏流處人
不能智乘駱駞駞知水脉遇其處輒停不肯行以足蹋地



人於蹋處掘之輒得水
外國曰大秦國人長一丈五尺猨臂長脅好騎駱駞
洛中記曰有銅駞二枚在宮之南四會道頭高九尺號銅
駞路
陸翽鄴中記曰二銅駞如馬形長一丈高一丈足如牛尾
長二尺脊如馬鞍在中陽門外夾道相向
異苑曰西域苟夷國山下有石駱駞腹下出水以金鐵及
手承取即便對過瓠蘆盛之者即得飲之令身體香淨而
昇仙其國神秘不可數遇
楚辭曰鼂鼂遊乎華池騕褭奔亡騰駕橐駞騕褭駿馬
郭璞山海經圖橐駞讃曰駞惟奇畜肉鞍是被迅騖流
沙顯功絶地潛識泉源微乎其智
太平御覽卷第九百一

太平御覽卷第九百二

獸部十四

羊

說文曰羊祥也象四足角尾之形孔子曰牛羊之字以形舉

又曰羔羊子也羜五月生羔也𦍩（土貝）六月生羔也羍七月生羊也𦍘（推犧）羊未卒歲也牂牝羊也羒（扶分）牡羊也羠（音夷）乘羊也羳（扶貟）黃腹羊也羥（揩間）羊名也

廣雅曰吳羊牝一歲曰𦍘三歲曰羝其一歲曰持三歲曰牂吳羊犗（居八切）曰羯（各）羖羊犗曰羯羍羍羜羠（思究）羔也

爾雅曰麢（似羊大角貟在山崖間）羱如羊（音元似吳羊）羊牡羒（音汾）牝牂夏羊（黑羖䍽也）牡羭（音揄黑羝）牝羖角不齊觤（一短一長）角三觜羷（音卷三匝）羳羊黃腹未成羊羜絕有力奮



郭義恭廣志曰犬尾羊細毛薄皮尾上旁廣重且十斤出康居

又曰驢羊似驢

字林曰䍮（女奚切）羺（女溝切）胡羊也羫（口弄切）羊腊也似羊四耳九尾目在背䍯（音還）似羊無口䍶（乙間切）群羊相積一曰羊羼（初莧切）羊相廁也羴羊臭也（羴羶式延切）

玄中記曰千歲之樹精爲青羊

崔豹古今注曰羊一名羙髯鬚主簿

禮記曲禮下曰祭廟羊曰柔毛

又曰大夫無故不殺羊

又月令曰孟春天子食麥與羊

又內則曰羊冷毛而毳羶

詩小雅無羊曰誰謂爾無羊三百維群

又曰爾羊來思其角戢戢

又曰羔羊鵲巢之國也召南之政在位皆儉節正直德如羔羊也羔羊之皮素絲五紽

又曰牂羊墳首三星在罶鄭玄注曰羊牝曰牂墳大也

易說卦曰兌爲羊

又大壯曰九三小人用壯君子用罔貞厲羝羊觸藩羸其角

周禮夏官上曰羊人掌羊牲凡祭祀飾羔（羔小羊也詩曰四之日其早獻羔祭韭）祭祀割羊牲登其首（登升也升首報陽也升首于室）凡祈珥共其羊牲（共猶給也）賓客共其灋羊（灋羊饗膳之羊）凡沈辜侯禳釁積共其羊牲（積故書爲眦鄭司農云眦讀爲漬謂釁國寶器也玄謂積積柴煙祀槱燎實柴）

周禮天官食醫曰凡會膳食羊宜黍

左傳宣上曰華元殺羊食士其御羊斟不與及戰曰疇昔之羊子爲政今日之事我爲政與入鄭師故敗



又宣下曰楚子圍鄭鄭伯肉袒牽羊

論語曰子貢欲去告朔之餼羊子曰賜也爾愛其羊我愛其禮

又曰葉公語孔子曰吾黨有直躬者其父攘羊而子證之（攘盜）

史記曰武王克殷微子持其祭器肉袒面縛左牽羊把茅膝行而前

又曰卜式者河南人式入牧百餘羊十餘歲羊致千餘上曰吾有羊在上林中欲令子牧之乃拜式爲郎布衣屩而牧羊（屩音腳）歲餘羊悉肥上過其羊善之式曰非獨羊也治民亦如是也拜緱氏令

又曰秦襄公始用羝羊祠西畤

漢書曰楚懷王孫心在人間爲人牧羊項梁立爲懷王
又曰蘇武使匈奴匈奴知武不可降使北海上無人處牧
羝羊乳乃得歸武在海上廩食不至掘野鼠草芰而食之
杖漢節牧羊卧起持節節旄盡落
東觀漢記曰甄宇北海人爲州從事徵拜博士每臘詔書
賜博士一羊羊有大小肥瘦時博士祭酒議欲殺羊稱分
其肉宇曰不可又欲投鉤復耻之云甄博士宇先自取其
冣瘦者猶是不復有爭訟後召會詔問瘦羊甄博士
後漢書曰更始二年至長安尤嗜酒不聽政事所任皆賈
竪膳夫庖人長安爲之語曰竈下養中郎將爛羊胃騎都
尉爛羊頭關内侯
又曰廣陵思王荆傳曰光武崩大行在殿荆哭不哀而作
飛書令蒼頭詐稱東海王彊舅況書與彊構爲大逆其辭



曰當秋霜無爲檻羊（秋霜肅殺於物檻羊受制於人）
崔鴻十六國春秋後録曰羌抑摩獻羊六角二口四角八
口○北史曰隋漢王諒爲并州總管潞州有官羊生二角
相背以爲諒之咎徵
帝王世紀曰湯問葛伯何故不祀曰無以供犧牲湯遺之
以羊
穆天子傳曰犬戎胡觴天子于雷首之阿乃獻良馬四六
天子使孔牙受之曰雷水之平爰有黑牛白角爰有黑羊
白血
又曰天子飲于文山乃獻豪牛（四節有豪）
又曰舂山大羊食麃豕
山海經曰錢來之山有獸如羊而馬尾名曰鍼羊
周易是謀類曰太山失金雞西嶽亡玉羊鄭玄注曰金雞

玉羊二嶽之精
春秋説題辭曰羊者祥也合三而生以養王也故羊高三
尺○雜五行書曰懸羊頭門上除盜賊
春秋繁露曰凡贄卿用羔羔飲之其母必跪類知禮者故
羊之爲言祥故以爲贄
莊子曰臧與穀二人相與牧羊而俱亡羊問臧奚事則挾
筴讀書穀奚事則博塞以游二人事業不同其亡羊均也
又曰善養生者如牧羊後者鞭之
墨子曰齊莊公之臣王國卑中里徼者訟三年而獄不斷
恐失有罪使二人共一羊盟齊之社二子相從以羊血灑
社讀王國卑之祠已盡終里徼之辭未半祭羊起而觸中
里徼齊人以爲有神驗
列子傳曰楊朱見梁王言治天下如運諸掌王曰先生有



一妻一妾而不能治三畝之園而不能芸言治天下何也
曰君見夫牧羊者乎百羊而群使五尺童子荷箠而隨之
欲東而東欲西而西使堯牽一羊舜荷箠而隨之則不能
前矣
孫卿子曰仲尼爲魯司寇沈猶氏不敢朝飲其羊
尸子曰羊不任駕鹽車椽不可爲楣棟
龍魚河圖曰羊有一角食之殺人
周書曰夏桀德衰夷羊在牧飛蛤蒲野
韓詩外傳曰魯哀公使人穿井三月不得泉得一玉羊焉
公以爲玉羊使祝鼓舞之欲上於天羊不能上孔子見曰
水之精爲玉土之精爲羊願無怪之此羊肝土也公使殺
之視肝即土矣
國語曰季桓子穿井獲如土缶其中有羊

符子曰魏文侯見宋陵子三仕不願文侯曰何貧乎曰王見楚富者牧羊九十九而願百嘗訪邑里故人其隣人貧有一羊富者拜之曰吾羊九十九今君之一盈我成百則牧數足矣隣者與之從此觀焉富者非富貧者非貧也

呂氏春秋曰百里奚未遇時亡虞飯牛於秦傳鬻以五羖羊之皮公孫枝得獻諸繆公繆公用之謀無不當舉必有功

淮南萬畢術曰阿羊九頭更食國亂乃出

楊雄法言曰敢問質曰羊質虎皮見草而悅見豺而戰忘其皮之虎也

王充論衡曰獬豸者一角之羊也性知有罪皋陶治獄其罪疑乃令羊觸之

山海經曰羬羊尾如馬出錢來之山（羬音鍼玉篇作古咸反）



瑞應圖曰鍾律和調則玉羊見

白澤圖曰羊有一角當頂上龍也殺之震死

博物志曰胡蔥蜀中本無也洛中人有驅羊入蜀其子着羊毛蜀人取種因名禾羊負來

又曰陰夷山有淫羊一日百遍脯不可食但着床席間已自驚人又有作淫羊脯法取羖羜各一別繫令裁相近而不使相接食之以地黃竹葉飲以麥汁米瀋百餘日後解放之欲交未成便牽兩殺之膊以爲脯男食羖女食羜則並如狂好醜亦無所避其勢數日乃歇治之方煑茱萸菖蒲汁飲之又以水銀宮脂塗陰男子即瘥宮脂鹿脂也

杜預奏事曰臣前在南聞魏興北山有野羊大者數百十斤試令固求今者各得一枚并頭角蹄案其形不與土羊相似然是野獸土所希有

新言曰初年懸羊頭磔鷄頭以求富余以問河南服君服君曰是月草木萌羊能嚙草鷄啄五穀故懸二物助陽氣令人殺羊鷄自作不祥

涼州異物志曰有小羊稱若斤（[illegible]）崤山如壁上下無跌

又曰有羊大尾車推乃行用累其身

又曰封羊其背如駝

宋永初山川記曰九真都龍縣有麢羊大如犢牛

春秋後語曰張儀謂楚王曰夫爲從者無異驅群羊而攻生虎虎之與羊不格亦明矣（格鬬也羊不能與虎明矣）今王不與虎而與羊臣竊以爲大王之計過

衛玠別傳曰玠少時乘白羊車於洛陽市共觀咸曰誰家璧人

述異記曰羊而不角呼蛟羊一名胡髯郎一名青鳥



又曰周成王時東夷進六角羊周厲王元年外國貢三角羊。尹喜內傳曰老子與喜別曰尋吾於成都市青羊之肆喜後求而得之

葛洪神仙傳曰皇初平年十五家使牧羊有道士見其良謹將至華山石室中四十年不誤念其家其兄初起行索初平見道士引至山與弟語畢問平羊何在平曰近東初起視不見羊但見白石卻謂平曰山東無羊平曰兄自不見爾與兄俱往平乃叱之白石一時皆起成羊數萬頭初起曰弟得仙道以如此遂弃妻子服松栢伏苓五萬日遂得仙易姓爲赤松子

又曰曹公收左慈慈走入群羊失慈之所在追者疑化爲羊乃令人數羊羊本千口簡之長一口知化爲羊乃謂曰若是左公者但出無苦也有一羊跪言詎如許追者欲執

之於是群羊皆長跪曰詎如許追者乃去

搜神記曰宣帝時陰子方者至孝有仁恩正當臘日晨炊而竈神形見子方再拜家有黃羊因以祠之

又曰南陽宗定伯少年夜行忽逢一鬼鬼問爲誰定伯乃欺之曰我亦鬼也遂相與爲侶向遠行極困相擔問鬼曰鬼何所畏曰唯不喜人唾欲至宛便擔鬼着頂上徑詣宛市化爲羊恐其變亟唾之賣之得錢千五百買者繫之明覩之但繩在時人名宗定伯賣鬼得千五百

列仙傳曰葛由者羌人周成王時好刻木作羊賣之一旦騎羊而入蜀中王侯貴人追之上綏山在峨嵋山西南高無極隨之者不得還皆得仙道山上有桃故里諺曰得綏山一桃雖不得仙亦足以豪

又曰昔有攘羊者以羊遺叔嚮叔嚮毋埋之不食後三年



攘羊事發追捕嚮家檢羊骨肉都盡唯有舌在國人異之遂以羊舌爲族矣

續搜神記曰顧霈者吳之豪士送客於昇平亭時有一沙門在坐是流俗道人主常欲殺羊羊絕斷便走來入此道人脥中穿頭入袈裟下道人不能救即將去而殺之既行炙主人先割以啖道人道人食炙下喉炙便自走行道人皮中痛毒不可忍呼醫來封之以數針貫之炙猶動搖乃破出之故是一臠肉耳道人於是得病作羊鳴吐沫還寺少時便死

劉義慶幽明錄曰洛下有洞穴婦欲殺夫推下經多時至底乃得一穴宮館金飾明踰三光人長三丈如此九處最後至告飢長人指樹下一羊令跪捋羊鬚初得一珠長人取之次亦取後令噉即療饑請問九處名求停不去荅云君不得停

續異記曰吳興俞亮以永明八年補護軍府史於常眠處聞有羊聲疑爲神怪竊於户窺之見其牀下有一羊可高二尺毛色若丹光耀滿室

金樓子曰脩羊公於華陰山以道干景帝禮遇之數歲道不可得有詔問脩羊公能何發語未訖於床上化爲白石羊題其脇曰脩羊公謝天子後置石羊於通靈臺

嶺表錄異曰嘗有人自青社泛海歸闔爲惡風所飄五日夜不知行幾千里也至一島忽見群羊人向之亦不驚避初疑人所放牧而絕無人迹乃知野生者舡人方餒因取食之

太平御覽卷第九百二

# 太平御覽卷第九百三

獸部十五

豕

爾雅曰豕豬（江東呼爲豨）豶豶（羊粪反俗呼小豶猪爲豶子也）么幼（最後生者俗呼爲么豚）奏者豱（音温今豱猪短頭皮理腠蹙也）豕生三豵（音宗）二師一特所寢橧（疾陵切）四蹢皆白曰豥（音該）其跡刻絶有力䝏（音厄豕高五尺者）牝豝彘五尺爲䝏（大豕爲䝏今漁陽呼猪大者爲䝏也）

說文曰豰（許卜切）小肫也豯肫生三月豵也（子公切）豚生六月也或曰一歲曰豵豝牝豕豶豜也豣（公研切）三歲豕豭牡豕也豶豶也豛（音役）大谷名豬曰豛豷（於麗切）豕息也豢以穀圈養豕也

何承天纂文曰梁州以豕爲䝐（之涉切）河南謂之彘吳楚謂之豨（虛豈切）漁陽以大豬爲豝齊徐以小豬爲貗（化主切）貎（音覓）白豕黑頭也豱豕奏毛也



方言曰豬燕朝鮮之間謂之豭關東謂之彘或謂之豕南楚謂之豨其子或謂之豚或謂之貕吳揚之間謂之豬子。春秋說題辭曰斗星時散精爲彘四月生應天理

崔豹古今注曰豬一名喙一名參軍

易說卦曰坎爲豕

又睽卦曰上九睽孤見豕負塗載鬼一車

又大畜曰六五豶豕之牙吉

又姤卦曰初六繫于金柅貞吉有攸往見凶羸豕孚蹢躅

禮記曲禮下曰凡祭豕曰剛鬣豚曰腯肥

又曰士無故不殺犬豕

又月令曰孟夏農乃登麥天子以彘嘗麥

又王制曰秋薦黍以豚

又禮器曰晏平仲祭其先人豚肩不揜豆

又內則曰豕望視而交睫腥（望視遠視也腥當爲星星肉如米者）

論語曰陽貨欲見孔子孔子不見饋孔子豚

詩國風騶虞曰彼茁者葭一發五豝（豕牝曰豝）

又曰彼茁者蓬一發五豵（一歲曰豵箋云豕三歲曰豵）

又魚藻嶃嶃之石曰有豕白蹢烝涉波矣

左傳莊八年曰齊無知弒其君十二月齊侯游于姑棼遂田於貝丘見大豕從者曰公子彭生也公怒曰彭生敢見射之豕人立而啼公懼墜于車傷足喪屨反誅屨於徒人費弗得鞭之見血走出遇賊于門劫而束之費曰我奚御哉袒而示之背信之費請先入伏公而出鬬死于門中石之紛如死于階下遂入殺孟陽于牀曰非君也不類見公之足于戶下遂殺之而立無知



又昭七日昔有仍氏生女樂正后夔取之生伯封實有豕心貪惏無饜謂之封豕

又曰衛靈公夫人南子與宋朝通衛太子使齊過宋宋野人以婁豬刺而歌之云既定爾婁豬盍歸吾艾豭

史記曰子路性鄙好勇伉直冠雄雞佩豭豚

漢書曰公孫弘菑川人少時爲獄吏有罪免家貧牧豕海上。又曰郅都景帝將爲郎嘗從入上林賈姬在廁野彘入廁上目召都都不行上欲自持兵救賈姬都諫之乃止彘亦不傷賈姬

又曰燕刺王旦將作亂廁中群豕出壞太官竈

東觀漢記曰承宮字少子琅邪人少孤年八歲人令牧豕鄉里徐子盛明春秋經授諸生數百人宮過其廬下見諸生講誦好之因弃猪而聽經猪主怪不還行索見宮欲笞

門下生共禁止因留精舍門下拾薪執苦數年遂通經
又曰朱浮與彭寵書責之曰伯通自伐以功爲高天下往
時遼東有豕生子白頭異而獻之行至河東見群豕皆白
懷慙而還若以子功論於朝廷則爲遼東豕也
續漢書曰曹萌字元偉以仁厚稱隣人有亡豕者與萌豕
相類詣門認之萌不與爭後所亡豕自還其主大慙送所
認豕辭謝萌萌笑而受之
袁山松漢紀曰吳祐放猪於長垣澤中誦經而行遇父故
人謂之曰子二千石子捍鞭而誦經行吟於澤畔縱子無
耻奈君父何祐守志如初與北海公沙穆遊大學資乏變
服爲傭祐賃使舂遂爲死交於杵臼之間
張璠漢紀曰莎車王殺于寘王于寘大人都末出城見野
豕欲射之豕乃語曰無殺我我爲汝殺莎車將軍都末異
之即與先共殺莎車王
謝承後漢書曰朱穆字文元嘗養猪猪有病使人賣之於市
語之言如售當自告買者言病也責賣猪者售不言病且直
過多穆怪其故賫半直以還買猪者辭不取穆弃錢而去
魏志曰挹婁國在夫餘東常穴居土寒冬氣劇於夫餘其俗
好養猪食其肉衣其皮冬以猪膏塗身
又曰管輅嘗至郭恩家雍上鳩鬬謂恩曰當有老人將肫
一口從東候公舍有小口傷亦無所苦明日果有親知老
翁攜肫饋恩恩射鳩爲饌箭着小女子脚舉家惶怖竟
無所害又有人失婦使輅卜之輅曰君明日於路見檐猪
者乃逐之行次猪忽繩斷走入他舍突破主人甕見其婦
出着猪遂擒之
晉書曰阮咸至宗人間共集不用杯觴斟酌以大甕盛酒



團坐相向大酌更飲時有群豕來飲其酒咸直接去其上
便共飲之
又曰愍懷太子嘗從帝觀豕牢言於帝曰豕甚肥何不殺
以享士而使久費五穀帝嘉其意即使享之因撫其背謂
廷尉傅祗曰此兒當興我家
又曰韓友字景先廬江舒人也龍舒長鄧林父病積年垂
死友爲筮使畫作野猪着卧處屏風上因是遂差
又曰呂光死其子纂立有猪生子一身三頭又有龍出井
中蟠於殿前纂以爲美瑞羅什獨以爲災俄而呂超殺纂
又曰劉聰時豕着進賢冠升聰殿與犬鬬
北史曰陸逞累除京兆尹郡界有豕生數子經旬而死其
家又有豮豕遂乳養之諸豚賴之以活時以逞仁政所致
皇甫謐高士傳曰孫期字仲彧濟陰人與諸生講京氏易
古文尚書家貧事母至孝牧豕於大澤中以奉養焉遠人
從其學者皆執經壟畔以追之里落化其仁讓黃巾賊起
過期里陌相約不能犯孫先生舍郡舉方正遣吏賫羊酒
請期期驅豕入草不顧也
三輔決錄曰五門子孫凡民之伍馬氏兄弟五人共居此地作客舍養猪賣豚故民謂之曰苑中三公鉅下二卿五門嚘嚘但聞豚聲
董正別傳曰司馬徽字德操時人呼爲水鏡嘗有人妄認
徽猪徽便推與之後數日亡猪者以猪還徽乃叩頭謝自
責徽又厚謝
華陽國志曰何隨字季業清廉退讓嘗有屠者牽猪過
隨門索斷失之強認隨溷中猪隨牽與之屠人尋自得
亡者還隨隨以與之
越絕書曰鷄山豕山者句踐以畜鷄豕將伐吳以食死士也

墨子曰孔子窮於陳蔡之間藜羹不糂（桑感切）子路烹豕孔子不問肉所從來而食之

符子曰朔人獻燕昭王以大豕曰養奚若使曰豕也非大圊不居非人便不珍今年百二十矣人謂豕仙王乃命豕宰養六十五年大如沙墳足如不勝其體王異之令衡官橋而量之折十橋豕不量又命水官舟而量其重千鈞其巨無用燕相謂王曰奚不饗之王乃命宰夫膳之夕見夢於燕相曰造化勞我以豕形食我以人穢吾患其生久矣仗君之靈得化吾生始得爲魯津之伯燕相游乎魯津有赤龜奉璧而獻（一云夜光珠）

孝經援神契曰彘水伏故去豚

淮南子曰六九五十四四主時時主豕故豕四月而生

又曰黃帝理天下狗彘吐菽粟於路無忿爭之人



山海經猫大者肉重千萬斤豪猪如豚而白毛毛大如笄而黑端郭璞注曰猫猪也夾髀而有麄豪長數尺能以頸上毫射物

博物志曰商丘子有養猪法卜式有養猪羊法。祖台之志怪曰吳中有一士大夫於都假還至曲阿塘上見一女子甚美留其宿士解臂金鈴繫女臂令暮更來遂不至使人求都無此色過猪圈見一母猪臂上繫金鈴

養生要集曰白豕白蹄青爪不可食也

異物志曰鬱林大猪一蹄有四五甲多膏賣者以鐵錐刺其頭入七八寸得赤肉乃動

習鑿齒襄陽耆舊傳曰木蘭橋者今之豬欄橋是也

山海經圖曰豪彘讚曰剛鬣之族號曰豪豨毛如攢錐中有激矢

宋袁淑大蘭王九錫文曰太亥十年九月乙亥朔十三日丁亥北燕伯使使者豪豨冊命大蘭王曰咨惟君禀太陰之沉精標群形於玄質體肥腯而洪茂長無心以遊逸資豢養於人主雖無爵而有秩此君之純也君昔封國郡商號曰豕氏葉隆當時名垂于此此君之美也白蹢彰於周詩涉波應乎隆象歌詠垂於人口經千載而流響此君之德也君相與野遊唯君爲雄顉群數百自西徂東俯歎沫則成霧仰奮鬣則生風猛毒必噬有敵必攻長驅直突陣無全鋒此君之勇也

太平御覽卷第九百三

獸部十六

狗上

爾雅曰犬生三䝘(音宗)二師一玂(音祈)未成毫狗長喙獫(音廉又音險)短喙猲(音歇)獢(許嬌切)狗絶有力狣(音兆)尨狗也狗四尺爲獒

說文曰犬狗之有懸蹏者也孔子曰視犬之字如畫狗也

又曰狗叩也叩氣吠以守也

又曰尨犬之多毛者也猲短喙犬也獫黑犬黃頭也狂(之句切)黃犬黑頭也猈(音罷)短脰狗也獫(胡斬切)犬吠不止也獒犬如人心可使也狾(居世切)狂犬也猌亦犬也

又曰狡少狗也匈奴有狡犬巨口而黑身

呂忱字林曰獹韓良犬也猉(音䳼)宋良犬也犴(五見切)逐虎犬也。何承天纂文曰守犬爲獖(扶本切)隴西以犬爲猶(酉)穠(乃切)獿(乃居切)犽(乃庚切)皆多毛犬也獟(五校切)猘(居例切)也犯(音貂)𤝬尾犬也。廣雅曰殷虞晉獒楚茹黃韓盧宋鵲並犬屬



廣志曰狗有懸蹏短尾之號。古今注曰狗一名黃羊

易說卦曰艮爲狗。詩國風盧令曰盧令令其人美且仁(盧田犬令令纓環聲)盧重環其人美且鬈

又曰國風野有死麕曰無撼我帨兮無使尨也吠(尨狗也)

禮記曲禮曰馬効羊者右牽之効犬者左牽之

又曲禮曰凡祭祀犬曰羹獻

又內則曰狗赤股而躁臊

又檀弓曰仲尼之畜狗死使子貢埋之曰吾聞之弊帷不弃爲埋馬也弊蓋不弃爲埋狗也丘也貧無蓋於其封也亦與之席無使其首陷焉(封當爲窆陷謂沒於土)

尚書洪範曰西旅獻獒(西戎遠國貢大犬)太保作旅獒(召公也)

左傳宣上曰晉侯飲趙盾酒伏甲將攻之其右提弥明知之趍登曰臣侍君宴過三爵非禮也遂扶以下公嗾夫獒焉明搏而殺之盾曰弃人用犬雖猛何爲

又曰襄三曰國人逐瘈狗瘈狗入於華臣氏國人從之華臣懼遂奔陳

又曰昭六曰二十三年邾師獲鉏弱地邾人愬于晉晉人來討叔孫婼如晉乃館諸箕使人與叔孫居於箕者請其吠狗弗與及將歸殺而與之食(示不愛)

公羊宣公曰靈公食趙盾公曰聞子劒利以示我盾將起進劒彌明曰何故拔劒於公所盾知之躇而進(躇猶超遽不暇以次)有周狗(可與比周所指如意)謂之獒而屬之獒亦躇階從弥明逆而踆之(以足逆蹋之曰踆)絶頷趙盾顧曰君之獒不若臣之獒也

史記淮陰傳云高祖詔齊捕蒯通通至上曰若教淮陰侯反乎對曰然臣固教之跖狗吠堯堯非不仁固吠非其主當是時臣獨知韓信非知陛下也



又徐偃王志云徐君宮人任娠而產卵以爲不祥弃於水邊孤獨老母有犬名鵠倉獵於水濱得所弃卵銜以來歸獨母以爲異覆煖之遂𧊋蝍成小兒生時正偃故以爲名徐君宮中聞之乃更錄取收養長而仁知襲君徐國後鵠倉臨死更生角而九尾實黃龍也偃王葬之徐界中今見有狗壟去

又曰范蠡之齊遺大夫種書蜚鳥盡良弓藏狡兎死走狗烹

又曰范雎說秦昭王曰夫以秦而治諸侯譬若縱韓盧而摶蹇兎也閉關十五年不敢窺兵於山東者是穰侯不忠而大王之計有所失也

漢書五行志曰文帝後五年六月齊雍城門外有狗生角
又曰成帝河平元年長安男子石良劉晉相與同居有如
人狀在其室中擊之爲狗走復至數人被甲持弓至良家
等擊之或傷皆狗也自二月至六月乃止其於洪範皆犬
禍也
後漢書曰岑熙爲魏太守無爲而化視事二年輿人歌之
曰我有枳棘岑君伐之我有蟊賊岑君遏之吠狗不驚足
下生氂
又曰靈帝於西園弄狗著進賢冠帶綬
續漢書曰靈帝寵用便嬖弟子轉相汲引賣關内侯直五
百萬令長強者貪如豺狼弱者略不類物實狗而冠也
又曰昌邑王見狗冠方山冠龔遂曰王之左右皆狗而冠
魏志曰太祖云我有丁斐猶人家有盜狗善捕鼠雖小損



而完囊儲
又曰公孫淵未亡家數有怪犬冠幘絳衣上臺
又曰朱建平善相術謂應璩云君年六十三位爲常伯當
有厄先此一年當獨見一白狗而旁人不見也據六十一
爲侍中直内省欻見白狗問之衆人悉無見者於是遊觀
田里飲宴自娛過期一年年六十三卒
魏略曰丁謐外似踈濫而内明慧雖與何晏鄧颺等同列
而皆少之唯聲勢屈於曹爽爽亦敬之言無不從故于時謗
書謂臺中三狗啀喍不可當一狗憑黠作蛆囊三狗謂何
鄧丁也黠者爽小字也其意言三狗皆欲嚙人而畜蛆也
吳志曰孫峻謀誅諸葛恪恪將見之夜精爽擾動通夕不
寢嚴畢趍出犬銜引其衣恪曰犬不欲我行乎還坐有頃
乃復起犬又銜其衣恪令從者逐犬遂外車

晉書曰當陽侯杜預初攻吳吳人憚其智以瓠繫狗頸示
之預恨之及平盡殺之
又曰齊王冏入廢賈后后呼帝曰陛下有婦使人廢亦行
自廢又問冏曰起事者誰冏曰梁趙后曰繫狗當繫頸今反
繫其尾何得不然
又曰吳隱之爲奉朝請謝石請爲衛將軍主簿隱之將嫁
女石知其貧素遣女必當率薄乃令移廚帳助其經營使
者至方見婢牽犬賣之此外蕭然無辦
又曰庾翼常令郭璞筮其后璞曰卿后並貴盛然有白龍
者凶徵至矣後庾冰子蘊爲廣州刺史其妾産犬子不令
蘊知狗轉長大蘊入見狗眉目分明而異形於衆後失所
在蘊慨然曰殆白龍乎後爲桓氏所滅
又藝術傳曰嚴卿會稽人也善卜筮鄉人魏序欲暫東行



荒年多抄盜令卿筮之卿筮曰君愼勿東行必遭暴害之
氣而非刼也宜有以禳之可索西郭外獨母家白雄狗繫
著船前求索正得駮狗卿曰其色不純當有小毒止及六
畜尔無復憂序行半路狗忽有聲甚急如被人擊比視已
死吐黑血斗餘其夕序墅上白鵝數頭無故自死而家無
恙
後魏書蠻夷傳云獠性同禽獸若殺其父求得一狗以謝
其母不懷嫌恨又以大狗一頭買一生口
北史曰齊南陽王綽始十餘歲留守晉陽愛波斯狗尉破
胡諫之綽欻然斫殺數狗狼藉在地破胡驚走不敢復言
後有婦人抱兒在路走避入草綽奪其兒飼波斯狗婦人
號哭綽怒又縱狗使食狗不食塗以兒血乃食焉
後周書曰張元琮性仁孝村陌有狗子爲人所弃者元見

即收而養之其叔父怒曰何用此爲將欲更弃之元對曰
有生之類莫不重其性命若天生殺自然之理今爲人所
弃而死非其道也若而不收養無仁心也是以收而養之
叔父感其言遂許焉未幾乃有狗母銜一死兎置元前而
去

三國典略曰齊高緯以波斯狗爲赤虎儀同逍遥郡君常
於馬上設蹬褥以抱之鬬鷄亦号爲開府馬皆籍以氊罽
被以金玉号爲蛟龍儀同其將合牝牡則設青盧幬帳牢
具過於諸王婚禮齊主常親視焉

又曰齊廣寧王孝珩嘗畜一犬守外人不得趣近孝珩每
射令其取箭亦解呼召左右牽衣而進

又曰徐之才嘗與朝士出遊望郡犬並走諸人令目之之
才應聲曰爲是宋鵲爲是韓盧爲逐李斯東走爲負帝女



南徂

陳書曰張彪敗後與妻楊氏去唯常所養一犬黃蒼在彪
前後未曾捨離乃還入若邪山中沈泰説陳文帝遣章昭達
領千兵重購之并圖其妻彪眠未覺黃蒼驚吠刼來便噬
一人中喉即死及彪被害黃蒼嗥叫宛轉血中

唐書曰貞觀中弥泥孰可汗李思摩部落濟河於故定襄
城爲牙帳户三萬勝兵四萬馬九萬廷思摩之初建也詔
錫其土南至大河北有白道川而白道收田處龍荒之寂
突厥咸競其利思摩以北接延陁種落初集其力尚微未
敢北徙至是始還其國因上言曰非分蒙恩立爲落長實
望子孫竭誠奉國作國家一狗北門守吠若延陁侵逼請
家口徙入長城詔許之

郭頒魏晉世語曰郊天壇下有白狗高三尺光色鮮明恒
卧見人則去

周書曰渠溲大者露犬也能飛食虎豹

春秋考異郵曰七九六十三陽氣通故斗運狗三月而生
宋均注曰狗斗精之所生也

又曰狗三月而生陽至於三故狗各高三尺

穆天子傳曰鶤韓之人獻天子良犬七十（鶤之然切）

又曰天子之狗走百里執虎豹

山海經曰陰山有獸焉其狀如狸白首其名天狗

又曰犬戎國（黃帝之後弄明生白犬二頭自爲牝牡故爲此國也）

又曰金門之山有赤犬名曰天犬下則有兵

又曰蜪（音陶）犬如犬而青食人從首始

白澤圖曰黑狗白頭耳長卷尾龍也

國語曰趙簡子田于螻（晉君之囿）史黯聞之以犬待於門（晉太史）



（黯也）簡子見之何爲曰有所得犬欲試之茲囿簡子曰何以
不告對曰君行臣不從爲不順（譏簡子曰獵君囿不從君而自行也）主將適
螻而麓弗聞（麓主君苑囿之官傳曰山林之木衡麓守之）臣敢煩當日（當日謂直日者）
（也主將之君囿不煩麓以告君臣亦不敢煩主之直日以自白也）簡子乃還（覺所譏也）

戰國策曰齊欲伐魏淳于髡謂齊王曰韓子盧者天下之
壯犬也東郭逡者海内之狡兎也韓子盧逐東郭逡環山
者三騰山者五兎極於前犬疲於後犬兎俱罷各死其處
田父見之無勞倦之苦而擅其功今齊魏久相持頓其兵
疲甚衆臣恐強秦大楚承其後而有田父之功齊王懼謝
將休士（説苑同也）

春秋後語曰貂勃常惡田單曰安平君小人也安平君聞
之故爲酒而召貂勃曰單何以得罪於先生常見惡　貂
勃曰然跖之狗吠堯非貴跖而賤堯狗自吠非其主也且

公孫子賢而徐子不肖然而公孫子與徐子鬬徐之狗攫公孫子之腓而噬之（獸以足曰攫攫音居縛切腓腨腸也音肥噬齧也）若乃得去不肖為賢者狗豈特攫而噬之哉安平君曰敬聞命矣明日單任之於王

漢武故事曰公孫卿至東萊去見一人長五丈自稱巨公牽一黃犬把一黃雀欲謁天子因忽不見

東方朔別傳曰天下之良馬將以捕鼠深宮之中曾不如跛犬也

西京雜記曰楊萬年有獵狗名青骹賣直百金

又曰茂陵少年李亭好馳駿狗逐獸或以鷹鷂逐雉皆以為佳名狗則有脩毫氂䏶白望青曹之名

太平御覽卷第九百四

狗下

列子曰楊朱之弟曰布衣素衣而出天雨解素衣衣緇衣而反其狗迎而吠楊布怒將扑狗楊朱曰子無扑矣子亦猶是也向者使汝狗白而往黑而來豈能無怪哉

晏子春秋曰晏子短使楚楚人爲門於大門側延晏子晏子曰使狗國者從狗門入今使楚不當從此門入

又曰景公走狗死公命外供之棺内給祭晏子諫不可公曰善○韓子曰宋有酤者斗槩甚平遇客甚謹爲酒甚美懸幟甚高而酒不售遂致於酸問楊長倩曰(長倩㳄)狗惡也孺子懷錢挈壺往酤輒有狗齧之猶大臣齕有道之士

尸子曰齊有貧者命其狗爲富命其子爲樂方將祭狗入於室叱之曰富出祝曰不祥家果有禍長子死哭之曰樂乎而不息悲也



隋巢子曰昔三苗大亂龍生于廟犬哭于市

尹文子曰康衢長者字僮曰善搏字犬曰善噬賓客不過其門三年於是改之賓客復往

呂氏春秋曰齊有善相狗者其隣藉之買鼠狗朞年而得曰是良狗也其隣畜之數年不啣鼠以告相者曰此良狗也志在麞麋豕鹿不在鼠欲取其鼠也則桎之其鄰桎其後足則狗取鼠

又曰齊有好獵者不得獸欲須良狗家貧不能得乃還疾耕疾耕則家富家富則有良狗有良狗則數得獸也獵常過人霸王亦然

又曰荊王得茹黄之狗死路之繒以畋雲夢三月不返保申跪而笞王出而自沉於淵而死王乃殺狗折繒

又曰鄭子陽之難猘狗潰之(子陽鄭佔逐猘狗春秋亦去)齊高固之難失牛潰之(逐失牛如逐猘狗也)當其時狗牛猶可以爲人倡而況夫以人爲倡乎飢馬盈廄嗼然(嗼無聲也)未見芻也飢狗盈宮嗼然未見骨也見骨與芻動則不可禁

淮南子曰削薄其德曾累其形而欲以爲治無以異於執彈而來鳥袖梲而狎犬也(梲杖也)

又曰馬之死也剝之若槀(槀治槀也雖合氣而形不能搖)狡狗之死也割之猶蠕(狡少也蠕動也)

又曰狂馬不觸於木猘狗不自投於河聾蟲不自陷況人乎(聾無知也)

淮南萬畢術曰取馬毛犬尾置朋友夫妻衣中自相憎矣

抱朴子曰陶犬無守夜之益瓦鷄無司晨之警

又曰甘始以駐年藥餌食新生雞犬皆不長食白犬則毛黑



說死曰梁相死惠子之梁渡河而遽墮舡舡人救之問欲何之曰欲相梁舡人曰子居舟檝之間而溺無我則死又安能相梁乎惠子曰居廣舨長艤之間我不如子至於安國家全社稷子不比我吾視子蒙蒙若未視之狗子耳

論衡曰亡獵犬於山林大呼犬名其犬則鳴號而應其主人犬異類聞呼而應者識其主也

潛夫論曰一犬吠形百犬吠聲

桓譚新論曰占仲子婢死有兒年四歲葬後數來撫循之亦能爲兒沐頭甚令人惡之以告方士曰有狗効之婢遂不復來

又曰楊仲文家嫗死已歛未葬忽起坐棺前林上飲酒醉而狗形見殺之

風俗通曰殺狗磔邑四門俗云狗別賓善守衛着以辟惡
又曰太史公記云秦德公殺狗磔四門以禦凶災今人殺白
犬以血題門戶曰正月白犬血辟除不祥
又曰殺犬磔攘犬者金畜攘者却也抑金使不害也
又曰桂陽太守汝南李叔堅少時爲從事在家狗如人立
行家人言當殺犬叔堅云犬馬喻君子狗見人行効之何
傷叔堅見縣令還解冠榻上狗戴持走家大驚堅復云誤觸
冠冠纓挂着之耳狗於竈前畜火家益怪堅復云兒婢
皆在田中狗助畜火狗何能作怪遂不肯殺後數日狗
自暴死卒無纖芥之異叔堅辟太尉掾固陵長原武令
終享大位
金樓子曰入名山牽白犬抱白鷄山神大喜芝草及寶玉
等自出



又曰王思微性好淨潔左右提衣悉令白紙裹手指在宅
有犬汙柱思微令門生洗之意猶不已更令刮削復言未
足遂令易柱
洞林曰楊州從事慎曜伯婦病困經日發作有時如聞物
往來者其兄周彥武令人作卦得蹇身在戊戌與坎鬼并
卦中當有從東北田家市黑狗畜之以代人任患死當有
無幾時狗便死復更養如前凡三遇養輒皆吐血而死婦
病亦差
雜五行書曰白犬虎文南斗君畜之可致萬石也黑犬白
耳大王犬也畜之令富貴黑犬白前兩足宜子孫白犬黃
頭家大吉黃犬白尾代有衣冠黃犬白前兩足利人
玄中記曰昔高辛氏犬戎爲亂帝言曰有討之者妻以美
女封三百戶帝之狗名槃瓠亡三月而殺犬戎以其首來
帝以女妻之於會稽東南得海中土三百里而封生男爲
狗生女爲美人封爲狗氏國
于寶搜神記曰槃瓠者本高辛氏宮中老婦人有耳疾醫
者挑治之有物大如繭以瓠離盛之以槃覆之有頃化爲
犬其文五色因名槃瓠
秦氏三秦記曰有白鹿原周平王時白鹿出此原原有狗
枷堡秦襄公時有天狗來其下 凡有賊天狗吠而護之
一堡無患
涼州異物志曰犬狗如驢希見其牙
周處風土記曰犬則青鶻白雀飛龍虎子馴良捷警難狎
易使
述異記曰濟陽山有麻姑仙處俗說山上千年則金鷄鳴
玉狗吠漢末皆去淮南王昇仙其處鷄鳴天上犬吠雲中



又曰朱休之家犬歌曰言我不能歌聽我歌梅花今年故
復可明年當柰何家殺犬明年並死
又曰宋元徽中吳縣中都里石玄度家有黃狗生白雄子
母愛其子異於常犬銜食飴之子成大狗子每出獵未反
母輒門外望之玄度久患氣嗽轉就危困醫爲處湯須白
犬肺市索卒不得乃殺所養白狗以供湯用母向子死處
跳踊嘷呼倒地復起累日不息其家煮狗肉與客共食之
投骨於地母輒銜置窟中食畢移入後園大桑樹下掘土
埋之日向樹嘷喚月餘乃止玄度漸劇臨死屢言湯不救
恨殺此狗其弟法度從此終身不食狗肉
又曰陸機少時頗好游獵在吳豪盛客獻快犬名曰黃耳
機往仕洛常將自隨此犬黠慧能解人語又常借人三百
里外犬識路自還一日至家機羈官京師久無家問機戲

語犬曰我家絕無書信汝能賫書馳還取消息不犬喜搖
尾作聲應之機試爲書盛以竹筩繫之犬頸犬出驛路疾
走向吳飢入草噬肉取飽每經大水輙依渡者弭耳掉尾向之
其人怜愛因呼上舡載近岸犬即騰上速去如飛逕至機
家口銜竹筩作聲示人機家開筩取書看畢犬又向人作
聲如有所求其家作荅內竹筩中復繫犬頸犬既得荅仍
馳還洛計人程五旬而犬往還裁半後犬死殯之遣送還
家葬機村南去機家二百步築土爲墳村人呼爲黃耳冢
異苑曰東海何澹之隆安初屢入關中後還得一大壯犬
非常何每行來輙已知處澹之後抱疾犬亦疾及其亡犬一
嗥而斃
神仙傳曰李仲甫者能隱形初隱百日一年復見形後遂
長隱但聞其聲與人對接飲酒食如常有諸張欲從學甫
云卿性急未中教張守之至賫用五十疋了無所得張大
怒乃懷上手而往先與仲甫語畢因依聲左右斫之甫已
在他牀笑云天下乃當有汝曹愚人學道未得而殺人也
我寧可得殺我真得殺汝但頑癡不足問耳使主人呼一犬
來着諸生前看能殺之否俄尒犬頭在地犬腹已破叱諸
生云卿言我能使卿如犬形否諸生下地叩頭乃止遂不
教之
列仙傳曰列子者自稱蜀人好放犬犬走入山穴列子隨
十餘宿行度數百里出山頭上有殿屋官府松樹仙人吏
使甚嚴見其故妻主江魚與列子一函藥發函魚子也着
池中養之一年皆爲龍列後送函上山犬色更赤有長翰常隨列
往來百餘年遂留山上時時下護其宗族蜀人立祠於穴
孔常有皷以傳呼聲



搜神記曰山陽王瑚字孟璉爲東海蘭陵令夜半時輙有
黑幘白單衣吏詣縣扣閤近之則忽然不見如此數年後
令伺之見一老狗黑頭白軀至閤便爲人以白孟璉殺之
乃絕
又曰鄱陽趙壽有犬蠱有陳岑家有黃犬六七群出吠
岑後令伯婦與壽婦食吐血幾死屑桔梗飲之乃愈
又曰東越門中有墉下北隰中有大虵長七八丈大十餘
圍嘗八月送童女至虵穴輙吞之噉九女時樂縣李誕有
小女名寄應募而行乃請好劒咋虵犬詣之至則放犬咋
虵以劒擊之越王奇之娉以爲后
續搜神記曰林慮山下有亭有過宿者或病或死常云有
十餘人男女各雜衣或黑或白轉來爲害有劉伯夷者過
宿明燭而坐誦經至中夜其怪復集伯夷密以鏡照之乃
一群狗也因陽以燭悞灼其衣作燃毛氣乃以刀刺之遂
死餘犬悉走去
又曰晉穆哀之世領軍司馬濟陽蔡詠家犬夜群相吠伺
之見一狗着黃衣戴帢爲衆犬所吠打殺乃是詠家老黃犬
又曰晉太和中廣陵人楊生養狗甚怜愛之行止與俱後
生飲酒醉行經大澤草中眠不能動時冬月有野火起風
又猛狗周章號喚生醉不覺前有一坑水狗便走往眠水中
還以身壓生左右草沾濕着地火尋過去生方醒他日又
闇行墮空井中犬呻吟徹曉須臾有人逕過怪犬向井號
往視見生生曰君可出我當厚報君人問以何物見與生
云唯君耳人曰以狗見與便相出生曰此狗曾活我於已
死不得相與任君人曰若尒便不成相出狗因下頭目井
生知其意乃語路人以狗相與乃出之繫狗而去却後五

日狗夜走還
又曰會稽人張然滯役經年不歸婦遂與奴私通然養一狗名曰烏龍後歸奴與婦欲謀殺然狗注精舐脣視奴然烏龍與手應聲盪奴奴失刀仗然取刀殺奴也
幽明録曰晉太興二年吴民華隆生獵養一快犬号曰的星常將自隨隆後至江邊伐荻犬暫出渚次隆爲大蛇所圍繞周身犬還便咋蛇蛇死隆僵仆無所知犬彷徨涕泣走還舡復反草中伴怪所以隨往見隆悶絶將歸家二日犬爲不食隆復蘇乃始進飯隆愈愛惜同於親戚後忽失之二年尋求見在顯山
嶺表録異曰嘗有人自青社泛海歸閩爲惡風所飄五日夜不知其幾千里也經一處同舡有新羅人云是狗國逡巡果如人躶形抱狗而出見舡驚走



楚辭九辨曰豈不欝陶而思君兮君之門以九重猛犬唁唁而迎吠兮關梁閉而不通
魏賈岱宗大狗賦曰其頭顱也不可論以盡其骨法也不可辨而釋傞僋蹴蹌雄姿猛相兀然高八九尺毛踰紫豔光雙眉如白璧時頻伸而振迅若應龍之騰擲爪類刀戈牙如交戟
西晉傅玄走狗賦曰骨相多奇儀表可嘉足懸鉤爪口含素牙首類驤螭尾如騰蛇脩頭闊腋廣前捎後豐顱促耳長又緩口舒薄急筋豹耳龍形蹄如結鈴五魚體成勢似凌青雲目若泉中星轉視流光采曜赤精震茹黃而懾宋鵲兮越妙古而揚名

太平御覽卷第九百五

太平御覽卷第九百六

獸部十八

鹿　麋　麂　麈　麑

鹿

說文曰麚音加牡鹿也夏至解角麟大牡鹿也麢音儒鹿麛也𪊨音速鹿迹也麛音迷鹿子也麗音昔鹿之絶有力也麠擧卿切大鹿也

爾雅曰鹿牡麚牝麀音憂其子麛其迹速絶有力麉音堅又音磬

周易卦曰六三卽鹿無虞惟入于林中

詩韓弈曰魴鱮音序甫甫麀鹿噳噳虞矩切

又靈臺曰麀鹿濯濯白鳥翯翯

又吉日曰獸之所同麀鹿麌麌虞矩切

又野有死麕曰林有樸樕野有死鹿白茅純束有女如玉



又曰鹿鳴宴群臣嘉賓也呦呦鹿鳴食野之苹

又蕩桑柔曰瞻彼中林甡甡其鹿

左傳文下曰晉侯不見鄭伯以爲貳於楚鄭子家使執訊而告趙宣子曰古人有言曰畏首畏尾身其餘幾

又曰鹿死不擇音小國之事大國也德則其人也不德則其鹿也鋌而走險急何能擇

又襄十四年傳曰范宣子執戎子駒支數之曰今諸侯之事我寡君不如昔者蓋言語漏洩則職汝之由戎子駒支曰昔文公與秦伐鄭秦人竊與鄭盟於是乎有殽之師晉御其上戎亢其下秦師不復我諸戎實然譬如捕鹿晉人角之諸戎掎之與晉踣之

禮記月令曰仲夏鹿角解

又禮器曰居澤者不以鹿豕爲禮

史記曰趙高欲爲亂恐群臣不聽乃先驗持鹿於二世曰馬也二世笑曰丞相誤耶謂鹿爲馬問左右左右或言馬以阿趙高或言鹿高因陰中言鹿者以法

又曰邑中人民俱出獵任安常爲人分麋鹿雉兎部署大小劇易衆人皆喜鹿無傷也任少卿分別平

又曰古者皮幣諸侯以聘享漢武帝乃以白鹿皮方尺緣以藻繢爲幣直四十萬王侯朝覲享聘必以爲薦璧然後得行

漢書曰蒯通教韓信反高祖高祖召通至問曰汝何教韓信反耶蒯通曰臣聞狗各吠非其主當彼時臣以知齊王不知陛下且秦失其鹿天下共逐之高才者先得

又曰伍被諫淮南王曰昔子胥諫吳王吳王不用迺曰臣今見麋鹿遊姑蘇之臺今臣亦見宮中生荆棘也



東方朔別傳曰武帝時有殺上林鹿者下有司收殺之朔時在旁曰是固當死者三使陛下以鹿殺人一當死天下聞陛下重鹿賤人二當死匈奴有急須鹿觸之三當死帝默而赦之

范曄後漢書曰雲南縣有神鹿兩頭食毒草

又華陽國志曰熊蒼山有神鹿食毒

謝承後漢書曰鄭弘爲臨淮太守行春兩白鹿隨車俠轂而行弘怪問主簿黃國鹿爲吉凶國拜賀曰聞三公車畫作鹿明府當爲宰相後弘果爲太尉

魏志曰蘇則從文帝獵失鹿帝大怒踞胡牀拔刀悉收行督吏將斬之則諫之乃止

晉書曰許孜字季義東陽吳寧人也二親没弃妻宿墓所列植松栢亘五六里時有鹿犯其松栽孜悲歎曰鹿獨不

念我乎明日忽見鹿爲猛獸所殺置於所犯栽下孜悵惋不已乃作塚埋於隧側猛獸即孜前自投而死孜益歎息復埋之

又曰謝鯤在豫章嘗行經空亭中夜宿此亭舊每殺人將晚有黃衣人呼鯤字令開户鯤澹然無懼色便於窓中度手牽之髆斷視之鹿也尋即獲焉尒後此亭無復妖怪

晉中興書曰陶淡字處淨太尉侃之孫一身孑然無有同產鄙亂之時雅好導養謂仙道可祈至年十五六便服食絶穀不婚娶居長沙臨湘縣下去家十里於山中立小草屋裁足容身時還家設小床常獨坐不與人共於野得白鹿子馴而養之至七八歲恒與之俱往還後遂不復還家

又曰郡仲堪上白鹿表曰巴陵縣青水山得白鹿一頭白者正色鹿者景福嘉義

晉書載記曰石勒嘗傭於武安臨水爲遊軍所囚會有群鹿傍過軍人競逐之勒乃獲免俄而又見一父老謂勒曰向群鹿者我也君應爲中州主故相救耳勒拜而受命

蕭子顯齊書曰始興盧度隱居西昌三顧山鳥獸隨之夜有鹿觸其壁度曰汝勿壞我壁鹿應聲去

南史四夷傳曰扶南有鹿車國人養鹿如中國畜牛以乳爲酪

隋書曰開皇十七年群鹿入殿門馴擾侍衛之内

後周書曰文帝獵於卭山圍不齊獸多越逸帝怒諸將股慄俄有一鹿亦突圍而走賀若敦躍馬逐之鹿上東原弃馬步逐山半便及掣之而下帝大悦諸將免罪

唐書曰太宗幸懷州乙未狩於濟源之陵上親御弧矢太宗曰古者先馳以供宗廟今所獲鹿宜令有司造脯醢以充薦享

又曰褚無量丁毋憂解職廬於墓側其所植松栢時有鹿犯之無量泣而言曰山中衆草不少何忍犯吾先塋樹栽因通夕守護俄有群鹿馴狎不復侵害

魏名臣奏曰時殺禁地鹿者死郎中黃觀上疏曰臣深思陛下所以不早取此鹿誠欲使亟蕃息然後大取以爲軍國之用也然臣切以爲今鹿但有日耗終無得多也

魏末傳曰明帝爲平原王毋甄后妬文帝殺之故不立爲太子嘗從帝獵見鹿子毋帝射鹿毋語明帝射鹿子明帝曰陛下既巳殺其毋臣不忍復殺其子因大涕泣帝放弓矢由是立太子意定



國語曰周穆王征犬戎得四白鹿而荒服者不至（史記又載）

穆天子傳曰天子賜曹奴之人金黃之鹿白銀之麕

又曰天子西升于黎丘之陽過并公愽乃駕鹿遊乎山上

又曰天子征于湏（側魚切）臺狎湏之獸於是有白鹿一迮（音醋）乗逸走出天子乗渠黃之乗馳焉

山海經曰上申之山其獸多白鹿

辛氏三秦記曰有白鹿原周平王時白鹿出此原

太公六韜曰取天下若逐野鹿得其鹿天下共食肉

莊子曰至德之世不尚賢不使能民如野鹿

韓子曰夫馬似鹿者而題千金有百金之馬而無一金之鹿者馬爲人用而鹿不爲人用

列子曰鄭人有薪於野者遇駭鹿却而擊之斃恐人見之遽而藏諸隍中覆之以蕉不勝其喜俄而遺其所藏之處遂以爲夢焉從塗而詠其事傍人有聞者用其言而取之既歸告其室人曰向薪者夢得鹿而不知其處吾今得之

管子曰桓公問管子楚之強國舉兵伐之恐力不能過荼
何對曰公貴買其鹿公即爲百里之城使人載錢二千萬
求生鹿於楚人楚人釋其耕農而田鹿管子告楚人賈曰
爲我致生鹿賜子金百斤什至金千斤
尸子曰鹿走而無顧六馬不能望其塵謂不反顧也
呂氏春秋曰晏子遭崔杼之患其僕將馳晏子安之曰疾
必不生徐必不死鹿生於山命懸於厨今嬰有所懸也
抱朴子曰昔張葢蹹音沓及儒寗成二人並精思於蜀雲臺
山石室中忽有一人着黃練單衣葛巾到其前曰勞乎道
士乃辛苦幽深於是二人顧視於鏡中乃見是鹿也因問
曰汝是草中老鹿何敢詐爲人形也言絕即還成鹿而走
去○瀨鄉記李母碑曰老子乘白鹿下託於李母
韓詩外傳曰齊景公逐白鹿畝丘見封人曰使吾君壽金

玉是賤人民是寶公曰善
孫柔之瑞應圖曰黃帝時西王母使使乘白鹿獻白環之
休符以有金方也
春秋歷命序曰神駕六飛鹿化三百歲
淮南子曰四九三十六六主緯緯主鹿鹿故六月而生
春秋運斗樞曰瑤光散而爲鹿江淮不祠則瑤光不明覗
生鹿
抱朴子玉策篇曰鹿壽千歲滿五百歲則其色白
瑞應圖曰天鹿者能壽之獸五色光曜王者孝道則至
又曰王者承先聖法度無所遺失則白鹿來
禮斗威儀曰君乘水而正其政和平北海輸白鹿
衡波傳曰鹿生三年其角自墮
崔豹古今注曰鹿有魚不能觸

泰山松白鹿詩序曰荊門山臨上皆絕壁峭峙五百餘丈
亘帶激流禽獸所不能履北岸有一白鹿常過江行人見
之競逐之謂至山下必得鹿忽飛超陶而去于今此壁謂
之白鹿山泅音囚言浮過也
神仙傳曰魯女生者長樂人服胡麻餌术絕穀八十餘年
甚少世傳見之二百餘年入華山中有故人與女生別五
十年入華山廟逢女生乘白鹿車從玉女數十人
列仙傳曰蘇躭與衆兒俱戲獵常騎鹿形雖如常鹿遇險
絕之地能超越衆兒問曰何得此鹿異常鹿耶荅曰龍也
述異記曰漢成帝末年宮中雨一蒼鹿殺而食之味甚美
又曰鹿一千年爲蒼鹿又百年化爲白鹿又五百年化爲
玄鹿漢成帝時山中人得玄鹿烹而視其骨皆黑色仙者
說玄鹿爲脯食之壽二千歲餘干縣有白鹿土人皆傳千

歲矣晉成帝遣人捕得有銅牌有字在其角後云寶鼎二
年臨江所獻
博物志曰雲南郡出荼首荼首其音爲蔡茂是兩頭鹿名
也獸似鹿兩頭其腹中胎常以四月中取可以治蛇虺毒
永昌亦有之
異苑曰鄱陽樂安彭世咸康中以捕射爲業入山輒與兒俱
世後忽蹷然倒地變成一白鹿咷躍而去其子終身不復
捉弩至孫復襲此事曽射得一鹿兩角間有道家七星符
其祖名字鄉居年存焉覩之懊悔遂斷獵
伏侯古今注曰漢明帝永平九年三角鹿出江陵孝和帝
永元十二年豫章餘干得白鹿高丈九寸
楚辭曰青莎雜樹薠音煩草靃靡白鹿麏麚或騰或倚
樂府歌詩曰白鹿乃在上林西苑中射工尚得脯腊之黃

鶴擧天極高飛後宮尚得烹煮之
金樓子曰夏禹之時神鹿行於河水
搜神記曰淮南陳氏於江西種豆忽見二女子姿色甚美著紫纈襦青裙天雨而衣不濡其壁先挂一銅鏡中見二鹿以刀斫獲之以為脯
宣驗記曰吳唐廬陵人也少好驅媒獵射發無不中家以致富後春月將兒出射正值麑鹿將麑母覺有人氣呼麑漸出麑不知所狠逕前就媒唐射麑即死鹿母驚還悲鳴唐乃自藏於草中出麑致淨地鹿母直來地俯仰頓伏絶而復起唐又射鹿母應弦而倒至前場復逢一鹿上弩將放忽發箭反激還中其子唐擲弩抱兒撫膺而哭聞空中呼曰吳唐鹿之愛子與汝何異唐驚聽不知所在
高堂隆集曰近日有司宣令有殺禁地鹿者身死財產沒



官有能先覺白者賞賜之此為重禽獸而賤人過於齊宣矣
杜祭酒別傳曰君弟子三人隨道士邢邁入宣城涇縣白水山去縣七十里餌朮黃精經歷年所有鹿走依舍邊伏眠邁等怪之乃為虎所逼邁乃呪虎退鹿經日乃去
南中八郡志曰麋冷縣深山中有大虵長數丈圍三尺於樹上野鹿過便低頭繞之鹿於是有頃而死先含水濡之令濡乃合頭角併吞之訖便不能動至數日鹿乃消盡虵自繞樹鹿角骨悉鑽皮出養瘡得一月乃愈　又永初山川記曰髯蛇吞鹿至角乃止
交州記曰合浦口有麖角當頟上載科藤一株三四條長可一尋射師從禽每見而不敢射
蕭廣濟孝子傳曰伍襲字世公丁父憂廬墓側有一鹿每襲哭輒踞墳而悲鳴

廣州先賢傳曰丁茂字仲慮交阯人至孝母終負土治冢列樹松栢白鹿遊乎左右
又曰唐頌字德雅番禺人遭喪六年廬於墓次白鹿拾食冢邊
習鑿齒襄陽記曰習郁從光武幸黎丘與光武通夢見蘇頟神帝嘉之使立祠二石鹿夾道口百姓謂之鹿門

## 麋

爾雅釋獸曰麋牡麔其子麇其跡躔絶有力狄麋音眉麔平圭切麇音臼麇於道切
說文曰麋鹿屬也冬至解角
春秋運斗樞曰搖光星散為麋
春秋命歷序曰有人黃頭大腹出天齊號曰皇次駕六飛麋上下天地與神合謀



周禮天官獸人曰獸人夏獻麋
左傳宣下曰晉楚戰楚致晉師晉人逐之左右角之樂伯左射馬而右射人角不能進矢一而已麋興於前射麋麗龜晉鮑癸當其後使攝叔奉麋獻焉
又曰魯莊公十七年多麋害稼
又哀十四年傳曰宋桓魋之寵害於公將討之召左師曰迹人來告曰逢澤有介麋焉
離騷曰麋何食兮庭中蛟何為兮水裔
莊子曰鰌與魚遊麋與鹿
淮南子曰孕婦見兎其子缺脣見麋而子四目
又曰逐麋者不顧雉兎
新序曰晉文公逐麋而失之問農夫古老古老以足指如是往公問其故對曰虎豹猒閑而近人故得魚鱉猒深而

之淺故得諸侯厭衆而云其國文公懼歸有悦色欒貞子問焉公曰今日逐麋失之而得善言故忻也

魏略曰文帝將受禪有白麋見

戴延之西征記曰徽音殿西南姚興起波若臺有逍遥園西去三百步有鹿子苑羌王養麋鹿數百頭

麂

爾雅曰麂音几大麢九葯切旄毛狗足旄毛猥長

山海經曰女几之山有獸多麢郭璞曰麢似麞而大

孫氏瑞應圖曰晉中興書元帝時有二白麂見于南昌郡

臨海記曰郡西北候官山有三足麂其聲嘶嗄二千石官長將有代謝則嗄麂鳴矣民以爲常占未曾一失

麞

說文曰麞鹿屬也大而一角



搜神記曰馮乘虞蕩夜獵見一大麞射之麞便云虞蕩汝射殺我耶明晨得一麞而入少時蕩死

鄱陽記曰李嬰弟縚縚音韜二人善於用弩嘗得大麞解其四脚懸着樹間以臓爲炙烈於火上方欲共食山下一人長三丈許皷步而來手持大囊旣至取麞頭骼皮并火上新肉悉内囊中遥還山嬰兄弟後亦無恙

麑音倪

淮南子曰孟孫獵獵音獠而得麑使秦西巴歸之麑母隨而啼西巴不忍縱而與之孟子歸求麑安在西巴以實對孟子怒逐之居一年復以西巴爲子傅

秦子曰虎能雄猛不可以託麑鷹能飄擊不可以寄鶵

太平御覽卷第九百六

獸部十九

麞（麕附）　兔

麞

春秋運斗樞曰樞星散為麞

伏侯古今注曰麞有牙而不能噬鹿有角而不能觸麞上名麕青州人謂麕為麞○抱朴子曰麞兔入軍中當從之又曰山中稱赤吏者麞也○呂氏春秋曰使麞疾走馬弗及也而得之者時顧也○瑞應圖曰宋文元嘉二十五年華林園養麞生三百子文帝又獲青麞

晉起居注曰咸寧中白麞見魏郡後諸州各送白麞

異苑曰青州劉幡元嘉初射得一麞剖肚藏以草塞之蹶然起走幡怪而拔塞須臾復還倒如此三焉幡密錄此種求類治傷痍多愈



北史曰後魏廣平王懷嘗獵於河北馬場間逐一麞入草命人圍遶將自射之田已先經燒不見其出遂失麞所在唯有塼塔存焉懷乃悵然動仁恕之心解鷹放犬遂不復獵

蕭廣濟孝子傳曰蕭國遭喪有鵠遊其庭至暮而去麞暮入其門與馬犬侶至旦而去

王述上白麞表曰所領阮藻之於江寧縣界得白麞一頭毛色鮮潔異於類誠嘉祥也

麕（九筠切）

爾雅曰麕牡麌牝麜（音栗）其子麆（音助）其跡解絕有力豜（音肩）

說文曰麕麞也

毛詩曰野有死麕惡無禮也野有死麕白茅苞之

穆天子傳曰天子賜曹奴之人白銀之麕

論衡曰都尉王子鳳時麕入府中其後遷為丹陽太守

魏文帝詩曰巾車出鄴宮校獵東橋津彎弓忽高馳一發連雙麕

晉書曰中興所在獻白麕

建武故事曰咸和六年計貢合集於樂堂有野麕走至堂前左右逐之於池中而獲之

沈約宋書曰宗室傳曰劉慶於廣陵有疾野麕入府心甚惡之因陳惡求還太祖許之薨于京邑

兔

爾雅曰兔子嬎（敷万切）其跡迒絕有力欣（迒音剛又胡剛切）

廣志曰兔大者曰毚（音讒）

春秋運斗樞曰玉衡星散而為兔



孫氏瑞應圖曰赤兔者瑞獸王者盛德則至

典略曰兔者明月之精

詩小雅曰巧言躍躍毚兔遇犬獲之

又國風有兔曰有兔爰爰雉離于羅（爰爰緩意）

又小雅瓠葉曰有兔斯首炮之燔之（斯白也字或作鮮）

史記曰李斯出獄顧謂其子曰吾欲與尒復牽黃犬俱出上蔡東門逐狡兔其可得乎

又曰范雎謂秦昭王曰夫以秦而治諸侯譬若縱韓盧而搏蹇兔也

謝承後漢書曰儒叔林為東郡太守赤烏巢於屋梁兔產於牀下

又曰方儲字聖明丹陽歙人幼喪父事母母死負土成墳種樹千株鸞鳥栖集其上白兔遊其下

范曄後漢書曰南徼外蠻夷獻白雉兔

又曰蔡邕性篤孝母嘗滯病三年邕自非寒暑節變未嘗解衿帶不寢寐七旬母卒廬於冢側動靜以禮有兔馴擾其室傍

漢獻帝春秋曰張楊大將睦固屯於射犬巫戒之曰將軍本名白兔兔見犬必驚不宜屯此固不從司空曰兔入犬城但當取遂進軍擊平之

張璠漢記曰梁冀起兔苑於河南移檄所調發生兔刻其毛以爲識民有犯者罪至死西域嘗有賈胡來不知禁誤殺一兔轉相告坐死者十餘人也

晉書載記曰石勒時茌叔之切平令師歡獲黑兔獻之於勒或以爲勒龍飛革命之祥於晉以水承金兔陰精之獸玄爲水色此殿下宜速副天人之望也於是大赦改咸和三年曰大和

王隱晉書曰慕容皝田于南鄙見父老曰此非獵所言卒不見皝明日又出見白兔馳射之墜馬于石即死

後魏書曰有兔入於後宮撿問門官無從得入太祖怪之令崔浩推其咎徵浩以爲當有隣國貢嬪嬙者明年姚興果來獻女

三國典略曰周命尉遲迥伐蜀師甲士一萬二千騎萬疋自散關由固道而入太祖送於城西見一走兔命弟中領軍綱射之綱誓曰若獲此兔必當破蜀俄而獲兔太祖喜曰事平之日賞汝佳口及剋蜀乃賜侍婢二人

隋書曰華秋汲郡臨河人也幼喪父事母以孝聞家貧傭賃爲養其母卒秋鬢盡禿落廬於墓側負土成墳有人欲助之者秋輒拜而止之大業初調狐皮郡縣大獵有一兔



人逐之奔入秋廬中匿秋膝下獵人至廬所異而免之自爾此兔常宿廬中馴其左右郡縣嘉其孝感具以狀聞

春秋考異尤曰熒惑不明雉生兔焉

春秋運斗樞曰行失搖光則兔出月宋均注曰陰不銜陽故兔出月也

春秋元命苞曰君失德則地吐泉魚銜兔宋均注曰兔陽精魚是陰見制也

詩推度災曰八月成光決鼻始明決鼻兔也

黃帝占書曰月望而月兔不見者所見之國崩大水滔民

崔豹古今注曰兔口有缺尻有九孔

括地圖曰天池之出有獸如兔名曰飛兔以背毛飛

莊子曰蹄者所以在兔也得兔而忘蹄蹄兔網者取

韓子曰宋人有耕者田中有株兔走觸折頭而死因釋耕守株冀復得兔爲宋國笑

愼子曰一兔走街百人追之積兔於市過而不視非不欲得分定不爭也

韓子曰趙王遊於圃中左右以兔與虎而輟之虎盻然環其眼王曰可惡哉虎在左右曰平陽之目可惡過此平陽君趙王之弟

文子曰飛鳥反鄉兔走歸窟狐死首丘

抱朴子曰兔壽千歲五百歲其色白

又曰山中卯日稱丈人者兔也

又曰采女丹法以兔血和丹與蜜蒸之百日服之如梧子者二丸一百日有神女二人來侍之可役使

淮南子曰以兔之走使大如馬則逐日追風及其爲馬則不走矣○又曰楚王佩玦逐兔爲速破乃取兩玦重而着之其破愈疾

述異記曰紂之時大龜生毛兎生角兵甲將興兆也
春秋後語曰昔齊有良兎曰東郭俊(本或作狡兎以其善走故曰俊)一日走百里有良狗曰韓子盧(黑犬也盧讀如盧也)亦一日而走百里使人遥見而指屬(指屬猶指蹤也屬音之欲切)則雖韓盧不及良兎躡跡而蹤之則雖東郭不能離也
春秋後語曰淳于髠說齊威王曰韓子盧天下之壯犬也東郭俊者海内之狡兎也韓子盧逐東郭俊環山者三騰山者五兎極於前而犬疲於後犬兎俱疲各死其處田父見而獲之無勞倦之苦而擅其功今齊魏相持頓兵弊衆臣恐強秦大楚乘其後而有田父之功也威王懼而罷兵
又曰莊辛對楚王曰臣聞鄙諺曰見兎而顧犬未爲晚也亡羊而補牢未爲遲也
又曰馮煖謂孟嘗君曰聞狡兎有三穴



范子計然曰兎毫出玄菟樂浪
書紀年曰昭王十九年天大曀雉兎皆震宣王三十年有兎舞鎬
風俗通曰食兎髖(音北)者令人面生髖食得髖者賞以寒酒按秦法言好車裂抽脅黥首歃泣永歎故食兎髖以爲嘉瑞全已之髖也所以有賞耳
古今注曰成帝建平元年山陽得白兎目赤如朱京房妖占曰兎止城上邑必虛入宮生子宮空
廣志曰漢諸郡獻兎毫書鴻都門題唯趙國豪中用
論衡曰兎舐雄豪而孕及其生子從口中出
又博物志曰兎望月而孕兎吐子舊有此說余目所見也
又曰儒者言月中兎夫月水也兎在水中無不死者夫兎月氣也

又曰任娠者不食兎肉令兒口缺
幽明録曰桓大司馬溫時有參軍夜坐忽見屋樑棟間有一伏兎張目切齒而向之甚可畏惡兎來轉近遂引刀而斫之正中於兎而實反傷其膝流血滂沲深怪此意命家中悉藏刀刃不以自近後忽復見如前意迴或復索刀重斫因傷委頓幸刀不利故不至死再過而止
傳玄歌辭曰兎擣藥月間安足道神烏戲雲間安足道
楚辭天問曰夜光何德死則又育(夜光月也育生也言月得於天死而復生也)
古豔歌曰煢煢白兎東走西顧衣不如新人不如故
樂府歌詩曰採取神藥山之端白兎擣成蝦蟇丸奉上陛下一玉柈(音盤)

太平御覽卷第九百七

太平御覽卷第九百八

獸部二十

貔　熊　羆　猰窳

貙　貘　騊駼　猩猩

狒狒　風母　豻　麂

貒

爾雅曰貔白狐其子豰郭璞注曰一名執夷虎豹之屬豰許卜切

說文曰貔豹屬出貉音陌國猛獸也

尚書曰如虎如貔如熊如羆

毛詩曰獻其貔皮赤豹黃羆

禮記曲禮曰前有摯獸則戴貔貅

莊子曰豐狐文貔搏於山林伏於岩穴夜行晝居求食江湖之上○韓子曰虎貔不用爪牙與鼷鼠同威



毛詩草木蟲魚疏曰貔似虎或曰似熊白一名執夷一名白狐其子爲豰遼東人謂之熊羆

熊

說文曰熊獸似豕山居冬蟄

詩義疏曰熊能攀緣上高樹見人則顛倒投地而下冬入穴而蟄始春而出

孝經援神契曰赤熊見則姦宄自遠

本草經曰熊脂一名熊白味甘微溫無毒主風痺

穆天子傳曰春山百獸所聚也爰有赤豹熊羆

六韜曰文王囚羑里散宜生受命而行死懷條塗之山有黃熊得而獻於紂

左傳曰晉靈公使宰夫胹熊蹯不熟殺之寘諸畚載以過朝

又曰楚子將以商臣爲太子令尹子上諫之不聽又欲立王子職而黜商臣商臣以宮甲圍成王王請食熊蹯而死弗聽王縊

史記曰趙簡子病不知人五日而寤曰我之帝所見一熊欲援我帝命我射之中熊死有當道者曰帝令主君滅晉二卿熊其祖也

漢書曰昌邑王賀在藩帝見熊以問左右左右皆荅不見

又曰孝元帝馮昭儀上幸虎圈鬬獸後宮皆坐熊出圈攀檻欲上殿昭儀乃當熊而立及左右格殺熊上問人情驚懼何故當熊昭儀曰夫猛獸得人而止妾恐熊至御坐故身當之耳帝嗟嘆以此倍敬重之

淮南子曰誠中之人樂而役役急也忠信之人自樂爲之非役役也如鷄之好聲熊之好經夫有誰爲務



又曰愛熊而食之鹽愛獺而飲之酒雖欲養之非其道熊食鹽而死獺飲酒而敗故曰非其道也

周書王會曰成王時不屠何國獻青熊一

孟子曰魚我所欲熊掌亦我所欲二者不可得兼舍魚取熊掌義者我所欲生亦我所欲二者不可得兼舍生取義

列子曰黃帝戰於阪泉帥熊羆貙虎爲前驅

纏子曰桀王天下酒濁而殺厨人紂王天下熊蹯不熟而殺厨人

抱朴子曰王策記稱熊壽五百歲五百歲則能化

瑣語曰晉平公夢見赤熊闚屏惡之而有疾使問子產子產曰昔共工之卿曰浮遊旣敗於顓頊自沒沉淮之淵其色赤其言善笑其行善顧其狀如熊常爲天王祟見之堂上則止天下者死見堂下則邦人駭見門近臣憂見庭則無

傷窺君之屏病而無傷祭顓頊共工則瘳公如其言而疾間

魏略曰大秦國出玄熊赤螭

建武故事曰咸和七年左右啓以米飴熊上曰此無益而費於穀且是惡獸所不宜畜使遣打殺以肉賜左右直人

異苑曰邵陵高平黃秀以元嘉三年入山經月不還其兒根生尋覔蹟空樹中從頭至腰毛色如熊問其何故荅曰天謫如此汝但自去生哀慟而歸逾年人見其形盡爲熊矣○又曰熊獸藏於山穴穴裏不得見穢及傷殘見則舍穴自死

續搜神記曰晉升平中有人入山射鹿忽墮一坎窅然深絕內有數頭熊子須臾有一大熊來入瞪視此人人謂必以害己良久出藏果分與諸子末後作一分著此人前人飢久於是冒死取噉之既轉相狎熊母每旦覔食果還輒分此人人賴以支命後熊子大其母一一負將出子既盡人分死坎中窮無出路熊母尋復還入坐人邊人解意便抱熊之足於是跳出遂得無他

又曰熊無穴居大樹孔中東土呼熊爲子路以物擊樹云子路可起於是便下不呼則不動也



羆

爾雅曰羆如熊黃白文郭璞注曰似熊而長頭高脚猛憨多力能拔樹木關西呼爲貑羆

援神契曰赤羆見姦宄息佞人離則出

山海經曰嶓冢之山其獸多羆

尚書禹貢曰熊羆狐狸織皮

詩曰吉夢維何維熊維羆男子之祥

詩蕩韓弈曰獻其貔皮赤豹黃羆

毛詩草木蟲魚疏曰黃羆大如熊脂如熊白而粗理

史記曰趙簡子疾夢之帝所聽鈞天之樂次射殺熊又有一羆來亦殺之天帝甚喜

晉書載記曰苻健字業洪第三子也初母姜氏夢大羆而孕長而勇果

北史曰齊神武遣韓軌司馬子如從河東宵濟華州襲王羆羆不覺比曉軌衆已乘梯入城羆尚臥未起聞閤外匈匈有聲便袒身露髻徒跣持一白挺大呼而詬曰老羆當道臥貉子那敢過敵見驚退

猰貐（上音軋下音庾）

爾雅曰猰貐類貙虎食人迅走（貙敕俱切）

海內經曰猰貐龍首而虵身人面居於弱水中食人



山海經曰少咸之山獸其狀如牛而赤身人面馬足名曰猰貐其音如嬰兒食人

淮南子曰堯時猰貐爲民害堯乃使羿殺之

貙

爾雅曰貙似狸（郭璞曰今貙虎大於虎豹文如狸山民呼貙虎大者爲貙犴）

搜神記曰江漢之域有貙人其先君之苗裔也能化爲虎長沙所屬蠻縣東高居民作檻捕虎得一亭長赤幘大冠在檻中問其故亭長大怒曰昨忽被縣召避雨遂誤入此中於是即出之乃化爲虎上山俗云貙虎化爲人好着葛衣其足無踵虎有五指者皆是貙

貘（莫格切）

爾雅曰貘白豹也（郭璞注曰似熊小頭痺脚黑白駮能舐食銅鐵及竹骨骨節強直中實少髓皮辟濕）

說文曰貘似熊黃色出蜀
廣志曰貘大如驢色蒼白舐鐵消十斤其皮溫煖
抱朴子曰劉子知二負之尸東方生識啖鐵之獸實賴禹
益之書大荒之籍矣
神異經曰西荒之中有人焉頭如人着百結敗衣手足虎
爪名曰貘貐(音偷)伺人獨自輒往就人騙先使捕蝨得囟而
舌出盤地丈餘燒大石投舌上於是而死

騊駼(上音陶下音塗)

周書曰正北空桐橐駝騊駼為獻
爾雅曰騊駼馬(郭璞注曰出山海經其色青)
說文曰騊駼野馬之良也
史記曰匈奴奇畜則騊駼(廣志曰騊駼匈奴名馬也)
山海經曰北海內有獸焉其狀如馬名曰騊駼



猩猩

爾雅曰猩猩小兒啼(今交阯封溪出猩猩狀如獾㹠聲似小兒啼)
禮記曰猩猩能言不離禽獸
春秋說題辭曰猩猩者矜精者也故能言可使陽烈之類
以撿下(宋均曰矜謂使人自矜莊精審也猩猩言談人善惡是陽氣之烈好善王者所以撿下也)
廣志曰猩猩似狟(音丸)聲如兒啼不聞其言出交阯封溪縣
山海經曰有獸人面名曰猩猩
又曰猩猩知人名其為獸如豕而人面
山海經讚曰猩猩似狐走立行伏懷木挺刀少辛明目
華陽國志曰永昌郡有猩猩能言其血可以染朱罽
孫卿子曰猩猩能言笑亦二足無毛而君子啜其羹食其
肉故人非以二足無毛以知禮也
呂氏春秋曰伊尹說曰肉之美者猩猩之脣

淮南萬畢術曰歸終知來猩猩知往(注曰歸終猩猩並神獸)
括地圖曰猩猩人面豕身知人名
蜀志曰封溪縣有獸曰猩猩體似豬面似人音作小兒啼
聲既能語又知人姓名人知以酒取之猩猩覓初暫嘗之
得其味甘而飲之終見羈纓也
酈善長注水經曰西蜀封溪縣猩猩人面獸形能言語
南方草物狀曰猩猩之獸生在野中狀如㹠子民人捕取
交阯武平輿古有之
晉郭璞猩猩讚曰能言之獸是謂猩猩厥狀似獾號音若
嬰自然知往頗測物情

狒狒(音翡)

爾雅曰狒狒如人被髮迅走食人
說文曰狒狒(人身反踵笑即上脣掩其目一名梟羊北方謂之土螻)



山海經曰狒狒如人面脣黑身有毛反踵見人則笑笑則
上脣掩目交廣及南康山中有大者丈餘俗呼為山都
山海經圖讚曰狒狒怪獸被髮操竹獲人則笑脣蓋其目
終亦號咷反為我戮
吳都賦曰猩猩啼而就擒狒狒笑而被格

風母

十洲記曰炎州有風生獸似豹青色大如猩猩燒之不死
斫刺不入以鐵椎鍛其頭乃死以其口向風須臾活以
石上菖蒲塞其鼻即死取其腦菊華和服之盡十斤壽五
百歲
南州異物記曰風母獸一名平猴狀如猴無毛赤目若行
逢人便叩頭似如懼罪自乞人若撾打之惬然死地無復
氣息小得風吹須臾能起

抱朴子曰內篇曰風生獸似豹青色大如貍猩生南海大林中張取積薪數車以燒之薪盡此獸在灰中不然其毛不燋斫刺不入打之如皮囊以鎚鍛其頭數十乃死嶺南異物志風猩如猿猴而小晝日踡伏不能動夜則騰躍甚疾好食蜘蛛蟲打殺以口向風復活唯破腦不復生矣以酒浸愈風疾南人相傳云此獸常持一小杖遇物則指飛走悉不能去人有得之者所指必有獲夷人施罟網既得其獸不復見其杖杖之數百乃肯為人取或云邕州首領寗洄得之洄資産巨萬僮伎數百洄甚秘其事

## 豻 音岸

說文曰豻胡地野狗也

異物志曰豻玃屬頭形正方鬚長尺餘皆蒼色犬類似人欲有所視輒揺頭兩手被髮不介則覆鄣其兩目衣毛𧺇若被狐裘木居洄藏窘向乃得見耳



## 蹷

爾雅曰西方有比肩獸與邛邛矩𧿧比為其名曰蹷

孫子曰北方有獸其名曰蹷前足鼠後足兎是獸也甚矣其愛蛩蛩巨虛也食得甘草必齧以遺蛩蛩巨虛蛩蛩巨虛見人將來必負蹷以走蹷非性心愛蛩蛩巨虛也為假足也二獸者亦非性心愛蹷也為其得甘草而遺之故也

太平御覽卷第九百八

獸部二十一

狼　狐　狢



## 狼

爾雅曰狼牡貛(音歡)牝狼其子獥(吉堯切)絶有力迅

說文曰狼似犬鋭頭而白頰

詩曰狼跋其胡載疐(音致)其尾(疐跲也)

又曰子之昌兮遭我猱之陽兮並驅從兩狼兮

周禮天官獸人曰冬獻狼

禮曰狼臅(音觸)膏

又曰君之車厥右虎裘厥左狼裘

左傳曰伯石始生子容之母走謁諸姑(子容母叔向嫂伯華妻姑叔向母也)曰長叔姒生男(兄弟之妻相謂姒也)姑視之及堂聞其聲而還曰是豺狼之聲也狼子野心非是莫喪羊舌氏矣遂弗視

史記大宛傳曰烏孫王昆莫初生弃於野狼往乳之

漢書曰江都王建宮人有過者或放狼令齧殺之建觀而大笑爲樂

又曰高祖使太子將兵四皓曰今使太子將兵無異羊將狼也

宋書曰王仲德初遇符氏之敗兄叡同起義兵與慕容垂戰敗仲德被重創走與家屬相失路經大澤困未能去卧林中有一小兒青衣年可七八歲騎牛行見仲德驚曰已食未仲德言飢小兒去須臾復來得飯與之食畢欲行而暴雨莫知津逕有一白狼至前仰天而號號訖銜仲德衣因渡水仲德隨後得濟與叡相見



後魏書曰匈奴單于生女姿容甚美國人皆以爲神單于曰吾有此女安可配人將以與天乃於國無人之地築高臺置二女其上曰請天自迎之經三年其母欲迎之單于曰不可未徹之間復經一年乃有一老狼晝夜守臺下爲穴經時不去其小女曰吾父處我於此欲與天而今狼來或是神物遂乃就之其姉大驚曰此是畜生無乃辱父母也妹不從下爲狼妻而産子後遂滋繁成國故其民好引聲長歌又似狼嘷

又曰初道武避窟咄難遣穆崇還察人心崇單馬與從者微服入其營會道武爲春妾所識賊皆驚起崇求從者不得因匿坑中徐乃竊馬奔走於大澤有白狼向崇號崇覺寤馳馬隨狼走遂免難道武異之命崇立祀子孫世奉焉

後周書四夷傳曰突厥之先匈奴之别種也爲隣國所破其族有一小兒弃草澤中有牝狼以肉飼之及長與狼交合遂有孕焉彼王聞此兒尚在重遣殺之使者見狼在側并欲殺狼狼遂逃于高昌國之北山山有洞穴穴内有平壤茂草周迴數百里四面俱山狼匿其中遂生十男其後各爲一姓阿史那即其一也

又曰突厥旗纛之上施金狼頭侍衛之士皆謂附離夏言亦狼也盖本狼生志不忘本耳

唐書曰薛延陁部落嘗有一客乞食於主人者主人引與入帳命妻具饌其妻顧視客乃狼頭人也主人不知覺妻告隣人共視之狼頭人已食主人而去相與逐之至鬱督軍山見二人追者告其故二人曰我是也我即神人薛延陁當滅我來取之追者懼而返走

又曰高宗時有孝子年十二喪父母以孝聞晝夜負土爲墳又葬曾祖父母經二十載其功始畢有白狼號鳴

於墓側詔旌表其門
帝王世紀曰有神牽白狼銜鉤入邠
國語曰周穆王將征犬戎祭公謀父諫不聽遂征之得四
白狼四白鹿以歸自是荒服者不至
述異記曰周幽王時牛化爲虎羊化爲狼洛南有避狼城
云幽王時群臣爲狼食人故築城避之今洛中有狼村是
其處也
穆天子傳曰春山百獸所聚爰有狼豺野馬
山海經曰盂山有獸多白狼白虎
又圖讚曰矯矯白狼有道則遊應符變質乃銜靈鉤
淮南萬畢術曰取狼皮以當空户則羊畏不敢出矣
毛詩草木蟲魚疏曰狼能爲小兒啼聲以誘人去數十步
止其猛捷者人不能制雖善用兵者其不能尅也其膏可
以煎和其皮可以爲裘



狐

說文曰狐妖獸也鬼所乘也有三德其色中和小前大後
死則首丘
禮檀弓曰君子曰樂樂其所自生禮不忘其本古之人有
言曰狐死正丘首仁也
易解卦曰九二田獲三狐得黃矢貞吉
又曰未濟亨小狐汔濟濡其尾
詩國風曰南山崔崔雄狐綏綏
又曰有狐綏綏在彼淇梁
又曰莫赤匪狐莫黑匪烏
漢書曰陳勝吳廣於所次旁叢祠（張晏曰戍人所止處叢祠鬼所憑）夜篝
（音構）火狐鳴呼曰大楚興陳勝王卒皆夜驚恐旦日卒中往往
指目勝廣
晉書曰王浚據幽州有狐踞府門躍入廳事後浚果敗
又曰涼武昭王暠子歆爲涼州牧時有狐上南門主簿氾
稱曰諺曰野獸入家主人將去狐上南門又狐者胡也天
意若曰有胡人居于此城南面而居也後竟爲沮渠蒙遜
所滅
王隱晉書曰劉世則女病媚積年韓友令作布囊張着窗
間乃閉户駈逐須臾囊大脹急縛口懸樹間視之唯有二
斤狐毛遂差
又曰淳于智濟北人夏侯藻母病因五鼓中出詣智卜有
一狐當門向之嗥唼藻愁愕遂馳詣智智曰禍甚急君速
歸在狐嗥處撫心啼坐勿休然後其禍僅可免也藻如
之母亦扶病而出家人既集堂屋五間拉然暴崩
唐書曰哥舒翰素與祿山思順不協上每和解祿山謂翰
曰我父是胡母是突厥公母是突厥公是胡與公族類頗
同何得不相親乎翰應之曰古人云野狐向窟嗥不祥以
其忘本也敢不盡心焉祿山甚怒以爲譏其胡也
莊子曰夫豐狐文豹是何罪之有哉其皮爲之災也
管子曰代出狐白之皮狐應陰陽之變六月而一見公貴買
之代人忘其難得喜其貴價必相率而求之取此物者因
令齊載金錢之代谷求狐白皮代王聞之果去其農處山
林求狐二十四月不得一狐離皮聞而伐之王即將其士
卒服於齊
愼子曰廊廟之材非一木之枝狐白之裘非一狐之皮
范子曰狐皮出天外
穆天子傳曰天子獵於滲澤得白狐玄貉祭於河宗

山海經曰青丘之國有狐而九尾(郭璞注曰世平則出爲瑞也)
又曰武都之山有黑水焉其上有玄狐蓬尾(蓬蓬其尾也說者曰蓬狐文豹)
書紀年曰宣王時馬化爲狐夏伯杼子東征獲狐九尾
玄中記曰五十歲之狐爲淫婦百歲狐爲美女又爲巫神
禮斗威儀曰君乘火王政平南海輸以文狐
春秋潛潭巴曰白狐至國民利不至下驕恣
韓詩外傳曰狐水神也
春秋後語曰楚宣王以昭奚恤爲相諸侯畏之王問群臣曰吾聞北方畏昭奚恤亦誠何如江乙對曰虎求百獸而食之得狐狐曰子無噉我天帝令我長百獸子若食我是逆天帝之命子以我爲不信我爲子先行隨我後觀百獸見我能無走乎虎以爲然隨狐而行百獸見之皆走虎不知獸之畏己反以爲畏狐也今王地方五千里帶甲百萬而任之於昭奚恤然北方非畏奚恤其實畏王之甲兵故人臣見畏者君威也君不用則威亡矣
趙曄吳越春秋曰禹年三十未娶行塗山恐時暮失辭曰吾之娶也必有應已矣乃有白狐九尾而造於禹禹曰白者吾服也九尾者王證也於是塗山人歌曰綏綏白狐九尾龎龎成于家室我都彼昌禹乃娶塗山女
淮南子曰夫狐之搏雉也必卑體弭毛以待其來也雉見而信之故可得而禽也
淮南萬畢術曰犀角置狐穴中狐不歸
抱朴子曰玉策記曰狐及狸狼皆壽八百歲滿三百歲暫變爲人形
西京雜記曰廣川王去疾聚其無賴少年遊獵無度國內冢墓盡發之嘗發欒書冢無餘物有一白狐見人驚走左右戟之不得傷左足於是王夢一丈夫鬚眉盡白來謂王曰何故傷吾左足以杖叩王左脚王乃患脚至死不差
白虎通曰狐死首丘不忘本也德至鳥獸則九尾狐見九者子孫繁息也於尾者後當盛也
崔豹古今注曰章帝元和二年白狐九尾見信都
魏略曰文帝受禪九尾狐見於譙都
名山記曰狐者先古之淫婦也其名曰紫紫化而爲婦故其名自稱阿紫
伏滔北征記曰皇天塢北古特陶穴晉時有人逐狐入穴行十餘里得書二千卷
又曰河冰厚數尺冰始合車馬未過須狐先行此物善聽水無聲乃過
酈善長水經注曰狐性多疑故俗有狐疑之說
管輅傳曰夜有一小物如獸手持火以口吹之書生舉刀斫斷腰視之狐也
郭璞九尾狐贊曰青丘奇獸九尾之狐有道祥見出則銜書作瑞於周以摽靈符
劉敬叔異苑曰有胡道洽者自云廣陵人好音樂醫術之事體有臊氣恒以名香自防唯忌猛犬自審死日誡弟子曰氣絕便殯勿令狗見我尸也死於山陽斂畢覺棺空即開看不見尸體時人咸謂狐也
搜神記曰酒泉郡每太守到官無幾輙卒死後渤海陳斐使此郡斐行卜卜者曰遠諸侯放伯來能解此則無憂斐既到官侍有張醫有王侯卒有史侯斐恒遠之夜半有上斐被者斐便以被覆取之物䟢踉䠄䠄作聲乃言

曰我無惡意當深報府君府君曰汝爲何魅曰我本百年狐今爲魅垂當神聽一放我我字伯永府君有急難呼我斐乃喜便放之忽然有赤光如電後每事先以語斐於酒泉境界無毫毛之奸咸曰聖君月餘主簿李音私通斐侍婢既而驚懼遂爲伯永所白遂與諸僕謀殺斐伺旁無人便伏人欲格殺之斐即呼伯永有如曳足絳諸僕伏地失魂乃以次縛取皆伏即殺音等伯永乃辭謝斐曰未及白奸乃爲府君所召猶用慙

又曰燕昭王墓有老狐化男子詣張華講說華怪之謂雷孔章曰今有男子少美高論孔章曰當是老精聞燕昭王墓有華表柱向千年可取照之當見如言化爲狐

又曰有一書生吳中皓首稱胡博士教授諸生忽復不見九月九日士人相與登山遊觀聞講書聲命僕尋之見



空冢中群狐羅列見人即走老狐獨不去是皓首書生

續搜神記曰襄陽習鑿齒爲荊州主簿從桓武帝出獵時大雪於江陵城西見草上雪氣出伺視見一黃物射之應箭死往取乃一老雄狐脚上帶絳綾香囊

又曰吳郡顧旃獵至一崗忽聞人語聲云咄咄今年衰乃與衆尋覓崗項有一穽是古時冢見一老狐蹲冢中前有一卷簿書老狐對書屈指有所計校放犬咋殺之取視口中無復齒頭毛皆白簿書悉是奸愛人女名已經奸者朱鉤頭所疏名有百數旃女正在簿次

金樓子曰狐白之裘天子被之而在廟堂爲狐計者不若走於平澤

## 狢

說文曰狢似狐善睡

周禮考工記曰狢踰汶則死土氣然也

爾雅曰狢子貆

穆天子傳曰天子獵於滲澤得玄狢以祭河宗

後秦記曰姚襄遣參軍薛瓚使桓溫溫以胡戲瓚瓚曰在北曰狐在南曰狢何所問也

太平御覽卷第九百九

獸部二十二

猨　猴　猱　玃　果然

## 猨

說文曰猨善援鸜屬也（鸜扶沸切）

山海經曰堂庭之山其上多白猨

淮南子曰五九四十五五主音音主猨猨故五月而生

列子曰老韭爲莧老羭爲猨

莊子曰夫不見騰猨乎其得柟（音南）梓豫章覽蔓枝而巳其間及得柘枳枸之間危行仄視勢不便未足騁其能也

又曰人木處則惴慄恂懼猨猴然乎哉

又曰今取猨狙（且余切）而衣周公之服彼必齕齧挽裂盡去而後慊觀古今之異猶狙之異乎周公也

又曰猨褊（音編）狙以爲雌（司馬彪曰褊狙似猨而狗頭食猕猴好與雌狙接）

淮南子曰虎豹之文來射（以虎豹有文章使人射取之）猨狖（女滑切）之捷來乍（狖猨屬乍暫疾以其捷故使人疾擊之）

又曰楚王亡其猨於林木爲之殘宋王亡其珠於池中魚爲之殫

又曰置猨檻中則與豚同非不巧捷也無所肆其能也

吳越春秋曰趙王問范蠡手戰之術范蠡荅曰臣聞趙有處女國人稱之願王請問之手戰之道也於是王乃請女女將北見王道逢老人自稱袁公袁公問女曰聞子善爲劒願得一觀之處女曰妾不敢有所隱也惟公所試公即挽林抄之竹似桔槔末折墮地女接取其末袁公操其本而刺處女應節入之三入女因舉杖擊之袁公則飛上樹化爲白猨



呂氏春秋曰荆王有白猨三射之則搏樹而熈使養由基射之始調弓矯矢未發猨擁木而號

漢書曰李廣猨臂善射

春秋繁露曰猨似猴大而黑長前臂所以壽者好引其氣也

抱朴子曰王策記稱猨壽五百歲則變而爲玃（居縛切）千歲則變爲老人

又曰周穆王南征一軍盡化君子爲猨爲鵠小人於千仞爲沙爲泥

張載論曰白猨玄豹藏於檽櫨何以知其接垂條於千仞

孝子傳曰猨鸜屬也或黃或黑通胛（音申）輕勦（小好切）善緣妙吟雌爲人所得終不徒生

華陽國志曰鄧芝見猨抱子在樹上引弩射之中猨母其子爲拔箭以䓁塞瘡芝乃歎息投弩水中

宜都山川記曰峽中猨鳴至清山谷傳其響泠泠不絶行者歌之曰巴東三峽猨鳴悲猨鳴三聲淚沾衣

荆州圖經曰宜都夷道縣西山頂上有古塚名曰女王冢不詳其人林則女貞戰則白猨

范汪荆州記曰夷陵縣陝口山非日夜半不見日月多猿鳴至清遠

山海經圖讚曰白猿肆巧由基撫弓數如循環其妙無窮

## 猴

漢書曰韓生勸項羽都關中羽曰吾聞富貴不還故鄉如衣錦夜行乃燒宮室都彭城韓生曰人言楚人沐猴而冠果然

又曰張信少府檀長卿爲沐猴與狗鬭蓋寬饒奏免之（張晏曰沐

猴獼猴也
王隱晉書曰護軍張邵母病淳于笙之使西出市弥猴繫母臂令傍人抱之拍猴恒使作聲三日三夜放去猴出門即爲犬所殺母於此漸差○郭頒魏晉世語曰司馬宣王辟州泰爲新城太守尚書鍾毓謂泰曰君釋褐登宰府乞兒乘小車一何駃泰曰君名公之子少有文彩故守吏職獼猴乘土牛一何遲衆賔悅服

莊子曰吳王浮于江登于狙(狙且余切)之山衆狙見之恂然弃而走有一狙焉委蛇攫搔見巧乎王王射之敏給搏矢(矢往)(捷速而狙猶能將也)王命相者趨射之狙死王顧謂其友顏不疑曰狙之伐巧恃其便以傲予以至此

列子曰宋有狙公者養之成群誑狙曰與若茅朝三而暮四衆狙皆怒曰朝四而暮三衆狙皆喜



韓子曰燕王微巧術人請以棘刺之端爲母猴母猴成巧人曰人主欲觀之必半歲不入宮不飲酒食肉雨霽日出視之晏陰之間而棘刺之母猴乃可見也燕王因養之不能觀也

譙子法訓曰人之所以貴者以其禮節也人而無禮者獼猴乎雖人象而蟲質也

淮南子曰楚有烹猴者而給(給徒亥切)其邦人邦人以爲狗羹而甘之後聞其猴也據地而吐之盡寫其所食此未爲知味者也

抱朴子曰余友人縢永叔嘗養一大獼猴鏁着床間後忽齧殺人永叔使合鏁埋之後百許日有見鬼者往見獼猴走上永叔承塵上不悟見鬼驚指之獼猴何以被傷流血永叔曰始乃知皆有鬼也

又曰山中寅曰稱人君者猴也猴壽八百歲

王充論衡曰鹿之角足以觸犬猴之手足以搏鼠然而鹿制於犬猴服於鼠氣不利也

神仙傳曰有人種黍山中正患獼猴食之聞介象有道聊從之乞辟猴之法象曰無他法也汝明日往黍所望見群猴便大喚語之去已白介君教莫復侵食黍此人明日視黍遇群猴適欲下樹承象語獼猴各自還山遂絕跡

述異記曰南康營氏伍考之伐舡材忽見大杜樹上有一猴懷孕考之便登木逐猴騰赴如飛樹既孤迥下又有人猴知不脫因以左手抱樹枝右手撫腹考之禽得遥擺地殺之割其腹有一子形狀垂產尒夜夢見一人稱神以殺猴責讓之後考之病經旬初如狂因漸化爲虎毛鬚牙悉生音聲亦變遂逸走入山永失蹤跡



周景式孝子傳曰余嘗至綏安縣逢徒逐猴猴母負子没水水雖深而清乃以戟刺之自脇以下中斷脊尚連於着舡中子隨其傍以手捫子而死

陸機與弟雲書曰監徒武庫建始殿諸房中見有兩足猴真怪物也

異物志曰南方人以獼猴頭爲鮓

袁淑排諧集常山王九命文曰及至圖身失所羈束人間馴纓服制惟意所牽登擡而遨抱梁而眠拾掇遺餘談笑所便

後漢王延壽王孫賦曰原夫天地之造化實神偉之屈奇道玄微以窈妙信無初而弗爲王孫狡獸形陋觀而醜儀顏狀類乎老公軀體似乎小兒眼睚(五皆切)䁚(五構切)以䀮(音血)視瞸(音戢)睫(側夾切)以睫(乎悅切)睦窊(烏決切)高匡而曲頰瞘(音傴)瞜

呵切歷而隮離皐鞋（許解切）齁（許侯切）以歔（音吸）歘（許夾切）耳聿役以瞞（音瞞）知口嗛（呼忝切）呥（音冉）以齡（則咸切）齵（音鄒）脣𣪍（出涉切）唱（而躡）切以𧿹（丑里切）齒崖崖以齡（音齡）爵任（音荏）咮（音漆）而囁（入葉切）兒儲粮食於兩頰稍委輸於胃脾膳兕蹲而狗踞聲歷鹿而啞咿或嘀嘀（苦華切）而噭噭（音的）嗅（火𣅿切）若啼姿僭慊（呼店切）而惚贑（音貢）谿肝閱以項醯生深山之茂林𡺛嶄巖之嶔崎性猗㺍之猶（音煩）疾熊峯出而橫施

猱

說文曰猱貪獸也一曰母猴似人

毛詩草木蟲魚疏曰猱獮猴也楚人謂之沐猴老者爲㺢㺢駿捷也其鳴噭噭而悲

詩曰無教猱升木毛萇注曰猱猨屬也

爾雅曰猱蝯善緣孫炎注曰猱母猴也



江乘地記曰攝山有山猱赤足

玃（居縛切）

說文曰玃母猴也

爾雅曰玃父善顧（郭璞曰似獮猴而大倉黑也能玃持人好顧盼）

抱朴子曰獼猴及猿八百歲化爲玃

古今注曰猴五百歲化爲玃

呂氏春秋曰肉之美者玃猱之炙

又曰聞言不可不察數傳白爲黑故狗似玃玃似母猴母猴似人人與狗則遠矣以

毛詩草木蟲魚疏曰猱獮猴也楚人謂之木玃老者爲玃大而黑長前辟玃之白要者爲㺢猢

博物志曰蜀中南高山上有物似獮猴長七尺能行捷走名曰猴玃一名馬化或曰猳玃同行道婦人有好者輒盜之以去人不得知行者每經過其旁皆以其長繩相引然故不免此能別男女氣臭故取女不取男取去而爲家室其無子者終身不得還十年之後形類之意亦迷惑不復思歸有子者輒抱送還其家產子皆如人有不食養者其母輒死故無敢不養也及長與人不異皆以楊爲姓故今蜀中西界多謂楊率皆猳玃馬化之子孫時時有玃爪者

果然

山海經曰果然獸似獮猴以名自呼聲若著黑群行老者在前少者在後得果食輒與老者似有義焉交趾諸山有之獠人射之以其毛爲裘蓐甚溫煖

蜀地志曰涪陵南界㩧險中有果然獸形如狗子頭似兎其尾柔滑白黑色皮可爲裘輕煖可珎

南中八郡志曰交趾有果然白面黑身毛采班斕



吳録地理志曰九真咠浦縣有獸名果然猨狖類也色青赤有文居樹上北郡及日南皆有之○南方草物狀曰果然獸生在山林上民人以毒箭射之剝取皮皮文青赤白色縫相連作薦出九真日南郡○南州異物志曰交州以南有果然獸以名自呼身如猨大面通有白色其體不過三尺而尾長四尺餘反尾度身過其頭視其鼻仍見兩孔仰向其毛長柔細滑澤色以白爲質黑文視如蓍著頭鴨脇邊班文集十餘皮可得一蓐繁文麗好細厚溫煖

魏鍾毓果然賦曰果然似猴象猨黑頰青身肉非嘉肴唯皮爲珎

太平御覽卷第九百一十

太平御覽卷第九百一十一

獸部二十三

鼠

易說卦曰艮爲鼠

春秋運斗樞曰玉衡星散而爲鼠○說文曰鼠穴蟲摠名也鼫(下各切)鼠出胡地䶅竹鼠也如犬鼨(音終)豹文鼠也鼷小鼠也鼩(其俱切)精鼩胡地風鼠也鼢鼠地中行伯勞之所化也鼮鼠鼮令鼠也鼮(音苹)

爾雅曰鼢鼠(地中行者)鼸鼠(以頰裏藏食)鼷鼠(有螫毒者)鼶鼠(夏小曰鼢鼶則穴二者斯)鼬鼠(今鼬似鼦赤黃色大尾啖鼠江東呼爲鼪者主)鼩鼠(音劬小鼱鼩也)鼭鼠(形大如鼠頭似兔尾有毛青黃色好在田中食粟豆關中呼爲鼩鼠)鼣鼠鼨鼠豹文鼮鼠(音廷文彩如豹)鼳鼠(音狐覓切似鼠而大蒼黑色在樹上)又鼯鼠夷由(狀如小狐似日且乳亦謂之蝙蝠肉翅飛飛生音如人呼)



廣志曰(白援尾長白腹善緣)登若家鼠小異者鼢鼠深目而短尾苗鼠者野鼠也小而短尾夭鼠以皮爲裘今當名其裘爲夭鹿裘黃鼠在田野鼠爲群害穀麥善走凡狗不得唯鼠狼能得之

左傳曰齊侯將爲臧紇田(與之邑)臧紇聞之見齊侯與之言伐晉(對曰多則)多矣抑君似鼠夫鼠晝伏夜動不穴於寢廟畏人故也今君聞晉之亂而後作焉寧將事之非鼠而何乃弗與田

詩曰誰謂鼠無牙何以穿我墉誰謂汝無家何以速我訟

又曰碩鼠刺重斂也碩鼠碩鼠無食我黍

又曰相鼠刺無禮也衛文公能正其羣臣而刺在位承先君之化無禮儀也相鼠有皮人而無儀人而無儀不死何爲○大戴禮曰正月田鼠出田鼠者鼸鼠也

詩義疏曰尔雅鼫鼠許慎云五伎鼠也今之河東有石鼠大能人立交前兩脚於頭上跳善鳴食人禾稼逐則走入樹空中亦有五伎或謂雀鼠其形大故云石鼠也詩言其方物宜謂此鼠非今之鼠也又鼠不食禾苗本文謂螻蛄爲碩鼠亦有五技古今工名虫鳥物異名同故記巳

史記曰李斯少時爲郡小吏見吏舍厠中鼠食不潔近人犬數驚恐之入倉見倉中鼠食積粟居大廡下無人犬之憂乃歎曰人賢不肖譬如鼠在所自處耳○又曰張湯杜陵人也其父爲長安丞出湯爲守舍還而鼠盜肉其父怒乃笞湯湯掘得盜鼠及肉鞫掠訐鞫論報并取鼠與肉具獄磔堂下其父見之視其文辭如老獄吏大驚遂使書獄

漢書曰古馮翊韓延壽有罪下獄楊惲上書訟延壽郎中丘常謂惲曰聞君侯訟韓馮翊當得活乎惲曰事何容易我



不能自保直人所謂鼠不容穴銜窶藪故也

又曰蘇武使匈奴匈奴徙武北海上掘野鼠草實而食之

又曰廣陵王胥將作亂鼠舞王后庭

又曰燕剌王旦將作亂鼠舞殿端門

魚豢魏略曰大秦國有辟毒鼠

魏志曰臧洪爲袁紹所圍粮乏乃掘鼠而食之

又曰太祖時用刑嚴重太祖馬鞍在庫爲鼠所齧庫吏懼罪必死議欲面縛首罪猶懼不免其咎鄧王哀冲謂曰待三日中然後自歸冲於是以刀穿單衣如鼠齧者謬爲失意貌有愁色太祖問之冲對曰世俗以爲鼠齧衣者其主不吉今單衣見齧是以憂戚太祖曰此妄言耳無所苦也俄而庫吏以齧鞍聞太祖笑曰衣在側尚齧况馬鞍懸在乎一無所問

晉陽春秋曰大興中衡陽歐純作鼠市四方丈餘開四門門有一木人縱四五鼠於中欲出門木人輙以椎椎之

北史曰盧昶爲散騎常侍時洛陽縣獲白鼠昶奏以爲案瑞典外鎮刺史二千石令長不祗上命刻暴百姓怨嗟則白鼠至因陳時政多所勸誡詔書褒美其意

三國典略曰齊將誅斛律光有三鼠遊於光寢光每投食與之一朝俱死床下

唐書曰吐蕃有草石逨古芏莖長二寸狀如針蒿每莖不過三四莖其莖蔓其花黃其根連珠如麦門冬有鼠長於常鼠每二三十同一穴至秋秋鼠皆收此草爲藏多者至數石俗亦掘草根食之而留給鼠粮其國禁殺鼠殺者輙加罪俗亦愛之不殺也

洞林曰鄉里人柳休祖婦病鼠瘻積年不差及困垂命令兒來從吾乞卦占得頤之復案卦應得人師姓石者而治之當以鼠出而愈者也休祖兒歸有一賤家奴姓石自言由來能治此病且灸其三處而止歸尋差有一老鼠色正蒼黃逕就其前踧踧伏而不動呼狗嚙殺之鼠頭上有灸處病便差

玄中記曰百歲鼠化爲神

鄭氏玄中記曰百歲之鼠化爲蝙蝠

京房易飛候白鼠舞國門厥咎亡鼠舞於庭厥咎誅死

風角要占曰長居官厭盗法七月以生鼠九枚置籠中埋子地稱九百斤土覆坎深各二尺五寸築之令堅固

地鏡圖曰青玉之像爲女人黃金之見爲火及白鼠

百怪書曰鼠咋人衣領有福

莊子曰且鳥高飛以避矰弋之患鼷鼠深穴於神丘之下以避薰灌之患

又曰惠子相梁莊子往見之或謂惠子曰莊子來欲代子相於是惠子恐搜於國中三日三夜莊子見之曰南方鳥其名鵷鶵子知之乎鵷鶵發南海而飛渡北海非梧桐不止非竹實不食非醴泉不飲於是鴟得腐鼠鵷鶵過而仰視之曰嚇今子欲以梁國相嚇我耶

又曰鼴鼠飲河不過滿腹

文子曰腐鼠在阼燒香於堂

尹文子曰鄭人謂玉未理者爲璞周人謂鼠未腊者爲璞周人乃懷璞問鄭賈曰欲買璞乎賈曰欲因出其璞視之乃鼠也因謝不取

淮南子曰柳下惠見鍚曰可以養老盗跖見鍚曰可以粘鼠

又曰孟賁探鼠穴無時死必噬其指失其勢孟賁勇士爲探鼠於穴故曰失其勢

又曰季春之月田鼠化爲鴽

淮南萬畢術曰孤目里腦鼠其穴以塗鼠穴即去被髮向北呪殺巫鼠夜有巫被髮北向禹步呪日老鼠不祥過自受其殃

又曰投鼠者機動釣魚者浮抗動發也發則得鼠浮釣浮也抗動也動則得魚也

又曰虞氏者梁富人也登高樓臨大路設樂陳酒蒱博其上遊俠相隨行於樓下博者射明張中反兩㩉而笑戴墮腐鼠而中遊俠遊俠相與語曰虞氏富人矣常有輕人之志乃辱我以腐鼠請滅其家其夜乃攻於虞氏大滅其家此謂類而非也

抱朴子曰南海有白鼠大者重數斤毛長三寸居空木中

其毛可續爲布
又曰陳安世年十三初爲管叔本客得道叔本年七十猶
拜安世曰得道者當師吾不著弟子之禮矣死王樂生鼠雖
爲帝王死不及生鼠
又曰王筞記稱鼠壽三百歲滿者則色白善憑人而卜名曰
仲仲能一年之中吉凶及千里外之事皆知也
典語曰殺𤔡之狗吠於朝門社稷之鼠竄於宮側
春秋後語曰趙惠文王二十九年秦韓相攻軍於閼與(上黨有閼與聚閼烏達反與音預成音余)王召廉頗問曰可救不對曰道遠險狹
難救也又問樂乘對曰如廉公言又問趙奢趙奢對曰道
遠險狹譬兩鼠鬬於穴中將勇者勝王乃令奢救之
晏子春秋曰景公問晏子治國何患對曰社鼠者(不可燻不可灌)
之君左右出賣寒熱入則比周此國之社鼠者



山海經曰丹熏之山有獸焉其狀如鼠而兎首麋耳以其
尾飛名曰耳鼠可禦百毒
郭璞山海經圖飛鼠讚曰或以尾翔或以髯凌飛鼠鼓翰
倏然皆騰固無常所惟神所憑
本草曰鼷鼠一名隱鼠形如鼠大而無尾黑色長鼻
賈誼書曰鄙諺云欲投鼠而忌器此善喻也鼠近於器尚
憚不投況貴大之臣近於帝王乎
郭璞注尔雅曰漢文帝宮中得一鼠豹文熒彩熒熒以問群臣
下于廉郎終軍荅曰鼮鼠文帝賜縑○東方朔神異經曰
北方有氷萬里厚百丈有鼷鼠在氷下出焉其形如鼠食
草木肉重千斤可以作脯食之已熱(除熱病也)其毛長可八尺
可爲蓐臥之可以却寒(治風病也)其皮可以柔致其聲聞千里
有美尾可來鼠(此所尾毛所在鼠輒輒入此聚)

說苑云梁上鼠飽聞長者論
論衡曰天生天地猶魚生泉蟣虱於人風氣而生焉食鼠
腸脹鼠子水午火馬金亦勝木雞何不啄兎火亦勝金蛇
何不食猴○又曰鼠跡一篋捎不食
博物志曰鼠食巴豆三年重三十斤
東晳發蒙記曰西域有火鼠之布東海有不灰之木
語林曰簡文爲撫軍時所坐床上坐塵不聽左右掃去見
鼠行跡視以爲佳
異物志曰鼠母頭脚似鼠毛蒼口銳大如水牛而獨畏狗水
田時有水灾起於鼠
西域諸國志曰有鼠王國鼠大如狗着金鏁小者如兎或
如此聞鼠者沙門過不呪願白衣不祠祀輒害人衣器
異苑云釋道安昔西方適見此俗嗲云鼠得死人目精則



爲王
干寶搜神記曰晉太康中會稽郡𧊈蜞及蟹皆化爲鼠大
食稻爲災始成者有肉而無骨
幽明録曰吴北寺終祚道人卧齋中鼠從坎出言終祚復數
日必當死終祚呼奴令買犬鼠云亦不畏此也但令犬入
此戶必死須臾犬至果然終祚乃下聲語其奴曰明日市崖
十檐水來鼠便已逆知之云正欲水澆取我我穴周流無
所不至竟日澆灌了無所獲密令奴更借三十人鼠云吾
上屋居柰我何至時處在屋上奴名同鼠云阿同盜二十
萬錢試開庫實如所言奴亦叛去終祚常爲商估閉其戶
而謂鼠曰汝正欲使我　富耳今遠行勤守吾房中勿
令有所零失也時桓玄在南州禁殺牛甚急終祚載數萬
竊買牛皮還東貨之得二十萬還室猶閉一無所失

後遂富積二三千万
列異傳曰中山王周南正始中爲襄邑長有鼠衣冠出廳事語曰尒某日當死周南不應至期復出冠幘絳衣語曰尒日中當死復不應入復更出日適中鼠曰周南汝不應我死我復何道遂顛蹷而死即失衣冠視如常鼠也
述異記曰宋車騎大將軍南譙王劉義宣鎮荆州府吏蔡鐵者其人善卜公嘗在內齋見一白鼠緣屋梁上乃命左右射得之內置函中召鐵既至使卜函中何物卜兆成笑曰巳具知矣公曰狀之鐵爲之狀曰兊色之鼠背明戶纓弧射之絶其左股鼠孕五子三雄而兩雌若不見信剖腹而立知公乃使剖鼠腹皆如鐵言也賜錢一萬○劉敬叔異記曰景平中東陽大水永康蔡喜夫避徙南壟夜有大鼠浮水而來伏喜夫奴牀角奴恐而不犯每以飯與之水勢既退喜夫既得返故居鼠以前脚捧青紙裹三斤許珠著奴



牀前啾啾如欲語也
又曰南陽趙虔少好術藝虔有白米爲鼠所盗及被頭把刀畫地作獄四面開門向東長嘯群鼠俱到呪之曰凡非噉者過唯止者十餘乃剖腹看臟有米在焉○竇氏家傳去竇攸治尒雅舉孝廉爲郎世祖與百寮大會於靈臺得鼠身如豹文熒熒有光煇問群臣莫有知者唯攸對曰此名鼮鼠詔何以知之攸曰見尒雅詔案視書果如攸言賜帛百疋詔諸臣子弟皆從受尒雅
許邁別傳曰邁小名映有鼠嚙映衣乃作符占鼠莫不畢至於中庭映曰齧衣者留不齧衣者去群鼠並去唯一鼠獨住伏於中庭而不敢動
梁州記曰仙人唐公房祠有碑一所廟北有大坑碑文云是其舊宅處公房舉宅登仙故爲坑焉山有易腸鼠一月吐易其腸東廣微所謂唐鼠者也博物志曰唐房升仙雞犬去唯以鼠惡不將鼠自悔一月三出腸
劉欣期交州記曰竹鼠如小狗子食竹根出封溪縣
秦州記曰乞佛虜乾歸未移枹罕金城見鼠有數萬頭將諸小鼠各銜尾羣移而度洮麗二水悉上枹罕自是二年而乾歸徙焉
晉太康地記曰鳥鼠之山在隴西首陽縣穴入三四尺鼠在內鳥在外○鄧德明南康記曰南康山石室號金堂內金色有金鼠時見也○金樓子曰齊鬱林王夜中與宦者共刺鼠至曉夜輒得數十籃
又曰晉寧縣境內出大鼠鼠狀如牛土人謂之偃鼠天時將失鼠則從山出遊畋畝散落其毛悉成小鼠五稼必盡耗



也
後魏盧元明劇鼠賦曰嗟乎在物最爲可賤毛骨莫充於玩賞脂肉不登於俎膳其爲狀也憯俁且吁睢離睒上濫切賜音釋鬚似麥纖半垂眼如豆角中劈耳類槐葉初生尾若杯酒餘瀝乃有都有羸髖寬申二音痟癠偏多姦計衆中無敵社託忌器妙解自惜深藏厚閑巧能推覓或尋繩而下或自地高擲登机緣匱濫扉動弃切切終朝轟轟竟夕是以詩人爲辞寔云其碩盗干湯之珎俎傾留髦之香澤傷繡領之斜製毁羅衣之重襞曹舒由是獻規張湯爲之被讁亦有閑居之士倦游之客絶慶吊以養真素笄左右而尋詩易庭院肅清房櫳虛寂尒乃羣鼠乘間東西挑擲或牀上捋鬚或户間出額貌甚舒暇情無畏惕又領其黨與欣欣奕奕歌覆箱奩騰踐茵席共相侮慢特無宜適訏天壤之含孔

產此物其何益

大平御覽卷第九百一十一

太平御覽卷第九百一十二

獸部二十四

狸　貂　貀　貚　猫　獺　蝟

## 貍

爾雅曰貍子貄（音肆）

說文曰貍伏獸也

禮曰狸首之班然

又曰狸去正脊

魏志曰清河令徐季龍使人獵令管輅筮其所得輅曰當獲小獸雖有爪牙微而不彊雖有文章蔚而不相非虎非雉其名曰狸獵人暮歸果如輅言

晉書曰樂廣爲河南尹先是河南官舍多妖怪前尹皆不敢處正寢廣居之不疑嘗外户自閉左右皆驚廣獨曰顧見墻（有孔使人）掘墻得貍而殺之其怪亦絕



唐書曰武弘度士護兄子也父卒廬于墓側晨夕哀號有野貍每至弘度齋時必來求食往來馴狎無驚懼時以爲孝感

玄中記曰鉛錫之精爲狐狸

子思子曰謂狐爲狸者非直不知貍也忽得狐復失貍者也

琴操曰曾子鼓琴墨子立外而聽之曲終入曰善哉鼓琴身已成矣而曾未得其首也曾子曰吾晝卧見一貍見其身而不見其頭起而爲之弦因曰殘形操

淮南子曰貍頭似鼠以類推也（許慎曰貍食鼠）

又曰狸頭止癙（癙寒熱瘍也）鷄頭止瘻

抱朴子曰虎尾不負狸身象牙不出鼠穴

本草曰狸肉甘無毒（主風）濕鬼毒氣皮中如針刺

歸藏曰昔者桀筮伐唐而枚占熒惑曰不吉彼爲貍我爲鼠勿用作事恐傷其父者也

風俗通曰汝陽西門習武亭有鬼魅宿者輒死其厭者皆亡髮北部督郵西平郅伯夷到亭上樓宿誦六甲孝經易本記卧密拔劍解帶夜有正異者四五尺來覆伯夷以劍帶擊魅腳呼下燈照見一老狸正赤略無毛衣持下燒殺明旦發樓屋得所亡髮人髻百餘因此遂絕

神仙傳曰欒巴爲豫章太守先是廬山廟中與人言語飲酒投杯（栝音）能使宮亭湖中分風行者舉帆相逢巴未到十數日廟中神不復作聲不知所在巴到自上表說廟鬼詐稱天官欺損百姓積憊日夕罪當窮治乞以事付功曹巴身行捕逐如不治討恐其復遊行天下所在血食枉病良



民責以重禱乃至所在推求山川社稷問鬼蹤跡此鬼乃到齊國爲書生齊太守見之既有容美瞿又有才辯學識論經說義時在齊人莫不見知太守亦不知是鬼乃以女妻之生一男巴到與太守相見語畢問聞卿有一女聟明五經諸子可得相見不太守請女聟詐病辭不出而巴求之不止聟告其婦言吾今日出必死如何女亦怪之不知何以巴知不敢出乃求奏板一枚并筆書符付太守曰以此與賢女聟自當出也女聟得符流涕與婦辭訣而出望見巴即身體已變爲狸而面故是人也巴厲聲呵言死狸敢尔何不正汝真形即盡爲狸巴復曰斬之亦不斬者而狸頭已斷於地又言取狸子來須臾太守女所生兒已復爲狸子即又斬之巴辭還郡

搜神記曰博陵劉伯祖爲河東太守所止承塵上有神能

語常呼伯祖與語及京師詔書告下消息輙預告伯祖伯祖問其所食啖欲得羊肝買羊肝於前切之臠隨刀不見盡兩羊肝有一老狸眇眇在案前持刀者欲舉之刀斫之伯祖呼止自與着承塵上須史大笑曰向者啖肝醉忽失形與府君相見大慙愧後伯祖當爲司隸神復先語伯祖去某月某日詔書當到至期如言及入司隸府神隨逐在承塵上輙言省內事伯祖大恐怖語神曰今職在刺舉君左右貴人聞神在此因以相害神荅曰誠如府君所慮相當相捨去遂即無聲

幽明録曰吳興戴眇家僮客姓王有少婦美色而眇中弟恒往就之客私懷忿惡具以白眇中郎作此甚爲無理顧尊勑語眇以問弟弟大罵曰何緣有此必是妖鬼勑令杖殺客初猶不敢　後來閑戶欲縛便變成大狸從窻中出



又曰董仲舒常下帷獨詠有客來詣語遂移日舒知其非常客又去欲雨仲舒因此戲之曰巢居知風穴居知雨卿非狐狸則是鼷鼠客聞此言色動形壞化成老狐狸也

隋王度古鏡記曰大業七年五月余自御史告歸河東適遇侯生卒而得一鏡六月余歸長安宿於主人程雄家新授寄一婢頗稱端麗名曰鸚鵡余整冠履引鏡自照鸚鵡遥見便叩頭流血去不敢住余召雄問其故雄曰兩日前有一客携婢從東來來時病困因留寄於此不知婢之由也余疑其精魅以鏡逼之遂自陳云本是華山廟前長松下千歲老狸久行變惑罪當至死近爲府君捕逐逃潛河渭之間爲下邽陳思恭義女思恭妻鄭氏見養恩厚嫁鸚鵡與鄉人柴華意不相愜逃而去東至韓城遂爲行人李無慠所執無傲麄人也遂刼鸚鵡遊行至此不意天鏡一照自隱無路然爲人已久羞復故形願樂飲而因匣鏡置酒悉召雄家類里與共讌此婢大醉起舞歌曰寶鏡寶鏡哀哉余命自我離形于今幾姓生雖生可樂死不傷何爲眷戀守此一方歌畢化爲狸而死

述異記曰陳留董逸少時隣女梁瑩年稚色艷逸愛慕傾魂貽椒獻寶瑩亦納而未獲果後逸隣人鄭充在逸許宿二更中門前有叩掌聲充卧望之亦識瑩語逸梁瑩今來逸驚躍出迎把臂入舍逸與瑩寢瑩仍求去逸攬持不置申款達旦逸欲留之云爲汝烝兆作食竟去逸起閉戶絕帳瑩因變形爲狸從梁上走去金樓子曰貍之不可摟處牛不可捕鼠

## 貂



說文曰貂鼠屬也大而黄黑色出丁零國

廣志曰貂出夫餘

關山圖曰霍山南岳其獸多赤貂

東觀漢記曰建武二十五年烏桓詣闕朝賀獻貂皮

魏書曰鮮卑有貂豽（女滑切）鼲（音渾）子皮毛柔蠕故天下以爲名裘

魏志曰挹婁國出好貂今所謂挹婁貂是也

江表傳曰遼東太守遣使詣孫權送貂皮（千枚）欲舉國歸吳

晉書曰趙王倫簒位至於奴卒廝役亦加以爵位每朝會貂蟬盈坐時爲之諺曰貂不足狗尾續

異苑曰貂出句麗國常有一物共居穴或見之身貌類人長三尺能制貂愛樂刀子其俗人欲得貂皮以刀擲穴口此物夜出皮置刀邊須人持皮去乃取刀

隋書曰北室韋其俗以捕貂為業南室韋亦多貂

貀(女滑切)

說文曰貀獸無前足漢律能捕豺貀購百錢

爾雅曰貀無前足(郭璞注曰晉太康七年召陵扶夷縣檻得獸似狗貀文有角兩脚即此類也或曰貀似虎而黑無前兩足也)

廣雅曰豹貀也

唐書曰長慶中河東節度使李聽貢貀三頭貀猛捷之獸也穆宗好畋遊嘗詔諸道廣求此獸捜踐山谷郡縣告勞防虞籠檻甚於豺虎及至林苑往往噬人後穆宗亦盡令逐之及敬宗即位聽復獻之

貚(音禪)

說文曰貚鼠出丁令胡以作裘

魏略曰丁靈國出青貚子白貚子皮

江表傳曰魏文帝遣使吳求貚皮豹皮群臣以非禮欲不與權勑付使

山海經曰獄法之山有獸焉如犬而人面善投見人則笑其名曰貚其行如風見則大風

山海經圖讚曰山貚之獸見乃歡嘑厥性善投行如矢激是惟氣精出則風作

猫

詩曰孔樂韓土有猫有虎

爾雅曰虎竊毛謂之虦(士盞切)猫(郭璞注云竊淺也或曰竊毛虎毛也)

禮曰古之君子使之必報之迎貓為其食田鼠也迎虎為其食田豕也迎而祭之也

尹子曰使牛捕鼠不如猫狌(音生)之捷

北史曰獨孤陁性好左道其外祖母高氏先事猫鬼轉入



陁家每以子日夜祠之猫鬼所殺人取其財物置於所事猫鬼家鬼若降人則面正青若被牽曳陁後敗免死

唐書曰高宗廢王后令宮人宣勑示后拜曰但願大家萬歲昭儀長承恩澤死是吾分也良娣承勑罵曰阿武狐媚翻覆至此百千生願得一日為猫阿武為鼠吾扼其喉以報今日即足矣武后聞之不說自是約六宮不許畜猫

又曰朱泚軍中有猫乳鼠者泚獻之為祥代宗使中官示於朝宰相率百僚皆賀崔祐甫獨否中官詰其故荅曰此之失常也可弔不可賀中官徵其狀祐甫立草之略曰禮云迎猫為其食田鼠也以能除害故列祀典今乃乳之是謂失常且猫受人食養而弃職不修亦何異法吏不勤觸邪疆吏不勤捍敵是天將垂戒故不敢賀衆皆伏代宗嘉其正直

獺

禮記月令曰孟春之月獺祭魚然後虞人入澤梁

說文曰獺如小狗水居食魚猵(音編)獺屬也

遁甲開山圖曰霍山南岳其獸多柴獺(山邊水故有柴獺)

淮南子曰愛獺而飲之酒欲養之非其道(言獺飲酒而敗)

風土記曰陽羨縣前有大橋下有白獺將有兵動獺出穴口向嗥也

魏略曰南蠻皆用獺皺其冠

鹽鐵論曰水有猵(音獱)獺而池勞國有強禦齊民消也獨猵曰猵群曰獺又如淳博物志曰猵如馬自腎以下似扁蝠毛似獺大可五六十斤淳同鄉人吉孟景福中征遼東時為運舡吏於海中有猵獺跳上舡舡人皆謂海神共叩頭敬禮舡左武令人去但魚(獺)可烹而食之

神仙傳曰樊夫人者劉經之妻也俱行道術各自言勝經於是唾盤中水即作鯉魚夫人乃唾盤中使成獺而食魚經每共試術事事不如

永嘉地記曰壽山至高常有拾橡者見上有大湖又有自然石橋多獺異色鳥獸

蝟

孝經援神契曰蝟多刺故不使超踰抑揚

爾雅曰蝟毛刺

淮南子曰鵲屎中蝟爛而淶見蟹不烋

淮南萬畢術曰蝟膏塗鐵柔不折

華陽國志曰滇池縣有白蝟山無石而多蝟也

北齊書曰成帝夢大蝟攻破鄴城故索境內以蝟膏絕之至後主名緯亡齊之徵



廣五行記曰梁末蜀人費祕刈麥值暴風雨隱於巖右間避雨去家數里遙見前路有數婦人皆着紅紫襴帖莧衣歌吟而來祕竊怪野外何因有此心異之漸近寂然無聲去祕數步乃各住立少時悉轉向祕看之其面並無七孔唯垂鳥毛而已祕驚怖仆地至二更祕兒怪父不至把火尋覓見祕臥在道傍左側有十餘刺蝟見火即爭散走祕至家百餘日死　宋正

太平御覽卷第九百一十二

太平御覽卷第九百一十三

獸部二十五

雜獸

驒騱　昆蹄　蒙頌
贙　魋　蜼
鼳　豦　驨
㲋　石𧳿　猶
犰　竹犰　原
天狗　𤢖　貗獀
鹿蜀　類　猼訑
狸力　土螻　讙讙
幽鴳　足訾　那父
天馬　䑏　朏



文　開明　窮奇
褟褢　彘𤝇　羬羊
嚚　長古　谿邊
獾　犰狳　渾沌
檮杌　猻　無損
網　齧鐵　飛骹獸
破鏡　猯　犺
獝　麢狼　兩頭獸
獑猢　黃要　含利
玆白　虎豹　聆鼠
𡐤羊　猛氏　飛遽
射干　獌狿　蒲勞

驒騱上音顛下音奚

說文曰驒騱野馬屬

史記曰匈奴畜則駃古穴切騠下奚切驒騱

昆蹄

爾雅曰昆蹄研善外甗孫炎曰昆蹄之馬蹄平如研而善外山甗者郭璞曰秦時有昆蹄死

昆騟大胡切枝蹄研善外甗

蒙頌

爾雅曰蒙頌猱狀郭璞注曰即蒙貴也似雖而小紫黑色可畜捕鼠勝猫九真日南出之猱獮猴之屬也

贙

爾雅曰贙手大切有大力郭璞注曰出西海天秦國有養之似山狗多力獷惡也

魋

爾雅曰魋如小熊竊毛而黃

蜼余救切

爾雅曰卬鼻而長尾郭璞注曰似獼猴而大黃黑色長數尺鼻露上向雨則自懸於樹以尾塞鼻或以兩指也



鼳古闃切

爾雅曰鼳鼠身長鬚而賊秦人謂之小驢郭璞曰鼳似鼠而馬蹄一歲千斤為物殘賊也

豦音渠

爾雅曰豦迅頭郭璞注曰今建平山中有豦如狗似獼猴多鬣能舉石擲人

驨

爾雅曰驨音攜如馬而一角不角者騏也

㲋丑略切

說文曰㲋獸似兔青色而大頭與兔同足與鹿同

山海經曰彘光之山獸名㲋郭璞曰㲋似兔而鹿腳青色也

石𧳿

說文曰𧳿大木切類犬膂以上黃膂以下黑食母猴或曰𧳿

似牂羊

風土記曰石穀似狢而形短常捕敢猴貜

司馬相如上林賦曰獑(音讒)猢蛫(音厄)

猶(余救切)

說文曰猶玃屬一曰隴西謂犬子為猶

爾雅曰猶如麂善登木

狏

魯連子曰北方有獸名為狏生而角當心俯厲其角潰心而死

竹狏

徐衷南方記曰竹狏野生長一尺三寸在土穴中常食竹根味如鴨肉

原



山海經曰翠望之山(亦作翠山)王有獸狀如狸一目二尾名曰原音音奪衆聲(言能作百種聲)可以禦凶也

天狗

山海經曰陰山濁谷之水出焉有狩狀如狸(猶或作)白首名曰天狗可以禦凶

獜(音鄰)

(山海經曰依軲之山有狩焉狀如虎)有爪甲名曰獜(言體有鱗甲也食之不畏風)

𤡟獀(上音渠下音搜)

山海經曰𤡟獀獸食猛獸

鹿蜀

山海經曰杻陽之山有獸狀如馬而白文頭如虎而長尾其音如謠(如人歌)其名曰鹿蜀佩之宜子孫

山海經圖讚曰鹿蜀之獸馬質虎文驤首吟鳴矯矯騰群佩其皮毛子孫如雲

類

山海經曰亶爰之山有獸狀如狸而有髮其名曰類自為牝牡食者不妒

猼訑(上音博下音他)

山海經曰基山有獸其狀如羊九尾四耳其目在背名曰猼訑佩之不畏

山海經圖讚曰猼訑似羊眼乃在背視之則奇推之無怔欲不恐懼厥皮可佩

狸力

山海經曰柜山有獸狀如豚有距其音如狗吠其名曰狸力見則其縣多土功

土螻



山海經曰崑崙之丘有獸焉其狀如羊而四角名曰土螻

讙讙

山海經曰翼望之山(或作王翠)有獸狀如狸一目而三尾名曰讙讙(音歡或作原)其音如奪百聲(言其能作百種聲或曰奪百物名也未詳)是可以御凶服之治癉(黃癉病音旦也)

幽頞(音遏)

山海經曰邊春之山有獸狀如禺而文背善笑見人則卧名曰幽頞(或作娛也)其鳴自呼也

山海經圖讚曰幽頞似猴俾愚作智觸物則笑見人佯睡

足訾

山海經曰蔓聯之山有獸狀如禺而有鬛牛尾文臂馬蹄見人則笑名曰足訾其鳴自呼也

那父

山海經曰灌題之山有獸狀如牛而白尾音如叫（叫如人喚）名曰那父

天馬

山海經曰馬成之山有獸如白犬而黑頭見人則飛其名天馬其鳴自呼也

䑏（音那或作能）

山海經曰甘棗之山有獸狀如𪕬鼠而文題（𪕬鼠未詳）名曰那食之治癭

朏（音普妹切）

山海經曰霍山有獸如狸白尾有鬣名朏畜之已憂

文

山海經曰放皐之山有獸狀如蜂枝尾而反舌善呼名文

開明



山海經曰開明獸身類虎而九首皆人面東嚮立崑崙

窮奇

山海經曰封山有獸狀如牛而蝟毛名曰窮奇食人或云窮奇聞人鬪乃助不直者文王出獵所獲

張揖注上林賦曰窮奇其音如狗嗥食

神異記曰西北有獸狀如虎有翼名窮奇

禂褢（上音調下音懷）

山海經曰堯光之山有獸如人而彘鬣冬蟄名禂褢音如斲木（如人斫木聲）見則其縣有役

彘

山海經曰浮玉之山有獸狀如虎而牛尾音如犬名曰彘

羬羊

山海經曰華山之首曰錢來之山有獸狀如羊而馬尾名曰羬羊其胎可以已腊（治體腊也）

嚻

山海經曰羭次之山有獸狀如禺而長臂其名曰嚻

長古

山海經曰長古之山有獸狀如禺而四耳名長古（因山名其音）如吟見則郡縣大水

谿邊

山海經曰天帝之山有獸狀如狗名谿邊（或作席遺）其皮者不蠱

玃（姑縛）

山海經曰皐塗之山有獸狀如鹿白尾馬足人手（前兩腳似人手）而四角名曰玃

犰狳（上音求下音余）



山海經曰餘我之山有獸狀如兔鳥喙鴟目蛇尾見人則眼（言陽死也）其名曰犰狳其鳴自叫見則螽蝗為敗

渾沌

東方朔神異經曰崑崙西有獸其狀如犬有兩目而不見兩耳而不聞有腹而無五藏有腸直而不旋食而徑過人有德行而往抵𩑶（音）之人有凶惡而往依憑之天使其然名曰渾沌一名無耳一名無心所居無常咋尾回轉向天而笑

檮杌

東方朔神異經曰西方荒中有獸焉狀如虎而身大虎毛長尺（張華注曰言此獸毛皆如豪豬毛也）人面虎足口有猪牙尾長一丈八尺名曰檮杌此獸食

⿰犭羔猎

東方朔神異經曰北方有獸焉其狀如師子食虎食人吹人則病吹如中人名曰䍡恒近人村里入人居室卧中姓患苦天帝徙之北方荒中也

無損

神異經曰南方有獸其狀如鹿豕頭有牙鹿尾善依人求五穀名曰無損其肉可作鮮使𤅒呂畜也肥美而鮮肉懷吞不入𤅒盡更添肉使復以作鮮如初愈𠫤乃美名曰不盡鮮

䋿

神異經曰西方深山有獸鳥面目手足毛色如猴體大如驢善緣高木皆雌無雄名曰䋿須人三合而有子要路強牽男人將上絕冢之上取菓并竊五穀食更合三畢而定十月乃生



齧鐵

神異經曰南方有獸角足大小狀如水牛其毛黑如漆食鐵而飲水其糞可為兵器其利如鋼名齧鐵

飛骸獸

洞冥記曰漢武帝時翁韓國獻飛骸獸狀如鹿青色以寒青之絲為繩繫之獸死帝愛而不埋掛之於苑門皮毛皆爛朽唯骨色猶青時人咸知其神更以繩繫其足閉於重觀後數月往觀唯見繩之所繫處頭尾皆背皆飛去有野人於草間得其斥脊皆能飛起取還以獻帝乃以野人所獻骨脊及頭尾之骨舂為粉以蝙蝠和為丸以療百疾其丸夜視之有光服之體有光明

破鏡

漢書郊祀志曰古者天子常以春解祠黃帝用破鏡孟康曰獸名食父如黃要欲絕其類使祠用之破鏡如貙而虎眼也

貒 音湍

淮南子曰貒知曲穴亦鳥獸之智

犺

說文曰鼠犺屬善旋

吴録地里志曰建安陽縣多犺似猿而露鼻雨則以尾反塞鼻孔郡內及臨海皆有之

猵 力水力為二切

異物志曰猵之屬捷勇於猨狖面及鼻徵倒向上尾端分為兩條天雨便以插鼻孔中水不入性畏人見人則顛倒投擲或墮地奔走無所迴避觸樹衝石或至破頭折脛俗人罵恃力人云癡如猵又張揖注上林賦曰飛猵飛鼠也其狀如兔而鼠首以其髯飛郭璞曰飅鼠也毛紫赤色一名飛生



麡狼 上才下牙切

異物志曰麡狼狀似鹿而角前向入林挂角故恒在平淺草中肉肥脆香美逐入林刈得之皮可作履襪角正西據南人因以作路牀

兩頭獸

盛弘之荊州記曰武陵郡西有陽山山有獸如鹿前後有頭常以一頭食一頭行山中有時見之者

蜥蝴 上音讒下音胡

蜀地志曰蜥蝴獸似猕猴為獸奇捷常在樹上欻然騰躍百步五十步若鳥

黃要

蜀地志曰黃要獸一名墠微一名虔巳䖝身狐首生子長

大自活羣逐其母令不得飲將有所求而先見此獸則不
得矣

含利

張衡西京賦曰含利呀呀（火牙切）化爲仙車。鄭氏婚禮謁文讚
曰含利爲獸䴏能諫禮義乃食口無讒譖

玆白

博物志曰玆白若白馬踞牙食虎豹其（狀如昔耳身若虎豹尾長參其身食虎豹）

虎豹

博物志曰玆伯雲所說有獸緣木綠文似豹名虎僕毛可
爲筆

聆鼠

博物志曰丹熏之山有獸焉狀如鼠名曰聆鼠以其尾飛
也



墊羊（上移者切）

張揖注上林賦曰墊羊麢羊也似羊而青

猛氏

孟康注上林賦曰蝦蛤猛氏皆獸名
郭璞曰今蜀中有獸狀如熊而小毛淺有光澤名猛氏蝦

飛遽

張揖注上林賦曰飛遽天上神獸鹿頭而龍身

射干

郭璞注子虛賦曰騰遠射干張揖注曰騰遠獸也射干似
綠狐能木

獌狿（上音万下丑延切又音延）

郭璞注子虛賦曰獌狿大獸似貍長百尋

蒲勞

李善注東都賦曰海畔獸名蒲勞性畏鯨每食於海畔鯨
輕躍擊之蒲勞則鳴聲如鐘今人多鑄蒲勞之形於鐘上
鋊撞作鯨形以擊鐘天子出則擊之

太平御覽卷第九百一十三

太平御覽卷第九百一十四

羽族部一

## 鳥

周禮曰庖人供六禽辯其名物六禽鴈鶉鷃雉鳩鴿

又曰中秋獻良裘王乃行羽物行羽物以飛鳥賜群吏中秋鳩化爲鷹順其始殺大班羽物

又曰射鳥氏掌射鳥祭祀以弓矢敺烏鳶九賓客會同軍旅亦如之

又曰羅氏掌羅烏鳥蜡則作羅襦天子大蜡謂十二月合取万物而索饗之襦細密之羅

又曰中春羅春鳥獻鳩以養國老行羽物春鳥蟄而始出是時鷹化爲鳩春鳥變舊爲新宜以養老生氣行謂賦物

又曰掌畜掌養鳥而阜蕃教擾之鳥之可養盛大蕃息祭祀供卵鳥其卵可薦之鳥四時貢鳥物以鶉鴈之屬四時來共膳獻之鳥雉及鶉鷩之屬

又曰翨氏翨音翅掌攻猛鳥各以其物爲媒而掎之猛鳥鷹隼之屬置其所養之物於絹中鳥來下則掎其腳以時獻其羽翮

又曰硩蔟氏硩音摘又他歷切蔟音耆蠲切掌覆夭鳥之巢覆毀也夭鳥惡鳴之鳥若鴞鵩以方書十日之號十有二辰之號十有二月之號十有一歲之號

又曰庭氏掌射國中之夭鳥若不見其鳥獸則以救日之弓與救月之矢夜射之中若神也則以太陰之弓與枉矢射之

禮曰獻鳥者佛其首

又曰執禽者左首

又曰大羅氏天子之掌鳥獸者也

又曰鳥皫色而沙鳴鬱皫普表切

又曰九生天地之間者有血氣之屬必有知之屬莫不知愛其類今是夫鳥獸則失喪其群匹越月踰時焉則必反巡過其故鄉翔迴焉鳴號焉蹢躅焉踟躕焉然後乃能去之小者至於鷰雀猶有啁噍之頃焉然後乃能去之故有血氣之屬者莫智於人故人於其親也至死不窮傳曰或叫于宋大廟曰譆譆出出鳥于亳社如曰譆譆

又曰郯子來朝公與之宴叔孫昭子問焉曰少皞氏以鳥名官何郯子曰我高祖少皞摯之立也鳳鳥適至故紀於鳥爲鳥師而鳥名

又曰鳥則擇木木豈能擇鳥

詩曰伐木丁丁鳥鳴嚶嚶嚶其鳴矣求其友聲

易曰比王用三驅失前禽邑人不誡吉

又曰井泥不食舊井無禽

又曰旅鳥焚其巢

又小過曰有飛鳥之象焉飛鳥遺之音不宜上宜下大吉上逆而下順也

書曰日中星鳥以殷仲春厥民析鳥獸孳尾孔安國曰乳化曰孳交接曰尾日永星火以正仲夏厥民因鳥獸希革夏時鳥獸毛羽希少改易革改也宵中星虛以殷仲秋厥民夷鳥獸毛毨毨理也毛更生整理也日短星卯以正仲冬厥民隩鳥獸氄毛鳥獸皆生耎毳細毛也

周書旅獒曰珍禽奇獸弗育于國

論語曰鳥之將死其鳴也哀

又曰鳥獸不可與同羣

爾雅曰鳥之雌雄不可別者以翼右掩左雄左掩右雌鳥之美長醜爲鶹鷅二足而羽謂之禽

春秋孔演圖曰鳥化爲書孔子奉以告天赤爵集書上化爲黃玉刻曰孔提命仰應法爲赤制

又曰黑帝治生五角之禽，以觸民（宋均注曰陽數五也）

春秋考異郵曰鳥魚者陰中（陽陽中陰）陽皆卵生以類翔故魚從水鳥從陽凡飛翔羽翮柔良之獸皆爲陽陽氣仁故鳥哺公（鳥飛於風魚浮之水是故陽氣輕勁也含二氣故生卵）呑齕者八竅而卵生（鳥雛類也）

序命曆羲皇燧人始名物蟲鳥獸之名

尚書考靈曜曰鳥爲春候

歸藏啓筮曰金水之子其名曰羽蒙乃（占之日形）民是生百鳥

史記曰秦仲知百鳥之音與之語皆應焉

又曰楚莊王即位三年不出號令日夜爲樂令國中曰有敢諫者死無赦伍舉入諫莊王左抱鄭姬右抱越女坐鍾鼓之間伍舉曰願有進隱（隱爲隱藏其意）曰有鳥在於阜三年不蜚不鳴是何鳥也莊王曰三年不蜚蜚將冲天三年不鳴鳴將驚人舉退矣吾知之矣



又曰楚頃襄王十八年人有好以弱弓微繳加歸鴈之上者王聞而召之問焉對曰小臣之好射鶀（音其）鴈羅鸗（徐廣曰鸗野鳥也音龍）小矢之發也何足爲大王道哉且稱楚之國大王之賢所弋非特此也昔者三王以弋道德五伯以弋戰國故秦魏燕趙者其鴈也齊魯韓衛者青首也（青首小鳧有青者）鄒費郯邳者羅鸗也外則其餘不足射也見鳥六雙（以喻下文秦燕等十二國故曰六雙）唯王何取王何不以聖人爲弓勇士爲繳時張而射之此六雙者可得而囊載也其樂非特朝夕之樂也其獲非特鳧鴈之實也

漢武故事曰武帝作玉堂以玉璧薄椽頭鑄爲大鳥黃金塗長五丈栖屋上

續漢書曰楊震將葬大鳥來止亭樹下地安行到柩前正立低頭淚出衆人更共摩抆抱持終不驚駭其鳥五色高丈餘兩翼長二丈三尺人莫知其名也

魏志曰高唐隆臨終上疏諫明帝曰觀黃初之際天兆其戒異類之鳥育長鷰巢口爪俱赤此魏室之大異也

晉書曰趙王倫篡位時於殿上得異鳥問皆不知名其日向夕宮西有素衣小兒言是服劉鳥倫使録小兒并鳥閉置空室明旦開視户如故並失人鳥所在倫目上有瘤以爲妖焉

南史曰甄恬字彦約中山無極人也居江陵數歲喪父哀感有若成人家貧養母常得珍羞及居喪廬於墓側恒有鳥玄黃雜色集於廬樹恬哭則鳴哭止則止

齊書曰曲江公蕭遥欣年七歲出齋時有一左右小兒善彈無飛鳥不應弦墜落欣（曰凡）戲多端何急彈此鳥自空中翔飛何關人事無趣殺此生左右感其言遂不復彈鳥



梁書曰何胤退居吳武丘寺講經論常禁殺有異鳥如鶴紅色集講堂馴狎如家禽

南史曰海中浮鵠山去地千餘里上有女人年三百歲有女道士百四五人年並出百（俱在山中）學道遣使獻紅席梁武帝方捨身時其使適至此草常有紅鳥居下故以名觀其圖狀則鸞鳥也

又曰梁武帝捨身時有男子不知何許人於衆中自割身以飴飢鳥血流遍體而顔色不變開講日有三足鳥集殿開講日有三足鳥集殿之東户自户適于西南懸楣三飛三集白雀一見于重雲閣前連李樹

後魏書曰波斯國有鳥形如橐駝有羽翼飛而不能高食草與肉亦能噉火馳走甚疾一日能七百里也

又曰彭城王勰從沔北除使持節都督南征諸軍事正中

軍大將軍府𪁪於是親勒大衆須臾有二大鳥從南而來
一向行宫一向府幕各為所獲𪁪言於帝曰始有一鳥望
旗顛仆自謂大吉帝戲之曰鳥之畏威豈獨中軍之略也
吾亦分其一耳此乃大善

北史曰周丑盧勣為渭州(刺)鳥鼠山絕壁千仞由來乏水
諸羌苦之勣馬足所踐忽飛泉涌出有白鳥翔止廳前乳
子而後去人為之謠曰我有丹陽山飛玉漿濟戎夷人神
鳥來翔

隋書曰煬帝征遼東帝舍臨頓見大鳥丈餘縞身朱足游
泳自若上異之詔虞綽為銘帝覽而善之命有司勒於(海上)

又曰大業十二年一月甲子夜有二大鳥似鵰飛入大業
殿止于殿堦至明而去

又曰王世充將欲篡位羅取雜鳥書帛繫其頸自言符命



而散放之或有彈射得鳥而來獻者亦拜官爵

唐書曰太宗謂褚遂良學問稍長性亦堅正既寫忠誠甚
親附於朕譬如飛鳥依人自加憐愛

又曰永徽中吐火羅國獻大鳥高七尺其足如駝有翅而
能飛行日三百里能噉銅鐵夷俗呼為駝鳥上以太宗懷
遠所致獻于昭陵乃刻像於陵之內

又曰永徽中萬年宮有小鳥生大鳥

又曰大曆八年有大鳥見於武功縣群鳥隨而噪之武功
縣神策行營將張日芬射而獲之以獻是鳥肉翅(狐首)四足
足有爪其(廣四)尺三寸其毛色赤形類蝙蝠

又曰大中十年舒州吳塘堰有衆禽成巢闊七尺高一丈
而水禽山鳥鷹隼鸞雀之類無不馴狎又有鳥人面綠毛
爪嘴皆紺色其聲曰甘人呼為甘蟲

莊子曰飛鳥之影未嘗動也

文子曰有鳥將來張羅待之得鳥者一目也今為一目之羅
即無得鳥時

孫卿子曰鳥窮則啄人窮則詐

淮南子曰鳥排空而飛獸蹠石而走

又曰射者扞烏號之弓彎綦衛之箭重之(羿蓬)蒙子之巧以
要飛鳥猶(不能)與羅者競多何則以所持之小也張天下以
為之籠因江海以為罟又何亡魚失鳥之有乎

又曰一目之羅不可以得鳥無餌之鉤不可以得魚遇無
禮不可以得賢德

又曰毛羽者飛行之類也故屬於陽

又曰繫舟水中鳥聞之高翔魚聞之沉淵

又曰鳥不干防者雖近弗狀(鳥燕之屬是也)其當道者雖遠弗釋
(當道謂作防害者故曰不釋也)



又曰夫飛鳥主巢狐狸主穴巢者巢成而得宿焉趍捨行
義亦人之所棲宿也

又曰鳥魚皆生於陰屬於陽故鳥魚皆卵魚游於水鳥翔
於雲

又曰羽嘉生飛龍(羽加羽蟲之先也　蜚龍龍之有羽者)飛龍生鳳皇鳳皇生
鸞鳥鸞鳥生庶鳥凡羽者生於庶鳥也

又曰蒲且之連鳥於百仞之上而詹何之鶩魚於大淵之
中此皆得清淨之道也

又曰羽者嫗伏毛者孕育

淮南萬畢術曰人面擊地飛鳥自下(取蘗木為人形似鳥而血塗人面以擊地)
(飛鳥自下)

抱朴子軍術曰衆鳥群飛排徊軍上不過三日有暴兵至

焉鳥聚軍中將當賞功增秩鳥集將軍之旗將軍增官鳥
集軍中莫知其名軍敗也
阮子曰高鳥相木而集智士擇士而翔
晏子春秋曰景公射鳥野人駭之公令吏誅之晏子曰鳥
獸故非人所養野人駭之不亦宜乎公曰善自亦已來一
弛鳥獸之禁
又曰景公好弋使顏涿主聚鳥而亡公召吏殺之晏子曰
諸侯聞之以君重鳥輕士公曰勿殺
春秋後語淳于髡曰夫鳥同翼者聚飛而獸同足者俱行
各有儔也
又曰魏有更羸脉者與王處廩下仰見飛鳥引弓虛發而
鳥墮下魏王恠而問曰何以得至此羸脉曰此孽生也生
曰先生何以知之對曰其飛徐其鳴悲其飛徐者故瘡痛



也其鳴悲者久失群也故瘡未息而驚心未去聞弦音烈
而高飛故隕也孽餘也先被傷而餘瘡未差故聞弦聲而瘡驚而隕也五達切創與瘡同
又曰燕王使騎刼代樂毅奔趙王卒離心田單乃令城中
食者先祭先祖於庭中飛鳥悉飛舞其上或下啄其食燕人皆
恠之○穆天子傳曰曠原之野飛鳥之所解羽舂之山飛
鳥之所栖舂山之澤清水温泉飛鳥百獸之所飲食
家語曰孔子在衛顏回侍側聞哭聲甚哀子曰回汝知此
何哭對曰此哭非但為死又為生離回聞桓山之鳥生四
子焉羽翼既成將分于四海其母悲鳴而送之哀聲有似
於此謂其往而不返也回竊以音類而知之
又曰蒼鳥群飛孰使萃之蒼鳥蒼鷹
又曰稷　帝　投之水上鳥何燠投弃燠温鳥以羽翼覆薦温之
白虎通曰鳥所以飛何鳥者陽也飄輕故飛也禽者何鳥獸
之揔名明為人所禽制
蔡邕月令章句曰天官五獸前有朱雀鶉火之體九鳥生
於水
衛波傳曰顏淵子路於洙泗見五鳥色由熒熒之鳥也見色
分明故曰熒熒
廣志曰東齊多鳥爵千百為群小戶種桑或以爵為患
文士傳曰張衡有巧藝嘗作木鳥假以羽翮腹中施機能
數里飛
又曰會稽山陰禹葬聖人化感鳥獸故象為民佃春耕鶴拔
草根秋啄除其穢故縣官禁民不得殺傷此鳥犯者刑之
無赦
會稽典録曰夏方字文昌家遭癘父母伯叔一時死九十
三喪方年十四晝則負土哀號暮則扶棺哭泣比葬年十



七鳥鳥集聚猛獸乳其側
幽明録曰符堅時有射師經嵩山望見松樹上有一雙白
鳥似鵠而大至樹下又見一蛇長五丈許樹上取鳥未至鳥
一丈鳥便欲飛蛇張口歙之鳥不得去繽紛一食頃鳥轉
欲困射師引弩射三矢蛇隕而鳥得飈去須臾雲晦雷發
驚耳駭目而向鳥徘徊其上毛落紛紛雷息電滅鳥亦高飛
十州記曰祖洲有不死之草似菰苗秦始皇時死者橫
道有鳥如烏狀銜此草以覆死人面皆登時起坐而遂活
也
異苑曰蘭陵昌慮縣華山有井鳥巢其中金喙黑色而圓
翅此禽見則大水
荆楚歲時記曰春分日民並種戒火草於屋上有鳥如烏
先鷄而鳴架架格格民候此鳥則入田以為候人架犁格

也

又曰夏七月有鳥氏𤜖穀其聲自呼農人候此鳥則犂把上岸

太平御覽卷第九百一十四

太平御覽卷第九百一十五
羽族部二
鳳　鸑鷟　鸕　鵷鶵
鳳
春秋演孔圖曰鳳火精
春秋元命苞曰火離爲鳳
禮運曰鳳以爲畜故鳥不獝况必切
又曰外中于天而鳳皇降龜龍假
又曰四靈爲畜何謂四靈麟鳳龜龍之謂
又曰無水旱昆蟲之灾凶飢妖孽之疾故天不愛其道地
不愛其寶人不愛其情則鳳凰在郊藪其餘鳥獸卵胎皆
可俯而窺也
左傳曰陳大夫卜妻敬仲妻占之曰吉鳳皇于飛和鳴鏘

鏘有嬀之後將育于姜
又曰我高祖少皞摯之立也鳳鳥適至故紀於鳥爲鳥師而
鳥名鳳鳥氏司曆者也杜預注曰鳳知時故以名曆官
詩曰鳳皇于飛翽翽其羽亦傅於天鳳皇鳴矣于彼高崗
梧桐生矣于彼朝陽
又疏曰鳳皇一名鸑鷟非梧桐不栖非竹實不食
書曰簫韶九成鳳皇來儀
論語曰鳳鳥不至河不出圖吾已矣夫
又曰鳳兮鳳兮何德之衰
爾雅曰鶠鳳其雌皇郭璞注瑞應鳥雞頭蛇頸燕頷龜背魚彩色高六尺
大戴禮曰羽蟲三百六十而鳳皇爲之長
禮斗威儀曰君乘土而王其政太平則鳳集於林苑
春秋感精符曰王者上感皇天則鸞鳳至

春秋繁露曰恩及羽蟲則鳳皇翔
春秋運斗樞曰樞天得鳳皇翔
春秋合成圖曰黃帝遊玄扈雒上與大司馬容光等臨觀
鳳皇銜圖置帝再拜受圖
又曰堯坐舟中與太尉舜臨觀鳳皇負圖授堯圖以赤
玉爲柙長三尺廣八寸厚五寸黃玉檢白玉檢白玉繩封兩
端其章曰天赤帝符璽五字
呂氏春秋曰帝嚳有聖德作樂六英乃令人卞使鳳皇鼓
翼而舞
又曰黃帝聽鳳皇之鳴以別十二律
又曰鸑雀爲鴻鵠鳳皇處則必弗得矣其所求者瓦孔之
間隟屋之翳蔚也
韓詩外傳曰黃帝即位施聖仁恩承天明命一道脩德唯仁

是行宇內和平未見鳳皇乃召天老而問之曰鳳皇何如
天老對曰夫鳳象鴻前而麟後蛇頸而魚尾龍文而龜身
鷰頷而雞喙首戴德頸揭義背負仁心入信翼挾義足履
正尾繫武小音金大音鼓延頸奮翼五光備舉食有質飲
有儀往即文來則喜游必擇所飢不妄下其鳴也雄曰節
節雌曰足足昏鳴曰固常晨鳴曰發明晝鳴曰保章舉鳴
曰上翔集鳴曰歸昌夫唯鳳爲能究萬物通天地象百物
達乎道律五音成九德覽九州觀八極則有福備文武王
下國　故得鳳象之一則鳳過之得鳳
象之二則鳳翔之得鳳象之三則鳳集之得鳳象之四則
鳳春秋下就之得鳳象之五則鳳沒身居之黃帝曰於戲允哉朕
何敢與焉於是黃帝乃服黃衣帶黃紳戴黃冠　齋于
中宮鳳乃蔽日而至黃帝降于東階西面再拜稽首皇天降祉

不敢不承命鳳乃止帝東園集梧樹食竹實沒身不去
尚書考靈曜曰通天文者明（明於天道也）審地理者昌（昌猶盛也盛於万物）明者天之時也昌者地之財也明王治鳳皇下之
尚書中候曰黃帝時天氣休通五行期化鳳皇巢阿閣讙樹（注曰阿閣名宮中之門曰閣鳳皇於巢壘徒而出讙鳴於朝廷之樹）
又曰堯即政七十年鳳皇止庭伯禹拜曰黃帝軒提象鳳皇巢阿閣
又曰帝舜云朕惟不乂百獸鳳晨（百獸率舞鳳皇司晨鳴也）
又曰周文王作豐一朝扶老至八十萬戶草居陋然歌耶曰鳳皇下豐也
尚書帝驗曰舜授終赤鳳來儀
尚書大傳曰舜好生惡殺鳳皇巢其樹
論語摘衰聖曰鳳有六像（九苞）一曰頭像天二曰目像日三曰背像月四曰翼像風五曰足像地六曰尾像緯九苞一曰頭符命二曰眼合度三曰耳聰達四曰舌詘伸五曰色彩光六曰冠短周七曰距銳鉤八曰音激揚九曰腹文戶行鳴曰歸嬉上鳴曰提扶夜鳴曰善哉晨鳴曰賀世飛鳴曰即都知我者唯黃持竹實來故子欲居九夷從鳳嬉（宋均注曰緯五緯也度天度數也周當作朱朱色好也戶所由出入陰陽出入亦閉戶善識應天下興平也賀世慶賀於時也黃帝中通理者也鳳遇亂則潛居夷狄也）
孝經援神契曰王者德至鳥獸則鳳皇翔
孝經鉤命決曰孝悌之至通於神明則鳳皇巢
樂動聲儀曰鎮星不逆行則鳳皇至
樂計圖曰五音克諧各得其倫則鳳皇至冠類雞頭燕喙蛇頸龍形麟翼魚尾五彩不啄生蟲
帝王世紀曰黃帝服齊于中宮坐于玄扈洛上乃有大鳥



雞頭燕喙龜頸龍形麟翼魚尾其狀如鶴體備五色三文成字首文曰順德背文曰信義膺文曰仁智不食生蟲不履生草或止帝之東園或巢阿閣其飲食也必自歌舞音如簫笙
又曰國安其主好文則鳳皇翔
史記曰四海之內咸戴舜功興九韶之樂而鳳皇翔天下明德自虞帝始
漢書曰昭帝始元三年鳳皇集東海遣使祠其處
又曰宣帝幸河東之明年春鳳皇集 於所集處得玉寶洒下詔赦天下
又曰鳳皇集上林乃作鳳皇殿以荅嘉瑞
又曰幸甘泉郊泰畤改元曰五鳳（論衡云宣帝時鳳皇五至）
又曰本始元年鳳皇集膠東十四年鳳皇集魯群鳥從之詔曰威鳳爲寶（鳳皇有威儀也）神爵四年鳳皇十一集社稷
又曰帝祠右土鸞鳳翱翔
又曰五鳳三年鸞鳳又集長樂宮東園樹上飛下至地文章五色留十餘刻吏民並觀之
東觀漢記曰光武生於濟陽先是鳳皇集濟陽故宮皆畫鳳皇聖瑞始於此
又曰建武十七年鳳皇五高八九尺毛羽五群采集潁川郡鳥從之蓋地數頃留十七日乃去章帝時鳳皇三十九見
又曰安帝延光三年鳳皇集濟南臺丞霍穆舍樹上賜帛各有差
魏略曰文帝欲受禪郡國奏鳳皇十三見明帝鑄銅鳳皇高三丈餘置殿前
吳曆曰太元元年有鳥集苑中似鴈高足長尾毛羽五色

咸以爲鳳皇改年爲鳳皇元年

晉書曰荀勗自中書監遷守尚書令勗久在中書專管機事及失之甚罔罔悵悵或有賀之者勗曰奪我鳳皇池諸君賀我耶

晉陽春秋曰外平四年鳳皇將九子見䣕鄉之豐城冬復見衆鳥從焉

宋書曰王曇首與兄弟集會子孫任其戲適僧達跳下地作彪子僧虔累十二愽棊既墜落亦不重作僧綽採蠟燭珠爲鳳皇僧達奪取於懷亦復不惜伯父弘稱其長者

又曰王僧虔子慈少與從弟儉共書謝鳳子超宗甞候僧虔仍往東齋詣慈正學書未即放筆超宗曰卿書何如虔乃荅曰慈書比大人猶雞之比鳳

又曰謝鳳子超宗有文辭盛得名譽選補新安王子鸞國常侍王母殷淑儀卒超宗作誄奏之帝大嗟賞謂謝莊曰超宗殊有鳳毛時右衛將軍劉道隆在御坐出候超宗曰聞君有異物可見乎超宗曰懸罄之室復有異物耶道隆武人無識正觸其父名曰且侍宴至尊說君有鳳毛超宗徒跣還內道隆謂檢覔毛至闇待不得乃去

又曰元嘉十四年春鳳皇二見于都下衆鳥隨之改其地曰鳳皇里

又曰何承天爲著作佐郎年已老而諸佐郎並名家年少潁川荀伯子嘲之常呼爲妳母承天曰卿當云鳳皇生九子妳母何言耶

齊書曰江夏王鋒年五歲性方整好學書高帝使學鳳尾諾一學即工高帝大悅以玉騏驎賜之曰以騏驎賞鳳尾矣



梁書曰武帝初平東昏入于閱武堂是日鳳皇見

又曰天監初鳳皇見建康縣同夏里又集南蘭陵

崔鴻十六國春秋前秦録曰永興三年九月鳳皇集東闕民因歌之曰鳳皇于飛其羽翼翼濁哉皇后其齡萬億

陸翽鄴中記曰石季龍與皇后在觀上爲詔書五色紙著鳳口中鳳既銜詔侍人放數百文緋繩轆轤回轉鳳皇飛下鳳以木作之五色漆畫脚皆用金

又曰鳳陽門五層樓去地三十丈安金鳳皇二頭石虎將衰一頭飛入漳河會晴日見於水中一頭以鐵釘釘足今存

二石僞事曰石昆降說鄴中有鳳皇將九鶵在延明門外道西

後魏書曰彭城王勰與帝昇金墉顧見堂後桐竹曰鳳皇非梧桐不棲非竹實不食今桐竹並茂詎能降鳳乎勰曰鳳皇應德而來豈桐竹能降帝曰朕亦望降之

唐書曰薛收從子元敬選部郎邁之子也亦有文學爲收之亞初大業末薛德音及收元敬俱有才名時人謂之河東三鳳

又曰武德九年海州言鳳見于城上群鳥數百隨之東北飛向蒼梧山

又曰太宗時莒州言鳳皇二見群鳥隨之其聲若八音之奏

又曰太宗甞追思王業艱難佐命之臣乃作威鳳賦以賜長孫無忌其辭曰有一威鳳憩翮朝陽晨遊紫霧夕飲玄霜資長風以舉翰戾天衢而遠翔

徐整正曆曰黃帝之時以鳳爲雞

莊子曰老子見孔子從弟子五人問曰前爲誰對曰子路勇且多力其次子貢爲智曾子爲孝顏回爲仁子張爲武老子歎曰吾聞南方有鳥名爲鳳所居積石千里天爲生

食其樹名瓊枝高百仞以璆琳瑯玕爲實天又爲生離珠一人三頭遞起以伺琅玕鳳鳥之文戴聖嬰仁右智左賢

文子曰主有積道德天與之地助之神鬼輔之則鳳皇翔其庭也

孫卿子曰古之王者其政好生惡殺鳳在列樹

又曰鳳鳥啾啾其翼若竿其聲若簫有皇有鳳樂帝之心此聖不蔽福也

韓子曰昔者黃帝合鬼神於西大山鳳皇覆上作爲清角

淮南子曰鳳皇之翔至德必也過崑崙之疏圃飲砥柱之湍瀨邅迴濛汜之渚當此之時鴻鵠蒼鶴莫不憚驚伏竄注喙江介又況鶉雀之類乎昔者二皇鳳至於庭二皇宓羲神農三代鳳至於門三代堯舜禹周室鳳至於澤德弥确所至弥遠德弥精所至弥近



抱朴子曰夫木行爲仁爲青鳳頭上青故曰戴仁也金行爲義爲白鳳纓白故曰纓義也火行爲禮爲赤鳳赤故曰負禮也水行爲智爲黑鳳背黑故曰尚智也土行爲信爲黃鳳足下黃故曰蹈信也古者太平之世鳳皇常居其國而生乳焉

又曰夫麟鳳以形爲別　始食鳳卵而鳳去則鳳有種明矣

又曰鸞鳳競粒於庭則授辱於雞鶩也

鶡冠子曰鳳火鳥鶉火之禽陽之精也德能致之其精畢至

任子曰鳳爲羽族之美麟爲毛類之俊龜龍爲介蟲之長楩楠爲衆材之最是物之貴也

山海經曰軒轅之丘鸞鳥自歌鳳鳥自舞皇卵民食之

又曰丹穴之山有鳥焉其狀如鶴五采而文名曰鳳鳥首文曰德翼文曰順背文曰義膺文曰仁腹文曰信是鳥也飲食自歌自舞見則天下大安

楚辭曰梟鴟皆啖夫粱藻兮鳳遰翔而高舉衆鳥皆有所登棲兮鳳獨皇皇而無所集欲銜枝而亡言兮甞君之渥洽驥不驟進而求服兮鳳亦不貪餧而忘食

又曰爲鳳皇作鶉籠雖歙翼而不容

又曰獨不見鸞鳳之高翔大皇之野循四極而周回見盛德而後下宋玉對曰聞鳳鳥上九千里絕雲霓負蒼天呼窈冥之中藩籬之鷃豈能與之料天地之高哉

說文曰鳳神鳥也天老曰鳳像麟前鹿後蛇頸魚尾龍文龜背燕頷雞喙五色備舉出東方君子之國翱翔四海之外過崑崙砥柱濯羽弱水暮宿丹穴見則天下安寧從鳥凡



聲也飛則群鳥從以萬數故古鳳作鵬字鵬鳥也其雌皇一曰即鳳皇也鳳者羽蟲之長也

漢武內傳曰西王母曰仙之上藥有九色鳳腦次藥有蒙山白鳳之脯

白虎通曰鳳皇禽之長上有明王太平乃來

西京雜記曰楊雄讀書有語之曰無爲自若苦玄故難傳忽不見雄着太玄經夢吐白鳳皇集其項上而滅

楊子法言曰鳳鳥蹌蹌匪堯之庭或問君子在治曰若鳳治則見亂則隱

太元經曰鸞鳳不遷甘於竹實騶虞不移於生物醜婦以明鏡爲害無所逃其陋

論衡曰瑞指篇鳳皇麒麟爲聖人來即是聖人之禽也按聖人遊於人間鱗鳳亦應與衆鳥同何故遠去中國處於

邊外

崔贛易林曰神鳥五色鳳凰爲主集於王谷使君得所

又曰鳳有十子同巢共母懽以相保

又曰鳳生五雛長于南郭君子康寧悅樂身榮

括地圖曰孟虧人首鳥身其先爲虞氏馴百禽夏后之末世民始食卵孟虧去之鳳凰隨焉止于此山多竹長千仞鳳凰食竹實孟虧食木實去九疑萬八千里

十洲記曰鳳麟洲在西海之中四面有弱水繞之鴻毛不浮不越也上多鳳麟數萬爲群仙家煮鳳喙及麟角合煎作膠名之爲集絃膠或名連金泥能連弓弩斷弦連刀劍斷折

蔡邕琴操曰周成王時天下大治鳳皇來舞於庭成王乃援琴而歌曰鳳皇翔兮於紫庭余何德兮以感靈。列仙



傳曰簫史教弄玉作鳳鳴居數十年吹簫作鳳聲鳳皇來至其屋爲作鳳臺夫婦止其上一日一夜皆隨鳳皇飛去

王子年拾遺記曰周昭王以青鳳之毛爲二裘一曰燠質二曰暄肌常以禦寒至厲王末猶寶此物及厲王流于彘人得而迩之罪有陷大辟者以青鳳毛贖罪免死片毛則准千金

異苑曰東莞劉穆之字道民素居京口晉隆安中鳳皇集其庭相人韋藪謂之曰子必協贊大猷

李彤四部曰吊鳥山俗傳曰鳳死於上歲七月至九月群鳥常來集其上

鸑鷟

國語曰周之興鸑鷟鳴于岐山

說文曰鸑鷟鳳屬神鳥也

三輔決錄注曰太史令蔡衡云毛色多紫者爲鸑鷟

後漢書曰永平中有神雀集宮殿官府冠羽有五采色帝異之以問臨邑侯劉復復不能對薦賈逵博物多識帝乃召見逵問之對曰昔武王終父之業鸑鷟在岐鸑鷟鳳之別名也周大夫內史過對周宣王曰周之興也鸑鷟鳴岐山事見國語宣帝威懷戎狄神雀仍集此胡降之徵也

唐書曰張鷟字文成聰警絕倫書無不覽爲兒童時夢紫色大鳥五色成文降于家庭其祖謂之曰五色赤文鳳也紫文鸑鷟也爲鳳之佐兒當以文章瑞於明廷因以爲名字

鵷鶵

山海經曰南禺之山其鳥鵷鶵

莊子曰惠子相梁莊子往見之惠子恐代其相搜國中三



日三夜莊子伏主人馬棧下往見之曰南方有鳥名鵷鶵南海而飛之北海非梧桐不栖非竹實不食非醴泉不飲於是鴟得腐鼠鵷鶵過仰而視之曰嚇子欲以梁國嚇我耶

鵕鸃

倉頡解詁曰鵕鸃神鳥飛竟天漢以爲侍中冠雜字解詁曰鵕鸃似鳳凰

史記曰孝惠郎中皆冠鵕鸃

南越志曰曾城縣多鵕鸃（鵕鸃山雞也利）距善鬬光色鮮明五色炫燿。楚辭曰曳彗星之皓旰兮撫朱雀與鵕鸃（朱雀鵕鸃神俊之鳥也動以神物自喻當差鵕鸃飛能沖天）

司馬相如子虛賦曰揜翡翠射鵕鸃

太平御覽卷第九百一十五

太平御覽卷第九百一十六

羽族部三

鸞　鶴　鴻

鵠　鶂鷄

鸞

春秋元命苞曰火離爲鸞

春秋孔演圖曰天子官守以賢舉則鸞在野

春秋運斗樞曰天樞得則鸞鳥集

詩含神霧曰王者德化充塞照洞八冥則鸞臻

尚書中候曰昔者軒提象鸞鳥來儀

又曰周公歸政於成王太平制禮鸞鳥見

孝經援神契曰德至鳥獸則鸞鳥舞

謝承後漢書曰方儲字聖明幼喪父事母母終日自負土



成墳種奇樹千株鸞鳥栖其上白兎遊其下

又曰靈帝建寧四年河南上言二鳳凰二鸞鳥集原縣

東觀漢記曰王阜爲重泉令鸞鳥止學宮闕阜使掾沙疊爲張雅樂擊磬鳥舉足垂翼應聲而舞止縣庭留十餘日去

北史後魏柳楷對蕭寶夤曰大王齊明帝子天下所屬且謠言曰鸞生十子九子毈一子不毈關中亂武王有亂臣十人亂者理也大王理當關中何所疑慮

山海經曰軒轅之國清沃之野鸞鳥自歌（海內經云廣都之野鸞自歌）

又曰女牀之山有鳥言其狀如翟而五采以文名曰鸞鳥見則天下安寧

說文曰鸞者神靈之精也赤色五采鷄形鳴中五音頌聲作則至

周書王會曰成王時氐羌獻鸞鳥

孫氏瑞應圖曰鸞鳥赤神之精鳳皇之佐鳴中五音肅肅雍雍喜則鳴舞人君行步有容進退有度祭祀宰人咸有敬讓禮節親疎有序則至一本曰心識鍾律律調則至鳴舞以和之

漢武內傳曰西王母曰仙之次藥有靈丘倉鸞之血

焦贛易林曰溫山松栢常茂不落鸞鳳以庇得其歡樂

括地圖曰羽民有羽飛不遠多鸞鳥食其卵去九疑四萬二千里

抱朴子曰崑崙圖曰鸞鳥似鳳而白纓聞樂則蹈節而舞至則國安樂

決錄注曰辛繕字公文治春秋讖緯隱居華陰光武徵不至者有大鳥高五尺鷄首鷰頷蛇頸魚尾五色備舉而多青棲繕槐樹旬時不去弘農太守以聞詔問百僚咸以爲



鳳太史令蔡衡對曰凡象鳳者有五多赤色者鳳多黃色者鵷鶵多青者鸞多紫者鸑鷟多白者鵠今此鳥多青者乃鸞非鳳也上善其言三公聞之咸遜位避繕繕不起

車頻秦書曰苻堅時關隴人安百姓豐樂民歌曰長安大街兩邊種槐下走朱輪上有鸞栖

崔駰七言詩曰鸞鳥高翔時來儀應治歸得合望規啄食揀實飮華池

范太鸞鳥詩序曰罽賓王結罝峻祁之山獲一鸞鳥王甚愛之欲其鳴而不能致乃飾以金樊饗以珎羞對之逾戚三年不鳴夫人曰聞鳥見其類而後鳴可懸鏡以映之王從言鸞覩影感契慨焉悲鳴哀響中霄一奮而絕

鶴

韻集曰鶴善鳴鳥

春秋説題辭曰鶴知夜半（鶴水鳥也夜半水位感其生氣則益喜而鳴）
易通卦驗曰立夏清風至而鶴鳴
周易曰鳴鶴在陰其子和之
左傳曰狄人伐衛懿公好鶴鶴有乘軒者將戰國人受甲者皆曰使鶴鶴實有祿位余焉能戰
毛詩曰鶴鳴于九皋聲聞于天（興也皋澤也言身隱而名著）詩義疏曰鶴大如鵝長三尺脚青黑高三尺餘赤頰赤目喙長四寸多純白亦有蒼色者今人謂之赤頰常夜半鳴高聞八九里唯老者乃聲下今吳人園中及士大夫家皆養之雞鳴時亦鳴
漢書曰王莽常以鶴髓漬穀種學仙
後漢書曰鄭弘傳弘靈符會稽記曰射的山南有白鶴爲仙人取箭弘嘗採薪得一遺箭頃有人覓弘還之問何所欲弘識其神人也曰常患若耶溪載薪爲難願旦南風暮北風移後果然故若耶溪風至今呼爲鄭公風也
晉書曰嵇紹始入洛或謂王戎曰昨於稠人中始見嵇紹昂昂然若野鶴之在雞群戎曰君復未見其父耳
又曰吳隱之年十餘歲丁父憂每號泣行人爲之流涕事毋孝謹及其執喪哀毀過禮家貧無人鳴鼓每至哭臨之時常有雙鶴唳及祥練之夕復有群鴈俱集
宋書曰齊高帝鎮淮陰爲宋明帝所疑被徵爲黄門郎深懷憂慮見平澤有群鶴仍命筆詠之曰八風舞遥翮九野弄清音一摧雲門志爲君死中禽○梁書曰庾域毋好鶴唳域在位營求孜孜不怠一旦雙鶴來下論者以爲孝感所致
莊子曰鳧脛雖短續之則憂鶴脛雖長斷之則悲
又曰老子謂孔子曰夫鶴不日浴而白烏不日黔而黑



列子曰詹何曰聞先大夫之言蒲且子之弋弱繳乘風振之連雙鶴於青雲之際用心專動手均也
墨子曰子禽問曰多言有益乎對曰蝦蟇日夜鳴口乾而人不聽之鶴雞時夜而鳴天下振動多言何益
抱朴子曰周穆王南征一軍盡化君子爲猨爲鶴小人爲蟲爲沙
神異經曰西海之外有鶴國男女皆長七寸爲人自然有禮經論跪拜壽三百歲人行如飛日千里百物不敢犯之唯畏海鵠鵠遇吞之亦壽三百歲人在鶴腹中不死
琴操曰高陵牧子取妻五年無子父兄欲爲改娶妻聞中夜驚起倚戶悲嘯牧子聞之援琴鼓之乙痛恩愛之永離歎別鶴以舒情故曰別鶴操
論衡曰藝增篇鶴鳴九折之澤聲聞於天此增益也按鶴鳴參天人則不聞鳴在于澤云何謂乎
八王故事曰陸機爲成都王所誅顧左右歎曰今欲聞華亭鶴唳不可復得
陶侃別傳曰侃丁毋艱在墓下忽有二客來弔不哭而退儀形鮮異知非常人遣看之但見雙鶴飛而冲天
世說曰劉尊祖少爲殷中軍所稱之於庾公庾公甚欣便取爲佐引見坐獨榻上與語劉尒日殊不稱庾小失望遂名之爲羊公鶴昔羊叔子有鶴能舞甞向客稱之客至試使駈來氃氋而不能舞故稱之
又曰僧支道林好鶴時有遺其雙鶴者翅長欲飛林意惜之乃鎩其翮鶴軒翥不能復起乃舒翼反顧視之如似懊喪意林公曰既有凌霄之姿何肯爲人作耳目近翫乎養令翮成遂放飛去

述異記曰宋元嘉初鎮北將軍王仲德鎮彭城左右出獵遇一鶴將二子悉禽之歸以獻王王使養之其小者口爲人所裂遂不能飲食大者輒含粟哺之飲輒含水飲之先令其飽未曾亡也王甚愛之令精加養視大者羽翮先成每翥冲天小者尚未能飛大者終不先去留飲飴之又於庭中蹇躍教其飛飈六十餘日小者能飛乃與俱去

風土記曰鳴鶴戒露此鳥性警至八月白露降流於草上滴滴有聲因即高鳴相警移徙所宿處

淮南八公相鶴經曰鶴者陽鳥也而遊於陽因金氣依火精以自養金數九火數七故七年小變十六年大變百六十年變止千六百年形定體尚潔故其色白聲聞天故頭赤食於水故其喙長軒於前故後指短棲於陸故足高而尾凋翔於雲故毛豐而肉疎大喉以吐故脩頸以納新故



生天壽不可量所以體無青黃二色者木土之氣內養故不表於外是以行必依洲嶼止不集林木蓋羽族之宗長仙人之騏驥也鶴之上相瘦頭朱頂露眼黑精高鼻短喙䶂音峻列切頰䰀音鬆莊切耳長頸促身鷰膺鳳翼雀毛龜背鼈腹軒前垂後高脛麤節洪髀纖指此相之備者也鳴則聞於天飛則一舉千里鶴二年落子毛易黑點三年產伏復七年羽翮具復七年飛薄雲漢復七年舞應節復七年晝夜十二時鳴聲中律復百六十年不食生物復大毛落茸毛生雪白或純黑泥水汚復百六十年雄雌相見目精不轉而孕千六百年飲而不食鸞鳳同爲群聖人在位則與鳳皇翔於甸○穆天子傳曰至于巨蒐氏巨蒐之人乃獻白鶴之血以飲天子

又曰天子飲於孟氏爰舞白鶴二八

吳越春秋曰吳王闔閭有女王伐楚與夫人及女會食蒸魚王嘗半以與女女怨曰王食我殘魚辱我不忍久生乃自殺闔閭痛之葬於郛西昌門鑿地爲女墳積土爲山文石爲郭金鼎玉杯銀樽株襦之寶皆以送女乃儛白鶴於吳市中令萬民隨觀之遂使與鶴俱入羨門因塞之以送死

漢武帝內傳曰宣帝即位尊孝武廟爲世宗行所巡狩郡國皆立廟告祠世宗廟曰有白鶴集後庭

東觀漢記曰章帝至岱宗柴望畢白鵠三十從西南來經祀壇上

列仙傳曰王子喬見桓良曰待我緱氏山頭至期果乘白鶴住山顛望之不得到

又曰簫史善吹簫能致白鶴

神仙傳曰介象死吳先帝思之以象所住屋爲廟時時往



祭之有白鶴來止

李尊太元真人茅君內傳曰茅盈留句曲山告二弟曰吾去有局任不復得數相往來父老歌曰茅山連金陵江湖據下流三神乘白鶴各在一山頭佳雨灌旱稻陸田亦復周妻子保堂室使我無百憂白鶴翔金穴何時復來遊

邴原別傳曰邴君所謂雲中白鶴非鶉鷃之網能羅矣

永嘉郡記曰沐溪野青田中有雙白鶴年年生伏我長大便去只伯餘父母一雙在耳精白可愛多云神仙所養

荊州記曰衡山有三峯極秀一峯名紫蓋峯清天明景輒有一雙白鶴迴翔其上清響亮徹○焦贛易林曰白鶴銜珠

王韶之神境記曰滎陽郡南百餘里有蘭巖常有雙鶴素羽曒然日夕偶影翔集傳云昔夫婦俱隱此年數百歲化成此鶴

臨海記曰郡西北有白鶴山周迴六十里高三百丈有泄水懸注遥望如倒挂白鶴因以爲名古老相傳云此山昔有晨飛鶴入會稽雷門鼓中於是雷門鼓鳴洛陽聞之孫恩時斫此鼓見白鶴飛出高翔入雲此後鼓無復遠聲

古歌辭曰飛來白鶴從西北來十十五五羅列成行妻卒被病不能相隨五里還顧六里徘徊吾欲銜汝去口噤不能開吾欲負汝去毛羽日摧頹

唐書曰天寶中華陰郡奏白鶴見于西嶽五福峯

又曰至德中肅宗降誕之辰有慶雲屬天白鶴飛舞於上所居殿宇翱翔二十餘匝而去

戰國策曰莊辛謂楚襄王曰黄鶴生江海俯啄鰋鯉仰齧菱蘅奮其六翮自以爲無患與人無爭不知夫射者方脩弧矢治矰繳將加已者萬仞之上故晝遊江湖夕調鼎俎



韓詩外傳曰田饒事魯哀公而不見察謂哀公曰夫雞有五德君猶瀹而食之者以其所從來近也未若黄鶴一舉千里止君園池啄君稻粱君猶貴之以其所從來遠也故臣將去君黄鶴舉矣

離騷曰黄鶴之一舉兮知山川之紆曲舉兮知天地之圓方

述異傳曰荀瓌字叔瑋潛栖却粒甞東遊憩江夏黄鶴樓上望西南有物飄然降自霄漢俄頃已至乃駕鶴之賓也鶴止户側仙者就席羽衣虹裳賓主歡對已而辭去跨鶴騰空眇然煙滅

韓子曰師曠鼓新聲平公問師曠此何聲也曰清商公曰最悲乎師曠曰不如清徵公曰可得聞乎師曠曰古之得聽清徵者皆有德義之君公曰得試之乎師曠不得已援琴一奏有玄鶴二八從南方來集於廓門之危再而列三奏延頸而鳴舒翼而舞音中宮商公大悅提觴起爲師曠壽其後大旱

孫氏瑞應圖曰玄鶴者知音樂之節至

又曰黄帝習崑崙以舞衆神玄鶴二八翔其右

伏侯古今注曰鶴千歲則變蒼又千歲黑所謂玄鶴也

王子年拾遺記曰周昭王時塗脩國獻青鳳丹鶴各一雄一雌以潭阜之粟餧之以溶溪之水飲之

左思吴都賦曰青鶴鶖鶬

## 鴻

禮記曰前有車騎則載飛鴻 取其飛有行列舉於旗首以警衆

又曰孟春之月鴻鴈來 鴻自南方來將北反其居也 季秋之月鴻鴈來賓 來賓言客止未去也



左傳曰衛獻公戒孫文子甯惠子食皆服而朝日旰不召 勑戒二子欲共宴食皆服朝衣待命旰宴 而射鴻於囿二子從之公不釋皮冠而與之言二子怒如宿 宿孫文子邑

毛詩曰鴻鴈美宣王也 大曰鴻小曰鴈

又曰鴻飛遵渚公歸無所

毛詩義疏曰鴻鵠羽毛光澤純白似鶴而大長頸肉美如鴈又有小鴻大小如鳧色亦白今人直謂鴻也

周易漸曰初六鴻漸于干上九鴻漸于陸其羽可用爲威儀吉 鴻水鳥也適進之義治於下而升故以鴻爲喻儀可貴也

韓詩外傳曰齊使獻鴻渴使者於道飲鴻而失之使者至楚曰臣欲亡去爲兩使不通欲拔頸而死將以吾君賤士貴鴻也楚王賢之以爲上客

史記陳涉歎曰鷰雀安知鴻鵠之志哉

管子曰桓公在位管仲隰朋見立有間有二鴻飛過桓公歎曰仲父令彼鴻鵠有時而南有時而北四方無遠所欲至而至焉唯有羽翼之故是能通其意於天下乎寡人有仲父猶飛鴻之有羽翼也

魯連子曰展毋所為魯君遺齊襄君鴻至黽浴鴻鴻失其裝在御者曰鴻毛物可使若一結紿置鴻耶答曰吾非不能買鴻是上隱君下蔽罪也

尸子曰虎豹未成文而有食牛之氣鴻鵠之鷇羽翼未合而有四海之心賢者之生亦然

淮南子曰蜂房不容鴻卵

淮南万畢術曰鴻毛之囊可以渡江盛鴻毛於縑囊可以渡江不弱也

楊子法言曰鴻飛冥冥弋人何慕焉

新論微子操微子傷殷之將亡終不可柰何見鴻鵠高飛



援琴作操其聲清以淳

傅子曰鴻不學飛飛則冲天驥不學行行則千里二世脩驪山陵採玉者傾山採珠者蔽海

又曰丈夫重義如太山輕利如鴻毛可謂仁義也諺曰已是而彼非不當與非爭彼是而已非不當與是平也

博物志曰鴻鵠壽千歲背胎產也

晉書隱逸傳曰郭瑀燉煌人也張天錫使盖公明徵之瑀翔鴻以示之曰此鳥也安可籠哉遂深逃絕迹公明拘其門人瑀歎曰吾逃祿非避罪也豈得隱居行義害及門人乃出就徵

隋書曰盧思道遷武陽太守非其好也為孤鴻賦以寄其情曰余志學之歲自鄉里遊京便見識知音歷受群公之眷年登弱冠甫就朝列談者過誤遂竊虛名通人楊令君邢特進已下皆分庭致禮倒屣相接翦拂吹噓長其光價而才本駑拙性實疎懶勢利貨殖淡然不營雖籠絆朝市且三十載而獨往之心未始去懷抱也攝生舛和有少氣之病分符坐嘯作守東原洪河之湄沃野弥望彯務既屛魚鳥為隣有離群之鴻為羅者所獲野人馴養貢之於余置諸池庭朝夕賞翫既用銷憂兼以輕疾大易稱鴻漸於陸羽儀盛也

楊子曰鴻飛冥冥鶱者翦高也

淮南子云東歸碣石違溽暑也

平子賦曰南寓衡陽避祁寒也若其雅步清音遠心高韻鵷鸞已降罕見其儔而鍛翮牆陰偶影獨立唼喋粃粺雞鶩為伍不亦傷乎余五十之年忽焉已至永言身事慨然其多緒乃為之賦聊以自慰



## 鵠

史記曰齊王使淳于髡獻鵠於楚出邑門道飛其鵠徒揭空籠以見楚王曰齊王使臣獻鵠過於水上不忍鵠渴出而飲之而飛去吾欲刺腹絞頸而絕恐人議吾君以鳥故令士自殺鵠毛物多相類者吾欲買而代之是不信而欺吾王欲赴他國奔亡痛吾兩主使不通故來受罪楚王曰善說苑曰魏文侯使舍人無擇獻鴻於齊其事同

宋書曰桓榮祖善彈為東海太守登西樓見翔鵠雲中謂左右曰當生取之於是彈其兩翅毛脫盡墜地無傷養毛生乃去

南史孝義傳曰謝昌寓陳郡人也為劉悛廣州參軍孝性甚至嘗養一鵠昌寓病二旬而鵠二旬不食昌寓亡而鵠遂飛去

韓詩外傳曰晉平公遊於河而樂曰安得賢士與之樂此也船人盖胥跪而對曰夫珠出江海玉出崑山無足而至者猶主君好之士有足而至者猶主君好之士有足而不著者盖主君無好士之意耳何患無士乎平公曰吾食客門左千人門右千人朝食不足夕收市賦暮食不足朝收市賦吾何謂不好士乎對曰夫鴻鵠一擧千里所恃者六翮耳背上之毛腹下之毳益一把飛不爲加高損一把飛不爲加下今君之食客門左門右各千人亦有六翮在其中矣將皆背上之毛腹下之毳也新序曰晉文公遊西河舟人固桑樹說苑曰趙簡子遊於河舟人古乘對凡書二語同

離騷曰緑鵠飾玉后帝是饗后帝謂殷湯也言伊尹始仕緣亨鵠鳥之羹脩玉鼎以事於湯湯賢之遂以爲相也

録異記曰魏安釐王曰寡人得如鵠之飛視天下如莽也



呉客有隱遊者聞之作木鵠而獻王王曰此有形無用者也夫作無用之器世之姦民也召遊者加刑焉遊者曰臣聞大王之好飛也故敢獻鵠安知王之不知此也可謂知有用之用未籍無用之用矣乃取而騎之遂翩然而飛去莫知所之

鄧德明南康記曰昔有盧躭仕州爲治中少有棲仙之術嘗元會至曉不及朝列化爲白鵠至閤前迴翔欲下威儀以幕擲之得一隻履躭乃驚還坐內外左右莫不駭異時步騭爲廣州刺史意甚惡之便以狀列聞遂至誅滅

異苑曰大亨二年冬大寒南州人見二白鵠語於橋下曰今茲寒不減堯崩年也於是飛去

抱朴子曰千歲之鵠隨時而鳴能登於木色純白腦盡成骨

列仙傳曰陵陽子安死葬山下有黄鵠來栖其冢邊樹鳴聲呼安安

又曰魯陶門女者少寡養姑紡績爲產魯人欲求之女乃歌曰黄鵠早寡七年不雙宛頸獨宿不與衆同禽鳥尚然況於貞良魯人聞之遂不復求

楚辭曰寧與黄鵠比翼乎將與鷄鶩爭食乎

伏侯古今注曰漢惠五年七月黄鵠二集蕭池

漢書曰黄鵠下建章宮太液池中公卿上壽賜諸侯王列侯宗室金錢

西京雜記曰始元元年黄鵠下太液池上爲歌曰黄鵠飛兮下建章羽肅肅兮行蹌蹌金爲衣兮菊爲裳自顧薄德愧爾嘉祥

廣志曰黄鵠出東海漢以其來集爲祥



魏武樂府曰黄鵠摩天極高飛後宮尚得烹煮之

崔鴻十六國春秋後趙録曰楊州獻黄鵠鶵五從之于文武池頸長一丈聲聞十餘里

淮南子曰鳳皇曾遊萬仞之上鴻鵠鶬鵠莫不憚驚

郭璞賦曰晨鵠天雞此鵠屬也

## 鵾雞

穆天子傳曰鵾鷄飛八百里郭璞曰鵾雞即鵠屬也

管子曰鳧鵞之舍鵾雞之通遠

楚辭曰鵾雞啁哳而悲鳴

張衡西京賦曰翔鵾仰而不逮薛綜曰鵾雞也音昆也

嵇康琴賦曰鵾雞遊絃千里別鶴

張華鷦鷯賦曰鵾雞竄於幽險

太平御覽卷第九百一十六

羽族部四

鴈　五色鴈　白鴈
雉　白雉　射雉

鴈

禮記曰孟春之月鴻鴈來季秋之月鴻鴈來賓季冬之月
鴈北鄉

儀禮婚禮曰下達納采用鴈

又士相見曰大夫相見以鴈飾以布維之以索如執雉鴈知時飛翔有別也飾之以布謂裁縫之其身也維謂繫聯其足

又聘禮曰私覿出如舒鴈威儀自然而有行列舒鴈鵝

左傳曰鄭徐吾犯之妹美公孫楚聘之矣公孫黑又
使強委禽焉禽鴈也納采用鴈



毛詩曰雝雝鳴鴈旭日始旦

尚書舜典曰修五禮五玉三帛二牲一死贄孔傳曰大夫執鴈

爾雅曰鳧鴈醜其足蹼郭璞曰腳指間有幕蹼屬相著

春秋說題辭曰鴈之言鴈鴈起聖以招期知晚蚤故鴈南
北以陽動也鴈鴈音聲自也聖王聞鴈有音聲知為將節鴈鳥隨日南以常動

春秋繁露曰凡贄大夫用鴈有類長者在民上必有先後
鴈有行列故以為贄

廣雅曰鳴鵝倉鳴鴈也

周書曰白露之日鴻鴈來鴻鴈不來遠人背畔小寒之日
鴈北鄉鴈不北鄉民不懷至

史記曰蘇武在匈奴中昭帝遣使通和常惠夜見漢使使
謂單于曰天子射上林中得鴈足有係帛書言武等在某
澤中使者如其言單于大驚乃使武還

漢書曰梁孝王於睢陽園中作鳧鴈池

又曰武帝太始三年幸東海獲赤鴈作朱鴈之歌

後漢書曰度遼將軍皇甫規解官歸安定鄉人有以貨買
鴈門太守者亦去職還家書刺謁卧不迎既入而問卿前
在郡食鴈美乎

北史曰齊斛律光從文襄出野見雙鴈飛來文襄使明月
馳射之以二矢俱落焉

又曰尉遲迥之亂也隋將史万歲從梁士彥擊之軍次馮
翊見羣鴈飛來万歲謂士彥曰請射行中第三者射之應
弦而落三軍莫不悅服

三國典略曰徐思王壽陽人家本寒微以捕鴈為業

晉史曰朱漢賓少時善射嘗因與同輩出獵指一飛鴈隨
矢而落其鏃正中其臆臆上貫一金錢有篆文示其郡之



碩學皆無識者人甚異之由是人皆号之朱落鴈

莊子曰莊子行於山中見大木伐木者止其傍而不取問其
故曰無所用莊子曰此木以不材得終其天年出於山及
邑舍故人家故人喜具酒肉令豎子殺鴈烹之豎子請曰
其一鴈能鳴其一不能鳴奚殺主人公曰殺不能鳴者
明日弟子問曰昨日山中之木以不材得終其天年主人
之鴈以不材而死先生何處焉莊子嘆曰周將處夫材與
不材之間

淮南子曰夫鴈從風飛以愛氣力銜蘆而翔以備弋繳

山海經曰鴈門山鴈出其間在高柳北

家語曰孔子之衛衛公與孔子語見飛鴈過而仰視之色
不在孔子孔子乃逝

賈誼書曰鄒穆公令食邊鴈必以秕無敢以粟

說苑曰秦穆公得百里奚公孫支歸取鴈以賀曰吾得社稷之臣敢賀社稷之福公不辭再拜而受

又曰齊晏子對景公曰君之鳧鴈食以菽粟

又曰大夫以鴈爲贄鴈者有長幼之禮士以雉雉者取其不可狎服庶人以鶩鶩以其無他心也

白虎通曰贄用鴈者取隨時南北不失其節明不奪女子之時

楊雄方言曰自關而東謂鴈鳴鵝南楚之外謂之鵝或謂之倉鳴

博物志曰鴈食粟則翼重不能飛

會稽典録曰虞固字季鴻少有孝行爲日南太守常有雙鴈止宿廳事上每出行縣輙飛逐車卒官鴈遂哀鳴還至餘姚住墓前歷二年乃去



梁州記曰梁州縣界有鴈塞山傳云此山有大池水鴈棲集之固因名曰鴈塞

盛弘之荆州記曰鴈塞北接梁州汶陽郡其間東西嶺屬天無際雲飛風翥望崖迴翼　鴈達塞矯翼裁度故名鴈塞同於鴈門也

鄧德明南康記曰平固縣有覆笥山上有湖周迴十里有一石鴈浮出湖中每至秋天石鴈飛鳴如候時也

十三州記曰上虞縣有鴈爲民田春銜拔草根秋啄除其穢是以縣官禁民不得妄害此鳥犯則有刑無赦

荆州圖記曰沮陽縣西北有鴈浮山是山經所謂景山也高三十餘里周迴三百里脩巖遐亘擢幹于霄鴈南翔北歸偏經其上士人由玆改山名焉

## 五色鴈

漢書郊祀志宣帝於西河築世宗廟告祀有五色鴈集殿前

唐書曰貞元十年同州獻五色鴈

## 白鴈

左傳曰哀上曹伯陽即位好田弋曹鄙人公孫彊好弋獲白鴈獻之且言田弋之説因訪政事大説之有寵使爲司城以聽政

新語曰梁君出獵見白鴈而欲自射之道上有驚鴈飛者梁王怒命以射此人其御公孫龍諫曰昔衛文公時大旱三年卜云必須人祀文公曰求雨者爲民也今殺之不仁吾自當之言未卒雨下今君重鴈殺人何異虎狼梁君引龍登車入郭呼萬歲曰善哉今日獵得善言

晉書曰戴記建元初石季龍饗群臣于太武殿前有白鴈百餘集于馬道南季龍命射之無所獲



## 雉

春秋運斗樞曰機星散爲雉

周禮春官太宗伯曰士執雉（鄭玄注曰取其守介不失節）

儀禮士相見曰士相見之贄各用雉（士贄用雉者取其耿介交有時別有倫也）

禮記曲禮下曰祭宗廟雉曰疏趾

又月令曰孟冬雉入水爲蜃

又曰季冬之月雉雊雞乳

左傳昭四曰郯子云丹鳥氏司閉五雉爲五工正（杜預注曰丹鳥鷩雉以立秋來立冬去入水爲蜃五雉雉有五種也）

又曰叔孫豹奔齊齊庚宗婦人獻以雉問其姓曰子長矣能捧雉而從我矣

毛詩邶柏舟曰雄雉刺衛宣公也淫亂不恤國政雄雉于

飛泄泄其羽我之懷矣自貽伊阻雄雉于飛下上其音展矣君子實勞我心

又曰有瀰濟盈有鷕雉鳴（鷕雌雉聲）

又曰如翬斯飛君子攸躋

又鄭小弁曰雉之朝雊尚求其雌

又甫田車轄曰瞻彼中林有集惟鷮

毛詩義疏曰林慮山下人語曰四足之美有麃兩足之美有鷮

周易鼎卦九三曰鼎耳革其行塞雉膏不食方雨虧悔終吉。又旅卦六五曰射雉一矢亡終以譽命。又曰離爲雉

尚書曰日月星辰山龍華蟲（華虫鷩雉也五色故謂華也）

又曰高宗祭成湯有飛雉升鼎耳而雊

論語曰山梁雌雉時哉時哉子路拱之三嗅而作



爾雅曰鸐諸雉（鸐雉）鷂雉（青質五色）鳪雉（長尾走且鳴）鷮雉（黃色鳴自呼）鷩雉（似山雞而小冠背毛黃腹赤項綠色鮮明）秩秩海雉（如雉而黑出海中）鸐山雉（尾長者也）翰雉鵫雉（今白鵫江東呼白鵫亦名白雉）伊洛而南素質五采皆備成章曰翬（翬亦雉屬言其毛色光鮮）江淮而南青質五采皆備成章曰鷂（卽鷂雉也）南方昱句東方曰甾（音緇衣之緇）北方曰鵗（音希）西方曰鷷（說四方雉之名也音所旬切）雉之暮子爲鷚（晚生者也今呼少雞爲鷚）

尚書大傳曰武丁祭成湯有雉飛升鼎耳而雊問諸祖巳祖巳曰雉者野鳥也不當升鼎今升鼎者欲爲用也遠方將有來朝者乎武丁思先王之道編髮重譯至者六國

周書曰立冬之日水始冰後五日雉入大水爲蜃小暑後十日雉始雊

史記曰秦文公獲若石于陳倉北阪城祠之（蘇林注曰白質其實）其神或歲不至或歲數來來常以夜光若流星從東南集於祠城則若雄雞（如淳注曰野雞雉也呂后名雉故曰野雞）

漢書曰成帝鴻嘉二年有飛雉集于殿庭歷階升堂而雊

東觀漢記曰魯恭字仲康爲中牟令螟不入中牟河南尹袁安疑其不實遣仁恕掾肥親驗之恭隨親行阡陌坐樹下雉過止其側傍有小兒親曰兒何不捕之兒言雉將鶵親嘿然有頃與恭訣曰本來考君界有無蟲耳今蟲不犯境一異也化及鳥獸二異也豎子有仁心三異也府掾久留但擾賢者因還府以狀白安

魏志曰管輅至王弘直許有雄雉飛來登直內柱頭大不安令輅作卦輅曰五月必遷時三月也至期果爲渤海太守

晉咸寧起居注曰太醫司馬程據上雉頭裘一領詔於殿前燒之

晉書曰武庫封閉甚密其中忽聞雉雊張華曰此必蛇化也開視之雉側有蛇蛻焉



又曰涼武昭王暠卒子歆立春有雙雉飛出宮內

北史曰後魏裴安祖閑居養志不出城邑曾天熱舍於樹下有鷙鳥逐雉（雉急）投之遂觸樹而死安祖愍之乃取置陰地徐徐護視良久得蘇喜而放之後夜忽夢一丈夫衣冠甚偉着繡曲領向安祖再拜安祖怪問之此人云感君前日見放故來謝德聞者異焉

三國典略曰齊高緯如晉陽穆后將從辭胡太后于北宮有雉集于御牀有司獲之不敢以聞

又曰梁臨賀王正德其妹長樂公主太子家令謝禧之妻也姿容國色悅而報之生子二人乃燒主第投婢於火唱言主死黃門郎張準有（雉）媒正德見而奪之準於重雲殿法會所罵之曰張準雉媒非長樂公主何可略奪太子綱

恐梁主聞遣武陵王紀急相解喻準罵乃止正德既出以雉還之

山海經曰小華之山其鳥多赤鷩可以禦火其山中多白雉

莊子曰澤雉十步一啄百步一飲不畜於樊中

尹文子曰楚人擔山雉者路人問焉何鳥也欺之曰鳳皇也路人曰我聞鳳皇今始見矣汝販之乎請買十金弗與請加倍乃與之方欲獻楚王經宿鳥死路人不遑惜其金唯恨不得獻王王聞之感其欲獻已召厚賜之過買鳥之金十倍

抱朴子曰鷄有專栖之雄雉有擅澤之鷸蟻有兼弱之智蜂有攻寨之計相役御亦猶是耳

廣雅曰野雞雉



洪範五行傳曰正月雷微動而雉雊雷通氣也

楚辭曰彭鏗斟雉帝何饗鏗彭祖也好和滋味斟白雉羹以事堯堯美而饗食之

列異傳曰秦穆公時陳倉人掘地得物若羊非羊若猪非猪牽以獻諸公道逢二童子童子曰此名爲媼常在地食死人腦若欲殺之以栢捶其首媼復曰彼二童名爲陳寶得雄者王得雌者霸陳倉人捨媼逐二童子童化爲雉飛入乎林陳倉人告穆公穆公發徒大獵果得其雌又化爲石置之汧渭之間至文公爲立祠名陳寶　今南陽雉縣其地也秦欲表其符故以名縣每陳寶祠時有赤光長十餘丈從雉縣來入陳祠中有聲如雄雉

楊雄琴清英曰雉朝飛操者衛女傅母所作也衛侯女嫁於齊太子中道太子死問傅母曰何如傅母曰且往當喪喪畢不肯歸終之以死傅母悔之取女所自操琴於冢上鼓之忽有二雉俱出墓中傅母撫雌雉曰女果爲雉耶言未卒俱飛而起忽然不見傅母悲痛援琴作操故曰朝飛

琴操曰齊獨沐子年七十無妻出見飛雉雌雄相隨感之撫琴而歌曰雉朝飛鳴相和雌雄羣遊於山阿

蕭廣濟孝子傳曰蕭芝忠孝除尚書郎有雉數十頭飲啄宿止當上直送至歧路下直及門飛鳴車側

瑞語曰有鳥從飛西方來白質五色皆備集平公之庭相見如讓公召叔嚮問之叔嚮曰吾聞師曠曰西方有白質鳥五色皆備其名曰翬南方赤質五色備其名曰搖其來爲吾君臣其祥先至矣

博物志曰翟雉長雨雪惜其毛栖高樹之上不敢下食往往餓死

徐廣車服注曰天子金根車馬上插以翟毛皇后法駕乘重翟羽蓋

崔豹古今注云有雉尾扇

宣驗記曰野火焚山林中有一雉入水漬羽飛以滅火往來疲乏不以爲苦



白雉

春秋感精符曰王者德流四表則白雉見

孝經援神契曰王者德至鳥獸故雉白首妣房不編故白雉應

又曰周成王時越裳獻白雉去京師三萬里王者祭祀不相踰宴食衣服有節則至

抱朴子曰白雉自有種南越尤多案地域圖今之九德則古之越裳也盖白雉之所出周成王所以爲瑞者貴其所自來之遠明其德化所被廣非謂此爲奇

楚辭曰昭后成遊南土爰底爰於也底至也言昭王背成王之制而出遊南至楚楚人

沉之南遂不返之)厥利惟何逢彼白雉(厥其也逢迎也言昭王南遊何利於楚乎也爲越裳氏獻白雉昭王德不能致親往迎也)

漢書曰平帝元始元年春越裳重譯獻白雉一黑雉二詔使三公以薦宗廟

魏略曰文帝欲受禪郡國奏白雉十九見

魏志文紀曰延康元年四月饒安縣言白雉見

北史曰後魏南安王禎孝文時爲雍州刺史性忠謹其母疾篤憂毀異常遂有白雉遊其庭前帝聞其致感賜帛千疋以褒美之

三國典略曰渤海王高歡攻鄴時瑞物無歲不有令史焚連里木貫白雉而食之

射雉

左傳曰賈大夫(賈大夫大夫也)娶妻而美三年不言不笑御以如皐(爲妻御也之皐澤也)射雉而獲之其妻始笑而言



魏書曰太祖寸力絶人於南皮一日射雉獲六十三頭

江表傳曰孫權數射雉潘濬諫權權曰時時暫出耳不復如往日濬曰天下未定萬機務多射雉非急弦絶括破皆能爲害濬乃手自徹壞雉翳權由是遂絶不復射雉

吳志曰孫休銳意於典籍欲畢覽百家之言大好射雉春夏之間常晨出夜還唯此時捨書

宋書曰孝武帝常出射雉值雨侍中沈懷文諫曰非止千乘失容亦乃聖躬櫛沐

沈約宋書曰明帝與晉平王休祐於若山射雉有一雉不肯入場日暮將反留休祐射之語云不得雉勿歸因遣壽寂之等諸壯士追之日已欲闇與休祐相及遂拉殺之

又曰到撝與蕭道成同從宋明帝射雉郊野渴倦撝得早青瓜與上對割食之

齊書曰武帝好射雉竟陵王子良啓諫先是左衛殿中將軍邯鄲超諫射雉武帝爲止久之永明末上將射雉子良復諫

又曰蕭景先轉中領軍車駕射雉郊外景先常甲仗從廉察左右

又曰蕭敏爲新安太守好射雉未甞在郡辭訟者遷於畋焉後張弩損胷而卒

又曰桓僖伯少負氣豪俠妙解射雉尤爲武帝所重

又曰張欣泰爲河東內史召還都屛居家巷置宅南岡下面接松山欣泰負弩射雉恣情閑放

又曰袁彖爲侍中形皃充肥異衆每從射雉郊野數人持扶乃能從步



又曰褚炫從宋明帝射雉帝至日中無所得甚羞召問侍臣吾旦來如皐遂從空行可笑座者莫荅炫獨曰今節候雖適而雲霧尚凝故斯翬之禽驕心未警但得神駕猶豫羣情便可載懽帝意解乃於雉場置酒

南史曰齊東昏侯在位置射雉場二百九十六處翳中帷帳及步障皆袷以緑紅金銀鏤弩牙瑇瑁帖箭每出輙以鷹犬隊主徐令孫媒翳隊主俞靈韻齊馬而走左右爭逐之

又曰武帝親拜陵祭興宗負璽陪乘及還上欲因以射雉興宗正色曰今致虔園陵情敬兼重從禽猶有餘日請待他辰

陳書曰新安王伯固性好射雉叔陵好發冢出遊田野必與偕行

太平御覽卷第九百一十七

羽族部五

雞

春秋運斗樞曰玉衡星散爲雞

周禮春官上大宗伯曰工商執雞郭玄曰取其守時而動也

禮記曲禮下曰祭宗廟之雞曰翰音

又月令曰季冬之月雉雊雞乳

又內則曰子事父母雞初鳴咸盥漱

左傳宣下曰楚子爲乘廣三十乘分爲左右廣雞鳴而駕日中而說

又成下曰晉與楚旦而戰見星未已子反命軍吏察夷傷補卒乘繕甲兵展車馬雞鳴而食唯命是聽

又襄二荀偃令曰雞鳴而駕塞井夷竈唯余馬首是瞻



又襄三齊莊公朝指殖綽郭最曰是寡人之雄也州綽曰君以爲雄誰敢不雄然臣不敏平陰之役先二子鳴晉伐齊及平陰州綽獲殖綽郭最故自比於雞鬬勝而先鳴

又襄五曰公膳日雙雞

又昭五曰賓孟適郊見雄雞自斷其尾問之侍者曰自憚其犧也

又昭六曰季郈之雞鬬季平子郈昭伯二家相近故鬬雞季氏介其雞以芥子播其羽郈氏爲之金距平子怒

毛詩曰女曰雞鳴刺不說德也陳古義以刺今不說德而好色也女曰雞鳴士曰昧旦子興視夜明星有爛

又曰君子于役不知其期曷其至哉雞棲于塒日之夕矣

又緇衣曰風雨思君子也亂世則思君子不改其度風雨淒淒雞鳴喈喈既見君子云胡不夷風雨瀟瀟雞鳴膠膠既見君子云何不瘳風雨如晦雞鳴不已既見君子云胡不喜

又雞鳴思賢妃也雞既鳴矣朝既盈矣匪雞則鳴蒼蠅之聲。尚書牧誓曰古人有言曰牝雞無晨牝雞之晨惟家之索。論語曰子路遇丈人以杖荷蓧止子路宿殺雞爲黍而食之。又曰子之武城聞絃歌之聲夫子莞爾而笑曰割雞焉用牛刀

爾雅曰雞大者蜀蜀子雉未成雞僆絕有力奮雞三尺爲鶤棲於杙爲桀鑿垣而棲爲塒郭璞注曰蜀雞也稚鶵子名也今江東呼雞少者爲健古之雞

春秋說解辭曰雞爲積陽南方之象火陽精物炎上故陽出雞鳴以類感也雞之爲言佳也佳而起爲人期莫寶也善爲人制晏早之期



春秋考異郵曰雞應旦鳴

詩記曆樞曰候及東次氣發雞泄三號冰始泮卒于丑以成歲及東及於寅也承丑之季故謂之次氣也雞爲畜陽也丑之季向晨鳴雞得其氣感之而喜故鳴也

周書曰大寒之日雞始乳

易通卦驗曰萬民聞雞鳴皆翹首結帶正衣裳

史記曰子路性鄙好勇力冠雄雞佩假豚陵暴孔子孔子乃設禮義稍誘之子路乃委質請爲弟子

又曰孟嘗君至關關法雞鳴出客孟嘗君客之居下坐者有能爲雞鳴遂發傳出

又曰越巫立越祀而以雞卜上信之

漢書曰徵昌邑王賀到濟陽求長鳴雞

又曰昌邑王之立爲皇太子私置雞豚以食

又曰龔遂爲渤海太守使人家養五雞

又曰王奉先好鬬雞宣帝微時數與奉先會後即位以其女為婕妤立為皇后奉先封侯

又曰方士曰益州有金馬碧雞之寶可祭祀致也宣帝使王褒往祀焉

范曄後漢書曰河南樂羊子妻不知何氏女嘗有他舍雞謬入垣內姑盜殺食之妻對不食而泣怪問之妻曰自傷居貧使食他肉姑竟棄之

後漢書曰范式字巨卿與汝南張元伯為友二人春到京以暮秋為期元伯以九月十五日殺雞炊黍以待巨卿毋謂元伯曰相去千里汝何信之審也言未畢而巨卿至相隨升堂再拜毋極悅

九州春秋曰魏王入漢中討劉備不得進欲守復難意欲弃之乃發令去雞肋官屬不知主簿楊脩曰夫雞肋弃之



則可惜噉之無所得以比之漢中王欲去也白戒嚴王遂還吳録曰魏文帝遣使於吳求長鳴短鳴雞群臣以非禮欲不與孫權勅付使

江表傳曰南郡獻長鳴承露雞（南越志曰雞冠四開如蓮花鳴清聲澈也）

魏志曰馬韓國出細尾雞其尾皆五尺餘

郭頒魏晉世語曰劉放孫資共典樞要夏侯獻曹肇心內不平殿中有雞棲樹二人相謂此亦久矣其能復幾指謂中書監劉放中書令孫資

王隱晉書曰郄詵毋病若重及亡不欲車葬而貧無以得馬乃養雞種蒜竭其方術喪過三年得馬八匹舉棺至冢

晉書曰祖逖與劉琨俱為司州主簿情好綢繆共被同寢中夜聞雞鳴蹴琨覺曰此非惡聲因起舞

又曰桓玄既被殺安帝反正其餘擁衆假号皆平桓氏遂滅元興中衡陽有雌鷄化為雄八十日而冠萎及玄建國於楚衡陽屬焉自篡至敗凡八旬矣

晉中興書曰殷浩北伐江逌為長史及丁零反叛浩令逌伐之乃取數百雞以長繩連之脚皆繫火一時駈放群雞駭散飛過塹集羌營皆燃因其驚亂縱兵擊之

晉書庾征西翼書少時與右軍齊名右軍後進庾猶不分在荆州與都下人書云小兒輩賤家雞愛野雉皆學逸少書須吾下當比之

又載記曰符朗善知味會稽王道子殺雞以食之既進朗曰此雞栖恒半露檢之驗焉

晉書武帝嘗幸琅邪城宮人常從早發至湖北埭雞始鳴今呼為雞鳴埭

南史曰齊鬱林王好鬬雞密買雞至數千價



又曰傅琰字季珪為山陰令二野父爭雞琰問雞何食一云粟一云豆琰使破雞得粟罪言豆者

魏收後魏書曰崔光字長仁東清河鄃人也正始元年夏有典事史元顯獻四足四翼雞詔散騎侍郎趙邕以問光光表曰翅足衆多亦羣下相扇動之象雛而未足大胸弱差小亦其勢尚微易制御也武帝覽之悅後數日而茹皓等並以罪失伏法於是禮光逾重

又曰傅乾愛嗜雞肉娶菜食傅靈越乃為作之下以毒藥乾愛飯還而卒

北史曰宋世良為清河太守發姦擿伏有若神明嘗有一吏休滿還郡食人雞豚又有一幹受人一帽又食二雞世良叱而語之吏幹叩頭伏罪於是上下震悚莫敢犯禁

又曰齊彭城王浟為滄州刺史有隰沃縣主簿張達嘗詣

州夜投人舍食雞羹湫察知之守令畢集湫對衆曰食雞羹何不償價直也逵即伏罪合境号爲神明

三國典略曰齊長廣王湛即皇帝位於南宮大赦改元其日將赦庫令於殿門外建金雞宋孝王不識其義問於光禄大夫司馬膺之赦建金雞其義何也膺之曰案海中星占曰天雞星動當有赦由是帝王以雞爲候

唐書曰劉武周父匡徙家馬邑匡嘗與其妻趙氏夜坐庭中忽見一物狀如雄雞流光燭地飛入趙懷振衣無所見因而娠遂生武周爲人驍勇善騎射

莊子曰莊子謂惠子曰年溝之雞司馬彪注曰年溝鬪鷄處三歲爲秫秫魁帥也相者視之則非良雞也然而數以勝人者以狸膏塗其頭也雞畏狸故

又曰越雞不能伏鵠卵魯雞固能矣司馬彪曰越雞小雞也魯雞大雞今蜀雞也



列子曰紀渻子爲周宣王養鬪雞十日而問雞可鬪乎曰未也方虛驕而特氣十日又問之曰未也猶疾視而盛氣十日又問之曰幾矣雞雖有鳴者已無變望之似木雞矣其德全矣異雞無敢應者

燕丹子曰燕太子丹質於秦逃歸到關丹爲雞鳴遂得逃歸

尸子曰戰如鬬雞勝者先鳴

韓子曰使雞司夜令狸執鼠皆用其能

淮南子曰雄雞夜嗁庫兵動而戎馬驚

淮南萬畢術曰孤桃之象令雞夜鳴取孤桃南北行枝長三尺折以爲象塗以三歲雄血夜居栖下

戰國策曰秦惠王謂寒泉子曰蘇秦欺弊邑欲以一人智反覆山東之君夫諸侯之不可一猶連雞之不能俱止於栖也

呂氏春秋曰善學者若齊王之食雞也食其距數千而後足

又曰白圭謂魏王曰市丘之鼎以烹雞市丘魏邑多洎之則淡而不可食肉汁曰洎少洎之則焦而不熟然而視之蟜焉美無所可用蟜者蟲

韓詩外傳曰田饒爲魯哀公曰夫雞平頭戴冠者文也足傅距者武也敵在前敢鬪者勇也見食相告者仁也守夜不失時者信也雞有五德猶日瀹而食之者何也以其所從來近也

神異經曰東方有人長七丈頭戴雞朝吞惡鬼三千暮吞三百名黄父又名食邪以鬼爲飯以霧爲漿也

西京雜記曰成帝時交阯越嶲獻長鳴雞即下漏驗之晷刻無差長鳴雞一鳴一食時不絶長距善鬪



崔豹古今注曰雞一名燭夜

列仙傳曰祝雞翁者雒陽人也居尸鄉北山下養雞皆有名字千餘頭暮栖樹晝放散食欲取呼名即至賣雞及子得千萬錢輒置錢去

論衡曰傳書言淮南王得道畜皆仙犬吠天上雞鳴雲中

陳子要言弃晨雞犬俟鳳警亦猶弃當世之賓才須故人之執政也

太元經曰雌雞鳴晨雄雞宛頸隋侯墮井河伯除川

風俗通曰呼雞朱朱俗說雞本朱公化而爲之今呼雞者朱朱也謹按說文解喌喌二口爲讙州其聲也讀若祝祝者誘致禽畜和順之意喌與朱音相似耳

又曰臘除夕以雄雞着門上以和陰陽按今人卒病皆殺

雄雞傳其心病風者雞散治之東門雞頭治蠱信善也
異苑曰朱文繡與羅子鍾爲友俱仕於梁繡既死羅鍾哭
之其夜俱亡梁南七里有雞山葬繡於其中北九里有雉
澗埋鍾於其內繡神靈變爲雞鍾䰟魄化爲雉清鳴哀響
來往不絶故詩曰雞山别飛響雉澗和清音
荀悦申鑒曰覩孺子之驅雞而見御民之術孺子之驅雞
急則驚緩則滯馴而安之然入門
嵇康宅無吉凶論曰天同栖之雞一欄之羊賓至而有死
者豈異之哉
幽明録曰晉兖州刺史沛國宋處宗甞買得一長鳴雞愛
養甚至栖籠着窻間雞遂作人語與宗談語極有言致終
日不輟處宗因此言功大進
越絶書曰雞山勾踐以畜雞將伐吳以食死士也



吳越春秋曰婁門外雞陂墟者吳王牧雞處
西河記曰涼州罪人於市將刑忽有一白雄雞飛於人邊
請命引頸長鳴伏地向吏驅之去輒來刺史張義免其坐
王子年拾遺記曰太初二年月氏貢雙頭雞四足一尾鳴
則俱鳴
又曰含塗國去王都七萬里人善服鳥獸雞犬皆使能言
郭子横洞冥記曰有遠飛雞夕則還依人曉則絶飛四海
外朝往夕還
裴玄新言曰正朝縣官殺羊懸其頭於門又磔雞以副之
俗說以厭癘　或以問河南任君任君曰是月土氣上
升草木萌動羊齧百草雞啄五穀故殺之以助生氣
崔寔四民月令曰十二月東門磔白雞頭可以合藥本草
經曰丹雞一名載丹

又曰烏雄雞主補中其血治踒折骨凡雞肉不食小兒令
生蚘蟲又令消髓
葛洪方曰五月七日深井深冢多有毒氣不可入也宜先
以雞毛試投井中直下無毒毛迴四邊不可入也
師曠占曰長吏乘車出入行步道上有雞飛集車上者雄
遷雌去
雜五行書曰欲求婦取雄雞兩毛燒著酒中飲之所求必
得用戊子日此是天地合日必得三往不得女當死
龍魚河圖曰玄雞白頭食病人雞有六指亦殺人雞有五
色殺人
焦贑易林旅之爻曰十雉百鷄常與毋俱抱雞捕虎誰者
爲怙
又歸妹之無妄曰雞方啄粟爲狐所逐走不得息惶懼喘



息
又歸妹之損曰爭雞失羊亡其金囊利得不長
又巽之遯曰三雞啄粟十鶵從養飢鵝卒擊亡其兩寂
廣志曰雞有胡髯五指金骹及翅之種大者蜀小者荆白
雞金體者美舊并州所獻吳中送長鳴雞長倍於常雞永
昌郡無雞
異物記曰伺潮雞潮水上則鳴
博物志神農本草經曰雞卵可以作虎魄法取茯苓雞鷇
卵黃白渾雜者熟煑之及尚軟隨意刻作物形以苦酒漬
數宿既堅內着粉中假者乃亂真（此世所恒用作無不成也）
于寶搜神記曰安陽城南有亭宿者輒死書生明術數入
亭宿端坐誦書夜半有人着皁衣來户外呼亭主此有宿
客耶應曰然喑嗟而去須臾有赤衣問如前生問曰向黑

衣者誰荅曰北舍毋猪赤幘者誰荅曰西舍老雄雞也汝是誰荅曰我是老蝎也明旦掘之得蝎大如琵琶身長四尺并及猪雞亭遂安靜

劉欣期交州記曰長鳴雞出日南

南州異物志曰狼肓之雞特稟異聲狼肓地名

白澤圖曰老雞能呼人姓名殺之則止

又曰雞有四距重翼者龍也殺之震死

夢書曰雞爲武吏有冠距也夢見雄雞憂武吏也衆雞入門吏所捕也群鬬舍中驚兵怖也

論墓書曰養白雞令識其主聲形以五月五日九月九日任意用五色絲長五寸係雞頭將雞於名山放雞著山仰頭呪曰必存鳴晨雞心開悟

沈懷遠南越志曰雞冠四開如蓮花鳴聲清徹也



荆楚歲時記曰正月一日三元之日雞鳴而起先於庭中爆竹帖畫雞或斲鏤五彩及雞於戶上

風土記曰乃有雞子五薰練形正旦當會生吞雞子一个謂之練形又晨啖五辛以助五藏氣

吳録曰合浦朱盧縣有山雞果色樹栖

魏志曰平原太守劉邠印囊及山雞毛着器中使管輅筮輅曰內方外圓五色成文含寶守信出則有章此即囊也高岳巖巖有鳥朱身羽翼玄黃鳴不失晨此山雞毛也

異苑曰山雞愛其毛羽映水則儛魏武時南方獻之帝欲其鳴儛而無由公子蒼舒令人取大鏡著其前雞鑑形而儛不知止遂至死韋仲將爲之賦甚美

博物志曰山雞有美毛自愛其毛終日映水目眩則溺

臨海異物志曰山雞狀如人家雞安陽諸山中多此雞恃

距好鬭當時以家雞置其處取即可得

南越志曰曾城縣多鵕鸏鵕鸏山雞也利距善鬭世以家雞鬭之可禽也光色鮮明五采炫燿

辛氏三秦記曰陳倉山在太白之西去長安八百里上有石雞與山雞各別趙高使燒山山雞飛去石雞不去晨鳴山頭聲聞三十里或去是玉雞陳倉城上有神雞人取不得雄者王雌者霸穆公得雌故霸

山海經曰鷩雉一名山雞養之穰火

左思吳都賦曰山雞歸飛而來栖

顔愷湘中賦曰陽鸑山雞

陸機與弟書曰天淵池養山雞甚可嬉

周書曰成王時蜀人獻文翰者若皇雞鳥有文采者皇雞似鳧翼州謂之澤時

爾雅曰翰天雞也郭璞曰翰雞赤羽見周書



說文曰翰天雞也一名晨風

玄中記曰東南有桃都山上有大樹名曰桃都枝相去三千里上有天雞日初出照此木天雞即鳴天下雞皆隨之鳴

臨海異物志曰杉雞黃冠青綬常在杉樹下頭上有長黃毛頭及頰正青如垂綏

南越志曰新夷縣鳥多杉雞

尹子曰揚州之雞裸無毛

南越志曰高興縣多吝雞如家雞五采至則年穰

孫綽望海賦曰石雞清響以應潮慧軀輕近以遠絜石雞形似家雞而灰色在海中山上每潮水將至輒鳴相應若家雞司晨也商人欲知水道往來以至此爲候也

周景式廬山記曰白水南行十餘里有雞山傍有大山竦立上有石雞冠距如生道士李鎮於此下住常寶玩之雞一

旦忽摧毀鎮告人曰雞卒如此吾其終乎因與親知訣別後月餘果卒必知命去

太平御覽卷第九百一十八

太平御覽卷第九百一十九

羽族部六

鵝　鴨　鶩　鳧

## 鵝

禮記內則曰舒鴈翠（鄭玄注曰翠尾舒鴈鵝也謂不利人）

爾雅曰鵱鷜鵝（郭璞曰今之野鵝）舒鴈鵝（郭璞曰出如舒鴈今江東呼鳴音加）

廣雅曰駕鵝野鵝也

吴志曰景帝有疾使巫覡視鬼欲試之乃殺一鵝埋之於苑中架屋施床几以婦人服物着上乃使巫視之若能說此家中婦形狀者加賞此巫視日竟晝夕無所道帝催問之急乃曰實不見有鬼但見一頭白鵝在墓上所以不即白疑是神鬼變化而作定無復改易不知何故景帝乃厚賜之



晉書曰永嘉中洛陽東北步廣里地陷有二鵝出焉一白一蒼白者不能飛蒼者飛去董養字仲道歎曰昔有周時盟會狄泉即此地也蒼胡白國象其可盡言乎

又曰劉毅家在京口酷貧嘗與鄉曲士大夫往東堂共射時庾悅爲司徒右長史要府州僚佐出東堂毅已先至遣與悅相聞曰身並貧躓營一遊甚難君如意人無處不可爲適豈能以此堂見讓曰悅素豪徑前不荅時衆人並避唯毅留射如故悅廚饌甚盛不以及毅毅既不去悅甚不歡毅又相聞曰身今年未得子鵝豈能以殘炙見惠悅又不荅及毅貴奏解悅都督將軍官深相挫辱悅不得志疽發背少日而卒

宋書曰胡蕃爲高祖從事征廣固累月未拔忽有烏如鵝蒼黑色飛入高祖帳裏衆皆駭愕蕃起賀曰蒼黑色者戎虜戎虜歸我大吉之祥也明旦攻城陷之

又曰孔靜居山陰宋武微時往候之靜時寢夢人語曰天子在門覺寤即遣人出看而帝適至靜盡已接待乃留帝宿夜設粥無鮭新伏鵝卵令煑以爲食賊平以靜爲奮威將軍

又曰劉暄初爲江夏王寶玄郢州行事執事過刻王妃索煑肫帳下諮暄暄曰旦已煑鵝不煩復此寶玄恚曰舅殊無渭陽之情

齊書曰下彬禽獸決録目云鵝性頑而傲蓋比潘敞也

又曰桂陽之役朝庭周章詔檄久之未就高帝引江淹入中書省先賜酒食淹素能飲噉食鵝炙垂盡進酒數外文誥亦辦

南史曰何遠爲永康令人甚稱之太守王彬巡屬縣諸縣皆盛供帳以待焉至武康遠獨設糗水而已彬去遠送至境進斗酒隻鵝而別彬戲曰卿禮有過陸納將不爲古人所笑乎



三國典略曰庾信自建康遁歸江陵湘東王因賜妾徐氏妾與信弟掞私通掞欲求之無致言者信庭前有一蒼鵝乃繫書于鵝頸信視之乃掞啓遂題紙尾曰畜生乞汝

唐書曰元和十二年李愬襲蔡州兵至懸瓠城夜半雪甚城旁有鵝鴨池愬令驚擊之以雜其聲

列子曰黃帝與炎帝戰以鵰鴈鵝爲旗幟

魯連子曰君鵝鴨有餘食士不足半菽

孟子曰仲子以兄之禄爲不義避兄離母處於陵他日歸則有饋其兄生鵝者頻顣曰惡用是鶂鶂者爲其母殺是鵝與之食其兄自外至曰是鶂鶂肉也出而吐之（趙岐曰鶂鶂鵝聲也）

戰國策曰管燕得罪於齊王謂左右曰子孰能與我赴諸
侯乎左右莫對管燕連然流涕曰悲夫士何其易得而難
用也田需對曰士三食不得厭而君鵝鶩有餘食下宮衣
綺縠而士不得以爲緣且財者君之所輕死者臣之所重
君不肯以所輕與士而責之以所重事非士易得而難用也
異苑曰傳承爲江夏守有一雙鵝失之三年忽引導得三
十餘頭來向承家
秦記曰苻殺食鵝炙知黑白之處人不信既而試之果然
世說曰會稽有孤居老姥養一鵝鳴喚清長時王逸少爲
太守就求市之未得逸少乃携故親命駕共往觀之姥聞
二千石當來即烹以待之逸少既至殊喪往意歎息弥日
俗記曰京下劉光祿養好鵝劉後軍從京還鎮尋陽以一
雙鵝爲後軍別純蒼色頸長四尺許頭似龍此一雙鵝可



堪五萬自後不復見有此類
張鴻傳曰鴻爲慕容皝黃門初刑鴻不熟頤下生黃鬚三
根長寸餘乃遣出宮看鵝鴨
沈玄鵝賦序曰先大夫俞潁川者殊精意於善鵝求得駿
鵝類於張猛虎亦多好者于時有綠眼黃喙折翼頳頭然
經潁川之好者焦叔明以太康中得大蒼鵝從喙至足四
尺有九寸體色豐麗鳴聲驚人三年而爲暴犬所害惜其
不終故爲賦云
崔豹古今注曰夫鵝似鷃而大頸長八尺善鬬好啖虵
列異傳曰廬山左右常有野鵝數千爲群長老傳言嘗有
一狸食明日見狸喚於沙州之上如見繫縛
南越志曰化蒙縣祠山上有湖湖中有泉鵝如今野鵝弄
吭山泉故号爲泉鵝

兩京記曰淨影寺沙門慧遠講經初在鄉養一鵝常隨遠
聽經及遠入京留在寺晝夜鳴呼不止僧徒送入京至此
寺大門放之自然知遠房便入馴狎每聞講鐘即入堂伏
聽若聞汎說他事鳴翔而出如是六年忽哀叫庭宇不肯
入堂二旬而遠卒寺內有遠碑亦述其事
嶺南異物志曰南道之酋豪多選鵝之細毛夾以布帛絮
而爲被復縱横納之其溫柔不下於挾纊也俗云鵝毛柔
暖而性冷偏宜覆嬰兒而辟驚癇也
雲南記曰韋齊休使雲南屯城驛西牆外有大池汁門垂
柳夾蔭池中鵝鴨甚衆
幽明錄曰晉義熙中羌主姚略壞洛陽陰溝取塼得一隻
雄鵝並金色交頸長鳴聲聞九皐
臨海記曰郡東南有硇山高三百餘丈望之如雪山上有



湖古老相傳云金鵝之所集八桂所植下有溪金光煥然
又曰郡東有宴室山古老云越王時山上起望海館山下
有湖湖中有金鵝飛魚
唐書曰貞觀二十年吐蕃遣其大臣祿東贊奉表曰聖天
子定四方日月所照之國並爲臣妾而高麗恃遠闕於臣
禮天子自領百萬渡遼致討隳城陷陣指日凱旋奴纔聞
陛下發駕少選之間已聞歸國鴈飛迅越不及陛下速疾
奴忝預子婿喜百常夷夫鵝猶鴈也故作金鵝奉獻其鵝
黃金鑄成高七尺中可實酒三斛
淮南子曰魯般墨子以木爲鵝而飛三日集而不可使爲
工也
唐書曰高祖義兵至河東隋將堯君素城守時圍甚急君
素乃爲木鵝置表於頸具論事勢浮之黃河下河陽守者

得之達於東都越王侗見而歎息

鴨

爾雅曰舒鳧鶩也郭璞曰鴨也

廣雅曰鳧鶩鴨也

魏氏春秋曰司馬文王鎮許昌徵還擊姜維至京師帝於平樂觀臨軍與左右小臣謀因文王辭劒之巳書詔文王入帝方食粟優人雲午等唱曰青頭雞青頭雞者鴨也帝懼不敢發景王因是謀廢帝

江表傳曰魏文帝遣使求鬪鴨群臣奏宜勿與權曰彼在諒闇之中所求若此豈可與言禮哉具以與使者

吳志曰建昌侯孫慮於堂前作鬪鴨欄頗施小巧陸遜正色曰君侯宜勤覽經典用此何爲慮即毀之

陳書曰齊人渡江至玄武湖西北莫府山南我軍自覆舟



東移頓郊壇北與齊人對是時食盡調市人餽軍皆是麥屑爲飯以荷葉裹而分給兵士皆困會文帝遣送米三千石鴨千頭帝即炊米煑鴨誓申一戰將士及防身計粮數臠人人裹飯媲以鴨肉帝命衆軍蓐食攻之齊軍大潰

三國典略曰高德衆正相齊未誅之前家有赤鴨群行於庭犬來逐遂成碎血

北史曰元善以高熲有宰相之具常言於上曰楊素麁疎蘇威怯懦元冑元旻正似鴨耳可以付社稷者唯獨高熲上初然之

唐書曰齊王祐太宗第五子好養鴨未反前忽有野狸入籠中咬四十餘鴨皆斷其頭及敗同惡而誅者四十四人

抱朴子曰有白虎七變法取三月三日殺虎血鴨血等合和之初生草似胡麻者生取其實合之可以移形易皃

西京雜記曰高祖既作新豐并移舊社放犬羊雞鴨於通途亦競識其家

傅子曰鴨足何以販雞足何以斮販斮吾不知也何況閭天地乎

金樓子曰海鴨大如常鴨斑白文亦謂之交鳥

洞冥記曰武帝昇望月臺南端有三青鴨飛俄而下帝悅之至夕鴨宿於臺端化爲三小童皆著青綺文襦各執鯨文大錢五枚置帝几前

風俗通曰雞伏鴨夘鶵成入水雞母隨岸呼之鶵出而隨母鴨雞異類能相隨也

博物志曰中諸藥毒巳死者取生鴨斷頭以鴨項內病者口中得血三兩滴入喉中即蘇也

語林曰傅信貧毋羸病恒驚悸信乃取雞鴨滅毛放承塵上行落地轉恐怖



石崇金谷詩序曰吾有廬在河南金谷中去城十里有田十頃羊二百口雞猪鵝鴨之屬莫不畢備

尋陽記曰周訪與商人共入宮亭廟宿明起如廁見一白頭翁訪逐之化爲雄鴨還舡欲煑之商人爭看遂飛去

廣志曰野鴨雄者赤頭有距

蔡氏化清經曰水戰之鴨何必白纓盈俎之雞何必長鳴

新言曰譬猛虎浮水不如鳧鴨䮂驎登木不如猿猴

太元經曰素嬰之鴨翰音之雞望視之兎白蹄之豕短喙之狗脩頸之馬君子之皃何獨異耶

吳地記曰鴨城者吳王築城城以養鴨周數百里

竺法真登羅山䟽曰山上有神湖湖中有白鴨

嶺南異物志曰廣州洺涯縣金池黄家有養鵝鴨池甞於

鴨糞中見麩金片遂多收掏之日得一兩緣此而致富其子孫皆爲使府劇職三世後池即無金黃氏力殫矣

## 鶩

說文曰鶩野鳧

春秋左傳曰公膳日雙雞饔人竊更之以鶩子尾怒

春秋繁露曰張湯問仲舒曰祠宗廟或以鶩當鳧可不對曰鶩非鳧鳧非鶩愚以爲不可。漢書王莽多事諸鬼用三牲鳥獸三千餘種後不能備乃以雞當鴈鶩

東觀漢記曰馬援與兄子嚴敦書去學龐伯高不就猶爲謹勑士所謂刻鵠不成尚類鶩者

說苑曰鶩無他心故庶人以爲贄

崔寔政論曰今下僭其上尊卑無別如使鶡鶩蛇頸龜身五色紛麗亦可貴於鳳乎



唐子曰吾嘗會賓設樂天忽雲興繼以大雨有群鶩成列飛翔而過此偶尒何異玄鶴二八也

廣志曰鶩生百卵一日再生有露華鶩以秋冬生卵並出蜀晨鳧肥而耐寒宜爲臛

越地傳曰越人爲競渡有輕薄少年各尚其勇爲鶩沒之戲有至水底然後魚躍而出

## 鳧

毛詩曰將翱將翔弋鳧與鴈

又曰鳧鷖在涇公尸來燕來寧爾酒既清爾殽既馨公尸燕飲福祿來成鳧鷖在沙公尸來燕來宜爾酒既多爾殽既嘉公尸燕飲福祿來爲

韓詩外傳曰趙倉唐擊鸓文侯太子擊使於外問太子曰侯何好曰嗜晨鳧好北犬於是遣唐緤北犬奉晨鳧獻之侯曰擊愛我知我所嗜好

莊子曰鳧脛雖短續之則憂

風俗通曰王喬者河東人爲葉令喬有神術每月朔望常自縣詣臺朝帝怪其來數而不見車騎密令太史伺望之言其臨至輒有雙鳧從東南飛來於是候鳧至舉羅張之但得一雙履乃詔尚方詠視則四年中所賜尚書官屬履

楚辭曰寧與騏驥抗軛將與雞鶩爭食乎寧卬卬若千里之駒汎汎若水中之鳧

焦贛易林曰鳧舞鼓翼嘉樂堯德

李陵贈蘇武詩曰二鳧俱北飛一鳧獨南翔我當留斯館子當歸故鄉

蘇武與李陵書曰乘雲附景不足以譬速晨鳧失群不



足以喻疾豈可因歸鴈以運粮託景風以餉軍哉

晉書張華傳曰人有得鳧鳥毛長三丈以示華華見慘然曰此謂海鳧毛也出則天下亂

後周書曰初賀勝至關中自以年位素重見太祖不拜尋而自悔太祖亦有望焉後從太祖宴于昆明池時有雙鳧遊於池上太祖乃授弓矢於勝曰不見公射久矣請以爲歡勝射之一發俱中因拜太祖曰使勝得奉神武以討不庭皆如此也太祖大悅自是恩禮日重勝亦盡誠推奉

周書曰太祖車駕幸城南園臨水亭見雙鳧爭藻戲於池面引弓射之一發而疊貫從官歡呼拜賀　上命翰林繪工寫之縑素

南越志曰化蒙縣祠山上有池池中有松鳧如今野鳧棲息松間故俗謂松鳧

吴録地理記曰石首魚至秋化爲冠鳧頭中有石

冢墓記曰闔閭冢中有玉鳧

廣州先賢傳曰頓琦至孝毋喪感慕哀聲不絶致飛鳧白鵠栖廬側見人輙去見琦而留

又曰丁密遭父艱致飛鳧一雙游廬旁小池見人則馴附如家所畜後遭毋喪密歸至所居一宿故雙鳧復游戲池中

崔豹古今注曰鳧鴈常在海邊沙上食沙石皆消爛唯食海蛤不消隨其糞出以爲藥倍勝餘者

綦㴑闔鳧賦曰冠緑葩以耀首綴素毛以黙纓

太平御覽卷第九百一十九

太平御覽卷第九百二十

羽族部七

烏

春秋運斗樞曰搖光星散爲烏

左傳曰子元以車六百乘伐鄭諸侯救鄭楚師夜遁鄭人將奔桐丘諜告曰楚幕有烏乃止

又曰晉侯伐齊齊師夜遁師曠告晉侯曰烏烏之聲樂齊師其遁 烏鳥得空營故樂也 叔向告晉侯曰城上有烏齊師其遁

毛詩曰莫赤匪狐莫黑匪烏

又曰瞻烏爰止于誰之屋具曰予聖誰知烏之雌雄

又曰弁彼鸒斯歸飛提提

爾雅曰鸒斯鵯鶋 楚烏也又曰雅烏小而多羣腹下白

又曰烏鵲醜其掌縮 飛縮腳復下



又曰有燕白脰烏鸀山烏 似烏而小赤觜穴乳出西方

春秋運斗樞曰飛翔羽翮爲陽陽氣仁故烏反哺

春秋元命苞曰火流爲烏烏孝鳥陽精天意烏在日中從天以昭孝也

尚書緯曰火者陽也烏有孝名武王卒大業故烏瑞臻

漢書曰成帝時御史府中列栢樹常有野烏數千栖宿其上晨去暮來號曰朝夕烏

又曰黃覇爲潁川太守遣吏有所伺察吏出不敢舍郵亭食於道旁烏攫其肉民有欲詣府言事適見之覇與語道此後日吏還見覇迎勞之曰甚苦食於道旁乃爲烏所盜肉吏大驚以覇具知其起居所問毫釐不敢有所隱

後漢書馬援曰當吾在西黒浪泊間詔書每到腹如湯火下潦上霧毒氣上蒸仰視烏鳶跕跕墮水中

謝承後漢書曰廣漢儒叔林爲東郡太守烏巢於廳事屋梁兔產於床下

司馬彪續漢書曰桓帝時童謠曰城上烏尾畢逋一年生九雛公爲吏子爲徒一徒死百乘車

吳曆曰吳王爲神王表立廟蒼龍門時有烏巢朱雀門上

晉書載記曰慕容沖之亂有群烏數萬翔鳴于長安城上其聲甚悲占者以爲鬬羽不中年有甲兵入城之象

梁書曰高國有烏旦旦集王殿前爲行列不畏人日出後然後散去

陳書曰司馬申短毛喜於後主使其廢錮又與施文慶李脫兒比周譖殺傅縡奪任忠部曲以配蔡徵申嘗晝寢於尚書下省有烏啄其口流血及此時論以爲譖賢之効也

北史曰西魏裴俠年七歲不能言後於洛城西見群烏蔽天從西來舉手指之而言遂志識聰慧甚異常童



又曰齊蕭放居喪以孝聞居廬 門室前有二慈烏來集各據一樹爲巢自午以前馴庭前飲啄午後更不下樹每臨時舒翅悲鳴全似哀泣家人則之未嘗有闕

又曰齊世辯性怯武平末爲開府周師入鄴令辯千餘騎覘候出除口登高阜西望遥見羣烏飛起謂是西軍旗幟即馳還比至紫陌橋不敢返顧

後周書曰宗懍遭母憂去職哭歐血兩旬之內絕而後蘇者三每旦有群烏數千集于廬舍候哭而來哭止而去

又曰皇甫遐字永賢少喪父事母以孝聞後母亡廬於墓側負土爲墳乃有鵶烏各一徘徊悲鳴不離墓側若助遐

隋書曰煬帝起宮丹陽將游于江左有烏鵲來巢幄帳驅不能止

唐書曰武德中張志寬純孝丁母憂於墓側負土成墳有
烏巢於廬前樹上志寬哭臨烏輒悲鳴高祖聞之遣使弔
賜帛三十段表其門閭
又曰李義府召見太宗試令詠烏其末云上林多許樹不
借一枝栖帝曰吾將全樹借汝豈唯一枝
又曰貞元四年夏鄭汴二州烏羣皆去分入田緒李納境
內銜木爲城高二三尺方十餘里緒納惡而命焚之信宿
如故烏口多流血
又曰柳仲郢爲尚書左僕射東都留守盜發先人墓棄官
歸華原除華州刺史不拜後以本官爲天平軍節度受節
鉞於華原別墅卒於鎮初仲郢自拜諫議後每遷官羣烏
大集於昇平里第庭樹戟架皆滿凡五日而散詔下不復
集家人以爲候唯除天平烏不集

又曰長慶中濮州雷澤縣百姓張憲葬榆樹有烏巢因風
墜三鷇有鵲巢於東南樹引所墜三鷇於其巢哺之
太公六韜曰武王登夏臺以臨殷民周公旦曰臣聞之愛
其人者愛其屋上烏憎其人除胥
燕丹子曰燕太子丹質於秦秦王遇之無禮不得意欲歸秦
王不聽謬言令烏白頭馬生角乃可丹仰天歎之烏即白
頭馬爲生角秦王不得已而遣之
韓子曰夫馴烏者斷其下翎則必搏人而食焉得不馴乎
夫明主之畜臣亦然全臣不得全利夫利君之祿不得無
服上之名君焉得不復祿
淮南子曰堯時十日並出堯命羿仰射十日中其九烏皆
死墮其羽翼
抱朴子曰石先生丹法取烏之未生毛羽者以真丹和牛
肉以呑之至長其毛羽皆赤乃殺陰乾百日并擣服百日
得壽五百歲
說苑曰孔子曰存亡禍福皆在己而已天災地妖亦不能
殺也昔者殷王帝辛之時爵生烏於城之隅工人占之曰
凡小以生巨國家必祉王名必倍帝辛喜爵之德不治國
家亟暴無極外寇乃至遂亡殷國此逆天之時詭福反爲
禍
楚辭曰羿焉彃日烏焉解羽
焦氏易林曰城上有烏自名破家
風俗通曰案明帝起居注上東巡泰山到滎陽有烏飛鳴
乘輿上虎賁王吉射之中而祝曰烏烏啞啞引弓射洞左
掖陛下壽萬年臣爲二千石帝賜錢二百萬令亭壁悉畫
爲烏

又曰烏號弓者柘桑枝條暢茂烏登其上垂下着地烏適
飛去從後撥殺取以爲弓因名曰烏號
說文曰烏孝鳥也
異苑曰陽顏以純孝著聞後有群烏銜鼓集顏所居村烏
口皆傷一境以爲顏至孝故慈烏來萃銜鼓之興故令聾
者遠聞即於鼓處立縣而名爲烏傷王莽改爲烏孝以章
其行迹云
崔豹古今注曰烏一名鶖烏
述征記曰相風烏在靈臺上遇千里風則動
成公綏烏賦序曰有孝烏集余之廬乃喟尓歎曰無仁惠
之德祥禽曷爲而至哉夫烏爲瑞久矣以其反哺識養故
爲吉烏是以周書神其流变詩人贍其所集國有道則見
國無道則隱斯鳳鳥之德何以加焉服惡烏而賈生懼之

烏善禽而吾嘉焉懼惡而作歌嘉善而賦之不亦可乎
洞林曰寧遠參軍弘景則其姊適吴病 四十餘年暫來歸在其家令 卦之得明夷之小過然病每欲動時輙有烏來鳴即便發作案卦中當時得獨蹄猪畜之（江東名之爲獨足猪）後婦人如欲眠而見一丈夫衣服盡黒在户前立遥呼婦人語其來前不肯言有所畏遂泣而去病如小間吾與殷侯共論此事曰烏日之禽猪月畜水火相忌自然之數故取玄陰之伏物用消太陽之飛精日中三脚故以獨足者當之
南越記曰烏賊魚常自浮水上烏見以爲死便啄之乃卷取烏故謂烏賊魚今匹烏化爲之魚
地理志曰孤山正在江中有烏飛入舡人以飯與之烏且飛且啖



譙子法訓曰夫孝行之本替本而求未有得之者也如或得之君子不貴矣烏者猶有返哺況人而無孝心者乎
孝子傳曰李陶交趾人母終陶居于墓側躬自治墓不授鄰人助群烏銜塊助成墳
劉義慶世説曰徐干木年少時嘗夢烏從天下銜長纖敬樹其庭前烏復上天銜纖下樹凡三纖竟烏大鳴作惡聲而去徐後果 遂以惡終
春秋運斗樞曰維星得則日月光烏三足禮義循物類合
春秋元命包曰日有三足烏者陽精其僂呼也（僂呼溫潤生長之言）
東觀漢記曰章帝元和二年三足烏集沛國三年代郡高柳烏子生三足大如雞色赤頭上有角長寸餘
後漢周書曰明帝三年秋七月景申順陽獻三足烏八月甲子群臣上表稱慶詔曰夫天不愛滛地稱表瑞莫不威

鳳巢閣圖龍躍沼豈直日月珠連風雨玉燭是以鈎命决曰王者至孝則出元命苞曰人君至治所有虞舜蒸蒸來兹畀祉周文翼翼翔此靈禽文考至德下覃遺仁愛被遠符千載降斯三足將使三方歸本九州翕定惟此大禮景福在民予安敢攘宗廟之善弗宣大惠可大赦天下文武官並遣進三級
隋書曰大業四年蜀郡獲三足烏張掖獲玄狐各一
唐書曰天授元年有進三足烏者天后以爲周室嘉應睿宗時爲皇嗣言曰烏前足僞也天后不悦須臾一足墮地果如其言
又曰寶應元年秋七月巳卯京兆府萬年縣獲三足烏獻之
淮南子曰日中有踆烏月有蟾蜍（踆猶蹲止不行謂三足也）
抱朴子曰青冷傳云熒火精生朱鳥古今注所謂赤烏者



朱鳥也其所居高遠日中三足烏之精三足烏何以三足陽數奇也以是有虞至孝三足集其庭曾參鋤芃三足萃其冠
司馬相如大人賦曰吾乃覩西王母皜然白首戴勝而穴處有三足烏爲之使
論衡曰儒者言日中有三足烏日火也烏入火中燋爛安得立然烏日氣也
張衡靈憲曰日陽精之宗積而成烏烏有三趾陽之類數奇
括地圖曰崑崙之弱水中非乘龍不得至有三足神烏爲西王母取食
孫氏瑞應圖曰三足烏生王者慈孝天地則至
晉諸公贊曰世祖時西域獻三足烏遂累有赤烏來集此

昌陵後縣案昌字重曰烏者日中之烏有託體陽精應期曜質以顯至德者也

尚書中候曰周太子發渡孟津有火自天止於王屋爲赤烏

又曰有火自上復於王屋流爲烏其色赤其聲魄

瑞應圖曰赤烏武王時銜穀米至屋上兵不血刃而殷服一本曰王者不貪天下而重民命則至

墨子曰赤烏銜珪降周之岐社曰命周文王伐殷河出圖地出乘黃天錫武王黃鳥之旗

帝王世紀曰豐公家于沛之豐邑中陽里其妻夢赤鳥若龍戲已而生執嘉是爲公即太上皇

吳志曰赤烏元年八月武昌言赤烏見集於殿前朕所親見若神靈以爲嘉祥者改年宜以赤烏



又曰孫休永安三年春三月西陵言赤烏見

常璩華陽國志曰僰道縣孝子吳順養母赤烏巢其門

孝子傳曰吳叔和犍爲人母没負土成墳有赤烏巢門甘露降戶

薛綜赤烏頌曰赫赫赤烏惟日之精朱羽丹質希代而生

孝經援神契曰王者德至鳥獸則白烏下

漢書曰孝昭元鳳三年有白烏數千下集泰山萊蕪山南

古今注曰成帝河平四年白烏集孝文廟殿下黑烏從之和帝元興元年白烏一見廬江足皆赤

王隱晉書曰虞溥爲鄱陽內史勸學業爲政嚴而不猛寬裕簡素白烏集郡庭止于棗樹就執不動

宋起居注曰元嘉十三年戚義縣民談含送白烏皓質潔映有若輝爍案稽瑞圖寔惟嘉祥

齊書曰高帝時有獻白烏帝問此何瑞范雲位卑最後答曰臣聞王者敬宗廟則白烏至時謁廟始畢帝曰卿言是也感應之理一至此乎

薛綜烏頌曰粲焉白烏皓體如素宗廟致敬乃胥來顧

禮斗威儀曰江海不揚鴻波東海輸之蒼烏

又曰君乘木而王其政升平南海輸以蒼烏

孫氏瑞應圖曰文王時見蒼烏王者孝悌則至一本曰賢君帝王脩行孝慈被於萬姓不好殺生則來

隋書曰高祖授禪之年三月辛巳高平獲赤雀太原獲蒼烏

太平御覽卷第九百二十

太平御覽卷第九百二十一

羽族部八

鵲　山鵲　鳩　鶻　鶻鵃

鵲

禮記月令曰季冬之月鵲始巢
詩曰鵲巢夫人之德也國君積行累功以致爵位夫人起
家而居有之
又曰鵲之彊彊鶉之奔奔
又曰防有鵲巢卭有旨苕誰侜予美心焉忉忉
爾雅曰鵲鵙醜其飛翪（郭璞注曰䴌類也 翪竦翅上下翪也）
易通卦驗曰鵲者陽鳥先物而動先事而應見於木風之
象今失節不巢陽氣不通故言春不東風也（周書曰小寒之日鵲始巢）
漢書曰梅福傳云今陛下既不納天下之言又加戮焉夫

鳶鵲遭害則仁鳥增逝
魏志曰管輅至安德令劉長仁忽有鳴鵲來在閤屋上其
聲甚急輅曰鵲言東北一婦昨殺夫牽引西家太離婁候
不過日在虞淵之際告者至矣到時果有東北同伍民來
告隣婦手殺其夫詐言西家人與夫有嫌殺我壻也
吳志曰赤烏十二年有兩烏銜鵲墮東觀權使領丞相朱
據燎鵲以祭
又曰孫和為南陽王之長沙行過蕪湖有鵲巢於帆檣故
官僚皆憂慘以為檣末傾危之象
晉書曰王澄為荊州將之鎮送者傾朝澄見樹上鵲巢便
脫衣上樹探鷇而弄之神氣蕭然傍若無人
又曰涼李歆時通衢大樹上有烏鵲爭巢鵲為烏所殺
宋書曰徐羨之拜司空有雙鵲於太極殿東鴟尾鳴喚

後魏書曰李崇為楊州刺史時有泉水湧於八公山頂壽
春城中有魚無數從地湧出野鴨羣飛入城與鵲爭巢
北齊書曰武衛奚永洛與河內人張子信對坐有鵲鳴於
庭樹鬭而墮焉子信曰鵲言不善向夕若有風從西南來歷
樹拂堂角則有口舌事今夜有人喚必不得往子信去後果
有風來至夜高儼使召永洛且云勑喚永洛欲赴其妻苦
留稱墮馬腳折遂免於難
又曰李孝貞字元操信州刺史希禮之子也嘗詠鵲其佳
句云東方朝雨霽南飛夜月明為知音所賞
隋書曰郭儁字弘文太原人家門雍睦七葉共居犬豕同
乳烏鵲通巢時人以為義感州縣上其事上遣平昌公宇
文弢（房密切）詣其家勞問之御史柳彧巡省河北表其
門閭

又曰翟普林父母俱終哀毀殆將滅性廬於墓側有二鵲
巢其廬前樹每入其廬馴狎無所驚懼
唐書曰高祖圍堯君素於蒲州粮盡人相食有烏鵲巢其
發石車之上人心遂離為李楚客斬首傳之京師
又曰大曆八年夏四月乾陵上仙觀天尊殿有雙鵲銜柴
及泥補葺殿之隙壞凡一十五處宰臣等上賀曰臣聞孝
至於天則祥發陵邑德被於物則化及鳥獸伏惟陛下因
心廣敎弘道極和時般霜露之恩流行雲雨之澤故前聖
垂裕歆於明誠皇天報貺錫以嘉應異鵲來感翔集可覩
跡比人謀事歸神化望宣示中外編諸史冊
又曰貞元四年中書省梧樹上有鵲以泥為巢
又曰竇申宰相參之族子參特愛申每議除授多詢於申
申或泄之以招權受賂每所至人謂之喜鵲

又曰開成二年三月眞興門外鵲巢於古冢
莊子曰至德之世烏鵲之巢可攀援而窺之
又曰鵲上高城之絕而巢於高樹之顛城壞巢折陵風而
起故君子之居世也得時則義行失時則鵲起也
又曰莊周遊乎雕陵之樊 樊藩也遊於栗園籬之內 覩一異鵲自南方
來翼廣七尺目大運寸 可曲一寸 感周之顙而集於栗林 感觸
孫卿子曰古之王者其政好生惡殺烏鵲之巢可俯而窺
淮南子曰鵲巢知風之所起 言鵲作巢向風之所起爲户一說去背風所起也
又曰乹鵲知來而不知往此脩短之分也 乹鵲也見人有吉事之徵則脩脩然函事之徵則鳴啼是知來歲多風則巢於下枝而童子乃探其卵是不知各有所能故曰長短之分也
又曰鴈北向鵲始加巢 鴈在彭蠡背北面微陽將來北過鵲感陽而動乃上加巢
又曰赤肉懸則烏鵲集鷹隼鷙則衆鳥散物之散聚交感
以然



淮南萬畢術曰鵲腦令人相思 取鵲一雄一雌頭中腦燒之於道中以與人酒中飲則相思
穆天子傳曰西王母還歸世民謠憂以吟曰徂彼西土爰居
于野豹虎爲羣於鵲與處 於讀爲烏 嘉命不還我惟帝女
東方朔別傳曰孝武皇帝時閒居無事燕坐未央前殿天
新雨止當此時東方朔執戟在殿階傍屈指獨語上從殿
上見朔呼問之生獨所語者何也朔對曰殿後柏樹上有
鵲立枯枝上東嚮而鳴也帝使視之果然問朔何以知之
對曰以人事言之風從東方來鵲尾長傍風則傾背風則
蹷必當順風而立是以知也
西京雜記曰樊將軍噲問陸賈曰自古人君皆云有瑞應
豈有是乎賈曰有之乹鵲噪而行人至蜘蛛集而百事喜
況人君重位乎

五行傳曰昭帝元鳳中有烏鵲鬭於燕王池上烏墮地烏
類君之象
說文曰鵲知太歲之所在
鹽鐵論曰中國所鮮外國賤之崑山之旁以玉璞抵烏鵲
魏太祖詩曰月明星稀烏鵲南飛繞樹三匝何枝可依
博物志曰鵲巢開口背太歲此非才知任自然也
崔豹古今注曰鵲一名神女
王子年拾遺録曰圓嶠之山名環丘上有方湖千里多大
鵲高一丈羣飛於湖際銜不周之粟於環丘之上
郭子橫洞冥記曰帝解鳴鴻之刀以賜東方朔刀長三尺
朔曰此刀探首山之金鑄爲此刀雄者以飛雌者獨在金
出九陽清溪有鵲銜火於清溪之上
廣異記曰南方赤帝女學道得仙居南陽愕山桑樹上正



月一日銜柴作巢至十五日成或作白鵲或女人赤帝見
之悲慟誘之不得以火焚之女即昇天因名帝女桑今人
至十五日焚鵲巢作灰汁浴蠶子招絲象此也式經三十
六禽變曰酉爲烏鵲五行書曰燒鵲置酒中令家無盜賊

山鵲

爾雅曰鷽山鵲 郭璞注曰似鵲而有文彩長尾觜脚皆赤鷽胡覺切
說文曰鷽山鵲知來事也
搜神記曰常山張顥爲梁相天新雨後有鳥如山鵲稍下
墮地民爭取即化爲一員石顥椎破之得一金印文曰忠
孝侯印顥以聞藏之秘府顥後官至太尉

鳩

左傳曰郯子云少皞時祝鳩氏司徒者也鶻鳩氏司事者
也五鳩鳩民者也 杜預注曰祝鳩鵻也鵻鳩孝故爲司徒主教民鶻鳩春來冬去故爲司事治民欲聚

故以鳩爲名也

禮記月令曰仲春之月鷹化爲鳩

又曰季春之月鳴鳩拂其羽鄭玄云鳴鳩飛且翼相擊趨農急也

詩曰翩翩者鵻毛云夫不也詩義疏曰今小鳩也一名鳺夫一名鶉鳩幽州謂之佳或謂鵻梁宋佳陽謂之佳也

又曰宛彼鳴鳩毛云鶻鵃也詩義疏曰班鳩也月令鳴鳩拂其羽是也佳陽人謂之乘佳也

爾雅曰佳其鳺鴀鶌鳩鶻鵃鳲鳩王鵻郭璞注曰鳺鳩今鵓鳩似山鵲短尾青黑色多聲江東亦名曰鶻鵃雎鳩王雎雕類江東呼鶚好在江渚山邊食魚毛詩傳曰鳥鷙而有別孫炎曰鶚鴞一名祝鳩鶻鵃一名鳴鳩揵爲舍人曰鳺鴀楚鳩今梁謂之班鳩也鵲音鶻

周書時訓曰穀雨之日又五日鳴鳩拂其羽鳴鳩不拂其羽國不治兵

後漢書曰楊由從人飲勑諸生酒三行嚴車去請問其趣由曰向社中木上有鳩鳥鬭兵之象由去後舍中有鬭者果殺二人也



魏志曰管輅至郭恩家有飛鳩來在梁頭鳴甚急輅曰當有老公從東方來候肫一頭酒一壷主人雖喜當有小故明日果有客如所占而射雞作食箭從樹間激中數歲女子流血驚怖

梁書曰庾子輿父域爲巴西守卒於郡子輿奉喪還鄉初發蜀有雙鳩巢舟中及至又栖廬側每聞哭泣之聲必飛翔簷宇悲鳴激切

隋書曰李得饒性至孝父寢疾輙終日不食及丁憂水漿不入口五日後甘露降其庭樹有鳩巢其廬

孔叢子曰邯鄲人正旦獻鳩於趙簡子厚賞之客曰正旦放鳩厚恩也得賞競捕之不如勿賞簡子曰善

搜神記曰長安有張氏者晝獨處室有鳩自外入止乎床張氏惡之披懷而祝之曰鳩今來爲我禍耶飛上承塵爲福耶來入我懷鳩飛入懷以手探之則不知鳩之所在而得一金帶鉤焉遂寶之自是之後子孫昌盛有爲必偶資財萬倍蜀客至長安中聞之乃厚賂婢婢竊鉤以與蜀客張氏既失鉤漸漸衰耗而蜀客亦數罹窮厄不爲已利或告之曰天命也不可以力求於是賚鉤以反張氏復昌故關西稱張氏鉤

說苑曰梟逢鳩鳩曰子安之梟曰我將東徙鳩曰何之梟曰鄉人惡吾鳴鳩曰子改鳴則可不能改鳴徙猶惡子之聲○論衡曰夫今鳩雀施氣於鴈鵠終不成子者何也鳩雀之身小鴈鵠之形大

廣雅曰良皐鳩也鶻鵃鵴鳩也役鳩䳕鳩辟皐浮鳩鶌也

琴操曰舜耕歷山思慕父母見鳩與母俱飛鳴相哺食益以感思乃作歌



地理志曰滎陽有井漢王避項羽於中雙鳩飛集井上羽以爲無人故沛公得免因以爲名故漢世正旦放鳩爲此也

焦贛易林無妄之明夷曰千雀万鳩與鷂爲仇威勢不敵雖衆無益

益部耆舊傳曰廣漢景毅爲益州太守鳩巢於廳事鷂卵孚育

阮籍鳩賦序曰嘉平中得兩鳩子常食以黍稷後卒爲狗所殺故爲作賦

傅咸鳩賦序曰余舍下種楸蔚然成林閑居無爲有時遊之顧見班鳩音聲可悅於是捕而畜之既而馴擾偶出之籠無何失之其後時時一來飛翔低徊似有傲焉故聊爲之賦○摯虞槐賦曰春栖教農童鳩

孫氏瑞應圖曰白鳩成湯時來王者養耆老尊道德不以新

失舊則至

崔豹古今注曰平帝元始二年濟南鳩生白子

吳録曰赤烏十二年八月白鳩見章安

魏畧曰文帝欲授禪郡國奏白鳩十九見

張升白鳩頌序曰陳留郡有白鳩出於郡界太守命門下賦曹史張升作白鳩頌曰厥名皐鳩貌甚雍容丹青緑目耳象重重

會稽典録曰皮延字叔然會稽山陰人養母至孝居喪有白鳩巢廬側遂以終喪

又曰鄭弘遷臨淮太守郡民徐憲在喪致哀白鳩巢戶側弘舉爲孝廉朝廷稱白鳩郎

晉録曰大始八年白鳩二集太廟南門左

左九嬪白鳩賦序曰太始八年鳩巢於廟闕而孕白鳩一



雙毛色甚鮮晉金行之應也

晉太康起居注曰白鳩見華林令孫邵以聞

廣州先賢傳曰頓琦字孝異蒼梧人至孝母喪琦獨身立墳歷年乃成居喪踰制感物通靈白鳩栖息廬側見人輙去見琦而留

又曰沛國戴文謀居陽城山有神降焉其妻疑是妖魅神已知之便去作一五色鳥白鳩數十從有雲覆之遂不見

南史曰姚察丁後母杜氏喪解職在服制之中有白鳩巢于戶上

方言曰鶌鳩自關而東周鄭之郊韓魏之都謂之鵖䳢其後鳩謂之郡䳢其關西秦漢之間謂之鵴鳩(郭璞注云音射)其大者謂之頒(音班)鳩其小者謂之役鳩(今荆鳩也)或謂之鸊(音藉)鳩或謂之鷄鳩或謂之鶻鳩梁宋之間謂之佳鳩傳曰鳴鳩氏司空者也

毛詩義䟽曰今江南鳥大如鳩而黄啼鳴相呼而不同集謂金鳥或云黄當爲鳩聲轉故名移也又云鳸鳩一名爽鳩又云是鶻

周禮夏官上羅氏曰仲春羅鳥獻鳩以養老因行羽物(鄭玄注曰春鷹爲鳩與春鳥變舊爲新宜以養老助生氣也)

爾雅曰鳲鳩鴶鵴(郭璞注曰今之布穀江東呼獲穀鵴千戴勝或云鶻鵰氏曰布穀近也)

續漢書禮儀志曰仲秋之月縣道皆案戶民年始七十者授之以王杖餔之以糜粥八十九十禮有加賜王杖長九尺端以鳩爲飾鳩者不噎之鳥也欲老人不噎所以愛民也

魏書曰烏丸俗耕種常以穀鳥爲候

淮南子曰孟夏之月以熟穀米(熟亦長也)雄鳩長鳴爲帝候歲(鳩布穀也)

風俗通曰俗說高祖與項羽戰敗於京索遁藂薄中羽追求之時鳩正鳴其上追者以鳥在無人遂得脫後



及即位異此鳥故作鳩杖以賜老者案少皥五鳩鳩民者聚民也周禮羅氏獻鳩養老漢無羅氏故作鳩杖以扶老

楚辭曰進雄鳩之耿耿兮(耿耿小節皃)讒分分而蔽之(言欲如進其眼雄鳩節之識讒人尚復分取小分高蔽而障之也)

又曰鳴鳩棲於桑榆(言鳴鳩於桑榆之上奮翼得其所)

馮敬通與任武達書曰婦口如布穀

孫卿子曰南方有鳥焉名曰蒙鳩以羽爲巢而編之以髮繫之葦苕風至苕折子死卵破巢非不完也而繫者然

南方草物狀曰番鳩生海邊土穴中里民常以臘月正月捕食味如蟹得過十餘不可復食合浦交阯九眞有之

## 鶪

左傳曰郯子云少皥鷙以鳥名官青鳥氏司啓者也(杜預注曰青鳥鶬鴳也以立春鳴立冬去)

爾雅曰鳸鷃也郭璞注曰今鷃雀也揵爲舍人曰主趣民收麥不得晏起也

說文曰鷃鳸也從鳥聲

春秋考異郵曰水滅火故螢蟄鷃安均注曰鷃柔良之鳥鷃於水也

春秋運斗樞曰機星散爲鷃德義少殘百家則鷃無頭

易通卦驗曰立春雨水鷂鷃鳴鄭玄云鷃蒼狀也

廣志曰鷃常晨鳴如鷄道路賈車以爲行節出西方

莊子曰窮髮之北有鳥焉其名曰鵬翼若垂天之雲搏扶搖羊角而上者九万里斥鷃笑之曰我騰躍上不過數仞下翔蓬蒿之間此亦飛之至也而彼且奚適

又曰載鷃以車馬樂鷃以鍾鼓

國語曰晉平公射鷃使豎襄搏之失公怒將殺之叔向聞之夕公告叔向曰君必殺之昔吾先君唐叔射兕於徒林殪以大甲以封于晉今君射鷃鷃不死搏而不得是楊君恥也勿令遠聞公忸怩顏乃趣舍之注賈逵解曰徒林園中地也言唐叔有才藝封於晉

呂氏春秋曰亂國之妖有雉生鷃

車浚別傳曰鷃雀不能乘激風以飛

鶡鴠

方言曰周魏宋楚之間謂鶡鴠或謂之獨春自關而東謂之城旦或謂之倒懸或謂之鴠自關而西秦隴之內謂之鶡鴠郭璞注曰鳥似鷄五色冬無毛赤裸晝夜鳴獨春好俯仰也倒懸好似懸於樹也

廣志曰侃旦冬毛希夏毛盛

禮記曰月令曰仲冬之月鶡鴠不鳴鄭玄曰鶡旦求旦之鳥

又曰詩云相彼盍旦尚猶患之盍旦夜鳴求旦之鳥也

易通卦驗曰冬至鶡旦不鳴鄭玄月隨應尋至也八穴寒徵也

說文曰鴠可旦也



鹽鐵論大夫曰鶡鴠夜鳴無益於明

周書時訓曰大雪之日鶡鴠不鳴鶡鴠猶鳴國多訛言

太平御覽卷第九百二十一

太平御覽卷第九百二十二

羽族部九

鷰　白鷰
赤鷰　雀
舞雀　神雀
赤雀　黃雀
青雀　大雀

鷰

春秋運斗樞曰搖光星散爲鷰

禮記曰仲春之月玄鳥至之日以太牢祠于高禖天子親往

左傳曰郯子云少皥鳥師而鳥名玄鳥氏司分者也玄鳥鷰也春分來秋分去



又曰吳公子禮自衛如晉將宿於戚戚孫文子之邑也聞鍾聲曰異哉夫子之在此也猶鷰之巢於幕上也言至危也

詩曰鷰鷰于飛衛莊姜送歸妾也鷰鷰于飛差池其羽之子于歸遠送于野鷰鷰于飛下上其音

又曰天命玄鳥降而生商宅殷土茫茫玄鳥乙鳥也春分鳥降湯之先祖有娀氏女簡狄配高辛與之祈于郊禖而生契故本以玄鳥至而祠焉茫茫大貌也

爾雅曰鷰鷰鳦也注玄齊曰鷰梁曰乙

史記曰帝嚳少妃有娀氏娀音嵩曰簡狄以春分玄鳥至之日祠于高禖有玄鳥遺卵簡狄吞之生契

又曰陳勝輟耕歎曰鷰雀安知鴻鵠之志哉

又曰臨江閔王榮坐侵廟壖爲宮上徵榮詣中尉府郅都責訊王王恐自殺葬藍田鷰數万銜土置冢上百姓憐之

漢書名臣奏曰丞相薛宣對曰茂陵寢上食日玄鳥來集吐所含大豆紫墨色翔翔殿上此陛下永與天無極天下幸甚

又曰成帝和平二年秋大水有鷰生雀

又曰王莽開京帝母丁姬冢有鷰數千銜土投其穿中

魏志曰館陶令諸葛原遷新興太守管輅祖餞之賓客並會自起取鷰卵蜂窠蜘蛛着器中使輅覆射卦成輅曰含氣須變依乎宇堂雄雌以分趐未舒張此鷰卵也

晉中興書曰中原喪亂鄉人遂共推郗鑒爲主與千餘家俱避難於魯國嶧山山有重險百姓飢饉野無生草時或掘野鼠蟄鷰而食之

晉書載記曰慕容儁時鷰巢于儁正陽殿之西椒生三鶵頂上堅毛凡城獻異鳥五色成章儁謂羣僚曰是何祥也咸稱鷰者燕鳥也首有毛冠者言大燕龍興冠通天章甫之象也巢正陽西椒者言至尊臨軒朝萬國之徵也三子者數應三統之驗也神鳥五色言聖朝將繼五行之籙以御四海者也儁覽之大悅



南史曰襄陽霸城王整之姊嫁爲衛敬瑜妻年十六而敬瑜亡父母舅姑咸欲嫁之誓而不許乃截耳置盤中爲誓乃止所住戶有鷰巢常雙來去後忽孤飛女感其偏棲乃以縷繫脚爲誌後歲此鷰果復更來猶帶前縷女復爲詩曰昔年無偶去今春猶獨歸故人恩既重不忍復雙飛雍州刺史西昌侯藻嘉其美節乃起樓於門題曰貞義衛婦之閭又表於臺

崔鴻北　録曰昔魯人有浮海而失津者至于澶洲見仲尼及七十子遊于海中與魯人一木杖令閉目乘之使歸告魯侯築城以備寇魯人出海投杖水中乃龍也具以狀

告魯侯不信俄而有羣鷰數萬銜土培城魯侯信之大城
曲阜訖而齊寇至攻魯不克而還
韓子曰天下無道攻擊不已甲冑生蟣虱鷰雀處帷幄
淮南子曰故先王之政四海之雲至而修封疆（春分之後四海出雲）
蝦蟇鳴鷰降而達路除道（春分之後）
又曰大廈成而鷰雀相賀
呂氏春秋曰有娀氏有二佚女為九成之臺飲食必鼓帝
令鷰往視之鳴若謚隘二女愛而爭搏之覆以玉筐少
選（高誘注曰少選須臾）發而視之鷰遺二卵北飛遂不反二女作歌
曰鷰往飛實始為北音（北國之音也）
宣驗記曰程德度武昌人昔在潯陽夜見屋裏自明先有
鷰窠忽有小兒長尺餘潔白從窠出至床前曰却後三年
當得長生之道尋闇而滅甚祕密之。又曰沛國周氏有三



子瘖並不能言有人來乞飲聞其兒聲問之具以實對客
曰君可還內思過既異其言知非常人良久云都不憶有
罪過客曰試更思幼時事入內食頃出曰記小兒時當床
有鷰巢中有三子母還哺之輒出取食屋下舉手得及指
內巢中鷰子亦出口承受乃取三茨蒺各與之吞即死母
還不見子悲鳴而去恒自悔責客變為道人之容曰君既
自知悔罪今除矣使聞其兒言語周正即不見道人
廣雅曰玄鳥鷰也
說文曰鷰玄鳥也布翅拔尾象形也齊魯之鳳作巢避戊
巳
論衡曰鷰鳥也形似非氣也安得生人且鷰之長不過
五寸安能成七尺之形契母適欲懷妊遭吞鷰卵好奇因
以為其生耳

揚子法言曰朱鳥翾翾歸其肆矣（侯芭注曰朱鳥鷰別名四海肆也）
博物志曰人食鷰肉不可入水為蛟龍所吞
又曰鷰戊巳日不銜泥塗巢此非才智自然得之
吳地記曰春申君都吳宮因加巧飾春申死吏照鷰窟失
火遂焚
越絕書曰吳路西宮在長秋周一里二百二十六步秦始
皇十二年守宮者照鷰失火燒之
蘇州塚墓記曰宋青州刺史郁泰玄字義真好黃老故老
相傳泰性仁恕德感禽獸初葬之日有羣鷰數千銜土於
塚上今塚猶高大與他有異村鄉歲時迄今祭祀
茅君內傳曰句曲山有神芝五種第三名鷰胎芝其色紫
形如葵葉上有鷰象如欲飛狀光明洞徹食一株拜為
太清龍虎仙君



崔豹古今注曰鷰一名天女一名鷙鳥
廣州志曰鷰有三種乳於巖崖者為土鷰
湘中記曰零陵有石鷰形似得雷風則飛頡頏如真鷰
談藪曰王景素嘗與劉璡同在小齋有鷰集承塵飛鳴
相追景素曰萬物各有性靈而獨賤於鱗羽乎若斯鳥
也遊則參於雲煙之上止則隱於林木之下飢則啄渴則
飲形體無累乎物得失不關於心一何樂哉
九章筭術曰五雀六鷰飛集于衡適平一雀一鷰飛而易
處則雀重而鷰輕

白鷰

宋元嘉起居注曰元年七月有白鷰集於齊郡遊翔庭宇
經九日乃去衆鷰翼隨恒有數千
陳書曰高士馬樞目常黃能視闇中物有白鷰一雙巢其

庭樹馴狎欄廡時上几案春來秋去幾三十年
抱朴子曰千歲鷰户向北其色白而尾屈陰乾之服一頭得五百歲此肉芝也
京房易占曰山見白鷰其君且得貴女（今俗名一爲天女也）
續異記曰孫氏妻見一童子當前以釵擲之躍入雲中夜聞户外歌曰昔填夏家冢葦泥頭欲禿今寄黄氏居非意傷我目尋覓巢中得一白鷰左目傷
宣城記曰侍中紀昌甠初生有白鷰一雙出巢旣表素質官途亦通
京州記曰吕光大安三年白鷰遊酒泉郡黒鷰列從
王威別傳曰時有白鷰來翔被令爲賦

赤鷰

田俅子曰少昊氏之時赤鷰一銜羽而飛集少昊氏之户遺其丹書



雀

春秋運斗樞曰璠光星散爲雀
禮記月令曰季秋鴻鴈來賓雀入大水化爲蛤
又内則曰雀晏蜩范（鄭玄注范蜂）
又三年問曰凡生天地之間血氣之屬莫不知愛其類今失喪其疋至於鷰雀猶有啁噍之頃焉然後乃能去之
詩曰誰謂雀無角何以穿我屋
春秋外傳趙簡子曰雀入淮而爲蛤
韓詩外傳曰夫鳳凰之初起也遥遥千里藩籬之雀喔咿而笑之及其外少陽一詘一信輙羽雲間藩籬之雀超然自知不及遠矣
易通卦驗曰立夏黄雀子飛

史記曰趙武成王自號主父廢長子章而傳國於公子何主父遊沙丘公子章作亂與何戰敗章　主父聞之何遂圍主父主父飢探雀鷇而食之月餘遂餓死沙丘
范曄後漢書曰楊由字褒侯蜀郡人少習易爲文學掾時有雀夜集庫門上太守廉范以問由對曰此占郡内當有小兵然不爲害後二十餘日廣柔縣蠻夷反殺傷長吏
宋書曰蕭思話在青州常所用銅斗覆在藥廚下忽於斗下得二死雀思話歎曰斗覆而雙雀殞其不祥乎俄而被繫
北史曰後魏河南王曜五歲嘗射雀於道武前中之帝驚歎焉
又曰潘樂字相貴初生有一雀止其母左肩占者咸言富貴之徵因名貴相後以爲字
唐書曰開元二十二年秋八月甲申幽州長史張守珪渝關界内蝗蝻虫食田稼曼延入平州俄頃有羣雀來食此虫一日食盡平州稼穡無有傷者



莊子曰一雀適羿羿必得之或曰以天下爲之籠則雀無所逃是故殷湯以庖人籠伊尹秦穆以五羊之皮籠百里奚
抱朴子曰千羊不能捍獨虎萬雀不能抵一鷹
戰國策曰莊辛謂楚王曰夫雀俯啄白粒仰栖茂樹鼓翅奮翼自以爲無患不知夫公子王孫左挾彈右握丸以加其頸也
晏子春秋曰齊景公探雀鷇弱反之晏子再拜賀曰吾君有聖人之道矣君探鷇而弱故反之是長幼也禽獸若此而況人乎此聖人之道也
家語曰孔子見羅者所得雀皆黄口也孔子曰黄口盡得

大雀獨不得何也羅者對曰黃口從大雀者不得大雀從
黃口者得孔子顧語弟子曰君子愼所從。孔叢子曰邯
鄲民以正月旦獻雀於趙王而綴以五采王大悅申叔告
子順曰王何以爲也對曰正旦放之
呂氏春秋曰鷰雀爭處於一屋之下子母相哺呴呴焉相
樂自以爲安矣突決上焚棟宇鷰雀顏色不變是何也不知
禍之將及爲人臣免鷰雀之智者寡矣
陳留耆舊傳曰圉人魏尚高帝時爲大史有罪繫治獄有
萬頭雀集獄棘樹上拊翼而鳴尚占曰雀爵命之祥其鳴
即即復也我其復故官也有頃詔還故官
說文曰雀依人小鳥也
太玄經曰明珠彈雀貴不當也
風俗通曰中平中懷陵上有雀萬餘亂鬬殺頭縣着樹也

郭璞洞林曰丞相府有將鶵雞雀飛集其背上駈之去復
來如此再三令璞占之此晉王即祚之漸也
崔豹古今注曰雀一名嘉賓言栖宿人家狀如賓客也
王子年拾遺曰舜葬蒼梧之野有鳥如丹雀自 來吐五
色氣氛氳如雲名曰憑霄雀能羣飛銜土成墳
異苑曰上虞孫家奚奴多諸方術向空長嘯則羣雀來萃
夜呪蚊亦悉死於側
又曰任城魏肇之初生有雀飛入其手占者以爲封爵之
祥。益部耆舊傳曰楊宣爲河西太守行縣有羣雀鳴桑
樹上宣謂吏曰前有覆車粟此雀相隨欲往食行數里果
有覆車粟
張顯析言曰萬雀不及一鳳凰衆星不如一明月
沙州記曰寒嶺去太陽川三十里便有雀鼠同穴雀亦如

家雀色小白鼠亦如家鼠色如黃尢無尾
舞雀
述異記曰周成王元年貝多國人獻舞雀周公命返之
神雀
漢武內傳曰西王母仙藥有昆丘神雀
漢書曰宣帝元康三年詔曰前年夏神雀集雍今春五色
鳥以萬數飛屬縣翶翔而舞欲集未下其令三輔毋得以
春夏擿巢探卵彈射飛鳥具爲令
東觀漢記曰永安十七年公卿以神雀五色翔集京師奉
觴上壽令賈逵作神雀頌
崔豹古今注曰孝哀帝太初三年泰畤殿有雀五色頭冠
長寸餘始到時鳥環其旁也
隋書曰開皇十六年有神雀降於含章闥高祖召百官賜

讌告以此瑞許善心於座請紙筆製神雀頌奏之高祖甚
悅曰我見神雀共皇后觀之今旦召公等入適述此事善
心於座始知即能成頌文不加點筆不停毫常聞此言今
見其事因賜物二百段
赤雀
春秋孔演圖曰鳥化爲書孔子奉以告天赤雀書上化爲
黃玉刻曰孔提命作法爲制赤雀集將受命制
尚書中候曰赤雀銜丹書入豐止於昌前
謝承後漢書曰琅琊董仲爲不其令赤雀乳聽事前桑上
民爲作歌頌
吳錄曰景帝永安六年赤雀見於豫章
北齊書曰天保元年京師獲赤雀獻於南郊
唐書曰武德中赤雀巢於殿門宴五品以上頌者十餘人

極歡而罷
抱朴子曰靈寶經仙術也吴王伐石治宫室而合石之中得紫文金簡之書不能讀之使使者以問仲尼曰吴王閶居有赤雀銜書以置殿前不知其義故遠諮呈仲尼視之曰此乃靈寶方長生之法禹所服之禹將仙化封之名山石函之中今乃赤雀銜之殆天授也
孫氏瑞應圖曰赤雀者王者動作應天時則銜書來
遁甲曰赤雀不見則國無賢白雀不降則無後嗣（赤雀書陽精也白雀主銜鐵券陰主銜精也不來則國主無後嗣也）
尚書中候曰維天降紀秦伯出狩至于咸陽天振大雷有火下化為白雀銜籙集于公車
孝經援神契曰王者奉已約儉臺榭不侈尊事耆老則白雀見
典略曰秦伯出獵於咸陽大雷有火流下化為白雀銜册書集于公車書曰秦伯霸世
魏略曰文帝欲授禪白雀十九見
吴志曰華覈上孫皓表曰明珠既覿白雀繼見
燕書曰愍帝時有異雀素質緑頭集于端門東樹棲翔二旬而去夏四月以異雀故大赦名東園為白雀園
涼州記曰吕光大安三年白雀巢陽川令郭敏室
燉煌實録曰侯瑾字子瑜解鳥語嘗出門見白雀與群雀同行慨然歎曰今天下大亂君子小人相與雜
北齊書曰臨漳縣令裴鑒涖官清苦致白雀之瑞樊遜上清德頌十首
唐書曰初高祖於太原斬王威有白雀飛入高祖之懷
又曰武德九年江州都督太子衛副率侯君集於納義門獻白雀一
又曰開元十三年兖州奏白雀見景戌上謂宰臣曰往昔史官唯記災異將令王者懼而循得故春秋不書祥瑞唯記有年聖人之意明矣勑天下諸州府不得更奏祥瑞
南越志曰魯城縣多白雀大如鳩素質凝映
先賢傳曰周不疑曹公欲以為議郎不就時有白雀瑞不疑已作頌授紙筆立令復作操奇異之
羅含傳曰含在家中時有白雀集堂宇此德行幽感所致
豫章舊志曰太守孔笠臨郡三月白雀出南昌太守夏侯嵩臨郡六年白雀見

黄雀

禮稽命徵曰祭五岳四瀆得其宜則黄雀見（黄雀土精）
春秋考異郵曰黄帝將起有黄雀赤頭占曰黄者土精赤者火榮雀者賞萌余當立
古詩曰桂樹華不實黄雀巢其顛
說苑曰吴王欲伐荆有諫者死舍人少孺子欲諫不敢郎懷操彈於後園露沾其衣如是三旦王曰子何來沾衣如此對曰園中有樹其上有蟬蟬高居悲鳴飲露不知螳蜋在其後螳蜋委身曲附欲取蟬而不知黄雀在其旁黄雀延頸欲啄螳蜋不知彈丸在其下臣挾彈欲取黄雀不知露霑衣如此皆務欲得於前不顧於後患吴王乃罷
漢武故事曰拜孫卿為郎持節候神自大室至於東萊去見一人長五丈自稱巨公牽黄犬持黄雀欲謁天子因忽不見
續齊諧曰弘農楊寶字文淵後漢名士也年九歲時至華陰北見一黄雀為鴟梟所搏墜于樹下為螻蟻所困寶見之愍然命左右取之歸致巾箱中養之唯食黄花百餘日

毛羽成朝去暮還後忽與羣雀俱來哀鳴繞堂數日乃去

及夕三更寶讀書未卧有黃衣童子向寶拜曰我王母使臣昔使蓬萊不慎為鴟梟所搏君仁愛極救實成德齊今當受使南海不得奉侍極以悲傷以白環四枚與寶曰令君子孫潔白且位登三事當如此環矣於此遂絶寶生震震生秉秉生賜賜生彪四世名公為東京盛族

袁山松後漢書曰陳弇字叔明陳留人學尚書躬自耕種常有黃雀飛來隨弇翱翔

風俗記曰六月東南長風俗名黃雀風時海魚化為黃雀因以為名

異苑曰永康王曠家井上有一浣衣石時時見有赤氣後有二胡人寄居忽求買石未及受錢曠子婦孫氏覩二黃雀鬭於石上疾往取之變成黃金



蕭廣濟孝子傳曰王祥後母病欲得黃雀炙祥思念卒難致須臾忽有數十黃雀飛入其幕

臨海異物志曰黃雀魚常以八月化為黃雀到十月入海為魚

廣志曰黃雀體純脂江夏竟陵常獻給大官

青雀

禮記曲禮曰前有水則載青旌（鄭玄注載舉於旌首以警衆青雀水鳥也）

劉楨詩曰翩翩野青雀栖竄茨棘藩朝拾平田粒夕飲曲池泉猥出蔚薈中乃至丹丘邊

司馬彪與山巨源詩曰翩翩野青雀受性孤且微昔生三河側鼓翼帝王畿

庾元詩曰青雀西飛別鵠東翔

大雀

廣志曰安息大雀鴈身蹄似橐駝色蒼舉頭高八九尺張翅文餘卵如甕

東觀漢記曰永祚元年安息王獻條枝大雀

曹大家集兄超為西域都護獻大雀詔大家作頌

太平御覽卷第九百二十二

羽族部十



鴿

說文曰鴿鳩屬也

後魏書曰崔光曾於門下省晝讀經有鴿飛集膝前遂入於懷緣臂上肩久之乃去道俗賛詠詩頌者數十人

梁書曰侯景圍臺城軍士煑弩熏鼠捕雀食之殿堂舊多鴿羣聚至是殲焉

隋書曰文帝嘗宴達頭可汗使者於武德殿有鴿鳴於梁上上命崔彭射之既發而中上大悅賜錢壹萬

又曰楊秦見赤鴿耿棘高二尺

越絕書曰蜀有花鴿狀如春花

戴祚西征記曰祚至雍丘始見鴿大小如鳩色似鸚鵡戲時兩兩相對



鸜鵒

周禮曰鸜鵒不踰濟 鄭司農注云不踰濟無妨中国有也 地氣然也

禮稽命徵曰孔子謂子夏曰羣鴿至非中國之禽也

左傳曰有鸜鵒來巢書所無也師巳曰異哉吾聞文成之世童謠有之 師巳魯大夫也 鸜之鵒之公出辱之鸜鵒之羽公在外野往饋之馬鸜鵒株株公在乾侯 株株跳行貌 徵褰與襦 褰袴也 鸜鵒之巢遠哉遥遥禂父喪勞宋父以驕 禂父昭公死故喪勞也宋父定公代立以驕 鸜鵒鸜鵒往歌來哭 昭公生出歌死還哭也 童謠有是今鸜鵒來巢其將及乎

公羊傳曰有鸜鵒來巢何以書記異也何異爾非中國之禽也宜穴而巢 何休注曰鸜鵒猶欲此推困欲自下居上之徵

春秋考異郵曰鸜鵒者飛行屬於陽夷狄之鳥穴居於陰畢死曰五月五日翦鸜鵒舌令學人語

山海經曰衡山多青雘及鸜鵒

晉書曰鎮西將軍謝尚字仁祖善鸜鵒舞

幽明録曰晉司空桓豁在荆有叅軍剪五月五日鸜鵒舌教令學語遂無所不名顧叅軍善彈琵琶鸜鵒每立聽移時又善能效人語聲司空大會吏佐令悉效四坐語無不絕似有生齆鼻語難學學之不似因內頭於甕中以效焉遂與齆者語聲不異主典人於鸜鵒前盜物叅軍如廁鸜鵒伺無人密白主典人盜如千種一二條列衘之而未發後盜牛肉鸜鵒復白叅軍曰汝云盜肉應有驗鸜鵒曰以新荷裹着屏風後檢之果獲痛加治而盜者恚之以熱湯灌殺叅軍為之悲傷累日遂請殺此人以報其怨司空言曰原殺鸜鵒之痛誠合治殺不可以禽鳥故極之於法令止五歲刑也



淮南萬畢術曰寒皋斷舌可使語 取寒皐斷其舌即語寒皐一名鸜鵒

唐書曰祕書少監崔行功未得五品前忽有鸜鵒銜一物入其堂置案上而去乃魚袋玦數日加大夫

荆楚歲時記曰五月鸜鵒子毛羽新成俗好登巢取養之

以教其語謂之花鴿

倉庚

禮記曰仲春之月倉庚鳴

毛詩曰春日載陽有鳴倉庚

又曰倉庚于飛熠熠其羽

又曰黃鳥于飛集于灌木

又曰綿綿黃鳥止于丘阿

又曰睍睆黃鳥載好其音

又曰黃鳥哀三良也交交黃鳥止于棘誰從穆公子車奄息

詩義疏曰黃鸝留也或謂黃栗留幽州謂之黃鸎或謂之黃鳥一名倉庚一名商庚一名鵹黃一名楚雀齊人謂之摶黍關西謂之黃鳥常以椹熟時來在桑間此乃應節趣時之鳥或謂之黃袍

平九百二十三

乡

任

爾雅曰倉庚商庚(即鵹黃也)鵹黃楚雀(即倉庚也)又曰皇黃鳥(郭璞曰俗注呼黃離留亦名摶黍)

韓詩曰簡簡黃鳥載好其音

說文曰離黃倉庚也鳴即蠶生也

戴勝

禮記曰季春之月戴勝降于桑(鄭玄曰蠶將生之候也戴勝趣織之鳥是時恒在桑言降若時治自天來故重之)

爾雅曰鵖(彼及切)鴔(皮及切)戴勝鵀也(郭璞曰鵀即頭上勝也亦呼為戴勝鵖鴔者猶今鶝鴔語聲轉耳)

春秋考異郵曰孟夏戴紝降說辭曰戴紝之為言戴勝也陽衡表以期達蠶珥絲在四月故孟夏戴紝出以任氣成天津也故戴紝出蠶期起(繼而戴之明趣時急也衡天表候以于期已至惟蠶是務珥吐也)

孝經援神契曰戴紝下蠶始生

魏志曰戴紝鳥巢張邈門陰告門人曰夫戴鵀陽鳥而巢門陰此凶祥也旬日而卒

揚雄方言曰燕之東北朝鮮洌水之間鳴謂之鶝鴔自關而東謂之戴紝東齊海岱之間謂之戴南南猶紝也或謂之紡澤或謂之蝠燕之東北朝鮮洌水之間謂之鵀或鶝(郭璞注尔雅曰尸鳩布穀非戴勝也尔雅紡在戴紝下然日㯳尔王鳥名尔方言依此義又失之廣雅同也)

扈

詩曰交交桑扈率場啄粟(桑扈竊脂也俴去竊脂肉食今無肉自場啄粟失其性也不能以自活)

又曰交交桑扈有鶯其羽(詩義疏曰或說有鶯其羽言鵻小鳥其鶯然有文章)

左傳曰郯子云少皞摯以鳥名官九扈為九農正扈民無淫者也(杜預注云扈止也止民使不淫)

平九百二十三

四

通

尒雅曰春扈鳻(扶云切)鶞(勅倫切)夏扈竊玄秋扈竊藍冬扈竊黃桑扈竊脂棘扈竊丹行扈唶唶(子夜切)宵扈嘖嘖(郭璞注曰諸扈皆因其毛色音声以名也捷為舍人曰頒鶬主三士宜穀種樹也竊玄黑色民移去黃竊扈青移民收斂竊黃色漢氏蓋藏竊丹色赤為民鳴鳥行扈晝行鳴宵扈夜行鳴皆隨四時同依諸扈為節候也嘖音賾)

山海經曰崌山有鳥焉如鴞赤身白首其名竊脂(郭璞注曰今呼青雀為竊脂疑非此也)

又曰上申之山鳥多當扈狀如雉以髯飛食之不眴目(上音瞬)

淮南子曰馬不食脂桑扈不啄粟非廉也

左思齊都賦曰四扈推移(春秋冬夏四時鳥也)

百舌

禮記曰仲夏之月反舌無聲(鄭玄注曰反舌百舌也)

又曰郯子曰少皥鳥師而鳥名祝鳩氏司徒者也(杜預注鳩故為鵃司徒主民)

春秋保乾圖曰江充之害太子交喙反舌鳥入殿（宋均注曰交喙[illegible]鴰百）
風土記曰祝鳩反舌也鄭注禮記云反舌百舌鳥　庾信難曰寀緯書反舌蝦蟇也昔於長安與諸生共至城北水中取蝦蟇剥視之其舌反成向此則鄭君得過乎喬夙答曰蝦蟇五月中始得水當聒人耳何云無聲是知蝦蟇非反舌鳥
易通卦驗曰反舌鳥乃能反覆其舌隨百鳥之音
周書曰芒種之日又五日反舌無聲反舌有聲佞人在側
孔子明鏡曰國臣謀反有反舌鳥入宮
淮南子曰人有多言猶百舌之聲
後魏書曰汝陽王爲東豫州刺史舉城降梁梁武以爲北道總督至項城朝廷出師討之望風退走梁武責之曰舌同百鳥膽若鼷鼠遂徙合浦
郭璞百舌鳥詩曰百舌鳴高樹弄音無常則借問聲何煩末俗不尚嘿



伯勞

禮曰仲夏之月鶪始鳴（鄭玄注鶪博勞蔡邕章句鶪伯勞一曰伯趙應時而鳴爲陰候也）
左傳曰郯子云少皥時伯趙氏司至者也（杜預注曰伯趙伯勞也夏至鳴冬至止）
詩曰七月鳴鶪（鄭玄曰伯勞鳴將寒之候五月鳴豳也晚寒鳥物之候後從其氣焉）
爾雅曰鶪伯勞也（郭璞注曰似鶷鶡而大）
大戴禮夏小正曰五月鴂則鳴鴂者伯鷯也鳴者相命也
廣雅曰伯趙鶪也
易通卦驗曰夏至小暑伯勞鳴
孟子曰南蠻鴂舌愽勞也
淮南萬畢術曰伯勞使蚍（蚍蜉蛻蟬乃天使然也）
又曰伯勞守金人不敢取（取伯勞血以塗金人不敢取）

東方朔別傳朔與弟子偕行渴令弟子扣道邊家求飲不知姓名主人門門不與須臾見伯勞飛集主人門中李樹上朔謂弟子曰此主人姓李名伯當汝但呼李伯當果有李伯當應即入取飲
陳思王植貪惡鳥論曰國人以伯勞鳥獻諸庭者侍臣謂曰世同惡伯勞之鳴何謂也王曰月令仲夏鶪始鳴詩云七月鳴鶪七月夏之五月鶪則愽勞也昔尹吉甫信後妻之讒而殺孝子伯奇其弟伯封求而不得作黍離之詩俗傳云吉甫後悟追傷伯奇出遊于田見異鳥鳴於桑其聲噭然吉甫心動曰無乃伯奇乎鳥乃揩翼其聲尤切吉甫曰果吾子也乃顧曰伯奇勞乎是吾子栖吾輿非吾子飛勿居言未卒鳥尋聲而栖其蓋歸入門集于井幹之上向室而號吉甫命後妻載弩射之遂射殺後妻以謝之故俗惡伯勞鳴言所鳴之家必有尸也好事附名爲之說令俗人惡之其實否也伯勞以五月鳴應陰氣之動陽爲仁養陰爲殘賊伯勞蓋賊害之鳥也屈原曰鶪鴂之先鳴使百草爲之不芳其聲鶪鶪故以音名也



晉書曰慕容垂之起於關東歲在癸未苻堅之分氐戶於諸鎮也趙整因侍援琴而歌曰阿得脂愽勞舅父是仇綏尾長翼短不能飛遠徙種人留鮮卑一旦緩急語阿誰堅笑而不納至是整言驗矣
周書時訓曰芒種之日螳蜋生又五日鶪始鳴若不鳴號令壅逼〇兵書曰軍行卒見伯勞鳴軍前後賊來圍吾軍伯勞鳴軍中軍分散有所配屬
京房易妖占曰伯勞聚邑中歲大水伯勞鳴軍中師分而水且至鳴於君之宮凶

夢書曰伯勞爲憂口舌聲可惡也夢見伯勞憂口舌也

斲木

爾雅曰鴷斲木也郭璞注曰斲木虫因名今斲木有兩三種在山中者大有赤色

臨海異物志曰啄木大如雀喙足背青毛色正青翠鳥類也凡啄木異種舌長二寸抄有刺針

裴諧集左氏詩曰南山有鳥自名啄木飢則緣樹暮則巢宿無干於人惟志所欲此蓋禽獸性淸者榮性濁者辱

閩中名士傳曰薛令之唐開元中爲左補闕兼太子侍講時東宮官冷落久次難進令之題詩云明月夜團團照見先生盤盤中何所有苜蓿長闌干飯澁匙難綰羹稀筋易寬只可謀朝夕那能度歲寒明皇因幸春宮見之不悅命筆酬之曰啄木嘴距長鳳凰毛羽短既嫌松桂寒任逐桑榆暖令之遂投簪謝爵徒步東還



鳭鷯

爾雅曰鳭鷯剖葦郭璞注曰好剖葦皮食其中虫因名之鷯音刀

又曰桃虫鷦其雌鴱注云鷦鸎桃雀俗呼爲巧婦

詩曰肇允彼桃虫翻飛惟鳥注桃虫鷦鷯是也故爾雅曰桃虫鷦也微小黃雀其鶵化爲蜩故俗語曰鷦鷯生蜩雀

易林亦謂桃虫生蜩或云布穀生子鷦鷯養之

方言曰自關而東謂之桑雀或謂之女匠今亦名巧婦以東呼布母自關而西謂之鸋鴂

爾雅云鸋鴂鶌鶪屬也非寗叏音自關而西謂之桑飛或謂之蔑雀

莊子曰鷦鷯巢深林不過一枝

說苑曰孟嘗君寄客於齊王三年不見用客反見孟嘗君曰不知臣罪耶君之過也孟嘗君曰纔因針而入不因針而急夫子之才必薄矣客曰不然臣見鷦鷯巢於葦之苕鴻毛著之臨危建之工女不能爲可謂完堅矣大風至則苕折卵破者其所託者使然也

晉書曰張華素孤貧爲鷦鷯賦成阮籍見之曰王佐之才也由是聲名始著

嶲音攜一名杜宇

爾雅曰嶲周也郭璞注曰嶲鳥孫炎爲鷰別名風土記亦云是赤口鷰也

蜀王本紀曰望帝使臣鼈靈治水去後望帝與其妻通慙愧且以德薄不及鼈靈乃委國授之去望帝去時子鵑鳴故蜀人悲子鵑鳴而思望帝望帝杜宇也從天墮

臨海異物志曰鷤鴂一名田鵑春三月鳴晝夜不止音聲自呼俗言取母血塗其口兩邊皆赤上天自言乞恩至當陸子熟鳴乃得止耳



呂氏春秋曰伊尹說云肉之美者嶲燕鷰之翠高誘注鳥名翠碌

異苑曰杜鵑始陽相推而鳴先發聲者便吐血死昔有人山行見一羣寂然即聊學其聲便嘔血死

鵽

爾雅曰鵽鳩寇雉郭璞注曰鵽大如鴿似雌雉鼠腳無後指岐尾爲鳥憨急羣飛出北方沙漠地

莊子曰青鵽愛子忘親司馬彪注曰鵽鳥專愛其子而忘其母也

唐書曰高宗時突厥犯塞初突厥之未叛也有鳴鵽羣飛入塞相繼蔽野邊人相驚曰此鳥一名突厥雀南飛突厥犯塞之候也及是春還復北飛至靈夏之北悉墮地而死視之則無頭矣裴行儉問於右史苗神容曰鳥獸之祥乃應人事何也對曰人雖最靈而禀性含氣同於萬類故吉凶兆於彼禍福應於此聖王受命龍鳳爲嘉瑞者和氣同也故漢高斬蛇而驗秦之必亡仲尼感麟而知已之將死矣

羊在牧殷紂以滅鸜鴿來巢魯昭出奔鼠舞端門燕剌誅死大鳥飛集昌邑以敗是故君子虔恭寅畏動必思義雖在幽獨如承大事知明神之照臨懼患難之及已也雉升鼎耳殷宗側身以修德鵩止坐隅賈生作賦以叙命卒以無患者德勝祥也

鴞

毛詩曰鴟鴞周公救亂也鴟鴞鴟鴞既取我子無毀我室

詩義疏曰鴟鴞似黄雀而小喙剌如錐取茅爲巢以麻紩之如剌韈縣著樹或一房或二房幽州謂之鸋鴂或曰女匠關東謂之工雀關西謂之蔑雀或謂巧女

爾雅曰鴟鴞鸋鴂

鴟

春秋運斗樞曰玉衡星散爲鴟



莊子曰鴟得腐鼠鵷鶵過之仰而視之

又曰鴟嗜鼠之鳥也

淮南子曰虞氏者梁富人也登高樓臨大路設樂陳酒博於其上遊俠相隨行樓下博者射中而笑飛鳶墮腐鼠而中遊俠俠相與語曰虞氏富人奚有輕人之志乃辱我以腐鼠其夜乃殺虞氏大滅其家此謂類非也

淮南萬畢術曰鴟腦令鷄自伏（取鴟腦以塗鷄自即伏不能起也）

呂氏春秋曰亂國之妖市有舞鴟

鹽鐵論曰泰山之鴟啄腐鼠於窮澤非有害於人也今有司盗主財而食之焉得若泰山之鴟乎

後魏書曰孝武即位蠕蠕諸蕃並遣使朝貢帝臨軒宴之有鴟鳥飛鳴於殿前帝素知竇熾善射因欲矜示遠人乃給熾御箭兩隻命射鴟應弦而落諸蕃人咸歎異焉帝大悅

列仙傳曰李仲甫夜卧床上或爲鵠鳥跱架上後至水旨縣臣山上條北風當飛度南海山上有羅鷹者羅得鵠視之仲甫也後留更三年自去往崑崙去

茅鴟

爾雅曰狂茅鴟（郭璞注曰鳩鴟也似鷹而白孫炎曰大目鵂鶹也）

廣雅曰盧休茅鴟鳩也

左傳曰叔孫穆子食慶封慶封氾祭穆子不說使工爲之誦茅鴟（茅鴟逸詩刺不敬）亦不知

鳶

禮記曰前有塵埃則載鳴鳶（鳶鳴則將風也）

毛詩曰鳶飛戾天魚躍于淵

爾雅曰鳶鳥醜其飛也翔（布翅翱翔）

漢書曰成帝河平元年太山有鳶焚其巢子墮地黑色



東觀漢記曰馬援擊交阯下潦上霧毒氣上蒸仰視烏鳶跕跕（丁牒切）墮水中

梁書曰永安侯蕭確字仲正少好弓馬人有笑者確謂之曰吾當爲國家破賊故預習之每臨陣對敵意氣安祥帶甲據鞍自朝至夕馳驟往返不以爲勞侯景愛之恒在左右常從景出獵見飛鳶景衆射之莫能中確射之應弦而落自是王偉忌之

隋書曰崔彭善射達頭可汗遣使於上曰請得崔將軍一與相見上曰此必善射聞於虜庭所以來請耳遂遣之及至匈奴中可汗召善射者數十人因擲肉於野以集飛鳶遣其善射者射之多不中復請彭射之連發數矢皆應弦而落突厥相顧莫不歎服可汗留彭不遣百餘日上賂以繒綵然後得歸　又曰長孫晟引啓民可汗歸附賜射於武安殿

選善射者十二人分爲兩列啓民曰目有長孫大使得見天子今日賜射願入其列許之給晟箭六隻發皆入鹿啓民列竟勝時有鳶羣飛上曰公善彈爲我取之十發俱中應丸而落是日百官獲賚晟獨居多

博物志曰漢舊使綦國送鳶卵給大官

晉中興書徵祥說曰永和九年吳郡獻白鳶

太平御覽卷第九百二十三

太平御覽卷第九百二十四

羽族部十一

鸚䳇　白鸚䳇　赤鸚䳇
五色鸚䳇　孔雀　翡翠
鵁鶄　白鷴　鷸
鶲　鵜　萬春鳥
舍利鳥　兵曹鳥　巢衣鳥

鸚䳇

禮記曰鸚䳇能言不離飛鳥

漢書曰獻帝興平元年益州蠻夷獻鸚䳇三詔曰往者益州獻鸚䳇三枚夜食三升麻子今穀價騰貴此鳥無益有損可付安西將軍陽定國令歸本土

江表傳曰孫權曾大會有白頭鳥集殿前權曰此何鳥諸葛恪對曰白頭公張昭自以坐中最老疑恪以鳥名戲之因曰恪欺陛下未嘗聞鳥名白頭翁者試使恪復索白頭毋恪曰鳥名鸚鴞未必有對試使輔吳復求鸚父也昭不能荅

山海經曰黃山有鳥焉其狀如鴞青羽赤喙人舌能言名曰鸚䳇（郭璞曰鸚䳇舌似兒扶南徼外有色如赤有純赤赤者大如鴈也）

又曰鸚䳇慧鳥栖林啄蘂四指中分行則啄地

淮南子曰鸚䳇能言而不可使長官是得其所言不得所以言

說文曰鸚鴞能言鳥也

文士傳曰黃祖世子射賓客大會有獻鸚䳇鳥射舉巵酒於禰衡曰願先生爲之賦事具賦門

成公綏鸚䳇賦曰小鳥以其能言解意故育以金籠升堂殿然未得鳥之性

張華鷦鷯賦曰鸚䳇慧而入籠

傳咸荅李斌書曰吾作左丞未幾而以吾爲京兆雖心知此爲不合然是家親鄉里自願便欵從耳時足下問吾當去否吾荅鸚䳇子言阿安樂今到阿安樂何爲不去

宣驗記曰有鸚䳇飛集山中禽獸輒相愛重鸚䳇不可久也便去後月山中大火鸚䳇遥見便入水沾羽飛而洒之天神言汝雖有志何足云也鸚䳇曰猶知不能然甞僑是山禽獸行善皆爲兄弟不忍見耳天神嘉感即爲滅火

南方異物志曰鸚䳇鳥有三種一種青大如烏臼（一種大如鴟鷝一種五色）大如青而小於白者交州以南盡有之白及五色出杜薄州凡鳥四指三向後此鳥兩向前兩指向後異於凡鳥也行則以口啄地然後足從之

又曰廣管雷羅春勤等州多鸚䳇野者翠毛丹嘴可效人言但稍小不及隴山者每羣飛皆數百隻山果熟者遇之立盡南中玄養之切忌以手捫摸其背犯者即不飲不啄病而卒余寓番禺曾遊新會縣遇安南歡好使翹將軍（名承美見代爲交趾使也）見養一鸚䳇背尾有深淺翠毛臆前淡紫嫩紅間出兩腋別垂黃毛翅尾甚奇

雲南行記曰瞿竿館磴道崎危又過兩重高山上下各十四五里山頂平四望無人煙多鸚䳇

又曰新安城路多縵山盡是松林其上多鸚䳇飛鳴

周宣夢書曰鸚䳇爲亡人居宅也夢見鸚䳇是亡人也其在堂上憂豪賢

白鸚䳇

竺法真登羅浮山記曰山中有純白鸚䳇

異苑曰張華字茂先有一白鸚鵡華每行還鳥輒說僮使善惡後寂無言華問其故鳥云見藏甕中何由得知公後在外令喚鸚鵡鸚鵡曰昨夜夢惡不出戶公猶強之至庭為鸇所搏教其啄鸇腳僅而獲免

南史曰婆皇國宋大明三年獻赤白鸚鵡

又曰婆利國梁普通三年其王頻伽遣使珠智獻白鸚鵡

隋書曰杜正玄幼聰敏博涉多通開皇末舉秀才會林邑獻白鸚鵡僕射楊素促召正玄使作賦正玄倉卒之際援筆立成素見文不加點始異之

又曰獨孤師受蕃客鸚鵡帝察知遂斬之

唐書曰貞觀中陁洹國王察失利多婆末那遣使獻白鸚鵡毛羽皓素頭上有紅毛數十垂與翅齊并五色鸚鵡各一。明皇雜錄曰開元中嶺南獻白鸚鵡養之宮中歲久



頗聰慧洞曉言詞上及貴妃皆呼雪衣女性既馴擾常假其飲啄飛鳴然亦不離屏帷間上令以近代詞臣詩篇授之數遍便可諷誦上每與貴妃及諸王博戲上稍不勝左右呼雪衣娘必飛入局中鼓舞以亂其行列或啄嬪御及諸王手使不能爭道忽一日飛上貴妃鏡臺語曰雪衣娘昨夜夢為鷙鳥所搏將盡於此乎上使貴妃授以多心經記誦頗精熟日夜不息若懼禍難有所禳者上與貴妃出於別殿貴妃致雪衣娘於步輦竿上與之同去既至上命從官校獵於殿下鸚鵡方戲於殿檻瞥有鷹至立時而斃上與貴妃歎息久之遂命瘞於苑中為立冢呼為鸚鵡塚

赤鸚鵡

沈約宋書曰謝莊為太子庶子時南平王鑠上赤鸚鵡普詔群臣為賦太子左衛率袁淑文冠當時作賦畢賷以示莊莊賦亦竟淑見而歎曰江東無我卿當獨秀我若無卿亦一時傑也遂隱其賦

南史曰西南夷訶羅陁國宋元嘉七年遣使貢金指環赤鸚鵡

五色鸚鵡

吳時外國傳曰扶南東漲海中有洲出五色鸚鵡曾見其白者如母鷄 廣志同

唐書曰玄宗有五色鸚鵡能言育於宮中上命左右試牽御衣鳥輒瞋目吒咤岐王能文學 因獻鸚鵡篇以贊其事上以示百寮尚書左丞相張說上表賀曰伏見天恩以靈異鸚鵡及所述篇出示朝列臣按南海異物志有時樂鳥鳴皆太平天下有道則見臣驗其圖丹首紅臆朱冠綠翼與此鸚鵡無異而心聰性辯護主報恩故非常品



凡禽實瑞經所謂時樂鳥也岐王雖敘其事未正其名望編國史以彰聖瑞

又曰元和十年訶陵國遣使獻五色鸚鵡頻伽鳥嶺表異錄曰容管廉白州產秦吉了大約似鸚鵡觜腳皆紅兩眼後夾腦有黃肉冠善效人言語音雄大分明於鸚鵡以熟鷄子和飯如棗飼之或云容州有純白色者俱未之見也

孔雀

春秋元命苞曰火離為孔雀

周書曰成王時方獻孔雀 方亦戎別名

漢書曰罽賓國出孔雀

又曰尉佗獻文帝孔雀二雙

續漢書曰西南夷魚池出孔雀

又曰西域條支國出孔雀
張璠漢記曰條支國臨西海出師子孔雀
江表傳曰魏文帝遣使於吳求孔雀羣臣以爲非禮欲不與孫權物付使
魏文帝與朝臣詔曰前于寘王所上孔雀尾萬枚文采五色以爲金根車蓋遥望耀人眼
吳志曰孫休永安五年使察戰到交趾調孔雀大豬
又曰薛綜上疏曰日南遠致孔雀充備寶玩不抑其賦以益中國
吳録地理志曰交阯西子縣多孔雀在山草中郡内及朱崖皆有之
晉書公卿贊曰世祖時西域獻孔雀解人語彈指應聲起舞
晉書公孫皓時交趾太守孫諝貪暴爲百姓所患會察戰鄧荀至擅調孔雀三千頭人畜一頭遣送秣稜和既苦遠役咸思爲亂郡吏呂興殺諝及荀以郡内附
齊書曰武帝年十三夢人以筆畫身左右爲兩翅又着孔雀羽衣裳空中飛舉
又曰文惠太子長懋製珎翫之物織孔雀毛爲裘光采金翠過於雉頭遠矣
後魏書曰龜茲國地多孔雀羣飛山谷人取養及食乳如雞鶩
唐書曰高祖穆皇后少時父毋私相謂曰我女貌非常不可妄以許人當爲之求賢夫矣乃於門屏畫二孔雀相對公子有求婚者輒與兩箭令射之父毋潛相謂曰若中孔雀之目者即以妻之前後射者數千人莫能中高祖後至發各中一目肅公大悦因即與婚



山海經曰南方多孔鳥郭璞曰孔雀也
列仙傳曰蕭史吹簫致孔雀
西京雜記曰魯恭王好鬬鴨鴈養孔雀䴔鶄奉穀一年二千石。鹽鐵論曰南越以孔雀珥門户今貴其所饒非所以厚中國也。太玄經曰孔鴈之義可法則也虞翻注曰鴈飛成列亦成行故可法蜩。郭子曰梁國陽氏子年九歳甚聰慧孔君平詣其父不在乃呼兒出爲之設果有楊梅孔指以示兒此實君家果應聲答曰未聞孔雀是夫子家禽
南越志曰義寧縣杜山多孔雀爲鳥不必疋合止以音影相接便有孕
楚辭曰孔雀蓋兮翠旌王逸曰以孔雀之翅爲車蓋登九天兮撫慧星
華陽國志曰雲南郡出孔雀常以二月來翔月餘而去
異物志曰孔雀其大如鴈而足高毛皆有班文采捕得畜之拍手則舞
又曰孔雀形體既大細頸隆背似鳳凰自背及尾皆作珠文五彩光耀長短相次羽毛末皆作員文五色相繞如帶千錢文長二三尺頭戴三毛長寸以爲冠足有距棲遊岡陵迎晨則鳴相和
傳巽耆儉論曰豐狐以赤色禍身翡翠孔雀亦灾斯文
楊孚元交州異物志曰孔雀人指其尾則舞
劉欣期交州記曰孔雀色青尾長六七尺能舒舞足爲節出諸處。嶺南異物志曰交趾郡人多養孔雀或遺人以充口腹或殺之以爲脯腊人又養其鶵以爲媒傍施網罟捕野孔雀伺其飛下則牽網橫掩之採其金翠毛裝爲扇拂或全株生截其尾以爲方物云生取則金翠之色不減耳

翡翠

爾雅曰翠鷸也郭璞注曰似鷰紺色出鬱林

孝經援神契曰神靈滋液則翠羽䎤
周書曰成王時蒼梧獻翡翠
漢書曰尉佗獻文帝翠鳥千
又曰燕剌王旦郎中侍從豸羽黃金附蟬 晉灼曰以翠羽飾冠
徐廣車服注曰天子輅金根車翠羽蓋皇后首飾步搖八
雀九華加翡翠
吳録曰薛綜上疏曰日南遠致翡翠充備寶玩
晉令曰翡鳥不得西度隴
倉頡解詁曰鷸翠別名也
說文曰翡翠青赤雀也
異物志曰翠鳥似鷰翡赤而翠青其羽可以爲飾
南州異物志曰翠唯六翮毛長寸餘青葺翡大於鷰小於
烏曰



楊孝元交趾異物志曰翠鳥先高作巢及生子愛之恐墜
稍下作巢子生羽毛復益愛之又更下作巢也
南中八郡異物志曰翠大如鷰腹背純赤民捕食之不知
貴其毛羽也
廣志曰翡色赤紺背出交趾興古縣
交州記曰翡翠出九真頭黑腹下赤青縹色似鷓鴣
太玄經曰翡翠狐鼠好作也
離騷曰翾飛兮翠層 曾舉也言巫舞巧翔然若翠舉 工
楚辭曰翡翠幬 王逸注曰翡翠之羽彫飾幬帳
宋玉登徒子賦曰眉如翠羽
司馬相如子虛賦曰錯翡翠之葳蕤 以翡翠之飾步搖置之笄頭也
左司吳都賦曰山鷄歸飛而來棲翡翠列巢以重行
劉邵七華曰剪雋陵之縹翠承葱嶺之碧鷄

秦書曰符堅時西域獻翠鳥四頭雄雌各二籠盛之月餘
並死
左傳曰鄭子臧好聚鷸冠
戰國策曰趙且伐燕蘇代謂燕惠王曰今者臣來過水蚌
方出曝而鷸啄其肉蚌合而拑其啄鷸曰今日不雨明日
不雨即見蚌脯蚌亦謂鷸曰今日不出明日不出必有死
鷸蚌鷸兩不肯解漁者併擒之今趙且伐燕燕趙久相支
以獘衆臣恐強秦之爲漁父也
范子計然曰計然者蔡丘濮上人晉三公子姓辛氏字文
子博學無所不通范蠡知其賢人卑身事之請受道藏於
石室乃刑白鷸而盟焉

鷓鴣

崔鴻蜀録曰蜀連有災天雨血地仍震地生毛鷓鴣集城
下



異物志曰鷓鴣其形似雌雞其志懷南不思北其名呼飛
但南不北其肉肥美宜炙可以飲酒爲諸膳也
嶺表録異曰鷓鴣臆前有白圓點背上間紫赤毛其大如
小野雞多對啼
南越志云鷓鴣雖東西迴翔然開翅之始必先南翥亦胡
馬嘶北之義也其鳴自呼社薄州本草去自呼鉤輈格磔李群玉
山行聞鷓鴣詩云方穿詰曲崎嶇路又聽鉤輈格磔聲

白鷳

西京雜記曰南越王獻高帝白鷳黑鷳各一隻
後漢書班固傳西都賦曰招白鷳下雙鵠揄文竿出比目
王彪之閩中賦曰林鷳縞白○謝惠連雪賦曰白鷳失素
南雲記曰韋齊休使至雲南其國饋白鷳皆生致之

鶡

說文曰鶡似雉出上黨

列子曰黃帝與炎帝戰以鵰鶡為旗幟

漢書曰京兆尹張敞言鶡雀飛集丞相府丞相黃霸以為神雀欲以上聞敞劾奏之霸大慙

續漢書輿服志曰虎賁武騎皆鶡者勇雉也其鬬死乃止故趙武靈王以表武士焉

晉八王故事曰張方將移惠帝於長安入殿奉迎自領五千騎皆捉鐵纏槊二節髮旄縶兜鍪晉用涼州白鶡毛望之若荼天子見之大驚

山海經曰煇諸之山其鳥多鶡（郭璞注曰以雉而大青色有毛角鬬死乃止）

蘇子曰帶方寸之印施丈尺之組戴貂鶡之尾建千丈之城此世俗之富貴也



鴽

爾雅曰鴽鴾母也其子鶉（郭璞注曰鴾母青州呼鶉母廣雅曰鴽鶴也）

說文曰鴽鶉屬也一曰牟母一曰鴽

呂氏春秋曰季春之日桐始華鼠化為鴽（桐梧桐也是月華故曰始華田鼠化鴽幽州謂之鷂）

鶉

詩曰鶉之奔奔刺衛宣姜也鶉之奔奔鵲之彊彊人之無良我以為兄

又曰不狩不獵胡瞻爾庭有懸鶉兮

爾雅曰鶉鶉其雄鵲牝庳其子㸦（郭璞曰鶉鶉屬者也）

春秋運斗樞曰機星散為鶉德義以殘百家則鶉生狗

大戴禮夏小正曰三月田鼠化為鴽鴽鶉也化而之善故盡其辭也鴽為鼠化而不善故不盡其辭也

廣志曰宛鶉以供御

孔元舒在窮記曰趙太龍以鶉二十枚奉上老母

南方草物狀曰短頭細黃魚以九月中因秋風而變成鶉上圃吏民捕取鹽炙食滋味肥美出交趾合浦郡

東方朔別傳曰占人被召見人以囷求鶉鶉飛入囷知必有罪非入囷罪字故也

莊子曰田鼠化為鶉

淮南萬畢術曰蝦蟇得瓜平時為鶉（注云取瓜去瓣置生蝦蟇其中殺鶉以血塗瓜堅塞之埋東垣北角深三尺其平日發出之矣為鶉矣）

賈誼新書曰宋康王時有雀生鸇占之曰小生巨必霸天下康王大喜射天笞地斬社焚之為齊所滅

徐幹中論曰俗士之牽達人猶鶉鳥之欺孺子鶉之性善近人飛不迸行不速似將可獲故孺子逐之不已俗士以將可悟終難可移達人所以綏脣嗚聲而不捨也

周書時訓曰清明之日又五日田鼠化為鴽鼠不化國多貪殘



兵書曰兩敵相當鶉華壁上軍十五日敗

干寶晉記曰趙王倫篡位有鶉入太極前殿有雉集於東堂○楚辭曰鶴鶉兮軒軒鶉鷂兮甄甄哀我兮寡獨靡有兮疋倫

窮神祕苑曰安定原上築時莫孫以觚爵忽有一鶉飛於觚之上因名鶉觚之城

後魏文帝天統中立為鶉觚縣

夢書曰鶉鶉為鬬相見怒也夢見鶉鷄憂鬬也

劉欣期交州記曰武寧縣秋九月黃魚上化為鶉鳥

萬春鳥

三國典畧曰北齊高緯時有萬春鳥見齊仙都苑上爲
造萬春堂以應嘉瑞

舍利鳥

隋書曰婆利國有鳥名舍利解人語大業十年遣使入貢
後遂絶

兵曹鳥

唐書曰崔希喬爲并州兵曹廳前叢葦有小鳥如鸜鵒來
巢孚卵五色且如鷄子數日鷇毀鶵見巳踰於母月餘五
色成文大如鷄馴擾閑暇頃之飛翔時歸舊所人到今号
兵曹鳥

巢衣鳥

洞冥記曰漢武帝時忽有細鳥集於帷帟或集人衣襟因
名曰巢衣鳥宮內嬪好皆悅之有鳥集其衣者輙蒙愛幸

九了廿四　士　张亀

至武帝末稍自死人猶愛其皮服其皮者多爲丈夫所媚
王莽末猶有一兩箇去來恭羅得之

太平御覽卷第九百二十四

羽族部十二

鴛鴦　鸂鶒　鵁鶄　鷗鷺　鶺鴒
鴗　鶳虎　白鷁　鵚　鶢鶋
鵜鶘　鸀鳿　姻澤　鸛雀　鶖
鶬　精衛　水札鳥

鴛鴦

歸藏曰有鳧鴛鴦有雁鸕鷀。詩曰鴛鴦刺幽王也思古明王交於萬物有道自奉養有節焉鴛鴦于飛畢之羅之君子萬年福祿宜之鴛鴦在梁戢其左翼君子萬年宜其遐福。西京雜記曰趙飛鷰為皇后其女弟昭儀在昭陽殿遺飛鷰書曰今日嘉辰貴姊懋膺洪冊上襚三十五條以陳踴躍內有鴛鴦襦鴛鴦被。魏志曰文帝問占夢周宣



曰吾夢殿屋兩瓦墮化為雙鴛鴦此何為也宣對曰後宮當有暴死者上曰吾詐卿耳宣曰夫夢意也苟以形言便占吉凶言未卒黃門令奏宮人相殺。干寶搜神記曰大夫韓憑其妻美宋康王奪之憑怨王囚之憑遂自殺妻乃陰腐其衣王與之登臺自投臺下左右投衣衣不勝手遺書於帶曰願以屍還韓氏而合葬王怒令埋之二塚相對經宿忽有梓木生二塚之上根交於枝下連其上有鳥如鴛鴦雌雄各一恆栖其樹朝暮悲鳴音聲感人。古今注曰鴛鴦水鳥鳧類雌雄未嘗相離人得其一則一者相思死故謂之疋鳥。楚詞曰鴛鴦兮噰噰

古詩曰客從遠方來遺我一端綺文彩雙鴛鴦裁為合歡被

又曰入門時左顧但見雙鴛鴦鴛鴦七十二羅列自成行

鄭氏婚禮謁文贊曰鴛鴦雌雄相類飛止相疋



鸂鶒

臨海異物志曰鸂鶒水鳥毛有五彩色食短狐其在溪中無毒氣

劇談錄曰河南府尹關前臨大溪每僚佐有入臺者則水中沙有小灘漲出石磔金光瀲瀲可愛牛僧孺為縣尉一旦忽報灘出翌日宰邑與同僚列筵於亭上觀之因召老宿備詢其事有老吏云此必分司御史非西臺之命若是西臺灘上當有鸂鶒雙立前後居人以此為則僧孺潛揣縣僚無出已者因舉杯曰既能有灘何惜一雙鸂鶒宴未終俄有鸂鶒飛下不旬日拜西臺御史

鵁鶄

爾雅曰鳽鵁鶄（郭璞注曰似鳧腳高毛冠江東人家畜之以厭火災鳽音肩反）

說文曰鳽鵁鶄也一曰鵁鸕



西京雜記曰魯恭王好鬬雞鴨養孔雀鵁鶄奉穀一年二千石

異物志曰鵁鶄巢於高樹顛生子未能飛皆銜其母翼飛下地飲食

夢書曰夢見鵁鶄居不雙也婦見之此獨居也婿見之恐失妻也雄雌俱行淫佚遊也

唐書曰玄宗嘗遣中官往江南採捕鵁鶄及諸水禽汴州刺史倪若水上疏諫曰方今九扈時忙三農作苦田夫擁耒蠶婦持桑而以此時採捕奇禽異鳥供園池之翫遠自江嶺達於京師水備舟舫陸倦擔負飯之以魚肉間之以稻粱道路觀者莫不以陛下賤人而貴鳥也陛下當以鳳凰為凡鳥麒麟為凡獸即鵁鶄鸂鶒曷足為貴也

鷗

倉頡解詁曰鷖鷗也生藕葉上名水鴞
說文曰鷗水鴞也
山海經曰玄服國其人食鷗
南越志曰江鷗一名海鷗在漲海中隨潮上下常以三月風至乃還洲嶼生卵似鵝卵色青頰知風雲若羣飛至岸必風漁人及度海者皆以此爲候
列子曰海上之人有好鷗鳥者每旦之海上從鷗鳥遊鷗鳥之至者百數而不止其父曰吾聞鷗鳥皆從汝遊取來吾翫之明日之海上鷗鳥舞而不下也
晉咸和起居注曰二年正月饗萬國有王鷗集太極殿前
晉中興徵祥說曰鷗集太極殿殿非鷗所處湖澤鳥也時蘇峻作逆宮室被焚
唐書曰崔湜既私附太平公主時人咸爲之懼門客陳振鷺獻海鷗賦以諷之湜雖稱善而心實不悅



## 鷺

詩曰坎其擊鼓宛丘之下無冬無夏值其鷺羽（鷺鳥之羽可以爲翳舞者所持以指麾）
又曰振鷺二王之後來助祭也振鷺于飛于彼西雝我客戾止亦有斯容
又曰振振鷺鷺于下鼓咽咽醉言舞于胥樂兮
毛詩義疏曰鷺水鳥好白而潔故謂之白鳥齊魯之間謂之舂鉏遼東樂浪吳楊人皆云白鷺大小如鵄青脚高尺七八寸解指尾如鷹鳥尾喙長三寸頂上有毛十數枚長尺餘毿毿然衆毛異甚好將欲取魚時弭之今吳人亦養之好羣飛行楚成王時有朱鷺合沓飛舞則復有赤色舊鼓吹曲有朱鷺是也
爾雅曰鷺舂鉏（郭璞注曰白鷺也頭翅背上皆有長翰毛江東以取爲睫攡名之曰白鷺）
穆天子傳曰天子作詩三章以哀民曰有皎者鴼（鴼鳥名音路）鶴鶴其飛
幽明録曰巴東有一道士忘其姓名事道精進入屋燒香忽有風雨至家人見一白鷺從屋中飛出雨住遂失道士所在
古金樂録曰吳王夫差時有雙鷺飛出鼓中而去
南史曰張融年弱冠同郡道士陸修靖以白鷺羽扇遺之曰此異物奉異人

## 鶺鴒

詩曰鶺鴒在原兄弟急難
毛詩義疏曰鶺鴒水鳥一名渠梁大如鷃雀脚長尾尖背上青灰色腹下白頸下黑如連錢故杜陽謂之連錢
爾雅曰鶺鴒雝渠（郭璞注曰雀屬也飛則鳴行則搖）



## 鷁

左傳曰正月戊申六鷁退飛過宋都風也
莊子曰夫白鷁之相視眸子不運而風化
列子曰河澤之鳥視而孕曰鶂
録異傳曰晉有吳興烏程人患瘧經年弘後獨至旁舍瘧發有數小兒或騎公腹或扶公首脚公因佯眠忽起捉得一兒遂化成黃鷁餘者皆走公乃縛以還家暮懸窗上云明日當殺食之比曉失鷁處公瘧遂斷于時人有得瘧者但依弘便瘧斷
晉書曰武帝謀伐吳詔王濬修舟艦濬乃作大船連舫方百二十步受二千餘人以木爲城起樓櫓開四出門其上皆得馳馬來往又畫鷁首怪獸於船首以懼江神
博物志曰白鷁雄雌相視則孕或曰雄鳴上風雌鳴下風

則亦孚
劉禎魯都賦曰綠鵠葱鶩

鸊鷉

爾雅曰鷉須鸁（似鳧而小膏中瑩刀）
揚雄方言曰野鳧甚小而好沒水中者南楚之外謂之鸊鷉大者謂之鶻鷉
纂文曰鵅施石撥开零皆野鴨沒食曰鵅長頸曰施多白曰开零在山澗曰石撥

白鸔（音剝）

爾雅曰鵅烏鸔（郭璞注曰水鳥也似鶂而短頸後翅紫白色背上綠色江東呼爲烏鸔音駁）
卞敬宗鸔賦曰烏真野之性備於俯仰之間專視緩步有自卑之志

鴇



詩曰鴇羽刺時也晉昭公之後大亂五世君子下從征役不得養父母也肅肅鴇羽集于苞栩肅肅鴇行集于苞桑肅肅鴇翼集于苞棘
禮曰鷄肝鴈腎鴇奧鹿胃（鄭玄云奧脾）

鶢鶋

爾雅曰鶢鶋雜縣（郭璞注曰漢文帝時瑯琊有大鳥如馬駒時人謂之爰居）
廣志曰馬鳥鶢鶋
莊子曰海鳥止於魯郊魯侯觴之於廟奏九韶以爲樂具太牢以爲膳鳥眩視憂悲不敢食一臠不敢飲一杯三日而死此以人養鳥也不如以鳥養鳥（司馬彪曰即鶢鶋也）
國語曰海鳥曰爰居止於魯東門之外三日（爰居雜縣東門城門）臧文仲使國人祭之（文仲不知以爲神）展禽曰越哉臧孫之爲政也（越足也言其迂闊不知政要也）夫祀國之大節也（節制）而節政之所成也（言節所以成政）故慎制祀以爲國典今無故而加典非政之宜也夫聖王之制祀也功施於民則祀之以死勤事則祀之以勞定國則祀之能禦大災則祀之能扞大患則祀之非是族也不在祀典今海鳥至已不知而祀之以爲國典難以爲仁且智矣夫仁者講功而智者處物無功而祀之非仁也不知而不問非智也今茲海其有災乎夫廣川之鳥獸恒知而避其災也是歲也海多大風

鵜鶘

爾雅曰鵜鴮鸅（郭璞注曰今之鵜鶘也好羣飛入水食魚故名洿澤俗呼爲陶河）
毛詩疏曰唯鵜在梁許愼白鵜鶘也一名汙澤陶河水鳥身形似鶚而極大喙長尺餘直而廣目中赤鵠下故大如數升囊若有小水魚便抑水滿其湖而棄之令水竭盡魚在陸地乃共食之故曰陶河



魏志曰五月有鵜鶘集靈芝池詔曰此詩人所謂汙澤也曹詩刺恭公遠君子而近小人今豈有賢智之士處于下位乎否則斯鳥胡爲而至其博舉天下儁德茂材獨行君子以答曹人之刺○山海經曰憲斯之山沙水出焉其中多鵜鶘如鴛鴦而人足其鳴自叫見國有土功
莊子曰魚不畏網而畏鵜鶘網者公平無私鵜鶘有心故魚畏之明主行賞罰如網
淮南子曰鵜鶘飲水數斗而不足

鸕鷀

爾雅曰鶿鷧（郭璞注曰即鸕鷀也觜角曲如鉤食魚）
異物志曰鸕鷀不生卵而孕鶵於池澤間又吐生多者八九少者五六相連而出若系緒水鳥而巢高樹上或在石窟之間

隋書曰倭國草木冬青土地膏腴水多陸少以小環挂鸕鷀項令入水捕魚得百餘頭以充食
唐書曰貞元十三年四月上以自春已來時雨未降正陽之月可行雩祀遂幸興慶宮龍堂兆庶祈禱忽有白鸕鷀沉浮水際羣類翼從其後左右侍衛者咸驚異之俄然莫知所往方悟龍神之變化遂相率蹈舞稱慶至乙丑果大雨遠近滂沱於是宰臣等上表陳賀
范汪治咽方曰咽鸕鷀啄即愈治鯁燒鸕鷀羽水服半錢即下若呼鸕鷀鸕鷀亦有下者

姻澤户故切

爾雅曰紡澤虞孫炎注曰尸鳩或謂紡澤虞其別名郭璞注曰今澤也常在澤中見人輒鳴不去有象主守之官因名之也



鸛雀

說文曰鸛雀也詩曰我來自東零雨其濛鸛鳴于垤婦歎于室
毛詩義疏曰鸛一名負釜一名背竈一名皂君泥其巢一旁為池含水滿之取魚置池中食其鶵若殺其子則一村致災旱
華嶠後漢書曰楊震字伯起年五十始應州郡之辟衆人謂之晚暮後有鸛雀銜三鱣魚飛集講堂前都講取魚進曰虵魚者卿大夫之服象也數三者法三台也先生自此升矣
淮南萬畢術曰天雄鸛胎日行千里取鸛鳥胎於月中暴一日一增天雄一月用三十天雄而井治為丸大如梧子欲行呑一丸得騰虵膽和大良去天雄乃騰獨即行千里
桓譚新語曰昔有鸛郡國皆殺之而三輔俗不敢取取或雷霹靂起原夫不獨在彼而在此其殺取時正與雷偶耳
抱朴子曰以鸛血塗金丹一丸內衣中以指物隨口變化

神農本草曰鸛骨味甘無毒治鬼虫諸疰五尸心腹疾
博物志曰鸛水鳥也伏卵時數入水卵冷則不孕取礜石周圍繞卵以助暖氣故方術家以鸛巢中礜石為眞物
列仙傳曰木羽者鉅鹿人母貧賤主助產婦嫗兒生開目大笑母大怖暮夢見大冠赤幘者守兒言此即司命君當報汝恩使汝子木羽得仙母陰識之生兒字木羽所探兒至年十五夜有車馬來迎之過呼木羽為我御車遂俱去又二十餘年鸛雀旦以二尺魚著戶上母匿不道而賣其魚四十餘年母乃終

鶖

詩曰有鶖在梁
說文曰鶖禿鶖也
環氏吳紀曰嗣主問中書令張尚鳥之中大者唯鶴小者



雀乎尚曰大者有禿鶖小者鷦鷯嗣主忌勝己因從尚楚
辭曰鶡鴻群晨雜鶖鶬鶡鶡鷄也鶬鶬吉也鶖禿鶖
後魏書曰正光二年八月獲禿鶖於宮內詔以示崔光崔光表曰蒙示十四日所得大鳥此即詩所謂有鶖在梁解云禿鶖也貪惡之鳥野澤所育不應入於殿庭昔魏氏黃初中有鵜鶘集于靈芝池文帝下詔以曹恭公遠君子近小人博求賢俊太尉華歆由此遜位而讓管寧也臣聞野物入舍古為不善是以張臶惡鵂賈誼忌鵩鵜鶘蹔集而去前王猶為至誠況今親入宮禁為人所獲方被畜養晏然不以為懼准諸往義信有殊矣且饕餮之禽必資魚肉菽麥稻粱時或飡啄一食之費容過斤溢今春夏陽旱穀糴稍貴窮窘之家時有菜色陛下為民父母撫之如傷豈可棄人養鳥留意於醜形惡聲哉衞侯好鶴曹伯愛鴈身死國

緘可為寒心陛下學通春秋親覽前事何得口詠其行未遵誠願遠師殷宗近法魏祖修德延賢消災集慶放無用之物弃之川澤取樂琴書頤養神性肅宗覽表大悅即棄之池澤

南史曰齊晉安王子勛即偽位於尋陽其夕有禿鶖鳥集城上

唐書曰會昌元年六月有禿鶖鳥集于禁苑

鶬

爾雅曰鶬麋鴰（郭璞注曰今呼鶬鴰音箭括一音秋也）

莊子曰大鶬飽食仰天而噓

列子曰蒲且子之弋連雙鶬於青雲之際

楚辭曰䳭鶬鶩鳥（鶬小鴡也）煎鴻鶬

江賦曰奇鶬九頭

精衛

山海經曰炎帝之女名娃游于東海溺而不反是為精衛常取西山之木石以堙東海

述異記曰昔炎帝女溺死東海中化為精衛其鳴自呼每銜西山木石以塡東海怨溺死故也海畔俗說精衛無雄耦海燕而生生雌狀如精衛生雄狀如海鷰今東海畔精衛誓水處猶存溺於此川誓不飲其水一名誓鳥一名冤禽又名志鳥俗呼為帝女雀

博物志曰有鳥如烏文首白喙赤足名曰精衛昔赤帝之女名女娃往遊于東海溺死而不反其神化為精衛故精衛常取西山之木石以塡東海

左思衛都賦曰𢬵抵（𢬵音）精衛銜木償怨

左思吳都賦曰精衛銜石而遇繳文鰩夜飛而觸綸

水扎鳥

南夷志曰水扎鳥出昆明池冬月遊於水際

太平御覽卷第九百二十五

羽族部十三

鷹　鶻
鸇　隼
鷂　鵰
鷲　鶚
白鷹

鷹

春秋運斗樞曰瑤光星散爲鷹。禮記月令曰驚蟄之日鷹化爲鳩。又曰七月鳩化爲鷹然後設罻羅

左傳文公十八年季文子使太史克對宣公曰先大夫臧文仲教行父事君之禮行父奉以周旋弗敢失隊曰見無禮於其君者誅之如鷹鸇之逐鳥雀也。又昭公四郯子曰少皡鳥師而鳥名爽鳩氏司寇者也杜預注曰爽鳩鷹鷙鳥也故爲司寇主盜賊也



又襄公四曰子産始知然明問爲政焉對曰視民如子見不仁者誅之如鷹鸇之逐鳥雀

毛詩曰維師尚父時惟鷹揚如鷹之飛揚也箋云鷹鷙鳥也

爾雅曰鷹鶆鳩郭璞注曰鶆當爲鷞字之誤也左傳作鷞鳩是也善擊官於代翔捕之

又曰鷹隼醜其飛也翬鼓翅翬翬然疾

春秋考異郵曰金伐木故鷹擊雉

易通卦驗曰鷹者鷙殺之鳥

周書曰驚蟄之日鷹變爲鳩小暑之日鷹乃學習處暑之日鷹乃祭鳥

大戴禮曰正月鷹則爲鳩鷹也者非其殺之時也鳩也者非其殺之時也善變而知仁故具言之也鳩爲鷹而不仁故不盡其辭

史記曰李斯臨刑思牽黃犬臂蒼鷹出上蔡東門不可得矣

漢書曰鷹隼未擊矰弋不得施於蹊隧

又酷吏傳曰郅都爲濟陽太守時人號爲蒼鷹

又曰孫寶爲京兆尹請故吏侯文爲掾立秋日文謂寶曰今鷹隼始擊當順天氣成嚴霜之誅

後漢書曰崔駰與竇憲牋曰今日漢陽太守率吏卒數十人皆臂鷹牽狗去欲上幕府夫鷹犬所獲不過雉兎斯乃細人之事

東觀漢記曰和熹皇后臨朝上林鷹犬悉斥賣之

又曰趙勤字孟卿太守桓虞署督郵新野令自責還印綬去虞歎曰善吏如使良鷹下韝即中。馬融與伯世書曰憒憒愁思猶不解懷思在竹間放狗逐麋晩秋涉冬大蒼出籠黃棘下莬毛以乾蔡以送餘日茲樂而已



魏志曰呂布因陳登求徐州牧不得布怒登喻之曰登見曹公言待將軍譬如養虎當飽其肉不則噬人公曰不如養鷹飢則爲用飽則揚去布乃解

晉書曰虞潭字思奧會沈充等逼京師潭起義軍至上虞有野鷹飛集屋梁衆懼潭曰起大義而剛鷙之鳥來破賊必矣後如其言

又曰崔洪清厲骨鯁爲尚書左丞時人爲之語曰叢生棘棘來自博陵在南爲鷂在北爲鷹

又載記曰慕容垂請至鄴拜墓苻堅許之權翼諫曰垂猶鷹也飢則附人飽便高颺遇風塵之會必有凌霄之志惟宜急其羈靽不可任其所欲堅不從

南史曰王僧達性好鷹犬何尚之致仕復膺朝命於宅設八關齋大集朝士自行香次至僧達曰願郎且放鷹犬勿

復遊獵
又曰齊鬱林王即位未踰旬多聚飛鷹快犬以粱肉奉之
陳書曰侯安都率水軍於中流斷齊軍糧運又襲秦郡破
徐嗣徽柵收其家口得嗣徽所彈琵琶及所養鷹遣信餉
之曰昨至弟住處得此今以相還嗣徽等見之大懼
北史曰後魏華山郡王澄弟嵩孝文時位步兵校尉大司
馬安定王休薨未及卒哭嵩便遊田帝聞大怒曰嵩大司
馬薨殂一月爾便以鷹鷂自娛有叔父之痛無猶子之情
損心棄禮何其太速便可免官
又曰齊廣寧王孫孝珩好綴文有技藝嘗於廳事壁自畫
一蒼鷹見者皆以爲眞〇三國典略曰元坦爲冀州刺史不
恤人事專爲聚斂性好畋漁無日不出秋冬獵禽獸春夏
捕水族鷹犬常數百頭器網十餘車自云寧三日不食不



能一日不獵
唐書曰太宗初傳位舊苑中有籠鷹悉斷聯任去良犬並
解絏放之
又曰太宗謂侍臣曰李大亮可謂忠直矣朕遣使至其所
見有佳鷹諷令獻朕大亮因密表責朕去陛下久絕田獵
而使者求鷹若是陛下之意深乖昔旨如其自擅便是任
使非人朕覽表嘉歎不能自已有臣若是朕復何憂於是
賜之金壺以彰忠讜
又曰源乾曜爲京兆尹仍京師留守乾曜政存寬簡不嚴
而理嘗有仗內白鷹因縱逸遂失所在上令京兆切捕之
俄於野外獲之其鷹掛於叢棘而死官吏懼得罪相顧失
色乾曜徐曰事有邂逅死亦常理主上仁明當不以此眞
罪必其獲戾吾自當之不須懼也遂入自請失官之罪上

不問
又曰憲宗時每歲冬以鷹犬出近畿習狩謂之外按宣徽
院供奉官爲其使領徒數百恃恩恣橫郡邑懼擾皆厚禮
迎犒之恣其所便止舍私邸百姓畏之如寇盜
戰國策曰唐雎謂秦王曰要離刺慶忌蒼鷹擊於殿上
廣志曰有雉鷹有兎鷹一歲爲黃二歲爲撫三歲爲青胡
鷹獲麞出廬江
幽明録曰楚文王少時好獵有人獻一鷹文王見之爪距
神爽殊絕常鷹故爲獵於雲夢置網雲布烟燒張天毛羣
羽族爭噬競搏此鷹軒頸瞪目遠視雲際無搏噬之志王
曰吾鷹所獲以百數汝鷹曾無奮意將欺余耶獻者曰若
効於雉兎臣豈敢獻俄而雲際有一物凝翔鮮白不辯其
形鷹便竦翮而升矗若飛電須臾羽墮如雪血下如雨有



大鳥墮地度其兩翅數十里衆莫能識時有博物君子曰
此大鵬雛也文王乃厚賞之
西京雜記曰茂陵少年李亭好馳駿狗逐獸或以鷹鷂逐
兎皆以爲佳名狗則有修毫釐睫白望青曹之名鷹則有
青翅草晧青冥金距之屬鷂則有從風鷂孤飛鷂
論衡曰孔子畏陽虎却行流汗陽虎未必色白孔子未必
面青鷹鸇擊雀鷚啄鴈未必鷹鸇南方雀鴈西方自以筋
力勇壯相勝服也
秦子曰虎能雄猛不可以託麑鷹能飄擊不可以寄鶵
物理論曰使武士宰民如使狼牧羊使鷹養鶵也
焦贛易林曰鷹棲茂樹候雀往來
益部耆舊傳曰廣漢馮顥爲謁者遂單于至雲中大將軍
梁冀遣人求鷹止晉陽舍人不避顥顥收之使人擊鷹而

士也顯追捕甚急襲辭乃止

古樂府曰豹則虎之弟鷹則鶚之兄

魏文帝答繁欽書曰商風振條春鷹秋吟斯可謂聲協鍾石氣應風律

孫楚鷹賦曰郭延考與余辞其後從者講二鷹以侍側郭邊人也好弋獵顧眄心欲自娛樂請余爲賦曰其爲相也疎尾闊臆高鬐圓顱深目蛾眉狀似愁胡曲觜短頸足若雙枯○隋魏彥深鷹賦曰惟玆禽之化育實鍾山之所生資金方之猛氣擅火德之炎精何虞者之多端運横羅以羈束綴輕絲於雙臉結長皮於兩足飛不遂於本情食不充於所欲逆翰由其暫斂雄心爲之自屈若乃貌非一體相乃多途指重十字尾貴合盧立如植木望似愁胡觜同鉤利脚等荆枯亦有白如散花赤如點血大文若錦細斑似纈



眼類明珠毛猶霜雪身重若金爪剛如鐵或復頂平似削頭圓如卵臆闊頸長筋麁脛短翅厚羽勁髀寬肉緩求之事用俱爲絶伴或似鶉頭或似鵶首赤精黄足細骨小肘懶而易驚姦而難誘住不可呼飛不及走若斯之輩不如勿有若失疾良速消此則有命兎頸猴立是爲無病厠門忌大結肚惡軟條不欲絶背不宜喘生於窟者則好眠巢於木者則常立雙骹長者則起遲六翮短者則飛急毛衣屢改厥色無常寅生酉就總號爲黄二周作鷂千日成蒼雖曰排虛性殊衆鳥雌則體大雄則形小遇大則驚猜得人則馴擾養鷂則少病野羅則多巧察之爲易調之實難格必高迥屋必華寬畫以取熱酒以排寒講須温煖肉不陳乾近之令狎静之使安晝不離手夜使火宿微加其毛少減其肉肌肥骨瘦心和性熟念絶雲霄志在馳逐

鶻

北齊書曰上洛王思宗弟思好少以騎射事文襄及文宣受命爲左衛將軍本名思孝天保五年討賊文宣悅其驍勇謂曰爾擊賊如鶻入鴉羣宜思好事故改名焉

隋書曰劉昶子居士爲太子千牛備身聚徒任俠不遵法度公卿子弟有力雄健者輙將至家以車輪括其頸而棰之殆死能不屈者稱爲壯士釋而與交黨與三百人其趫捷者号爲餓鶻隊

唐書曰元和四年藹德曷里禄設弭施合蜜里迦可汗遣使請改迴紇爲迴鶻義取迴旋輕犍如鶻

又曰元和八年淄青節度使李師道進鶻十二命還之

唐杜甫義鶻行曰陰崖二蒼鷹養子黒栢顛白蛇登其巢吞噬恣朝飡雄飛遠求食雌者鳴辛酸力強不可制黄口



無半存其父從西來翻身入長煙斯須領健鶻痛憤寄所宣斗上捩孤影無聲來九天脩鱗脫遠枝巨顙拆老拳高空得蹭蹬短草辞蜿蜒折尾能一掉飽腸今已穿生雖滅衆鶻死亦垂千年物情有報復快意貴目前玆實鷙鳥最急難心炯然功成失所往用捨何其賢近經潏水湄此事樵夫傳飄蕭覔素髮凜欲衝儒冠人生所與分亦在顧眄間聊爲義鶻行永激壯士肝

鸇

爾雅曰晨風鸇也（郭璞注曰鷂屬）

孟子曰爲叢敺雀者鸇也爲湯武敺民者桀與紂也

隼

毛詩曰織文鳥章白旆央央（箋云鳥章隼之文章將帥之服）

又曰鴥彼飛隼其飛戾天亦集爰止（隼急疾之鳥）

詩義疏曰鷂也齊人謂之擊正或謂之題肩或曰雀鷹春化爲布穀此屬數種皆爲隼

周易曰公用射隼于高墉之上

春秋考異郵曰陰陽氣貪故題肩擊（宋均注曰題肩有爪芒爲陽中陰故擊殺也）

國語曰仲尼在陳有隼集于陳侯之庭而死楛矢貫之石砮其長尺有咫陳惠公使以隼如仲尼之館問之仲尼曰隼之來也遠矣此肅愼氏之矢也昔武王克商通道于九夷八蠻使各以其方賄來貢使無忘職業於是肅愼氏貢楛矢石砮其長尺有咫先王欲昭其令德之致遠也故銘其括曰肅愼氏之貢矢以分大姬配虞胡公而封諸陳古者分同姓以寶玉展親也分異姓以遠方之職貢使無忘服也故分陳以肅愼氏之貢君若使有司求諸故府其可得也使求得之金櫝



## 鷂

說文曰鷂鷙鳥也

爾雅曰鷂負雀（郭璞注曰鷂鷂也江東呼爲鷂善捉雀因名云）

廣雅曰鷂肩鷂子籠脫鷂也

廣志曰鷂子大如胡鷹色似鷂食雀籠脫擊鳩鵲

晉書曰王育京兆人也太守杜宣命爲主簿俄而宣左遷萬年令杜令王攸詣宣宣不迎之攸怒曰卿往爲二千石吾所敬也今吾儕耳何故不見迎欲以小雀遇我使畏死鷂也

唐書曰武德初萬年縣法曹孫伏伽上表以三事諫其一曰陛下貴爲天子富有四海凡曰蒐狩須順四時陛下二十日龍飛二十一日有獻鷂鶵者此乃前朝之弊風少年之事務何忽今日行之

又曰太子承乾與漢王元昌相託附承乾賜以琵琶名馬元昌報以鷂子山鷄

又曰太宗得鷂絕俊異私自臂之望見鄭公魏徵乃藏於懷公知之遂前白事因語古帝王逸豫微以諷諫語久帝惜鷂且死而素嚴敬徵欲盡其言徵語不時盡鷂死懷中

又曰楊德幹高宗朝爲萬年令有宦官恃貴寵放鷂不避人禾稼德幹擒而杖之二十悉拔其鷂頭宦者涕泣袒背以示於帝帝曰爾情知此漢獰何須犯他百姓竟不之問

又曰貞元十四年九月中書門下奏賀嵯峨山獲白鷂

莊子曰鷂爲鸇鸇爲布谷布谷復爲鷂此物变也

列士傳曰魏公子無忌方食有鳩飛入案下公子使人顧望見一鷂在屋上飛去公子乃縱鳩令出鷂逐而殺之公子暮爲不食曰鳩避患歸無忌竟爲鷂所得吾負之爲吾



捕得此鷂者無忌無所愛於是左右宣公子慈聲旁國左右捕得鷂三百餘頭以奉公子公子欲盡殺恐無辜乃自案劍至其籠上曰誰獲罪無忌者耶一鷂獨低頭不敢仰視乃取殺之盡放其餘名聲布流天下歸焉

論衡曰儒書稱魏公子方欲與客飲有鸇擊鳩鳩逃公子案下鸇追殺之於公子之前公子使人設罔捕鸇得數十責殺鳩之罪擊鳩之鸇俯頭不敢仰視公子乃殺之此虛言也鸇有千數擊鳩飛去安可復得或是捕鸇者折其頸也

夢書曰鷹鷂爲攻劓殘心也夢見鷹鷂憂賊人也

魏陳王曹植鷂雀賦曰鷂欲取雀雀自言雀微賤身體些小肌肉瘠瘦所得蓋少君欲相噉實不足飽鷂得雀言初不敢語頃來轗軻資糧乏旅三日不食略思死鼠今日相得寧復置汝雀得鷂言意甚怔營性命至重雀鼠貪生君得一

食我命隕傾皇天是監賢者是聽鷄得雀言意甚逗遛當死獘雀頭如果蒜不早首服烈頸大喚行人聞之莫不往觀雀得鷄言意甚不移目如擘椒跳蕭二翅我雖當死略無可避鷄乃置雀良久方去二雀相逢似是公嫗相將入草共上一樹仍共本末辛苦相語向者近出爲鷂所捕頻我翻捷躲素使附說我辯語千條萬句欺恐舍長令兒大怖我之得免復勝於汝自今後竟莫復相妬

鵰

毛詩谷風四月曰匪鶉匪鳶翰飛戾天（毛曰鶉鵰也鵰鳶貪殘之鳥也）

說文曰鷲黃頭赤目五色皆備一曰鵰

漢書曰李廣爲上郡守匈奴入上郡武帝使中貴人從廣匈奴射中貴人廣曰是必射鵰者也廣射殺二人生得一人果射鵰者也

太　九百二十六　九　王申

穆天子傳曰春山爰有青鵰執犬豕食鹿

列子曰周宣王之牧正有役人梁鴦者能養野禽獸委食於園庭之內雖虎狼鵰鶚之類無不柔者雌雄在前孳尾成羣異類雜居不相搏噬

後魏書曰奚王幹機悟壯勇善弓馬太宗出遊白登之東北幹以騎從有雙鵰飛於上太宗命左右射之莫能中鵰旋飛稍高幹自請射之以二箭而下雙鵰太宗嘉之賜御弓矢金帶以旌其能軍中於是号幹爲落鵰都尉

北齊書曰斛律光嘗從世宗於洹橋校獵見一大鳥雲表飛颺光引弓射之正中其頸此鳥形如車輪旋轉而下至地乃大鵰也世宗取而觀之深壯異焉丞相屬邢子高見而歎曰此射鵰手也當時傳号落鵰都督

隋書曰長孫晟周宣帝時突厥攝圖請婚于周以趙王招女妻之然周與攝圖各相誇競妙選驍勇以充使者因遣晟副汝南公宇文神慶送千金公主于其牙前後使數十輩攝圖多不禮見晟而獨愛焉每共遊獵留之竟歲嘗有二鵰飛而爭肉因以兩箭與晟曰請射取之晟乃彎弓馳往遇鵰相攫遂一發而雙貫焉攝圖喜命諸子弟貴人皆親友昵近之以學彈射

鷲

漢書曰匈奴有計入漢地直張掖郡（直當也）生奇材箭竿鷲羽（師古曰大鵰也黃頭赤目其羽可用爲箭）

西域諸國記曰耆闍崛山在王舍城北四里山有兩崖鷲鳥常羣居其顛土人号爲靈鷲山也（佛國記曰山石頭似鷲鳥阿育王使鑿石假安兩翼兩腳今見存）

林邑國記曰西南遠界有靈鷲鳥能知吉凶覘人將死食尸肉盡乃去家人取骨燒爲灰投之漲海

九百廿六　十　張陳

鶚

毛詩曰關雎后妃之德也風之始也所以風化天下而正夫婦也關關雎鳩在河之洲一名王雎一名鵰鶚江東呼爲鶚食魚鷙而有別

倉頡解詁曰鶚金喙鳥也見則天下兵能擊殺麞鹿

漢書曰鄒陽諫吳王曰臣聞鷙鳥累百不如一鶚（孟康曰鶚大鵰）

白鷺

爾雅曰楊白鷺（郭璞注曰以鷹尾上白也）

廣雅曰白鷺鷹鷲也

說文曰白鷺王鵰也

崔豹古今注曰揚白鷺似鷹鷲而尾上白也亦号爲印尾鷹

風土記曰說詩義者或說雎鳩爲白鷺白鷺鶚屬於義無

取盖蒼鶪大如白鷺而色蒼其鳴戛戛和順又游於水而
息於洲常隻不雙

太平御覽卷第九百二十六

異鳥



鵬

莊子曰北溟有魚其名爲鯤鯤之大不知幾千里化而爲鳥其名爲鵬鵬背不知幾千里也怒而飛翼若垂天之雲是鳥也海運將徙於南溟南溟者天池也水激三千里摶扶摇而上者九萬里（司馬彪注曰扶摇上行風）

晏子曰景公謂晏子曰天有極大物乎對曰有鵬浮游雲背凌蒼天該於天地滲滲乎不知其嘯之所在也



幽明録曰楚文王好獵有一人獻一鷹擊鵬鶵（事具鷹門）

異類傳曰漢武時西域獻黑鷹得鵬鶵東方朔識之

晉書曰賈彪鵬鳥賦序曰余覽張安世鶺鴒賦以其質微處褻而陋以遠害愚以爲未若大鵬栖形遐遠自育之全也此固禍福之機聊賦之云。又曰阮脩大鵬贊曰蹌蹌大鵬誕自北溟假精靈鱗神化以生如雲之翼如山之形海運水擊扶搖上征。又曰習鑿齒詣釋道安值衆僧齋衆皆捨鉢斂衽唯道安食不輟鑿齒曰大鵬從南來衆鳥皆戢翼何忽凍老鴟腩腩低頭食

鷖（一名天鷄）

神異經曰北海有大鳥其高千里頭文曰天胷文曰鷄左翼文曰鷖右翼文曰勤左足在海北涯右足在海南涯其毛蒼其喙赤其脚黑名曰天鷄一名鷖勤頭河東止海央唯捕鯨魚死則北海水流利不犯瀾人不干物或時舉翼飛其兩羽切如雷如風驚動天地（張茂先曰此海多鯨魚而産子多此海溢塞故鳥食此魚海水通流）

希有

東方朔神異經曰崑崙銅柱有屋辟方百丈上有一鳥名希有張左翼覆東王公右翼覆西王母一歲再登翼上之東王公也其喙赤目黄如金其肉苦鹹仙人甘之

金翅鳥

符子曰齊景公謂晏子曰寡人既得寶千乘聚萬駟矣方欲玆懸黎會金玉其得之耶奚若晏嬰曰臣聞琬琰之外有鳥焉曰金翅民謂爲羽豪其爲鳥也非龍肺不食非鳳血不飲其食也常飢而不飽其飲也常渴而弗充生未幾何夭其天年而死金玉之珍非乃爲君之患矣



齊書曰初武帝夢金翅鳥下殿庭摶食小龍無數乃飛上天明帝初其夢竟驗

意怠

莊子曰東海有鳥名意怠進不敢爲前退不敢爲後食不敢先嘗以取其緒行列不斥而人不得害以免於患

大風

淮南子曰堯使羿繳大風於青丘（大風鷙鳥在東方一云大風風伯也）

兼兼

周書曰成王時巴人獻比翼鳥

爾雅曰南方有比翼鳥焉不比不飛其名曰兼兼（郭璞注曰似鳧青赤色一目一翼相得乃飛也）

山海經曰有鳥其狀如鳧一翼一目相得乃飛名曰蠻蠻（比翼鳥色青精見則大水）

史記曰管仲說桓公古之封禪西海致比翼之鳥○瑞應圖曰王者德及高遠則比翼鳥至一本云王者有孝德則至

博物志曰崇吾之山有鳥焉一足一翼一目相得乃飛名曰鶼鶼見則天下大水

丗樂

臨海異物志曰丗樂鳥五色頭上有冠丹喙赤足有道則見

端琦

說苑曰晉平公出朝其鳥環平公不去平公顧謂師曠曰是鳳耶師曠對曰東方有鳥名為端琦憎鳥而愛狐今吾君必衣狐裘以朝乎平公曰然

青鳥

山海經曰三危之山有三青鳥居（青鳥主為西王母取食者別自栖息於此山）



紀年曰穆王十三年西征至于青鳥之所解

漢武故事曰七月七日上於承華殿齋正中忽有一青鳥從西方來集殿前上問東方朔朔曰此西王母欲來也有頃西王母至有二青鳥如烏俠侍王母旁

又曰鉤弋夫人卒上為起通靈臺常有一青鳥集臺上

晉中興書曰顏含嫂病困須髯蛇膽不能得含憂歎累日忽有一童子持青囊授含乃蛇膽也童子化為青鳥飛去

神仙傳曰東陵聖母廣陵海陵人杜氏妻也學劉綱道坐在立亡杜公不信誣言聖母作姦收付獄聖母從窗中飛去於是遠近為立廟甚有神效常有一青鳥在祭所人有失物者青鳥便非集物上路無拾遺

晉郭璞青鳥贊曰山名三危青鳥所解往來崑崙王母是隷穆王西征旋軫斯地

治鳥

搜神記曰越地深山有鳥大如鳩青色名曰治鳥穿大樹作巢如五六升器口徑數寸周飾以土堊赤白相分狀如射侯伐木者見此樹即避之或夜冥不見鳥亦知人不見已也鳴曰咄咄上去明日便急上去曰咄咄下去明日便宜急下去若不便去但言笑而已可止伐也若有穢惡及犯其所止者則虎害之白日見其形鳥形也夜聽其鳴亦鳥也時作人形長三尺入澗中取石蟹就人間火炙之越人謂此越祝之祖

木客

異物志曰木客鳥大如鵲數千百頭為羣飛集有度不與衆鳥相厠人俗去木客白黃文者謂之君長有罼異有綬飛高而正赤者在前謂之五伯居前正黑者謂之鈴下緗色



而頳雜者謂之功曹左脇有白帶似鞶囊者謂之主簿長次君後其五曹官屬各有章色廬陵郡東有之

惡鳥

爾雅曰梟鴟（郭璞注曰土梟）鳥少尾長醜為流栗

史記曰古者天子常以春祠黃帝用一梟（如淳曰漢使東郡送梟五月五日作梟羹以賜百官以其惡鳥故食之）

春秋後語曰蘇代謂魏王曰王獨不見夫博之所以貴梟乎（博之堅者為梟楚詞云成梟而牟乎五白梟古堯切）便則食不便則止今王曰事始已行不可更是何言與王之用智不若梟乎至乃止其行

後漢書曰朱浮與彭寵書曰惜乎弃休令之嘉名造鴟梟之逆謀

晉書曰張重華為石季龍所攻重華掃境內使其征南將

軍裴恒禦之恒壁于廣武欲以持久槩之張軌與主簿謝
艾兼資文武必能折衝禦侮殲殄凶類重華召艾艾曰昔
耿弇不欲以賊遺君父黃權願以萬人當寇乞假臣兵七
千爲殿下吞王擢麻秋等重華大悅以艾爲中堅將軍配
步騎五千擊秋引師出振武夜有二梟鳴於牙中艾曰梟
邀也六慱得梟者勝今梟鳴牙中克敵之兆於是進戰大
破之斬首五千級
又載記曰乞伏乾歸略于五谿有梟集于其手甚惡之六
年爲兄子公府所弒并其諸子十餘人○北史李元忠性甚
工彈嘗從文襄入謁魏帝有梟鳴殿下文襄命元忠彈之
問得幾丸而落對曰一丸承大將軍意氣兩丸足矣如其
言而落之
唐書曰有梟晨鳴於張率更庭樹其妻以爲不祥連唾之

平九百廿七　五　田龍

文收云急灑掃吾當改官言未畢賀者已在門
淮南子曰白公之嗇財若梟之愛其子也許慎曰梟子大食其母也
淮南萬畢術曰甑瓦止梟鳴取破甑瓦向抵之輙自止物相勝其性耳
魯連子曰齊辯士田巴毀五帝罪三王離堅白合同異一
日服千人有徐劫者弟子曰魯仲連年十二號千金駒往
詣田巴曰臣聞白刃交前者不救流矢急不暇救援也今
楚軍南陽趙伐高唐燕人十萬守聊城國之危在旦夕先
生柰何不能却者先生之言有以梟鳴出聲而人惡之願
先生勿復言田巴曰謹聞命矣
說苑曰齊景公爲露寢之臺成而不通焉柏常騫曰爲臺
甚急臺成君何爲不通焉公曰然梟昔鳴梟鳴者其聲無
不爲也吾惡之甚是以不通焉柏常騫曰臣請禳而去之公
曰何具對曰築新室爲置白茅焉公使爲室成置白茅焉

柏常騫夜用事明日問公曰今旦聞梟聲乎公曰一鳴而
不復聞使人往視之梟當陛布翼伏地而死
又曰梟逢鳩鳩曰子安之梟曰我將東徙鳩曰何故梟曰
一鄉皆惡我鳴故徙也鳩曰更鳴則可不更鳴東徙亦惡
子之聲
桓譚新論曰王翁時男子畢康殺其母詔焚燒其屍暴其
罪於天下余上封章言宣帝時公卿朝會丞相語次曰聞梟
生子長且食其母寧然有賢者應曰但聞烏子反哺耳丞
相大慙君子之於鳥獸尚爲之諱況人乎
又曰余前爲典樂大夫有梟鳴於庭樹府中皆懼余後與
典謝侯爭鬬俱坐免
說文曰梟不孝鳥也至日捕梟磔之
趙壹解擯賦曰甑瓦可以令梟寂

九百二十七　六

嶺表錄異曰北方梟鳴人家以爲怪共惡之南中晝夜飛
鳴與烏鵲無異桂林人羅取生鵂鶹之家家養使捕鼠以爲
勝狸

鴞

禮記內則曰鵠鴞胖
毛詩曰墓門有梅有鴞萃止夫也不良歌以訊之
又曰翩彼飛鴞集于泮林食我桑椹懷我好音
又詩義疏曰鴞大如鳩綠色惡聲鳥也入人家凶賈誼所
賦是也其肉甚美可爲羹臛又可炙漢供御物各隨其時
唯鴞冬夏施以美故也
莊子曰見卵而求時夜見彈而求鴞炙
魏志曰夫鴞天下賊鳥也及其在林食椹則懷我好音
晉書曰王羲之好鴞炙

三國典略曰齊太山主武成之長也毋曰胡太后夢於海上坐玉盆日入裙下遂有娠生於并州其日有鴞鳴於産帳之上

盛弘之荊州記曰巫縣有鳥如雌雞其名爲鴞

廣志曰鴞楚鳩所生如驪巨靈種類不滋乳也

鵩

西京雜記曰賈誼在長沙鵩鳥集其承塵而鳴長沙俗以爲鵩至人家主人當死誼作鵩鳥賦齊死生等榮辱以遣憂累焉

賈誼鵩鳥賦曰誼爲長沙王傅三年有鵩鳥飛入舍止于坐隅鵩似鴞不祥鳥也誼既謫居長沙長沙卑濕自傷悼以爲壽不長爲賦以自廣

漢太常孔臧仲尼之後以才學知名作鴞賦曰季夏庚子思道靜居爰有飛鴞集我室隅異物之來吉凶是符昔在賈生有識之士忌茲鵩鳥卒用喪已咨我今考信道秉真變性生家謂之天神脩德滅邪化及其鄰○梅陶鵩鳥賦序曰余既遭王敦之難遂見忌録居于武昌其秋有野鳥入室感賈誼鵩鳥依而作焉

神仙傳曰尹軌字公度人有怪鳥鳴其屋上者以語公度公度爲一奏符著鳥鳴處其夕鳥伏符下死

鴝鵅

爾雅曰鵅鵋鵙郭璞注曰江東呼鵂鶹爲鵋鵙亦曰鴝鵅音句格

纂文曰鵂鶹一名忌欺白日不見人夜能拾蚤虱也蚤爪音相近俗人云鵂鶹拾人弃爪相其吉凶妄說也

博物志曰鵂鶹一名鵋鵂晝日無所見夜則目至明人截爪甲弃露地此鳥夜至人家拾取爪分別視之則知有吉凶凶者輒便鳴其家有殃



莊子曰鵂鶹夜撮蚤察毫末晝瞋目不見丘山殊性也

淮南萬畢術曰鴉鵂致鳥取鴉鵂折其大羽絆其兩足以爲媒張羅其旁鳥自聚矣

南史曰侯景入臺城在昭陽殿廊下居處常有鵂鶹鳥鳴呼景惡之使人窮山野捕焉

三國典略曰侯景矯豫章嗣王棟命禪位於已將拜受冊命忽有丹鷰鵲集於冊書又夜有鵂鶹鳴於太極殿上景深以爲惡自控弦伺之

鴆

廣雅曰鴆鳥雄曰運日雌曰陰諧

東觀漢記曰公孫述欲徵李業爲博士業故不起乃遣人持鴆不起便賜藥業乃飲鴆而死

晉中興書曰烈宗詔曰次飛督王饒忽上五色鴆鳥一口云以辟惡此凶物豈宜妄進於是鞭饒二百使御中侍御史孫雲臨於四衢之道焚燒之

晉書曰石崇出爲南中郎將荊州刺史領南蠻校尉加鷹揚將軍崇在南中得鴆鳥鶵以與後軍將軍王愷時制鴆鳥不得過江爲司隸校尉傅祇所糾詔原之燒鴆於都街

山海經曰女几之山琴鼓之山玉山豐山岷山其鳥多鴆郭璞注曰鴆大如鵰紫緑色赤喙食蝮蛇也

淮南子曰運日知晏陰諧知雨

吳氏本草曰運日一名羽鴆

神農本草曰鴆生南郡大毒入五藏爛殺人

鬼車

荊楚歲時記曰正月七日多鬼車鳥度家家槌門打戶捩狗耳滅燭燈禳之玄中記云此鳥名姑獲一名天帝少女

夜遊好取人家女人養之有小兒以血點其衣爲驗

嶺表錄異曰有鳥如鵂鶹又名鬼車春夏之間稍遇陰晦則飛鳴而過嶺外尤多愛入人家鑠人魂氣或云九首曾爲犬齧下一首常滴血血滴之家即有凶咎

三國典略曰齊後園有九頭鳥見色赤似鴨而九頭皆鳴

玄中記曰姑獲鳥夜飛晝藏蓋鬼神類衣毛爲鳥脫毛爲女人名爲天帝少女一名夜行遊女一名鈎星一名隱飛鳥無子喜取人子養之以爲子人養小兒不可露其衣此鳥度即取兒也荆州爲多昔豫章男子見田中有六七女人不知是鳥扶匐往先得其所解毛衣取藏之即往就諸鳥各走就毛衣衣此飛去一鳥獨不得去男子取以爲婦生三女其母後使女問父取衣在積稻下得之衣之而飛去後以衣迎三女三女兒得衣飛去今謂之鬼車



不孝鳥

神異經曰不孝鳥狀如人身犬毛有齒猪牙額上有文曰不孝口下有文曰不慈鼻上有文曰不道左脇有文曰愛夫右脇有文曰憐婦故天立此異鳥以顯忠孝也

太平御覽卷第九百二十七

太平御覽卷第九百二十八

羽族部十五

衆鳥　鳥卵　鳥巢

衆鳥

異物志曰錦鳥文如丹地錦而藻繢相交俗人見其似錦因謂之錦鳥形微大於雉其雌特有文章五色甚可愛

周氏雜字曰鸐鵗鳥似鳧

風土記曰鸕鶿鶩屬飛則鳴其翅肅肅者也

楚辭曰鴻鵠代游曼鷫鸘曼曼行也鷫鸘鵔鳥

風土記曰鷺鷥也以名自呼大如小鷄生於荷葉上

爾雅曰鸕鷀鶝鶔也如鵲短尾射之銜矢射人郭璞注云一名鷹鳥

河圖說徵示曰鳥一足曰獨立見則主勇強也

廣州記曰新寧縣有獨足鳥大如鵠其色蒼其鳴自呼獨足



臨海異物志曰東垂有一足鳥俗名曰獨足疑是商羊文身赤口唯食蟲豸不害稻梁鳴如人嘯聲將雨轉鳴或曰山譟鳥晝伏夜翔或時晝出則羣鳥譟之

山海經曰有五采之鳥有冠名曰狂鳥

孔融周歲論曰儀鳳屯集狂鳥譏之

爾雅曰鵅鵋老郭璞注曰鵂鶹也俗謂之癡鳥鵅音田眷切

說文曰欺老鵋也

左思蜀都賦曰鸜鵒山棲綦毋邃注曰鸜鵒鳥名如今山鵲其色班其鵒色異出江東

莊子曰周周銜羽以濟河司馬彪注周周河上鳥也頭重尾輕是以銜他鳥羽如飛過何人之不可求益於物以補其所短也

竺法真登羅山疏曰越王鳥狀似鳶口句末可受二升許南人以為酒器珍於文螺不踐地不飲江湖不啖百草木餌蟲魚唯噉木葉糞似薰陸香山人遇之既以為香又治雜瘡

南方草物志曰有鳥或名越王鳥大如孔雀喙長尺八九寸黃白黑色狀如人畫光飾似漆瑩磨尤益鮮明多持以歛酒出交趾九真

劉欣期交州記曰鱁鱅黃喙二尺餘南人以為酒爵

南越志曰鱁鱅一名越王鳥

嶺南錄異曰越王鳥如烏而頸足長頭有黃冠如杯用貯水互相飲食衆鳥鷄取其冠堅緻可為酒杯

竺法真登羅山疏曰五距鳥足有重距其音先顧或謂之先顧鳥似孔雀背連錢文

遊名山記曰芙蓉山有異鳥愛形顧影不自藏故為羅者所得人謂鵖鵖

廣州記曰廣寧縣有金鳥純白口脚如金其鳴自呼



異物志曰鶡鳥大如雄鷄色赤或黑而能鳴彈射取之其肉香美中作炙

盛弘之荊州記曰魚復縣南山有鳥時吐物長數寸丹朱彪炳形色類綬因名吐綬鳥

又曰晉太元中營道令何諧之於縣內得一鳥大如白鷺膝上及髀有銅環貫之環大小刻鏤如撤欖子妙絕人工于時京師皆觀之

嶺表錄異曰有鳥形如野鵲翅羽黃綠間錯尾生兩枝長二尺餘直而不裊唯尾梢有毛宛如箭羽因目之為帶箭鳥

爾雅曰鳥鼠同穴其鳥為鵌其鼠為鼵郭璞注曰鼵如人家鼠尾短鵌如鷰而小黃黑穴入地三四尺鼠在內鳥在外今西在隴西鳥鼠同穴出

臨海異物志曰江潮海鳥大於鶴喙長八寸潮上即鳴

又曰鸕鵜鳥海鳥也喙長八寸天欲風雨內喙於土中向風

海師以爲候鳴如嘯
又曰蜜母小鳥也色黑正月旦爲蜜蜂周行諸山求安處
蜂隨之蜜母暮還入蜂中
郭璞蜜蜂賦曰大君以總羣氏又協氣於零雀每先馳而
葺宇沓巖穴之經略蜜母一名零雀爾雅曰蝎水狗又曰鴝頭鵁
孫炎曰鳥鵁也
又曰突鸐鳥孫炎曰鷇鸐水鳥
又曰鶁蚉母也
廣志曰蚊母吐蚊大如鳩
嶺南異物志曰五嶺溪山深處有大鳥如鶬鶴常吐蚊子
輒從口中飛去謂之吐蚊鳥
說文曰鷸水鳥也
南方草物狀曰孔貴如小毋鷄

九百二十八　三　王道七

臨海異物志曰獨春鳥聲似春聲聲多者五穀傷聲小者
五穀熟
又曰羿鳥蘭草占米之貴賤昔廻羿其𦐇羿一度即解米
百錢再度二百未羿仍五十隨羿多少以占知之
爾雅曰鵥鶶鷵郭璞注曰以烏蒼白色
臨海異物志曰鸍惟鳴聲哀俗云繼母欲嫁因纍使人守
之母遂不還兒因呼母言鸍焉也
又曰遊鳥如鵝大其色黑以青絲頭繫竹竿呼之即來入
手俗言是東海神所養不可食也
臨海異物志曰獨妬鳥如隼其色黑其鳴如人呼鷄聲
爾雅曰鶨天籥也
南方草物狀曰金吉鳥其大如小毋鷄
臨海異物志曰有鳥耀儀名曰苦姑

又曰除溪鳥小如鸜鴿甚黑天欲陰雨即鳴音言溪濆
又曰祖端端小鳥天欲雨即鳴
抱朴子曰千秋鳥人面壽如其名
魯連子曰南方鳥名曰邦生而食其翼
南方草物狀曰羽鳥毛羽青黑色小於鳩
俞益期與韓豫章牋曰林邑有鳥名歸飛。臨海異物志曰
賓師形大如鴝鴿毛正黑色廣雅曰車擣鸛禮也
山海經曰基山有鳥焉名鵸鵂食之無卧
又曰北海蛇山有五采鳥飛蔽一鄉名曰翳鳥
又曰青丘有鳥其狀如鳩名曰灌灌
又曰禱過之山有鳥二足三面名瞿如
又曰松果山有鳥名螐渠
又曰上申山鳥名當扈狀如雉食之不眴目

九百二十八　四　一張寅

又曰符禺之山其鳥名鴖可以衛火
又曰英山有鳥狀如鶉食之已癘名曰肥遺
又曰辛塗山有鳥名曰數斯食之已癭
又曰崑崙丘有鳥名曰欽原蠚獸則死蠚木則枯
又曰灌題山有鳥見人則躍名曰竦斯
又曰梁渠之山有鳥名曰囂食之已腹痛可以止衕治衕下也
又曰陽山有鳥自爲牝牡名曰象蛇
又曰廆山有鳥名曰鴒鷃音鈴要其鳴自呼服之不眯
又曰丑陽山有鳥名曰鴲鵌可以衛火
又曰翼望山有鳥狀如烏三首六尾其名曰鵸鵌衛餘兩音服
之使人不眯又以禦凶
又曰青要山有鳥名曰鴢音窈窕之窈也狀如鳧青身而朱目赤尾
食之宜子

又曰攻離山有鳥名曰嬰勺其狀如鵲赤喙白身其尾若
勺(似勺形)其鳴自呼
又曰鳥名青耕可以禦疫
又曰天帝山有鳥其狀如鶉黑文而赤翁(頜領)名曰櫟食
之已痔
又曰碁山有鳥名鸓(鸓音)其如鵲而兩首四足
又曰北囂山有鳥狀如人面名曰鸄鵑夜飛而晝伏
又曰太行山有鳥焉其狀如鵲白身赤尾六足其名鶄鷶
䴖
又曰馬城山有鳥狀如烏白首而身黃足其名曰鶌居食
之不飢
又曰號山有鳥名寓狀如鼠
又曰夢聯之山有鳥羣居而多飛其毛如雌雉名曰鵁鳥



(音交或作鵁)
又曰畢張山有鳥狀如雉而文首白翼黃足名曰白鵺食
之已嗌
又曰小侯山有鳥其狀如烏而白文名曰鴣鸐(姑習兩音)
又曰北號山有鳥其狀如鷄而白首鼠足虎爪名曰鬿雀
食人
又曰羭次山有鳥狀如梟人面而一足名曰槖𩇯(音肥)冬夏
蟄服之不畏雷(着其毛羽令人不畏雷)

鳥卵

左傳哀公下曰子西曰勝如卵余翼而張之○漢書曰武帝
時大宛諸國獻大鳥卵(應劭曰如二石甕)條支國有大鳥卵如甕
魏志曰清河令徐孝龍取十三種物着篋中使管輅射之
先説鷄子後謂蚕蛹遂一一名之

吳志曰孫權太子嘗朝諸葛恪曰元遜何不食馬矢恪曰願
太子食鷄卵權曰人令卿食馬矢卿使人食鷄卵何也恪
曰所出同耳權大笑
晉書曰戴安道少時取鷄卵汁溲白瓦屑作鄭玄碑文手
刻字文既綺藻器亦妙絶
唐書武德中西蕃突厥葉護可汗遣使貢條支巨卵二
又曰貞觀二十一年西蕃吐陸可汗獻金卵瓶鳥鷇也
刻作禽獸而塗以黃金
山海經曰西王母山有沃民國鳳卵是食甘露是飲
韓詩外傳曰卵之性爲鷄不得良雞大育積日累久則不
成爲鷄
管子曰子夏云彫卵然後瀹之所謂發積藏散萬物
墨子曰以他言非吾者猶以卵投石也盡天下之卵石猶



不毀也
孫卿子曰以桀詐桀則幸詐堯譬若以卵投石
又曰卵有毛是説之難持者也而惠施鄧析能精之然而
長者不貴非禮義之中也
淮南子曰越鷄不能伏鵠卵
又曰鴈北向鵲始加巢雉鴝呼卵
淮南萬畢術曰艾火令鷄子飛(取鷄子去其汁然艾火內空卵中疾風因擧之飛)
鹽之累卵(取鹽塗卵取也卵置上即累矣)
抱朴子曰夏后始養食鳳卵而鳳去如此則鳳有種矣
揚子法言曰雌之不才其卵段君之才其民野(段敗也)不屈
其意不累其身不夷不惠可否之間
神仙傳曰有人病就茅君請福煮鷄子十枚以內帳中須
臾茅君悉擲出其中無黃者並差有黃者不愈常以此爲候

阮籍大人先生傳曰若先生者以天地如卵耶小物細人欲論其長短議其是非豈不哀哉。博物志曰九竅者胎生八竅者卵生龜黿鼉諸撰類皆卵生而影伏

幽明録曰桂陽羅君章二十許都未有志不屬意學問常晝寢夢得一鳥卵五色雜耀不似人間物夢中因取呑之於是漸有志向遂更勤學讀九經以清才聞

羅含傳云呑飛鳥卵

吴氏本草曰丹鷄卵可作虎珀

張衡南都賦曰春卵夏筍

張孟陽洛禊賦曰浮素卵以蔽水洒玄醪於中河

## 鳥巢

尚書大傳曰古人鳳皇巢其樹好生惡殺

說文曰鳥在木上曰巢在穴曰窠



曾子曰鷹鸇以大山爲下而增巢其上

孫卿子曰古之王者烏鵲之巢可俯

莊子曰古者禽獸多而人民少於是民皆巢居以避之晝拾橡栗暮栖木上故命之曰有巢氏之民

又曰鵲上高城之墉而巢於高枝之巔城壞陵風而起

又曰至德之君烏鵲之巢可攀援而窺

淮南子曰鵲巢知風之所起（言鵲作巢而知風一説背風也）

陸賈新語堯以仁義爲巢舜以稷卨爲杖秦以刑罰爲巢故有覆巢破卵之患

鱗介部一

龍上

河圖曰舜以太尉即位與三公臨觀黃龍五采負圖出置舜前以黃玉爲押白玉檢黃金繩黃芝爲泥章曰黃帝符璽（春秋運斗樞同）

又曰黃金千歲生黃龍青金千歲生青龍赤金千歲生赤龍白金千歲生白龍玄金千歲生玄龍

又曰黃龍從雒水出詣虞舜鱗甲成字舜令寫之寫竟去

星經曰東方七宿爲蒼龍（凡有鱗之類皆屬於木故龍爲鱗蟲之長）

歸藏明夷曰昔夏后啓上乘龍飛以登于天皐陶占之曰吉○周易乾卦曰雲行雨施品物流形時乘六龍

又曰坤卦龍戰于野其血玄黃



又文言曰雲從龍

又說卦曰震爲龍

易通卦驗曰立夏清風至而龍昇天

尚書中候曰黃龍負卷舒圖

又曰青龍銜玄圖

大戴禮冠曰鱗蟲三百六十而龍爲之長

禮記禮運曰龜龍在宮沼龍以爲畜故魚鮪不淰（淰潛藏也）

禮含文嘉曰龍馬金玉帝王之瑞也

左傳昭五曰鄭大水龍鬬于時門之外洧淵國人請爲禜焉子產不許曰我鬬龍不我覿也龍鬬我獨何覿焉禳之則彼其室也吾無求於龍龍亦無求於我乃止

又昭七曰秋龍見於絳郊魏獻子問於蔡墨曰吾聞之蟲莫智於龍以其不生得也謂之智信乎對曰人實不智非龍實智（言人實不智而謂之智非龍智也乃不智也）古者畜龍故國有豢龍氏有御龍氏（豢養也）昔有飂叔安（飂古國也安其君名也）有裔子曰董父（裔遠也玄孫之後爲裔也）實甚好龍能求其耆欲以飲食之龍多歸之乃擾畜龍以服事帝舜帝賜之姓曰董氏曰豢龍故帝舜氏世有畜龍氏及有夏孔甲擾于有帝帝賜之乘龍河漢各二各有雌雄孔甲不能食而未獲豢龍氏有陶唐氏既衰其後有劉累學擾龍于豢龍氏以事孔甲能飲食之夏后嘉之賜氏曰御龍以更豕韋之後龍一雌死潛醢以食夏后夏后嘉之既而使求之懼而遷于魯縣龍水物也水官棄矣故龍不生得○春秋元命苞曰龍之言萌也陰中之陽故言龍舉而雲興

史記曰昔夏后氏之衰有神龍二止於夏帝庭而言曰余褒之二君也夏帝卜殺之與去之與止之莫吉卜請其漦而藏之吉



又曰黃帝得土德黃龍見夏得木德青龍止於郊

漢書曰惠帝二年正月兩龍見蘭陵人家井中又曰文帝時公孫臣以爲漢土德黃龍見張蒼以爲水德至十五年黃龍見成紀下詔召臣爲博士

東觀漢記曰公孫述有龍出其府殿中夜有光耀述以爲符瑞因稱尊號改元曰龍興○後漢書曰哀牢夷其先有婦人捕魚水中觸沉木有孕生男子十人沉木化爲龍出水上九男驚走一兒不去背龍因舐之後諸兒推爲哀牢主○魏志曰華歆邴原管寧三人爲友號曰一龍歆爲龍頭原爲龍腹寧爲龍尾

魏略曰文帝欲授禪郡國奏黃龍十三見明帝鑄銅黃龍高四丈置殿前

晉書曰劉毅爲尚書左僕射時龍見武庫井中帝親觀之有喜色百官將賀毅獨曰昔龍降鄭時門之外子産不賀龍降夏庭沫流不禁卜藏其漦至周幽王禍釁乃發易稱潛龍勿用陽在下也證據舊典無賀龍之禮

又曰陸機嘗餉張華鮓于時賓客滿座華發器便曰此龍肉也衆未之信華曰試以苦酒濯之必有異既而五色光起機還問鮓主果云園中茅積下得一白魚質狀殊常以作鮓過美故以相獻

崔鴻十六國春秋前燕録曰慕容皝十二年夏四月黑龍一白龍一見於龍山皝親帥羣僚觀龍二百餘步祭之以太牢二龍交首嬉翔解角而去皝大悅還宫殿赦其境内號新宫曰和龍宫

晉書曰苻生初夢大魚食蒲又長安謠曰東海大魚化作龍男便爲王女爲公問在何所洛城東時苻堅爲龍驤將軍第在洛門之東其後果驗

又曰呂光伐龜茲軍其城南營外夜有一黑物大如斷堤摇動有頭角目光若電及明而雲霧四周遂不復見旦視其處南北五里東西三十餘步鱗甲隱起之所昭然猶在光嘆曰黑龍也俄而雲起西北暴雨滅其跡杜進言於光曰龍者獸之君大人利見之象易曰見龍在田德施普也斯誠明將軍道合靈和德符幽契願將軍勉之以成大慶光有喜色

又曰馮跋弟素弗與從兄萬泥及諸少年遊于水濱有一金龍浮水而下素弗謂萬泥曰頗有見不萬泥等皆曰無所見也乃取龍而示之咸以爲非常之瑞

又曰雷奐子華度襄水劒躍入水化爲龍



又曰初桓温南州起齋悉畫龍於其上號曰盤龍齋及玄篡而劉毅字希樂討玄玄死於盤龍齋而毅居之

沈約宋書曰劉穆之字道和嘗夢與高祖俱泛海忽值大風驚懼俯視舩下見有二白龍挾舩既而至一山峯崿聳秀林樹繁密意甚悅之

宋書曰徐羨之嘗從兄履之爲臨海樂安縣嘗行經山中見黑龍長丈餘頭有角前兩足皆具無後足曳尾而行後文帝立羨之竟以凶終

又曰傅亮率行臺迎宜都王王舟轝發自江陵中流有黑龍躍出負王舟左右失色王顧長史王曇首曰此大禹所以受天命吾何德以堪之

齊書曰建武中荆大風雨龍入栢齋中柱壁上有爪足處刺史蕭遥欣恐畏不敢居也

又曰初武帝夢金翅鳥下殿庭搏食小龍無數乃飛上天明帝初宗室多遇害其夢竟驗○梁書曰武帝郗后素妬忌及終化爲龍入于後宫井通夢於帝或見形光彩照灼帝體將不安龍輒激水騰涌於是井上爲殿衣服委積

南史曰梁江陵城壕中有龍騰出煥爛五色竦躍入雲六七小龍相隨飛去羣魚騰躍墜死於道龍出處爲窟若數百斛圌音遄

三國典略曰陸法和拒任約至安南入赤亭湖法和乘輕舟不介胄泝流而下去約軍一里乃還謂將士曰彼龍睡不動吾軍之龍甚能踊躍若待明日攻之當不損客而自破賊

陳書曰隋師濟江荆州吕肅敗後别師衆世寵領大舶詐降欲燒隋艦更決死一戰於是有五黄龍備色象各長十

餘丈驤首連接順流而東風浪大起雲霧晦冥陳人震駭
不覺火自焚故隋文下詔以告郊廟
又曰宣帝初在江陵軍主李總與帝有舊毎同遊處帝嘗
夜被酒張燈而寐總適出尋反乃見帝是大龍便驚走他室
後魏書曰波知國有三池傳云大池有龍王次者龍婦小
者龍子行人設祭乃得過不祭多遇風雪
又曰正元元年有黒龍如狗南走宣陽門躍穿門樓下而
出此魏衰之徵也
後周書曰大象中滎州有黒龍見與赤龍鬬於汴水之側
黒龍死
隋書曰源師初在齊遷在外兵郎中又攝祠部屬孟夏以
龍見請雩時高阿那肱爲相謂真龍出大驚喜問龍所在
師整容報曰此是龍星初見依禮當雩祭郊壇非謂真龍也



唐書曰貞觀中汾州言青龍白龍見白龍吐物初在空中
有光如火至地陷入二尺掘之則玄金也形圓斜廣尺餘
高六七寸
又曰先天中玄宗以旱親往龍首池祈禱有赤虵自池中
而出雲霧四布應時澍雨
又曰褚無量字弘度杭州鹽官人幼孤貧勵志好學家近
臨平湖湖中有龍鬬傾里閭就觀之無量時年十三讀書
晏然不動及長精三禮及史記
又曰文宗太和二年五龍會於巫州祥產山之北次第而
至五方之色具焉自申及戌而沒
後唐史曰莊宗時五臺僧誠惠自號降龍師帝雅重之每
屈膝施敬諸王嬪御皆爲之拜誠惠悉倨坐而受之初自
臺山謁帝鎮州王鎔不爲之禮誠惠恚怒曰吾有毒龍五

百宣努于命一龍揭片石常山其爲沼乎踰年而滹川大
溢敗鎮之郛或聞其言益以爲神懸是帝敬之愈篤
周史曰徐州豐縣民單興井中龍出民有子毋三人同覩
之即時皆卒龍既出澍雨漂沫城内居民濟之以栰登城
以避水
管子曰龍被五色而遊故神欲小則如蚕蠋欲大則函天
地欲上則陵雲欲沉則伏泉
又曰蛟龍水蟲之神者也乘水則神立失水則神廢
墨子曰墨子北之齊遇日者曰帝以今日殺黒龍於北方
先生色黒不可以北
又曰帝以甲乙殺青龍於東方丙丁殺赤龍於南方庚辛
殺白龍於西方壬癸殺黒龍於北方若用子言則禁天下
之行也



孫卿子曰積土成山風雨興焉積水成川蛟龍生焉
莊子曰朱泙漫學屠龍於支離益殫千金之家三年伎成
而無所用其巧也
又曰子張見魯哀公哀公不禮託僕夫而去曰君之好
士也有似葉公子高之好龍也葉公好龍室屋彫文盡以
寫龍於是天龍聞而下之窺頭於牖拖尾於堂葉公見之
弃而還走失其魂魄五色無主是葉公非好龍也好夫似
龍而非真今君非好士也好夫似士而非者也新序又載
又曰孔子見老聃歸三日不談弟子問曰夫子見老聃亦
得何規哉孔子曰吾乃今於是乎見龍龍合而成體散而
成章乘乎雲氣養乎陰陽余口張而不能嗋子又何規老
聃哉
又曰河上有家貧恃緯蕭而食者其子沒淵得千金之珠

歸與其父其父謂其子曰取石來鍛破也夫千金之珠必在九重之淵而驪龍頷下子能得珠者必遭其睡也如使驪龍悟子尚奚微之有哉

韓子曰夫龍之爲蟲有狎而騎也然喉下有逆鱗徑尺若嬰之則殺人人主亦有之説者能無嬰人主之逆鱗則（幾矣）

淮南子曰人莫欲學御龍而皆欲學御馬莫欲學治鬼而皆欲學治人急所用也（御龍治鬼不益世用故以御馬治人爲務矣）

又曰伯益作井而龍登玄雲神棲崑崙（伯益夏禹之佐也初鑿井泄地氣以後必瀆地而漁故龍登玄雲神棲崑崙乚日龍在黃泉下恐害及故去之）知愈多而德愈薄矣

又曰夫騰蛇游霧而騰龍乘雲而舉

又曰虎嘯而谷風生（虎陰中陽獸也與風同類）龍舉而景雲屬（龍陽中陰蟲也與雲同類）

又曰人不見龍之飛舉而能高者風雨之奉也（奉助也）



又曰燭龍在鴈門北蔽于委羽之山不見日其神人面龍身而無足（不見日故龍以目照之蓋長千里視爲晝瞑爲夜吹爲冬呼爲夏）

新言曰漢祖驂三龍而乘雲路振長策而驅天下三龍人傑

又曰龍潛之水乘雲躍鱗虎嘯之聲因風奮烈達則振纓朝堂窮則身親南畝

抱朴子曰山中辰日稱雨師者龍也

又曰西域方士能神祝者臨淵禹步吹氣龍即出浮其初出乃長十數丈於是方士更吹之一吹則龍輒一縮至長數寸方士乃掇取著壺中或有四五龍以少水養之以疏物塞壺口於是方士聞有旱處便賫龍往賣之一龍直數十斤金舉國會斂以雇之直畢乃發壺出一龍著淵潭之中因復禹步吹之輒一吹一出長數十丈須臾雲雨四集

又曰有自然之龍有蚳蠋化成之龍

又曰夏時龍生於太廟之中

説苑曰吳王欲從民飲酒伍子胥諫曰不可昔白龍下清冷之淵化爲魚漁且豫且射中其目白龍上訴天帝天帝曰當是之時若安置而形白龍對曰我下清冷之淵化爲魚天帝曰魚固人之所射也若罪豫且何罪夫白龍天帝貴畜也豫且宋國之賤臣也白龍不化豫且不射今棄萬乘之位而從布衣之士飲酒臣恐其有豫且之患矣王乃止

呂氏春秋曰禹南濟江黃龍負舟人懼五色無主禹笑曰吾受命於天竭力以養人奈何憂於龍龍弭耳而逃

又曰晉文返國介子推不肯受賞自爲詩賦曰有龍于飛周徧天下五蛇從之爲之丞輔龍反其鄉得其處所四蛇從之得其露雨一蛇着之死於中野懸書公門而伏山下文公聞之曰嘻此必介子推



家語曰鱗蟲三百六十而龍爲長水之怪龍罔象夏食而冬蟄

皇甫謐帝三世紀曰太昊包犧氏風姓有景龍之瑞故以龍紀官

又曰黃帝采首山銅鑄鼎荊山下有龍垂胡髯而下迎黃帝羣臣欲從持龍髯髯拔遂墮

説文曰龍鱗蟲之長能幽能明能小能大能短能長春分而登天秋分而入淵

山海經曰夏后啓乘兩龍雲蓋三層左手操翳右手操環

又曰鍾山之神名曰燭龍視爲晝瞑爲夜身長千里

括地圖曰龍池之山四方高中央有池方七百里羣龍居之多五花樹羣龍食之去會稽四千里

論衡曰龍少魚衆少者爲神

列仙傳曰騎龍鳴者於池中求得龍子狀如守宮十餘頭結草廬而守養之龍大稍稍去後五十餘年水壞其廬一旦騎龍來語云吾馮伯昌孫也此間人不去百里當皆死信之者皆去不信者以爲妖言至八月水出死者以萬計

又曰陵陽子明者好釣釣得白龍子明解釣拜謝放之後數十年得白魚魚腹中有書教子明服食遂上黄山採五石脂石肺服之三年白龍來迎止陵陽山上百餘年

又曰馬師皇者黄帝馬醫有龍下垂耳張口師皇針其唇飲以甘草湯而愈後一旦負之而去

又曰陶安公者六安鑄冶師也數行火一旦散上紫色衝天安公伏冶下求哀須臾朱雀止冶上曰安公冶與天通七月七日迎汝以赤龍至期赤龍來安公騎之大雨東南上而去

又曰呼子先者漢中關下卜師也老壽百餘年臨去呼酒家老嫗曰急裝當與汝俱夜有仙人持二茅狗來呼子先子先持一與嫗嫗得而俱騎騎乃龍也上華陰山常於山上大呼言子先酒毋在此耳

太平御覽卷第九百二十九

鱗介部二

龍下　蛟　螭

## 龍下

孫氏瑞應圖曰黃龍者神之精四龍之長也王者不漉池而漁德達深淵則應氣而游池沼

酈善長水經注曰浮圖澄別傳曰石虎時自正月不雨至六月澄詣滏口祠稽首曝露即日二白龍降於祠下於是雨遍千里○又曰石勒時天旱沙門佛圖澄於石井崗掘得死龍長尺餘漬之以水良久乃蘇呪而祭之龍騰空而上天即雨降因名龍崗

又曰交州丹淵有神龍每旱村人以菵草置淵上流魚則多死龍怒當時大雨

豫章記曰吳猛坐郭璞事被收寄載往南令船勾開戶船主闚船下有聲如在樹杪試窺之有二龍負船一宿至宮亭湖還豫章○三秦記曰河津一名龍門巨靈跡猶存去長安九百里水懸船而行旁有山水陸不通龜魚之屬莫能上江海大魚集門下數千不得上下即爲龍故云曝鰓龍門垂耳轄下

又曰龍首山長六十里頭入於渭尾達樊川頭高二十丈尾漸下高五六尺土赤不毛云昔有黑龍從山南出飲渭其行道因成土山故因名也

西河記曰張駿立謙光殿成後池中水有五龍晝日見移時乃滅水通變緑色駿即爲銅龍以厭之駿卒不勝此殿

廣雅曰有鱗曰蛟龍有翼曰應龍有角曰虬龍無角曰螭龍○方言曰龍未昇天曰蟠龍



齊諧記曰蛟龍畏楝樹葉五色絲

漢武帝內傳曰王母乘紫雲之輦又駕九色之班龍

葛洪神仙傳曰費長房與壺公俱去後壺公謝而遣之長房憂不能到家公與所用竹杖騎之忽然如睡已到家以所騎竹投葛陂中顧之乃青龍也

管輅別傳曰龍者陽精以潛于陰幽靈上通和氣感神二物相扶故能興

楚國先賢傳宋玉對楚王曰神龍朝發崑崙之墟暮宿於孟諸超騰雲漢之表婉轉四瀆之裏夫尺澤之鯢豈能料江海之大哉○王子年拾遺録曰方文山一名巒雉山東有龍場方千里有龍皮骨如山阜膚血如流水燕昭王時以龍膏爲燈光清澄若水光燄五色人以爲瑞

沈懷遠南越志曰蟠龍身長四丈青黑色赤帶如錦文常隨水而下入于海有毒傷人即死

人物志曰龍神不處罔罟之水鳳凰不翔尉羅之鄉

博物志曰昔禹平天下會羣臣於會稽之野防風氏後至殺之夏德之盛二龍降之禹使范成光御之以行域外既周而還至南海經防風防風之神見禹使怒而使射之有迅雷風雨二龍昇去二臣恐以刃自貫其心而死禹哀之乃拔其刃療以不死之草而皆活是爲穿匈民

又曰龍肉以醯漬之則文章生

異苑曰陶侃嘗捕魚得一織梭還挂於壁有頃雷雨梭變成赤龍從屋騰躍而去

任昉述異記曰漢和帝元年大雨有一青龍墮於宮中帝命烹之賜羣臣龍羹各一杯故李尤七命曰味煎龍羹

楊衒之洛陽伽藍記曰西方烏場國西有池龍王居之池

邊有一寺五十餘僧龍王每作神變國王祈請以金玉珎
寶投之池中在後涌出令僧取之此寺衣食恃龍而濟世
人名曰龍王寺
又曰西方不可依山甚寒冬夏積雪山中有池毒龍居之
昔五百商人止宿池側值龍忿怒汎殺商人槃陁王聞之
捨位與子向烏場國學婆羅門呪四年之中善得其術還
復王位就池呪龍龍變爲人悔過向王王乃捨之
楚辭曰神龍失水而陸居爲螻蟻之所裁

蛟

禮記月令曰季秋伐蛟取鼉
史記曰劉媼嘗息大澤之陂夢與神遇是時雷電冥晦太
公往視則見蛟龍於其上已而有身遂產高祖
漢書曰武帝元封五年帝自潯陽浮江親射蛟江中獲之



晉書曰周處字子隱義興陽羨人也父魴吳鄱陽太守處
少孤未弱冠膂力絶人好馳騁田獵不脩細行縱情肆慾
州里患之處自知爲人所惡乃慨然有改勵之志謂父老
曰今時和歲豐何苦而不樂耶父老歎曰三害未除何樂
之有處曰何謂也荅曰南山白額猛獸長橋下蛟并子爲
三矣處曰若此爲患吾能除之父老曰子若除之則一郡
之大慶非徒去害而已處乃入山射殺猛獸因投水摶蛟
蛟或浮或沉行數十里而處與之俱經三日三夜人謂之
死皆相慶賀處果殺蛟而反
家語曰竭澤而漁則蛟不處其淵
山海經曰蛟似蛇而四脚小頭細頸有白嬰大者十數圍
卵生子如一二斛甕能吞人○又曰禱過山有虎蛟魚身
蛟尾音如鴛鴦○淮南子曰蛟龍寢於泉而卵剖陵

又曰一淵不兩蛟蛟魚之長其皮有珠今世以爲刀劒之口是也一說魚二千斤鮫也一捿
不兩雄一則定兩則爭以喻日月不得並明一國不可兩君也
又曰流源千里深淵百仞非爲蛟龍也
又曰山致其高而雲雨起焉水致其深而蛟龍生焉君子
致其道而福祿歸焉
又曰君子之居民上若以腐索御奔馬雍容恐失民意若展足薄
氷蛟在其下蛟龍屬皮有珠能害人故曰蛟在其下
孫卿子曰積水成川蛟龍生焉
呂氏春秋曰前有佽飛者得寶劒於干將遂還及涉江至
於中流有兩蛟夾繞其船佽飛仗寶劒曰此中腐骨朽肉
也赴江刺蛟殺之荆王聞之仕以執珪
馬明生別傳曰明生捕賊爲賊所傷道間見神女以肘後
管中一丸藥與服即愈隨女入岱宗山石室金床玉几安



期生從六七仙人見神女稱下官請陽九百六之數神女
曰自頃四海水減滇湖成山連城之鯨萬丈之蛟不達斯
運之度唯叩天索水辭訟紛紜有於上府三反煩於省察
司隂亦疲於謹案矣
西京雜記曰瓠子河決有蛟龍從九子自決中逆上人河
潰沫流波凡數十里
又曰董仲舒夢蛟龍入懷乃作春秋繁露○裴淵廣州記
曰新寧郡東溪甚饒蛟及時害人曾於魚梁上得之其長
丈餘形廣如楯脩頸小頭胷前赭背上青班脇邊若錦
尋陽記曰城東門通大橋常有蛟爲百姓害董奉疏一符
與水中少時見一蛟死浮出○博物志曰澹臺子羽賫千金
之璧渡河河伯欲之陽候波起兩蛟夾船子羽左操璧右
操劒擊蛟皆死既濟三投璧於河河伯三躍而歸之子羽

毀壁而去
又曰荆佽飛渡江兩蛟夾其船佽飛下劒盡斷其頭而風波靜
又曰東海上有勇士菑丘訢者過神淵強使飲馬馬沉訢朝服拔劒入水三日三夜殺二蛟一龍而出雷電隨而擊之七日七夜眇其左目（韓詩外傳同）
又曰燕太子丹質於秦見遣而爲機橋於渭將殺之蛟龍夾舉機不得發
又曰人食鸑肉者不可入水爲蛟龍所吞
王子年拾遺録曰漢昭帝常游渭水使羣臣漁釣爲樂時有大夫任緒釣得白蛟長三丈若大虵無鱗甲頭有一角長二尺軟如肉焉牙如脣外帝曰此魚鮑之類非珎祥也乃命太官爲鮓骨青肉紫味甚美帝後思之使罾者復覔終不得也
郭子横洞冥記曰文犀國去長安萬里在日南之南人長七尺被髮至踵乗犀象以爲車舩乗象入海底取寶宿蛟人之舍夕得淚珠則蛟人所泣淚而成珠也亦曰泣珠
續齊諧記曰屈原五月五日投汨羅而死楚人哀之每至此日以竹筒貯粉米祭之漢武建中長沙區回白日忽見一士人自稱三閭大夫謂曰聞君常見祭甚善但常年所遺爲蛟龍所竊若今有惠可以練葉塞其上五色絲縛之此二物是蛟龍所憚
說文曰蛟龍屬也魚滿三千六百歲蛟爲之長率魚而（飛去）
幼童傳曰魏太祖年十歲浴於譙水蛟來逼自奮水擊蛟乃退畢浴而還
王韶之始興記曰雲水源有湯泉下流多蛟害厲濟者遇之必笑而沒
盛弘之荆州記曰襄城北汚水極深有蛟爲害太守鄧遐勇果時人方樊噲拔劒入水蛟遶其足遐自揮劒截蛟數段流血丹水自此無害
劉敬叔異苑曰承陽人李增行經大溪見兩蛟在川引弓射之中一即死增歸因復出市有一女子素服銜涕捉所射箭增怪之問焉荅曰何用問爲若是君箭便以相還授矢而滅增惡而驟返未達家暴死於路
劉義慶幽明録曰晉安帝隆安初曲阿民謝盛乗舩入湖採菱見一蛟來向舩舩迴避蛟又從其後盛便以乂殺之懼而還家經年無患至元興中普天亢旱盛與同旅數人步至湖中見先乂在地拾取之云是我乂人問其故具以實對行數步乃得心痛還家一宿便死
續捜神記曰長沙有人忘其姓名家住邊江有女子渚次澣紗覺身中有異復不以爲患遂妊身生三物皆如鮧（夷提二音）魚甚憐異之乃着澡槃水中養之經三月此物遂大乃是蛟子字大者爲當洪次者名破祖小者名撩岸天暴雨水三蛟一時俱出遂失所在後天欲雨此物輙來女亦知當來便出望之蛟子亦出頭望毋良久方復去經年後女亡三蛟子至其墓所哭之經日乃去聞其哭聲狀如狗號
又曰安城平都縣尹氏居在郡東十里曰黄屯尹佃舍在焉元嘉二十三年六月中尹兒年十三守舍見一人可年二十許騎白馬張繖及從者四人衣並黄色從東方而來於門呼尹兒來暫寄息因入舍中庭下坐牀一人捉繖覆之尹兒看其衣悉無縫馬五色班似鱗甲而毛有頃雨氣至此人上馬去顧謂尹兒曰明日當更來尹兒覘其去西

行躡虛而漸升須臾雲四合白晝爲之晦暝明日大水暴出山谷沸涌丘壑淼漫將掩尹舍忽見大蛟長三丈餘盤屈庇其舍頭焉

任昉述異記曰夏桀之末宮中有女子化爲龍不可近俄而復爲婦人甚麗而食人桀命爲蛟妾告桀吉凶之事

唐明皇雜録曰開元中有黃門奉使自交廣而至方拜舞於殿下時國醫紀朋顧之謂上曰此人腹中有蛟龍明日當產一子則不可活也上驚問黃門曰有疾否曰臣馳馬大庾嶺時當大熱旣困且渴因於路傍飲野水遂腹中堅痞如石周即以消石雄黃煮而飲之立吐一物不數寸其大如指細視之鱗甲具備

楚辭曰麋何食兮庭中蛟何爲兮木上

## 螭



淮南子曰乘雲車(雲輜之車)服應龍(服轅中也應龍有翼之龍)參青虬(青虬青龍)屬絕瑞蓆蘿圖(蘿圖車上蓆也)雲黃路(雲黃所乘路車)前白螭(白螭先導)後賁蚍

呂氏春秋曰季孫氏刦公家(奪公家政)事(而自專)孔子欲論術則見外(孔子欲以進而見遠外)於是受養而便說(孔子欲受其養而季子便說)魯國以訾孔子(訾毀)孔子曰龍食乎清而游乎清螭食乎濁而游乎濁魚食乎濁而游乎濁今丘上不及龍下不若魚丘螭耶夫欲立功者豈得中繩哉救溺者濡追逃者趨

王子年拾遺録曰崑崙山第三層有螭潭百里多龍螭皆白色千歲一蛻其五藏此潭左側有五色石云是白螭之腸化爲石

楚辭曰乘水車兮荷蓋駕兩龍兮驂螭又曰駕青虬兮驂白螭吾與重華遊兮瑶之圃

宋王高堂賦曰乘玉于兮駟蒼螭

太平御覽卷第九百三十一

鱗介部三

龜

爾雅曰龜三尺賁（今吳興陽羨縣君山上有池池中有六眼龜）龜俯者靈（行頭低）仰者謝（行頭仰）前弇諸果（甲前長）左倪不類（行頭）（今江東所謂者以甲卜審）右倪不若（行頭右庳為右食甲形皆爾）一曰神龜（龜之最神明）二曰靈龜（涪陵郡出大龜甲可以卜緣中文似瑇瑁俗呼為靈龜即今觜蠵龜一名靈蠵能鳴）（蠵以規切）三曰攝龜（小龜也腹甲曲折解能自張閉好食蛇江東呼為靈龜也）四曰寶龜（書曰遺我大寶龜）五曰文龜（甲有文彩者河圖曰靈龜負書丹甲青文）六曰筮龜（常在蓍藂下潛伏見龜策傳）七曰山龜八曰澤龜九曰水龜十曰火龜（此皆說龜生之處所火龜猶火鼠耳物有含異氣者不可以常理推然亦無所怪）

周易曰或益之十朋之龜

又說卦曰離為龜



京房易緯曰靈蓍四十九莖下有千歲神龜守之

焦贛易林曰龜伏江海陸行不止自令枯槁失其都市

尚書臯陶謨曰昆命于元龜

又禹貢曰九江納錫大龜

又曰寧王遺我大寶龜（文王也遺我大寶龜疑則卜之）

尚書中候曰堯沉璧於洛玄龜負書出於背中赤文朱字止壇場沉璧於河黑龜出赤文題

又曰周公攝政七年制禮作樂成王觀於洛沉璧禮畢王退有玄龜青純蒼光背甲刻書上躋于壇赤文成字周公寫之

雒書曰靈龜者玄文五色神靈之精也上隆法天下法地能見存亡明於吉凶王者不偏黨尊耆老則出

洪範五行曰龜之言久也千歲而靈此禽獸而知吉凶者也

周禮天官上鼈人曰春獻鼈蜃秋獻龜魚又春官下龜人曰龜人掌六龜之屬各有名物天龜曰靈屬地龜曰繹屬東龜曰果屬西龜曰雷屬南龜曰獵屬北龜曰若屬凡取龜用秋時攻龜用春時各以其物入于龜室（六龜各異室也）

大戴禮曰甲之蟲三百六十而神龜為之長

禮記月令曰季秋登龜取黿（甲類秋乃堅成故是月登取）

又學記曰青黑緣者天子之寶龜也

又禮運曰麟鳳龜龍謂之四靈

逸禮曰天子龜尺二寸諸侯八寸大夫六寸士民四寸龜者陰蟲之老也龜三千歲上游於卷耳之上老者先知故

禮統曰神龜之象上員法天下方法地背上有盤法丘山玄文交錯以成列宿五光昭若玄錦文運轉應四時長尺二寸明吉凶不言而信



左傳襄二十三年曰臧武仲自邾使告臧賈且致大蔡焉（大蔡臧文仲所居大龜也）曰紇不佞失守宗祧（祧廟）敢告不弔（言我為人後不紇至於道而失守）之罪不及不祀（不祀絕也言宜有後也）子以大蔡納請其可（請為先人立後其必可也）賈曰聞命矣再拜受龜

公羊傳定公曰弓繡質（質拊）龜青純（純緣）

春秋運斗樞曰瑤光星散為龜

史記龜策傳曰余至江南觀其行事問其長老云龜千歲乃遊蓮葉之上江傍家人嘗畜龜飲食之以為能道引致氣有益於助衰養老豈不偉哉

史記褚先生曰能得名龜者財物歸之家必大富至千萬一曰北斗龜二曰南辰龜三曰五星龜四曰八風龜五曰二十八宿龜六曰日月龜七曰九州龜八曰王龜凡八名龜

龜各有文在腹下此龜不必滿尺二寸民人得長七八寸可寶矣神龜出於江中廬江郡常歲時出龜長尺二寸者二十枚輸太卜官太卜官因以吉日剔取其腹下甲龜千歲乃滿尺二寸有神龜在江南嘉林中嘉林者獸無虎狼鳥無鴟梟草無毒螫野火不及斧斤不至是謂嘉林龜在其中嘗巢於芳蓮之上左脅書文曰甲子重光得我者匹夫爲人君有土正諸侯得我爲帝王南方老人用龜支牀足行二十餘歲老人死後移床龜尚生能行氣導引。又曰宋元王二年江使神龜使於河至於泉陽漁者豫且舉網得而囚之置之籠中夜半龜來見夢於宋元王曰我爲江使於河而網當吾路泉陽漁者豫且得我我不能去身在患中王有德義故來告愬元王惕然乃召博士衛平而問之平曰龜也王求之泉陽豫且曰夜半舉網得龜使者載



行入端門見王延頸而前三步而止縮頸而却復其故處於是元王擇日齋戒以刀剥之元王之時衛平相宋宋國最強龜之力也

魏略曰文帝時神龜出於靈芝池

晉書曰懷帝永嘉元年有白龜出於覇水也

崔鴻十六國春秋前燕録曰海出大龜枯死於平墩遼東送之侍郎王弘以爲宇文允得龜滅亡之徵也

晉書曰符堅末高陸人穿井得龜大三尺背上有文象八卦堅命太卜池養之食以粟及死藏其骨於太廟是夜廟丞高虜夢龜謂之曰我本出將歸江南遭時不遇殞命秦庭又有人夢於虜曰龜三千六百歲終必妖興亡國之象也其後竟驗。又載記曰乞伏國仁隴西鮮卑人也昔有如弗斯出連叱盧三部自漠北南出大陰山遇一巨蟲於路狀若神龜大如阜乃殺馬而祭之祝曰若善神也便開路惡神也遂塞不通俄而不見乃有一小兒在焉

南齊書曰永明年唐潛獻青毛神龜一頭。梁書曰元帝爲江州刺史時有安成望族劉敬躬者田間得白蛆化爲金龜將銷之龜生光照室敬躬以爲神而禱之所請多驗也

三國典畧曰梁陸法和至襄陽城北大樹下畫地方二尺令弟子掘得一龜長一尺五寸杖叩之曰汝欲出此已數百歲若不遇我豈見天子日爲授三歸龜乃入草去

陳書曰武宣章皇后母常遇道士以小龜遺已光采五色曰三年有徵及碁后生紫光照室因失龜所在

隋書曰開皇中掖庭宮每有人來挑宮人宮司以聞帝曰門衛甚嚴人何從而入當是妖精耳因戒宮人曰若逢但斫之其後有物如人夜來登床宮人抽刀斫之若中枯骨



其將落牀而走宮人逐之因入池而沒明日帝令涸池得一龜徑尺餘其上有刀迹煞之遂絶

唐書曰先天二年丁未江州獻靈龜六眸腹下有玄文象卦文

梁記曰朱友貞末年許州獻緑毛龜以爲瑞因宮中造室以居之目爲龜堂

晉史曰安州李金全之將叛也郡樓有介蟲如龜而巨鱗鋭首能陷堅出於金全足下金全惡而焚之

列子曰渤海之東有大壑焉其中有山無所連著常隨潮波上下往還不得暫峙焉仙聖毒之訴於上帝帝恐流於西極失羣聖之居使巨龜十五舉首而戴之迭爲三番六萬歲一交焉五山始峙而不動龍伯之國有大人舉足而不盈數十步而暨五山之所一釣而連六龜合負而趣歸

其國灼其骨以數焉

莊子曰莊釣於濮水楚王使大夫往先白焉曰願以境內累子莊子持竿不顧曰吾聞楚有神龜死已三千歲矣巾笥而藏之廟堂之上此龜者寧其死留骨而貴乎寧其生而曳尾塗中乎大夫曰寧生而曳尾塗中莊子曰往矣吾將曳尾於塗中

又曰宋元君夜半而夢人被髮窺阿門曰予自宰露之淵予爲清江使河伯之所漁者余且得予元君覺召占夢者占之曰此神龜也君曰漁者有余且乎左右曰有君曰令余且會朝明日余且朝君曰若漁何得荅曰且之網得白龜五尺君曰獻若之龜龜至君再欲殺之再欲活之心疑卜之曰殺龜以卜吉乃刳龜以卜七十二鑽而無遺筴仲尼曰神龜能見夢於元君而不能避余且之網智能七十二鑽而無遺筴不能避刳腸之患



淮南子曰龜三千歲蜉蝣不過三日以蜉蝣而爲龜憂養生之具人必笑之

又曰牛驕彘顱亦骨也而弗灼必問吉凶於龜者以其歷歲久也

抱朴子曰千歲靈龜五色具焉其雄額上兩骨起似角解人言浮於蓮葉之上或在叢蓍之下以來朱浴之乃刳取其甲火炙擣服方寸匕日三盡一具壽千歲

又曰山中辰日稱雨師者龍也巳日稱寡人者社中蛇也稱時君者龜也

又曰郄儉少時行獵墮空冢中饑餓見冢中先大龜數數迴轉所向無常張口吞氣或俛或仰素聞龜能導引乃試隨龜所爲遂不復饑百餘日後竟能咽氣斷穀魏王弃置土室中閇試之一年不食顏色悅懌氣力自若

符子曰邦人獻燕昭王以大豕者曰於今百二十歲邦人謂之豕仙其羣臣言乎昭王曰是豕無用王命宰夫而膳之豕既死乃見夢於燕相曰令杖君之靈而化吾生也始得爲魯津之伯而浮舟者食我以稉粮之珎而欣君之惠將報子焉後燕相遊于魯津有赤龜銜夜光而獻

金樓子曰黃金滿笥不以投龜明珠徑寸豈勞彈雀

又曰巨龜在沙嶼間背上生樹木如淵島嘗有商人依其採薪及作食龜被灼熱便還海於是死者數千人

又曰陽郡山中有巨龜長八尺腹下有文字前後足下各躡一龜有時踰山越水咸覩異之

說苑曰靈龜五色色似玉背陰向陽上隆象天下平法地轉運應四時蛇頭龍脰左精象日右精象月知存亡吉凶之變

又曰城濮之戰文公謂咎犯曰吾卜戰而龜熸潛音我迎歲彼背歲彗星見彼操其柄我操其標吾又夢與荊上搏彼在上我在下吾以無戰子以爲何如咎犯對曰卜戰龜熸是荊人也我迎歲彼背歲彼去我從之也。又曰晉屠岸賈欲追趙氏趙盾夢見叔帶持龜而哭甚悲已而笑拊手且歌謂趙盾卜之占兆絕而後好趙史援占曰此甚惡非君之身



國語曰夫服心之文也如龜焉灼其中必文於外若楚公子不爲君必死不合諸侯矣。家語曰孔子問漆彫憑曰子事臧文仲武仲及孺子容此三大夫者孰爲賢乎對曰臧氏家有守龜焉文仲三年而爲一兆武仲三年而爲二兆孺子容三年而爲三兆憑從此見之若夫三人之賢與不賢所未敢識也孔子曰君子哉漆彫氏之子其言人之美也隱而顯言之過也微而著智不能及明不能見孰克如之

論衡曰龜三百歲大如錢游華葉上三千歲則青邊有距
山海經曰大苦山陽狂水出焉注于伊水中多三足龜
星經曰天龜五星在南漢中
廣志曰蕭(茲維切)蟕(夷焦切)形如龜出交州山龜在山上食草
長尺餘
栁氏龜經曰龜一千二百歲可卜天地之終始何以言之
三千四十二占於天地千歲之龜甲黒龜有五色時用之
神仙傳曰南極子鼢即柸呪之即成龜煑之可食腹藏皆
具柸成龜殼煑取肉還成柸
會稽後賢傳曰孔愉字敬康嘗至吳興餘不亭見人籠龜
於路愉求買而放於溪中龜行至水反顧視愉及封此亭
而鑄印龜首廻屈三鑄不正有似昔龜之顧靈德感應如
此○華陽國志曰秦惠王十二年張儀司馬錯破蜀克之儀因



築城城終頹壞後有一大龜從硎而出周行旋走乃依龜
行所築之乃成○古史考曰伏羲時靈龜負河圖(八卦是也)
洛陽記曰禹時有神龜於洛水負文列於背以受禹文即
治水文也
南越志曰龜甲名神屋出南海生池澤中吳越謂之元佇
神龜大如拳而色如金上甲兩邊如鋸齒爪利而能緣大
木搏鳴蟬至美可食不中於卜以其小故也
嵩高山記曰千歲松或化爲伏龜
義興記曰君山廟其下有池池中有三足六眼龜
崔豹古今注曰龜一名玄衣督郵一名元緒
王子年拾遺録曰崑崙山第五層有神龜長一尺九寸四
翼萬歲則升木而居世亦能言矣
郭子横洞冥記曰黃安代郡人也常去自云卑猥不敢處

人間執鞭懷而欲書畫地以記其數一夕地成池矣明朦
移亦復成池時人謂言黃安舌耕年可八十餘視若童子
常服朱砂舉體皆赤冬不着衣坐一大神龜時人問子坐
此龜幾年對曰昔伏羲氏始造網罟有此龜以授吾龜背
巳平此蟲畏日月之光二千歲而一出頭我坐此龜巳來
五遇出頭矣行則負龜而移世人謂黃安萬歲
博物志曰人有出行墜深泉澗者無出路饑餓分死左右
見龜蛇甚多朝暮引頸向東方人因伏地學之遂不復饑
體殊輕便能巖　岸經數年後試竦身舉臂遂超出澗上
即得還家顏色悦懌頗更黠慧勝故還食穀啖滋味百餘
日中復其本質
又曰龜三千歲猶旋卷耳之上著千歲三百莖同本以老
知吉凶



神異經曰西方大荒中有人焉長丈其腹圍九尺踐龜蛇
載朱鳥知河海升斛識山石多少知天下鳥獸言語
續搜神記曰司徒蔡謨親友王蒙者單獨常爲蔡公所怜
公嘗令曰捕魚獲龜如車輪公付厨帳下倒懸龜着屋
蒙其夕纔眠巳厭如此累夜公聞而問蒙何故厭荅云
眠輒夢人倒懸巳公容慮向龜乃令人視龜所在果倒
懸着屋公嘆曰果如所度命下龜於地於是蒙即得安
寢龜乃去○又曰晉咸康中豫州刺史毛寶戍邾城有一
軍人於武昌市見人賣一白龜子長四五寸潔白可愛
寶便買取持歸着甕中養之日日大近欲尺許其人憐
之持至江邊放水中視其去後邾城遭石勒敗毛寶弃
豫州既越江莫不沉溺寶于時被鎧持刀亦同自投既入
水中覺如隨一石上水裁至腰須臾游去中流視之乃是

先所養白龜甲六七尺既送至東岸出頭視此人徐游而
去中江猶迴首數焉。又曰鄱陽縣民黃赭入山採荆楊
子遂迷不知道數日饑餓忽見一大龜赭便呪曰汝是靈
物吾迷路不知道今騎汝背示吾路龜即回右髆赭即從
行去十餘里便至溪水見賈客行舟赭即往乞食便語舡
人云我向者於溪邊見一龜甚大可共往取之言訖面即
生瘡既往亦復不見龜還家數日病瘡而死
劉敬叔異苑曰餘姚縣倉封印完全而開之覺大損耗後
伺之乃是富陽縣桓王陵上雙石龜所食即密令毀龜口
於是不復損耗
又曰孫權時永康有人入山遇一大龜即束之歸龜便言
曰遊不良爲時君所得人甚怪之載出欲上吳王夜泊越
里纜舡於大桑樹宵中樹呼龜曰勞乎元緒奚事爾耶龜
曰我被拘縶方見烹臛雖盡南山之樵不能潰我樹曰諸
葛元遜博識必致相苦令求如我之從計從安出龜曰子
明無多辭禍將及爾樹寂而止既至權命煑之焚柴萬車
語猶如故諸葛恪曰燃以老桑乃熟獻人仍說龜樹共言
權登使伐取煑龜立爛今烹龜猶多用桑薪野人故呼龜
爲元緒
孔氏志怪曰會稽吏謝宗赴假吳中獨在舡忽有女子姿
性妖婉來入舡問宗有佳絲否欲市之宗因與戲女漸相
容留在舡宿歡宴繼曉因求宗寄載宗便許之自爾舟人
恒夕但聞言笑兼芬馥氣至一年往來同宿密伺之不見
有人方知是邪魅遂共掩之良久得一物大如枕須臾又
得二物並小如拳以火視之乃是三龜宗悲思數日方悟
自說此女子一歲生二男大者名道愍小者名道興既爲



龜送之於江
廣五行記曰晉孝武太元中吳郡岑泉爲司農造碑於江
畔湖西之村見石龜載碑從田中出還其先處萍藻猶在
腹下其月泉暴亡
任昉述異記曰陶唐之世越裳國獻千歲神龜方三尺餘
背上有文背科斗書記開闢已來命録之龜曆伏滔述帝功德銘曰胡書龜曆之文
又曰周時城陽雨錢終日方絶王莽時未央宮雨五銖錢
既至地悉爲龜兒
又曰龜一千年生毛壽五千歲謂之神龜壽萬年曰靈龜
孫惠龜賦曰有輜衣之大夫兮衣玄纁之衣裳乘輜車之
岌兮駕雲霧而翺翔風雨爲之奮兮五色赫以焜煌
李顒龜賦曰質應離象位定坎居賤彼孚願貴我靈符浮
洛川見緯書洞祕賾通玄虛

太平御覽卷第九百三十一

太平御覽卷第九百三十二

鱗介部四

鼈　黿　鼉　吊

## 鼈

易說卦曰離爲鼈

爾雅曰鼈三足能（今吳興陽羡縣君山上有池中出三足鼈）

周書曰成王時長沙獻鼈蜃

周禮天官鼈人曰鼈人掌取互物以時籍魚鼈蜃（鄭司農云籍謂以杖剌泥中搏取之）春獻鼈蜃

禮記曲禮上曰水潦降不獻魚鼈（不饒多也）

又樂記曰土敝則草木不長水煩則魚鼈不大

魏略舊志曰昔北方有槖離之國者其王侍婢有身王欲殺之婢云有氣如鷄子來下我故有娠後生子王捐之於溷中猪以氣嘘之徙馬櫚馬以氣嘘之王疑之以天子乃命其母收畜之名曰東明常令牧馬東明善射王恐奪其國欲殺之東明走南至淹水以弓擊水魚鼈浮爲橋東明得渡而魚鼈解散追兵不得渡東明因都王夫餘之地



後魏書曰夫餘之臣以朱蒙善射欲殺之朱蒙母以告朱蒙與烏違二棄之夫餘東南走遇一大水欲濟無梁蒙告水曰我是　河伯外孫今逃追兵垂及如何於是魚鼈並浮爲成橋朱蒙得渡追騎不得渡蒙至絶外骨城遂居焉○隋書曰崔弘度每誡其寮吏曰人當誠恕無得欺誑皆曰諾後嘗食鼈侍者八九人弘度一一問之曰鼈美乎人懼之皆云鼈美弘度於是大罵曰傭奴何敢誑我汝初未食鼈安知其美俱杖之八十官屬百工見之莫不流汗無敢欺隱

孫卿子曰跬步不休跛鼈千里（淮南子同）

莊子曰埳井之跬謂東海鼈曰吾跳梁井幹之上入沐缺甃之岸樂亦至矣子奚不時來入觀乎海鼈左足未入而右膝已縶矣於是逡巡而却告之曰夫海千里之遠不足舉其大千仞之高不足極其深禹時十年九潦而水不爲加益湯時八年七旱而岸不加損夫不爲頃臾推移不以多少進退者此亦東海之大樂也於是蛙聞之適適然驚規然自失

韓子曰鄭縣人卜子毒妻之市買鼈以歸潁水以爲渴因縱而飲之遂失鼈

淮南子曰鼈無耳而目不可以瞥精於明也（不可以瞥瞥則見）

又曰王子慶忌足躡麋鹿手縛兕虎置之冥室之中不能搏龜鼈勢不便也（慶忌吳王僚之子也）



又曰大生小多生少天之道也故立阜不能生雲雨滎水不能生魚鼈者小也

又曰殺戎馬而求狐狸援兩鼈而失靈龜斷右臂而爭一毛折鏌鋣而爭鷄刀用智如此豈足高乎（高猶貴也）

又曰忠信形於內感動應於外故禹執干戚舞於階之間而三苗服（三苗畔禹禹風以禮樂而服也）鷹翔川魚鼈沉（禹以德服三苗猶鷹翔川上魚鼈恐皆深）飛鳥揚（鳥見鷹而揚去）必遠實也（鷹懷欲害之心故鳥魚知其情實故遠之）

說苑曰曾子有疾曾元抱首曾華抱足曾子曰吾無顏氏之才何以告汝雖無能君子務益夫華多實少者天也言多行少者人也夫飛鳥以山爲卑而層巢其顛魚鼈以淵爲淺而穿穴其中然所以得者餌也君子苟能無以利害身辱安從至乎

國語曰公父文伯飲南宮敬叔酒以露賭父爲客（賭父曾大夫客）

上也客羞鼈焉小睹父怒相延食鼈辭曰將使鼈長而後食之遂出文伯之母聞之怒曰吾聞之先子曰祭養尸饗養上賓（言祭祀之禮尊養尸饗宴之禮養上賓）鼈於何有而使夫人怒曰遂逐之五日

呂氏春秋曰水之深則魚鼈歸之樹之盛則飛鳥歸之庶草美則禽獸歸之人主賢則豪傑歸之

晏子春秋曰齊大旱景公召羣臣問曰寡人欲祀河伯可乎晏子曰不可河伯以水爲國以魚鼈爲民彼獨不欲雨乎祀之何益

山海經曰從山多三足鼈

顧譚新言曰吳之翫水若魚鼈蜀之便山若禽獸

神仙傳曰汝南郡中常有鬼怪歲輒數出過時導從威儀如太守入府打鼓周行内外乃還去甚以爲患後費長房詣府君而正值此鬼來到府君門常徑入獨此來至門而巳不敢前欲去長房厲聲呼使促前來鬼化作老公乃下車把板伏庭中叩頭乞得自改長房曰汝死老鬼不念良善無故導從盪突官府知當死不復汝真形此鬼須臾即成大鼈如車輪頸長一丈許長房復令還就人形以一札符付之令送與葛陂君鬼叩頭流涕持一札符去使人追視之至陂邊以頸繞株而死

王子年拾遺記曰容山下有水多丹鼈魚皆能飛躍

星經曰天鼈十三星在南斗主水蟲

南越志曰海中有朱鼈狀如肺有眼六脚而常吐珠見則天下大旱

崔豹古今注曰鼈一名河伯從事

博物志曰九竅者胎化八竅者卵生龜鼈黿鼉此諸類皆卵生而影伏

又曰大要無雄龜鼉類也無雄與蛇通氣則孕

又曰鼉剉令如基擣赤莧汁和合厚以茅苞五六月中作投於池澤中經旬臠臠成鼈

志怪曰昔有人與奴俱得心腹病治不能愈奴死乃剖腹視之得一白鼈赤眼甚鮮淨以諸藥内鼈口中終不死後有人乘白馬來者馬溺濺鼈縮頭藏脚乃試取馬溺灌之豁然消成水病者頓飲一升即愈

淮南萬畢術曰青泥殺鼈得莧復生

## 黿

禮記月令曰季秋登龜取黿

左傳宣上曰楚人獻黿於鄭靈公公子宋與子家將見子公之食指動以示子家曰他日我如此必嘗異味及入宰夫將解黿相視而笑公問之子家以告及食大夫黿召子公而弗與也子公怒染指於鼎嘗之而出

廣雅曰海黿大斛重千鈞

續漢書曰靈帝時江夏黃氏之母浴而化爲黿入于深淵其後時時出見初浴簪一銀釵及見猶在其首

唐史曰韋丹少在東洛嘗至中橋見數百人喧集水濱乃漁者網得大黿繫之橋柱引頸四顧有求救之意丹問曰幾錢可贖曰五千丹曰吾驢直三千可乎曰可於是與之放黿於水徒步而歸

淮南子曰桀之力別觡伸鉤（洛骨也）索鐵揉金椎移大戲（大獸單之）獺水殺黿鼉陸捕熊羆

又曰積力之所舉則無不勝也衆智之所爲則無不成也埳井之所無黿鼉隘也園中之無脩木小也

又曰高山險阻深林藂薄虎豹之所樂也人入之而畏川谷通原積水重淵黿鼉之所便也人入之而死

魏子曰夫樹樹異風人人異心不可以一檢量故黿鼉得水則生虎豹得水則死

晏子春秋曰齊三子爭桃古冶子曰吾嘗濟河黿銜左驂而入砥柱流冶潛行逆流百步從流九里得黿頭鶴躍而出君冶之功可以食桃

抱朴子曰在頭水有大黿常在深潭號爲黿潭此能作魅行病吳有道士戴炳者能視見之以越章封泥遍擲潭中良久有大黿徑長丈餘浮出不敢動乃格殺之而病者並愈又有小黿出羅列死於渚上甚多

書紀年曰穆王三十七年起師至九江以黿爲梁也

璅語曰范獻子獵占之曰此其繇也君子得黿小人遺冠



獻子獵而不得遺其豹冠

列仙傳曰廬山項上有湖湖廣數頃黿鼉盈於水中

博物志曰屠黿解其肌肉唯腸連於頭而經日不死猶能齧物鳥往食之則爲所得漁者或以張鳥雀

崔豹古今注曰黿爲河伯使者

搜神記曰齊景公渡于江沅之河黿銜左驂沒之衆皆惕懼古冶子於是拔劒從邪行五里逆三里至于砥柱之下乃黿也左手持黿頭右手挾左驂鸞躍鵠踊而出仰天大呼水逆流三百步觀者皆以爲河伯也

淮南萬畢術曰黿脂得火可以燃鐵取黿殺之燒鐵如炭狀以卒其脂中鐵自

爇燒黿致鼈取黿燒之鼈自至

楚辭曰乘白黿兮逐漁言河伯遊戲近則乘黿也

宋玉高唐賦曰黿鼉鱣鮪交積縱橫

## 鼉

毛詩文王靈臺曰鼉鼓逢逢

禮記月令曰季秋之月伐蛟取鼉

說文曰鼉水蟲似蜥蜴長丈所從黽單聲

汲冢周書王會曰會稽以鼉注其皮可以冠鼓

吳志曰孫亮初公安有白鼉鳴瑤曰鼉鳴龜背平南郡城中可求生守死不去來無成明年諸葛恪敗弟融鎮公安被收融刮金印龜背一服而死江表傳同

莊子曰孔子觀於呂梁懸水三十仞流沫三十里黿鼉不得游見一丈夫游之數百步而出孔子請問曰有道乎丈夫曰吾長於性成乎命從水之道而無私焉

呂氏春秋曰帝顓頊令飛龍作八風之音以祭上帝乃會爲樂呂鼉乃偃寢以其尾擊腹其音美也



搜神記曰滎陽張福船行夜有女子乘小舟來投福云日暮畏虎不敢夜行福戲調之遂就福寢中夜月照乃見一白鼉枕福臂而卧福驚起鼉便去乘之舡乃枯槎也

郭義恭廣志曰鼉魚長三尺有四足高尺餘尾如蝘蜓而大南方嫁娶必得食之魏武赤壁還所掘得之是也

支僧載外國事曰私訶條國全道遼山有毗呵羅寺寺中有石鼉至有神靈衆僧飲食欲盡寺奴輒向石鼉作禮於是食具

許氏志怪曰沙門竺僧瑤得神符尤能治邪廣陵王家女病邪召瑤治之瑤入門便瞋目大罵老魅不守道敢干犯人女在內大喚云人殺我夫鬼在側曰吾命盡於今可爲痛心因歔欷悲啼又曰此神也不可爭傍人悉聞於是化爲老鼉走出中庭瑤入撲殺之

幽明録曰宋髙祖永初中張春爲武昌太守時人有嫁女未及昇車忽便失性出外毆擊人乘玄已不樂嫁俗人巫云是邪魅乃將女江際擊鼓以術祝治療春以爲欺惑百姓制期須得妖魅後有一青蛇來到巫所即以大釘釘頭至日中復見大龜從江來伏前更以赤朱書背作符更遣入立至暮有大白鼉從江中出乍沉乍浮向龜隨後催逼鼉自忿死冒來先入幔與女辭訣女慟哭云失其因好自此漸差或問巫曰魅者歸於何物巫云蛇是傳通龜是媒人鼉是其對所獲三物悉示春春始知靈驗

吊

裴氏廣州記曰吊蛇頭鼉身亦水宿亦木棲俗謂爲吊膏至輕利以銅瓦器貯之浸出而唯鷄卵盛之不漏磨治諸毒腫絶驗也



太平御覽卷第九百三十二

太平御覽卷第九百三十三

鱗介部五

蛇上

周易繫辭下曰尺蠖之屈以求信也龍蛇之蟄以存身也

爾雅曰螣螣蛇（龍類也能興雲霧而遊其中淮南云螣蛇）蟒王蛇（郭璞注曰蟒蛇最大者故曰王蛇）

左傳莊公曰初內蛇與外蛇鬬於鄭南門之中內蛇死六年而厲公入

又文下曰有蛇自泉宮出入于國如先君之數（自伯禽至僖公十七君）秋八月辛未聲姜薨毀泉臺（魯人以爲蛇妖所出而聲姜薨故壞之）

又襄三叔向毋曰深山大澤實生龍蛇

又襄五梓慎曰今茲宋鄭其饑乎蛇乘龍（蛇玄武之宿虛危之星）

史記曰秦文公夢黃蛇自天下屬地其口出於鄜衍文公問史敦敦曰此上帝之徵君其祠之於是作鄜畤



漢書曰高祖以亭長送徒驪山夜行經豐西大澤中有大蛇當道拔劒斬之遂行後人至者見一老嫗哭蛇曰此白帝子也向亦帝子過而殺之嫗因忽然不復見

後漢書曰華他嘗行道見有病咽塞者（咽喉也）因語之曰向來道隅有賣餅人蓱齏甚酸可取三外飲之病自當去即如他言乃立吐一蛇

晉書曰杜預先在荊州因宴集醉卧齋中外人聞嘔吐聲竊窺於户而見一大蛇垂頭而吐聞者異之

又曰樂廣常有親客久闊不復來廣問其故荅曰前在坐蒙賜酒方欲飲見盃中有蛇意甚惡之既飲而疾于時河南聽事壁上角漆畫作蛇廣意盃中蛇即角影也復置酒於前處謂客曰酒中復有所見不荅曰所見如初廣乃告其所以客豁然而解沉痾頓愈

又曰趙王倫簒位殿上有大蟒及小蟒耳間垂肉似重孝幘小蟒亦然

又曰慕容熙遊于城南止大柳樹下若有人呼曰大王且止熙惡之伐其樹乃有蛇長丈餘從樹中而出

又曰沮渠蒙遜攻浩亹而蛇盤於帳前蒙遜笑曰前爲一騰蛇今盤在吾帳天意欲吾回師先定酒泉燒攻具而還

沈約宋書曰劉秀之少孤貧有志操十許歲時與諸兒戲於前渚忽有大蛇來勢甚猛莫不顛沛驚呼秀之獨不動衆並異焉

南史曰梁主衣庫見黑蛇長丈許數十小蛇隨之舉頭高丈餘南望俄失所在帝又與宮人幸玄州苑復見大蛇盤屈於道羣小蛇遶之並黑色帝惡之宮人曰此非怪也恐是錢龍帝勑所司即日取數十萬錢鎮於蛇處以厭之因設法會赦囚徒賑窮乏退居栖心省又有蛇從屋墜落帝幘上忽然便失又龍光殿上所御肩轝復見小蛇縈屈轝中以頭駕夾膝前金龍頭上見人走逐之不及



梁書曰倭國有獸如牛名山鼠又有大蛇吞此獸蛇皮堅不可斫其上有孔乍開乍閉時或有光射中之蛇則死矣

陳書曰後主末年昏淫政亂秘書監傅縡上書諫諍後主逼令自盡死後有惡蛇上屋來靈牀當前受祭酹而去復來百有餘日時有彈指聲俄而陳滅

後魏書曰東魏孝靜帝武定中有大蛇見武牢城上時武豫州刺史高仲密以武牢叛死者數千人後武消難之任武牢蛇又見消難亦叛土人謂之雌龍

隋書曰煬帝大業末年翟讓初見李密衣在格上密懸帶

化爲赤虵讓心異之竟爲密所殺
又曰薛濬初爲童兒時與宗中諸兒遊戲于澗濵見一黄虵有角及足召羣兒共視了無見者濬以爲不祥歸而憂悴毋逼而問之濬以實對時有胡僧詣宅乞食濬毋怖而告之僧曰此乃兒之吉應且是兒也早有名位然壽不過六七耳言終而出忽然不見時咸異之旣而壽終於四十二六七之言於是驗矣
又曰李密據偃師王世充領兵討之夜有班蛇長丈餘向寢屋作聲如牛吼執伏者斬之明日戰大潰疋馬歸國
唐書曰太宗屯柏壁常欲覘敵潛軍逺抄騎皆四散太宗與一甲士登丘而睡俄然賊兵四面雲合不之覺也會有虵逐鼠觸甲士驚起因見賊至遽白太宗而俱上馬馳百餘歩爲賊所及發大羽箭射之殪其驍將賊騎乃退當時以爲神異焉



又曰建中三年趙州寧晉縣仁孝里沙北有棠樹甚茂百姓禱之爲神忽有羣虵數千自東南來趨北岸集棠樹下爲二積留居南岸者爲一積俄有三龜徑寸繞行積傍積虵盡死而後各登其積野人以告虵腹皆有瘡若矢所中
又曰元和中五坊小使每羣聚於賣酒食家肆情飲啖將去留虵一篋誡之曰吾以此虵致供奉鳥雀可善飼之無使飢渴主人賂而謝之方肯携虵篋而去
又曰李朝晟爲邠州刺史城方渠無水師徒嚻然遽有青虵乘高而下視其跡水隨而流朝晟令築防環之遂爲停泉軍人仰飲以足圖其事上聞詔致祠焉
又曰罽賔國有鼠喙尖而尾赤能食虵有被虵螫者鼠輒嗅而尿之其瘡立愈

後唐史曰清泰三年春有虵鼠鬬于師子門外而鼠殺虵
晉史曰高祖即位之前一年歳在乙未鄴西李固橋下鼠與虵鬬鬬及日之中虵不勝而死行人觀者志之後唐果滅於中
周史曰太祖常寢柴后見五色小虵入觀鼻間心異之知其必貴敬奉愈厚
戰國策曰昭陽爲楚伐魏覆軍殺將移師攻齊陳軫爲齊王使見昭陽曰楚有祠者賜其舍人酒一巵（巵酒器也受四升巵章移切）舍人相謂曰數人飲之不足一人飲之有餘請各畫地爲虵虵先成者飲酒一人先成引酒且飲之乃左手持巵右手畫虵曰吾能爲之足爲足未成一人虵後成奪其巵曰虵故無足子安能爲之足遂飲其酒爲虵足者終亡其酒今公攻魏破軍殺將又將移師攻齊齊畏公甚戰勝不知止猶爲虵足昭陽解軍而歸○孫子兵法曰善用兵者譬如率然率然常山之虵也擊其首則尾至擊其尾則首至擊其中身則首尾俱至



愼子曰螣虵遊霧飛龍乘雲雲罷霧散與蚯蚓同
韓子曰昔黄帝合鬼神於西太山作爲青角虎狼在前蟲虵伏後
又曰蟺似虵而蠶似蠋人見虵則驚駭見蠋則毛起漁者持蟺婦人拾蠶利之所在皆爲賁諸
又曰鴟夷子皮事田成子成子去齊亡之燕鴟夷子皮負傳而從至望邑曰子獨不聞涸澤之虵乎澤涸將徙有小虵謂大虵曰大虵行而小虵隨之人以爲虵之行者耳必有殺子子不如相銜負我以行人必以我爲神也乃相負越公道而行人皆避之今子美而我惡以子爲我上客一

乘之君也以子爲我使若萬乘之卿也不如爲我舍人田
成子負傳而隨之至逆旅君待之甚敬因獻酒肉
淮南子曰越人得蚺蛇以爲上肴中國得而棄之無用（蚺蛇大蛇也其長數丈）
又曰犧牛騂毛宜於牲其象以致雨不若黑蜧（黑蜧黑色蛇屬也蜧潛於水神象能致雨也）
又曰神蛇能斷而復屬而不能使人勿斷也
又曰昔容成氏之時道路鴈作行而處（容成黃帝時造曆上）記嬰兒於
巢上致餘糧於畝首虎豹可尾虺蛇可蹍
又曰虎豹不可使緣木蝮蛇不可以安足
淮南万畢術曰烏喙蛇肝病病作不苦（取烏喙蛇肝各等治和丸如梧桐實欲作吞一九人不倦矣）
抱朴子曰巳日山中稱寡人者社中蛇也



又曰或問隱居山澤治蛇蝮之道曰昔員丘多大蛇又生
好藥黃帝將登焉廣成子教之佩雄黃而蛇去也今帶武
都雄黃色如鷄冠者五兩以入山林則不畏蛇蛇若中人
以少許雄黃末傅之瘡中登愈
又曰蛇類雖多唯有蛇蝮中人至急一日不治則殺人若
不曉方術而爲此蛇所中者但以刀割瘡肉投地其肉沸
如火須臾燋盡而人得活也
山海經曰泰華山有蛇名曰肥遺六足四翼見則天下大旱
又曰巴蛇吞象三歲而出骨君子服之巳心腹之疾（今南方蚺蛇吞鹿巳爛自絞於樹腹中骨皆穿鱗甲間出此類也）
又曰大同之山有蛇名曰長蛇其毛如彘豪其音如鼓柝（如鼓人擊柝身音吒）
又曰鱗山多鳴蛇其狀如蛇四翼音如磬見則大旱

又曰黑齒人爲人黑齒有蛇一赤一青在其傍
又曰雨師爲人黑手各操一蛇
星經曰騰蛇二十二星在室北近河主蟲蛇
說苑曰齊景公獵上山見虎下澤見蛇問晏子曰此不祥
耶曰有賢不知知而不用用而不任此不祥耶山是虎室
澤是蛇窟何不祥乎
新序曰太子申生至靈臺蛇遶左輪御曰速得國之祥太
子遂不反伏劒而死
賈誼書曰晉文公出田前驅還曰前有大蛇其高如隄橫
道而處文公曰還車而歸其御曰臣聞祥則迎之妖則凌
之今前有妖請攻之公曰不可吾聞天子夢惡則脩道諸
侯夢惡則脩政大夫夢惡則脩身善是則禍不至今我有
失行而天戒以妖我若攻之是逆天令也乃歸齋宿而請



於廟退而脩政居三日夢天誅蛇曰爾何敢當聖君之路
文公覺令人視之蛇巳魚爛矣（新序同）
又曰孫叔敖之爲見出遊還憂而不食其母問其故泣而
對曰今旦見兩頭之蛇恐死母問曰今蛇安在曰聞見兩
頭蛇者死恐他人復見之巳殺而埋之母曰無憂汝不死
矣吾聞之有陰德者天報以福（新序同）
列仙傳曰玄俗者自言河間人餌巴豆雲母賣藥於都市
七丸一錢治百病河間王病買服之下蛇十餘頭
酈善長水經注曰南鄉故城城南外舊有郡社柏樹大三
十圍蕭欣爲郡伐之言有大蛇從樹腹中墜下大數十圍長
三丈小蛇數十隨之入南山聲如風雨伐樹之前見夢於
欣欣不以厝意及伐之少日果死
又曰漢水又東合洛水水有二源合注壑於神蛇戍西左

右山溪多五色虵性馴良不爲物毒
又曰交州山多大虵名曰蚺虵長十丈圍七八尺常在樹上伺鹿獸鹿獸過便低頭繞之有頃鹿死先濡令濕訖便合頭角噉之骨皆鑽皮出山夷始見虵不動時便以大竹籤籤虵頭至尾殺而食之以爲珎異故楊氏南裔異物志曰蚺唯大虵旣洪且長采色駁犖其文錦章食豕吞鹿腴成養創賓享嘉宴是豆是觴言其養創之時肪腴甚肥

太平御覽卷第九百三十三

太平御覽卷第九百三十四

鱗介部六

虵下　　　　虺

虵下

風俗通曰車騎將軍巴郡馮緄字鴻卿爲議郎發綬笥有二赤虵可長三尺分南北走大用憂怖許季山孫憲得先人秘要緄請使卜云君後三歲當爲邊將東虵四五千里官以東爲名後五年爲大將軍南征此吉祥也

蜀王本紀曰秦王知蜀王好色乃獻美女五人蜀王遣五丁迎女還梓潼見一大虵入山穴中一丁引其尾不能出五丁共引虵山崩壓五丁

玄中記曰東海有虵丘之地衆虵居之無人民多神虵或人頭而虵身



又曰崑崙西北有山周廻三萬里巨虵長萬里虵常居此山飲食滄海

陳留風俗傳曰小黃縣者宋地故陽武東黃鄉也因黃水以名縣沛公起兵野戰喪皇妣于黃鄉天下平定乃使者以梓宮招䰟幽野於是丹虵在水自洗濯入于梓宮其浴有遺髮故謚曰昭靈夫人

雷次宗豫章記曰永嘉末有大虵長十餘丈斷道經過者輙以氣吸引取之吞噬已百數行旅斷道道士吳猛與弟子數人徃欲殺虵虵藏深穴不肯出猛符南昌社公虵乃出穴頭高數丈猛於尾緣背而以足按虵頭著地弟子於後以斧殺之

裴淵廣州記曰晉興郡蚺虵嶺去路側五六里忽有一物大百圍長數十丈行者過視則徃而不返積年如此失人甚多董奉從交州出由此嶠見之大驚云此虵也住行旅施符勑經宿徃看虵已死矣左右白骨積聚成丘

鄧德明南康記曰南野巘山有漢太傅陳蕃塚墓西岸有廟名曰宮渚昔值軍亂聞墓有三寶軍人爭掘指麾必啓忽大虵圍繞墳前崩雷晦雨當時竟不得發

宋永初山川記曰興古郡有大蛇名青蔥有大蛇名赤頸

又曰柴桑縣有飛蛇

外國圖曰圓丘有不死樹食之乃壽有赤泉飲之不老有大蛇多爲人害不可得居帝遊圓丘以雌黃精厭大虵

郭子橫洞冥記曰虵蜺出塗云國有青靈虵產珠色光白如璵琰之類

博物志曰蝮虵秋月毒盛無所蜇草木以泄其氣草木即死樵採設爲此草木所傷剌者亦殺人



又曰地三年種蜀黍其後七年多虵

廣志曰永昌郡有歧尾虵

又蝮虵與土色相亂長三四尺其中人以牙歷之裁斷皮出血則身盡痛九竅血出而死

列異傳曰壽光侯者漢章帝時人劾百鬼衆魅有婦爲魅所病侯劾得大虵又有大樹人止之者死鳥過亦死侯劾樹夏枯有虵長七八丈懸而死

捜神記曰魯定公元年有九虵繞柱占以爲九世廟不祀乃立煬宮

又曰隋侯行見大虵傷救而治之其後虵銜珠以報之

又曰竇武母產武而并虵虵送之林中後毋卒及葬未定有大虵自榛草而出赴葬所以頭擊柩涕血頂而去時人知爲竇氏之祥

又曰宋元嘉中廣州有三人共入山中伐木忽見石窠中有三卵大如升便取煑之湯始熱便聞林中如風雨聲須臾有一虵大十圍長四五丈逕來於湯中銜卵而去三人無幾皆死

又曰秦瞻居曲阿彭皇野忽有物如虵突入其腦中虵來先聞臭死氣便於鼻中入盤其頭中覺泓泓冷聞其腦間食聲咂咂數日而出去尋復來取手巾急縛口鼻亦被入積年無他病唯患頭重

異苑曰太元中汝南人伐竹見一竹中央虵形已成上枝葉如故吳郡桐廬民嘗伐餘遺竹見一宿竿成雉頭頸盡就身猶未成此亦竹爲虵虵爲雉也

又曰新野穣卷常與奴婢居野舍每至飯時輙有一物來其狀似虵長七八尺五色光鮮卷異而飴之遂經數載産業加焉奴後密打殺即得能食病日進三斛飯猶不爲飽少時而死



又曰丹陽鍾忠以元嘉冬月晨行見有一虵長二尺許文色似青瑠璃頭有雙角白如玉忠感而畜之於是資業日登經年虵自亡去忠及二子相繼殞斃此虵來吉去凶其唯龍乎

又曰魯國牟縣象山上有寺廟令民欲架室者輙見大虵數十丈出來驚人故莫得安焉

周景式廬山記曰安侯世高者安息國太子與友人共出家學道友人好恚怒死受蟒報爲此宮亭廟神世高於廣州爲人所殺還生安息國復爲王子年二十又棄國入吳之宮亭泊舡過呼友人與語友人身長數十丈見世高向之胡語竟各分去暮有一少年上世高舡跪受呪願因忽不見世高語同舩人曰向少年即此廟神也得離惡形矣蟒既見世高從山南過死山北今栞柴民所居虵里是也

幽冥録曰會稽謝祖之婦初育一男又生一虵長二尺許便逕出門去後數十年婦以老終祖忽聞西北有風雨之聲頃之見一虵長十數丈腹可十餘圍入戶逕靈座因至柩所繞數匝以頭打柩目血淚俱出良久而去

又曰會稽郡吏鄮音懋縣薛重得假還家夜戶閉聞妻床上有丈夫眠聲喚妻久從床上出未及開戶重持刀便逆問妻曰醉人是誰妻大驚愕因苦自申明實無人意重家唯有一戶搜索了無所見見一大虵隱在床脚酒臭重便斬虵寸斷擲於後溝經數日而婦死又數日而重卒死經三日復生說始死有人著幘將重到一官府見官寮問何以殺人重曰實不曾行凶曰寸斷擲在後溝此是何物重曰此是虵非人府君愕然而悟曰我當用爲神而敢淫人婦又妄訟人勑左右召來吏卒乃領一人來着平巾幘具詰其淫妻之過將付獄重乃令人送還



廣五行記曰晉吳興太守袁玄瑛嘗之官請郭璞筮吉凶璞曰至官當有赤虵爲妖不可殺之後到府果有赤虵在銅虎符函上蟠玄瑛家人過殺之其後玄瑛爲徐馥所害

又曰晉安帝義熙末年殷仲文年十三父亡家有大柱有大虵長丈或戴其堂屋或核其炊釜置地家人棄舍奔散唯仲文居喪如故然仲文後竟爲宋高祖所戮

又曰陳時吳興顧楷在田上樹取桑葉見五尺大虵入一小穴其從虵相次或三尺或五尺次第相隨略有數百楷急下樹看所入之處了不見有一孔日暮還家楷病口噤不復得語

又曰東光人東方飛龍病甚夢化爲大黑虵以告其妻既死遂有大黑虵入室上棟間飛龍諸子將殺之其母曰此是爾父諸子不用母言遂殺之即日暴雨諸子皆震死而前

唐景龍文館記曰興慶池者長安城東隅形勢之地也中多王侯第宅天后初有居人王純掘地得黃金百斤致富官司聞之窮加捜獲純懼投於井中縣官窺之見雙赤虵仰首張吻遂不敢入純以此金當爲已復入井取之還見赤虵赫然蟠屈純懼而出其夜井水涌溢漸成此池可廣百餘頃

嶺表録異曰南土有金虵亦名錫虵又名地鱓州土出黔中桂州亦有即不及黔南者其虵麁如大指長一尺許鱗甲上有金銀解毒之功不下吉利也

又曰蚺虵大者五六丈圍四五尺以次者亦不下三四丈



圍亦稱是身有班文如故錦纈俚人云春夏多於山林中等鹿過則銜之自尾而吞惟頭角礙於口即深入林樹間閣其首伺鹿壞頭角墜地鹿身方嚥入腹如此後虵極羸弱及其鹿消壯俊悅懌勇健於未食鹿者或云一年則食一鹿

又曰兩頭蛇嶺外多此類時有如小指大者長尺餘腹下鱗紅背錦文一頭有口眼一頭似頭而無口眼云兩頭俱能進退亦謬也昔孫叔敖見之不祥乃殺而埋之恐他人見復受其禍南人見之爲常其禍安在

吳氏本草經曰虵脫一名龍子單衣一名弓皮一名虵附一名虵筋一名龍皮一名龍單衣

楚辭曰蝮虵蓁蓁封狐千里

傅玄神虵銘曰嘉兹虵靈斷而能續飛不須翼行不假足

楊雄客難曰獨不見翠虵絳螭之將登天乎必聳身於蒼梧之淵背浮雲翼疾風而上

虺

毛詩鴻鴈斯干曰唯虺唯虵女子之祥

國語曰吳伐越越王請盟吳王將許之申胥申胥伍子胥曰不可許大夫種勇以善謀將還玩吳國於股掌之上以婉辭順志虺而弗剉爲虵將若之何吳王不聽乃許盟

搜神記曰陳留阮士禹傷於虺不忍其痛數嗅其瘡已而虺成於鼻中

任昉述異記曰虺五百年化爲蛟蛟千年化爲龍龍五百年而爲角龍又千年爲應龍○楚辭曰雄虺九首儵忽焉在

孔融荅路粹書曰朱彭冠賈之徒當世壯士惡相攻能爲國患輕薄劣弱者如兩虺相齧適足還災其身誠無所至



太平御覽卷第九百三十四

鱗介部七

魚上

星經曰天魚一星在尾後河中星明則河海出大魚

周易姤卦曰包有魚義不及賓也

又中孚曰豚魚吉信及豚魚也

又明象曰筌者所以在魚得魚而忘筌也

毛詩曰潛季冬薦魚春獻鮪也（冬魚之性定春鮪新來且薦）

又魚藻曰魚在在藻有頒其首（毛云頒大首皃也）

禮記曲禮曰凡登宗廟槀魚曰商祭鮮魚曰脡祭

尚書益稷曰暨鳥獸魚鼈咸若（注微物咸順之）

左傳昭元劉子曰善哉禹功明德遠矣微禹吾其魚乎

又昭元曰魚鹽蜃蛤弗加於海

春秋運斗樞曰四方煩擾小民失恩虎銜魚

爾雅曰魚有力者鰴（强大多力者音暉）魚枕謂之丁（枕在魚頭骨中形似篆書丁字可作印）魚腸謂之乙魚尾謂之丙（此皆似篆書字因以名焉禮記曰魚去乙然則魚之骨體盡似丙丁之屬因形名之）



史記周本紀曰武王渡河中流白魚躍入舡中武王俯取以燎之

漢書曰陳勝吳廣爲屯長領兵戍漁舉大討威兵士以丹書帛曰陳勝王置所罾人魚腹中兵買魚見書

東觀漢記曰世祖率鄧禹等擊王郎橫野將軍劉奉大破之上過禹營禹進炙魚上飡啗勞勉士吏威嚴甚厲衆皆竊言劉公真天人也

謝承後漢書曰會稽陳囂少時於郭外水邊捕魚人有盜取之者囂見避之草中追以魚遺之盜慙恧不受自是無復盜其魚

後漢書曰羊續爲南陽太守府丞嘗獻其生魚續受而懸於庭丞後又進之續乃出所懸者以杜其意

魏志曰黃初六年帝東征吳文德郭后留譙時后從兄弟欲遏（取水）魚后曰今奉車所不足豈此魚乎

吳志曰孫權時謠云寧飲建鄴水不食武昌魚寧還建鄴死不止武昌居

晉書曰王延性仁孝繼母卜氏嘗盛冬思生魚勑延求而不獲杖之流血延尋汾叩凌而哭忽有一魚長五尺躍出水上延取以進母卜氏食之積日不盡於是心悟撫延如已生

又曰五部單好賢王劉豹妻呼延氏魏嘉平祈子於龍門俄而有一大魚頂有二角軒鬐躍鱗而至祭所久之而去巫覡皆異之曰此嘉祥也其夜夢旦所見魚變爲人左手把一物大如半鷄子光景非常授呼延曰此是日精服之生貴子寤而告豹豹曰吉徵也自是十三月而生元海

又曰錢唐杜子恭有秘術嘗就人借爪刀其主求之恭曰當即相還耳旣而刀主至嘉興有魚躍入舡中破魚得爪刀

又曰吳隱之爲廣州刺史帳下人進魚每剔去骨存肉隱之覺其用意罰而黜焉

宋書曰王弘之性好釣上虞江有一處名三石頭弘之常垂綸於此經過者不識之或問魚師得魚賣不弘之曰亦不得得亦不賣日夕載魚入上虞郭經親故各以一兩頭置門而去

沈約宋書曰明帝太始二年幸華林園天淵池白魚躍入御舟

齊書曰中興元年義師下未至竟陵三十里魚長三尺躍入御舡中

梁書曰張昭字德明幼有孝性父漠常患消渴嗜鮮魚昭乃身自結網捕魚以供朝夕

又曰王固嘗聘魏因晏饗昆明池魏人以南人嗜魚大設罟網固以佛法呪之遂一鱗不獲

崔鴻十六國春秋前凉録曰金城太守胡㬌叛張軌遣都護宗毅治中令狐瀏討之濟河中流白魚入舡瀏曰魚鱗物虜必解甲歸我矣㬌請降軌宥之

後魏書曰高祖幸清徽堂因之流化池高祖曰此池中亦有佳魚任城王澄曰此所謂魚在在藻有頒其首高祖曰且取王在靈沼於牣魚躍

北史曰陸政性至孝其毋吳人好食魚北土魚少政求之



嘗苦難得後宅忽有泉出而魚遂得以供膳時人因謂其泉爲孝泉

隋書曰盧孝仁性奢華常以駱駞負函盛水養魚而自給

又曰大業中納言楊達言於遼水造御舟有白魚躍入舟內。又曰乞伏慧爲潭桂二州總管其俗輕剽慧躬行朴素以矯之風化大洽曾見人以簺(音賽)捕魚者出絹買而放之

唐書曰真臘國地饒瘴癘毒蠚(音適)海中大魚半出望之如山

又曰太宗幸蒲州刺史趙元楷課父老服黃紗單衣迎謁路左又潛飼羊百餘口魚數百頭將餽貴戚太宗知而數之

又曰太宗觀漁於西宮見魚躍焉問其故漁者曰此當乳也於是中綱而止

又曰開元二十一年衢州獲魚有銘獻之侍中裴光庭等奏曰魚龍爲圖河洛所出比之盛明彼何足云

又曰吐蕃國在吐谷渾西界其春夏軍粮資海魚以給之

國語曰周文太子發嗜鮑魚太公爲其傅曰鮑魚不登俎豆豈有非禮而可養太子

老子曰魚不可脫於淵國之利器不可以示人

文子曰川廣者魚大山高者獸脩故魚不可以無餌釣獸不可以空器召

又曰因所貴而貴之物無不貴因所賤而賤之物無不賤故不放魚於木沉鳥於淵

鄧析書曰夫水濁則無掉尾之魚政苛則無逸樂之士

列子曰八紘之北有溟海魚廣千里其長稱焉

孟子曰有餽生魚於子産子産使校人畜之池反命曰始舍之圉圉焉少則洋洋焉子産曰得其所哉校人曰孰謂子産智吾既烹而食之矣



又曰故爲淵敺魚者獺也爲叢敺雀者鸇也

魯連子曰古善漁者宿沙習子使魚生於山則雖十宿沙不得一魚焉宿沙非闇於魚道者彼山非魚之所生也

莊子曰泉涸魚相與處於陸相呴以濕相濡以沫不如相忘於江湖也

又曰莊子與惠子遊於濠梁之上莊子曰儵出遊從容是魚之樂也惠子曰子非魚安知樂莊子曰子非我安知我不知魚之樂也。又曰呑舟之魚蕩而失水則螻蟻能制之故鳥飛不厭高魚鱉不厭深

又曰朽爪化爲魚物之變也

又曰任公子蹲會稽釣東海朞年而大魚食之公子得若魚淛河以東蒼梧以北無不厭若魚者

又曰井魚不可語海夏蟲不可語氷

符子曰太公涓釣於隱溪五十有六而未嘗得一魚魯連聞而觀焉太公涓跽而隱崖不餌而釣仰咏俯吟暮則釋竿其膝所處石皆若臼其跗觸崖若路魯連曰釣所本以在魚無魚何釣太公曰不見康王父之釣耶念蓬萊釣巨海摧岸投綸五百年矣未嘗得一魚方吾猶一朝耳

顧子曰昔宋人臨萬仞之淵釣數寸之鱗魚將食鉤不知膝之自進有頃墮而死利能誘也

韓子曰公儀休相魯而嗜魚一邦皆爭買魚而獻之公儀子不受曰夫唯嗜魚固不受也

淮南子曰夫水濁則魚噞政苛則民亂

又曰火上蕁水下流故鳥動而高魚動而下

又曰上求材臣殘木上求魚臣乾谷



又曰欲致魚者先通水欲致鳥者先樹木水積而魚聚木茂而鳥集

又曰林中不賣薪湖上不鬻魚有所餘也

又曰俎之先生魚豆之先泰羹此皆不快於耳目不適於口腹而先王貴之先本後末也

又曰使葉落者風搖之使水濁者魚撓之

又曰惠子從車百乘以過孟諸莊子見之而棄餘魚衰薑故也

又曰月者陰之宗是以月毀則魚腦減

又曰楚王亡其猨而林木為之殘猨捷緣依木而處故殘林以求之也宋君亡其珠而池魚為之殫彈盡也

又曰為魚德者非挈而入淵為猨賜者非負而緣木縱其所之而已

又曰畜池魚者必去猵獺猵音編養禽獸者必去豺狼

又曰臨河羨魚不若歸家織網羨願也

又曰爭魚者濡逐獸者趨非樂之也故至言去言至為無為

又曰故天之且風草木未動而鳥已翔矣鳥巢知風也其且雨也陰曀未集而魚已噞矣魚潛知雨也

又曰燿蟬者務在明其火釣魚者務在芳其餌明其火者所以燿而致之也芳其餌者所以誘而利之也

又曰季子治亶父三年季子宓子賤而巫馬期衣短褐易容貌往觀化焉易服而往微以視之也見夜魚者釋之巫馬期問焉曰凡子所為魚者欲得也今得而釋之何也魚者對曰季子不欲人取小魚也所得者小魚是以釋之巫馬期歸以報孔子曰季子之德至矣

抱朴子曰取一把礜丸內一活魚口與無藥者俱投沸膏中猛火之上其銜藥者浮戲瀺灂不死



又曰丹陽水有丹魚先夏至十日夜伺之魚先浮水側赤光上照取此魚血以塗足可以步行水上

金樓子曰專諸學炙魚香聞數里王僚索魚炙專諸持一利剛刀藏着魚腹中

晏子春秋曰景公射質堂上唱善者一口弦章入公曰吾失晏子未嘗聞吾不善章曰臣聞君好臣服君嗜臣食尺蠖食黃身黃食蒼身蒼君其食諂人言乎公曰善賜弦章魚五十乘弦章歸魚車塞途章撫其僕曰曩之唱善者皆欲此魚也固辭不受

戰國策曰靖郭君將城薛齊人有請一言者靖郭君見之趨進曰海大魚因反走君使更言之曰海大魚網不能止釣不能牽蕩而失水則螻蟻得意今齊亦君之水也靖郭君乃止

又曰魏王與龍陽君共舩而釣龍陽君得十餘魚而下涕曰
臣之始得魚也臣甚喜之後得大者今臣且欲棄前所得
者今以臣之凶惡也而得爲王拂枕席夫四海之内其美
人亦甚多聞臣之得幸於王也畢褰裳而趨王視臣亦曩
臣之所棄魚也王於是令四境之内有敢言美人者族
家語曰孔子之楚有漁者獻魚孔子不受漁者曰天暑市
遠無所鬻之思慮棄之糞壤不若獻之君子孔子再拜
而受掃地祭之
呂氏春秋曰竭澤而漁豈不得魚而明年無魚焚藪而畋
豈不得獸而明年無獸
又曰善釣者出魚于十仞之下餌香也善弋者下鳥于百
仞之上弓良也
又曰宋桓司馬有寶珠抵罪出亡宋王問珠之所在曰投



之池中於是竭池取珠魚皆死矣
吳越春秋曰越王旣棲會稽范蠡等曰臣竊見會稽之山
有魚池上下二處水中有三江四瀆之流九溪六谷之廣
上池宜於君王下池宜於民臣畜魚三年其利可以致千
萬越國當富盈
新序曰楚人有獻魚於楚王者曰今日漁獲食之不盡賣
之不售棄之又惜故來獻之左右曰鄙哉辭也楚王曰子
不知漁者仁人也蓋聞囷倉粟有餘者國有饑民後宮多
幽女者下民多曠夫餘衍之蓄聚於府庫者境内多貧乏
之民皆失君之道故庖有肥肉廐有肥馬民有饑色亡國
之君藏於府庫寡人聞之久矣未能行也漁者知之其以
喻寡人也且今行之矣於是乃遣使恤鰥寡故漁者獻餘
魚而楚國賴之

風俗通曰城門失火禍及池中漁俗說池中漁人姓字居
近城門城失火延及其家謹案百家書宋城門失火因汲
取池中水以沃灌之池中空竭魚悉露死喻惡之滋并中
傷重謹也
又曰伯魚之生適有饋孔子魚者嘉以爲瑞故名鯉字伯魚
論衡曰釣者刻木爲魚丹漆其身迎水浮之水動作魚似
真眞魚並來會聚土龍之象何必不能致雨耶
又曰彭蠡之濱以魚食犬
顏氏家訓曰山中人不信有大魚大如木海上人不信有
大木大如魚
又曰江陵高偉隨顏之推入齊世九數年向幽州淀中捕
魚後病見羣魚嚙之而死○三輔故事曰武帝作昆明池
學水戰法後昭帝小不能復征討於池中養魚以給諸陵



祠餘付長安市魚乃賤
先賢傳曰蔡君仲至孝毋喪居墓側天且下神魚四頭置
墓前以祭
蕭廣濟孝子傳曰巴郡杜孝後在成都毋喜食生魚孝於
官得生鮮截竹銅盛魚一頭置江中妻得之笑曰是我壻寄乃以
進毋○又曰陳玄陳太子也後毋譖之陳侯令自投遠水
魚負之以出玄曰我罪人也故求死耳魚乃去
西京雜記曰昆明池刻石爲魚每雷雨魚嘗鳴吼鬐尾皆
動漢代祈雨往往有驗
又曰昔人有東海遊者隨風浪莫知所之一日一夜得一
孤洲共侶歡然下石植纜登洲煑食食未熟而洲沒在舡
者斫纜舡復飄蕩向者孤洲大魚也怒棹揚鬐吹波吐浪
去疾風雲在洲上死者十餘人

神仙傳曰葛玄見賣大魚者玄謂曰暫足煩此魚到河伯處魚主曰魚已死玄曰無苦乃以丹書紙内魚口中擲水中有頃魚還躍上岸得書青黑如䴸又與吳王坐樓上見作請雨社人玄曰雨易得耳即書符着社中一時之間大雨流潦帝曰水中可有魚乎玄復書符擲水中須臾有大魚數百頭使人治食之

水經曰魚復溪中有魚其頭似羊豐肉少骨美於餘魚

又曰扶南國有鮮色魚黑身長五丈頭如馬首伺人入水便來爲害

廣志曰武陽小魚大如針號一斤千頭蜀人以爲醬



太平御覽卷第九百三十五

# 太平御覽卷第九百三十六

鱗介部八

魚下　鯉魚　鰋魚　鱣魚

鮪魚　鮔鰽魚

## 魚下

辛氏三秦記曰昆明池人釣魚綸絕而去夢於漢武求去其鉤明日遊戲於池見大魚銜索帝曰昨所夢也取而去之帝後得明珠

玄中記曰東方之東海有大魚焉行海者一日逢魚頭七日遇尾其産則三百里水爲血

永嘉郡記曰青田溪冬天水熱如湯衆魚歸之名魚倉

三齊記曰青城山始皇祭此山築石城入海三十里射魚水四里變赤如血于今猶爾



盛弘之荊州記曰長沙湖鄉連水邊有石魚形若鯉相重沓如雲母炙之作魚腥

林邑國記曰飛魚翼如蟬飛則淩雲沉泳海底

王子年拾遺録曰瀛洲一名魂洲亦曰環洲有洞淵廣千里有魚身長千丈鱗色蘭徧鼻有角時鼓舞戲或有遠而望者見水間有五色雲上就而視之此乃魚噴水爲雲也

又曰夏鯀治水無功沉於羽淵化爲玄魚大千丈後遂死横於河海之間後世聖人以魚爲神化之物以玄字合於魚爲鯀字

崔豹古今注曰水君狀如人乘馬衆魚導從一名魚伯大水有之漢末有人於河際見之人馬皆有鱗甲如大鯉魚但手足別耳目鼻與人不殊見人良久入水而没

博物志曰吴王江行食膾有餘棄於江中流化而爲魚今江中有名吴王餘鱠魚者長四寸大者如箸猶作鱠形

嶺南異物志曰南方嘗晴望海中二山如黛海人云去岸兩廂各六百里一旦暴風雷且霧露皆腥雜以泥涎七日方已屬有人從山來說云大魚因鳴吼吹沫其一鰓掛山巔七日山爲之折不能去鳴聲爲雷氣爲風涎沫爲霧

又曰海中所生魚蜃置陰處有光初見之以爲怪異土人嘗推其義蓋鹹水所生海水中遇陰晦波如燃火滿海以物擊之迸散如星

嶺表録異曰新瀧等州山田揀荒平處以鋤鍬開爲町疃伺春雨丘中貯水即先買鯇魚子散於田内一二年後魚兒長大食草根並盡既爲熟田又收魚利及種稻且無稗草乃齊民之上術也

異苑曰永嘉有人斷水捕魚宰牲祈祭了無所獲將棄罷之其夕夢見老公云諸君何小停夜聞牠聲驚起共看乃是大魚剉以爲鮓頓得百薄故因以百薄爲瀨水



述異記曰桓冲爲江州遣人周行廬山見一湖中有赤鱗魚使者欲飲水魚張鬐向之乃不敢飲

又曰關中有金魚神云周平王二年十旬不雨遣祭天神俄而生湧泉金魚躍出而降雨

幽明録曰成彪兄喪哀悼結氣晝夜哭泣後釣於澤經所共飲處釋綸悲感有大魚跳入舡中俯視諸小魚彪仰天號慟俛而見之悉放小魚大者便自出舡去

搜神記曰宫亭湖孤石有估客下都經其下見二女子云可爲買兩量絲履自厚相報估客至都市好絲履并箱盛之自市一書刀亦在箱中既還以箱置廟中而去忘取書刀湖中正帆忽有鯉魚跳入舡破魚得書刀焉

廣五行記曰唐儀鳳元年愽州僧正蒲行同九俗鱝數頭
於房作鱠食之至夜四更忽聞䆫外有暴風聲乃夢一佛
二佛二金剛語蒲云爾是何物小兒將纖汚伽藍金剛手
執棒蒲閉目因而兩目不開矣
又曰曹宋二州西界大劑陂村人陳君少小爲捕魚業於
後得患恒被衆魚所食痛苦不能自持若以魚網蓋之其
痛即止後爲村人盜其網去數日之間不勝痛苦而死
樂府歌曰江南可採蓮蓮葉何田田魚戲蓮葉間魚戲蓮
葉東魚戲蓮葉西
宋王對問曰夫鳥則有鳳魚則有鯨鯨魚朝發崑崙之墟
暴鬐於碣石夕宿於孟諸夫尺澤之鯢豈能與之量江海之
大哉
東方朔客難曰水至清則無魚人至察則無徒



曹植荅崔文始書曰臨江以釣不獲一鱗非江魚之不食
其所餌之者非也是以君子慎舉擢

鯉魚

河圖曰黃帝遊於洛見鯉魚長三尺青身無鱗赤文成字
毛詩殀丘衡門曰豈其食魚必河之鯉
又臣工潛曰鰷鱨鰋鯉 鰷音條
東觀漢記曰姜詩字士遊性至孝母常飲江水兒取水溺
死恐母知詐云行學㣲而涌泉出舍側并旦出鯉一雙
謝承後漢書曰羊續好食生魚爲南陽太守丞侯儉貢鯉
續受而懸之一歲儉復致一枚續乃以所懸枯魚以示儉
終身不復食魚
晉書曰王祥性至孝早喪親繼母朱氏不慈數譖之由是
失愛於母父有疾衣不解帶湯藥必親嘗母欲生魚時天
寒冰凍祥解衣將剖冰求之冰忽自解雙鯉躍出持之而
歸○又曰劉聰將趙染爲索綝所敗殺其長史魯徽劉曜
聞之曰蹄涔不容尺鯉染之謂也
齊書曰崔祖思自相國從事中郎遷齊國內史高帝既爲
齊王置酒爲樂羹膾既至祖思曰此味故爲南北所推侍
中沈季文曰羹膾吳食非祖思所解祖思曰鼈䰍鯉似非句
吳之詩文季曰千里蓴羹豈關魯衛帝甚悅曰蓴羹故
應還沈
南史曰梁南郡太守劉之亨嘗夢二人姓李詣之乞命未
之解也其明日仲夏有遺生鯉魚二頭之亨曰必夢中所
感也乃放之其夜又夢來謝恩云當令君延筭
淮南子曰詹公之釣千歲之鯉 詹公詹何古得道善釣者
又曰牛蹄之踵無盈尺之鯉 踵牛蹄處



符子曰務光自投盧盧川之伯以赤鯉送之
金樓子曰五尺之鯉一寸之鯉但大小殊鱗之數等
家語曰孔子娶于宋并官氏女一歲而生伯魚伯魚生三
日魯昭公以鯉魚賜孔子孔子榮君之貺因名子曰鯉字
伯魚
曹植辨道論曰甘始言取鯉魚一雙令一者含藥俱投沸
膏中有藥者奮尾鼓鰓遊行沉浮有若處淵其一者已熟
而可噉余時問言可試不言是藥去此踰萬里非自行不
能得也 愽物志同
陶朱公養魚經曰威王聘朱公問之曰公住足千萬家累
億金何術乎朱公曰夫治生之法有五水畜第一所謂水
畜者魚也以六畝地爲池池中有九洲即求懷子鯉魚長
三尺者二十頭壯鯉四頭以二月上旬庚日內池水中令

無聲魚必生所以養鯉者不相食易長又貴也
魏武四時食制曰鄄縣子魚黃鱗赤尾出稻田可以爲醬
列仙傳曰呂尚釣於磻溪三年不獲比周曰可止矣尚曰
非爾及果得大鯉有兵鈐在腹中
又曰涓子齊人也好餌朮接食其精至三百年乃見於齊
著天地人經四十八篇後釣於河澤得鯉魚腹中符隱於
宕山能致風雨
又曰琴高趙人也以鼓琴爲宋康王舍人行涓彭之術浮
游冀州涿郡間二百餘年後辭入涿水中取龍子與諸弟
子期之期曰皆潔齋後於水旁設祠屋果乘赤鯉來出祠
中且有萬人觀之留一月復入水去
又曰子英者舒鄉人也善入水捕魚得赤鯉魚愛其色持
著魚池中數以米穀食之一年長丈餘遂生角有翅翼子
英怪畏拜謝之魚言我迎汝耳上我背與汝俱去即大暴
雨子英上騰去歲歲來歸故舍食飲見妻子魚復來迎之
如此七年故吳中門戶作神魚子英祠
續述征記曰梁孝王家中有數尺水有大鯉人謂有靈不
敢犯
宣城記曰臨城縣蓋山有舒姑泉相傳云昔舒氏女未嫁
與其父採薪此女［坐化爲清泉其母云此女好音樂乃往絃歌而泉涌］有朱鯉一雙
及命作樂泉故涌出
河洛記曰諺云伊洛魴鯉天下最美洛口黃魚天下不如
崔豹古今注曰兖州人謂赤鯉爲玄駒白鯉爲白驥黃鯉
爲黃雉
搜神記曰宮亭孤石有估客至都因市一刀置神廟中而
忘取至湖中忽有一鯉跳入舡破之得刀［具魚部中］



續搜神記曰謝允從武當山還在桓宣武座言及左元放
爲曹公置鱸魚允便云此可得耳求大瓮盛水朱書符投
水中俄有二鯉鼓鬐在水中
又曰會稽鄮［音懋］縣有女子姓吳字望子爲蘊侯神所愛
望子心有所欲輙空中下之望子嘗思膾一雙鮮鯉應心
而至
幽明録曰孫權時南方遣吏獻犀簪吏過宮亭廟請福神
下教求簪而盛簪器便在神前神云臨入石頭當相還去
達石頭三尺鯉魚跳入舡吏破魚得之
又曰平都縣南陂上有冢行人於陂取得鯉道逢冢中人
來云何敢取吾魚奪着車上而去
杜寳大業拾遺録曰四年梁郡有清冷淵水面闊二里許
即衛平得大龜之處清冷水南有横瀆東南至宕山縣西
北入通濟渠是時大雨溝渠皆滿忽有大魚似鯉而頭一
角長尺餘鱗正赤從清冷水出頭長三尺許入横瀆逆流
西北十餘里不没入通濟渠于時夾兩岸隨看者數百人
皆謂赤龍大鯉從淵而出此亦唐祚將興之兆
楊衒之洛陽伽藍記曰京師語曰伊洛鯉魴貴於牛羊
廣五行記曰隋煬帝大業初爲詩令宮人唱之曰三月三
日向江頭正見鯉魚江上游意欲垂釣往撩取恐是蛟龍
還復休鯉魚即唐之國姓俄而唐有天下故歌辭曰客從
遠方來贈我雙鯉魚呼兒烹鯉魚中有尺素書
古歌竊戚辭曰中有鯉魚長尺半弊布衣裳不覆骭

鰋

爾雅曰鰋［今鰋額白魚音偃］
毛詩鹿鳴魚麗曰魚麗于罶鰋鯉［鰋鮎也］

謝承後漢書曰陳蕃爲郡法曹史正月朝見太守王龔客有
貢白魚於龔者龔曰汝南乃有此魚蕃曰魚大且明府之德
晉書曰夏統字仲御母病詣洛市藥會三月上巳洛中王
公已下並至浮橋統並弗之顧太尉賈充恠而問之曰卿
居海濱頗能水戲乎荅曰可乃操柂正櫓折旋中流於是
風波振駭俄而白魚跳入舡中者有八九觀者皆悚遽
酈善長水經注曰聖水出上谷東南流經大坊嶺下嶺之
東首山下有石穴東北洞開穴中有水耆舊傳言者有沙
門釋惠弥者常尋之旁水入穴三里有餘穴分爲二一穴
漸小西北出不知趣詣一穴西南出入經五六日方還又
不測短長其水夏冷冬温春秋有白魚出穴數日及人有
採食者美弥甞味蓋亦丙穴嘉魚之類
列仙傳曰陵陽子明釣於溪得白龍子明解釣謝之後數
十年得白魚腹中有書教子明服食之法三年白龍來迎
之



鱣

毛詩谷風四月曰匪鱣匪鮪潛逃于淵
又詩義䟽曰鱣身似龍鋭頭口在頷下背上腹下皆有甲
大者千餘斤
後漢書曰楊震常客居湖城衆人謂之晚貴震志愈篤後
有冠雀銜三鱣魚飛集講堂前（冠音貫即鸛雀也）都講取魚進曰
虵鱣者卿大夫服之象也數三者法三台先生自此升矣
淮南子曰牛蹏之涔不生鱣鯉
抱朴子曰探鷰巢而求鳳卵搜井底而捕鱣魚雖加至勤
其非所有也
水經曰漢水又東爲鱣湍洪波奔盪崩浪雲頽耆舊言有

鱣魚奮鰭遡流望濤直上至此則爆鰓失濟故因名湍矣
又曰鱣鮪鯉也出鞏穴三月則上渡龍門得渡爲龍矣否
則點額而還
張衡西京賦曰鱣鮪鱮鮦
郭璞江賦曰魚則叔鮪王鱣
孫綽望海賦曰文鯉黄鱣

鮪魚

爾雅曰鮥（音洛）鮛（音叔）鮪（鮪鱣屬也大者名王鮪小者名鮛鮪今宜都郡自荆門以上江中通出鱏鱣之魚有一魚狀似鱣而小建平人呼鮥子即此魚也鱏音尋）
毛詩淇澳碩人曰施罛濊濊鱣鮪撥撥
毛詩義䟽曰鮪魚出海三月從河上形似鯉而色青黒頭
小而尖如鐵兜鍪口在頷下今東萊遼東人謂之尉魚或
謂仲明魚仲明者樂浪尉溺死海中化爲此魚也



禮記月令曰季春薦鮪於寢廟（進時美味）
淮南子曰夫牛蹏之涔不生鱣鮪
又曰禹決江疏河鑿龍門辟伊闕（龍門本有水門鮪魚由其中上行得上過者便爲龍門禹辟而大之故言鑿）
抱朴子曰寸鮪汎濫啼水之中則謂天下無四海之廣也
芒蝪宛轉菓核之内則謂八極之界盡於兹也
博物志曰河陰岫穴出鮪魚焉
魏武四時食制曰鰽一名黄魚大數百斤骨軟可食出江
陽犍爲

䱭（公贈反）鰽（武亘反）

淮南子曰季春天子始乘舟薦鮪於寢廟乃爲麥祈實（鮪亘鰽魚也天子乘舟捕魚者以薦進廟也）
司馬相如上林賦曰䱭鰽漸離

左思吳都賦曰筌鯉鱨

太平御覽卷第九百三十六

# 太平御覽卷第九百三十七

## 鱗介部九

魴魚　鱮魚　鯈魚　鯋魚　鯖魚

鮒魚　鮑魚　⿰魚婁魚　鱒魚　鱧魚

鯽魚　嘉魚　鰽魚　鮆魚　鱸魚

鯔魚　鱓魚

### 魴魚

爾雅曰魴魾（郭璞注曰江東呼魴爲鯿一名魾音毗）

山海經曰大鯾居海中（鯾即魴也音鞭）

毛詩宛丘衡門曰豈其食魚必河之魴

又關雎汝墳曰魴魚赬尾王室如燬

又七月九罭曰九罭之魚鱒魴

陸機毛詩疏義曰魴鰥今伊洛濟潁魴魚也廣而薄脆甜而少肉細鱗魚之美者也漁陽泉州刀口遼東梁水魴特肥而厚尤美於中魴故其鄉語曰居就梁水魴



說苑曰陽書謂宓子賤曰吾少也賤不知理民之術有釣道二焉夫投綸餌迎而吸之者陽橋也其爲魚也薄而不美若存若亡若食不食者魴也其爲魚也薄而厚味宓子賤曰善（部具鈎）

宋王釣賦曰左挾魚罶右執橋竿精不離乎魚喙思不出乎鮒鯿

### 鱮魚

毛詩曰其釣維何惟魴及鱮（鱮音敘）

毛詩義疏曰鱮似魴而大頭魚之不美者故里語曰買魚得鱮不如啖茹徐州謂之鰱（鰱音連）或謂之鱃

水經曰沔水北流注于漢漢水又左得度口水出陽平北水山有二源一曰清檢出佳鱮二曰濁檢出好鮒常以二月取之美珎常味

潘岳西征賦曰素鱮揚鬐

### 鯈魚（音稠）

爾雅曰鮂黑鰦（郭璞注曰即白鯈也江東呼爲鮂因茲二音）

莊子曰莊子與惠子遊於濠梁水上莊子曰鯈魚出遊從容是魚樂也惠子曰子非魚安知魚之樂耶莊子曰子非我安知我不知魚之樂耶惠子曰我非子故不知子矣子固非魚也子之不知魚全矣

山海經曰帶山莊湖之水其中多鯈魚其狀如鷄而赤毛三尾六足四首其音如鵲食之已憂

又圖經讚曰泊和損平莫慘於憂詩詠萱草山經則鯈（儵二音）



何敬祖詩曰屬耳聽鳴鶯流目玩鯈魚

### 鯋魚

爾雅曰鯋鮀（郭璞曰今吹沙小魚體圓而有點文也鯋沙陀二音）

毛詩魚麗曰魚麗于罶鱨鯋（鯋鮀也）

廣志曰吹沙魚大如指沙中行

### 鱨魚

毛詩曰魚麗于罶鱨鯋（鱨揚也音常）

毛詩義疏曰鱨一名揚今黄頰魚是身形厚而長大頰骨正黄

### 鮒魚

周易井卦曰井谷射鮒（王肅注曰鮒小魚也）

廣雅曰鯖鮒也

莊子曰莊周家貧往貸粟於監河侯侯曰我將得邑金貸

子二百金可乎莊周忿然曰周昨來有中道而呼者周視
車轍中有鮒魚焉曰我東海之波臣也君豈有升斗之水
而活我哉周曰諾我且南遊吳越之王激西江之水而迎
之可乎鮒魚忿然作色曰吾得升斗之水可活耳君乃言此
不如早索我於枯魚之肆
又曰夫揭竿累趣灌瀆守鯢鮒其於得大魚難矣
呂氏春秋曰魚之美者有洞庭之鮒
說苑曰魏楚會於晉陽將以伐齊齊王患之使人召淳于
髡曰魏楚欲伐齊願先生共寡人憂之髡曰臣見鄰人之
祠田也以一簞飯與一鮒魚其祝曰下田洿邪得穀百車
臣笑其所祠者少所求者多王曰善立爲上卿
神異經曰東南海中有恒洲有溫湖鮒魚生焉長八尺食
之宜暑而辟風寒



盛弘之荊州記曰荊州有美鮒踰於洞庭溫湖
古樂府罩辭曰罩初何得端來得鮒小者如手大者如履
孝子持歸遺我公姬安得此魚適與罩迸從今以後但當
求鮒
劉邵七華曰洞庭之鮒出于江岷弘腹青顱朱尾碧鱗

鮎魚

爾雅曰鮎別名鯷江東通呼鮎爲鮧鮧音提
廣雅曰鮷音提鯷音遆鮎也
魏武四時食制曰蒸鮎
永嘉郡記曰漈湖溪中多大鮎昔有流得一死者頭大五
六圍
廣五行記曰則天如意中著作郎路敬淳莊在濟源有水
碾一柱壞以他柱易之家人取故者爲樵中得一鮎魚長
尺餘尚活至後敬淳坐綦連輝被殺

鱯魚

廣志曰鱯音畫魚似鮎大口

鱒魚

爾雅曰鮅音必鱒才損切似鯶子赤眼鯶音混
毛詩九罭曰九罭之魚鱒魴鱒魴大魚也
毛詩疏義曰鱒魴鱒似鯇魚鱗細於鯇也赤眼多細文
唐書曰吐蕃國有臧何去邏些三百里東南流衆水湊焉
南入崑崙國其中有魚似鱒而無鱗
張衡七辨曰鞏洛之鱒割以爲鱠分芒折縷細亂蚕足

鱧魚

爾雅曰鱧郭璞注曰鱧鮦也自亦依鱺也
毛詩魚麗曰魚麗于罶魴鱧鱧鮦魚也



陸機毛詩疏義曰魴鱧爾雅曰鱧鮦音同也許以爲鱓魚機
以爲鯉狹而厚
梁書曰林邑王逸死奴文本篡立文本日南西捲縣夷帥
范幼家奴常牧牛於山澗得鱧魚二而化爲鐵因以鑄刀
刀成文向石呪曰若斫石入者文當王此國因斫如斷芻
藁文心異之范幼常使之商賈至林邑王作宮室及兵車
器械王寵任之後乃讒言諸子各奔餘國及王死無嗣文
爲於鄰國迓王子置毒於漿中殺遂脅國人自立
林邑國記曰范文得鱧魚變爲鐵斫石如斬盧世傳魚刀

鯽魚

水經曰青林湖有鯽魚食之肥美辟寒暑
南夷志曰蒙舍地有鯽魚大者重五斤西洱河及昆池南
接滇池冬月多鯽魚

楊衒之洛陽伽藍記曰王肅初入國不食羊肉及酪等常飯鯽魚羹

嘉魚

水經曰丙穴出嘉魚常以三月出十月入穴口廣五六尺去地七八尺水泉懸注魚自穴下透入水穴口向丙故曰丙穴

任豫益州記曰嘉魚細鱗似鱒魚蜀中謂之拙魚蜀郡山處處有之年年從石孔出大者五六尺

雲南記曰雅州丙穴出嘉魚所謂嘉魚生於丙穴大抵雅州諸水多有嘉魚似鯉而鱗細或云黃河中味魚此類也

博物志曰江陽縣北有魚穴二所常以二月八月出魚魚曰丙穴

嶺表錄異曰嘉魚形如鱒出梧州戎城縣江水口甚肥美衆魚莫可與比最宜為鯅他貞切每炙以芭蕉葉隔火蓋慮脂滴火滅耳河陽有味魚赫此類

左思蜀都賦曰嘉魚出於丙穴鮋地名有穴三所

鰽魚字由切

異物志曰鰽魚仲夏始從海中泝流而上腹下如刀長尺餘有細骨如鳥毛在肉中又有鳥頭在腹立夏有白鳥似鷺羣飛謂之鰽鳥至仲夏鳥藏魚出變化所生也

鮆魚音薺

爾雅曰鮤鱴刀今之鮆魚也亦呼為魛魚列蔑二音

山海經曰浮玉之山北望具區苕水出于其陰其中多鮆魚郭璞注曰鮆魚狹薄而長頭一名刀魚大湖中饒

異苑曰蝴蝶變作鮆

鱸魚



後漢書曰左慈字元放曾在曹操座操曰恨少吳松江鱸魚耳慈因求銅盤貯水以竹竿釣於盤中須臾引一鱸出操曰一魚不周乃更沉釣復引出皆長三尺餘操使目前膾之

世說曰張季鷹為齊王掾在洛水秋風起因思吳中菰菜羹鱸魚膾遂命駕便歸俄而齊王敗時人以為見機

杜寶大業拾遺錄曰六年吳郡獻松江鱸魚乾鱠鱸魚肉白如雪不腥所謂金虀玉鱠東南之佳味也

鯔魚

神仙傳曰介象與吳王共論鯔魚為上乃於殿前作方坎汲水滿之并求鉤起餌之須臾得鯔魚王驚喜乃使膾之

異物志曰鯔魚長者六七尺

嶺表錄異曰跳鯅乃海味之小魚鯅也以鹽藏鯔魚兒一斤不啻千箇生擘點醋下酒甚有美味余遂問跳名之義則曰捕魚者中春於高處卓望魚兒來如陣雲闊二三百步厚亦相似者既見報漁師遂搦舡爭前而迎之舡衝魚陣不施罟網但魚兒自驚跳入舡逡巡而滿以此為鯅故名之跳又云舡去之時不可當魚陣之中恐魚多壓沉故也即可以知其多矣

鱓魚與䱉同音善

山海經曰大樂之野夏后啓於此舞九代焉女滅在其北居兩水間滅操魚䱉䱉魚觛也祭操俎肉祉也

汲冢周書王會曰甌人鱓蛇鱓蛇順食之美東越甌人也此交州地特多為上蟜

謝承後漢書曰楊震常客於湖不荅州郡禮命數十年衆人謂之晚貴而震志愈篤後有鸛雀銜三鱣魚飛集講堂

前都講取魚進曰蛇鱣者卿大夫服之象也數三者法三台也先生自此升矣特年過五十乃始仕州郡

梁書曰邵陵王綸攝南徐州事遨遊市里雜於廝隸嘗問賣鯉者曰刺史何如對者言躁虐綸怒令呑鯉以死百姓惶駭道路以目

淮南子曰今鱓之與蛇蠶之與蠋狀相類而愛憎異(人愛鱓與蠶畏蛇與蠋故曰異也)

抱朴子曰田地既有自然之鱓而有苻莖苓根土龍之屬化爲鱓

韓子曰鯉似蛇而漁者取鯉而畏蛇利之所在皆爲賁育

顏氏家訓曰江陵劉氏以賣鱓羹爲業後生一兒頭目是鱓自頸已下方爲人耳

又曰後漢書云鸛雀銜三鱓魚(音善)多假借爲鱣鮪之鱣俗之學士因謂爲鱣魚按魏武帝四時食制鱣魚大如五升奩長一丈郭璞注爾雅(鱣長二三尺)安有鸛雀能勝一者況三頭乎鱣又純灰色無文章也鱣魚長者不過三尺大者不過三指黃地黑文故都講云蛇鱓卿大夫服之象也續漢記及搜神記亦說此事皆作鱓字孫卿云魚鼈鰌鱣及韓非說苑皆曰鱣似蛇蠶似蠋並作鱓字假鱣爲鱓其來久乎

周處風土記曰陽羨俗五月以菰蒸鯉而食凡鯉魚夏出冬蟄亦以將氣養和實時節也

徐表南方草物狀曰白鱓生溪邊土穴中長五尺所大三寸里民刺取細槿二寸苦酒煮食之滋味如黃鱓味交阯九眞有之

劉敬叔異苑曰盧循以義熙五年自廣州下泊舡江西衆多疲死事平之後人往蔡州皆死人髮變而爲鱓今上鎮西叅軍輿府司馬張逝瞻湖際有一棺棺頭有曹衆試令撥看即是髮亦有未都化者一說云生以粆潘沭死則髮爲鯉又昔有人食不能無鯉死後敗棺鯉滿中

又曰會稽石亭埭大有空中楓樹每雨水輒蒲溢有商旅載生鯉聊放一頭着孔中以爲狡獪後村民咸謂是神乃依樹起屋宰牲祭事未嘗輟因遂名鯉父廟人有祈請及穢慢禍福立至估客後返見其如此即取作臛於是遂絶

太平御覽卷第九百三十七

鱗介部十

鯨鯢魚　鯪魚　䱜魚　搥額魚
海鰌魚　石蟳魚　鰐魚　鮫魚
鱕魚　石首魚　黃首魚　烏賊魚
鱟魚　鯯魚　鰒魚　比目魚
人魚　虎魚

鯨鯢魚

春秋考異郵曰鯨魚死而彗星出
左傳宣下曰古者明王伐不敬取其鯨鯢而封之以為大戮鯨鯢大魚以喻不義之人
春秋後語曰楚威王問宋玉曰先生其有遺行歟何士民衆庶不譽之甚也宋玉對曰夫鳥有鳳而魚有鯨鳳凰上擊九千里翱翔乎窈冥之上夫藩籬之鷃豈能與料天地之高哉鯨魚朝發於崑崙之墟暮宿於孟津赤澤之鯢豈能與量江漢之大哉故非獨鳥有鳳而魚有鯨士亦有之
唐書曰開元七年大拂涅靺鞨獻鯨鯢睛
淮南子曰麒麟鬬則日月食鯨魚死而彗星出鯨海中魚之王也
鄧析書曰獵猛虎者不於後園釣鯨鯢者不於清池何則園非虎處池非鯨淵文字同
說苑曰昔南瑕子過程本子程本子為之烹鯢魚南瑕子曰吾聞君子不食鯢魚程本子曰乃君子不食子何事焉南瑕子曰吾聞上比所以廣德也下比所以狹行也比於善自進之階也比於惡自退之源也
魏武四時食制曰東海有大魚如山長五六里謂之鯨鯢次有如屋者時死岸上膏流九頃其鬚長一丈廣三尺厚



六寸瞳子如三升椀大骨可為矛矜
廣志曰鯢魚聲如小兒有四足形如鱧出伊水也司馬遷謂之人魚故其著史記曰始皇帝之葬也以人魚之膏為其燭也
徐廣曰人魚似鮎而四足即鯢魚也
崔豹古今注曰鯨海魚也大者長千里小者數千丈一生數萬子常以五月六月就岸邊生子至七八月導引其子還入海中鼓浪成雷噴沫成雨水族驚畏之皆逃匿莫敢當其雌曰鯢大者亦長千里眼睛為明月珠
任昉述異記曰南海有珠即鯨魚目瞳夜可以鑒謂之夜光○潘岳滄海賦曰魚則吞舟鯨鯢
左思吳都賦曰長鯨吞航脩鯢吐浪
木玄虛海賦曰其魚則橫海之鯨突兀孤遊巨鱗刺雲洪鬐挿天顱骨成岳流膏為淵
曹毗觀濤賦曰於是神鯨來往乘波躍鱗噴氣霧合噫水成津骸喪成島嶼之墟目落為明月之珠

鯪魚音陵

山海經曰鯪魚吞舟
臨海水土記曰鯪魚背腹皆有刺如三角菱

䱜魚

南越記曰䱜魚南越謂為環雷魚長一丈子朝出食暮還母腹常從臍中入口中出腹內有兩洞腹貯水以養子腹容二子兩腹則四子也其鰓鱗皮有珠文可以飾刀劒口
孫綽望海賦曰勁䱜楊鬐以排流

搥額魚

臨海水土記曰搥額似䱜魚長四尺

海鰌魚

臨海水土記曰海鰌長丈餘

金樓子曰鯨䲳一名海鰌穴居海底鯨入穴則水溢爲潮來鯨既出入有節故潮水有期也

嶺表録異曰海鰌魚即海上最偉者也其小者亦千餘尺每歲廣州常發艑舡過南安貨易路經調黎（地名海心有山阻東海濤險而急亦黄河之三門也）深闊處或見十餘山或出或沒篙工曰非山島鰌魚背也日閃鬐鬣若簸朱旗日中忽雨霡霂舟子曰此鰌魚噴氣水散於空風勢吹來若雨耳鮎魚即鼓舩而譟倏爾而沒（鰌魚畏鼓物相伏耳）

石蚜魚

臨海水土記曰石蚜（音犽）附石以跳錯

鰐魚



呉時外國傳曰鰐魚大者長二三丈有四足似守宮常吞食人扶南王范尋勑捕取置溝塹中尋有所訟者縛以食鰐若罪當死鰐便食之如其不食便解放以爲無罪

梁書曰林邑國於城溝中養鰐魚門外圈猛獸有罪者輒以餧猛獸及鰐不食爲無罪三日乃放之鰐大者長二丈餘狀如鼉有四足喙長六七尺兩邊有齒如刀劍常遇得麞鹿及人亦噉之蒼梧以南及外國皆有

唐書曰韓愈爲潮州刺史既視事詢吏民疾苦皆曰郡西湫水有鱷魚卵而化其長數丈食民畜産將盡以是民貧居數日愈往視之令判官秦濟炮一豚一羊投之湫呪之曰今潮州大海在其南鯨鵬之大蝦蟹之細無不容鱷魚朝發而夕至今與鱷魚約三日乃至七日如頑而不徙須爲物害則刺史選材伎壯夫操勁弓毒矢與鱷魚從事矣呪之夕有暴風雷起於湫中數日湫水盡涸徙於舊湫西六十里自是潮人無鱷患

虞喜志林曰方有鱷魚喙長八尺秋時最甚人在舟邊者魚或出頭食人故人持戈於舩側而禦之

博物志曰南海有鱷魚狀似鼉斬其頭而乾之喙去齒而更生如此三乃止

交州記曰鰐好出沙上卵大如鵝卵可食

廣州異物志曰鰐魚長者二丈餘有四足喙長七尺齒甚利虎及鹿渡水鰐擊之皆斷喙去齒旬日更生

嶺表録異曰鰐魚其身土黄色有四足脩尾形狀如鼉而舉止趫疾口森鋸齒往往害人南中鹿多最懼此物鹿走崖岸之上群鰐嗥叫其下鹿必怖懼落崖多爲鰐魚所得亦物之相攝伏也故李太尉貶官潮州經鰐魚灘沉損平生寶玩古書圖畫一時沉失遂召舶上崑崙取之但見鰐魚極多不敢輒近乃是鰐魚窟宅也



鮫魚

說文曰鮫魚也皮可以飾刀

山海經曰燕山漳水出焉其中多鮫魚（郭璞曰鮫背上有甲朱文尾長三四尺皮可以飾刀劍口）

西京雜記曰尉佗高祖時獻鮫魚荔支高祖報以蒲桃錦四疋

博物志曰東海中有鮫鯖魚既生子子驚還入母腹尋復出

任昉述異記曰虎魚老則爲鮫

鱕魚（音藩）

南越記曰鱕魚鼻有橫骨如鐇海中波浪爲之涌海船逢

之必斷

石首魚

臨海異物志曰石首小者名䠱水其次名春來石首異種又有石頭長七八寸與石首同

嶺表錄異曰石頭魚狀如鱅魚隨其大小腦中有二石子如喬麥粒瑩白如玉有好奇者多市魚之小者貯於竹器任其壞爛即淘之取其魚腦石子以植酒籌

黃靈魚

臨海水土記曰黃靈魚小文正黃似石首

烏賊魚

南越記曰烏賊魚有矴遇風浪便虬前一鬚下矴而住腹中血及膽正黑中以書也世謂烏賊懷墨而知禮故俗云是海若白事小吏或曰古之諸生常自浮水烏見以爲死便往啄之乃卷取烏故謂烏賊今烏化爲



崔豹古今注曰烏賊魚名河伯從事小吏

嶺表錄異曰烏賊魚只有骨一片如龍骨而輕虛以指甲刮之即爲末亦無鱗而肉翼前有四足每潮來即以二長足捉石浮身水上有小蝦魚過其前即吐涎惹之取以爲食廣州邊海人往往探得大者率如蒲扇煠熟以薑醋食之極脆美或入鹽渾醃爲乾搥如脯亦美吳中好食之

左思吳都賦曰烏賊擁劍

儵魚 倏音

臨海異物志曰儵似烏賊肥食甘美

鯯魚 制音

臨海異物志曰鯯魚至肥炙食甘美諺曰寧去累世宅不去鯯魚額

鰒魚 步角反

漢書曰王莽以關東兵起憂懣不食但飲酒食鰒魚

東觀漢記曰吳良字大儀齊人爲郡議曹掾正旦入賀太守門下掾王望前上言壽皆稱萬歲良跪曰門下佞諂明府無受其觴盜賊未弭人民困乏太守曰生言是遂不舉觴賜鰒魚百枚教署功曹良恥以言受官遂不肯謁

後漢書曰張步遣使伏隆詣闕上書獻鰒魚 郭璞注三蒼云鰒似蛤偏著石廣志曰鰒無鱗有一面附石決明細孔雜雜或七或九本草云石決明一名鰒魚音步角切

魏志曰倭國人入海捕鰒魚水無深淺皆沉沒取之

齊書曰褚彥回時淮北屬魏江南無鰒魚或有間關得至者一枚直數千錢有餉彥回鰒魚三十枚彥回時雖貴而貧過甚門生獻計賣之云可得十萬錢彥回變色曰我謂此是食物非曰財貨且不知堪錢聊爾受之雖復儉乏寧可賣餉取錢悉與親遊噉之少日便盡



陳思王求祭先主表曰先主喜食鰒魚前已表徐州臧霸送鰒魚二百足自供事

魏文帝與孫權書曰今因趙咨致鰒魚千枚

比目魚

爾雅曰東方有比目魚焉不比不行其名謂之鰈 郭璞注曰狀似牛脾一兩片相合乃行江東呼至餘魚

史記曰管仲諫桓公古者封禪東海有比目之魚

搜神記曰東海名餘腹者昔越王爲膾割而未切墮半於水化爲魚

臨海水土記曰兩片特立合體俱行 比目魚也

嶺表錄異曰比目魚南人謂之鞋屜魚江淮爲之拖沙魚

左思三都賦曰雙則比目片則王餘

孫綽望海賦曰王餘孤遊比目雙遊

人魚

山海經曰龍侯之山決水出焉其中多人魚狀如鰟魚四足其音如嬰兒食之無癡疾

史記曰秦始皇冢中以人魚膏爲燈燭

臨海異物志曰人魚似人長三尺餘不可食

虎魚

范子曰虎魚出東海

郭璞江賦曰或虎狀類人（虎魚頭似虎或黢背皆有刺）

太平御覽卷第九百三十八

# 太平御覽卷第九百三十九

鱗介部十一

牛魚　天牛魚　水猪魚　鹿魚
鰕魚　鰩魚　珠鼈魚　赤鱬魚
何羅魚　鰼鰼魚　鱳魚　鮨魚
鱅鱅魚　蔵魚　縛魚　鮭魚
鮮魚　鯛魚　無遺魚　鰠魚
鮞魮魚　嬴魚　鯆鯆魚　魮魚
鮥父魚　師魚　文魚　鯩魚
鱶魚　飛魚　豪魚　鯸鮐魚
鯸鱦魚　鮠魚　丹魚　蝝魚
鮥魚　望魚　班文魚　蕭折魚
鮃鯆魚　蕃踰魚　龍魚



牛魚

博物志曰東海中有牛魚形如牛剝其皮懸之潮水至則毛起潮去則伏

臨海異物志曰牛魚形如犢子毛色青黃好眠卧人臨上及覺聲如大牛聞一里

魏武四時食制曰海牛魚皮生毛可以飾物出揚州

天牛魚

南越記曰天牛魚方圓三丈眼大如斗在胛頭口在脅中露齒無脣兩肉角如臂兩翼長六尺尾長五尺

水猪魚

南方草物狀曰水猪魚隨海潮博岸邊食人人乘船刺之大者圍九尺長二三尺似猪形

鹿魚

臨海異物志曰鹿魚長二尺餘頭上有角腹下有脚如人足。嶺表録異曰鹿子魚頳其尾鬣皆有鹿班赤黃色余曾覽羅州圖云州南海中有洲每春夏此魚跳出洲化而為鹿曾有人拾得一魚頭已化鹿尾猶是魚南人云魚化為肉腥不堪食

郭璞江賦曰或鹿觡象鼻（鹿觡頭角如鹿）

鰕魚

爾雅曰鯢大者謂之鰕（今鯢魚似鮎四脚前似獮猴後似狗聲如小兒啼大者長八九尺）

異物志曰鰕魚有四足如龜而行疾有魚之體而以足行故名鰕魚令水仰天不動小鳥就飲因而吞之

異物記曰鰕實四足而有魚名頭尾類鯷歧　行生長山澗出入深坑頂上有光迎風濆流云是嬾婦死懃自投



鰩魚

呂氏春秋曰灌水之魚名曰鰩狀如鯉有翼

左思吳都賦曰文鰩夜飛而觸綸

珠鼈魚

山海經曰葛山澧水　中多珠鼈之魚如肺而有六足目有珠其味酸甘食之不厲。山海經圖讚曰澧水之鮮狀如浮肺體兼三才以貨買容。呂氏春秋曰魚之美者澧水之魚名曰珠鼈六足有珠（澧水在蒼梧九疑之西）

赤鱬魚

山海經曰青丘之山英水出焉中多赤鱬（音儒）其狀如魚而人面其音如鴛鴦食之疥。經圖讚曰赤鱬之狀魚身人頭

何羅魚

山海經曰譙明之山譙水出焉其中多何羅之魚一首十身其音如吠犬食之已癰

鰼鰼魚

山海經曰涿光之山囂水出焉而西流其中多鰼鰼之魚(音鰼)其狀如鵲而十翼鱗皆在羽端其音如鵲可以御火

又經圖讚曰鼓翮一運十翼翩翻厥鳴如鵲鱗在羽端

雒書曰鰼鰼魚狀如鵲食之不癉出涿光山

鱳魚

山海經曰獄法之山瀤澤之水出焉(音懷)其中多鱳魚(音藻)狀如鯉鷄足食之已疣

又經圖讚曰鱳之為狀半鳥半鱗

䱽魚

山海經曰北嶽之山諸懷之水出焉其中多䱽魚(音詣)魚身犬首音如嬰兒食已狂

鱅鱅魚



山海經曰樕螽之山(速株)食水出焉中多鱅鱅之魚(音容)狀如犁牛其音如彘

山海經圖讚曰魚號鱅鱅如牛虎駮

箴魚

山海經曰狗狀之山沢(音枳)水出焉中多箴魚狀如儵喙如箴食者無疫(南越記長針鱵口四寸)

縛魚

山海經曰鷄山暴水出焉其中有縛魚(音團)狀如鮒彘毛其音如豚見則天大旱

又曰圖縛魚并顒鳥讚曰顒鳥栖林魚處川俱為旱徵災延普天測之無象厥數惟玄

呂氏春秋曰魚之美者洞庭之縛

鮭魚

山海經曰為柢(音帶)山多水有魚出焉狀如牛陵居蛇尾有翼在魼(祛榻二音)下其音如留牛其名曰鯥(音六)冬死夏生(蟄類也)

山海經圖讚曰魚號曰鯥處不在水厥狀如牛鳥翼蛇尾食之無腫疾

鮮魚(音鮮)

山海經曰英山禺水出焉北流注于招(音韶)水其中多鮮魚狀如鼈其音如羊

䱻魚(音謂)

山海經曰樂遊之山桃水出焉其中多䱻魚其狀如蛇而四足

漢書地理志曰子桐之水其中澤多䱻魚

無遺魚

山海經曰英鞮之山涴水出焉是多無遺之魚魚身蛇首六足目如馬耳食之使人不眯可以禦凶



鰠魚

山海經曰鳥鼠同穴之山渭水出焉其中多鰠魚(音騷)其狀如鱣魚動則其邑大兵

山海經圖讚曰物以感應亦有數動壯士挺劍氣激江涌鰠魚潛淵出則民悚

絮魮魚

山海經曰鳥鼠同穴之山濫(音檻)水出於其西多絮魮之魚(如歟二音)其狀如覆銚鳥首而魚翼魚尾其聲如磬是生珠玉(珠母蚌類)

山海經圖讚曰形如覆銚苞玉含珠有而不積泄以尾閭闇與道會可謂奇魚

蠃魚

山海經曰邽(音邽)山濛水出焉其中多蠃魚魚身而鳥翼聲如鴛鴦見其國大水

䱻䱻魚

山海經曰少咸之山鴈門之水其中多䱻䱻之魚(音沛)食之殺人

魮魚

山海經曰懸雍之山晉水出焉其中多魮魚(音紫)其狀如儵而赤鱗其音如叱食之不驕(或作慅)

山海經圖讚曰微哉魮魚食則不驕物有所感其用無摽

䱂父魚

山海經曰陽山流水出焉其中有䱂(音瑫)父之魚其狀如鮒魚首如彘食之已歐

山海經圖讚曰䱂父魚首厥體如豚

平九百三十九　五

師魚

山海經曰饒山歷虢之水出焉中有師魚食之殺人

文魚

山海經曰景山睢(音蜼)水出焉中多丹粟文魚(有斑彩也)

鯩魚

山海經曰半石之山來需(音濡)之水出焉其中多鯩魚(音綸)黑文狀如鮒食者不腫

鰧魚

山海經曰半石之山合水出其陰是多鰧(音騰)魚其狀如鱖居逵(逵水中之穴相交通)蒼文赤尾食者不癰可以已瘻

臨海水土記曰鰧魚似鱦長二尺

飛魚

王子年拾遺録曰仙人寗封食飛魚而死死百年生故寗先遊涉七言頌云菁藻灼爍千載舒萬齡暫死餌飛魚

山海經曰騩(音愧)山舌過之水出焉而北流注于河其中多飛魚其狀如豚而赤文服之不雷可以禦兵

郭璞山海經圖飛魚讚曰飛魚如豚赤文無羽

山海經曰牛首之山勞水出焉是多飛魚其狀如鮒食之可以已痔(又曰飛魚如豚赤文無羽)

張駿山海經飛魚讚曰飛魚如鮒登雲遊波

林邑國記曰飛魚身圓長丈餘羽重沓翼如胡蟬出入群飛遊翔翳薈而沉則泳海底

豪魚

山海經曰渠猪之山渠猪之水出焉是多豪魚其狀如鮪而赤喙尾赤羽食可以已白癬

鯸鮐魚

平九百三十九　六　李丙貞

左思吳都賦曰王鮪鯸鮐(劉逵曰鯸鮐狀如科斗大者長尺餘腹白背青有黃文性有毒雖小獺犬魚不敢取也蒸煮肥美)

鯸鱐魚

潘岳滄海賦曰鮥魚鯸鱐

鮠魚(午回切)

廣志曰鮠魚一名河豚

丹魚

抱朴子曰南陽丹水有丹魚先夏至十日夜伺之魚夜浮水側有赤光割取血以塗足可以步行水上

蝝魚

廣志曰蝝魚一名鮦(直壟切)

䱂魚

劉敬叔異苑曰䱂魚凡諸魚欲產䱂輙以頭衝其腹䱂魚

自欲生者亦更相橦觸故世人謂爲衆魚之生毋也

嶺表録異曰鮹南人云魚之欲産子者須此魚以頭觸其腹而産俗呼爲生毋魚

望魚

魏武四時食制曰望魚側如刀可以刈草出豫章明都澤云云溢澤

班文魚

魚豢魏略曰濊國出班魚皮漢時恒獻之

郭義恭廣志曰班文魚出東夷濊獻其皮

蕭折魚

魏武四時食制曰蕭折魚海之乾魚也

䱐鰤上浮下沉魚

魏武四時食制曰䱐鰤魚黑色大如百斤猪黃肥不可食數枚相隨一浮一沉一名敷常見首出淮及五湖○三十



六國春秋曰吳人夏丞爲孝廉高士夏仲御以母疾將市藥于京師隨丞入洛時値禊飲賈充見而放之仲曰我會稽夏仲御也充問卿居海濱能獻舡不仲曰能之充因命丞爲仲御即登舡皷拽容止可觀爲䱐鰤之形俄然雲霧杳冥白魚躍入其舟充甚異之

蕃踰魚一曰蕃蹹魚

魏武四時食制曰蕃踰魚如鼈大如箕甲上邊有鬚無頭口在腹下尾長數尺有節有毒螫人

龍魚

山海經曰龍魚陵居其狀如狸或曰龍魚似狸一角也一曰鰕魚鰕音遐却有神聖乘此以行九野一曰鼈魚

郭璞山海經圖讚曰龍魚一角似狸居陵俟時而出神聖攸乘飛騖九域乘雲上升

括地圖曰龍魚一名鰕魚狀如龍而有神聖乘此以行九野

郭璞江賦曰或虎狀龍顔龍魚亦似魚

太平御覽卷第九百三十九

# 太平御覽卷第九百四十

鱗介部十二

瓊魚　橫公魚　鬛魚　蒲魚
印魚　黃魚　奇魚　君魚
琵琶魚　䟽齒魚　班魚　黃雀魚
鷰魚　鳶魚　赤魚　玄魚
邵魚　鱅鰤魚　井魚　鏡魚
含光魚　鯇魚　鼈魚　吹沙魚
伏念魚　金石魚　婢屣魚　奴嬌魚
潹魚　銅吮魚　陶魚　石班魚
戴星魚　鱯魚　魿魚　織杼魚
雞鮨魚　土奴魚　新婦魚　海豨魚
鯤炮魚　鈐刀魚　蝦蟇魚　黿魚
鼠魚　弓魚　鸚鱣魚　黍魚
鮨魚　鱝尾魚　土拌魚　高魚
蘆鰐魚　鼉風魚　鯤魚　海鯤魚
鮞魚　細赤魚　鰈魚　真魚
雞子魚　竹魚　乳穴魚　鼊鼉魚



瓊魚

漢武内傳曰西王母曰仙人上藥有流淵瓊魚

橫公魚

神異經曰北方荒外有石湖其中有橫公魚長七八尺形狀如鱧而目赤晝則在湖中夜化爲人刺之不入煑之不死以烏梅二七煑之乃熟食之可以止邪病（玄黃經曰橫公魚不可殺唯加烏梅其魚乃滅）

鬛魚

魏武四時食制曰鬛魚帶鬛如婦人白肥無鱗出滇池

蒲魚

魏武四時食制曰蒲魚其鱗如粥出郫縣

印魚

臨海異物志曰印魚無鱗形似鰌形鰌額上四方如印有文章諸大魚應死者印魚先封之

郭延之述征記曰城陽縣南六里堯母慶都墓廟前一池魚額間有印文名類魚非告祠者捕不可得

左思吳都賦曰印龜鱕鱕鯌

黃魚

吳書曰薛綜上䟽交州刺史朱符多以鄉人分作長史強賦民黃魚一枚稻一斛

劉欣期交州記曰武寧縣秋九月黃魚上化作鶉鳥



南方草物狀曰短細黃魚九月中因秋風而變成鶉上團吏捕取炙食滋味肥美

南中八郡志曰江出黃魚魚形頗似鱣骨如葱可食

郭義恭廣志曰犍爲郡僰道縣出臑骨黃魚

奇魚

沈懷遠南越志曰奇魚長三寸似白魚常附海舩以濬洪波一曰奇載魚

臨海水土記曰寄度魚長三寸似白魚

君魚

沈懷遠南越志曰君魚長三寸背上骨如筆管大者似矛逢諸細魚及黿鼉腹背斷之

琵琶魚

臨海異物志曰琵琶魚無鱗形如琵琶

沈懷遠南越志曰琵琶魚無鱗長三尺形似琵琶故因以爲名
任昉述異記曰海魚千歲爲劒魚樂魚一名琵琶魚形似琵琶而喜鳴因以爲名
左思吳都賦曰鮫鯔琵琶
曹毗揚都賦曰魚則琵琶烏賊

䟽齒魚

魏武四時食制曰䟽齒魚味如猪魚出東海
潘岳滄海賦曰比目䟽齒

班魚

魏武四時食制曰班魚頭中有石如珠出北
郭義恭廣志曰班魚頭中有玉石如珠璣

黃雀魚

臨海異物志曰黃雀魚常以八月化爲黃雀到十月入海爲魚
風土記曰六月東南長風俗名黃雀風時海魚化爲黃雀因爲名也



鷩魚

臨海異物志曰鷩魚長五寸陰雨起飛高丈餘

鳶魚

臨海異物志曰鳶魚狀如鳶唯無尾足陰雨日亦飛高數丈

赤魚

魚豢魏略曰文帝欲受禪赤魚遊於露鑊

玄魚

王子年拾遺錄曰夏鯀理水無功沉於羽川化爲玄魚大千尺後遂死横於河海之間後世聖人以玄魚爲神化之物以玄字合於魚字爲鯀字

邵魚

臨海水土記曰邵魚狀如鳶魚

鱬而朱鰗魚

臨海水土記曰鱬鰗魚狀如鳶魚形

井魚

臨海異物志曰井魚頭有兩角

鏡魚

臨海異物志曰鏡魚如鏡形體薄少肉

含光魚

臨海異物志曰含光魚一名䲢魚黃而美故謂之䲢有光照燭



沈懷遠南越志曰含光謂䲢魚正黃而美故謂爲䲢魚夜則有光
嶺表録異曰黃䲢魚即江湖之横魚頭觜長而鱗皆金色南人臠爲炙雖美而毒或煎煿或乾夜即有光如燭

魬魚

臨海異物志曰魬魚如指長七八寸但有脊骨好作羹美大者如竹竿曝作燭極有光明

鰵魚

臨海異物志曰鰵魚三月生溪中裁長一寸至十月中東還死於海香氣聞於水上到時月輒復更生
永嘉地記曰石堂水口多鰵魚

吹沙魚

臨海異物志曰吹沙長三寸背上有刺犯之螫人

伏念魚

臨海水土記曰伏念魚似吹沙魚

金石魚

南越記曰金石魚形負如七寸柈

婢屣魚

臨海異物志曰婢屣魚口近腹下形似婦人屣

奴屩魚

臨海水土記曰奴屩魚長一尺如屩形

鋈魚音沃

臨海水土記曰鋈魚似蒲魚長三尺

銅哾魚

臨海異物志曰銅哾魚長五寸似鰷魚

陶魚



臨海水土記曰陶魚長三尺似鱦音繩魚

石班魚

臨海水土記曰石班魚媱蟲六蟲蝕爲一

又曰石班魚媱蟲蠳蟹也蟹魚長尺餘其蠳如虎文俗言蠳蠳從水盤呼之因走上岸合牝其子不可食也

戴星魚

臨海水土記曰戴星魚狀如鳶魚背上有兩白瑠如指大

因名之云

鱨魚

沈懷遠南越志曰鱨魚似鰍鯶音畢尾上有刺如欓樹刺也

鯪魚音零

臨海水土記曰鯪魚似鮅魚

異物志曰南方魚多不肥美唯鯪魚爲上大者長二尺作

膾炙尤香而美

嶺表錄異曰鯪魚如白魚而身稍短尾不偃清遠江多此

魚蓋不產於海也廣人得之多爲膾不腥而美諸魚無以

過也

織杼魚

臨海水土記曰織杼魚狀似鋈魚味美於諸魚

沈懷遠南越志曰織杼魚如真魚背上正青

鯡鰭魚

臨海水土記曰鯡鰭形似鯡魚戲於重川靡有定所

土奴魚

臨海水土記曰土奴魚頭如虎有刺螫人

新婦魚

臨海水土記曰新婦魚似鯡魚長一丈



海豨魚

臨海水土記曰海豨魚豕頭身長九尺

郭璞江賦曰魚則江豚海豨

曹毗揚都賦曰海豨鯨鱘

鯤鮑魚

臨海水土記曰鯤鮑魚似海印魚

鈆刀魚

臨海水土記曰鈆刀魚似鋈魚鈆刀魚名似鋈魚

蝦蟇魚

臨海水土記曰蝦蟇魚色如鳶魚頭似蝦蟇尾似鳶

黿魚音元

臨海水土記曰黿魚長五寸

鼠魚

沈懷遠南越志曰鼠魚頭如鼠
臨海異物記曰鼠魚長七寸頭如鼠
弓魚
臨海水土記曰弓魚長三寸似鯢魚
鰻鱧魚
臨海水土記曰鰻鱧魚長一尺
黍魚
臨海水土記曰黍魚長三尺似鱝鯊
鯧魚（鯧音）
臨海水土記曰鯧魚兩脇下有大肉如炙臠大
嶺表録異曰鯧魚形似鯿魚而腔上突起連背而圓身肉
甚厚肉白如鱖只有一脊骨治之以薑葱焦（鯗音鯗也）之粳米
其骨亦軟熟者無所棄鄙俚謂之狗瞌睡魚（以其犬在盤下難伺其骨故云狗瞌睡魚也）



鐨尾魚
南越記曰鐨尾魚有毒一名鼈魚
土拌魚
臨海水土記曰土拌魚長七寸白黑班文
高魚
異物志曰高魚與鱒相似與蜥蜴於水上相合常以三二
月中有雌而無雄食其胎殺人
蘆鮃鯌魚
異物志曰蘆鮃似鰌鳌而有細文多膏肥美大如蘆臂本
出地中隨泉浮出俗名蘆鮃
沈懷遠南越志曰蘆鮃魚生山曲之間穴地爲窟泉源踊
則此魚出今盧陵以南至于南州有焉俗以爲醬

鼉風魚
異物志曰冬天此魚數千萬頭共處大窟中藏上有白氣
或在鼉穴中皮黑如漆能潛知數里中空木所在因風而
入空木化爲蝙蝠其肉甚美
鯤魚
毛詩鷄鳴曰弊笱在梁其魚魴鯤
爾雅曰鯤魚子（凡魚之子總名鯤）
又曰鱦小魚（鱦音繩又孕今江東呼魚子未成者爲鱦也）
海鯤魚
王子年拾遺録曰黑河北極也其水濃黑不流上有黑雲
生焉有黑鯤千尺狀如鯨常飛遊往於南海
莊子曰北溟有魚其名爲鯤其大不知幾千里
江逌詩曰巨鼇戴蓬萊大鯤運天池倏忽雲雨興俯仰三



洲移
孫放詠莊子詩曰巨細同一馬物化無常歸脩鯤解長鱗
鵬起片雲飛撫翼摶積風仰凌垂天翬
袁宏北征賦曰魚託水而成鯤木在山而有松
鮞魚（而音）
呂氏春秋曰魚之美者東海之鮞
張衡西京賦曰巢鯤鮞（鯤魚子也鮞細魚類也）
細赤魚
劉義慶幽冥録曰始興雲水源有湯泉每至霜雪其上蒸
氣高數十丈泉中常有細赤魚出遊莫有獲者
鰥魚
毛詩曰弊笱在梁其魚魴鰥（鰥夫鯀也）
孔叢曰衛人釣於河得鰥其大盈車曰吾下一魴之餌鰥

過而不視又以豚之半則吞矣子思曰鱳貪以餌死士貪以祿死

真魚

沈懷遠南越志曰真魚如纖紵魚

臨海水土記曰鱒魚俗謂之猶魚

鷄子魚

嶺表錄異曰鷄子魚口有觜如鷄肉翅無鱗尾尖而長有風濤即乘風飛於海上舩稍類鮐鰟魚

竹魚

嶺表錄異曰竹魚産江溪間形如鱧魚大而少骨青黑色鱗下間以朱點鱗可玩或烹以爲羹臛肚而美

乳穴魚

嶺表錄異曰全義嶺之西南有盤龍山山有乳洞斜貫一



溪號爲靈水溪今桂州靈川縣也靈溪内有魚皆脩尾四足丹其腹游泳自若漁人不敢捕之爾雅云鯢似鮎四足聲如小兒今商州山溪内亦有此魚謂之納魚

鰧黿魚

臨海水土記曰鰧黿魚似鱦魚長二尺

太平御覽卷第九百四十

鱗介部十三

貝　螺　蚌

## 貝

尚書禹貢曰淮海惟楊州島夷卉服厥篚織貝

又顧命曰大貝鼖鼓在西房(大貝如車渠商周傳寶之)

毛詩節巷伯曰萋兮菲兮成是貝錦(貝如錦也)

又義疏曰有紫貝質白如玉紫點爲文皆行列相當大者徑一尺七寸今九眞交阯以爲杯盤寶物也

孝經援神契曰德至泉則江生大貝

爾雅曰貝陸居賆(方遍切)在水者蜬(水陸異名也貝中肉如科斗但有頭尾音含)大者魧(書大傳曰大貝如車渠車渠謂車輞即魧屬魧戶郎切)小者鰿(今細貝亦有紫色者出日南音青)玄貝貽貝(黑色貝也)餘貾(貾音池)黃白文(以黃爲質白爲文點)餘泉白黃文(以白爲質黃爲文點今之紫貝以紫爲質黑爲文點)蚆(音巴)博而頯(頯者中央廣兩頭銳頯逵軌二音)蜠(音囷)大而險(險者汙薄)蟦小而橢(即上小貝橢謂狹而長此皆說貝之形容橢他果切)



說文曰貝海介蟲也古者貨貝而寶龜也

汲冢周書王會曰共人玄貝(共人吳越之蠻玄貝蛁貝也)

漢書曰文帝賜尉佗書佗因使者獻紫貝五百

後周書曰步落稽婦人多貫蜃貝以爲飾

隋書曰流求國人用鳥羽爲冠飾以珠貝

唐書曰吐渾國婦人辮髮縈後綴以珠貝

又曰拂菻國有大貝車渠

淮南子曰商拘文王於姜里於是散宜生乃以千金求天下之珍怪得大貝百朋(五百爲一朋也)

山海經曰虢山之尾其上多玉魚水出焉其中多文貝

又曰邽山濛水出焉其中多貝(貝甲中肉如科斗但有頭尾)

又曰赤水之東有蒼梧之野爰有文貝(紫貝也)

南州異物志曰交阯以南海中有大文貝質白文紫天姿自然不假雕琢磨瑩而光煥爛

六韜曰商王拘周西伯昌於姜里太公與散宜生金千鎰求珍物以免君罪九江之浦有大貝百馮(詩作朋也)

鹽鐵論曰教與俗弊與世易夏后氏以玄貝周人以紫石

相貝經曰硅延得大貝於昌陽弱泉爲五帝瑤器也得拘厹何貝大如輪爲文王壽穆王大業貝懸其殼於昭陽觀以消惡霧

又曰瀕水貝可以朗目南海貝如珠可以治水毒也浮貝投水則浮也營貝使童子愚女子淫

嶺表錄異曰紫貝即砑螺也儋振夷黎海畔採以爲貨

南越志曰土產明珠大貝即紫貝也



## 螺

易說卦曰離爲蠃(注曰剛在外也)

周官天官上鼈人曰祭祀供蠯蠃蚳以授醢人(蠃螔蝓也鄭司農云蠯蛤也杜子春云蠯蜯也蠯音脾)

國語曰大夫種謀吳曰今吳大荒其民必移就蒲蠃於東海之濵必可伐

廣志曰海文蠃數種其大者受一升南人以爲酒杯

魏書曰漢末天下荒亂率之糧穀袁術在江淮取給蒲蠃民相食州郡蕭條

宋書曰元嘉末魏太武征彭城遣使求酒及甘橘張暢宣孝武帝命致螺杯雜粽南土所珍

北史曰隋劉臻性好噉蜆以音同父諱呼爲扁螺

淮南子曰蠃蠡愈燭睆蠃附螺也蠡細長螺也燭睆目中疾此皆治目之藥也人無故而求此物者必有蔽其明也

水經曰桂陽貞女峽峽西岸高巖名貞女山山下際有石如人形高七尺狀女子故名貞女峽古來相傳有數女取螺於此遇風雨晝晦忽化爲石

山海經曰旬山洵水出焉南流注于閼澤其中茈蠃紫色螺也

又曰邽山濛水出焉有螺魚身而鳥翼見則其邑大水

搜神記曰謝端夏官人少孤爲鄉人所養年十八恭謹自守後於邑下得一大螺如三升盆耳將畜甕中每早至野還見有飲飯湯火處端疑之於籬外窺之見一少女從甕中出至竈下燃火便入問之女荅曰我天漢中白水素女天帝哀卿少孤使我權相爲守舍炊煮使卿後得婦當還去今無故相伺不宜留此忽有風雨而去



徐衷南方記曰馬軻蠃大者圍九寸長四寸細者圍七寸長三寸

南州異物志曰鸚螺狀如覆杯頭如鳥頭向其腹視似鸚鵡故以名肉離殼食唯以筋自係於殼飽則入殼中若爲魚所食殼乃浮出爲人所得質白而文紫

崔豹古今注曰蝸牛宛轉有草紋縛爲結似螺髺

交州異物志曰寄居山蠃蟲而長如蠡而腳似蜘蛛大死殼入蠡殼中

又曰螺大者如筥一邊重可爲酒器

又曰吒螺着海邊樹上見人吒如人声可食

又曰蒼螺江東人以爲梳假猪螺日南有之厭爲甲者

鄧德明南康記曰平固水口下流數里有螺亭臨江昔一少女曾與伴俱乘小舡江漢採螺既逼暮因停沙邊共宿忽聞騷騷如軍馬行須臾乃見羣螺張口無數相與爲災來破舍噉此女子同侣諸嫗當時惶怖不敢作声悉走上岸至曉方還但見骨耳收斂喪骨薄埋林際歸報其家經四五日間近所埋處髣見石冢穹窿高十餘丈頭可受二十人坐也今四面有階道髣髴人冢其頂上多螺殼新故相仍鄉傳謂之螺亭

世語曰衛瓘大康永熙中家人炊飯墮地盡化爲螺出足而行瓘終見誅

廣五行記曰晉武帝時裴楷家炊黍在甑或變爲螺其年楷卒又石崇家稻米化螺崇亦被誅

嶺表録異曰鸚鵡螺旋尖處屈而朱如鸚鵡嘴故以此名殼上青綠斑大者可受二升殼内光瑩如雲母裝爲酒杯奇而可翫又紅螺大小亦類鸚鵡螺殼薄而紅亦堪爲酒器刳小螺爲足綴以膠漆



葛龔薦戴昱曰昱年六十二兄弟同居二十餘年及爲宗老分昱將妻子逃舊業入虞澤結茅爲室捃穭野豆拾掇蠃蚌以自振給

## 蚌

易通卦驗曰小雪雉入水爲蜃

爾雅曰蜃小者珧珧玉珧也即小蚌珧音遥

說文曰蚒步梗切蚌也鮚巨栗切鮭音蚌也

漢書曰漢律會稽獻鮚醬二升蚌蜃之屬

周書曰成三時具甌獻蜃鄭玄注曰蜃大蛤也

大戴禮曰十月雉入淮爲蜃蜃者蒲蘆也

春秋後語曰齊趙將伐燕蘇代爲燕說趙王曰今者臣來過小水見小蚌方出暴而鷸啄其肉蚌合而挾其啄啄口也上啄其肉音張角切下啄音詩纖切鷸曰今日不雨明日不雨必見蚌脯蚌

亦謂鷸曰今日不出明日不出必見死鷸兩不相捨漁父得而併擒之今趙且伐燕燕趙久相支以弊其衆臣恐強秦之爲漁父也故願大王熟計之趙王於是乃止

魏志曰孔融與韋康書云元將仲將不意雙珠近出老蚌

陳書曰武帝雅尚恭儉膳不過數品私饗曲宴皆用瓦器蚌盤

唐書曰太宗謂侍臣曰蜃性含水待月而水生木性懷火因燧而燄發人性含靈待學而成美

墨子曰申屠狄謂周公曰賤人何可薄耶周之靈珪出於土石楚之明月出於蚌蜃少家大豪出於汚澤天下諸侯皆以爲寶狄今請退也

淮南子曰季秋爵入大水爲蛤（爵依垦之雀也飛鳥也隨陽下藏故爲蛤）

又曰古者剡耜而耕摩蜃而耨（剡利也耜耒屬也蜃大蛤摩令利用之耨耨除苗穢）



又曰孟冬水始冰地始凍雉入大水爲蜃（雉陽鳥也三歲而死極陽切陰故隨陰氣入水爲蜃蜃大蛤也）

又曰明月之珠出於蛖蜄（音蛖蜄珠有夜光之明月生於蛖中）

又曰毛羽者飛行之類也故屬於陽日者陽之主也是以春夏則羣獸除日至而麋鹿解（解角也）月者陰之宗也是以月虧而魚腦減月死而螺蚌膲（膲減蹴也）

又曰古者民茹草飲水採樹木之實食蠃蛖之肉時多疹病毒傷之害

又曰明月之珠蜃蛖之病而我之利虎爪象牙禽獸之利而我之害（我猶人也）

又曰蛖象之病人之寶也（蛖大蛤中有珠象牙還以自病故人得以爲寶）人之病將有誰寶之者乎（人以利欲爲病無人寶之故曰有將誰寶）

西京雜記曰長安始盛飾鞍馬競加雕鏤或一馬之飾直百金皆用白蜃爲珂紫金爲花以飾其上

越地形記曰夏靖答車茂弘論鄮縣書曰其蜯蛤之屬目所希見耳所未聞

徐衷南方記曰白珠蜯殼長三寸半漲海中深六七丈去岸四五十里

永嘉郡記曰樂成縣木履山東帶採門九海採者皆由其門故以爲名多香螺文蛤之屬

博物志曰東南之人食水之産西北之人食六畜産食水産者龜蛤螺蚌以爲珎味不覺其腥臊也食六畜産者貍兎鼠雀以爲珎味不覺其膻𦢊也

杜寶大業拾遺録曰南方林邑有大蚌盈車明珠至寸不以爲貴國人不採

交州異物志曰烏滸山居射翠取羽剖蚌採珠



任昉述異記曰淮水中黄雀至秋化爲蛤至春復爲黄雀五百年化爲蜃蛤

嶺表録異曰珠池廉州邊海中有洲島島上有大池謂之珠池每年脩貢珠戸入池採珠皆採老蚌剖而取珠池在海上疑其底與海通珠如豌豆大常珠也如彈丸者亦時有得徑寸照室之珠卒不可遇也又取小蚌肉貫之以篾曝乾謂之珠母容桂人率將脯燒之以薦酒肉也中有細珠如粱粟乃知珠池之蚌隨其大小悉胎中有珠矣

延篤與高義方書曰今玆以五經爲鼎簋書傳爲爼籩祖述堯舜憲章文武未暇蜯也宜勿以爲念

郭璞江賦曰紫蚢如渠洪蚶專車瓊蚌晞曜以瑩珠石蚨應節而揚葩

太平御覽卷第九百四十一

太平御覽卷第九百四十二

鱗介部十四

蛤　蛺覆　三蝬

車螯　移角　姑勞

羊蹄　蛤蜊　蘆雉

蚶　烏頭　下來蝛

越王　蠣　蜆

蟹

蛤

易進卦驗曰立冬鷰雀入水為蛤

禮記月令曰季秋之月雀入大水為蛤

汲冡周書王會曰東越海蛤（東越則海際蛤文蛤）

三國典略曰周天和元年夏齊冀州人於蚌蛤中得瑶環



一隻

又曰徐之才初遷豫章王綜國常侍隨綜入北有人患足跟痛諸醫咸莫能識之才視之曰蛤精疾也得之當由乘船入海垂脚入水中疾者曰實曾如此之才為剖之得蛤子二大如榆莢

淮南子曰土龍致雨鷰鴈代飛（鷰春南而鴈秋北也）蛤蛷珠龜與月盛衰

呂氏春秋曰月者羣陰之本月望則蚌蛤實羣陰盈月晦則蚌蛤虚羣陰湫夫月形于天而羣陰化乎淵

漢武帝内傳曰西王母玄仙家之藥有白水靈蛤

汝南先賢傳曰周燮字彦祖好潛請養志唯典籍是樂有仙人草廬廬下有陂魚蛤生非身所耕則不食也

南越志曰凡蛤之屬開口聞雷鳴不復閉

雲南記曰新安蠻婦人於耳上懸金環子聯貫瑟瑟帖於鬢側又繞䯼以螺蛤聯穿繫之謂為珂珮

博物志曰東海有蛤鳥常啖之其肉消盡殼起浮出東海在沙中岸邊潮水往來硈薄蕩白如雪入藥最精勝採取自死者

崔豹古今注曰鳥鴈常在河邊沙上食沙石悉皆銷爛唯食蛤不銷隨其糞出用以為藥倍勝常者

本草經曰文蛤表文味鹹無毒主際陰蝕惡創五痔大孔盡血生東海

左思賦曰蚌蛤珠胎與月虧全

蛺覆

臨海水土物志曰蛺覆似蛤如䚢大

三蝬（音宗）



臨海水土物志曰三蝬似蛤

車螯

沈約宋書曰廬陵王義真出為南豫州刺史劉湛為長史義真出時居高祖憂使帳下備膳湛禁之義真乃於齋内別立厨帳會湛入煖酒炙車螯湛正色曰公當今不宜有此設義真曰且甚寒一盃酒亦何傷湛既至湛因起曰既不能以禮自處又不能以禮處人

謝靈運與弟書曰前月十二日至永嘉郡蠣不如鄞縣車螯亦不如北海

移角

臨海水土物志曰移角似車螯角移不正名曰移角

姑勞

臨海水土物志曰姑勞如車螯而殼薄

臨海水土物志曰羊蹄似蚌味似車螯羅江小盧有之

羊蹄

蛤蜊

宋書曰王融初為司徒法曹詣王僧祐因遇沈昭略未相識昭略屢顧眄謂主人曰是何年少融殊不平謂曰僕出於扶桑入於暘谷照曜天下誰云不知而卿此問何也昭略云不知許事且食蛤蜊融曰物以羣分方以類聚君長東隅居然應嗜此族

淮南子曰若士方捲龜殼而食蛤蜊

抱朴子曰若士所食此必草也又海中自有蛤蜊螺蚌之類未加煮凡人所不能噉況君子若士乎

蘆雉

臨海水土物志曰蘆雉似蛤蜊殼小薄耳



蚶(火甘切)

唐書曰元和中嶺南節度使崔詠卒宰臣奏擬皆不可上謂裴度曰嘗有諫進海蚶淡菜者詞甚忠正卿可求此人與之度出以訪人或有言孔戣諫者度即日以聞乃命之

廣志曰巨延州以蚶與行估貿易

臨海水土物志曰蚶側徑四尺也

盛弘之荊州記曰始安郡駮鹿山山上有石室鑿內輒得骨并獲蚶

嶺表録異曰瓦屋子蓋蚌蛤之類也南中舊呼為蚶(音憨)子頭因盧鈞尚書作鎮遂改為瓦屋子以其殼上有稜如瓦壟故名焉殼中有肉紫色而滿腹廣人尤重之多燒以薦酒俗呼為天臠炙喫多即壅氣背膊煩疼未測其本性也

烏頭

臨海水土物志曰烏頭似蚶

下來蝛(許咸切似蛤出海中)

臨海水土物志曰下來蝛雖似烏頭各自有種

又曰蝛蛤有似烏頭

越王

臨海水土物志曰越王形似蝛殼赤尾如人爪形

蠣

梁書曰何胤初侈於味食必方丈後稍欲去其甚者猶食白魚䱇(姉漁)脯糖蟹以為非見生物疑食蚶蠣使門人議之學生鍾岏曰䱇之就脯驟於屈中蟹之將糖躁擾彌甚仁人用意深懷如怛至於車螯蚶蠣眉目內闕慙渾沌之奇獷殼外緘非金人之慎不悴不榮曾草木之不若無香無臭與瓦礫其何筭故宜長充庖廚永為口味竟陵王子良



見玩議大怒汝南周顒與胤書勸令食菜

茅君內傳曰欲合九轉先作(神釜)取東海左顧牡蠣丸六物令分等各擣三萬杵

異物志曰古賁灰牡蠣殼

臨海水土物志曰蠣長七尺

南越志曰南土謂蠣為蠔甲為牡蠣合澗洲圓蠣土人重之語曰得合澗一蠣雖不足豪亦可以高也

永嘉郡記曰樂成縣新溪口有蠣嶼方圓數十畝四面皆蠣其味偏好

謝靈運遊名山志曰新溪蠣味偏甘有過紫溪者

嶺表録異曰盧亭亭盧循遺類也循昔據廣州既敗餘言奔於海島野居唯食蠔蠣壘殼為牆壁

又曰蠔即牡蠣也其初生海島邊如拳石四面漸長有高

一二丈者巉巖如山每一房内蠔肉一片隨其所生前後大小不等每潮來諸蠔皆開房伺蟻入即合之海夷盧亭亭者以斧楔取殼燒以烈火蠔即啓房挑取其肉貯以小竹筐趂墟市以易酒米(盧亭好酒以蠔肉換酒也)蠔肉大者醃爲炙小者炒食肉中有滋味食之即甚壅腸胃

## 蜆(户典切)

爾雅曰蜃小者曰珧(郭璞注曰新蒸蛤也江東呼爲蜆也)

## 蟹

廣雅曰蟹蛣(音厄)蝫也其雄曰蜋螘其雌曰轉帶

山海經曰大蟹在海中(蓋千里之蟹)又女丑有大蟹(廣千里)

汲冢周書王會曰成王時海陽獻蟹

大戴禮曰蟹二螯八足非鱓之穴而無所寄托者心躁也(孫卿子同)



禮記檀弓下曰成人者兄死而不爲衰者聞子皐將爲成宰遂爲之衰成人曰蠶則績而蟹有筐范則冠而蟬有緌兄則死子皐爲之衰

孝經援神契曰蟹二螯兩端傍行(螯猶兵也小蟲而欲兩端自衛故使傍行也)

晉書曰解系坐免官以白衣還第闔門自守及張華裴頠之被誅也倫秀以宿憾收系兄弟梁王肜救系等倫怒曰我於水中蟹且惡之况此人兄弟輕我耶此而可忍孰不可忍肜苦爭之不得遂害之

又曰劉聰左都水使者襄陵王攄坐魚蟹不供斬於東市

三國典略曰周永定元年夏四月齊主禁取蟹蛤之類唯許私家捕魚

淮南子曰夫釋大道而任小數無以異於使蟹捕鼠蟾蠩(音諸)捕蚤不足以禁姦塞邪亂乃逾滋(以火灼蟹筐上内置穴中蟹熱走窮穴適能擒)

鼠一

又曰磁石引鐵蟹之敗漆(置蟹漆中則漆敗也)雖在明知弗能然也

抱朴子曰若蟹之化漆麻之壞酒此不可以理推者也

又曰山中稱無腸公子者蟹也

又曰兵地生蟹者宜急移軍太一在玉帳之中不可攻也

郭子曰畢茂世云一手持蟹螯一手持酒盃拍浮酒池中可了一生哉

國語曰越王召范蠡而問焉曰與子謀吳子未可也今其稻蟹食不遺種其可乎范蠡對曰天應至矣(謂稻蟹)人事未也勤須厲志

世說曰蔡司徒渡江見蟛蜞大喜曰蟹有八足加以二螯令烹之既食委頓吐下方知非蟹後向謝仁祖說此事謝曰卿讀爾雅不熟幾爲勸學死(劉孝標云大戴礼勸學篇曰蟹八足二螯非蛇蛆之



穴無所寄托者用心躁也故爾雅云螖蠌小者勞即彭螖也似蟹而小按今蟛蜞小於蟹而大於彭螖爾雅所謂螖蠌者也然此三物皆八足二螯狀甚相類蔡謨不精其大小食而致斃故云讀爾雅不熟也)

永嘉郡記曰安國縣有山鬼形體如人而一脚裁長一尺許好噉鹽伐木人鹽輙偷將去不甚畏人人亦不敢伐木犯之即不利也喜於山澗中取石蟹伺伐木人眠息便十十五五出就火邊跂石炙噉之甞有伐木人見其如此未眠之前痛燃石使熱羅置火畔便佯眠看之須臾魈出悉皆跂石石熱灼之跳梁叫呼駡詈而去此伐木人家後被燒委頓

博物志曰南海有水蟲名蒯蛤之類也其中有小蟹大如榆莢蒯開甲食則蟹亦出食蒯合甲蟹亦還入爲蒯取以歸始終死不相離

又曰蟹漆相合成水(神仙服餌方云)

又曰秋蟹毒者無藥可療目相向者尤甚
玄中記曰天下之大物北海之蟹舉一螯能加於山身故在水中
淮南万畢術曰燒蟹致鼠
搜神記曰晉太康年中會稽郡蟚蜞及蟹皆化爲鼠甚衆覆野爲災食稻
述異記曰出海口北行六十里至騰嶼之南溪有淡水清澈照底有蟹焉筐大如笠脚長三尺宋元嘉中章安縣民屠虎取此蟹食之肥美過常虎其夜夢一少嫗語之曰汝噉我知汝尋被噉不屠氏明日出行爲虎所食餘家人殯瘞之虎又發棺噉之肌骵無遺此水今猶有大蟹莫敢復犯
廣五行記曰元嘉中富陽人姓王於瀆中作蟹斷且往視之見一材頭長二尺許在斷中而裂開蟹出都盡乃治斷出材岸上明旦往視之見材復在斷中而裂開如前王又治斷出材明晨往視所見如初王疑此材妖異乃取籠中擔歸去家一二里聞籠中窣動聲王生顧見向材段變成一物人面猴身一手一足語王生曰我性嗜蟹比實入破君斷食蟹以此相負望君恕我我是山神當相祐助王曰汝犯暴人罪自應死何以多言此物曰君何姓名頻問不已王終不荅去家轉近曰既不放我又不告我姓名當復何許王至家以火焚之土俗謂之山𤢖知人姓名則能爲傷人耳
又曰軍行地無故生蟹者宜急移吉蟹魚之類水失其性則有此孽
嶺南異物志曰甞有行海得洲渚林木甚茂乃維舟登岸爨於水傍半炊而林没於水遽斷其纜乃得去詳視之大蟹也
嶺表録異曰水蟹螯殼内皆鹹水自有味廣人取之淡煑吸其鹹汁下酒黄膏蟹殼内有膏如黄蘇加以五味和殼煿之食亦有味赤母蟹殼内黄赤膏如雞鴨子黄肉白以和膏實其殼中淋以五味蒙以細麵爲蟹饆饠珎美可尚紅蟹殼殷紅色巨者可以裝爲酒盃也虎蟹殼上有虎斑可裝爲酒器與紅蟹皆産瓊崖海邊
本草經曰蟹味鹹治胸中邪氣熱結痛
張敞集曰朱登爲東海相遺敞蟹報書曰蘧伯玉受孔氏之賜必及鄉敞謹分斯貺于三老尊行者曷敢獨亨之

太平御覽卷第九百四十二

太平御覽卷第九百四十三

鱗介部十五



擁劒



廣志曰擁劒似蟹色黄方二寸其一螯偏長如足大指長三寸餘有光其短細者如簪

異物志云擁劒狀如蟹但一螯偏大耳

何遜詩云躍魚擁劒是不分魚蟹也

崔豹古今注曰彭螖小蟹也生海邊塗中食土一名長御其有螯偏大者名擁劒一名執火其螯赤故謂之執火也俗謂之越王劒

杜寶大業拾遺録曰吳郡獻蜜蟹二千頭作如糖蟹法蜜擁劒四瓮擁劒似蟹而小一螯偏大吳都賦所謂烏賊擁劒是也

鰌蝥

祖台之志怪曰會稽山陰東郭氏女先與縣人私通此人買還於縣東靈慈橋女往入船就之因共寢　爲設食食鰌蝥食畢女將兩鰌蝥上岸去船還來至郭逢人語此女已死乃往省之尚未殯也發衾視之兩手各把一鰌蝥

嶺表録異曰蝤蛑乃蟹之巨者異者兩螯上有細毛如苔身有八足蝤蛑則螯足無毛後兩小足薄而闊俗謂之撥棹子與蟹有殊其大如升南人皆呼爲蟹有大如小楪子者八月此物與人鬭往往夾殺人也

彭螖

爾雅曰螖蠌小者蟧螖屬見埤蒼或曰即彭螖也似蟹而小滑澤二音

晉書曰夏統字仲御會稽永興人也幼孤貧養親以孝聞睦於兄弟每採梠求食星行夜歸或至海邊拘螖蠌以資養

搜神記曰晉太康四年會稽彭螖化爲鼠食稻爲災

崔豹古今注曰彭螖小蟹也一名長卿



嶺表録異曰蟛螖吳呼爲越蓋語訛也足上無毛堪食吳越間多以鹽藏貨於市

蝎朴

臨海異物記曰蝎朴大於彭螖殻黑斑有文章螯正赤常以大螯鄣目屈小螯以取食

嶺表録異曰蝎朴乃大彭蜞也殻有黑斑雙螯一大一小常以大螯捉食小螯分以自食

沙狗

臨海異物志曰沙狗似彭螖壤沙爲穴見人則走曲折易道不可得也

招潮

臨海異物志曰招潮小如彭螖殻白依潮長背坎外向舉螯不失常期俗言招潮水也

嶺表録異曰招潮子亦蟛蜞之屬殼帶白色海畔多潮欲
來皆出坎舉螯如望故俗呼招潮也
倚望
臨海水土物志曰倚望常起顧睨西東其形如彭蜎大行
塗土四五進輒舉兩螯八足起望行常如此唯入穴中乃
止
石蜠巨隕垆切
臨海水土物志曰石蜠大於蟹八足殼通赤狀鴨卵
蜂江
臨海水土物志曰蜂江如蟹大有足兩螯殼牢如石蜠
同不中食也
蘆虎
臨海水土物志曰蘆虎似彭蜞兩螯正赤不中食



石華
臨海水土物志曰石華附石肉淡
會稽地理記曰鄮縣濵多石華
蚼蟹上古候切下并蟹切
劉欣期交州記曰蚼蟹似瑇瑁龜頭鼈身蝦尾色班似錦
文大如笠四足漫湖無指甲前有黒珠可以飾物
臨海水土物志曰龜蟹其狀龜形如笠味如黿可食卵大
如鴨卵正圓中生噉味美於諸鳥卵其甲黄點注之廣七
八寸長二三尺有光色
左思吳都賦曰匃鼊鯖鰐
鱟胡遘切
廣志曰鱟似便面負雌而行失雄則不能獨活出交阯南
海中

吳録地理志曰交阯龍編縣有鱟形如惠文冠青黒色十
二足似蟹長五寸腹中有子如麻子取以作醤尤美
裴淵廣州記曰鱟廣尺餘形如熨斗頭如蜣蜋腹下有十
足南人重之以為鮓
南越志曰漲海口有鱟每過海輒相積於背高尺餘如帆
乘風而遊
嶺表録異曰鱟魚其殼瑩淨滑如青瓷盌鏉背眼在背上
口在腹下青黒色腹兩傍為六脚有尾長尺餘三稜如棕
莖常雌附雄而行捕者必雙得之若摘去雄者雌者即自
止背負之方行腹中有子如菉豆南人取之碎其肉脚和
以為醤食之尾中有珠如粟色黄雌者小置之水中即雄
者浮雌者沉
瑟鯆



臨海水土物志曰瑟鯆與鼂相似
海蕉
臨海水土物志曰海蕉如鼂狹後廣前其肉中食亦又多
膏
鼂類上音朝
臨海水土物志曰鼂類似匃鼊蟹腸如羊胃中啖
越王笄
臨海水土物志曰越王笄如笄大正白長尺餘生海邊沙
中見仍取之即可心中存來取即入土中
石蛂城攻
臨海水土物志曰石蛂生附石長三寸如小竹大有甲正
黒中食
腸遂足

臨海水土物志曰陽遂足此物形狀背青黑腹下正白有五足長短大小皆等不知頭尾所在生時躰軟死即乾脆

鼂䵷（上音迷下音麻）

臨海水土物志曰鼂䵷龜蠯相似形大如䕸生渤海邊沙中肉極好噉一枚有三斛膏

土肉

臨海水土物志曰土肉正黑如小兒臂大長五寸中有腹無口目有三十足如釵股大中食

蝦

爾雅曰鰝大蝦也（蝦大者出海中長二三丈鬚長數尺今青州呼蝦魚為鰝音鄗）

東觀漢記曰馬稜字伯威為廣陵太守奏罷鹽官賑貧羸薄賦稅蝗蟲飛入海化為魚蝦

王隱晉書曰吳後置廣州以南陽滕脩為刺史或語脩蝦



長一丈脩不信其人後故至東海取蝦鬚長四五尺封以示脩脩乃服（廣州記云）

金樓子曰舜攝天子有緩耳貫胷之民來獻珠蝦

世說曰虞嘯父為孝武帝侍中帝從容謂曰卿在閤下初不聞有獻替虞家富近海謂帝望其意對曰天時尚暖魚鱟蝦鮓未可致尋有所獻帝撫掌大笑

異物志曰蝦種多䗛最大中作脯

南越志曰南海以蝦頭為杯鬚長數尺金銀鏤之晉簡文以盛酒未及飲酒躍於外筵之曰三旬當後庭有告變者果有生子人面犬身

博物志曰東海有物狀如凝血縱廣數丈正方圓名曰鮓魚無頭目處所內無腹藏衆蝦附之隨其東西越人煑食之

嶺南異物志曰南海有蝦鬚長四五十尺

嶺表録異曰海蝦皮殼嫩紅色就中腦殼與前雙脚有鉗者其色如朱余嘗登海舸忽見牕版懸二巨蝦殼頭尾鉗足具全各七八尺首占其一分刺尖利如鋒刃刺上有鬚如紅筋各長二三尺前雙脚上有鉗（云以此捉食）鉗麁如人大指長三尺餘上有芒刺如薔薇枝赤而銛硬手不可觸腦殼烘透彎環尺餘何止於盃盂也

北户録云滕脩為廣州刺史有客語脩曰蝦鬚有一丈者堪為拄杖脩不之信故去東海取鬚長四丈以示脩方服其異寧蝦大者亦首尾尺餘閩越率取其肉𩞄而為炙又渾以鹽藏自然紅色謂之紅蝦貢送白蝦肉薄而白瑩如水精廣人偏食之蓋美而毒詢於閩川吳中悉無此類

嶺表録異曰南人多買蝦之細者生切綽菜蘭香蔘蓼用



澆醬醋先潑活蝦蓋以生菜然以熱飲覆其上就口跑之亦有跳出醋楪者謂之蝦生鄙俚重之以為異饌也

王朗荅魏文表曰夫張大網以漉鰌蝦辱九鼎以烹鼃黽

應璩百一詩曰大龜承褰幣復欲竊其羅蛆蟳猶見得何云鰌與蝦

葛龔與張季景書曰夜從劉伯宣舍西垂過龔家無飯噉燗蝦

海月

臨海水土物志曰海月大如鏡白色正圓常死海邊其指如搔頭大中食

謝靈運詩曰挂席拾海月

王蛦（余招切）

臨海水土物志曰王蛦似蚌長二寸廣五寸上大下小其

殼中拄灸之味似酒

陵龍

臨海水土物志曰陵龍之䠶黄身四足形短尾長有鱗無角南越嘉羞見之竟逐

石矩

嶺表録異曰石矩亦章舉之類身小而足長入塩為乾燒食極美又有小者兩足如帶曝乾後似射踏子故南中呼為射踏子也

玳瑁

嶺表録異曰玳瑁形狀如龜唯腹背甲有烘點其大者悉似盤蓋

本草經云玳瑁解毒兼云辟邪余寄居廣南日見盧亭(海島夷人)獲活玳瑁龜一枚以獻連帥嗣薛王王令生取背甲小者三



片帶於左臂上以辟毒龜被生揭其甲亦甚苦楚後養於使宅後北池伺其揭處漸生復遣盧亭送於海畔或云玳瑁若生帶之有蠱毒玳瑁甲即自搖動若死無此驗

蠵蠵(上遵為切下音攜)

嶺表録異曰蠵蠵俗謂之茲夷乃山龜之巨者人立其背可負而行産潮循山中鄉人採之取殼以貨要全其殼須以木楔其肉龜吼如牛聲響山谷廣州有巧匠取其甲以為梳篦盃器之屬

水母

廣志曰水母如羊胃在海中常浮聞人聲沉水底可生切食

沈懷遠南越志曰海岸間育水母東海謂之蛇䖳

張茂先博物志曰東海有物狀如凝血廣數尺正方圓名曰水母無頭目所處則衆蝦附之隨其東西南北可煮食之

異物志曰水母在海沉沉常浮(其䠶正白常在水上浮也)

嶺表録異曰水母廣州謂之水母閩人謂之蛇(疑駕切)其形乃渾然凝結一物有淡紫色者大如覆帽小者如盆腹下有物如懸絮俗謂之足而無口眼常有數十蝦寄腹下咂食其涎浮沉水上捕者或遇之即欻然而没乃是蝦有所見耳(越絶書云海鏡蟹為腹水母即蝦為目也)南中好食之

海鏡

嶺表録異曰海鏡廣人呼為膏菜盤兩片合以成形殼圓中甚瑩滑日照如雲母光内有少肉如蚌胎腹中有小蟹子其小如豆黄而螯足具備海鏡飢則蟹出拾食蟹飽歸腹海鏡亦飽余曾市得數箇驗之或迫之以火即蟹子走



出離腸腹立斃或生剖之有蟹子活在腹中逡巡亦斃

太平御覽卷第九百四十三

太平御覽卷第九百四十四

蟲豸部一

蟲　蟬　蝿

蟲

爾雅曰有足謂之蟲無足謂之豸

周禮冬官梓人曰外骨内骨卻行仄行連行紆行以脰鳴者以注鳴者以旁鳴者以翼鳴者以股鳴者以胷鳴者謂之小蟲之屬（外骨龜屬内骨鼈屬卻行螾衍之屬仄行蟹屬連行魚屬紆行蛇屬脰鳴鼃黽屬注鳴精列屬旁鳴蜩蜺屬翼鳴發皇屬股鳴蚣蝑動股屬胷鳴榮原屬）

大戴禮曰毛蟲之精者曰麟羽蟲之精者曰鳳介蟲之精者曰龜鱗蟲之精者曰龍倮蟲之精者曰聖人

禮記月令曰孟春之月蟄蟲始振仲春之月蟄蟲咸動（啓户始出）仲秋之月蟄蟲坏户（坏益也）季秋之月蟄蟲咸俯（在内皆墐其户墐謂塗閉之）



春秋考異郵曰二九十八主風精爲蟲八日而化風列波激故其命從蟲蟲之爲言屈申也

東觀漢記曰永平三年春有司奏立長秋宮以率八妾上未有所言皇太后曰馬貴人德冠後宮遂登至尊先之數日夢有小飛蟲萬數隨着身入皮膚中復飛去

魏書華佗傳曰廣陵太守陳元龍得疾所苦胷中煩懣面赤不能飯佗持其脉曰府君胃中有蟲數升欲成内蝕病食腥物所爲也今可去也即作湯二升先飲一升須臾復一升食頃吐出數升蟲長一二寸赤頭皆揺半軀皆是生魚膾也

趙書曰前石時滹觚白羌婦產卵大如盂剖之有蟲如巨蟻二足立行（同異苑）

蕭子顯齊書曰王敬則少時於草中射獵有蟲如烏豆集其身擿去乃脫脫處皆流血敬則惡之詣道士卜曰不湏憂此疾之瑞也敬則聞之喜故出都自効

後魏書曰蠕蠕東胡之苗裔也木骨閭死子車鹿會自號柔然役屬於魏世祖以其無知狀類於蟲故改其號爲蠕蠕

隋書曰田式拜襄州總管專以立威爲務所愛奴嘗詣式白事有蟲上其衣衿上揮袖拂去之式以爲慢已立棒殺之

莊子曰井蛙不可以語於海者拘於墟也夏蟲不可以語於冰者篤於時也

魯連子曰百足之蟲斷而不蹶持之衆也

淮南子曰九有血氣之蟲含牙戴角前爪後距有角者觸



有齒者噬有毒者螫有蹄者趹喜而相戲怒而相害天之性也

又曰故草食之獸不疾易藪水居之蟲不疾易水行小變而不失常（小變易水易草食故食草水居故水中故曰不疾失其常也）

又曰太陰所在蟄蟲首穴處鵲巢以鄉爲户

又曰水食者善游能寒（魚鼈黿之屬是也）土食者無心不惠（蚯蚓之屬是也）

又曰介蟲之動以固（介甲龜鼈之屬動行也）貞蟲之動以毒螫（貞蟲細署蜂蟲蜾蠃之屬無牡牡之合曰貞而有毒故能螫）

又曰山有猛獸林木爲之不斬園有螫蟲藜藿爲之不採（言人畏也）

抱朴子曰毒粥陳則旁有爛腸之鼠明膏舉則下有聚死之蟲

又曰慕惡者猶宵蟲之赴明燭學惡者猶輕埃之應飄風

也
孫卿子曰肉腐出蟲魚枯生蠹
論衡遭蟲篇曰變復之家謂蟲食穀者吏貪狼所致也蟲頭赤者武官黑者文吏按蟲頭赤身白頭黑身黃復應何官耶今蟲食五穀則爲災桂蠹桑蝎不怪何也桂中藥桑給蠶蟲何可不怪書卷不舒衣襞不懸皆生蟲也此復闕何吏耶
又曰司南之杓投於地其柄南指魚肉之蟲集地北行自然之性也
世本曰廩君乘土船至監塲監水神女子止廩君廩君不聽監神爲飛蟲諸神從而飛蔽日爲之晦廩君不知東西所當七日七夜使人以青縷遺監神曰纓此與爾俱生監神受纓而纓之廩君應青縷所射監神死天則大開



崔豹古今注曰光武建武六年山陽有小蟲皆類人形甚衆明日皆懸樹枝而死
搜神記曰東陽劉寵北征將炊飯盡變爲蟲又家人蒸麨亦化爲蟲火愈猛而蟲愈壯寵遂見誅 仲輿書又載
廣五行記曰漢武帝幸甘泉宮馳道中有蟲赤色頭目鼻盡具觀者莫識帝使東方朔視之對曰此秦時拘繫無辜衆庶愁死咸仰首歎曰怪哉故名怪哉此必秦之獄處朔又曰九憂者得酒而解以酒沃之當消於是取蟲致酒中須臾糜散
桓譚新論曰睢陵有董仲君好方道嘗坐重罪繫獄佯病死數日蟲出而復活

## 蟬

易通卦驗曰遘上九候蟬始鳴不鳴國多妖言蟬應期鳴言語之象今失節不鳴鳴則失時故多妖言
毛詩蕩之什曰咨汝殷商如蜩如螗 注蜩蟬也螗蝘也
毛詩疏義曰鳴蜩蟬也宋衛謂之唐蜩陳鄭云蜋海岱之間謂之蟬通語也
禮記月令曰仲夏之月蜩始鳴季秋之月寒蟬鳴
又檀弓曰范則冠而蟬有緌 蟬蜩也緌謂蜩喙長在腹下
爾雅曰蜩蜋蜩 夏小正曰蜋蜩者五彩具 螗蜩 夏小正曰螗蜩者蝘俗呼爲胡蟬江南謂之螗蛦 音荑 蚻蜻蜻 如蟬而小方言云有文者謂之蠑夏小正曰鳴蚻虎懸 蠽茅蜩 江東呼爲茅截似蟬而小青色 蝒馬蜩 蜩中最大者爲馬蟬 蜺寒蜩 寒螿也似蟬而小青赤月令曰寒蟬鳴蝒音綿
孝經援神契曰蟬無力故不食
周書曰夏至又五日蜩始鳴不鳴貴臣放逸立秋之日寒蜩鳴不鳴人臣不力爭
梁書曰朱异爲通事舍人後除中書郎時秋日始拜有飛



蟬正集异武冠上時咸謂蟬珥之兆
又曰何戢爲吳興太守頗好畫扇宋孝武賜戢蟬雀扇善畫者顧景秀所畫時吳郡陸探微顧寶先皆能畫歎其巧絕戢因王晏獻之上令晏厚酬其意
後周書曰宣帝洮侈既自比上帝不欲令人同己嘗自帶綬及通天冠加金附蟬顧見侍臣武弁上有金蟬及王公有綬者並令去之
莊子曰仲尼適楚出遊林中見痀僂者承蜩猶掇之也仲尼曰巧乎有道耶曰我有道也五六月累丸二而不墜則失者錙銖 累二丸於竿頭是用手足停審也 累三而不墜則失者十一 所失愈少也 累五而不墜猶掇之也吾處身也若厥株拘吾執臂也若槁木之枝雖天地之大萬物之多而唯蜩翼之知吾不反不側不以萬物易蜩之翼何爲不得 遺彼故得此也

又曰鵬之飛其翼若垂天之雲摶扶搖而上者九萬里去
以六月一息者也蜩與鷽鳩笑之曰我決處而飛槍榆枋
而止時則不至而空於地而已奚以九萬里而圖南爲也
孫卿子曰耀蟬者務明其火振其樹若火不明雖振樹無
益人有明德則天下歸之若蟬歸明火也又見呂氏春秋
淮南子曰孟秋涼風至白露降寒蟬鳴寒蟬青蟬也蟲陰類感氣鳴也
又曰蛇不足而行魚無耳而聽蟬無口而鳴有然之者也
然如是也
又曰蠶食而不飲二十二日而化蟬飲而不食三十日而
蛻
說苑曰吳王欲伐荊告其左右曰敢有諫者死舍人有少
孺子者欲諫不敢則懷丸操彈於後園露沾其衣如是者
三旦吳王曰子來何若沾衣如此對曰園中有樹其上有



蟬蟬高居悲鳴飲露不知螳蜋在其後也螳蜋委身曲附欲取蟬而不知
黃雀在其傍也黃雀延頸欲啄螳蜋而不知彈丸在其下
也此三者皆務欲得其前利而不顧其後之有患也吳王
曰善哉乃罷其兵
論衡曰王充建武三年生爲小兒不妄狎儕倫不掩雀捕
蟬
鹽鐵論曰以所不覩不信人若蟬之不知雪
揚雄方言曰蟬楚謂之蜩宋衛之間謂之螗蜩江南呼爲螗蛦也
陳鄭之間謂之蜋蜩蜋音良秦晉之間謂之蟬海岱之間謂之𧊔
齊人呼爲巨蚑音技其小者謂之蟧或謂之蝒馬音綿按爾雅蝒者馬蜩非別名蝒馬有文者謂之
也此方言誤耳其小者謂之陵蚻如蟬而小青色今關西呼爲淩蠽也有文者謂之
蜻蜻尒雅云蜻即麥蚻也其雌謂之疋少一切大而黑者謂之蟣音棧黑
而赤者謂之蜺雲霓蜩蟧謂之芽蜩江東呼爲芽蠽蠅謂之寒蜩瘖

蜩按尒雅以蜺爲寒蜩月令亦曰寒蟬鳴尒寒蟬非瘖者此諸蟬名通出尒雅而多駁錯未可詳據也寒蟬寒蠽
也似蟬而小蠅音應
崔豹古今註曰牛亨問董仲舒曰蟬爲齊女何荅曰昔齊
王后怨王而死尸變爲蟬登庭樹嘒唳而鳴王悔恨之故
曰齊女
又曰貂蟬胡服也貂者取其有文而不煥外柔而易內剛
而勁也蟬者取其清虛而識時變也在位者有文而自耀
有武而不示人清虛自牧識時而動也
曹大家蟬賦曰吸清露於丹園抗喬枝而理翮崇皇朝之
輝光映豹豹而灼灼
陸雲寒蟬賦曰昔人稱雞有五德而作賦焉至於寒蟬才
齊其美獨未之思而莫斯述夫頭上有幘則其文也含氣
飲露則其清也黍稷不享則其廉也處不巢居則其儉也



應候守常則其信也加以冠冕取其君子則其操可以事
君可以立身豈非至德之蟲哉且攀木寒鳴貪士所歎余
昔僑處竊有感焉公侯常伯乃身紆紫畝手執龍淵俯鳴
佩玉仰撫貂蟬於上盧之多士光帝皇之侍人騰儀像於
雲闥望景曜乎通天邁休声之五德豈烏雞之獨珍
傅玄蟬賦曰美茲蟬之純潔禀陰陽之微靈
傅咸粘蟬賦曰櫻桃其爲樹則多蔭其爲果則先熟故種
之於廳所之前時以盛暑逍遙其下有蟬鳴仰而見之故
命粘取以弄小兒退惟當蟬之得意於當畏而不虞禍之
將來也

蠅

韓詩曰雞鳴讒人也匪雞則鳴蒼蠅之聲薛君曰雞遠鳴蠅声相似
也

毛詩甫田曰青蠅大夫刺幽王也營營青蠅止于樊（蠅之為蟲汙白使黑汙黑使白喻佞人變亂善惡也）豈弟君子無信讒言營營青蠅止于
棘讒人罔極交亂四國
漢書曰成帝建始元年六月青蠅萬數集未央宮殿中朝
者坐（服虔曰公卿以下朝會坐也）
又曰昌邑王賀夢青蠅矢積西階可五六石以屋版瓦覆
發視之青蠅矢也以問龔遂遂曰陛下之側讒人衆多
願皆放逐之賀不用其言卒至於廢也
東觀漢記曰光武與隗囂書曰蒼蠅之飛不過三數步托
驥之尾得以絕羣
後漢書曰楊章為杜喬李固薦為平原令後喬固被刑章
行赴洛見喬固暴屍坐其旁驅逐蠅蟲
魏略曰王思正始中為大司農性急嘗執筆作書蠅集筆
端驅去復來如是再三思怒自起逐蠅不能得還取筆擲
地踏壞之
張勃吳錄曰曹不興為帝使畫屏風筆落素便點為蠅帝疑
生乃彈之
前秦書曰苻堅欲赦與王猛苻融議甘露堂悉屏左右堅
親為赦文有大蒼蠅集于筆端驅而復來俄而長安街巷
人相告曰官今大赦有司以聞堅驚曰禁中無屬耳之垣
事何從泄也勑窮之咸言有一小兒衣青衣大呼于市曰
官今大赦須臾不見堅歎曰其向蒼蠅乎
梁書曰昭明太子食中頻得蠅蟲之類密置拌邊恐厨人
獲罪不令人知見
北史曰庫狄伏連居室患蠅杖門者曰何故聽入
唐書曰武儒衡為中書舍人元稹知制誥儒衡一日因會



食公堂有蠅集瓜上忽發怒命擊去之曰適從何所來而
遽集此
淮南子曰夫江河之腐胔不可勝數也然祭者汲焉大也
一盃酒蠅漬其中匹夫弗嘗小也
朝子曰以火去蛾蛾愈多以魚毆蠅蠅愈至
呂氏春秋曰以狸致鼠以冰致蠅
揚子法言曰或問蒼蠅紅紫（蒼蠅間乎白黑紅紫似朱而非朱也）
論衡曰清受塵白受垢青蠅所汙常在練素邑犬羣吠吠
所恠也
虞翻別傳曰翻放棄南方自恨疏節骨體不媚犯上獲罪
當長沒海隅生無可與語死以青蠅為弔客天下一人知
已者足以不恨
崔豹古今注曰蠅虎蠅狐也形似蜘蛛而色灰白善捕蠅
一名蠅蝗一名蠅豹
揚雄方言曰蠅東齊謂之羊陳楚之間謂之蠅自關而西
秦晉之間謂之蠅
廣五行記曰魏吏部尚書何晏嘗夢青蠅數十頭來鼻
上驅之不肯去以問管輅輅曰鼻者天中今有青蠅臭惡
而來集之位峻者顛輕豪者亡不可不思之至明年何晏
及鄧颺皆伏誅

太平御覽卷第九百四十四

蟲豸部二

蚊　蝱　蚋　蜉蝣　蠛蠓

蝴蝶　螢　蜻蛉　蟰蛸

## 蚊

說文曰秦謂之蚋楚謂之蚊

大戴禮夏小正曰丹鳥羞白鳥 白鳥蚊也

漢書曰中山靖王朝天子置酒聞樂聲而泣問其故靖王對曰臣聞衆喣漂山聚蚊成雷

後漢書曰趙炳有道術人服從者如歸章安令惡其惑衆收殺之人為立祠室於永康至今蚊蚋不敢入也

晉書曰道安曰猛虎當道食不覺蚊蝱來

唐史曰江東有吐蚊鳥夏夜鳴吐紋於蘆荻中湖湘尤



甚

晏子曰東海有蟲巢蚊睫乳而不飛蚊不驚名曰焦冥

列子曰江浦之間生麽蟲 細 名曰焦螟群飛而集於蚊睫弗相觸也

又曰焦螟生於蚊睫離珠子羽拭眼而望弗能見也

莊子曰夫愛馬者以筐盛屎以蜃盛溺適有蚊蝱撲緣而拊之不時則缺銜毀首碎胸

又曰肩吾見狂接輿狂接輿曰日中始何以語汝肩吾曰告我君人者以己出經式義度民孰敢不聽而化接輿曰是欺德也其於治天下也猶涉海鑿河而使蚊負山也

又曰孔子見老聃而語仁義老聃曰夫播糠眯目則天地四方易位矣蚊蝱噆 噆音匝 膚則通宵不寐矣

淮南子曰夫貴賤之於身也猶條風之時麗也 時麗忽一過也 毁譽之於己也猶蚊蝱之一過也

又曰蜂蠆螫指而神不能憺 音淡 蟁 音文 蝱噆膚 噆音匝 而性不能平今憂患之來嬰人心也非直蜂蠆之螫毒而蟁蝱之憯 憯音慘 怛也而欲靜漠虛無奈何哉

牟子曰昔公明儀為牛彈清角之操伏食如故轉為蟁蝱聲則[illegible]尾而躡蹀

夏侯子曰一螘之行一蚊之飛聖人皆知之

金樓子曰荊州高齋盛夏之月無白鳥余垂寢處於其中及移餘齋則聚蚊之聲如雷矣數丈之間如此之異可怪哉

又曰白鳥蚊也齊桓公卧於柏寢謂仲父曰吾國富民殷無餘憂矣一物失所寡人猶為之於邑白鳥營飢而求飽寡人因之開翠紗之帳進蚊子焉其蚊有知禮者不食公之肉而退其蚊有知足者嗛 呼玷 公之肉而退其蚊有不



知足者遂長噓短吸而食之及其飽也腹腸為之破潰公曰嗟乎民生亦猶是矣

孝子傳曰吳猛年七歲時夏日伏於母牀下恐蚊蝱及父母

蕭廣濟孝子傳曰鄧展父母在牖下卧多蚊展伏牀下以自當之

神異經曰南方蚊翼下有小蜚蟲焉目明者見之每生九卵復成九子蜚而俱出蚊遂不知

論衡曰蚊蝱不如牛馬之力牛馬困於蚊蝱蚊蝱有勢也

搜神記曰吳猛性至孝小兒時在父母邊卧夏時多蚊蚋而終不搖扇恐蚊蚋去已而及父母

嶺南異物志曰嶺表有樹如冬青實生枝間形如枇杷子

每熟即折裂蚊子羣飛唯皮殼而已士人謂之蚊子樹
嶺表録異曰蚊母鳥形如青鷁觜大而長於池塘捕魚而
食每叫一聲則有蚊蚋飛出其口俗云採其翎爲扇可辟
蚊子 亦呼爲吐蚊鳥

蝱

晉書曰惠帝時洛陽南山有蝱作聲曰韓屍識者以爲韓
氏將屍戮俄而韓謐被誅
淮南子曰蝱㦸精血以類推之也 許慎曰蝱食血
又曰蝱與驥致千里而不飛無糗糧之資而不飢
又曰上古之時冬日則不勝霜雪霧露夏日則不勝暑熱
蟁蝱

蚋

梁書曰梁武丁貴嬪譙國人也初貴嬪少時與鄰



女月下紡績諸女並患蚊蚋而貴嬪弗之覺也
又曰孫謙居身儉素牀施蘧篨屏風冬則布被莞席夏日
無幬帳而夜卧未嘗有蚊蚋人多異焉
列子曰𥈀將眇者先睹秋毫耳將聾者先聞蚋飛
淮南子曰亟牛之鼎沸而蠅蚋弗敢入 亟牛受一牛之鼎也 崑山之
玉瑱 崑山崑崙也瑱式也 而塵垢弗能汙也
又曰羊肉不慕蟻蟻慕於羊肉羶也醯酸不慕蚋蚋慕於
醯酸也
呂氏春秋曰缶醯黄蚋聚之有酸也 美羮 徒水則必不可以
狸致鼠以冰致蠅雖上聖不能以茹魚致蠅蠅愈至 茹女居反
臭也 以致之之道不去也

蜉蝣

毛詩曹蜉蝣曰刺奢也蜉蝣之羽衣裳楚楚 蜉蝣渠略也朝生夕死猶

有羽翼以自脩飾楚楚鮮明貌
爾雅曰蜉蝣渠略 似蛣蜣身狹而長角黄黑色叢生糞土中朝生暮死猪好噉之
說文曰秦晉之間謂蜉蝣爲渠略 郭璞注曰似天牛而小有甲也
又曰蟝 音略 蟲也一名蜉蝣朝生暮死
陸機毛詩䟽義曰蜉蝣方土通謂之渠略似甲蟲有角大
如指長三四寸甲下有翅能飛夏月陰雨時地中出今人
燔炙噉之美於蟬也樊光曰是糞中蝎蟲隨雨而出朝生
而夕死
淮南子曰龜三千歳蜉蝣不飲食三日而死以蜉蝣爲龜
憂養生之具必失之
廣志曰蜉蝣可燒噉美於蟬蜉蝣在水中翕上尋死隨流
而去
傅咸蜉蝣賦曰讀詩至蜉蝣感其雖朝生夕死而能修其



翼可以有興遂賦之
王褒聖主得賢臣頌曰蟋蟀俟秋吟蜉蝣出以陰

蠛蠓

爾雅曰蠛蠓 小蟲似蚋喜亂飛
漢實録曰周太祖軍至北郊時慕容彦超自負沉勇謂上
曰北來都將臣盡諳知以臣觀之蜉蝣蠛蠓耳
列子曰朽壤之土春夏之月蠛蠓者因雨而生見陽而死
莊子曰孔子問老聃之言出告顔回曰丘之於道也其猶
醯雞歟 醯雞者甕中之蠛蠓也
淮南子曰衰世則聚虫滿野 許慎曰飛虫蠛蠓
抱朴子曰蠛蠓之育於醯酢芝檽之産於木石蛣蝠之滋
於洿游翠蘿之老於松枝非彼四物所創造也
字書曰蠛蠓小虫三風春雨磕者也

蝴蝶

北齊書曰魏收嘗在洛京輕薄尤甚人號云魏收驚蛺蝶文襄曾游東山令給事黃門侍郎等宴文襄曰魏收恃才無宜適須出其短往復數番收忽大唱曰楊遵彥理屈已倒遵彥從容曰我綽有餘暇山立不動若遇當塗恐翩翩遂逝當塗者魏翩翩者蝶也文襄先知之大笑稱善

梁書曰沈麟士年過八十耳目猶聰明反故抄寫火下細書復成二三千卷滿數十篋時人以為養身靜嘿所致仍製黑蝶賦以寄意

漢實錄曰右監門衛大將軍許遷言臣奉命博州至博平縣戴村有蝝弥豆數里一夕言並化蝶飛去

列子曰烏足以其根為蠐螬其葉為蝴蝶

莊子曰昔周夢為胡蝶栩栩然胡蝶也不知周也俄覺則



蘧蘧然周也不知周之夢為胡蝶與胡蝶之夢為周與周與胡蝶則必有分矣此謂物化

抱朴子曰髻孺背千金而逐蛺蝶越人弃八珍而甘鼃蛙

金樓子曰陳思之文羣才之俊也而武帝誅之尊靈永蟄明帝頌云聖體浮輕浮輕有似於胡蝶永蟄頑揆於昆虫施之尊極不其蚩乎

崔豹古今注曰蛺蝶一名野蛾一名風蝶東人謂為撻末色白背青者是也其大有如蝙蝠者或黑色或赤斑名曰鳳子一名鳳車一曰鬼車生江南甘橘園中

廣五行記曰晉安帝義熙中烏傷人葛輝在妻家宿三更有兩人把火逕至堦前疑是惡人便打之欲下杖悉化為蝶蹟紛飛散有一物衝輝腋下便打倒地輝少時而死

嶺南異物志曰嘗有人浮南海泊於孤岸忽有物如蒲帆飛過海將到舟竟以物擊之如帆者盡破碎墜地視之乃蛺蝶也海人去其翅足秤之得肉八十斤噉之極肥美

嶺表錄異曰鶴子草蔓上春生雙虫只食其葉越女收於粧奩中養之如蠶摘其葉飼之虫老不食而蛻為蝶蝶赤黃色婦女收而帶之謂媚蝶

螢

毛詩豳七月曰町畽鹿場熠燿宵行（螢火也）

大戴禮夏小正曰丹鳥羞白鳥丹鳥也者謂丹良也白鳥也者謂蚊蚋也其謂之鳥者重其養也凡有翼者為鳥羞也者進也

禮記月令曰季夏之月腐草為螢

爾雅曰螢火即炤（夜飛腹下有火音照）

廣雅曰景天螢火燐也



續晉陽春秋曰車胤字武子好學不倦家貧不常得油夏月則練囊盛數十螢火以夜繼日焉

後漢書曰光熹元年秋張讓段珪劫少帝及陳留王協走小平津帝與王夜步逐螢火光行數里得民家露車共乘還宮

隋書曰大業十二年煬帝幸景華宮徵求螢火得數斛夜出遊山而放之光遍巖谷

崔豹古今注曰螢一名輝夜一名景天一名熠燿一名燐一名丹良一名夜光一名宵燭腐草為之食蚊蚋焉

月令曰丹鳥羞白鳥白鳥即蚊也丹鳥螢也

說文云秦人謂蚊曰蚋

淮南萬畢術曰螢火却馬注云取螢火裹以羊皮置土中馬見之鳴却不敢行

祖台之志怪曰昔懷帝永嘉中譙國丁祚渡江至陰陵界時天昏霧在道北有社見一物如人到立兩眼垂血從頟下聚地兩處各有升餘祚與從弟齊唼喝之滅而不見立處聚血皆化爲螢火數千枚縱横飛起

本草經曰螢一夕夜光一名即照一名熠燿

潘岳螢火賦曰爛若飛景之宵遊熠(音衛)如移星之雲流動集飄揚灼如隨珠熠爚若丹蘂之初䔢熲若流金之在沙

傅咸螢火賦曰余曾獨處夜不能寐顧見螢火意遂有感於是執以自炤而爲之賦其辭曰感詩人之攸懷兮覽熠燿於前庭不以姿質之鄙薄兮欲增輝乎太清雖無補於日月期自竭於陋形

## 螟蛉

毛詩節小宛曰螟蛉有子蜾蠃負之(螟蛉桑蟲也蜾蠃蒲盧也負持也箋云蒲盧取桑蟲之子負持而去煦嫗養之以成子)



毛詩義疏曰螟蛉似步屈其色青細小或在草葉上土蜂取之置木穴中或書卷間筆筒中七日而成其子里語曰呪云象我象我

陸機毛詩義疏曰螟蛉犍爲文學舍人曰桑上小青蟲也似步屈

郭璞注方言曰尺蠖又呼步屈其色青而細小或在草木葉上今蜾蠃所負爲子者

爾雅曰螟蛉桑蟲也(俗亦謂桑蟃亦曰戎女)

## 蠮螉

爾雅曰蜾蠃蒲盧也(郭璞注曰細腰蜂也俗呼爲蠮螉音噎翁)

陸機毛詩疏義曰蜾蠃土蜂一名蒲盧似蜂而小腰故許愼云細署也取桑蟲負之於木空中筆筒中七日而化其子里語曰呪云象我象我也

禮記中庸曰哀公問政於孔子孔子對曰文武之政布在方策其人存則其政舉其人亡則其政息人道敏政地道敏樹夫政也者蒲盧也(蒲盧蜾蠃土蟲也取螟蛉而化之以爲子爲政化百姓亦如蒲盧也)故爲政在人

揚子法言曰螟蛉之子殪而逢蜾蠃祝曰類我久則肖之矣速哉七十子之肖仲尼也(肖類也)

太平御覽卷第九百四十五

太平御覽卷第九百四十六

蟲豸部三

莎雞　螽斯　蜙蝑
蝙蝠　守宮　蜣蜋
白魚　螗蜋　蝍蛆

## 莎雞

毛詩豳七月曰六月莎雞振羽 莎雞羽成而振訊之

陸機毛詩䟽義曰莎雞如蝗而斑色翅數重下翅正赤或謂之天雞六月飛而振羽索索聲幽州人謂之蒲錯也

爾雅曰翰天雞也 孫炎注曰小蟲黑身赤頭一名莎雞郭璞注曰一名樗雞也

廣志曰莎雞似蠶蛾而五色亦曰犨雞

## 螽斯

毛詩螽斯曰螽斯后妃子孫衆多也言若螽斯不妬忌則



子孫衆多也螽斯羽詵詵兮 螽斯蜙蝑也

毛詩豳七月曰五月斯螽動股 斯螽蜙蝑也

## 蜙蝑

陸機毛詩䟽義曰爾雅云螽蜙蝑 蜙宣龍切 蝑相魚切 也揚雄云春黍也幽州謂之春箕角長青色斑黒其股似瑇瑁文五月中以兩股相瑳作聲聞數十歩

毛詩題綱曰螽斯名蜙蝑一名春黍似蝗而小青色長股而鳴喻后妃之性不妬忌子孫衆多

爾雅曰蜤 音斯 螽蜙蝑 郭璞注曰蜙蝑也俗呼蝽蟒

## 蝙蝠

春秋運斗樞曰揺光攜則服翼異兩頭並翔發江淮山瀆之祠揺光不明服翼異九足 服翼蝙鼠也

孝經援神契曰蝙蝠伏匿故夜食

爾雅曰蝙蝠服翼也 齊人呼為蟙𧏙或謂之仙鼠蟙墨二音

抱朴子曰千歳蝙蝠色如白雪集則倒懸腦重故也此物得而陰乾末服之令人壽四萬歳

玄中記曰百歳伏翼其色赤止則倒懸千歳伏翼色白得食之壽萬歳

水經曰交州丹水亭下有石穴甚深未甞測其遠近穴中蝙蝠大者如烏多倒懸得而服之使人神仙

荊州記曰宜都夷道縣有石穴穴中有蝙蝠如烏多倒懸

崔豹古今注曰蝙蝠一名仙鼠又曰飛鼠五百歳則色白腦重集物則頭垂故謂為倒挂鼠食之得仙

幽明録曰淮南郡有物髠人髮太守朱誕曰吾知之矣多置黐 音離 以塗壁夕有數蝙蝠大如雞集其上不得去殺之乃絶屋簷下已有數百人頭髻



范汪治瘧方曰蝙蝠七枚合擣五百發雞鳴服一丸禺中一丸遇發乃與粥清一升耳

## 守宮

毛詩節正月曰哀今之人胡為虺蜴 蜴蠑也虺蜴之性見人則走

陸機毛詩䟽義曰蜴一名蠑原水蜴也或謂之螔蜼 音灘 蛇醫如蜥蜴青緑色大如指形狀可惡也

春秋考異郵曰土勝水故守宮食蠆 宋均曰守宮生於土蠆藏物屬坎水也

爾雅曰蠑螈蜥蜴蜥蜴蝘蜓蝘蜓守宮也 轉相解博異語別四名也

漢書東方朔傳曰武帝置守宮盂下使射之朔曰臣以為龍又無角謂之為蛇又有足跂跂脉脉善縁壁若非守宮即蜥蜴上曰善賜帛十四

抱朴子曰謂蜥蜴為神龍者非但不識神龍亦不識蜥蜴

又曰沙礫無量而珠璧甚尠鴟隼屯飛而鸞鳳罕出虺蜥

盈數而虬龍希覿

王充論衡曰禹南濟於江黃龍負舟舟中人人五色無主禹乃咲而稱曰我受命於天竭力以勞萬民生寄也死歸也視龍猶蝘蜓也龍去而亡患

揚雄方言曰秦晉西夏謂之守宮其在澤者謂之蜥蜴南楚謂之蛇醫或謂之蠑螈北燕謂之祝蜓桂林之中守宮大能鳴者謂之蛤蠏

許慎說文曰榮蚖蛇醫以注鳴者也在壁曰蝘蜓在草曰蜥蜴蜥蜴守宮也

淮南萬畢術曰守宮塗齊婦人无子取守宮一枚置甕中及蛇衣以新布密裹之懸於陰處百日治守宮蛇衣分等以唾和之塗婦人齊磨令溫即无子矣



又曰守宮飾女臂有文章取守宮新合陰陽已牝牡各一藏之甕中陰乾百日以飾女臂則生文章與男子合陰陽輒滅去

又曰取七月七日守宮陰乾之治合以井花水和塗女人身有文章則以丹塗之不去者不淫去者有鄒

徐懷遠南越志曰成陽縣樹多守宮大者能鳴謂之蛤蠏

郭義恭廣志曰守宮蟒色如虵而四足似蝘蜓有尺餘蝘蜓有屋壁間者有草野者有石上者

博物志曰蜥蜴或蝘蜓以器養之食以朱砂躰盡赤所食滿七斤擣萬杵以點女人支躰終身不滅故號守宮

崔豹古今注曰蝘蜓一曰守宮一曰龍子善於樹上捕蟬食之其長細五色者名為蜥蜴其短大者名為蠑螈一曰蛇醫大者長三尺其色玄紺善魅人一曰玄螈一名綠螈

曹叔雅異物志曰魚跳躍則蜥蜴從草中下稍相依近便共浮水上而相合事竟魚還水底蜥還草中

干寶搜神記曰淮南書佐劉雅夢見青蜥蜴從屋棟落其腹內因苦腹痛

夢書曰守宮為寡婦着垣牆也夢見守宮憂寡婦人也

吳氏本草經曰石龍子一名守宮一名石蜴一名山龍子

楊子雲解嘲曰今子乃以鴟梟而咲鳳皇執蝘蜓而謿龜龍不亦病乎

## 蜣蜋

爾雅曰蛣蜣蜣蜋也郭璞曰黑甲蟲噉糞者也

張揖廣雅曰天柱蜣蜋也一作天社

許慎說文曰蜣蜋一曰天柱

衝波傳曰蜣蜋無鼻而聞香

抱朴子曰玄蟬潔飢不羨蜣蜋穢飽



郭義恭廣志曰交州無蜣蜋

崔豹古今注曰蜣蜋能以土包糞轉而成丸莊周所謂蛣蜣之智在於轉丸者也一名蜣蜋一名結蜣一名弄丸一名轉丸

夢書曰蜣蜋為憂財輔矣行者夢見蜣蜋憂財粮也

## 白魚

爾雅曰蟫音淫白魚也衣書中蟲一名蛃魚音丙

張揖廣雅曰白魚蛃魚也

齊書曰明帝初有疾無輟聽覽群臣莫知及疾篤勑臺省府署求白魚以為藥外始知之

本草經曰白魚一名衣魚治婦人疝瘕小便不利小兒頭中風項彊皆宜摩之生咸陽

吳氏本草經曰衣中白魚一名蟫

范汪方曰治小便不利取白魚二七檮之令糜爛分爲數
丸頓服之即通也

螳蜋

易通卦驗曰螳蜋搏蟬之蟲乘寒而殺物自隱蔽而有所
害捕搏之象也
周書時訓曰芒種之日螳蜋生不生是謂陰息
韓詩外傳曰齊莊公出獵有螳蜋舉足將搏其輪問其御
曰此何蟲對曰此螳蜋也爲蟲知進而不知退不量力而
輕就敵公曰此爲天下勇士矣迴車避之勇士歸焉淮南子同
又曰楚莊王將伐晉告士大夫有諫者死孫叔敖曰臣園
中有榆榆上有蟬蟬方奮翼悲鳴不知螳蜋在後欲攫而
食之螳蜋方取蟬不知黃雀在其後也
禮記月令曰仲夏之月螳蜋生蔡邕月令章句曰螳蜋蟲名食蟬殺蟲



鄭禮記注曰螳蜋螵蛸母也王瓚曰爾雅云莫貈螳蜋同
類物色也今沛魯以南謂之螳蜋燕趙之際謂之食肬齊
兖以東謂之馬敫
爾雅曰莫貈螳蜋蛑螳蜋有斧蟲江東呼爲石蜋蛑音謀貈户各反不過蟷蠰蟷蠰
螳蜋別名堂襄二音其子蜱蛸一名䗈蟭螳蠰卵也蜱音裨䗈音搏蟭音焦
張揖廣雅曰羊羊蛻蚘螳蜋也愽焦夷冒焦螵蛸也
華嶠後漢書曰蔡雍在陳留其鄰人有以酒食召雍者比
至而酒酣焉客有彈琴於屏雍至門潛聽之曰嘻以樂召
我而有殺心何也遂反將命者告主人曰蔡君向來至門
而去主人遽自追而問其故雍具以告彈琴者曰我向鼓
絃見螳蜋方向鳴蟬蟬將去未飛螳蜋爲之一前一却吾
心聳然唯恐螳蜋失之也此豈爲殺心而形於声者乎雍
曰此足以當之矣

吴越春秋曰吴王夫差令於邦中曰寡人欲伐齊敢有諫
者死太子友因諷諫以激於王以清旦懷丸挾彈從後園
而來衣洽履濡吴王夫差怪而問之太子對曰臣遊後園
聞秋蟬之鳴往而觀之秋蟬登高樹自以爲安不知螳蜋
超枝緣條曳要舉刃欲啗其形也螳蜋貪心務進志在有
利不知黄雀盛緣茂林徘徊枝葉欲啄螳蜋也
莊子曰莊周游於雕陵之樊覩一異鵲自南方來者執彈
而留之宿留伺其便也覩一蟬方得美蔭而忘其身螳蜋執翳且
搏之執草以自翳見得而忘其形異鵲從而利之見利而忘其
真真身也莊周怵然曰噫物固相累二類相召也捐彈而反
走
又曰螳蜋怒臂以當車轍不知不勝任也是才之美者也
司馬彪曰非不有美才觀不勝任耳



楊雄方言曰螳蜋謂之髦或謂之丁或謂之羊羊郭璞曰江東呼
齕肬按爾雅丁蟨下蜀方言依此失其旨
許慎說文曰螳蜋不過也一名蟷蠰一名研父
邯鄲氏笑林曰楚人居貧讀淮南方得螳蜋伺蟬自鄣葉
可以隱形遂於樹下仰取葉螳蜋執葉伺蟬以摘之葉落樹下
樹下先有落葉不能復分別掃取數斗歸一一以葉自鄣
問其妻曰汝見我不妻始時恒答言見經日乃厭倦不堪
紿云不見嘿然大喜賷葉入市對面取人物吏遂縛詣縣
縣官受辭自說本末官大笑放而不治
夢書曰螳蜋爲亡人蔽匿草也夢見螳蜋憂亡命者
范子計然曰螵蛸出三輔上價三百
吴氏本草經曰桑蛸條蝕肬一名害焦一名致神農鹹無
毒成公綏螳蜋賦曰戢翼鷹時延頸鵠望推髯俟前翹翼高

抗鳥伏蛇騰鷹鷙擊隼放俯飛蟬而奮猛躍螗蛣而逞壯距
車輪而軒翥固齊侯之所尚
郭璞螳蜋讃曰螳蜋氣蟲揮斧奮臂當轍不迴勾踐是避
勇士致斃勸之以義

蝍蛆

春秋考異郵曰土勝水故蝍蛆搏蛇宋均曰蝍蛆生土地藏物屬坎坎水也爲隱伏
爾雅曰蒺蔾蝍蛆郭璞曰似蝗大腹長角能食蛇腦
張揖廣雅曰蝍蛆吳公也
莊子曰蝍蛆甘帶司馬彪曰帶小蛇也蝍蛆喜食其眼
抱朴子曰南人入山皆以竹管盛活吳公吳公知有蛇之
地便動作於管中如此則草中便有蛇也吳公見蛇能以
氣禁之蛇即死



淮南子曰月照天下蝕於蟾蜍騰蛇游霧而殆蝍蛆蟾諸月中蝦蟇也食月故曰食於蟾諸蝍蛆蓋吳公也殆猶畏者也
沈懷遠南越志曰綏定縣多吳公其大者能以氣吸蜥蜴
劉欣期交州記曰大吳公出徐聞縣界取其皮可以冠鼓秫初記亦同
沈瑩臨海異物志曰晉安東南吳嶼山吳公千萬積聚或
去長丈餘者以作脯味似大蝦
嶺南異物志曰珠崖人每晴明見海中遠山羅列皆如翠
屏而東西不定悉吳公也
嶺表錄異曰蜈蚣南越志云大者其皮可以鞔鼓取其肉
曝為脯美於牛肉又云長數丈能啗牛俚人或遇之則鳴
鼓燃火炬以驅逐之
陶潛續搜神記曰曇遊道人清苦沙門也剡縣有一家事
蠱人啖其食飲无不吐血死遊詣之主人下食遊依常呪
願一雙吳公長尺餘便於拌中跳走遊快飲食安然无他
王琰冥祥記曰沙門安法開者北人也嘗見吳公長三尺
自屋墮地旋徊而去
葛洪遐觀賦曰吳公大者長百步頭如車箱可畏惡越人
獵之屠裂取肉白如瓠稱金爭買為羹炙

太平御覽卷第九百四十六

太平御覽卷第九百四十七

蟲豸部四

蚯蚓　螔蝓　蠍

蟻

蚯蚓

河圖說徵曰黃帝起大蚓見

大戴禮曰蚓無爪牙之利筋脉之強上食埃土下飲黃泉
用心一也（文子孫卿淮南子同）

禮記月令曰孟夏螻蟈鳴後五日蚯蚓出冬至之日蚯蚓
結

孝經援神契曰螾無食勞無勢故無心

爾雅曰螼（羌引切）蚓蜸（苦顯切）蚕（他典切即䖤蟺也江東呼寒蚓）

後漢書曰王元說隗囂曰神龍失勢還與蚯蚓同



帝王世紀曰黃帝時螾大如虹

淮南子曰太陰在上蚯蚓結爲陽候

抱朴子軍術曰蚯蚓見軍中尤多者軍罷又宜備反叛

愼子曰騰蛇遊霧飛龍乘雲雲罷霧除與蚯蚓同失所乘
故也

呂氏春秋曰黃帝時而見大螾土氣勝故其色尚黃（高誘曰螾蚯蚓也）

淮南萬畢術曰苓皮螾脂魚鱉自聚注曰取苓皮之漬水
斗半燒石如炭狀以淬螾脂中已置苓皮水中七日已置
沼則魚鱉自聚矣

楊泉物理論曰撿身止欲莫過於蚓此志士所不及也

郭義恭廣志曰閩越江北山間蠻夷啖蚯蚓脯爲羞

崔豹古今注曰蚯蚓一名蜿蟺一名曲蟺善長吟於地中
江東謂爲歌女或謂鳴砌（蜿蟺苑善二音）

述異記曰劉德願兄子太宰從事中郎道存景和元年五
月忽有白蚓數十登其齋前砌上通身白色人所未嘗見
也蚓並張口吐舌大赤色其年八月與德願並誅

劉敬叔異苑曰孟州王雙宋文帝元嘉初忽不欲見明常
取水沃地以菰蔣覆上眠息飲食悉入中云恒有女着青
裙白領巾來就其寢母聽聞薦下歷歷有聲發之見一青
色白領蚯蚓長二尺許云此女常以一奩香見遺氣甚清
芬奩乃螺殼香則菖蒲根于時咸謂雙暫同阜螽矣

廣五行記曰陳後主時隋軍至江蚯蚓盡出森然如植箭
陳氏水鄉蚯蚓土蟲象陳氏自稱土德盡出明傾其窟穴
以曲歸直是歲隋平陳

又曰隋煬帝大業中河南有婦人養姑不孝姑兩目暗婦



切蚯蚓爲羹以食之姑怪其味竊藏一臠以示兒兒還見
欲送婦詣縣未及而雷震其婦俄而從空落身如故而易
頭爲白狗頭

郭景純蚯蚓讚曰蚯蚓土精無心之蟲交不以分媱於阜
螽觸而感物無乃常雄

吳氏本草經曰蚯蚓一名白頸螳螾一名附引

葛洪療喉卒腫方曰用白頸蚯蚓十四枚擣以塗喉外立
愈

陶洪景集注本草經曰白頸蚯蚓一名土龍生蜚谷平土
白頸者是其老大耳

螔蝓

尚書大傳曰鉅定螺（鄭玄曰鉅定澤也今屬樂安故有縣屬齊螺蝸牛也）

禮記內則曰蝸醢而苽食

爾雅曰蚹蠃螔蝓（郭璞曰音移螔蝓即蝸牛也）

張揖廣雅曰蠡蠃蝸牛螔蝓也

莊子曰有國於蝸之左角者曰觸氏有國於蝸之右角者曰蠻氏時相與爭地而戰伏尸數萬逐北旬有五日而後反

許慎說文曰蝸一曰螔蝓

山海經曰清要之山北望河曲是多僳纍（郭璞曰僳纍蝸牛也）

陶洪景集注本草經曰螔蝓味鹹寒無毒一名陵蠡一名土蝸一名附蝸生泰仙池澤生陰地沙石垣下螔蝓入三十六禽限又是四種角之例營室之精矣

蠍

毛詩魚藻彼都人士曰彼君子女卷髮如蠆毛詩義疏曰蠆一名杜伯河内謂之蚑幽州謂之蠍



左傳僖二臧文仲曰蜂蠆有毒而況國乎

又昭二曰鄭人謗子産曰其父死於路已爲蠆尾

大戴禮曰神人國有蜂蠆不螫嬰兒

張揖廣雅曰杜伯蠚蠆蠍也

說文曰蠆毒蟲也

魏志曰彭城夫人夜之厠蠆螫其手呻呼無賴華佗令溫湯近熱漬手其中卒可得寢但旁人數爲易湯令煖其旦即愈

北史曰齊後主詔鏁南陽王綽赴行在所至而宥之問在州何者最樂對曰多取蠍將咀漢看時極樂後主即夜索蠍一斗比曉得二三升置諸浴斛使人裸卧斛中號叫宛轉帝與綽臨觀喜噱不已謂綽曰如此樂事何不早馳驛奏聞綽由是大爲後主寵

唐史曰劒南本無蠍嘗有人任主簿將之至今呼爲主簿蟲

莊子曰老聃曰三皇之知上悖日月之明下睽山川之精中墮四時之施其智憯（音慘）於蠆蠍之尾而猶自以爲聖人不可恥乎

唐景龍文館記曰上巳日上幸於渭濱宴侍臣其日賜侍臣等柳棬各一云帶之免蠆毒辟溫氣

于寶搜神記曰安陽城南有亭宿者輙死有書生入亭宿明搹得蠍大如琵琶毒長數尺亭遂安靜

葛洪方曰蠍中國屋中多江東即無也

稽含遇蠆賦序曰元康二年余中夜遇蠆客有戲余曰俗諺云過滿百爲蠆所螫斯言信哉雖内省不疚而逢此害喟然而歎遂作賦

蟻



焦贛易林震之蹇曰蟻封戶穴大雨將集

又復之萃曰蟁蟁（?）戴怨不能上山却推跌蹶損傷其顏

韓詩外傳曰夫吞舟之魚大矣蕩而失水則爲螻蟻所制

大戴禮曰十二月玄駒賁（玄駒蟻也賁者走於地中也）

周官曰饋食之豆蠯蚳醢（蠯蛤也蚳蟻子也）

禮記檀弓曰子張之喪公明儀爲志焉褚幕丹質蟻結四隅（鄭玄曰畫褚之四角其文如蟻行往來相交錯也蟻蚍蜉也殺之蟻結似今蚍文畫也）

又内則曰蚳醢（蚳蚍蜉子也）

又學記曰蛾子時術之其此之謂乎（蛾蚍蜉也蚍蜉之子微蟲耳時術蚍蜉之所爲其功乃復成大垤也）

爾雅曰蚍蜉大螘（俗呼爲馬蚍蜉）小者螘（齊人呼蟻蟻蟻蛘）蠪（音龍）朾（直耕切）螘（赤駁蚍蜉）螱（音尉）飛螘（有翅）其子蚳（蚳蟻卵周禮曰蚳蚳醬）

後漢書曰鉅鹿張角賊起皆着黄巾爲摽幟時人謂之黄巾亦名爲蛾賊（蛾音魚綺切即蟻字論賊衆多故以爲名）

張勃吳録曰九眞移風縣有赤絮脨人視土知有蟻因墾發以木枝插其中則蟻緣而生漆堅凝如螳螂子螵蛸也折漆以漆絮其色正赤所作赤絮則此脨也

孟子曰羊肉不慕蟻蟻慕羊肉羊肉羶也

莊子曰函牛之鼎沸蟻不得置一足焉（諭聖主之法明姧至不敢蹈之）

又曰東郭子問莊子曰道安在莊子曰道在螻蟻

又曰吞舟之魚蕩而失水則螻蟻能苦之

孫卿子曰不食者蟻不飲者蜉蝣

韓子曰桓公伐孤竹行山中無水隰朋曰蟻冬居山之陽夏居山之陰蟻壤寸而有水乃掘遂得水

又曰千丈之堤以螻蟻之穴而潰



又曰以骨去蟻蟻愈多以肉驅蠅蠅愈至

呂氏春秋曰吞舟之魚陸處不勝螻蟻

淮南子曰千里之堤以螻蟻之穴漏而百尋之屋以突隙之熛焚（突竈突也）

抱朴子曰雞有專栖之雄雉有擅澤之鷸（音嬌）蟻有兼弱之智蜂有攻寡之計人相役御亦猶是耳

又曰周髀家云天圓如張蓋地方如棊局而旁轉如推磨左行日月右行隨而左轉如推於磨蟻行磨石之上磨左旋而蟻右去磨疾而蟻遲故不得不隨磨以左迴焉

又曰百尋之山焚於分寸之飈千丈之陂潰於一蟻之穴

符子曰東海有鼇焉冠蓬萊而浮游於滄海騰躍而上則千雲之峯類邁於羣岳沉没而下則隱天之丘潛嶠於重川有蚳蟻聞而悅之與羣蟻相要乎海畔欲觀鼇焉月餘日鼇潛未出羣蟻將反遇長風激浪崇濤萬仞海水沸地雷震羣蟻曰此將鼇之作也數日風止雷默海中隱如岳羣蟻曰彼之冠山何異我之戴粒逍遥封壤之巔伏乎窟穴也

山海經曰朱蟻其狀如蟻（郭璞曰蟻蚍蜉）在崐崘之墟

京房易妖占曰蟻無故當道若門户城郭聚土水且傷人

揚雄方言曰蚍蜉齊魯之間謂蚼蟓（音駒養）西南梁益之間謂之玄駒燕謂之蛾蛘楚郢以南蟻土謂之封

王充論衡曰人坐樓臺之上察地之螻蟻尚不見其體安能聞其聲何則螻蟻之體細不若人形大聲音孔氣不能達也今天之崇高非直樓臺人體比於天非若螻蟻於人也謂天聞人之言隨善惡爲吉凶誤矣

揚子法言曰食如蟻衣如華不以泰乎



劉義慶世説曰殷仲堪父病虚悸聞牀下蟻動云是牛鬬孝武不知殷父問有一殷病如此不仲堪流涕而起曰臣進退惟谷

郭義恭廣志曰有飛蟻有木蟻古曰玄駒者也又有黒黄大小數種之蟻

劉欣期交州記曰大和中人有至武嶺穴中有大蚍蜉甚大

西京記曰長安化度廢寺内有礓䃈石徑二尺餘孔穴通連若欄椅樓臺之狀號曰蟻宫常云於中見蟻金色其大若蜂動逾萬計乃掘及泉因得此石

張茂先博物志曰蟻知將雨

伏侯古今注曰漢光武建武元年山陽有小蟲類人形甚衆明日皆懸樹枝而死乃大蟻也

崔豹古今注曰牛亨問蟻曰玄駒何也荅曰河内人無
何而見有人馬數千萬騎皆大如黍米旋動往來從朝
至暮家人以火燒殺之人皆是蚊蚋馬皆成大蟻故今人
呼蚊蚋曰黍民蟻曰玄駒
楊子法言曰吾見玄駒是也
揚孚異物志曰鯪鯉吐舌螘附之因呑之又開鱗甲使蟻
入其中乃奮迅則舐取之
劉敬叔異苑曰桓謙字敬祖太元中忽有人皆長寸餘悉
被鎧持矟乘具裝馬增中出緣机登竈尋飲食之所或
有切肉輙來叢聚力所能勝者以矟刺取徑入穴蔣山道
士朱應子令以沸湯澆所入處寂不復出因掘之有斛許
大蟻死在窟中謙後以門釁同滅
古今五行記曰後魏顯宗天安元年六月兖州有黒蟻與
赤蟻交鬬長六十歩廣四寸赤蟻斷頭而死黒主北赤主
南時齊明帝殺少帝子業而自立大爲魏軍所破東魏孝
静帝武定四年鄴下有黄蟻與黒蟻鬬黄東魏戎衣色黒
西魏戎衣色是時黄蟻盡死時高歡圍王壁五旬不枝歡
疾班師而薨
嶺表録異曰嶺南蟻類極多有席袋貯蟻子窠鬻於
市者蟻窠如薄絮囊皆連帶枝葉蟻在其中和窠而賣有
黄色大於常蟻而脚長者云南中甘子樹無蟻者實多
蛀故人競買之以養甘子
又曰交廣溪澗間酋長得收蟻卵淘擇令淨鹵以爲醬
或云其味酷似肉醬非官客親友不可得也
夢書曰蚍蜉爲小盗銜食行也夢見蚍蜉小盗衆也
神光占曰行造酒家蟻聚中庭急去之



應璩百一詩曰大魏承衰弊復欲密其羅蚍蜉猶見得
何云鰌與鰕徃忓既已備欻復置黄沙
楚辭招䰟曰南方赤蟻若象玄蠭若壺
應璩與曹昭伯牋曰空城寥廓所聞者悲風所見者鳥雀
昔陳司空爲邑宰所在幽閑獨坐愁思幸賴遊蟻以娛其
意以今况之知不虚矣
郭璞蚍蜉賦曰飾殷人之喪輿在四隅而交結濟齊桓之
窮師由山東之高垤感萌陽以潜歩知將雨而封穴伊斯
蟲之愚昧乃先識而似哲
又蚍蜉讃曰蚍蜉瑣劣蟲之不才感陽而出應雨講臺
之無壞自然知來

太平御覽卷第九百四十七

太平御覽卷第九百四十八

蟲豸部五

蜘蛛　縊女　馬蚿

蛣　竹蟲　蔘蟲

蠐螬　螻蛄　尺蠖

蜘蛛

焦贛易林未濟之蠱曰蜘蛛作網以司行旅青蠅嚵嗽以求膏腴

又井之遯曰蜘蛛南北巡行罔罟杜季利兵傷我心膂

毛詩豳七月東山曰蠨蛸在户（蠨蛸長踦也）

詩義疏曰一名長脚荆州河内謂之喜子云此蟲來着人當有親客至亦如蜘蛛爲罔羅居之

詩義問曰蠨蛸長足蜘蛛也



劉芳毛詩義箋曰蠨蛸長踦音崎嶬之踦小蜘蛛長脚者俗呼爲喜子

爾雅曰次蟗（音秋）鼅鼄鼅鼄鼄蝥（音矛）土鼅鼄（布地中布罔）草鼅鼄（絡幕草間）蠨蛸長踦（音崎小蜘蛛長脚者俗呼爲喜子）

廣雅曰蛛蝥罔工蠾蝓毒蜍也

魏志曰館陶令諸葛原遷新興太守管輅往祖餞之賓客並會原自起取燕卵蜂巢蜘蛛着器中使射覆卦成輅曰第三物觳觫長足吐絲成羅尋網求食利在昏夜此蜘蛛也舉坐驚喜

抱朴子曰太昊師蜘蛛而結網

又曰或以赤班蜘蛛及七種水馬以合馮夷水仙丸服之亦可以居水中又以塗足下則可以步行水上也

符子曰晉公子重耳奔齊與五臣而遊乎大澤之中見蜘蛛布其網曳其網而執豸以食之公子重耳觀之顧謂其臣咎犯曰此蟲也智之薄者矣而猶役其智曳其網而執豸以食之况乎人之有智而不能廓垂天之網布絡地之網以供方丈之御是曾不如蜘蛛之智孰可謂之人乎咎犯曰公子慎勿言也終行之則有邦有嗣矣

金樓子曰楚國龔舍初隨楚王朝宿未央宮見蜘蛛焉有赤蜘蛛大如栗四面縈羅網有蟲觸之而死者退而不能得出焉舍乃歎曰吾生亦如是耳仕宦者人之網羅也豈可淹歲於是挂冠而退時人笑之謂舍爲蜘蛛之隱

楊雄方言曰鼅鼄（郭璞曰知蛛兩音）朱蝥也自關而西秦晉之間謂之鼄蝥（今江東呼蝃蝥音掇）自關而東趙魏之郊謂之鼅鼄或謂之蠾蝓（燭臾兩音）蠾蝓者侏儒語之轉也北燕朝鮮洌水之間謂之毒蜍（齊人又呼爲杜公亦言罔工音蝳）



東晳發蒙記曰蠅生積灰蜂出蜘蛛腐木爲螢火蠐螬出朽芻

皇甫謐帝王世紀曰湯出見羅者湯下車命解其三面而置其一面更教之祝曰昔蛛蝥作罔今人學紓欲左者左欲右者右欲高者高欲下者下吾取其犯命者

郭璞洞林曰流移道路諸人並欲令郭璞射覆人人自持五月五日蜘蛛者物悉驗遂不復射

淮南萬畢術曰蜘蛛塗布而雨自晞取蜘蛛置甕中食以膏百日煞以塗布而雨不能濡也

又曰取蜘蛛與水狗及猪肪置甕中密以新縑仍懸室後百日視之蜘蛛肥殺之以塗足涉水不沒矣又一法取蜘蛛二七枚內甕中合肪百日以塗足得行水上故曰蜘蛛塗足不用橋梁

王充論衡曰觀夫蜘蛛之絲以罔飛虫也人之用詐安過之

郭義恭廣志曰草蜘蛛在草上色青土䵹蟗在地上春行草間索索履地

西京雜記曰樊噲問陸賈曰古帝王人君皆云受命於天云有瑞應豈然乎賈曰有之夫目瞤得酒食火花得錢財乾鵲噪行人至蜘蛛集百事喜小故猶徵大亦宜然故目瞤則呪之乾鵲噪則餧之蜘蛛集則放之况天下大寶人君重位非天命何以得之

劉敬叔異苑曰陳郡殷家養子名琅與一婢結好經年婢死後猶往來不絶後夕見大蜘蛛形如斗𣂏緣牀就琅便宴爾怡悅母取而殺之琅性理遂僻

劉義慶幽明録曰某郡張甲者與司徒蔡謨有親僑住謨家暫行數宿過期不反謨晝眠夢甲云暫行忽暴病患心腹病痛脹滿不得吐下某時死主人殯殮謨悲涕相對又云我病名乾霍亂自可治之但人莫知其藥故令死耳謨曰何以治之甲曰取蜘蛛生斷去脚吞之則愈謨覺使人往甲行所驗之果死問主人病時日皆與夢符後有乾霍亂者試用輒差

廣五行記曰蜘蛛集於軍中及人家有喜事

夢書曰䵹蟗爲大腹其性然也夢見蜘蛛憂懷任婦人也

葛洪治瘧方曰取蜘蛛一枚着飯中吞即愈

成公綏蜘蛛賦曰獨高懸以浮處遂設罔於四隅南連大廡北接華堂左憑廣廈右依高廊吐絲屬緒自引結經纖羅絡漠綺錯交張雲舉霧綴以待無方

張望蜘蛛賦曰余嘯詠蓬蘆遨步丘園覽蜘蛛之爲蟲焉乘虛運巧構不假物欲足性命藹然靖逸良可翫也伊蜘蛛之爲蟲縱微性乎天壤稟妙造於化靈忽無礙而無想吐自然之纖緒先皇羲而結網憑輕羅以隱顯應大明之幽朗



## 縊女

爾雅曰蜆縊女也（孫炎曰小黑蟲赤頭三輔謂之縊女此蟲多民多縊死郭璞注曰喜自經死故曰縊女）

異苑曰縊女蟲也一名蜆長寸許頭赤身黑恒吐絲自懸昔齊東郭姜旣亂崔杼之室慶封殺其二子姜亦自經俗傳此婦戮化而爲蟲故以縊女爲名

## 馬蚿（音賢）

爾雅曰蛝（音閑）馬䗃（仕板切）也（郭璞曰馬蠲蚼也俗呼馬蠸蚼音均）

張揖廣雅曰蛆（子魚切）蟝（強魚切）馬蠋（音逐）馬蠋馬蚿也

宋書曰王素聲譽甚高山中有蚿其聲清長聽之使人不厭而其形甚醜素乃爲蚿賦以自況

魯仲連子曰諺云百足之蟲三斷不蹶者持之者衆

文子曰善用人者若蚿之足衆不相害（淮南子同）

莊子曰夔憐蚿蚿憐蛇夔謂蚿曰吾以一足跉（士今切）踔（勑卓切）而行予無如矣今子使萬足獨奈何蚿曰不然子不見夫唾乎噴則大者如珠小者如露今子動吾天機不知所以然（司馬彪曰比蚿謂蚿爲且渠也）

淮南子曰季夏草爲蚈（草得陰而死極陰中反陽故化爲蚈蚈馬蠸也蠸音權）

又曰良將之卒若虎之牙若兕之角若鳥之羽若蚈（音輨）之足（蚈馬蠸也）

又曰蚈足衆走不及蛇物固有小不如大也

明堂月令曰腐草爲蠲

揚雄方言曰北燕馬蚿謂之蛆蝶

張茂先博物志曰馬蚿一名百足中斷則頭尾各異行而去

本草經曰馬陸一名百足

吳氏本草經曰一名馬軸

蜡

淮南子曰蜡知將雨（高誘曰蜡蟲也大如筆管長三寸餘蜡音皆）

竹蟲

淮南萬畢術曰竹蟲飲人自言其誠（竹蟲三枚竹黄十枚冶之欲得人情取藥如大豆燒酒中飲之不令醉以問其事必得其實也）

蔘蟲

孔藂蔘蟲賦曰覩茲茂蔘紛能吐榮爰有蠕（而兗切）蟲厥狀似螟羣聚其間食之以生悟物託事以充乎人幼長斯蔘莫知其辛



蠐螬

毛詩碩人曰膚如凝脂領如蝤蠐（蝤蠐蝎蟲也）

陸機毛詩疏義曰蠐螬生糞中

爾雅曰蟦（音汾）蠐螬也（郭璞注曰在糞土中者）蝤蠐蝎（在木中有也今雖通名之爲蝎所在異也）

莊子曰烏足根爲蠐螬（司馬彪曰烏足草名生水邊曹齊曹也）

淮南萬畢術曰黍成蠐螬（以秋冬穫黍置糞中即生蠐螬也）

王充論衡曰蠐螬化爲復育復育轉爲蟬

揚雄方言曰蟦螬謂之蟦（翡翠）自關而東謂之蝤蟦（酋墳兩音）或謂之卷蠾（書卷）或謂之蝖毂（亦呼堂齊或呼地蚤宣斛兩音）梁益之間謂之蛒（音格）或謂之蝎或謂之蛭蛒（音質）秦晉之間或謂蠹或謂之天蠰

（按爾雅曰蝎天蠰謂蛞螻耳而方言以爲蝎未詳其義也）

博物志曰蠐螬以背行駛於用足也

祖台志怪曰吳中書郎盛冲至孝母王氏失明冲暫行勑婢食母婢乃取蠐螬蒸食之王氏甚以爲美而不知是何物兒還王氏語曰汝行婢進吾一食甚甘美然非魚非肉汝試問之既而問婢服食是蠐螬冲抱母慟哭母目霍然立開○本草經曰蠐螬一名蟦齊主治血痺

螻蛄

子然曰有一人身着練單衣恰直造席捧手與子然語子然問其姓名即荅云僕姓盧名鈎家在壥溪邊臨水復經半旬中其作人掘田塍西溝邊蟻垤忽見大坎滿中螻蛄將近斗許而有數頭極壯一箇彌大子然至是始悟曰近日客盧鈎反音則螻蛄也家在壥溪即西坎也悉灌以沸湯自是遂絶○搜神記曰廬陵太守平原龐企字子及自說其乃祖非罪繫獄時有螻蛄蟲行其左右謂曰爾有神當活我因投飯與之食盡復來形稍大數日形如豚及當刑螻蛄夜掘壁爲孔以出龐氏常祠螻蛄

葛洪治箭鉤在咽喉不出方曰用螻蛄腦塗之即出

范汪治不得小便方曰取螻蛄大者二枚斷取體下以一升水漬之去皮飲之須臾便通

本草經曰螻蛄一名天螻一名螜產難出刺在肉中潰癰腫下哽咽解毒愈惡瘡

陶洪景本草經曰螻蛄味鹹寒取自出者其自腰以前甚澁主大小便



尺蠖

周易下繫辭曰尺蠖之屈以求伸也龍蛇之蟄以存身也

爾雅曰蠖蚇蠖（今蝍蝛也）

晏子春秋曰弦章謂景公曰尺蠖食黄即身黄食蒼即身
蒼

說文曰尺蠖曲信蟲（信音申）

方言曰蟦（音資）蝛（子六切）謂之尺蠖（郭璞曰步屈也）

曹子建長歌行曰尺蠖知屈申體道識窮達

傅休奕潛通賦曰蠖屈體以求伸兮龍階木而外雲

鮑明遠尺蠖賦曰智哉尺蠖觀機而作申非向厚詘非今
薄　靜值泉渟機躁遇風驚起軒軀而曠莽伏累氣而
併形氷炭弗觸韋刃靡迕逢嶮蹶跡值夷舒步忌好退
之見猜哀必進之爲蠹每驤首以瞰塗常昻行而翻路故
身不豫托地無前期從方而應何慮何思是以軍筭慕其權
國容擬其變高賢圖之隱淪智士以之藏見笑非靈之以
蟄羞龍德之方戰



郭璞尺蠖讚曰貴有可賤賤有不珎嗟茲尺蠖體此屈申
論配龍蛇見歎聖人

張協七命曰鶤鷄飛而生風尺蠖動而成響

太平御覽卷第九百四十八

太平御覽卷第九百四十九

蟲豸部六

蟾蜍　蝦蟇　蟋蟀

蚼蟓　鼠負　蠹

強蛘　齧桑　守瓜

蚰蜒　蠷　蜚蠊

蠁　蠷螋　䗪蟲

蛇公　螳蠰　金花

玆母

## 蟾蜍

春秋運斗樞曰紀乖政則蟾蜍月精四頭感翔感翔為妖

韓詩外傳曰魚網之設鴻則離之嬿婉之求得此戚施韓詩曰戚施蟾蜍蠩喻醜惡

平九百四十九　一　辰吳三

文子曰蟾蜍辟兵壽在五月之望

淮南子曰月照天下而蝕於蟾諸騰蛇游霧而殆於蝍蛆蟾諸月中蝦蟇食月故曰食於蟾諸殆猶畏也蝍蛆蟋蟀爾雅謂之蝍蛆之大腹也上蛇蛇不敢動故曰殆於蝍蛆

抱朴子曰蟾蜍壽三千歲

又曰肉芝者謂萬歲蟾蜍頭上有角頷下有丹書八字再重以五月五日日中時取之陰乾百日以其足畫地即為流水帶其左手於身辟五兵若敵人射已者弓弩矢皆反還自向也

又曰辟兵法或以月蝕時刻三歲蟾蜍喉下有八字者血以書所持之刀劒

玄中記曰蟾蜍頭生角得而食之壽千歲又能食山精

張衡靈憲曰羿請不死之藥於西王母姮娥竊之以奔月遂託身於月是為蟾蜍淮南子同

河圖曰蟾蜍去月天下大亂

西京雜記曰廣川王發晉靈公冢得玉蟾蜍一枚大如拳腹空容五合如新王取以盛水滴硯

崔寔四民月令曰五月五日取蟾蜍可治惡疽瘡

傅玄詩曰蟾蜍食明月虹蜺薄朝日

## 蝦蟇

易通卦驗曰夏至小暑蝦蟇無聲

山海經曰藟音誄山湖水出焉東流于食水其中多活師科斗也小雅或曰活東也

爾雅曰蟼蟇郭璞注云蛙類音驚亦曰景科斗活東蝦蟇子也

周禮秋官下曰蟈氏掌去鼃黽焚牡蘜以灰洒之則死齊魯之間謂鼃為蟈黽耿黽也蟈與耿黽尤怒鳴而聒人耳故去之

平九百四十九　二　辰吳三

漢書曰武帝元鼎五年秋蛙與蝦蟇俱鬭是歲四將軍衆十萬征南越開九郡

後漢書曰馬援爲隗囂使公孫述歸謂囂曰子陽井底蛙耳言述志識褊狹如坎井之蛙事見莊子而妄自尊大不如專意東方

東觀漢記曰彭寵堂上聞蝦蟇聲在火鑪下鑿地求之無所得寵爲奴所殺

張璠漢記曰靈帝鑄天祿蝦蟇吐水於平昌門外橋東約入宮又作翻車渴烏施於橋西灑南北郊

晉書曰有蛙鳴于華林園惠帝問左右曰爲官乎爲私乎侍中賈胤對曰在官地爲官在私地爲私

宋書曰張暢弟收嘗爲猘犬所傷醫云宜食蝦蟇膾收甚難之暢含笑先嘗收因此乃食創亦即愈

齊書曰沈僧照別名法朗少事文師道士梁武陵王紀爲會稽太守宴坐池亭蛙鳴聒耳王曰殊廢絲竹之聽僧照

呪厭十許口便息及日晚王又曰欲其復鳴僧照曰王歡已闌令汝鳴即便喧聒

又曰卞彬蝦蟆賦云紆青拖紫名蛤魚世謂比令僕也又云蝌斗唯唯羣浮暗水唯朝繼夕聿役如鬼比令史諮事也

南史孝義傳曰丘傑字偉跱吳興烏程人也年十四遭母喪以熟菜有味不嘗於口歲餘忽夢見母曰死亡是分別耳何事乃爾荼苦汝噉生菜遇蝦蟆毒靈牀前有三丸藥可取服之傑驚起果得甌甌中有藥服之下科斗子數升

三國典略曰周天和二年齊武安妖人與其徒偽云育覺因飲泉水下得金佛其疾並愈於是遠近信之男女霧集水中有老黃蝦蟆全如金色乍出乍沒齊武成及百官已下莫不飲之



隋書曰煬帝在東宮宮中數有妖變乃命衛尉少卿蕭吉禳邪氣於宣慈殿庭祭神是時孟冬地又無水乃有蝦蟆從西南來入至座忽然而失

文子曰禽子曰多言有益乎墨子曰蝦蟇蛙黽日夜恒鳴口乾舌擗然而不聽今觀晨雞時夜而鳴天下俱動多言何益唯其言之時也

韓子曰越王勾踐欲伐吳欲民輕死出見鬬鼃乃下軾從者曰王何敬也曰以其有氣故也其後國人而輕命死戰

淮南子曰夫蝦蟇為鶉水蠆為蟌音聰皆生於非其類蝦蟇化爲鶉水中蠆蟲化爲蟌蟌者蜻蜓也唯聖人能知其化

又曰蘭芝以芳未嘗見霜芳香也鼓造辟兵壽盡五月之望鼓造蓋謂梟一曰蝦蟇今世人五月望作梟羹亦作蝦蟇羹

國語曰趙襄子以尹鐸有寬政於晉陽其心必和乃守晉陽後晉師圍而灌之沉竈生鼃民無叛意

神仙傳曰葛玄指蝦蟇使舞皆應絃節使止乃止

燕丹子曰太子自喜得荊軻永無秦憂日與軻之東宮臨池而觀軻拾塼投鼃太子令人奉槃金以進

物理論曰夫虛无之談尚其華藻此無異於春蛙秋蟬聒耳而已

國俗通曰蕭蕭蝦蟇掉尾俗說蝦蟇一跳八尺再跳丈六從春至冬袒裸相逐無他所作掉尾蕭蕭謹按蝦蟇既處水中其尾又短正能使掉之豈能蕭蕭乎原其所以當言夏馬悤蚋掉尾根擊常蕭蕭也蝦蟇夏馬音相似

崔豹古今注曰科斗蝦蟇子也一名懸針一名玄魚形圓有尾聞雷則尾脫腳生也

廣五行記曰懷州疑貞觀東廊下柱已五十餘年道士往往聞有蝦蟆聲不知的處後因柱朽壞以他柱易之斫之於柱中得一蝦蟆其柱又無孔隙



嶺表錄異曰唐林藹為高州太守有鄉墅小兒牧牛聞田中有蛤鳴蛤即蝦蟇大牧童遂捕之蛤躍入一穴中遂掘之乃蠻酋冢也得一銅鼓其色翠綠土射數處損缺其上隱起多鑄蛙黽之狀疑其鳴蛙即銅鼓精也

楚辭七諫曰蝦蟇游於藥池芳藥之池

成公綏陰霖賦曰百川泛濫潢潦流竈中生鼃庭運舟

蟋蟀

易通系卦曰蟋蟀之蟲隨陰迎陽居壁向外趣婦女織績女工之象今失節不居壁似女事不成有淫佚之行因夜為姦故為門户夜開門户人之所由出入今夜不閉明非也

易通卦驗曰立秋蜻(音精)蛚(音列)鳴白露下蜻蛚上堂
京房易妖占曰七月建申爲夷則蟋蟀鳴
毛詩蟋蟀曰蟋蟀在堂歲聿其暮今我不樂日月其除
又豳七月曰七月在野八月在宇九月在户十月蟋蟀入我牀下(箋云自七月在野至十月入我牀下皆謂蟋蟀也言將寒有漸非卒來也)
陸機毛詩疏義曰蟋蟀似蝗而小正黑有光澤如漆有角翅一名蛬一名蜻蛚楚人謂之王孫幽州人謂之促織督促之言也里語曰趣織鳴懶婦驚
詩義問曰蟋蟀食蠅而化成也
劉芳毛詩義筌曰蟋蟀今促織也一名蜻蛚楚謂之蟋蟀或謂之蛬南楚謂之王孫也(方言同)
蔡邕月令章句曰蟋蟀或謂之蛬亦謂之蜻蛚斯螽莎雞之類



禮記月令曰季夏之月蟋蟀居壁
春秋考異郵曰立秋趣織鳴(宋均曰趣織蟋蟀也立秋女功急故趣之也)
春秋潛潭巴曰蟋蟀集天子無遠兵
春秋説題辭曰趣織爲言趣織也織興事遽故趣織鳴女作兼
爾雅曰蟋蟀蛬也(郭璞曰今促織也亦名青蛚也)
周書時訓曰小暑之日温風至又五日蟋蟀居壁
袁宏後漢書曰崔駰上書曰竊聞春陽發而倉庚鳴秋風厲而蟋蟀吟蓋氣使之然也
干寶搜神記曰朽葦爲蛬麥爲蛺蝶
崔豹古今注曰蟋蟀一名吟蛬秋初生得寒則鳴噪濟南謂爲嬾婦也
又曰沙雞一名促織一名絡緯一名蟋蟀促織謂鳴聲如急織也絡緯謂其聲如紡也促織一曰促機絡緯一名紡緯
阮籍詩曰開秋肇涼氣蟋蟀鳴牀帷感物懷殷憂消然心悲
盧諶蟋蟀賦曰何兹蟲之資生亦靈智之攸授享神氣之玄眇體形容之微陋于時微涼既戒火靈告去玄乙辭宇翔鶤(音昆)南顧風戾戾而動柯露零零而隕樹月轉景而西頹漢迴波而東注厲清響於長宵激悲聲以迄曙
王褒聖主得賢臣頌曰虎嘯而風冽龍興而致雲蟋蟀俟秋吟蜉蝣出以陰
楚辭曰憯容與而獨倚兮蟋蟀鳴於西堂

蛁蟧

詩義疏曰蝘(音偃)一名蛁(音彫)蟧(音勞)蟪蛄也



爾雅曰蜓蚞螇螰(即蝭蟧也一名蟪蛄齊人呼螇螰題木奚鹿四音)
家語曰孔子謂宰予曰違山十里蟪蛄之聲猶在於耳
莊子曰蟪蛄不知春秋(司馬彪注曰蟪蟧春生夏死夏生秋死故不知歲之春秋也)
楊雄方言曰蛥蚗(上音折下音决)齊謂之螇螰(螇螰兩音奚鹿)楚謂之蟪蛄或謂之蛉蛄(上音零)秦謂之蛥蚗自關而東謂之蛁蟧(貂料兩音)或謂之蝭蟧(蝭音帝)或謂之蜓蚞(蚞音木)西楚與秦通名(江東又呼爲蟂蟧)
風土記曰秋而蟪蛄鳴於朝寒螿鳴於夜

鼠負

爾雅曰蟠鼠負也(郭璞曰此瓮器底蟲也舊説伊威鼠婦別名未詳也)
毛詩東山曰伊威在室(伊威委黍也)
陸機毛詩疏義曰伊威一名委黍一名鼠婦在壁瓮底土中似白魚者也
説文曰蟠蟠(音煩)鼠婦也蛜威委黍鼠負也

干寳搜神記曰豫章有一家婢在竈下忽有人長數寸來竈間婢誤以履踐殺一人須臾遂有數百人着縗麻持棺迎喪凶儀皆備出東門入園中覆船下就視皆是鼠婦作湯澆殺遂絶

葛洪治瘧方曰取鼠婦蟲十四枚各以糟封裹之丸十四九臨發服七九便愈

陶弘景本草經曰鼠婦一名蟠負一名伊威一名委人俗言鼠多在坎中背則負之今作婦字如似乖理又一名鼠姑家用此悦媚人甚多方而應少

蠹

韓詩外傳曰枯魚銜索于何不蠹

爾雅曰蝎蛣蝠木中蠹蟲蝎桒蠹即蛣蝠也

漢書曰文帝賜尉佗書衣物佗因使者獻桂蠹一器

平九百四十九　七　宋巳

文子曰山生金反自刻木生蠹還自食

穆天子傳曰天子東遊次雀梁蠹書于羽陵謂暴書中蠹蟲因曰蠹書也

杜寳大業拾遺録曰七年始安郡獻桂蠹四瓶瓶别一千頭紫色香辛有味噉之去陰痰之疾

強蛘音羊

爾雅曰蛄螿強蛘也郭璞曰米穀中蠹小黑蟲也建平人呼爲蛘子音羊

方言曰蛄螿音施謂之強蛘郭璞注曰江東謂之蛄螿也

齧桒

爾雅曰蠰音饟齧桒郭璞曰似天牛長角體有白點喜齧桒樹作孔藏其中江東呼爲齧髮

守瓜

爾雅曰蠸音權輿父守瓜也郭璞曰今瓜中黄小蟲喜食瓜葉故曰守瓜

蚰蜒

爾雅曰螾衘入耳蚰蜒也衘音衍

方言曰自關而東蚰蜒謂之螾衍或謂之入耳或謂之蛝音蠼所宜長蜒切趙魏之間或謂之蚨虶音扶于北燕謂之蛆蚭廣雅同蛆奴大切蚭音尼

蜚音肥

廣五行記曰春秋魯莊公二十九年蜚劉向以爲此非中國所有南越盛暑男女同川澤淫亂所生爲蟲是時公娶齊淫女爲夫人

後漢書曰王莽地皇元年蜚蔽天至長安入未央宫緣殿發吏捕之于時天下大亂尋而莽敗見殺

蜚蠊

本草經曰蜚蠊味鹹治血瘀逐下血破積聚喉痺生晉地山澤中二月採之

吳氏本草曰蜚蠊蟲神農黃帝云治婦人寒熱

平九百四十九　八　宋巳

蠁

爾雅曰國音或貉蟲蠁蛩也音許兩切今呼蛹蟲爲蠁廣雅曰土蛹蠁蟲

蛷螋音求搜

說文曰蛷多足蟲也

廣雅曰蚙蛷螋也

博物志曰蠷螋蟲溺人影亦隨所着處生瘡盧氏曰以雞腸草擣塗經日即愈

䗪蟲

吳氏本草曰䗪蟲一名土鼈

蛇公

異苑曰海曲有物名蛇公形如覆蓮花正白

庾闡楊都賦曰蛇公沉光於海曲

螲蟷上知栗切下多郎切

爾雅曰三蛈（音鐵）蝪（音湯）也（郭璞注曰即螲蟷也似蜘蛛在穴中有蓋今河北人呼蛈蝪也）

金花

竺法眞登羅山疏曰金花蟲大如斑猫形色文采如金是龜屬得之養翫彌日

玆母

淮南子曰朝秀不知晦朔（許愼注曰朝生暮死蟲也生水上似蠶蛾一曰玆母）

太平御覽卷第九百四十九

太平御覽卷第九百五十

蟲豸部七

蜻蛉　青蚨　蜂

蟓　蝗　蠋

水馬　水蛭　短狐

沙虱　十二時蟲

蜻蛉

揚雄方言曰蜻蛉謂之蝍蛉（郭璞注曰六足四翼蟲也淮南呼蠊蛜也）

說文曰蜻蛉一名桑根

爾雅曰虰（丁音）蛵（音刑）負勞（郭璞注曰或曰即蜻蛉也江東呼狐黎來詳）

莊子曰童子埋蜻蛉頭而化爲珠

尸子曰荊莊王命養由基射蜻蛉曰吾願生得之養由基援弓射之拂左翼

戰國策曰莊辛謂楚莊王曰王獨不見夫蜻蛉仰承甘露而歆之自以爲無患與人無爭不知夫五尺童子將調鉤膠絲加之四仞之上而下爲螻蟻所食

呂氏春秋曰海上有人好蜻蛉者每朝居海上從游有蜻蛉至者數萬前後左右盡蜻蛉也終日翫之不去其父告曰聞蜻蛉從汝居取而來吾將翫之明日往之海上而蜻蛉無至者

東方朔別傳曰上置蜻蛉盖下使朔獨射之朔　對曰馮翊馮翊六足四翼頭如珠尾正直長尾短項是非勾婁即蜻蛉上曰善賜帛十匹

崔豹古今注曰蜻蛉一曰青亭一曰胡蝶色青而大者是也小而黄者曰胡離一曰胡梨小而赤者曰赤卒一曰絳騶一曰赤衣使者好集水上亦名爲赤弁丈人



又曰紺蝶一名蜻蛉似蜻蛉而色玄紺遼東人謂爲紺蟠亦曰童蟠好以七月羣飛闇天海邊夷貊食之謂海中青蝦化爲之

青蚨

廣雅曰蟱蝸青蚨也

搜神記曰南方有蟲名𧑔（音敦）蠋（音蜀）形如蟬大味辛美可食其子著草葉如蠶種得其子則母飛來雖潛取必知處殺其母塗錢子塗貫用錢去貨旋則自還

淮南萬畢術曰青蚨還錢青蚨一名魚或曰蒲以其子母各等置瓮中埋東行陰垣下三日後開之即相從以母血塗八十一錢亦以子血塗八十一錢以其錢更互市（置子用母置母用子錢皆自還）

蜂

爾雅曰土蜂（今江東呼大蜂在土中作房中爲土蜂啖其子即馬蜂也今荊楚間呼爲蟺音蟬）木蜂（似土蜂而小在樹上作房）

方言曰蜂燕趙之間謂之蠓螉（蒙翁二音）或謂之蚴蜕（音幽悅）其大有蜜謂之壺蜂（即今黑蜂穿竹木作孔亦有蜜者）

山海經曰平逢山有神如人二首名曰嬌蟲是盤蟲實惟蜜之廬（郭璞注曰嬌爲盤蟲之長羣蜂所舍集蜜亦蜂名也）

又曰大蜂其狀如螽

洪範五行傳曰秦昭王三十八年上郡大飢山木盡死人無所食蜂食田苗

左傳僖中曰邾人以須句故出師公卑邾不設備而禦之臧文仲曰（國無以小不可易也無備雖衆不可恃也）君其無謂邾小蜂蠆有毒而況國乎

孝經援神契曰蜂蠆垂芒（蜂蠆毒在後故言垂芒）

謝承後漢書曰豫章蔵豊字孟侯爲郡主簿太守賈萌舉兵欲誅王莽有飛蜂附萌車衡豊諫以爲不祥之徵萌不從果見殺

王隱晉書曰太尉陶侃表倉曹參軍袁謙爲高涼太守未至百餘里浦中有蜜蜂蔽日而下謙船上謙不覺甚惡會得留郡文書賊欲乘虛攻郡謙欲速赴明早進西南卒遇大風飛沙天地(晦)合不復得還浦遂沒海中

晉書曰鄭湛對武帝曰猛獸在田荷戈而出凡人能之蜂蠆作於懷袖勇夫爲之驚駭出於意外故也

淮南子曰蜂房不容鵠卵(房巢也)小形不足以苞大體也

抱朴子曰軍行卒逢羣飛蜂及蚉䖟若蜜(蜂)尤多者交戰驚於藏伏之賊也

列女傳曰尹吉甫子伯奇至孝事後母母取蜂去毒繫於衣上伯奇前欲去之母便大呼曰伯奇牽我吉甫見疑(伯之)伯奇自死

葛仙公列傳曰仙公與客對食客曰當請先生作一奇戲食未竟仙公即吐口中飯盡成飛蜂滿屋或集客身莫不震肅但皆不螫人良久仙公乃張口見蜂飛還入口中成飯

永嘉地記曰七八月中常有蜜蜂羣過有一蜂先飛亟止泊處人知輒內木桶中以蜜塗桶中飛者聞蜜氣或停不過三四來便舉羣悉至

博物志曰細腰無雌蜂類也無雌取桑蚕或阜螽子所見抱而成巳子詩云螟蛉有子蜾蠃負之

又曰遠方諸山出蜜蠟處其處人家有養蜂者其法以木爲器或十斛五斛開小孔令纔容蜂出入以蜜蠟塗器內外令遍安着簷前或庭下春月此蜂將作窠生育時來過人家園垣者捕取得三兩頭便內着器中數宿出蜂飛去尋將伴來還或多或少經日漸溢不可復數遂停住往來器中所滋長甚衆至夏開器取蜜蠟所得多少隨歲中所宜豐儉(蘆氏曰春至秋未始有蜜蠟者蠟冬余所見今云夏未詳其故)

又曰諸遠方山郡僻處出蜜蠟蜜蠟所着皆絕巖石壁非攀緣所及唯於山頂以檻轝自懸挂下遂乃得取採蜂遂去不還餘窠及蠟着石不盡者有鳥形小於雀羣飛千數來啄之至春都盡其處皆如磨洗至春蜂皆還洗處結窠如故年年如此物無錯亂者人亦各各占其平處謂之蠟塞鳥謂之靈雀捕摶終不可得也

宣驗記曰元嘉元年建安郡山賊百餘人掩破郡治抄掠百姓資産子女遂入佛圖搜掠財寶先是諸供養具別封置一室賊破戶忽有蜜蜂數萬頭從衣簏出同時噬螫羣賊身首腫痛兩眼盲合先諸所掠皆棄而走蜂飛邀逐噬擊彌路賊遂惶懼從便道而去時是臘日所縛子女各還其家

廣五行記曰秦昭王委政于太后弟穰侯穰侯用事山木盡死蜂食人苗稼時大飢人相食穰侯罷免歸第

嶺表録異曰唐劉恂曾遊宣歙間見彼中人好食蜂兒狀如蚕蛹而瑩白大蜂結房於山林間其大如巨鍾其中不知幾百層村人採時須以草衣蔽身以捍毒螫復以煙火逼散蜂母然後攀緣崖樹斷其根一房有蜂兒五斗或一石者三分中一翅足具矣即入監酪炒之曝乾以小紙囊貯之寄入京洛以爲方物

楚辭曰玄蜂如壺

蝝

左傳宣下曰十五年冬蝝生

爾雅曰蝝蝮（音覆）蜪（音陶）也（郭璞注曰蝗子未有翅者外傳曰蟲舍蚳蝝）

蝗

禮記月令曰仲冬行春令則蟲蝗為敗

陸機毛詩䟽義曰阜螽蝗也今人謂之螽子兖州人謂之螣

晉書載記曰石勒時河朔大蝗初穿地而生二旬則化狀如蠶七八月而卧四日蜕而飛彌亘百里唯不食三豆及麻幷冀尤甚

唐書曰貞觀中終南等數縣蝗太宗至苑中見蝗掇數枚而呪之曰民以穀為命而汝食之是害于百姓也百姓有過在予一人爾其有靈但當食我無害百姓將吞之侍臣恐致疾遽來諫止太宗曰所冀移災朕躬何疾之避遂吞之自是蝗不為灾

漢實録曰乾祐初開封府言陽武雍立襄邑蝗府尹侯益遣人以酒殽致祭三縣蝗為鸜鵒聚食勑禁羅弋鸜鵒以其有吞噬之異也

蠋

毛詩豳七月曰蜎蜎者蠋烝在桑野（桑蟲）

爾雅曰蚅烏蠋（音蜀）也（郭璞注曰蟲大如指似蠶 孫炎注曰蚅一名烏蠋也）

廣志曰藿蠋有五色者槐香蠋五采有角甚臭白澤曰蠋有角五采文長尾者龍也殺之兵死

水馬

韓子曰鱓似蛇而蚕似蠋人見蛇則驚駭見蠋則毛起漁者持鱓婦人拾蚕利之所在皆為賁育

太九百五十　五　趙感

南州異物志曰交趾海中有蟲狀如馬形因名曰水馬婦人難産者手握持此蟲或燒作屑服之則更易如羊之産也（凡物之中羊産最易）

抱朴子曰以赤斑蜘蛛及水馬合馮夷水仙丸服之可以居水中

徐衷南方草物狀曰海中有魚狀似馬或黄或黑海中民人名作水馬捕魚得之不可啖食暴乾熇之婦人産難使握持之亦可燒飲

水蛭

爾雅曰蛭蟣（郭璞注曰今江東呼水中蛭蟲入人肉者為蟣 蟣音祈也）

齊書曰蕭季敞為廣州刺史為都護周世雄所襲軍敗奔山中為蛭所噬肉盡而死

常璩華陽國志曰南廣郡土地無稻田蠶桑多蛇蛭虎狼

賈誼書曰楚惠王食寒葅而得蛭因遂吞之腹有疾而不能食令尹入問疾王曰吾食葅而得蛭不行其罪是法廢而威不立譴而誅恐監食皆死遂吞之令尹曰天道無親惟德是輔王有仁德病不為傷王果病愈

王充論衡曰蛭食血之蟲惠王殆有積血之疾故食積血之蟲而病愈也不然則賢者操行豈若吞蛭除病賢者常無病也

張茂先博物志曰水蛭三斷而成三物

本草經曰水蛭一名至掌味鹹治惡血瘀結水閉破癥積利水道

陶洪景集注本草經曰水蛭味鹹苦平微寒有毒一名蚑生雷澤池澤（蚑音蜞）

短狐

太九百五十　六　感

毛詩何人斯曰爲鬼爲蜮則不可得（蜮短狐也）
韓詩外傳曰短狐水神也
陸機毛詩䟽義曰爲鬼爲蜮蜮短狐也一名射影如龜二足江淮水皆有人在岸影見水中投人影則殺人故曰射影也南京人欲入水以瓦石投水中令濁乃入也或又含沙射人入肌其瘡如疥
魯莊公十八年秋經書有蜮傳稱不爲災也
穀梁傳莊公曰秋有蜮一有一亡曰有（言不常有）蜮射人者也（今短狐射人爲疾是也左傳同）
廣雅曰射工蜮短狐也
書紀年曰晉獻公二年春周惠王居于鄭鄭人入王府多取玉焉玉化爲蜮射人
齊書曰屠氏女晝採樵夜績以供養父母父母俱卒親營殯葬負土成墳忽空中有聲云汝至性可重山神欲相驅使汝可爲人療病必得大富女謂是鬼魅弗敢從遂得病積時鄰舍人有溪蜮毒者女識毒試療之自覺病便差遂以巫道爲人療疾無不愈者家産日益
抱朴子曰短狐一名蜮一名射工一名射影其實水蟲也狀似鳴蜩而如合杯有翼能飛無目利耳口中有横物如聞人聲緣口中物如角弩以氣爲矢激水而射人中身者即發瘡不曉治之者殺人其病似大傷寒不日皆死
又曰射工蟲冬天蟄於谷間大雪時索之此蟲所在其雪不積留氣起如灼蒸當掘之不過入地一尺則得也陰乾末帶之夏天自辟射工也
玄中記曰水狐者視其形蟲也見其氣乃鬼也長三四寸其色黑廣寸許背上有甲厚三分許其口有物向前如角狀見人則氣射人去二三步即射人中十人六七人死
地理書曰車茂安與夏諡書云外生石季甫忽爲鄭令此縣既有短狐之疾又沙虱害人聞此消息倍益愁慮
博物志曰江南山溪水中有射工蟲甲蟲之類也長一二寸口中有弩形以氣射人影隨所着處發瘡不治則殺人

沙虱

廣雅曰沙虱蜁也（音旋）
廣志曰沙虱色赤大不過蟣在水中入人皮中殺人
唐書曰南中山川有鵁鳥之地必有犀牛有沙虱水弩必生可療之草
又曰南平獠部落土氣多瘴癘山有毒草及沙虱蝮虵
淮南萬畢術曰沙虱一名蓬活一名地脾
抱朴子内篇曰沙虱雨後及晨暮踐沙必着人如毛髮端初着人便入皮裏可以針挑取之正赤如丹着人上動斮不挑即此蟲便入人身中殺人行此蟲之地每還輒當以火自炙令遍則蟲隨火去也水陸皆有之
博物志曰深山窮谷多毒虐之物氣則有瘴癘人則有工蠱獸則有虎鳥則有鴆虵則有蝮蟲則有射工沙虱草則有鉤吻野葛其餘則蛟蟒之屬生焉
本草經曰沙虱一名石蠶
葛洪方曰辟沙虱用麝香大蒜合羊脂擣着小筒中帶之良

十二時蟲

博物志曰交州南有蟲長或一寸大小如指有廉棱（力旦切）形似白石英不知其名視之無定色在陰地色多緗綠出日光中變易或青或綠或丹或黃或紅或赤女人取以爲

首飾宗伭每深以爲物無定色引雲霞以爲喻故託此以助成其說今孔雀毛亦隨光色變易或黃或赤但不能如此蟲耳

嶺南異物志曰容州有蟲如守宮身圓而頸長頭有冠幘一日中隨時變色青黃赤白黑未嘗定土人不能名呼爲十二時蟲齧人不可療

又曰南方有蟲大如守宮足長身青肉驍赤色其首隨十二時變子時鼠丑時牛亥時猪性不傷人名曰避役見者有喜慶

嶺表録異曰十二時蟲則虵師蜥蜴之類也土色者身尾長尺餘腦上連背有髻鬣草樹上行極迅速亦多在人家籬落間俗傳云一日隨十二時變色因名之



太平御覽卷第九百五十

太平御覽卷第九百五十一

蟲豸部八

蚤　虱蟣　蜋

蜼螟　蛸　叩頭

食屍　蛻　蚘

蛾　蛹　蛓

蟥蛢　斑猫　地膽

蛤蚧　龐降　蛆

蚤

焦贛易林萃之大過曰亂頭多憂蚤虱生愁膽夫仲年使我無聊

說文曰蚤齧人跳蟲也

韓子曰子韋見孔子於商太宰曰吾見孔子則視子猶蚤虱之細者也今吾見之於君子韋恐孔子貴於君也因謂太宰曰且君　已見孔子亦將視子猶蚤虱太宰弗復見也



又曰韓昭侯搔而佯亡一蚤求之甚急左右因取其蚤虱而殺之昭侯以此察左右不誠也

淮南子曰昌羊去蚤虱而人弗席者爲其來蛉窮也（高誘曰蛉窮幽冀謂之蛸蜓入耳之蟲蛸音育）

又曰釋犬道任小枝無異使蟾諸捕蚤

論衡曰人在天地之間猶蚤虱之在衣裳螻蟻之在穴隙也

趙壹解擯賦曰丹鴻可殺蚤虱

抱朴子曰蚤虱羣攻卧不獲安

曹植論曰孟春之月從陽徑生貴放鳥雀者加其禄也得者莫不馴而放之爲利人也得蚤者莫不摩之齒牙爲害身也

虞翻與弟書曰其餘幾何老吏衣希爲蚤虱所咋故一二相告省書一過悉以付火

齊下士蚤虱賦序曰余居貧布衣十年不製衣一袍之縕有生所託資其寒暑無與易之爲之多病起居甚踈縈寢敗絮不能自釋兼攝性懈惰嬾事皮膚澡刷不謹澣沐失時四體毦毦（乃耕切）加以臭穢故葦席蓬纓之間蚤虱猥流探揣獲撮日不替手

虱蟣

說文曰虱齧人蟲也蟣虱子也

漢書曰項羽謂宋義曰疾引兵渡河破秦必矣義曰不然夫搏牛之䖟不可以破虱（䖟諭秦虱諭章邯等言大小不同勢）



又曰王莽校尉韓威進曰以新室之威而吞胡虜無異口中蚤虱

東觀漢記曰馬援擊尋陽山賊上書曰除其竹木譬如嬰兒頭多蟣虱而剃之蕩蕩然蟣虱無所復依書奏上大悅因出小黃門頭有虱者皆剃之

續晉陽秋曰咸陽王猛被褐袍而詣桓溫一面談當時之事猛捫虱而言傍若無人溫察而奇之

晉書曰阮籍著大人先生傳曰少稱鄉黨長聞鄰國上欲圖三公下不失州牧獨不見羣虱之處褌中逃乎深縫匿乎壞絮自以爲吉宅行不敢離縫匿乎褌襠自以爲得繩墨也然炎丘火流焦邑滅都羣虱處於褌中而不能出也君子之處域內何異夫虱之處褌中乎

齊書曰江泌性行仁義衣弊虱多綿裹置壁上恐虱飢死

乃置衣中數日中終身無復虱

又曰卞彬爲南康郡丞彬頗飲酒擯棄形體仕既不遂乃著蚤虱螺蟲蝦蟇等賦皆大有指斥

三國典略曰梁劉殼常有飛書謗殼梁主怒曰劉殼似衣中虱必須掐之（恰音）

北史司馬子如爲大行臺及文襄輔政見之哀其憔悴以膝承其首親爲擇虱賜酒百餅羊五百口粳米五百石子如曰無事尚被囚幾死若受此豈有生路耶

列子曰紀昌學射於飛衛使學視小如大紀昌以氂懸虱於牖南面而望之三年之後如車輪焉以覩餘物皆丘山也乃以燕角之弧孤蓬之簳射之貫虱之心而懸不絕以告飛衛飛衛曰汝得之矣

莊子曰濡需者豕虱是也擇疏鬛自以爲廣宮大囿奎蹄曲限乳間股脚自爲安室利處不知屠者一旦布燥烟火而與豕俱燋



韓子曰天下無道攻擊不已甲胄生蟣虱燕雀處帷幄而兵不歸故曰戎馬生於郊（淮南子亦云）

又曰應侯謂秦王曰王得宛臨陳陽夏斷河內臨東陽邯鄲猶口中虱也

又曰三虱食彘相與訟一虱過之曰奚訟三虱曰爭肥饒者一虱曰若爾不患臘之將至而茅之也躁目若有奚患於是乃相與聚其母而食之彘瘦人乃不殺

淮南子曰牛馬之氣蒸不能生蟣虱蟣虱之氣蒸不能生牛馬故化生於外非生於內也

又曰湯沐具而蟣虱相弔大廈成而燕雀相賀

抱朴子曰夫虱生於我我非虱之父母虱非我之子孫也

又曰眼能察天衢而不能周項領之間耳能聞雷霆而不能周蟣虱之音也

又曰今頭虱著身皆稍變而白身虱著頭皆漸化而黑則玄素果無定質移易在乎所漸也

符子曰齊魯爭汶陽之田魯侯有憂色魯隱者周豐往觀曰臣嘗晝寢楸然聞群虱之鬭乎衣中甘臣膏腴之肌珍臣項贅之膚相與樹黨爭之日夜不息相殺者太半虱父止之曰我與汝（虱盡不過一縫所食食）不過容口奚用竊乎交戰爲哉群虱止今君以七百里地爲君之城亦以足矣而以汝汶陽數步之田感君之心曾不如一虱之知竊爲君羞之魯侯曰善

語林曰顧和始爲楊州從事月旦當朝未入停車州門外須臾周侯已醉著白帢憑兩人來詣丞相歷和車邊和先在車中覔虱夷然不動周始見遥過去行數步覆反還指顧心曰此中何所顧擇虱不輟徐徐應曰此中最是難測地



風俗通曰河南趙仲讓爲梁冀從事郎中冬月坐庭中向日解壞裘捕虱襄成君使推問之冀欸曰此我從事絕清高士也

楊偉時務論曰夫吞八荒者不咀蟣虱也

神異經曰西荒之中有人焉長短如人着百結敗衣手足虎爪名獏獡（張茂先曰俗曰貘獡音鵲）伺人眠輒往就人欲食人腦先使捕虱得臥而舌出盤地丈餘聞其聲常燒大石伺其得臥舌出以石投舌上於是低頭絕氣而死

異苑曰太孫廣頭上不得有虱虱大者便遭朞喪大功小則小功殤服

劉義慶宣驗記曰晉義熙中京師長年寺道人惠祥與法向連堂夜四更中惠遥喚向暫來往視祥仰眠交手胷上足脡丑鼎切直云可解我手足繩曰上並無繩也祥因得轉動去向有人衆以我手足鞭箠交下問何故翻虱語祥若更不止當入兩間磕之齰祥後徽戒於虱餘無精進

相牛經曰治牛虱用苦梗生魚汁清坎底土若酒和塗之

夢書曰夢梳篦爲憂解也其鬂滑澤心喜也蟣虱盡去百病愈也蟣虱爲憂齧人身也夢見蟣虱有憂至也

揚雄長楊賦曰鞮鍪生蟣虱介冑被霑汗

趙壹作非草書曰俯而捫虱不暇見天仰而觀鍼不暇見天天地至大而不見者銳精於鍼虱也

魏文帝與王朗書曰蚤虱雖細虐於安寢飄風至微猶毀郊牛

嵇康養生論曰夫虱處頭而黑麝食柏而香

又與山濤書曰危坐一時痺不得搖性復多虱把搔無已而當裹以章服揖拜上官三不可堪也

## 蝒 邊奚切

字林曰蝒齧牛蟲也

## 蟭螟

晏子春秋曰景公問晏子曰天下有極細乎對曰東海有蟲生於蚊睫再乳而飛蚊不爲驚臣嬰不知其名東海者者命曰蟭螟

列子曰江浦之間生麼細也蟲其名曰焦螟羣飛而集於蚊睫不相觸也捷宿去來蚊不覺也離朱子羽方晝拭眥揚眉而望之弗見其形離朱黃帝時明目人子羽未聞也

抱朴子曰焦螟也蚊眉之中而笑彌天之大鵬寸鮒游牛迹之水不貴橫海之巨鱣也



## 蛕 音回

說文曰蛕蝮中長蟲也

## 叩頭

異苑曰有小蟲形色如大豆呪令叩頭又使吐血皆從所教如似請放稽顙輙七十而有聲故俗呼爲叩頭也

傅咸叩頭蟲賦叙曰叩頭蟲蟲之微細者然觸之輙叩頭人以其叩頭殺之不祥故莫之害也

## 食屍

裴氏廣州記曰林任縣有甲蟲嗜臭肉人死食屍都盡紛紛滿屋非可驅殺

博物志曰景初中蒼梧刺史京師云廣州西南數郡人病將死便有飛蟲狀如麥集舍人死便食不可斷截惟殘骨在便去以梓板爲器則不集

## 蟯 音饒

說文曰蟯蝮中短蟲也

史記曰臨菑氾里女子薄吾病甚衆醫皆爲寒熱篤當死不治淳于意診其脉曰蟯瘕蟯瘕爲腹大上膚黃麤循之戚戚然意飲以芫華一撮即出蟯可數升病已三十日如故

淮南子曰天下物莫不資於水澤及蚑音岐蟯而不求報謫曰蟯微蟲也

## 蚘

廣雅曰復育蚘也

## 蛾

論衡曰蟬生於復育開背而出

詩曰螓首蛾眉

爾雅曰蛾羅也蠶蛾

廣雅曰蛢步丁蛾也

漢書曰建始元年春三月上幸雍祠五畤秋八月有白蛾羣飛蔽日從東都門至軹道

宋書曰傅亮少帝失德內懷憂懼直宿禁中睹夜蛾赴燭作感物以寄意焉

王子年拾遺記曰有谷將子學道也言於燕昭王曰西王毋尋來必語虛丸之術不踰一年王毋果至與昭王遊乎燧林之下談炎上鑽火之術取緣桂之膏燃以映夜忽有飛蛾銜火狀如丹雀來拂於桂膏之上蛾出於員丘之穴郭子橫洞冥記曰武帝旣耽於靈怪常得丹豹之髓白鳳之膏磨青錫爲屑以淳蘇油和之照於神壇夜暴雨火光不滅有霜蛾如蜂赴燈侍者舉麟鬚之拂以驅之

列仙傳曰園客濟陽人種五色香草服食其實且有五色蛾止其香末收而薦之生蠶焉

符子曰不安其昧而樂其明是猶夕蛾去闇赴燈而死者也

崔豹古今注曰飛蛾善拂燈一名火花一名慕光

廣志曰有蠶蛾九草木蟲以蛹化爲蛾甚衆

任昉述異記曰楚莊王宮人一旦化爲野蛾而飛去

夢書曰蛾爲婦女眉儇也夢見蛾者憂婚也

白澤圖曰赤蛾兩頭而白翼者龍也殺之兵死矣

支曇諦火蛾賦序曰悉達有言曰愚人貪財如蛾投火誠哉斯言信而有徵

鮑明遠飛蛾賦曰仙人司闇飛蛾候明均靈舛化詭欲齊生

九百五十一　七　壬

觀生齊而態詭各會性以憑方凌焦烟之浮景赴熙爛之明光拔身幽草下畢命君子堂本輕死以邀願得糜軀其何傷豈效南山之文豹避雲霧而巖藏

蛹蚕具資產部中

爾雅曰螝蛹也郭璞曰蠶蛹也

說文曰螝蛹也讀若潰蛹繭蟲也

韓子曰蟲有螝者一身兩頭爭食相齕也遂殺已人臣爭事亡其國者皆螝類也

蛓七賜切

爾雅曰蟔戶感切毛蠹即耆蟲也墨蛅如占切蟴蛓屬今八月角蟄

蟲蜡音

說文曰蛓毛蟲也讀若笥蜡手蟲也

蟥蛢上音黃下音瓶

爾雅曰蛂蟥蛢郭璞曰甲蟲也大如虎豆綠色江東呼黃蛢孫炎曰翼在甲裏

說文曰蛢蟠音韋蟥也以翼鳴者也

班貓

本草經曰班猫一名龍尾味寒生谷

吳氏本草經曰班猫一名班蚝䗪一名龍蚝一名班菌一名腃髮一名晏青神農辛岐伯鹹桐君有毒扁鵲甘有大毒河內川谷或生水石

地膽

廣雅曰地膽地要青蠵也

本草經曰元青春食芫華故云元青秋爲地膽地膽黑頭赤味辛有毒主蠱毒風注秋食葛華故名之爲葛上亭長

吳氏本草經曰地膽一名元青一名杜龍一名青虹

陶洪景本草經曰地膽味辛寒有毒一名元青一名青蛙

九百五十一　八　徐壬

眞者出梁州狀如大馬蟻有小翼子僞者即是班猫所化
狀如大豆大都治躰略同必不能得眞此亦可用

蛤蚧

嶺表録異曰蛤蚧首如蝦蟇背有細鱗如蠶子土黃色身
短尾長多巢於樹中端州子牆内有巢於廳署城樓間者
旦暮則鳴自呼蛤蚧或云鳴一聲是一年者里人採之鬻
於市爲藥能治肺疾醫人云藥力在尾尾不具者無功

龐降

嶺表録異曰龐降生於山野多在橄欖樹上形如蜩蟬腹
青而薄其聲蓁其鳴自呼爲龐降但聞其聲採者鮮得名
以善價求之以爲媚藥

蛆

梁書曰王琳敗後入齊爲特進侍中所居屋脊無故剥破



出赤蛆數升落地化爲血蠕動
又曰元帝時安城人劉敬躬於田間得白蛆化爲黃金龜
將銷之龜生光照室敬躬以爲神而禱之所請多驗遂謀
作亂帝命都督王僧辯討擒之
後魏書曰宣武延昌三年章武王融爲相州刺史有蛆生
於庭俄而反伏誅
廣五行記曰北燕馮跋太平二十一年三月蛆觸地而生
月餘跋爲弟洪所殺
又曰唐來俊臣性殘忍貪淫縱巽自知制獄數年家積巨
萬凡所殺戮不可勝計俊臣家婢生一塊肉大如二升椀
剖之有赤蛆升餘須臾皆變爲蜂螫人而去

太平御覽卷第九百五十一

木部一

木上

易曰巽爲木坎其於木也爲堅多心艮其於木也爲堅多節離其於木也爲科上槁（堅多心爲剛中也山木堅心也多其節令陰氣故曰科空也爲日所乾故上槁也）

又外卦曰地中生木升君子以順德積小以高大

書曰兖州厥木惟喬厥貢惟木（孔安國曰喬高）

又洪範五行三曰木木曰曲直曲直作酸

又說命曰木從繩則正后從諫則聖

詩曰黄鳥于飛集于灌木其鳴喈喈（灌木藂木也）

又曰荏苒柔木君子樹之往來行言心焉數之（荏苒寬柔貌也木將桐梓也）



又曰南有喬木不可休息漢有遊女不可求思（興也南方之木美喬上竦若思辭也漢上遊女無求思者也）

又曰后妃逮下而無嫉妬之心焉南有樛木葛藟纍之（木下曲曰樛）

周禮曰仲冬斬陰木仲夏斬陽木（陽木生南山陰木生北山）

禮記月令曰孟春之月盛德在木孟夏之月毋伐大樹

樂記曰土敝則草木不長水煩則魚鼈不大

稽命徵曰出号施令合民心作樂制禮得天心則草木有益於人長以養民也王者得禮之制則澤谷之中生赤木

北斗威儀曰君乘木而王者其政（升平）則草木豐茂

左傳曰山有木工則度之

又曰鳥　能擇木木豈能擇鳥

春秋元命苞曰木者陽精生於陰故水者木之毋也木之爲言觸也氣動躍也其字八推十爲木八者陰合十者陽

數

春秋運斗樞曰黒精用事百木共六一根（百枝木共一根天下六一主之徵也）

春秋繁露曰木有變春凋冬榮倨貞剛精銳無以治之

又曰崔亮爲雍州刺史城北渭水淺不通船行人艱阻亮謂僚佐曰昔杜預乃造橋況此有異長河且魏晉之日亦自有橋吾今決欲營之咸曰水淺不可爲浮橋泛長無常又不可施柱恐難成立亮曰昔秦居咸陽橫渡渭以像閣道此即以柱爲橋今唯慮長柱不可得耳會天大雨山水暴至浮山長木數百根藉此爲用橋遂成立百姓利之至今猶名崔公橋

後周書曰沙俊齊神武夜遁追至河上復大克獲前後虜其卒七萬獻俘長安還軍渭南於是所徵諸州兵始至乃於戰所准當時兵士人種樹一株以旌武功



又曰王羆以功授右將軍西河內史辭不拜時人謂之曰西河大郡俸祿殷厚何爲致辭羆曰京洛材木盡出西河朝貴營第宅者有求假如其私辦即力所不堪若科發民間又違法憲以此辭耳

唐書曰貞觀中山南獻木連理交錯玲瓏有同羅木一丈之榦并枝者二十餘所

又曰代宗大曆十二年成都府人郭遠因樵爨獲瑞木一莖有文曰天下太平獻之以示百官宰臣奏賀曰至德之化先賁草木太平之符遂形文字伏望藏於祕閣宣付史館

又曰貞元初陳留雨木皆大如指長寸餘每木有孔通中所下其立如植

管子曰桓公問民飢寒室屋不治墻垣壞不築爲之柰何

管子曰休塗樹之枝公令左右休塗樹枝其年民治室屋築牆垣公問之管子曰一樹而息百乘丁壯彈其下終日不歸父老拊樹而論終日不歸今吾休之日中無尺陰行者疾走父老歸而治室

孝子曰天下之至柔馳騁天下之至剛人之生也柔弱其死也堅強草木之生也柔脆其死也枯槁柔弱生之徒剛強死之徒合抱之樹生於毫末

莊子曰南伯子綦遊乎商之駈木爲其大也然必有異材從而視其細枝則拳曲而不可以爲棟術而視其大根不可以爲棺槨舐其葉則舌爛嗅之則使人狂酲子綦曰此果不材之木以至其大矣

又曰莊子行於山中見大木枝葉盛茂採木者止其旁而不取也問其故曰無所可用莊子曰此木以不材得終其天年矣○孟子曰孟子謂齊宣王曰所謂故國者非謂有喬木之謂也有世臣之謂也

孫卿子曰山下望十畝之木若著而求著者不上折也

又曰林木茂斧斤至

又曰王在山而木潤

孔藂子曰夫子墓方一里諸弟子各以四方奇木來殖之

尸子曰木之精氣爲畢方

愼子曰廊廟之中材蓋非一木之枝

呂氏春秋曰今夫爚蟬者務在乎明其火振其樹而已火不明雖振其樹何益雖振其權蟬其飛去不能得故曰何益明不燭在乎火在於闇闇无所見火乃光耳故曰在於闇中當今之時世暗甚矣人主有能明其德者天下之士歸之也若蟬之赴明火也

又曰子之於父母也一躰而兩分同氣而異息若草莽之有華實也樹木之有根心也

又曰樹木盛則飛鳥歸之獸草美則禽獸歸之人主賢則豪桀歸之

韓子曰待自直之箭則百世無矢矣待自圓之木則千歲無輪矣

又曰君者壤地臣者草木

商子曰蠹衆則木折隙大則牆壞

文子曰葉落者風搖之水濁者物撓之也

又曰甘泉必竭良木必伐

符子曰木生蝎蝎盛而木枯石生金金曜而石流

又曰水生於石未有居石而溺火生於木未有抱木而燋

淮南子曰樟洪者爲本而殺者爲末禽獸之性大者爲首而小者爲尾末大於本則折尾大於腰則不掉故食其口而百節肥灌其本而枝葉美

又曰夫樹木灌以滾水疇以肥壤千人養之一人拔之則必無餘蘖況以一國同伐之雖欲久豈可得哉

又曰山生金反自刻木生蠹反自食人生事反自賊賊敗也

又曰今夫徙樹者失其陰陽之性則莫不枯槁失播易也故橘之江北則化而爲枳鸜鵒不過濟洛度汶而死

又曰憑生陽闕自憑之先也陽闕生鱗鮐音鱗鱗鮐生幹木幹木生庶木凡根枝根枝木名也者生庶木

又曰高山深林非爲虎豹也大木茂枝非爲飛鳥也

又曰天有明不憂民之晦也百姓穿戶鑿牖自取炤焉地有財不憂民之貧也百姓伐木芟草自取富焉

又曰郢人有買屋棟者求大三圍之木而人予車轂跪而度之巨雖可而長不足巨大長不足詰其短也

又曰食木者多力而惡熊羆之屬是也食草者善走而愚麋鹿之屬是也
又曰良匠不能斷金巧冶不能鑠木金之勢不可斷而木
之性不可鑠也
又曰高陽魋或曰高陽楚時王魋宋大夫也將為室問匠人匠人對曰未
可也木尚生加塗其上必將撓以生材任重塗今雖善後
必敗高陽應曰不然夫木枯則益重塗乾則益輕塗今雖
惡後必善匠人窮於辭以對卒為室其始成均然善也而後
果敗此直於辭而不可用者也
又曰捨茂木而集于枯不弋鵠而烏難與有圖圖謀也言其愚也耳
又曰質的張而弓矢集林木茂而斧斤入非或召之形勢所
致也
又曰冬冰可析夏木可結時難得而易失木方茂盛終日
採而不知秋風下霜一夕而殫殫盡也



又曰佐祭者得嘗救鬭者得傷蔭不祥之木為雷電所撲撲音木
又曰金勝木者非以刃殘林也土勝水者非以墣音朴土墣也也撲擊也
塞江也
又曰剞劂銷鋸銷音削非良匠不能以制木鑪橐埵坊設鑪橐埵音坊設皆治之形也非巧冶不能以治金
又曰羽翼美者傷骨骸枝葉美者害根莖能兩美者天下
無之也
又曰凡見葉落而知歲故葉落而長年悲
風俗通曰桂陽太守江夏張遼字叔高田中有樹遣客伐
之六七下血出客驚怖歸以其事白叔高叔高大怒曰樹
木汁出此何言血因自嚴行復斫之血大流叔高使先斫
其枝葉有一空處白頭公可長四尺忽出往赴叔高叔高
乃逆格之如此凡殺四頭左右皆怖伏地而叔高恬如也
徐熟視非人也遂伐此木其年召辟侍御史後為兗州刺
史以二千石尊過鄉里白日衣綉榮美如此
抱朴子曰山中大樹能語者非樹語也其精名曰靈陽山
夜見火者皆古枯所致勿怪也甲子日稱仙人者樹也
孫綽子曰海上人與山客辯其山物海人曰魚額若華山
之頂一吸萬頃之波山客曰鄧林有木圍三萬尋直上千
里旁蔭數國有人曰東極有大人斬木為策短不可支鈞
魚為鮮不足充飢
金樓子曰利內有水材元嘉中大水有千餘段木流出斧
迹未滅俗云漢將將攻越築城浮木于利水未運之前一
夜中忽失數千段時或見之今所見木豈非昔鬼匿之木
乎



山海經曰少室山木名帝休黃花黑實服之不怒
陰符經曰火生於木禍發必剋
仙序曰王須少年入學最遠往來常先流輩怪之常見如
提木三尺餘至則柱屋閒流輩知之取看後不見
正論曰師曠曰人骨法猶木有曲直曲者為輪直者為輿
檀宜作輻榆宜作轂
玄中記曰千歲樹之枝中央下四邊高百歲之樹其汁赤
如血
又曰大樹之山西有採華之樹服之則通萬國之言
博物志曰圓丘山有不死樹食之壽
十洲記曰聚窟洲中申未地上有大樹與楓木相似而華
葉香聞數百里名為返魂樹於玉釜中煮取汁如黑粘名
之為返生香香氣聞數百里死尸在地聞氣乃活

太平御覽卷第九百五十二

木部二

木下　松

木下

郭子横洞冥記曰太初三年東方朔從西那國還漢得聲風木枝十枚九尺大如指直可愛縉雲封禪之時許貢其木爲車輦之用此木生因洹之水則禹貢所謂因洹也其洹出甜波樹上有紫鸞黃鵠集其間實如細珠風吹枝如玉聲因以爲名春夏馨香秋冬聲清有武事則如金革之響有文章則如琴瑟之響上以枝遍賜羣臣百歲者皆以此枝頒賜人有疾者枝則汗出死者枝則折昔老聃在於周世言七百年枝未汗偓佺生於堯時已年三千歲植此竟未折上乃以枝賜朔朔曰臣已見枝三遍枯死死而復何啻於



汗折而已哉里語曰年未半枝不汗此木五千歲一濕萬歲一枯縉雲之世此樹生於阿閣間也

又曰元光元年起壽福靈壇闊百步四周起銅梁銀木上列種垂龍之木木似青梧高十丈有朱露色如丹汁灑其葉落地皆成珠其枝似龍之倒垂亦曰珠枝樹此壇高八尺文錯雜金色

虞喜志林曰東海之魚墜一鱗崑崙之木落一葉聖人皆能知

王韶之始興記曰漢將滅越王築城伐木將運之一夜木數千件頓亡越亡之徵

方言曰木細枝謂之杪江淮楊楚之間謂之蔑

監鐵論曰茂木之下無豐草大塊之間無美苗

搜神記曰盧江舒縣陵亭有流水邊有大樹常有黃鳥數千枚巢其頭而有故祠後見一婦人着繡衣自稱黃祖能興雲雨

地鏡圖曰財在丘墟者爲木變故木有折枯者其旁有財折所向在焉其在南方去木八尺其在東方去木六尺

離騷曰一夫九首拔木九千

又云嫋嫋兮秋風洞庭波兮木葉下

又云罾何爲兮木上

又云搴芙蓉於木末

又曰樹輪囷以相糾兮林木茷骫（骫音委枝葉盤紆也）

左思蜀都賦曰其樹則擢脩榦竦長條扇飛雲拂輕霄羲和假於道峻岐陽烏回翼乎高標

王彪之閩中賦曰木則騰虹籠林於峻藂流星麗光於高林



松

書曰青州厥貢漆絲　鉛松怪石

詩曰徂來之松新甫之柏（徂來新甫山也）

又曰松柏丸丸松桷有梴旅楹有閑

又曰山有喬松隰有游龍（松木也龍紅草也）

又曰蔦與女蘿施于松柏

又曰淇水悠悠檜楫松舟

又曰如松柏之茂無不爾或承（如松柏之枝葉常茂盛無衰落時也）

左傳曰晉侯使張骼輔躒致楚師求御于鄭（欲得鄭人自御知其地利故也）鄭人卜宛射犬吉子太叔戒之曰大國之人不可以與也（言不可與等也欲使畢下人）對曰無有衆寡其上一也太叔曰不然培塿無松柏（培塿小阜松柏大木）

又曰楚郟敖即位王子圍爲令尹（郟敖楚王）鄭行人子羽曰是

謂不宜必代之昌松柏之下其草不殖（言楚君弱令尹强物不兩盛）

禮記曰其在人也如竹箭之有筠也如松柏之有心也二者居天下之大端矣故貫四時而不改柯易葉

禮斗威儀曰君乘木而王其政平則松爲常生

論語曰哀公問社於宰我宰我對曰夏后氏以松殷人以柏周人以栗

又曰歲寒然後知松柏之後彫也

史記曰松柏爲百木長也而守宮闕也

漢書曰賈山言治亂曰秦爲馳道五十步三丈而樹厚築其外隱以金椎（服虔曰作壁通道隱築也以鐵椎築之）樹以青松爲馳道之麗使其後世曾不得斜徑而託足焉

應劭漢官儀曰秦始皇上封泰山逢疾風暴雨賴得抱樹因封其樹爲五大夫松（泰山玄岱宗小天門猶有秦時五大夫松）



張勃吳録曰丁固字子賤會稽人寶鼎中拜司徒初爲尚書夢松樹生腹上謂人曰松字十八公也後十八年爲公遂如夢

王隱晉書曰山濤遭母喪歸鄉里濤雖年老居喪過禮手植松柏

又曰庾敳（戟切）來見和嶠曰森森如千丈松雖磥砢多節目施之大厦梁棟之用

又曰慕容垂攻苻丕在鄴糧竭馬無草但削松木而食之

宋書曰顧歡好學鄉中有學舍歡貧無以受業於舍壁後倚聽無遺忘者夕則燃松節讀書

齊書曰張堪好於齋前種松柏時人曰張堪屋下陳屍

梁書曰陶弘景特愛松風庭院皆植松每聞其響欣然爲樂有時獨遊泉石望見者以爲仙人

陳書曰張譏字直言後主嗣位爲國子博士東宮學士後主常幸鍾山開善寺召從臣坐於寺西南松林下勑譏堅義時索麈尾未至後主勑取松枝手以屬譏曰可代麈尾顧羣臣曰此即張譏後事

後魏書曰甄琛喪父於塋兆之內手種松柏隆冬之月負擔水土鄉老哀之咸助力十餘年中墳成木茂

又曰彭城王勰從幸代都次于上黨之銅鞮山路大松樹十數根時帝進繖遂行而賦詩令人示勰曰吾作詩雖不七步亦不言遠汝可作之比至吾間令就也勰去帝十餘步遂且行且作未至帝所而就詩曰松林經幾冬山川何如昔風雲與古同帝大笑曰汝此詩亦責我耳

唐書曰拔野古僕骨東境其地豐草人皆勍富土多霜雪其地北東一里曰康于河有松木入水一二年乃化爲



石其色青有國人君住其人謂之康干名爲石後仍松文

又曰賈嘉隱年七歲以神童召見時太尉長孫無忌司空李勣於朝堂立語戲謂嘉隱曰吾所倚者何樹嘉隱對曰松樹勣曰此槐也何忽言松嘉隱曰以公配木則爲松樹無忌連問之吾所倚何樹嘉隱對曰槐樹無忌曰汝不能矯對耶嘉隱應聲曰何須矯對但取其以鬼配木耳

穆天子傳曰天子外長松之隥（山有長松也）

說苑曰智襄子爲室美士茁夕焉智伯曰室美矣夫對曰美則美矣意臣亦有懼也智伯曰何懼對曰臣以秉筆事君記有之曰高山峻原不生草木松柏之地其土不肥今土木勝人臣懼其不安人也室成三年而智氏亡

周書曰太姒夢周梓化爲松

莊子孔子曰天寒既至霜雪既降吾是知松柏之茂

尸子曰荆有長松文梓
孫卿子曰歲不寒無以知松柏事不難無以知君子
呂氏春秋曰故百仞之松本傷於下而末槁於上
抱朴子曰松三千歲者皮中有聚芝如龍形名曰飛節芝
又曰玉策記稱千歲松樹邊枝起上杪不長望而視之有
如偃蓋其中有物或如青牛青羊青犬或如人服之皆壽
萬歲
又曰天陵偃蓋之松大谷倒生之栢凡此諸木皆與天齊
其長地等其久也
又曰謂夏必長而薺麥枯謂冬必彫而松柏茂
符子曰符子與子登乎太山下臨千仞之淵上蔭百丈之
松蕭蕭然神王乎一亡矣言不出乎耒耜心不過乎俗人
其猶木大守户瓦雞伺晨矣

先聖本記曰許由欲觀帝意曰帝坐華堂面雙闕君之榮
顧亦得矣余坐華堂森然有松生於牖雖面雙闕無異乎
囬鸞之榮崑崙余安知其一所以取榮哉帝美由師之
列仙傳曰伏生者當湯時爲木正常食松脂自作石室周
武王祠之偓佺好食松實能飛行逮走馬以松子遺堯不
能服
異苑曰漢末大亂宮人小黄門上墓樹上避兵食松柏實
遂不復飢舉體生毛長尺許亂離既平魏武聞而始收養
還食穀米齒落頭白
少神境記曰滎陽南有石室室後有孤松千丈常有雙鶴
晨必接翮夕輙偶影傳云昔有夫婦二人俱隱此室中年
既數百化爲雙鵠一者失之尋爲人所害一者獨棲此松
常立哀唳

玄中記曰松脂淪入地中千歲爲伏神茯苓
博物志曰荒亂不得食可細切松柏葉水送令下隨能否
以不飢爲度粥清送爲佳當用柏葉五合松葉三合不可
過度
嵩高山記曰嵩高丘有大松樹或百歲千歲其精變爲青
牛或爲伏龜採食其實得長生
雲南記曰雲南有大松子如新羅松子
周景式廬山記曰石門巖即松林也南臨石門澗澗中仰
視之離離駢麈尾號爲麈尾松西嶺異然如馬鬣又葉五
粒者名五粒松服之長生
范子計然曰松脂出隴西如膠者善
聖賢冢墓記曰東平王無疆傳云王歸國思京師後薨葬
東平其冢上松柏皆西靡

漢武内傳曰藥松柏之膏服之可延年
焦贛易林需之坤曰温山松柏常茂不落
廣州先賢傳曰頊琦至孝母喪琦獨立墳歷年乃就居喪
踰制種松柏成行
王羲之遊郡記曰永寧縣界海中有松門島嶼上皆生松
故曰松門也
豫章記曰徐孺子墓在郡南時杜牧守徐興於墓邊種松
太守謝景立碑太守夏侯嵩於碑邊立思賢頌碑今並在
松大合抱
本草經曰松脂一名松膏一名松肪味苦温中久服輕身
延年
世説曰孫興公自言見止足知分齋前種一株松高世遠
時鄰居謂孫曰松樹子非不森可憐但永無棟梁耳孫公

曰楓柳雖復合抱亦㠯所施也
又曰李元禮洌洌如長松下風周君飂飂如小松下風
金樓子曰梁武𦈏山陵杖而後起涕淚所灑松爲變色
顏氏家訓曰齊世有席毗者清幹之士官至行臺尚書嗤
鄙文學嘲劉逖云君輩詞藻譬若朝菌須臾之翫非宏材
也豈吾徒比千丈松樹常有風霜不可彫悴矣劉應之
曰可哉
西京雜記曰東都龍興觀有古松樹枝偃倒垂相傳云已經
千年常有白鶴飛止其間蔡孚賦偃松篇玄宗賜和御書
刻石記之公卿咸和焉
晉陽記曰郡西北有松樹枝條鬱茂垂陰數畝傳云陶相
公梓柯成此樹
夢書曰松爲人君夢見松者見人君之徵也

宋玉風賦曰夫風緣於太山之阿舞於松柏之下
扶風歌曰南山石嵬嵬松柏何摧摧上枝拂青雲中心十
數圍
古豔歌曰馬啖柏葉人啖松脂不可常飽聊可遏飢
庾肅之松讚曰流潤飛津沈精幽結貞蕤含芳仰拂素雪

太平御覽卷第九百五十三

木部三

栢　槐

## 栢

書曰荆州厥貢杶榦栝栢

詩曰汎柏舟言仁人而不遇也衛頃公之時仁人不遇小人在側汎彼栢舟亦汎其流（栢木所以宜爲舟也）

又曰鄘栢舟共姜自誓也衛世子共伯早死其妻守義父母欲奪而嫁之誓而不許故作是詩也汎彼栢舟在彼中河

又曰徂來之松新甫之栢（新甫山名）

周禮曰冀州其利松栢

禮記曰禮之於人也如松栢之有心也（已具松部）

五經通義曰諸侯冢樹栢

爾雅曰栢掬也

漢書曰武帝造栢梁殿與羣臣宴其下（又云作栢梁臺也）

漢書曰朱博爲御史大夫府中列栢有野烏數千棲其上（顔氏家訓曰朝夕鳥也文士往往誤作烏鳶用之）

漢書曰昭帝時長安諸陵栢樹枯倒者悉起生葉蟲食作字公孫病已立後昭帝崩昌邑王即位二十七日被廢迎立宣帝名已後改爲詢

東觀漢記曰李詢遭父母喪六年躬自負土樹栢常住冢下

謝承後漢書曰陳留虞延爲郡督郵光武巡狩至外黄問延園陵栢樹株數延悉曉之由是見知也

王隱晉書曰王褒字偉元痛父不以命終絶世不仕立屋



墓側旦夕常至墓前朝拜輒悲號斷絶墓前一栢樹褒常所攀援涕泣所着樹色與凡樹不侔

蕭方等三十六國春秋曰王敦令郭璞筮卦曰明公起事禍必不久敦怒曰卿壽幾何曰命盡日中引出斬之璞曰當何之乎曰南山之首曰我知之矣必在雙栢之間乎時有鵲巢而甚茂

宋書曰魯郡孔子舊廟有栢樹二十株經歷漢晉其大連抱士人崇敬之莫犯也江夏王義恭悉遣人取之父老皆歎息

齊書曰王儉字仲寶司徒袁粲見之歎曰宰相之門也栝栢豫章雖小已有棟梁之器

又曰江夏王鋒以明帝失權常忽忽不樂著脩栢賦以見其志曰旣殊羣而抗立亦含貞而挺圭豈春日之自芳亦霜下而爲盛衝風不能摧其枝積雪不能改其性雖坎壈於當年庶後彫之可詠時鼎業潛移鋒獨慨然有興復之意

又曰王晏之爲貟外郎也父普曜齋前栢樹忽成梧桐論者以爲梧桐雖有棲鳳之美而失後彫之節

梁書曰侯景旣陷臺城都下王侯庶姓廟樹咸見殘毀唯文宣太后廟四周栢樹獨鬱茂及景篡南郊都官尚書呂季略說景令伐此樹以立三橋斫南面十餘株再宿悉抽生便長數尺時旣冬月翠茂如春賊乃大驚惡之使悉斫殺識者以爲昔僵柳起於上林乃表漢宣之應廟樹重青必彰陝西之瑞

北齊書曰魏蘭根丁母憂居喪有孝稱將葬常山郡境先有董卓祠祠有栢樹蘭根以卓凶逆無道不應立祠至今

乃伐栢以爲榑材人或勸之不伐蘭根盡取之了無疑懼
又曰樊衛性至孝喪父負土成墳植栢方數十畝朝夕號慕
又曰文宣王曾晉陽夜宿松門嶺有數株松皆已千年枝葉踈茂似有神物所託文宣時已被酒向嶺瞋罵射中一株未幾枯死
後周書曰武帝伐齊永昌公椿屯雞栖原齊王憲密謂椿曰兵者詭道去留不定見機而作不得遵常汝今爲營不須張幕可伐栢爲菴示有形勢令兵去之後賊猶致疑也齊主分軍萬人向千里徑會被勑追還率兵夜返齊人果謂栢菴爲帳幕不疑軍退翌日始悟
隋書曰蔡景王整文帝弟也周明帝時以武元軍功賜爵從武帝平齊力戰而死文帝初居武元之憂率諸弟負土爲墳人植一栢四根鬱茂西北一根整栽者獨黃後因大風雨并根失之果不終吉



唐書曰長壽二年冬十月萬象神宮側有檉松樹皆變爲栢
又曰狄仁傑補大理丞時將軍權善才坐斫昭陵柏樹仁傑奏其罪免職高宗怒令誅之仁傑進曰古人假使盜長陵一杯土陛下何以加之今陛下以昭陵一株栢殺一將軍千載之後謂陛下爲昔主臣不可奉制帝意稍解
孫卿子曰栢經冬而不凋蒙霜而不變可謂得其真矣
國語曰高山峻原不生草木松柏之地其草不肥
山海經曰三株樹生赤水上其爲樹如栢葉實皆爲珠
又曰白於之山其上多松栢
穆天子傳曰甲申天子升于大北之隥（此太行山）而降休于兩

栢之下（有兩樹也）
東方朔傳曰孝武皇帝時閑居無事燕坐未央前殿天新雨止朔執戟在殿階獨語上呼問之荅曰殿後栢樹上有鵲立枯枝上向東鳴上遣視如朔言上問何以知之朔曰以人事言之風從東方來鵲尾長傍風則蹶必當順風而立是以知東向鳴也何以知立枯枝上朔曰新雨上生枝滑枯枝滋是以知立枯枝上大笑
風俗通曰墓上樹栢路頭石虎周禮方相氏入壙敺魍像魍像好食亡者肝腦人家不能常令方相立於墓側以禁禦之而魍像畏虎與栢
列士傳曰延陵季子解寶劒帶徐君墓栢樹
洞冥記曰磅山之北有穴穴上有栢昔李少翁於闇陰移來此穴種此栢已見扶桑三枯海水涸竭帝覺遣人往穴掘不見其棺唯見赤鷰飛翻入雲移栢植於通靈臺



水經曰陘山有鄭祭仲冢（祭仲廟舊）有一枯柏樹其塵根故株之上多生稚栢列秀蒨望之可喜
從征記曰泰山廟中栢皆三十餘圍使兩階赤眉常斫一樹見血而止今斧創猶在
地理志曰華山生文栢
范子計然曰栢枝脂出輔上外價七十中三十下十
漢官儀曰正旦飲栢葉酒上壽
漢武故事曰栢梁臺高二十丈悉以栢香聞數十里
列仙傳曰赤須子好食栢實齒落更生
仙經曰服栢子人長年
三輔黃圖曰漢文帝霸陵不起山陵稠種栢樹
三輔舊事曰漢諸陵皆屬太常又有盜栢者弃市

太山記曰山南有太山廟種栢樹千株大者十五六圍長老傳云漢武所植

三齊記曰堯山祠旁有栢樹枯而復生不知幾世

陳留耆舊傳曰李充喪父父冢側有夜盜斫栢樹者充手刃之

述征記曰栢谷谷名也漢武帝微行所至處長傲廣於栢谷者也谷中無迴車地狹以高原林栢陰譪窮日殆弗覩陽景也

晉宮闕名曰華林園栢二株

崔寔四民月令曰七月收栢實

列異記曰陳倉人有得異物者其形不類猪亦不似羊衆莫能名二童子曰此爲媪常在地下食死人腦若欲殺之使栢葉插其頭



幽明録曰王丞相見郭景純請爲一卦卦成郭意甚惡云有震厄公能命駕西出數里得一栢樹截如公長置常寢處災可消也王從之數日果震栢木粉碎

任昉述異記曰盧氏縣有盧君古塚塚傍古栢二枝條陰二百餘步樹文隱起皆龜甲堅如鐵石

嵇康養生論曰麝食栢而香

楚詞曰山中人兮芳杜若飲食石泉兮蔭松栢

古歌曰平陵東松栢桐不知何人刼義公

劉越石扶風歌曰南山石嵬嵬松柏何摧摧上枝拂青雲中心十數圍洛陽發中梁松栢竊自悲誰能刻鏤此公輸與魯班被之用丹漆薰用蘇合香本自南山栢今爲宮殿梁

## 槐

周禮曰朝士掌三槐三公位焉（鄭玄曰槐之言懷言來人也）

又曰司烜氏掌冬取槐檀之火

左傳曰趙宣子驟諫公患之使鉏麑賊之晨往寢門闢矣盛服將朝尚早坐而假寐（不解衣冠而睡）麑退歎曰不忘恭敬民之主也賊民之主不忠弃君之命不信有一於此不如死也觸槐而卒

春秋元命苞曰樹槐聽訟其下（槐之言歸也情見歸實也）

春秋說曰槐木者靈星之精

爾雅曰懷槐大葉而黑（槐樹葉大色黑者名爲櫰）守宮槐葉晝聶宵炕（郭璞曰守宮槐晝日聶合而夜布晉儀林祭酒杜行齊說在明陵縣南有一樹似槐葉晝聚合相着夜則舒布即守宮江東樹與此相反俗因合音號晝夜異其理箏胥炕音抗聶合也炕張也合晝夜闢也）

五經通義曰士冢樹槐

國語曰董叔將娶於范氏叔向曰盍已乎曰欲爲繫援焉他日董祁愬之范獻子曰不吾敬也獻子執而紡之於庭槐叔向過之曰子盍爲我請乎叔向曰欲而得之又何請焉（紡懸也）



漢書曰昭帝建始四年山陽社中大槐樹吏人伐斷之其夜復自立如故

晉書曰符堅僭號自長安至于諸州夾路皆種槐柳百姓歌曰長安大街夾路楊槐下走朱輪上有棲鸞

又曰大司馬府有老槐樹殷仲文對而歎曰此樹婆娑生意盡矣

崔鴻前涼録曰初河右不生楸槐栢漆張駿之世取於秦隴而植之終於皆死而酒泉宮之北隅有槐樹生焉李玄盛著槐樹賦

沈約宋書曰孔子夜夢三槐之間豐沛之邦有赤氣駈車

對楚西北街之見芻兒蔽麟傷其左足薪而覆之
梁書曰庾肩吾常服槐實年七十餘目看細字鬚髮皆黑離
亂之際奔于江陵
後周書曰韋孝寬之爲雍州刺史先是路側一里置一土
堠經雨頹毁每須修之自孝寬臨州乃勒部內當堠處植
槐樹代之即免修復行旅又得芘蔭文帝後見恠問知之
曰豈得一州獨爾當令天下同之於是令諸州道路一里
種樹一株十里種三樹百里五樹焉
隋書曰高熲字昭玄領新都大監每坐槐樹下以聽事多
不依行列有司伐之特令存之勿去示於後人
又曰士回以孝聞開皇初卒子士雄少質直孝友喪父復
廬於側負土成墳其庭前有一槐樹先甚欝茂及士雄居
喪樹遂枯死服闋還宅死槐復榮高祖聞之歎其父子至

孝下詔褒揚號其所居爲累德里
唐書曰永崇二年太平公主降駙馬薛紹以萬年縣爲禮
會之所公主輅車自興安門南至宣陽坊之西街夜設燎
炬列焰相屬夾路槐樹多有死者
又曰正元中度支欲取兩京道中槐樹爲薪更栽小樹先
下符牒渭南縣縣尉張造牒曰召伯所憩尚勿剪除先皇
舊遊豈宜斬伐乃止
又曰長慶中虢州刺史蕭祐奏湖城縣永方鄉百姓閻酆
五代同居家內槐一本再生枝葉
管子曰五沃之土其木宜槐
晏子春秋曰齊景公有所愛槐使守令犯槐者刑傷槐者
死有醉而傷槐且加刑焉其女懼而告晏子曰妾恐鄰國
聞之謂君愛槐而殘人可乎晏子入言之公出傷槐之囚

罷其禁
淮南子曰槐之生也入季春五日而兔目十日而鼠耳更
旬而始規二旬葉成規葉始關也
又曰九月官候其樹槐是月繕修守備故官候樹槐槐懷也取懷近遠也
又曰老槐生火
又曰槐市學也樹以青槐燧人秋取槐檀之火天之所覆
地之所載六合所包陰陽所照雨露所林此皆生於父母
所關於一和也父天母地故槐榆與橘柚合而兄弟有廣
與三危通爲一家
抱朴子曰槐子新瓷合泥封之二十餘日其表皮皆爛乃
洗之如大豆日服之此物至補腦早服之令人髮不白而
長生
太公金匱曰武王問太公曰天下神來甚衆恐有識者何
以待之太公曰請樹槐於王門內有益者入無益者距

之
三輔黃圖曰元始四年起明堂辟雍爲博士舍三十區爲
會市但列槐樹數百行諸生朔望會此市各持其郡所出
物及經書相與賣買雍雍揖讓論議槐下侃侃誾誾也事具
禮部學校篇
焦贛易林家人之乾曰千歲槐身多斧斤
汝南先賢傳曰新蔡鄭敬字子都爲郡功曹都尉高懿廳
事前有槐樹有露類甘露者懿問掾屬皆言是甘露敬獨
曰明府政未能致甘露但樹汁耳懿不悅託疾而去
楊衒之洛陽伽藍記曰李昌年廣陵王元淵初除儀同三
司總衆北討葛榮夜夢着袞衣倚槐樹立以爲吉徵問於
揚元慎元慎曰三公之祥淵甚悅之元慎退還告人曰廣

陵死矣槐字木傍鬼死後當得三公廣陵果爲葛榮所殺追贈司徒公終如其言

太平御覽卷第九百五十四

太平御覽卷第九百五十五

木部四

桑

易曰其亡其亡繫于苞桑 苞桑蘗生桑也

書曰青州厥篚檿絲 孔安國曰檿桑蠶絲中琴瑟絃檿於琰切

又曰伊陟相大戊亳有祥桑穀共生於朝 妖怪也二木合七日大拱不恭罰

詩曰桑之未落其葉沃若 桑女功之所起沃若猶沃然 于 鳩兮無食桑葚桑之落矣其黃而隕

又曰交交黃鳥止于桑

又曰星言夙駕稅于桑田 教民稼穡務農急也

又曰女執懿筐爰求柔桑 柔桑穉桑也

又曰蠶月條桑 條桑枝落採其葉也



又曰猗彼女桑 女桑少枝長條不枝落者束而採之

又曰肅肅鴇行集于苞桑

又曰將仲子兮無踰我墻無折我樹桑

又曰隰桑有阿其葉有難 阿然美貌也難然盛貌也有以利人也箋云隰中之桑條之阿然長美其葉又茂盛可庇蔭人興者喻時賢人君子不用而處有覆養之得 既見君子其樂如何

禮記曰季春之月命野虞無伐桑柘

又曰古者天子諸侯必有公桑蠶室近川而為之

左傳曰晉重耳及齊桓公妻之有馬二十乘公子欲安之從者以為不可將行謀於桑下蠶妾在其上以告姜氏姜氏殺之

又宣上曰趙宣子田於首山舍於翳桑 田獵也翳桑桑之多蔭翳者也 見靈輒餓問其病應之曰不食三日矣食之捨其半問之曰宦三年矣未知母之存否今近焉 去家近也 請以遺之使盡之而為之簞食與肉 簞笥 寘諸橐以與之既而與為公介 靈輒為公甲也 倒戟以禦公徒而免問其故曰翳桑之餓人也問其名居 問所居也 不告而退

春秋元命苞曰姜嫄游閟宮其地扶桑履大人迹生稷 扶桑日所出也

春秋孔演圖曰孔子母徵在游大冢之陂睡夢黑帝使請己往夢交語女乳必於空桑之中覺則若感生丘於空桑之中 乳生

爾雅曰女桑桋桑 郭璞注曰俗呼小桑長條者為女桑樹桋音根又音夷 檿 烏點切 桑山桑 詩曰其檿其柘林中弓也 桑柳醜條 阿那垂條也

史記曰齊魯千畝桑其人與千戶侯等

又曰吳公子光伐楚拔居巢鍾離初楚邊邑卑梁氏之處女與吳邊邑之女爭桑二女家怒相滅兩邊邑長聞之怒而相攻滅吳之邊邑吳王怒故遂伐楚



漢書曰息夫躬免官歸國未有第宅寄居丘亭姦人以為侯家富常夜守之賈惠往過躬教以祝盜方以桑東南枝為七畫北斗七星其上躬夜自被髮立中庭向北斗持匕招指祝盜人有上書言躬懷怨恨繫雒陽詔獄死

東觀漢記曰蔡君仲汝南人王莽亂人相食君仲取桑椹赤黑異器賊問所以君仲云黑與母赤自食賊義之遺鹽二斗受而不食

謝承後漢書曰陳留申屠蟠恥郡無處士遂閉門養志處蓬室依大桑樹以為棟梁

又曰河內高弘為瑯琊相妻子不歷官舍桑杯盛漿

又曰汝南尹昆為汝陰功曹令新到官問曰園中有桑以

飯蠶何如昆曰非初政所務令嘉其言
又曰張湛爲漁陽太守勸民耕種百姓歌曰桑無附枝麥
穗兩岐張君爲政樂不可支
又曰陳曄爲巫令有惠政桑　生二萬餘株民以爲給
魏略曰楊沛爲新鄭長課民益蓄桑椹䓍豆積浸得千餘
斛太祖遷天子軍無粮沛乃進乾椹後爲鄴令賜其生口
十人絹百疋以報乾椹也
蜀志曰先主舍東南角籬上有桑樹生高丈餘遙望童童童如
小車蓋往來者皆怪此樹非凡或謂當出貴人先主少時
銅中諸兒於樹下戲言吾必當乘此羽葆車蓋
晉書曰賈后將廢愍懷太子時有桑生於西廂長數日而
枯十二月后廢太子
又曰劉驎之尚書賀素好道車騎將軍桓沖聞名辟爲長

史固辭沖嘗到其家驎之於樹條桑使者致命驎之曰使
君既枉駕光臨宜先詣家君沖愧詣其父
又載記曰北燕馮跋下書曰今疆宇無虞百姓寧業而田
畝荒穢有司不隨時督察欲令家給人足亦難乎桑柘之益
有生之本此土少桑人未見其利可令百姓人植桑一百
二十根
崔鴻前凉録曰張天錫爲苻堅破後歸晉孝武帝問之曰
北方何物爲美錫對曰桑椹甘香鴟鴞革響淳酪養性人
無疾心
崔鴻十六國春秋後燕録曰初晃之遷于龍城也植松爲
社主及秦滅燕大風吹拔之後數年社處忽有桑二根生焉
先是遼川無桑及廆通于晉　晉求種江南平川之桑悉
由吳來

齊書曰太祖宅在武進宅南有桑樹擢本三丈橫出四枝
狀如車蓋上年數歲遊其下從兄敬宗謂曰此樹爲汝生
也
又曰沈瑀爲建德令教人一丁種十五株桑四株柿栗女
丁半之人咸歡悅頃之成林
又曰韓係伯襄陽人也事父母孝謹襄陽土俗鄰居種桑
樹於界上爲誌係伯以桑枝蔭妨他邊界上開數尺鄰畔
隨侵之係伯輒更改種又鄰人慚愧還所侵地躬往謝之
又曰扶桑國在漢國東二萬餘里地在中國之東其土多
扶桑木故以爲名扶桑似桐初生如笋國人食之實如梨
而赤績其皮爲布以爲衣亦以爲錦以扶桑皮爲紙
三國典略曰　宋子仙召吳令沈景令掌書記景固辭以
疾子仙怒命斬之景解衣就戮礙於路間桑樹乃更牽往

他處或救之獲免
又曰齊長廣郡廳梁木忽作人像太守惡而刷去之明日
復出鄉人伐枯桑樹於中得死龍長尺餘識者以爲長廣
齊太上主太封也齊氏木得龍爲吉象木枯龍死非吉徵
焉
隋書曰齊河清中定令一丁給永業二十畝爲桑田其中種
桑五十根榆三根棗五根土不宜桑者給麻田如桑田法
唐書曰李龍譽居家以儉約自處每謂子孫曰吾性不好
貨財遂至貧乏然吾近京城有賜田十頃耕之可以充食
桑若干根株之可以充衣
家語曰殷太戊之時道缺法圮以致天　孽桑穀生朝七
日大拱占者曰桑穀野木而生于朝意者朝亡乎太戊恐
駭側身修德

范子計然曰桑葉出三輔

列子曰晉文公會欲伐衛公子鉏仰而笑公問何笑曰臣笑鄰人有送妻適私家者道見桑婦悅而與言然顧視其妻亦有招之者臣竊笑此也公寤其言乃止引師還未至而有伐其北鄙者

孟子曰孟子謂梁惠王曰五畝之宅樹之以桑五十者可以衣帛矣

孫卿子曰孔子適楚於陳蔡之間七日不食曰居不隱者思不生身不佚者志不廣汝庸知吾不得之桑落之

韓子曰子產開畝樹桑鄭人謗訾

鄒子曰季夏取桑柘之火

呂氏春秋曰伊尹之母居伊水上孕夢有神告之曰臼出水而東走無顧明日視臼中出水告其鄰東走顧其邑盡爲水身因化爲桑有莘氏採桑得嬰兒於桑之中獻之於君君命乳之命之曰伊尹



又曰季春之月也命野虞毋伐桑柘(野虞主林官也桑與柘皆可養蠶故命其官使民不得斫伐)鳴鳩拂其羽戴勝降於桑

淮南子曰原蠶一歲再登非不利也(一登成)然王法禁之者爲其殘桑也(殘害也)

又曰扶桑在暘州日所拂(此東方十日所出扶桑在暘谷中九日無下枝一日君上枝也)

山海經曰宣山上有桑大五十疋圍五丈其枝四衢(枝交四出)葉大尺赤理青葉名曰帝女之桑(郭璞曰婦人主桑故以名爲桑)

又曰東北海外圓丘南有三桑無枝皆高万仞

又曰暘谷上有扶木(郭璞曰扶桑)十日所浴

穆天子傳曰甲寅天子作居范宮(范離宮別名)以觀桑者(詩曰桑者閑閑兮)乃飲于桑中(桑林之中)天子命桑虞(主桑者也)出桑者用禁暴民(不得令妻劉犯桑也)

○神異經曰東方有樹焉高八十尺敷張自輔葉長一丈廣六七尺曰扶桑有椹焉長三尺五寸

任昉述異記曰桓冲爲江州刺史遣人周行廬山冀覩靈異陟崇巘有一湖匝生桑樹湖有敗艑赤鱗魚使者渴極欲往飲水赤鱗張鬐向之使者不敢飲

列女傳曰魯秋胡子納妻五日而官於陳後歸未至家見路傍有美婦人方採桑秋胡悅之下車願託桑陰下婦人採桑不輟(秋胡)曰力田不如逢年力桑不如見郎今吾有金願與夫人婦人不受胡乃歸毋呼其婦乃向採桑者也數胡之罪而自投于河

又曰齊瘤女者齊東郭採桑之女項有大瘤閔王遊至東郭百姓盡觀獨瘤女採桑如故王怪召問之對曰受父母教採桑不受教觀大王王曰此奇女悅娉迎之



又曰東辨女者陳國採桑之女也晉大夫解居甫使於宋(解居甫宋大夫)道過陳遇採桑之女止而戲之曰女爲我歌吾將捨女(捨置不留女也)採桑女乃歌曰墓門有棘斧以斯之夫也不良國人知之

益部耆舊傳曰何祗夢桑生井之中解桑字四十八君壽恐不可過此祗四十八而卒

荊州先賢傳曰龐士元師事司馬德操不矜小名衆莫知之德操蠶月躬採桑後園士元助之因與談斷世廢興其言若神遂移日忘飡德操於是異之

甄異傳曰沛國張伯遠年十歲時病亡見泰山下有十餘小兒共推一大車車高數丈伯遠亦推之時天風暴起揚塵伯遠因桑枝而住聞呼聲便歸遂蘇髮中皆有沙塵後年大至泰山識桑如死時所見

十洲記曰扶桑在碧海中上有天帝宮東王公所治有椹樹長數千丈二千圍兩兩同根更相依倚故曰扶桑仙人食其椹椹體作金色其樹雖大椹如中夏桑椹也稀而色赤九千歲一生實耳味甘香

玄中記曰天下之高者扶桑無枝木焉上至天盤蜿而下屈通三泉

括地圖曰化民食桑二十七年化而自裹九年生翼十年而死

石虎鄴中記曰華林苑中盡種桑三月三日及蠶時虎皇后將宮人數千出採桑遊戲其下

氾勝之書曰種桑五月取椹著水中濯洒取子陰乾之好治肥田十畝荒久不耕者先好耕治之黍椹子各三升合和種之黍桑當俱生鉏之桑令稀疏調適黍熟獲之桑



生正與黍高下平因以利鎌摩地刈之曝令燥後有風調放火燒之常逆起火桑至春生一畝食三箔蠶

神仙傳曰麻姑謂王方平云吾見東海三爲桑田

本草經曰桑根旁行出土上者名伏蛇治心痛

神農本草曰桑根白皮是今桑樹根上白皮常以四月採或採無時出見地上名馬領勿取毒殺人

典術曰桑木者箕星之精

楚辭曰衣攝葉以儲與兮攝葉儲與不舒展之貌左袪挂於扶桑袪袖也得已衣服長大攝葉儲與不得舒展不得能弘廣不得施用東行則左袖挂於扶桑死所不伏右衽拂於不周兮六合不足以肆行

又曰路室女之方桑路室客舍孔子過之以自待言孔子出過於客舍其女方採桑一心不視君自信故以自待

古詩曰柘桑知天風海水知天寒

繁欽桑賦曰上似華蓋紫極比形下象鳳闕萬桷一楹

陸機桑賦曰初世祖武皇帝爲中壘將軍植桑一株世更三代年漸三紀綠葉興而盈尺崇條曼而增尋

曹植豔歌曰出自薊北門遥望胡池桑枝枝自相植葉葉自相當

太平御覽卷第九百五十五

太平御覽卷第九百五十六

木部五

榆　桐　楊柳上

榆

毛詩曰東門之枌疾亂也幽公荒淫男女棄其舊業亟會於道路歌舞於市井爾東門之枌(枌白榆也)宛丘之栩子仲之子婆娑其下

又山有樞曰山有樞隰有榆

毛詩義疏曰駮馬梓榆也駮犖(呂角切)遥視似駮馬

周禮秋官曰烜氏四時變國火春取榆柳之火

禮記內則曰堇荁枌榆免薧滫瀡以滑之(榆白曰枌)

春秋元命苞曰三月榆莢落

春秋運斗樞曰玉衡星散爲榆



爾雅曰蓲荎(音歐郭璞曰詩云山有樞今之刺榆)無枯其實莢(枯榆也生山中葉圓而厚剝皮合漬之其味辛香所謂蕪荑也)

說文曰榆白枌也梗山枌榆有刺莢可以爲蕪荑

史記曰九望雲氣平望在榆上下千餘二千里也

漢書曰高祖禱豐枌榆社(張晏曰枌榆社在豐東北三十里或曰枌榆鄉名也高祖里社也)

又天文志曰成帝河平元年旱傷麥民食榆皮

又循吏傳曰龔遂爲渤海太守勸民務農桑令口種榆一樹

魏志曰鄭渾爲魏郡太守百姓乏村木乃課種榆爲籬

後魏書曰太祖道武皇帝諱珪七月七日生三合陂北明年有榆生於埋胎處遂成林

又曰桓帝曾中蠱歐吐之地乃生榆木

趙書曰從幽州大道濤沱造浮橋植行榆五十里置行宫

管子曰五沃之土其榆條長

莊子曰鵲上高城之垝而巢於高榆之顛城壞巢折凌風而起故君子之居世也得時則義行失時則鵲起

淮南萬畢術曰八月榆檽(音而)令人不飢(注曰以美酒漬榆檽曝乾以清粱米紫莧實蒸令相合欲不食者三指撮酒以服之即不飢耳)

韓詩外傳曰楚莊王將伐晉曰敢諫者死孫叔敖進諫曰臣園中有榆榆上有蟬蟬方奮翼悲鳴欲飲清露不知螳蜋之在後曲頸欲食之螳蜋方欲食蟬不知黃雀在後舉頭而欲啄之黃雀食螳蜋不知童子挾彈在榆下欲彈之童子方彈黃雀不知在前有深坑後有掘株也楚乃息伐

桓譚新論曰劉子駿信方士虛言爲神仙可學余見其庭下大榆樹久而剥折指謂曰彼樹無情然猶朽蠹人雖欲愛養何能使之不衰



博物志曰食枌榆則眠不欲覺

晉宫闕名曰華林園榆十九株

雜五行書曰舍北種榆九株蠶大得

廣志曰有姑榆有郎榆郎榆無莢材又任車用至善青鎣者出渤海東先以供宫

石虎鄴中記曰襄國鄴路千里之中夾道種榆盛暑之月人行其下

鄒子曰春取榆柳之火

范子計然曰蕪荑出地赤心者善

氾勝之書曰種禾無期因地爲時三月榆莢雨時高地强土可種禾

崔寔四民月令曰二月榆莢成者收乾以爲醬隨節早晚

勿失其適

夢書曰楡爲人君德至仁也夢採楡葉受賜恩也夢居樹上得貴官也夢其葉滋茂福祿存也

古樂府詩曰天上何所有歷歷種白楡

應璩與龐惠恭書曰見所上利民之術殖濟南之楡栽漢中之漆

嵆康養生論曰豆令人重楡令人瞑愚智所知也

桐

易緯曰桐枝濡毳而又空中難成易傷須成氣而後華

尚書禹貢曰嶧陽孤桐（嶧山之陽特生桐中爲琴瑟）

毛詩卷阿曰梧桐生矣于彼高岡（梧桐柔木也）

又定之方中曰樹之榛栗椅桐梓漆爰伐琴瑟

詩義疏曰梓實桐皮曰椅今民云梧桐也有青桐白桐赤桐白桐宜琴瑟今雲南牂牁人績以爲布



禮記月令曰清明之日桐始華（周書曰不始華歲有大寒）

禮斗威儀曰君乘火而王其政平梧桐爲常生

爾雅曰櫬梧也（今梧桐）榮桐木（卽梧桐）

後漢書曰蔡邕泰山行見爨桐聞爆聲曰此良木也取而爲琴

齊書曰豫章王於邸起山列種桐竹號爲桐山武帝幸之置酒爲樂

管子曰五沃之土其木宜桐

莊子曰外乎子之神勞乎子之精倚樹而吟據梧而瞑（神不休於性分之內則外矣精不正於自足之極則勞矣故行則倚樹而吟坐則據梧而瞑言有情者之自困）

又曰鵷鶵發南海而飛到北海非梧桐不止非竹實不食

又曰空門來風桐乳致巢（司馬彪注曰門戶空風喜投之桐子似乳著葉而生鳥喜巢之）

孟子曰今有場師舍其梧檟養其樲（音二）棘則爲賤場師矣（棄大取小）

呂氏春秋曰成王與唐叔虞燕居援桐葉以爲珪曰以此封汝虞喜以告周公周公請封虞成王曰余與虞戲也周公曰臣聞之天子無戲言於是遂封叔虞於晉

淮南子曰智有所不足故桐不可以爲弩

又曰夫以巨斧擊桐薪不待利時良日而後破之加巨斧桐薪之上而無人力之奉雖順招搖挾刑德（招搖斗杓也刑十二辰德十日）而弗能破者以其無勢也

淮南萬畢術曰桐木成雲（取十石瓦甖滿中水置桐甖中蓋之三四日氣出雲作）

董仲舒請雨書曰秋以桐魚九枚

風俗通曰梧桐生於嶧山陽巖石之上採東南孫枝爲琴聲甚清雅



遁甲經曰梧桐不生則九州異（梧桐以知日月正閏生十二葉一邊有六葉從下數一葉爲一月至上十二葉有閏十三葉小餘者視之則知閏何月也不生九州各異君天下不同也）

王逸子曰木有扶桑梧桐松柏皆受氣淳矣異於群類者也

秦記曰初長安謠云鳳凰（鳳凰止阿）房苻堅遂於阿房城植桐數萬株以待之至是慕容冲入阿房城而止焉冲小字鳳凰

廣志曰梧桐有白者剽國有白桐木其葉有白毳取其毳淹漬緝績織以爲布

遊名山志曰吹臺有高桐皆百圍嶧陽孤桐方此爲劣

鄒山記曰鄒山古之嶧山魯穆公改爲鄒今鄒山嶧陽猶多桐樹

齊地記曰城北十五里有梧臺卽梧宮也

論衡曰李子長爲政欲知囚情以梧桐爲之象囚形乃鑿地爲埳卧木囚其中曰罪若正木囚不動若有寃木囚動出人之精誠着木人也

華陽國志曰益州有梧桐木其華柔如絲人績以爲布名曰華布

沈懷遠南越志曰青桐華頗似木綿而輝重過之

晉宮闕名曰華林園青白桐三株

伏侯古今注曰昭帝元鳳三年馮翊人獻桐枝長六尺九枝枝一葉

異苑曰晉武帝世吴郡臨平岸崩出一石鼓打之無聲以問張華華云可取蜀中桐材刻作魚形扣之則鳴矣於是如言音聞數十里

又曰句章吴平門前忽生一株青桐樹上有謠歌之聲平惡而斫殺平隨軍北征首尾三載死桐欻自還立於故根之上又聞樹巔空中歌曰死樹今更青吴平尋當歸適聞殺此樹已復有光輝平尋歸如鬼謠



祖台之志怪曰舊保至檀立嶋上北樓宿暮鼓二中有人着黄練單衣白帢將人持炬火上樓保懼藏壁中須臾有二婢上使婢迎一女子上與白帢人入帳中宿未明白帢人輒先去如是四五宿後向晨白帢人纔去保因入帳中持女子問向去者誰荅曰桐侯郎道東桐樹廟是至暮鼓二中桐郎來保乃斫取之縳着樓柱明日視之形如人長三尺餘檻送詣丞相渡江未半風浪起桐郎得投入水風波乃息

齊民要術曰梧桐山石閒生者爲樂器則鳴

瑞應圖曰王者任用賢良則梧桐生於東廂

桓譚新論曰神農黄帝削桐爲琴

任昉述異記曰梧桐園在吴夫差舊國也一名琴川梧園宮在句容縣傳云吴王別館有楸梧成林焉其梧子可食古樂府云梧宮秋吴王愁是也

崔琦七蠲曰爰有梧桐生于玄谿傳根朽壤託險生危

枚乘七發曰龍門之桐高百尺而無枝中鬱結而輪菌根扶踈以分離

魏明帝猛虎行曰雙桐生空井枝葉自相加通泉溉其根玄雨潤其柯綠葉何蓊蓊青條視曲阿

張協七命曰寒山之桐出自太冥含黄鍾以吐幹據蒼岑而孤生

古詩曰井桐棲靈鳳

## 楊柳上



易大過九二曰枯楊生稊老夫得其女妻

焦贛易林豫之晉曰鵲巢柳樹鳩奪其處任力劣薄天命不祐

毛詩采薇曰昔我往矣楊柳依依（楊柳蒲柳也）

又曰東門之楊刺時也婚姻失時男女多違親迎女猶有不至者也東門之楊其葉牂牂（牂牂然盛貌）

又南山有臺曰南山有桑北山有楊樂只君子邦家之光

又小弁曰菀彼柳斯鳴蜩嘒嘒（柳木茂盛則多蟬）

又曰菀柳刺幽王也暴虐無親而刑罰不中有菀者柳不尚息焉（有菀然柳葉茂盛之柳行路之人豈有不庶幾欲就之止息）

又東方未明曰折柳樊圃（柳弱脆之木樊藩也折以藩圃無益也）

毛詩疏義曰楊之水不流束蒲蒲柳之木二種一種皮正青一種皮紅白可爲箭竿

左傳曰董澤之蒲今人以爲其萑可爲矣
又曰樹杞杞柳也生水旁樹如柳葉麤而白木理微赤今人以爲車轂今其水旁魯國泰山汶水邊純杞柳也
大戴禮曰正月柳稊稊者發葉也
爾雅曰檉河柳(郭璞曰河旁赤莖小楊也)旄澤柳(生澤中者)楊蒲柳(詩云楊柳依依)
(傳曰董澤之蒲也)
漢書曰上林苑中大柳樹斷卧地一朝起生枝葉有蟲食其葉爲字曰公孫病已立眭孟以爲木下民之象當有廢故之家孫氏從民間受命爲天子者及昭帝崩無嗣大臣迎立昌邑王王即位淫亂失道霍光廢之更立昭帝兄衛太子之孫爲宣帝帝本名病已
晉書曰王恭字孝伯美姿容人多悅之或目之曰濯濯如春月柳



又曰嵇康性絕巧而好鍛宅中有一柳樹甚茂乃激水圜之每夏月居其下以鍛東平呂安服康高致每一相思輒千里命駕
又曰太康末京洛爲折楊柳之歌其曲始有兵革苦辛之辭終以禽獲斬截之事是時三陽貴盛而被族滅太后廢黜幽死宮中折楊柳之應也
又桓溫傳曰溫自江陵北伐行經金城見少爲琅邪時所種柳皆已十圍慨然曰木猶如此人何以堪攀枝執條泫然流涕
南史隱逸傳曰陶潛字淵明有高趣宅邊有五柳樹故嘗著五柳先生傳
晉中興書曰陶侃明識過人武昌道上通種楊柳人有竊之殖于家侃見識之問何盜官所種于時以爲神
沈約宋書曰蕭惠開爲少府不得志寺内齋前草香惠開悉鏟除列種白楊人謂之曰白楊丘墓間所植柰何於庭院種之荅曰人生不得志與死人何異其年惠開暴卒
齊書曰王敬則初爲散輩使魏於此館種楊柳後員外郎虞長曜北使還敬則問我昔種楊柳樹今大小長曜曰虜中以爲甘棠

太平御覽卷第九百五十六

木部六

楊柳下　桂　杉

楓　豫樟

楊柳下

齊書曰阮孝緒建武末青溪宮東門無故自崩大風拔東
宮門外楊樹以問孝緒曰青溪皇家舊宅齊爲木東爲木
位今東門自壞木其衰矣

齊書曰劉悛之爲益州刺史獻蜀柳數株條甚長狀若絲
縷武帝植於太昌靈和殿前常翫嗟曰此楊柳風流可愛
似張緒當時見賞如此

又曰何點性好事聞陸惠曉與張融並宅其間有池池上
有二柳樹點歎曰此池便是醴泉此樹便是交讓



隋書曰柳機字當時初機在周與族人文成公昂俱歷顯
要及此機昂並爲外職楊素時爲納言方用事因上賜宴
素戲機曰二柳俱摧孤楊獨聳坐者歡笑機竟無言

又曰周初有童謠曰白楊樹頭金雞鳴秖有阿舅無外甥
靜帝隋氏之甥既遜位而崩諸舅強盛

又曰渤海公高熲少明敏有器局多涉書史尤善詞令初
孩孺時家有柳樹高百許尺亭亭如蓋里中父老曰此家
當出貴人

唐書曰司稼卿梁孝仁高宗時監造蓬萊宮於諸庭院列
種白楊將軍契苾何力鐵勒之渠率也於宮內縱觀孝仁
指白楊云此木易長三數年間宮中可得蔭映何力一無
所應但誦古詩白楊多悲風蕭蕭愁殺人意謂此是塚墓
間木非宮中所宜種孝仁遽令拔去更樹梧桐

又曰乾元中虢州刺史王奇光奏閿鄉縣界女媧墳天寶
十三載大雨晦暝失所在至今河上側近忽聞雷風聲曉
見墳踴出上有雙柳樹下有巨石柳各高丈餘畫圖進上
以示百官

又曰呂渭爲禮部侍郎中書省有柳樹建中末枯死興元
元年車駕還京其樹再榮人謂之瑞柳以爲賦題上聞而
惡之渭因入閣遺失請託文記遂出爲潭州刺史

又曰吐蕃土風寒苦物產貧薄所部邏娑川唯有楊柳人
以爲資更無草木

又曰范希朝鎮振武單于城中舊少樹希朝於他處市柳
子命軍人種之至今成林居人賴之

春秋後語曰魏哀王以田需爲相需音須甚貴信之惠子謂
田需曰子必善事左右今夫樹楊橫之則生折而樹之又
生戰國策曰夫楊橫樹之亦生樹之亦生說不同故存之也倒然使十人樹楊一人拔



之則無生楊矣夫以十人之衆樹易生之物不勝一人拔
者何也樹之難去之易今子雖自樹於王而欲去子者衆
則必危矣戰國策又載

戰國策曰楚有養由基者善射楊葉百步而射之百發百
中

管子曰五沃之土宜柳

莊子曰支離叔觀於冥泊之丘崑崙之墟黃帝之所休俄
而柳生其左肘

孟子謂告子曰性猶杞柳義猶杯棬丘貟切

許慎淮南子注曰展禽之家有柳樹身行惠德因號柳下
惠一曰邑名

抱朴子曰夫木槿楊柳斷殖之更生倒之亦生橫之亦生

生之易者莫若斯木
山海經曰鹿山之西有谷焉名均蘿谷其木多柳鳳伯之山熊山直陵之山木多柳平丘山爰有楊柳沃民之國有白柳
崔豹古今注曰白楊葉圓青楊葉長柳葉亦長細移(音題)楊圓葉弱帶微風則大摇一名高飛一曰獨揺蒲柳生水邊葉似青楊亦曰蒲楊亦曰移柳亦曰蒲移焉水楊即蒲楊也枝勁韌(音刃)任矢用又有赤楊霜降則葉赤林理亦赤也
說文曰楊蒲柳也從木易聲檉河柳也從木聖聲柳小楊也從木丣聲
續搜神記曰上虞魏全家在縣北忽有一人着孝服皂笠手巾掩口來詣全家語云君有錢一千萬銅器亦如之大



柳樹錢在其下取錢當得耳於君家大不吉僕尋為君取於此便去自你出三十年遂不復來全亦不取錢
盛弘之荆州記曰緣城堤邊悉植細柳絲條散風清陰交陌
三齊略記曰萬城東南有蒲臺高八丈始皇所頓處在臺下縈馬至今蒲生猶縈似水楊而堪為箭
孔氏志怪曰會稽盛逸常晨興路未有行人見門內柳樹上有一人長二尺餘朱衣冠冕俯以舌舐樹葉上露良久忽見逸神意如有驚遽即隱不見
世說曰顧悅之與晉簡文帝同年悅之早白帝問卿何以先老對曰蒲柳之姿望秋而落松栢之質隆冬轉茂
廣五行記曰周宣帝大定二年永州得白石剖而為兩段中有楊樹之形黃根紫葉

廣志曰白楊一名高飛木葉大於柳
崔寔四民月令曰三月三日以及上除採柳絮柳絮愈瘡
本草經曰柳華一名柳絮
夢書曰楊為使者
魏文帝柳賦曰昔上與袁紹戰於官渡是時余始植斯柳在余年之二七植斯柳乎中庭始圍寸而高尺今連拱而九成
曹植柳頌曰余以閑暇駕言出遊過友人楊德祖之家視其屋宇寥廓庭中有一柳樹戲刊其枝葉故著斯文

桂

爾雅曰梫(音侵)木桂(今南人呼桂皮厚者為木桂桂樹葉似枇杷而大白花花而不著子叢生巖嶺枝葉冬夏長青間無雜木)
禮斗威儀曰君乘金而王其政訟平芳桂常生



春秋運斗樞曰椒桂生合剛陽(椒桂陽星之精所生也合猶連體而生也)
春秋潛潭巴曰宮桂鳴下土諸侯號有聲(桂好木植於宮中猶天子封有功舉者為諸侯今乃鳴是乃成其聲名於下土之祥)
山海經曰招摇之山臨乎西海其上多桂(桂長丈餘味辛)皋塗之山上多桂木桂林八樹在賁隅東(八樹成言大也)
春秋後語曰蘇秦在楚三年乃得見談卒辭行威王曰寡人聞先生若聞古人今先生不遠千里而臨寡人曾不肯留願聞其說蘇秦對曰楚國之食貴於玉薪貴於桂謁者難得見於鬼王難得見於帝今令臣食玉炊桂因鬼見帝何事不去威王曰先生就舍寡人聞命矣
漢書陸賈傳曰尉佗獻桂蠹二器(桂樹蠹蟲也)
晉書曰郤詵遷雍州刺史武帝於東堂會送問詵曰卿自以為何如詵對曰臣舉賢良對策為天下第一猶桂林之

一枝崑山之片玉

唐書曰垂拱四年三月有月桂子降於台州經十餘日乃止

又曰南中有泉流出山洞常帶桂葉好事因謂爲流桂泉後人乃立棟宇爲漢高之神

莊子曰桂可食故斧伐之

抱朴子曰桂可以葱涕合蒸作水可以竹瀝合餌之亦可以先知　君腦和服之七年能步行水上長生不死

淮南子曰月中有桂樹

郭子橫洞冥記曰武帝使董謁乘琅霞之輦以昇壇至三更西王母駕玄鸞之輿至壇之四面列種軟條青桂風至枝自拂階上遊塵



尋陽記曰廬山上有三石梁長數十丈廣不盈尺杳然無底吴猛將弟子登山過此梁見一翁坐桂樹下以玉杯承甘露漿與猛

廣志曰桂出合浦而生必以高山之巔冬夏常青類自爲林間無雜樹交阯置桂園

列仙傳曰范蠡好食桂賣藥世人往往見之

神仙傳曰離婁公服竹汁餌桂得仙許由巢父萁山得石丹沙石桂英服之

闞子曰魯人有好釣者以桂爲餌黄金爲鈎

拾遺記曰岱輿一名浮折北有玉梁千丈駕玄流之上岸旁有丹桂黑紫白可爲舟

世說曰客問陳季方曰君家有何功德而荷天下重名曰吾家君譬如桂樹生泰山之阿上有萬仞之高下有不測之深上爲甘露所霑下爲川泉所潤當斯之時樹焉知太山之高川泉之深不知有功德與

金樓子曰夫翠飾羽而體分象美牙而身喪蚌懷珠而致剖蘭含香而遭焚膏以明而遂煎桂以蠹而成疾

羅浮山記曰羅山頂有桂山海經所謂賁隅之桂（賁隅番隅也）

臨海記曰白石之山望之如雪山有湖傳云金鵝之所集

八桂之所植

說文曰桂江南之木百藥之長

地理記曰桂陽郡有桂嶺放花遍白林嶺盡香

又曰天台山有八桂嶺襟

漢武帝悼李夫人賦曰氣沉潛以悽戾兮桂枝落而銷亡

漢淮南王安好道感八公共登山攀桂樹安作詩曰攀桂樹兮聊淹留



唐景龍文館記曰薰風殿其材木皆用青桂白檀香氣氤氳於四遠

杉

爾雅曰被（音彼）煔（音煔或作杉似松生江南可以爲船及棺材作柱埋之不腐也）

晉咸康起居注曰侍御史秦武奏平陵前道東杉樹一株萎死以栢栽補之請收陵令推劾

西京雜記曰太液池中有小池名孤樹池池中有一洲洲上有煔樹一株十餘圍望之如車蓋故取名之

鄧德明南康記曰𪩘山有漢太傅陳蕃墓遥望兩杉樹聳柯出嶺垂陰覆谷

劉欣期交州記曰合浦東二百里有一杉樹葉落隨風入洛陽城内漢時善相者云此休徵當出王者故遣千人伐樹役夫多死三百人坐斷株上食過足相容

名山志曰華子崗上杉千仞被在崖側

楓

爾雅曰楓攝攝（之葉欠天風則鳴故曰攝又樹似白楊葉圓而歧有脂而香今之楓香是）

後周書曰武帝天和元年秋七月辛丑梁州上言鳳凰集於楓樹羣鳥列侍以萬數

山海經曰黄帝殺蚩尤弃其械化爲楓樹

金樓子曰楓脂千歲爲虎魄

名山記曰天姥山上長楓千餘丈蕭蕭臨潤水

晉宫閣名曰華林園楓香三株

南方草木狀曰楓香樹子大如鳥卵二月花色乃連着子八九月熟曝乾可燒唯九眞郡有之

異苑曰烏傷陳氏有女未醮着屐徑上大楓樹顛更　危闔顧曰我應爲神今便長去唯左右黄當暫歸耳家人



悉出見之舉手辭訣於是飄聳輕越極睇乃没既不了着黄之意每春輙以蓍狗秋以黄犬設祀於樹下

任昉述異記曰南中有楓子鬼楓木之老者爲人形亦呼爲靈楓

嶺表録異曰楓人嶺多楓樹樹老則有瘤癭忽一夜遇暴雷驟雨其樹贅則暗長三數尺南中謂之楓人越巫云取之雕刻神鬼易致靈驗

離騷招魂曰湛湛江水上有楓目極千里傷春心

豫章

左傳昭公曰公作亂殺子西子期子期曰昔者吾以力事君不可不終抉豫章以殺人而後死

陳書曰侯景之平也太極殿被焚承聖中議欲營之獨闕一柱七月有樟木大十八圍長四丈五尺流泊陶家後渚監軍鄒子慶以聞詔書令沈衆兼起部尚書搆太極殿

莊子曰騰猿得豫章攬蔓而王長於其間便也

淮南子曰藜藿之生蠕蠕然曰加數寸不可以爲櫨棟（加櫨盤也櫨屋也）楩柟豫章之生也七年而後知故可以爲棺舟

高士傳曰堯聘許由爲九州長由惡聞洗耳於河巢父見謂之曰豫章之木生於高山工雖巧而不能得子避世何不藏深

地理志曰豫章郡城南有樟樹長數十丈立郡因以爲名至晉永嘉年間尚茂

廣志曰豫章生七年外始辨（枕木似豫章故待七年當分別）

神異經曰東方有豫章樹高千丈有士操斧行斫行合

新語曰賢者之處世猶金石生於沙中豫章產於幽谷

水經曰豫章城之南西門曰松楊門門內有樟樹高七丈



五尺大二十五圍枝葉扶疏垂蔭數畝

應劭漢官儀曰豫章郡樹生庭中故以名郡矣此樹常中枯逮晉永嘉中一旦更茂豐蔚如初咸以爲中宗之徵祥也

豫章記曰新淦縣封谿有聶友所用樟木牂柯者遂生爲樹今猶存其木合抱始倒植之今枝條皆垂下

任昉述異記曰豫章之爲木也生七年而後可知

漢武寶鼎二年立豫樟宮於昆明池中作豫樟木殿

太平御覽卷第九百五十七

太平御覽卷第九百五十八

木部七

楠　檜　柞
檀　柘　杞
梓　楸　樅
柀　木蘭　夜合
甘棠　櫰　櫟
橡

楠

尋陽記曰黃金山有楠樹一年東邊榮西邊枯後年西邊榮東邊枯年年如此張華云交讓樹者此是也

檜

爾雅曰檜柏葉松身

尚書禹貢曰杶幹栝柏（栢葉松身曰栝）



毛詩竹竿曰檜楫松舟（檜栢葉松身檝所以擢舟也）

柞

爾雅曰栩杼（柞樹也）

毛詩車舝曰陟彼高岡析其柞薪析其柞薪其葉湑兮

又曰維柞之枝其葉蓬蓬疏曰栩今柞殼爲汁可以染皂今俗及河内云杼斗或橡斗

陸機毛詩疏義曰芃芃棫樸爾雅曰棫白桵注音甤三蒼說棫即柞也其柞理純白無赤心爲白桵直理易破故可爲犢車軸又可爲矛戟鐓

西京雜記曰五柞宮有五柞樹皆連抱五株樹枝覆蔭數十畝

崔豹古今注曰鑿木出交州林邑國也色黑而有文亦謂之文木

周處風土記曰舊說舜葬上虞又記云耕于歷山而始寧剡二縣界上舜所耕田在於山下山多柞樹吴越之間名柞爲櫪故曰歷山

檀

毛詩將仲子曰將仲子兮無踰我園無折我樹檀（檀彊忍之木）

又曰伐檀刺貪也在位貪鄙無功而受祿君子不得進仕爾坎坎伐檀兮寘之河之干兮

聖賢冢墓記曰孔子墓有檀樹

柘

禮記月令曰季春無伐桑柘

又投壺曰矢以柘若棘無去其皮

周禮冬官曰弓人辨六材一曰柘



古史考曰烏號弓以柘枝爲也

譙周曰野柘枝勁烏集之飛起枝彈之烏乃驚號伐取爲弓故稱烏號弓

周書曰季夏取桑柘之火

風俗通曰柘材爲弓彈而放快

崔寔四民月令曰柘染色黃赤人君所服（黃者中尊赤者南方人君之所向也）○雲南記曰會川室屋相次皆是板及茅舍滿川坡盡是花木亦有赤柘

杞

爾雅曰杞枸檵（音計今枸杞也）

毛詩將仲子曰將仲子兮無伐我樹杞（杞木名疏曰狗骨也）

又湛露曰湛湛露斯在彼杞棘

左傳昭公曰聲子聘于晉還令尹子木與之語問晉故焉

且曰晉大夫與楚孰賢對曰晉卿不如楚其大夫則賢皆卿材也如杞梓皮革自楚往也雖楚有材晉實用之

周書曰太姒夢梓化爲杞

梓

爾雅曰椲（音韋）鼠梓（楸屬也今江東有虎梓）

毛詩小弁曰惟桑與梓必恭敬止

又定之方中曰樹之榛栗椅桐梓漆

陸機毛詩疏義曰北山有椲爾雅曰椲鼠梓其樹葉木理如楸山楸之異也今人謂之昔楸濕時脆燥而堅今永昌人謂鼠梓漢人謂之椲

禮斗威儀曰君乘火而王其政和平楸梓爲常生

周書曰太姒夢太子發取周庭之梓樹於商闕間化爲松柏



史記曰子胥將死告舍人曰必樹吾墓上以梓梓可爲器而抉吾眼於吳之東門上以觀越兵入吳也

漢書曰元帝初元四年皇后曾祖父濟南平陵王伯墓門梓柱卒生枝葉上出劉向以爲王氏代漢之象

後漢書曰應順爲冀州刺史廉直無私遷東平相賞罰必信吏不敢犯有梓樹生於聽事室上事後母至孝衆以爲孝感之應

說苑曰伯禽與康叔封朝于成王見周公三見而三笞康叔有駭色謂伯禽曰有商子者賢人也與子見之康叔封與伯禽見商子曰吾二子者朝乎成王見周公三見而三笞其說何也商子曰二子盍相與觀乎南山之陽有木焉名曰橋二子者往觀乎南山之陽見橋竦焉實而仰反以告乎商子商子曰橋者（父道也商子曰）二子盍相與觀乎南山之陰有木焉名曰梓二子者往觀乎南山之陰見梓勃焉實而俯反以告商子曰梓者子道也二子者明日見乎周公入門而趨登堂而跪周公拂其首勞而食之曰安見君子二子對曰見商子周公曰君子哉商子也

樂資春秋後傳曰使者鄭客入函谷至平舒見素車白馬曰吾華山君願以一牘致鎬池君子之咸陽過鎬池見一大梓樹有文石取以扣樹當有應者以書與之鄭客如其言見宮闕如王者居謁者出受書入有頃云今年祖龍死

山海經曰王山瑶山多梓木雞山美梓

孟子曰拱把之桐梓人欲生之皆知所以養（之者）至於身不知所以養之者豈愛身不若桐梓哉

漢武故事曰衛子夫入宮上曰吾昨夜夢子夫庭中生梓樹數株豈非天乎是日幸之有娠



郭氏玄中記曰秦文公造長安宮面四百里南至終南山山有梓樹大數百圍蔭宮中公惡而伐之連日不剋輒大風雨夜有鬼問梓樹樹曰皆奈吾何鬼曰若使三百人披頭以絲繞樹豈不敗汝樹嘿然不應明日人上言秦王依此言伐之中有青牛逐之入澧水

豫章記曰松陽門內有大梓樹大四十五圍樹先枯永嘉中一旦忽更榮華太興中元帝果繼大業

楸

爾雅曰槄（音滔）山榎（今之山楸）楸小葉曰榎（音賈）大而皵（音鵲）楸（老乃皮麁皵者爲楸也）小而皵榎（小而皮麁皵者爲榎）

漢書曰淮北滎南河濟之間千樹楸與千戶侯等

任昉述異記曰吳中有陸家白蓮種顧家班竹趙有韓氏酸棗中山有楸尸（掌楸木者楸可爲什器漢書貨殖志有千樹楸）

樅（七容反）

爾雅曰樅松葉松身（郭璞注云今太廟梁用此木尸子所謂松柏之鼠不知堂室之有美樅）

魯連子曰松樅高千仞而無枝非憂王室無柱

椒

春秋運斗樞曰玉衡星散爲椒

援神契曰椒薑禦溼菖蒲益聰

爾雅曰檓（音毀）大椒也（今椒樹叢生實大者名爲檓也）椒檓醜菉（菉萸子聚生成房貌今江東亦呼菉椒似茱萸而小赤色菉萸音求捜）

山海經曰琴鼓之山其木多椒景山多秦椒

毛詩椒聊曰椒聊刺晉昭公也君子見沃之盛彊能脩其政知其蕃衍盛大子孫將有晉國焉椒聊之實蕃衍盈升彼已之子碩大無朋（椒聊椒也）

陸機毛詩疏義曰椒聊聊語助也椒樹似茱萸有針刺葉



堅而滑澤蜀人作茶吳人作茗皆煑其葉以爲香今成皐諸近山間謂竹葉椒樹亦如蜀椒小毒熱不中合藥也可着飲食中用蒸雞豚佳香東海諸島上椒樹枝葉皆相似子長而不圓甚香其味似橘皮島上麞鹿食此椒葉其肉自然作橘香也

又東門之枌曰貽我握椒（椒芬香也）

續漢書曰天竺國出石蜜胡椒黑鹽

孫卿子曰民之親我驩若父母其好我芬若椒蘭

應劭漢官儀曰皇后稱椒房取其實蔓延盈升以椒塗屋亦取其溫煖

張璠漢記曰桓帝竇皇后崩中常侍曹節王甫欲以貴人禮葬太尉李固自扶輿起擣椒自隨謂妻子曰若太后不得配桓帝吾不生還矣

魏氏春秋同異曰鍾繇嬖庶子會之母黜嫡夫人文帝命復爲繇妻恚忿食椒致噤帝乃止

齊書曰建武中王敬則於會稽反奉子恪爲名而子恪奔走未知所在始安王遙光勸上併誅高武諸子孫於是並勅竟陵王昭胄等六十餘人入永福省令太醫煑椒二斛并命辦數十具棺材謂舍人沈徽孚曰椒熟則一時賜死期三更當殺之會上暫卧主書單㒞啓依旨斃之徽孚堅執曰事須更審爾夕三更子恪徒跣奔至建陽門上聞驚覺曰故當未賜諸侯命耶徽孚以荅上撫床曰遙光幾誤人事及見子恪顧問流涕諸侯悉賜供饌

世說曰石崇以椒爲泥泥屋王君夫以赤石脂泥壁

崔寔四民月令曰正月之旦進酒降神畢室家無大小次坐先祖之前子孫各上椒酒於家長稱觴舉白



范子計然曰蜀椒出武都赤色者善秦椒出隴西天水細者善

風土記曰三香椒欓薑

離騷曰雜申椒與菌桂播椒房兮成堂（布椒於堂上）

晉成公綏椒花銘曰嘉哉芳樹載繁其實厥味唯珍蠲除百疾肇惟歲首月正元日以介眉壽祈以初吉

晉劉臻妻陳氏正旦獻椒花頌曰璇穹周迴三朝肇建美哉靈葩爰採爰獻聖容服之永壽於萬

木蘭

漢書曰孝桓帝元嘉元年芝生後庭木蘭上

神仙傳曰北海于君病癩見市賣藥公姓白問之公云明日木蘭樹下當見卿明日往授素書二卷以消災救病無不愈者

郭子橫洞冥記曰元封三年大秦國獻花蹄牛飴以木蘭之葉使方國貢此葉此牛不甚食食一葉則累月不飢

任昉述異記曰木蘭川在尋陽江中多木蘭樹昔吳王闔閭植木蘭於此用搆宮殿

又曰七里洲中有魯班刻木蘭為舟至今在洲中詩家所云木蘭舟出於此

離騷曰鵷鶵集於木蘭兮

又曰朝飲木蘭之墜露夕湌秋菊之落英

夜合

風土記曰夜合葉晨舒而暮合一名合昏

甘棠

爾雅曰杜甘棠（今之杜梨）杜赤棠白赤棠（棠色赤白各異其名）

毛詩曰甘棠美召伯也蔽芾甘棠勿剪勿伐召伯所茇（思其人愛其樹）



又杕杜曰有杕之杜生于道周（杜赤棠也）

樸

宋春秋曰義熙八年太社樸樹生于壇側樸尚黑也宋水德忽生此一樹

櫟

爾雅曰櫟其實梂（有梂彙自裹）

毛詩晨風曰山有苞櫟（櫟木也）

莊子曰匠石之齊至曲園見櫟社樹曰是不材木故若是之壽

淮南子曰十二月官獄其樹櫟

水經曰若耶溪孤潭上有一櫟樹謝靈運與從弟惠連嘗遊之作連句題刻樹側

橡

後漢書曰李恂詣洛陽時歲荒司空張敏司徒魯恭等各遺子饋糧悉無所受徙居新閑下拾橡實以自資（橡櫟實也）

晉書曰摯虞從惠帝幸長安及東軍來迎百官奔散遂流離鄠杜之間轉入南山中糧絕飢甚拾橡實而食之

又曰司馬元顯之討桓玄于時楊土飢虛運漕不繼玄斷江路商旅遂絕於是公私匱乏士卒唯給稃橡

說苑曰莒穆公有臣朱厲附事穆公不見識焉冬處於山林食橡栗夏處於洲澤食菱藕穆公以難死朱厲附將往死之其友曰子事君而不見識焉今君難吾子死之意者其不可乎朱厲附曰始我以為君不吾知也今君死而我不死是果不知我也吾將死之以激天下不知其臣者遂往死



淮南子曰高臺增榭接屋連苑非不麗也然而民無窟室狹廬所託於身者則明主不樂也肥醲甘脆非不香美也然而民有糟糠橡栗不接於口者則明主不甘也

抱朴子曰假穀於夷齊之門告寒於黔婁之家所得者不過橡栗縕褐必無太牢之膳衣狐裘矣

太平御覽卷第九百五十八

太平御覽卷第九百五十九

木部八

楛　靈壽　樗

荆　棘　君子

長生　萬年　黄蘖

支子　無患　栟櫚

楛

尚書禹貢曰荆州厥貢惟菌簵楛注曰楛中矢榦皆出雲夢之澤也

毛詩旱麓曰瞻彼旱麓山足也榛楛濟濟

陸機毛詩疏義曰榛楛似荆而赤葉似蓍上黨人篾以爲牛筥箱器又屈以爲釵故上黨調問婦人欲買赭不曰蠹中自有黄土買釵不曰山中自有楛

又文賦曰彼榛楛之勿翦亦蒙榮於集翠



靈壽

漢書孔光傳曰賜太師靈壽杖孟康曰扶老杖也服虔曰靈壽木名也似竹有節長不過八九尺

山海經曰廣都之野靈壽實華

樗

爾雅曰栲山樗栲似樗色小白生山中亦類漆樹

毛詩我行其野曰我行其野蔽芾其樗惡木也

陸機毛詩疏義曰蔽芾其樗樗樹及皮皆似漆青色耳其葉臭

莊子惠子曰吾有大樹人謂之樗其本擁腫不中繩墨小枝拳曲不中規矩立之途匠者不顧今子之言大而無用衆所同去莊子曰何不樹於無何有之鄉廣莫之野逍遥乎寢卧其下

風俗通曰嘉平中有兩樗一宿長丈餘作人狀頭目宛然

河洛記曰洛陽北山謂之邙山其上無大樹大業都城之北嶺上有古樗樹不知其來早晚婆娑周廻四五畝已來在伊闕正南相當越公等將建都城之日據此樹以爲南北定準嫌樗木名惡號曰婆娑羅樹矣

荆

春秋運斗樞曰玉衡星散爲荆

廣雅曰楚荆也牡荆蔓荆也

廣志曰赤莖大實者名曰牡荆又有山荆

毛詩漢廣曰翹翹錯薪言刈其楚楚荆也

又綢繆曰綢繆束楚三星在户

左傳昭公曰伍舉入鄭聲子將如晋遇之於鄭郊班荆相與食而言復故班布也布荆坐地共議之



史記曰廉頗肉袒負荆因賓客至藺相如門謝罪卒與爲刎頸之交

漢書曰淮南王安謀反伍被諫曰昔子胥諫吴王云臣今見麋鹿遊姑蘇之臺臣今亦將見宫中生荆棘露沾衣也

東觀漢記曰尹勤治韓詩身牧豕事親至孝無有交遊門生荆棘

後漢書曰鮑永爲魯郡太守時董憲别帥彭豐虞休皮常等各千餘人稱將軍不肯下頃之孔子闕里無故荆棘自除從講堂至于里門永異之謂府丞及魯令曰方今危急而闕里自開斯豈夫子欲令太守行禮助吾誅無道耶乃會人衆修鄉射之禮請豐等共會觀視欲因此擒之豐等亦欲圖永乃持牛酒勞饗而潛挾兵器永覺之手格殺豐等擒破黨與帝嘉其略封爲關内侯

晉書曰索靖拜酒泉太守惠帝即位賜爵關內侯有先識
遠量知天下將亂指洛陽宮門銅駝歎曰會見汝在荆棘
中耳
老子曰師之所處荆棘生焉
周景式孝子傳曰古有兄弟忽欲分異出門見三荆同株
接葉連陰歎曰木猶欣然聚況我而殊哉遂還爲雍和
一曰田真兄弟
神仙傳曰吳有徐隨居丹徒左慈過隨門下有宿客車六
七乘欺慈云徐公不在慈去客皆見牛在楊樹杪車轂中皆
生荆木長一二丈客懼入報隨隨曰此左公遣追之客遂
慈叩頭謝客還見牛在故地無荆木也
顧微廣州記曰撫納縣出金荆
禮弓矢圖曰楚焞士敦反以荆爲之然以灼正以荆者九木



心圓荆心方也
地理志曰荆楚本多材因名地焉
廣州記曰白荆堪爲履紫荆堪爲牀
淮南萬畢術曰南山牡荆指病自愈節不相當有月暈時
刻之○杜寶大業拾遺録曰五年南方置北景林邑海陰
三郡北景在林邑南大海中與海陰接境其地東西一千餘
里南北三百餘里海水四絶北去大岸三百餘里或云馬
援鑄柱尚存地暑熱多大林木高者數百尋有金荆生於
高山峻阜大者十圍盤屈瘤蹙文如美錦色艶於真金中
夏時有於海際得之工人數用甚精妙貴於沉檀

棘

毛詩湛露曰湛湛露斯在彼杞棘
又黃鳥曰交交黃鳥止于棘
又墓門曰墓門有棘斧以斯之
周書曰太姒夢見商之庭產棘
周禮秋官上曰朝士掌建邦外朝之法左九棘孤卿大夫
位焉右九棘公侯伯子男位焉鄭玄曰樹棘以爲位者取其赤心而外刺象以赤心三刺也
左傳昭公曰豎牛奔齊孟仲之子殺之投其首於寧風之
棘上
春秋元命苞曰樹棘聽訟其下者棘赤心有刺言治人者
原心不失其赤實也
後漢書曰馮異朝京師引見帝謂公卿曰是我起兵時主
簿也爲吾披荆棘定關中
又曰仇覽字季智一名香陳留考城人也時考城令河內
王渙政尚嚴猛聞覽以德化人署爲主簿後渙謝遣曰
枳棘非鸞鳳所棲百里豈人賢之路今日太學曳長裾飛



名譽皆主簿後耳以一月俸爲資勉卒景行
晉書曰劉琨至并州荆棘成林豺狼滿道琨剪除荆棘收
葬枯骸造府朝建市獄寇盜互來掩襲常以城門爲戰場
百姓負楯以耕屬鞬而耨琨撫循勞來甚得物情
又曰祖逖在河南公私豐贍士馬日滋方當推鋒越河掃
清冀朔會朝廷將遣戴若思爲都督逖以若思是吳人雖
有才望無弘致遠識且已剪荆棘收河南地而若思雍容
一旦來統之意甚怏怏
又曰石季龍大饗羣臣於太武殿佛圖澄曰殿乎殿乎棘
子成林將壞人衣龍殿石有棘生冉閔小字棘奴時龍養爲己子
又曰崔洪靖厲骨鯁爲尚書左丞時人爲之語曰叢生棘
刺來自博陵在南爲鷂在北爲鷹

又曰顧愷之畫鄰女象以棘針釘之
又曰姚萇符登師於渥源盡停其衆乃掘符堅屍鞭撻荐之以棘坎土而埋之
宋書曰袁淑上太祖書曰所謂棲鳥於烈火之上養魚於叢棘之中
北齊書曰世祖爲後主擇師傅趙彥深進馬敬德入爲侍講其妻夢猛獸將來向之敬德走超叢棘妻伏地不敢動敬德占之曰吾當得大官超棘過九卿也爾伏地夫人也
隋書曰流求國居海島之中土人所居曰波羅檀洞塹柵三重環以流水樹棘爲藩
韓子曰宋人爲燕王以棘刺之端爲沐猴者使王必三月齋而後觀之右御冶工謂王曰臣聞人主無十日不燕今王不能久齋故以三月爲期也棘刺至小安可削乎王必察之王囚而問之果無有乃殺之冶人謂王曰士有虛名



多棘刺之說也
呂氏春秋曰棗棘之有也裘狐 之有也食棘之棗衣裘狐之皮先王固用非其有而已有之湯武一日而盡有夏商之地秦子曰蹈枳棘之籬則有絓枉之患登椒桂之圃則有榮華之芳
陳留耆舊傳曰魏尚被繫詔獄有雀集獄棘上尚占曰夫棘樹者中心赤外有刺象我言有刺而赤心之至誠
李當藥錄曰棘　實是棗針世人用門冬苗代之非其眞也
廣五行記曰隋文帝開皇末年代州人姓王仕爲驃騎將軍性好畋獵所殺無數有五男無女後有一女子端正若畫見者皆奇之父母特加鍾愛鄉里爭爲作好衣而與之女年七歲一旦失之初疑鄰里戲藏之尋訪終不見者諸兄遠覓去家三十餘里於棘中見之欲就抱取驚走馬追不及兄弟以十餘騎圍之而口中唯作兎聲抱歸家不能言而身體盡棘所傷毋爲挑之得刺盈掬不食而死
唐新語曰呂太一爲戶部員外郎戶部與吏部鄰司吏部移牒令牆宇悉立棘以防令史交通太一牒報曰眷彼吏部銓綜之司當須簡要清通何必堅籬插棘省中賞其俊拔
楚辭曰甘棠枯於豐草兮藜棘樹於中庭

君子

晉宮閣名曰華林園君子樹三株
廣志曰君子樹似檉松曹爽樹之於庭

長生



洛陽記曰明光殿前有長生木樹二株
鄴中記曰金華殿後有石虎皇后浴室種雙長生樹世謂之西王母長生樹

萬年

晉宮閣名曰華林園有萬年樹十四株
謝玄暉詩曰風動萬年枝

黃蘗

說文曰蘗黃木也
永嘉郡記曰青田出枯楊所經山路左側木則黃蘗爲林草便黃連覆地土人往伐黃蘗者皆有酒食禱祀禱祀若有違失山神意二藥輒化爲異物不可復得
淮南萬畢術曰蘗令面悅取蘗葉三寸土菝三枚大棗七枚膏和塗面不得四五日立悅矣先以湯洗面乃傳蘗

抱朴子曰黃蘗芝草者千歲黃蘗根下有如三斛器去本株三丈細根相連大如縷末服之盡一丈則地仙

支子

漢書貨殖傳曰巵茜千石亦比千乘之家

地鏡圖曰望氣見人家黃氣者支子樹也

晉令曰諸官有秩支子守護者置吏一人

晉宮閣名曰華林園支子五株

遊名山志曰樓石山多支子也

本草經曰支子一名木丹葉兩頭尖如樗蒲(形)其子如璽而黃赤

葛洪治霍亂轉筋方曰燒支子二七枚末服之立愈

無患

纂文曰無患木名也一名曰槵(女板反)其實可去垢



崔豹古今注曰程雅問櫨木名曰無患何也荅曰昔有神巫曰寶眊(音館)能以符劾百鬼得鬼則以此木為棒棒殺之世人相傳此木為衆鬼所畏競取此木為器以厭却邪魅故號曰無患

卞敬宗無患枕讚曰爰茲素朴名為吉祜匠人斯製以獻君子

栟櫚

廣雅曰栟(音并)櫚椶也

吳志曰孫權討黃祖祖橫兩蒙衝保守沔口以栟閭大紲繫石為矴

齊書曰高帝討晉安王時朝廷器甲皆充南討帝軍容寡闕乃編椶皮為馬具裝折竹為寄生夜舉火進軍賊望見恐懼未戰而走

梁書曰張孝秀性通率不好浮華常冠穀皮巾躡蒲履手執栟櫚皮麈尾服寒食散盛冬一臥於石上

唐書曰訶陵國在南方海中洲上竪木為城作大屋重閣以椶櫚皮覆之王坐其中

山海經曰翠之山其木多椶(椶樹無枝高二丈許葉大而圓枝生梢頭實皮相裹上行皮者為一節可以為索)

廣志曰椶一名栟櫚葉似車輪乃在樹下下有皮纏之附地起二旬一採轉復上生

說文曰椶一名蒲葵

吳錄地理志曰武陵臨沅縣多栟櫚木生山中

晉令曰夷其民守護椶皮者一身不輸之



太平御覽卷第九百五十九

太平御覽卷第九百六十

木部九

皁莢　辛夷　茱萸

穀　蔦　合歡

白銀　枕楂　桄榔

欀　莎木　木綿

杬　䰟　楸樸

檴杔　櫱　文木

部　平仲　君遷

古度　柜　貝多

射干　時好　摩厨

榕　夫漏　都桶

都咸　千歲　慎火

勝火　橎移



皁莢

廣志曰雞栖子皁莢也

宋書曰明帝憎婦人妬劉休妻王氏妬帝聞之賜休妾勑王氏二十杖令休於宅後開小店使王氏親賣掃帚皁莢以此辱之

齊書曰明帝每用皁莢授餘濼（曆洛二音）與左右曰此猶堪明日用

又曰王儉素恨虞玩之東歸儉不出送朝廷無祖餞者玩之卒後員外孔𨼲詣儉求會稽五官儉方盥投皁角於地曰御鄉俗惡虞玩之至死煩人

三國典略曰梁元初甘露降荆州皁莢樹

陳書曰梁末童謡云不見馬上郎只見黄塵起黄塵汚人衣皁莢相料理及王僧辯平羣臣奏高祖曰王僧辯本乘巴馬擊侯景馬上郎王字也黄塵陳也世不解皁莢之義及陳滅於隋隋氏姓楊楊者羊也説者以江東人謂羖羊角爲皁莢

神仙傳曰劉綱受老君道成上大皁莢樹飛去入雲

又曰雲仙翁斬皁莢樹以杯承之皆是好酒

洛陽宫殿簿曰建始殿前槐及皁莢二十株

扶南傳曰安息國出酢皁莢可食味最美

幽明録曰曲阿虞晚所居宅内有一皁莢樹大十餘圍高十餘丈枝條扶疎蔭覆數家諸鳥依其上晚令奴斫上枝因墮殆死空中有罵詈者言晚汝何意伐我家居便以瓦石推擲大小並委頓如此一年漸消滅

范子計然曰皁莢出三輔上價一枚一錢

葛洪治溺死方曰擣皁莢裹以綿内死人下部中水出即活



辛夷

本草經曰辛夷一名辛引一名侯桃一名房木

神農本草曰辛夷生漢中魏興涼州川谷中其樹似杜仲樹高一丈餘子似冬桃而小

楚辭曰飲菌若之朝露兮構桂木而爲室（所飲食絜清所爂芬香）雜橘柚以爲囿兮列辛夷與椒楨

又曰乘赤豹兮從文貍辛夷車兮結桂旗

茱萸

洞林曰郭璞避難至新息有人以茱萸令璞射之璞曰子如小鈴含玄珠構支言之是茱萸

説文曰椒似茱萸出淮南楊州有茱萸樹

風土記曰茱萸椒也九月九日成熟色赤可採世俗亦以
此日折茱萸費長房去以插頭髻去辟惡
異苑曰庚紹為東郡令宗協與紹中表旦服茱萸酒忽見
紹來仍求酒執酒杯還置云茱萸氣協云惡之耶紹云上
官皆畏況我乎
雜五行書曰舍東種楊茱萸各三株增年益壽除患害
蜀都賦曰其圃則有蒟蒻茱萸
曹植樂府歌曰茱萸自用芳不若桂與蘭

穀

毛詩鶴鳴曰樂彼之園爰有樹檀其下維穀 穀惡木也
詩義疏曰幽州謂之穀桑或曰楮桑荊楊交廣謂之穀今
江南績其皮以為布又搗以為紙長數丈絜白光澤甚好
葉初生可以為茹



說文曰穀楮也
裴淵廣州記曰蠻夷取穀皮熟搥為褐裹髻布鋪以擬氈
錢塘記曰靈隱山四布似蓮花中央生穀樹甚高大
韓子曰宋人有為其君以象為楮葉者三年而成亂之楮
葉中而不可別也
吳氏本草曰穀木皮治喉閉痺一名楮
魏王花木志曰南方記楮子如梅實二月花色仍連實七
八月熟土人鹽藏之味辛出交阯

蔦 音鳥

爾雅曰寓木宛童也 郭璞曰寄生樹也一名蔦
漢書曰武帝使東方朔射覆郭舍人曰朔中榜臣百不中
賜臣帛乃覆樹上寄生朔曰窶數也舍人曰朔果不中朔
曰生肉為膾乾肉為脯着樹為寄生盆下為窶數上令榜
舍人

合歡

古今注曰欲蠲人以憂則贈以冊棘冊棘一名忘憂欲蠲
人之忿則贈以青裳青裳一名合歡能忘忿枝葉繁弱互
相交結每一風來輒自相解不相牽綴嵇康種之舍前
本草經曰合歡味甘平生川谷安五臟和心氣令人歡樂
無憂久服輕身明目生益州
仲長統昌言曰漢安帝時有異物生長樂宮東廡柏樹永
巷南閨合歡樹議者以為芝草也羣臣皆賀受賜
晉宮閣名曰華林園合歡四株
神農本草白合歡生豫州河內川谷其樹似狗骨樹
嵇康養生論曰萱草忘憂合歡蠲忿

白銀

湘州記曰益陽縣西山多銀木
晉宮閣名曰華林園白銀八株



杭 音尤

交州記曰杭赤色堪作船作牀
遊名山志曰樓石山多章杭皆為三四五圍
鄧德明南康記曰南康縣曹 音志鄧墟 永極源去郡並九百地
多章杭樹

桄榔

蜀志曰興古南漢縣有桄榔樹峯頭生葉有麵大者收麵
乃至百斛 華陽國志同
吳錄曰交阯南海縣出桄榔中有米屑為麵
臨海異物志曰桄榔木外皮有毛似栟櫚而散生作綍 音昨
綆漬之不腐其木剛作鈠彭鋤利如鐵中石更利唯中焦

榔致敗耳皮中有似擣稻米粭又似麥麵中作麵餌
廣志曰桄榔樹大四五圍長五六丈洪直旁無枝條其顛生葉似𢷎葉斫其木肥堅難傷入數寸得麵
博物志曰蜀中有樹名桄榔皮裏出屑如麵用作餅食之謂之桄榔麵
魏王花木志曰桄榔出興古國者樹高七八丈其大者一樹出麵百斛交趾又有樹其皮有光屑取之乾擣以水淋之如麵可作餅餌
嶺表錄異曰桄榔樹枝葉並蕃茂與棗檳榔等樹小異然葉下有鬚如麄馬尾廣人採之以織巾子其鬚尤宜鹹水浸漬即麄脹而朋故人以此縛舶不用釘線木性如竹紫黑色有文理而堅工人解之以制博弈局此樹皮中有屑如麵可為餅食之



水經曰漢興縣溪中多生卭竹桄榔樹樹出麵而夷人資以自給

欀（湘音）

吳錄地理志曰交趾望縣有欀木其皮中有如白米屑者乾之水淋之似麵可作餅郡內皆有之
左思吳都賦曰文欀貞橿

莎木

蜀志曰莎樹大四五圍長五六丈峯頭生葉出麵一樹出一石正白而味似桄榔
南中八郡志曰莎樹大四五圍長十餘丈樹皮能出麵大者百斛色黃鳩民部落而就食之
廣志曰莎樹多枝葉葉兩邊行列若飛鳥翼其麵色白樹收麵不過一斛擣篩乃如麵不則如磨屑為飯滑

軟

木緜

吳錄地理志曰交趾定安縣有木緜樹高丈實如酒杯中有緜如蠶之緜又可作布名曰緤一名毛布
廣州記曰枝似桐枝葉似胡桃而稍大出交廣二州
羅浮山記曰木緜正月則花大如芙蓉花落結子方生緜與葉耳子內有緜甚白蠶成則熟南人以為緼絮
廣志曰木緜樹赤華為房甚繁偪側相比為緜甚軟出交州永昌

杬

爾雅曰杬魚毒也（郭璞曰杬大木子似栗生南方皮厚汁赤中藏卵菓）
臨海異物志曰杬味如楮
廣志曰原木漬其汁消殺衆生生南



魄

爾雅曰魄楆（奚音）橀（醯音）也（魄大木細葉似檀今江東多有之）
廣雅曰青檀似奚橀語曰齊人斫檀奚楆先殫

樕樸（音速卜）

爾雅曰樕樸心也（郭璞曰槲樕別名）

樓托（樓呼化切）

說文曰狗杝也

欒

說文曰欒木也似木蘭從木欒聲

文木

吳錄曰南朱桐縣有文木材堅黑如水牛角作馬鞭
山海經曰符禺之山文木其實如棗
南方草物狀曰文木樹高七八丈其色正黑如水牛角作

馬鞭日南有之

韶

裴淵廣州記曰韶葉似栗赤色子大如栗有棘刺破其皮内白豬肪着核不離味甜酢核如荔枝

平仲

左思吴都賦曰平仲君遷（平仲實如銀君遷子如瓠）

君遷

劉欣期交州記曰君遷樹子如馬乳

魏王花木志曰君遷細似甘蕉子如馬乳

古度

吴録地理志曰廣州有木名古度不華而實

裴淵廣州記曰古度葉如栗無華枝柯皮中生子子似櫨而酢煮以爲粽數日不煮化作飛蟻



吴都賦曰松梓古度

柜

爾雅曰援柜柳（郭璞曰柜似柳皮可煮作飲也）

貝多

唐書曰貞觀中隋婆登國遣使朝献其國在林邑南海行二月東與訶陵西與迷黎車接北鄰大海風俗與訶陵同種稻每月一熟亦有文字書之貝多葉

杜寳大業拾遺録曰洛陽翊津橋通翻經道場東街其道場有婆羅門僧及身毒僧十餘人新翻諸經其所翻經本從外國來用貝多樹葉書書即今胡書體貝多葉長一尺五六寸闊五寸許葉形似琵琶而厚大横作行書隨經多少縫綴其一邊怗怗然

顧微廣州記曰貝多似枇杷而有光澤耀日柭柯去地四五丈作懸根生地便大如本株形一樹亦可有數十根如本形花白子不中食種於精舍浮圖前

嵩高山記曰嵩高寺中有思惟樹即貝多也如來坐貝多下思惟因以爲名焉

魏王花木志曰思惟樹漢時有道人自西域持貝多子植於嵩之西峯下後極高大有四樹樹一年三花

射干

孫卿子曰西方有木名射干莖長四寸生於高山之崖臨百仞之淵木非長也所立高也君子居必擇鄉遊必就士

楚辭曰掘荃蕙與射干兮芸藜藿與蘘荷

時好

孫綽子曰北阜有木焉名曰時好

摩厨



異物志曰木有摩厨生于斯調（摩厨木名生於斯調地）厥汁肥潤其澤如膏馨香馥郁可以煎熬（如脂膏可以煎熬食物也）彼州之民仰爲嘉肴（花木志曰煎熬食物香美如華夏之人用油）

榕

異物志曰榕樹栖栖長與少殊（少時緑木後乃成樹故爲殊也）高出林表廣蔭原丘孰知初生葛藟之儔

魏王花木志曰榕木初生少時緑縛他樹如外方扶芳藤形不能自立根本緣繞他木傍作連結有如羅網相絡然後木理連合欝茂扶疎高六七丈

嶺表録異曰榕樹桂廣容南府郭之内多栽此樹葉如冬青秋冬不凋枝條既繁葉又蒙細而根鬚繚繞枝幹屈盤上生嫩條如藤垂下漸漸及地藤梢入土便生根節或一大榕樹三五處有根者又横枝着鄰樹則連理南人以爲

常不爲之瑞木

夫漏

徐衷南方記曰夫漏樹野生三月華五六月成子如木有煑着猪肉雞鴨羹中好可食亦中監藏

都桶

徐衷南方記曰都桶樹二月花仍連實七月熟如卵

魏王花木志曰南方草物狀都桶樹野生二月花色仍連着實八九月熟子如鴨卵民取食之其皮核滋味酢出九眞交趾

都咸

徐衷南方記曰都咸樹子大如指取子及樹皮曝乾作飲芳香

千歲



袁山松宜都山川記曰佷山有異木人無見其朽者其名曰千歲葉似棗色似桑冬夏青貞强少節目

槇火

南越志曰廣州有大樹可以御火山北謂之槇火或謂戎火多種屋上以防火

勝火

伏琛齊地記曰東武城東南有勝火木方俗音曰挺子其木經野火燒炭不滅故東方朔謂爲不灰之木

左思齊都賦曰勝火之木衝水之草

播移 潽音

林邑記曰播移樹柯節發根下垂虛中森羅望之似懸髮

太平御覽卷第九百六十

太平御覽卷第九百六十一

木部十



交讓

大魏諸州記曰益州汶山郡平康縣界東北接牂牁有都安縣有交讓樹兩兩相對歲更守枯一生一不俱盛

左思蜀都賦曰交讓所植

建木

山海經曰有木若牛引之有皮若纓黃蛇其實若欒其木若區名曰建木在弱水上青葉紫莖玄華赤實百仞無枝上有九欘竹玉下有九衢黃帝所為欘曲也為治護之也

淮南子曰建木在廣都衆帝所自上下日中無影呼而無響蓋天之中○廣都方都南山也

若木

山海經曰灰野之山有樹青葉名曰若木郭璞注曰生崑崙西附其華光赤照下地也

楚詞曰羲和之未陽若華何光羲和日御也言日未陽升之時若木能有赤明之光



華

又曰折若木以拂日

姑繇

穆天子傳曰天子釣于河以觀姑繇之木

丹木

山海經曰崦嵫山有丹木葉如穀其實大如瓜赤附而黑理食之已癉可以禦火

又曰密山上多丹木圓葉而赤莖黃華實如飴食之不飢

玉膏灌丹木丹木五歲五色乃清言光明也五味乃馨

蕡靈

列子曰荊之南有蕡靈者以五百歲為春以八千歲為秋

椿

左傳曰襄公十八年諸侯伐齊孟莊子斬雍門之椿或作楯為公琴

莊子曰上古有大椿以八千歲為春秋

曹毗魏都賦曰樫栢振露綠椿停霜

迷穀

山海經曰招搖之山有木焉其狀如穀而黑理其花四照其名迷穀佩之不迷

帝休

山海經曰少室之山有木名帝休其枝葉大如楊而五衢黃華黑實服之不恐

雒常

山海經曰肅慎之國有樹名雒常聖人代立於此取衣郭璞曰其俗無衣聖帝代立則此木皮可衣也

返魂

十洲記曰聚窟洲在西海中申未地上有大樹與楓木相似而華葉香聞數百里名爲返魂樹叩其樹樹亦能自聲聲如牛吼聞之者皆心振神駭伐其根心於玉釜中煮取汁微火熟煎之令可丸名曰驚精香或名震靈丸或名反生香或名人鳥精或名却死香斯靈物也香氣聞數百里死屍在地聞氣仍活

如何

神異經曰南方荒中如何之樹三百歲作華九百歲作實有核形如棗子長五尺金刀割之則鮐非則辛食之得地仙

顧凱之啓蒙記曰如何隨刀而改味

仙樹



西河舊事曰連山有仙樹人行山中飢渴者輙得之可飽不得持去平居時亦不得見

棆 音倫

爾雅曰棆無疵也 郭璞曰棆楩屬似豫章也

机

山海經曰單狐之山其木多机 郭璞曰音飢也

木鹿

荊州土地記曰武陵城內社中木鹿樹及南岸二木鹿樹光武所種

椵

說文曰椵木可作伏机

椋 音良

爾雅曰椋即來 椋有癰熊折而乳之 又曰今椋材中車輞

橝 音覃

廣志曰橝樹葉似蘇

繫彌

毛詩義疏曰繫迷一名契似檀

廣志曰繫迷樹子赤如糯粟可食

杭梁

異物志曰有木洪直厥名杭梁

乙木

徐衷南方記曰乙樹葉檮之和繻葉汁煮之再沸味辛曝乾可投魚羹中

求郍衛

羅浮山記曰求郍衛外國樹英華紅粉至可愛翫

男青



羅浮山記曰男青條葉之屬莫不朱色尤易植立折插土中因便開榮

尋木

山海經曰尋木長千里生河邊

玉樹

山海經曰開明北有文玉樹五彩

括地圖曰崑崙墟北有玉樹

世說曰謝安嘗謂子姪曰汝等何豫人事諸子莫言玄答曰譬如芝蘭玉樹欲生庭堦耳

唐書曰雲陽縣界多漢離宮故地有似槐而葉細士人謂之玉樹

楊子雲甘泉賦云玉樹青葱後左思以雄爲假稱珎怪也

踈麻

南越志曰䟽麻大二圍高數丈四時結實無衰落騷人所謂折䟽麻兮瑤華

樠 音謾

山海經曰樠樹生蜀中七八月吐穗成有盐梅猕可以酢羹

瑯玕

山海經曰崑崙山有瑯玕樹

盧頭

南越志曰南海江岸間有盧頭木葉如甘蔗織以為帆以其䟽𣊧懷風故帆不以布

櫰

山海經曰中曲山有櫰 音瓌 木如棠而圓葉赤實如木瓜食之多力



棎棠

山海經曰棎棠木出崑崙山黃色赤實味如李食之使不溺

葦 音諸

山海經曰前山其木多葦 似林子可食冬夏栢青作柱難腐

帝屋

山海經曰講山有木名帝屋葉如椒反陽赤實 反陽刺下勾也 可以禦凶

六駮

陸機毛詩疏義曰六駮馬梓其樹皮青白駮犖遙視似馬故謂之駮馬下章云山有苞棣隰有樹檖皆山隰木相配不宜謂獸

崔豹古今注曰六駮山中有木葉似豫章皮多癬駮名六駮木

漆

淮南子曰蝱散積血斲木愈齲 驅主切 此類之推者也 推行 膏之殺鼈鵲矢中蝟 中亦殺矢 爛灰生蠅 爛腐 漆見蟹而不乾

又曰染者先青而後黑則可先黑而後青則不可工人下漆而上冊則可下冊而上漆則不可萬事由此也所先後上下不可不審也

崔豹古今注曰漆樹以剛斧斫其皮開以竹管承之汁滴則成也

槲

齊書曰樂預為永世令人懷其德卒官時有一媼年可六七十擔槲蔌葉造市貨之聞預卒入泣弃溪中曰失樂令我輩孤獨老姥故應就死尔市人皆泣其惠化如此



三國典略曰齊斛律光之入寇也周將韋孝寬忌之孝寬參軍曲巖頗知卜筮謂孝寬曰來年東朝必大相殺孝寬因令巖作謠言曰百升飛上天明月耀長安又曰高山不推自崩槲樹不扶自竪乃間諜遺其文於鄴中齊人用是而殺斛律光明月光字也

隋書曰倭國草木冬青土地膏腴水多陸少以小環挂鸕鷀項令入水捕魚得百餘頭俗無盤俎藉以槲葉食用手餔之性質直有雅風

唐書曰萬歲登封元年春封嵩山御朝覲壇受朝賀登封壇南有槲樹大赦日於其杪置金鷄改名為金鷄樹

樺

隋書曰鉢室韋衣胡布山而住人衆多北室韋不知為幾部落用樺皮蓋屋

杜寶大業拾遺録曰二年汾州起汾陽宮宮南外平林率是大樺木高百餘尺行從文武皆剥取皮覆菴舍

## 楠

陸機毛詩疏義曰梅楠其樹及葉似豫樟葉大如牛耳一頭尖其華赤黄子不可食楠木細理於豫樟無子赤者材堅白者脆荆州人曰梅多江南及魏興新城上庸蜀皆多樟楠

三國典略曰初陳文帝以湘州出杉楠使營造大艦金翅等二百許艘并諸水戰之具

## 石南

魏王花木志曰南方記石南樹野生二月花仍連着實實如鷰子八月熟民採之取核乾取皮皮作魚羹和之尤美出九真



任昉述異記曰曲阜古城有顔回墓墓上石楠二株可三四十圍土人云顔回手植之木

## 婆那娑

隋書曰真臘國土俗與日南九真相類異者有婆那娑樹無花葉似冬瓜菴羅樹花葉似棗實似李毗野樹花似木瓜葉似杏實似楮婆田羅樹花葉實並似棗而小異歌畢他樹花似李葉似榆而厚大實似李其大如升自餘多同九真

## 枹 _枹音_

嶺表録異曰枹木産江溪中葉細如檜身堅類栢唯根軟不勝刀鋸今潮循人多用其根剜而爲履當木濕時刻削易如割瓜木乾之後柔刀不可理也或油畫或漆其輕如通草暑月着之隔卑濕地氣力如杉木今廣州賓從諸郡牧守初到任皆有油畫枹木履也

## 牧婆羅

南夷志曰南詔多牧婆羅樹子破其殻中白如柳絮紉爲絲織爲方幅裁之爲籠段男子婦人通服之驃國弥臣諾亦皆披婆羅籠段

## 青田

崔豹古今注曰烏孫國有青田核莫測其樹之形實至中國者得其核取將漬水則成酒其味淳美核大如五六升瓠空之以盛水俄而成酒味劉璋時得兩核集賓客設之常供二十人飲之一核所盛方盡一核所盛者得中飲盡隨便注水隨成即飲不可久置久置則苦不堪飲名曰青田壺亦曰青田酒

## 都念

杜寶大業拾遺録曰十二年四月南海郡送都念子樹一百株勑付西苑十六院内種此樹高一丈許葉如白楊枝柯長細花心金色花葉正赤似蜀葵而大其子小於柿子甘酸至美蜜漬爲粽益佳

嶺表録異曰倒捻子窠叢不大葉如苦李花似蜀葵小而深紫南中婦女得以染色有子如軟柿頭上有四葉如柿蔕食者必捻其蔕故謂之倒捻子或呼爲都念子蓋語訛也其子外紫肉赤無核食之甜軟甚暖腹藏兼益肌肉

## 娑羅

魏王花木志曰娑羅樹緗葉子似椒味如羅勒嶺北人呼爲大娑羅

盛弘之荆州記曰巴陵縣僧寺牀下忽生一木不旬日勢凌軒棟道人移居避之木即長遅但極晩香有西域僧見

之曰娑羅樹也彼僧所憩之蔭常着花至元嘉十一年忽生一花狀如芙蓉

兒樹

唐書曰波斯於西海中見一方石上有樹榦赤葉青樹上惣生小兒長六七寸見人皆笑動其手脚頭着樹枝其使摘取一枝小兒便死今在大食王處

酒樹

梁書曰南方頓遜國有酒樹似安石榴取花汁停盃中數日成酒美而醉人（博物志曰酒出頓遜國）

都勾

劉欣期交州記曰都勾樹木中出屑如麪可啖

魏王花木志曰交州記都勾似栟櫚木中出屑如麪可取爲餌食如桄榔



烏文

崔豹古今注曰烏文木出波斯國每舶上將來就中烏文爛然中國亦有出溫括婺等州

比閭

汲冢周書王會曰白州比閭者其華若羽伐其木以爲車終行不敗（白州東南蠻與白民接也水中可居曰洲洲中出此木）

制木

崔豹古今注曰制木湖州最多有子如栗木有白皮波斯國來者皆去其皮人多不別

太平御覽卷第九百六十一

# 太平御覽卷第九百六十二

竹部一

竹上

易曰震爲蒼琅竹

尚書禹貢曰荆州厥貢惟箘簵楛箘簵美竹又禹貢楊州曰篠簜既敷篠竹箭簜大竹爾治水敷布也厥貢瑤琨篠簜

毛詩斯干曰如竹苞矣如松茂矣

又竹竿曰竹竿衞女思歸也適異國而不見荅思而能以禮者也籊籊竹竿以釣于淇

韓詩外傳曰黃帝時鳳皇棲帝梧桐食帝竹實

周禮春官曰孤竹之管孫竹之管陰竹之管鄭玄注曰孤竹竹特生孫竹竹枝根之末生者陰竹生山北者

禮記月令曰仲冬日長至則伐木取竹箭

左傳文下曰賊殺齊懿公於申池納諸竹中

又襄三曰晉伐齊劉難士弱率諸侯之師焚申池之竹木二子晉大夫也

又曰東南之美者有會稽之竹箭焉會稽山名今在山陰縣竹箭篠也

孝經河圖曰少室之山大竹堪爲釜甑此竹亦堪爲器也安思縣多苦竹竹之醜有四有青苦有白苦有紫苦有黃苦

汲冢周書王會曰成王時路人獻大竹

史記曰智伯率韓魏攻趙襄子襄子奔晉陽原過後至見三人自帶以上可見自帶以下不可見與原過竹二節莫通曰我以是遺趙無卹襄子自割竹有朱書

又貨殖傳曰渭川千畝竹其人與千戶侯等

漢書曰高祖爲亭長乃以竹皮爲冠應劭注曰以竹始生皮作冠今鵲尾冠也

又曰上使發卒數萬人塞瓠子河下淇園之竹以爲楗



又曰竹大者一節受一斛小者數斗以爲柙音匣榼

又曰梁孝王脩兎園多植竹

又地理志曰秦地有鄠杜竹林南山檀柘号陸海

後漢書曰郭伋爲并州刺史出行郡童子乘竹馬相待

又曰寇恂爲河內太守移書屬縣講兵肄射伐淇園之竹爲矢百餘萬前書音義曰淇園衞之苑多竹篠也養馬二千疋收租四百萬斛轉以給軍

晉書曰杜預討吳州郡多望風歸命衆軍會議或曰百年之寇未可盡剋今向暑水潦方降疾疫將起俟來冬更爲大舉預曰昔樂毅籍濟西一戰以併強齊今兵威已振譬如破竹數節之後皆迎刃而解無復著手處也

又曰武帝平吳之後復納孫皓宮人數千自此掖庭殆將萬餘人而並寵者甚衆帝莫知所適乘羊車恣其所之至便宴寢宮人乃取竹葉插戶以鹽汁灑地而引帝車

又曰王徽之常居空宅中便令種竹問其聲徽之嘯詠指竹曰不可一日無此君

謝靈運晉書曰元康二年巴西界竹花紫色結實如麥

晉書載記曰長安謠曰鳳皇鳳皇止阿房符堅以鳳皇非梧桐不棲非竹實不食乃植桐竹數十萬株于阿房宮城以待之慕容沖小字鳳皇至是終爲堅賊入止阿城焉

宋書曰卜天與弟天生少爲隊將十人同火屋後有坑廣二丈餘十人共跳之皆度唯天生墜天生乃取實中苦竹削其端使利交橫布坑內更呼等類共跳並懼不敢天生乃復跳之往反十餘曾無留礙衆並歎服

齊書曰南海王子罕字雲華武帝第十一子也頗有學問母尚容華有寵故武帝留心母常寢疾子罕晝夜祈禱

時以竹爲燈纘照夜北纘宿昔拔葉大茂母病亦愈咸以
爲孝感所致
又曰徐伯珍少孤貧學書無紙常以竹葉箭箬（音若）甘蔗及
地上學書
南史隱逸傳曰沈麟士字雲禎居貧織簾誦書（鄉里號爲織簾先生嘗爲人作）
竹誤傷手便流淚而還同作者謂曰此不足損何至涕零
荅曰此本不痛但遺體毀傷感而悲耳
梁書曰武帝臨雍州命呂僧珍爲中兵參軍委以心膂僧
珍陰養死士歸之者甚衆武帝頗招武猛士庶嚮從會者
萬餘人因命按行城西空地將起數千間屋爲止舍多伐
材竹沉於檀溪積茅蓋若山阜皆未之用僧珍獨悟其旨
因私具櫓數百張及兵起悉取檀溪材竹裝爲舡艦葺之
以茅並立辦衆軍將發患諸將須櫓甚多僧珍乃出先所



具每舡付二張爭者乃息
隋書曰明克讓字弘道平原鬲人也父山賓梁侍中克讓
少好儒善談論博涉書史所覽將萬卷三禮禮論尤所研
精龜筴曆象咸得其妙年十四釋褐湘東王法曹參軍時
舍人朱异在儀賢堂講老子克讓預焉堂邊有脩竹异令
克讓詠之克讓攬筆輒成其卒章曰非君多愛賞誰貴此
貞心异甚奇之
唐書曰南詔理無刑名桎梏之其罪以竹五本束之伏犯
者撻其背
又曰開成四年襄陽三縣山竹結實成米百姓採食
莊子曰鵷鶵非練實而不食（練實竹實也取其潔白）
淮南子曰太清之治也鳳麟降著龜兆甘露下竹實盈（竹實鳳皇）

又曰瓦以火成不可以得火竹以水生不可以得水（瓦得火則盛竹得水浸則死也）
又曰槁竹有火弗鑽不爇（音熱）土中有水弗掘無泉（掘猶穿也）
梅子曰弘農宜陽縣金門山竹爲律管河內葭莩以爲灰
可以候氣取灰實管端置之深宮覆以緹幕勿令見風日
節至則灰飛管通矣
唐子曰希見食筍歸煮竹根
家語曰子路見孔子孔子曰君子不可學子路曰南山有
竹不揉自直斬而爲用射達於犀革以此言之何學之爲
孔子曰括而羽之鏃而礪之其入不益深乎
呂氏春秋曰昔黃帝命伶倫作爲律伶倫自大夏之西洒
（山名）乃之沅渝之陰（山名）取竹谿之谷以生空竅厚鈞者斷兩
節間（竹生谿谷者取其鈞厚以爲律谿或作嶰）其長三寸九分而吹之



山海經曰長石之山西有共谷其中多竹衞丘山南帝俊
（郭璞曰俊舜字假借音）竹林在焉大可爲舟（言舜林中竹一節則可以爲舡）
又曰竹生花其年便枯竹六十年一易根易根必經結實
而枯死實落土復生六年還成（丁田）
穆天子傳曰天子西征至于玄池天子休于玄池之上乃
奏廣樂三日而終是曰樂池乃樹之竹是曰竹林
吳越春秋曰越王問范蠡用兵對曰越有處女願君王問
之處女北見於王道逢老人自稱袁公號披林杪竹末折
墮地處女即捷其末公操其本而刺處女處女舉杖擊之
飛上樹變爲白猿（具猿部）○三輔舊事曰武帝作延陵及廟實
將軍有青竹田在廟南恐犯蹈之言作陵不便○世說曰魏
武征袁本初治裝餘有數十斛竹片咸長數寸衆並謂不堪
用正合燒除太祖意甚惜思所以用之謂可爲竹甲而未

顯其言馳使以問楊主簿德祖德祖意懸同
風俗通曰殺青按殺青作簡書之新竹有汁後加於火上故作簡者於火上炙乾之
水經曰東陽定縣夾岸緣溪悉生支竹及芳枳木連雜以霜菊金橙
說文曰竹冬生草也
華陽國志曰有竹王者興於遯水有一女浣於水濱有三節大竹流入女足間推之不去聞有兒聲持歸破竹得男長養有武才遂雄夷狄氏竹爲姓所破竹於野成林今王祠竹林是也
又曰何隨家養竹園人盜其竹何隨遇行見恐盜者覺怖走竹傷其足挈履徐步而歸
文士傳曰蔡邕經會稽高遷亭見屋椽竹從東間數第十六可以爲籥取用果有異聲
神仙傳曰離婁公服竹汁餌桂得仙
又曰壺公欲與費長房俱去長房畏家人覺公乃書一青竹戒曰卿以此竹歸家便稱病以此置卿卧處默便來還長房如言家人見此竹云是屍哭泣行喪
荆楚歲時記曰夏至節日食糉周處謂爲角黍人並以新竹爲筒糉練葉插五綵繫臂謂爲長命縷
王子年拾遺記曰蓬山有浮筠之簳葉青莖紫子如大珠有青鸞集其上下有砂礫細如粉暴風至竹條翻起拂細砂如雪霧仙者來觀戲焉風吹竹折聲如鍾磬之音
南越志曰羅浮山生竹皆七八圍節長一二尺謂之鍾龍
湘州記曰邵陵高平縣有文竹山上有石牀四面綠竹扶踈常隨風委拂此牀



永嘉記曰陽嶼仙山有平石方十餘丈名仙壇有一筋竹垂壇旁風來輒掃拂壇上
東陽記曰崑山去蕪城山十里峯嶺高峻故老傳云嶺上有圓池魚鼈具有池邊有竹極大風至垂屈掃地恒潔如人掃之
丹陽記曰江寧縣南二十里慈姥山積石臨江生簹管竹王子淵洞簫賦所稱即此也其竹圓緻音稚異於他處自伶倫採竹嶰谷其後唯此幹見珍故歷代常給樂府而俗呼曰鼓吹山
風土記曰陽羨縣有袁君冢壇邊有數枚大竹高二三丈枝皆兩兩枝下垂如有塵穢則掃拂壇上恒淨潔
袁山松宜都山川記曰佷山縣方山上有靈祠祠中有特生一竹擅美高危其妙下垂忽有塵穢起風動竹拂蕩如掃
荆州記曰臨賀謝休縣東山有小竹生其旁皆四五寸圍下有盤石徑四五丈極高方正青滑如彈碁局兩竹屈垂掃其上初無塵穢未至數十里聞風吹此竹如簫管之音
武昌記曰陽新縣有朔山山有兩大竹長十餘丈圍數尺有聲如風雨爲官長凶候縣人占之有驗
雲南記曰雲南有實心竹文采班駮殊好可爲器物其土以爲槍簳交床
述征記曰仙陽縣城東北二十里存中散大夫嵇康宅今悉爲田墟而父老猶種竹木
崔豹古今注曰牛亨問曰籍者何也荅曰籍者尺二竹牒記人之年名字物色懸之宫門按省相應乃得入也
劉敬叔異苑曰吳郡桐廬人嘗伐竹見一竹竿雉頭蛇身

猶未變此亦竹爲虵虵爲雉也
任昉述異記曰湘水去岸三十許里有相思宮望帝臺舜南巡不返殁葬於蒼梧之野堯之二女娥皇女英追之不及相思慟哭淚下沾竹文悉爲之班班然
又曰衛有淇園出竹在淇水之上詩云瞻彼淇澳緑竹猗猗
又曰南中生子母竹今慈竹是也漢章帝三年子母竹笋生白虎殿前謂之孝竹羣臣作孝竹頌
又曰東海畔孤竹生焉斬而復生中爲管周武王時孤竹人獻笋一株
揚泉物理論曰宜陽金門竹爲律管河内葭爲灰可請同氣（宜陽洛州西北故縣名）
本草曰竹花一名華草



夢書曰竹爲處士田居夢見竹者憂處士也
楚詞七諫曰便娟之竹寄生江潭上葳蕤而防露下泠泠而來風
江逌竹賦曰含虛中以象道體圓質以儀天古詩曰種竹深井中三年乃成竿

太平御覽卷第九百六十二

# 太平御覽卷第九百六十三

竹部二

竹下 筍附

桂竹　箭竹　桃枝竹
篁竹　簕竹　鈎端竹
筇竹　種龍竹　雲母竹
擁竹　篵竹　狗竹
篃竹　由梧竹　班皮竹
篔簹竹　苦竹　射同竹
沙麻竹　石麻竹　笆竹
雞頸竹　籚篵竹　籃竹
莽竹　莿竹　簢竹
仲竹　篿竹　漢竹



利竹　林於竹　晉竹
沛竹　棘竹　簹竹
弓竹　簜竹　筍

桂竹

山海經曰雲山有桂竹甚毒傷人必死郭璞曰始興小桂縣出桂竹也

箭竹

爾雅曰東南之美者有會稽之竹箭焉

禮記曰禮之於人也如竹箭之有筠也事具禮部

說文曰箭矢竹也

戴凱之竹譜曰箭竹高者一丈節間三尺堅勁中為矢

桃枝竹

爾雅曰桃枝四寸有節今桃枝節間相去多四寸

竹譜曰桃枝竹皮滑而黃可以為席

山海經曰嶓冢之山囂水之上多桃枝竹

裴氏廣州記曰有桃竹

魏志曰倭國有桃枝竹

篁竹

竹譜曰篁竹似桂而概節

簕竹

竹譜曰簕竹長二丈許圍數寸至堅利出日南九真南方以為矛其筍未成竹時堪為弩弦見徐衷南中奏劉淵林云夷人以史篻音驃竹為矛即是簕竹一物而二名者也

永嘉郡記曰陽興去安固江口六十五里有仙石山頂上有平石辟方十餘丈名為仙壇壇陬有一簕竹凡有風來動音自成宮商

周景式廬山記曰康皇溪道士種松及簕竹竿



竺法真登羅山疏曰嶺南道無簕竹唯羅山有之其大尺圍細者色如黃金堅貞疏節

異苑曰東陽留道先元嘉四年簕竹林忽生連理野人無知謂為楇祟斫殺之

鈎端竹

山海經曰嶓冢之山囂水之北多鈎端竹

筇竹

漢書曰張騫至大夏見筇竹杖問之云賈人市之身毒國

山海經曰龜山多挾竹郭璞曰即笻竹

竹譜曰筇竹高節實中狀若人刻俗謂之扶老竹廣志云出南廣邛都縣

羅浮山記曰邛竹本出邛山張騫西至大夏所見也而此山左右時有之鄉老多以為杖

種龍竹
廣志曰種龍竹任作笛
呂氏春秋曰昔黃帝命伶倫爲律伶倫自大夏之西沉渝
之陰取竹之嶰谷斷兩節間長六寸九分而吹之以爲黃
鍾之宮律之本也竹譜曰種龍竹伶倫所伐
雲母竹
廣志曰雲母竹大竹也
㰕竹
廣志曰㰕竹細而多刺
箟竹
廣志曰箟竹任作笛
嶺表錄異曰箟簩竹皮薄而空多大者徑不逾二寸皮上
有麤澁文可爲錯子錯甲利勝於鐵若鈍以漿水洗之還
復快利廣州記云石麻之竹勁而利削爲刀割象皮如切竿



狗竹
竹譜曰狗竹節間有毛出臨海
篃竹
竹譜曰篃竹江漢間謂之箭竿一尺數節葉大如扇可以
衣蓬江漢之間謂之䉛竹音蹶
由梧竹
南方草木狀曰由梧竹吏民家種之長三四丈圍一尺八
九寸作屋柱出交阯
林邑記曰由梧堪爲屋梁柱
左思吳都賦曰由梧有篁
班皮竹
博物志曰洞庭虞帝之二女帝以涕揮竹竹盡班今下雋
有班皮竹
篔簹音去當
竹譜曰篔簹竹大者中作甑
顧微廣州記曰箪竹一名篔簹節長一丈○吳錄曰始興曲
江縣有篔簹竹圍尺五寸節相去六七尺夷人以爲布葛
異苑曰建安有篔簹竹節中有人長尺許頭足皆具
苦竹
永嘉郡記曰樂成縣民張廌者隱居頤志不應辟命家有
苦竹數千頃在竹中爲屋恒居其中王右軍聞而造之廌
逃避竹中不與相見一郡號爲高士
射筒竹
竹譜曰射筒竹薄肌而長中着箭因以爲名
沙麻竹
南越志曰沙麻竹人削以爲弓弓似弩淮南所謂溪子弩
也或曰蘇麻竹或曰麤麻竹
嶺表錄異曰沙摩竹廣桂皆植大如茶盌竹厚而空小一
人止擎一莖堪爲茅屋之椽梁也其種者即截其竿每截
二尺許鉏入土不逾月而生根葉明年長牙筍不三載而
爲林蓋土地所宜也南人俺以鹽爲笋奇
石麻竹
裴淵廣州記曰石麻竹勁利削爲刀切象皮如截芋
笆竹
顧微廣州記曰平鄉縣有笆竹堪作布
吳都賦曰笆箭抽節往往縈結
雞頸竹
竹譜曰雞頸竹篁之類纖細大者不過如指踈葉黃皮強

脆無所堪施筍美青班色綠江山尚所饒也
籚䈽竹
竹譜曰此竹當是籚出楊州東垂諸郡浙江以東可以爲
箎
䈲竹
竹譜曰䈲墮竹大如脚指蟲食其筍皮類綉甚可愛
莽竹
爾雅曰莽數節（節間促也）
粼竹
爾雅曰粼（音玄）堅中（竹類其中實也）
簢竹
爾雅曰簢（音閔）筡（音徒）中（其中空也）
仲竹
爾雅曰仲無笐（亦竹類未詳音腕）

䈏竹
禮斗威儀曰君乘水而王其政太平䈏紫脆爲常生
壬子年拾遺記曰岑華山在西海之西有䈏竹爲簫管吹
之若群鳳之鳴
漢竹
廣志曰永昌有漢竹圍三尺餘
利竹
廣志曰西南出利竹
林於竹
竹譜曰林於竹葉薄而廣
晉竹
吳越春秋曰吳王聞越王盡心自守賜之以書增之以封
越王乃使大夫賁葛布十萬狐皮五雙晉竹十廋以答封
禮
沛竹
東方朔神異經曰南方荒中有沛竹其長百丈圍三丈五
六尺厚八九寸可以爲船其子美食之可以已瘡癘（張茂先曰子
笋也）
棘竹
竹譜曰棘竹生交州諸郡藂生初有數十莖大者二尺圍
肉至厚幾於實中夷人破以爲弓枝節皆有刺彼人種以
爲城卒不可攻萬震異物志所謂種爲藩落阻過層墉者
也或卒倒根出大如十石物從撗相承狀如繰車一名笆
竹見三倉筍味落人鬚髮
沈懷遠南越志曰宋昌縣有棘竹長十尋大如甕凡其間短
者輒六七丈也爲竹藂薄葉下有鉤刺或有倏末如芒針

南州異物志曰棘竹節有棘刺
嶺表錄異曰南土有刺竹即枝上有刺南人呼刺爲勒
自根橫生枝條展轉如織雖野火焚燒只燎細枝嫩葉春
藂生轉復牢密邕州舊以刺竹爲墻蠻蜒來侵竟不能入
簹竹
竹譜曰簹與由衙厥體俱洪圍或累尺簹實衙空南越之
居梁柱是供
異物志曰有竹曰簹其大數圍節間相去局促中
實滿堅強以爲屋榱斷截便以爲棟梁不復加斤
斧也
弓竹
竹譜曰弓竹出東垂諸山

尚書禹貢曰篠簜既敷

# 簜竹

爾雅曰簜竹竹別名也儀禮曰簜竹在建鼓之間謂簫管之屬

# 筍

爾雅曰筍竹萌初生者

毛詩韓弈曰其蔌維何維筍及蒲筍竹萌也

周禮天官醢人曰加豆之實箈菹筍菹箈箭萌也筍竹萌也

東觀漢記曰馬援至荔浦見冬筍名苞筍上言禹貢厥苞橘柚疑謂是也其味美於春夏筍

續晉安帝紀曰豫州刺史司馬尚之爲桓玄將馮該所攻倉儲稍竭外白戰士夕飢悉未付食是時蘆筍時也尚之指筍曰且噉此足解三日將士離心遂敗

呂氏春秋曰味之美者越駱之菌高誘曰筍也



華陽國志曰何隨字季業有竹園人盜其筍者隨行見之恐驚乃挈履而歸

荆州圖曰玩陽縣山上有孤竹三年而生一笋笋成代謝常一

楚國先賢傳曰孟宗字恭武至孝母好食竹笋宗入林中哀號方冬筍爲之出因以供養時人皆以爲孝感所致

南史曰沈道虔有人拔其屋後笋令人止之曰惜此笋欲令成林更有佳者相與乃令人買大笋送與盜者慙不取道虔使置其門內而還

笋譜曰笋者竹之蒻也竹之醜節種凡草木有白蒻嫩而堪食者皆曰白蒻也同蔫屬厥性弱於木而強於草實草木中別類也

陸龜蒙笋賦曰洪纖靡定方圓不均南方有竹

太平御覽卷第九百六十四

果部一

果　栗

果

易解卦曰天地解而雷雨作雷雨作而百果草木皆甲坼

爾雅曰果不熟曰荒

周禮天官上甸師職曰甸師供野果之屬

禮記曲禮上曰賜果於君前其有核者懷其核

又玉藻曰果實未熟不粥於市凡食果實後君子火熟者先君子

春秋元命苞曰織女星主果

謝承後漢書曰劉祐字伯祖中山安國人仕郡爲主簿郡將小子常出錢付之市買果實祐悉以買筆墨書具與之



華嶠後漢書曰桓榮爲博士會庭中詔賜奇果受賜者懷之榮獨舉手奉以拜光武笑指之曰此真儒生也

陳書曰（徐孝克侍宴無所食啖至食散當其前膳羞損減帝密記以問中書舍人管斌斌自是伺之見孝克以珎果內紳帶中斌當時莫識其意後尋訪方知其以）遺母斌以啓宣帝嗟嘆良久乃勑自今宴享孝克前饌並遣將還以餉其母時論美之

北史曰後魏淮陽王欣好營產業多所樹藝京師名果皆出其園

唐書曰李泳爲河陽所至以貪殘爲務搆宴所陳果實以木刻彩繢之

說文曰在木曰果在草曰蓏（郎果切）

山海經曰不周之山爰有嘉果其實如桃李其葉華赤食之不飢

符子曰趙之相者曰林氏有九子皆賢國人美而稱之號曰九德之父十德之門趙王疾之王乃使擇其果之煩者伐之其父曰菓之茂者猶伐之況其人乎吾將以尔爲累矣去之則免乃携老持子逃趙相於白雲之巖終身不返趙人思之

郭子曰王丞相儉帳下甘果盈溢涉春敗爛

呂氏春秋曰昔古朱襄氏治天下也（炎帝別号）多風陽氣畜積萬物散解果實不成故士達作爲五絃之瑟以來陰氣以定羣生（士達朱襄氏臣）

杜蘭香傳曰神女姓杜名蘭香降張碩常食粟飯并有非時果碩食之亦不甘然一食可七八日不飢

鄴中記曰石虎有華林園種衆果民間有名果虎作蝦蟇車四搏掘根面去一丈深一丈合土載之植之無不生

關駰十三州記曰舍衛國在月氏南萬里果大如三斗坑（音杜）



食經曰種名果法取好直枝內着芋瑰中種之

張衡東京賦曰奇樹珎果鉤盾所職

左思魏都賦曰馳道周屈於果下（劉逵注曰漢厩舊有樂浪所獻果下馬高三尺以駕輦車）

又蜀都賦曰百果甲坼異色同榮

劉楨魯都賦曰芳果萬名攢羅廣庭霜滋露熟時至則零。石崇金谷詩序曰雜果幾乎萬株

陸機與弟雲書曰天淵池東南角有果各作一林無處不有縱橫成行一果之間輙作一堂

郭璞五果讚曰果蓏之品剖噬因宜雖曰微有貴賤有差

栗

毛詩山有樞曰山有漆隰有栗

韓詩曰東門之栗有靖家室栗木名靖善也言東門之外
栗樹之下有善人可與成爲室家者
毛詩疏義曰五方皆有栗周秦吳楊特饒唯漁陽范陽栗
甜美長味倭韓國上栗大如雞子亦短味不美桂楊有栗
叢生大如杼子
儀禮士喪禮曰設豆右菹南栗東脯
大戴禮曰八月栗零零也者降也零而後取之故不言剥也
周禮天官籩人曰饋食之籩其實栗
禮記內則曰栗有撰之
左傳曰女贄不過榛栗棗脩以告虔也
論語曰哀公問社於宰我宰我對曰夏后氏以松殷人以柏
周人以栗曰使民戰栗（謂肅主也）
爾雅曰栵栭（栵列栭樹似槲樕而卑小子如細栗二音栭可食今江東亦呼爲栭栗）



漢書曰種千樹栗其人與千户侯等
謝承後漢書曰豫章宗度拜定陵令縣人杜伯夷清高不
仕度與談論致棗栗而已
魏略曰太子與鍾繇書曰竊見玉書稱美玉赤擬雞冠黃
侔蒸栗
魏志曰東夷韓國出大栗如梨
宋書曰劉秀之爲丹陽尹先是秀之從叔穆之爲丹陽與
子弟廳事上宴廳事柱有一穿穆之謂子弟及秀之曰汝
等試以栗遥擲柱入穿者後必得此郡唯秀之獨入焉其言
遂驗
又曰王恭幼敏悟年數歲時祖母諸孫姪散栗於牀群兒
競之恭獨不取問其故對曰不取自當得賜由是中表異
之

梁書曰沈約嘗侍宴會豫州獻栗徑寸半奇之問衆栗事
多少與約各疏所知約少帝三事約出謂人曰此公護前
不讓即羞死帝以其言不遜欲抵其罪徐勉固諫乃止
又曰蕭琛嘗預御筵醉伏上以棗投琛琛乃取栗擲上中
面御史中丞在席帝動色曰席中有人不得如此豈有説
也琛曰陛下投臣以赤心臣敢報之以戰栗
莊子曰宋有狙公者（狙好養獼猴者）恐衆狙之不馴於己也先誑之
曰與若芧（芧栗也）朝三而暮四足乎衆狙皆超然而怒
范子計然曰栗出三輔
莊子曰莊周遊乎調陵之樊（樊藩）睹一異鵲感周之顙而集
于栗林（感觸也）
又曰古者禽獸多而人民少於是皆巢居以避之晝拾橡
栗暮棲木上故命曰有巢氏之民



國語曰夫婦贄不過棗栗以告虔也（棗取蚤起栗取欲栗虔敬也曲禮婦人之贄脯脩棗栗也）
韓子曰秦饑應侯謂王曰五苑之果蔬橡棗栗以活民請
發之王曰今發五苑以活民是使有功與無功爭取也人生而
亂不如死治説苑曰饒曰果園梨栗後宮婦人摭以相擿
而士曾不得一嘗且夫財者君之所輕也死者士之所重
也
呂氏春秋曰伊尹説曰果之美者江浦之橘箕山之栗
正部曰王府云赤如雞冠黃如蒸栗
盧毓冀州論曰中山好栗地產不爲無珎
盧諶祭法曰春秋冬祠皆用栗
會稽先賢傳曰光武詔嚴遵詣行所遇蜀郡獻橘栗上令
公卿以下各以手所及取遵獨不取上曰不敢取者誰尊

對曰君賜臣以禮臣奉君以忠今賜無所主臣是以不取

西京雜記曰上林苑有侯栗榛栗瑰栗嶧陽栗（嶧陽太守曹龍所獻大如拳）

三秦記曰漢武帝果園有大栗十五枚及一升

水經注曰汝水灣中有地數頃上有栗園栗小殊不並固安之實也然歲貢三百石以充天府水渚即栗洲也樹高茂望若屯雲積氣矣林中有栗堂甚閑敞牧宰及英彥多所遊薄

山海經曰南山其上多栗葛山銅上其木多栗

廣志曰栗有侯栗關中大栗大如雞子

晉宮閣名曰華林園中栗一株侯栗六株

華山記曰西山麓中有栗林藝植以來蕭森繁茂

神異經曰東北荒有木樹高三十丈栗徑三尺其殼赤肉



黃白味甜食之令短氣而渴

地理記曰諸暨如拳之栗（案出會稽部也）

杜寶大業拾遺錄曰洛陽儀鸞殿南有烏𢘅林栗林有蒲桃架四行行長百餘步

嶺表錄異曰廣州無栗唯勤州山中有石栗一年方熟皮厚而肉少味似胡桃人熟時或為羣鸚鵡至啄食略盡只此石栗亦甚稀少。王彪之賦曰王壇侯栗

王逸荔支賦曰北鸞鷹朔濱之巨栗

蔡邕傷故栗賦曰人有折蔡氏祠前故栗者故作斯賦

王褒僮約曰南安拾栗採橘（南安縣名）

太平御覽卷第九百六十四

果部二

## 棗

爾雅曰棗壺棗也(郭璞注曰今江東呼棗大而銳上者爲壺壺猶瓠也)邊要棗(細要棗也今謂之鹿盧棗)櫅(音齊)白棗(即今棗子白熟)樲酸棗(樹小實酢孟子曰養其樲棗)遵羊棗(實小而貟紫黑色今俗呼爲羊矢棗孟子曰曾晳嗜羊棗)洗大棗(今河東猗氏出大棗子如雞卵)蹶泄苦棗(子味苦也蹶音歲也)晳無實棗(不著子也)還味稔棗(還味短味也稔音荏還音旋)

又曰棗李曰疐之(孫炎曰疐去其柢疐音帝)

京房易妖占曰天雨棗小民流亡也

焦贛易林師之豫曰北山有棗使叔壽考

說文曰樲酸棗也

周禮天官籩人曰饋食之籩其實棗

毛詩豳七月曰八月剝棗



大戴禮夏小正曰八月剝棗剝者取也

禮記曲禮下曰婦人之贄脯脩棗栗

又內則曰棗曰新之

又曰棗栗飴蜜以甘之

春秋繁露曰握棗與錯金以示嬰兒必取棗而不取金故物之於人小者易知

史記曰楚莊王之時有所愛馬啗以棗脯

又曰李少君以却老方見上少君言上曰臣曾遊海上見安期生食巨棗大如瓜

漢書曰廣陵厲王胥宮園中棗樹乃生十餘莖莖正赤葉白如素王坐祝咀自殺

又曰王吉少時學問居長安其東家有棗樹垂吉庭中吉婦取棗以啖吉後知之乃去婦東家聞而欲伐其樹鄰里共止之因固請吉令還婦里中爲之語曰東家有樹王陽婦去東家棗完去婦復還

又曰安邑千樹棗此其人皆與千戶侯等

東觀漢記曰自馮愔反後鄧禹威稍損又乏食敗走至高陵軍士飢餓皆食棗菜

又曰中黃門孫程謀誅江京後程於盛化門外與馬國等相見詐謂國曰天子與我棗脯與若棗者早成之乃與國等共爲謀立順帝

謝承後漢書曰河南陶碩鄉曲餉之碩無所受但食棗飲水美談而已

又曰孟節能含棗核不食可至五年

應劭漢官儀曰光武封太山上壇見酢梨酸棗上問其故主者曰百官上者所置上曰封禪大禮千歲一會衣冠士大夫何故爾也



魏志曰杜恕上疏曰冀州戶口最多又有桑棗之饒國家徵求之府

世說曰魏文帝忌弟任城王饒壯因在卞太后閣共圍棊並啖棗文帝以毒置諸棗蔕中自選可食者而王弗悟遂雜進之既中毒太后索水救之帝預勑毀器太后徒跣趨井無器可汲須臾遂卒

又曰王大將軍嘗至石崇家如廁見漆箱中盛乾棗本以塞鼻王遂食盡羣婢莫不笑

晉書曰賈后將廢太子詐稱上不和呼太子入朝既至后不見置于別室遣婢陳舞賜以酒棗逼飲醉之

晉史曰光祿卿李郁因晝寢夢食巨棗覺而有疾謂其親友曰嘗聞棗字重來呼魂之象今予神氣逼抑將不免乎

未幾而卒
孟子曰曾晳嗜羊棗而曾子不忍食公孫丑問曰膾炙與羊棗孰美曰膾炙哉曰曾子何爲食膾炙孟子曰膾炙同也羊棗獨也
韓子曰秦饑應侯謂王曰五苑之果蔬橡棗栗足以活民請發之
又曰子産治鄭桃棗之蔭於衢者莫援也
鄭子曰夏取棗杏之火
淮南子曰十一月官都尉其樹棗
晏子春秋曰景公謂晏子曰東海之中有水而赤水中有棗花而不實何也晏子曰昔者秦穆公乘龍治天下以黄布裹蒸棗至海而投其布故水赤蒸棗故花而不實公曰吾佯問子對曰嬰聞佯問者佯對之



盧毓冀州論曰安平好棗地産不爲無珎
杜氏新書曰杜畿爲河東太守平虜將軍劉勳爲太祖所親貴震朝廷常從畿求大棗畿拒以他故後勳伏法太祖得其書歎曰杜畿可謂不媚竈也
英雄記曰孔文舉爲東萊賊所攻城欲破其治中左承祖以官棗賦與戰士
蔡邕奏事曰程末年十四時祖父叔病物故末抱伏叔尸號泣悲哀舅哀其羸劣嚼棗肉以哺之末見食歔欷不能呑咽
漢武内傳曰七月七日西王母當下爲帝設玉門之棗
東方朔傳曰武帝時上林獻棗上以所持杖擊未央前殿檻呼朔曰叱叱先生來來先生知此筐中何等物也朔曰上林獻棗四十九枚上曰何以知之朔曰呼朔者上也以杖擊檻兩木兩木林也來來者棗也叱叱者四十九枚上大笑賜帛十疋
王子年拾遺記曰北極有岐峯之陰多棗樹百尋其枝莖皆空其實長尺核細而柔百歳一實○真人關令尹喜内傳曰老子西遊省太真王母共食玉文之棗其實如瓶
神仙傳曰吴郡沈羲爲仙人所迎上天云天上見老君老君賜羲棗二枚大如雞子
又曰李意期於成都角中作一土窟居其中冬夏單衣長鬚剪去之但使長五寸許多飲酒食脯及棗栗或百日二百日不出窟是時無可所食也
魯女生別傳曰李少君曰冥海之棗大如瓜鍾山之李大如瓶臣已食之遂有奇光
劉根別傳曰有道之士不可識往者有陳孜如癡人江夏袁仲陽知事之孜謂仲陽曰今年春當有疾可服棗核中



仁二十七枚後果大病
又曰能常服棗核中仁百邪病不復干也仲陽服之有效
馮明生別傳曰明生爲縣吏捕賊爲賊所傷殆死道間見女人年可十六七姿容絶世以肘後管中一丸如小豆與服即愈隨神女還岱宗見安期生曰共與女郎遊於安息西母之際食棗異美此間棗小不及憶此棗未久已二千年矣神女云昔與君共食一枚乃不盡此間小棗那可相比也
高士傳曰胡昭字孔明晉宣帝爲麻衣時與昭有舊昭同郡周士等謀帝昭聞而步險邀士於肴澠之間止士士不肯昭泣以示誠士感其義乃止昭斫棗樹共士盟而別昭雖有陰徳於帝口終不言時人莫知

風俗通曰鮑焦耕田而食穿井而飲於山中食棗或曰此棗子所植也遂強吐立枯死

水經注曰酸棗縣故城南古韓國昔天子建國名都或以山林故豫章以樹氏都酸棗以棘名邦故曰酸棗也

水經曰高唐縣大河右溢世謂之甘棗溝水側多棗故俗取名焉

廣志曰東郡穀城紫棗長二寸西王母棗大如李核三月熟衆果之先熟者也種洛陽宮後園河内汲郡棗一名墟棗一名安邑棗東海蒸棗洛陽夏白棗安平信都大棗單父棗梁國夫人棗大白棗一名曰感咨小核多肌三星棗駢白棗灌棗此四者官園所種棗有狗雞心牛頭羊矢彌猴細署之名又有玄棗大棗崎廉棗桂棗

鄴中記曰石虎園中有西王母棗冬夏有葉九月生花十二月乃熟三子一尺又有羊角棗亦三子一尺

東陽記曰信安縣有懸室坂晉中朝時有民王質伐木至石室中見童子四人彈琴而歌質因留倚柯聽之童子以一物如棗核與質含之便不復飢俄頃童子令其歸質承聲而去斧柯灌然盡爛既歸質去家已數十年親舊凋落無復此時矣

楊衒之洛陽伽藍記曰景陽山南有百果園果別作一林林名有一堂有仙人棗長五寸把之兩頭俱出核細如針霜降乃熟食之甚美俗傳云出崑崙山一曰西王母棗

晉宮閣名曰華林園棗六十二株王母棗十四株

盧諶祭法曰春祠用棗油

本草曰凡棗九月採日乾補中益氣久服神仙

郭子橫洞冥記曰㟭嵧細棗出㟭嵧之山山臨碧海萬年一實子如今軟棗笮之有膏膏可然燈西王母握核以獻帝因名曰握核棗



杜寶大業拾遺録曰二年八月信都獻仲思棗四百枚棗長四寸五寸圍紫色細文文縐核肥有味勝於青州棗北齊時有仙人仲思得此棗種之亦名仙棗時海内唯有數樹

西京雜記曰初脩上林苑羣臣各獻名果樹亦有製有美名弱枝棗西王母棗出崑崙山棠棗玉門棗青華棗梬音程棗赤心棗

神異經曰北方荒中有棗林焉其高五尺子長六七寸圍過其長熟赤如朱乾之不縮氣味甘潤殊於常棗食之可以安軀體益氣力

異苑曰鄭鮮之女脚患攣癖就王僕陽請水澆之餘灌庭中枯棗樹棗樹既生女脚亦差

又曰沙門竺慧猷太元二年夜夢讀詩五首其一篇後曰陌南酸棗樹名為六奇木遣人以伐取載還柱馬屋

又曰太元中南郡忻陵縣有棗樹一年忽生桃李棗三種花子

幽明録曰太原王仲德年少時遭亂避胡賊絶粒三日草中卧忽有人扶其頭呼云可起啗棗王便寤髣見一小兒長四尺即隱乃有一囊乾棗在前噉之小有氣力便起

任昉述異記曰魏世河内冬雨棗者舊說周秦時河南雨酸棗遂生野酸棗今酸棗縣是也棗之甚小者謂之酸棗

廣五行記曰馮宣上黨人仕為北平護軍卒於官時年三十八還家鄉里服始畢婢在外聞叫喚聲開門見宣婢驚入白宣妻韓韓悲愕良久見宣宣曰生必有死恨早別恩

情宣外甥嚴翊至宣曰　當有兵亂繼以飢疫并土不可
復居侯宅東棗樹死便走可免翊受言宣告別須臾而沒
後二百日棗樹死翊與宣家東投漁陽發後四旬而上黨
遭冦暴兵人死荒乱塗炭存者尠矣
嶺表録異曰波斯棗廣州郭内見其樹樹身無閑枝直聳
三四十尺及樹頂四向共生十餘枝葉如海㯶（亦呼為海㯶）廣州
所種者或三五年一番結子亦似此中青棗但小耳自青
及黄㯉已盡又朶着子每朶約三二十顆劉珣曾於番酋
家食本國将來者色類沙糖皮肉軟爛餌之乃火樂天蒸
之味也其核與北中棗殊異兩頭不尖雙卷而圓如小塊
紫礦珣亦収而種之久無萌芽疑是蒸熟也
魏文帝詔羣臣曰南方龍眼荔枝寧比西國蒲陶石蜜乎
酢且不如中國凡棗味莫言安邑御棗也



曹植鷂雀賦曰雀得鷂言意甚不移依一棗樹藂蕽多刺
潘岳笙賦曰棗下纂纂朱實離離宛其落矣化為枯枝
潘岳閑居賦曰周文弱枝之棗防陵朱仲之李
傅玄棗賦曰素華離朱實甚脆色如霜雪甘如含蜜
左思魏都賦曰淇園之筍信都之棗
古詩曰甘瓜抱苦蒂美棗生刺棘
郭璞棗讚曰赤心鯁直
傅玄歌詞曰黄棗離高柯丹棗坐自零不惜棗自零念我
少弟兄

太平御覽卷第九百六十五

果部三

甘　橘

## 甘

謝承後漢書曰丹陽張磐字子石爲廬江太守尋陽令嘗餉一奩甘其小男年七歲就取一枚磐奪取付外卒以兩枚與之磐奪兒甘鞭卒曰何故行賂於吾子

宋書曰彭城王義康時四方獻饋皆以上品薦義康而以次者供御上嘗冬月啖甘歎其味並劣義康在坐曰今年甘殊有佳者遣人還東府取甘大三寸

又曰元嘉末魏太武征彭城遣使送九種鹽并胡豉仍求黄甘

梁書曰呂僧珍既有大勳任總心膂性甚恭慎當直禁中盛暑不敢解衣每侍御座屏氣鞠躬果食未嘗舉筯嘗醉後取一甘食武帝笑謂曰卿今日便是大有所進祿外令月給錢十萬

唐書曰羅浮甘子開元中始有山僧種於南樓寺其後常資進獻幸蜀幸奉天之歲皆不結實

又曰天寶中中書門下奏曰臣等今日因奏事承德音聞江南爲橘江北爲枳蓋以地氣有殊物性因變朕近於宮内種甘子樹數株今秋已來結實一百五十顆乃與江南及蜀道所進無別亦可謂稍異也

晉令曰閬中縣置守黄甘吏一人

風土記曰甘橘之屬滋味甜美特異者也有黄者有赬者赬者謂之壺甘

廣志曰甘有二十一核有成都平蔕甘大如升色蒼黄犍



爲南安縣出黄甘

神異經曰東方朔云東南外有建春山其上多美甘樹

京口記曰京城東門射堂前柑樹十餘株

盧諶祭法曰冬祠用柑

襄陽記曰李衡字叔平爲丹陽太守衡每欲治家妻輒不聽後密遣十人於武陵龍陽洲上作宅種柑千樹臨死勅兒曰汝母惡吾治家故窮如是吾州里有千頭木奴不責汝衣食歲上一疋絹亦足用矣及衡甘成歲得絹數千疋

荆州記曰枝江有名甘宜都郡舊江北有甘園名宜都甘

湘州記曰州故大城内有陶侃廟地是賈誼故宅誼時種甘猶有存者

崔豹古今注曰甘實形如石榴者謂爲壺甘也

唐新語曰益州每歲進甘子皆以紙裹之他時長吏嫌紙不敬代之細布既而恐甘子爲布所損每懷憂懼俄有御史甘子布至長吏以爲推布裹甘子事懼曰果爲所推及子布到驛長吏但叙以布裹甘子爲敬子布初不之知久而方晤聞者莫不大笑

又曰安禄山將反宰臣韋見素請以平章事追之玄宗許爲草詔訖中留之遣中使輔璆琳送甘子且觀其變璆琳受賂而還因言無反狀玄宗謂宰臣曰禄山必無二心詔本朕已焚矣

異苑曰河内司馬元猷元嘉中爲新淦令喪官月旦設祭甘化而爲鳶

又曰南康皈美山石城内有甘橘橙柚就食其實任意取足脫持歸者便遇大虵或顛仆失徑家人啖之亦病

述異記曰南康郡有東望山營民入山頂有湖清深又有

菓林周四里許衆菓畢植間無雜木行列整齊如人功也甘子熟三人共食致飽訖懷二枚欲以示外人便還尋覔向逕迴旋半日迷不能得即聞空中語云放雙甘乃聽汝去懷甘者恐怖放甘於地轉眄即見歸逕乃相與俱却返

廣古今五行記曰唐高宗調露中連州見一甘樹四月中有子如拳大剖之有兩頭虵

又曰唐光宅中李崇真任益州刺史廳事前有甘樹有子大如雞子晚熟微小有孔如針郡官咸異之方欲將進乂而方龍因剖之得一赤斑虵長尺餘崇真後爲兵所殺

王廙洛都賦曰若夫黄甘荔支殊遠之珍雖非方土之所産重九譯而來臻

潘安仁笙賦曰披黄苞以授甘傾縹瓷以酌醽

張載詩曰三巴黄甘瓜州素柰渴者所思銘之裳帶



郭璞柚讃曰厥苞橘柚精者曰甘

孔坦表曰天恩例賜鄱酒黄甘不勝受遇謹表以聞

張衡七辯曰離支黄甘

宗炳甘頌曰煌煌嘉實磊如景星南金其色隨侯厥形

## 橘

焦贛易林剥之屯曰北山有萊橘柚所聚荷囊戴畚盈我筐筥

尚書禹貢曰淮海惟楊州厥苞橘柚錫貢（小曰橘大曰柚其所苞而致者錫命乃貢言不常也）

周禮冬官上考工記曰橘踰淮而北爲枳此地氣然也

春秋運斗樞曰旋星散爲橘

史記曰蘇秦説燕文侯曰君誠能聽臣齊必置魚塩之海楚必致橘柚之園

漢書曰江陵之千樹橘其人皆與千户侯等

東觀漢記曰馬援好事至荔浦見冬筍名曰苞筍上言禹貢厥苞橘柚疑謂是也

又曰建武中單于來朝賜橙橘

謝承後漢書曰張磐爲廬江太守尋陽令餉橘一奩小男年七歳卒以兩橘與之磐還橘鞭卒（具甘部）

又曰沛國桓嚴字文林罷鄭縣舍楊州從事屈豫室廷有橘樹一株遇其實熟數垂室内嚴乃以竹藩樹四面時風吹動兩實墮地以書繩縛繫樹枝

後漢書曰廉范爲成都太守部人楊由善風雲占候嘗有風吹削哺（哺當作柹音孚廢切）太守以問由對曰方當有薦木實者其色黄赤頃之五官椽獻橘數苞（益部耆舊同）

魏志曰倭國有橘不知滋味



吳志曰陸績年六歳於九江見袁術出橘績懷三枚拜辭墮地術謂曰陸郎作賔客而懷橘乎績跪荅曰欲歸遺母術大奇之

吳録地理志曰朱光禄爲建安郡中庭有橘冬月樹上覆裹之至明年春夏色變青黒味尤絶美

上林賦云盧橘夏熟盧黒也蓋近是也

吳曆曰吳王饋魏文帝大橘魏文帝詔羣臣曰南方有橘酢正裂人牙時有甜耳

建武故事曰咸和六年平西將軍庾亮送橘十二實共同一柢以爲瑞異百官畢賀（中興書曰王者德盛則嘉朱生橘亦嘉味之流）

晉宮閣名曰華林園橘十一株

宋書曰孝武大明中芳香琴堂東西有雙橘連理改芳香琴堂爲連理堂

齊書曰豫章王嶷薨忽見形於第後園乘腰輿指麾處分
呼直兵直兵無手板左右授一玉手板與之曰橘樹一株
死可覓補之因出後園閤直兵倒地仍失手板
南史曰虞愿始數歲家中橘樹冬熟諸兒競來取之愿獨不
取家人皆異之
三國典略曰梁侯景未平王僧辯獻嘉橘一帶二十五子
于湘東王王荅之曰昔文康獻橘十有二子用今方古彼
有慙色今景之凶悪既稔凱歌之聲已及嘉瑞遠臻但增
鞭慰
晏子曰晏子使楚楚王謂其左右曰晏嬰習辭者也吾欲
傷之坐定而縛一人至問何爲曰齊人坐盜王視晏子曰
齊人善盜乎晏子對曰嬰聞橘生於淮北則爲枳枝葉徒
似其實味不同水土異也今民生於齊不盜入楚得無楚



民善盜耶王笑曰寡人取病焉
又曰晏子使楚楚王進橘置削晏子并食不剖王曰橘當
云剖對曰臣聞之賜人主前者瓜桃不削橘柚不剖今者
萬乘無教故不敢剖臣非不知也
莊子曰三王五帝之禮義法度譬猶樝梨橘柚其味相反
而皆可適於口
淮南子曰夫橘樹之江北化而爲橙
呂氏春秋曰常山之北投淵之上有百菓焉羣鳥所食箕
山之東青馬之所有甘櫨焉（箕山許由隱所青馬崑崙山東矣）江浦之橘
雲夢之柚漢上之蕃所以致之（蕃蕃且也音卷）
山海經曰洞庭之山其木多橘
正論曰橘柚之貢堯舜不　嘗山龍華虫帝王不以爲褻
服而命臣餘黄甘厭文繡者蓋以萬數者也

鹽鐵論曰孝武皇帝平百越以爲園圃而民皆厭橘柚
宋躬孝子傳曰王靈之廬陵西昌人喪父母二十年鹽酢
不入其口所住屋夜有光廷中橘樹隆冬三實
會稽先賢傳曰嚴遵從光武遇蜀郡獻橘栗上持付公卿
遵獨不取（呾具甘中）
水經曰劉備時巴郡結舫水居者五百家縣有甘橘官蕩
支園夏至則熟二千石常設厨膳命士大夫共會樹下食
之縣北有稻田出御米也
南夷志曰甘橘大鼇城有之其味甚酸夸賧（音飄）有橘大如
覆杯
湘州記曰泉陵縣有焦山山上多橘
裴淵廣州記曰羅浮山有橘夏熟實大如李
雲南記曰雲南出甘橘甘蔗橙柚梨蒲桃桃李梅杏糖酪



之類悉有
魏王花木志曰盧橘蜀土有給客橙似橘而非若柚而香
冬夏華實相繼或如彈丸或如拳通歲食之亦名盧橘
異物志曰橘爲樹白華而赤實皮既馨香又有善味江南
則有之不生他所交阯有橘置長官一人秩三百石主歲
貢御橘
續搜神記曰晉孝武帝世宣城秦精嘗入武昌山中採茗
忽見一人身長一丈通體皆毛從山北來乃探懷中二十
枚橘與精甘羙異常（具著中）
異苑曰南康歸羙山石城有橘就食任意取足脫持歸者
輙道遇大虺（具甘部）
任昉述異記曰越多橘柚園越人歲多橘稅謂之橙橘（吴闞澤表云請除臣之橘籍是也）越中有王氏橘園胡氏梅山賀氏之瓜

廣五行記曰陳後主夢黃衣人圍城繞城橘樹盡伐去之
及隋兵至上下通服黃衣未幾爲隋攻圍之應
嶺表録異曰山橘子大者冬熟如土瓜次者如彈丸其實
金色而葉緑皮薄而味酸偏能破氣容廣之人帶枝葉藏
之入膾醋尤加香美
楚辭曰皇后嘉樹橘來服皇天也后土也服習也言皇天后土生美橘樹異於衆受
命不遷生南國深固難徙更其壹志緑葉素榮分其可喜
又曰斬伐橘柚列樹苦桃
司馬相如子虛賦曰橘柚芬芳
又上林賦曰盧橘夏熟郭璞注曰蜀中有給客橙即橘也冬夏華實相繼也
揚雄蜀都賦曰於西則盥泉鐵冶橘林銅陵
張衡南都賦曰遊女弄珠於漢睪之曲注曰遊女漢女也鄭大夫交甫於漢見之而贈㠯橘柚



曹植橘賦曰播萬里而遥植列銅雀之園廷背江州之暖
氣處玄朔之肅清
孫楚杕杜賦曰朱橘甘美紫梨甜脆
傅玄菊賦曰詩人覩王雎而詠后妃之德屈平見朱橘而
申貞臣之志焉
繁休伯三胡賦曰頷似鼬皮色象萎橘
左思蜀都賦曰家有鹽泉之井户有橘柚之園
栢梁臺詩太官令曰柤梨橘栗桃李梅
古詩曰橘柚垂華實乃在深山側聞君好我甘竊獨自雕
飾○崔琦七蠲曰于斯江睪寔産橘柚孟冬之月於時可食
撫以玉手永用華飾
王褒僮約曰南安拾栗採橘南安縣名出好栗橘
太平御覽卷第九百六十六

果部四

桃

易通卦驗曰驚蟄大壯初九候桃始華桃不華倉庫多火

焦贛易林師之坤曰春桃生華李女宜家

毛詩周南桃夭曰桃夭后妃之德也桃之夭夭灼灼其華

又曰何彼襛矣華如桃李平王之孫齊侯之子

又曰投我以木桃報之以瓊瑤

又曰投我以桃報之以李

大戴禮夏小正曰六月煑桃以為豆實（釋名曰桃濫也鹽水漬而藏之味濫濫然）

崔寔四民月令曰三月桃花盛農人候時而種也

禮記月令曰驚蟄之日桃始華



春秋運斗樞曰玉衡星散為桃

爾雅曰桃李醜核桃曰膽之（孫炎注曰桃李之類實皆有核膽擇取其美者）

又曰旄冬桃（子冬熟）褫桃山桃（褫音斯實如桃而小不解核）

周禮曰夏食鬱律桃李杏梅

漢書曰文帝六年十月桃李華

續漢書禮儀志曰仲夏之月陰氣萌作以朱索施門戶各以所尚為飾周人木德以桃為梗言氣相更也

范曄後漢書曰杜林奏曰果桃菜茹之饋集以成贓小事無妨於義以為大戮故國無廉士家無完行（貝葉門中）

唐書曰康國貞觀十一年獻金桃銀桃詔令植之於苑囿

後唐史曰潞州長柳巷田家有桃樹伐已經年舊坎仍在其仆木一朝屹然而起行數十步復於舊坎其家駭異著黃散走

又曰莊宗年邁多疾馮道因奏事言於帝曰臣願陛下寢膳之間動留調衛道因指御前果實曰如食桃不康翊日見桃而思戒可也如食李不康翊日見李而思戒可也陛下幸思而戒之矣

管子曰五沃之土其果宜桃

韓子曰昔彌子瑕有寵於衛君與君遊於果園食桃而甘以其半啖君君曰愛我哉忘其口而啖寡人及彌子瑕色衰愛弛得罪於君曰是固嘗啖我以餘桃

又曰孔子侍坐於魯哀公哀公賜之桃與黍仲尼先飯黍而後食桃公曰以黍雪桃也對曰黍五穀之長果六而桃為下君子不以貴雪賤

梅子曰王莽畏漢高神靈乃令虎賁拔劍四面斫高廟桃湯赤鞭灑屋



淮南子曰王子慶忌死於劍羿死於桃棓（棓大杖以桃木為之以擊殺羿由是已來鬼畏桃也）

抱朴子曰桃膠以桑木灰漬服之百病愈久久身有光在晦夜之地如月出也多服之則可以斷穀矣

又內篇曰五原蔡誕入山而還欺家云到崑崙山有玉桃形如世間桃但光明洞徹而堅須玉井水洗之便軟而可食

金樓子曰東南有桃都山山上有樹樹上有雞日初出照此桃天雞即鳴天下之雞感之而鳴樹下有兩鬼對持葦索取不祥之鬼食之今人正朝作兩桃人法乎此也

說苑曰公孫僑相鄭路不拾遺桃李垂街人不敢取

又曰孟嘗君將入西秦賓客諫之百通則不聽也曰以人事諫我我盡知之若以鬼道則殺之謁者入曰有客以

鬼道閭客曰臣之來也過於淄水之上見一土耦人方與
木梗人語木梗謂土耦人曰子先土也持子以為耦人遇
天大雨水潦並至子必沮壞應曰我沮乃反吾真耳今子
東園之桃也刻子以為梗遇天大雨水潦並至必浮子泛
泛乎不知所止今秦四塞之國也有虎狼之心恐其木梗
之患於是孟嘗君逡巡而退而以應卒不敢西嚮秦
晏子春秋曰公孫接田開強古冶子事景公勇而無禮晏
子言於公公餽之二桃曰三子計功而食公孫接田開強
先言功援桃而起古冶子又言其功令三子反桃二子慙
而自殺古冶子曰恥人以言夸其聲不義也亦反其桃契
領而死
山海經曰夸父山北有林名曰桃林廣圓三百里其中多
馬（桃林今在弘農閺鄉南饒野馬）



盬鐵論曰夫桃李實多者來年為之穰
新序曰魏文侯見其季從者食其園桃其季禁之文侯曰
其季豈愛桃哉是奬我下無犯上也
典術曰桃者五木之精也故厭伏邪氣者也桃之精生在
鬼門制百鬼故今作桃人梗著門以厭邪此仙木也
夢書曰桃為守禦辟不祥夢見桃者守禦官
神農經曰玉桃服之長生不死若不得早服之臨死日服
之其尸畢天地不朽
王肅喪服要記曰昔者魯哀公祖載其父孔子問曰寧設
三桃湯乎荅曰不也桃者起於衛靈公有女嫁楚乳母送
新婦就夫家道聞夫死乳母欲將新婦還新婦曰女有三
從今屬於人死當卒哀因駕素車白馬進到夫家治三桃
湯以沐死者出東北隅禮三終使死者不恨吾父無所恨

何用三桃湯焉
漢舊儀曰山海經稱東海之中度朔山山上有大桃屈蟠
三千里東北間百鬼所出入也上有二神人一曰神荼二
曰鬱壘主領萬鬼惡害之鬼執以葦索以食虎黃帝乃立
大桃人於門戶畫神荼鬱壘與虎並葦索以禦鬼
四王起事曰惠帝征成都王於安陽城北軍敗日已向中
而太官未暇進食左右有賫秋桃十枚便以獻帝帝食三
枚石超使人擘手奪三枚
漢武故事曰東郡獻短人帝呼東方朔朔至短人指朔謂
上曰王母種三千年桃結子此兒不良已三過偷之矣後
西王母下出桃七枚母自啖二以五枚與帝帝留核着前
王母問曰用此何為上曰此桃美欲種之母歎曰此桃三
千年一着子非下土所植也後上殺諸道士妖妄者百余



人西王母遣使謂上曰求仙　信邪欲見神人而殺戮吾
與帝絕矣又致三桃曰食此可得極壽
漢武內傳曰西王母以七月七日降於帝宮命侍女索桃
須臾以玉盤盛桃七枚大如雞卵形圓色青以呈王母王
母以五枚與帝自食二枚
西京雜記曰上林苑有秦桃櫻桃緗核桃霜桃（霜下乃堪食）金
城桃胡桃綺葉桃含桃紫文桃
妬記曰武陽女嫁阮宣武妬忌家有一株桃樹華葉灼耀
宣歎美之即便大怒使婢取刀斫樹摧折其華
關令尹喜內傳曰喜從老子西遊省太真王母共食碧桃
列仙傳曰師門者嘯父弟子也亦能使火食桃李葩夏孔
甲為不能順其心意殺而埋之外野一日風雨迎之訖則
山木皆焚孔甲祠而禱之未還而道死

又曰葛由蜀羌人周成王世好刻木作羊賣之一旦騎羊
入蜀中王侯貴人追之上綏山皆得仙故里諺曰得綏仙
一桃雖不能得仙亦足以豪
又曰陽都女隨犢子出種桃李一宿而返後數十年見在
潘山下冬賣桃棗
神仙傳曰樊夫人與夫劉綱俱有道術各自言勝中庭有
兩大桃樹夫妻各呪其一桃便鬪綱所呪桃走出籬外
又曰張陵沛人也有天神降之遂服丹能變化有趙升就
陵受學陵以七事試者陵與諸弟子登雲臺山絕巖上有
一桃樹大如臂旁生石壁下臨不測去上三四丈桃大有
實陵謂諸弟子曰得此桃者當告以道要弟子皆流汗無敢
視者升曰神人所護何險之有乃從上自擲正投桃樹取
桃滿懷而石壁峻峭不得還乃擲桃上得二百枚陵分桃



賜諸弟子餘二枚陵自食一留一以待升陵乃申手引升
升忽見還以向一桃與升
又曰高丘公服桃膠得仙
鍾離意別傳曰周書言秦史趙覬以私恨告園民吳旦生
盜食宗廟御桃旦生對曰民不敢食也王曰剖其腹出其
桃史記惡而書之曰桃食之當有遺核王不知此而剖人
腹以求桃非理也
風俗通曰黃帝書稱上古之時兄弟二人曰荼與鬱律度
朔山上桃樹下簡百鬼鬼妄搰骨音人則援以葦索執以食
虎於是縣官以臘除夕飾桃人垂葦索交畫虎於門效前
事也
玄中記曰木子之大者有積石山之桃實焉大如十斛籠
嵩高山記曰魏文帝時嵇叔夜胡昭在此學桃樹見在

王子年拾遺記曰漢明帝時常山獻巨核桃此桃霜下結花
隆暑方熟常使植於霜林園俗謂相陵故聲之誤也
又磅磄山去扶桑五萬里日所不及其地寒有桃樹千圍
其花青黑色萬歲一實
陶潛桃源記曰晉太元中武陵人捕魚從溪而行忘路遠
近忽逢桃花林夾兩岸芳華鮮美落英繽紛林盡得山山
有小口初極狹行四五步豁然開朗邑屋連接雞犬相聞
男女衣着悉如外人見漁父驚為設酒食去先世避秦難
率妻子家此遂與外隔問今是何代不知有漢不論魏晉
既出白太守遣人隨往尋之迷不復得
晉宮闕記曰華林園桃七百三十株白桃三株侯桃三株
鄭緝之東陽記曰太末龍丘山有一巖前外如窻牖內有
石童巖前一桃樹其實甚甘



裴淵廣州記曰廬山頂上有山桃山桃大如檳榔形亦似之色黑而味甘酢人
時登採拾只得於上飽噉不得持下下輒迷不能返
石虎鄴中記曰石虎苑中有勾鼻桃重二斤
南康記曰南康王山上有石狗故老云古有寒桃生於嶺
巔隱淪之士將大取其實因変成石焉
楊衒之洛陽伽藍記曰景陽山百菓園有仙人桃其色赤
表裏照徹得霜乃熟亦出崑崙山一曰西王母桃也
杜寶大業拾遺錄曰四年五月帝將北巡發自東都江東
送百葉桃樹四株敕付西苑種其花似蓮花而小花有十
余重重有七八葉大於尋常桃花
唐景龍文館記曰四年春上宴於桃花園羣臣畢從學士
李嶠等各獻桃花詩上令宮女歌之辭既清婉歌仍妙絕
獻詩者舞蹈稱萬歲上勑太常簡二十篇入樂府號曰桃

花行

廣志曰桃有冬桃夏桃秋桃

神異經曰東北有樹焉高五十丈其葉長八尺廣四五尺名曰桃其子徑三尺二寸小狹核食之令人知壽核中人可以治嗽（令之桃也）

甄異傳曰譙郡夏侯文規亡後見形還家經庭前桃樹邊過曰此桃我昔所種子乃美好其婦曰人言亡者畏桃君不畏耶荅曰桃東南枝長二尺八寸向日者憎之

異苑曰太元中南郡江陵郡有棗樹一年忽生桃李棗三種花子

幽明録曰剡縣劉晨（音成）阮肇共入天台山取穀皮迷不得返十三日粮食乏盡飢餒殆死望山上有一桃大有子實而絶巖邃澗永無登路扳（音攀）緣藤葛然後得上各啖數桃



而不飢下山一大溪邊有二女資質妙絶因要還家勑婢云劉阮二郎向雖得瓊實猶尚虛弊可速作食遂停半年懷土思歸女曰罪牽君如何便語大路

任昉述異記曰桃之大者謂之木桃詩云投我以木桃是也

又曰昔舊說桓靈之世汝頴間禾麻爲蒿莠桃李不實花而復落落而復花而官有朽粟

嶺表録異曰偏核桃出卭單國肉不堪食胡人多收其核遺漢宮以稱珎異其形薄而尖頭偏如雀嘴破之食其桃仁味酷似新羅松子性熱入藥分與北地桃仁無異

太清諸卉木方曰酒漬桃花而飲之除百病好容色

本草經曰梟桃在樹不落殺鬼

楚辭曰斬伐橘柚列樹苦桃

夏侯孝若梁田賦曰沉朱李濫甘桃

潘岳閑居賦曰三桃表櫻胡之別二柰耀丹白之色

左思吳都賦曰洪桃屈盤丹桂灌叢

曹毗魏都賦曰紫梨朱柹侯桃丹棗（侯桃人山桃子如胡麻子）

古歌辭曰桃生露井上李樹生桃傍虫來食桃桃李樹代桃僵樹木身相代骨肉還相忘

阮籍詩曰嘉樹下成蹊東園桃與李

宋子侯董嬌饒詩曰洛陽城東路桃李生路傍花花自相對葉葉自相當春風南北起花葉自低昂

太平御覽卷第九百六十七

果部五

杏　李

## 杏

典術曰杏木者東方歲星之精

師曠占曰杏多實不蟲者來年秋善

書紀年曰昭公六年十二月桃杏花幽王十年九月桃杏實○山海經白靈山之下其木多杏

盧諶祭法曰夏祠用杏

崔寔四民月令曰三月杏花盛可播白沙輕土之田

後周書曰張元芮城人性廉潔南鄰有杏二樹杏熟多落元園中諸小兒競取食之元所得者悉以還主

唐史曰馬燧之子暢以第中大杏饋竇文場文場以進德宗德宗未甞見頗怪暢令中使就封杏樹暢懼進宅廢爲奉誠園

管子曰五沃之土其木宜杏

莊子曰孔子遊緇帷之林休坐杏壇之上弟子讀書孔子絃歌鼓琴

玄晏春秋曰衛倫過予言及於味稱魏故侍中劉子楊食餅知鹽生精味之至也予曰師曠識勞薪易牙别淄澠子楊今之妙也定之何難倫因命僕取粮糗以進予甞之曰麥也有杏李㮈味三果之熟也不同子焉得兼之倫笑而不言退告人曰士安之識過劉氏吾將來家實多故杏時將發故捺以杏汁李時將發又捺之李汁㮈時將發又捺以㮈汁故兼三味

氾勝之書曰杏始華趣耕輕土杏華落趣耕闌

又曰杏花如何可耕白沙也

盧毓冀州論曰魏郡好杏地產不爲無珎

神仙傳曰董奉字君異居廬山爲人治病重病得愈者令種杏五株輕病得愈者爲栽一株數年之中杏有十數萬株鬱然成林杏子熟奉於林中所在作簞食一器宣語買杏者不復須來報但自取之一器穀便得一器杏有人少穀往而取杏多即有三四頭虎逐之奉悉以杏所得穀賑救貧窮（尋陽記曰杏在北嶺上有樹百株今猶稱董先生杏林）

南岳夫人傳曰仙人有二玄紫杏

西京雜記曰上林有文杏（材有文彩）蓬萊杏（東海都尉于台獻一株花雜五色六出云是仙人所食者）

廣志曰滎陽有白杏鄴中有赤杏有㮈杏

嵩高山記曰嵩高山東北有牛山其山多杏至五月爛然黃茂自中國喪亂百姓飢饉皆資此爲命人人充飽而杏不盡

洛陽宮殿簿曰明光殿前杏一株顯陽殿前杏六株含章殿前杏四株

晉宮閣名曰暉章殿前杏一株

楊衒之洛陽伽藍記曰西方于闐王不信佛法有商胡將一比丘毗盧旃在城南杏樹下白王伏罪今輒將異國沙門來在城南杏樹下王聞忿怒即往看毗盧旃語王言如來遣我來令王造覆盆浮圖一軀使王祚永隆王言使我見佛我當從命毗盧旃鳴鐘告佛佛即遣羅睺羅變爲佛形從空而見真容王五體投地即於杏樹下置立寺舍焉

任昉述異記曰杏園洲南海中多杏海上人云仙人種杏處漢時常有人舟行遇風泊此洲五六月日食杏故免死

云洲中有冬杏
王充果賦云冬實之杏春熟之甘
晉郭大機果賦云杏或冬而實
又曰范蠡宅在湖中有海杏大如拳
又曰賴鄉老子祠有縹杏
司馬相如長門賦曰飾文杏以爲梁
王逸荔支賦曰魏土送西山之杏
王廙洛都賦曰劉祠赤杏
胡道安黄甘賦曰越魏都之赤杏
朱超石與兄書曰光武墳邊杏甚美今奉送其核
潘岳閑居賦曰梅杏郁棣之屬華實照爛言所不能極也

李

爾雅曰休無實李（一名趙李）座接慮李（今之麥李也）駁赤李（子赤）



李醜核（子中有核人）棗李曰疐之
毛詩鵲巢曰何彼穠矣華如桃李平王之孫齊侯之子
又淇澳木瓜曰投我以木李報之以瓊玖
韓詩外傳曰子質仕魏文侯獲罪而北遊謂簡主曰從今已去不復樹德於人矣簡主曰春樹桃李夏得蔭其下秋得食其實春樹蒺藜夏不採其葉秋得刺焉今子所樹非其人也
春秋運斗樞曰玉衡星散爲李
又曰遠雅頌著倡優則李生爪
史記曰桃李不言下自成蹊
晉書曰王戎年七歲嘗與諸小兒遊看道邊李樹子多折枝諸小兒競走取之唯戎不動人問之荅曰樹在道邊而子多必苦李也取之信然

又曰王安豐有好李常賣恐人得種恒鑽其核
又曰和嶠性至儉家有好李帝求之不過數十王武子因其直率將少年能食之人將斧詣園飽啖畢伐之送與嶠問何如君李
齊書曰王僧孺少時有餽其父冬李先以一與之不受曰大人未見不容先嘗
三國典略曰齊武成寵任東平王儼而儼器服翫飾同於齊主嘗於南宮見典御進新氷鈎盾獻早李還而怒曰尊兄已有我何意無
唐書曰武德中有獻李樹連理盤屈如龍
又曰貞觀中玉華宮李樹連理隔澗合枝
又曰神龍中陳州官舍有李樹黄落將盡忽更鮮茂而生花焉



管子曰五沃之土其木宜李
晏子曰景公病疽在背欲見不得公問國子國子曰熱如火色如日大小如未熟李公問晏子曰色如蒼玉大如璧也公曰不見君子不知野人拙也
孟子匡章曰陳仲子豈不誠廉士哉居於陵三日不食耳目無聞見也井上有李螬食實者半匍匐往食之三咽而後聞見也（趙岐注曰李實也蟲食之過半也）
呂氏春秋曰子產相鄭桃李之垂於街者莫之援也
抱朴子曰五原蔡誕入山而還欺其家人云到崑崙山崑崙山有玉李光明洞徹而堅須以玉井水漬之便軟可食
又曰南頓人張助者耕於白田有一李栽應在耕次助意惜之欲持歸乃掘取之未得即去以濕土封其根以置空桑中遂忘取之助後作遠職不在後其里中人見桑中忽

生李謂之神有病目痛者蔭息此桑下因祝之言李君能
令我目愈者謝一㹠其目偶愈便殺㹠祭之傳者過差便
言此樹能令盲者得視遠近翕然來請福
山海經曰邊春之山多李里人常採之
漢武內傳曰李少君謂武帝洹海之棗大如瓜鍾山之李
大如瓶臣以食之遂生奇光
又曰仙之上藥有圓丘紅李
晉宮閣名曰暉章殿前李一株
鄴中記曰華林園有春李冬華春熟
周處風土記曰南居細李四月先熟
列仙傳曰師門者嘯父弟子也食桃李葩
又曰老子之母適到李樹之下而生老子生而能語指李
樹曰此以為姓



真人王褒內傳曰五靈丹山上有玄雲之李食之得仙
嵇康高士傳曰長靈安丘生病篤弟子公沙都來省之與
安共於庭樹下聞李香開目見雙赤李著枯枝自墮掌中
安食之所苦除盡
笑林曰趙伯翁醉眠數歲孫兒緣其腹戲因以李子內其
肶音毗臍中累七八枚既醒了不覺數日後乃知痛李爛汁
出以為臍穴懼死乃命妻子處分家事李核出尋問乃知
是孫兒所為
夢書曰李為獄官夢見李者憂獄官
西京雜記曰上林苑有紫李青綺李黃李青房李綠李顏
淵李出魯志合枝李五株羌李朱李車下李燕李猴李蠻李
廣志曰鼠李朱李可以染
又曰車下李車上李亦春熟可染也

又曰麥李細小有溝道李有黃建李青皮李馬肝李赤李
房林李有䮬李余石切李肌黏茹似䮬有榛李離核李李似榛
有擘李熟必先擘裂有經李一名老李其樹數年則枯有
杏李味小酢似杏有黃扁李有夏李有冬李十一月熟此
三李種鄴園有春李冬華春熟
郭子橫洞冥記曰琳國去長安九千里多生玉葉李色如
碧五千歲一熟味酸苦韓終常食之亦名韓終李也
唐新語曰安金藏丧母廬於墓側有湧泉自出又有樹盛
冬開花犬鹿相狎採訪使盧愼以聞詔旌其門閭
列異傳曰袁本初時有神出河東號度索君民共立廟兗
州蘇氏母病往禱見一人着白布單衣高冠似魚頭語度
索君曰昔廬山共食白李未久已三千年日月易得使人
悵然去後度索君曰南海君也



任昉述異記曰魏文帝安陽殿前天降朱李八枚啖一數
日不食今李種有安陽李大而甘者即其種也
又曰杜陵有金李李之大者為之夏李尤小者呼為鼠李
又曰防陵定山有朱仲李園三十六所
潘岳閑居賦云房陵朱仲之李
又曰果賦云三十六之朱李又仙李縹而神李紅
陸士衡果賦云中山之縹李
又曰武陵原在吳中山中無他木盡生桃李俗呼為桃李
原原上有石洞洞中有乳水世傳秦亂吳人於此避難者
食桃李實者皆得仙
吳氏本草曰李核治仆僵花令人好色
東方朔占曰朔與弟子俱行朔渴命弟子叩道邊人家門
不知室主姓名闚門呼不應朔復往之門住須臾傳勞飛

集所呼門中李樹上朔見之語弟子曰此室人當姓李名
慱汝呼言李慱慱自當應汝室中人果姓李名慱出門
應與朔相見入取飲與朔
鹽鐵論曰桃李實多者來歲爲之穰
左思齊都賦曰露桃霜李
王逸荔支賦曰房陵縹李
王廙洛都賦曰銅馬朱櫻房陵緗李
庾玄默水井賦曰接朱李於玄泉來甘瓜於清濤
傅玄李賦曰河沂黃建房陵縹青一樹三色異味殊名
張載瓜賦曰朱李奏於桂圃蒲陶潰於椒林
古歌詩曰桃生露井上李樹生桃傍
曹植詩曰南國有佳人容華若桃李
阮籍詩曰嘉樹下成蹊東園桃與李



古樂府歌曰君子防未然不處嫌疑閒瓜田不納履李下
不正冠
魏文帝與吳質書曰浮甘瓜於清泉沉朱李於寒水

太平御覽卷第九百六十八

太平御覽卷第九百六十九

果部六

梨　樝　櫻桃

梨

爾雅曰梨山樆（即金梨樆音離）樹梨曰鑽之（㳒食治擇之名）

漢書曰淮北滎南河濟之間千樹梨其人皆與千戶侯等

晉書載記曰苻雙據上邽苻抑據蒲坂叛于堅苻武據安定並應之將共伐長安堅遣使諭之各齧梨以爲信皆不受堅命

宋書曰王玄謨征滑臺一疋布責民八百大梨

又曰張敷小名查父邵小名梨文帝嘗戲謂之曰查何如梨荅曰梨萬果之宗查何敢比也

齊書曰扶桑國有赤梨經年不壞兼多蒲桃



唐書曰貞觀中杭州言木連理二十四株有檔梨二木合爲一體

又曰玄宗至馬嵬驛令高力士縊貴妃於佛堂前之梨樹

又曰崔遠文才清麗風神峻整人皆慕其爲人當時目爲釘座梨言席上之珎

韓子曰夫樹柤梨橘柚者食之則甘嗅之則香

莊子曰柤梨橘柚其味雖別各適其口

淮南子曰佳人不同體美人不同面而皆說於目（佳美也）梨橘棗栗不同味而皆調於口（調適也）

應劭漢官儀曰光武封太山上壇見酢梨酸棗主者玄百官上者所置（興棗門）

晉令曰諸宮有梨守護者置吏一人

晉宮閣名曰明光殿前梨一株

世說曰桓南郡每見人不快輙嗔云君得哀家梨不復蒸食否舊說秣陵有哀仲家梨甚大如升入口消釋言愚人不別得好梨蒸食之

又曰安公講僧常數百習鑿齒嘗餉十梨正值講安公便於座中手自剖分梨盡人遍都無偏頗

山海經曰洞庭之中其木多梨

盧毓冀州論曰常山好梨地產不爲無珎

關令尹喜內傳曰老子西遊省太真王母共食紫梨

漢武內傳曰太上之藥有玄光梨

曹瞞別傳曰王自漢中至洛陽起建始殿使工蘇黃越徙美梨掘之根盡血出越以狀聞王王躬自視之以爲不祥還遂寢疾

神仙傳曰介象言病帝使左右以美梨一奩賜象象死帝



殯而埋之以日中時死其日晡時到建業以所賜梨付苑吏種之後吏以狀聞即發象棺棺中有一奏符

大士傳曰孔融年四歲與諸兄食梨輙取其小者人問其故荅曰我小兒法當取小者由此宗族奇之

西京雜記曰上林有紫梨芳梨（實小）青梨大谷梨金柯梨（出琅邪王野家太守王唐所獻）縹蔕梨紫條梨瀚海梨（出瀚海耐寒不枯）青王梨

廣志曰洛陽北芒張公夏梨海內唯有一樹常山真定梨山陽鉅野梨梁國睢陽梨齊郡臨淄梨鉅野豪梨上黨楟（音亭）梨小而甘新豐箭谷梨關以西弘農京兆右扶風界谷中梨多供御廣都梨重六斤可數人分食之

嵩高山記曰東嶽脚上有梨樹云是武帝菓園山中諸生皆取食之

辛氏三秦記曰漢武帝園一名樊川一名禦宿有大梨如

五外落地則破其主取者以布囊盛之名含消梨
三晉山險記曰山陽縣北有谷通得驢馬石勒十八騎昔在此哭梨生樹今有梨園
段龜龍涼州記曰呂光時燉煌太守宋歆獻同心梨
永嘉記曰青田村民家多種梨樹名曰官梨子大一圍五寸樹老今不復作子此中梨子佳甘美少比實大出一圍恒以供獻名為御梨吏司守視土人有未知味者梨實落至地即融釋
郭子橫洞冥記曰塗山之北有梨大如斗色紫千年一花冬月乃實煎之有膏食者身輕亦曰紫輕梨
博物志曰梨類甚多樝杜樸檜皆是有大小甜酢之異耳
神異經曰東方有樹焉高百丈敷張自輔葉長一丈廣六七尺名曰梨其子徑三尺剖之自如素食之為地仙張華注曰



幽明録曰成彪兄喪晝夜哭泣兄提二外酒一槃梨就之引酌相勸是故今梨樹大耳
廣五行記曰宋廢帝大始年江南盛傳種蕭梨先無此樹百姓爭欲植之識者曰當有姓蕭人王者後齊受禪
楊衒之洛陽伽藍記曰觀農里報德寺有園珍菓出焉有含消梨重六斤禁死所無也從樹投地盡散為水焉世人云報德之梨承光之柰承光寺亦多菓木柰味甚美冠於京師
李鄴侯傳曰唐肅宗嘗夜坐召穎王等三弟同於地爐罰毯上時李泌多絕粒上每為自燒二梨以賜之穎王恃恩固求上與曰汝恒飽肉食先生絕粒何乃爭之穎王曰臣等試大家心何乃偏耶不然三弟共乞一顆可乎上亦不許賜以他菓穎王等又曰臣等以大家自燒故乞他菓何用因曰先生恩渥如此臣等請聯句以為他年故事穎王曰先生年幾許顏色似童兒信王曰夜抱九仙骨朝披一品衣一王曰不食千鍾粟唯飡兩顆梨既而三王請上成之上曰天生此間氣助我化無為
王讚梨頌曰大康十年梨樹四枝其條與中枝合生於玄圃園皇太子令侍臣作頌
魏文帝詔曰真定御梨大若拳甘若蜜脆若凌可以解煩釋渴
傳選七證曰恒陽黃梨巫山朱橘
何晏九州論曰安平好棗真定好梨
左思蜀都賦曰紫梨津潤
又齊都賦曰菓則朐山之梨



潘岳閑居賦曰張公大谷之梨
孫楚秋賦曰朱橘甘美紫梨甜脆膚不隱於斷牙融液易於含雪
王廙洛都賦曰梨則大谷冬紫張公秋黃
潘岳金谷園靈圃繁若榴茂林列芳梨
宋武帝戲馬臺梨花讚曰嘉樹之生于彼山基開榮布綵不離塵緇
王弘謝賜河上梨表曰奉賜河上梨一千遠方味甘每垂降及仰佩恩逮俯增祇愧
魏武帝為兖州牧上書曰山陽郡有美梨謹上甘梨二箱

樝

爾雅曰樝梨曰鑚之樝以梨而酢澁見禮記
禮記內則曰樝梨薑桂鄭玄曰樝梨之不臧者皆人君羞

呂氏春秋曰箕山之東有甘櫨

山海經曰平丘有楊柳甘櫨

又曰洞庭之上其木多櫨

說文曰櫨似梨

神異經曰南方大荒有樹焉名曰柤三千歲作華九千歲作實其花紫色中高百丈敷張自輔葉長七尺五色實長九尺無核割之如凝蜜（張茂先注曰柤梨）

述異記曰江淮南人至北見樝勃香以爲柤子蓋實異耳

傅玄瓜賦曰龍眼生於南極甘櫨引於崑山

## 櫻桃

禮記月令曰仲夏之月天子羞以含桃先薦寢廟（鄭玄注曰含桃今之櫻桃也）

爾雅曰楔（音華黠反）荊桃（郭璞注曰今櫻桃）



廣雅曰含桃櫻桃

漢書曰惠帝出離宮叔孫通曰今櫻桃熟可獻陛下宜以櫻桃獻宗廟上許之諸菓獻由此興

唐書曰太宗將致櫻桃於酅公稱奉則以尊言賜又以卑問之虞監曰昔梁帝遺齊巴陵王稱餉遂從之

又曰玄宗紫宸殿櫻桃熟命百官口摘之

又曰蕭穎士李林甫採其名欲拔用之乃召見時穎士寓居母喪即縗麻而詣京師徑謁林甫於政事省林甫素不識遽見縗麻大惡之即令斥去穎士大忿乃爲伐櫻桃賦以刺林甫云擢無庸之瑣質因本枝而自庇洎枝榦而非據專階庭之右地雖先寢而或薦豈和羹之正味其狂率不遜皆此類也

又曰文宗始即位嘗因內園進新櫻桃將以賜三宮太后上曰送太后焉可以爲賜因援筆易其文簿曰奉太后自是以爲常

拾遺録曰漢明帝於月夜讌賜群臣櫻桃盛以赤瑛盤群臣視之月下以爲空盤帝笑之

呂氏春秋曰仲夏之月羞含桃高誘注曰含桃櫻桃爲鳥所含故曰含桃

范汪祠制曰孟夏祭用櫻桃

洛陽宮殿簿曰顯陽殿前櫻桃六株明光殿前櫻桃四株徽音殿前櫻桃二株

廣志曰櫻桃大者如彈丸有長八分者白色多肌者凡二種

虎丘山䟽曰山下有櫻桃三株

唐景龍文館記曰四年夏四月上與侍臣於樹下摘櫻桃恣其食未後於蒲萄園大陳宴席奏宮樂至暝每人賜朱



櫻兩籠

又曰四年夏四月上幸兩儀殿命侍臣昇殿食櫻桃其櫻桃並盛以琉璃和以杏酪飲塗糜酒

博物志曰櫻桃或如手指春秋冬夏華實竟歲

吳氏本草曰櫻桃味甘主調中益脾氣令人好顏色美志氣一名朱桃一名麥英也

傅咸粘蟬賦序曰櫻桃爲樹則多蔭爲菓則先熟故種之於廳事前以盛暑逍遥其下

左思蜀都賦曰朱櫻春熟素柰夏成

魏文帝與鍾繇書報曰臣繇言賜甘酪及櫻桃惠厚意綢非言所申

夏侯孝若春可樂曰進櫻桃於玉盤

太平御覽卷第九百六十九

果部七

梅　石榴　榛

梅

爾雅曰梅柟似杏實酢

尚書說命曰若作和羹爾爲鹽梅

毛詩鵲巢標有梅曰標有梅男女及時也標有梅其實七兮摽落也盛極則墮落者梅也求我庶士迨其吉兮

詩義疏曰梅杏類也樹及葉皆如杏而黑耳煑而乾爲蘇置羹臛虀中又可含以香口

又谷風四月曰山有嘉卉侯栗侯梅

又墓門曰墓門有梅有鴞萃止

大戴禮夏小正曰正月煑梅爲豆實



吳曆曰孫亮出西苑方食生梅使黃門至中藏取蜜以漬梅蜜中有鼠矢侍中請付獄推亮曰此易知耳令破鼠矢矢裏燥亮大笑曰父在蜜中中當濕今外濕裏燥必黃門爲構黃門首服左右莫不驚悚

宋書曰武帝女壽陽公主人日卧於含章簷下梅花落公主額上成五出之華拂之不去皇后留之自後有梅花粧後人多效之

南史曰柳惲嘗與琅琊王瞻博射嫌其皮闊乃摘梅帖烏珠之上發必命中觀者驚駭

梁書曰任昉爲新安太守郡有蜜嶺及楊梅舊爲太守所採昉以冒險多毒物故即時停之

唐書曰蕭倣爲嶺南節度使倣性公廉南海雖富珍奇月俸之外不入其門家人疾病醫工治藥須烏梅左右於公廚取之倣知而令還之促買於市

淮南子曰百梅足以爲百人酸一梅不足以爲百人酸喻衆能濟少少不能有所成也

抱朴子曰綺里丹法以鉛百斤合五石煑之皆成銀以雄黃煑之皆成黃金金太剛以豬膏煑之太柔以梅煑之

山海經曰靈山其木多梅郭璞注曰似杏而酢

說苑曰越使諸發執一枝梅遺梁王梁王之臣韓子顧謂左右惡有一枝梅遺列國之君乎

論衡實知篇曰使聖人空坐獨思則不知百世後有馬生牛牛生驢桃生李李生梅也

世說曰魏武帝行失道三軍皆渴帝令曰前有大梅林饒子甘酸可以解渴士卒聞之口皆水出

地理志曰南陵有梅根冶



風俗通曰夏禹廟中有梅梁忽一春生枝葉

又曰五月有落梅風江淮以爲信風又有霖霪號爲梅雨沾衣服皆敗黦

桂陽先賢傳曰有人謂蘇耽後園梅樹下種藥可治百病

吳氏本草曰梅核明目益氣不飢

東方朔別傳曰朔與三門生俱行見一鳩占皆不同一生曰今日當得酒一生曰其酒必酸一生曰雖得酒不得飲也三生皆到主人須臾主人出酒樽中即安於地羸而覆之訖不得酒出門問見鳩飲水故知得酒鳩飛集梅樹上故知酒酸鳩飛去所集枝折墮地折者傷覆之象故知不得飲也

西京雜記曰上林苑有朱梅同心梅紫蔕梅燕支梅麗枝梅紫花梅侯梅

周處風土記曰夏至之雨名爲黃梅雨
廣志曰蜀名梅爲䕧大如鴈子梅䕧皆可以爲油脯黃梅
以熟䕧作之䕧音撩
伍瑞休江陵記曰洪亭村下有白藉洲東南得郗洲上頭
有枚迴村舊云是梅槐合生成樹是以名之音訛謂之梅
迴
荆州記曰陸凱與范曄相善自江南寄梅花一枝詣長安
與曄并贈花詩曰折花逢驛使寄與隴頭人江南無所有
聊贈一枝春
神異經曰北方荒外有石胡焉方千里中有横公魚夜化
爲人刺之不入煑之不死以烏梅二七煑之即熟可已邪
病
述異記曰嘉興縣睪陶村朱休之有弟朱元元嘉二十五年



十月清旦兄弟對坐家中有一犬來向休蹲遍視二人而
笑遂搖頭歌曰言我不能歌聽我歌梅花今年故復可柰
汝明年何其家驚懼斬犬榜𤄊首路側至歲末梅花時兄
弟相忿奮戟傷兄官收治並被囚繫經歲得免至夏舉家
時疾母及兄弟皆卒
任昉述異記曰邯鄲有故邯鄲宮基存焉中有趙王果園
梅李至冬而花春得食
嶺南異物志曰南方梅繁如北杏十二月開
語林曰范汪至能啖梅人嘗致一斛奩須臾啖盡
潘岳閑居賦曰梅杏郁棣之屬
左思蜀都賦曰梅杏羅生
栢梁臺太官令曰柤梨橘栗李桃梅
張協七命曰燀以秋橙酢以春梅接以商王之箸承以

帝辛之盃

石榴

廣雅曰若榴石榴也
晉隆安起居注曰武陵臨沅縣安石榴子大如椀其味不
酸一蔕六實
宋書曰元嘉末魏太武征彭城遣使求甘蔗安石榴張暢
曰石榴出自鄴下亦當非彼所乏
北史曰齊安德王延宗納趙郡李祖收女爲妃後帝幸李
宅宴而妃母宋氏薦二石榴於帝前問諸人莫知其意帝
投之問魏收曰此竟何意收曰石榴房中多子王新婚妃
母欲子孫衆多帝大喜詔收卿還將來仍賜美錦二疋
唐書曰孔紹安大業末爲監察御史時高祖爲隋討賊於
河東詔紹安監高祖之軍深見接遇及高祖受禪紹安自



洛陽間行奔高祖見之甚悅拜内史舍人時夏侯端亦嘗
爲御史監高祖軍先紹安歸朝授秘書監紹安因侍宴應
詔詠石榴詩曰祗爲來朝晚開花不及春時人稱之
神仙傳曰劉馮者沛人也封桑鄉侯學道於樓丘子常服
石桂英及中岳石榴垂四百年如十五幼童
瀨鄉記曰老子祠堂北有石榴二株
鄴中記曰石虎苑中有安石榴子大如椀盞其味不酸
廬山記曰香爐峯頭有大盤石可坐數百人石垂生山石
榴三月中作花色似石榴而小淡紅敷紫蕚煒曄可愛
襄國記曰龍崗縣有好石榴
博物志曰張騫使西域還得安石榴
廣志曰安石榴有甜酢二種
陸機與弟雲書曰張騫爲漢使外國十八年得塗林安石

榴也
李尤德陽殿賦曰蒲桃安若曼延蒙籠
應吉甫安石榴賦曰余往日爲中書直廬上有安石榴枝葉甚茂故爲之賦
傅玄安石榴賦曰虎宿中而纖條結龍辰升而丹華繁其在晨也灼若九日栖扶桑其在夕也爽若燭龍吐潛光
庾儵若石榴賦曰遠而望之煭若摛績被山阿迫而察之赫若龍輝耀綠波也
夏侯孝若石榴賦曰接翠蕚於綠蔕冒紅牙於丹鬚艷然含蘂璀爾散珠雪醒解酲怡神實氣
潘岳閑居賦曰石榴蒲陶之珎磊落蔓延於其側
又安石榴賦曰實有嘉木名安石榴挺條外暢榮幹內樛丹暉綴於朱房緗的點於紅鬚煌煌煒煒熠燿入藥似長離之栖鄧林若珊瑚之映流水光明燐爛含丹耀紫味滋芳袖色麗瓊蘂



潘岳安石榴賦曰若榴者天下之奇樹九州之名菓也是以屬文之士或叙而賦之遐而望之煥若隨珠耀重淵詳而察之灼若列宿出雲間千房同模十子如一御飢療渴解醒止醉
左思吳都賦曰蒲桃亂潰若榴競裂
張載重作石榴賦曰於是天迴節移龍火西夕流風晨激行露朝白紫房獨熟頹膚自坼剖之則珠散含之則冰釋充嘉味於庖籠極酸甜之滋液上薦清廟之靈下羞玉堂之客
張協安石榴賦曰乃剖乃折金房緗隔
范堅安石榴賦曰紅鬚肉艷頳牙外摽似華燈之映翠幕若丹瓊之廁碧瑶
殷元安石榴賦曰余以暇日散愁翰林覩潘張若榴二賦雖有其美猶不盡善客復措辞故聊爲之賦曰或珠離於琁琬或玉碎於雕觴璘彬洒暎曄紫纓緗璀若瑶英之攢鍾巘翠若靈蚌之含珠璫
徐藻妻陳氏石榴賦曰惟木之珎莫美石榴擢鮮葩於青春結芳實於素秋
王倫妻羊氏安石榴賦曰振綠葉於柔柯垂彤子之累裹
張載詩曰大谷石榴木滋之最膚如凝脂汁如清瀨渴者所思銘之裳帶
曹植弃妻詩曰石榴植前庭綠葉搖縹青翠烏飛來集拊翼以悲鳴
麋元詩曰蒼蒼陵上栢參差列成行童童安石榴列生神道傍



㮈

晉書曰成帝杜皇后崩先是三吳女子相與簪白花望之如素㮈傳言天公織女死爲之着服至是而后崩
三國典略曰楊愔一門四世同居家甚隆盛昆弟就學三十餘人庭有㮈樹實落于地羣兒咸爭愔獨坐不顧季父暐見之謂賓客曰此兒恬裕有我風
蕭廣濟孝子傳曰王祥後母庭有㮈樹始着子使守視祥晝駈鳥雀夜則驚鼠時雨忽至祥抱樹至曙母見惻然
紫虛南岳夫人傳曰夫人姓魏名華存性樂神仙季冬夜半有四真人並年可二十降夫人靖室因設酒饌陳玄雲紫㮈夫人還王屋山王子喬等並降時夫人與真人爲賓主設三玄紫㮈

玄晏春秋曰衛倫過子論及於時味倫因命僕取糗進子
予曰麥也有杏李㮈味具杏部
杜恕篤論曰日給之華與㮈相似也㮈結實而日給零落
虛僞之然與真實相似也虛僞敗而真實成
西京雜記曰上林苑有白㮈紫㮈紫花綠㮈綠花
廣志曰㮈有白赤青三種張掖有白㮈酒泉有赤㮈西方
例多㮈家以為脯數十百斛以為蓄積如收藏棗栗若㮈
汁黒其方作羹以為豉用也
漢武故事曰上握蘭園之金精摘圓丘之紫㮈
釋名曰㮈油擣㮈實也和以塗繒上燥而發之形似油也
㮈脯切㮈曝乾之如脯也
盧諶祭法曰夏祠法用白㮈秋祠用赤㮈
晉太始起居注曰太始二年六月嘉㮈一蔕十五實或七



實生於酒泉
王子年拾遺記曰崑崙山上有㮈冬生子碧色須玉井之
水洗方可食。郭子橫洞冥記曰有紫㮈大如外甜如蜜
核紫花青。虎丘山疏曰山下三面有春秋二㮈
本草經曰㮈味苦令人臆脹病人不可多食
晉宮閣名曰華林園有白㮈四百株
左太冲蜀都賦曰朱櫻春就素㮈夏成
潘安仁閑居賦曰二㮈燿丹白之色
潘尼東武觀賦曰飛甘瓜於浚水投素㮈於清渠
曹植求祭先王表文帝曰乞請白㮈二十枚
又謝賜㮈表曰即夕殿中虎賁宣詔賜臣等冬㮈一奩詔
使温啖夜非食時而賜見及㮈以夏熟今則冬至物以非
時為珎甘以絶口為厚實非臣等所宜蒙荷詔曰此㮈乃
從涼州來道里既遠來轉暖故㮈變色
張載詩曰江南都蔗釀液豊沛三巴黄甘瓜州素㮈凡此
數品殊美絶快渴者所思銘之裳帶

太平御覽卷第九百七十

太平御覽卷第九百七十一

果部八

柹　橙　林檎　椑　枇杷

檳榔　豆蔻　胡桃　荔支

柹

義熙起居注曰二年正月吴令顧脩期言西鄉有柹樹殊

本合條依舊集賀詔停

晉宮閣名曰徽章殿前柹一株

廣志曰柹有小者如　杏

王逸荔支賦曰宛中朱柹

潘岳閑居賦曰張公大谷之梨梁侯烏椑之柹

王廙洛都賦曰豹䄄赤杏胡並丹柹甘液滋脆不絓牙齒

李九七欵曰鴻柹若瓜



劉義恭啓事曰勑旨垂賜華林園柹出自神苑滋味殊絶

橙

說文曰橙橘屬也

東觀漢記曰建武中南單于來朝賜御食及橙橘龍眼荔

支

晉令曰諸官有秩者守護橙者置吏一人

淮南子曰夫橘樹之江北化為橙

風俗通曰橙皮可為醬虀

博物志曰成都廣都郫繁江原臨邛六縣生金橙似橘而

非若柚而芬香夏秋冬或華或實大如櫻桃小者或如彈

丸或有年春秋冬夏華實竟歲

廣志曰有給客橙目夏至冬且花且實

風土記曰橙柚屬也而葉正圓

異苑曰南康歸美山石城內有橙就食其實任意取足持

歸家人啖輒病或顛仆失徑

庾仲初楊都賦曰菓則黄甘朱橙

胡道安甘賦曰襄陰大橙江陽巨橘

林檎

廣志曰黒琴似赤棕亦名黒琴

劉禎京記曰園多林檎

述征記曰林檎菓實可佳其榲勃實微大其狀醜其味香

輔閑有之江淮南少

晉宮闕記曰華林園有林檎十二株榲勃六株

左思蜀都賦曰林檎枇杷橙柹梬楟

謝靈運山居賦曰枇杷林檎帶谷映渚

椑



廣州記曰荔支壺橘南珎之上菱蓮椑柹為其次

地理記曰梁侯園有烏椑八稜大如醤盞

荆州土地記曰宜都出大椑

晉宮閣名曰華林園椑子二株

范汪祠制曰孟冬祭用椑柹

異苑曰傅亮永初中為護軍兄珎住府西齋忽見其窻外

椑樹下物面廣三尺狀若方相久乃自滅

韋耀零陽賦曰甘蔗椑柹榛栗木瓜

潘安仁閑居賦曰梁侯烏椑之柹

謝靈運山居賦曰椑柹被實於長浦

潘岳金谷詩曰前庭樹沙甘後園植烏椑

魏武帝為兖州牧上書曰謹上椑棗二箱

枇杷

范汪祠制曰孟夏祭用枇杷
唐書曰建中元年詔山南之枇杷江南之甘橘歲爲次
第貢者取一次以供廟饗餘皆罷
晉宮閣名曰華林園枇杷四株
風土記曰枇杷葉似栗子似蒳十而叢生四月熟
南中八郡志曰南安縣出好枇杷
廣州記曰枇杷若榴絫乎京都
華山記曰華山講堂西頭有枇杷園
荆州記曰宜都出大枇杷
廣志曰枇杷冬華實黃大如雞子小者如杏味甜酢四月
熟出犍爲
仲長統昌言曰今人主不思甘露醴泉涌而患枇杷荔支
之腐亦鄙矣



王彪之閩中賦曰菓則烏椑朱柿扶餘枇杷
周祗枇杷賦曰昔魯季孫有嘉樹韓宣子譽之屈原離騷
亦著橘賦至於枇杷寒暑無變負雪揚華余植之庭圃遂
賦之云名同音器質異貞松四序一采素華冬馥
曹植樂府歌曰橙橘枇杷甘蔗代出
謝靈運七濟曰朝食既畢摘菓堂陰春惟枇杷夏則林檎

檳榔

吴録地理志曰交趾朱䳒縣有檳榔樹直無枝條高六七
丈葉大如蓮實房得古賁灰扶留藤食之則柔而美郡內
及九真日南並有之
宋書曰劉穆之少時家貧誕節嗜酒食不脩拘檢好往妻
兄家乞食多見辱不以爲恥其妻江嗣女甚明識每禁不
令往江氏後有慶會屬勿來穆之猶往食畢求檳榔江氏
兄弟戲之曰檳榔消食君乃常飢何忽須此妻復截髮市
肴饌爲其兄弟以餉穆之自此不對穆之梳沐及穆之爲
丹陽尹將召妻兄妻泣而稽顙以致謝穆之曰本不匿怨
無所致憂及至醉穆之乃令廚人以金拌貯檳榔一斛以
進之
齊書曰任昉父遥本性重檳榔以爲常餌臨終嘗求之不
得好者昉亦所嗜好深以爲恨遂終身不嘗檳榔
梁書曰干陁利國在南海洲上其俗與林邑扶南略同出
班布古貝檳榔檳榔特精爲諸國之極
三國典略曰齊命通直散騎常侍辛德源聘于陳陳遣主
客蔡佞宴讌因談謔手弄檳榔乃曰頃　聞北間有人
爲噉檳榔獲罪人間遂禁此物定爾不德源荅曰此是天
保初王尚書罪狀辭耳猶如李固被責云胡粉飾貌搔頭
弄姿不聞漢世頓禁胡粉



金樓子曰有寄檳榔與家人者題爲合字蓋一人口也
風俗記曰王高麗年十四五時四月八日在彭城佛寺中
謝混見而以檳榔贈之執王手謂曰王郎謝叔源可與周
旋否
南中八郡志曰檳榔大如棗色青似蓮子彼人以爲異婚
族好客輙先進此物若邂逅不設用相嫌恨
林邑記曰檳榔樹大圍丈餘高十餘丈皮似青桐節如桂
竹下本不大上末不小調直亭亭千萬若一森秀無柯端
頂有葉葉似甘蕉條泒開破仰望沙沙如插叢蕉於竹杪
風至獨動似舉羽扇之掃天葉下繫數房房綴十數子家
有數百樹雲踈如墜繩也
廣州記曰嶺外檳榔小如交阯而大如蒳緇子土人亦呼

為檳榔

廣志曰木實曰檳榔樹無枝略如柱其顛五六尺間𣯛如黍秀實大如桃李生棘針重疊其下剥其皮煑其肉實而貫之堅如乾棗食後啖之滑美消穀下氣彼方珍之以為口實亦出交阯

南方草物狀曰檳榔樹三月開花仍連著實大如雞卵十一月熟

雲南記曰雲南有大腹檳榔在枝朶上色猶青每一朶有三二百顆又有剖之為四片者以竹串穿之陰乾則可乆停其青者亦剖之以一片青葉及蛤粉卷和嚼嚥其汁即似減澁味雲南每食訖則下之

又曰雲南多生大腹檳榔色青猶在枝朶上每朶數百顆云是彌臣國來



又曰雲南有檳榔花糝極美

又曰平琴州有檳榔五月熟以海螺殻燒作灰名為奔蛤灰共扶留藤葉和而嚼之香美

羅浮山疏曰山檳榔一名蒳子幹似蕉葉類柞一藂十餘幹每幹生十房房底數百子四月采樹似栟櫚生日南者與檳榔同狀五月子熟長寸餘

楊衒之洛陽伽藍記曰南方歌營國㝡為強大民戶殷多出明珠金玉及水精珍異饒檳榔

異物志曰檳榔若筍竹生竿種之精硬引莖直上末五六尺間洪洪腫起若瘣木焉因折裂出若黍穊穗無華而為實大如桃李又生棘針重累其下以禦衛其實剖其上皮空其膚熟而貫之硬如乾棗以扶留藤古賁灰并食下氣及宿食消穀飲設以為口實

嶺表録異曰檳榔交廣生者非舶檳榔皆大腹子也彼中悉呼為檳榔交阯豪士皆家園植之其樹莖葉根幹與桄榔椰子小異也安南人自嫩及老採實啖之以不婁藤兼之瓦屋子灰競咀嚼之自云交州地温不食此無以祛其瘴癘廣州亦噉檳榔然不甚於安南也府郭內亦無檳榔樹

周成雜字曰檳榔菓也似螺可食

李當之藥録曰檳郎一名賓門

左思吳都賦曰檳榔無柯椰葉無蔭

劉淵林吳都注曰檳榔高六七丈正直無枝葉條從心生其實作房從心中一房數百實如雞子外有殻肉滿殻中正白味苦澁得扶留藤與古賁灰食則柔滑而美矣

俞益期與韓康伯牋曰檳榔信南遊之可觀子既非常木



然特奇云溫交州時度之大者三圍高者九丈其權穗似禾其綴實似穀其皮似桐而厚其節似竹而穊音既其中空其外勁其屈如覆虹其申如縋繩步其林則寥朗庇其蔭則蕭條信可以長吟可以遠想矣性不奈霜不得北植必當遐樹海南遼然萬里不遇長者之目自令恨深

劉義恭啓事曰奉賜交州所獻檳榔味殊常品塗遠蒟醬

九真蠻獠俗曰九真獠欲婚先以檳榔子一函詣女女食即婚

豆蔻

劉欣期交州記曰豆蔻似杬樹味辛堪綜合檳榔嚼治斷齒

環氏吳地記曰黄初三年魏來求豆蔻

南方草物狀曰漏䓻樹子大如李實二月華七月熟出興

古
左思吴都賦曰草則藿蒳豆蔲
胡桃
晉宮閣名曰華林園胡桃八十四株
廣志曰陳倉胡桃皮薄多肌陰平胡桃大而皮脆急捉則
破
西京雜記曰上林苑有胡桃
吴時外國志曰大秦有棗棕胡桃
博物志曰張騫使西域還得胡桃
廣五行記曰後蜀李雄王衡十二年扶風人韓豹爲太史
令雄李子期立以豹爲太傅猶領候職豹嘗言於期曰臣
今老志在田園欲植胡桃願賜其種期不悟俄而李壽自
涪率衆南向襲尅成都廢期自立

嶺表録異曰山胡桃皮厚而堅大於北府底平如檳榔多
肉少瓤亦與北中者相似以斧䃀之方破或取之自底磨
平以爲印子其陽㞐曲類篆文也
馬融西弟頌公胡桃自零
潘岳閑居賦曰三桃表櫻胡之别
孔融與諸鄉書曰先日多惠胡桃深知篤意
劉謟母荅虞吴國書曰咸和中避蘇峻亂於臨安山吴國
遣使餉饋乃荅書曰此菓有胡桃飛穰飛穰出自南州胡
桃本生西羌外剛内柔質似賢欲以奉貢
荔支
東觀漢記曰單于來朝賜橙橘龍眼荔支
謝承後漢書曰汝南唐羌爲臨武縣長接交州舊獻荔支
羌上書諫乃止

魏文帝詔羣臣曰南方有龍眼荔支寧比西國蒲萄石蜜
乎今以荔支賜將吏啖之則知其味薄矣
吴録曰蒼梧多荔支生山中人家亦種之
唐書曰楊貴妃生於蜀好荔支南海荔支勝蜀者故每歲
飛馳以進然方暑而熟經宿輒敗
又曰白居易爲忠州刺史在郡爲木蓮荔支圖寄朝中親
友各記其狀曰荔支生巴峽間形圓如帷蓋葉如桂冬青
華如橘春榮實如丹夏熟朶如蒲萄核如枇杷殼如紅繒
膜如紫綃瓤肉瑩白如氷雪漿液甘酸如醴如酪大抵如
此其實過若離本枝一日而色變二日而香變三日而味
變四五日外色香味盡去矣
廣志曰荔支高五六丈如桂樹緑葉蓬蓬然冬夏欝茂青
華朱實實大如雞子核黄黒似熟蓮子實白如肪甘而多
汁似安石榴有甜味夏至日將已時翕然俱赤則可食也

一樹下百斛犍爲僰道南荔支熟時百鳥肥其名之曰焦
核小次曰春花次曰朝偈此三種爲美次鼈卵大而酸以
爲醢和率生稻田間
又曰荔支壺橘南珎之上
西京雜記曰南越王尉他獻高祖鮫魚荔支高祖報以蒲
桃錦四疋
竺法真登羅山疏曰荔支冬青夏至日子始赤六七日可
食甘酸宜人其細核者謂之焦核荔支之㝡珎也
異物志曰荔支爲異多汁味甘絶口又小酸所以成其味
可飽食不可使厭生時大如雞子其膚光澤皮中食乾則
醮小則肌核不如生時奇四月始熟也
嶺表録異曰荔支南中之珎果也梧州江前有火山上有

荔支四月先熟（以其地熱故曰火也）核大而味酸其高新州與南海産者㝡佳五六月方熟（黔中亦出荔支余曾得一嘗一似火山者）形若小鷄子近蔕稍平皮殼殷紅肉瑩寒玉又有焦核者性熱液甘食之過度即蜜漿制之又有蠔荔支黃色味稍劣於紅者

廣州記云每歲進荔支郵傳者疲斃於道漢朝下詔止之今猶修事荔支煎進焉其樹自徑尺至于合抱葉蜜如冬青木性堅重其根工人多取爲阮咸槽彈弓碁局

仲長統昌言曰今人主不思神芝朱草而患枇杷荔支之膩亦鄙矣

王逸荔支賦曰乃覩荔支之樹其形也暧若朝雲之興森如横天之彗角亢興而靈華敷大火中而朱實繁灼灼若朝霞之吐日離離如繁星之著天

劉淵吴郡注曰荔支樹生山中葉綠色實正赤肉肥肌正白味美

左思蜀都賦曰傍挺龍目側生荔支布綠葉之萋萋結朱實之離離

太平御覽卷第九百七十一

太平御覽卷第九百七十二

果木部九

蒲萄　橄欖　椰　楊梅　沙棠
枸櫞　益智　楠子　櫖

蒲萄

史記曰大宛以蒲萄爲酒富人藏酒至萬餘石久者數十歲不敗漢使取其實來於是離宮別觀傍盡種蒲萄

漢書曰李廣利爲二師將軍破大宛得蒲萄種歸漢

續漢書曰扶風孟佗以蒲萄酒一斛遺張讓即以爲涼州刺史（三輔決錄又載）

魏文帝詔羣臣曰中國珍果甚多且復爲說蒲萄當其朱夏涉秋尚有餘暑醉酒宿醒掩露而食甘而不餶（烏縣切）脆而不酸冷而不寒味長汁多除煩解餶又釀以爲酒甘於麴糵善醉而易醒道之固以流羨（音羨）咽唾況親食之耶他方之果寧有匹者

崔鴻十六國春秋前涼録曰張斌字洪茂燉煌人也作蒲萄酒賦文致甚美

又後涼録曰建元二十年呂光入龜茲城胡人奢侈富於生養家有蒲萄酒或至千斛經十年不敗

北齊書曰李元忠曽貢世宗蒲萄一盤世宗報以百練縑遺其書曰儀同位亞台鉉識懷貞素出藩入侍備經要重而猶家無擔石室若懸罄豈輕財重義奉時愛己故也久相嘉尚嗟詠無極恒思標賞有意無由忽辱蒲萄良深佩戴聊用絹百疋以酬清德

唐書曰高祖賜群臣食於御前果有蒲萄侍中陳叔達執而不食高祖問其故對曰臣母患口乾求之不能得高祖



曰卿有母可遺乎遂流涕嗚咽久之乃止因賜物百段

又曰蒲萄酒西域有之前代或有貢獻人皆不識及破高昌收馬乳蒲萄實於苑中種之并得其酒法太宗自損益造酒爲凡有八色芳辛酷烈味兼醍盎既頒賜群臣京師始識其味

又曰太宗時葉護獻馬乳蒲萄一房長二丈餘子亦稍大其色紫

又曰李直方常第果實若貢士者以緑李爲首芳梨爲副櫻桃爲三甘橘爲四蒲萄爲五或薦荔支曰寄舉之首也

又曰罽賓在葱嶺南踰縣度經熱坂其地暑濕人皆乘馬士宜秔稻多甘蔗蒲萄草木凌寒不死

金樓子曰大月氏國善爲蒲萄花葉酒或以根及汁醞之其花似香而緑蘂碧鬚夏春之時萬頃競發如鸞翼八月中風至吹葉上傷裂有似綾紈故人呼風爲蒲萄風亦名爲裂葉風

漢武帝内傳曰西王母當下帝設蒲萄酒

杜篤邊論曰漢征匈奴取其胡麻稗麥苜蓿蒲亦廣地也

廣志曰蒲萄有黄白黒三種

雲南記曰雲南多乾蒲萄

楊衒之洛陽伽藍記曰白馬寺浮圖前茶林蒲萄異於餘處枝葉繁衍子實甚大茶林實重七斤蒲萄實偉於棗味並殊美冠於中京帝至熟時常詣取之或復賜宫人得之轉餉親戚以爲奇異得者不敢輒食乃歷數家京師語曰白馬甜榴一實直牛

唐景龍文館記曰四月上巳日上幸司農少卿王光輔庄駕還頓後中書侍郎南陽岑羲設茗飲蒲萄漿與學士等

討論經史
又曰大學士李嶠入東都祔廟學士等祖送城東上令中
官賜御饌及蒲萄酒
博物志曰西域有蒲萄酒積年不敗彼俗傳云可至十年
飲之醉彌日不解
又曰張騫使西域還得蒲萄
晉宮閣名曰華林園蒲萄百七八十株
秦州記曰秦野多蒲萄
本草經曰蒲萄生五原隴西燉煌益氣強志令人肥健延
年輕身
王逸荔支賦曰西旅獻崐山之蒲萄
鍾會蒲萄賦曰余植蒲萄於堂前嘉而賦之命荀勗並作
應禎蒲萄賦曰結繁子之碣落兮英蘢㩁而彌房



傅玄蒲萄賦曰踰龍堆之險越懸度之阻涉三光之阪
歷平身熱之野

橄欖

金樓子曰有樹名獨分爲二枝其東向一枝是木威樹南
向一枝是橄欖樹
南越志曰博羅縣有合成樹十圍去地二丈分爲三衢東
向一衢木威葉似楝子如橄欖而硬削去皮南人以爲糝南
向一衢橄欖西向一衢橄欖
裴淵廣州記曰橄欖滋酒
廣志曰橄欖大如鷄子交州以飲酒
南州草木狀曰橄欖子大如棗二月華八九月熟生食味
酢蜜藏乃甜美交阯武平興古九真有之
臨海異物志曰餘甘子棱形初入口舌澁酸飲水乃甘又
如梅實核兩頭銳呼爲餘甘橄欖同一物異名耳
嶺表錄異曰橄欖樹身聳枝皆高數尺其子深秋方熟閩
中尤重味云咀之香口勝含鷄舌香生啖及煑飲悉解酒
毒有野生者子繁樹峻不可梯緣但刻其根下方寸許內
鹽於其中一夕子皆自落樹枝節上生脂膏如桃膠南人
採之和其皮葉煎之調如黑餳謂之橄欖糖用泥船損乾
後牢於膠漆着水益乾堅耳
左思吳都賦曰龍眼橄欖

椰

隋書曰林邑國人深目高鼻髮拳色黑俗皆徒跣以幅布
纏身冬月衣袍婦人椎髻施椰葉蓆
唐書曰訶陵國俗以椰樹花爲酒其樹生花長三尺餘實
大如人脛割之取汁以成酒味甘飲之亦醉



南夷志曰荔支檳榔訶梨勒椰子桄榔等諸樹永昌麗水
諸山皆有之
雲南記曰南詔遣使致南國諸果有椰子狀如大牛心破
一重麄皮刮盡又有一重硬殼有小孔以筋穿之內有漿
二合餘味甘色白
又曰雲南多椰子亦以蜜漬之爲糝
廣志曰椰樹高六七丈無枝條有葉如束蒲乃在樹末實
如大瓠瓜懸在樹頭實外有皮中有核皮裏有汁升餘清
如水美如蜜可飲核中膚白如雪厚半寸味如胡桃而美
可食出交阯家家種之
南方草木狀曰椰二月花花仍蓮着實房連相累房三十
或二十七八子十一月十二月熟其樹黃　俗名爲丹横
破之可作椀子長如栝樓子

交州記曰椰子有漿截花以竹筩承取汁作酒飲之亦醉
神異經曰東南荒中有椰木椰高二三丈或十餘丈圍丈餘或七八尺葉三百歲盡落而華華如甘瓜華華盡落而生葉葉下生子三歲而熟熟後不長不減形如寒瓜長七八寸徑四五寸
南州異物志曰椰樹大三四圍長六丈通身無枝至百餘年有葉葉狀如蒲長四五尺直竦指天實生葉間皮苞之如蓮狀皮肉硬過於核中肉白如雞子着皮而腹內空含汁大者含升餘實形團團然或如瓜樓横破之可為爵並堪器用南人珍之
異物志曰椰樹高六七丈無枝條葉如東蒲在上其實如瓠繫之巔實外皮如胡蘆膚中有汁升餘清如水味美於蜜食其膚則不飢食其汁則增渴又有如兩眼處俗號椰子為越王頭



嶺表録異曰椰子樹亦類海棕實號椰子大如甌盂外有麄皮如火腹次有硬殼圓而且堅厚二三分有圓如卵者即截開一頭砂石摩之去其皴皮其爛斑錦文以白金裝之以為水鑵子珎奇可愛殼中有液數合如乳亦可飲之冷而動氣
左思吳都賦曰椰葉無蔭
俞益期牋曰有清漿數升懸於長木之端終不乾故為小異

楊梅

金樓子曰楊周年七歲甚聰惠孔君平詣其父父不在乃呼兒出為設果有楊梅孔公指以示兒曰此真君家果兒應聲荅曰未聞孔雀是夫子家禽
博物志曰地有章名則生楊梅
南越志曰熙安縣白蜀里多楊梅張公以為名章則多楊梅此偶以所聞而命書後好事改地就之耳求之白蜀去之遠矣
裴淵廣州記曰盧山頂有湖楊梅繞其際人登者止得於山飽食不得持下
吳興記曰故章縣北有石椰山出楊梅常以貢御張華所謂地名章必生楊梅蓋謂此也
食經曰藏楊梅法取完者一斛鹽漬之曝乾别取杭皮二斤煑汁漬之不加蜜漬梅色如初美好可留數月
臨海異物志曰楊梅其子如彈丸正赤五月中熟熟時似梅味甘甜酸
梁江淹楊梅頌曰懷蕊挺實涵黃糅丹鏡日綉壑照霞綺巒



沙棠

山海經曰崑崙之山有木焉狀如棠黃華赤實味如李而無核名曰沙棠可以却水
呂氏春秋曰伊尹説曰果之美者沙棠之實
南越志曰寧鄉果多沙棠
竺法真登羅浮山疏曰羅浮山有沙棠華黃實赤味甘如李

枸櫞

裴淵廣州記曰枸櫞樹似橘如柚大而倍長味奇酢皮以蜜煑為粽
劉欣期交州記曰枸櫞如柚核細
異物志曰枸櫞實橘大如飯筥皮不香味不美可以浣治

葛紵若酸漿

嶺表録異曰枸櫞子形如瓜皮以橙而金色故人重之愛其香氣京輦豪貴家釘盤筵憐其遠方異果肉甚厚白如蘿蔔南中女工競取其肉雕鏤花鳥浸之蜂蜜點以燕脂擅其妙巧亦不讓湘中人鏤木瓜也

益智

十三國春秋曰安帝元年盧循爲廣州刺史循遺劉裕益智粽裕乃荅以續命湯

顧微廣州記曰益智葉如蘘荷莖如竹箭子從心中出一枝有十子子内白滑四破去之取外皮蜜煑爲粽子味辛

周景式廬山記曰山果有益智蒲萄

廣志曰益智葉以襄荷長丈餘其根上有小枝高八九寸无華萼其子藂生之如棗中辦黒皮白核小者曰益智含之隔涎濊出壽萬亦生交阯

南方草物狀曰益智如筆毫長七八分二月華五月六月熟味辛中芬香出交阯合浦

陳祁暢異物志曰益智類薏苡長寸許如枳椇子味辛刺飲酒食之佳

惠遠法師荅盧循書曰損餉深抱情至益智乃是一方異味即於僧中行之

桶子

廣志曰桶子似木瓜樹木

南方草物狀曰桶子木如鷄卯三月華八月九月熟味酸酢或以蜜藏滋味甜美出交阯

劉欣期交州記曰如桃

陳祁暢異物志曰槃子之樹枝葉四布（枝葉蒲蘇如車蓋也）名同種異味實甜酢（典作紙穀同名而實大異也）果而無核裹面如素析酒止醒更爲遺賂

檖

毛詩秦車鄰晨風曰隰有樹檖（毛云赤羅或云山梨今人謂之楊檖樹實如梨但小耳一名燕梨一名鼠梨）

陸機毛詩疏義曰樹檖一名赤羅一名山梨今人謂之楊檖樹及實如梨但實奇小耳一名鹿鼠一名鼠梨齊郡廣縣堯山魯國河内共北中有今人亦種之極有美者赤梨之脆美者

爾雅曰檖羅也（郭氏曰今楊檖也實似梨而酢可食也）

廣志曰陽檖子似梨大如杏可食

晉宫閣名曰華林園陽檖二株



太平御覽卷第九百七十二

太平御覽卷第九百七十三

果部十

龍眼　椲櫨　餘甘　蒟子　木瓜　劉　欝

杜梨　椺棗　榛　柚　椵　椹

龍眼

廣雅曰益智龍眼也

謝承後漢書曰交阯七郡獻龍眼

廣志曰龍眼樹葉似荔支蔓延緣木生子大如酸棗色異純甜無酸

朱崖傳曰果有龍眼

交州記曰龍眼樹高五六丈似荔支而小

廣州記曰龍眼子似荔支七月熟

吴氏本草曰龍眼一名比目



嶺表録異曰龍眼子樹如荔支葉小殼青黄色形圓如彈九大核如木梡子而不堅肉白帶漿其甘如蜜一朶恒三二十顆荔支方過龍眼即熟南人謂之荔支奴以其常隨後也

左思蜀都賦曰傍挺龍眼側生荔支

椲櫨

齊書曰武帝幸丹陽郡宴飲郅撝侍舊酒後狎侮同列時王敬則執椲櫨以刀子削之謂曰此非元徽頭何事自喫之爲左丞庾杲之所糾以贖論

廣志曰椲櫨其子甚酢出西方

餘甘

吴録地理志曰高涼安寧縣有餘甘初食之味苦後口中更甘

臨海異物志曰餘甘子如梭形出晋安侯官界中餘甘橄欖同一果耳

雲南記曰瀘水南岸有餘甘子樹子如彈丸許色微黄味酸苦核　有五稜其樹枝如柘枝葉如小夜合葉

陳祁暢異物志曰餘甘大小如彈丸大視之理如定陶瓜片初入口如苦忽咽口中乃更甜美益而蒸之尤美可多食之

朱崖故事曰朱崖果有餘甘

左思吴都賦曰其果則丹橘餘甘荔支之林

蒟子

漢書曰番陽令唐蒙風曉南粤南粤食蒙蜀枸醬注曰枸音矩枸樹也如桑其椹長二三寸酢取其實以爲醬

廣志曰蒟子蔓生依樹子似桑椹長數寸色黑辛如薑以鹽淹之下氣消食出南安

左思蜀都賦曰蒟杖傳節於大夏之邑蒟醬流味於番禺之鄉



木瓜

爾雅曰楙木瓜郭氏注曰實如小瓜酢可食楙音茂也

周禮冬官下弓人職曰取幹之道木瓜次果桑

毛詩衛淇澳木瓜曰投我以木瓜報之以瓊琚毛云楙也詩義疏曰楙葉似榛實如小瓤瓜上黄著中令芬香欲噉者蜜封藏百日食之也

三國典略曰齊孝昭北伐庫莫奚至天池以木瓜灰毒魚魚皆死而浮出庫莫奚竊相謂曰池有靈魚犯之不祥乃出長城北道齊主分兵追擊獲牛羊七萬振旅而還

水經曰魚復縣地多木瓜樹有子大如甂音武白黄實甚苦香爾雅之所謂楙也

盛弘之荆州記曰魚復縣有固陵村地多木瓜樹其子大

者如瓨

晉宮閣記曰華林園有木瓜五株　一尺百二十節

廣志曰木瓜子可藏枝爲

吴氏本草曰木瓜生夷陵

虎丘山疏曰山三面悉有木瓜

何承天木瓜賦曰惟玆木之在林亦超類而獨劭方朝華而繁實比沙棠而有曜

## 劉

爾雅曰劉劉杙也（劉子生山中實如梨酢甜核堅出交趾杙音弋）

吴録地理志曰交阯羸𨻻縣有劉子樹出山中實如梨而味酸美郡内皆有之

南方草物狀曰劉三月華七月八月熟其色黄其味酢出交阯武平興古九真



吴都賦曰梌劉禦霜

## 鬱

周書曰夏食鬱（棣也）

毛詩豳七月曰六月食鬱（毛注曰鬱棣）

詩義疏曰其樹高五六尺其實大如李正赤食之甜

魏王花木志曰鬱薁樹高五六尺實大如李赤色食之甘

廣雅曰一名雀李又名車下李又名郁李亦名棣亦名薁

李子毛詩七月食鬱及薁即郁李也一名棣也

吕氏本草曰郁核一名雀李一名車下李一名棣

晉宮閣名曰華林園薁李一林

司馬相如上林賦曰隱夫鬱棣合遝離支

潘岳閑居賦曰梅杏薁棣之屬

曹毗魏都賦曰若榴郁棣

## 杜梨

爾雅曰杜甘棠（今之杜梨也）

山海經曰岷山其木多棠

韓詩外傳曰邵伯在朝所司請召民邵伯曰不勞一身而勞百姓此非文王之志也於是廬於棠樹之下百姓大悦詩人見而歌焉

毛詩鸛巢甘棠曰蔽芾甘棠勿翦勿伐召伯所茇（毛云甘棠杜也）

詩義疏曰今棠梨也一名杜梨如梨而小有甜酢可噉也

毛詩蟋蟀杕杜曰有杕之杜生于道周

陸氏毛詩疏義曰杕杜杜赤棠也與白棠同但有赤白美惡子白色者爲白棠白棠甘棠也多酸美滑赤棠子澁而酢者也俗語澁如杜是也木理亦赤可以作弓材

孫楚杕杜賦序曰家弟以虞氏梨賦見示余謂豈以梨有



用之爲貴杜無用之爲賤故賦之

## 梬棗

晉宮閣名曰華林園梬（音軟）棗四株

廣志曰梬棗味如柹晉陽梏梬肌細而厚以供御

范子計然曰梬棗出漢中郡

崔豹古今注曰梬棗葉如柹實似柹而小味甘美

司馬相如子虚賦曰樝梨梬栗（梬梬棗也）橘柚芬芳

左思蜀都賦曰林檎枇杷橙柹梬楟

## 榛

毛詩邶栢舟簡兮曰山有榛隰有苓

陸機毛詩疏義曰山有榛枝葉似栗樹子似橡子味似栗枝莖可以爲燭

毛詩鄘栢舟定之方中曰樹之榛栗椅桐梓漆

詩義疏曰榛栗屬有兩種其一種大小皮葉皆如栗其子小形似杼子味亦如栗所謂樹之榛栗者也其一種枝莖如木蓼生高丈餘作胡桃味遼代上黨皆饒
周禮天官下籩人職曰饋食之籩其實榛
禮記曲禮下曰婦人之贄椇榛棗栗
說文曰榛似梓實如小栗
山海經曰上申之山下多榛楛 郭氏注曰榛似栗而小
任昉述異記曰漢末楊氏家園中產神榛二株
張衡七辯曰寒梨乾榛

柚 爾雅音義曰或作櫾

爾雅曰柚條也 鄭氏注曰以橙實酢出江南
尚書禹貢曰楊州厥苞橘柚
周書曰秋食橘柚
毛詩秦車轔曰終南何有有條有梅



列子曰吳越之間有木焉其名曰櫾碧樹而冬青實丹而味酸度淮北而化爲枳焉
莊子曰三王五帝之禮義法度譬猶柤梨橘柚其味相反而皆可於口
淮南子曰天之所處地之所載皆生於一父母故槐榆與橘柚合而爲兄弟
呂氏春秋曰果之美者雲夢之柚
山海經曰洞庭之山綸山銅山賈超之山其木多櫾 郭氏注曰柚似橘而大
鹽鐵論御史曰孝武皇帝平百越以爲園圃臣庶皆厭橘柚
崔寔政論曰橘柚之貢堯舜所不常御

裴淵廣州記曰別有柚號爲雷柚實如升大
廣志曰成都有柚大如升
博物志曰橘柚類多豫章郡出真者
風土記曰柚大橘也赤黃而酢也
神異記曰東方建春山外多柚
異苑曰南康歸美山石城內有甘橘柚
楚辭曰斬伐橘柚列樹苦桃
楚辭曰雜橘柚以爲園兮列辛夷與椒楨
司馬相如子虛賦曰橘柚芬芳
古詩曰橘柚垂華實乃在深山側聞君好我甘竊獨自雕飾
楊雄楊州牧箴曰彭蠡既瀦陽鳥攸居橘柚羽貝瑤琨篠簜
崔琦七蠲曰于斯江寔是產橘柚紫葉玄實綠裏朱莖



郭璞讚曰屈生嘉歎以爲美談

椵

爾雅曰櫠椵也 郭璞注曰柚屬子大如盂皮厚二三分中似枳食之味少

椹

毛詩駉頌泮宮曰翩彼飛鴞集于泮林食我桑黮懷我好音 黮桑實
後漢書曰獻帝時三輔大飢九月桑復生椹人得以食
魏略曰楊沛爲新鄭長課民益畜乾椹會太祖西迎天子無糧食沛進乾椹及太祖輔政遷爲鄴令賜其生口十人絹百疋欲以勵之報乾椹也
魏書曰袁紹在河北軍人仰棗椹
車頻秦書曰慕容垂圍鄴百姓不得復田民以桑椹爲糧

相噉略盡
晉書載記曰符登攻姚萇萇據武都相持累戰互有勝負登軍中大飢收葚以供兵
後魏書曰崔逞自燕奔魏尋除御史太祖攻中山乏糧問郡臣取食之方逞曰取椹可以助糧太祖雖銜侮慢兵須食乃聽人取椹
北史曰後周趙肅爲齊州別駕有能名其東鄰有桑椹落其家就遣人悉拾歸其主誡諸子曰吾非以此求名意者非機杼物不願侵人汝等宜以爲誡
金樓子曰秦皇遣徐福求一寸椹碧海之中有扶桑樹長數千丈樹兩兩同根生更相依倚是名扶桑仙人食其椹而體作金光飛騰玄宮也
漢武內傳曰神仙上藥有扶桑丹椹



汝南仙賢傳曰蔡君仲孝養老母時赤眉亂君仲取桑椹赤黑異器賊問之荅云黑者與母赤者自食賊嘉之與鹽二外
世說曰張天錫爲晉孝武所器每入言話無不竟日頗有嫉之者於坐問張北方何物可貴張荅曰桑椹香甘鴟鴞革響醇酪養性人無嫉心
世說曰有王甲從北方來詣謝公問北方何果最勝甲云桑椹最好謝公問可以比江東何果甲云是黃甘之流公曰君何乃爾妄語甲既受妄語之名恐宰相所貴乃買駿馬候熟時取數十枚還以奉公公食之以爲美乃謂甲此味乃江東所無而君近比黃甘於是引甲爲賓客
十洲記曰有椹樹長數千丈名爲扶桑芝仙人食其椹而體作金色飛翔玄宮其樹雖大其葉則小故如中夏之桑椹也但椹稀而赤九千歲一生實耳
楊衒之洛陽伽藍記曰願會寺中書侍郎王翊捨宅立也佛堂前生桑樹一株直上五尺枝條橫遶柯葉傍布形如羽蓋復高五尺凡爲五重每一重葉椹各異京師道俗謂之神桑觀者成市布施者甚衆帝聞而惡之以爲惑衆命給事黃門侍郎元紀伐殺之其日雲霧晦冥下斧之處流血至地見者莫不悲泣
東方朔神異記曰東方有樹高八十丈敷張自輔葉長一丈廣六七尺名曰桑上有椹長三尺五寸其圍如數
異苑曰漢興平元年九月桑再椹時劉玄德軍小沛年荒穀貴士衆皆飢仰以爲糧
又曰北方有白桑椹長數寸食之甘美
五行記曰晉武太元中太原王戎爲鬱林太守泊舡新



亭眠夢人以七枚椹與之着衣襟中既悟得椹如夢中
傳休弈桑椹賦曰繁實離離含甘吐液烝米三變或玄或白嘉味殊滋食之無斁

太平御覽卷第九百七十三

太平御覽卷第九百七十四

果部十一

枳椇　探　蒳　木威　榞木　杭

棪　楊桃　楊搖　冬熟　猴闥　關桃

土翁　狗槽　雞橋　猴總　多南　王壇

三廉　鬼目　甘蔗　甘藷　燕薁　蘼蔓

枳椇（音只短）

毛詩嘉魚曰南山有枸北山有楰（枸枳枸）

詩義疏曰枳枸樹高大如白楊所在皆有子著支端支柯不直噉之甘美如飴八九月熟江南特美今官園種之謂之木蜜能令酒味薄若以爲屋柱則一屋酒可薄

禮記曲禮下曰婦人之贄椇榛脯脩（鄭玄曰椇枳椇也）

廣志曰枳椇葉似柳子似珊瑚其味如蜜十一月熟樹乾者益美出南方大如指頭



崔豹古今注曰枳椇子一名樹蜜一名木錫實形拳曲核在實外味甜美如餳蜜一名白石一名木石一名枳椇也

探（音蟾南越志果名似柰而酸）

薛瑩荆楊以南異物志曰探子樹產山中實似梨冬熟味酸丹陽諸郡有之

蒳（音納）

異物志曰蒳草樹果如栟櫚而小三月採其葉細破乾之味近苦甜雞舌香食之益善也

顧微廣州記曰山檳榔大於蒳子蒳子土人亦呼爲檳榔

左思吳都賦曰藿蒳荳蔻

木威

顧微廣州記曰餘甘甘蕉木威黃皮其味殊苦

顧微廣州記曰木威高丈餘子如橄欖而堅削去皮以爲糉

榞木

吳録地理志曰廬陵南部雩都縣有榞樹其實如甘蕉而核味亦如之

杭（音求）

爾雅曰杭繫（音計）梅也（郭璞注曰杭樹似梅子如指頭赤色似小㮈可食也）

棪

爾雅曰棪（音琰）㯳（音速）（郭璞注曰棪實似㮈赤可食）

山海經曰庭之山其上多棪木（郭璞注曰即㯳也）

曹毗魏都賦曰果則谷棪山楟（音亭）

楊桃

臨海異物志曰楊桃似南方橄欖子其味甜常五月十月熟諺言楊桃無蹙一歲三熟其色青黃核如棗核



臨海異物志曰楊桃子生晉安候官縣一小樹得數十石實大三寸可蜜藏之

庾仲初楊都賦曰楊桃枇杷

楊搖

臨海異物志曰楊搖有七脊子生樹皮中其體雖異味則無奇長四五寸色青黃味甘也

冬熟

臨海異物志曰冬熟如指大正赤其味甘勝梅

猴闥

臨海異物志曰猴闥子如指頭大其味小苦可食

關桃

臨海異物志曰關桃子其味酸

土翁
臨海異物志曰土翁子如漆子大熟時甜酸其色青黑
狗槽
臨海異物志曰狗槽子如指頭大正赤其味甘
雞橘
臨海異物志曰鷄橘子如指頭大味甘永寧南界中有之
猴總
臨海異物志曰猴總子如指頭大與柹相似其味不減於柹
多南
臨海異物志曰多南子如指大其色紫味甘與梅子相似晉安侯官界中有
王壇

臨海異物志曰王壇子如棗大其味甘晉安侯官越王祭壇邊有此果無知其名因見生處遂名王壇其形小於龍眼有似木瓜七月熟甘美也
王彪之閩中賦曰王壇侯栗
楊都賦曰草則龍目茘支王壇丹橘
三廉（出熙安郡雲母山見南越志）
陳祈暢異物志曰三廉大實實不但三（雖名三廉或有四五六枝）食之多汁味酸且甘藏之尤好與衆果相叅
鬼目（亦名几自）
爾雅曰符鬼目（郭景純曰今江東有鬼目草莖似葛葉圓而毛子如耳璫赤色叢生）
廣志曰鬼目似梅南人以飲酒
南方草木狀曰鬼目樹大者如木子小者如鴨子二月花色仍連着實七月八月熟其色黄其味酸以蜜煮之滋味柔嘉交阯武平興古九真有之
裴淵廣州記曰鬼目益智直爾不敢噉可爲漿也
交州記曰鬼目樹似棠梨葉似楮皮白樹高大如木瓜而小邪傾不周正味酢九月熟又有草眛子亦如之亦可爲糝周其草似鬼目
甘蔗
說文曰諸蔗也
漢書禮樂志郊祀歌曰百味旨酒布蘭生泰尊柘漿析朝酲（應劭曰柘漿取柘汁以爲飲也）
吴録地理志曰交阯句屚（音漏）縣干蔗大數寸其味醇美異於他處笮以爲餳曝之凝如氷破如博棊入口消釋
江表傳曰孫亮使黄門以銀盌并蓋就中藏吏取交州所獻甘蔗餳黄門先恨藏吏以鼠矢投餳中啓言吏不謹亮

呼吏持餳器入門曰此器既蓋之且有油覆無緣有此也黄門將有恨汝耶叩頭曰常從吕求官莞蓆有數不敢與亮曰必是此也問具服即於前加髠鞭斥外付
晉書曰顧愷之每食蔗自尾至本人或問之曰漸入佳境
宋書曰庾仲文好貨劉雍自謂得其助力事之如父夏中送甘蔗
又曰元嘉末魏太武征彭城遣使至小市門致意求甘蔗及酒孝武遣人送酒二器甘蔗百挺
齊書曰宜都王鏗善射常以堋的太闊曰終日射侯何難之有乃取甘蔗揷地百步射之十發十中
又曰范雲永明十年使魏魏人李彪宣命至雲所甚見稱美彪爲設甘蔗黄粽隨盡復益彪笑謂曰范散騎小驗之一盡不能復得

梁書曰庾沙弥性至孝母劉亡好噉甘蔗沙弥遂不食焉

三國典略曰陸納反湘州分其衆二千人夜襲巴陵晨至城下宜豐侯脩出壘門座胡牀以望之納衆乘水來攻矢下如雨脩方食甘蔗曾無懼色部分軍旅鼓而進之遂獲其一艦生擒六千人納遂歸保長沙

又曰侯景至朱雀街南建康令庾信守朱雀門俄而景至信衆撤桁始除一舶見景軍皆着鐵面退隱于門自言口㷋屢求甘蔗俄而飛箭中其門柱信手中甘蔗應弦而落

隋書曰赤土國物產多同於交阯以甘蔗作酒雜以紫瓜根酒色黄赤味亦香美

永嘉郡記曰樂城縣三州府江有三洲因以爲名對岸有浦名爲菰子出好甘蔗

盧諶祭法曰冬祀用甘蔗



范汪祠制曰孟春祠用甘蔗

扶南傳曰安息國出甘蔗

廣志曰甘蔗其餳爲石蜜

雲南記曰唐韋齊休聘雲南會川都督劉寬使使致甘蔗蔗節希似竹許削去後亦有甜味

神異經曰南方荒内有肝睹林其高百丈圍三丈促節多汁甜如蜜（肝音干睹音柘）

異物志曰甘蔗遠近皆有交阯所產特醇好本末無薄厚其味甘圍數寸長丈餘頗似竹斷而食之旣甘生取汁爲飴餳益珎煎而暴之凝如氷

甄異傳曰隆安中吳縣張牧字君林忽有鬼來無他須臾唯欲噉甘蔗自称高褐主人因呼阿褐牧母見之是小女面青黑色通身青衣

魏文帝典論曰嘗與平虜將軍劉勳奮威鄧展等共飲宿聞展有手臂曉三兵余與論劒酒酣耳熱方食干蔗便以爲杖下殿數交三中其臂

袁子正書曰歲比不登凡不給之物若干蔗之屬皆可權禁

楚辭曰臑（奴到切）鼈炮羔有柘漿（柘蔗也）

司馬相如子虛賦曰諸柘巴苴（諸柘甘柘）

張協都蔗賦曰若乃九秋良朝玄酎初出黄華浮觴酣飲累日㧌斯柘而療渴若漱醴而含蜜清滋津於紫梨流液豐於朱橘

曹植詩曰都蔗雖甘杖之必折巧言雖美用之必滅

張載詩曰江南都蔗釀液澧沛三巴黄甘瓜州素㮈凡此數品殊美絶快渴者所思銘之裳帶



李伯仁七款曰副以甘柘豐弘誕節纖液玉津旨於飴蜜

虞飜與弟書曰有數頭男皆如奴僕伯安雖癡諸兒不及觀我所生有兒無子伯安三男阿思似父思其兩弟有似人也去日南遠恐如甘蔗近抄即薄

應璩與尚書諸郎書曰檀氏園葵菜繁茂諸蔗瓜芋亦離尚萌未知三生復何種植

馮衍杖銘曰杖必取材不必用味相必取賢不必所愛都蔗雖甘猶不可杖佞人悅已亦不可相

## 甘藷

南方草物狀曰甘藷民家常以二月種之至十月乃成卵大者如鵝小者如鴨掘食其味甜經久得風乃淡泊耳出交阯武平九真興古

陳祈暢異物志曰甘藷似芋亦有巨魁剝去皮肌肉正白

如昉南方人專食之以當米穀蒸炙皆香美賓客酒食亦施設有如果實也

燕薁 音郁

毛詩豳七月曰六月食鬱及薁 薁蘡薁也

毛詩題綱曰葛藟一名燕薁藤好生河滸邊得水潤而長喻王九族蒙王恩惠以育子孫今王無澤於族人不如葛藟生河滸邊也

廣雅曰燕薁蘡舌也

廣志曰燕薁似梨早熟

魏王花木志曰燕薁實大如龍眼黑色說文謂之蘡薁詩疏一名車鞅藤豳詩七月食鬱及薁此名燕薁

潘岳閑居賦曰梅香薁棣之屬繁榮藻麗之飾

曹毗魏都賦曰英梅楊李若留郁棣 郁俗謂炏郁



廉薑

廣雅曰蔟葰 相維切 廉薑也

湘州記曰始安縣空龍山精了山出廉薑

食經曰廉薑法籨煮烏梅去滓以淬廉薑再三宿色黄赤如琥珀

劉楨清慮賦曰仰秤木韮俯拔廉薑

太平御覽卷第九百七十四

# 太平御覽卷第九百七十五

果部十二

甘蕉　扶留　芋　菱

芡　蓮　藕

## 甘蕉

晉宮閣名曰華林園芭蕉二株

南夷志曰南詔土無食器以芭蕉葉藉之

廣志曰芭蕉葅或曰甘蕉莖如荷芋重皮相裹大如盂外葉廣二尺長一丈子有角子長六七寸或三四寸生爲行列兩兩共對若相抱形剝其上皮色黄白味似蒲萄甜而飽人其根大如芋魁大一石青色其莖解散如絲織以爲葛謂之蕉葛雖脆而好色黄白不如葛色出交阯建安

南州異物志曰甘蕉草類望之如樹株大者一圍餘葉長一丈或七八尺廣尺餘二尺許花大如酒杯形色如芙蓉著莖末百餘子大名爲房根似芋塊大者如車轂實隨華每華一闔各有六子先後相次子不俱生花不俱落此蕉有三種一種子大拇指長而銳有似羊角名羊角蕉味㝡甘好一種子大如雞卵有似牛乳味微減羊角蕉一種大如藕子長六七寸形正方少甘味㝡弱其莖如芋取以灰練之可以紡績

異物志曰芭蕉葉大如筵席其莖如芋取鑊煑之爲絲可紡績女工以爲絺綌今交阯葛也其內心如蒜鵠頭生大如合柈因爲實房一房有數十枚其實皮赤如火剖之中黒剝其皮食其肉如　蜜甚美食之四五枚可飽而餘滋味猶在齒牙間一名甘蕉

顧微廣州記曰甘蕉與吴花實根葉不異真是南土暖不經霜凍四時花葉展其熟甘未熟時亦苦澁也

南方草物狀曰蕉樹子房相連累甜美亦可蜜藏

遊名山志曰赤巖山水石之間唯有甘蕉林高者十丈

卞敬宗甘蕉讃曰扶疎似樹質則非木

## 扶留

吴録地理志曰始興有扶留藤緣木而生味辛可以食檳榔

蜀記曰扶留木根大如箸視之似柳根又有蛤名古賁生水中取燒爲灰曰牡厲粉先以檳榔着口中又扶留長寸古賁灰少許同嚼之除胷中惡氣

異物志曰古賁灰牡厲灰也與扶留檳榔三物合食而後善也扶留藤似木防已扶留檳榔所生相去遠爲物甚異而相成俗曰檳榔扶留可以忘憂

交州記曰扶留有三種一名穫扶留其根香美一名南扶留葉青味辛一名扶留藤味亦辛

廣志曰扶留藤緣樹生其花實即蒟也可以爲醬

左思吴都賦曰石帆水松東風扶留

## 芋

說文曰齊人謂芋爲莒

孝經援神記曰仲冬昴星中收莒芋（宋均曰莒亦芋）

廣雅曰藉如水芋也亦曰烏芋

漢書曰汝南郡有鴻隙大陂翟方進爲丞相奏破之郡中追怨童謡曰壞陂誰翟子威飯我豆食羹芋魁

漢書曰秦破趙遷卓氏曰吾聞岷山之沃野下有蹲鴟（注曰蹲鴟芋也）至死不飢乃求遠遷致之臨邛至僮百人

崔鴻十六國春秋蜀録曰李雄尅成都衆甚飢餧乃將民

就穀於鄭掘野芋而食之

南史孝義傳曰鮮于文宗漁陽人年七歲喪父父以種芋時亡至明年芋時對芋嗚咽如此終身

汜勝之書曰區種芋法區收三石

汝南先賢傳曰袁安字召公除陰平長時年飢荒民皆乘食租入不畢安聽使輸芋曰百姓飢困長何得食穀先自引芋吏皆從之

汝南先賢傳曰薛苞歸先人冢側種稻芋以祭祀芋以充飢耽道說禮玄虛無為

列仙傳曰酒客為梁丞使民益種芋三年當大餓卒如其言梁民不死

風土記曰博士芋蔓生根如鵝鴨卵

華陽國志曰何隨字季業蜀郫人毋亡歸送吏飢輒取道側民芋隨以帛繫其處使足所取直民相語曰聞何安漢清民取糧今為之償



博物志曰野芋食之殺人家芋種之三年不收後旅生亦不可食

廣志曰凡十四芋有君芋大如魁有車轂芋有旁巨芋有青邊芋此四芋魁大如餅少子葉如繖蓋緗色紫莖長丈餘易熟長味芋之最善者也莖可作羹臛有蔓芋綠支生大者二三升有雞子芋色黃有百果芋畝收百斛有早芋七月熟有九面芋大不美有蒙控芋有青芋有曹芋子皆不可食莖可為菹又有百子芋出葉榆縣有魁芋無旁子生永昌

本草經曰芋土芝八月採

左思蜀都賦曰瓜疇芋區

## 菱

爾雅曰菱蕨攈（郭璞注曰今水中芰也）

尚書大傳曰鉅野芰（鉅野大野也魯藪今蜀山陽也）

周書曰冬食菱藕

周禮天官下籩人職曰加籩之實菱

國語曰屈到嗜芰有疾召其宗老而屬之（屈到楚卿宗老家臣）曰祭我必以芰及祥宗老將薦芰屈建命去之（建屈到之子子木）曰夫子不以私欲干國之典也

漢書循吏傳曰龔遂為渤海太守勸民秋冬益蓄菓實菱芡

謝承後漢書曰袁閎父賀為彭城相亡閎到郡迎喪飢食菱芡渴飲行潦

梁書曰魚弘為湘東王鎮西司馬述職西上道中乏食緣路採菱作菱飯給所部弘度之所後人覓一菱不得又於窮洲之上捕得獼猴數百為脯以供酒食



淮南子曰楚靈王作章華之臺棄疾承民之怨而立公子比百姓避而去之乃食芰飲水枕塊而死

呂氏春秋曰厲叔事莒閔公自以為不知而去居於海上夏日則食菱芡冬日則食橡栗

杜恕篤論曰夫萍之浮與菱之浮相似也菱植根萍隨波是以堯舜歎巧言之亂德仲尼惡紫之奪朱

風俗通曰殿堂象東井形刻作荷菱水物所以厭火也

羅浮山記曰綏寧縣元龜淵中出菱甚為甘旨

廣志曰鉅野大菱大於常菱淮漢以南凶年以芰為蔬

范汪祠制曰孟秋之祭菱芡

楚辭曰制芰荷以為衣兮集芙蓉以為裳

左思蜀都賦曰其沃瀛則有綠菱紅蓮
潘岳西征賦曰黽躍漸唼喋菱芡
郭璞江賦曰忽忘夕而宵歸詠採菱以叩舷
曹植九愁曰採菱華而結辭
孫楚論屈建文曰加籩之品菱芰存焉楚多陂塘菱所生
父自嗜之而抑按牢祝既毀就養無方之禮又失奉死如
生之義奪乎素欲建何忍焉

芡

周禮天官下籩人職曰加籩之實芡
漢書曰龔遂爲渤海太守勸民冬益蓄果實菱芡
淮南子曰貍頭愈鼠雞頭已瘻（音漏鼠齧人創貍愈之瘻頸腫疾雞頭水中草幽州謂之鴈頭亦愈瘻）
崔豹古今注曰芡雞頭也一名鴈頭一名菱葉似荷而大
葉上蹙衄如沸實有芒刺其裏如珠可以療飢止渴
方言曰葰（音役）芡雞頭也北燕謂之葰青徐淮泗之間謂之
芡
說文曰芡雞頭也
廣雅曰南楚江湘之間謂之雞頭或謂之鴈頭
本草經曰雞頭一名鴈實生雷澤
劉騊駼玄根賦曰芳林蓁蓁朱竹離離菱芡吐榮若攄錦
而布繡

蓮

爾雅曰荷芙蕖其實蓮（蓮謂房也）其中的（蓮中子也）的中薏（中心苦者也）
毛詩曰陳宛丘澤陂曰彼澤之陂有蒲與蓮有美一人碩
大且卷
史記曰龜千歲遊於蓮葉之上焉



吳時外國志曰大秦國有蓮藕雜菓
宋起居注曰元嘉十八年有司奏楊州刺史王濬解稱州
治後池有兩蓮駢生雙房分體又十六年華林丞伍泳剌
雙蓮同幹秀出華池
宋起居注曰泰始二年八月嘉蓮雙葩並實合跗同莖生
豫州鱧湖又六年雙蓮一蔕生東宮玄圃池
三國典略曰齊主還鄴高麗新羅並遣使朝貢先是徐州
蓮一莖兩蔕占云異木連枝遠人入款斯其應也
北齊書曰後主武平中特進侍中崔季舒宅中池內蓮莖
皆作胡人面仍着鮮卑帽俄而季舒見煞
三國典略曰周平齊齊幼主胡太后等並歸于長安初武
成殂後有謠云千錢買菓園中有芙蓉樹破券不分明蓮
子隨他去調甚悲苦至是應焉
又曰高緯所幸馮淑妃名小憐也
後唐書曰監軍張承業本朝舊人權貴任事人士脅肩低
首候之唯馬郁以滑稽侮狎每賓僚宴集承業出異方珍
菓陳列於前客無敢先嘗者當郁前者食必盡承業私戒
主膳者曰他日馬監至唯以乾蓮子置前而已郁至窺之
知其不可啖異日韡中置鐵鎚出以擊之承業大笑曰爲
公易饌勿敗予椀
夏侯孝芙蓉賦曰綠房翠葉紫飾紅敷黃螺圓出垂蕤散
鬚纓以金牙點以素珠
孫楚蓮華賦曰攢聚星列纖離相扶曒若玄黎投幽夜粲
若鄧林飛鵷鶵

藕

樂府歌曰江南可採蓮蓮葉何田田

爾雅曰荷芙蕖其根藕
吳時外國志曰大秦國有蓮藕雜菓
齊書曰永明中巴東王子響殺行事劉寅等武帝聞之謂群臣曰子響遂反戴僧靜大言曰諸王應自反豈唯巴東武帝問其故荅曰天王無罪而一時被囚一挺藕一盃漿皆諮籤師籤師不在則竟日忍渴
唐史曰蘇州進藕其最上者名傷藕或云荷名或云葉甘為蟲所傷或云故傷其葉以長其根近多重臺荷蓋蓮實中又生花亦甚異也
司馬相如子虛賦曰咀嚼菱藕
夏侯孝若芙蓉賦曰咀菱藕於玄泉
謝朓詩曰秋藕折輕絲

太平御覽卷第九百七十五

菜部一

菜　韭

## 菜

詩曰我有旨蓄亦以御冬（旨美御禦也蓄聚菜以禦冬月乏無時也）

又曰其蔌（音速）伊何維筍及蒲（蔌菜殽也）

周禮春官曰入學釋菜合舞（八學必釋菜禮先師也菜蘋蘩之屬）

儀禮婚禮曰舅姑既沒則婦入三月乃奠菜（沒終也奠菜者韭祭菜也蓋用菫）稱婦之姓曰某氏來婦敢奠嘉菜（始爲皇舅）

禮曰仲秋之月命有司趣民收斂務蓄菜（始爲禦冬之備也）

左傳曰蘋蘩薀藻之菜可薦於鬼神可羞於王公

爾雅曰菜謂之蔌蔬不熟爲饉（蔌菜總名見詩凡草菜可食通名爲蔬也）

論語曰雖蔬食菜羹瓜祭必齊如也



又曰飯疏食飲水曲肱而枕之樂亦在其中矣

尚書大傳曰紂君之室雖生羨菜藜之士弗食

後漢書曰劉平與母俱匿野澤中平朝出求食逢餓賊將烹之平叩頭曰今旦爲老母求菜母老（將平爲命）願得先歸食（音嗣下同）母畢還就死因涕泣賊見其至讓而遣之平還既食母訖因白曰屬與賊期義不可欺遂還詣賊衆皆大驚相謂曰常聞烈士乃今見之子去矣吾不忍食子於是得全

又曰崔瑗愛士好賓客盛脩肴膳殫極滋味不問餘產居常蔬食菜羹而已

謝承後漢書曰汝南鍾南嚴海君少時鄉人有入其園竊菜者明日拔菜悉遺鄉里鄉里人相約無復取菜者

又曰彭城刀曜字子卿爲漁陽相前相所種菜悉付還外

魏志曰倭國地溫冬夏食生菜

吳書曰趙咨使魏魏人曰聞江東有崙（音端）蹄菜作若爲食咨曰當得倉（助庚切）鯿以作羹

王隱晉書曰皇甫咨姑子梁柳爲城陽太守或勸諮曰柳爲布衣過吾吾（迎送）柳不出門食不過鹽菜貧不以酒肉爲禮也今而送是貴城陽太守而賤梁鴻季也豈中古人之道哉

又曰邵續爲石勒所執身灌園鬻菜以供衣食勒屢遣察之歎曰此真高人矣不如是安足貴乎嘉其清苦賜穀帛每臨朝嗟歎以勵群官

又曰桓溫性儉每讌唯下七奠柈菜果而已

又曰吳隱之母喪哀毁嘗醎葅以其味旨輟而弃之及爲廣州清操踰勵常食不過菜及乾魚而已帷帳器服皆付外庫時人頗謂其矯然亦始終不易



宋書曰張敷父在吳興亡成服凡十餘日始進水漿葬畢不進鹽菜遂毁瘠成疾

又曰宋慤以軍功封洮陽侯先是鄉人庾業家豪富侈侯服王食與賓客相對膳必方丈而爲慤設粟飯菜葅謂客曰宗上車串噉麤食慤致飽而退初無異辭至是爲慤長史帶梁郡慤待之甚厚不以昔事爲嫌

又曰柳元景爲三公時在朝勳貴多事產業唯元景獨無所營南岸有數十畝菜得錢三萬還宅元景怒曰我立此園采以供家啖耳乃復賣以取錢奪百姓之利耶以錢乞守園人

又曰王玄謨柳元景桓護之雖並壯人而玄謨獨受老傖之目凡諸稱爲四方書疏亦如之嘗爲玄謨作四時詩曰菫茹供春膳粟漿充夏飡䴵醬調秋菜白醝解冬寒

又曰朱脩之姊在鄉里飢寒不立脩之貴爲刺史未曾供膳往姊爲設菜羹麤飯以激之

齊書曰晉永嘉五年曲陽縣市黃慶宅左右有園東南廣數丈每種菜輒鮮異雖加採拔更生夜恒有白光似懸絹道士傅德占使人掘之三尺獲玉印文曰長承萬福

又曰宜都王鏗生三歲喪母及有識問母所在左右告以早亡便思慕蔬食自悲不識母

又曰江泌性仁孝食菜不食心以其生意唯食老葉而已

南史隱逸傳曰沈道虔辟州府凡十二命皆不就有竊園菜者外還見之仍自逃隱待竊者去後乃出

梁書曰武帝太官常膳唯以菜蔬園案所陳不過三盞

又武帝詔曰今雖無復牲腥猶有脯脩之類即之幽明義爲未盡可更詳定悉薦時蔬左丞司馬筠等參議大餅



代大脯餘悉用蔬菜帝從之

三國典略曰梁蕭棟字吉豫章安王權之子也侯景以法駕迎棟時棟與其妃執鋤種菜忽然見逼駭愕久之

後魏書曰甄琛母曹氏有孝性夫氏去家路踰百里每得魚肉菜菓珍羞口實者必令僮僕走奉其母乃後食焉

又曰高閭曾造胡叟短褐曳柴從田歸舍爲閭設濁酒蔬食皆手自辦案其館宇卑陋園疇褊局而飯菜精潔醯醬調美見其妾並年衰跛眇衣布穿弊閭見其貧約以衣服直十餘疋贈之亦無辭媿

又曰盧義僖性清儉不營財利雖居顯位每至困之麥飯蔬食忻然甘之

三國典略曰北齊主以鄴清風園賜穆提婆於是官無蔬菜賒買於人負錢三百萬其人訴焉斛律光曰此園賜提婆一家足不賜提婆百官足

又曰庫狄士文爲貝州刺史性清苦不受公料家無餘財其子嘗噉官厨餅士文枷之繫獄累日杖之一百步送還京僮隸無敢出門所買菜必於外境凡有出入皆封署其門親故絕迹慶吊不通

隋書曰姚察陳亡入隋詔授秘書丞別勑成梁陳二史又勑朱華門長參文帝察蔬菲別日召入內殿賜果菜指謂朝臣曰朕聞姚察學行當今無比我平陳只得此一人

唐書曰太宗回次易州界司馬陳元璹令百姓種蔬坑上而微火煦之欲其速生以擬供進太宗聞之責其諂媚詔免官

又曰太宗時健達獻佛土菜一莖五葉花赤中心正黃而藥子紫色泥婆羅獻波稜菜葉類紅藍實如蒺藜火熟之能益食味又有酢菜狀以芹而味香渾提葱其狀猶葱而甘辛



又曰高宗時司農欲以冬藏餘菜賣之百姓以墨勑示僕射蘇良嗣良嗣判曰昔公儀相魯拔去園葵況臨御萬邦而販蔬鬻菜事遂不行

又曰王昇爲刑部尚書性貪惏不常在公乃鬻公廨菜園收其價錢以自潤甚爲時論所醜

又曰中書園蔬日給於衆官者主事白常衮減其數崔祐甫怒訶主事曰此相公之命祐甫大詬曰門下侍郎安得理中書之蔬叱左右踣主事而拽之自是與衮常不平

又曰貞元七年冬司農卿李模免官初司農當供三官冬菜二千車以度支給車直稍賤又阻雨菜敗模以度支爲

辭上責其不先聞故免之先是樸奏司農菜不足請京兆
府市之尹薛珏萬年令韋彤乃禁人私賣上命奪珏俸一
月彤俸三月
又曰貞元中奚陟爲中書舍人以所得雜給均分省內官
又躬親庶務下至園蔬皆悉自點閱人以爲難而陟處之
無倦
莊子曰宣尼窮於陳蔡之閒顏回擇菜
孔叢子曰菜謂之蔬
金樓子曰秦始皇聞鬼谷先生言因遣徐福入海求金菜
玉蔬
說苑曰楚文王伐鄧使王子華王子靈共捃菜二子出見老丈人
戴畚乞焉不與搏而奪之王聞之令皆拘二子將煞之大
夫辭曰取畚信有罪然煞之非其罪也君若何煞之言卒
丈人造軍而言曰鄧爲無道故伐之今君公之子搏而奪
吾畚無道甚於鄧乎天命而君聞之群臣之曰討有罪而
横奪非所以禁暴也恃力虐老非所以教幼也愛子棄法
非所以保國也私二子滅三行非所以從政也丈人舍之
矣謝之軍門之外
又曰楚莊王賜虞丘子菜田三百號曰國老以孫叔敖爲
令尹
呂氏春秋曰菜之美者壽木之華括姑之東赤木玄木之
葉餘瞀之南有菜名嘉樹其色若碧
桓譚新論曰董仲舒專精於述古年至六十餘不窺園井
菜蘇茹
山東六賢傳曰袁下字叔陽陳留人種菜一園左右竊取
度溝瀆下乃爲之橋其敦義如此



漢武內傳曰西王母云上仙之藥有碧海之狼菜
孝子傳曰北平陽公輩水作漿兼以給過者公補履屩不
取其直天神化爲書生問云何不種菜曰無菜種即與數
升公種之化爲白璧餘皆爲錢公得以娶婦
廣州先賢傳曰丁密蒼梧人非家織布不衣非己耕種菜
菓不食
杜蘭香別傳曰香降張碩賫瓦榼酒七樏多菜而無他味
亦有世間常菜輒有三種色或丹或紫一物與海蛤相類
并有非時菜碩云食之亦不甘然一食七八日不飢
荊楚歲時記曰正月七日謂爲人日採七種菜以爲羹
兩京記曰隋大業六年諸夷來朝請入市交易煬帝許之
於是修飾邸店皆使甍宇齊正卑高如一環貨充積人物
華盛競崇侈麗至賣菜者亦以龍鬚席籍之
魏王花木志曰吳郡邊海諸山悉生紫菜
崔豹古今注曰菹荊楊州人謂菹爲戢
杜寶大業拾遺錄曰徐孝穎性仁孝嘗在園中晝臥見人
盜菜徐徐轉身向裏恐偷者見之仁行退讓皆此類也
漢張竦奏曰古叛逆之國瀦其宮室以爲汙池名曰凶墟
雖生菜蔬而民不食

## 韭

詩曰四之日其蚤獻羔祭韭
可曰庶人春薦韭韭曰豐本
爾雅曰藿山韭今山中多有此菜皆如人家所種者
說文曰菁韭華韭菜一種久而生也象形在地上北也
通俗文曰韭根曰荄古姑切人
山海經曰過春山雞山韭丹重之山其草多韭

穀梁傳曰古者公田爲井居竈葱韭盡取焉
漢書曰龔遂爲渤海太守民口種一畦韭
晉書曰石崇爲客作豆粥咄嗟便辦每冬得韭蓱音平齏王
愷每以此事爲恨乃密貨崇帳下問其所以荅云豆至難
煮豫作熟有客來作白粥以投之耳韭蓱齏是擣韭根雜
以麥苗耳
又曰溫嶠滅王敦先是童謠曰剪韭剪韭斷栁楊河東小子
令我與子以爲賊如韭栁尋得復生也
晉書鑄略曰成都王園京邑城中無菜採陳韭芥以爲善菜
齊書曰周顒隱鍾山王儉謂曰卿在山中何所食荅曰赤
米白鹽綠葵紫蓼又問何者冣佳曰春初早韭秋暮晚菘
又曰庾杲之字景行爲世祖征虜功曹清貧食唯韭葅瀹
韭雜菜或戲之曰誰言庾郎貧食鮭常有二十七種韭言
三九也



三國世略曰北齊太上後宮無限衣皆珠玉一女歲費萬
金寒月盡食韭牙
莊子曰徐無鬼見武侯武侯曰先生居山食芋厭葱韭今
老病欲酒肉之味耶無鬼曰君爲萬乘之主苦國以義耳
目君病矣何勞吾乎
列子曰老韭爲莧老羭爲猨
魯連子曰市處者僕妾膾炙而食市饒也雍泉沃韭纖屨
之士從兄弟室父往而不得粗糲音餡焉非愛其僕妾惡其
室父也此其饒羡之與不足也
說苑曰衛有一夫負缶入井灌韭終日一區鄧哲過教之
曰有機重後輕前命曰桔槔終日溉九百區丈夫曰有機
智必有機心我非不知不欲爲也

正論曰小民疑如韭剪復生頭如雞割復鳴吏不必可
畏從來必可輕奈何欲望致州曆平
漢武內傳西王母曰仙次藥有八阮赤韭
繆襲祭儀曰春祀和羹毛以韭
水經曰交州平樂山多龍穴傍生野韭人往乞者神許則
風吹制分隨偃而拔不得過越不偃而拔輒凶也
楊衒知洛陽珈藍記曰李崇爲尚書令儀同三司富傾天
下僮僕千人而性多儉悋惡衣麤食食常無肉止有韭茹
韭菹崇家客李元祐語人云李令公一食十八種人問其
故元祐曰二九十八聞者大笑世以此爲譏
諸葛亮教張君嗣曰夫婦不顧門萎韭不入園以婦人之
性草菜之精猶有所耻想忠壯者意何所之



太平御覽卷第九百七十六

菜茹部二

葱　薤　蒜　茄
薑　蘇

葱

禮曰凡進食之禮葱菜處末　又膾春用葱　又脂用葱
又爲君子擇葱薤必絶其本
爾雅曰茖（古百切）山葱（茖葱細莖大葉）
漢書曰龔遂爲勃海太守令人一口種五十本葱
又曰（邵信臣爲少府先是官園種冬葱韭覆以）屋廡晝夜難（音然）火待温氣乃生奏罷之
東觀漢記曰孔奮字君魚爲姑臧長時天下亂河西獨安前長居官數月輒致貲産奮在姑臧四歳財物不增唯老母極膳妻子但食葱菜或嘲奮曰置脂膏中不能自潤
義熙起居注曰十年有司奏太常謝澹遣四人還家種葱菜免官



晉書曰居洛陽城十里内有園菜欲以當課聽引其長流灌紫葱
晉書曰石勒時石聰（將叛）佛圖澄戒勒曰今年葱中有虫害人百姓無食葱俄而石聰走
後秦書曰姚興種葱皆化爲韭其後兵戈日盛
後周書曰宣帝大象年左衛園中葱變作韭
梁書曰呂僧珍拜南兗州刺史從父兄子先以販葱爲業僧珍至乃棄業求州官僧珍曰吾荷國恩重無以報効汝等自有常分豈可妄求叨越當速反葱肆耳
金樓子曰名山之下生葱葱薤者是古人食石種也故語曰寧得一把五茄不用金王一車寧得一片地榆不用明月寶珠五茄一名金盐地榆一名王鼓惟此二物可煮石
又曰用紫芝煮石石美如脂食之可更調五味下橋皮葱豉
漢武内傳曰西王母曰仙上藥有玄都綺葱
列仙傳曰阮公者鳴山上道士也衣裘疑覆耳耳長六七寸口中無齒日行四百里於山上種葱薤百餘年人不知也
春秋元命苞曰天門山上有葱所種畦壠悉成行人拔取者悉絶若請神而求即不拔自出奇異辛香
緦龍祭儀曰秋祀和羹芼以葱
西河舊事曰葱領在燉煌西八十里其山高大　故曰葱領也河源潛發其嶺分爲二水一水西經休循國国在葱嶺也
郭義恭廣志曰休循國居葱嶺其山多大葱
華陽國志曰曹公既與先主語矣匕會大震雷先主曰賢人言迅雷風烈必變良有以也曹公亦悔失言使人覘之見其拔葱公曰大耳公未覺也其夜先主急去
廣志曰有胡葱木葱
巴南山川記曰有石蒜石葱
續搜神記曰新野趙眞其家園中所種葱未經抽拔忽一日盡縮入地後經歳餘眞之兄弟相次分散
揚雄蜀都賦曰萬條（縈熒）翠葉青黄若摛錦布繡望之無彊
潘岳閑居賦曰菜則有葱韭蒜芋青筍紫薑堇薺旨蓼荾蘇芬芳



薤

爾雅曰葝（巨盈切）山薤（今山中多有此菜皆如人家所種）

又曰薤鴻薈也（即薤菜也）
漢書曰龔遂爲渤海太守令民一口種百本薤
後漢書曰龎參爲南陽太守郡人任棠者有奇節隱居教授參到先候之棠不與言但以薤一本水一盂置戶屏前自抱孫兒伏戶下主簿白以爲倨參思其微意良久曰棠是欲曉太守也水者欲吾清也拔大本薤欲吾擊強宗也抱兒當戶欲吾開門恤孤也於是歎息而還參在職果能抑強助弱以惠政侍人
魏略曰李孚字子憲爲諸生常種薤欲以成計有來索不與一莖亦不自食時人謂之能行意
世說曰桓公座有參軍椅（音羈騎物也）筯蒸薤不時解其食者又不助而椅終不放舉座皆笑
又曰蘇峻亂庾公南奔見陶侃雅相重及食庾噉薤因留白陶問用此何爲庾云故可種於是尤歎



列仙傳曰務光服蒲薤根
荊州圖副曰筑陽縣有薤山山多野薤因以爲名
古詞曰薤上朝露何易稀
潘岳閑居賦曰白薤負霜

蒜

爾雅曰䔩（力的）山蒜（今山中多有此菜皆如人家所種）
說文曰蒜菜之美者雲夢之葷菜
東觀漢記曰李恂爲兖州刺史所種園小麥胡蒜悉付從事無所留
謝承後漢書曰江夏費遂字子奇爲楊州刺史悉出前刺史所種小麥胡蒜付從事
又曰太原閔仲叔者代稱節士雖同黨之絜清自以弗及也同黨見其含菽飲水遺以生蒜受而不食
王隱晉書曰郗詵母病苦車及亡不欲車載乃養雞種蒜得馬八疋輿柩至冢
齊書曰豫章王大會賓僚張融食炙始畢人便去融擲盐蒜口終不言方摇食指半日乃息
梁書曰邵陵王使賊數何智通既擒賊智通子敞之割炙食之即載出新亭四面火炙之燋熟噉車載錢設盐蒜雇百姓食之撤一臠賞錢一千徒黨并毋肉遂盡
抱朴子曰謂夏必長而蒜麥枯謂冬必凋而竹栢茂
正部曰張騫使還始得大蒜苜蓿
三輔決錄曰平陵范氏南陽舊語曰前隊大夫有范仲公盐豉蒜果共一筩言其廉儉也
袁子正書曰袁子曰吾嘗與陳子息於鄴東門之外見一



老父方坐而食其子授之蒜食必有餘欲弃則惜欲持去則暑遂盡食於是大辛螫其腸胃兩目盡赤陳子笑之吾謂曰子之家中牛羊數千而不敢食天暑有喝謅死者而後食之病子之軀亦由是也
晉四王起事曰成都王穎奉惠帝還洛陽道中於客舍作食宮人持斗餘粳米飯以供至尊大蒜盐豉到獲嘉市麄米飯瓦盂盛之天子噉兩盂燥蒜數株盐豉而已
顏氏家訓曰三輔決錄云前隊大夫范仲公盐豉蒜顆共一筩顆當音魏顆之顆北土通呼物一段爲一顆蒜是俗間常語耳故陳王雀鵠賦曰頭如蒜顆目似擘椒
崔豹古今注曰蒜茆蒜也俗語謂之小蒜胡國有蒜十子共爲一株二籜裹之名爲胡蒜尤辛於小蒜俗人謂之大蒜

冤報記曰梁盧陵王蕭續在荊州時常遣從事量括民田
南陽樂孟卿亦充一使公府舍人韋破虜發遣誡勑失王
本意及孟卿以數誤得罪破虜惶懼不敢引愆但誣孟卿
公自爲當爲公分雪無勞訴也數日之間遂斬於市孟卿號
叫無由自陳唯語人以紙筆隨殮死後少日破虜在槽上
看牛忽見孟卿挈頭而入持一椀蒜齏與之破虜驚呼奔
走不獲已而服之因尔病未幾乃卒

廣五行記曰唐咸亨四年洛州司戶唐望之冬集計至五
品進止未出間有僧來覓初不相識延之共坐少頃間
曰貧道出家人得飲食亦少以公名故闇相記能設一頓
鱠否司戶欣然即處分買魚此僧云看有蒜否司戶家人
云蒜盡僧云蒜盡去也即起留之云蒜盡遣得買僧云蒜既盡不可更住苦留
不止司戶果無疾暴亡



延薦與李文德書曰五折張騫大宛之蒜

潘泥鈞賦曰西戎之蒜南夷之薑

茄

梁書曰蔡樽爲吳興太守不飲郡井水齋前自種白莧紫
茄以爲常餌詔褒其清加信武將軍

杜寶大業拾遺錄曰四年改胡牀爲交牀改胡瓜爲白露
黃瓜改茄子爲崑崙紫瓜

嶺南異物志曰南土無霜雪生物不復凋枯種茄子十年
不死生子人皆攀緣摘之樹高至二丈

嶺表錄異曰南中草菜經冬不衰故蔬圃之中栽種茄子
宿根有二三年者漸長枝幹乃爲大樹每夏秋熟則梯樹
摘之三年後樹漸老子稀即伐去別栽嫩者

薑

春秋運斗樞曰琁星散爲薑失德逆時則薑有翼辛而不
臭也

援神契曰薑禦溼菜也

禮記檀弓上曰喪有疾食肉飲酒必有草木之滋焉以爲
薑桂之謂也

論語鄉黨曰不撤薑食撤去齊禁葷物薑辛而不臭故不去也

韓詩外傳曰宋王因其友見楚相楚相待之無以異讓其
友其友曰夫薑桂因地而生不因地而辛女因媒而嫁不
因媒而親子之於王未也何怨於我也

史記曰萬家之城千畦薑與千戶侯等

魏志曰倭國有薑不知其滋味

齊書曰孔琇之爲臨川太守在任清約罷郡還獻乾薑二
斤武帝嫌其少知琇之清乃歎息



梁書曰周捨占對辯捷嘗居直廬語及嗜好裴子野言從
來不嘗食薑捨應聲曰孔稱不撤裴乃不嘗一坐皆悅

呂氏春秋曰和之美者楊璞之薑招搖之桂楊璞地名在蜀郡招搖山
名在桂陽越駱之菌

神仙傳曰吳孫權曰權使介象作變化種瓜菜百菓皆立生
可食先主論膾魚何者最美象曰鯔魚爲上先主曰論近
道魚耳此出海中安可得乎象曰可得耳乃令人於殿庭
中作方坑汲水滿之并求鈎象餌之垂綸於坑中不過頃
得鯔魚先主驚喜問象曰可食否象曰故爲陛下取安敢
取不可食之物乃使廚下切之先主曰聞蜀薑作齏至
佳此間薑永不及也恨尔時無此薑耳象曰蜀薑豈不
易得願差所使行者并付以直象自書一符以青竹杖使
行人閉目騎杖杖止便買薑買薑畢復閉目此人承其言騎杖

須臾止已到成都不知是何處問人言是蜀市乃買薑于時吳使張溫於市見之問曰與帝買薑於是甚驚作書寄家此人買薑畢捉書騎竹杖閉目須臾已還到吳廚下切膾亦適了也

李先生傳曰郎中喬𣴴於牛渚遇神人意欲啖薑而市無之神人以絹數匹并書一牒付信入市門南下任意所如須臾得薑數斗還以問神人神人曰問李先生當知我

博物志曰伏波將軍唐𧷤傳蜀人煞薑法先栖掃別麁細爲三輩盛着籠中作沸湯沒籠着湯中須臾取一片橫截斷視如熟否裹既熟訖便內着甖中細擣米末以覆上令薑不見訖以向湯令復沸使相淹消息視甖中當自沸沸便陰乾之

又曰任娠者可啖生薑令兒盈指



嶺表録異曰山薑花莖葉即薑也根不堪食而於葉間吐花穗如麥粒嫩紅色南人選未拆開者（謂之含胎）以塩淹藏入甜糟中終冬如琥珀香辛可重用爲膾無加也

又曰以塩藏曝乾煎湯之極能治冷氣

## 蘇

爾雅曰蘇桂荏也（蘇荏類故名桂荏）

方言曰周鄭之間謂之公蕡湘沅之間謂之蒈（湘沅在武陵）

泭州記曰乞佛虜不識五穀唯食蘇子

本草經曰芥葅一名水蘇（吳氏曰假蘇一名鼎實一名薑芥也）

太平御覽卷第九百七十七

太平御覽卷第九百七十八

菜茹部三

瓜

易夬卦曰九五以杞匏瓜含章有隕自天（杞木之柔者瓜之果大者）

龍魚河圖曰瓜有兩鼻者煞人

詩曰文王之興本由太王也緜緜瓜瓞民之初生自土沮漆（興也箋云瓜之本實繼先歲之瓜必小狀似瓞故謂之瓞緜緜然若將無長大時興者喻后稷乃帝嚳之冑封於部其後公劉失職遷于豳居沮漆之地歷世亦緜緜然至太王而得其民心而生王業故本周之興云于沮漆也耳）

大戴禮曰五月乃瓜乃者治瓜之辭也瓜也者始食瓜八月剝瓜蓄瓜時也

禮曰爲天子削瓜者副之巾以絺（副析也既削四析之乃橫斷而巾覆焉）爲國君華之巾以綌（華中裂之不四析也）爲大夫累之（果倮也倮不巾覆也）士疐之（不中裂橫斷去疐而已音帝）庶人齕之（不橫斷）



又月令曰仲冬之月行秋令則天時雨汁瓜瓠不成（雨汁者水雪雜下）

左傳曰齊侯使連稱管至父戍葵丘瓜時而往曰及瓜而代朞戍公問不至請代不許故謀作亂

春秋運斗樞曰遠雅頌著倡優則李生瓜

論語曰子路曰佛肸以中牟叛子之欲往也如之何子曰然有是言不曰堅乎磨而不磷不曰白乎涅而不緇吾豈匏瓜也哉焉能繫而不食

爾雅曰瓞（大結切）瓝（步角切）其紹瓞（郭璞注曰俗呼瓝瓜爲瓞紹者瓜蔓緒亦著子但小如瓝耳）

史記曰邵平者故秦東陵侯秦破爲布衣貧種瓜長安城東瓜美故世謂東陵瓜

漢書地理志曰燉煌古瓜州地生美瓜

續漢書曰牽牛星荊州謂之河鼓主關梁織女主瓜果

又曰安帝元初三年有瓜異本共生一瓜蔕時以爲瓜者外爲離本而實女子外屬之象也是時閻皇后與外親耿寶共譖太子廢爲濟陰王更外迎濟北王子犢立之

表山崧後漢書曰建和二年河東瓜兩體共蔕

後漢書曰施建字君子沛人也家貧母老常躬力供養種瓜自給

應劭漢官儀曰太官菓丞官別在外掌菓瓜菜茹

吳志曰步騭字子山臨淮淮陰人避難江東單身窮困與廣陵衛旌同年相善俱以種瓜自給晝勤四體夜誦經傳會稽焦征羌郡之豪族（吳錄曰征羌名矯嘗爲征羌令）人客放縱騭與旌求食其地懼爲所侵乃共脩刺奉瓜也

吳錄曰姚翁仲嘗種瓜菜灌園以供衣食時人或餉一無所受



晉書曰咸寧二年嘉瓜同蔕生於成都

又曰皇甫謐年二十不學遊蕩無度或以爲癡嘗得瓜果輒進叔母任氏任氏曰孝經云三牲之養猶爲不孝汝今年餘二十目不存教心不入道無以慰我（皇甫謐自叙同）

又曰桑虞仁孝自天年十四喪父毀瘠過禮虞有園宅北數里瓜菓初熟有人踰垣盜之虞以園援多棘刺恐偷見人驚走而致傷損乃使奴爲之開道及偷負瓜將出見道通聞虞使除之乃送所盜瓜叩頭請罪歡然盡以瓜與之

齊書曰建元初武帝即位郢擕爲司徒左長史先是武帝與擕同從宋明帝射雉郊野渴倦擕得青瓜與上對剖食之

又曰竟陵王子良夏月客至爲設瓜飲
又曰郭原平以種瓜爲業大明七年大旱瓜瀆不復通舡
縣令劉僧秀愍其窮餓瀆下水與之原平曰普天大旱百
姓俱困豈可減溉田之水以通運瓜之舡乃步他道往錢
塘貨賣
沈約齊紀曰韓靈敏早喪父兄靈珍至孝母士家貧無以
葬與靈珍種瓜靈敏朝採暮還復生未嘗減耗葬事由此
舉孝子傳同
梁書曰任昉卒武帝聞問方食西苑綠沉瓜投之於盤悲
不自勝因屈指曰昉少時常恐不滿五十今四十九可謂
知命
又曰郭祖深清儉常服故布衣素木按食不過一肉有姥
餉一青瓜祖深報以疋帛有富人効之以貨鞭而徇衆朝
野憚之

又曰鄭灼字茂昭勵志好學多苦心熱若瓜時輒偃卧以
瓜鎮心起便讀誦其篤志如此
北齊書曰蘭欽爲廣州刺史前刺史新渝侯暎之夢南安侯恬權
行州事冀得即眞及聞欽至嶺厚貨廚人塗刀以毒削瓜
進之欽及愛妾俱死帝聞大怒檻車收恬削爵土
後魏書曰楊愔典選多以言貌取人時謗詞云尚書典選
似貧人買瓜唯取大者
又曰郭祚以本官領太子少師祚曾從世宗幸東宮肅宗
幼弱祚懷一黄觚出奉肅宗時應詔左右趙桃弓深爲世
宗所信祚私事之時人謗祚者号爲桃弓僕射黄觚少
師
後周書曰王羆性儉率嘗有客與羆食瓜客削瓜侵膚稍

厚羆意嫌之及瓜皮落地乃引手就地取而食之客甚有
愧色
又曰趙王招知隋文欲遷周鼎密欲圖之藏兵刃於帷席
之間後院亦伏壯士文帝從者多在閤外唯楊弘元胄坐於
戶側招以佩刀割瓜啗隋文未之疑元胄覺變扣刀而
入招迺以大觴親飲胄酒
北史曰宋瓊字普賢以孝稱母曾病季秋月思瓜瓊夢想
見之求而遂獲時人異之
隋書曰文帝用法定制行署取一錢已上聞見不告言者
坐至死自此四人共盜一榱桷三人同竊一瓜事發即時
行決
又曰秦孝王俊奢侈過甚頗好於内妃崔氏性妬甚不平
之遂於瓜中進毒俊由是遇疾徵還京師上以其奢縱免
官以王就第

唐書曰杜如晦薨後太宗食瓜美愴然思之遂輟其半使
置之於靈座
又曰高宗子八人武后所出者自爲行第長曰孝敬皇帝
監國仁明爲后所忌而鴆之次曰雍王賢爲太子次曰中
宗次曰睿宗及孝敬遇害諸第嘗所不安晨夕懷懼雖父
母之前無由敢言乃作黄臺瓜詞令樂人歌之欲微悟上
意歌曰種瓜黄臺下瓜熟子離離一摘使瓜好再摘令瓜
稀三摘尚由可四摘抱蔓歸然太子竟亦流竄於黔州
又曰德宗建中初誤以高力士養女楊氏婦爲沈太后是
時沈氏故老已盡無識太后者上密使中人就洛陽視高
氏年狀頗同曩時太后嘗削瓜哺上刃傷左拇指高氏嘗
剖瓜亦傷左拇指中人皆闇官女子且非審識太后見上

仁孝有殊寵莫敢沮者高氏辭曰實非太后具陳族姓內外以自明

又曰貞元四年夏右神策軍獻瑞瓜三蔕各爲一蔕而生三瓜

莊子曰朽瓜化爲魚物之變也

墨子曰今有入人塲園取人瓜者得罰今之諸侯攻伐踰竊人瓜者數千萬而自曰義也

秦子曰食瓜者雖去蔕何以連其根

孫卿子曰臯陶之色如削瓜

抱朴子曰五原蔡誕入山而還欺家人云至崑崙山有玉瓜其形如世間瓜但爲光明洞徹而堅須以玉井水洗之便軟而可食

又曰曾參鋤瓜三足烏集其冠孝故也



家語曰曾子芸瓜而誤斷其根曾晳怒以大杖擊其背曾子仆地有頃乃蘇孔子聞之告門弟子曰參來勿內也曾子使人請孔子孔子曰舜之事瞽瞍小捶則受大捶則走參委身以待暴怒既身死陷父於不義不孝孰大焉

古文奇字曰秦改古文爲大篆及隸字周人多誹謗怨恨秦苦天下不從而諸生到者拜爲郎凡七百人密種瓜於驪山硎谷中溫處瓜實成使上書曰瓜冬有實有詔下博士諸生說之人人各異說則皆使往視之而爲伏機諸生賢儒皆至焉方相難不決因發機從上塡之以土皆壓終。古文瑣語曰初刑史子臣謂宋景公從今已往五月五日臣死後五年五月丁巳吳亡以後五祀八月辛巳君薨刑史子臣至死日朝見景公夕死後吳亡景公懼思刑史子臣之言將至死日乃逃於瓜圃遂死之求得已蟲矣

賈誼新書曰昔梁大夫宋就爲邊縣令與楚隣界梁亭楚亭皆種瓜梁亭劬力數灌其瓜美楚人窳而稀灌其瓜惡楚令以梁瓜之美怒其瓜之惡因往夜竊搔梁瓜皆有焦者矣梁亭覺請其尉欲執搔楚瓜宋就曰是構怨分禍之道也令人竊爲楚亭夜灌其瓜令勿知也楚亭旦而往瓜則已灌瓜日以美楚亭往而察之則梁亭之爲也楚令大悅因以聞楚王楚王聞之悅梁之陰讓也乃謝以重幣而友於梁王 同新序

裴淵廣州記有瓜冬熟號爲金釵味乃甜美

廣志曰瓜之所出以遼東廬江燉煌之種爲美有烏瓜狸頭瓜蜜筩瓜女臂瓜龍蹄瓜羊髓瓜又有魚瓜犬瓜如斛出涼州陽城瓜有青登瓜大如三升魁有桂枝瓜長二尺餘蜀地溫瓜至冬熟有春白瓜細小瓣宜藏正月種三月成有秋泉瓜秋種十月熟形如羊角色蒼黑



列仙傳曰溪人者南郡編人居山間有仙人常止其家從之買瓜教之練瓜與附子桂實服之一年能飛登山入水往來海邊

又曰服閭者不知何許人常往來海邊諸祠中有三仙於祠中博賭瓜雇閭使擔黃瓜數十頭令瞑目乃上方大山。神仙傳曰葛公爲客設生瓜

漢武內傳曰西王母謂上元夫人曰後造朱炎山陵食靈瓜其味甚好顧此未久已七千歲矣

又曰仙之上藥有空同靈瓜四劫一實也

道學傳曰褚雅字玄通人與共居常取水洒掃或夏月種瓜恣人來取

伏侯古今注曰孝平帝元年武陵縣生瓜花如葵紫色實

如小麥埴地復生
郭子橫洞冥記曰有龍肝瓜長一尺花紅葉素生於冰谷
所謂冰谷素葉之瓜
零陵仙賢傳曰李歆字元者承陽人因始侯相使其爲政得
吏民心屢致祥瑞甘瓜六子共並蔕書尉薦遷廣漢太守
南岳夫人內傳曰夫人姓魏名華存性樂神仙季冬之月
夜半清明有四真人並可年二十餘天姿秀穎至靜室因
設酒肴陳玄紫撩降實靈瓜
太上黃庭內景經注曰太霍山下有洞臺司命君之府也
中有神靈瓜食之者至玄也
荊楚歲時記曰七月七日設瓜果於庭中以乞巧有喜子
布網於瓜上則爲得巧
劉向別録曰尹都尉書有種瓜篇

鄭玄別傳曰民有獻嘉瓜者異本同實縣欲表府文詞鄙
略君爲改作又著頌一篇侯相高其才
吳越春秋曰吳夫差爲越所敗遁而去得自生之瓜其實
已熟掇而食之問左右曰是乃冬有瓜近道而人不食何也
左右曰盛夏之時人食生瓜起居道傍瓜子復生故人惡
食
夏侯曾先會稽記曰曹娥父溺死娥見瓜浮其處即得父
屍
博物志曰人以冷水自漬至膝可頓啖數十枚瓜漬至腰
啖轉多至頸可啖百餘枚所漬水皆作瓜氣瓜味
搜神記曰吳時有徐光常衒術於市里從人乞瓜其主弗
與便從索瓣種之俄而瓜蔓延生花實乃取食之因賜觀
者及視所賣皆亡耗矣

幽明録曰安定人周敞種瓜時亢旱鬼爲縺韝水澆瓜瓜大
滋繁問姓名不荅還白父嘗有恵於人否父曰西郭樊營
先作郡吏償官數百斛米我時以百斛助之其人已死
又曰孫鍾富春人堅父也與母居至孝篤信種瓜爲業有
三少年容服妍麗詣鍾乞瓜愛樂無已爲設食出瓜禮敬
殷勤臨去曰我等司命感郎見接之厚送出門三人曰山
中可作冢復言欲連世封侯爲數世天子鍾曰數世天子
言訖悉化成白鶴
列異傳曰遼東丁伯昭自説其有客字次節既死後感見常爲
本家致奇異物試臘月中從索瓜得美瓜數枚來在前不
見形也
述異記曰豫章郡有盧松村羅根生於此村側墾荒種瓜又
於外立一神壇瓜始引蔓清晨行之忽見壇上有新板墨

書曰此是神地所遊處不得停止種殖可速去根生拜謝
跪呪曰竊疑村人利此熟地生苗容或假託神旨以見驅
斥審是神教願更朱書賜報明早往看向板猶存悉以朱
代墨
任昉述異記曰漢章帝　元年上虞獻雙蔕瓜一實五色
又曰吳桓王時會稽生五色瓜今吳有五色瓜歲充貢獻
五行記曰梁吏部尚書何敬容負患瘧疾寄在蔣山道
士館時忽見一人玄衣大帽立在帳側自稱楊胡靈將瓜
四枚云與公少時言訖因不見後數月敬容以罪免官
本草經云瓜一名土芝
吳氏本草曰瓜子一名瓣七月七日採可作面脂
劉禎瓜賦曰禎在曹植坐厨人進瓜禎爲立成辭曰含金
精之芳流冠衆瓜而作珎設諸清流一浮一藏片以金刀

四剖三離承之雕盤冪以纖絺甘侔蜜房冷甚冰圭

嵇含甘瓜賦序曰世云三芝瓜處一焉謂之土芝

張載瓜賦曰羊骹虎掌桂枝蜜箭玄表丹裏呈素含紅豐敷外偉綠瓤內醲

傅玄瓜賦曰白者如素黑者如漆黃踰金箱青侔含翠舊有蜜箭及青括樓嘉味溢異鮮類寡疇一齧之頃至三握頸細肌蜜理多瓤少瓣豐旨絕異食之不餡（音烏陷切）

陸機瓜賦曰夫其種族類數則括樓定桃黃甂白摶金釵蜜箭小青大班玄骭（音幹）素腕狸首虎蹯東陵出於秦谷桂髓起於巫山

夏侯孝若繁田賦曰入果林造瓜田摘虎掌拾黃班落蔕離毋漬以寒泉

左思蜀都賦曰其圃有瓜疇芋區



王廙洛都賦曰瓜則桂枝括樓綠瓤青肌消暑湯餡解渴療飢

樂府歌詩曰君子防未然不處嫌疑間瓜田不納履李下不整冠

古詩曰甘瓜抱苦蔕美草生荆棘愛利防有刀貪人自遂賊

阮籍詩曰昔聞東陵瓜近在青門外連畛距阡陌母子相拘帶

張華真人篇曰朱李生東苑甘瓜出西郊

曹植求祭先王表曰乞請水瓜五枚

太平御覽卷第九百七十八

太平御覽卷第九百七十九

菜茹部四

瓠　壺盧　蓼

葵　蕪菁

瓠

詩碩人曰齒如瓠犀犀瓠中瓣也

又曰八月斷壺壺瓠也

又曰匏有苦葉濟有深涉匏謂之瓠瓠葉苦不可食

陸機毛詩疏義曰匏有苦葉匏瓠也葉小可為羹楊州人恒食至八月葉即苦故云苦葉

論語曰吾豈瓠瓜也哉焉能繫而不食

爾雅曰瓠犀瓣瓠中瓣也詩曰齒如瓠犀

魏略曰高辛氏有老婦人居王宮得耳疾醫為挑之得物大如繭盛以瓠覆以盤化為犬五色因名盤瓠

平九百七十九　一　壽

晉書曰杜預病瘿吳人憚其智計以瓠繫狗之頸每大樹似瘿斬使白乃題曰杜預頸城及平盡捕殺之

又曰祖逖在河南百姓感悅嘗置酒大會耆老坐中流涕曰吾等老矣更得父母死將何恨乃歌曰幸哉遺黎免俘虜三辰既朗遇慈父玄酒忘勞甘瓠脯何以詠思歌且舞其得人心如此

宋書曰徐文伯曾祖熙好黄老隱於秦望山有過求飲留一瓠瓢與之曰君子孫宜以道術救世當得二千石熙開之乃扁鵲醫經一卷

齊書曰卞彬性好飲酒瓠壺瓢勺杬皮為肴着帛冠十二年不改易以大瓠為鑪什物多諸詭異自号卞田居

後周書曰強練師不知何許人所至之處人皆敬而信之晉公護未誅之前曾手持一大瓠到護第門外抵而破之乃大言曰瓠破子苦未幾而護誅諸子並伏法

管子曰一年之計莫若樹穀十年之計莫若樹木終身之計莫若樹人瓜瓠葷菜不備國之貧也

莊子曰惠子曰魏王貽我大瓠之種我樹之而成實五石以盛水漿其堅不能自舉剖之以為瓢則廓落無所容非不大也吾為其無用剖之莊子曰夫子固拙於用大也

國語曰諸侯伐秦涇莫濟叔向見叔孫穆子穆子曰豹之業業乃瓠有苦葉矣不知其他叔向退召舟虞與司馬曰夫苦瓠不材於人共濟而已是行魯人與莒人先濟

新序曰魏文侯見其季墻壞不治問其故曰不時也又進瓠羹文侯曰墻壞不築教我無奪民農功飴我瓠羹教我無多斂百姓

太九百七十九　二　王閏

王充論衡曰干將之刃未磨瓜瓠不能傷

又曰婦人疎孕者子活乳數者子死譬若瓠華多實少也

風俗通曰燒穰殺瓠俗說家人燒黍穰則使田中瓠枯死也

水經曰今豫州汝南郡城西北汝水左出西北流又屈而東轉又西南會汝形若垂瓠耆老云城取名焉

太康地記曰朱崖儋耳無水唯種大瓠藤斷其汁用之亦足

嶺南異物志曰儋崖種瓠成實率皆石餘

壺盧

蜀志曰張裔字君嗣如瓠壺外澤而內麤

三國典略曰齊武成帝皇后胡氏安定人魏宁書令兗州刺史延之女也母盧氏懷孕廷之初有胡僧來詣門曰此

宅瓠盧中有月
崔豹古今注曰匏壺盧也壺盧瓠之無柄者匏有柄者懸
匏可作笙曲沃者尤善秋乃可用則漆其裏
又曰瓢瓠也其揔曰匏瓠其別名
世說曰陸士衡初入洛諮張公所宜曰詣劉道眞是其一既
往劉尚在制中性嗜酒禮畢初無他言唯問東吳有長柄
壺盧卿得種來否陸兄弟殊失望乃去悔去
廣五行記曰西域吏國有石駱駝腹下出水以金鐵器取
便即漏下唯匏盧盛之則不漏飲之令人體滑香淨其國
神秘不可數遇
嶺表録異曰胡盧笙交趾人多取無柄之瓠割而爲笙上
安十三簧吹之音韻清響雅合律呂

蓼



爾雅曰薔虞蓼（虞蓼澤蓼也薔音卭蓼力切）
詩曰閔予小子未堪家多難予又集于蓼（言辛苦也）
禮曰膾秋用蓼鶉羹雞羹鴽釀之蓼（釀謂切雜之也）
吳越春秋曰越王欲復怨非一旦也苦思勤心夜以接日
卧則以蓼
劉向別傳曰尹都尉書有種蓼篇
魏子曰君以臣爲本以民爲根猶室與柱梁相持也梁不
強則上下俱亡故蓼虫在蓼則生在芥則死非蓼仁而芥
賊也本不可失也
任昉述異記曰長沙定王故宮有蓼園云定王故園也菜之
辛者謂之蓼
吳氏夲草曰蓼實一名野蓼一名澤蓼

葵

廣雅曰蘬（丘軌切）葵也
詩曰七月亨葵及菽
爾雅曰莃（音希）菟葵（似葵而小葉狀如藜有毛汋啖之滑）菺（音肩）戎葵（今蜀葵也似葵華如
木槿華）荍（音翹）蚍（音毗）乃（房尤切今荊葵也似葵紫色也）
韓詩外傳曰魯監門女相從績中夜而泣其偶問其故曰
宋司馬得罪於魯（宋出於魯馬佚）食吾園葵是歳吾園亡一半越攻
吳諸侯畏其威魯往獻女吾姊預焉兄往視之道畏而死
由此觀之禍福相及也
陸機毛詩疏義曰荍（音翹）一名比不一名楚葵似蕪菁英華
紫緑色可食微苦也
左傳曰齊慶克通于聲孟子鮑牽見之告國武子武子召
慶克謂之夫人訴之乃刖鮑牽仲尼曰鮑莊子之智不如
葵葵猶能衛其足（葵葉向日以蔽其根也）



史記曰公儀休爲魯相食茹而美拔去園葵也
晉書曰江統上太子書曰今西園賣葵菜藍子雞麪之屬
虧門敗國體貶損令
北齊書曰王攸守子深少孤獨種葵三畝數被人盜之王
攸密令人書葵葉下明旦市中看之遂得偷者
管子曰桓公北伐山戎出冬葵布之天下桓公憂北郭民
貧管子請禁去市三百步者不得樹葵菜此則空有以相
給
淮南子曰聖人之於道猶葵之與日雖不能與終始其鄉
之誠也（鄉仰誠實也）
繆襲祭儀曰夏祀和羹芼以葵
列仙傳曰丁次都不知何許人也爲遼東丁氏作人丁氏
嘗使買葵冬得生葵問冬何得有葵云從日南買來

列女傳曰魯漆室有女過時未適人倚柱而嘯鄰婦謂曰何悲也欲嫁乎女曰吾憂魯君老而太子少也婦曰此魯大夫憂焉女曰昔有晉客舍吾家繫馬於園馬佚踐吾園葵使吾終歲不猒葵味鄰女奔亡借吾兄追霧出以求溺流而死使吾終身無兄吾聞河潤九里漸洳三百步今魯國微弱亂將及人三年魯果亂

師曠占曰黄帝問師曠曰欲知牛馬貴賤秋葵下小葵生牛馬貴大葵不虫牛馬賤

博物志曰陳葵 子微火炒令爆咤散着熟地中遍蹹朝種暮生遠不過宿陳葵子秋種覆蓋令經冬不死至春有子是也

潘岳閑居賦曰緑葵含露白薤負霜

鮑明遠葵賦曰别有鴨脚肶耳（言葵似之）



古歌辭曰採葵莫傷根傷根葵不生結交莫羞貧羞貧交不成

## 蕪菁

爾雅曰須葑蓯（音揔）也（須未聞江東呼蕪菁爲菘菘須音相近故也須即蕪菁也）

尚書曰荆州厥貢苞匭菁茅（菁似爲菹也）

詩曰採葑採菲無以下體（葑須也菲芴也下體根莖也箋云葑蔓菁與葍之類皆上下可食然其根有美時有惡時）

又曰爰采葑矣沫之東矣（箋云葑蔓菁也）

又曰采苓好聽讒也采葑采葑首陽之東人之爲言苟亦無從（葑菜也）

陸機毛詩疏義曰菜葑蕪菁也郭璞今菘菜也可食少味

東觀漢記曰桓帝永興二年詔司隸蝗水爲災五穀不登令所傷郡國皆種蕪菁以助民食

吴曆曰劉備歸曹公曹公使親近覘視諸將有賓客酒食者輒因事害之備時閉門將人種蕪菁公使人窺門即去備謂張飛曰吾豈種菜者乎曹公必有疑意不可復留其夜輕馬而去

吴録曰陸遜諸葛瑾攻襄陽遜遣親人韓扁抄掠（瑾闓）之欲急去遜方催人種豆菘與諸將圍棊以示閑暇

齊書曰武陵王曄性清簡尚書令王儉詣曄留儉設食盤中菘菜鮑魚而已儉重其真率爲飽食盡歡而去

又曰周顒清貧寡欲終日蔬食雖有妻子獨處山舍甚機辨文惠太子問顒菜食何味最勝顒曰春初早韭秋末晚菘

梁書曰范元琰家貧唯以園蔬爲業嘗出行見人盜其菘元琰遽退走母問其故乃以實荅問盜者爲誰荅曰向所



以退畏其愧恥令啓其名願不泄也於是母子祕之或有涉溝盜其筍者元琰因伐木爲橋以渡之自是盜大慙一鄉無復草竊

北史曰孟信爲趙郡太守政尚寛和權豪無犯山中老人曾以牠 酒饋之信和顔接引殷勤勞問乃自出酒以鐵鐺温之素木盤盛蕪菁菹而已

吕氏春秋曰菜之美者具區之菁浸淵之草名曰土英

荆楚歲時記曰仲冬是月也采結霜蕪菁葵等雜菜乾之並爲醎菹有得其和者並作金釵色今南人作醎菹以糯米熬擣爲末并研胡麻汁和釀之石笮（音責）令熟菹既甜汁肥汁亦酸美呼其莖爲金釵股醒酒所宜也

急就篇曰老菁蘘荷冬日藏（並藏蓄之以禦冬也）

太平御覽卷第九百七十九

菜茹部五

蘆服　芥　蓴　蘘荷　紫菜　苦買
芹　蕣　蕨　堇　苻　邪蒿
芸薹　薰菜　鹿角　胡荽　優殿　薤菜
冬風　絡葵　蕁　莕　波稜

蘆服

爾雅曰葖蘆服萉宜爲蘆菔蕪菁屬紫華大根俗呼雹葖菔字或作蔔
方言曰蕪菁紫者謂之蘆菔
廣志曰蘆菔別名雹葖
後漢書曰劉盆子在長安時掖庭中宮女猶有數百千人自更始敗後幽閉殿內拔庭中蘆菔根捕池魚而食之東觀漢記同



北史曰張威隋文受禪遷青州刺史在州頗事產業遣家奴於人間鬻蘆菔根其奴緣此侵擾百姓上深加責坐廢於家
正論曰理世不真賢猶治病無真藥當用人參反得蘆菔根
唐新語曰開元中中書令蕭嵩以文選是先代舊業欲注釋之奏請左補闕王智明金吾衛佐李玄成進士陳居等注文選先是東宮衛佐馮光進入院校文選兼復注釋解鵲蹲云今之芋子即是著毛蘿蔔院中學士向外說之蕭嵩聞之附掌大笑
雲南記曰嶲州界緣山野間有菜大葉而麤莖　其根若大蘿蔔土人蒸煮其根葉而食之可以療飢名之爲諸侯菜云武侯南征用此菜子蒔於山中以濟軍食亦猶廣都縣山櫪林謂之諸葛木也

芥

魏子曰蓼蟲在蓼則生在芥則死非蓼仁芥賊本不可失也
劉向別錄曰尹都尉書有種芥葵蓼韭葱諸篇
嶺南異物志曰唐孟琯嘗於嶺表買芥菜置壁下忘食數日皆生四足有首尾能行走大如螗蜋但腰身細長
又曰南土芥高者五六尺子如鷄卵廣州人以巨芥爲醎菹埋地中有三十年者貴尚親賓以相餉遺
嶺表錄異曰廣州地熱種麥則苗而不實北人將蔓菁子就彼種者出土即變爲芥
吳氏本草曰芥葅一名水蘇一名勞祖

蓴



南越志曰石蓴似紫菜色青
集異記曰丹陽張承先家有鬼長爲恥乞物會有客須蓴二斗鱧魚二十頭鬼將一小兒置驛騎令小兒聽眼覺看籃中已有蓴鱧
幽明錄曰阿東常醜奴泛湖邊拔蒲暮宿空舍時日莫見一女姿容極美乘舡載蓴至舍寄住變而爲獺

蘘荷

說文曰蘘蘘荷也一名葍苴廣雅同
崔豹古今注曰蘘荷似蓄苴而白蓄苴色紫花生根中花未敗時可食久置則削爛不爲實矣葉似薑宜蔭翳地常依陰而生也
搜神記曰余外婦姊夫蔣士有傭客得疾下血醫以中蠱乃密以蘘荷根布席下不使知乃狂言曰食我蠱者乃張

小人也乃呼小小士去今世攻蠱多用蘘荷根往往驗
蘘荷或謂嘉草
葛洪方曰人得蠱取蘘荷葉着臥席下不使知立呼蠱姓
名
潘岳閑居賦曰蘘（荷依）陰時藿向陽

紫菜

集異記曰會稽照誕入海採菜於山上曝之夜忽見羣鬼
張目切齒欲來擊誕誕奮刀斫之見鬼悉披靡乃就誕
乞少許紫菜誕不為與
吳郡緣海記曰郡海邊諸山悉生紫菜吳賦云綸組紫絳
者也

苦買

晉書安帝紀曰義熙二年有苦買菜生楊州營壘高四尺
六寸廣二尺二寸是後歲多征伐人民積苦故苦買者
買苦也



芹

爾雅曰芹楚葵（今水中芹菜也）
詩曰觱沸濫泉言采其芹（芹菜也）
又曰泮水思樂泮水薄采其芹（芹水菜也）
列子曰宋國有人其妻告之曰昔有人甘莪菽與芹子鄉
豪嘗之哲於其口慘於其腸衆哂之
呂氏春秋伊尹說曰菜之美者雲夢之芹也
范汪祠制曰孟春祭有芹菹
宋林曰豈諳美菜生雲夢

薺

爾雅曰菥（思歷切）大薺（似薺細葉俗呼老薺）
又曰菨（子何切）薺實
廣雅曰菥蓂馬辛也
說文曰薺草可食詩曰誰謂荼苦其甘如薺（荼苦菜也而君子於己之苦又甚於荼比方之荼則如甘薺）
禮曰孟夏之月靡草死（薺葶藶之屬）
春秋繁露曰薺以美冬水氣也薺甘味也乘於水氣故美
者甘勝寒也薺之言濟所以濟大水也
淮南子曰薺麥冬生而夏死
抱朴子曰薺麥大蒜仲夏而枯
物理論曰夫解小而引大了淺而伸深猶以牛刀割雞長
殳刈薺
吳氏本草曰菥蓂一名折目一名榮冥一名馬駒
雷公神農扁鵲辛季氏小溫四月採乾二十日生道傍
細辛乾薑苦參薺實神農甘毒生野田五月五日採陰
乾治腹脹



蕨

詩曰陟彼南山言採其蕨（蕨鱉菜也）
又曰山有蕨薇隰有杞桋
晉書曰齊王秉權張翰謂郡人顧榮曰天下紛紛未已吾
本山林間人無望於時去矣采南山蕨飲三江水也
爾雅曰蕨鱉（初生無葉可食江西謂之鱉）
古詩曰山桃發紅萼野蕨漸紫苞

堇

詩曰周原膴膴堇荼如飴（堇菜也荼苦菜也周之原地肥美所生菜雖有性苦者皆甘如飴也）
禮曰堇荁枌榆免薨滫瀡以滑之（謂用調和飲食也荁堇類也冬用堇夏用）

爾雅曰齧苦堇今堇葵也葉似柳子如米汋食之滑

三十國春秋曰劉殷字長盛七歲喪其父哀毀踰禮曾祖母王氏盛冬思堇殷入澤中慟哭有堇生焉得斛餘

廣語曰夏蕈秋堇滑如粉

後魏書曰崔和爲平昌太守性鄙悋埋錢百斛其母李春思堇惜錢不買

莕

爾雅曰莕接余其葉苻藂生水中葉圓在莖端長短隨水深淺江東人食之音杏也

詩曰參差荇菜左右流之窈窕淑女寤寐求之荇接余也

邪蒿

北齊書曰刑峙字士俊以經授皇太子厨宰進太子食有菜曰邪蒿令去之曰此菜有不正之名非殿下所宜食顯宗聞而嘉之



芸臺

通俗文曰芸臺謂之胡菜

韻集曰芸臺胡菜

薰菜

方言曰蘇之小者謂之穰菜薰菜也

鹿角

南越志曰猴葵色赤生石上南越謂之鹿角

葫荽

石崇奴券曰奴當種羅勒胡荽不親不疎

優殿

南方草物狀曰合浦有菜名優殿以豆醬汁茹食芳好可食胡麵

雍菜

廣州記曰雍菜生水以爲葅

冬風

廣州記曰冬風菜陸生宜肥肉作羹二者微味人甚重之

絡葵

博物志曰人食絡葵爲狗齧則瘡不差或致死

蒪音竿

字林曰蒪辛菜也

荶音吟

字林曰荶菜似蒜生水中

波稜

唐書曰太宗時尼婆羅獻波稜菜葉類紅藍實如蒺藜火熟之能益食味



太平御覽卷第九百八十

香部一

香　䔍　藏香　鬱金

鷄舌　龍腦　雀頭

香

書曰至治馨香感于神明

左傳曰黍稷非馨（馨者香之遠聞）明德惟馨

說文曰香芳也

吴志曰士燮兄弟並爲列郡雄長一州車騎滿道胡人夾轂焚香者常有數千

世說曰桓車騎時有陳莊者入武當山學道所居恒有白烟香氣聞徹。續晉安帝紀曰王鎮惡亡經曰魏興太守郭宣之晝坐忽見（陳臁來因）敘舊事相對悲泣勸營功德去後郡內悉聞香狀如芳烟流散



晉書曰桓太后傳曰海西公之世太后復臨朝稱制桓溫之廢海西公也太后方在佛屋燒香內侍啓云外有急奏太后乃出尚倚戶前視奏

宋書曰范曄撰和香方其序之曰麝本多忌過分必害沉實易和盈斤無傷零藿虛燥詹唐黏濕甘松蘇合安息鬱金奈多和羅之屬並被珍於外國無取於中道又棗膏昏鈍甲煎淺俗非唯無助於馨香列乃當弥增於尤疾也所言悉以此類朝士麝本多忌比庾仲文零藿虛燥比何尚之詹唐黏濕比沈演之棗膏昏鈍比羊玄保甲煎淺俗比徐湛之甘松蘇合比慧琳道人沉實易和以自比也

齊書曰韓懷明上黨人也客居荊州十歲母患尸疰每發輙危殆懷明夜於星下稽顙祈禱時寒甚切忽聞香氣空中有人曰童子母須臾永差無勞自苦未曉而母平復

梁書曰庾詵尤遵釋教宅內立道場環繞禮懺六時不息誦法華經每日一遍後夜中忽有一道人自稱願公容止甚異呼詵爲上行先生授香而去

又曰梁武帝祀南郊先是一日景夜南郊令解除之等到郊所履行忽聞異香（隨風而至）及將行事奏樂迎神有異光圓滿壇上朱紫黃白雜食頃乃滅

又曰王琛本無令問爲太子中舍人諂事何敬容爲其階前種植香草脫履躡其草根敬容意以爲善

郭子曰陳騫以韓壽爲掾每會聞壽有異香氣是外國所貢一着衣歷日不歇騫計武帝唯賜已及賈充他家理無此香嫌壽與已女通考問左右婢具以實對騫以女妻壽時未婚（晉書云賈充女竊香與韓壽）



金樓子曰齊東婚以錦石爲殿內開千門万戶又有和香香氣紛馥聞之使人歡悅生諸雅態兼令睡眠

又曰昔王池國有民背面十二醜婦國色鼻艷堉乃求婿此婦終不肯迴顧遂往西市無價名香而燻之還入其室婦既艷矣豈分香臭哉

呂氏春秋曰懷腐而欲香入水而惡濡

漢武故事曰上作栢梁臺悉以香栢香聞數十里也

漢官典職曰尚書郎懷香握蘭

神仙傳曰淮南王爲八公張錦綺之帳燔百和之香

佛圖澄傳曰澄以鉢盛水燒香呪之須臾生青蓮花

林邑記曰朱吾以南有文狼野人居無室宅依樹止宿食生肉採香爲業與人交市若上皇之民矣

鄴中記曰石虎作流蘇帳頂安金蓮花花中懸金簿織成

絩音兆囊囊受三升以盛香注帳之四面上十二香囊采色亦同

竺法真登羅山疏曰越王擣薰陸香。扶南傳曰頓遜國人恒以香花事天神香有多種區撥葉逆花途致各遂花摩夷花冬夏不衰日載數十車於市賣之燥乃益香亦可為粉以傳身體。述征記曰北芒有張母墓舊說是王氏妻葬有年載後開墓而香火猶燃

十洲記曰漢武時長安大疫人死日以百數帝乃試取月氏國神香燒之於城內死未滿三日者活芳氣經三月不歇帝始信神物也乃祕録餘香。郭子橫洞冥記曰漢武帝於招仙閣燒靡離之香屑如粟一粒香氣三月不歇

又曰跋塗闍者胡人也剪鬚裸形不食穀唯飲清水食都夷香如棗核食一斤則歷月不飢以一粒如粟大投清水中俄而滿大盂也



博物志曰西域使獻香漢制獻香不滿斤不得受西使臨去又發香器如大豆者試着宮門香氣聞長安四面數十里中經月乃歇

搜神記曰渤海史良好一女子許嫁而未果良怒殺之後夢見曰還君物覺而得昔所與香纓金釵之屬

又曰初鉤弋夫人有罪以譴死殯尸不臭而香

又曰合淝有一大白舡覆在水中漁人夜宿其傍聞箏笛之音又香氣非常相傳云曹公載妓舡覆於此

任昉述異記曰魏武帝陵中有泉謂之香水古詩云安得香水泉濯郎衣上泉塵一說香水在并州香山其水潔香浴之去病吳故宮有香水溪俗云西施浴處又呼為脂粉塘吳王宮人濯粧於此溪上源至今馨香

又曰南海出百步香佩之聞於千步也今海隅有千步香是其種也葉似杜若而紅碧間雜貢藉云日南郡貢千步香

漢雍仲子進南海香物拜為涪陽尉時人謂之香尉日南郡有香市商人交易諸香處南海郡有香戶日南郡有千畝香林名香出其中香洲在朱崖郡洲中出諸異香往往不知其名千年松香聞十里亦謂之十里香也

夢書曰夢得香物婦女歸也

曹植洛神賦曰踐椒塗之郁烈步蘅音衡薄而流芳

魏武令曰昔天下初定吾便禁家內不得香薰後諸女配國家為其香因此得燒香吾不好燒香恨不遂所禁今復禁不得燒香其以香藏衣着身亦不得

秦嘉荅婦徐淑書曰令種好香四種各一斤可以去穢淑荅書曰未得侍帷帳則芬芳不設



陸機弔魏武文曰余為著作郎游祕閣見魏武令曰餘香可分與諸夫人諸舍中無所為學作履組賣也弔曰紆家人於履組塵清慮於餘香

## 麝

尒雅曰麝父麕足郭璞注曰脚似麕有香

許慎說文曰麝如小麋臍有香從鹿射聲黑色麞也

義熙起居注曰倭國獻貂皮人參等詔賜細笙麝香

齊書曰東昏侯鑿金蓮花帖地令潘妃行其上曰此步步蓮花也塗壁皆以麝香

唐書曰波斯國人皆以麝香如蘇塗鬚點額及於耳鼻用以為敬

抱朴子曰辟虵法入山以麝香丸著足爪中皆有効又麝香及野猪皆啖虵故以厭之也又作筆墨法曰作墨用雞

子白真珠麝香合以和墨宜用九月二日

南夷志曰南詔有婆羅門波斯闍婆勃泥崑崙數種外道交易之處多珠珍寶以黃金麝香爲貴貨

嵩高山記曰有人在嶺上聞異聲清和雅妙尋不復聞唯見一麝香在嶺上側足躩跳忽失所在

荆州圖記曰臨澧縣南有龍寄山有獸多麝

西京雜記曰趙飛鷰爲皇后女弟在昭陽殿遺飛鷰書曰今日嘉辰貴姊懋膺洪冊上襚三十五條以陳踧踖之志焉椰葉扇同心梅合枝李青木香香螺卮（出南海一曰冊螺申）九真雄黃麝香沉水香

續搜神記曰桓哲字明期居豫章時梅玄龍爲太守已病哲往省之語梅曰吾昨夜忽夢作卒迎卿來作太山府君梅聞之愕然曰吾亦夢見卿爲卒着衣來迎我數日復同



夢如先亡二十八日當拜至二十七日晡後桓忽中惡腹脹滿遣人就梅索麝香丸梅聞便令作凶具桓便亡八日而梅卒

本草經曰麝香味辛辟惡殺鬼精生中臺山也

秦嘉與婦書曰今奉麝香一斤可以辟惡氣

嵇康養生論曰麝食柏而香

葳香

孫氏瑞應圖曰葳蕤者禮備至則生一曰王者愛人命則生一名葳香也

鬱香

說文曰鬱芳草也十葉爲貫築以煑之爲鬯一合而釀之以降神也

周禮春官上曰鬱人掌祼器（祼器謂彝及舟與瓚）凡祭祀賓客之祼事和鬱鬯以實彝而陳之（築鬱金煑之以和鬯酒鄭司農云鬱金草名十葉爲貫百二十貫爲築以煑之鐎中停於祭前鬱爲草若蘭）

後周書曰秦國出鬱金

後周書曰波斯國大月氏之別種也地出氍毹（翟俞二音）赤麞皮及薰陸鬱金蘇合青木香等胡椒畢撥石蜜千年棗香附于訶黎勒無食子盐綠雌黃等物

唐書曰天竺國卑濕暑熱稻歲四熟有金剛似紫石英百鍊不銷可以切玉又有旃檀鬱金諸香通於大秦

又曰太宗時伽毗國獻鬱金香似麥門冬九月花開狀似芙蓉其色紫碧香聞數十步花而不實欲種者取根

文士傳曰朱穆字公叔作鬱金賦曰英熠爍以焜煌似九日之普照遠而望之粲若星羅出雲嶠近而觀之曄若丹桂燿湘涯



應劭地理風俗記曰周禮鬱人掌祼器凡祭醊賓客之祼事和鬱鬯以實樽彝鬱者芳草也謂用百草之華煑以合釀黑黍以降神香也或說今鬱金香是也

南州異物志曰鬱金者出罽賓國國人種之先取上佛積日萎熇乃載去之然後取鬱金色正黃細與芙蓉華裏披蓮者相似可以香酒

雞舌

應劭漢官儀曰桓帝侍中迺存年老口臭上出雞舌香與含之雞舌頗小辛螫不敢咀咽嫌有過賜毒藥歸舍辭決就便宜家人哀泣不知其故僚友求眂其藥出在口香咸嗤笑之

吳時外國傳曰五馬洲出雞舌香

抱朴子曰或以雞舌黃連乳汁煎之注之諸有百疾之在

目愈而更加精明倍常。俞益期牋曰外國老胡說衆香共是一木木花爲鷄舌香
南洲異物志曰鷄舌出在蘇州云是草花可含香口
廣志曰雞舌出南海中及剽國蔓生實熟貫之
續搜神記曰王廣豫章人年少未昏至田舍見一女云我是何叅軍女年十四而夭爲西王母養使與下土人交廣與之繾綿其日於席上得手巾裹鷄舌香其母取巾燒之乃是火浣布

龍腦

唐書曰正觀中烏萇國遣使獻龍腦香
本草曰龍腦香味苦微寒主心腹邪氣風濕積聚出婆律國形似白松脂作杉木氣明浄者善云合粳米灰相思子貯之則不耗樹似杉言婆律膏是樹根下清脂龍腦是樹中乾脂子似豆寇

雀頭

江表傳曰魏文帝遣使於吴求雀頭香

太平御覽卷第九百八十一

# 太平御覽卷第九百八十二

香部二

蘇合　安息　薰陸　流黄
青木　旃檀　甘松　艾納
藿香　楓香　棧香　木蜜
栟香　都梁　沉香　甲香
迷送　零陵　芸香

## 蘇合

續漢書曰大秦國合諸香煎其汁謂之蘇合

梁書曰中天竺國出蘇合是諸香汁煎之非自然一物也又云大秦人採蘇合先笮其汁以為香膏乃賣其滓與諸國賈人是以展轉來達中國不大香也

傅子曰西國胡人言蘇合香獸便也中國皆以為恠



從征記曰劉表冢在高平郡表子擣四方珎香數十斛置棺中蘇合消疫之香畢備永嘉中郡人發其墓表如生香聞數十里

廣志曰蘇合出大秦或云蘇合國人採之笮其汁以為香膏賣滓與賈客或云合諸香草煎為蘇合非自然一種也

傅玄回愁詩曰佳人贈我蘇合香何以要之君鴛鴦

班固與弟超書曰竇侍中令載雜綵七百疋市月氏蘇合香

## 安息

晉書佛圖澄傳曰石勒時襄國城水源暴竭勒問澄澄曰當勑龍取水乃坐繩床燒安息香呪願三日水微流有小龍五六尺隨水來須臾水大至

唐書曰曹國出青黛安息青木等香

## 薰陸

魏略曰大秦出薰陸

抱朴子曰俘焚洲在海中薰陸香之所出薰陸香木膠也樹有傷穿膠因墮夷人採之以待估客所以賈不多得者所患猰(居一切)獸噉之此獸斫刺不死投火中薪盡不燋以杖打之皮不傷而骨碎然後乃死

廣志曰寄六出交州又大秦海邊人採與賈人易穀若無賈人取食之。南方草木狀曰薰陸香出大秦云在海邊自有大樹生於沙中盛夏樹膠流出沙上夷人採取賣與賈人(南州異物志同其異香唯云狀如桃膠典術又同唯云陶松柏法不飲食之令人通神靈也)

俞益期牋曰衆香共是一木木膠為薰陸

## 流黄

吳時外國傳曰流黄香出都昆國在扶南南三千餘里(南州異物志同)



廣志曰流黄香出南海邊國

## 青木

隋書曰樊子蓋為武威太守車駕西巡將入吐谷渾子蓋以彼多瘴氣獻青木香以禦霧露

唐子曰師子國出朱砂水銀薰陸鬱金蘇合青木等諸香

南夷志曰崑崙國正北去蠻界西洱河八十一日程出象及青木香旃檀香紫檀香檳榔琉璃水精蠡杯

又曰南詔青木香永昌所出其山名青木山在永昌南三月日程

廣志曰青木出交州天竺

徐衷南方記曰青木香出天竺國不知其形

南州異物志曰青木香出天竺是草根狀如甘草

俞益期牋曰衆香共是一木木節是青木

栴檀

三國典略曰周師陷江陵初梁主以白檀木爲梁武之像每朔望親祭之軍人以其香也剖而分之

竺法真登羅山䟽曰栴檀出外國元嘉末曾城有人於山見一大樹負蔭數畝三丈餘圍辛芳酷烈其間枯條數尺援而刃之乃白栴檀

俞益期牋曰衆香共是一木木根爲栴檀

崔豹古今注曰紫栴木出扶南林邑色紫赤亦謂紫檀也

杜寶大業拾遺録曰壽禪師甚妙醫術作五香第一沉香飲次丁香飲次檀香飲次澤蘭飲次甘松飲皆別有法以香爲法以香爲主更加別藥有味而止渴兼於補益

甘松

廣志曰甘松出凉州諸山



艾納

廣志曰艾納出剽國。樂府歌曰行胡從何來列國持何來氍毹𣰆毲五味香迷送艾納及都梁

藿香

廣志曰藿香出日南諸國

吴時外國傳曰都昆在扶南山有藿香

南方草物狀曰藿香榛生民自種之五六月採曝之乃芬芳耳出交阯武平興古九真（地名也）

南州異物志曰藿香生曲遜國屬扶風（香形如都梁）可以着衣服中

劉欣期交州記曰藿香似蘇合。范曄和香方曰零藿虛燥。俞益期牋曰衆香共是一木木葉爲藿香

楓香

梁書曰任昉爲新安太守嘗欲營（佛齋燒調香二石始入三外便出教長奪）曰與奪自已不欲貽之後人

南方記曰楓香樹子如鴨卵爆乾可燒

魏武令曰房室不潔聽得燒楓膠及蕙草

棧香（音賤）

廣志曰棧香出日南諸國

南方草物狀曰棧蜜香出都昆不知棧蜜香樹若爲但見香耳

嶺表録異曰廣管羅州多棧香樹身似柳其花白而繁其葉如橘皮堪作紙名爲香皮紙灰白色有紋如魚子牋其紙慢而弱沾水即爛遠不及楮皮者又無香氣或云沉香鷄骨黄熟棧香同是一樹而根幹枝節各有分別者也

南越志曰交州有蜜香樹欲取先斷其根經年後外皮朽爛木心與節堅黑沉水者爲沉香與水面平爲鷄骨最麁者爲棧香



木蜜

異物志曰木蜜名曰香樹生千歲根本甚大先伐僵之四五歲乃往看歲月久樹材惡者腐敗唯中節堅貞芬香者獨在耳

魏王花木志曰廣志木蜜樹號千歲樹根甚大伐之四五歲乃取木腐者爲香其枝可食

本草經曰木蜜一名蜜香味辛温

栟香

南方草物狀曰栟香莖生出烏滸

都梁

廣志曰都梁出淮南

盛弘之荆州記曰都梁縣有小山山水清淺其中生蘭草俗

謂蘭為都梁即以號縣

沉香

晉書曰石崇以奢豪矜物厠上常有十餘婢侍列皆有容色置甲煎粉沉香汁有如厠者皆易新衣而出客多羞脫衣而王敦脫故着新意色無怍群婢相謂曰此客必能作賊

又曰吴隱之至自番禺其妻劉氏齎沉香一斤隱之見遂投於湖亭之水

梁書曰林邑國出古貝及沉香木古貝者樹名也其華成時如鵝毳抽其緒紡之以作布與紵布不殊亦染成五色織為斑布沉木香土人斫斷積年以杇爛而心節獨在置水中則沉故名曰沉香次不沉者棧和之屬

陳書曰沈皇后素無寵至德二年乃於光照殿前起臨春結綺望仙三閣高數十丈並數十間其窻牖壁帶懸楣欄檻之類皆以檀香為之

九百八十二　五　素和一

唐書曰先天二年十月親講武於驪山之下徵兵二十萬上親擐戎服持沉香大槍立於陣前威振宇宙士庶奔走縱觀填塞道路

又曰長慶中波斯大賈李蘇沙進沉香亭子材左拾遺李漢上疏以為沉香為亭子比瑤臺玉室上頗怒言過特優容之

金樓子曰扶南國衆香共是一木根便是栴檀節便是沉水花是鷄舌葉是藿香膠是薰陸

竺法真登羅山疏曰沉香葉似冬青樹形崇竦其木枯折外皮朽爛內乃香山雖有此樹而非香所出新會高凉土人斫之經年肉爛盡心則為沉香出比景縣樹極高大土人伐之累年須外皮消盡乃割心得香

郭子橫洞冥記曰薰木鮮祗所獻色如玉而質輕泛之昆靈池為舟爛則沉矣碎其屑氣聞數百里氣之所至毒疫皆除

杜寶大業拾遺錄曰四年夏四月征林邑國兵還至獲彼國得雜香真檀象牙百餘万斤沉香二千餘斤

又曰尚書令楊素大業中東都宅造沉香堂甚精麗新泥堂訖閉之三月後開視四壁並為新血所洒腥氣觸人

異苑曰沙門支法存在廣州有八尺毾㲪又有沉香八尺板床太元中王琰為州大兒劭求二物不得乃殺而籍焉

南州異物志曰沉木香出日南欲取當先斫壞樹着地積久外皮朽爛其心至堅者置水則沉名沉香其次在心白之間不甚堅精置之水中不沉不浮與水面平者名曰棧香其最小麁白者名曰槃香

九百八十二　六　壬

俞益期牋曰衆木共是一木木心為沉香

甲香

廣志曰甲香出南方

南州異物志曰甲香螺屬也大者如甌面前一邊直攙長數寸圍殼岨峿有刺其掩可合衆香燒之皆使益芳獨燒則臰甲香一名流螺謂之中流最厚味范曄香方曰甲煎淺俗

迷送

魏略曰大秦迷送

廣志曰迷送出西海中

魏文帝迷送賦曰余種迷送於中庭嘉其揚條吐香馥有令芳乃為之賦曰坐中堂以遊觀覽芳草之樹庭舞妙麗于纖枝楊脩幹而結茎禀六夷之穢俗超万里而來征豈

衆華之是芳信希世而特生○應瑒迷迭香賦曰振纖枝之
翠粲動採葉之菲菲紓芳香之酷烈乘清風以徘徊
陳班迷迭香賦曰立碧莖之苛郁鋪綠條之蟺蜿

零陵

南越志曰零陵香土人謂爲鷰草

芸香

說文曰芸草似苜蓿
淮南子曰芸可以死而復生
雜字解詁曰芸杜榮
大戴禮夏小正曰採芸爲廟菜
禮記月令曰仲冬之月芸始生（鄭玄曰芸香草也）
禮圖曰芸蒿葉似蒿香美可食也
魏略曰大秦出芸膠



洛陽宮殿簿曰顯陽殿前芸香一株徽音含章殿前各二
株
晉宮閣名曰太極殿前芸香四畦式乾殿前芸香八畦徽
音殿前芸香雜花十二畦明光殿前芸香雜花八畦顯陽殿
前芸香二畦
廣志曰芸膠有安息膠有黑膠
吳氏本草曰石芸一名敝列一名顧啄
傅玄芸香賦序曰始以微香進御終於捐弃黃壤吁可閔
也遂詠而賦之○成公綏芸香賦曰美芸香之脩潔稟陰陽
之淑精莖類秋竹枝象春松○傅咸芸香賦序曰先君作
芸香賦辭美高麗有覩斯卉蔚茂馨香同遊使余爲序

太平御覽卷第九百八十二

香部三

槐香　蘭香　蘼蕪　蕙草
藹車　杜蘅　白芷　荃香
薰香　兜末香　返生香　驚精香
白蛤狸　藁本香　神精香　龜甲香

槐香

嵇含槐香賦序曰余以太簇之月登於歷山之陽仰眺崇巒俯視幽坂乃覩槐香生蒙楚之間曾見斯草殖於廣夏之庭或被帝王之圃恠其遐弃遂遷樹于中唐華麗則殊彩阿那芳實則可以藏書又感其弃本高崖委身階庭似傳說顯殷四叟歸漢故因實制名蓋蒙蒙緑葉揺揺弱莖

蘭香

易曰同心之言其臭如蘭蘭芳也

易卦通驗曰冬至廣莫風至蘭始生

說文曰蘭香草也

韓詩曰溱與洧說文云詩人言溱與洧方盛流洹洹然謂三月桃花水下之時士與女方盛流秉蘭兮秉執也蘭簡也當此盛流之時衆姓與衆女方執蘭而拂除鄭國之俗三月上巳之日此兩水之上招䰟續魄拂除不祥

大戴禮夏小正曰五月蓄蘭爲沐浴

禮曰婦人或賜之茝蘭則受而獻諸舅姑

左傳曰鄭文公有賤妾曰燕姞夢天使與巳蘭曰余爲伯儵余而祖也以是爲而子以蘭有國香人服媚之旣而文公見之與之蘭而御之辭曰妾不才幸而有子將不信敢徵蘭乎公曰諾生穆公名之曰蘭



論撰考讖曰漸於蘭則芳漸於鮑則臭

史記曰冬至短極蘭根出

蜀志曰先主殺張裕諸葛亮救之先主曰芳蘭當門不得不鉏

晉書曰惠帝時温縣有人如狂造書曰兩火没地哀哉秋蘭歸形街郵終爲人歎及楊駿巳死楊后被廢賈后絶其膳八日而崩葬街郵亭北百姓哀之兩火武帝諱蘭楊后字也

宋書曰劉湛欲表淑附巳而淑不爲改意由是大相乖失淑乃賦詩曰種蘭忌當門懷璧莫向楚楚必別玉人門非種蘭所

晏子春秋曰曾子將行晏子送之曰嬰聞君子贈人以財不若以言吾請以言乎夫蘭本三年而成湛之苦酒則君子不近庶人不佩湛之糜醢而賀征馬矣非蘭本美也願子必求所湛。蘇子曰蘭以芳自燒膏以肥自焫而悅切翠以羽殃身蚌以珠致破



文子曰日月欲明浮雲蓋之叢蘭欲脩秋風敗之

又曰蘭芷不爲莫服而不芳與君子行遊苾兮如入蘭芷之室久而不聞則與之化矣

范子計然曰大蘭出漢中蘭輔出河東弘農白者善

孫卿子曰人之親我欣若父母其好我芬若椒蘭

淮南子曰兩心不可以得一人一心可以得百人男子樹蘭美而不芳蘭芳草女之美芳也男子樹之蓋不繼子得食肥而不澤繼子假母也精不相與往來也

淮南子曰蘭生幽宮不爲莫服而不芳

抱朴子曰人鼻無不樂香故流黃鬱金芝蘭蘇合玄膳索膠

江蘺揭車春蕙秋蘭價同瓊瑤而海上之女逐酷臭之夫
家語孔子曰芝蘭生於深林不以無人而不芳君子修道立
德不爲困窮而改節爲之者人也死生者命也
語林曰謝太傅問諸子姪曰子弟何豫人事而政欲使其
佳諸人莫有言者車騎荅曰譬如芝蘭玉樹欲使其生於
庭堦耳
又曰毛伯成既負其才器常稱寧爲蘭摧玉折不作蕭芳
艾榮
羅含別傳曰含致仕還家庭中忽自生蘭此德行幽感之
應
蔡質漢官儀曰尚書郎懷香握蘭趍走丹墀
盛弘之荆州記曰都梁縣有小山山上水極淺其中悉生
蘭草綠葉紫莖芳風藻谷俗謂蘭爲都梁即以號縣云
本草經曰草蘭一名水香久服益氣輕身不老



楚辭曰余既滋蘭之九畹兮（滋蒔也二十畝爲畹）
又曰扈江離與辟芷兮（扈被也楚人名被曰扈離薜芷皆香草名也）紉秋蘭以
爲佩（紉索）
又曰沅有芷兮澧有蘭（言沅和中有盛茂之正澧水之中有芬芳之蘭喻湘夫美亦異於衆
人也）欲思公子未敢言
又曰秋蘭兮蘼蕪羅生兮堂下綠葉兮素枝芳菲菲兮襲
予秋蘭兮青青綠葉兮紫莖滿堂兮美人忽獨與余兮目
成
又曰光風轉蕙泛崇蘭
趙壹疾　邪賦曰勢家多所宜欬唾自成珠被褐懷珠玉
蘭蕙化爲芻
張衡怨詩曰秋蘭嘉美人也嘉而不獲用故作是詩也猗猗

秋蘭植彼中阿有馥其芳有黃其葩雖曰幽深厥美彌嘉
之子之遠我勞如何。酈炎詩曰靈芝生河洲動搖因洪
波秋蘭榮何晚嚴霜害其柯哀哉之芳草不植太山阿
琴操曰猗蘭操者孔子所作也孔子聘諸侯莫能任自衛
反魯過隱谷之中見鄉蘭獨茂喟然歎曰夫蘭當爲王者
香今乃獨茂與衆草爲伍乃止車援琴鼓之自傷不逢時
託辭於香蘭云
晉傳玄詠秋蘭詩曰秋蘭蔭玉池池水清且芳雙魚自踊
躍兩鳥時迴翔。晉王羲之蘭亭記曰永和九年歲在癸
丑暮春之初會于會稽山陰之蘭亭修禊事也

蘼蕪

說文曰江蘺蘼蕪也楚謂之蘺晉謂之䕡（軒嬌切）齊謂之茝
尒雅曰蘄茝蘼蕪（郭璞曰香草也葉小如萎狀淮南子曰似虵床山海經曰臭如蘼蕪）



春秋運斗樞曰維星散爲蘼蕪
淮南子曰亂人者若虵床之與蘼蕪
山海經曰洞庭之山其草多蘼蕪
廣志曰黴蕪香草魏武帝以藏衣中
吳氏本草曰蘼蕪一名芎窮
古詩曰上山採蘼蕪下山逢故夫
郭璞讚曰蘼蕪善草亂之虵床不隕其貴自別以芳

蕙草

廣雅曰皇草蕙草也
山海經曰天帝之山其下多菅蕙（菅似茅）外山其草多蕙
廣志曰蕙草綠葉紫華魏武以爲香燒之
楚辭曰光風轉蕙泛崇蘭
又曰既滋蘭之九畹又樹蕙之百畝

司馬相如子虛賦曰於是乃相與撩於蕙圃盤姍教窣皆草
間行貌姍音蘇寒切窣蘇骨切上金隄

藒車去謁切

尒雅曰藒車芞輿芞音乞輿也郭璞曰藒車香草也見離騷
說文曰藒芞輿也芞乞音
廣志曰藒車黃葉白華出徐州
楚辭曰畦留夷與藒車雜杜蘅與芳芷

杜蘅

山海經曰天帝之山有草焉其狀如葵臭如蘪蕪名杜衡香草也可以走馬郭璞曰帶之令人便馬或曰馬得之而健走食之而癭
爾雅曰杜土鹵也郭璞曰杜衡也似葵而香也
唐書曰貞觀中度支郎以宋謝朓詩云芳洲多杜若乃下坊州令貢州判司報云坊州不出杜若應由謝朓詩誤太



宗聞之大笑判司改雍州司法度支郎免官
廣雅曰杜蘅杜若也
范子計然曰杜若出南郡漢中大者善本草經曰杜若一名杜衡

白芷

山海經曰號山其草多葯郭璞注曰葯白芷也一名香草也
廣雅曰白芷葉謂之葯
淮南子曰今鼓舞者便娟擬神擬象也身若秋葯被風葯白芷香草被風而言其弱髮若結旌屈而復舒
范子計然曰白芷出齊郡以春取黃澤者善也
本草經曰白芷一名芳香味辛溫生河東
吳氏本草曰白芷一名虈許嬌切一名符離一名澤分一名葩○楚詞曰獻歲發春兮汩吾南征綠蘋葉齊兮白芷生

又曰桂棟兮蘭橑辛夷楣兮葯房
又曰擥木根以結芷兮擥持也貫薜荔之落蘂貫拾也薜荔草蘂佩結香香拾其花心次表草已之忠信也

荃香

楚辭曰荃不察余之中情兮荃香草以喻君被分香故以香草爲喻反信讒而齊怒齌疾也
又曰荃橈兮蘭旗

薰香

左傳曰晉獻公以驪姬爲夫人卜人曰一薰一蕕十年尚猶有臭薰香草也
山海經曰浮山有草焉麻葉而方莖赤華而黑實臭如蘪蕪名曰薰草也
廣雅曰鹵薰也其葉謂之蕙



魏略曰大秦出薰草
蘇子曰象以牙喪身不能去其白薰以芳自燒不能去其香
淮南子曰以潔白爲汙辱譬猶沐浴而杅溷薰燧而負彘燒薰自香楚人謂之薰燧也
抱朴子曰常以執日取天井上土以和柏葉薰草以泥門户方一尺則盜賊不來
西京雜記曰漢掖庭有綠熊席其席皆長一丈餘眠而擁毛自蔽望其不能見坐則没膝其中雜諸薰香一坐此席餘香百日不歇
成公綏宣清賦曰哀薰草之見焚

兜末香

漢武故事曰西王母當降上燒兜末香兜末香兜渠國所

獻如大豆塗門香聞百里關中常大疾疫死者因生

## 反生香

真人關尹傳曰老子曰真人遊時各坐蓮華之上華徑一丈有反生靈香逆風聞三十里

## 驚精香

十洲記曰聚窟洲在西海中上有大山形似鳥之狀因名爲人鳥山山中多大樹與楓相似而芳華葉香聞百里因名返䰟樹叩其樹樹能作聲如牛吼聞者心震駭伐其木根於玉釜中煑取汁更微微以火熟煎如黑飴令可丸名曰驚精香或名震靈丸亦名返生香亦名却死香氣聞數百里死屍在地聞氣即活延和六年春西胡月氏國王遣使者獻香四兩大如雀卵黑如桑椹帝以香國中所乏以付庫

## 白翎貍



異物志曰白翎貍刳其外韋囊以酒洒而陰乾之其氣如麝若雜真麝中鮮有別者

## 藁本香

水經曰三城水又經香陘山山上悉生藁本香世故名焉

## 神精香

郭子橫洞冥記曰元朔二年波祇國亦名波弋國獻神精香草一名荃蘪一名春蕪一根五百條其枝間如竹節柔軟其皮如絲可以爲布所謂春蕪布亦曰香荃布堅密如紈也掘之一斤蒲宮皆香婦人帶之彌爲香馥

## 龜甲香

任昉述異記曰龜甲香即桂香善者一名紫木香一名金桂香一名蘼草香出蒼梧桂林二郡界今吳中有蘼草似藍而甚芳香

太平御覽卷第九百八十四

藥部一

藥

歸藏經曰昔常娥以不死之藥犇月

易曰無妄之疾勿藥有喜象曰無妄之藥不可試也

書曰若藥弗瞑眩厥疾弗瘳

周禮曰醫師掌聚藥供醫事疾醫以五藥養病凡藥以酸養骨以辛養筋以鹹養脉以苦養氣以甘養肉以滑養竅（鄭玄注曰毒藥之辛苦者也五藥草木虫石穀）

禮記曰君有疾飲藥臣先嘗之親有疾飲藥子先嘗之（嘗者度所堪也）醫不三世不服其藥

又曰季春餧獸之藥無出九門（爲鳥獸方孚乳傷之爲逆天時天子九門者路門應門雉門庫門皐門國門近郊門遠郊門）孟夏之月聚畜百藥（蕃蕪之時毒氣



盛也）

左傳曰臧孫曰季孫之愛我也疾疢也孟孫之惡我也藥石也（常志相違戾猶藥石之療疾也）美疢不如惡石孟孫死吾亡無日矣

又曰許悼公疾飲太子止之藥卒太子犇晉書曰殺其君君子曰盡心力以事君舍藥物可也（藥物有毒當由醫非凡人所知譏止不舍藥物所以加殺君之名）

論語曰康子饋藥拜而受之曰丘未達不敢嘗（饋遺）

史記曰長桑君與扁鵲藥服之三十日見人五藏

漢書曰灌夫擊吳身中大創十餘適有萬金良藥故得不死

又曰王嘉爲丞相數上封事言不宜封董賢上怒有詔假謁者節召丞相詣廷尉詔獄使者既到府掾史涕泣共和藥進嘉嘉引藥盃以擊地謂官屬曰丞相幸得備位三公奉職有罪當伏刑都市以示萬衆丞相豈兒女耶何爲咀藥而死

東觀漢記曰上嘗與朱祐共買蜜合藥上追念之即賜祐白蜜一石問何如長安時共買蜜乎

又曰鄧訓爲護烏桓校尉吏士常大病瘧轉易至數十人訓身煑湯藥咸得平愈其無妻者爲適配偶

又曰王閎者王莽叔父平阿侯譚子也王莽篡位潛忌閎乃出爲東郡太守閎懼誅常繫藥手內莽敗漢兵起閎獨完全

華嶠後漢書曰張楷字公超家貧無以爲業常乘驢車至縣賣藥

九州春秋曰青州刺史焦和多作陷水丸沉河望冠不得渡



吳書曰合肥之役凌統身被六七瘡有卓氏良藥故得不死

魏志曰太祖性嚴掾屬公事往往杖之何夔常畜毒藥誓死無辱是以終不見及

晉書曰餘杭隱士郭文字文舉王導聞召之永昌中大疫父病亦殆導遺藥文曰命在天不在藥也

王隱晉書曰李消爲尚書令家至貧兒病無錢買藥上賜錢十萬（李消一作李胤）

又曰程咸字延休其母夢白頭公授藥曰服此當得貴子後生咸至侍中

又曰苻生常使太醫令程延合安胎藥問人參好惡并藥分多少延曰雖小小不具自可堪用生以爲譏已遂斬之

又曰陸抗與羊祜推僑札之好抗嘗遺酒祜飲之不疑抗
有疾祜饋之藥抗亦推心服之
宋書曰高祖微時伐荻新洲見大虵長數丈射傷之明日洲
中聞杵臼聲往視之見童子數人皆青衣於榛中擣藥問
其故荅曰我王為劉寄奴所射合藥傅之帝曰神何不殺
之童子曰寄奴王者不死不可殺帝叱之皆散仍收藥而
反又客經下邳逆旅會一沙門謂帝曰江表當亂能安之
者其在君乎帝先患手瘡經年不愈沙門有黃藥因留與帝
旣而忽亡帝以黃散傅瘡一傅而愈寶其餘及所得童子
藥每遇金瘡傅之並愈
齊書曰隨郡王子隆年二十一而體過充壯常使徐嗣伯
合蘆茹丸服以自銷損
又曰豫章王嶷薨後見形於沈文季曰我未應死皇太子



加膏中十一種藥使我癰不差湯中復加藥一種使利不
斷吾已訴先帝先帝許還東邸當判此事因胷中出青紙
文書示文季曰與卿少舊因卿呈主上俄失所在文季祕
而不傳甚懼此事少時太子薨矣
魏書曰邢巒為侍郎甚見親遇高祖因行藥園至司空府
南見巒宅遣使謂巒曰朝行藥園至此見卿第宅乃佳東望
德館情有依然
又曰天竺烏長國婆羅門為上族解天文人有爭訟服之
藥曲者發狂直者無恙
隋書曰隋大舉伐陳王頒力戰被傷恐不堪復鬪悲感嗚咽
夜中睡夢有人授藥比寤而瘡不痛時人以為忠感
又曰楊素寢疾帝每令醫診候賜以上藥然密問醫人恒
恐不死素又自知名位已極不肯服藥亦不將慎每語弟
約曰我豈須更活耶
唐書曰太宗幸襄城宮盃子邏坂見暍者僵於路駐馬命
左右取藥飲之乃蘇
又曰天竺方士那羅邇娑婆寐自言壽二百歲云有長生
之術太宗信之深加禮敬館之金飈門內造延年之藥令
崔敦禮監主之發使天下採諸奇藥異石不可稱數後竟
不就
又曰元和中山人柳泌言靈藥可得上信之乃以為台州
刺史賜紫令採靈藥
又曰柳公綽有道士獻藥試之有驗問所從來曰合此藥
於蜀門時朱克融方叛公綽遽謂曰惜哉至藥來於賊臣
之境雖驗何益乃沈之于江而逐道士
莊子曰宋人有善為不龜手之藥者（龜手裂若龜文）世世以洴（音澼）



澼（音）絖（音曠）為事（洴澼漂也絖絮也冬漂絮則手拘能為藥以自治）客聞之請買其
方百金以說吳王（說可以戰）吳王使之將冬與越人水戰大敗
越人列地而封之能不龜手一也或以封或不免於洴澼
絖則所用之異也
唐子曰仙人韓終即韓馮之兄為宋王採藥王不肯服之
終因服之遂得仙
淮南子曰羿請不死之藥於西王母姮娥竊而奔月（姮娥羿妻）
（也羿從西母請不死之藥於西王母未及服之姮娥盜服得仙奔入月中為月精）
又曰今夫地黃主屬骨而甘草食肉之藥也以其屬骨而
責其生肉以其生肉而責其屬骨是王孫綽之欲倍偏枯
之藥而欲以生殊死之人亦謂失論矣（王孫綽魯人也）
又曰崑崙墟旁有九井玉橫維其西北之隅（橫猶光也橫或作彭盛不
死藥器也）四水者帝之神泉以和百藥以潤萬民

抱朴子曰神農經曰上藥令人身安命延昇天神仙遨遊上下役使萬靈體生毛羽行廚立至

又曰五芝及餌丹砂玉札曾青雄黃雲母太一禹餘粮各可單服之皆令人飛行長生

又曰中藥養性下藥除病能令毒蟲不加猛獸不死惡氣不行衆祅辟屏

孝經援神契曰椒薑禦濕菖蒲益聰巨勝延年威喜辟兵此皆上聖之至言方術之實録也

又曰仙藥之上者丹砂次則黃金次則白銀次則諸芝次則五玉次則五雲次則明珠次則太一禹餘粮次則石中黃子次則石桂英次則石腦次則石流丹次則石粘次則曾青次則松栢脂茯苓地黃麥門冬朮巨勝重樓黃連石韋楮石家紫

一名托盧是也或名仙人杖或名西王母杖或名天精或名却老或名地骨或名枸杞也

戰國策曰有獻不死之藥於荆王者謁者操以入中射之士問曰可食乎曰可因奪而食之王怒使人殺中射之士士曰臣問謁者謁者曰可食故食之是臣無罪罪在謁者也且客獻不死之藥臣食之而王殺臣是死藥也王乃殺無罪之臣而明人之欺王王乃不殺

說苑曰湯曰藥食先嘗於卑然後至於貴藥食嘗乎卑然後至乎貴教也藥言獻於貴然後聞於卑道也

又曰孔子曰良藥苦於口利於病忠言逆於耳利於行

呂氏春秋曰魯有公孫綽者告人曰我能治偏枯今吾倍為偏枯之藥則可以起死人矣物固有以為小不可以為大可以為半而不可以為全者矣

又曰良醫醫病病万變藥亦万變病變而藥不變嚮之壽民今為殤子矣

又曰若用藥者得良藥則活人得惡藥則殺人義兵之為天下良藥也亦大矣

論衡曰大王亶父睹王季之可立故易名曰歷歷者適也大伯覺悟採藥以避王季

山海經曰大荒之中有黃木赤枝青葉群帝取藥言樹花實皆為藥也

又曰大荒中有山名豐沮玉門日月所入有靈山巫咸巫肦巫即巫盼巫彭巫姑巫真巫禮巫謝巫羅十巫從此升降百藥爰在

酈善長注水經曰茷山甚高峻重疊灌栢齊陰攢柯翠峙泉石轉深蓋仙居之宿所是以世人目巖為擣藥巖名此水為擣藥水

漢武內傳曰王母謂武帝曰太上之藥乃有玄光黎角風實雲子帝園王族昌城王蘂夜河天骨崆峒靈瓜四劫一實賓陵髓膽仰掇扶桑之丹椹俯採長河之文藻紫虬童子九色鳳腦太真虹芝天漢臣草南宮大碧西御扶老三梁龍華生子大道有得食之後天而老此太上之所服非中山之所寶也

又曰武帝崩遺詔以雜道書四十卷置棺中到延康二年河東工曹李及入上黨抱犢山採藥於巖室中得此書盛以金箱其書後題臣姓名記日月是武帝時物也河東太守張純以箱及書奏宣帝宣帝示武帝時左右侍臣有典書中郎見書流涕曰此是帝崩時殯殮物也

東方朔別傳曰孝武皇帝好方士敬鬼神使人求神僊不死之藥甚至初無所得天下方士四面鋒至不可勝言東方

朔睹方士虛語以求尊顯即云上天欲以喻之其辭曰陛
下所使取神藥者皆天地之間藥也不能使人死不獨天上
藥能使人不死耳上曰然天何可上也朔對曰臣能上天
上知其謾詑（一作謾諺）極其語即使朔上天取不死之藥朔既
辭去出殿門復還曰今臣上天似謾詑者願得一人爲信
驗上即遣方士與朔俱往期三十日而反朔等既辭而行
日日過諸侯傳飲往往留十餘日期又且盡無上天意方
士謂之曰期且盡日日飲酒爲奈何朔曰鬼神之事難豫
言當有神來迎我者於是方士晝臥良久朔遽覺之曰呼
君極久不應我今者屬從天上來方士大驚還具以聞上
以爲面欺詔下朔獄朔啼對曰朔頃幾死者再上曰
何也朔對曰天公問臣下方人何衣臣朔曰衣蟲蟲
何若臣朔曰蟲喙髯髯類馬邠邠類虎天公大怒以



臣爲謾言繫臣使下問還報有之名蚕天公乃出臣
今陛下苟以臣爲詐願使人上問之上大驚曰善齊人多
詐欲以喻我止方士也罷諸方士弗復用也由此朔日以
親近

列僊傳曰樂子長者齊人也少好道真到霍林山遭僊人
受服巨勝赤松散方僊人告之曰蛇服此藥化爲龍人服
此藥老翁成童能昇雲上下改易形容崇氣益精起死養
生子能服之可以度世子長服之年百八十色如少女妻子九
人皆服此藥老者還少少者不復老

又曰燕王遣韓終採藥王先使韓終服之面如金
色

又曰安期生賣藥海邊時人以爲千歲公

又曰瑕丘仲賣藥於寧後地動舍壞仲死人取屍弃水收
其藥賣之仲被裘詣之後爲失余使者

又曰崔文子太山人賣藥都市後有疫死者萬計文子擁
朱幡持黃散循問民服其散愈者萬計後在蜀賣（黃散）赤丸
世故寶之

又曰負局先生者語似燕代間人也負磨鏡局循吳市
中磨一鏡一錢因磨輒問主得無人疾苦者有輒出紫丸
藥以與之得莫不愈後上吳山絕崖頭世世懸藥與下人
曰吾欲還蓬萊山與汝曹神水崖頭一旦有水白色從石
間來下服之病多愈

高士傳曰韓康字伯休京兆霸陵人採藥名山賣於長安
市口不二價三十餘年時有女子從康買藥康價不移女
子怒曰公是韓伯休那乃不二價也康歎曰我本避名今
女子皆知有我何用藥爲乃遯入霸陵山中



魯女生別傳曰封君達隴西人也少好道初服黃連九五
十餘年乃入鳥鼠山又於山中服水銀百餘年還鄉里年
如二十者常乘青牛故號爲青牛道士

桂陽先賢畫讚曰蘇耽嘗除門庭有衆賓來耽告母曰人
招耽去已種藥着後園梅樹下可治百病一葉愈一人賣
此藥過足供養便隨賓去母走牽之四體如醉足不能舉

郗原別傳曰魏太子爲五官中郎將原爲長史太子讌會
衆賓百數十人太子建議曰君父各有篤疾有藥一丸可
救一人當救君耶父耶衆人紛然或君或父時原在坐不與
此論太子諮之於原原悖然對曰父太子亦不復難

曹毗杜蘭香傳曰神女蘭香降張碩碩問壽如何香曰消
磨自可愈疾淫祀無益香以藥消磨

王子年拾遺錄曰燕昭王坐祇明之室晝而假寐忽夢西

方有白雲蓊蔚而起俄而聞於庭間有人衣服皆毛羽駕
蒼螭之車從雲中而出直詣王所王亭中與語問以上僊
之術羽人曰大王精智未開欲求恒生不可得也王請受
絶慾之教羽人指畫王心應手而裂王乃驚悟因患心疾
久之乃昇於泉照之館復見前所夢人於前曰本欲易王
之心乃出方寸緑囊囊中有續脉名丸哺四精散其細若
灰以手摩王之臆俄而既愈王因請其方曰其用物也有
九明神芝煎以蒼鷹之血黑河鱗膽煮以琨璵之脂貯以
玉缶緘以金繩封以王印王得服之後天而死若溺於淫嗜
於欲求者祇苦心焉語畢化爲青梟入天際王求合藥終
不能成黑河北極也其水濃黑不流上有濃雲生焉有黑
鯤千尺如鯨常飛遊於南海



博物志曰夫性之所以和病之所以愈是當其藥應其病
則生違其藥失其應則死
本草經曰太一子曰凡藥上者養命中藥養性下藥養病神
農乃作赭鞭鈎鉶坝制從六陰陽與太一外五岳四瀆土
地所生草石骨肉心皮毛羽万千類皆鞭問之得其所能
主治當其五味百七十餘毒
異苑曰魏武北征踰頓外嶺眺矚見一岡不生百草王粲
曰如是古冢此人在世服生礜石死而石上熱蒸出外故
卉木燋滅即令鑿之果得大墓有礜石滿塋仲宣博
識強記皆類此也一說粲在荆州從劉表登鄣山見此
異
任昉述異記曰漢世古諺云雖有神藥不如少年雖有珠
玉不如金錢太原神釜岡中有神農嘗藥之鼎在焉成陽
山中有神農鞭藥處一名神農原一名藥草山山中有紫
陽觀世傳神農於此辨百藥也
養生略要曰神農經曰五味養精神強䰟魄五石養髓肌
肉肥澤諸藥其味酸者補肝養心除腎病其味苦者補心
養痺除肝病其味甘者補脾養肺除心病其味辛者補肺
養腎除脾病其味鹹者補腎養肺除肝病故五味應五行四
體應四時夫人性生於四時然後命於五行以一補身不
死命神以母養子長生延年以子守母除病究年
嶺表録異曰廣之屬郡及鄉里之間多畜蠱彼之人悉能
驗之以草藥治之十得其七八藥則金釵服形如石斛古
漏子女票椳器食之即士人肝藤濃汁煎喫陳家白藥子一名吉利本梧州陳
氏有此藥善解蠱毒有中者即求之前後救人多矣遂以爲
名今封康州有得其種者廣府每歲常爲土貢焉諸解毒
藥功力皆不及陳家白藥



王彪之閩中賦曰藥草則青珠黄連拳栢决明茯苓鹿茸
漏蘆松榮痊痾則年永練質則翰生
謝靈運山居賦曰本草所載山澤不一雷桐是別和緩是
悉三枝六根五華九實○樂府歌詩曰仙人騎白鹿髮短耳
何長道我奉上藥覽之獲無疆來到主人門奉藥一玉箱
主人服此藥身體日康強髮白復還黑延年壽命長
魏文帝詩曰西山何如高高殊無極上有兩仙童不飲
亦不食與我一丸藥光耀有五色服藥四五日身體生羽翼
應劭表曰目劭言郡舊因計吏獻藥闕而不修慙懼交集
無辭自文今道少通謹遣五官孫艾貢茯苓十斤紫芝六
枝鹿茸五斤五味一斤計吏發行輙復表貢

太平御覽卷第九百八十四

# 太平御覽卷第九百八十五

## 藥部二

丹　芝上

### 丹

易參同契曰丹沙木精得金乃并

書曰荆及衡陽惟荆州杶幹栝柏礪砥砮丹（砥細於礪皆磨石也砮石中矢鏃丹朱類）

汲冢周書王會曰成王時濮人獻丹沙（濮人西南角之蠻丹沙所出）

禮儀曰君乘木而王地生丹

孝經援神契曰德至山陵則陵出黑丹（宋均注曰丹應五典備五色也）

春秋斗運樞曰搖光得陵出黑芝亦令人長生以金投中則名爲金漿以玉投中則名爲玉醴服之皆長生又有取伏丹法云天下諸水有石丹者其水中皆有丹魚先夏至十日夜伺之丹魚必浮於岸側赤光上照赫然如火網而取之雖多勿盡取之也割取血以塗足下則可步行水上長居水中



史記曰寡婦清先得丹穴而擅其利清寡婦能守其業始皇爲女築懷清臺

梁書曰陶弘景既得神符祕訣以爲神丹可成而苦無藥物帝給黄金朱沙曾青雄黄等後合飛丹色如霜雪服之體輕及帝服飛丹有驗益敬重之

唐書曰道士劉道合者宛丘人高宗令合還丹丹成而上之咸亨中卒唯有空皮而背上開拆有似蟬蛻高宗聞之曰劉師爲我合丹自服仙去其所　進者亦無異

典略曰白丹者山陵之精也

淮南子曰赤水宜丹黄水宜金清水宜龜

抱朴子曰余考覽養生之書究集久視之方曾所披涉篇以千計矣莫不以還丹金液爲大要焉然則二事盖仙道之極也服此而不仙則古無仙矣昔左元放於天柱山中精思神人授以丹經仙公從元放受之凡受太清丹經三卷及九鼎丹經一卷金液經一卷予師鄭君者予從祖仙公之弟子乃於馬迹山中立壇盟受之并具諸口訣之不書者

又曰太清神丹其法出元君元君者老子之師也太清觀天經有十四篇云其上七篇不可以教授其中四篇無足傳嘗沉之三泉下篇者正是丹經上中下三卷其經曰上下得道長生世間

又曰漢末新野陰君合此太清丹得仙其人本儒生有才思著詩及丹經讚并序述初學道凌師本末引已所知識之得仙者四十餘人甚分明也



又曰有九光丹與九轉異法大都相似耳作之法當先以諸藥合水火以轉五石五石者丹砂雄黄礜石曾青磁石也一石輙五轉而各成五色五石合爲二十五色色各一兩而異器盛之欲起死人未滿三日取清丹一刀圭和以水浴死人之身又以一刀圭發其口内之死人立生欲致行厨取黒丹和以塗左手所求如所道皆自致可致天下萬物也欲隱形及先知未然方來之事及住年不老服黄丹一刀圭即便長生不復老坐見千里之外吉凶皆如在目前也人生相命盛衰壽夭貴賤貧富皆知之矣其法具在太清中卷

又曰五帝雲丹方一卷其法五也用丹砂雄黄石流黄曾青礜石磁石礬石戎鹽太一禹餘粮亦同用太一泥及神室祭醮之三十六日成

又曰以金液爲威喜巨勝之法取金液及水銀合煑之三
十日出以黄土甌盛封以太一泥置之猛火上炊之卒時
皆化爲丹服如小豆便仙以此丹一刀圭粉和水銀一斤
即成銀又取此丹一斤置猛火上扇之化爲赤金而流名
曰丹金以塗刀劔兵去萬里以此丹金爲盤椀食其中令
長生以承日月得神液如方諸之得水也飲之令人不死
又曰九丹誠爲仙藥之上然合作之所用雜藥甚多若四
方清通者市之可得取若九域分擗則其物或不可得也
又曰（葛稚川）鴻臚少時曾爲臨沅令云此縣有廖氏家世
壽考或出百或八九十後徙去子孫多夭折他人居其故
宅者復累世壽由此乃覺是宅所爲而不知其何故疑其井
水殊赤乃試掘井左右得古人埋丹沙數十斛
山海經曰拒山英水出焉其中多丹粟



又曰始州國有丹山
論衡曰太公陰謀書武王伐紂食小兒以丹金身純赤長
大教云殷王亡民見兒身赤以爲天神
說文曰丹越之赤石也䑾善丹也
神仙傳曰釆女請問彭祖延年之法彭祖曰欲舉形登天
上補仙官者當用金丹此九君太一所以白日昇天
又曰馬明生從道人受太清神丹經三卷入山合藥服之
不樂昇天但服半劑爲地仙展轉九州百餘年乃白日昇
天也
又曰淮南王安從八公受丹經及三十六水方
又曰李少君從安期先生受神丹爐火之方家貧不得藥
乃以方干漢武帝云
又曰葛玄字孝先從左元放受九丹金液仙經

又曰劉元鳳南陽人服芙蓉丹及鷄子丹
魯女生別傳曰李少君字雲翼齊國臨淄人也少好道入
山採藥修全身之術道未成而病困於山林中遇安期先
生經過見少君少君叩頭求乞生活安期愍其有志乃以
神樓散方與服之即起少君求隨安期奉給奴役
廣志曰丹朱沙之朴也大者如米生山中出牂牁與古僰
國
裴淵廣州記曰鄣平縣有朱沙塘水如絳
又曰鄣平縣有石膏山望之若霜雪又一山領東爲銀石南
是鐵石西則丹沙北乃銅石
本草曰丹砂味甘微寒生山谷養精神益氣明目（鉛丹味辛微寒）
生平澤治吐逆胃反久服成仙生蜀都
吴氏本草曰丹砂神農甘黄帝岐伯苦有毒扁鵲苦李氏
大寒或生武陵採無時能化朱成水銀畏磁石惡鹹水
武陵太守謝承表曰新宫成上丹砂五百斤上億萬歲壽



芝上
春秋運斗樞曰摇光得陵出黒芝
孝經援神契曰德至草木則芝草生
尔雅曰茵（似由反）芝也（郭璞曰芝一歲三華瑞草）
漢書曰武帝時芝生殿内房中九莖詔赦天下作芝房歌
又曰宣帝神爵元年三月詔曰金芝草九莖（服虔曰色象金）産于
函德殿銅池中（如淳曰函亦含也銅池承霤也晉灼曰以銅作池韋昭曰以銅飾池邊也）
東觀漢記曰明帝永平七年公卿以芝生前殿奉觴上壽
桓帝建和元年芝草生中黄藏府
又曰光和四年郡國上芝草英
續漢書曰建初五年零陵女子傅寧宅内生紫芝五

株長者尺四寸短者七八寸太守沈豐使功曹齎芝以聞
帝告示天下
宋書曰順帝升明二年臨城縣生紫蓋黄裏芝（芝歷時色不變）賀
唐書曰貞觀中皇太子寢室中產素芝十四莖並爲龍興
鳳翥之形
又曰天寶中有玉芝產于大同殿之柱礎一本兩莖神光
照於殿
又曰上元中延英殿御座生玉芝一莖三花御製玉靈芝
詩
淮南子曰巫山之上從風縱火紫芝與蕭艾俱死
又曰稻生水而不能生於湍瀨之流芝生於山而不能生
於盤石之上
抱朴子曰芝者有石芝有木芝有草芝有肉芝有菌芝名



有百許種也石芝者石象生於海隅石山及島嶼之涯肉芝
者狀如肉頭尾四足良似生物也附於大石盖在高岫嶮
峻之地或却着仰綴也赤者如珊瑚白者如截肪黑者
如澤漆青者如翠羽黄者如紫金而皆光明洞徹如堅氷
也晦夜去之一二百歩便望見其光矣大者十餘斤小者
三四斤非久齋至精及佩老子入山靈寶五符亦不能得
見此九見諸芝且先以開山却害符置其上則不得復隱
蔽化去矣徐徐擇王相之日設醮然後取之皆從日下禹
歩閉氣而往也又得石象擣之三萬六千杵服方寸匕日盡
一斤則得千歲十斤則萬歲亦可分人服之玉脂芝生於有
玉之山常居懸危之處玉膏流出萬年已上則凝而成芝有
似鳥獸之形色無常采率多似山水蒼玉也亦鮮明如水精
得而采之以無心草汁和之須臾成水服一升得一千歲也

又曰七明九光芝皆石也生臨水之高山石崖之間狀如
盤桅不過徑尺以還有莖葉連綴之起三四寸有七孔者
名九光皆如星百餘歩內夜可望見其光其光自別常
以秋分伺之得之擣服方寸匕人服則翕然身熱
五味甘美盡一斤則得千歲令人身有光所居晤地如
月可以夜視書也
又曰石蜜芝生少室石戶中戶中便有深谷不可得過以
石投谷中半日猶聞其聲也去戶外十餘丈有石柱柱上有
偃盖石南度徑可一丈許蜜芝生石上墮入偃盖中良久輙
有一滴有似雨後屋之餘漏時時一落耳然蜜芝墮不息
而偃盖亦終不溢也戶上刻石爲科斗字曰得服石蜜芝
一斗者壽萬歲諸道士共思推其處不可得往唯當以椀
器着勁竹木端以承取之然竟未有能爲之者按此戶上
刻題如此前世必已有得之者也



又曰石桂芝生山巖穴中似桂樹而實石也高尺光明而味
辛有枝條擣服之一斤得千歲也石中黄子所在有之沁
水山爲尤多（在其在雄磧中）則其石常潤濕不燥打其石石有數
十重乃得之在大石中赤黄溶溶如鷄子之在殼中也即
當飲之不飲則漸堅凝成石不復中服也法正當及未堅
時歠之既凝則不得服也破一石中多者有一升少者
有數合不可頓服雖不得多相繼服之其計前後所服合成
三斗則千歲但欲多服唯患難得耳
又曰石腦芝生滑石中亦如石中黄子狀但不皆有耳打
破大滑石千許乃可得一斤初破之其在石中五色光明
而自動服一升得千歲矣
又曰木芝者松栢脂淪地千歲化爲伏芝萬歲其上生

小木狀似蓮花名曰木威喜芝夜視有光持之甚滑燒之不焦帶之辟兵以帶雞而雜他雞十二頭共籠之去十二步射十二箭他雞皆傷帶威喜芝者終不傷也從生門上採之六甲陰中乾之百日末服方寸匕日三盡一枝則三千歲也

太平御覽卷第九百八十五

藥部三

芝下

抱朴子曰千歲之枯木其下根如坐人長七寸刻之有血以其血塗足下可以步行水上不沒以塗人鼻入水水爲之開可以止住淵底也以塗身則隱形欲見則拭之又可以治病病在腹内則刮服一刀圭其腫痛在外者隨其所在刮一刀圭以摩之皆手下即愈假令左足有疾則刮塗人左足也

又曰松樹枝三千歲者其皮中有聚脂狀如龍形名曰飛節芝大者十斤末服之盡一斤得五百歲

又曰樊桃芝其木如昇龍其花葉如丹蘿其實如翠鳥高不過五尺生於名山之陰東流泉水之上以夏至後伺之得末服之一株得五千歲



又曰參成芝赤色有光扣之枝葉如金石之音折而續之即復如故

又曰木渠芝寄生大木上如蓮花九莖一叢其味甘而辛建木芝實生於都廣其皮如纓蛇其實如鸞鳥此三芝得服之白日昇天也

又曰黄蘆子尋木華玄液華此三芝生於泰山要鄉及奉高有得服之皆令人壽千歲也

又曰千歲鷰其窠戶北向其色多白而尾毛掘取陰乾末服得五百歲凡此百二十種皆肉芝也

又曰菌芝或生深山之中或生大木之下或生泉水之側其狀或如宮室或如車馬或如龍虎或如飛鳥五色無常亦百二十種自有圖也皆當禹步往採取之刻以骨刀陰乾末服方寸匕令人昇仙中者數千歲下者千歲欲求芝草入名山必以三月九月此山開出神藥之月也勿以山浪日必以天輔時三奇會尤佳出三奇吉門到山須六陰之日明堂之時帶靈寶符牽白犬抱白雞以白鹽一斗及開山符檄著大石上執吳唐草一把以入山山神喜必得芝也又(採芝服芝)欲得王相專和之日支干上下相生爲佳此諸芝名山多有之但凡庸道士心不精志行穢德薄又不曉入山之術雖得其圖不知其狀亦終不能得也山無大小皆有鬼神其鬼神不以芝與人人雖踐之不可見也

又曰草芝有獨搖芝無風自動其莖大如手指赤如丹素寄似莧其根有大魁如斗有細者如雞子十二枚周繞大根四方似傚傚十二辰也相去丈許皆有細根如白髮以相連生高山深谷之上其所生左右無草得其大魁末服之盡則千歲服其細者一枚百歲可以分他人也懷其大根即隱形欲見則左轉而出之



又曰牛角芝生虎壽山及吳陵上狀似葱而特生如牛角長三四尺青色末服方寸匕日三服至百日則得千歲矣

又曰龍仙芝狀似昇龍之相負也以葉爲鱗其根則如蟠龍服一株得千歲矣

又曰紫珠芝其莖黄其葉赤其實如李而紫色二十四枚輒相連而垂如貫珠也

又曰白符芝高四五尺似梅常以大雪而花季冬而實

又曰朱草芝九曲有三葉葉有實也

又曰五德芝狀似樓殿莖方其葉五色各具而不雜狀如偃蓋中常有甘露紫光起數尺

又曰龍銜芝常以仲春對生三節十二枝下根如坐人

凡此草芝又有百二十種陰乾服之則令人與天地相畢或
得千歲二千歲
又曰肉芝者謂萬歲蟾蜍頭上有角頷下有丹書八字以
五月五日日中時取之陰乾百日以其足畫地即爲流水
千歲蝙蝠色如白雪集則倒懸腦重故也此二物得而陰
乾末服之令人壽四萬歲千歲龜五色具額上兩骨起似
角以羊血浴之乃剔取服之　壽千歲行山中見小人
乘車馬長七八寸者肉芝也取服即仙凡百二十種皆肉
芝
漢武內傳曰仙芝上藥有大真虹芝
論衡曰章帝時零陵生芝草五本
又初稟篇曰朱草之莖如鍼紫芝之栽如豆如珠玉者稟
氣而生亦猶此也



茅君內傳曰勾曲山上有神芝五種第一曰龍仙芝似交
龍之相負服之爲太極仙卿第二曰名參成芝赤色有
光扣其枝葉如金石之音折而續之即如故服之爲
太極大夫第三曰燕胎芝其色紫形如葵葉燕象如
欲飛狀光明洞徹服一株拜爲太清龍虎仙君第四曰名
夜光芝其色青實正白如李夜視其實如月光照洞一
室服一株爲太清仙官第五曰玉芝色白如玉剖食
拜三官正真御史也
神仙傳曰漆飛黃子張虛字子黃遼人也行玄素之道年
二百歲有少容服九英蓋芝石象而得道也
又曰刁子然服赤烏散及夜光芝仙人拂芝圖曰芝生於
名山食之令人乘雲能上天觀望八極通見神明鳳凰芝
草生於名山之上金玉間文石上陰乾治食一年令人羽翼

皆生壽千歲能乘雲與鳳凰俱
又曰水芝生於名山大谷之陰治食之能入水中乘雲行
通神明能使百鬼甘露芝生於石山之陰有五彩覆之
又曰車馬芝生於名山之中此堯時七車馬化爲之能得
食之乘雲而行上有雲氣覆之萬年芝生於名山之中及
蓬萊山
又曰地芝生於名山得食之延年益壽一舉千里走越江海
又曰月芝生於名山之陰金石珠玉之間陰乾治食令人
有毛二尺延壽萬歲
又曰土芝生於名山之陰黃雲覆之此戊已中宮黃帝之
精食之益壽八千
又曰黑雲芝生於名山大谷涼泉之間黑蓋赤裏莖黑味
鹹苦食之一年能入火不燋入水不漬石芝生於名山之



陰色黃上有不死之藥如甘露味極美取而食之令人不
死赤松子所服山芝之居東西行三南北行五此爲山芝
其色皆白山芝者韓終所食也與天地相極延年益壽通
神明矣
又曰人芝生於名山之陰青蓋白莖黃龍芝生於神仙之
中狀如黃龍雲氣芝生於名山之中蓋白莖白裏赤天芝
生於名山之陰千秋芝生於大谷中四方異色南赤西白北
黑東青食之不老老者不死雷芝生於名山之陰白石之
上有白雲覆之黃雲芝生於名山之中金石間上有黃雲覆
之食之壽千歲令人通見神明乘雲爲車風爲馬青雲
芝生於名山之陰雲母芝生於峪澤泉之旁白虎芝生於
名山之陰大木下狀如虎蓋青味辛食之令人有力
又曰東方芝生於山東之陰南方芝生於神山之陽北方

芝生於北海之山大谷水中狀異而澤西方芝生於崑崙之上金石間萬年甡於名山之陰

又曰夜光芝生於名山之陰大谷涼泉中金石間有浮雲翔其上太一芝生於名山之陽盖黃莖赤得而食之令人不老與天地相保

又曰虎芝生於名山之陰狀如虎食之身輕延壽八百年鳴鳥芝生於名山多林之陽狀如鳥五色陰乾治食令人身輕與風俱行

又曰赤龍芝生於名山之陰源泉澤泉中狀如龍其色赤白以秋採之便有白光食之壽與天地無極黑龍芝生於名山之中大木下黑色如龍食之便令人能入水中

孫氏瑞應圖曰芝草常以六月生春青夏紫秋白冬黑

十洲記曰祖州有養神丹芝似菰苗長三四尺人死以草



覆之皆活服之長生秦始皇時大疫多有死者有鳥如烏銜此草以覆死人面登時皆活始皇聞以問北郭鬼谷先生先生曰此不死草也生瓊田中又有鍾山仙家數十萬耕田種芝草

嵩高山記曰嵩高山上有神芝人芝者狀似小兒地芝者踤方一尺如黃金色覆以五色雲有神龍守之食者可以遐年

崔豹古今注曰元和二年芝生沛如人冠狀又如章武如人抱三子狀成帝建初五年芝生潁川常以六月中生一葉春青夏紫秋白冬黑十月復黃氣出上尺五寸

博物志曰名山生神芝不死之草上芝為車馬形中芝為人形下芝為六畜形

唐新語曰崔希嶠以孝友稱丁內憂哀毀過禮為鄭縣丞芝草生所居堂一宿而葩盖盈尺

杜寶大業拾遺録曰七年六月東都永康門內會昌門東生芝草百二十莖散在地周十步許紫莖白頭或白莖黑頭或有枝或無枝亦有三枝如古出字者地內根並如綿大相連着乾陽殿東東上閤前槐樹上生芝九莖共本相扶而生中莖最長兩邊八莖相次而短有如樓閣甚潔白武賁郎將段文操留守畫圖表奏

本草經曰青芝一名龍芝食之身輕不老神仙生太山山谷亦生五岳地上

又曰黃芝一名金芝食之神仙生嵩高山山谷中

又曰赤芝一名丹芝食之為神仙生霍山山谷

又曰黑芝一名玄芝生恒山山谷

又曰紫芝一名木芝久服延年作神仙生紬地上色紫形



如桑。吳氏本草經曰紫芝一名木芝

九歌曰釆三秀兮於山門三秀芝草石磊磊兮葛蔓蔓。繆襲神芝贊曰青龍元年五月庚辰神芝生平長平之習陽其色紫丹其質光曜高尺八寸五分散為三十有六莖枝幹連屬有似珊瑚之形詔御府匱而藏之具盡其形

古瑞命記曰王者慈仁則生食芝則延年又神農氏之論芝也云山川與四時五行陰陽晝夜之精以生五色神芝皆為聖王休祥焉自漢孝武顯宗世號隆盛而元封永平所紀神芝方斯蔑如也且其枝幹脩莖本末相承乃協于天官之數非神明其孰能如此

天台山賦曰五芝含秀而紛敷

嵇康詩曰煌煌靈芝一年三秀

太平御覽卷第九百八十六

# 太平御覽卷第九百八十七

## 藥部四

### 石藥上

紫石英　白石英　青石英　赤石英
黃石英　黑石英　石流黃　石流青
石龍赤　石膽　石肺　石碑
青石脂　赤石脂　黃石脂　白石脂
黑石脂　凝水石　陽起石　石鍾乳
孔公孼　礜石

#### 紫石英

山海經曰單孤之山蓬水出焉其中多紫石英

魏氏春秋曰黃初元年明帝愈崇宮殿彫飾觀閣取白石英及紫石英五色文石於太行穀城之山

宋書曰謝瞻字宣遠六歲能屬文爲紫石英贊爲當時才士歎異



隋書曰梁彦光少岐嶷有至性七歲時父遇篤疾醫云餌五石可愈時求紫石英五色文石於太行不得彦光憂瘁不知所爲於園中見一物彦光所不識怪而持歸即紫石英也親屬咸異之

抱朴子内篇曰或問不寒之道答曰以立冬之日或服六丙六壬符或服太陽酒或服紫石英東莞縣西北二十里有襍山出紫石英舊以貢獻

永嘉記曰固陶朴有小山出紫石英人嘗於山下得一紫石英王府君聞遣人緣山掘得數外芒角甚好色小薄孫府君亦掘得數外也

從征記曰自太峴至太山皆有紫石英太山所出特復瓌殊

吳興記曰烏程縣北壟山有紫石英甚光明但小黑

博物志曰平氏陽山縣紫石英特好其他者色淺紫石英舊出胡陽縣

嶺表録異曰隴州山中多紫石英其色淡紫其質瑩徹隨其大小皆稜兩頭如箭鏃煑水飲之煖而無毒比北中白石英其力倍矣

本草經曰紫石英味甘溫生太山谷治心腹嘔逆邪氣補不足女子風寒在子宮絶孕十年無子久服溫中輕身延年。吳氏本草曰紫石英神農扁鵲甘氣平季氏太寒雷公太溫岐伯甘無毒生太山或會稽採無時欲令如削紫色頭如樗蒲者

#### 白石英

本草經曰白石英味甘微溫生山谷主治消渴陰痿不足嘔逆益氣除濕痺萬閭久寒益氣除久服輕身長年生華陰

永嘉記曰安固老山出白石英

吳氏本草曰白石英神農甘岐伯黃帝雷公扁鵲無毒生太山形如紫石英白澤長者二三寸採無時久服通日月光

#### 青石英

本草經曰青石英形如白石英青端赤後者是

#### 赤石英

本草經曰赤石英形如白石英赤彡端　故赤澤有光　味苦補心氣

#### 黃石英

本草經曰黃石英形如白石英黃色如金在端者是

黑石英
本草經曰黑石英形如白石英黑澤有光
石流黃
後魏書曰悅盤國有火山山傍石皆燋鎔流數千里迺凝
堅人取以爲藥即石流黃也
淮南子曰夏至流黃澤
抱朴子曰石流黃五岳皆有而箕山爲多其方言許由就此
服之長生故不復以富貴累意
范子計然曰石流出漢中
神仙傳曰劉馮餌石流黃老而更少
博物志曰西域使至王暢說石流黃出且彌山去高昌八
百里有石流黃高數十丈縱廣五六畝有取流黃孔穴晝
視其孔上狀如青煙常高數尺夜視皆如然燈光明高尺

餘暢所親視見也且彌人言是時氣不和皆往保此山毒
氣自滅
本草經曰石流黃味酸生谷中治婦人陰蝕疽痔能作金
銀物生東海
吳氏本草經曰流黃一名石流黃神農黃帝雷公鹹有毒
醫和扁鵲無毒或生易陽或河西或五色黃是潘水石液也
燒令有紫炎者八月九月採治婦人結陰能化金銀銅鐵
石流黃
本草經曰石流黃青白色主益肝氣明目
石流赤
神仙傳曰許由巢父服箕山石流丹抱子曰石流丹者山
之赤精盖石流黃之類也皆浸溢於涯岸之間其濡濕者
可丸服其已堅者可散服如此者有百二十種皆石芝

本草經曰石流赤生羌道山谷
石膽
孝子王冊曰虎魄又名爲石膽
十洲記曰滄浪海島上有石膽服之神仙
仇池記曰石膽川平池出石膽
博物志曰皇初三年武都西部都尉王褒獻石膽二十斤
范子計然曰石膽出隴西羌道
本草經曰石膽一名畢石一名君石生秦州羌道山谷大
石間或出句青山其爲石也青色多白文易破狀似空青
能化鐵爲銅合成金銀鍊餌食之不老
吳氏本草經曰石膽一名黑石一名銅勒神農酸小寒李
氏大寒桐君辛有毒扁鵲苦無毒生羌道或句青山二
月庚子辛丑採

石肺
本草經曰石肺一名石肝黑澤有赤文如覆肝置水中即
乾濡主益氣明目生水中
石脾
本草經曰石脾一名胃口一名腎石赤文主治胃中寒熱
青石脂
本草經曰青石脂味酸平無毒主養肝膽氣
赤石脂
越絕書曰田鍾穹隆山赤松子所取赤石脂也
永嘉記曰赤石脂出永寧赤石山
荊州記曰義陽有赤石脂山
本草經曰赤石脂味酸無毒養心氣
范子計然曰赤石脂出河東色赤者

黃石脂

本草經曰黃石脂味平無毒主養脾氣

白石脂

本草經曰白石脂味甘無毒主養肺氣

黑石脂

本草經曰黑石脂味甘無毒主養腎氣強陰陽蝕腸泄利

吳氏本草曰五石脂一名青赤黃白黑符神農甘雷公酸無毒桐君辛無毒李氏小寒生南山或海涯採無時

赤符神農雷公甘黃帝扁鵲無毒季氏小寒或生少室或生太山色絳滑如脂黃符季氏小寒雷公苦或生嵩山色如豚腦鴈雛採無時白符一名隨歧伯雷公酸無毒季氏小寒桐君甘無毒扁鵲辛或生少室天婁山或太山黑符一名石泥桐君甘無毒生洛西山空地



凝水石

本草經曰凝水石味辛寒生山谷治身熱腹中積聚邪氣煩滿飲之不飢生常山

范子計然曰凝水石出河東色澤者善

吳氏本草曰凝水石一名白水石一名寒水石神農辛歧伯醫和甘無毒扁鵲甘無毒季氏大寒或生邯鄲採無時如雲母也

陽起石

本草經曰陽起石一名白石味酸微溫生山谷治崩中補足內攣藏中血結氣寒熱腹痛漏下無子陰陽不合生齊地

吳氏本草曰陽起石或作羊字神農扁鵲酸無毒桐君雷公歧伯無毒季氏小寒或生太山或陽起山採無時

石鍾乳

吳錄地理志曰始安始陽有洞山山有穴如洞庭其中生石鍾乳

唐書曰高季輔為太子右庶子上疏切陳得失特賜鍾乳一劑曰卿進藥石之言故以藥石相報

列仙傳曰卭疏煮石髓而服之謂之石鍾乳

水經曰大洪山巖嶂皆數百許仞入石門得穴穴上素崖壁立非人跡所及穴中多鍾乳凝膏下垂望若冰雪微津細液滴瀝不斷幽穴潛遠行者不極

又曰易水東經孔山山下有鍾乳穴穴出佳乳採者揭水尋沙入穴里許

太山記曰山有鍾乳但不好耳

湘川記曰湘東陰山縣有黃坑山出鍾乳長沙湘鄉縣出鍾乳季秋入穴六七里乃得



盛弘之荊州記曰天門郡出石鍾乳

永嘉記曰安固縣東石山穴出鍾乳

東陽記曰北山崖有洞穴有人嘗於此穴採鍾乳八十餘日糧盡而穴不窮

劉道真錢塘記曰靈隱山北有穴旁入行數步有清流水廣丈餘昔有人採鍾乳水際見異跡或云是龍跡聞穴裏隆隆有聲便出不測所採近遠

范子計然曰石鍾乳出武都黃白者善

本草經曰石鍾乳一名留公乳味甘溫生山谷明目益精治欬逆上氣安五藏百節通利九竅下乳汁生少室

吳氏本草曰鍾乳一名季氏大寒或生太山山谷陰處岸下聚溜汁所成如乳汁黃白色空中相通二月三月採陰

孔公孽

本草經曰孔公孽一名通石味辛温生山谷治食化氣利九竅下乳汁（治惡瘡疽瘻）生梁山

吳氏本草曰孔公孽神農辛岐伯鹹扁鵲鹹無毒色青黃

礜石（音預）

說文曰礜毒石也

山海經曰皐塗之山有白石焉名曰礜可以毒鼠（今礜石殺鼠蠶食之而肥）

范子計然曰礜石出漢中色白者善

湘州記曰湘東山多礜石

博物志曰鸛伏卵時取礜石周遶卵以助暖氣方術家取鸛巢中礜石為真



荊州記曰湖縣鹿山舍傍多礜石每至嚴冬其上不得停霜雪

盛弘之荊州記曰魚復縣岸崩特出礜石

吳興記曰長城縣有白石山出白礜石極精好

本草經曰礜石一名青分石一名立制石一名固羊石味辛生山谷治寒熱鼠瘻蝕瘡除熱殺百獸生漢中

吳氏本草曰白礜石一名鼠卿一名太白一名澤乳一名食鹽神農岐伯辛有毒桐君有毒黃帝甘有毒季氏大寒主温熱生漢中或生魏興或生少室十二月採

太平御覽卷第九百八十七

藥部五

石藥下（禽獸藥附）

餘粮　消石　芒消　朴消

雄黃　雌黃　磁石　石膏

滑石　礬石　曾青　空青

白青　扁青　長石　冷石

石密　玉泉　水銀　決明

赭（代赭附）　白堊　鹵鹹　龍骨（角齒附）

牛黃　阿膠　海蛤　犀角

靈羊角　鹿茸　麋脂　鴈肪

戴頭（并尾）

餘粮



列仙傳曰赤斧者巴戎人爲碧祠主簿能鍊丹與消石服之三十年身反童子髮毛皆赤數十年上華山取禹餘粮餌之手中長有赤斧

博物志曰扶海洲上有草焉名曰師𦬊草其實食之如大麦從七月稔熟民斂至冬乃訖名自然穀或曰禹餘粮今藥中有禹餘粮者世傳昔禹治水弃其所餘食於江中而爲藥也

博物志曰地有蔘名則禹餘粮生亦有蔘名無者矣

范子計然曰禹餘粮出河東

本草經曰太一禹餘粮一名石腦味甘平生山谷治欬逆上氣癥瘕血閉漏下除邪久服能忍寒暑不飢輕身飛行千里神仙生太山

又曰禹餘粮味甘寒生池澤治欬逆寒熱煩滿下利赤白血閉癥瘕大熱久服輕身生東海

吳氏本草經曰太一禹餘粮一名禹哀神農岐伯雷公甘平李氏小寒扁鵲甘無毒生太山上有甲甲中有白白中有黃如鷄子黃色九月採或無時

消石

吳氏本草經曰消石神農苦扁鵲甘

范子計然曰消石出隴道

芒消

本草經曰消石一名芒消味酸苦寒生山谷治五藏積熱生益州

朴消

本草經曰朴消味苦寒生山谷治百病除寒熱邪氣除六府積聚結癖山谷之陰有鹹苦之水狀如芒消而麄能化七十二種石鍊餌服之輕身神仙生益州



吳氏本草曰朴消石神農岐伯雷公無毒生益州或山陰入土千歲不變鍊之不成不可服

雄黃

玄中記曰員丘之上多大蛇以雄黃精厭之

水經曰黃水出零陽縣西北連巫山溪出雄黃頗有神異採常以冬月祭祀鑿石深數丈方得故溪水取名焉

淮南萬畢術曰夜燒雄黃水虫成列（水虫聞燒雄黃臭氣皆趣火）

吳氏本草曰雄黃神農苦山陰有丹雄黃生山之陽故曰雄是丹之雄所以名雄黃也

雌黃

吳越春秋曰太宮舍春申君所造殿後殿名逃夏宮春申子假君宮也數失火因塗雌黃故曰黃堂臨海水

土物志曰丹山草木赫然盡彤雌黄所產煒煌内含奇寶外發英光昔隸交部今則南康

典術曰天地之寶藏於中極命曰雌黄雌黄千年化爲雄黄雄黄千年化爲黄金

本草經曰雌黄石金味辛平生山谷治身癢諸毒

磁石

王隱晉書曰馬隆擊涼州以磁石累道側賊負鐵鎧不得過以爲神

呂氏春秋曰磁石召鐵或引之也（石鐵之母也石之不慈者亦不能引之也）

抱朴子曰五石者丹沙雄黄白礬石曾青磁石也一石轉五轉而各成五色五石合爲二十五色

南州異物志曰漲海崎頭水淺而多磁石外徼人乘大舶皆以鐵鍱鍱之至此關以磁石不得過



淮南萬畢術曰磁石拒碁（取雞血與作針磨鐵擣之以和磁石用塗碁頭曝乾之置局上即相拒不休）

又曰磁石懸入井亡人自歸（取亡人衣帶裹磁石懸井中亡人自歸）

本草經曰磁石一名玄石味辛寒生川谷

吴氏本草曰磁石一名磁君

石膏

廣州記曰彰平縣有石膏山望之皦若霜雪

本草經曰石膏味辛微寒生山谷治心下逆驚喘口乾焦不能息

滑石

南越志曰膋（音寮）城縣是出膋石膋石即滑石也土人以爲燒器以用烹魚

本草經曰滑石味苦寒生山谷治身熱泄澼生棘陽

范子計然曰滑石白滑者善

礬石

本草經曰礬石一名羽砠（泥結切）味鹹酸寒生山谷治寒熱泄痢惡瘡目痛堅骨鍊餌久服輕身不老生河西

盛弘之荆州記曰建平出礬石

范子計然曰礬石出武都

吴氏本草曰礬石一名羽砠一名羽澤神農岐伯酸扁鵲鹹雷公酸無毒生河西或隴西或武都石門採無時岐伯久服傷人骨

曾青

衡山記曰衡山有曾青崗曾青可合仙藥

淮南萬畢術曰取曾青十斤燒之以水灌其地雲起如山雲矣曾青爲藥令人不老



本草經曰曾青生蜀郡名山其山有銅者曾青出其陽青者銅之精能化金銅

空青

江乘地記曰樵採者嘗於山上得空青此山三朝出雲雨必降民以爲常占

范子計然曰空青（曾青出巴）都白青又出巴郡盧青出弘農豫章

本草經曰空青味甘寒生山谷明目久服輕身延年能化銅鉛作金生益州

吴氏本草曰空青神農甘（經）一酸久服有神仙玉女來侍使人志高

白青

本草經曰白青味甘平生山谷明目利九竅耳聾殺諸毒

之蟲久服通神明輕身延年出豫章
范子計然曰白青出白郡
吳氏本草曰神農甘平雷公鹹無毒生豫章可消為銅
淮南萬畢術曰白青得鐵即化為銅取礜石白青分等治合鐵即成銅矣

扁青

本草經曰扁青味甘平生山谷治目痛明目辟毒利精神
久服輕身不老生朱崖
吳氏本草經曰扁青神農雷公小寒無毒生蜀郡治明目
癰腫風痺丈夫內絶令人有子久服輕身

長石

本草經曰長石一名方石味辛治身熱
吳氏本草曰長石一名方石一名直石生長子山理如馬
齒潤澤玉色長服不飢



冷石

吳錄地理志曰鬱林布山縣多虺其毒殺人有冷石可以
解之石色赤黑味苦屑此石著創并以切齒立蘇一名齲齒石見大康地記也

石蜜

神仙傳曰羨門止中岳飡石蜜紫梁
西京雜記曰閩越王獻高祖石蜜二斛
本草經曰石蜜一名石飴味甘平生山谷治心邪安五藏
益氣補中止痛解毒久服輕身不老生武都
吳氏本草曰石蜜神農雷公甘氣平生河原或河梁

玉泉

本草經曰玉泉一名玉澧味甘平生山谷治藏百病柔筋
強骨安魂長肌肉久服能忍寒暑不飢渴不老神仙人臨
死服五斤死三年色不變生藍田

吳氏本草曰玉泉一名玉屑神農岐伯雷公甘李氏平畏冬華惡
青竹

水銀

廣雅曰水銀之澒音紅董切
淮南萬畢術曰朱沙為澒
本草經曰水銀味辛寒無毒

决明

本草經曰石决明味酸草决明味鹹理自珠精
吳氏本草曰决明子一名草决明一名羊明

赭 附代赭

說文曰赭赤土也
山海經曰胞山灌水之中有流赭以塗牛馬無病郭璞注曰赭赤土也今人以朱塗牛角云以辟惡。又曰少陽山之中多美赭



南方草物狀曰赤土出踊山下在石中採好色赤者雜丹
中朱漆器
范子計然曰石赭出齊郡赤色者善蜀赭出蜀郡
本草經曰代赭一名血師好者狀如雞肝

白堊 音惡

山海經曰蔥聾之山其中有太谷是多白堊黑青黃堊
范子計然曰青堊出三輔
本草經曰白堊即白善土也生邯鄲

鹵鹹

本草經曰鹵鹹一名寒石味苦治大熱消渴狂煩戎鹽主明目益氣去
毒蠱大鹽一名胡鹽令人吐主腸胃結熱

禽獸藥 附

龍骨 角齒附

史記曰穿渠自徵引洛水至商顏（服虔曰顏音崖　應劭曰徵在馮翊　或曰商顏山）名穿渠得龍骨故名龍首渠

盛弘之荊州記曰始安駭鹿山室鑿室內輒得龍骨（下有伏滔）

范子計然曰龍骨出河東

本草經曰龍骨味甘平山谷治心腹鬼疰生晉地

華陽國志曰蜀五城縣其上值天門天門龍升天不達死墜此地故掘取龍骨冬夏無已

吳氏本草經曰龍骨生晉地山谷陰大水所過處是死龍骨色青白者善十二月採或無時龍角畏乾漆蜀（椒理石）龍齒神農李氏大寒龍齒治驚癇久服輕身

牛黃

文士傳曰延篤為京兆尹桓帝時梁冀專政時皇太子疾詔書發京兆出牛黃冀遣諸生齎書持牛黃詣篤責篤以為詐論殺之



本草經曰牛黃味苦生隴西平澤牛膽中治驚寒熱生晉地

吳氏本草經曰牛黃牛出入鳴吼者有之夜視有光走牛角中死其膽中如雞子黃

阿膠

東水經曰東阿膠縣有大井其巨若輪深六十丈歲常煮膠以貢天府本草所謂阿膠也故世俗有阿井之名庾信哀江南賦云阿膠不能止黃河之濁

海蛤

博物志曰東海有蛤鳥常啖之肉消盡殼起出浮泊在沙岸潮水往來揩蕩白如雪入藥最良勝取自死者

本草經曰海蛤味苦平生池澤治欬逆上氣喘煩胸痛寒熱文蛤主惡瘡蝕五痔生東海

吳氏本草經曰海蛤神農苦岐伯甘扁鵲鹹大節頭有文文如磨齒採無時

犀角

本草經曰犀牛角味鹹治百毒

靈羊角

本草經曰靈羊角安心氣不猒（音掩）

鹿茸

本草經曰鹿茸強志不老

鹿脂

本草經曰麋脂近陰令人陰痿

鴈肪

本草經曰鴈肪一名鶩肪味甘平生池澤治風攣拘急偏枯氣不通久服長鬚益氣不肌不能老輕身生南海



吳氏本草經曰鴈肪神農岐伯雷公甘無毒採無時鶩肪殺諸石藥毒

戴頭（并尾）

本草經曰戴辟不祥生淮南

吳氏本草曰戴尾治蠱毒

太平御覽卷第九百八十八

太平御覽卷第九百八十九

藥部六

天門冬　麦門冬　术　茯苓
腊苓　卷栢　甘草　厚朴
黄精　胡麻　當歸　遠志
細辛　續斷　肉蓯蓉　諸蕷
地黄

天門冬

爾雅曰蘠蘼虋音門冬也郭璞注曰今門冬也一名蒲冬
山海經曰虋谷之山草多虋冬
列仙傳曰赤須子豐人好食天門冬齒落更生
神仙傳曰甘始者太原人服天門冬在人間三百餘年
博物志曰天門冬莖間有刺而葉滑者曰絺休一名顛棘
根以浣縑素白越人名爲浣草似天門冬而非也九服此
先試浣衣如法者便非天門冬



抱朴子曰杜子服天門冬御十八妾有子百四十人日行
三百里
又内篇曰天門冬或名地門冬

麦門冬

潛夫論曰夫理世不得真賢譬猶治疾不得真藥也治疾
當得麦門冬反得蒸橫麦巳不識真合而飲之疾以寖劇
而不知爲人所欺也
遊名山志曰泉山竹際及金州多麦門冬
盛弘之荆州記曰魚復縣巖崖内生麦門冬
廣州記曰鄣平縣偏饒麦門冬
建康記曰建康出麦門冬

本草經曰麦門冬味甘平生川谷治心腹結氣傷中胃脉
絶久服輕身不飢不老生函谷山
吴氏本草曰麦門冬一名羊韭秦一名烏韭楚一名馬韭
越一名羊蓍一名愛韭一名禹韭一名虋火冬一名忍冬
一名忍陵一名不死藥一名禹餘粮一名僕壘一名隨脂神
農歧伯甘平黄帝桐君雷公甘無毒李氏甘小温扁鵲無
毒生山谷肥地葉如韭肥澤叢生採無時實青黄

术

尔雅曰术山薊本草云术一名山薊今术似薊而生山中
山海經曰女几之山其草多术
列仙傳曰涓子好餌术接食其精三百年
神仙傳曰陳子皇得餌术要方服之得仙去霍山其妻姜
氏疲病念其壻採术之法服之病自愈至三百七十歲登山
取术重檐而歸不息不極顏色氣力如二十時



抱朴子内篇曰南陽文氏其先祖漢末大亂飢困欲死遇
人教之食术云遂不飢數十年乃來還鄉里顏色更少氣
力勝故术一名山精
神藥經曰必欲長生當服山精

茯苓

廣雅曰茯神茯苓也
史記龜策傳曰茯苓在兎絲之下之似飛鳥之形新雨已
天清靜無風以夜燒兎絲去之即篝燭此地徐廣曰篝籠也蓋然火而籠罩其去土也篝音溝火滅即記其處明即掘取入地四尺至七尺
得矣伏苓者千歲松脂食之不死
齊書曰陶弘景永明中上表辭禄許之賜以束帛勑所在
月給伏苓五斤白蜜二外以供服餌

淮南子曰下有茯苓上有兔絲（茯苓千歲松脂也兔絲生其上而無根一名女蘿也）

抱朴子內篇曰任子季服茯苓十八年仙人玉女往從之面體如玉澤

范子計然曰茯苓出嵩高三輔

神異經記曰西北荒有人飲甘露食茯苓

典論曰潁川郄儉能辟穀餌茯苓初儉至市茯苓價暴貴數倍

典術曰茯苓者松脂入地千歲爲茯苓望松樹赤者下有之

神仙傳曰秀眉公餌茯苓得仙

又曰皇初起以弟初平得道乃弃妻子留就初平共服松栢茯苓至五萬日能坐在立亡行日中無影有童子之色及俱還鄉里親戚死亡略盡乃復俱去臨去以方教南伯逢易姓爲赤初起字魯班初平字爲松子其後服此藥得仙者數十人



列仙傳曰犢子者鄴人也少在黑山上採松子茯苓餌而服之且數百年時（時壯時老時好時醜）時人乃知仙人也

廣志曰茯神松汁所作勝茯苓或曰松根茯苓貫着之生朱提濮陽縣

博物志曰仙傳云松栢入地中千年化爲茯苓茯苓千年化爲虎魄一名江珠今太山出茯苓而無虎魄江珠益州永昌郡出虎魄而無茯苓或云蜂燒窠所作未詳二說

嵩高山記曰取松柏茯苓二斤醇酒漬之和以白蜜日三服乃通靈

名山略記曰鬱州山出茯苓

吳氏本草曰茯苓通神桐君甘雷公扁鵲甘無毒或生益州大松根下入地三尺一丈二月七月採

本草經曰茯苓一名茯神味甘平生山谷治胷脅逆氣憂恚悸驚生太山

猪苓

莊子曰豕橐藥也（司馬彪注曰豕橐一名苓根似豬豕治渴）

本草經曰豬零一名猳豬矢味甘平生山谷治痎虎解毒蠱疰不祥利水道久服輕身能不老生衡山

吳氏本草曰豬零神農甘雷公苦無毒如茯苓或生宛句八月採

卷柏

建康記曰建康出卷柏

范子計然曰卷柏出三輔

本草經曰卷柏一名萬歲味辛溫生山谷治五藏邪氣



吳氏本草曰卷柏一名豹足一名求股一名萬歲一名神投時神農平桐君雷公甘生谷鄭氏婚禮謁文曰卷柏藥草附生山顛屈卷成性終無自伸

甘草

本草經曰甘草一名美草一名蜜甘

厚朴

廣雅曰重皮厚朴也

范子計然曰厚朴出弘農

本草經曰厚朴味苦溫生山谷治中風傷寒熱血痺死肌去蟲生文山

吳氏本草曰厚朴一名厚皮神農岐伯雷公苦無毒季氏小溫生交阯

黃精

廣雅曰黄精龍銜也
又曰黄精葉似小黄也
抱朴子曰黄精一名菟竹一名鷄格一名岳珠服其花勝其實花生十斛乾之則可得五六斗服之十年乃可得益
列仙傳曰脩羊公魏人也止華陰山石室中中有懸石塌卧其上塌盡穿陷略不食時取黄精服之
神仙傳曰王烈字長能邯鄲人也常服黄精
又曰白菟公服黄精而得仙
永嘉記曰黄精出松陽永寧縣
遊名山志曰名室藥多黄精
博物志曰黄帝問天姥曰天地所生豈有食之令人不死者乎姥曰太陽草名黄精餌食之可以長生



胡麻

廣雅曰狗蝨鉅勝藤弘胡麻也
孝經援神契曰鉅勝延年（宋均注曰世以鉅勝爲狗杞子）
晉書安帝紀曰殷仲堪在荆州以胡麻爲廪
廣志曰胡麻一名方莖服之不老柰風濕其葉名青蘘也
淮南子曰汾水濛濁而宜胡麻
列仙傳曰關令尹喜與老子俱之流沙西服鉅勝實莫知所終
魯女生别傳曰女生長樂人也少好道初服餌胡麻及朮絶穀八十餘年更少壯色如桃華一日能行三百里走及麞鹿
抱朴子曰胡麻好者一石蒸之如炊須暴乾復蒸丸和細篩白蜜丸如雞子曰二枚一年面色美身體滑二年白髮黑三年齒落更生四年入水不濡五年入火不燋六年走及奔馬或蜜水和作餅如糖狀炙食一餅
抱朴子内篇曰胡麻服餌不老耐風濕
吴氏本草曰胡麻一名方金一名狗蝨神農雷公甘平無毒立秋採青蘘一名蔓神農苦雷公甘
本草經曰胡麻一名巨勝味甘平生川澤治傷中虚羸補五藏益氣久服輕身不老生上黨
崔寔四民月令曰二月可種胡麻謂之上時也

當歸

爾雅曰薜山靳（廣雅曰山芹當歸今似芹而麤大　靳音巨中切）
吴志曰曹公聞太史慈名遺書以篋封之發看無所道但貯當歸
魏氏春秋同異曰姜維得母書并當歸維曰良田百頃不在一畝但有遠志不見當歸其皆親殉利如此



范子計然曰當歸出隴西無枯者善
秦州記曰隴西襄武縣有牛山是出當歸
建康記曰建康出當歸不堪用
廣州記曰鄣平縣出當歸
博物志曰神農經曰下藥治病謂大黄除實當歸止痛
崔豹古今注曰牛亨問將離别相贈以芍藥何也答曰芍藥一名何離故將别贈以芍藥猶相招則贈以蘼蕪蘼蕪一名當歸也
本草經曰當歸一名干歸味甘温生川谷主治逆止氣温瘧寒熱生隴西
吴氏本草曰當歸神農黄帝桐君扁鵲甘無毒岐伯雷公辛無毒季氏小温或生羌胡地

遠志

爾雅云蘡(烏丁切)繞蕀蒬(今遠志也似麻黄赤華葉銳而黄其上爲之小草蕀蒬音棘宛)
抱朴子曰內篇曰陵陽仲服遠志二十年有子三十七人
坐在立亡
世說曰(謝太)傅始有東山之志後命屢　不獲已始就桓公
司馬于時人有致桓公藥草者中有遠志公取以問謝此
藥又名小草何以物有二稱謝未即答尔時郝隆在坐謝
因曰郝參軍多知識試復通看郝應聲曰答此甚易解處
則爲遠志出則爲小草於是謝公殊有愧色桓目謝而笑
曰郝參軍此通乃不惡亦甚有會
本草經曰遠志一名棘宛一名要繞久服輕身不忘葉名
小草生太及山及宛句

細辛

山海經曰浮戲之山東有蛇谷上多少辛



管子曰五沃之土羣藥生少辛
范子計然曰細辛出華陰色白者善
名山志曰松陽諸山草多細辛
永嘉記曰細辛出松陽
本草經曰細辛一名少辛味溫生山谷治欬逆明目通利
九竅久服輕身生華陰
吳氏本草曰細辛一名小辛一名細辛神農黃帝雷(公相)君
辛小溫岐伯無毒季氏小寒如葵葉赤色一根一葉相連
二月八月採根

續斷

范子計然曰續斷出三輔
廣州記曰鄣平縣出續斷
本草經曰續斷一名龍豆味苦微溫生山谷治傷寒補不
足金瘡癰傷折跌續筋骨婦人乳難崩中漏血久服益力
生常山
吳氏本草曰龍藭一名龍多一名龍鬚一名續斷一名龍
木一名草毒一名龍華一名懸莬神農季氏小寒雷公黃
帝苦無毒扁鵲辛無毒生梁州七月七日採
范汪方曰續斷即是馬薊與(水薊葉相)似但大於小許耳葉似
旁翁菜葉但小厚兩邊有刺刺人其華紫色

肉蓯蓉

本草經曰肉蓯蓉味甘微溫生山谷治五勞七傷補中除
莖中寒熱養五藏強陰益精氣多子婦人癥瘕久服輕身
生河西
吳氏本草曰肉蓯蓉一名肉蓯蓉神農黃帝鹹雷公酸李
氏小溫生河東山陰地長三四寸藂生或代郡鴈門二月



八月採陰乾用之

諸藇

山海經曰外山草多諸藇(上諸署二音下余預二音)
湘中記曰永和初有採藥衡山者道迷粮盡過巖下見一
老公與四五年少對坐執書告以飢與之食物如署預指
教所去五六月至家而不腹飢
范子計然曰儲餘本出三輔白色者善
本草經曰署蕷一名山芋味甘溫生山谷治傷中虛羸補
中益氣力長肌肉除邪氣寒熱久服輕身耳目聰明不飢
延年山嵩高
吳氏本草曰署蕷一名諸署秦楚名玉延齊越名山芋鄭
趙名山羊一名玉延一名脩脆一名兒草神農甘小溫桐
君雷公甘無毒或生臨朐鍾山始生赤莖細蔓五月華白

七月實青黃八月熟落根中白皮黃類芋二月三月八月
採根惡甘遂○曹毗杜蘭香傳曰蘭香降張碩與三署預實
曰食此可以辟霧露碩食二懷一欲以歸香曰可自食不
得持去

異苑曰署預一名山羊根既入藥又復可食若掘取默默
則獲唱名者不可得

地黃

爾雅曰苄音戶地黃郭璞注曰一名地髓江東呼苄也

抱朴子曰楚文子服地黃八年視有光手上車弩

本草經曰地黃一名地髓治傷中長肌肉生咸陽

太平御覽卷第九百八十九

太平御覽卷第九百九十

藥部七

附子　天雄　烏頭　提母
五味　雷丸　藜蘆　虎掌
貫衆　冶葛　芎藭　澤瀉
外麻　芍藥　澤蘭　萆薢
狗脊　牡蒙　白頭翁　狗杞
白及

## 附子

廣雅曰葉（前進切）奚附子也一歲爲萴子二歲爲烏喙三歲爲附子四歲爲烏頭五歲爲天雄

春秋後語曰蘇秦如齊見王拜而慶仰面弔齊王曰是何慶弔相隨而速速也蘇秦曰臣聞飢人之所以不食烏喙者以爲雖偷充腹而與死人同患也（烏喙毒藥而烏頭附子同本也飢人食之雖充腹而死也喙音許穢切）今燕雖弱小秦王之女婿大王利其十城而長與強秦爲仇今使弱燕爲鴈行而強秦繼推其後是食烏喙之類也

漢書曰宣帝許皇后產霍顯使醫擣附子入與后后崩

淮南子曰夫天下之物莫凶於奚毒（奚毒附子）然而良醫橐而藏之有所用也

抱朴子曰瘵聾或以狼毒冶葛或以附子葱涕合內耳或蒸鯉魚腦灌之皆愈

范子計然曰附子出蜀武都中白色者善

楚國先賢傳曰孔休傷頰有瘢王莽曰玉屑白附子香消瘢乃以劍璏（音滯）并香與之

荊州記曰宜都郡門生藥草有附子



博物志曰物有同類而異用者烏頭天雄附子一物（春秋冬夏采之各異）

大業拾遺記曰汾陽宮所甚出名藥數十種附子天雄並精好堪用

本草經曰附子味辛溫出山谷治風寒欬逆邪氣寒濕痹躄拘緩不起疼痛溫中金瘡生牛犍爲百藥之長

吳氏本草曰附子名莨神農辛岐伯雷公甘有毒季氏苦有毒大溫或生廣漢八月採皮黑肌白

## 天雄

本草曰天雄味辛甘溫大溫有大毒主大風破積聚邪氣強筋骨輕身健行長陰氣強志令人武勇力作不倦一名白幕生少室山谷

淮南子曰天雄雄雞志氣益（取天雄三枚內雄雞腹中擣生食之令人勇）



## 烏頭

說文曰萴（阻力切）烏頭也

爾雅曰芨（居及切）堇草（郭璞注曰即烏頭江東呼爲堇）

梁冀傳曰冀迫殺大家毋宣頭服丸而死

後魏書曰匈奴秋收烏頭爲毒藥以射禽獸

范子計然曰烏頭出三輔中白者善

崔寔四民月令曰三月可採烏頭

本草經曰烏頭一名烏喙一名葉毒一名萴味辛溫生川谷主治風中惡洗出汗除寒溫生朗陵

吳氏本草曰烏頭一名莨一名千秋一名毒公一名果負一名耿子神農雷公桐君黃帝甘有毒正月始生葉厚莖方中空葉四面相當與蒿相似

又曰烏喙神農雷公桐君黃帝有毒季氏小寒十月採形

如烏頭有兩枝相合如烏之喙名曰烏喙也所畏惡使盡與烏頭同一名側子一名莨神農岐伯有大毒李氏大寒八月採陰乾是附子角之大者畏惡與附子同

提母

爾雅曰蕁䕭（音沈）藩（音煩。生山上，葉如韭，一曰提母）

范子計然曰提母出三輔黃白者善

吳氏本草曰母一名提母神農桐君無毒補不足益氣

五味

爾雅曰菋荎藸（五味也。蔓生，子叢在莖頭也。菋遲除三音）

聖賢冢墓記曰孔子墓上五味樹

抱朴子曰羨門子服五味十六年始降玉女能入水火

本草經曰五味一名會及

吳氏本草曰五味一名玄及



典術曰五味者五行之精其子有五味淮南公羨門子服五味十六年入水不濡入火不燋日行萬里

雷丸

范子計然曰雷丸出漢中色白者善

本草經曰雷公丸一名雷矢味苦寒生山谷

吳氏本草曰雷丸一名雷實神農苦黃帝岐伯桐君甘有毒扁鵲甘無毒李氏大寒或生漢中八月採

藜蘆

廣雅曰藜蘆葱苒也

本草經曰藜蘆一名葱苒味辛寒生山谷主治蠱毒生太山

范子計然曰藜蘆出河東黃白者善

吳氏本草曰藜蘆一名葱葵一名山葱一名豐蘆一名蕙葵一名公苒神農雷公辛有毒黃帝有毒岐伯鹹有毒李氏大毒大寒扁鵲苦有毒大葉根小相連二月採根

虎掌

本草經曰虎掌味苦溫生山谷治心痛寒熱

吳氏本草曰虎掌神農雷公無毒岐伯桐君辛有毒或生太山或宛句立秋九月採

貫衆

爾雅曰濼貫衆（孫炎曰一名貫渠。郭璞注曰葉員銳莖毛黑布地生冬不死也）

廣雅曰貫節衆也。本草經曰貫衆一名貫節一名百頭一名貫渠一名虎卷一名扁苻味苦微寒生山谷治腹中邪氣諸毒殺三蟲生玄山亦生宛句

吳氏本草曰貫衆一名貫來一名貫中一名渠母一名貫鍾一名伯芹一名藥藻一名扁苻一名黃鍾神農岐伯苦有毒桐君扁鵲苦一經甘有毒黃帝鹹酸一苦無毒葉青黃兩兩相對莖黑毛聚生冬夏不死四月華白七月實黑聚相連卷旁行生三月八月採根五月採葉



冶葛

周易參同契曰冶葛巴豆一兩入喉雖周文兆著孔丘占相扁鵲操鍼巫咸叩鼓安能蘇之

唐書曰袁恕已與敬暉等累被貶黜流于環州尋周利用左右逼令飲野葛汁數外不死因擊殺之恕已素服黃金故毒藥不發

博物志曰魏武習啖冶葛至一尺亦多飲酖近世事相傳云又曰鉤吻草與堇菜相似

南州異物志曰廣州俚賊若鄉里負其家債不時還者子弟便取冶葛一名鉤吻數寸許到債家門食鉤吻而死其家稱怨誣債家殺之債家慚懼以財物辭謝多數十倍死

家便收尸去不以爲恨
述異記曰晉義熙中有劉遁者居江陵忽有鬼來遁宅上遁貧無竈以外鎗煑飯飯欲熟輒失之尋覓於籬下草中但得餘空鎗遁密市冶葛煑以作糜鬼復竊之於屋北得鎗仍聞吐聲從此寂絶
桓譚新論曰余與劉子駿言養性無益其兄子伯玉曰天生殺人藥必有生人藥也余曰鉤吻不與人相宜故食則死非爲殺人生也譬若巴豆毒魚礜石賊鼠桂害獺杏核殺狗天非故爲作也
論衡曰萬物含太陽者有毒在草爲巴豆冶葛
抱朴子曰中經曰鉤吻狼毒太陰之精氣主殺故入口令人死
葛洪方曰鉤吻與食芹相似而生處無他草其莖有毛誤食之殺人
本草經曰鉤吻一名野葛味辛温生山谷主治金瘡中惡風欬逆上氣水腫殺蠱毒鬼注
吴氏本草曰秦鉤吻一名毒根一名野葛神農辛雷公有毒殺人生南越山或益州葉如葛赤莖大如箭方根黄或生會稽東治正月採
嶺表録異曰野葛毒草也俗呼胡蔓草誤食之則用羊血漿解之或説此草蔓生葉如蘭香光而厚實毒多著於生葉中不得藥解半日輒死山羊食其苗則肥而大

## 芎藭

春秋左傳曰宣公下曰楚師伐蕭還無社與司馬卯言號申叔展曰有山芎藭乎（杜預注芎藭所以禦濕欲使無社逃泥水中）
説文曰芎藭香草也



山海經注曰號山洞庭之山其草多芎藭（郭璞注曰芎一名江蘺吴録地志曰臨海縣有江蘺草海水中正青如亂髮乾鬻之赤鹽藏其汁名爲濡酪楚辭所云蘺是也）
范子計然曰芎藭生冶無枯者善
遊名山志曰横山諸小草多芎藭
本草經曰芎藭味辛温治中風入頭腦痛寒痺生武功
吴氏本草曰芎藭一名香果神農黄帝岐伯雷公辛無毒香扁鵲酸無毒李氏生温中熟寒或生胡無桃山陰或斜谷西嶺或太山葉香細青黒文赤如藁本冬夏叢生五月華赤七月實黒端兩葉三月採根根有節似如馬銜狀

## 澤瀉

典術曰食澤瀉身輕日行五百里走水上可遊無窮致王女神仙（澤瀉一名澤之）

## 外麻

廣雅曰周外麻外麻也
本草經曰外麻一名周外麻味辛生山谷治辟百毒殺百老殃鬼辟温疾鄣稚毒蠱久服不失生益州
華陽國志曰牧麻縣出好外麻
吴氏本草曰外麻神農甘

## 芍藥

山海經曰條谷之草多芍藥洞庭之上多芍藥
毛詩溱洧曰維士與女伊其相謔贈之以芍藥（毛詩香草也詩義疏曰今芍藥子無香氣非是也未審今何草司馬相如賦云芍藥之和陽唯賦曰甘甜之和芍藥之美然芍藥又入食也）
廣雅曰黒孿夷芍藥也
晉宮閣名曰暉章殿前芍藥華六畦
范子計然曰芍藥出三輔

建康記曰建康出芍藥極精好
本草經曰芍藥味苦辛生川谷主治邪氣腹痛除血痺破
堅積寒熱瘕止痛
吴氏本草曰一名其積一名解倉一名誕一名餘容一名
白朮神農苦桐君甘無毒岐伯鹹李氏小寒雷公酸二月三
月生

澤蘭

廣雅曰虎蘭澤蘭也
建康記曰建康出澤蘭
本草經曰澤蘭一名虎蘭一名龍來味微温無毒生池澤
治乳婦衂血生汝南又生大澤旁
吴氏本草曰澤蘭一名水香神農黃帝岐伯桐君酸無毒
李氏温生下地水旁葉如蘭二月生香赤節四葉相值支
節間三月三日採



萆薢

博物志曰菝（蒲八）葜與萆薢相亂名狗脊
吴氏本草曰萆薢一名百枝

狗脊

廣雅曰薢挈狗脊也
本草經曰狗脊一名百丈味苦平生川谷治要背強開機
緩急風痺寒濕膝痛利老人生常山
建康記曰建康出狗脊
吴氏本草曰狗脊一名狗青一名萆薢一名赤節一名強
膂神農苦桐君黃帝岐伯雷公扁鵲甘無毒李氏温如萆
薢莖節如竹有刺葉圓青赤根黃白亦如根毛有刺岐伯
一經莖無節根黃白如竹根有刺根葉端圓赤皮白有赤
脉二月採

牡蒙

吴氏本草曰牡蒙一名紫參一名衆戎一名音腹一名伏
菟一名重傷神農黃帝苦李氏小寒生河西山谷或宛句
商山圓聚生根黃赤有文皮黑中紫五月華紫赤實黑大
如豆三月採根

白頭翁

本草經曰白頭翁一名野丈人一名胡王使者味苦温無
毒生川谷治温瘧癲氣狂易（音羊）生嵩山
建康記曰建康出白頭翁
范子計然曰野丈人出洛陽
吴氏本草曰白頭翁一名野丈人一名奈何草神農扁鵲
苦無毒生嵩山川谷治氣狂寒熱止痛



枸杞

廣雅曰地節枸杞
抱朴子曰枸杞或名地骨或名却老或名西王母杖或名
仙人杖
本草經曰枸杞一名杞根一名地骨一名地輔服之堅筋
骨輕身耐老
吴氏本草曰枸杞一名杞芭一名羊乳

白及

本草經曰白及一名甘根一名連及草味苦辛治癰腫惡
瘡敗疽生北山
晉宮閣名曰華林白及三株
建康記曰建康出白及
吴氏本草曰白及一名臼根神農黃帝辛李氏大寒雷公

辛無毒莖葉如生薑藜盧也十月華直上紫赤根白連二
月八月九月採生宛句

太平御覽卷第九百九十

太平御覽卷第九百九十一

藥部八

人參　丹參　玄參　沙參
紫參　苦參　茱萸　山茱萸
占斯　杜仲　黃耆　黃連
防已　王不留行　徐長卿　菴閭
閭茹　漏蘆　委萎　離南
白菟藿　旋復　爵麻　小華
女苑　丹草　鬼督郵　白鮮
薇蘅　翹根　藎　蘆精
屈草　陸英　蘩菜　木香
杜衡　蘘實華　鼠李



人參

說文曰人薓音參出上黨

春秋運斗樞曰搖光星散為人參廢江淮山瀆之利則搖光不明人參不生

禮斗威儀曰君乘木而王有人參生

廣雅曰薓地精人參也

梁書曰阮孝緒母王氏忽有疾合藥須得生人參舊傳鍾山所出孝緒躬歷幽險累日不逢忽見一鹿前行孝緒感而隨後至一所遂滅就視果獲此草母得服之遂愈

異苑曰人參一名土精生上黨者佳人形皆具能作兒啼昔有人掘之始下數鏵鏵音華便聞土中有呻聲尋音而取果得一頭長二尺許四體畢備而髮有損缺處將是掘傷所以呻也

石勒別傳曰初勒家園中生人參葩茂甚盛于時父老相者皆去此胡體奇貌異有大志量其終不可知勸邑人厚遇之

潛夫論曰夫理世不得真賢譬猶疾不得真藥也疾當得真人參反得蘿菔已不識真而飲之病浸以劇不知為人所欺也

傅子曰先王之制九州異賦天不生地不養君子不以為禮若河內諸縣去北山絕遠而各調出御上黨真人參上者十斤下者五十斤所調非所生民以為患

范子計然曰人參出上黨狀類人者善

廣五行記曰隋文帝時上黨有人宅後每夜有人呼聲求之不得去宅一里但一人參枝苗掘之入地五尺得人參一如人體狀去之後呼聲遂絕

本草曰人參味甘微寒生山谷主補五藏安定精神魂魄除邪止驚悸明目開心益智久服輕身延年生上黨



廬山記曰山中藥多人參

吳氏本草曰人參一名土精一名神草一名黃參一名血參一名久微一名玉精神農甘小寒桐君雷公苦岐伯黃帝甘無毒扁鵲有毒或生邯鄲三月生葉小兌核黑莖有毛三月九月採根根有頭足手面目如人

慕容晃與顧和書曰今致人參十斤

丹參

吳氏本草曰丹參一名赤參一名木羊乳一名郄蟬草神農桐君黃帝雷公扁鵲苦無毒李氏大寒岐伯鹹生桐柏或生太山山陵陰莖華小方如荏毛根赤四月華紫三月五月採根陰乾治心腹痛

玄參

廣雅曰鹿陽主玄參也
建康記曰建康出玄參
范子計然曰玄參出三輔青色者善
本草經曰玄參一名重臺味苦微寒生川谷治腹中寒熱
女子乳補腎氣令人目明生河閒
吳氏本草曰玄參一名鬼藏一名正馬一名重臺一名鹿
腸一名端一名玄臺神農桐君黃帝雷公扁鵲苦無毒岐
伯鹹李氏寒或生宛句山陽二月生葉如梅毛四四相值
以芎藭黑莖莖方高四五尺華赤生枝閒四月實黑

沙參

廣雅曰苦心沙參也
建康記曰建康出沙參
范子計然曰白沙參出雒陽白者善



本草經曰沙參一名知母味苦微寒生川谷治血積驚氣
除寒熱補中益肺氣生河內
吳氏本草曰白沙參一名苦心一名識美一名虎須一名
白參一名志取一名文虎神農黃帝扁鵲無毒岐伯鹹李
氏大寒生河內川谷或般陽瀆山三月生如葵葉青實白
如芥根大白如蕪菁三月採

紫參

本草經曰紫參一名牡蒙苦寒無毒治心腹積聚寒熱邪
氣利大便通九竅生河西及宛句治牛病生林陽
建康記曰建康縣出紫參
范子計然曰紫參出三輔赤青色者善

苦參

本草經曰苦參一名水槐

茱萸

西京雜記曰漢武帝宮人賈佩蘭云在宮時九月九日佩
茱萸飲菊花酒令人長壽
地理志曰九月九日爲絲茱萸囊戴之臂上
風土記曰俗上九月九日謂爲上九茱萸到此日氣烈熟
色赤可折茱萸囊以插頭云辟惡氣禦冬
續齊諧記曰汝南桓景隨費長房遊學累年房謂之曰九
月九日汝家有災厄宜令急去家人各作絳囊盛茱萸以
繫臂上登高飲菊花酒此禍可消景如言舉家登高山夕
還見雞犬牛羊一時暴死房聞之曰此代矣今世人每至
皆登高山飲酒戴茱萸囊是也
唐廣古今五行記曰晉懷帝時無錫縣有四株茱萸樹生
狀若連理郭璞卜云延陵有龜鼠後當有拔樹僕有此東



南數百里有作逆者及樹生而徐馥作亂
本草經曰茱萸一名藙(音毅)味辛溫生川谷閒湊理根去三
蟲久服輕身生上谷
晉宮閣名曰華林園茱萸三十六株
范子計然曰茱萸出三輔

山茱萸

本草經曰山茱萸一名蜀酸棗平生山谷治心下邪氣寒
熱溫中逐寒濕去三蟲久服輕身生漢中
建康記曰建康出山茱萸
范子計然曰山茱萸出三輔
吳氏本草曰山茱萸一名魃(音伎)實一名鼠矢一名雞足神
農黃帝雷公扁鵲酸無毒岐伯辛一經酸或生宛句琅邪
或東海承縣葉如梅有刺毛二月華如杏四月實如酸棗

赤五月採實

占斯

本草經曰占斯一名虞及味苦

杜仲

吳氏本草曰杜仲一名木綿一名思仲

黃耆

秦州記曰隴西襄武縣出黃耆

本草經曰黃耆味甘微溫生山谷

黃連

廣雅曰王連黃連也

范子計然曰黃連出蜀都黃肥堅者善

神仙傳曰封君達服黃連五十餘年入鳥鼠山服練水銀百餘歲常騎青牛行民間有疾病者不問識與不識皆與藥即差

又曰黑穴公服黃連得仙

名山記曰扶容石草多黃連

湘州記曰邵陵夫夷縣衡山出黃連

永嘉記曰松陽縣草有黃連蔽覆地土人取者必禱祠若失神意則化為異物

本草經曰黃連一名王連味苦寒生川谷治熱氣目痛皆傷泣出明目生至陽

吳氏本草曰黃連神農岐伯黃帝雷公苦無毒李氏小寒或生蜀郡太山之陽

防巳

范子計然曰防巳出漢中旬陽

本草經曰防巳一名石解味辛平無毒治風寒溫瘧熱氣

通湊理利九竅生漢中

吳氏本草經曰木防巳一名解離一名解燕神農辛黃帝岐伯桐君苦無毒李氏大寒如葛莖蔓延如芃白根外黃似桔梗內黑文如車輻解二月八月十月採葉根

王不留行

本草經曰王不留行味苦平生山谷久服輕身能老生太山

崔寔四民月令曰八月采王不留行

世說曰衛江州在尋陽（劉孝標注云衛展為江州刺史）有知舊人投之都不料理唯餉王不留行一斤此人得餉命駕

吳氏本草經曰王不留行一名王不流行神農苦平岐伯雷公甘三月八月採

徐長卿

本草經曰徐長卿一名鬼督郵味辛溫生山谷治鬼物百精蠱毒疾疫邪氣溫鬼久服強悍輕身生太山

吳氏本草曰徐長卿一名石下長卿神農雷公辛或生隴西三月採

奄閭

本草經曰奄閭味苦微寒生川谷治風寒濕痺身體諸痛久服輕身不老生雍州

吳氏本草經曰奄閭神農雷公桐君岐伯苦小溫無毒李氏溫或生上黨葉青厚兩兩相當七月花白九月實黑七月九月十月採驢馬食仙去

閭茹

建康記曰建康出草䕡茹

范子計然曰閭茹出武都黃色者善

本草經曰閭茹味辛寒生川谷治蝕惡肉敗瘡死肌殺疥蟲除大風生代郡

吳氏本草經曰閭茹一名離樓一名屈居神農辛岐伯酸鹹有毒李氏大寒二月採葉員黃高四五尺葉四四相當四月華黃五月實黑根黃有汁亦同黃三月五月採根黑頭者良

漏蘆

本草經曰漏蘆一名野蘭

委萎

爾雅曰熒委萎（郭璞注曰藥草也葉似竹大者如箭竿有節葉狹而長表白裏青根大如指長一二尺可啖）

吳氏本草經曰委萎一名葳蕤一名王馬一名節地一名蟲蟬一名烏萎一名熒一名玉竹神農苦一經甘桐君雷公扁鵲甘無毒黃帝辛生太山山谷葉青黃相值如薑二月七月採治中風暴熱久服輕身



離南

爾雅曰離南活莌也（草生江南高丈許大葉莖中有瓤正白莌音脫）

山海經曰外山草多冠脫（郭璞注曰草生南方高丈許葉似荷葉）

白菟藿

吳氏本草經曰白菟藿一名白葛穀

旋復

爾雅曰蕧盜庚（旋復似菊）

本草經曰旋復花一名金沸草

爵麻

本草經曰爵麻生漢中

吳氏本草經曰爵麻一名爵卿

小華

吳氏本草曰小華一名結草

女苑

吳氏本草曰女苑一名白苑一名織女苑

廣雅曰女腹一名女苑也

丹草

本草經曰石長生一名丹沙草味鹹微寒生山谷治寒熱惡瘡火熱辟惡氣不祥鬼毒生咸陽

吳氏本草曰石長生神農苦雷公辛一經甘生咸陽或同陽

鬼督郵

本草經曰鬼督郵一名赤箭一名離毋味辛温生川谷殺鬼精物治蠱毒惡氣久服輕身益力長陰肥健生雍州



建康記曰建康出鬼督郵

吳氏本草曰鬼督郵一名神草一名閻狗或生太山或少室莖如箭赤無葉根如芋子三月四月八月採根用乾治癰腫

白鮮

本草經曰白鮮治酒風

薇銜

吳氏本草曰薇銜一名麋銜一名無顛一名承膏一名承醜一名無心鬼

翹根

本草經曰翹根味苦生平澤治下熱氣益陰精令人面悅好明目久服輕身能老生嵩高

吳氏本草曰翹根神農雷公甘有毒二月八月採以作蒸

飲酒病人

藎余儈切

本草經曰藎草味苦

盧精

本草經曰盧精治蠱毒味辛平生益州

屈草

本草經曰屈草實根味苦微寒生川澤治胷脅下痛邪氣腹間寒陰痺久服輕身補益能老生漢中

陸英

本草經曰陸英生熊耳山

欒華

本草經曰欒華一名白英味甘寒生山谷治寒熱久服輕身延年生益州



木香

本草經曰木香一名木蜜香味辛溫無毒治邪氣辟毒疫溫鬼強志主氣不足久服不夢寤魘寐輕身致神仙生永昌山谷陶隱居云此即青木香也永昌不復貢今皆從外國舶上來云大秦國以療毒腫消惡氣有驗今皆用之

杜衡

博物志曰杜衡亂細辛

蚤實華

吳氏本草曰蚤實一名劇草一名三堅一名劇荔華

鼠李

吳氏本草曰鼠李一名牛李

太平御覽卷第九百九十一

太平御覽卷第九百九十二

藥部九

欵冬　芫華　羊躑躅　旋華
黄芩　恒山　蜀漆　蕪荑
秦皮　枳實　防風　大黄
石斛　半夏　射干　蓪草
牛膝　牡丹　茵芋　獨活
紫威　大戟　桔樓　蕤核
地膚　貝母　海藻　豕首
當陸　敗醬　綸布　石龍芮
虵床　雲實

欵冬

爾雅曰菟奚顆凍也注曰欵冬生水紫赤凍音東



述征記曰洛水至歳末凝厲則欵冬生曽水之中

本草經曰欵冬一名槖石一名顆冬一名虎鬚一名菟奚味辛温

傅咸欵冬賦曰余曽逐禽登于北山于時仲冬之月也氷凌盈谷積雪被崖顧見欵冬煒然始敷華艷春暉既麗且殊以堅氷為膏壤吸霜雪以自濡非天然之真貴曷能彌寒暑而不渝

芫華

本草經曰芫華一名去水味辛温治欬逆上氣殺蟲生淮原

建康記曰建康出芫華

范子計然曰芫華出三輔

吳氏本草曰芫華一名去水一名敗華一名兒草根一名黄大戟神農黄帝有毒扁鵲岐伯苦季氏大寒二月生葉青加厚則黒華有子紫赤白者三月實落盡葉乃生三月五月採華芫花根一名赤芫根神農雷公苦有毒生邯鄲九月八月採陰乾久服令人洩可用毒殺魚

羊躑躅

廣雅曰羊躑躅英光也

建康記曰建康出躑躅

本草經曰羊躑躅味辛温生川谷治賊風濕痺惡毒生太行山

吳氏本草曰羊躑躅花神農雷公辛有毒生淮南治賊風惡毒諸邪氣

旋華

本草經曰旋華一名葪根一名美草去面黚黒令人色悅澤根主腹中寒熱邪氣生豫州或預章



黄芩

說文曰莶黄芩也

廣雅曰妣眉黄文内虚黄芩也

本草經曰黄芩一名腐腸味苦平生非谷治諸熱

范子計然曰黄芩出三輔色黄者善

吳氏本草曰黄芩一名黄文一名妬婦一名虹勝一名經芩一名印頭一名内虚神農桐君黄帝雷公扁鵲苦無毒李氏小温二月生赤黄葉兩兩四四相值莖空中或方員高三四尺四月花紫紅赤五月實黒根黄二月至九月採

恒山

廣雅曰恒山菜蜀漆也

漢書地理志曰武陵有佷山縣孟康注曰音恒出恒山藥

遊名山記曰橫陽諸山草多恒山
永嘉記曰恒山出松陽永寧縣
本草經曰一名玄草味苦寒生川谷主治傷寒發溫瘧鬼毒胷中結吐逆生益州
吳氏本草曰恒山一名七葉神農岐伯苦李氏大寒桐君辛有毒二月八月採

蜀漆

本草經曰蜀漆味辛平治瘧及欬逆寒熱腹瘕堅邪氣蠱毒鬼疰
建康記曰建康出蜀漆
范子計然曰蜀漆出蜀郡
吳氏本草曰蜀漆葉一名恒山神農岐伯雷公辛有毒黃帝辛一經酸如漆葉藍菁相似五月採



蕪荑

本草經曰蕪荑味辛一名無姑一名蔱（音殿）瑭（音唐）去三蟲化食逐寸白散腹中嗢嗢喘息

秦皮

本草經曰秦皮味苦微寒生川谷治風濕痺寒氣除熱目中青翳乆服頭不白輕身生廬江
建康記曰建康出秦皮
吳氏本草曰岑皮一名秦皮神農雷公黃帝岐伯酸無毒季氏小寒或生冤句水邊二月八月採
淮南萬畢術曰岑皮致水

枳實

山海經曰北嶽之山其上多枳
晏子春秋曰晏子使楚楚王使縛一人過問曰縛者何爲者耶對曰齊人坐盜王視晏子曰齊人故善盜乎晏子對曰橘生江南過北爲枳水土異也今民生於齊不盜入楚則盜得無楚之水土使民盜耶
崔寔四民月令曰九月九日收枳實
本草經曰枳實味苦寒生川澤治大風在皮膚中如麻豆苦癢除寒熱結止利長肌肉利五藏益氣輕身生河內
吳氏本草曰枳實苦雷公酸無毒季氏大寒九月十月採陰乾

防風

本草經曰防風一名銅芸甘溫生川澤治大風頭眩痛目盲無所見煩滿風行周身骨節疼痛乆服輕身生沙苑
范子計然曰防風出三輔白者善
吳氏本草曰防風一名迴雲一名回草一名百枝一名蕳根一名百韭一名百種神農黃帝岐伯桐君雷公扁鵲甘無毒季氏小寒或生邯鄲上蔡正月生葉細圓青黑黃白五月黃花六月實黑二月十月採根日乾瑯邪者良



大黃

廣雅曰黃良大黃也
盛弘之荊州記曰建平出大黃
本草經曰大黃味苦寒生山谷治下瘀血閉寒熱破癥瘕積聚留飲宿食蕩滌腸胃安五藏推陳致新通利水穀道調中食生河西
吳氏本草曰大黃一名黃良一名火參一名膚如神農雷公苦有毒扁鵲苦無毒季氏小寒爲中將軍或生蜀郡北部或隴西二月卷生生黃赤葉四四相當黃莖高三尺許三月華黃五月實黑三月採根根有黃汁切陰乾

石斛

盛弘之荆州記曰陏郡永陽縣有龍石山山上多石斛精好如金環也

廬山記曰石門山石間多生石斛

范子計然曰石斛出陸安

本草經曰石斛一名林蘭一名禁生味甘平生山谷治傷中下氣虚勞補五藏羸瘦久服除痺賜胃強陰出陸安

吴氏本草曰石斛神農甘平扁鵲酸李氏寒

半夏

禮記月令曰仲夏之月半夏生

范子計然曰半夏出三輔色白者善

廣州記曰鄣平縣出半夏

建康記曰建康出半夏極精

本草經曰一名地文水玉味辛平生川谷生槐里

吴氏本草經曰半夏一名和姑生微丘或生野中葉三三相偶二月始生白華員上

射干 射音夜

廣雅曰鳶蔍戴尾烏蓮射干也

易通卦驗曰冬至射干生

抱朴子曰千歲之射干其根如生人長七尺刺之有血以其血塗足下可步行水上不没以塗人鼻入水水爲之開以塗足耳則隱形欲見則拭去之

孫卿子曰西方有木名曰射干莖長四寸生於高山之上臨百仞之淵木莖非能長也所立者然也

范子計然曰射干根如安定

建康記曰建康出射干



本草經曰射干一名烏扇一名烏蒲味苦辛生川谷治欬逆上氣生南陽

吴氏本草曰射干一名黄遠

蓪草

廣雅曰下父附支蓪草也

本草經曰通草一名附支味辛平生山谷去惡蟲除脾胃寒熱利九竅血脉關節不忘生石城

建康記曰建康出通草

范子計然曰通草出三輔

吴氏本草曰通草一名丁翁一名附支神農黄帝辛雷公苦生石城山谷葉青蔓延止汗自正月採

牛膝

廣雅曰牛莖牛膝也

本草經曰牛膝一名百倍味苦辛生川谷治傷寒濕痿痺四支拘攣膝痛不可屈伸久服輕身能老生河内

建康記曰建康出牛膝

吴氏本草曰牛膝神農甘一經酸黄帝扁鵲甘李氏温雷公酸無毒生河内或臨邛葉如夏藍莖本赤二月八月採

牡丹

廣雅曰白木牡丹也

范子計然曰牡丹出漢中河内赤色者亦善

遊名山志曰泉山多牡丹

本草經曰牡丹一名鹿韭一名鼠姑味辛寒生山谷治寒熱瘀傷中風驚邪安五藏出巴郡

吴氏本草曰牡丹神農岐伯辛李氏小寒雷公桐君苦無毒黄帝苦有毒葉如蓬相値黄色根如指黒中有毒核二月

採八月採曰乾可食之輕身益壽

茵芋

吳氏本草曰茵芋一名卑山共微温有毒狀如莽草而細軟

獨活

本草經曰獨活一名護羌使者味苦平生益州久服輕身

吳氏本草曰獨活一名胡王使者神農黃帝苦無毒八月採此藥有風花不動無風獨搖

紫葳

本草經曰紫葳一名芙華一名陵苕味鹹微寒無毒生川谷治婦人乳餘疾崩中癥血寒熱養胎生西海

建康記曰建康出紫葳

范子計然曰紫葳出三輔



吳氏本草曰紫葳一名武威一名瞿麥一名陵居腹一名鬼目一名芰華神農雷公酸岐伯辛扁鵲苦鹹黃帝甘無毒如麥根黑正月八月採或生真定

大戟

爾雅曰蕎邛鉅（郭璞注曰今藥草大戟也）

本草經曰大戟一名邛鉅

栝樓

毛詩東山曰我來自東零雨其濛果臝之實亦施于宇（果臝栝樓也）

又唐蟋蟀葛生曰蘞蔓于野詩義疏曰蘞栝樓

爾雅曰果臝之實栝樓（今齊人呼之為天瓜）

本草經曰栝樓一名地樓味苦寒生川谷

吳氏本草曰栝樓一名澤巨一名澤冶

蕤核

本草經曰蕤核味甘温生川谷生治心腹邪結氣明目赤痛傷淚出目腫眥爛久服益氣輕身生函谷

晉宮閣記曰華林園蕤三株

吳氏本草曰蕤核一名莛神農雷公甘無毒平生池澤八月採補中強志明耳目久服不飢

地膚

本草經曰地膚一名地華一名地脉一名地葵

貝母

毛詩鄘栢舟載馳曰陟彼阿丘言採其蝱（蝱貝母也）

爾雅曰莔（音萌）貝母也（郭璞曰根如小貝員而白華葉似韭）

說文曰莔貝母也

海藻



爾雅曰薚海藻也（藥草也一名海羅如亂髮生海中薚音單）

本草經曰海藻着頸下破散結

廣雅曰海羅海藻

豕首

爾雅曰茢（音列）薽（音真）豕首（郭璞注曰本草經曰彘盧一名蟾蠩蘭今江東呼豨首）

本草經曰豕首一名劇草一名蠡實

吳氏本草曰一名澤藍一名豕首神農黃帝甘辛無毒生宛句五月採

當陸

爾雅曰蓫（音逐）薚（音陽）馬尾也（郭璞注曰江東謂之當陸關西為薚）

本草經曰商陸一名夜乎

敗醬

范子計然曰敗醬出三輔

本草經曰敗醬似桔梗類如敗豆醬

綸布

本草經曰綸布一名昆布味酸寒無毒主十二種水腫瘻
瘤聚結氣瘻瘡生東瘡

石龍芮

范子計然曰石龍芮出三輔

吳氏本草經曰龍芮一名水薑苔

蛇床

吳氏本草經曰蛇床一名蛇珠

博物志曰蛇床亂蘼蕪

雲實

本草經曰雲實味辛溫生川谷治泄利腸澼殺蟲蠱毒去
邪惡多食令人狂走久服輕身通神明生河間



范子計然曰雲實生三輔

吳氏本草經曰雲實一名員實一名天豆神農辛小溫黃
帝鹹雷公苦葉如麻兩兩相值高四五尺大莖空中六月
花八月九月實十月採

太平御覽卷第九百九十二

# 太平御覽卷第九百九十三

## 藥部十

桔梗　巴豆　鬼臼　莽草
忍冬　滛羊藿　狼牙　香蒲
爵李　离婢　落石　鬼箭
房葵　麻黄　茈胡　亭歷
紫菀　女萎　蓍實　地椹
黄環　菟絲　石芸　甘遂
馬刀　女青　王孫　因塵
淮木　百部　千歲垣中膚皮
缺盆　蒲陰實

### 桔梗

廣雅曰犂如桔梗



管子曰五沃之土生桔梗
范子計然曰桔梗出河東洛陽
戰國策曰淳于髡一日而見七士於宣王王曰寡人聞千里之一士是比肩而相望百世一聖若隨踵而生也今子一朝而見七士士不亦衆乎淳于髡曰夫鳥同翼者聚飛獸同足者俱行今求桔梗於沮澤累世不能得一之睪黍梁父之陰則郄車載耳王求士於髡譬挹水於河取火於燧也
建康記曰建康出桔梗極精好
搜神記曰鄱陽趙壽有犬蠱有陳岑詣壽忽有大黃犬六七群出吠岑後余伯婦與壽婦食吐血幾死屑桔梗以飲之乃愈
本草經曰桔梗　味辛微温生山谷治胷脇痛腸鳴驚悸生嵩高
吳氏本草經曰桔梗一名符蔰一名白藥一名利如一名梗草一名盧茹神農醫和苦無毒扁鵲黃帝鹹岐伯雲公甘無毒季氏大寒葉如薺苨莖如筆管紫赤二月生

### 巴豆

廣雅曰巴菽巴豆也
蜀志曰犍為南安縣出巴豆
晉書曰賈后使太醫令程據合巴豆杏子丸矯詔使黃門孫慮齎至許昌以害太子
列仙傳曰玄俗河間人餌巴豆雲英賣一丸七錢
盛弘之荊州記曰朐䏰縣有巴子城地多巴豆
廣志曰犍為僰道縣出巴豆
博物志曰鼠食巴豆三年重三十斤



本草經曰巴豆一名巴菽味辛温生川谷主治温瘧傷寒熱破癥瘕結堅通六府去惡肉除鬼毒邪注殺蟲生巴蜀郡
范子計然曰巴菽出巴郡
吳氏本草經曰巴豆一名菽神農岐伯桐君辛有毒黃帝甘有毒李氏主温熱寒葉如大豆八月採

### 鬼臼

吳氏本草經曰一名九臼一名天臼一名雀犀一名馬目公一名解毒生九真山谷及寃句二月八月採根

### 莽草

范子計然曰莽草出三輔青色者善
淮南萬畢術曰莽草浮魚 取莽草葉并陳粟米合擣之以内水魚皆死
本草經曰莽草味辛温生山谷治風頭癰乳疝瘕結氣疥瘙疽瘡生還谷

吳氏本草經曰莽一名春草神農辛雷公桐君苦有毒生
上谷山中或宛句五月採治風

忍冬

本草經曰忍冬味甘久服輕身

淫羊藿

本草經曰淫羊藿一名蜀前味辛寒治陰痿傷中益氣強
志除莖痛利小便生上郡陽山
吳氏本草經曰淫羊藿神農雷公辛李氏小寒堅骨

狼牙

本草經曰狼牙一名牙子味寒生川谷治邪氣去白蟲疥
瘙生淮南
建康記曰建康出狼牙
范子計然曰狼牙出三輔色白者善



吳氏本草經曰狼牙一名支蘭一名狼齒一名犬牙一名
抱牙神農黃帝苦有毒桐君鹹岐伯雷公扁鵲苦無毒或
生冤句葉青根黃赤六月七月華八月實黑正月八月採
根

香蒲

本草經曰香蒲一名睢蒲味甘平生池澤治五藏心下邪
氣堅齒明目聰耳久服輕身能老生南海
吳氏本草曰醮一名醮石一名香蒲神農雷公甘生南海
池澤中

爵李

本草經曰郁核一名爵李

腐婢

本草經曰腐婢小豆花也

落石

本草經曰落石一名鮫石味苦溫生川谷治風熱久服輕
身明潤目澤好色不老延年生太山
吳氏本草經曰落石一名鱗石一名明石一名縣石一名
雲華一名雲珠一名雲英一名雲丹神農苦小溫雷公苦
無毒扁鵲桐君甘無毒李氏大寒云藥中君採無時

鬼箭

廣雅曰鬼箭神箭也
本草經曰衛矛一名鬼箭味苦寒生山谷治女子崩中下
血腹滿汗出除邪殺鬼毒生霍山
吳氏本草經曰鬼箭一名衛與神農黃帝桐君苦無毒葉
如桃如羽正月二月七月採陰乾或生野田

房葵



博物志曰房葵與狼毒相似
本草經曰房葵一名梨蓋味辛冬生川谷久服堅骨髓益
氣生臨淄
吳氏本草經曰房葵一名梁蓋一名爵離一名房苑一名
晨草一名利如一名方蓋神農辛小寒桐君扁鵲無毒岐
伯雷公黃帝苦無毒莖葉如葵上黑黃二月生根根大如
桔梗根中紅白六月花白七月八月實白三月三日採根

麻黃

廣雅曰龍沙麻黃也麻黃莖狗骨也
本草經曰一名龍沙味苦溫生川谷治中風傷寒出汗去
熱邪氣破堅積聚生晉地
范子計然曰麻黃出漢中三輔
吳氏本草經曰麻黃一名卑相一名卑監神農雷公苦無毒

扁鵲酸無毒季氏平或生河東四月立秋採
慕容晃與顧和書曰今致麻黃五斤

茈葫（柴胡二音）

本草經曰茈葫一名地重味苦平生川谷治心腹祛腸胃
結氣久服輕身明目益精生弘農
吳氏本草經曰茈葫一名山來一名如草神農岐伯雷公
苦無毒生宛句二月八月採根

亭歷

爾雅曰蕇（音典）亭歷（實葉皆似芥一名狗薺）
淮南子曰亭歷冬生
周髀曰凡北極左右物有朝生暮穫謂亭歷冬生之類

紫苑

遊名山志曰石室紫苑



吳氏本草經曰紫苑一名青苑

女萎

本草經曰女萎一名左眄一名王竹味辛生川谷久服輕
身能老生太山

蓍實

本草經曰蓍實味苦酸平無毒主益氣充肌膚明目聰慧
先知久服不飢不老輕身生少室山谷八月九月採實日
乾

地椹

本草經曰地椹一名石龍芮一名食果能味苦平生川澤
治風寒久服輕身明目不老生太山
范子計然曰石龍芮出三輔色黃者善
吳氏本草經曰石龍芮一名薑苔一名天豆神農苦平岐伯

酸扁鵲李氏大寒雷公鹹無毒五月五日採

黃環

本草經曰黃環一名淩泉一名大就味苦生山谷主治蠱
毒鬼魅邪氣欬逆寒熱生蜀郡
范子計然曰黃環出魏郡黃色者善
吳氏本草經曰蜀黃環一名生芻一名根韭神農黃帝岐
伯桐君扁鵲辛一經味苦有毒二月生初出正赤高二尺
葉黃員端大莖葉有汁黃白五月實員三月採根根黃從
理如車輻解治蠱毒

菟絲

爾雅曰唐蒙女蘿菟絲也
廣雅曰女蘿松蘿也菟丘菟絲也
史記龜策傳曰下有伏苓上有菟絲



博物志曰女蘿菟絲寄草上根不着地
呂氏春秋曰或謂菟絲無根非無根也其不屬也伏苓是
也
淮南子曰菟絲無根而生伏苓抽菟絲死
抱朴子曰案仙方中自有合離草一名獨搖一名離毋所
以謂之合離下根如芋魁有遊子十二枚周環之大魁數
尺雖相須生而實不連以氣相屬耳如菟絲之草下有茯
菟之根無此菟在下則絲不得生於上
又曰初生之根其形似兎掘取刻其血以和丹服之立變
化在意所作
吳氏本草經曰兎絲實一名玉女一名松蘿一名鳥蘿一
名鴉蘿一名複實一名赤網生山谷
劉楨詩曰青青女蘿草上依高松枝幸蒙庇眷恩爲惠不

可嗇

石芸

爾雅曰茢勒茢也（郭璞注曰一名石共音列）

范子計然曰石芸出三輔

甘遂

廣雅曰陵旱甘遂也

建康記曰建康出甘遂

本草經曰甘遂味苦寒生川谷治大腹疝瘕脹滿面目浮腫除留飲宿食出中山

范子計然曰甘遂出三輔

吳氏本草經曰甘遂一名主田一名日澤一名重澤一名鬼醜一名陵藁一名甘藁一名苦澤神農桐君苦有毒岐伯雷公有毒須二月八月採



馬刀

本草經曰馬刀味辛微寒生池澤治補中漏下赤白留寒熱破石淋殺禽獸賊鼠生江海

范子計然曰馬刀出河東

吳氏本草經曰馬刀一名齊蛤（古納切）神農岐伯桐君鹹有毒扁鵲小寒大毒生池澤江海採無時也

女青

本草經曰女青一名雀瓢味辛平生山谷治蠱毒逐邪殺鬼生朱崖

羅浮山記曰又有男青似女青

吳氏本草曰女青一名霍由祗神農黃帝辛

本草經曰王孫味苦平治五藏邪氣濕痺四支疼酸生海西

吳氏本草經曰黃孫一名王孫一名蔓延一名公草一名海孫神農雷公苦無毒黃帝甘無毒生西海生谷及汝南城郭垣下蔓延赤文莖葉相當

因塵

爾雅曰因塵馬生也

本草經曰因塵蒿味苦治風濕寒熱邪氣結黃疸久服輕身益氣能老生太山

吳氏本草曰因塵神農岐伯雷公苦無毒黃帝辛無毒生田中葉如藍十一月採

淮木

吳氏本草曰淮木神農雷公無毒生晉平陽河東平澤治久欬上氣傷中羸虛補中益氣

百部



抱朴子內篇曰百部黃似拔揳治咳殺風

博物志曰百部與門冬相似

千歲垣中膚皮

吳氏本草曰千歲垣中膚皮得薑赤石脂共治

蒛葐

爾雅曰茥（音圭）蒛葐（覆葐也實似莓而小可食）

吳氏本草曰蒛葐一名決盆

蒲陰實

吳氏本草曰蒲陰實生平谷或圃中延蔓如瓜葉實如桃七月採止溫延年

太平御覽卷第九百九十三

# 太平御覽卷第九百九十四

百卉部一

草　莓荔　石蘭　胡繩
藒薰　楚薰　楚衡　秦衡
龍鬚　狼尾　燕麥　荊葵
蜀葵　莵葵　鳧茈　烏韭
鹿豆　鹿葱

## 草

爾雅曰卉草也草謂之華木謂之榮不榮而實者謂之秀榮而不實者謂之英

尚書禹貢曰兖州厥草惟繇（繇茂也）徐州草木漸包（漸進也包叢生也）揚州厥草惟夭（少長曰夭並出書注）

毛詩緇衣野有蔓草曰野有蔓草零露漙兮（蔓延也漙漙然盛多也）

毛詩問荅曰國多兵役男女怨曠於是女感傷而思男故出遊於洧之外託采芬香之草而爲嬉娛之行時草始生而云蔓者女情急欲以促時也

周禮秋官下薙氏曰薙氏掌殺草春始生而萌之夏日至而夷之秋繩而芟之冬日至而耜之（鄭玄曰含實曰繩也）

大戴禮曰孟春氷泮百草權輿

禮記月令曰孟夏之月靡草死（鄭玄曰舊說靡草薺葶藶之屬）季夏之月大雨時行燒薙行水利以殺草（薙迫地芟草也薙草乾燒之至此雨水蓄水其中則草死不生也）

又曰霜降之日草木黄落

又曰檀弓上曰曾子曰朋友之墓有宿草而不哭焉

左傳襄公曰松柏之下其草不殖

又僖公曰一薰一蕕十年尚猶有臭（蕕臭草薰香草也）



春秋潭巴曰下不廉悲廉之草爲不生（言瑞應之物應行上）

論語曰君子之德風小人之德草草上之風必偃

漢書五行志曰元帝永光二年天雨草葉相糾結如彈丸

續漢書五行志曰靈帝中平元年夏東郡陳留濟陽長垣濟陰諸縣界有草生莖其大如手指狀似鳩爵龍蛇鳥獸之形五色各如其物毛羽頭目足翅皆具

又曰西夜國生獨白草煎以爲藥傅箭所射輒死

崔鴻十六國春秋西秦録曰永和二年國中地震百草皆自及○晉書載記曰苻堅至壽春與苻融登城而望王師見部陣齊整將士精銳又北望八公山上草木皆類人形顧謂融曰此亦勍敵也何謂少乎憮然有懼色

後周書曰宇文深字奴干性鯁正有器局年數歲便累石爲營伍并折草作旌旗布置行列皆有軍陣之勢父永遇見之乃大喜曰汝自然知此於後必爲名將

又曰宕昌羌俗無文字但候草榮落以記歲時

呂氏春秋曰草有華有莔獨食之則殺人合而食之則益壽

淮南子曰神農始嘗百草一日七十毒

又曰逮至衰世草木之勾萌銜華佩實而死者不可勝數

符子曰隣人謂展禽曰魯聘夫子夫子三黜無憂色何歟曰春風鼓百草敷蔚吾不知其茂秋霜降百草零落吾不知其枯

人物志曰草之精秀者爲英獸之特群者爲雄張良是英韓信是雄也

水經曰魏興錫義山山高谷深多生薇衡草其草有風不偃無風獨搖

又曰建寧郡山生牧靡可以解毒百卉方盛鳥多誤食烏

喙口中毒必急飛往牧靡山啄牧靡以解毒也
金樓子曰魯城北孔子塋中不生刺人草木
崔豹古今注曰牛亨問曰草木生類也有識乎荅曰物有
生而有識者有不生而無識者有不生而有識者有不生
而有識者不生而無識者夫生而有識者蟲類是也生而無識者草木是
也不生而有識者鬼神是也不生而無識者水土是也
又曰天雨草狀如茨絞如丸無數皆名曰蓮蔓草
郭子橫洞冥記曰東方朔曰臣有吉雲草千頃種於九景
山東二千歲一花此草難種東取璋琅山表之澗以灑之
臣種來一千九百九十九年矣明年應生臣走往刈收之
以秣馬馬食顛飢帝許之朔平旦去至暮而返背負數束
其形葉似麥而金色裁長二尺剉以飼馬即不覺飢武帝
曰種之生否朔曰臣東遊過吉雲之澤多生此草移於九



景之山大不如吉雲之地
又曰甜溪水如蜜東方朔遊此水還將數斛以獻帝帝投
陰井井裏遂恒甜而寒洗肉肌理柔滑瑤琨去玉門九萬
里有碧草如麥剉之以釀則味如酒而釀烈看之則顏色
如醉飲一合則三旬不醒飲甜水則隨飲隨醒也
異苑曰青州劉𢥠音獲元嘉初射得一麞剖五藏以草塞之
蹶然起走𢥠怪而拔塞便復還倒如此三焉𢥠密録此種
以來其治傷痍多愈
三齊略記曰不其城東有鄭玄教授山山下生草如薤葉
長尺餘堅紉異常土人名作康成書帶
括地圖曰君子民帶劒使兩文虎衣野絲土方千里多薰
華之草好讓故為君子國薰華草朝生夕死大極山西有
采華之草服之乃通萬里之言

服虔通俗曰草盛曰菶蒲蠓切生茂曰葆音保
方言曰凡草生而初達謂之莸莸音恍小也蔹杜根也東齊
曰杜或曰芰
博物志曰太原晉陽已北生屛風草
又曰黃帝問天老曰天地所生豈有食之令人不死者乎
天老曰太陽之草名曰黃精餌而食之可以長生太陰之
草名曰鉤吻入口立死人信鉤吻之殺人不信黃精之益
壽不亦惑乎
又曰海上有草焉名曰篩音師草其實食之如大麥從七月
稔熟民斂穫名曰自然穀或曰禹餘粮
又曰類草也其根名為弱頭大者大如外其外理白可以
灰汁煑則凝成熟可以苦酒淹食之不以灰煑則不成熟蜀
人珍貴之



異物志曰文草作酒能成其味以金買草不言其貴以羨
用之故也
王逸子曰草有玄巨暢威蕙木有扶桑梧桐松栢皆受氣
淳美異於群類者也
風俗通曰靈帝光和七年陳留濟陰諸郡路邊草生作人
狀操持弓弩牛馬萬狀備具後關東誅董卓陳留濟陰弃
好即戎吏民殲殘草妖之興豈不或信
抱朴子曰草有黃精一名白及有鵶頭鵝尾鷄腸烏喙而
非有翼之鳥也
靈書記曰霍山上有神草三十四種
典術曰壽榮草出少室金山丘下服之令人不老取葉服
之可通百神
又曰餌玉長生草一名通天價直千萬陰乾方寸七日再

服之令人得仙

師曠占曰黃帝問師曠曰吾欲知歲苦樂善惡可知不對曰歲欲豐甘草先生甘草薺也歲欲儉苦草先生苦草者葶藶也歲欲惡惡草先生惡草者水藻也歲欲旱旱草先生旱草者蒺梨也歲欲潦潦草先生潦草者蓬也

淮南萬畢術曰迴風之草見八方取迴風草三寸三枚五寸五枚以械西面土三家不汲井中青泥南鷄欲上栖不上者并治合爲丸磨其面目出户視八方矣

楚辭曰春草生兮萋萋王孫遊兮不歸

古詩曰迴車駕言邁悠悠涉長道四顧何茫茫東風搖百草

又曰新樹蘭蕙葩雜用杜衡草終朝採草榮日暮不盈抱採之欲遺誰所思在遠道

又曰穆穆清風止吹我羅裳裾青袍似春草長條從風舒



又曰青青陵中草傾葉晞朝日陽春被惠澤枝葉可攬結草木爲恩感況人含氣血

薜荔

山海經曰小華之山有草焉曰薜荔狀如烏韭緣木而生或生石上食之以已心痛

楚辭曰罔薜荔兮爲帷罔結也結薜荔爲帷帳也擗蕙櫋音眠兮既張擗析也以折蕙覆櫋屋上也

又曰採薜荔兮水中搴芙蓉兮木末

又曰若有人兮山之阿被薜荔兮帶女蘿

石蘭

楚辭曰疏中石蘭兮以爲芳王逸曰石蘭香草疏布也

胡繩

楚辭曰索胡繩之纚纚胡繩香草也

霸薰

范子計然曰霸薰出霸陵也

楚薰

范子計然曰楚薰出洛陽也

楚蘅

范子計然曰楚蘅出楚國也

秦蘅

宋玉風賦曰夫風翱翔激水之上擊芙蓉之精獵蕙草離秦衡

龍鬚

山海經曰賈超之山草多龍鬚

廣志曰龍鬚一名西王母簪

水經曰自洮彊南北三百里中地草並是龍鬚而無樵柴



周景式廬山記曰石門峯石間多龍鬚草

遊名山志曰龍鬚草唯東陽永嘉有永嘉有縉雲堂意者謂鼎湖攀龍鬚時有墜落化而爲草故有龍鬚之稱

鄭緝之東陽記曰仙姥巖間不生蔓草盡出龍鬚

本草經曰西超山多龍循也龍鬚一名續斷

狼尾

爾雅曰孟狼尾也郭璞注曰似茅今人亦以覆屋

廣志曰狼尾子可作黍

燕麥

爾雅曰蘥雀麥郭璞曰即燕麥

古歌曰田中菟絲何嘗可絡道邊燕麥何嘗可穫

荆葵

爾雅曰菺音比蚍婢支切衃房丕切也郭璞曰今荆葵也似葵紫色謝氏云小草多華少葉

(蘩又麵起)毛詩宄立東門之枌曰視尒如荍詩義疏曰荍一名楚葵
崔豹古今注曰荆葵一名茙葵一名芘芣花色奪目有紅有白有赤但花異葉不殊也

蜀葵

爾雅曰菺(音肩)戎葵也(郭璞曰今蜀葵葵花似木槿)
傅玄蜀葵賦序曰蜀葵其苗如瓜瓠甞種之一名引苗而生華經二年春乃發
虞(敳)蜀葵賦曰惟玆珎草懷芬吐榮挺河渭之膏壤吸昴井之玄精繞銅爵而疏植映昆明而羅生

菟葵

爾雅曰莃(虛豈切)菟葵(郭璞曰頗似葵而葉小狀如藜有毛汋啖之滑)
廣志曰菟葵瀹之可食



鳧芘

爾雅曰芍(胡了切)鳧芘也(生下田苗似龍鬚而細根如指頭黑色可食)
東觀漢記曰王莽末南方枯旱民多餓群入野澤掘鳧芘而食之

烏韭

廣雅曰昔耶烏韭也生久屋之瓦在房曰昔耶在牆曰垣衣

鹿豆

爾雅曰蔨(音卷切)鹿藿也其實莥(郭璞曰今鹿豆也葉似大豆根黄而香蔓延生莥音紐也)
說文曰莥鹿藿之實也
本草經曰鹿藿味苦平無毒主治蠱毒女子要痛不樂腸癰瘰癧瘍氣生汶山山谷

鹿葱(花曰宜男)

風土記曰宜男草也宜懷娠婦人佩之必生男
傅玄宜男花賦曰猗猗令草生于中方華曰宜男號應禎祥
嵇含宜男花序曰宜男花者世有之久矣多殖幽皐曲隰之側或華林玄圃非衡門蓬宇所宜序也荆楚之土號曰鹿葱根苗可以薦於俎世人多女欲求男者取此草服之尤良也

太平御覽卷第九百九十四

# 太平御覽卷第九百九十五

百卉部二

麻　葛　藤　女羅
菟瓜　烏杷　羊齒　牛蘈
狗毒　馬帚　羊桃　羊蹄
鼠耳　鼠尾　莞蘭

## 麻

爾雅曰黂孫炎云枲實禮記曰苴麻之有黂枲麻別二名也莩麻母苴麻盛子者

廣雅曰黂麻也

毛詩黍離丘中有麻曰丘中有麻彼留子嗟

又鷄鳴南山曰蓺麻如之何橫從其畝

又東門之池曰東門之池可以漚麻

又宛丘東門之枌曰不績其麻市也婆娑績麻者婦人之事也疾其今不爲



禮記內則曰女子十年不出姆教婉娩聽從婉謂言語也娩之言媚也媚謂容貌也執麻枲治絲繭

春秋說題辭曰麻之爲言微也陰精寢密女作纖微也麻生於夏亘夏衣物成禮儀故麻可以爲衣陽成於三物以化故麻三變績布加也宋均注曰麻須陰以成夏枝葉成謂之衣麻沠夏生可作衣也三變謂麻生成形之變也漚取皮一變也績成爲縷三變也

華嶠後漢書曰崔寔爲五原太守地宜麻枲而民不知種植又不能緝績率無衣被冬月止種細草臥其中吏以草衣其身乃得出寔至教之績織

晉中興書曰石勒昔居與李陽相近陽性剛愎每歲與爭漚麻池共相打撲

沈約宋書曰孝武帝大明中上所居陰室於此處起玉燭殿與群臣觀之床頭有土鄣壁上挂葛燈籠麻繩拂侍中袁顗盛稱上儉素之德故能光有天下

莊子曰顏回曰願得郭內之田十畝以爲絲麻不仕也

淮南子曰汾水濛濁而宜麻

列女傳曰河內二義者張伯仁仲仁之妻也兄弟少孤共居伯仁敦厚謙若仲仁驕戾不節二婦紡績得好枲麻輒別異之以爲仲仁衣服

越絕書曰麻林山勾踐欲伐吳種麻以爲弓絃也

漢武內傳曰鸚鵡食麻子

晉令曰其上黨及平陽輸上麻二十二斤下麻三十六斤當絹一疋課應田者枲麻加半畝

崔寔四民月令曰二月三月可種苴麻二月可采麻子

本草經曰麻蕡一名麻勃味平辛生川谷治七傷利五藏下血氣多食令人見鬼狂走久服輕身通神明麻子補中益氣久服肥健不老生太山



吳氏本草經曰麻子中人神農岐伯辛雷公扁鵲無毒不欲牡蠣白薇先藏地中者食殺人麻藍一名麻蕡一名青羊一名青葛神農辛岐伯有毒雷公甘畏牡蠣白薇葉上有毒食之殺人麻勃一名麻花雷公辛無毒畏牡蠣

風俗通曰蓬生麻中不扶自直

## 葛

爾雅曰拔蘢葛也似葛蔓生有節江東呼爲龍尾亦謂之虎葛細葉赤莖

廣雅曰女青葛也

毛詩閟雎葛覃曰葛之覃兮施于中谷維葉萋萋毛曰覃延也葛所以爲絺綌

毛詩黍離葛藟曰綿綿葛藟在河之滸葛也藟也生於河之厓得其潤澤以長大而不絕

又黍離采葛曰采葛懼讒也彼采葛兮一日不見如三月兮葛所以爲絺綌也事雖小一日不見於君憂懼於讒矣
又蟋蟀葛生曰葛生蒙楚蘞蔓于野
周書曰葛小人得其葉以爲羹君子得其材以爲絺綌以爲君子朝廷夏服
吳越春秋曰採葛之婦人傷越王用心之苦也作苦何之歌其辭曰葛不連蔓棻台台嘗膽不苦味苦飴令我採葛以作絲
說文曰葛絺綌草也
本草經曰葛根一名鷄齊根味甘平生川谷治消渴身大熱嘔吐諸痺起陰氣解毒生汶山
吳氏本草曰葛根神農甘生太山
說苑曰綿綿之葛在於曠野良工得之以爲絺綌良工不得枯死於野
楚辭曰石磊磊兮葛蔓蔓思公子兮悵忘歸君思我兮不得閒



## 藤

爾雅曰諸慮山櫐今江東呼櫐爲藤似葛而麤大也欇虎櫐今虎豆也纏蔓林樹而生莢有毛刺今江東呼之爲欇欇二音涉也
廣雅曰藟藤也
易困上六曰困于葛藟于臲卼王弼注曰困於極而乘於剛下无其應行則愈繞居不獲安故曰困于葛藟于臲卼者也
毛詩南有樛木曰南有樛木葛藟纍之注云興也南南土也木下曲曰樛南土之葛藟茂盛箋云木枝以下垂之故葛也藟也得纍而蔓之而上下俱盛興者喻后妃能以意下逮衆妾
詩義疏曰櫐蔓也似燕薁連蔓生蔓白色子赤可食酢而不美也幽州謂之推藟也

山海經曰畢山其上多櫐郭璞注曰今虎豆貍豆之屬櫐也
齊書曰解叔謙字楚梁鴈門人也母有疾叔謙夜於庭中稽顙祈福聞空中語云此疾得丁公藤治便差即訪醫及草注皆無識者乃求訪至宜都遥見山中一老公伐木問其所用荅云此丁公藤療風尤驗叔謙便拜伏流涕具言來意此公愴然以數段與之并示以漬酒法叔謙受之尋視此人不復知處依法爲酒母病即差
梁書曰周弘正與子豫玄俱載入東郡乘小舩渡岸見藤花弘正挽而舩覆俱溺僅免豫玄遂得心驚疾
汝南先賢傳曰蔡順字君仲至孝所居井桔槔歲久欲易之爲在毋年上不敢一旦忽生扶老藤遶之有鳩巢其上
金樓子曰合浦有康頭山山有一頭鹿額上載科藤一枚四條直上各長一丈許



雲南記曰雲南出藤其色如朱小者以爲馬策大者可爲柱杖
崔豹古今注曰酒盃藤出西域藤大如臂去實皆可以酌酒自有文章映徹可愛實大如杯味如荳蔻香美消酒土人提酒來至藤下摘花酌酒以其實消酒其國人寶之不傳於中國張騫大宛國得之事在張騫出關志
南方草物狀曰沉藤生子大如齏甌正月華苞仍連著實十月臘月熟色赤生食之甜酢生交趾九真事耗至藤生山中大如苹葛蔓衍居民採取剥之以作耗然不多出興古合浦簡子藤生緣樹木正月二月華四五月熟實如梨赤如雄鷄冠核如魚鱗取生食之味淡泊無甘苦出交趾合浦野聚藤緣樹木二月華苞仍連著實五六月熟子大如羹甌里民煑食其味甜酢出蒼梧科藤生金封山烏滸

人往往賣之其色正赤又云以草染之出興古

陳祈暢異物志曰葭蒲藤類延蔓他樹以自長養實大小長短如蓮莪（側尤切）着枝格間實外有殼又無核剥乃食之責而暴之甜美食之不飢

臨海異物志曰鍾藤附樹作根軟弱須緣樹而作上下條此藤既纒裹樹樹死且有惡汁藤盛成樹若木自然大者或至五十圍

異物志曰科藤圍數寸重於竹可以爲杖篾以縛船及以爲席勝於竹也

始興記曰黃溪出科藤



王韶之始興記曰晉中朝有質子將歸忽有人寄其書告曰吾家在觀亭廟石間有懸藤君扣藤家人必自出歸者如言果有二人出水取書并曰江伯令君前入水見屋舍甚麗今俗咸言觀亭有江伯神也（水經又載）

顧微廣州記曰科藤如栟櫚葉踈外皮青多棘刺高五六丈者如五六寸竹小者如筆管竹破其外青皮得白即科藤藤類有十許種續斷草藤也一曰諾藤一曰水藤山行渴則止斷取汁飲之治人體有損絶沭則長髮去地一丈斷之輙更生根至地永不絶

異苑曰隋郡永陽縣有山壁立千仞巖上有石室古名爲神農窟窟前有百藥藂茇莫不畢備又別有異物藤花形如菱菜朝紫中綠晡黃暮青夜赤五色迭耀

劉欣期交州記曰含水藤破之得水行者資以止渴

裴淵廣州記曰力陳嶺民人居之伐船爲業隨樹所居就以成槽皆去水艱遠動有數山生一草名曰膏藤津汁軟滑無物能比導地牽之如流五六丈船數人便運

嶺表録異曰南土多野鹿藤苗有大如鷄子白者細於筋採爲山貨流布海內儋臺瓊管百姓皆制藤線編以爲幕其妙者亦挑紋爲花藥魚鳥之狀業此納官以充賦稅

女蘿

爾雅曰唐蒙女蘿女蘿兔絲（別四名也詩曰爰采唐矣）

毛詩頍弁曰蔦與女蘿施于松栢（蔦寄生也女蘿菟絲松蘿也）

菟瓜

爾雅曰黃菟瓜也（郭璞注曰似土瓜也孫炎曰一名瓜裂也）

烏杷

爾雅曰攫烏階也（郭璞注曰即烏杷也子連相着狀如杷齒可以染皂）

羊齒

爾雅曰綿馬羊齒（郭璞注曰草細葉葉生而毛有似羊齒繅者以取繭緒）

牛蘈



爾雅曰蘈（大回切）牛蘈也（郭璞注曰今江東呼牛蘈者高尺餘許方莖葉長而銳華紫縹色可淋以爲飲孫炎曰車前草一名牛蘈）

狗毒

爾雅曰蘩（音繫）狗毒（樊光太俗語若如繫）

馬帚

爾雅曰荓（音拼）馬帚也（郭璞曰似蓍可爲掃篲）

羊桃

爾雅云長楚銚芅也（今羊桃也或曰鬼桃葉似桃花白子如小麥）

毛詩羔裘隰有萇楚曰隰有萇楚猗儺其枝（萇楚銚弋也）

說文曰長楚銚弋一名羊桃

山海經曰豐山有木多羊桃而芳莖（郭璞注曰一名鬼桃治皮腫起）

詩義疏曰楊州謂羊蹄爲遂

廣雅曰蓳茈羊蹄

本草經曰羊蹄一名東方宿一名連蟲陸一名鬼目味苦寒生川澤治頭禿疥瘙除熱無子生陳留

鼠耳

廣雅曰無心鼠耳也

廣志曰鼠耳葉如耳縹色也

鼠尾

爾雅曰葝鼠尾孫炎曰鼠尾可染皂也葝巨盈切

吳氏本草曰鼠尾一名葝一名山陵翹治痢也

芄蘭

爾雅曰雚芄蘭也郭璞注曰蔓生斷之有白汁可啖也

毛詩芄蘭曰芄蘭刺惠公也驕而無禮大夫刺之芄蘭之支芄蘭草也柔弱恒蔓延於地有所依緣則起

詩義疏曰芄蘭摩羅也幽州謂之爵瓢



太平御覽卷第九百九十五

太平御覽卷第九百九十六

百卉部三

菊　若　萱　蓍

菅　茅　紫草　藍

蒨

菊

爾雅曰菊治蘠（今人秋華菊也）

又圖讚曰菊名曰精布華玄月仙客是尋薄採薄捋

禮記月令曰季秋之月菊有黄華

周書曰寒露之日鴻鴈來賓又五日菊有黄華無華土不稼穡

晉書曰羅含致仕還家階庭忽蘭菊藂生人以爲德行之感



續晉陽秋曰陶淵明甞九月九日無酒出菊叢中摘盈把坐其側久之望見一白衣人至乃王弘送酒即便就酌

山海經曰九九之山其草多菊

廣志曰菊有白菊

風俗通曰南陽酈縣有甘谷谷中水甘美云其山上大有菊菜水從山流下得其滋液谷中三十餘家不復穿井仰飲此水上壽百二三十其中百餘七十八十名之爲夭司空王暢太尉劉寬太傅袁隗爲南陽太守聞有此事令酈月送水三十斛用飲食澡浴然無益

抱朴子曰劉生丹法用菊花汁蓮花汁地血汁樗汁和丹蒸之服一年得五百歲仙方所謂日精

又曰日精更生周盈皆一菊也而根莖花實異名或無効者以由不得真菊菊花與薏苡相似直以甘苦別之耳菊甘而薏苦今所在真菊但爲少耳

神仙傳曰康風子服甘菊花栢實散得仙

博物志曰菊有二種苗花如一唯味小異苦者不宜服

崔寔四民月令曰九月九日可採菊華

王韶之神境記曰滎陽郡西有靈源山其澗生靈芝石菌巖有紫菊

風土記曰日精（精者）治（音）蘠皆菊華莖之别名九月律中無射而數九俗向九日而用候時之草也

盛弘之荆州記曰酈縣北八里有菊水其源悉芳菊被崖水甚甘馨太尉胡廣久患風羸恒汲飲水後疾遂瘳年及百歲非唯天壽亦菊所延也

名山記曰道士朱孺子吴末入王笥山服菊花乘雲升天



本草經曰菊有筋菊有白菊黄菊花一名節花一名傅公一名延年一名白花一名日精一名更生一名陰威一名朱嬴一名女菊其菊有兩種一種紫莖氣香而味甘美葉可作羹爲真菊一種青莖而大作蒿艾氣味苦不堪食名薏非真菊也

吴氏本草經曰菊華一名女華一名女室

淮南萬畢術曰以壯菊灰散池中蛙盡死

楚辭曰朝飲木蘭之墜露兮夕餐秋菊之落英

又曰春蘭兮秋菊長無絶兮終古

鍾會菊賦曰縹幹緑葉青柯紅芷華實規圓芳頴四張故夫菊有五美焉圓華高懸准天極也純黄不雜后土色也早植晚登君子德也冒霜吐頴象勁直也流中輕體神仙食也

潘尼秋菊賦曰汎流英於青醴似浮萍之隨波

嵇康菊花銘曰煌煌丹菊暮秋彌榮親尊是御永祚億齡

若

毛詩疏曰若鷊也幽州謂之翹鷊蔓生莖如勞豆而細葉似蒺蔾而青其華細綠色可生食味如小豆藿

本草經曰陵若生下濕水中七八月華華紫似今紫草可以染帛煮沐頭髮即黑

萱

毛詩伯兮曰焉得諼草言樹之背(背北堂也)願言思伯使我心痗

說文曰萱忘憂草也

崔豹古今注曰欲忘人之憂則贈以丹棘一名忘憂草也

博物志曰神農經曰上藥養性謂合歡蠲忿萱草忘憂

風土記曰花曰宜男姙婦佩之必生男又名萱草



本草經云萱一名忘憂一名宜男一名岐女

錄異記曰婦人帶宜男草生兒

東晳發蒙記曰甘棗令人不惑萱草可以忘憂

任昉述異記曰萱草一名紫萱又名忘憂草吳中書生謂之療愁

嵇康養生論云萱草忘憂

苜蓿

史記曰大宛有苜蓿草漢使取其實來於是天子始種苜蓿離宮別觀旁盡種蒲陶苜蓿極望

漢書西域傳曰罽賓國有苜蓿大宛馬嗜苜蓿武帝得其馬漢使採蒲桃苜蓿種歸天子益種離宮別館旁

晉書曰華廣免官為庶人晉武帝登淩雲臺見廣苜蓿園阡陌甚整依然感舊太康初大赦乃得襲爵

西京雜記曰樂遊苑中自生玫瑰樹下多苜蓿一名懷風時或謂光風在其間常蕭蕭然照其光彩故曰苜蓿懷風茂陵人謂為連枝草

博物志曰張騫使西域所得蒲桃胡葱苜蓿

述異記曰張騫苜蓿園在今洛中苜蓿本胡中菜騫始於西國得之

楊衒之洛陽伽藍記曰宣武場在大夏門東北今為光風園苜蓿出焉

菅

爾雅曰白華野菅(菅茅屬也)

毛詩宛丘東門之池曰東門之池可以漚菅

又白華白周人刺幽后也白華菅兮白茅束兮

又題綱曰白華野菅草也其性柔刃堪用取此白華而將白茅束之喻申后被褒姒所代惡人蒙善好人見弃也



左傳成公九年曰雖有絲麻無弃菅蒯雖有姬姜無弃憔悴

周書曰成王時會稽人獻以菅(會或作禽亦東南蠻菅草堅刃)

山海經曰天帝之山其下多菅

異物志曰香蓿似茅而葉長大於茅不生洿下之地丘陵山崗凡所蒸享必得此菅苞裹助調五味益其芬菲

茅

爾雅曰藗(音速)牡茅也(白茅屬)

易泰卦曰拔茅茹以其彙征吉(王弼注曰茅之為物拔其根而相牽引也茹相牽引之貌也彙類也陽以其類升故為茹而征吉)象曰拔茅征吉志在外也

又大過卦曰藉用白茅无咎之至也

尚書禹貢曰荊州厥貢苞匭菁茅（孔安國曰茅蓄酒也）
毛詩鷃巢野有死麕曰野有死麕白茅苞之
陸機毛詩䟽義曰白茅苞之茅之白者古用包裹禮物以
充祭祀縮酒用之
毛詩豳七月曰晝尓于茅宵尓索綯
周禮天官上甸師曰祭祀供蕭茅
左傳僖上曰齊侯伐楚謂楚曰尓貢苞茅不入王祭不供
無以縮酒寡人是徵
史記封禪書曰管仲說齊桓公古之封禪江淮之間一茅
三脊所以為藉（孟康曰所謂靈茅也）
典略曰武王伐殷微子啓肉袒面縛牽羊把茅膝行而前
吳書曰徐盛與曹休戰賊積茅草欲焚盛盛燒船而去賊
一無所得



吳録地理志曰桂楊郴縣有青茅可染青零陵泉陵有香
茅古貢之縮酒
吳志曰劉備連營挑戰陸遜曰吾已曉破之術乃勑各持
一把茅以火攻拔之遜率諸軍同時俱攻破其四十餘營
晉書地道志曰零陵縣有香茅氣甚芬香古貢之以縮酒
沈約宋書曰江夏王義恭大明年有脊茅生石頭西岸又
累表勸上封禪上甚悅之
唐書曰開元十三年撫州三脊茅生石頭
六韜曰文王畋于渭陽見呂尚坐茅以漁文王勞而問焉
莊子曰小巫見大巫拔茅而弃此其所以終身弗如
尹文子曰堯為天子衣不重帛食不兼味土階三尺茅茨
不剪
尹子曰湯禱旱素車白馬布衣身嬰白茅以身為牲

說文曰茅菅也
陸賈新語曰伊尹居負薪之野修道德於茅廬之下
風俗通曰謹案詩曰手如柔荑荑者茅始熟中穰也既白且
滑
漢武故事曰帝拜欒大為天道將軍使着羽衣竝茅上授
玉印大亦羽衣立白茅上授印示不臣也
神仙傳曰介象受氣禁術能茅屋上燃火煮雞使茅不焦
又曰曹公捕左慈數日不得便斷頭曹公大喜定視之是
一束茅耳
盛弘之荊州記曰零陵郡有香茅桓公所以責楚
廣州記曰董奉與士燮同處數積載思欲還豫章燮情拘留
不能免後乃託以病死燮開棺看乃是茅人
楚辭曰蘭芷變而不芳兮荃蕙化而為茅
揚雄反騷曰費椒糈以要神兮又勤索彼瓊茅（一莖三脊茅）



紫草

爾雅曰藐茈草也（郭璞曰可以染紫也一名茈莫廣雅云）
廣雅曰紫芀紫草也（芀音仍）
說文曰茈藐紫草
山海經曰勞山多茈草一名紫英
尋陽記曰石井山曾有行人見山上有採紫草者此人謂
村人揭鍤而往見山上人便去聞有呼昌容者曰人來取
尓草既至山頂寂寞無所見
列仙傳曰昌容常山之道士也自稱殷王女二百餘年而
顏色如火能致紫草與染家得錢以遺孤老
淮南子曰紫草生於山不能生盤石之上
抱朴子曰黃金成以為丸以紫草煮一丸咽其汁可百日

不飢
博物志曰平氏陽山紫草特好其他者色淺
吳氏本草曰紫草節赤二月花
本草曰紫草一名地血

## 藍

毛詩魚藻采綠曰終朝採藍不盈一襜（襜衣蔽膝也）
禮記月令曰仲夏之月令民刈藍以染爲陽長也此月藍始可刈
謝承後漢書曰弘農楊震字伯起常種藍自業諸生恐震年大助其功備震諭而罷之
孫卿子曰青生於藍而青於藍
秦子曰常聞仁人當如園圃之藍不異衆草染而後彰
趙岐藍賦序曰余就醫偃師道經陳留此境人皆以種藍染紺爲業藍田彌望黍稷不殖慨其遺本遂作賦一章



## 蒨

爾雅曰茹藘（音閭）茅蒐（郭璞注曰今之蒨可以染絳）
毛詩曰東門之墠刺亂也男女不待禮而相奔者也東門之墠茹藘在阪（箋云城東門之外有墠墠邊有阪茅蒐生焉易越而出比女欲奔男之辭）
說文曰茅蒐茹藘也人血所生可以染絳
漢書曰若卮茜千（蒨草根子可用染也）千畦薑韭其人皆與千戶侯等
山海經曰釐山之陰多蒐（郭璞曰蒐茅蒐也）
范子計然曰蒨根出北地赤色者善也

太平御覽卷第九百九十七

百卉部四

荼　芺　蒿
青蒿　莪蒿　蔞
王芻　蓍　蓬
蕭　艾　王瓜
薇　菼　蒺藜

荼

爾雅曰荼苦菜(苦菜可食)

毛詩谷風曰誰謂荼苦其甘如薺

又蟋蟀采苓曰采苦采苦首陽之下(苦苦采)

禮記月令孟夏曰小滿之日苦菜秀蔡邕章句曰苦菜也不榮而實謂之秀

廣雅曰遊冬苦菜也

芺(來許切)

說文曰芺草可以染黃

漢書曰諸侯王盭(音戾)綬如淳曰盭綠出晉灼曰盭草名曰出瑯琊平昌縣似艾可染因以爲綬名

蒿

爾雅曰蘩皤蒿(郭璞注曰蒿也)蒿菣也(郭璞注曰今人採青蒿香中炙啗者爲菣也菣袪刃切)蔚牡菣(無子者)

又曰蘩之醜秋爲蒿(醜類也春時各有種名至秋老成皆通呼爲蒿)

大戴記曰周時德澤洽和蒿茂大以爲蒿柱名爲蒿宮此天子之露寢也(博物又載)

陸機毛詩疏義曰采蘩爾雅曰皤蒿也九艾色白爲皤今白蒿是也春生秋乃香美可生食蒸一名遊胡北海人謂之旁勃

又曰匪莪伊蔚蔚牡蒿牡菣也似蒿三月始生七月花花似胡麻花而紫赤八月爲角角似小豆角銳而長一名馬新蒿

毛詩鹿鳴曰呦呦鹿鳴食野之蒿(毛云菣也)

青蒿

詩疏義曰蒿青蒿也荊豫汝陰皆謂之菣

東觀漢記曰杜林寄隗囂囂地終不降志辱身至簪蒿席草不食其粟也

隋書曰初唐高祖欲遣李密東征朝士諫曰李密性多輕狡好爲反叛願勿遣之帝曰蒿箭射蒿蘺耳吾豈不知耶

三輔決録曰孫晨字元公冬月無被以蒿一束暮卧旦收之

神仙服食經曰十一月採彭𣪠彭𣪠白蒿也兎食之壽八百歲

莪蒿

爾雅曰莪蘿(今莪蒿也亦曰廩蒿)

毛詩曰菁菁者莪樂育材也菁菁者莪在彼中阿

又谷風蓼莪曰蓼蓼者莪匪莪伊蒿

詩義疏曰莪蒿也生澤田漸洳處葉似邪蒿細科二月中生莖葉可食又可蒸香美頗似蔞蒿

說文曰莪蒿也從草我聲

廣志曰莪蒿廩蒿

錢塘記曰靈隱山穀樹樹下生莪欝茂若決土所生

蔞

毛詩關雎漢廣曰言刈其蔞(蔞蒿也)

陸璣毛詩義疏曰蔞葉似艾白長數寸高尺餘好生水
中脆美可食
王芻
爾雅曰菉王芻也菉蓐也今呼鴟脚莎
吳氏本草曰王芻一名黃草神農雷公生太山山谷治身
熱邪氣小兒身熱氣
蓍
洪範五行傳曰蓍之爲言耆也百年一本生百莖此草木
之壽知吉凶者也聖人以問鬼神焉
說文曰蓍蒿屬也生千歲三百莖易以爲數天子蓍九尺
諸侯七尺大夫五尺士三尺
史記曰天下和平王道得而其莖長丈其叢生者百莖共
根今世取八十莖八尺卽難得矣六十莖長六尺卽可用



也
淮南子曰上有叢蓍下有神龜
論衡曰蓍生七十歲生一莖七百歲生十莖神靈之物故
遲也
蓬
爾雅曰齧彫蓬薦黍蓬別蓬種類
尚書大傳曰子夏於壤室編蓬戶彈琴瑟以歌先生之風
可以發憤矣
毛詩鵲巢騶虞曰彼茁者蓬蓬草名也
又伯兮曰自伯之東首如飛蓬
禮記內則曰射人以桑弧蓬矢六射天地四方桑弧蓬矢本太古也天地四方男子所有事也
禮記儒行篇曰蓬戶甕牖編蓬爲戶也

魏略曰鮑出值飢餓採蓬實得數斗爲母作食
三輔決錄曰張仲蔚平陵人也與同郡魏景卿俱隱身不
仕明天官博物好屬詩賦所居蓬蒿沒人
管子曰無法程式飛搖而無所定謂之飛蓬之間明王聽
此言
曾子曰蓬生麻中不扶自直白沙在泥與之皆黑
晏子曰魯哀公棄國走齊景公問焉曰子之年甚少奚道
止于此乎哀公對曰吾少之時人多愛我者吾禮不能親
人多諫我者吾忌不能從以內無弼外無輔弼輔無一人
詔諛者甚衆譬之猶秋蓬也孤其根本密其枝葉也說苑又載
莊子曰列子食於道見百歲髑髏攓蓬而指之曰唯予與
汝知未曾死未曾生也
商君書曰今夫飛蓬遇飄風而行千里者乘風之勢也



淮南子曰見飛蓬轉而知爲車
楚辭曰蓬艾親入御于牀笫兮笫牀簀也前襯寄
曹植詩曰轉蓬離本根飄颻隨長風可意迴飈舉吹我入
雲中高上高無極天路安可窮類此流宕子捐軀遠從戎
司馬彪詩曰百草應節生含氣有淺深秋蓬獨何華飄颻
隨風轉
王朗諫行役表曰司空臣朗言朗聞飛蓬隨風集于玉
梁之衡而駟馬爲之奔乳虎爲之走蓬非馬之策馬非蓬
之敵所以或奔走者驚也
蕭
爾雅曰蕭荻卽蒿音秋
毛詩黍離採葛曰彼採蕭兮一日不見如三秋兮
詩義疏曰蕭今荻蒿也或謂牛尾蒿莖可作燭有香氣故

祭祀脂爇之爲香也許愼以爲艾蒿非也
禮王度記曰士蕭庶人艾艾蕭不同明矣
又蓼蕭曰蓼蕭澤及四海也蓼彼蕭斯零露湑兮
周禮天官上曰甸師祭祀供蕭茅
說文曰蕭艾蒿也
莊子曰河上有家貧窮緯蕭爲業司馬彪曰蕭蒿也緯織也織蒿爲箔
山海經曰囊山之陰多蕭
郭璞詩曰得意在蘭蓀忘懷寄蕭艾

艾

爾雅曰艾冰臺今艾蒿也
毛詩曰黍離採葛曰彼採艾兮一日不見如三歲兮
齊書曰紀僧真爲高帝冠軍府參軍主簿僧真夢蒿艾生
蒲江驚而白之高帝曰詩人採蕭蕭即艾也蕭生斷流御



勿廣言
陳書曰陳暄素通脫以俳優自居傲弄轉甚後主稍不能
容後遂縛艾爲帽加于其首以火爇之燃及於髮垂涕求
哀聲聞於外而弗之釋
莊子曰越王子搜逃乎丹穴越國無君求王子搜不從之
丹穴不肯出越人薰之以艾
孟子曰七年之病求三年之艾
漢武帝內傳曰削冰令正圓舉以向月以艾於後承其影
得火。師曠占曰歲疫病草先生病草者艾也
崔寔四民月令曰三月可採艾

王瓜

周書曰立夏之日螻蟈鳴又五日丘蚓出又五日王瓜生
禮記月令曰孟夏之月王瓜生

春秋運斗樞曰機星散爲菝葜

薇

爾雅曰薇垂水生於水邊
毛詩鵲巢草蟲曰陟彼南山言採其薇
又曰采薇遣戍役也采薇采薇薇亦柔止
史記曰伯夷叔齊義不食周粟隱首陽山採薇而食之
廣志曰薇葉似萍可蒸食
三秦記曰伯夷食薇三年顏色不異武王戒之不食而死

莎

爾雅曰蒿胡老切侯莎其實媞夏小正曰莎蒿也者莎蒨媞者其實媞大分切
廣雅曰地毛莎蒨也
廣志曰莎可以爲雨衣
毛詩題綱曰南山有臺臺一名夫須莎草也言山生臺及



莎以自蔭喻人君得賢以自尊也
後周書曰豆盧寧嘗與梁人企定遇於平涼川相與肆射
乃於百步懸莎草以射之七發五中企定時以爲能贈遺
甚厚
任昉述異記曰昔戰國時魏國苦秦之難有民從征戍秦
不返其妻思之而卒既葬塚上生木枝葉皆向夫所在而
傾因謂之相思木今秦趙間有相思草狀若石竹而節節
相續一名斷腸草又名愁婦草亦名孀草人呼爲寡婦莎
蓋相思之流也

蒺藜

爾雅曰茨蒺藜也布地蔓生細葉子有三角刺人
易困卦曰困于石據于蒺藜入于其宮不見其妻凶
毛詩曰牆有茨衛人刺其上也牆有茨不可掃也

晉中興書徵祥說曰義熙中宮城上及御道左右皆生蒺藜亦草妖也

說苑曰晉平公置酒虒祁之臺使郎中馬童布蒺藜於階下令召師曠師曠至履而上堂仰天歎曰夫肉生蟲還自食木生蠹還自刻人出妖還自得九鼎之具不當生蒠王堂廟不當生蒺藜來 八日脩百官立太子君將死矣至期果死

又曰陽虎得罪於衛北見簡子曰自今以來不復樹人矣簡子曰何哉陽虎對曰夫堂上之人吾所樹者過半朝廷之吏邊境之士臣所立者亦過半矣今夫堂上之人親刼臣於君朝廷之吏親危 於法邊境之士親刼臣於外簡子曰唯賢者爲能報恩不肖者不能夫樹桃李者夏得其休息秋得食焉樹蒺藜者夏不得休息秋得其刺焉今子之所樹者蒺藜也非桃李也自今以來擇人而樹之毋以死樹而擇之



續搜神記曰沛國一士人姓周生三兒向應可語便啞有一人逕門過乞飲曰君有罪可遠內自思我於外待君主人異其言乃知非常人便入內思僭（憷同）出謂客曰昔爲小兒時鷰巢中有三子試以指納巢中鷰子亦出口承之乃取三蒺藜與其子其子吞之即死其母尋還不復見其子出徘徊悲鳴而去有此事今甚悔之客曰是矣便聞其兒言語周正客乃去不知所在也

本草經曰蒺藜一名止行一名外雅一名傍通一名水香

離騷曰江蘺弃於窮巷兮蒺藜蔓乎東廂

太平御覽卷第九百九十七

百卉部五

葍　苹　商蕀　竊衣
芣苢　藜　王芻　藿
戒火　胡枲　卷施　薔薇
苀　鬼目　覆盆　酢醬
稂　莠　綬臺　臺
皐蘆　翹搖　土芃　菌
承露　扶老

葍

爾雅曰葍葍（大葉白華根如指正白可啗　葍方服切　葍音富）

又曰葍藑茅（葍華有赤者爲藑藑葍一種耳亦如蔆苕華黃白異名也　藑巨營切）

毛詩鴻鴈曰我行其野言采其葍（毛詩云惡菜也詩義疏曰河內關中謂葍爲葍兖幽州謂之燕葍一名爵弁一名藑根正白著熱灰中溫灰中溫噉飢荒可蒸以禦飢漢祭甘泉或用之其華有兩種葉細而行赤有臭氣也）



廣雅曰烏䓢（許慼切）葍也

說文曰葍藑茅也一曰舜從草藑聲葍葍也葍從草葍聲
葍從草葍聲

風土記曰葍蔓生被樹而升紫黃色大如牛角二三同蔕長七八尺味甜如蜜

苹

爾雅曰苹藾蕭（郭璞曰今藾蒿也初生可食）

毛詩鹿鳴曰呦呦鹿鳴食野之苹（鄭玄云藾蕭也詩義疏云藾蕭葉青白色莖似蓍而輕脆始生者可食亦可蒸也）

商蕀

爾雅曰髦顛蕀（孫炎曰一名白蕀　郭璞曰細葉有刺蔓生一名商蕀　廣雅云女木也）

竊衣

爾雅曰蘮（九例切）蒘（切除）竊衣（孫炎曰江淮間食之其花著人衣故曰竊衣　郭璞曰似芹可食實大如麥兩相合有毛着人衣）

芣苢

爾雅曰芣苢馬舄馬舄車前也（郭璞曰今車前草大葉長穗好生道邊江東呼蝦蟇衣　周書所載同名耳非此芣苢）

廣雅曰芣苢當道馬舄

毛詩關雎曰芣苢后妃之德也采采芣（音浮）苢薄言采之（毛云芣苢車前大葉好生道邊也宜懷妊焉）

神仙服食經曰車前實雷之精也服之形化八月采地衣

地衣者車前實也

本草經曰車前實一名當道一名牛舌

藜



毛詩嘉魚曰南山有臺北山有萊詩義疏曰萊藜也莖葉皆似生菊今兖州蒸以爲茹謂之萊而譙沛人謂雞蘇爲萊故三倉云萊茱萸此二草異而名同

禮記月令曰孟春行夏令則藜莠蓬蒿並興

家語曰子路見孔子曰負重涉遠不擇地而休家貧親老不擇祿而仕昔者由也事二親之時常食藜藿之實而爲親負米百里之外親歿之後南遊從車百乘積粟萬鍾累茵而坐列鼎而食願欲食藜藿爲親負米不可復得也

又曰楚昭王聘孔子孔子往拜禮也路出於陳蔡陳蔡大夫日相與謀曰孔子賢聖其所刺譏皆中諸侯之病若用於楚陳蔡危矣遂使兵拒孔子孔子不得行絕糧七日外無道所通藜羹不充從者病孔子愈慷慨講誦絃歌不衰

又曰曾參後母遇之無恩而供養不衰及其妻爲藜羹不

熟因出之人曰非七出也荅曰藜羹小物耳吾欲熟而不
用吾命況大事乎遂出之
山海經曰泰山有草焉名曰藜如荻可以爲葅（郭璞曰爲治也）
虞盤佑孝子傳曰曾子　以藜蒸不熟遣妻
莊子曰孔子窮於陳蔡間七日不食藜羹不糝顏色甚憊
又曰子貢乘大馬中紺而表素軒車不容巷往見原憲原
憲華冠縰履杖藜應門子貢曰嘻先生何病也
韓子曰堯之王天下也糲粱之食藜藿之羹

王萯（音貟）

禮記月令曰孟夏之月王萯生（蔡邕章句曰萯草名也生於陵也）

藋（徒吊切）

爾雅曰拜蔏（音商）藋（蔏藋亦似藜）
廣雅曰堇藋
淮南子曰藜藋需而長日加四寸不可以爲櫨棟

戒火

南越志曰廣州有大樹可以御火山北謂之慎火或多種
屋上以防火也但南方無霜雪其花不凋故生而成樹耳
本草經曰景天一名戒火一名水母花主明目輕身

胡枲

爾雅曰卷耳苓耳（廣雅曰枲耳也亦云胡枲江東呼爲常枲或曰苓耳形似鼠耳叢生如盤）
廣雅曰一名枲耳
毛詩關雎卷耳曰采采卷耳不盈頃筐（毛云苓耳）
詩義疏曰苓耳葉青白似胡荽白華細莖蔓生可爲茹
滑而少味四月中生子如婦人耳璫謂之璫草幽州謂之
爵耳
博物志曰洛中人有驅羊入蜀者胡葸子着羊毛蜀人取



種因名羊負來

卷施

爾雅曰卷施草拔心不死（宿莽也離騷云）
南越志曰寧鄉縣草多卷施江淮間謂之宿莽

薔薇

神農本草曰薔薇一名牛膝一名薔麻
吳氏本草曰薔薇一名牛勒一名牛膝一名薔薇一名出
棗

茿

爾雅曰竹萹（匹善切）蓄（郭璞注云似小藜赤莖節好生道旁可食又殺蟲）
說文曰萹茿也從草扁聲
本草經曰萹蓄一名萹竹
吳氏本草曰萹蓄一名畜辯一名萹蔓

鬼目

爾雅曰苻鬼目（郭璞曰今江東有鬼目草莖似葛葉圓而毛子如耳璫赤色生）
吳志曰建鄴有鬼目菜於工人黃狗家生依棗樹長丈餘
莖廣四寸厚二分
本草經曰鬼目一名東方宿一名連蟲陸一名羊蹄

覆盆

爾雅曰茥（若圭切）蒛（去悅切）葐（郭璞曰覆葐也實似莓而小亦可食孫炎曰青州曰茥）
廣雅曰蒛葐陸英梅也
抱朴子曰俗人見方用蒛葐覆葐謂之瓦器近易之草或
不知蓬累一名陵累
甄氏本草曰覆葐子一名馬瓔一名陸荊

酢漿

爾雅曰葴寒漿（今酸漿草江東呼曰若葴音針）

本草曰酢漿一名酸平寒無毒生川澤及人家田園中治
熱煩滿定志益氣利水道産難吞其實立産
吴氏本草曰酸漿一名酢漿

稂

爾雅曰稂童粱也（稂莠類也）
國語曰季文子相宣成無衣帛之妾無食粟之馬仲孫他
諫曰不華國也文子曰吾聞以德榮爲華不聞以妾與馬
獻子聞囚之七日自是妾衣七外之布馬食稂莠文子曰
過而能改民之上也（夫達曰仲孫他孟獻子庶字）
毛詩曹蜉蝣下泉曰冽彼下泉浸彼苞稂（稂同粱也）
又大田曰不稂不莠去其螟螣
詩義疏曰禾秉秀爲穗而成崱嶷如骨之童稂

莠



毛詩甫田曰無田甫田維莠驕驕（甫大也田過度而無無大人切終不能獲）無
思遠人勞心忉忉
韋曜問荅曰甫田維莠今何草荅曰今之狗尾也
左傳襄六曰鄭公孫揮過伯有氏其門上生莠子羽曰其
莠猶在乎（以莠喻伯有伯有侈汰其不能久存）
晉書曰明帝時王始舉兵作亂令人種禾禾悉變莠餓而
軍敗降於王敦爲敦所煞

綬

爾雅曰虉綬（小草有雜色似綬虉五歷切）
毛詩義疏曰虉五色作綬文故曰綬草

臺

爾雅曰臺夫須（臺可以爲禦雨笠）
毛詩嘉魚曰南山有臺樂得賢也南山有臺北山有萊（臺夫須也萊草也山有草木次自覆蓋成其高大臣君有賢臣以自君顯）
毛詩義曰舊說莎草也可爲蓑笠故曰臺笠緇撮或云臺
草有皮堅細滑緻可爲簦笠南土多有
纂文曰臺一曰山莎可作笠

皐蘆

南越志曰龍川縣有皐蘆草葉似茗味苦澁土人以爲飲今
南海謂爲過羅或曰拘羅

翹搖

爾雅曰柱夭搖草（郭璞曰蔓生細葉紫花可食今俗呼翹搖車）

土瓜

爾雅曰菲蒠菜
又曰菲芴（郭氏曰菲草生下濕地以蕪菁華紫赤色可食郭璞注即土瓜孫炎曰菲蒠類芴音物）
毛詩曰采葑采菲無以下體（毛詩云葑須也菲芴也詩義疏云菲似蒠莖麁葉厚而長



有毛三月中蒸爲茹滑美亦可作羹幽州爲之遂爾雅謂息菜今河内爲之菜也又毛詩鄭箋云此二菜者蔓菁葍之類也皆上下可食然而其根有惡時也）
廣雅曰土瓜芴也（本草云王瓜一名土瓜）
崔寔四民月令曰二月盡三月可采土瓜根

菌（巨貟切）

爾雅曰中馗菌（郭璞注曰地蕈也似蓋今江東名爲土菌亦曰馗廚可啖之）小者菌（注大小異名）○列子曰朝菌不知晦朔朽壤之上有菌芝者生於
朝死於晦
莊子曰朝菌不知晦朔（司馬曰大芝也天陰時生糞土見時萎故不知月始終）
呂氏春秋曰菜之美者駱越之菌
説苑曰雍門周對孟嘗君曰夫以秦楚之強而報於弱薛
譬猶磨蕭斧而伐朝菌也
博物志曰江南諸山郡中大木斷倒者經春夏生菌謂之

擉食之有味而忽有毒殺人云此物往往自有毒者或云蛇所着之楓樹生者啖之令人笑不得止治之飲土漿多愈

風土記曰陽羨袁君廟有祈雨者則祝稱神命常賜芝草草菌也便以神前酒盃灌地以大羹杯覆之有須發杯而菌生今猶然

異苑曰交州諸郡有菌以葉塗人軀便舉體菌生生既遍便就朽爛肌肉消腐

承露

爾雅曰蔠葵蘩露（樊曰承露也大莖小葉花紫黃色蔠音終）

陳留耆舊傳曰梁垣牧爲郡功曹烏君歸鄉爲赤眉所得賊將啖之牧求先賊長義而釋牧送蘩露實一斛

扶老

汝南先賢傳曰蔡順事母至孝井桔槔朽壞在母生年上順不敢治之俄而有扶老生繞之遂堅

晉宮閣名曰華林園扶老三株

廣志曰扶老華黃如金名金草

太平御覽卷第九百九十八

百卉部六

芙蕖　蒲　菖蒲　菰
馬藻　鳧葵　馬綦　蘋

## 芙蕖

爾雅曰荷扶蕖（別名芙蓉江南呼荷）其莖茄其葉蕸其本蔤（莖下白蒻在泥中者）其華菡萏其實蓮其根藕其中的（蓮中子也）的中薏（中心苦者也薏音億）

廣雅曰菡萏芙蓉

周書曰魚龍成則藪澤竭即蓮藕掘

毛詩澤陂曰彼澤之陂有蒲與荷（荷芙渠也）

又山有扶蘇曰山有扶蘇隰有荷華（荷華扶渠也）

毛詩義疏曰芙蕖莖爲荷其華未發爲菡萏已發爲芙蕖其實蓮蓮青皮裏白子爲的的有青長三分如鈎爲薏語曰苦如薏也的五月中生生啖脆其秋表皮黑的成食或可磨以爲飯輕身益氣令人強健幽荊揚豫取備飢年其根爲藕幽州人謂之光爲光如牛角



謝承後漢書曰鄭敬爲新遷功曹嘗與同郡鄧敬因折芰爲坐以荷獻肉瓠瓢盈酒言談弥日○宋書曰臧質說南郡王義宣反兵敗無所歸乃入南湖逃竄無食摘蓮噉之追兵至窘急以荷覆頭自沉於水唯出鼻軍主鄭俱兒望見射子中心兵刃亂至腸胃纏縈水草

沈約宋書曰文帝元嘉二十一年天泉池樂遊苑池玄圃池生蓮同幹

宋起居注曰泰始二年嘉蓮一雙駢花實合跗同莖生豫州鱧湖

宋紀曰文帝元嘉年蓮生建康額檐湖一莖兩華

齊書曰涪陵王鑿金蓮花以貼地令潘妃行其上曰此步出芙蓉

三國典略曰齊師伐梁梁以糧運不繼調市人餽軍建康令孔奐以麥屑爲飯用荷葉褁之一宿之間得數萬褁

又曰梁江從簡光祿大夫革之子也頗有才學年十七爲採荷調以剌何敬容其文曰欲持荷作柱荷弱不勝梁欲持荷作鏡荷暗本無光敬容弗覺唯唯嗟其工

管子曰五洿之土生蓮

王子年拾遺記曰漢昭帝遊柳池有芙蓉紫色大如斗花葉柔甘可食芬氣聞十里之內蓮實如珠

郭子横洞冥記曰北及玄坂去崆峒十七萬里日月不至其地自明有紫河萬里流珠千丈中有寒荷霜下方香茂



抱朴子曰千歲神龜巢於蓮葉之上

萬歲歷曰齊太和二年烏程縣閣下生蓮華

頓啓期婁地記曰婁門東南有華墩（如敵）陂中生千葉蓮花其荷無異菡萏色白豈佛經所載者乎

古今注曰芙蓉一名荷華生池澤中一名澤芝一名水花色有赤白紅紫青黄紅白二色苦多華大者至百葉

華山記曰山頂有池池中生千葉蓮華服之羽化因名華山

諸草木方曰七月七日採（華蓮）七分八月八日採蓮根八分九月九日採蓮實九分陰乾下簁服方寸匕令人不老

真人關尹傳曰老子語喜天崖之淵真人所遊各各坐蓮華之上一華輒徑十丈

說文曰茄芙蕖莖也荷芙蕖實也蓉芙蕖本也

搜神記曰王敦在武昌鈴下儀仗生蓮華五六日而落說
曰易稱枯楊生華何可及也今狂華生枯木敦終逆而身
死
王韶之神境記曰九疑山過半路皆行竹松下夾路有青
澗澗中有黃色蓮蓮華芳氣盈谷
幽明錄曰晉末黃祖至孝母病篤庭中稽顙俄頃天漢開
明有一老翁以兩丸藥賜母服之衆患頓消翁曰汝入三
月可泝河而來依期行見門題曰善福門內有水曰酒源
池有芙蕖如車輪
浮圖澄傳曰澄以鉢盛水燒香呪之須臾青蓮華出外國
外國事曰私訶條國大洲上有大山上有石井井自生千
葉白蓮華（音毀）蓮華出
陶隱居本草注曰宋時太官作羊血（蜭空紺血切）削藕誤落中

九百九十九　三　張全

遂皆散不凝醫仍用治血多効
神農本草注曰血藕實莖一名水芝所在池澤皆有生豫
章汝南郡者良苗高五六尺葉團青大如扇其花赤名蓮
荷子黑狀如羊矢
范甯爲豫章表曰新淦令孟佃民解列縣廳事前二丈陸
地生蓮華入冬死至陽更生四枝今年三月復生故處繁
殖轉多華有二十五枝鮮明可愛有異常蓮
古詩曰涉江採芙蓉蘭澤多芳草採之欲遺誰思之在遠
道
楚辭曰芙蓉始發雜芰荷紫莖屏風（屏風水葵）文綠波些（言復有水葵生於中也莖紫色風起動波緣其葉而生紋也或曰紫莖言荷莖紫色屏風爲荷葉如屏風）
張奐芙蓉賦曰黃螺圓出垂蕤散舒纓以金牙點以素珠
曹植芙蓉賦曰竦芳柯以從風兮奮纖枝之璀璨其始
榮也皦若夜光尋扶木其揚煇也晃若九日出暘谷芙蕖
騫產菡萏星屬絲條垂珠丹莖加綠混混兮韡韡爛若龍
燭
潘尼芙蓉賦曰或擢莖以高立似彫輦之翠蓋或委波而
布體擬蓮壁之攢會
古詩曰江南可採蓮蓮葉何田田
楚辭曰令薜荔以爲理兮憚擧趾而緣木因芙蓉而爲媒
兮憚褰裳而濡足
又曰製芰荷以爲衣集芙蓉以爲裳
又曰築室兮水中葺之兮以荷蓋
傅玄歌曰曲池何澹澹芙蓉敞清源榮華盛壯時見者誰
不歎一朝光采落故人不迴顧

蒲

九百九十九　四　張全

爾雅曰莞苻蘺其上蒚（今西方人呼蒲爲莞蒲蒚謂其頭臺首也今江東謂之苻蘺西方亦名蒲中莖爲蒚謂之爲席蒚音翻）
毛詩澤陂曰彼澤之陂有蒲與蕳
又魚藻曰魚在在藻依于其蒲
左傳文公曰仲尼曰臧文仲其不仁者三下展禽廢六關
妾織蒲三不仁也
又昭公二十年晏子對齊侯曰澤之萑蒲舟鮫守之
漢書曰蒲輪安車以徵賢（晉灼曰以蒲裹車輪）
又曰路溫舒字長君父使牧羊溫舒取澤中蒲截以爲編
用寫書
又曰元帝病數問景帝立膠東王故事史丹侍疾候上獨
寢直入卧內頓首伏青蒲上（服虔曰青緣蒲也孟康曰以蒲爲席蔽也）太子由
是得不廢

東觀漢記曰劉寬遷南陽太守溫仁多恕吏民有過但蒲鞭罰之示辱而已

晉書曰王育字伯春京兆人也少孤貧爲傭牧羊每過小學必歔欷流涕時有暇即折蒲學書忘而失羊爲羊主所責將鬻已以償之東郡許子章敏達之士也聞而嘉之代育償羊給其衣食使與子同學遂博通經史

齊書曰崔景真爲平昌太守有惠政常懸一蒲鞭而未嘗用去任之日士人思之爲立祠焉

北齊書曰尉瑾少威儀子德載以蒲鞭責之便自投井瑾自臨井上呼云兒出聞者皆笑

三齊略記曰萬城東南有蒲臺秦始皇東遊海上於臺下蟠（音煩）蒲繫馬至今歲歲蒲生縈委猶若有繫狀似水楊可以爲箭



穆天子傳曰天子于珠澤之藪方三十里爰有萑蒲茞葦

說文曰蒲草也以作席蒻蒲子也以爲平席世謂蒲蒻

風土記曰蒲生於陸葉如烏扇而紫穗（子詭坊）一曰獲蒲好草也

續述征記曰烏常沈湖（齊人謂湖爲沈）中有九臺皆生結蒲云秦始皇遊此臺結蒲繫馬自此蒲生則結

前秦記曰苻洪家生蒲長五丈節狀如竹咸以異之謂之蒲家因氏焉洪後以讖文草付應王遂改姓爲苻

幽明録曰河東常醜奴寓居章安縣以採蒲爲業將一小兒湖邊拔蒲見一女子容姿殊美乗一小船載蓴徑前投醜奴舍寄住醜奴嘲之滅火共臥覺有腥氣又指甚短惕然疑是魅女已知人意便求出戶變而爲獺

嵇康集序曰孫登一夏嘗編蒲爲裳冬披髮自覆

淮南萬畢術曰酒薄復厚漬以莞蒲（斷蒲漬酒中有頃出之即酒厚也）

楚詞曰抽蒲兮陳坐援董兮爲蓋

## 菖蒲

左傳僖下曰王使周公閱來聘饗有昌歜（歜菖蒲葅也）

春秋運斗樞曰玉衡星散爲菖蒲菖蒲遠雅頌着倡優則玉衡不明菖蒲冠環也

梁書曰太祖后張氏諱尚柔嘗於室內忽見庭前菖蒲生花光彩照灼非世所有后驚異之謂侍者曰汝見否皆云不見后曰嘗聞見菖蒲花當貴因取食之生高祖

呂氏春秋曰冬至五旬七日昌本者百草之先生也

說苑曰文公好食昌本菹本草即菖蒲

風俗通曰菖蒲放花人得食之長年

神仙傳曰王興咸陽人採菖蒲食以得長生一寸九節者



羅浮山記曰宣山中菖蒲一寸二十節堅芬之極

方言曰菖蒲得石上生九寸節以上紫花尤善

吳氏本草曰菖蒲一名堯時薤

本草經曰菖蒲生石上一寸九節者久服輕身明耳目不忘不迷惑生上洛

典術曰聖王仁功濟天下者堯也天降精於庭爲薤感百陰爲菖蒲焉今之菖蒲是也

## 菰

廣雅曰菰蔣也其米謂之彫胡

周官曰鳥宜菰（鄭玄注曰菰彫胡）

說文曰蔣菰也彫胡一名蔣

晉中興書曰毛璩爲譙王司馬時海陵縣地多菰蒲處所幽遂亡戶保之璩請討放火而進天旣旱地皆菰封封燃

叛人走出近得萬户
廣志曰菰可食以爲席温於蒲生南方
莊子曰孔子之楚舍於蟻丘之漿
宋玉賦曰主人之女爲臣炊彫胡之飯

馬藻

爾雅曰莙牛藻似藻葉大江東呼爲馬藻
毛詩采蘋曰于以采藻于彼行潦
陸機毛詩疏義曰采藻水草也生於水底葉似雞蘇可食
荆楊人食以當穀穀飢飢荒時蒸而食之
顏氏家訓曰或問東宮舊事六色罽緅是何等物當作何
音荅曰案說文云莙牛藻也讀若威音㺯瑰竊以陸機所
謂藴藻葉如蓬者也又郭璞注三蒼亦云藴藻之類也細
葉蓬茸然生今水中有此物一節長數寸細茸絲圓繞可



愛長者二三十節猶呼爲莙又寸斷五色絲横着線股間
繩之以象莙草用以飾物名爲莙於時當紺六色罽此莙
以飾緄帶張敞因造絲㑊異耳作隈
郭子横洞冥記曰昆靈池有倒藻枝葉橫倒水上長九尺
餘縱横而生狀如結綱有野鴨鵝鳬及鷗雞來翔觀水池
上入此草障皆不得出如入罟網也亦曰水網草

鳬葵

說文曰茆鳬葵也
纂文曰鳬葵其實可作醬

馬蓼

爾雅曰紅蘢古其大者蘬俗呼紅草爲蘢鼓語轉耳
毛詩緇衣山有扶蘇曰山有橋松隰有游龍毛云紅草也
毛詩義疏曰紅草一名馬蓼葉麁大赤白色生外澤中

蕣

爾雅曰椵木槿櫬木槿別二名也似李樹華朝生夕殞可食或呼爲日及亦曰王蒸
廣雅曰日及木槿也一名朱槿一名赤槿
說文曰蕣木槿也
毛詩有女同車曰有女同車顏如蕣華蕣木槿也
禮記月令曰仲夏之月木槿榮
傅玄曰蕣華麗木也謂之曰洽或謂之洽容或謂之愛老
潘尼以爲朝菌

太平御覽卷第九百九十九

百卉部七

萍　苔　莕　莞

荔挺　彫胡　茖　藨

薍　萑葦　蘆荻　蘩蔞

綸組　帛布　離南　地榆

## 萍

爾雅曰苹萍水中浮萍江東謂之薸音瓢其大者蘋

毛詩采蘋曰采蘋大夫妻能循法度也能循法度則可以承先祖供祭祀矣于以采蘋南澗之濱于以盛之維筐及筥于以湘之維錡及釜湘亨也

又鹿鳴曰呦呦鹿鳴食野之苹苹萍也

詩義疏曰萍麄大者爲蘋季春生可糝蒸爲茹

周禮秋官下萍氏曰萍氏掌禁川游者鄭玄曰萍草無根取不沈其名溺也

禮記月令曰季春之月萍始生

左傳桓公曰蘋蘩薀藻之菜可羞於王公

周書曰穀雨一日萍始生萍不生陰氣憤盈

家語曰楚昭王渡江江中有一物大如斗圓而赤直觸王舟舟人取之王問群臣莫能識使問孔子孔子曰是謂萍實可剖而食之吉祥也唯霸者能獲焉王遂食大美又遣問孔子何以知之子曰吾昔過陳之野聞童謠曰楚王渡江得萍實大如斗赤如日割而食之甜如蜜吾是以知之

呂氏春秋曰菜之美者崑崙之萍焉

淮南子曰萍樹根於水木樹根於土

淮南萬畢術曰老血爲萍聚血之精至黄泉也

許愼說文曰苹萍也無根浮水而生



周處風土記曰萍蘋芹菜之别名也

范子計然曰水萍出三輔色青者善

吴氏本草曰水萍一名水廉生池澤水上葉圓小一莖一葉根入水五月華白三月採日乾之

本草經曰水萍一名水華味辛寒生池澤水上療暴熱癢下水氣勝酒長鬚髮久服輕身

郭子曰萍之依水猶卉植地靡見其布漠爾鱗被物有常託孰知所自

杜恕篤論曰夫萍之浮與菱之浮相似菱植萍隨波是以堯舜惡巧言之亂德仲尼惡紫之奪朱

劉伶酒德頌曰俯觀萬物擾擾焉如　漢之載浮萍言[illegible]風

楚辭曰白萍兮騁望與佳期兮夕

又曰靡萍九衢枲華安居

又曰竊哀兮浮萍汎搖無根

## 苔

爾雅曰藫徒南切石衣也水苔也一名石髮江東食之或曰藫似薤而大生水底亦可食[illegible]湖界

說文曰苔水衣也

齊書曰宋時會稽剡縣有山名刻石父老相傳云雖名刻石而不知文字所在昇明末縣人倪龔祖行獵忽見石上有文字凡三處苔生其上字不可識乃去苔視之其大石文曰黄天星姓蕭字道成得賢師天下太平小石文曰刻石者紹會稽南山李斯刻秦望之風也

三國典略曰侯景圍臺城既急時諸軍於德陽堂前殺馬鬻南販雜以人肉甘露厨中所有乾苔悉分給軍士

唐書曰拔野古國東北五六日行至鞠國有樹無草但有

地苔無羊馬豕畜有鹿如中國牛馬使鹿牽車可勝三四
人衣鹿皮食地苔其人聚木枝爲屋尊卑共居其中
淮南子曰窮谷之汙生青苔青苔水垢
廣雅曰石髮石衣也
風土記曰石髮水衣也青綠色皆生於石也
遊名山志曰石箐山綠崖而上高百許丈褭柔青苔無別
草木
古今注曰苔蘚空室無人行生苔或紫或青一名員蘚一
名綠錢一名綠蘚一名綠苔
廣志曰室無人行生蘚
拾遺記曰晉武帝時祖梨國獻蔓苔亦曰金苔亦曰夜明
博物志曰晉武帝欲觀書司空張華撰博物志進武帝帝
嫌煩令削之賜側理紙萬張王子年云側陟厘也此紙以



水苔爲之溪人語訛謂之側理今名苔紙取水中苔造紙
青黃色體澁其苔水中石上生如毛綠色
述異記曰苔錢亦謂之澤葵又名重錢草亦呼爲宣蘚南
人呼爲垢草
異物志曰石髮海草在海中石上藂生長尺餘大小如韭
葉似蕭莞而株莖無枝以肉雜而蒸之味極美食之近不
知足
本草曰海藻一名海羅生東海中或生河澤莖似亂髮
南越志曰海藻一名海苔或曰海羅
王智深宋記曰王微字景玄太保弘之弟子也吏部尚書
江湛愛其才用舉爲吏部郎陳病篤不受因與湛書告絕
足不踰閾十有餘載棲遲於環堵之室苔草沒階
沈約青苔詩曰緣堦何漠漠況水復綿綿微根如欲斷輕

絲似更聯
謝莊月賦云陳王初喪應劉端憂多暇綠苔生閣芳塵凝
榭
謝玄暉直中書省詩云紅藥當階翻蒼苔依砌上
䔷音琴
抱朴子曰䔷根化爲鱓
字林曰䔷草生水中根可緣器
莞
爾雅曰𦽏方寐切鼠莞郭璞注曰鼠莞纖細似龍鬚可以爲席蜀中出好者
廣雅曰蔥蒲莞也同篆文
說文曰莞草可以爲席從草完聲
茘挺
禮記月令曰仲冬大雪後五日茘挺出



淮南子曰仲冬茘挺出
顏氏家訓曰月令茘挺出鄭玄注云茘挺馬薤也
說文云茘似蒲而小根可爲刷。廣雅云馬薤茘也通俗
文而又名馬藺
易統驗玄圖云茘挺不出則國多火災
蔡邕月令章句云茘以挺出
高誘注呂氏春秋云茘草挺出也然則月令之注茘挺爲
草名誤矣河北平澤率生之江東頗有此物種於堦庭但
呼爲旱蒲故不識馬薤講禮者乃以爲馬莧堪食亦名豚
耳俗曰馬齒江陵甞一僧面形上廣下狹劉緩幼子民譽
年始數歲雋晤善體物見此僧云面似馬莧其伯父劉緇
因呼爲茘挺法師緇親講禮名儒尚誤如此
列仙傳曰冠先生者宋人也以釣魚爲業居雎水旁百有

餘年魚或放或留或賣或自食之常著冠幘好種荔食其葩實焉宋景公問其道不告即殺之後數十年踞宋城門上鼓琴數日乃去宋人家家奉祀之

彫胡

西京雜記曰會稽人顧翱少失父事母孝母好食彫胡飯常帥子女躬採擷還家導水鑿川供養母有盈儲家近大湖湖中生彫胡無復雜草蟲鳥不敢至焉遂得以為養郡縣表其閭舍

又曰蒲菰菰有米者長安謂為彫胡葭蘆之未解葉者謂之紫蘀菰有首者謂之蒚節

苕

爾雅曰苕陵苕（一名陵時）黃華蔈（必遙切）白華茇（孫炎曰苕華色異名亦不同者 沛）

廣志曰苕草色青黃紫華十一月稻下種之蔓延盛茂可以美田葉可食

毛詩防有鵲巢曰卭有旨苕

詩義疏曰苕饒也幽州謂之翹饒蔓生莖如勞豆而細葉似蒺藜而青其莖葉綠色可食味如小豆藿葉也

詩義疏曰本草曰陵苕一名陵時一名鼠毛似王芻生下濕水七月八月華紫似今紫草可以染帛煮沐頭髮即黑葉青如藍而多華

史記曰趙武靈王夢見處女鼓琴而歌曰美人熒熒兮顏若苕之華

蒹

爾雅曰蒹薕（似萑而細高數尺江東呼為薕）

毛詩車轔曰蒹葭蒼蒼白露為霜（蒹薕也葭蘆也蒼蒼盛也）



薍（五患切）

爾雅曰菼（他敢切）薍也（似葦而小實中江東呼為烏蓲蓲音丘）

毛詩淇奧碩人曰葭菼揭揭（毛曰葭蘆菼薍也）

萑葦

毛詩豳七月曰七月流火八月萑葦（薍為萑葭為葦預畜萑葦可以為曲也）

又生民行葦曰敦彼行葦羊牛勿踐履方苞方體維葉泥泥

又河廣曰誰謂河廣一葦杭之

禮記月令孟秋曰命有司納材葦（蒲葦之屬此時柔脆可取作器物）

吳志曰孫亮初謠云諸葛恪何若若蘆葦單衣篾鉤絡於何相求常子閣常子閣者反語石子岡也鉤絡帶也及諸葛恪為孫峻所殺以葦席裹尸而篾束之

孫卿子曰南方有鳥名蒙鳩以羽編髮為巢係之以葦苕風至苕折子死卵破所憑者弱也

呂氏春秋曰季夏之月乃命虞人入材葦（虞人掌池澤官材葦供國用）

又曰湯始得伊尹祓之於廟爝以萑葦

南夷志曰瀘河在弄棟北今謂之南瀘兩岸葭葦大如臂

楚辭曰咸播秬黍莆雚是營（咸皆也秬黑黍也雚草名營耕也言禹平水土萬民皆得布種黑黍於雚蒲之地盡為良田也）

蘆荻

爾雅曰葭華（即今蘆）葭蘆（葦也）

毛詩曰蒹葭萋萋白露未晞蒹葭采采白露未已（葭蘆也）

毛詩義疏曰薍或謂之荻至秋堅成則謂之萑

焦贛易林剝之坤曰從風縱火荻芝之俱死

漢書曰董偃見竇館陶公主安陵袁叔謂偃曰顧成廟遠無宿宮又有荻竹籍田足下何不白主獻長門園於上

此上所欲也
晉中興書徵祥說曰義興初童謡曰官家養蘆化作荻蘆生不止自成積是時盧循竊據廣州國末能討因而用之是官養蘆也（荻猶敵也）
春秋後語曰趙襄子欲保晉陽曰奈何無箭張孟談曰臣聞董子之治晉陽公宮之垣皆以荻蒿苫楚牆之高其基高至于丈餘君發而用之於是發其堅則箘簬之勁不能過也
隋書曰張威拜青州總管在青州頗治產業遣家奴於民間鬻蘆菔根其奴緣此侵擾百姓上深加譴責坐廢於家
吳越春秋曰伍子胥至大江江中有漁父子胥請渡時旁多人漁父歌令止蘆中至夕渡之于涘之之津見其有飢色歸取麥飯鮑魚之羹子胥疑沒蘆中漁父呼蘆中子胥應與食渡之



晏子春秋曰公獵休坐地晏子滅葭而坐公問其故晏子曰臣聞介冑不席獄訟不席尸在堂不席三者皆憂也臣不敢以憂示君公令人不席
淮南子曰鴈銜蘆以避矰繳
又曰藡苗類絮而不可以為絮（藡苗雈秀也藡徒歷切）
抱朴子曰吳世有姚光者有火術吳主躬臨試之積荻千束光坐其上又以數千束荻累之因猛風燔之火盡光端坐灰中振衣而起
說文曰葭灰以候律管
釋名曰大曰蘆次曰葦荻蘆筍苦荻筍甘
世說曰魏明帝使后弟毛曾與夏侯玄共坐時人謂蒹葭倚玉樹
論衡曰上古之人有荼欝壘者昆弟二人生而執鬼居東海度朔山上立桃樹下簡閱百鬼鬼道理妄與人禍荼與欝累縛以蘆索執以食虎
通語曰諸葛亮見殷禮而歎曰東吳菰蘆中乃有奇偉如此人與兄瑾書云殷徃嗣秀才金之僑肹者也

蘩縷

爾雅曰蔜（音敖）蕿（音縷今蘩縷也或嫂曰雞腸草）
范汪治淋方曰取蘩縷草滿兩手以水煮之亦可常飲

綸組

爾雅曰綸（古頑切）似綸組似組東海有之（綸今有秩嗇夫所帶糾青絲綸組綬也海中草生彩理有象之者因以名云）
左思吳都賦曰綸組紫絳

帛布

爾雅曰帛似帛布似布華山有之（草葉有象布帛者因以名云）



離南

爾雅曰離南活莌也（草生江南高丈許大葉莖中有瓤正白零陵人祖曰貫之為樹莌音挩）

地榆

本草經曰地榆止汗氣消酒明目
廣志曰地榆可生食
神農本草經曰地榆苦寒主消酒生宛句

太平御覽卷第一千

## 跋

太平御覽爲有宋一大著作其所引經史圖書凡一千六百九十種今不傳者十之七八或謂輯自古籍或謂原出類書要之徵引賅博多識前言往行洵足珍也今所行者有明代活字本有錫邑刻本其所從出周堂序謂其祖曾得故本黄正色序則謂據薛登甲所校善本繕寫付刻然胡應麟譏其姓名顛倒世代魯魚學者病焉明文淵閣書目存一部一百三十册一部一百册均殘缺其後散出遞入於蘇人朱文游周錫瓚黄丕烈汪士鐘家最後爲湖州陸心源所得僅存三百六十餘卷今已流入東瀛爲岩崎氏靜嘉堂中物矣先是阮文達何元錫各就黄氏假所藏文淵閣殘本謄校藏諸篋衍嘉慶間常熟張若雲據何氏本歙鮑崇城據阮氏本次第梓行張氏刊成未幾板燬存書稀如星鳳傳者唯鮑氏刻本歲戊辰余赴日本訪書先至靜嘉堂文庫觀所得陸氏本其文淵閣印燦然溢目琳琅滿架且於已國增得如干卷爲之欣羡者不置嗣復於帝室圖書寮京都東福寺獲見宋蜀刻本雖各有殘佚然視陸氏所得爲贏因乞假影印主者慨然允諾凡得目錄十五卷正書九百四十五卷又於靜嘉堂文庫補卷第四十二至六十一第一百十七至一百二十五此二十九卷者均半葉十三行同於蜀刻惟板心無刻工姓名且每行悉二十二字與蜀刻之偶有盈縮者不同疑卽在前之建寧刊本蜀本卷首小引謂建寧所刊舛誤甚多李廷允跋亦言釐正三萬八千餘字今以二刻與鮑本校雖各有脫誤然阮文達序鮑刻明言「古書文義深奥與後世判然不同淺學者見爲誤而改之不知所改者反誤矣或其間實有



宋本脫誤者但使改動一字卽不能存宋本之眞不能見重於後世」據此爲言是宋本卽有脫誤未嘗損其聲價且亦未必眞爲脫誤也今請再舉數例以證宋刻之勝於今本職官部金紫光祿大夫門宋刻引于寶晉紀三國典略二則鮑本則引左傳成上曰「衛侯使孫良夫來聘且尋盟公問諸臧宣叔曰中行伯之於晉也其位在三公下卿孫子之於衛也位爲上卿將誰先對曰次國之上卿當大國之中中當其下下當其上大夫小國之上卿當大國之下卿中當其上大夫下當其下大夫上下如是古之制也」九十八字下接「入落授金紫光祿大夫」云云（見卷第二百四十三第五葉）前後渺不相涉張本同但注上下疑有脫文兵部機略門引後漢書第十六則岑彭將兵三萬餘人云云凡一百三十七字（見卷第二百八十四第五葉）鮑張二本全脫妖異部精門引易禮記唐書管子列異傳又搜神記二則適成一葉（見卷第八百八十六第四葉）鮑張二本全缺獸部馬門引周禮夏官上「馬及行則以任齊其行若有馬訟則聽之禁原蠶者」並注又引論語周書韓詩外傳尚書大傳太公六韜禮斗威儀春秋考異郵春秋說題辭凡十則及「淮南子曰八九七十二」九字（見卷第八百九十三第六葉）鮑本全脫且易淮南子三字爲家語張本同更少十餘字卽此數事觀之彌覺宋本之可信日本文久紀元當我國咸豐十一年喜多邨直寬嘗以影宋寫本用聚珍版印行其優於鮑本者則板心所記刻工姓名均與蜀本相合且上文所舉四事一無脫誤宋刻而外斷推此本於是取以補影本二十六卷之闕書經覆寫又用活版詞句訛謬自所不免然以校鮑張二本道部尸解門彼且缺「太微經曰諸尸解者按四極眞科云一

百四十年乃得神中眞官於是始得飛華蓋乘輦龍登太極遊九宮也」四十二字見卷第六百六十四第八葉方術部占星門末節元衡亦還吉甫下又脫「先一年以元衡生月卒元衡後一年以吉甫」十七字見卷第七百三十三第四葉巫門離騷曰欲從靈氛之吉占兮節又脫注十八字見卷第七百三十五第四葉惟祝門韓詩外傳曰齊桓公至海丘節盍復祝乎下「封人曰使吾君好學而不惡問賢者在側諫者得入桓公曰善哉祝乎」二十七字此言乃夫前二言之上也臣聞下「子得罪於父母可因姑姊妹而謝也父乃赦之臣得罪於君可因便僻之左右而謝也君乃赦之昔」三十八字見卷第七百三十六第三葉史記曰楚大發兵如齊節有注二十七字見卷第七百三十六第四葉張本存而鮑本猶脫疾病部總敍疾病門引禮記左傳春秋穀梁傳公羊傳國語論語史記漢書有注二十三條鮑本全脫張本僅存其二見卷第七百三十八第一二三葉是則此雖不逮建蜀二本抑猶出於吾國時本之上也蜀本原缺卷第二十一第六百五十六至六百六十五第七百二十四至七百三十八皆全卷又目錄及卷第四第三十八第一百一十第一百三十第一百四十第一百六十六第四百六十四第五百三第五百七十一第六百九十第七百五十七第九百五十二凡缺二十六葉有半均以聚珍版補宋刻每行二十二三四字不等聚珍版則整二十二字故前後葉銜接處偶有移易理合申明乙亥仲冬海鹽張元濟

太平御覽 / (宋)李昉等撰. -- 臺一版. -- 臺北市：臺灣商務, 1967 [民56]
册 ； 公分

ISBN 957-05-0421-8(一套：精裝). --ISBN 957-05-0422-6(第一册：精裝). --ISBN 957-05-0423-4(第二册：精裝). --ISBN 957-05-0424-2(第三册：精裝). --ISBN 957-05-0425-0(第四册：精裝). --ISBN 957-05-0426-9(第五册：精裝)

1.類書

041.51 86006630

太平御覽 五册
定價新臺幣二八〇〇元

撰著者 [宋]李昉等奉敕撰
封面設計 張世雄
發行人 郝明義
出版者 印刷所 臺灣商務印書館股份有限公司
臺北市重慶南路一段三十七號
電話：(〇二)三一一六一一八
傳真：(〇二)三七一〇二七四
郵政劃撥：〇〇〇〇一六五一一號
出版事業登記證：局版北市業字第九九三號

• 一九三五年十二月初版
• 一九六七年十一月臺一版第一次印刷
• 一九九七年七月臺一版第七次印刷



ISBN 957-05-0421-8(一套：精裝) 41270011
ISBN 957-05-0422-6(第一册：精裝)
ISBN 957-05-0423-4(第二册：精裝)
ISBN 957-05-0424-2(第三册：精裝)
ISBN 957-05-0425-0(第四册：精裝)
ISBN 957-05-0426-9(第五册：精裝)